Fabian Kessl · Christian Reutlinger
Susanne Maurer · Oliver Frey (Hrsg.)

Handbuch Sozialraum

Fabian Kessl
Christian Reutlinger
Susanne Maurer
Oliver Frey (Hrsg.)

Handbuch Sozialraum

VS VERLAG FÜR SOZIALWISSENSCHAFTEN

VS Verlag für Sozialwissenschaften
Entstanden mit Beginn des Jahres 2004 aus den beiden Häusern
Leske+Budrich und Westdeutscher Verlag.
Die breite Basis für sozialwissenschaftliches Publizieren

Bibliografische Information Der Deutschen Bibliothek
Die Deutsche Bibliothek verzeichnet diese Publikation in der Deutschen Nationalbibliografie; detaillierte bibliografische Daten sind im Internet über <http://dnb.ddb.de> abrufbar.

1. Auflage August 2005

Lektorat: Stephanie Laux

Der VS Verlag für Sozialwissenschaften ist ein Unternehmen von Springer Science+Business Media.
www.vs-verlag.de

Umschlaggestaltung: KünkelLopka Medienentwicklung, Heidelberg
unter Verwendung des Fotos DAS ARCHIV >networking<, Installation red hall, Wien MAK
© Sabina Kaeser und Thomas J. Hauck – www.dasarchiv.de
Redaktion und Korrektorat: Eva Bronner und Andrea Hund
Satz: Beate Glaubitz, Satz und Redaktion, Leverkusen
Druck und buchbinderische Verarbeitung: MercedesDruck. Berlin
Gedruckt auf säurefreiem und chlorfrei gebleichtem Papier
Printed in Germany

ISBN 3-8100-3957-8

Vorwort

Susanne Maurer/Christian Reutlinger/Fabian Kessl und Oliver Frey

Sozialräume stehen seit einigen Jahren im Mittelpunkt sozialpolitischer, stadtplanerischer, stadtsoziologischer, sozialgeographischer und sozialpädagogischer Debatten. Das vorliegende Handbuch hat sich vorgenommen, diese zu durchqueren. Autorinnen und Autoren wurden dazu eingeladen, ihre unterschiedlichen Perspektiven diskutierend einzubringen. Nach zwei Jahren intensiver konzeptioneller Auseinandersetzung hat die Herausgebergruppe 2003 über 100 Autorinnen und Autoren angesprochen, von denen 63 ihre Bereitschaft zur Mitarbeit erklärten. Das Ergebnis dieser Zusammenarbeit liegt nun vor: das „Handbuch Sozialraum".

Mit diesem Handbuch wird ein virtueller Thematisierungsraum aufgespannt, der nicht nur die schreibenden Diskutantinnen umfasst, sondern auch jeden einzelnen der Leser. Es ist diese Virtualität menschlicher Beziehungsstrukturen, die nicht nur repräsentativ ist für jeden Sozialraum, sondern auch auf eine Perspektive verweist, die konstitutiv ist für das vorliegende Handbuch. Denn entgegen der häufig vorgenommenen Charakterisierung von Sozialräumen als territoriale Areale stellt das „Handbuch Sozialraum" gerade die These in den Mittelpunkt, dass Sozialräume nicht auf diesen Aspekt reduziert werden dürfen. Sozialräume stellen immer komplexe Zusammenhänge kultureller, historischer und territorialer Dimensionen dar. Mit dieser These wurden die beteiligten Autorinnen und Autoren im Einladungsschreiben konfrontiert. Ihre Reaktionen darauf waren sehr unterschiedlich. Das „Handbuch Sozialraum" kann damit die Differenzen innerhalb der aktuellen Auseinandersetzungen um Sozialraum in vielfacher Weise abbilden.

Ein ganzes Netzwerk von Akteuren hat sich um die Arbeiten am Handbuch entspannt. Durch ihr Engagement wurde der Thematisierungsraum „Handbuch Sozialraum" überhaupt erst realisierbar. Dieses Netzwerk umfasst zuallererst die beteiligten Autorinnen und Autoren, die entscheidenden Anteil an der Realisierung des Handbuchs haben. Für ihre Bereitschaft zur Mitarbeit an diesem aufwändigen Projekt sei ihnen recht herzlich gedankt.

Darüber hinaus war eine ganze Reihe weiterer Kooperationspartner und Unterstützerinnen an der Produktion des Handbuchs beteiligt, die an dieser Stelle ausdrücklich genannt werden sollen:

Zuerst die Verlage Leske + Budrich und VS für das Vertrauen in die Herausgebergruppe, dass der umfangreiche Produktionsprozess zu einem guten Ergebnis führen wird. Bei Edmund Budrich, Monika Mühlhausen und insbesondere bei Stefanie Laux fühlte sich die Herausgebergruppe über die vielen Monate der Handbucharbeit in besten Händen.

Den Kolleginnen und Kollegen des Iris e.V. in Dresden und Tübingen sei für die selbstverständliche Gastfreundschaft gedankt, Uta, Peter, Hannes und Eva Reutlinger für so manche schöne Stunden im „Paralleluniversum“ der Striesener Küche und dem Café Lenz für den durchquerten Raum.

Daniela Kloss (Bielefeld), Martin Kunze (Jena) und Rosi Schüler (Jena) haben Transkriptionen und so manche Literaturrecherche und Datensammlung übernommen, Christian Otto (Bielefeld) die Zusammenstellung des Diskussionsbeitrags Gemeinwesenarbeit. Allen sei für ihr solidarisches Engagement herzlich gedankt.

Erwähnt seien aber auch die vielen ungenannten potenziellen Autorinnen und Autoren, die aus verschiedenen Gründen letztlich doch nicht im Handbuch vertreten sein konnten oder wollten.

Ohne das Lektorat und Korrektorat von Andrea Hund und Eva Bronner (beide Tübingen) und der Unterstützung von Johanna Regnath (Tübingen) hätte das „Handbuch Sozialraum“ nie die äußere Form bekommen, die es jetzt vorweist. Ihnen gilt unser größter Dank.

Marburg, Dresden, Bielefeld und Wien
Susanne Maurer, Christian Reutlinger, Fabian Kessl und Oliver Frey

Inhalt

2. Strukturierungen

3. Handlungsfelder

Die Rede vom Sozialraum – eine Einleitung

Christian Reutlinger, Fabian Kessl und Susanne Maurer

I. Eine kurze Genealogie des Handbuchs „Sozialraum"

„Ich glaube nicht an die räumliche Segregation an sich. Diese Annahme stellt genau den ökologischen Fehlschluss dar, der die Sozialraumdebatte seit Jahren markiert: die Annahme nämlich, Spaltung ergäbe sich konstitutiv aus bestimmten räumlichen Markierungen."
„Der Stadtteil als solcher hat natürlich bestimmte benachteiligende Faktoren. Die Zugehörigkeit zu einem Stadtteil kann stigmatisieren, aber derartige Phänomene sollten wir als das beschreiben, was sie sind: ‚Symbolisierungen und Inszenierungen', nicht die Konsequenz eines bestimmten Territoriums, eines bestimmten Fleckens Land."
„Das ist mir zu unbestimmt. Es geht sehr wohl um das je konkrete Territorium, wenn beispielsweise die dort zugängliche Infrastruktur nicht stimmt."
„Wenn dem so wäre: Wie erklärst Du Dir dann das Phänomen, dass es Stadtteile gibt, die über eine ‚objektiv' schlechtere Infrastruktur verfügen als andere und trotzdem besser ‚funktionieren', wie beispielsweise Städtevergleichsstudien kürzlich erst wieder gezeigt haben?"
„Das ist gar nicht meine Frage. Ich wollte darauf hinweisen, dass Sozialräume mit der gespaltenen Stadt zusammenhängen."
(Gespräch anlässlich eines Treffens der Herausgebergruppe, Ausschnitt 1)

Der Beginn des Arbeitszusammenhangs „Handbuch Sozialraum" ist im Kontext der Etablierung sozialpolitischer Sozialraumdiskussionen und im Kontext der Stadtentwicklungsdebatten im Umfeld der Bund-Länder-Initiative „Stadtteile mit besonderem Entwicklungsbedarf – die soziale Stadt" (im weiteren Text: „Soziale Stadt") zu verorten. „Sozialräume" werden in diesen Zusammenhängen verstärkt zum Ziel sozialpolitischer Interventionsstrategien erklärt. Diese hegemoniale Rede vom „Sozialraum" ist hier eine eindeutige: Sozialräume werden als *lokale Nahräume* bestimmt. Eine Orientierung sozialpolitischer Maßnahmen (Städtebau, Stadtplanung, Stadtteilentwicklung, Quartiersmanagement und sozialpädagogische Bewohneraktivierung) an einzelnen, administrativ identifizierten Wohnarealen und ihren Bewohnergruppen ist somit das zentrale Kennzeichen dieser Sozialraumkonzeptionen.

Gleichzeitig wird derartigen Lesarten gegenüber vor allem in jüngster Zeit grundlegender Einspruch formuliert. Eine territoriale Bestimmung von Sozialräumen wird als verkürzt zurückgewiesen. Sozialräume seien vielmehr sozialwissenschaftlich als Felder sozialer Kämpfe zu bestimmen. Orientiere man sich in diesem Sinne an sozialen Räumen, müsse daher eine Perspektive eingenommen werden, die die Beteiligung an den Aushandlungs- und Durchsetzungsprozessen, an einer „Ökonomie der symbolischen Güter" betone (vgl. Bourdieu 1998). Aus raumtheoretischer Perspektive könnte man sogar erstaunt fragen, ob nicht mindestens seit den Überlegungen Erving Goffmans – wie daran anschließend Henri Lefêbvres, David Harveys oder Doreen Masseys – „Sozialräumlichkeit" als Prozess sozialer Konstruktion räumlicher Zusammenhänge verstanden werden sollte. Doch nicht nur sozialwissenschaftliche Bedenken können angesichts der hegemonialen Rede vom „Sozialraum" als nahräumlichem Areal zum Ausdruck gebracht werden. Auch die historische Reflexion sollte gegenüber den Innovationsversprechen der aktuellen Sozialraumkonzeptionen skeptisch machen. Denn Territorialisierungsstrategien sind keine Innovation jüngerer bundesrepublikanischer Sozialpolitik. Mit der territorialen Ausrichtung sozialpolitischer Strategien wird vielmehr an eine Vielzahl wohlfahrtsstaatlicher Maßnahmen angeknüpft. Bereits im 19. Jahrhundert wurden beispielsweise Armutsquartiere zur sozial-administrativen Bearbeitung identifiziert und vermessen (vgl. Sachße/Tennstedt 1980: 214ff.). Wohlfahrtspflegerische Maßnahmen im Deutschen Reich und der Weimarer Republik bezogen sich zuallererst auf spezifische territoriale Zusammenhänge und gemeinwesenorientierte Interventionsstrategien sahen in der frühen Bundesrepublik die Stadtteile und ihre Bewohner als den zentralen Ansatzpunkt an.

Nimmt man diese historischen Formen einer Sozialraumorientierung in den Blick, zeigt sich, dass bereits früh Einwände hinsichtlich der systematischen Verkürzung solcher Territorialisierungsstrategien formuliert wurden und manche beteiligten Fachkräfte bereits in diesen Jahren um eine erweiterte konzeptionelle Bestimmung von Sozialräumen gerungen haben (vgl. Salomon [1928] 1998: 140). Als deren Erbinnen können die Einmischungsstrategien einer kritisch-reflexiven Sozialen Arbeit, die gegen-hegemoniale Taktik sozialer Bewegungen und der Politisierungskampagnen der Gemeinwesenarbeit beschrieben werden.

Trotz dieser historischen Analogien ist die hegemoniale Rede vom „Sozialraum", die sich seit einigen Jahren in der Bundesrepublik zeigt, und im Konzert mit analogen Redeweisen in anderen OECD-Staaten intoniert wird (vgl. Beiträge in Burgers/Hommerich/Vranken 2003, Kessl/Otto 2005; Reutlinger/Mack/Wächter 2005; Frey 2005) allerdings eine historisch spezifische Rede. Denn im Rahmen der aktuellen sozialpolitischen Auseinandersetzungen, innerhalb derer auf „den Sozialraum" Bezug genommen wird, ist zum einen die programmatische Einbindung sozialraumbezogener Konzepte in eine sehr viel größere und vielfältigere Zahl von Arbeitsfeldern als bisher festzustellen: Städtebau, Stadt-/Regionalplanung, Soziale Arbeit (Kinder-/Jugendhilfe, Gemeinwesenarbeit, Kinder-/Jugendarbeit oder Altenarbeit), Stadtentwicklung oder Ansätze lokaler Ökonomien diskutieren nicht nur sozialraumbezogene Interventionsstrategien, sondern explizieren eine Vernetzung ihrer Vorgehensweisen innerhalb der identifizierten Nahräume.[1] Zum anderen war die Rede von einer Orientierung sozialpolitischer Vorgehensweisen am Sozialraum im Sinne einer Kopplung von Nahraumorientierung *und* Bevölkerungsaktivierung bisher keine regierungsamtliche Rede. Den Bezug auf eine Aktivierung von Bewohnergruppen proklamierten in den 1970er und 1980er Jahren vielmehr gerade staatskritische Pers-

1 Die Heterogenität dieser Perspektiven spiegelt sich auch in der Herausgebergruppe des „Handbuchs Sozialraum" wider. Die Herausgeberin und die Herausgeber repräsentieren nicht nur unterschiedliche Forschungsfelder – Soziale Arbeit, Sozialgeographie, Sozialplanung und Stadtsoziologie –, sondern auch heterogene sozialpolitische Erfahrungen aus sozialen Bewegungsinitiativen, Selbsthilfe- und Gemeinwesenarbeitsprojekten und internationaler Kinder- und Jugendarbeit.

pektiven für sich (vgl. Müller/Nimmermann 1973; Mayer/Roth/Brandes 1978; Iben et al. 1981: 41ff.). Aktuell ist die Rede von der Stadtteilorientierung und der Aktivierung von Quartiersbewohnern als Rede vom Sozialraum dagegen zur hegemonialen Rede gerade der ministerialen Programme und ihrer Politikberater geworden (vgl. Alisch 2001; Becker et al. 2003; Institut für Stadtforschung und Strukturpolitik 2004).

Derartige Beobachtungen, nicht zuletzt in den Feldern Sozialer Arbeit, bildeten den Ausgangspunkt des Projekts „Handbuch Sozialraum":

„Am Beispiel der Sozialen Arbeit zeigt sich doch, wie sich die Sozialraumperspektive realisiert hat. Nehmen wir das Feld der Gemeinwesenarbeit: Vom Einzelfall zur Lebenswelt, zum Kontext oder zum Feld lauten die Parolen. Soziale Arbeit soll demnach nicht mehr den Alten, den Jugendlichen oder das Kind als Ziel der sozialpädagogischen Intervention in den Blick nehmen, sondern die Bezüge im „Sozialraum", im sozialen Nahraum der Betroffenen. Damit stellt sich selbstverständlich die Frage, was ein solcher Perspektivenwechsel für die Soziale Arbeit bedeutet – z.B. für das einzelne Jugendarbeitsangebot, wenn wir hier Jugendliche haben, die administrativ vermessen, einem Verwaltungsbezirk zugerechnet werden, in dem wir dann eine Sozialberichterstattung durchführen – nach formalen Logiken –, obwohl diese Jugendlichen häufig in ganz anderen, heterogenen und widerstreitenden sozialräumlichen Alltagsbezügen leben. Heißt das nicht, wenn wir Soziale Arbeit, aber eben auch soziale Stadtentwicklungs-, Sozialberichterstattungs- oder Sozialraumanalyse-Projekte durchführen, dass immer ein qualitativer und zusammenhängender Blick auf die Kontexte oder Lebenswelten notwendig wäre? Dann würde der Raum eine Rolle spielen – nämlich in der Hinsicht, wie er von den Jugendlichen angeeignet wird. Gleichzeitig brauchen wir aber auch die harten Daten, also quantitative Befunde, wie sie beispielsweise die Sozialberichterstattung liefert. Diese Daten sind nicht alles, aber notwendig. Und ist nicht genau das auch Teil des Ansatzes im Rahmen der Programme zur ‚Sozialen Stadt'? In dem Sinn wäre dann für mich auch der hier verwendete Sozialraumbegriff ein Kampfbegriff."

„Aber landest Du mit Deiner Schlusswendung einer veränderten sozialraumanalytischen Vorgehensweise nicht wieder mitten in den dominierenden Territorialisierungsstrategien und verschenkst genau das widerständige Potenzial, das Du zu Beginn Deiner Ausführungen mit dem Blick auf die Akteure und ihre heterogenen und konfliktreichen ‚Sozialräume' formuliert hast?"

„Meine Skepsis geht noch weiter. Ich spitze sie mal zu: Ich unterstelle, dass der Ansatz der Sozialraumorientierung, wie er im Rahmen der ‚Soziale Stadt'-Programme symbolisiert wird, bereits falsch ist. Meines Erachtens müssen wir in dieser grundlegenden Radikalität die aktuellen ‚Sozialraum'-Debatten anfragen."

„Welcher Ansatz ist falsch?"

„Der Ansatz an den ‚Orten' – ob kontextualisiert oder nicht. Ich glaube, dass genau dann ein nicht unbeträchtlicher Teil hegemonialer Symbolisierungsstrategien realisiert wird, wenn bestimmte abgrenzbare Territorien als ‚Armutsgebiete' oder ‚sozial benachteiligte Stadtteile' bestimmt werden. Und diese Bestimmungen realisieren und unterstützen somit häufig stadtteilbezogene Strategien Sozialer Arbeit, der Stadtteilentwicklungsprogramme, sozialraumorientierte Sozialberichterstattungsinitiativen und Ähnliches. Diese Vorgehensweisen addieren sich damit zu einer sozial-administrativen Strategie der ‚Territorialisierung des Sozialen', um die zentrale These der Bielefelder Tagung nochmals zu bemühen. Die Hoffnung, mit solchen scheinbaren Eindeutigkeiten, wie ein ‚Stadtteil' ist gleich ‚benachteiligt', Orientierungspunkte in der Unsicherheit sozialpolitischer Handlungsvollzüge zu schaffen, ist ja durchaus verständlich, aber zugleich immer wieder verheerend. Denn, wie eben erst wieder eine Evaluation in einer westdeutschen Stadt gezeigt hat und auch die Zwischenergebnisse von E&C zeigen, führen sozialraumorientierte Strategien nicht zuletzt dazu, dass nach einer Phase stadtteilbezogener Intervention in den untersuchten Stadtteilen die Zufriedenheit der Leute zwar größer wird, zugleich aber eine weitere Dramatisierung in der Wahrnehmung dieses Stadtteils in der Gesamtstadt nachzuzeichnen ist. Das Verheerende an diesen Ergebnissen ist meines Erachtens, dass beispielsweise Sozialpädagogen oder Stadtteilmanagerinnen genau diese Verbesserung der

Zufriedenheit erfahren und dann scheinbar konsequenterweise fragen: ‚Was wollt Ihr eigentlich mit Eurer ganzen Kritik, es funktioniert doch!‘ Brutalerweise verbessern sich die materiellen Lebensbedingungen mit den stadtteilbezogenen Interventionen aber nicht, wie dies beispielsweise der Soziale Stadt-Zwischenbericht zeigt – sie verschlechtert sich vielmehr in den Programmgebieten im Interventionszeitraum teilweise noch. Nun könnte man weiter fragen: ‚Ja, sollen wir's dann sein lassen?‘ Das kann selbstverständlich nur eine rhetorische Frage sein. Dennoch: Kein Ergebnis einer Sozialraumanalyse kann vorgeben, was sozialpädagogisch und -politisch zu tun ist – und trotzdem muss es genau darum gehen: um pädagogisches und politisches Handeln, denn die Betroffenen wollen weitere Handlungsoptionen als diejenigen, die ihnen bereits sichtbar und zugänglich sind. Das heißt, Ziel muss sein: (sozial)pädagogisch weitere Handlungsoptionen wieder ans Licht holen, die die Menschen gerade nicht sehen (können), und (sozial)politisch handeln, um fehlende Handlungsoptionen möglich zu machen (Infrastrukturangebote, zweiter Arbeitsmarkt, Existenzsicherung, ...).
Ein solches Vorgehen wird meines Erachtens schnell einsichtig machen, dass die gesamte Kommune, das städtische Gemeinwesen, die ländliche Gemeinde oder der entsprechende Landkreis bei den politischen Entscheidungen relevant sind und nicht nur das Areal von ein paar Straßen. Und diese Entscheidungen gestalten sich eben sehr unterschiedlich, je nachdem ob hier ‚nicht-aktivierte Bevölkerungsgruppen‘ als Bild vor den Augen der politischen Repräsentanten auftauchen, wie sie beispielsweise der Difu-Chef in seinem Stern-Interview Ende 2002 produziert hat, oder eben sozialstrukturell und -kulturell marginalisierte Bürger, deren Teilhabe strukturell beschränkt ist.“

(Gespräch anlässlich eines Treffens der Herausgebergruppe, Ausschnitt 2)

Einige Stationen der diskursiven Konstituierung des „Handbuchs Sozialraum"

Im November 2001 fand im Rahmen der im Deutschen Jugendinstitut in Leipzig und München angesiedelten wissenschaftlichen Begleitung des Programms „Entwicklung und Chancen junger Menschen in sozialen Brennpunkten“ (E&C), Partnerprogramm von „Soziale Stadt“, eine Tagung in Dresden-Moritzburg statt. Im Mittelpunkt stand dabei die Frage nach den „Grenzen des Sozialraums“ (vgl. Projekt „Netzwerke im Stadtteil“ 2005). Die Tagungsinitiative war durch die bis zu diesem Zeitpunkt unbefriedigenden systematisch-analytischen Diskussionen um den „Sozialraum“ motiviert und hatte sich zum Ziel gesetzt, die damit zusammenhängenden Implikationen für verschiedene praxisrelevante Bereiche und die wissenschaftliche Begleitung des Programms „E&C“ auszuleuchten.

Inspiriert von den Anregungen der Dresdner Diskussionen und zugleich unzufrieden mit den städtebaulich dominierten, sozial-administrativ realisierten und häufig in Form von Anwendungsforschung wissenschaftlich begleiteten Sozialraumprogrammen entstand die Idee, den „Sozialraum einmal quer zu denken“. Die hegemonialen Redeweisen vom „Sozialraum“ sollten mit Bezug auf die zunehmenden, dabei auch skeptischen sozialwissenschaftlichen Rekonstruktionen und Reflexionen einer kritischen Systematisierung unterzogen werden. Mit dieser grundlegenden und zugleich sehr offenen Herangehensweise fanden im Anschluss an die Dresdner Tagung und im Rahmen der Internationalen Bielefelder Fachtagung „Spacing Social Work – zur Territorialisierung des Sozialen“ im November 2002 konzeptionelle Herausgebertreffen statt. Ausgangspunkt der Bielefelder Tagung war die Beobachtung eines

Formwandels aktueller Regierungsstrategien: Kleinräumige Einheiten rückten demnach zunehmend in den Fokus sozialpolitischer Interventionsmaßnahmen – das „Soziale wird territorialisiert" (vgl. Kessl/Otto 2004; Kessl/Otto 2005). Die Bielefelder Beiträge und Debatten machten der Herausgebergruppe noch einmal die Relevanz des Vorhabens deutlich, die Sozialraumdebatten tatsächlich „quer zu denken". Denn erstens wurden die vielfältigen programmatischen Positionen trotz aller Vernetzungs- und Kooperationsreden bisher nur selten aufeinander bezogen bzw. miteinander konfrontiert, und zweitens waren die damit verbundenen *unterschiedlichen analytischen Perspektiven* bisher kaum zugänglich, schon gar nicht in einer expliziten Zusammenstellung. Damit stellte sich der Herausgebergruppe die Herausforderung eines kritischen Systematisierungsversuchs bisher vorliegender Ansätze. Aus diesem Grund wurde die ursprüngliche Anlage des geplanten Bandes als Diskussionsbuch in die Gestalt eines Handbuchs „übersetzt".

Mit dieser Entscheidung blieb es allerdings nicht bei der Herausforderung einer kritischen Systematisierung. Denn die offensichtliche Uneinheitlichkeit des Terminus „Sozialraum" in den vorliegenden Bestimmungen machte die Konstruktion eines Handbuchs im traditionellen Sinne fragwürdig. Ein traditioneller Handbuchkorpus, der entweder einen enzyklopädischen Aufbau oder eine entlang von Handlungsfeldern oder Disziplinen strukturierte Gliederung nahe gelegt hätte, könnte unter der Überschrift „Sozialraum" zwar umfangreiches Material vereinigen, aber die vielfältigen und grundlegenden thematischen Spannungsfelder nur wenig berücksichtigen. Diese schienen aber nicht nur entscheidendes Charakteristikum der aktuellen Sozialraumdiskussionen, sondern auch sinnvoller Ansatzpunkt für die geplante kritische Systematisierung zu sein. Deshalb entwickelte die Herausgebergruppe eine alternative Handbuchkonzeption. Zum einen sollten die verschiedenen Perspektiven innerhalb der Debatten um „den Sozialraum" integriert, und zum anderen deren Positionierungen als thematische Spannungsfelder expliziert werden.

Im „Handbuch Sozialraum" werden von daher Positionen aus verschiedenen vorliegenden Perspektiven versammelt, ohne sie in eine einheitliche Gesamtstruktur zu gießen. Das „Handbuch Sozialraum" bietet also weder eine integrative Ordnung der vorliegenden Sozialraumdiskussionen noch eine systematisierende Ordnung aus einer Generalsperspektive an. Doch diese Vorgehensweise selbst hat wiederum System: das System des „Handbuchs Sozialraum".

Zur Konstruktion des Textkorpus

Die Autorinnen und Autoren des „Handbuchs Sozialraum" wurden von der Herausgebergruppe dazu aufgefordert, ihre Beiträge anhand zentraler Thematisierungslinien anzulegen und die damit verbundenen Spannungsfelder zu diskutieren. Dies sollte vor dem Hintergrund ihrer eigenen expliziten Positionierung(en) innerhalb des Diskursfeldes „Sozialraum" geschehen. Um die Heterogenität der unterschiedlichen Angänge auch innerhalb der Beiträge wiederzugeben, hat sich die Herausgebergruppe außerdem dafür entschieden, möglichst alle Beiträge von zwei Autorinnen/Autoren verfassen zu lassen. Diskursivität und Heterogenität bilden somit die beiden Grundprinzipien des „Handbuchs Sozialraum".

Eine solche Herangehensweise ist nicht gerade ein schlichtes und auch kein unproblematisches Unterfangen. Im Laufe der Herausgebertätigkeit zeigte sich beispielsweise, dass die Zusammenstellung von „neuen Autorenpaaren", das heißt bisher nicht bestehender Ko-Autorenschaften, eine nicht in allen Fällen realisierbare Herausforderung darstellte. Die Konstitution eines neuen Raumes zur Diskussion war aufgrund des erwarteten Zeitaufwands, des erforderlichen Aufwands für die Suche nach einer gemeinsamen Sprache und der erforderlichen Energie für die inhaltlichen Auseinandersetzungen nicht immer möglich. Trotz dieser strukturellen Beschränkungen zeigt die beeindruckende Zahl von 63 beteiligten Autorinnen und Autoren und 29 Ko-Autorenschaften, dass das „Handbuch Sozialraum" eine bisher so nicht vorliegende weite thematische Spannbreite anbieten kann – ein Verdienst aller beteiligten Autorinnen und Autoren.

Die alternative Anlage des „Handbuchs Sozialraum" war auch eine hohe Herausforderung für die Herausgebergruppe selbst, sollte doch der Anspruch der Diskursivität und Heterogenität in der strukturellen Homogenität eines Handbuchkorpus realisiert werden. Die thematische Gliederung und die Zusammenstellung der Autorinnen und Autoren sollten diesen Ansprüchen gerecht werden, das heißt den gemeinsamen Korpus „Handbuch Sozialraum" legitimieren, ohne die Spezifika und Differenzen zu sehr anzugleichen oder durch eine konstruierte Einheit zu verschleiern. Dieser Konstitutionsprozess des Handbuchs war also nicht nur anspruchs-, sondern auch spannungsvoll. Unsere Entscheidung, das Handbuch „Sozialraum" selbst als einen Raum zu verstehen – das heißt, dementsprechend zu gestalten, dass Spannungsfelder, die sich im Diskussionsraum „Sozialraum" niederschlagen, wenigstens teilweise auch beleuchtet werden, hat solche Dynamiken vermutlich noch beschleunigt. Wir hoffen, dass das Ergebnis für die Leserinnen und Leser vielleicht gerade deshalb umso ertragreicher ist.

„Dreht sich nicht die ganze ‚Sozialraumdebatte' darum, inwieweit wir uns als Fachkräfte ‚vor Ort' eigentlich ‚nicht raushalten können' – aus den Prozessen der Platzierung, der Fixierung und der Ver-Ortung. Aus Angst, aus Unsicherheit beginnen wir permanent zu platzieren, zu fixieren – etwas platt formuliert: ‚Dann hat man was'. Dann kann man ‚was machen und das macht man dann eben auch'."

„Ja, und müsste es nicht viel mehr darum gehen, mit dieser ‚Unsicherheit', dieser Unbestimmtheit umzugehen, mit dieser Unschärfe, die der Verweis auf das Dynamische, das Nicht-Fixierte darstellt und dieses also konstitutiv mit sich bringt? Dabei würde es um Ungewisses, Unscharfes und Riskantes gehen – ohne klare Verbindungen. Wir benötigen insofern ‚sozialraumsensible' Ansätze, wie die Bielefelder Kollegen das nennen, oder ‚lebensweltsensible' Angebote, um es in einer anderen Theoriesprache zu sagen. Diese Perspektiven lösen durch den konstitutiven Einbezug von Unsicherheit aber immer auch Angst aus."

„Eine weitere Frage ist meiner Meinung nach, wieso in der ‚Sozialraumdebatte' seit noch nicht so langer Zeit, vielleicht seit einem Jahr oder etwas länger, ständig Verweise formuliert werden auf bestimmte raumtheoretische Hinweise – zumeist die Raumsoziologie von Martina Löw, seltener aber auch der Verweis auf die Sozialgeographie von Benno Werlen? Das zeigt sich vom Abschlussbericht ‚Integra' bis zur E&C-Evaluation. Alle scheinen sich auf einmal einig, dass das Behälterraum-Modell, das Bild des räumlichen Containers unzureichend ist. Davon scheint man sich distanzieren zu müssen und daher auf entsprechend kritische Bemerkungen der genannten Raumtheorien zu verweisen. Allerdings macht's im nächsten Schritt häufig ‚Schwupps', man scheint sich eben mal befreit in die Hände zu klatschen, und dann wieder ab ans sozialraumbezogene Tagwerk zu gehen: Es wird wieder fleißig ‚verortet' und ‚territorial fixiert' wie eh und je."

„Ja. Wieso hält es niemand durch, die raumtheoretischen Einwände zu bedenken und sie konzeptionell zu übersetzen, zu transformieren, sie in diesem Sinne konzeptionell zu Ende zu denken? Es stellt sich die Frage, ob es solche Wege, ‚erst mal nicht zu fixieren' überhaupt gibt."
„Wir sollten dazu den verschiedenen Thematisierungsrichtungen und -bewegungen nachgehen, sowohl auf der (raum)theoretischen Ebene und den damit verbundenen systematisch-disziplinären Ebenen (Soziale Arbeit, Ökonomie, Sozialpolitik, ...), als auch auf der Ebene der Handlungsfelder (Jugendarbeit, Netzwerkansätze, Lokale Ökonomien, Schule, Übergänge in Arbeit, ...). Hier sollten die Hinweise gesucht werden, weshalb es immer wieder zu diesem ‚konzeptionellen Kippen' von der kritischen raumtheoretischen Ausrichtung zur affirmativen Territorialisierung kommt. Dass also in der realen sozialraumbezogenen Konzeptionsarbeit plötzlich ein ganz anderer Raumbegriff verwendet wird – vielleicht ohne dass dies ‚absichtsvoll', sondern durchaus aus einer Motivation heraus geschieht auf die Einwände zu reagieren. Oder ist es den Akteuren durchaus klar, was sie konzeptionell tun, aber letztlich ist es die Entscheidung: ‚Na ja gut, irgendwie weiß ich dann auch nicht, wie wir sonst vorgehen sollen, wenn nicht stadtteilbezogen'."

(Gespräch anlässlich eines Treffens der Herausgebergruppe, Ausschnitt 3)

Das „Handbuch Sozialraum" stellt sich der Aufgabe einer kritischen Systematisierung der derzeit in verschiedenen Disziplinen und aus unterschiedlichen Perspektiven diskutierten – kontroversen wie integrativen, innovativen wie reaktionären – sozialräumlichen Sichtweisen. Die Hoffnung der Herausgebergruppe ist es, damit eine diskursive Auseinandersetzung anzuregen, die auch quer zu den bisherigen Positionen erfolgen und somit weiterführende Impulse für die aktuellen Sozialraumdiskussionen anbieten kann. Das „Handbuch Sozialraum" stellt damit gewissermaßen eine Zwischenetappe in den systematisch-theoretischen und programmatisch-konzeptionellen Auseinandersetzungen um die Rede vom „Sozialraum" dar. Im eröffneten Thematisierungs*raum* des Handbuchs – als Kontext und Gewebe der dargestellten, rezipierten und problematisierten Denkweisen und der beteiligten Akteure innerhalb der einzelnen Beiträge, der verschiedenen Handbuchbereiche und im gesamten Handbuch, aber selbstverständlich auch über dieses hinaus – soll den Leserinnen und Lesern die Korrespondenz mit den beteiligten Autorinnen und Autoren und damit die Beteiligung an den Auseinandersetzungen ermöglicht werden.

II. Sozialraum – programmatisch aktiviert?

Im November 1996 beschloss die Konferenz der 16 bundesrepublikanischen für Städtebau, Bau- und Wohnungswesen zuständigen Minister und Senatoren (Argebau) die Gemeinschaftsinitiative „Soziale Stadt". Mit der dabei vereinbarten Förderung von „Stadtteilen und Ortsteilen mit Entwicklungspriorität" sollte die diagnostizierte wachsende sozialräumliche Spaltung bundesrepublikanischer Städte bekämpft werden (vgl. Leitfaden zur Ausgestaltung der Gemeinschaftsinitiative „Soziale Stadt" vom 2. April 1998).[2] „Das Programm ‚Soziale Stadt' ist primär auf Gebiete

2 Im Jahr 2000 wurde das Programm „Soziale Stadt" umbenannt in Förderprogramm für „Stadtteile und Ortsteile mit besonderem Entwicklungsbedarf" (vgl. Leitfaden zur Ausgestaltung der Gemeinschaftsinitiative „Soziale Stadt" 2000).

orientiert, an denen die Wirtschaftsentwicklung entweder vorübergeht oder in denen die Verlierer der Modernisierung weitgehend unter sich bleiben und aus denen wirtschaftsstärkere Haushalte und Unternehmen wegziehen. Als Programmgebiete werden in der Regel solche städtischen Teilräume ausgewählt, deren Bevölkerungen entweder durch selektive Abwanderung und/oder durch selektiven Zuzug oder durch kollektiven sozialen Abstieg (wie z.B. Arbeitslosigkeit) geprägt sind" (Walther 2002: 27). Mit dem zuerst implementierten so genannten STEP-Programm („Stadtteile mit Entwicklungspriorität") wurde an verschiedene, in den 1990er Jahren entwickelte Länderinitiativen angeschlossen, wie beispielsweise das nordrhein-westfälische „Handlungsprogramm der Landesregierung für Stadtteile mit besonderem Erneuerungsbedarf" (vgl. den entsprechenden Kabinettsbeschluss vom 4. Mai 1993), das Hamburger Programm zur Armutsbekämpfung (vgl. „Hamburger Programm zur Armutsbekämpfung als Bestandteil sozialer Stadtentwicklung" 1994), die Versuche, Gemeinwesenarbeit mit Stadterneuerung zu verbinden, wie in Bremen (1998) oder Hessen (Programm „HEPNEST" 1995) oder das Berliner Quartiersmanagerprogramm (vgl. Walter 2002; Deutsches Institut für Urbanistik (difu) 2003). Die Priorität dieser neuen Politik einer Territorialisierung des Sozialen unterstrich die neu gewählte Bundesregierung durch eine explizite Erwähnung dieser Förderstrategien in den Koalitionsverträgen von 1998 und 2002.

Während mit der Gemeinschaftsinitiative „Soziale Stadt" eine neue Form der Städtebauförderung angeregt und implementiert werden sollte, wurde bzw. wird mit den Parallel- und Anschlussprogrammen die Aktivierung von lokalen Akteuren (z.B. freie Träger der Kinder- und Jugendhilfe) und der als benachteiligt bestimmten Bevölkerungsgruppen angestrebt. Das vom Bundesministerium für Familie, Senioren, Frauen und Jugend (BMFSFJ) initiierte jugend- und jugendhilfepolitische Programm „Entwicklung und Chancen junger Menschen in sozialen Brennpunkten (E&C)" will denn auch eine Verbesserung der Lebensbedingungen von benachteiligten Kindern und Jugendlichen in städtischen Gebieten „mit besonderem Entwicklungsbedarf" und in strukturschwachen ländlichen Regionen erreichen. Dies wird angestrebt, indem „vor allem die über den Kinder- und Jugendplan (KJP) des Bundes geförderte[n] Träger der Kinder- und Jugendhilfe motivier[t werd]en, sich verstärkt in benachteiligten städtischen Gebieten und strukturschwachen ländlichen Regionen zu engagieren" (Projektgruppe „Netzwerke im Stadtteil" 2004: 6f.).

In dem Schwerpunkt des daran anschließenden Bundesprogramms „Lokales Soziales Kapital für soziale Zwecke (LOS)" wird analog formuliert: Es gehe darum, „die Bedingungen zur sozialen und beruflichen Integration in Sozialräumen mit besonderen Integrationsproblemen zu verbessern" (Regiestelle LOS 2003: 4). Die in „E&C" bereits in den Mittelpunkt gestellte Vernetzungspolitik wollen auch die Programmgestalter von „LOS" durch die Gründung von „lokalen Netzwerken" weiter vorantreiben. Diese sollen unter Federführung der kommunal-administrativ angesiedelten „lokalen Koordinierungsstellen" so genannte lokale Aktionspläne „aktivieren" (ebd.).

Mit diesen Bundesprogrammen wird somit an die seit Mitte der 1990er Jahre dynamisierte „Aktivierung neuer Gemeinschaftlichkeit" und die damit verbundene Hoffnung auf eine staatliche Mobilisierung sozialer Bewegungsformen angeknüpft. Hintergrund solcher Programminitiativen ist die Zeitdiagnose eines Verlusts der „Bindekräfte unserer Gesellschaft", wie sie in dem Abschlussbericht der Enquete-kommission „Zukunft des Bürgerschaftlichen Engagements" benannt wird (BT-Drucksache 14/8900 2002: 8). Deshalb müsse unter allen Umständen versucht werden, eine neue Gemeinschaftlichkeit durch staatliche Aktivierungsprogramme zu implementieren (vgl. ebd.: 15). Dass lokale Gemeinschaften für Demokratien von großer Relevanz seien, hat bereits Alexis de Tocqueville nach seinen Besuchen in den USA Anfang des 19. Jahrhunderts formuliert. Diese Überzeugung erfährt inzwischen ein bemerkenswertes Revival: Der Leim, mit dem der Zusammenhalt der Gesellschaft wieder hergestellt werden müsse, könne nur in den lokalen Sozialräumen wieder angerührt werden – so könnte man in den Worten eines zeitgenössischen US-amerikanischen Aktivierungs-Propheten heute Tocqueville frei übersetzen (vgl. Tocqueville 1987; Putnam 1994: 176; ders. 2000).

Nun stellen auch Aktivierungsstrategien keineswegs ein neues Phänomen der jüngsten bundesrepublikanischen Sozialpolitik dar. So wird beispielsweise in den Konzepten der Gemeinwesenarbeit der 1970er und 1980er Jahre ausführlich über die Möglichkeiten einer „Aktivierung zur Selbsthilfe" nachgedacht (Iben et al. 1981: 49ff.; vgl. Seippel 1976). Es handelt sich allerdings auch hier um Interventionsansätze, die häufig von den Bestrebungen und Impulsen sozialer Bewegungen motiviert waren in herrschaftskritischer und basisdemokratischer Absicht auf die „Selbstorganisation von Betroffenen" zu setzen. Im Unterschied zu dieser gegengesellschaftlichen Positionierung zielen die aktuellen sozialraumbezogenen Aktivierungsprogramme auf die Initiierung sozialer Bewegungsformen *durch* staatliche Instanzen. Sozialpolitisch steht damit nicht mehr die Frage der Reaktion auf bestehende oder im Entstehen begriffene soziale Bewegungen im Blickpunkt, sondern die Frage der Initiierung und Aktivierung derselben.

Zusammenfassend kann also festgehalten werden: Die Rede vom „Sozialraum" ist in den letzten Jahren – erstens – eine politisch immer einflussreichere Rede geworden. Zweitens ist sie in den meisten Fällen eine Rede von der „Benachteiligung", den „besonderen Entwicklungs-" oder „Integrationsbedarfen" der fokussierten „Sozialräume". Die hierbei identifizierten Territorien – Stadtteile, Quartiere, Straßenzüge oder Wohnareale – werden also aufgrund einer negativen Qualifizierung in den Blick genommen: „[V]erbindendes Merkmal ist in erster Linie eine gegenüber der Gesamtstadt überdurchschnittliche Problemdichte" (Becker 2003: 72). Drittens wird zwar immer wieder betont, dass der Terminus „Sozialraum" nicht ausschließlich eine territoriale Dimension betonen soll: „Es wird ein Zugang zur Problembearbeitung angestrebt, der gegenüber dem Terminus ‚Gebiet' die soziale Dimension des Raums als ‚Quartier' betont. ‚Quartier' bezeichnet einen sozialen Raum, der kleiner als ein (administrativ abgegrenzter) Stadtteil, aber durchaus vielfältiger sein kann als ein Wohngebiet, das planungsrechtlich nur dem Wohnzweck dient" (Alisch 2002: 60). Ziel ist es also, nicht nur das Territorium, sondern auch die dort angesiedelte Bevölkerungsgruppe in den Blick zu bekommen. Und dennoch stellt das Territorium den administrativen Ausgangspunkt sozialraumbezogener oder -orientierter Interventionsstrategien dar.

Nimmt man diese dreifache Charakterisierung der Form des aktuellen Sozialraumdiskurses als Ausgangspunkt, so stellen sich eine Reihe systematischer Anschlussfragen: Wie ist mit dem in den letzten Jahren vermehrt formulierten Einwand umzugehen, dass Gebietseinheiten und „Sozialräume" keineswegs deckungsgleich sein müssen? Liegen reale Gebiets- und Bevölkerungseinheiten quer zu den vielfältigen „Sozialräumen"? Oder umfassen einzelne Territorien eine ganze Zahl heterogener und widerstreitender „Sozialräume"? Gibt es überhaupt manifeste „Sozialräume"? Sind diese zu beobachten – und wenn ja, in welcher Weise? Wie steht es also um Versuche einer systematischen Rekonstruktion und Bestimmung von „Sozialräumen"? Sollte angesichts der empirischen Heterogenität besser gar nicht oder höchstens heuristisch von „Sozialräumen" gesprochen werden?

Mit einem Blick auf zwei Gebietsprofile aus einer Sozialraumanalyse lässt sich unser Antwortversuch hinsichtlich der Funktion der aktuellen Sozialraumdiskussionen verdeutlichen.

Zur Funktion der Rede vom „Sozialraum"

Gebietsprofil I:
Der Sozialraum Mitte umfasst die unmittelbare Innenstadt und die westlich angrenzenden Kernstadtgebiete und wird von ca. 8.000 Personen bewohnt. Das entspricht einem Anteil von 6,3% an der Gesamtbevölkerung der Gesamtstadt. Die Bevölkerungsdichte liegt trotz der zentralen Lage unter dem städtischen Durchschnitt (5.130 Bewohner pro qkm). Der Nullwert bei den gewerblichen Flächen erklärt sich aus der Doppelnutzung von Wohn- und Gewerbeflächen im Innenstadtbereich. Der Anteil der Freiflächen ist mit 8,2% innenstadttypisch äußerst niedrig.

Die Alterstruktur ist durch einen sehr geringen Anteil von Kindern und Jugendlichen gekennzeichnet. Der Anteil von Familien mit Kindern ist sehr niedrig. Der Anteil ausländischer Kinder und Jugendlicher liegt mit 10% deutlich unter dem gesamtstädtischen Wert von 16,4%. Entsprechend der unterdurchschnittlichen Sozialhilfequote liegt auch die Quote bei Kindern, Jugendlichen und jungen Erwachsenen unter dem städtischen Durchschnitt.

Gebietsprofil II:
Der Sozialraum Daunheide grenzt an die Sozialräume Ellermeier und Britendorf und erstreckt sich südlich zur West-Ost-Autobahn. Daunheide hat ca. 7.000 Einwohner, was einem Anteil von 5,3% an der gesamtstädtischen Bevölkerung entspricht. Die Bevölkerungsdichte liegt mit 6.294 Bewohnern pro qkm über dem städtischen Durchschnitt. Der Sozialraum ist gekennzeichnet durch einen sehr hohen Anteil gewerblicher Nutzung (21,8%) und einen leicht unterdurchschnittlichen Freiflächenanteil.

Die Alterstruktur im Sozialraum ist durch einen leicht überdurchschnittlichen Anteil von Kindern und Jugendlichen (19,2%) gekennzeichnet. Der Anteil der Familien mit Kindern ist überdurchschnittlich. Der Anteil ausländischer Kinder und Jugendlicher entspricht in etwa dem städtischen Durchschnitt. Entsprechend der überdurchschnittlichen allgemeinen Sozialhilfequote ist der Anteil der Sozialhilfeempfänger auch bei den Kindern und Jugendlichen sowie bei jungen Erwachsenen relativ hoch.

Diese beiden fiktiven Gebietsprofile stellen einige ausgewählte Indikatoren aus zwei von 13 Profilen einer vorliegenden Sozialraumanalyse zusammen, die vor wenigen Jahren in einer mittelgroßen westdeutschen Stadt durchgeführt wurde. Ziel dieser

Vorgehensweise war die Herstellung einer möglichst detaillierten Beschreibung der einzelnen Stadtgebiete als Teil kommunaler Sozialplanung.

„Sozialräume" werden hier von den Berichterstattern als Stadtteile bestimmt, die Stadt daher als Konglomerat der 13 identifizierten Sozialräume. Jeder einzelne dieser „Sozialräume" lässt sich in einem solchen Verständnis unzweifelhaft kartographisch markieren (vgl. Kessl 2005: 182ff.) oder anders gesprochen: mit klar identifizierbaren örtlichen Grenzziehungen versehen und territorial verorten. Derartige territoriale Sozialraumbestimmungen antworten damit auf das Bedürfnis nach einer fassbaren Formgebung sozialer Zusammenhänge. Soziale Ordnung wird mathematisch hergestellt, Ambivalenzen und Uneindeutigkeiten entlang statistischer Indikatoren (wie „Durchschnittlichkeit") als Normalität oder Abweichung erfassbar. Auf dieser Basis erscheinen soziale Prozesse dann kontrollierbar oder zumindest planbar. Mit derartigen Grenzziehungen wird somit ein administratives Strukturierungsbedürfnis befriedigt.

Der Bezug auf Sozialräume dient somit erstens der Installierung und Stabilisierung herrschender politischer Rationalitäten: Die scheinbar unbestreitbare Macht des Faktischen wird angerufen, wenn auf die Relevanz von „Sozialräumen" als lokale Nahräume in Zeiten der „Globalisierung" und „Ökonomisierung" verwiesen wird (*Wahrheitspolitik*). Die ambivalenten Dynamiken sozialer Zusammenhänge werden wieder einmal durch Vermessungen „gezähmt": Territorien werden also vermessen (und als *Sozialräume* ausgegeben), Risikolagen in Bezug auf diese konstruierten Bevölkerungs- und Gebietseinheiten identifiziert (mit Hilfe der *Kartographie*) und entsprechende staatliche Interventionsmaßnahmen abgeleitet (unter dem Vorzeichen der *Prävention*). Voraussetzung dafür ist die Festschreibung und häufig auch Simplifizierung fluider, relationaler und kontingenter sozialer Zusammenhänge. Diese „Territorialisierung des Sozialen" erweist sich damit als ein zentrales Instrument der aktuellen neo-sozialen Re-Strukturierung des bisherigen wohlfahrtsstaatlichen Arrangements (Kessl/Otto 2005).

Zweitens kann darauf verwiesen werden, dass der arbeitsgesellschaftliche Strukturwandel dazu führt, dass die tradierten „industriekapitalistischen Räume" zunehmend aufbrechen, sich „entgrenzen" und arbeits- und lebensweltliche Zusammenhänge neu zueinander ins Verhältnis setzen, dass also neue Räume und Räumlichkeiten entstehen. Dabei ist von einer permanenten und fluiden Grenzziehung auszugehen und damit von einer kontinuierlichen De- und Neukonstitution des Sozialräumlichen (vgl. Reutlinger 2005). Gleichzeitig brechen in der „Krise des Sozialstaates" die bisher Halt gebenden institutionalisierten Strukturen auf. Aus der Bewältigungsperspektive lassen sich die Spaltungs- und Entgrenzungsprozesse einerseits über eine zunehmende Bewältigungsproblematik außerhalb von systemrationalen und institutionalisierten Lebenszusammenhängen und damit in der *Unsichtbarkeit* (Reutlinger 2003) aufschließen. Daraus ergeben sich auch neue Gestaltungsspielräume, die gerade für sozialräumliche Politiken und Praxen neue Perspektiven bieten. Die Gestaltung des Sozialen wird damit erneut möglich, indem beispielsweise soziale Entwicklungsprozesse und damit „Räume der Ermöglichung" initiiert und konstituiert werden, die an den Bewältigungsherausforderungen und Gestaltungspotenzialen der Menschen anknüpfen und integrative Perspektiven aufzeigen (vgl. Reutlinger/Zychlinski 2005).

Drittens dient die Rede vom „Sozialraum" als Basis kritischer *Gegen*entwürfe zu den herrschenden sozialstaatlichen Strukturierungen des Sozialen. Explizit wird hierbei die „soziale" gegenüber der „territorialen" Dimension betont. Unter den Vorzeichen von Bewohnerbeteiligung, Kundenorientierung bzw. Empowerment soll demnach der „Sozialraum der Betroffenengruppen" in einem bestimmten Territorium den Ansatzpunkt interventionistischer Strategien darstellen, und gerade nicht das Territorium selbst. Gegenüber den institutionell verfassten staatlichen Interventionsinstanzen gelte es, Sozialräume als Lebenswelten in den Blick zu rücken. In diesem Zusammenhang wird dann wieder auf die sozialräumliche Dimensionierung kritischer gegengesellschaftlicher Kräfte aus dem Kontext sozialer Bewegungen verwiesen – der Bezug also auf Gruppen genommen, die im bundesrepublikanischen Zusammenhang „emanzipative" und „selbstorganisierte" Strategien beförderten, sei es nun in Bürgerinitiativen, Selbsthilfegruppen oder öffentlichen Kampagnen zur Skandalisierung von entmündigenden Anstaltsstrukturen der Jugendhilfe-, Behindertenhilfe- oder Psychiatrieeinrichtungen. Die Fokussierung der „Sozialräume" von Betroffenengruppen, so die Hoffnung solcher Ansätze einer „kritischen Sozialraumorientierung", soll die Lebensbezüge der Einzelnen besser begreifbar machen und damit eine Lebensweltorientierung sozialer Dienste, die Bürgernähe kommunaler Administration oder die Niedrigschwelligkeit sozialer Infrastruktur in Form einer solchen Orientierung am Sozialraum ermöglichen.

Von der Relationalität des Sozialraums

Die gesellschaftspolitische Konjunktur der Debatten um „Sozialraum" hat in den letzten Jahren auch eine wachsende Zahl von theorie-konzeptionellen und empirischen Studien provoziert. Dabei wird zum einen theorie-systematisch darauf hingewiesen, dass das physikalisch-substantialistische Raumverständnis, Sozialräume stellten einheitliche Territorien „inklusive" der dort wohnenden Bevölkerungsgruppen dar, unzureichend sei. Zum anderen wird auf der Basis empirischer Rekonstruktionen und Evaluationsergebnisse darauf aufmerksam gemacht, dass – in Abgrenzung zu absolutistischen Raumvorstellungen, wie sie Albert Einstein mit der Kurzformel „Container" versinnbildlicht hat, und die in der deutschsprachigen Rezeption häufig mit dem Begriff des „Behälterraums" beschrieben werden (vgl. Einstein 1960: XIII) – ein relationales oder metrisches Raumverständnis entwickelt werden sollte, um menschliche Raumkonstitutions- und -konstruktionsprozesse angemessen erfassen zu können (vgl. Becker/Eigenbrodt/May 1984; Böhnisch/Münchmeier 1996; Deinet 2004; Drilling 2004; Hamedinger 1998; Lippuner 2003; Pott 2002; Projekt „Netzwerke im Stadtteil – Wissenschaftliche Begleitung von E&C" 2004; Reutlinger 2003; Schmid 2003; Schlottmann 2003; Schütte 2003; Sommerfeld 2004; Stern 2004).

Für eine reflexive Sozialraumperspektive stellt sich somit die Frage nach Machtverhältnissen und Herrschaftsstrukturierungen im sozialen Raum (vgl. Bourdieu 1998; Giddens 1995). Es geht dabei aber nicht um einheitliche Instrumente einer im Sinne administrativer Rationalität vorgenommenen Territorialisierung, sondern es gilt die Heterogenität der Territorialisierungsprozesse zu rekonstruieren, die die Akteure und Akteursgruppen realisieren (vgl. Reutlinger 2003; Kessl/Otto/Ziegler 2002).

Es zeigt sich hier das Spannungsfeld zwischen einer veränderten sozialstaatlichen Territorialisierungspolitik und dem Wissen um die Notwendigkeit nicht nur der systematischen Inblicknahme, sondern des permanent zu realisierenden Respekts gegenüber den differenten, heterogenen und konfliktären sozialen Räumen der individuellen wie kollektiven Subjekte. In diesem Spannungsfeld finden sich Akteure in sozialpolitische, sozialpädagogische, stadtplanerische oder anderen, vor allem kommunalpolitisch angesiedelten, Handlungsfeldern aktuell wieder und werden ihm sozialraumorientiert auch nicht entkommen – wollen sie die Territorialisierungsstrategien nicht schlicht reproduzieren.

III. Die Konstitution eines Thematisierungsraumes – die Binnenstruktur des „Handbuchs Sozialraum"

Der mit dem Handbuch aufgespannte „Thematisierungsraum" soll nicht nur eine ganze Reihe von Spannungs- und Thematisierungslinien einfangen und damit systematisch sichtbar machen, sondern konstruiert und gestaltet durch die gewählte spezifische Herangehensweise selbst wieder einen neuen „Raum". Das Handbuch hat sich daher nach seinem Erscheinen den theoretischen Diskussionen und programmatischen Politiken sowie den je konkreten Anforderungen aus den verschiedenen Praktiken zu stellen.

Der „Raum", der mit dem Handbuch eröffnet wurde, kann selbstverständlich nur einen Bestandteil der kreativen Anregungen, kontroversen Denkweisen, konzeptionellen Konfliktpotenziale und inhaltlichen Spannungen abbilden, die sich innerhalb und um die Diskussionen zum „Sozialraum" seit einigen Jahren abspielen. Manches hat sich im „Handbuch Sozialraum" materialisiert, vieles wird in weiteren Diskussionen in den Blick zu nehmen sein. Wenn das „Handbuch Sozialraum" Anregungen für weitere und quere Thematisierungen anbieten kann, ist dem Ansinnen der HerausgeberInnen-Gruppe Genüge getan.

Das „Handbuch Sozialraum" gliedert sich in vier Bereiche: „Disziplinäre Positionierungen", „Strukturierungen", „Handlungsfelder" und „Symbolisierungen". An zwei Stellen im Handbuch werden die vier Bereiche nochmals um Illustrationen konkreter sozialraumorientierter Vorgehensweisen ergänzt: Innerhalb der „Handlungsfelder" werden drei „Situierungen" in Form konkreter Sozialraum-Konzeptionen in der Bundesrepublik vorgenommen und zwischen den vier Handbuchbereichen „Internationale Fenster" geöffnet, indem exemplarisch drei Beispiele sozialraumorientierter Vorgehensweisen in Indien (Banaras), Uruguay (Montevideo) und den USA (Washington DC) vorgestellt werden.

Die Beiträge problematisieren jeweils bestimmte Perspektiven *innerhalb* der „Sozialraum-Debatten" und *Blicke auf* diese Debatten:

- Aus unterschiedlichen disziplinären Blickwinkeln wird „der Sozialraum" im ersten Teil thematisiert. All diese Beiträge einer *disziplinären Positionierung* verbindet das Bemühen, mit Bezug auf raumtheoretische Überlegungen ein „neues" Raumverständnis zu ermöglichen, das die Vorstellung des Sozialraums als Container überwindet. Dazu wurden bewusst nicht die dominierenden Zugänge etablierter Disziplinen (Erziehungswissenschaft, Geographie, Politikwissenschaften oder Soziologie), sondern eben „disziplinäre Positionierungen" ausgewählt, die eher quer zu den bestehenden disziplinären Strukturen formuliert werden: Raumsoziologie, Sozialgeographie, Soziale Arbeit, Stadt- und Regionalsoziologie und Stadt- und Regionalplanung – ergänzt von bisher innerhalb der Sozialraumdiskussionen nur selten explizierten disziplinären Perspektiven: denjenigen der Ökonomie und der Philosophie. Gleichzeitig ist diese Auswahl notwendigerweise begrenzt und schließt andere relevante Positionierungen aus. In der entstandenen Lücke wären nicht zuletzt die Architektur, die bildenden Künste und der Film anzusiedeln.

- Im Gegensatz zu diesem Blick *auf* das Phänomen „Sozialraum" nähern sich ihm die Beiträge im zweiten Teil des Handbuchs aus der Perspektive der immanenten *Strukturierungen*. Strukturierend wirken innerhalb der aktuellen „Sozialraumdebatten" die Regulationslogiken, die sozialpolitischen Programmierungsprozesse, die veränderte gesetzliche und fiskalische Steuerung, die fachliche Konzeptionalisierung und nicht zuletzt die realisierten Gestaltungs- und Aneignungsprozesse der direkt beteiligten Akteure. In Form dieser Strukturierungen wird Sozialräumlichkeit zugleich geschaffen und begrenzt, sowie überhaupt erst thematisierbar gemacht. Insofern könnte man die Strukturierungen auch als zentrale Räumlichkeitsaspekte bezeichnen.
- Die Relevanz der aktuellen „Sozialraumdiskussionen" zeigt sich – neben der zunehmenden theorie-konzeptionellen Thematisierung – auf der Ebene der realisierten sozialraumbezogenen Vorgehensweisen. Diese werden im dritten Teil des Handbuchs als unterschiedliche *Handlungsfelder* vorgestellt, innerhalb derer derzeit vermehrt über „Sozialraum" gesprochen wird. Allerdings werden die Handlungsfelder in der Logik des Handbuchs nicht nur in einer bestimmten Folge dargestellt, sondern als Kräfteverhältnisse problematisiert, in die sich die Akteure eingespannt sehen. Um die große Zahl unterschiedlicher Handlungsfelder fassbarer zu machen, wurde der dritte Teil nochmals dreifach untergliedert: Jeder dieser Abschnitte wird abschließend *situiert*, das heißt mit einer exemplarischen Illustration versehen, wie aktuell konzeptionell in diesen Bezügen agiert wird. Im ersten Abschnitt werden drei innerhalb der Sozialraumdiskussionen besonders fokussierte pädagogische Bezüge diskutiert: Schule und lokale Bildungspolitik, Jugendarbeit und Kommune, Erziehungshilfen und lokale Integration. Die Situierung geschieht hier durch Exemplarisches zu einer generativen Methode Sozialer Arbeit. Im zweiten Abschnitt werden drei Bezüge zum Wandel von Arbeitsmarkt und öffentlicher Verwaltung besprochen: Übergänge in Arbeit und Beschäftigungspolitik, Lokale Ökonomien und Arbeitsmarktpolitik, Verwaltungen und die Politik der Planung. Die Situierung geschieht hier in Form einer Thematisierung Kommunaler Sozialberichterstattung. Im dritten Abschnitt stehen schließlich die Gemeinschaftsbezüge im Mittelpunkt. Diese werden durch folgende Perspektiven repräsentiert: Netzwerke und soziale Projekte, Bürgerschaftliches Engagement und Stadtteilpolitik sowie Stadterneuerungspolitik und Segregation. Die Situierung geschieht hierbei in zweifacher Weise: zum einen durch einen Diskussionsbeitrag zum Sozialraumbezug in der Gemeinwesenarbeit und zum anderen durch die Darstellung einer konzeptionellen Herangehensweise im Bereich des Quartiersmanagements.

- Im vierten Teil werden schließlich drei zentrale *Symbolisierungen* innerhalb der „Sozialraumdiskussionen" herausgegriffen. Die symbolische Politik in Verbindung mit der aktuellen Durchsetzung der hegemonialen Sozialraumperspektiven lässt sich demnach vor allem in folgenden Aspekten nachzeichnen: der Symbolisierung im Kontext von Gesellschaftsdiagnosen vor dem Hintergrund einer zunehmenden sozialen Stratifizierung der bundesrepublikanischen Gesellschaft (beschrieben als Prozesse der Inklusion und Exklusion), der Symbolisierung im Kontext präventiver Ansätze (vor allem im Bereich der so genannten Kriminalprävention) und der Symbolisierung im Kontext sozialer Bewegungen (deren Bewegungsformen und programmatischen Ziele wiederum symbolisch integriert und instrumentalisiert erscheinen).

April 2005 Dresden, Bielefeld und Marburg

Christian Reutlinger, Fabian Kessl und Susanne Maurer

Literatur

Alisch, Monika (Hg.) (2001): Stadtteilmanagement. Voraussetzungen und Chancen für die soziale Stadt. Opladen

Alisch, Monika (2002): Soziale Stadtentwicklung – Politik mit neuer Qualität? In: Uwe-Jens Walther (Hg.): Soziale Stadt – Zwischenbilanzen. Ein Programm auf dem Weg zur sozialen Stadt? Opladen: 57-69

Becker, Heidede (2003): „Besonderer Entwicklungsbedarf" – die Programmgebiete der Sozialen Stadt. In: Deutsches Institut für Urbanistik (difu) (Hg.) (2003): 56-73

Becker, Heidede/Franke, Thomas/Löhr, Rolf-Peter/Schuleri-Hartje, Ulla-Kristina (2003): Das Programm Soziale Stadt: von der traditionellen Stadterneuerung zur integrativen Stadtteilentwicklung. In: Deutsches Institut für Urbanistik (difu) (Hg.) (2003): 8-29

Becker, Helmut/Eigenbrodt, Jörg/May, Michael (1984): Pfadfinderheime, Teestube, Straßenleben. Jugendliche Cliquen und ihre Sozialräume. Frankfurt a.M.

Böhnisch, Lothar/Münchmeier, Richard (1996): Pädagogik des Jugendraums. Weinheim/München

Bourdieu, Pierre (1998): Die Ökonomie der symbolischen Güter. In: ders.: Praktische Vernunft. Zur Theorie des Handelns. Frankfurt a.M.: 163-200

Burgers, Jack/Hommerich, Carola/Vranken, Jan (2003): Anleitung für ein erfolgreiches Stadtentwicklungsprogramm. Beispiele aus neun europäischen Ländern. Wiesbaden

BT-Drucksache 14/8900 (2002): Enquete-Kommission „Zukunft des Bürgerschaftlichen Engagements": Bürgerschaftliches Engagement: auf dem Weg in eine zukunftsfähige Bürgergesellschaft, 3. Juni 2002. Berlin

Deinet, Ulrich (2004): „Spacing", Verknüpfung, Bewegung, Aneignung von Räumen – als Bildungskonzept sozialräumlicher Jugendarbeit. In: Deinet, Ulrich/Reutlinger, Christian (Hg.): „Aneignung" als Bildungskonzept der Sozialpädagogik. Beiträge zur Pädagogik der Kindheit und des Jugendalters in Zeiten entgrenzter Lernorte. Opladen: 175-190

Deutsches Institut für Urbanistik (difu) (Hg.) (2003): Strategien für die Soziale Stadt. Erfahrungen und Perspektiven – Umsetzung des Bund-Länder-Programms ‚Stadtteile mit besonderem Entwicklungsbedarf – die soziale Stadt'. Bericht der Programmbegleitung. Berlin

Drilling, Matthias (2004): Young urban poor. Abstiegsprozesse in den Zentren der Sozialstaaten. Leverkusen

Einstein, Albert (1960): Vorwort. In: Jammer, Max: Das Problem des Raumes. Die Entwicklung der Raumtheorien. Darmstadt. XII-XVII

Frey, Oliver (2005, i.E.): Städtische Jugendgewalt in Frankreich und die sozialintegrative Stadtentwicklungspolitik. In: Reutlinger, Christian/Mack, Wolfgang/Wächter, Franziska/Lang, Susanne (Hg.) (2005)

Giddens, Anthony (1995): Die Konstitution der Gesellschaft. Grundzüge einer Theorie der Strukturierung. Frankfurt a.M./New York

Hamedinger, Alexander (1998): Raum, Struktur und Handlung als Kategorien der Entwicklungstheorie. Eine Auseinandersetzung mit Giddens, Foucault und Lefêbvre. Frankfurt a.M./New York

Iben, Gerd/Drygala, Anke/Bingel, Irma/Fritz, Rudolf (1981): Gemeinwesenarbeit in sozialen Brennpunkten. Aktivierung, Beratung und kooperatives Handeln. München

Institut für Stadtforschung und Strukturpolitik (2004): Die Soziale Stadt. Ergebnisse der Zwischenevaluierung, Bewertung des Bund-Länder-Programms „Stadtteile mit besonderem Entwicklungsbedarf – die soziale Stadt“ nach vier Jahren Programmlaufzeit. Berlin

Kessl, Fabian (2005): Der Gebrauch der eigenen Kräfte: Eine Gouvernementalität Sozialer Arbeit. Weinheim/München

Kessl, Fabian/Otto, Hans-Uwe (Hg.) (2004): Soziale Arbeit und Soziales Kapital. Zur Kritik lokaler Gemeinschaftlichkeit. Wiesbaden

Kessl, Fabian/Otto, Hans-Uwe (Hg.) (2005, i.E.): Territorialisierung des Sozialen. Regieren über soziale Nahräume. Leverkusen

Kessl, Fabian/Otto, Hans-Uwe/Ziegler, Holger (2002): Einschließen oder Aufmachen? Der Raum, sein Kapital und deren Nutzer. In: Schubert, Herbert/Riege, Marlo (Hg.): Sozialraumanalysen. Opladen. 177-190

Lippuner, Roland (2003): Wissenschaft und Alltag. Zum theoretischen Problem, Geographien der Praxis zu beobachten. Jena

Maurer, Susanne (2004): Zum Verhältnis von Frauenbewegungen und Sozialer Arbeit um 1900 – Versuch einer historisch-systematischen (Re-)Kontextualisierung nebst Überlegungen zu einer reflexiven Historiographie in der Sozialpädagogik. Habilitationsschrift. Hildesheim

Mayer, Margit/Roth, Roland/Brandes, Volkhard (Hg.) (1978): Stadtkrise und soziale Bewegungen. Texte zur internationalen Entwicklung. Köln

Müller, C. Wolfgang/Nimmermann, Peter (Hg.) (1973): Stadtplanung und Gemeinwesenarbeit. Texte und Dokumente. München

Pott, Andreas (2002): Ethnizität und Raum im Aufstiegsprozeß. Eine Untersuchung zum Bildungsaufstieg in der zweiten türkischen Migrantengeneration. Opladen

Projekt ‚Netzwerke im Stadtteil – Wissenschaftliche Begleitung von E&C‘ (2004): Abschlussbericht. München und Leipzig

Projekt ‚Netzwerke im Stadtteil‘ (Hg.) (2005): Grenzen des Sozialraums. Kritik eines Konzepts für Soziale Arbeit. Wiesbaden

Putnam, Robert D. (1994): Making Democracy Work. 5. Auflage. Princeton

Putnam, Robert D. (2000): Bowling alone: the collapse and revival of American community. New York et al.

Regiestelle Lokales Kapital für soziale Zwecke (LOS) (2003): Handbuch Lokales Kapital in der Sozialen Stadt/E&C. Berlin

Reutlinger, Christian (2003): Jugend, Stadt und Raum. Sozialgeographische Grundlagen einer Sozialpädagogik des Jugendalters. Opladen

Reutlinger, Christian (2005, i.E.): (Soziale) Entwicklung und Raum. Sozialpädagogische Ermöglichungsräume (unveröffentlichtes Manuskript). Dresden

Reutlinger, Christian/Mack, Wolfgang/Wächter, Franziska/Lang, Susanne (Hg.) (2005, i.E.): Jugend und Jugendhilfe in benachteiligten Stadtteilen in Europa. Internationale Perspektiven. Wiesbaden

Reutlinger, Christian/Zychlinski, Jan (2005, i.E.): Social Space Projects in Eastern German Flood Areas. In: Heimgartner, Arno (Hg.): Face of Research in European Social Development: Aims, Results, Impacts. Graz

Sachße, Christoph/Tennstedt, Friedrich (1980): Geschichte der Armenfürsorge in Deutschland. Stuttgart

Salomon, Alice (1928/1998): Grundlegung für das Gesamtgebiet der Wohlfahrtspflege. In: Thole, Werner/Gängler, Hans/Galuske, Michael (Hg.): KlassikerInnen der Sozialen Arbeit. Sozialpädagogische Texte aus zwei Jahrhunderten – ein Lesebuch. Neuwied/Kriftel: 131-145

Schlottmann, Antje (2003): Räumliche Sprache und gesellschaftliche Wirklichkeit. Zur Theorie „signifikativer Regionalisierung“. Fallbeispiel „Ostdeutschland“. Jena

Schmid, Christian (2003): Stadt, Raum und Gesellschaft. Henri Lefêbvre und die Theorie der Produktion des Raumes. Jena

Schütte, Stefan (2003): Soziale Netzwerke als räumliche Orientierungssysteme. Konstruktion von Raum und Lokalität der Wäscher von Banaras. Saarbrücken

Seippel, Alf (1976): Handbuch Aktivierende Gemeinwesenarbeit. Konzepte – Bedingungen – Strategien – Methoden. Gelnhausen/Berlin

Sommerfeld, Peter (2004): Sind gesellschaftliche Probleme gemeinschaftlich lösbar? Soziale Arbeit und der zivilgesellschaftliche Umbau des Wohlfahrtsstaates. In: Kessl/Otto (Hg.) (2004): 225-249

Stern, Mark J.: Unter- und Überbetonungen des Raums. Einige Dilemmata in der empirischen Übersetzung der Sozialkapitaltheorie. In: Kessl/Otto (Hg.) (2004): 209-223

Tocqueville, Alexis de (1987): Über die Demokratie in Amerika, 2 Bände. Zürich

Walther, Uwe-Jens (2002): Ambitionen und Ambivalenzen eines Programms. Die Soziale Stadt zwischen neuen Herausforderungen und alten Lösungen. In: ders. (Hg.): Soziale Stadt – Zwischenbilanzen. Ein Programm auf dem Weg zur sozialen Stadt? Opladen: 23-43

Internet-Adressen

www.sozialraum.net

1. Disziplinäre Positionierungen

Raumsoziologie

Martina Löw und Gabriele Sturm

Abstract

Im Laufe des 20. Jahrhunderts hat der Begriff des Raums als theoretisches Konzept in die Soziologie Einzug gehalten. Diese Entwicklung wird in zentralen Stationen vorgestellt. Die Autorinnen präsentieren anschließend als Beitrag zur aktuellen Raumdiskussion eine Begriffssynthese, in der unterschiedliche Fokussierungen des gesellschaftlichen Raums aufgehoben sein können.

1. Gesellschaftlicher Raum – Begriffsklärung zum Ersten

Seit einigen Jahren nun sind Räume wieder Thema der deutschen Soziologie. Während es über viele Jahrzehnte hinweg nur wenige Ausarbeitungen gab, die explizit räumliche Strukturen und Prozesse zum Gegenstand der Analyse machten, erlebt die Auseinandersetzung mit ‚Raum' derzeit einen regelrechten Boom. Theoretische Basis hierfür bieten klassische soziologische Texte, die zu Beginn des 20. Jahrhunderts entstanden sind, und vor allem spätere Texte französischer Autoren aus den Aufbruchjahren der 1970er, die infolge einer engen Verquickung von soziologischer, historischer und geografischer Ausbildung Raum entsprechend kontextualisieren. Insbesondere Henri Lefêbvre hat von Frankreich aus, zunächst die amerikanische, später auch die britische Sozialgeografie von der Fruchtbarkeit raumanalytischer Verfahren überzeugt. Heute entwickelt sich in der deutschen Soziologie ein theoretisches und empirisches Feld, das alle Formen von Territorialisierung bzw. Lokalisierung in ihrer sozialen und materiellen, zuweilen auch medialen Herstellungspraxis analysiert. Alle neueren Ansätze gehen von der Kernvorstellung aus, dass Raum nicht länger als naturhaft gegebener materieller Hinter- oder erdgebundener Untergrund sozialer Prozesse unveränderbar und für alle gleichermaßen existent angenommen werden kann. Vielmehr wird Raum selbst als sozial produziert, damit sowohl Gesellschaft strukturierend als auch durch Gesellschaft strukturiert und im gesellschaftlichen Prozess sich verändernd begriffen (vgl. den Beitrag von Benno Werlen/Christian Reutlinger in diesem Band). Der Begriff des Raums bietet so zunehmend ein komplexes Rahmenkonzept, in dem sich verschiedene theoretische wie empirische Forschungen einander zuordnen lassen. Diese Theoretisierung des Raums hat weiterhin dazu geführt, dass räumliche Phänomene auch wieder hinsichtlich ihrer zeitlichen Bedingungen und Bedingtheiten betrachtet werden.

2. Soziologische Annäherungen an den Raum

2.1 Anfänge moderner Raumkonzeptionen

Zu Anfang des 20. Jahrhunderts beginnen Émile Durkheim und Georg Simmel als Vertreter der als Disziplin noch jungen Soziologie in ihren Schriften, das Verhältnis von Gesellschaft und Raum zu thematisieren. Sie sind beide von Immanuel Kants erkenntnistheoretischer Sicht auf die Kategorie Raum geprägt, von der sie sich kritisch auf unterschiedliche Weise absetzen. In ihren Vorstellungen unterscheiden sie sich grundlegend von den etablierten deterministischen Denkmodellen der politischen Geografie und der Geopolitik wie auch von den Standorttheorien der Ökonomie. Die das Denken prägenden geografisch-ökonomisch-politisch verhandelten Raumgebilde des 19. Jahrhunderts stellten eine Welt dar, die aus deutlich abgegrenzten und abgrenzbaren Zonen besteht, die leer sein können – in der Regel aber schon gut gefüllt oder zumindest beansprucht erscheinen. Nahezu die gesamte gesellschaftliche Praxis bezog sich auf *zweidimensionale Behälterräume*. Raum kann in diesen Modellen nie als kreativitätsförderndes oder lebensunterstützendes Potenzial gesehen werden, sondern eher als entwicklungshemmende Leere oder als ein Hindernis, das Kosten verursacht. Hindernisse und Leere müssen überwunden bzw. erobert werden. Die Konkurrenz um einen so verstandenen Raum folgerte zwangsläufig; Soziales war nur verdinglicht als Staat oder Markt vorstellbar, wobei politische oder Nachfrage-Dominanz das Ordnungsraster für das verbleibende Leben produzieren. Bis heute sind damals entstandene Raumkonzeptionen – wie die des Staates als Behälter der Gesellschaft (vgl. Konau 1977: 66) oder die territorialer Konflikte versehen mit dem Bild ‚Kampf um Raum' – nicht aus einem gesellschaftlichen Alltagsdenken getilgt.

Mit dem ausgehenden 19. Jahrhundert wandeln sich die Fragestellungen an die Forschungsgegenstände wie auch die der theoretischen Konzeptualisierungen. Deutlich wird dieser Wandel an der Abkehr von ontologisierenden, objektivistischen Perspektiven auf den Gegenstand hin zu einer epistemologischen Betrachtungsweise. In den Blick geraten „die sozialen Praxen der kategorialen Erschaffung der Sozialwelt (...) mitsamt ihrem symbolischen Rüstzeug und ihren physisch-materiellen und sozialen Konsequenzen: Statt um ‚Regionen' geht es nun um ‚Regionalisierung', statt um ‚Nation' um Prozesse des ‚nation building', statt um ‚Globalisierung' um die Frage, wie Menschen kulturelle Formen und Vorstellungen in einer globalen Arena zu lokalen Projekten sozialer Identität verarbeiten" (Bormann 2001: 235).

So versucht Émile Durkheim am Beispiel australischer Stammesgesellschaften, aus der Struktur sozialer Realität – z.B. wie Stammesangehörige durch die Anlage ihres Dorfes Raum sozial gliedern und in Besitz nehmen – herauszulesen, wie Raum sich im Bewusstsein der Gesellschaft konstituiert und repräsentiert (vgl. Durkheim/Mauss 1903/1993; Durkheim 1913/1981). Der Umgang mit Raum und Zeit als Ordnungssystemen kann aufgrund seiner empirischen Erfahrungen nicht a priori gegeben, sondern nur erlernt sein. Grundlegende Kategorien unseres Denkens wie Raum und Zeit stellen sich bei Durkheim als kollektive Repräsentationen gesellschaftlicher Lebenserfahrungen dar. Er beginnt, die Konstitution der Wirklichkeit als gesellschaftliche zu formulieren. Raum ist dabei eine Kategorie des Urteilsvermögens und als Produkt der Sozialstruktur kausal erschließbar: Die Struktur der Gesellschaft bildet den Bezugsrahmen für die Kategorien des Denkens wie die Prozesse der Klassifikation, ablesbar an der symbolischen Ordnung. Weiterhin löst sich Émile Durkheim von der bis dahin unhinterfragten Vorstellung eines homogenen Raums und nimmt einen gegliederten und eingeteilten Raum an, der durch die differenzierende Besetzung mit affektiven Werten zum sozialen Raum wird. Gleichwohl bleiben die Überlegungen zu Raum bei Émile Durkheim nur ein Nebenprodukt seiner soziologischen Untersuchung der Entstehung der Anschauungsformen und damit seiner Theorie symbolischer Systeme. Eine umfangreiche Kritik und Würdigung des Durkheimschen Raum-Denkens ist bei Elisabeth Konau (1977) nachzulesen. Das heutige Unbehagen an Émile Durkheims Ansatz richtet sich insbesondere auf die zirkuläre Logik, der ein vereinfachendes Kausaldenken zugrunde liegt: Die soziale Struktur determiniert den Raum – die räumlichen Strukturen reproduzieren und naturalisieren die sozialen. Obwohl seiner These der Entsprechung sozialer und räumlicher Organisation heftig widersprochen wurde, ist es zugleich Émile Durkheims Verdienst, darauf verwiesen zu haben, dass auch die immobilen und materiellen Artefakte einer Gesellschaft als soziologische Tatbestände zu behandeln sind.

„Mit Simmel wird endgültig die Wende von vormodernen zu modernen Raumkonzeptionen vollzogen, von essentialistischen Vorstellungen zu epistemologischen Betrachtungsweisen und zwar nicht nur in bezug auf ‚Raum' (...) sondern auch in bezug auf das Gesellschaftskonzept, das von jeglicher Art von Essentialismus oder Substantialismus Abstand nahm" (Bormann 2001: 255). Bereits im Jahr 1903 formuliert Georg Simmel in seinem Aufsatz „Die Großstädte und das Geistesleben" die Ansicht, dass Begriffe wie Raum, Zeit oder Substanz Ergebnisse einer „synthetischen Tätigkeit" seien und somit implizit sozialen Ursprungs (vgl. Simmel 1995a). Georg Simmel konzipiert seine Soziologie als Methode, mittels formaler Analogien zwischen inhaltlich heterogenen Phänomenen die Formen vergesellschaftender Prozesse herauszuarbeiten. Raum existiert so in Affinität zur ‚Sachlichkeit der Vergesellschaftung'. Damit fungiert er als Träger des objektiven Sinns sozialer Formen. Formen der Vergesellschaftung drücken sich u.a. in räumlichen Aggregatzuständen aus und werden rückwirkend durch eben diese stabilisiert (vgl. Konau 1977: 40f.). Indem Georg Simmel einen (Sozial-)Formbegriff entwickelt, der zugleich umfassende objektive Gebilde wie die ständigen Wechselwirkungen zwischen den Individuen umfasst, kann er eine entsprechende Doppelsicht auch für den Raum entwerfen:

- „Raumbedingungen einer Vergesellschaftung" bzw. „Grundqualitäten der Raumform" (Simmel 1995b: 134) setzen sich in Formen der Wechselwirkung zwischen Menschen um. Raumqualitäten entspringen einer „Tätigkeit der Seele", die sich zu intersubjektiven „einheitlichen Anschauungen" (ebd.: 133) verbinden. Sie sind anzusehen „wie Fortsetzungen der räumlichen Konfigurationen in das Gefüge der Menschheit hinein, die sich in den Raum teilt" (ebd.: 167) und spiegeln zugleich die Eigenschaften menschlichen Handelns in räumlichen Strukturen. Georg Simmel unterscheidet fünf *Raumqualitäten*, die für verschiedene Vergesellschaftungsprozesse in unterschiedlichem Ausmaß relevant sind: Ausschließlichkeit und Einzigkeit, Zerlegbarkeit durch Rahmung/Grenzziehung, Fixierung von Inhalten, sinnliche Nähe und Distanz, Bewegung/Ortsveränderung.

- „Raumgestaltungen“ bzw. „räumliche Bestimmtheiten“ (Simmel 1995c: 201) resultieren aus der sozialen Gestaltung und den Energien innerhalb menschlichen Gemeinschaftslebens und sind damit Ausdruck je typischer historischer Vergesellschaftungsformen. Georg Simmel führt für moderne Gesellschaften vier *Raumgebilde* auf: Den Staat, Gebietshoheiten mit unterschiedlich praktizierter Zentralität, feste Lokalitäten/Häuser für sich vereinheitlichende Gruppen, den leeren Raum als Garant für Schutz und Neutralität.

Georg Simmel stellt mit seiner Raumkonzeption den ‚absoluten Raum‘, wie er von Isaac Newton für die Physik und von Immanuel Kant für die Philosophie formuliert worden war, nicht in Frage: Die Euklidische Geometrie wird für die alltägliche Raumanschauung beibehalten. Allerdings grenzt er sich deutlich vom Raumdeterminismus der damaligen politischen Geografie ab. Am Raum als Form sind die Inhalte – d.h. die Gestaltung und die sozialen Prozesse der „Wechselwirkungen“ – wichtig, der Raum selbst bleibt dagegen „immer die an sich wirkungslose Form, in deren Modifikation die realen Energien sich offenbaren. (...) Ein geografischer Umfang, eine bestimmte Anzahl von Quadratmeilen, bildet nicht ein großes Reich, sondern das tun die psychologischen Kräfte, die die Bewohner eines solchen Gebietes von einem herrschenden Mittelpunkt her politisch zusammenhalten“ (Simmel 1995b: 133).

Von Émile Durkheim unterscheidet sich Georg Simmels Konzeption, da die Qualitäten der Raumform nicht kausal auf Formen der Vergesellschaftung wirken, sondern Konstitutionsbedingungen neben anderen sind. Entsprechend sind Raumgebilde nicht kausale Folgerungen aus Vergesellschaftungsprozessen, sondern deren „Projektionen“ in den Raum. Als solche wirken sie zurück auf die Form und das Leben der gesellschaftlichen Gruppen. Versehen mit Raumbedeutungen fungiert ein Raumgebilde zugleich als Institution und als räumliches Symbol. Während Raum bei Émile Durkheim eher nebenbei als Rahmen-Kategorie seiner Analyse der integrativen und funktionalen Beziehungen zwischen Sozialsystem und religiöser Anschauung abgehandelt wird, widmet sich Georg Simmel in seiner soziologischen Analyse der Anschauungsformen mit dem Ziel einer Konzeption des sozialen Raums.

Beide Autoren begreifen Gesellschaft als soziale Struktur und entsprechend Raum als anschaulich gegebene Basis, auf die gesellschaftliche Gruppen bezogen sind und in der sich soziales Handeln objektiviert. Unterscheiden sie sich auch von den zeitgenössisch dominierenden gesellschaftspolitischen Vorstellungen, so folgen sie zugleich der damals weitgehend geteilten Überzeugung gesellschaftlicher Evolution: Als ein historisches Ergebnis gesellschaftlicher Differenzierung nehmen so beide eine zunehmende Emanzipation vom Raum bzw. einen Bedeutungsverlust räumlicher Verknüpfungen wie Nähe-Distanz-Relationen an. Dass die Entwicklung soziologischer Theorie in der Folgezeit den Raum vernachlässigt, könnte folglich nicht nur an der methodisch schwer operationalisierbaren Komplexität dieser frühen Ansätze liegen. Denn wenn – wie in den Konzeptionen angelegt – entwickelte Gesellschaften aufgrund ihrer Abstraktionsfähigkeit und sachlichen Differenzierung nicht mehr auf räumliche Nähe und sinnliche Anschauung angewiesen sind, braucht es weniger Beschäftigung mit Raum. Laut Georg Simmel wird die moderne Gesellschaft zunehmend durch die Erfordernisse der Geldwirtschaft geprägt – und diese legt ein größeres Gewicht auf zeitliche Größen. Die politischen Entwicklungen in Europa, die kritische WissenschaftlerInnen in die Emigration zwang, wie eine eventuell dadurch geförderte gesellschaftstheoretische Vernachlässigung des Raums bis in die 1970er Jahre hinein unterstützen zumindest im Alltag die technokratische Entfaltung althergebrachter Raumpraxen.

2.2 Empirische Anreicherungen

Im Aufbau der Soziologie vor allem in den USA sind Raumbezüge allerdings durchgängig zu verzeichnen. Robert Ezra Park, der Begründer der ‚human ecology' am Chicago Institut of Sociology, hatte u.a. bei Georg Simmel in Berlin studiert. Für seine als Makrotheorie verstandene Humanökologie geht Robert Ezra Park von einer Doppelverfasstheit menschlicher Lebensorganisation einerseits als biotische Gemeinschaft und andererseits als rational ausgehandelte Gesellschaft aus. Entsprechend werden in unzähligen empirischen Studien der Chicago School die Faktoren untersucht, die hinter einer je historisch spezifischen räumlichen Organisation der Gesellschaft stehen (vgl. den Beitrag von Marlo Riege/Herbert Schubert in diesem Band). Jedes menschliche Habitat, wie z.B. die Stadt, gilt dabei als Produkt menschlicher Naturgesetze wie von Kommunikation, Konsens und Sitte. Die Raumordnung eines menschlichen Lebensraums ist damit niemals stabil, sondern immer eine historische Momentaufnahme. Im Unterschied zu Émile Durkheim und Georg Simmel betont die Humanökologie den Stellenwert des Territoriums. *Territorien* dienen der Verortung von Gesellschaften und Kulturen, werden zur Metapher für soziale Ordnung (vgl. Park 1974: 91; Löw 2001b). „Soziale Gruppen, denen Territorialität zugesprochen wird, (...) repräsentieren daher entweder Sozialutopien von hochintegrierter, egalitärer Gemeinschaft, oder aber, bei positiver Bewertung der Moderne, Rückständigkeit" (Bormann 2001: 267). Zumindest zwei Aspekte sind in diesem Zusammenhang als problematisch anzumerken: Gesellschaftliche Entwicklung wird trotz der anerkannt zunehmenden Komplexität vereinfachend in binären Ordnungsmustern gedacht und – trotz der angenommenen gesellschaftlichen Konstituiertheit wird Raum implizit wieder naturalisiert, was eine weitergehende Theoretisierung überflüssig erscheinen lässt.

Weiterhin bieten Raumbezug und Räumlichkeit menschlichen Handelns insbesondere in Mikrosoziologien wie der Phänomenologie Alfred Schützscher Prägung, in der Ethnomethodologie oder in Erving Goffmans Interaktionsforschung zentrale Ansatzpunkte. So verweisen bei Erving Goffman seine zentralen Begriffe „Bühne", „Rahmen" oder die „vorderen" und „rückwärtigen Regionen" auf den räumlichen Charakter sozialer Phänomene, ohne in ein Behälterkonzept zu verfallen (vgl. z.B. Goffman 1971/1982: 54ff.; Sturm 2000: 176f.). Betont wird durch die interaktive Herstellung von sozialen Räumen deren Beziehungscharakter.

Entstanden sind in diesen häufig als raumblind gekennzeichneten Jahrzehnten also umfangreiche empirische Fundierungen, die sich zwar meist nur implizit auf Raum beziehen, dabei jedoch zunehmend und mehrheitlich von der Konzeption eines *Beziehungsraums* ausgehen. In theoretischen Konzepten wird Raum als Ergebnis menschlichen Tuns z.B. bei Hannah Arendt, Jürgen Habermas oder Norbert Elias angeführt (vgl. Sturm 2000: 164ff.) – allerdings eher nebenbei und ohne Explikation raumtheoretischer Überlegungen. Bei Hannah Arendt und Jürgen Habermas erhält (öffentlicher und privater) Raum durch Handeln überhaupt erst seine Zuweisung. Bei Norbert Elias heißt es, dass Raum und Zeit nur als Syntheseleistungen des jeweils gesellschaftlich dominanten Kollektivs existent, denkbar und verhandelbar sind.

Aus dem Goffmanschen Ansatz routinisierter Alltagspraktiken und einer auf zeitgeografischen Überlegungen aufbauenden Aktionsraumforschung entwickelt schließlich Anthony Giddens in den 1980er Jahren sein Konzept der „Regionalisierung" routinisierter sozialer Praktiken in Raum und Zeit (vgl. Giddens 1988; den Beitrag von Benno Werlen/Christian Reutlinger in diesem Band). Aufgrund seiner Kritik an der Vernachlässigung des individuell menschlichen Handelns in Studien der Zeitgeografie betont Anthony Giddens, dass Raum als Ort zum Bezugsrahmen für Interaktionen wird, während umgekehrt die diversen Interaktionsbezugsrahmen für die Spezifizierung der Kontextualität von Raum und Zeit verantwortlich sind. Dafür prägt er den Begriff der *Dualität von Raum*. Trotzdem bleibt er stärker als z.B. Erving Goffman einem Behälterraumkonzept verhaftet, da sein gesellschaftlicher Raum mit Menschen – wie z.B. die Schule als Machtbehälter mit SchülerInnen – oder mit Handlungen – wie z.B. die verschiedenen Zimmer eines Hauses – gefüllt werden kann. Bei Goffman dagegen sind sowohl Rahmen als auch Wissen oder soziale Identität stets durch soziale Interaktion veränderbar, so dass die von ihm verwendeten Raummetaphern keine behältermäßige Begrenzung gegenüber einem Außen nahe legen.

2.3 Belebung theoretischer Debatten infolge strukturalistisch-humanistischen Denkens

Henri Lefêbvre gilt als Auslöser der Renaissance der Raumsoziologie. Mit seinem 1974 in Frankreich erschienen Werk „Production de l'espace" (hier zitiert nach der englischen Ausgabe von 1991) nimmt er nicht nur die Spur zu einem relationalen Raumbegriff wieder auf, sondern bindet diesen auch in eine Kapitalismuskritik ein. „(Social) space is a (social) product" (Lefêbvre 1991: 30) schreibt Henri Lefêbvre zu Beginn seiner raumtheoretischen Überlegungen. Er unterscheidet zwischen sozialem und physischem/natürlichem Raum, und betont im Unterschied zu den Vordenkern der Jahrhundertwende, dass nur letzterer immer mehr verschwindet. Natürlicher Raum habe heute den Charakter eines Hintergrundbildes. Menschen erinnern sich an natürliche Räume, besetzen sie mit Phantasien, finden sie jedoch nicht mehr in ihrer Praxis vor. Raum ist demzufolge heute immer sozialer Raum und als solcher ist er nicht nur Produkt des Gesellschaftlichen, sondern jede Gesellschaft bringt ihren je spezifischen Raum hervor (vgl. Lefêbvre 1991: 31).

Seine Reflexion über Raum beginnt Henri Lefêbvre mit einer konzeptionellen Triade (vgl. ebd.: 38). Raum bildet sich demnach aus

- der *räumlichen Praxis* (spatial practice), d.h. der Produktion und Reproduktion von Raum, insbesondere der Aktivität der Wahrnehmung,
- den *Repräsentationen von Raum* (representations of space), d.h. dem Raum, wie er kognitiv entwickelt wird (z.B. durch ArchitektInnen und PlanerInnen), und

- dem *Raum der Repräsentation* (representational space) mit seinen komplexen Symbolisierungen.

In den ersten beiden Aspekten der Triade verfolgt Henri Lefêbvre vor allem die marxistisch-materialistische Traditionslinie. Unter „spatial practice“ versteht er allgemein Wahrnehmung von Räumen und raumbezogene Verhaltensweisen, also die alltägliche, durch Routinen und Routen abgesicherte Praxis der Herstellung und Reproduktion von Räumen sowie das körperliche Erleben der Räume. Henri Lefêbvre blickt hier auf die räumliche Praxis, wiewohl sie den Handlungsaspekt erfasst, stark unter der Perspektive kapitalistisch-struktureller Zwänge. Die räumliche Praxis ist durchzogen von den Repräsentationen von Raum. Unter „Repräsentation von Raum“ versteht Henri Lefêbvre den konzeptualisierten Raum, den Raum der PlanerInnen, UrbanistInnen, WissenschaftlerInnen und TechnikerInnen. Es ist der ideologisch-kognitive Aspekt des Raumes, seine Darstellungen und Pläne, die quasi eine Lesbarkeit des Raums ermöglichen. Es ist, wie Edward Soja bemerkt (vgl. Soja 1996: 60ff.), der Aspekt des Raumes, auf den sich in der Regel die Wissenschaften beziehen. Konzeptionell durchdrungen wird die räumliche Praxis durch die Repräsentationen von Räumen vorstrukturiert. Diese Strukturierung bedeutet nicht, dass alltägliche NutzerInnen konzeptionelle ExpertInnen sind. „The user's space is lived – not represented (or conceived)“ (Lefêbvre 1991: 362). Allerdings ist das Handeln (oder besser das Verhalten unter Bedingungen von Kapitalismus) durch Entfremdung und eintöniger Wiederholung geprägt. In der gelebten Praxis wiederholt sich die räumliche Ordnung.

Diese Konzeption von Struktur und Handeln/Verhalten ergänzt Henri Lefêbvre durch einen dritten Aspekt. Angeregt durch den französischen Strukturalismus betont er die Bedeutung der Symbole für die Bestimmung von Raum. Der „Raum der Repräsentation“ bezieht sich bei Henri Lefêbvre auf die Bilder und Symbole, die die räumlichen Praktiken und das Gedachte ergänzen. Es können die widerständigen Räume der KünstlerInnen sein oder mythische Raumbilder. Es sind Impulse und Imaginationen, die eine Ahnung vom vorkapitalistischen, nicht homogenisierten und zerstückelten Raum aufscheinen lassen, vielfach transportiert über körperliches Empfinden und sinnliche Wahrnehmung statt kognitiver Überformung.

Aus allen drei Faktoren, nämlich der Praxis und Wahrnehmung, der kognitiven Konstruktion und symbolischen Repräsentation, entstehen, so Henri Lefêbvre, die Räume. Es handelt sich ihm zufolge um eine tripolare Dialektik der gegenseitigen Beeinflussung, Einschränkung und Überlappung (vgl. zur Triade auch Massey 1996: 120f.; Shields 1991 und 1999; Soja 1996a; Wex 1998). Henri Lefêbvre umkreist die Frage, wie Raum inhaltlich bestimmt werden kann. Er entwickelt eine Vorstellung davon, was Raum nicht ist. Er ist kein Behälter. Er ist nicht leer. Er ist nicht homogen. Er ist kein Ding. Er ist nicht nur reine Anschauung. Eine positive Bestimmung fällt ihm schwer. Er sucht einen Ausdruck für etwas, das Ergebnis vieler Handlungen und einem Ding ähnlich ist, ohne einfaches Produkt wie ein Sack Reis zu sein, etwas, das mehrfach in überlappenden Formen existiert und doch einer homogenisierenden Zugriffsweise unterliegt. Manchmal nutzt er den Begriff des Netzwerkes (z.B. Lefêbvre 1991: 403), um ein solches Phänomen zu bestimmen. Meistens verbleibt er in der beschreibenden Annäherung. Dabei mischen und trennen sich immer wieder die Überlegungen zum abstrakten modernen Raum, produziert durch eine kapitalistische Gesellschaft, und die Überlegungen zu einer wissenschaftlichen Beschreibung, die den Raum hinter den Verformungen des Staates sucht. Hierbei wendet sich Henri Lefêbvre explizit gegen den Mainstream der Wissenschaften, der von den Dingen ausgehend Raum als Behälter der Dinge entwirft. Wiewohl die Philosophie lange mit der Vorstellung vom absoluten Raum geliebäugelt habe, sei die Vorstellung einer vorgängigen Leere, eines Behälters der auf Füllung wartet, doch als partikulare Repräsentation zu verwerfen (ebd.: 170). Im Behälter könne jedes Ding an jedem Ort liegen. Unterscheidung sei prinzipiell unmöglich. Inhalt und Hülle beeinflussen sich nicht. Die Dinge bleiben so unverbunden, Fragmentierung implizit gerechtfertigt. Spezialisten teilten Raum unter sich auf und agieren bezüglich ihrer Raumfragmente. Raum werde als passiv wahrgenommen. Eine zeitgenössische Raumanalyse soll, so sein Plädoyer, nicht Dinge im Raum, sondern Raum selbst beschreiben und zwar in einer Weise, die die sozialen Beziehungen, welche im Raum eingebettet sind, aufdeckt (ebd.: 89).

Henri Lefêbvre entwickelt eine Vorstellung von Raum, die vieles aufgreift, was 25 Jahre später zum festen Bestand sozialwissenschaftlichen Wissens wird. Ob es nun die heute mit Anthony Giddens (1995) assoziierte Vorstellung vom „Embedding“ sozialer Beziehungen ist oder die mit Manuel Castells (2001) verknüpfte Idee vom „Space of Flows“. Vor allem aber sucht er einen Weg für die Soziologie, Raum jenseits der Behälterbilder zu denken und gleichzeitig gesellschaftliche Formung und eigene Potenzialität zu berücksichtigen. Diese überaus anerkennenswerte Leistung kann jedoch noch nicht in einen positiven Entwurf münden, weil seine binäre Konstruktion einer idealisierten Vorstellung vom ortsbezogenen Raumerleben einerseits und einer kapitalistisch entfremdeten Abstraktion andererseits ihn vor unlösbare Probleme stellt: Die wissenschaftliche Bestimmung ist notwendiger Weise abstrakt. Diese Distanzierung vom räumlichen Arrangement soll jedoch überwunden werden. So mischen sich absolutistische Vorstellungen vom Raum als Basis der Handlung (vor allem seine Rede davon „im Raum zu leben“), die wieder an die Ideen vom starren Hintergrundraum anknüpfen, mit relationalen konzeptionellen Vorstellungen von räumlichen Netzwerken und Feldern. Henri Lefêbvre operiert unseres Erachtens mit zwei Raumbegriffen. Es gibt Räume, auf denen Räume entstehen, bzw. im Raum entstehen Räume.

David Harvey knüpft explizit an Henri Lefêbvres raumtheoretische Überlegungen und die These an, dass die Ausweitung von Macht wesentlich auf der Fähigkeit basiert, die Produktion von Raum zu beeinflussen (vgl. Harvey 1990: 233; vgl. zum Einfluss von Henri Lefêbvre auch auf die amerikanische Raumforschung Rob Shields 1999: 143ff.). Raumkontrolle ist dabei für ihn *ein* Aspekt im Zusammenspiel von Raum-, Zeit- und Geldeinsätzen. Für die Spekulation mit Grundstücken zum Beispiel ist der Verkauf zum richtigen Zeitpunkt (und damit das Geld haben, warten zu können) ein entscheidender Faktor für das Erzielen größtmöglicher Gewinne. Dementsprechend geht David Harvey davon aus, dass Zeit, Raum und Geld untereinander konvertierbar sind, wobei dem Geld im Kapitalismus eine Schlüsselrolle zukommt (vgl. Harvey 1990: 226ff.). Der Besitz von Geld ermöglicht die Kontrolle über Raum und Zeit wie die Gewalt über Raum und Zeit finanziellen Gewinn schafft, das wissen, schreibt David Harvey, Generäle genauso wie LeiterInnen von

Supermärkten (vgl. Harvey 1991: 158) Im historischen Rückblick betont David Harvey wie zuvor Henri Lefêbvre, dass die kapitalistische Wirtschaft (bzw. Gesellschaften mit Geldwirtschaft allgemein) Raum als homogenen und fragmentierten hervorgebracht hat:

> „Die Eroberung des Raumes setzte zunächst voraus, den Raum als etwas Formbares und somit der Unterwerfung durch den Menschen Zugängliches zu begreifen. Durch Navigationslehre und durch Kartografie wurde ein neues chronologisches Netz für seine Erforschung geschaffen. Die Erfassung in Katastern gestatte eine eindeutige Bestimmung des Rechts auf Landbesitz. Auf diese Weise wurde der Raum, ebenso wie Zeit und Wert, als abstrakt, objektiv, homogen und universell darstellbar. Was die Kartografen und Landvermesser bereitstellten, nutzten die Händler und Landbesitzer im Sinne ihrer Klasseninteressen. Ebenso fand der absolutistische Staat, der um die Besteuerung des Landes und die Festlegung seines Herrschaftsbereiches besorgt war, Gefallen an einer eindeutigen Definition absoluter Räume innerhalb eines festgelegten räumlichen Netzes" (ebd.: 155).

Raum wird kontrollierbar und zur Ware, indem er als fixierter und fragmentierter produziert wird. Wenn sich die Idee durchsetzt, er sei an sich homogen und überall gleich, dann können die eingeteilten Einzelteile als Waren verglichen und verkauft werden. Raum bildet sich nicht aus dem subjektiven Erleben, sondern wird quasi objektiv von außen betrachtet. Finanzieller Gewinn folgt dabei nicht nur aus der Verwandlung von Raum in Waren, sondern auch aus der immer schnelleren Überwindung von Räumen. Gelingt es immer rascher über immer weitere Distanzen Waren zu vertreiben, so können immer neue Märkte erschlossen werden. „The incentive to create the world market, to reduce spatial barriers, and to annihilate space through time is omni-present, as is he incentive to rationalize spatial organization into efficient configurations of production" (Harvey 1990: 232). David Harvey kommt deshalb zu dem Schluss, dass die postmoderne Entwicklung am exaktesten als „time-space-compression" (ebd.: 240) beschrieben wird. Durch immer schnellere Transporttechnologien und durch neue Kommunikationstechnologien rückt die Welt näher zusammen.

David Harvey gelingt es zum einen, die Lefêbvreschen Überlegungen zur kapitalistischen Produktion von Raum mit prägnanten Beispielen zu untermauern, und zum zweiten, eine Diskussion über die Bedeutung, genauer den Bedeutungsverlust, von Raum unter Bedingungen von Globalisierung zu eröffnen. Wie Henri Lefêbvre betont er zwar die soziale Herstellung von Räumen und die Unmöglichkeit, Raum jenseits der Handlungen begreifen zu können (vgl. ebd.: 225), doch basiert die Idee einer Kompression von Zeit und Raum auf einer Reduzierung von Raum auf Grund und Boden. Verschiedene Räume als Produkt sozialen Handelns auf einem Flecken Erde bleiben im Harveyschen Konzept undenkbar.

2.4 Rezeptionen und Weiterentwicklung in Deutschland

Der Wiederaufbau der Soziologie in Deutschland nach dem II. Weltkrieg gründet sich zunächst umfangreich auf Rezeptionen und Revisionen der Ansätze, die sich in den USA etabliert hatten. Peter Atteslander, Jürgen Friedrichs und Bernd Hamm (1977) orientieren ihre Stadtanalyse dabei umfangreich an der Stadtraumanalyse, die durch die Vertreter der Chicago School entwickelt worden war. Trotz einer Entwicklung der

Gesellschaft auf größere Differenzierung und höhere Komplexität hin, richten sich Sozialraumanalyse und Faktorialökologie der deutschsprachigen Sozialökologie weiterhin auf die Klassifikation städtischer Teilgebiete im Sinne von ‚natural areas', die als homogene städtische Subgebiete merkmalsmäßig beschrieben werden. Es geht darum, Stadtstrukturmodelle gemäß der differenzierteren räumlichen Verteilung von Nutzungen und Bevölkerungsgruppen weiterzuentwickeln. Die gewonnenen Stadtentwicklungsmodelle sollen Rückschlüsse auf den Entwicklungsstand eines Landes wie auf die kulturellen Besonderheiten erlauben. Nur VertreterInnen einer orthodoxen Position gehen von funktionalistischem Denken in Gleichgewichtsmodellen, einer Verneinung der Kultur als zwischen Umwelt und Verhalten tretenden Faktor sowie der Annahme außersozialer Verursachung sozialräumlichen Wandels aus. Im Laufe der jahrzehntelangen Praxis mit sozialökologisch angelegten Untersuchungen und unter dem Eindruck zunehmender ökologischer Probleme haben sich die theoretischen Konzepte vor allem in Richtung einer stärkeren Berücksichtigung der Beziehungen in einem ökologischen System entwickelt, woraus der Begriff des „ökologischen Komplexes" resultiert – Bernd Hamm spricht heute auch von einer Ökologischen Soziologie (1996). Auf der empirischen Ebene haben die zahlreichen Studien zu relativ genauen Kenntnissen über sozialräumliche Strukturen in Städten geführt – allerdings auch zu dem Problem, dass manche Nachbarschaften dermaßen umfangreich vermessen sind, dass sich an einigen Orten bereits Probleme mit dem Datenschutz abzeichnen. Eine Weiterentwicklung des theoretischen Raumkonzeptes hat in diesen Prozessen nicht stattgefunden: Über die bereits bei Georg Simmel angelegte doppelte Realität des Raumes als hervorbringende Raumqualitäten und hervorgebrachte Raumgebilde geht auch die aktuelle Sozialökologie nicht hinaus und verbleibt trotz der Betonung des Beziehungsaspektes einem Behälterraumkonzept verhaftet.

Mitte der 1970er Jahre wurden in Deutschland im Zusammenhang mit der politischen Aufbruchstimmung und einer massiven Bildungsoffensive neue Universitäten gegründet und interdisziplinäre Fachbereiche konzipiert. Hochschulen als Wissensfabriken sollten die Modernisierung der Gesellschaft vorantreiben und mit ihrem Output die gesellschaftlichen Entscheidungen stützen. So wurden u.a. multidisziplinär besetzte Fachbereiche/Fakultäten für Raumplanung eingerichtet, die unter dem begrifflichen Dach der räumlichen Planung die bis dahin in Einzelwissenschaften verstreut vorhandene Themen bündeln. So finden sich auf einer durch die Praxis geforderten Plattform VertreterInnen aus Architektur, Bauwesen, Geografie, Ökologie, Ökonomie, Politologie, Rechtswissenschaft, Soziologie und Verkehrswissenschaft zusammen, die ihre Themen und Arbeitsweisen aufeinander beziehen wollen und müssen. Dies hatte im Laufe der Jahre auch Konsequenzen für das zunehmend transdisziplinär ausgerichtete theoretische Nachdenken über Raum.

1991 veröffentlichte Dieter Läpple, der als Ökonom am Harburger Fachbereich Stadt- und Regionalplanung lehrt, sein Essay über den Raum, das in Deutschland die Diskussion um Raum endgültig aktivierte. Sehr vertraut mit dem in Frankreich geführten Diskurs kritisiert Dieter Läpple insbesondere die verschiedenen Spielarten des Behälterraumkonzepts, da diese insbesondere in ökonomischen Ansätzen Raum von seinem gesellschaftlichen Inhalten entkoppeln und so zu einer Externalisierung des ‚Raumproblems' aus Erklärungszusammenhängen führen. Er schlussfolgert, dass ein Raumkonzept, das gesellschaftliche Prozesse einbindet, weder neutrales Gefäß noch passive Resultante körperlicher Objekte sein dürfe, sondern auch die gesellschaftlichen Kräfte einbeziehen müsse, die die Raumstruktur gestalten. Nur dann könne Raum die Qualität eines aktiven Wirkungsfelds bzw. eines gesellschaftlichen Milieus erlangen. Auf Grundlage seiner Kritik unterscheidet Dieter Läpple drei aufeinander bezogene Raumniveaus, verweist auf diverse Überlagerungen von raumrelevanten Funktionen und formuliert vier Komponenten eines *Matrix-Raums* (vgl. Läpple 1991: 196f.):

- Das materiell-physische Substrat gesellschaftlicher Verhältnisse als die materielle Erscheinungsform;
- die gesellschaftlichen Interaktions- und Handlungsstrukturen bzw. die gesellschaftliche Praxis der mit Produktion, Nutzung und Aneignung des Raumsubstrats befassten Menschen;
- ein institutionalisiertes und normatives Regulationssystem, das als Vermittlungsglied zwischen dem materiellen Substrat und der gesellschaftlichen Raumpraxis fungiert;

sowie

- ein mit dem materiellen Substrat verbundenes räumliches Zeichen-, Symbol- und Repräsentationssystem.

Damit wird wiederum der Beziehungsaspekt von Raum betont, zugleich aber auch die leicht in hierarchisches Denken mündende binäre Konzeption erweitert – und grundsätzlich betont, dass Raum als Erkenntnisobjekt nicht vorausgesetzt werden kann, sondern immer theoretisch angeleitet rekonstruiert werden muss.

2.5 Aktuelle Themen der Raumsoziologie

In den letzten Jahren und Jahrzehnten sind gesellschaftliche Homogenisierungsbewegungen wie die weltweite Verbreitung kultureller Güter (Architektur, Musik, Speisen, aber auch Stadtplanungsverfahren sowie die weltweite Standardisierung technologischer Entwicklungen) vielfach nachgewiesen worden (z.B. Castells 2001). Als Ursache hierfür wird neben weltweiten finanziellen Verflechtungen und neuen Vernetzungs- und Kommunikationstechnologien auch eine zunehmende Urbanisierung aller Gesellschaften gesehen. Der Modus städtischer Lebensweise werde, so der Stand der Forschung, zum homogenisierenden Vergesellschaftungsprinzip.

Die unter dem Schlagwort der „Globalisierung“ vermarktete Annahme einer Bedeutungslosigkeit territorialer Markierungen und nationalstaatlicher Grenzen prallt im Alltag auf die Sichtbarkeit national organisierter Konfliktlinien und Kriege wie auch auf ethnisch begründete Gebietsforderungen. Eine wissenschaftliche Beschäftigung mit der Bedeutung von Orten, gerade unter Bedingungen weltweiter Homogenisierungserfahrungen, und die Reinszenierung raumbezogener Praktiken löst eine wissenschaftliche Neugierde an Raumtheorie und -empirie aus. Die Konstitution von Räumen wird nun als lokal und global wechselwirkendes Phänomen analysiert (z.B. Ahrens 2001).

U.a. der Einfluss der Diskussionen um einen so genannten ‚cultural turn‘ in den Gesellschaftswissenschaften führt in einer weitgehend interdisziplinär ausgerichteten Raumsoziologie dazu, dass Ordnung und Ordnen zu einem gemeinsamen Referenzfeld für Raum- wie Kulturanalysen geworden ist. Soziale Ordnung ist in Zeiten der ‚Reflexiven Moderne' als unbeständig, fragil und nicht naturhaft vorgegeben erkannt. Wo bisherige klassifikatorische und interpretative Raster nicht mehr stimmig erscheinen, wird nach alternativen Möglichkeiten gesucht, das Oszillierende, Fließende, Kontingente der sozialen Welt, die Gleichzeitigkeit unvereinbarer Phänomene zu fassen. So gerät die Praxis des kognitiven und konkret-materialen Ordnens als Kulturtätigkeit der Menschen in den Blick. Neuere Forschungen zu städtischen Milieus oder raumgebundenen Identitäten nutzen Raumkonzeptionen als heuristisches Instrument, um den subjektiven Aufbau geordneter Sozialwelten zu analysieren (z.B. Matthiesen 1998).

3. Gesellschaftlicher Raum – Begriffsklärung zum Zweiten

Raumsoziologie im 20. Jahrhundert hat implizit oder explizit vor allem zwei Konzepte verwendet, die wir *Behälterraum* und *Beziehungsraum* nennen können: Behälterraumkonzepte gehen von der Vorstellung eines neutralen Gefäßes aus, das entweder leer sein kann oder in das nach Belieben Menschen, Dinge, Eigenschaften gefüllt werden können, so lange, bis der ‚Raum' voll ist. Behälterraumkonzepte konzipieren *von außen nach innen*. Beziehungsraumkonzepte gehen hingegen von den Gegenständen aus, was Dinge, Tätigkeiten, Menschen, Institutionen, Normen und Regeln oder Weltbilder sein können, und beschreiben Raum als Ergebnis der Beziehungen zwischen diesen – sie konzipieren *von innen nach außen*, häufig ohne festgelegten Referenzpunkt.

Um die Dynamik der Räume, ihre Prozesshaftigkeit, ihr Gewordensein, ihre Vielfältigkeit, aber auch ihre Strukturierungskraft zu begreifen, operieren wir derzeit mit einem Synthese-Konzept, das die *räumliche und zeitliche Kontextualität* der Ereignisse und Sachverhalte betont, die Raum wie Zeit praktisch und/oder diskursiv bewusst werden lässt. Wir verstehen Räume als (An)Ordnungen von Lebewesen und sozialen Gütern an Orten (vgl. Löw 2001a). Mit dem Begriff der *(An)Ordnung* wird betont, dass Räume sowohl auf der Praxis des Anordnens (als Leistung der wahrnehmend-kognitiven Verknüpfung wie als Platzierungspraxis) basieren als auch eine gesellschaftliche Ordnung vorgeben. Diese Ordnung im Sinne von gesellschaftlichen Strukturen ist jeglichem Verhalten und Handeln vorgängig wie zugleich auch Folge von Verhalten und Handeln. Von räumlichen Strukturen kann man demnach sprechen, wenn die Konstitution von Räumen in Regeln eingeschrieben und durch Ressourcen abgesichert ist. Neben politischen, ökonomischen, rechtlichen etc. Strukturen existieren demnach auch räumliche und zeitliche Strukturen. Alle gemeinsam bilden gesellschaftliche Strukturen.

Für die theoretische und empirische Analyse solch komplexer gesellschaftlicher Räume schlagen wir dem bisherigem Diskussionsstand gemäß ein Rahmenkonzept und zwei ineinandergreifende Zugriffsweisen vor:

(a) Als eine Kernvorstellung ist die *doppelte Konstituiertheit von Raum* im Blick zu behalten. Diese kann sich je nach disziplinärer Herkunft als Dualität von Struktur und Handeln (Anthony Giddens) oder als Gleichwirksamkeit von Struktur und Prozess (u.a. Jürgen Habermas) oder als Wechselspiel zwischen Subjekt und Objekt (praxeologischer Ansatz) oder als zweistellige Menge aus Elementen und Relationen (in der Mathematik) oder als Relativ von theoretischen bzw. empirischen Gegenständen und möglichen wie faktischen Relationen zwischen diesen (Methoden empirischer Sozialforschung) darstellen. Um keine begriffliche Nähe zu den gesellschaftlich hierarchisierenden Prozessen des Dualisierens nahe zu legen, bietet das methodologische Konzept des Relativs einen adäquaten Begriff (vgl. Sturm 2000). Jede Konstitution von Raum ist damit bestimmt durch die sozialen Güter und Menschen zum einen und durch die Verknüpfung derselben zum anderen. Nur wenn man beide Aspekte, also sowohl die ‚Bausteine' des Raums als auch deren Beziehung zueinander kennt, kann die Konstitution von Raum analysiert werden. Das bedeutet für das soziologische Verständnis von Raum, dass sowohl über die einzelnen Elemente als auch über die Herstellung von Beziehungen zwischen diesen Elementen Aussagen getroffen werden müssen. Dies soll jedoch nicht darüber hinwegtäuschen, dass räumliche (An)Ordnungen ohne ein Verständnis der Konstituiertheit räumlicher Phänomene als wirksames Raumelement wie als bewirktes Ergebnis raumbildender Prozesse unbegriffen bleiben. Um diese stets ineinander verschränkte Doppelung zu verdeutlichen und die Verschänktheit aller Raumphänomene mit der Zeit nicht aus dem Blick zu verlieren, schlagen wir als Rahmenkonzept den *Begriff des RaumZeit-Relativs* vor. Die darin aufgehobenen Perspektiven auf den Konstitutionsprozess sind nicht als hierarchisch nacheinander geordnete zu verstehen! Zugleich ist im praktischen Forschungsprozess ein Ausgangspunkt zu setzen, von dem aus räumliche Fragestellungen zu bearbeiten sind. Somit folgt Forschung entsprechend dem Forschungszweck eher der einen oder der anderen Zugriffsweise.

(b) Erfolgt eine Analyse eher aus der Perspektive der *Strukturen*, stellen die Konzeption von Dieter Läpple (1991) sowie daran anknüpfende Folgemodelle (vgl. Sturm 2000) das derzeit ausgearbeitetste Operationalisierungskonzept dar. Vorstellungen und Wirklichkeiten gesellschaftlicher Räume sind darin als Zusammenspiel der Elemente aus vier Raumfacetten zu spezifizieren: der materialen Gestalt, des sozialen Handelns, der normativen Regulation sowie des kulturellen Ausdrucks. Die so fokussierbaren räumlichen Phänomene sind in unterschiedlichem Ausmaß in mikro-, meso-, makroräumliche Strukturen und Prozesse eingebettet. Weiterhin entsteht jede Wirklichkeit von Raum, jede (An)Ordnung aus Verknüpfungen lebensweltlicher und systemischer Entwicklungen in einer Gesellschaft. Letztere wiederum spezifizieren Teilräume ökonomischen, politischen und/oder soziokulturellen Handelns, die sich beeinflussen und durchdringen. Jedes gesellschaftliche Ereignis ist zudem nicht nur hinsichtlich seiner räumlichen Determinanten und Determinierung zu untersuchen, sondern auch hinsichtlich seiner speziellen Verzeitlichung, in die historische wie biografische Zeitwahrnehmungen und Zeitverständnisse einfließen (vgl. hinsichtlich forschungsorientierter Operationalisierung Breckner/Sturm i.E.).

(c) Erfolgt eine Analyse eher aus der Perspektive der *Strukturierung*, ist insbesondere der Herstellungsprozess von Räumen differenziert zu betrachten. In der fortwährenden wechselseitigen Konstitution von sozialem Handeln und sozialen

Strukturen entstehen Räume als Ergebnis und Voraussetzung des Handlungsverlaufs. Sie basieren auf zwei sich in der Regel gegenseitig bedingenden Prozessen: der *Syntheseleistung* und dem *Spacing* (vgl. Löw 2001a). Räume entstehen erstens dadurch, dass Elemente aktiv durch Menschen verknüpft werden. Das heißt, über Wahrnehmungs-, Vorstellungs- oder Erinnerungsprozesse werden soziale Güter und Menschen/Lebewesen zu Räumen zusammenfasst. Zweitens gehen mit der Entstehung von Räumen meistens Platzierungen einher. Raum konstituiert sich also auch durch das Platzieren von sozialen Gütern und Menschen bzw. das Positionieren primär symbolischer Markierungen, um Ensembles von Gütern und Menschen als solche kenntlich zu machen (zum Beispiel Orteingangs- und -ausgangsschilder). Dieser Vorgang wird im Folgenden Spacing genannt. Spacing bezeichnet also das Errichten, Bauen oder Positionieren. Es ist ein Positionieren in Relation zu anderen Platzierungen. Spacing bezeichnet bei beweglichen Gütern oder bei Menschen sowohl den Moment der Platzierung als auch die Bewegung zur nächsten Platzierung. Im alltäglichen Handeln der Konstitution von Raum existiert eine Gleichzeitigkeit der Syntheseleistungen und des Spacing. Tatsächlich ist das Bauen, Errichten oder Platzieren, also das Spacing, ohne Syntheseleistung, das heißt, ohne die gleichzeitige Verknüpfung der umgebenden sozialen Güter und Menschen zu Räumen, nicht möglich.

Wichtig für das Verständnis unseres RaumZeitRelativs ist es, dass Menschen nicht nur Dinge (also nicht nur die materiale Welt), sondern auch (selbst aktiv in das Geschehen eingreifende) andere Menschen oder Menschengruppen verknüpfen. Wenn Menschen wie Pflanzen, Steine oder Berge Teil einer Raumkonstruktion sein können, dann verliert die Unterscheidung von sozialen und materiellen/physischen Räumen ihren Sinn. Räume sind, da sie im Handeln entstehen und auf Konstruktionsleistungen basieren, stets sozial. Materiell sind platzierte Objekte, welche zu Räumen verknüpft werden. Diese *Materialität* ist jedoch nicht als ‚reine', ‚unbeeinflusste', gar ‚natürliche' erkenn- oder erfühlbar, sondern als vergesellschaftete Wesen nehmen Menschen auch die Materialität durch ein tradiertes System von Sinngebungen und damit symbolischen Besetzungen wahr.

Menschen weisen von allen Bausteinen der Räume die Besonderheit auf, dass sie sich selbst platzieren und Platzierungen verlassen. Darüber hinaus beeinflussen sie mit Mimik, Gestik oder Sprache die Raumkonstruktionen. Wenngleich Menschen in ihren Bewegungs- und Entscheidungsmöglichkeiten aktiver sind als soziale Güter, so wäre es dennoch eine verkürzte Annahme, würde man soziale Güter als passive Objekte den Menschen gegenüberstellen. Auch soziale Güter entfalten eine Außenwirkung zum Beispiel in Gerüchen und Geräuschen und beeinflussen in dieser Weise die Möglichkeiten der Raumkonstruktionen. *Atmosphäre* wird somit zu einer Qualität von Räumen, die nicht selten Ein- und Ausschlüsse (im Sinne von gruppenspezifischen Wohlfühlen oder Fremdfühlen) zur Folge hat (vgl. Löw 2001a: 204ff.).

Letztlich folgen aus der Reflexivität menschlichen Forschens zwei weitere Differenzierungsebenen, die uns bei der Einordnung von Raumkonzepten immer wieder begegnen. Unabhängig von der *Struktur eines Raumkonzeptes* bzw. davon, ob sie für ein Behälterraumkonzept von der Außenhülle/-grenze her gedacht wird oder für ein Beziehungsraumkonzept die von den Gegenständen ausgehende Reichweite des Beziehungsnetzes als Raum konstituiert oder für ein RaumZeitRelativ ein komplexes Gefüge von Wechselwirkungen umfasst, sind auf der Metaebene methodologischer Raum(An)Ordnung unterschiedliche Strukturierungsregeln zu verzeichnen. Zum einen geht es um einen unterschiedlichen *Geltungsanspruch*: Ein absolutes Raumkonzept Immanuel Kantscher Prägung will als Kategorie einer einheitlichen Ordnung, die alle Erfahrung lenkt, verstanden werden. Relativistisch hingegen ist ein Raumkonzept zu nennen, das jeweils von einem bestimmten Ereignis ausgehend mit einer begrenzten Reichweite formuliert wird. Zum anderen geht es um die *Konzeption des Strukturierens*: Wird eine Raumstruktur von der Definition der Einzelteile her entwickelt, entspricht dies einem positionalen Strukturieren. Wird eine Raumstruktur von den Beziehungen zwischen den Gegenständen her entwickelt, gleicht dies einem relationalen Strukturieren. Da erst die miteinander verknüpften sozialen Güter und Menschen zum Raum werden, halten wir es für notwendig, der Relationenbildung große theoretische Aufmerksamkeit zu widmen. Insofern ist die von uns vertretene Raumvorstellung eine relationale. Da zudem das vorgeschlagene RaumZeitRelativ von uns weder als aller Anschauung vorgängig noch als an allen Orten und zu allen Zeiten gültig angenommen werden kann, ist es als relativistisch zu verstehen.

4. Konfliktlinien

Auf jeder Ebene der Raumkonstitution, der wahrnehmend-kognitiven Verknüpfung wie auch der Platzierungen, handeln Menschen weder individuell einzigartig noch übergreifend identisch. Vielmehr sind Gesellschaften durch Klassen, Geschlechter, Ethnien, Generationen etc. strukturiert. Räume können für gesellschaftliche Gruppen unterschiedlich relevant werden. Sie können unterschiedlich erfahren werden. Sie können Zugangschancen und Ausschlüsse steuern. Sie können zu Auseinandersetzungsfeldern im Kampf um Anerkennung werden. Somit werden über Raumkonstitutionen meist auch Macht- und Herrschaftsverhältnisse ausgehandelt.

Sehr deutlich stellt sich z.B. die Wechselwirkung zwischen dem Geschlechterverhältnis und dem Verhältnis von öffentlichem zu privatem Raum dar (vgl. Breckner/Sturm 2002; Bourdieu 1976). Naturalisierte Vorstellungen von Geschlecht weisen Männern und Frauen unterschiedliche Eigenschaften, Tätigkeiten, Lebensweisen und damit Raumausstattungen und -bedarfe, räumliche und zeitliche Zuständigkeiten sowie Gestaltungschancen und -ressourcen zu. Die u.a. so erwirkte geschlechtstypische räumliche Arbeitsteilung verknüpft nicht nur die Genusgruppenzugehörigkeit mit typischen Aufenthaltsorten, -zeiten oder Atmosphären, sondern weist den dermaßen sexuierten gesellschaftlichen Sphären und Tätigkeiten auch unterschiedliche Bewertungen zu, die eine patriarchalisch-hierarchische Gesellschaftsordnung stützen. Gleichwohl ist die geschlechtskonfundierte Raumkonstitution empirisch nicht so offensichtlich wie vorstellungsmäßig vielleicht erwartet, da sich die Handlungsfelder von Frauen und Männern nicht nur infolge ihrer Genusgruppenzugehörigkeit, sondern auch durch ihr Alter, ihren Klassenhabitus oder ihre ethnische Herkunft ergeben.

Als ein weiteres Beispiel für Raumkonflikte kann der Zusammenhang von Milieuzugehörigkeit und Umgang mit Naturressourcen angeführt werden. In Mangelgesellschaften zählt es als Statusfrage, ob man mit natürlichen Gütern wie Lebensmitteln oder Wasser verschwenderisch umgehen kann. Im Falle des privaten Wasserverbrauchs ist z.B. festzustellen, dass die volkswirtschaftlich ärmeren Gesellschaften in Europa einen höheren Verbrauch aufweisen als die reicheren Gesellschaften. Diese Diskrepanz lässt sich auch zwischen den Milieus innerhalb einer Gesellschaft nachweisen: Je höher der Bildungsstand ist, umso kontrollierter wird Wasser verbraucht. In diesem Fall spielen Vorstellungen von Lebensqualität eine Rolle für die räumliche und zeitliche Konstitution von Lebensgrundlagen. Deren Mangel führt nicht zwangsläufig zu einer Schonung der Ressourcen, sondern dafür bedarf es zusätzlich kultureller Wertsetzungen.

5. Synthese

Raumsoziologie ist eine soziologische Teil- und Querschnittsdisziplin, die die gesellschaftliche Strukturierung durch räumliche Anordnungsprinzipien sowie deren Konstitution im Alltag zum Gegenstand hat. Systematisch fragt sie nach den symbolischen und materiellen Platzierungen und ihren Verknüpfungen. Der Blick raumsoziologischer Forschung ist somit gleichermaßen auf die körperliche Präsenz und Performanz an Orten gerichtet, wie auf die globalen, nationalstaatlichen und urbanen Deutungsmuster, Produkt- und Ideenflüsse oder Images. Die Analyse reicht systematisch von Innen- und Nahräumen, über städtische, regionale oder dörfliche Anordnungen bis hin zu nationalstaatlichen und globalen Raumproduktionen.

Literatur

Ahrens, Daniela (2001): Grenzen der Enträumlichung. Weltstädte, Cyberspace und transnationale Räume in der globalisierten Moderne. Opladen

Atteslander, Peter/Hamm, Bernd (Hg.) (1974): Materialien zur Siedlungssoziologie. Köln (Original 1925)

Berking, Helmuth (1998): „Global Flows and Lokal Cultures". Über die Rekonfiguration sozialer Räume im Globalisierungsprozeß. In: Berliner Journal für Soziologie 3. 1998: 381-392

Bormann, Regina (2001): Raum, Zeit, Identität. Sozialtheoretische Verortungen kultureller Prozesse. Opladen

Bourdieu, Pierre (1982): Die feinen Unterschiede. Kritik der gesellschaftlichen Urteilskraft. Frankfurt a.M. (Original 1979)

Bourdieu, Pierre (1976): Entwurf einer Theorie der Praxis auf der ethnologischen Grundlage der kabylischen Gesellschaft. Frankfurt a.M. (Originale 1965-1972)

Breckner, Ingrid/Sturm, Gabriele (i.E.): Methoden der Raumerkundung. München

Breckner, Ingrid/Sturm, Gabriele (2002): Kleiderwechsel. Sackgassen und Perspektiven in patriarchalen Öffentlichkeiten. In: Löw (Hg.) (2002): 157-186

Castells, Manuel (2001): Die Netzwerkgesellschaft. Teil I: Das Informationszeitalter. Opladen

Duncan, Nancy (ed.) (1996): Bodyspace. Destabilizing Geographies of Gender and Sexuality. New York/London

Durkheim, Émile (1903/1993): Schriften zur Soziologie der Erkenntnis. Frankfurt a.M.

Durkheim, Émile (1913/1981): Die elementaren Formen des religiösen Lebens. Frankfurt a.M.

Durkheim, Émile/Mauss, Marcel (1903/1993): Über einige primitive Formen von Klassifikation. Ein Beitrag zur Erforschung der kollektiven Vorstellungen. In: Durkheim (1903/1993): 169-256
Fecht, Tom/Kamper, Dietmar (Hg.) (1998): Umzug ins Offene. Vier Versuche über den Raum. Wien/New York
Funken, Christiane/Löw, Martina (Hg.) (2003): Raum – Zeit – Medialität. Interdisziplinäre Studien zu neuen Kommunikationstechnologien. Opladen
Giddens, Anthony (1988): Die Konstitution der Gesellschaft. Grundzüge einer Theorie der Strukturierung, Frankfurt a.M./New York (Original 1984)
Goffman, Erving (1971/1982): Das Individuum im öffentlichen Austausch. Mikrostudien zur öffentlichen Ordnung. Frankfurt a.M.
Goffman, Erving (1959/1969): Wir alle spielen Theater. Die Selbstdarstellung im Alltag. München
Häußermann, Hartmut/Ipsen, Detlev/Krämer-Badoni, Thomas/Läpple, Dieter/Rodenstein, Marianne/Siebel, Walter (Hg.) (1991): Stadt und Raum. Pfaffenweiler
Hamm, Bernd (1977): Die Organisation der städtischen Umwelt. Ein Beitrag zur sozialökologischen Theorie der Stadt. Frauenfeld/Stuttgart
Hamm, Bernd/Neumann, Ingo (1996): Ökologische Soziologie. Band 2: Siedlungs-, Umwelt- und Planungssoziologie. Opladen
Harvey, David (1991): Geld, Zeit, Raum und die Stadt. In: Wentz (Hg.) (1991): 149-168
Harvey, David (1990): The Condition of Postmodernity. An Enquiry into the Origins of Cultural Change. Oxford/Cambridge
Heidenreich, Elisabeth (2004): Fliessräume. Frankfurt a.M.
Henckel, Dietrich/Eberling, Matthias (Hg.) (2002): Raumzeitpolitik. Opladen
Ipsen, Detlev (1997): Raumbilder. Kultur und Ökonomie räumlicher Entwicklung. Pfaffenweiler
Konau, Elisabeth (1977): Raum und soziales Handeln. Studien zu einer vernachlässigten Dimension soziologischer Theoriebildung. Göttingen
Krämer-Badoni, Thomas/Kuhm, Klaus (Hg.) (2003): Die Gesellschaft und ihr Raum. Raum als Gegenstand der Soziologie. Opladen
Kramme, Rüdiger (Hg.) (1903/1995): Georg Simmel. Aufsätze und Abhandlungen 1901-1908. Band I. Frankfurt a.M.
Läpple, Dieter (1991): Essay über den Raum. Für ein gesellschaftswissenschaftliches Raumkonzept. In: Häußermann et al. (1991): 157-207
Lash, Scott/Urry, John (1994): Economies of Signs and Spaces. London/Thousand Oaks/New Delhi
Lefêbvre, Henri (1991): The production of space. Oxford (Original 1974)
Lefêbvre, Henri (1977): Die Produktion des städtischen Raums. In: arch+ 34. 1977: 52-57
Löw, Martina (Hg.) (2002): Differenzierungen des Städtischen. Opladen
Löw, Martina (2001a): Raumsoziologie. Frankfurt a.M.
Löw, Martina (2001b): Gemeindestudien heute: Sozialforschung in der Tradition der Chicagoer Schule? In: Zeitschrift für Qualitative Bildungs-, Beratungs- und Sozialforschung 1. 2001: 111-131
Massey, Doreen (1999): Power-Geometries and the Politics of Space-Time. Hettner-Lecture 1998. Heidelberg
Massey, Doreen (1996): Masculinity, Dualisms and High Technology. In: Duncan (ed.) (1996): 109-126
Matthiesen, Ulf (Hg.) (1998): Die Räume der Milieus. Neue Tendenzen in der sozial- und raumwissenschaftlichen Milieuforschung in der Stadt- und Raumplanung. Berlin
Mayer, Jörg (Hg.) (1993): Die aufgeräumte Welt. Raumbilder und Raumkonzepte im Zeitalter globaler Marktwirtschaft. Rehburg-Loccum (Ev. Akademie Loccum)
Miggelbrink, Judith (2002): Der gezähmte Blick. Zum Wandel des Diskurses über „Raum“ und „Region“ in humangeographischen Forschungsansätzen des ausgehenden 20. Jahrhunderts. Leipzig (IfL)
Noller, Peter (2000): Globalisierung, Raum und Gesellschaft: Elemente einer modernen Soziologie des Raumes. In: Berliner Zeitschrift für Soziologie 1. 2000: 21-47

Noller, Peter (1999): Globalisierung, Stadträume und Lebensstile. Kulturelle und lokale Repräsentationen des globalen Raumes. Opladen
Park, Robert Ezra/Burgess, Ernest W./McKenzie, Roderick D. (1925): The City. Chicago/Illinois
Park, Robert Ezra (1974): Die Stadt als räumliche Struktur und als sittliche Ordnung. In: Atteslander et al. (Hg.) (1974): 90-100
Shields, Rob (1991): Places on the Margin. Alternative Geographies of Modernity. London/New York
Shields, Rob (1999): Lefêbvre, Love & Struggle. Spatial Dialectics. New York
Simmel, Georg (1995a): Die Großstädte und das Geistesleben. In: Kramme (Hg.) (1903/1995): 116-131
Simmel, Georg (1995b): Soziologie des Raumes. In: Kramme (Hg.) (1903/1995): 132-183
Simmel, Georg (199c): Über räumliche Projektionen socialer Formen. In: Kramme (Hg.) (1903/1995): 201-220
Soja, Edward W. (1996a): Thirdspace. Journeys to Los Angeles and Other Real-And-Imagined Places. Malden/Oxford
Soja, Edward W. (1996b): The Trialectics of Spaciality. In: Österreichische Zeitschrift für Soziologie 21. 1996: 139-164
Sturm, Gabriele (2000): Wege zum Raum. Methodologische Annäherungen an ein Basiskonzept raumbezogener Wissenschaften. Opladen
Wentz, Martin (Hg.) (1991): Stadt-Räume. Frankfurt a.M.
Werlen, Benno (1995): Sozialgeographie alltäglicher Regionalisierungen. Bd.1: Zur Ontologie von Gesellschaft und Raum. Stuttgart
Wex, Corell (1998): Lefêbvres Raum – Körper, Macht und Raumproduktion. In: Fecht et al. (Hg.) (1998): 32-40

Internet-Adressen

pegasus.cc.ucf.edu/~janzb/place
www.csiss.org
www.raumsoziologie.de

Sozialgeographie

Benno Werlen und Christian Reutlinger

Abstract

Die Aufgabe der Sozialgeographie wird heute in der wissenschaftlichen Untersuchung alltäglichen „Geographie-Machens" gesehen. Diese Zielsetzung baut auf der Basisprämisse auf, dass wir täglich nicht nur Geschichte machen, sondern auch Geographie; beides allerdings unter nicht selbst gewählten Umständen. Die Forschungsfragen richten sich auf die wissenschaftliche Analyse jener Regionalisierungen und daraus resultierender Geographien, welche die Subjekte mittels ihrer Handlungen vollziehen und leben. Die Erforschung der alltäglichen Regionalisierungen in ökonomischen, sozialen und kulturellen Bereichen hat zum Ziele, die Konsequenzen von globalisierten Lebensformen und Handlungsweisen zu rekonstruieren und unter Umständen nach ökologischen Gesichtspunkten zu beurteilen.

In gegenständlicher Hinsicht impliziert die Handlungszentrierung der geographischen Forschung zuerst die Überwindung des meist fraglos vorausgesetzten Containerraumes. Raum kann nicht mehr als gegeben vorausgesetzt werden, sondern wird selbst als Ergebnis und Mittel von handlungsspezifischen Konstitutionsprozessen verstanden. Mit dem aktuell erreichten Stand der theoretischen Durchdringung des Gesellschaft-Raum-Verhältnisses wird die Sozialgeographie für Soziologie und Sozialtheorie zu einem wichtigen Bezugsrahmen der Orientierung, um jegliche Formen räumlicher Reduktionismen zu vermeiden und problematische räumliche Maßnahmen der Sozialpolitik auf den Prüfstand zu stellen.

1. Sozialgeographische Betrachtungsweise

1.1 Sozialgeographie: Eine Begriffsbestimmung

Die sozialgeographische Perspektive der Untersuchung der ‚Geographie der Menschen' bzw. der ‚Geographien der Menschen' fokussiert das Verhältnis von Gesellschaft und Erdraum. Die Sozialgeographie ist die Kerndisziplin der sozialwissenschaftlichen Geographie. Sie weist eine thematische Auffächerung in zahlreiche Bindestrichgeographien wie Siedlungs-, Bevölkerungs-, Verkehrs-, Bildungs-, Religionsgeographie auf. Die umfassenden Forschungsinteressen der Sozialgeographie lassen sich dennoch auf zwei Grundfragen zusammenfassen: Wie sind Gesellschaften in räumlicher Hinsicht organisiert? Welche Bedeutung erlangen räumliche Bedingungen für das gesellschaftliche Zusammenleben der Menschen? Auf diese beiden Fragen werden seit der Begründung der wissenschaftlichen Sozialgeographie immer wieder neue Antworten unterbreitet, die in den zahlreichen Forschungsansätzen ihren Ausdruck finden.

Mit dieser Ausrichtung des Erkenntnisinteresses ist die wissenschaftliche Sozialgeographie seit ihren Anfängen an der Schnittstelle von Soziologie und Geographie positioniert. Ihre Fragen bilden die Brücke zwischen diesen beiden wissenschaftlichen Disziplinen. Erhebt die Soziologie den Anspruch, die Basisdisziplin der Erforschung gesellschaftlicher Wirklichkeiten zu sein, ergänzt die Sozialgeographie deren Forschungsspektrum durch die Frage nach der Bedeutung der räumlichen Bezüge gesellschaftlicher Praktiken. Damit wird die über hundertjährige sozialgeographische Theoriedebatte zum Verhältnis von Gesellschaft und Raum zu einem wichtigen Informationsort für die sozialwissenschaftlichen Fragehorizonte, die sich seit der „Neuentdeckung" des Raumes für die Sozialtheorie eröffnen (vgl. Läpple 1991; Sturm 2000; Löw 2001; Krämer-Badoni 2003 und den Beitrag von Martina Löw/ Gabriele Sturm in diesem Band).

Diese Besonderheit der Sozialgeographie im Vergleich zur Soziologie ist darin begründet, dass sie den „natürlichen" Kontext menschlichen Handelns immer sehr ernst genommen hat. Handelnde sind in der sozialgeographischen im Vergleich zur soziologischen Tradition konsequenterweise immer als körperliche Wesen behandelt worden. Damit kommt sowohl die Bedeutung des natürlichen als auch des räumlichen Kontextes des Handelns ins Blickfeld. Mit der Fokussierung des Verhältnis von Handeln, Körper und Raum kann die historisch seit Anfang des 20. Jahrhunderts entstandene Lücke zwischen der deterministischen „Raumversessenheit" der allgemeinen Geographie einerseits und der idealistischen „Raumvergessenheit" der Soziologie anderseits geschlossen werden. In der handlungszentrierten sozialgeographischen Betrachtungsweise vereinen sich der geographische und soziologische Tatsachenblick zu einem eigenständigen Erfahrungsstil, der seit den Anfängen vielfältige Facetten und zahlreiche Differenzierungen aufweist.

1.2 Entstehungskontext und historischer Werdegang

Die Idee der wissenschaftlichen Sozialgeographie ist in der zweiten Hälfte des 19. Jahrhunderts im intellektuellen Umfeld von Elisée Reclus in Frankreich entstanden. Elisée Reclus war in wesentlichem Maße von George P. Marsh's „Man and Nature: Physical Geography Modified by Human Action" (1864) beeinflusst, einem der grundlegenden Texte der Ökologie. Er richtet sich gegen den in der Geographie zu dieser Zeit vorherrschenden Natur- bzw. Geodeterminismus[1]. Zwei andere wichtige Inspirationsquellen waren die Arbeiten der katholisch-konservativen Le Play-Schule der Familiensoziologie und die Gedankenwelt der anarchistischen Bewegung. Der letztere Bezug, in dem Elisée Reclus' utopische Sichtweise begründet war, bestand vor allem in der engen Zusammenarbeit mit dem russischen Geographen Peter Kropotkin. In seinem Ausgangspunkt der Sozialgeographie verband Elisée Reclus die

1 Von Geodeterminismus wird gesprochen, wenn menschliche Tätigkeiten nur auf physische Einflüsse wie Klima, geographische Lage oder Landschaft reduziert und aus ihnen heraus kausal erklärt werden. „Gemäß den Grundthesen des Geodeterminismus sind alle menschlichen Kulturen und Gesellschaften als Ausdrucksformen natürlicher Bedingungen anzusehen und ursächlich auf diese zurückzuführen" (Werlen 2000: 383).

Frage nach der Mensch-Umwelt-Beziehung (Marsh) mit der räumlichen Ordnung des gesellschaftlichen Zusammenlebens (Le Play-Schule und Anarchisten). Letztere wurde im Vollzug der Durchsetzung der Moderne, vor allem der industriekapitalistischen Revolution und der damit einher gehenden starken Urbanisierung des gesellschaftlichen Zusammenlebens sowie der explosionsartigen Bevölkerungsentwicklung neu gestaltet. So kann man die wissenschaftliche Sozialgeographie als eine Konsequenz der Modernisierung der alltagsweltlichen Wirklichkeiten verstehen.

Obwohl dies nicht zwingend war, klammerten die bedeutendsten Gesellschaftstheoretiker die Frage nach der Bedeutung der räumlichen Bezüge menschlicher Tätigkeiten für die Konstitution der Gesellschaft aus ihren systematischen Überlegungen aus. Karl Marx, Émile Durkheim und Max Weber haben sich in ihren Analysen jeweils auf eine der drei institutionellen Hauptdimensionen des Modernisierungsprozesses konzentriert: Kapitalismus, Industrialismus und Rationalismus. Die mit ihnen verbundene Transformation der räumlichen Bedingungen sind explizit jedoch nicht in Rechnung gestellt worden.

Dieser blinde Fleck der Allgemeinen Gesellschaftstheorien hat zur Konsequenz, dass die entsprechenden Rekonstruktionen des Modernisierungsprozesses der westlichen Gesellschaften recht einseitig ausfallen. Dies wiederum hat Folgen für das Verständnis der gesellschaftlichen Wirklichkeit und der Abschätzung von deren Veränderungsmöglichkeiten. Eine der wichtigen Konsequenzen der (kategoriellen) Ausklammerung der räumlichen Bezüge sozialer Praktiken aus der Darstellung und Analyse der genannten institutionellen Hauptdimensionen besteht darin, dass die wachsende Bedeutung der Nationalisierung des gesellschaftlichen Zusammenlebens weitgehend ignoriert wird. Die nationalstaatlichen Einrichtungen werden aber für die Organisation und – wie Michel Foucault in „Überwachen und Strafen“ (1976) betont – Kontrolle des gesellschaftlichen Lebens zunehmend bestimmender.

Insgesamt geht mit der Moderne eine Neuordnung des Gesellschaft-Raum-Verhältnisses einher. Deren besonderes Merkmal bildet die rationale Gestaltung der Territorialbindung sozialer Regelungen des Handelns entlang der drei genannten Hauptdimensionen.

Im *ökonomischen Bereich* wird das Territorialprinzip insbesondere durch die soziale Durchsetzung einheitlicher Währungen als (in ihrer Gültigkeit) räumlich begrenzte Medien des Tausches etabliert. Zudem ist das nationalstaatliche Territorialprinzip der nationalen Ökonomien (Volkswirtschaften) an die Erhebung von Zöllen zum Schutz der eigenen Produktion gekoppelt. Die Industrialisierung der Produktion impliziert einerseits einen Konzentrationsprozess der Bevölkerung in räumlicher Hinsicht, der wesentlich im geringeren Flächenanspruch der industriellen Produktionsweise im Vergleich zur landwirtschaftlichen begründet liegt. Die Bevölkerungskonzentration findet in der Intensivierung des Verstädterungsprozesses ihren Ausdruck. Dabei werden moderne Gesellschaften zu urbanen Gesellschaften.

Mit dem Industrialisierungsprozess ist anderseits eine radikale Zunahme der Arbeitsteilung verbunden. Diese bringt in *sozialer Hinsicht* sowohl die Ausdifferenzierung der Positionen als auch die soziale Konzentration der Produktionsmittel mit sich. Diese Kombination kommt einer Verschärfung des Ausmaßes sozialer Ungleichheit gleich. Zusammen mit der Ausbildung des Bodenmarktes führt dies zu einer stärkeren räumlichen Konzentration von Personen mit vergleichbaren sozialen

Positionen und entsprechendem Einkommen, zur sozialen Segregation. Über den Neuordnungsprozess werden die räumlichen Aspekte der sozialen Differenzierung sichtbar. Soziale Unterschiede erlangen ein neues und schärferes räumliches Profil, womit sich eine neue Geographie des Sozialen ausprägt.

Die räumliche Ausdehnung der Produktionsorganisation wird durch die Entwicklung neuer Kommunikationsmedien geschaffen, sie erfordert aber auch eine wachsende Bürokratie. Auf privater Ebene primär zur Koordination, auf staatlicher Ebene zur Kontrolle des Handelns über räumliche Distanzen hinweg. Die von Max Weber als Gefahr identifizierte Verwaltung ist in sozialgeographischer Perspektive eine unumgängliche Notwendigkeit der Neuordnung des Verhältnisses von Gesellschaft und Raum.

In *kultureller Hinsicht* wird der rationale Territorialisierungsprozess über die Ausbildung nationaler (Hoch-)Sprachen vollzogen, was in den meisten Nationalstaaten der weitgehenden Verdrängung regionaler Dialekte bzw. Minderheitssprachen gleichkommt und die Voraussetzung für die Entwicklung einer nationalen Kultur bildet. Gestützt wird die Nationalisierung der Kultur zuerst über die territoriale Organisation des staatlichen Bildungswesens, später auch durch die Ausbildung nationaler Rundfunk- und Fernsehanstalten.

Alle drei Dimensionen der Neuordnung des Gesellschaft-Raum-Verhältnisses führen einerseits zu Containerisierung des Alltagslebens im Rahmen der Nationalstaaten. Dies ist gleichzeitig Ausdruck und Medium der Nationalisierung der geographischen Weltbilder.

1.3 Theoriehorizonte und Forschungsschwerpunkte

Obwohl Entstehung und Ausgangspunkt der Sozialgeographie unmittelbar an die Durchsetzung der Moderne auf alltäglicher Ebene gekoppelt sind, wurde die Forschungslogik – wie in den anderen Bereichen der Humangeographie – lange nicht auf die Analyse sozialer Prozesse und ihrer räumlichen Bezüge abgestimmt. Vielmehr blieb die Forschung vom dominierenden Paradigma der allgemeinen Geographie und der entsprechenden Raumzentrierung beherrscht, dem zu Folge die Humangeographie nicht als eine Wissenschaft vom (tätigen) Menschen zu verstehen sei, sondern vielmehr als eine von Orten und Räumen. Damit blieb die Humangeographie im raumwissenschaftlichen Denken befangen und behinderte bis in die 1970er Jahre die konsequente Entwicklung einer sozialwissenschaftlich anschlussfähigen Sozialgeographie, die in Bezug auf die Erweiterung der drei genannten sozialwissenschaftlichen Theorietraditionen um die räumliche Komponente nun vorgestellt werden.

Die Erweiterung der *marxistischen Gesellschaftstheorie* um die räumliche Dimension findet unter dem Sammelbegriff *„radical geography"* statt. Ausgangspunkt und Fokus bilden David Harveys (1973; 1989) Publikationen. Die weiteren Arbeiten in der daraus entstandenen Forschungstradition sind darauf ausgerichtet, die allgemeine marxistische Theorie durch die Berücksichtigung der räumlichen Komponente – insbesondere über die Erforschung der Bedeutung „gebauter Umwelt" für die Zirkulation des Kapitals und die Reproduktion der gesellschaftlichen Wirklichkeit im allgemeinen – zu ergänzen. Christian Schmid (2004) führt diese Forschungstradition – auf der Grundlage einer systematischen Erschließung von Henri Lefêbvres (1974) „La prdouction de l'espace" und einer konsequenten Reinterpretation für die sozialgeographische Perspektive – auf eigenständige Weise weiter.

Die reichhaltigste Ergänzung der gesellschaftstheoretischen Konzeption um die räumliche Komponente ist in dem von Émile Durkheim begründeten *sozialwissenschaftlichen Funktionalismus* erfolgt. Innerhalb der Soziologie geschah dies im Rahmen der so genannten „morphologie sociale" (Halbwachs, Febvre) und der von Robert E. Park begründeten „chicago school of sociology". Beide spielen in der Entwicklung der Sozialgeographie eine wichtige Rolle.

In der funktionalen Phase der Humangeographie, der wichtigsten Vorstufe der Entwicklung der deutschsprachigen Sozialgeographie, werden die Grundprinzipien funktionalistischen Denkens auf landschaftsgeographische Zusammenhänge angewendet. Bei der Erforschung der Stadtentwicklung greift zuerst Hans Bobek darauf zurück, und wird später von Walter Christaller (1933) im Rahmen seiner „Theorie der zentralen Orte" für den Bereich der Siedlungsnetze fruchtbar gemacht. Die sozialgeographische Landschaftsforschung von Hans Bobek (1948) fragt nach den landschaftsprägenden Funktionen der sozialgeographischen Gruppen. Die Münchner Sozialgeographie geht von einem Katalog von Daseinsgrundfunktionen aus, auf welchem die Sozialgeographie als Wissenschaft von räumlichen Organisationsformen und raumbildenden Prozessen „menschlicher Gruppen und Gesellschaften" aufgebaut wird. Räumliche Strukturen werden als Ausdruck der Bedürfnisbefriedigung verstanden, als „geronnene Durchgangsstadien" früherer und Voraussetzung aktueller Prozesse.

Das Verhältnis von Struktur und Funktion ist im sozialwissenschaftlichen Kontext von Talcott Parsons in der struktur-funktionalistischen Theorie des „Sozialen Systems" zur Grundlage der Erforschung moderner Gesellschaften gemacht worden. In Abwandlung dieser Theorie war Dietrich Bartels (1968) im Rahmen seiner raumwissenschaftlichen Sozialgeographie bestrebt, eine allgemeine „Theorie des Raumsystems" zu entwickeln, in der die aufgedeckten, empirisch gültigen Raumgesetze von Verbreitungsmustern (räumliche Struktur) und Verknüpfungsmustern (räumliche Funktionen) in einen systematischen Zusammenhang gebracht werden sollten. Aus den Raumgesetzen sollten räumliche Erklärungen, Prognosen räumlicher Entwicklungen sowie die Technologien, d.h. rationelle Zweck-Mittel-Relationen zur Behebung von räumlichen Problemsituationen mittels der Raumplanung, abgeleitet werden. Im Zentrum des Interesses stehen dabei (raum-)wissenschaftliche Regionalisierungen, die nicht mehr bestrebt sind, soziale und kulturelle Regionen (deterministisch) aus der Natur abzuleiten, wie dies bei der Länderkunde der Fall ist. Die wissenschaftlichen Regionalisierungen sind vielmehr aus den erdräumlichen Anordnungs- und Verknüpfungsmustern mittels quantitativer Verfahren „heraus zu filtern".

Talcott Parsons' Werk wurde von Niklas Luhmann – anhand einer (selbstreferentiellen) Wendung der traditionellen Systemtheorie – zur Konzeptualisierung der Gesellschaft als Kommunikationszusammenhang weiterentwickelt, allerdings ohne Berücksichtigung räumlicher Bezüge. Diese werden vom deutschen Sozialgeographen Helmut Klüter thematisiert. Im Vergleich zu Dietrich Bartels' räumlicher Systemtheorie findet sich bei Helmut Klüter (1986) eine verstärkte Hinwendung zu gesellschaftlichen Aspekten und eine Lockerung der Raumzentrierung des geographischen Blicks. Nicht die „Raumwirksamkeit“ steht im Zentrum, sondern die Frage nach der Funktion von „Raum als Element sozialer Kommunikation“ (Klüter 1986: 1). „Raum“ wird als gedankliches Konstrukt betrachtet, das gesellschaftlich als Mittel der Informationsaufbereitung genutzt wird: als Bestandteil sozialer Kommunikation in Form von „Raumabstraktionen“. „Raumabstraktion“ ist dabei als Kurzformel für soziale Handlungsanleitungen und -situationen zu begreifen, als vereinfachende und komplexitätsentlastende Übersetzung sozialer Gegebenheiten in eine (vereinfachende) räumliche Begrifflichkeit.

Die von Max Weber begründete *handlungszentrierte Gesellschaftsforschung* impliziert eine Forschungskonzeption, welche die Erfassung der subjektiven Bedeutungen der Handlungen für die handelnden Subjekte selbst fordert. Dieser Ausgangspunkt wurde später von der phänomenologischen Soziologie weiter ausgearbeitet und wird in der angelsächsischen Sozialgeographie von der so genannten „humanistic geography“ zur Grundlage geographischer Forschung gemacht. Anne Buttimer (1976) forderte, sich weniger für den Raum an sich, sondern viel mehr für die Menschen zu interessieren und die *Bedeutungen*, die *diese* den räumlichen Gegebenheiten beimessen. Sozialgeographische Forschung soll in der „Insider-Perspektive“ bzw. als Innensicht betrieben und auf die Analyse der regionalen Lebensweisen ausgerichtet werden.

Die konsequente Berücksichtigung der subjektiven Bewertungen räumlicher Wirklichkeitsausschnitte wurde in den 1950er Jahren bereits von Wolfgang Hartke – dem Mitbegründer der deutschsprachigen Sozialgeographie – konzeptionell gefordert. Anhand landschaftlicher Indikatoren, wie etwa der Sozialbrache sollen die subjektiven und sozialen Bestimmungsgründe für die beobachtbaren Inwertsetzungen natürlicher Grundlagen aufgedeckt werden, um so einen vertieften Zugang zum „geography-making“ (Hartke 1962: 115) der Menschen – insbesondere zu den sozialen, wirtschaftlichen und politischen Formen – zu erlangen.

Eine differenziertere theoretische Grundlegung der Bezugnahme auf menschliche Tätigkeiten im Sinne von Max Weber ist aber erst im Rahmen der handlungstheoretischen Sozialgeographie (Werlen 1987; 1993; 1995; 1997; 2000) konzipiert worden. Nicht „Raum“ bildet hier das zentrale Forschungsobjekt, sondern das menschliche Handeln in seinen räumlichen Bezügen und vielfältigen Bedeutungsdimensionen. „Raum“ wird als Ergebnis und Mittel des alltäglichen Geographie-Machens, dem eigentlichen Forschungsgegenstand handlungszentrierter Sozialgeographie, betrachtet.

2. Vom Container-Raum zu den Praktiken der Regionalisierung

Wolfgang Hartkes Formel vom „Geographie-Machen“ wird auch vom britischen Sozialtheoretiker Anthony Giddens (1988) aufgegriffen. Anthony Giddens' hat mit seiner Theorie der Strukturierung bzw. Strukturationstheorie eine Weiterentwicklung der Weberschen Handlungstheorie entworfen, die im Vergleich zu dieser auch soziale Strukturen in die Analyse des sozialen Handelns einbezieht. In der Strukturationstheorie wird die räumliche Dimension erstmals zum zentralen Element einer umfassenden Gesellschaftstheorie gemacht.

2.1 Strukturationstheorie in sozialgeographischer Reinterpretation

Im Rahmen der deutschsprachigen Sozialgeographie ist die Strukturationstheorie bzw. Theorie der Strukturierung auf der Grundlage einer systematischen Reinterpretation rezipiert worden. Nimmt man Anthony Giddens Maßgabe ernst, die Aufgabe der Sozialgeographie solle darin bestehen, die (alltäglichen) Praktiken der (alltäglichen) Regionalisierungen zu analysieren, und verallgemeinert diese für den Einbezug der räumlichen Komponente in die Sozialtheorie, dann können die Probleme, die aus der vorschnellen Verräumlichung des Gesellschaftlichen resultieren und von der auch die Strukturationstheorie nicht frei ist, vermieden werden. Dies wird möglich, wenn man den Akzent von der (Sozial-)Raumanalyse radikal auf die Praxisanalyse verschiebt. Dies ist als erster Schritt in Richtung des notwendigen Perspektivenwechsels zu betrachten. Denn so kann auch das Problem behoben werden, „Raum“ als etwas jedem Handeln Vorausgehendes setzen zu müssen. „Raum“ kann mit diesem Perspektivenwechsel ebenfalls als eine sozial konstituierte Gegebenheit verstanden werden (vgl. Werlen 1995).

Die sozialen Praktiken der Regionalisierung, d.h. der sozialen Begrenzung physisch-materieller Kontexte für soziales Handeln, verweisen auf das Verhältnis von Handeln, Körper und physisch-materiellem Kontext und nicht auf einen vorausgesetzten Container-Raum. Der Ausgangspunkt für diese Systematisierung besteht in der Überlegung, dass sich die Bedeutung von „Raum“ für die sozialen Prozesse aus der Körperlichkeit der Handelnden ergibt bzw. der Bedeutung der Körperlichkeit der Handelnden für soziale Kommunikation und Interaktion einerseits und soziale Produktion und Reproduktion andererseits. Die von Anthony Giddens entwickelte Begrifflichkeit ist für diese radikalisierte praxiszentrierte Sichtweise allerdings zu reinterpretieren.

Ausgangspunkt der weiteren Konzeptualisierung bildet Anthony Giddens' Setzung, dass jeder Schauplatz („locale“) des Handelns[2] von den Handelnden für die soziale Praxis und vermittels dieser regionalisiert wird. Mit „locale“ ist ein bestimmter tätigkeitsspezifischer physisch-materieller Kontext gemeint, der bereits ein bestimmtes Anordnungsmuster von materiellen Gegebenheiten und Interagierenden aufweist. Das heißt, dass der materiellen Konstellation des Handelns auf intersubjektiv gleichmäßige Weise eine spezifische soziale Bedeutung zugewiesen wird. Je nach Handlungskontext kann ein Schauplatz ein Haus sein, eine Straßenecke, ein Stadtquartier oder eine Stadt. Die Typisierung als „Schauplatz“ ist somit nicht von

2 In den deutschen Übersetzungen wird für „locale“ der Begriff „Ort“ verwendet, was in Bezug auf Anthony Giddens Definitionen und Begriffsdifferenzierungen insofern als problematisch einzustufen ist, als eine klare Abgrenzung von „place“ (Ort) angestrebt wird. Es erweist sich als weniger problematisch, „locale“ mit „Schauplatz“ zu übersetzen. Denn gleichzeitig verweist „Schauplatz“ implizit auch auf ein soziales „Ereignis“ mit einem bestimmten Bedeutungsgehalt, was der Absicht Anthony Giddens' (1979: 207) besser entspricht.

der Größe oder der räumlichen Ausdehnung abhängig, sondern von der Art der Ausrichtung des Handelns. „Regionalisierung" ist – in Abgrenzung zu Giddens' Verständnis – zu verstehen als eine soziale Definition von physisch-materiellen Kontexten bzw. Schauplätzen *in Bezug auf bestimmte Handlungsweisen.* Damit steht die Kombination von sozialen und räumlichen Kategorien bzw. Merkmalen im Zentrum.

So gesehen ist unter einer *Region* innerhalb eines „Schauplatzes" ein sozial, über symbolische *Markierungen* begrenzter Ausschnitt der Situation bzw. des Handlungskontextes zu verstehen, der an physisch-materiellen Gegebenheiten (Mauern, Straßenzügen usw.) festgemacht werden kann. wobei diese Markierungen als normative Setzungen im Rahmen bestimmter Handlungen gleichzeitig zu Elementen von Interaktionen werden. In sozialer Hinsicht ist sinngemäß die Übereinkunft zu erwähnen, bspw. im Esszimmer nicht zu schlafen, oder die Trennlinie in der regionalen Differenzierung der vorherrschenden sozialen Merkmale positionierter Personen einer Bevölkerung, wie etwa die Jugendlichen und Erwachsenen eines Quartiers.

Grenzen von Regionen werden somit durch symbolische und/oder materielle Markierungen gebildet. Doch die physischen Markierungen stellen in sozialer Hinsicht nichts anderes dar als materielle Repräsentationen symbolischer Begrenzungen des Gültigkeitsbereichs normativer Standards. Physisch-materielle Bedingungen können folglich keine sozialen Zwänge darstellen. Solche können letztlich nur normative Festlegungen bilden. Räumliche Aspekte des Handelns können per se konsequenterweise weder Ursachen noch Gründe des Handelns sein. Konsequenterweise können sie auch keinen erklärenden Status erlangen. Räumliche Konstellationen sind vielmehr zu erklären unter Rückbezug auf die Handlungsweisen, die sie hervorgebracht haben und es ist zu fragen, welche Handlungsweisen sie ermöglichen (Ermöglichung) und welche sie verhindern (Zwang).

In sozialer Hinsicht bestehen erd-räumliche Konstellationen nur in der Form, wie sie als Mittel der (sozialen) Kategorisierung und symbolischer Repräsentation als Elemente des Handelns mobilisiert werden. Ihre Bedeutung für die lokalen Lebenszusammenhänge kann am besten entlang der Analyse der Handlungsweisen erschlossen und verdeutlicht werden.

Daraus folgt, dass die zentrale Bedeutung von Regionalisierungen nicht in der Begrenzung und Unterteilung von Schauplätzen bzw. räumlichen Ausschnitten liegt, sondern vielmehr in ihrer Aneignung (vgl. den Beitrag von Ulrich Deinet/Christian Reutlinger in diesem Band) und im Einbezug ihrer Bedeutungen in die soziale Praxis, in den Handlungsvollzug.

2.2 Alltägliche Regionalisierungen

Wie mit der Darstellung der Transformation des Gesellschaft-Raum-Verhältnisses entlang den Hauptdimensionen der Modernisierung illustriert wurde, können die alltäglichen Praktiken nicht – wie Anthony Giddens dies in Anlehnung an Erving Goffman (1969) vorschlägt – „nur" auf den sozialen Bereich beschränkt werden. Giddens lenkt damit die Aufmerksamkeit zwar auf die alltäglichen Prozesse der Regionalisierung und weist damit in eine andere Richtung als die bisherigen (raum-) wissenschaftlichen Regionalisierungsverfahren der Geographie. Er behandelt dabei aber nur einen spezifischen Fall von Regionalisierungen, den normativ-präskriptiven (vgl. unten).

Um die alltäglichen Regionalisierungen – darüber hinaus gehend – auch für die ökonomischen und kulturellen Aspekte menschlicher Praxis erschließen zu können, ist das Verständnis von „Regionalisierung“ zu erweitern.

Ernst Cassirer hat „Region“ bereits 1931 als Sinnbereich charakterisiert (Cassirer 1931a: 93ff.). Damit meinte er, dass es *Ordnungen der symbolischen Bedeutungen* gibt, die einerseits für das Handeln der Subjekte konstitutiv sind, andererseits aber auch von diesen konstituiert werden. So wie Sinnordnungen hergestellt werden und gleichzeitig die Grundlage für Sinnzuweisungen bilden, so verhält es sich auch mit den sozialen Regionalisierungen der Alltagswelt. Sie sind in erdräumlichen Bezügen auf alltäglicher Ebene einerseits Ausdruck einer – meist politischen – Herstellung der Ordnung der Zuständigkeiten. Dieser Prozess ist aber auf umfassendere Sinnordnungen bezogen. Die politische Territorialordnung in Form von Nationalstaaten, Ländern, Kreisen, Stadtquartieren u.ä. ist symbolisierender Ausdruck der Regelung von Zuständigkeiten. Die symbolischen Sinnordnungen werden mit einem territorialen Ausschnitt verbunden.

„Regionalisierungen“ sind in diesem Kontext als Praktiken zu verstehen, mit denen die Subjekte die Welt – vermittels verschiedener Verfahren der Aneignung und Kontrolle – auf sich beziehen. „Regionalisierungen“ sind konsequenterweise als Praktiken der Welt-Bindung zu verstehen, bei denen räumliche Bezüge eine zentrale Rolle zukommt. Um diese Praktiken empirisch erschließen und darauf aufbauend hilfreiche Strategien der Sozialpolitik ableiten zu können, ist eine Verabschiedung von reifizierten und reduktionistischen Raumverständnissen die erste Voraussetzung. „Raum“ ist vielmehr als ein wichtiges Mittel zu verstehen, anhand dessen die verschiedenen Formen von sinnhaften Regionalisierungen verwirklicht werden, das alltägliche Geographie-Machen realisiert wird.

3. Alltägliches Geographie-Machen

So wie wir über Handlungen „Gesellschaft“ täglich produzieren und reproduzieren, so produzieren und reproduzieren wir auch (Sozial-)Geographien. Dies besagt die zentrale Forschungsmaxime der handlungstheoretischen Sozialgeographie. Für die Analyse der täglich „gemachten“ Geographien ist zuerst zu fragen, was jemand tut, bevor man nach den „räumlichen“ Bedingungen dafür und den „räumlichen“ Konsequenzen davon Ausschau hält. Dabei steht die Analyse der Integration der räumlichen Bezüge in die Praktiken der Konstitution gesellschaftlicher Wirklichkeiten im Zentrum des Interesses.

3.1 Handlungskompatible Raumkonzeptionen

Was also kann „Raum" im Rahmen einer tätigkeitszentrierten Perspektive heißen? „Raum" ist als ein (wenn auch ganz spezieller) Begriff zu begreifen, mit dem eine Bezugnahme auf den physisch-materiellen Kontext des Handelns ermöglicht wird. Dieses handlungszentrierte Raumverständnis grenzt sich sowohl gegenüber der substantivistischen Sichtweise, die Raum als ein ‚Ding an sich' sieht, als auch zu relativistischen Raumvorstellungen, bei der die Relationen zwischen physischen Gegenständen den Raum bilden, ab.

Wenn man die Argumente ernst nimmt, die in der Philosophie des Raumes in den letzten Jahrhunderten zusammen getragen wurden, dann erscheint es folgerichtig, „Raum" als einen formal-klassifikatorischen Begriff zu verstehen, nicht als einen empirischen Begriff und auch nicht bloß als ein a priori. Er kann nicht ein empirischer Begriff sein, weil es keinen Gegenstand „Raum" gibt. Er ist *formal,* weil er sich nicht auf inhaltliche Merkmale von materiellen Gegebenheiten bezieht. Er ist *klassifikatorisch,* weil er Ordnungsbeschreibungen von materiellen Objekten und die Orientierung in der physischen Welt – unter Bezugnahme auf die Körperlichkeit der handelnden Subjekte – erlaubt.

„Raum" ist nicht bloß ein *a priori,* weil er tatsächlich auf Erfahrung beruht. Allerdings nicht auf der Erfahrung eines besonderen und mysteriösen Gegenstandes „Raum", sondern auf der Erfahrung der eigenen Körperlichkeit, deren Verhältnis zu den übrigen ausgedehnten Gegebenheiten (inklusive der Körperlichkeit der anderen Subjekte) und deren Bedeutung für die eigenen Handlungsmöglichkeiten und -unmöglichkeiten. Mit diesem Verständnis von „Raum" wird es möglich, jede Form von verkapptem Materialismus zu vermeiden und sich von allen – auch den subtilsten – Spielformen geodeterministischen Denkens zu verabschieden.

Unter Bezugnahme auf die drei großen Traditionen der klassischen Handlungstheorie: zweck-rationale, normorientierte und verständigungsorientierte Handlungstheorien (Werlen 1987; 1993) können drei Typen von Relationierungen der formalen und klassifikatorischen Dimensionen von „Raum" bzw. drei Raumbegriffe unterschieden werden (vgl. Abbildung 1).

Abbildung 1: Handeln und Raum

	formal	klassifikatorisch/relational	Beispiele
zweckrational	metrisch	klassifikatorische Kalkulation	Bodenmarkt Standortwahl
normorientiert	metrisch körperzentriert	klassifikatorische relationale Präskription	Nationalstaat Hörsaal
verständigungs-orientiert	körperzentriert	relationale Signifikation	Heimat Wahrzeichen

Quelle: Werlen 2000: 329

Im Interessenhorizont „Zweckrationalität" werden sowohl Orientierung wie Ordnung auf die Metrisierung, auf die metrisch exakt angebbaren Abstände und Distanzen bezogen. Zweckrationalität und Geo-Metrik stehen in engem Zusammenhang. Der Geo-Metrik zu Grunde liegt die Formalisierung, welche die wichtigste Voraussetzung für die zweckrationale Kalkulation auf der Basis eines absoluten Nullpunktes bildet.

Im normzentrierten wissenschaftlichen Interesse an der alltäglichen Praxis werden die Relationierungen normativ-präskriptiv aufgeladen. Die daraus resultierenden Territorialisierungen legen fest, an welchen Orten welche Praktiken erwartet werden können bzw. zu zeigen sind. „Hier darfst Du dieses tun, dort aber nicht". Zudem implizieren sie die normative Regelung des Zugangs zu Nutzungen oder den territorial definierten Ausschluss davon (siehe den Beitrag von Fabian Kessl/Susanne Krasmann in diesem Band).

Für die Regionalisierungen in verständigungsorientierter Hinsicht werden die körperlichen Relationierungen mit der Mitwelt in kommunikativer Hinsicht zentral. Dabei ist zwischen der Bedeutung des Körpers für die Informationsaneignung (Kopräsenz, mediatisierte Information) und der symbolischen Aneignung (Übertragung von Bedeutungen auf materielle Kontexte des Handelns) zu unterscheiden, wobei hier „Raum" zum symbolisierenden Raum der Repräsentation wird.

3.2 Typen alltäglichen Geographie-Machens

Unter Bezugnahme auf die drei genannten Traditionen der klassischen Handlungstheorie können auch drei Analysefelder alltäglichen Geographie-Machens bzw. alltäglicher Regionalisierungen unterschieden werden (vgl. Abbildung 2).

Abbildung 2: Typen alltäglichen Geographie-Machens

Haupttypen	Forschungsbereiche
produktiv-konsumtiv	Geographien der Produktion Geographien der Konsumtion
nortmativ-politisch	Geographien normativer Aneignung Geographien der Kontrolle
informativ-signifikativ	Geographien der Information Geographien symbolischer Aneignung

Quelle: Werlen 2004: 337

Der erste Bereich bezieht sich auf die Handlungskontexte der Produktion und Konsumtion. Die (zweck-rationalen) „Geographien der Produktion" äußern sich am offensichtlichsten in Standortentscheidungen und darin, wie diese als Produktions- und Verkehrseinrichtungen verwirklicht sowie die damit verbundenen Aktionsräume und Warenströme festgelegt werden. Die Herstellungs- bzw. Entscheidungsprozesse mit den Gestaltungspotenzialen entsprechender Anordnungsmuster und vor allem die Rekonstruktion der regionalisierenden Konsequenzen der Alltagswelt stehen im Zentrum.

Lokaler Konsum hat Einfluss auf die Geographien der in die Produktion involvierten Subjekte selbst an weit entfernten Orten. Sozialgeographisch interessieren die „alltäglichen Geographien der Konsumtion" vor allem in Bezug auf den differenzierenden Einfluss der Lebensformen auf Warenströme. Diese Lebensformen sind es, die – als Alternative zu landschaftszentrierten Konzeptionen – der ökologischen Beurteilung unterworfen werden können.

Bei „normativ-politischen Geographien" stehen Normorientierung und präskriptive Regionalisierung – auf staatlicher wie auf privater Ebene – im Zentrum. Damit sind einerseits Territorialisierungen gemeint, die Zugang und Ausschluss von Nutzungen normativ regeln und bei deren Missachtung mit Sanktionen zu rechnen ist. Andererseits aber auch solche, mittels welcher Kontrolle über Personen und Mittel der Gewaltanwendung organisiert sind. Dies impliziert die Erforschung der Zugangsmöglichkeiten zu und Einbezugsmöglichkeiten von materiellen Artefakten in Handlungsverwirklichungen, wie sie bspw. über Eigentums- und Nutzungsrechte geregelt sind.

Mit alltäglichen „Geographien politischer Kontrolle" können politische Regionalisierungen im Sinne der national-staatlichen Organisation der Gesellschaft verstanden werden. Sie sind als Mittel der (demokratisch legitimierten) Herrschaft über Personen zu interpretieren. Die Kernbereiche sind die territoriale Überwachung der Mittel der Gewaltanwendung, aber auch staatliche Territorialisierungen zur Aufrechterhaltung des nationalen Rechts und politischer Ordnung. Weitere normative Regionalisierungen beziehen sich auf alters-, status-, rollen- und geschlechtsspezifische Regelungen des Zugangs und Ausschlusses von alltagsweltlichen Lebensbereichen. Dabei kommt letzteren aktuell besonders große Bedeutung zu (vgl. Scheller 1995).

Wie die phänomenologische Philosophie und interpretative Sozialwissenschaft eindrücklich zeigen können, sind die Arten der Bedeutungskonstitution vom jeweils verfügbaren Wissen abhängig. Diesen Zusammenhang fokussieren die Analysen der „informativ-signifikativen Regionalisierungen". Die subjektiven „Geographien der Information" sind ausschlaggebend für die Ausprägung des jeweiligen Wissensvorrates. Der erste Untersuchungsaspekt betrifft das Verhältnis von globaler Kommunikationsgesellschaft und lokal fixierten face-to-face-Beziehungen. Die Steuerung potentieller Informationsaneignung unter körperlicher Abwesenheit erfolgt mittels verschiedener Medien (Presse, Bücher, TV usw.) und Kanäle (Programme), den hypothetisch wichtigen Formen informativer Regionalisierung.

Typische Äußerungsformen „signifikativer Regionalisierungen" sind „Heimatgefühl" und „Regionalbewusstsein" (Blotevogel/Heinritz/Popp 1987; Pohl 1993). Sie sind handlungszentriert betrachtet wohl die offensichtlichsten Ausprägungen „alltäglicher Geographien symbolischer Aneignung". Von besonderer Bedeutung sind solche Formen der Aneignung aber auch – wie Günter Arber (2005) zeigt – im Zusammenhang mit der stigmatisierenden und reifizierenden Konstitution „sozialer Brennpunkte" durch die Boulevard-Presse, die dann häufig zu räumlichen Politiken der Problembehebung verleiten.

4. Diskussionslinien

4.1 Geschlechtspezifische Regionalisierungen, Macht und Raum

Die Geschichte der Geographie ist seit der nationalsozialistischen Geopolitik auf besondere Weise mit „der" Macht verstrickt. Der gemeinsame Kern aller Spielformen geopolitischen Denkens besteht aus der Behauptung, dass jede Gesellschaft sich *im* Raum befindet und dass jede Gesellschaft von dem Raum, in dem sie sich befindet, geprägt wird. „Raum" wird in dieser Sicht- und Argumentationsweise zur gegenständlichen Gegebenheit und erlangt darüber hinaus den Status einer unabhängigen Variablen. Aus dieser zweigliedrigen Prämisse werden zwei Ableitungen gemacht: *Erstens,* dass keine Gesellschaft bestehen bzw. überleben kann, wenn der „Raum“ nicht eine – für angebbar gehaltene – Mindestgröße aufweist. Wächst die Gesellschaft, so die Implikation der Ableitung, muss die Ausdehnung des Raumes damit Schritt halten und sei es auf Kosten einer anderen Gesellschaft. Expansionspolitik wird anhand von pflanzen*biologischen* Metaphern als „natürlich“ dargestellt und *geo*politisch gerechtfertigt. Jedes Volk braucht zum Gedeihen ein ausreichendes Territorium, genauso wie ein gesunder Wald den richtigen Boden mit den richtigen Ausmaßen braucht. *Zweitens* wird gefolgert, dass räumliche Kategorien bei der Typisierung sozialer Situationen Vorrang haben sollen. Die entsprechende Denkweise geht sogar soweit – wie es der Ausdruck Geopolitik zum Ausdruck bringt – dass sich die Politik nicht primär auf die Gesellschaft bezieht, sondern auf den Raum. Politik und Macht haben in dieser Argumentationslogik den Raum zum Gegenstand, und nicht etwa die Gesellschaft. So wird der Anschein der „Natürlichkeit“ der Argumentation verstärkt und gleichzeitig dem argumentativen Diskurs entzogen: Nicht Akteure und Interessensgruppierungen erheben Ansprüche und stellen Forderungen, sondern die „Geographie der Dinge“, der „Boden“ oder die „constellation géographique“ bzw. „die geographische Logik“ (Lacoste 1990) fordern ihre Rechte oder „erzwingen“ auch eine bestimmte Logik des Handelns.

Doch kann sich Politik und Macht per se auf „Raum“ richten? Wird hier „Raum“ nicht vielmehr zum argumentativen Platzhalter für soziale Problem- und Interessenslagen? Dies ist die Sichtweise, die sich in der jüngeren sozialgeographischen Theoriediskussion immer stärker durchsetzt. Geht man davon aus, dass es nicht nur eine Geographie der natürlichen Dinge und nicht nur wissenschaftliche oder disziplinäre Formen des Geographie-Machens gibt, sondern auch eine alltägliche soziale Praxis, welche ein Geographie-Machen impliziert, dann wird der Blick für ein anderes Machtverständnis im Verhältnis zu Raum frei. So öffnet sich auch ein neuer Zugang zur *geschlechtsspezifischen* Analyse des Verhältnisses von Macht und Raum.

In diesem Zusammenhang ist allerdings auch zu beobachten, dass im politischen Geschäft mit einer beachtlichen Selbstverständlichkeit mit Ausdrücken wie „Gewalträume“, „Angsträume“ usw. umgegangen wird. Nicht selten sind dort die Argumentationszusammenhänge so konstruiert, dass sie „Räume“ mit absoluten Eigenschaften implizieren, auf welche die (sanierende) Sozialpolitik auszurichten sei.

Andrea Scheller (1995) hat demgegenüber einen handlungs- und strukturationstheoretisch konstruierten Leitfaden zur Durchdringung des Dschungels der Verflechtungen von „Raum“, „Macht“ und „Geschlechterverhältnisse“ erarbeitet. Dabei weist sie auf unbeabsichtigte, aber auch bewusst in Kauf genommene Folgen der sozialen „Raum“beherrschung, auf die alltäglichen Regionalisierungen hin. Sie werden als Ausdruck der geschlechtsspezifischen Aneignung des öffentlichen „Raumes“ verstanden, über welche die Reproduktion traditioneller Herrschaftsmuster stabilisiert werden.

So konzeptualisiert werden *öffentliche Räume* von Andrea Scheller (1995) nicht als ein für allemal gestaltet angesehen, sondern als veränderbare Konstrukte mit ihren „eingelagerten“, über Aneignungsprozesse fixierten Werten und Normen. Raumgestaltende Handlungen haben weitreichende Folgen, sie „zementieren“ die sozialen

Verhältnisse und schaffen „materialisierte" Handlungsbedingungen für die übrigen Gesellschaftsmitglieder. Die Verfügungsmacht über öffentliche Räume erlaubt, der gebauten Mitwelt bestimmte Funktionen und Nutzungsformen zu verleihen und damit Zutritt und Ausschluss vorzustrukturieren. So entstehen soziale Hierarchisierungen bezüglich Bewegungsfreiheit und Aufenthaltsdauer, An- und Abwesenheit.

Das Macht-Regionalisierungskonzept von Andrea Scheller ermöglicht eine Rekonstruktion der Entstehung der Regionalisierungen der Alltagswelt. Doch es können damit nicht nur die Entstehung und Reproduktion von Regionalisierungen analysiert werden. Es können weiter die Verknüpfungen von Macht, Wissen und Wahrheit mit Raum und ihre Auswirkungen betrachtet werden. Die Chancen, Strukturen durch räumliches Einschreiben zu naturalisieren und zu normalisieren, können ausgelotet werden, und damit auch die gesellschaftliche Akzeptanz der gegebenen Macht- und Raumnutzungsverhältnisse.

Neben der Erforschung des Status quo ermöglicht dieses Konzept auch, Veränderungspotentiale aufzudecken. Bei einer asymmetrischen Ausprägung von Machtverhältnissen bzw. der ungleichen Verteilung autoritativer und allokativer Ressourcen kann darauf aufmerksam gemacht werden, dass räumliche Strukturen nicht naturgegeben sondern sozial bedingt sind. Dementsprechend stehen sie über die Veränderung der sozialen Machtverhältnisse einer Transformation offen. Dabei ist insbesondere auch aufzuzeigen, dass der (aktuelle) Zwangscharakter räumlicher Strukturen (als Ausdruck bestehender Machtverhältnisse) in die Ermöglichung neuer Lebenszusammenhänge überführt werden kann, was allerdings eine symmetrische Ausprägung der Machtverhältnisse voraussetzt.

4.2 Verdeckte Lebensalter und unsichtbare Territorialisierungen: ‚Sozialgeographie der Jugendlichen'

In traditionellen sozialgeographischen Arbeiten geht es in aller Regel um Erwachsene. Sarah James (1990: 278) charakterisiert diese Situation wie folgt: „geography is/has been dominated by the study of ‚man', an adult man, and latterly adult women". Mit der handlungszentrierten Sicht der Sozialgeographie wird mit der Untersuchung der spezifischen Bedeutungen der räumlichen Bedingungen für das erkennende und handelnde Subjekt bei der Konstitution seiner Wirklichkeit der Zugang zu den Lebenswelten Jugendlicher eröffnet (vgl. Schön 2004).

Eine entsprechende ‚Sozialgeographie der Jugendlichen' sollte auf den Erkenntnissen der ‚Sozialgeographie der Kinder' (vgl. Holloway/Valentine 2000, Aitken 2001 oder McKendrick 2004 in der englischsprachigen; Monzel 2005, Werlen, 1997 und Behnke 2005 in der deutschsprachigen Diskussion) bzw. ‚Geographie der Sozialisation' (Werlen 1997: 349) aufbauen, da die aus diesem Bereich vorhandenen Arbeiten einen wichtigen Beitrag zur Erklärung spezifischer Bedürfnisse und sozialräumlicher Problemlagen leisten (Werlen 2000: 343).

Der Forderung „dass es neben einer Frauengeographie und einer Geographie der Alten auch eine Geographie geben muss, welche die Probleme von Kindern thematisiert" (Fliedner 1993: 563) ist hinzuzufügen, dass auch eine Geographie benötigt wird, welche die *spezifischen Bewältigungsprobleme von Jugendlichen unter den heutigen gesellschaftlichen Bedingungen thematisiert und genauer erforscht.* Dafür bildet die Rekonstruktion der ‚unsichtbaren Bewältigungskarten' (Reutlinger 2004; 2005) einen wichtigen Ausgangspunkt.

Während die klassischen sozialräumlichen Ansätze der Sozialpädagogik von der strukturellen Sozialintegration ausgehen, bildet beim Ansatz der ‚unsichtbaren Bewältigungskarten' die strukturelle Desintegration den Ausgangspunkt. Die strukturelle Desintegration ist – so die These – durch zunehmende Entkoppelungs- und Segmentierungstendenzen bedingt. Aufgrund der räumlichen und zeitlichen Entankerung der sozialen Praxis wird die lebensräumliche Kontinuität, welche für die räumlich zentrierte Sozialintegration eine wichtige Voraussetzung bildet, immer mehr aufgelöst. An ihre Stelle treten segmentierte und gespaltene Lebenskontexte.

Durch die Entankerungs- und Entkoppelungstendenz stehen die sozialen Aneignungen der lebensräumlichen Kontexte und die entsprechenden spezifischen urbanen Territorialisierungsformen von Jugendlichen in keinem gesellschaftlichen Spannungsverhältnis (mehr). Sie sind vielmehr auf sich selbst zurückgeworfen.

In einer segmentierten Arbeitsgesellschaft mit ‚wild' segmentierten Lebenskontexten ist davon auszugehen, dass die Territorialisierungen von Jugendlichen nicht zur Systemintegration führen, weil die integrativen Strukturen sie teilweise nicht mehr aufnehmen, das Aneignungshandeln vermehrt von seiner integrativen Funktion entkoppelt und auf sich zurückbezogen ist, also leer wird. Handlungen im Jugendalter verlieren ihren partizipativen Charakter, sie werden immer stärker auf sich selbst verwiesen, aus der Struktur ausgegrenzt (vgl. Reutlinger 2003).

Gerade weil die bisherigen sozialräumlichen Theorien von der möglichen gesellschaftlichen Integration im Aneignungshandeln ausgehen und die Entkoppelung von den gesellschaftlichen Strukturen nicht berücksichtigen, führen aktuelle Untersuchungen mit solchen Konzepten zur vermehrten ‚Nichtüberlappung' des Fokus der Jugendforschung mit den von Jugendlichen zu bewältigenden sozialen Problemen. Die ‚sichtbare Jugend' ist immer weniger repräsentativ. Konsequenterweise verlieren die bisherigen sozialpädagogischen Konzepte, welche von einem klassischen Verständnis von „Handeln als Aneignung" ausgehen, das eine systemische Integration beinhaltet, immer stärker an Erklärungskraft. Immer mehr Jugendliche werden vor dem Hintergrund dieser Konzeption zur „unsichtbaren Jugend" (vgl. Reutlinger 2001) und konsequenterweise von der entsprechenden Jugendpolitik vernachlässigt.

Deshalb ist das Aneignungshandeln von Heranwachsenden neu – über bzw. als Bewältigungsverhalten – zu erschließen. Das *Schreiben von Bewältigungskarten* – als jugendspezifische Form des Geographie-Machens – ist demnach als Aneignungsform zu verstehen, die sich aus dem Verlust der integrativen Kraft der Aneignung gesellschaftlicher Strukturen ergibt. Zur Analyse der unsichtbaren Bewältigungskarten bzw. der (jugendpolitisch) unsichtbaren Territorialisierungen, welche Jugendliche *schreiben*, um die Spannung und den Mithaltedruck zu bewältigen, bietet sich der sozialpädagogische Ansatz der ‚Lebensbewältigung' (Böhnisch 1999) an. Dabei ist die Bedeutung der peers für die Bewältigung herauszustreichen, da die Jugendlichen Selbstwert, Anerkennung und Orientierung nicht länger über einen Job, sondern über sich selbst und über die Gruppe der Gleichaltrigen finden.

Erste empirische Umsetzungen dieses Ansatzes wurden in Spanien u.a. in benachteiligten Stadtteilen von La Coruña, Barcelona und Madrid (vgl. Reutlinger

2001; 2003) sowie im Rahmen des Pilotprojektes der EU-Initiative Leonardo da Vinci ‚Invisible Youth Integration' auf europäischer Ebene in Spanien, Frankreich und Italien sowie im Rahmen der wissenschaftlichen Begleitung von ‚E&C' (vgl. Reutlinger 2004) in Deutschland durchgeführt.

5. Kritische Synthese, Anregungen zu veränderten räumlichen Sichtweisen in Theorie und Praxis

Mit der Skizzierung eines handlungs- und praxiszentrierten Verständnisses von „Raum" dürfte offensichtlich geworden sein, dass für das Verständnis von „Sozialräumen" bzw. jener Zusammenhänge, die bisher mit diesem Begriff bezeichnet werden, jede Form der Reduktion und Vergegenständlichung als Container-Raum zu vermeiden ist. „Sozialräume" können – wenn damit nicht bloß ein erdräumlicher Bereich von Körperbewegungen gemeint ist – in dieser Perspektive als Ausdruck präskriptiver Relationierung und Klassifikation verstanden werden. Diese Zusammenhänge können konsequenterweise über die Praxisanalyse, keinesfalls aber vermittels einer Raumanalyse erschlossen werden. Konsequenterweise muss auch jede Raumpolitik zur Behebung sozialer Problemsituationen ins Leere greifen. Dieser Zusammenhang besteht höchst wahrscheinlich für jede Art raumzentrierter Politik. Zumindest lassen dies die geringen Erfolge dieser Politikorientierung erahnen.

Erdräumliche Auftretensformen so genannter „sozialer Brennpunkte" sind konsequenterweise nicht als räumliche Probleme zu behandeln. Alle Arten von Raumproblemen erweisen sich bei genauerer Betrachtung letztlich als Probleme des Handelns. Im Rahmen der hier skizzierten Perspektive sind sie als Ausdruck der höchst unterschiedlichen Vermögensgrade der Kontrolle sowohl physischer Konstellationen als auch anderer Personen zu begreifen. Für die entsprechenden Aneignungen werden von den Akteuren zwar unterschiedliche räumliche Konzepte als Medien der Handlungsorientierung und Durchsetzung in Anschlag gebracht. Es gibt jedoch keinen Anlass, diese Medien für die Gegenstände oder gar die Ursachen sozialer Konflikte zu halten und politische Maßnahmen auf diese auszurichten.

Geht man davon aus, dass die in Anschlag gebrachten Raumkonzepte von der (thematischen) Ausrichtung der Praxis abhängen, dann wird auch verständlich, weshalb bestimmte Ausschnitte physisch-materieller Gegebenheiten gleichzeitig unterschiedliche Zuschreibungen erlangen können. Was für die einen ein „sozialer Brennpunkt" ist, auf den die sozialpolitischen Maßnahmen zu richten sind, wird vom Immobilienhändler als Ort des Wertverlustes und von Jugendlichen als Ort der Begegnung mit bestimmten, territorial gebundenen Regeln des Handelns interpretiert. Bereits das Bestehen dieser Möglichkeit sollte genügen, von jeder thematisch eindimensionalen Containerisierung Abstand zu nehmen, und freilich auch von jeder räumlichen Vergegenständlichung sozialer Gegebenheiten. Ein Kernproblem, das mit der Konzeption „soziale Brennpunkte" verbunden zu sein scheint, liegt offensichtlich darin begründet, dass Lösungen dessen, was man als Problem definiert, nicht als das existiert, wofür man es hält: als ein Raumproblem, das mit räumlichen Maßnahmen behoben werden kann.

Literatur

Aitken, Stuart C. (2001): Geographies of Young People: The Morally Contested Spaces of Identity. New York/London. Chapter 5. „Material Transformations: Local children in global Places.“: 119-144

Arber, Günter (2005): Medien, Regionalisierungen und das Drogenproblem. In: Werlen (Hg.) (2005, i.E.)

Bartels, Dietrich (1968): Zur wissenschaftstheoretischen Grundlegung einer Geographie des Menschen. Erdkundliches Wissen 19. Wiesbaden

Behnke, Karlheinz (2005): Geographie(n) der Kinder: Von Räumen und Grenzen (in) der Postmoderne. München

Blotevogel, Hans Heinrich/Heinritz, Günter/Popp, Hubert (1987): Regionalbewußtsein – Überlegungen zu einer geographisch-landeskundlichen Forschungsinitiative. In: Informationen zur Raumentwicklung. Heft 7/8. 1987: 409-418

Bobek, Hans (1948): Die Stellung und Bedeutung der Sozialgeographie. In: Erdkunde. 1-3/2. 1948: 118-125

Böhnisch, Lothar (1999): Sozialpädagogik der Lebensalter. Weinheim/München

Bourdieu, Pierre (1991): Physischer, sozialer und angeeigneter Raum. In: Wentz (Hg.) (1991): Stadt-Räume. Frankfurt a.M.

Buttimer, Anne (1976): Grasping the dynamism of lifeworld. In: Annals of the Association of American Geographers. 2/66. 1976: 277-297

Cassirer, Ernst (1931a): Mythischer, ästhetischer und theoretischer Raum. In: Cassirer (1931b): 93-119

Cassirer, Ernst (1931b): Symbol, Technik, Sprache. Hamburg

Christaller, Walter (1933): Die zentralen Orte in Süddeutschland. Jena

Deinet, Ulrich/Reutlinger, Christian (Hg.) (2004): ‚Aneignung‘ als Bildungskonzept der Sozialpädagogik. Beiträge zur Pädagogik des Jugendalters in Zeiten entgrenzter Lernorte. Opladen

Fliedner, Dietrich (1993): Sozialgeographie. Lehrbuch der allgemeinen Geographie 13. Berlin/New York

Foucault, Michel (1976): Überwachen und Strafen. Frankfurt a.M.

Giddens, Anthony (1988): Die Konstitution der Gesellschaft. Frankfurt a.M.

Giddens, Anthony (1979): Central Problems in Social Theory. Action, Structure and Contradiction in Social Analysis. London

Goffman, Erwing (1969): The Presentation of Self in Everyday Life. Hardmondsworth

Häußermann, Hartmut/Ipsen, Detlev/Krämer-Badoni, Thomas/Läpple, Dieter/Rodenstein, Marianne/Siebel, Walter (Hg.) (1991): Stadt und Raum. Soziologische Analysen. Pfaffenweiler

Hartke, Wolfgang (1962): Die Bedeutung der geographischen Wissenschaft in der Gegenwart. In: Tagungsberichte und Abhandlungen des 33. Deutschen Geographentages in Köln 1961. Wiesbaden. 1962: 113-131

Harvey, David (1989): The Condition of Postmodernity. An Enquiry into the Origins of Cultural Change. Oxford

Harvey, David (1973): Social Justice and the City. London

Holloway, Sarah L./Valentine, Gil (eds.) (2000): Children's Geographies. Playing, Living, Learning. London/New York

James, Sarah (1990): Is there a ‚place‘ for children in geography? In: Area 22.3. 1990: 278-283

Klüter, Helmut (1986): „Raum“ als Element sozialer Kommunikation. Giessener Geographische Schriften. Band 60. Giessen

Krämer-Badoni, Thomas/Kuhm, Klaus (Hg.) (2003): Die Gesellschaft und ihr Raum. Raum als Gegenstand der Gesellschaft. Opladen

Lacoste, Yves (1990): Geographie und politisches Handeln. Perspektiven einer neuen Geopolitik. Berlin

Läpple, Dieter (1991): Essay über den Raum. Für ein gesellschaftswissenschaftliches Raumkonzept. In: Häußermann et al. (Hg.) (1991): 157-207

Lefêbvre, Henri (1974): La production de l'espace. Paris

Lippuner, Roland (2004):Wissenschaft und Alltag. Zum theoretischen Problem, Geographien der Praxis zu beobachten. Sozialgeographische Bibliothek. Band 1. Stuttgart (i.E.)

Löw, Martina (2001): Raumsoziologie. Frankfurt a.M.

Marsh, George P. (1864): Man and Nature: Physical Geography Modified by Human Action. New York

McKendrick, John (2004): Children's geographies. Edinburgh

Monzel, Silvia (2005): Kinderfreundliche Wohnumfeldgestaltung. Sozialgeographische Hinweise für die Praxis. In: Werlen (Hg.) (2005, i.E.)

Pohl, Jürgen (1993): Regionalbewusstsein als Thema der Sozialgeographie. Theoretische Überlegungen und empirische Untersuchungen am Beispiel Friaul. Münchner Geographische Hefte 70. Regensburg

Reutlinger, Christian (2005): Unsichtbare Territorialisierungen von Jugendlichen. Empirische Grundlagen einer Sozialgeographie des Jugendalters zu Beginn des 21. Jahrhunderts. In: Werlen (Hg.) (2005, i.E.)

Reutlinger, Christian (2004): Die Notwendigkeit einer neuen Empirie der Aneignung – der Ansatz der Bewältigungskarten. In: Deinet et al. (Hg.) (2004): 12-135

Reutlinger, Christian (2003): Jugend, Stadt und Raum. Sozialgeographische Grundlagen einer Sozialpädagogik des Jugendalters. Opladen

Reutlinger, Christian (2001): Unsichtbare Bewältigungskarten von Jugendlichen in gespaltenen Städten. Sozialpädagogik des Jugendraumes aus sozialgeographischer Perspektive. Dissertation Technische Universität Dresden. Dresden

Scheller, Andrea (1995): Frau – Macht – Raum. Geschlechtsspezifische Regionalisierung der Alltagswelt als Ausdruck von Machtstrukturen. Anthropogeographische Schriftenreihe. Band 16. Geographisches Institut der Universität Zürich. Zürich

Schmid, Christian (2005): Stadt, Raum und Gesellschaft. Sozialgeographische Bibliothek. Band 1. Stuttgart (i.E.)

Schön, Elke (2004): Selbstorganisiertes Handeln von Mädchen in städtischen öffentlichen Freiräumen. In: Deinet et al. (Hg.) (2004): 235-248

Sturm, Gabriele (2000): Wege zum Raum. Methodische Annäherungen an ein Basiskonzept raumbezogener Wissenschaften. Opladen

Wentz, Martin (Hg.) (1991): Stadt-Räume. Frankfurt a.M.

Werlen, Benno (Hg.) (2005): Sozialgeographie alltäglicher Regionalisierungen. Band 3. Geographien des Alltags – Empirische Befunde. Erdkundliches Wissen 121. Stuttgart (i.E.)

Werlen, Benno (2004): Sozialgeographie. Eine Einführung. 2. Auflage. Bern

Werlen, Benno (2000): Sozialgeographie. Eine Einführung. Bern/Stuttgart/Wien

Werlen, Benno (1997): Sozialgeographie alltäglicher Regionalisierungen. Band 2: Globalisierung, Region und Regionalisierung. Erdkundliches Wissen 119. Stuttgart

Werlen, Benno (1995): Sozialgeographie alltäglicher Regionalisierungen. Band 1: Zur Ontologie von Gesellschaft und Raum. Erdkundliches Wissen 116. Stuttgart

Werlen, Benno (1993): Society, Action and Space. An alternative human geography. London

Werlen, Benno (1987): Gesellschaft, Handlung und Raum. Grundlagen handlungstheoretischer Sozialgeographie. Erdkundliches Wissen 89. Stuttgart

Ökonomie

Alexander Hamedinger

Abstract

Im Gegensatz zur Sozialwissenschaft kam es in der Wirtschaftswissenschaft bisher noch nicht zum „Spatial Turn" in Bezug auf die Theoriebildung und auf die empirische Forschung. Große Teile der Ökonomie kommen noch ohne eine Integration des „Raumes" aus. Mit einer „ideengeschichtlichen" Skizze der Ökonomie wird gezeigt, dass dies primär dem dominanten Erkenntnis- und Theorieprogramm geschuldet ist, welches der Neoklassik zugrunde gelegt ist. Im weiteren Text werden dann diejenigen ökonomischen Ansätze und ihr Raumverständnis dargestellt, die versuchen, den „Raum" in die ökonomische Theorie zu integrieren. Die meisten Ansätze verwenden dabei implizit oder explizit das Konzept des „Behälter-Raumes". Neuere spezielle ökonomische Theorien gehen darüber hinaus und arbeiten mit einem Verständnis des „gesellschaftlichen Raumes", das von Diepter Läpple geprägt wurde. Aus der Kritik und Zusammenführung dieser Versuche wird die Forderung nach einer „Raumökonomie" abgeleitet, die auf der Idee der Produktion und Reproduktion des Raumes basiert.

1. Anmerkungen zum Raumbegriff in der Ökonomie

„Als Resultat der materiellen Aneignung der Natur ist ein gesellschaftlicher Raum zunächst ein gesellschaftlich produzierter Raum. Seinen gesellschaftlichen Charakter entfaltet er allerdings erst im Kontext der gesellschaftlichen Praxis der Menschen, die in ihm leben, ihn nutzen und ihn reproduzieren. Durch diese unmittelbare gesellschaftliche Dimension erklärt sich auch sein Charakter als „Matrix-Raum", d.h. ein sich selbst gestaltender und strukturierender Raum" (Läpple 1991: 197).

Im vielzitierten „Essay über den Raum" hinterfragte Dieter Läpple, welche Konzepte von „Raum" in unterschiedlichen wissenschaftlichen Disziplinen verwendet werden und welcher Zusammenhang zu deren historischen Entstehungsbedingungen hergestellt werden kann. Dabei konzentrierte er sich in seiner Analyse auf ökonomische Theorien und deren dominantes Raumverständnis, welches in Anlehnung an Albert Einstein als „Behälterraum-Konzept" bezeichnet wird. Die Kritik an diesem Zugang zu „Raum" führt ihn zur Entwicklung seines Konzeptes des „Matrix-Raumes", in welchem Raum und die in ihm stattfindenden sozialen Prozesse nicht mehr voneinander getrennt gedacht werden. Durch diese raumtheoretische Basisarbeit induzierte er eine Wiederbelebung von Debatten über den Begriff „Raum" v.a. innerhalb der deutschen Stadt- und Regionalsoziologie (vgl. den Beitrag von Martina Löw/Gabriele Sturm in diesem Band). So unternimmt etwa Jens S. Dangschat (1998) einen Versuch der Erweiterung und Konkretisierung seines Ansatzes, indem

Anschlusspunkte an eine Segregationstheorie formuliert werden. Auch Martina Löw (2001) unterzieht in ihrer „Raumsoziologie" den Ansatz von Dieter Läpple einer kritischen Würdigung.

Bemerkenswert dabei ist, dass Läpples raumtheoretische Ausführungen und sein Konzept des „gesellschaftlichen Raumes" innerhalb des Diskurses seiner eigenen Wissensdisziplin, nämlich der Ökonomie, nur eine marginale Rolle spielen. In Grundlagenwerken zur Stadt- und Regionalökonomie (z.B. von Maier/Tödtling 1992; Bökemann 1999) finden sich keine grundlegenden Auseinandersetzungen mit dem Begriff „Raum". Dieter Läpples Beitrag zur Reformulierung und theoretischen Überarbeitung der Ökonomie findet zumeist keine Erwähnung. Welche Ursachen können dafür angegeben werden?

Zum einen kann in diesem Zusammenhang die „Ordnung des Diskurses" in der Ökonomie angeführt werden, in welcher über Regeln der Wissensproduktion (Grundannahmen, Modelle etc.) und Wissensvermittlung versucht wird, ein bestimmtes Erkenntnisprogramm und Theorieinstrumentarium abzusichern. Die Einführung des Konzeptes des „gesellschaftlichen Raumes" in die Grundannahmen der Ökonomie, würde das bisherige, als dominant zu bezeichnende Erkenntnisprogramm und Theoriespektrum grundlegend verändern. Zum anderen wird von VertreterInnen des Ansatzes der „Enträumlichung" auch innerhalb der Ökonomie immer wieder eingewandt, dass etwa angesichts der globalen Ausbreitung von Computer- und Telekommunikationsnetzwerken sowie den Fortschritten in Transporttechnologien dem „Raum" in der Theoriebildung keine besondere Bedeutung mehr beigemessen werden muss, da man es ohnehin mit einem „Verschwinden des Raumes" zu tun hat. Von einem weiteren Raumtheoretiker, nämlich David Harvey (1991: 160), wird dazu folgendes formuliert: „Wie Marx betont, beschleunigt der Kapitalismus die räumliche Integration in den Weltmarkt, die Eroberung und ‚Befreiung' des Raumes sowie die Aufhebung des Raumes durch die Zeit." Allerdings hält dem David Harvey (1991: 161) selbst im Rahmen seiner Kapitalzirkulationstheorie entgegen: „Raum zu überwinden, ist nur möglich durch die Produktion von Raum, von Kommunikationssystemen und von physischen Infrastrukturen, die in das Land eingebettet sind. (…) ‚Pulverisierung' und Fragmentierung, die notwendig sind, um den Raum zu homogenisieren, müssen eine feste Form annehmen."

Wie sich zeigen lässt, sind es v.a. die Ökonomen/innen, deren Ausgangspunkt das Erkenntnisgerüst und Theorieprogramm der Neoklassik ist, die dem Raum in der Theoriebildung entweder keinen oder nur einen „geringen" Platz zubilligen. Dies zeigt sich etwa in der neoklassischen Standorttheorie, in welchem Raum primär als Fläche gedacht wird, deren Überwindung Transportkosten verursacht. Dieses neoklassische Programm dominiert nach wie vor an den meisten Universitäten, in der Forschung sowie in den „großen" Politikberatenden ökonomischen Institutionen (z.B. Weltbank).

Eine Berücksichtigung der Kategorie „Raum" findet sich also in der speziellen Ökonomie, die den „Raum" zum Gegenstand hat, der Stadt- und Regionalökonomie. Marxistisch argumentierende Ökonomen/innen, wie etwa die Regulationstheoretiker/innen, versuchen am dominanten Theorieprogramm zu rütteln, bleiben dabei allerdings in Bezug auf eine Raumtheorie vielfach einer materialistischen Vorstellung von Raum verhaftet (vgl. z.B. Lipietz 1998). Neben den marxistisch und neoklassisch argumentierenden „Lagern" innerhalb der Ökonomie, gibt es u.a. weiterhin spezielle

Ökonomien, die sich mit dem Raum auseinandersetzen. Zu erwähnen wäre die „Ökologische Ökonomie“ sowie die „New Economic Geography“ (die auch als spezielle Geographie bezeichnet werden könnte) sowie raumökonomische Ansätze, die sich mit dem „Milieu“-Begriff auseinandersetzen. Wie sich herausstellen wird, ist Raum in den meisten Theorien zumeist materielle Basis sozialer Prozesse. Die Vorstellung von der Produktion und Reproduktion von Raum, der prozesshaften Veränderung von Gesellschafts- und Raumstrukturen ist nicht immer vorfindbar. Die schon von Derek Gregory und John Urry (1985) geforderte Re-Integration von Raumwissenschaften und Sozial- und Wirtschaftswissenschaften gelang in Bezug auf die Ökonomie nur marginal. Was ist also im Hinblick auf die Ökonomie aus Dieter Läpples Aufforderung geworden, die Analyse „räumlicher und zeitlicher Entwicklungsformen der Gesellschaft“ zu verknüpfen und „dynamisierte Raumkonzepte“ (Läpple 1991) zu entwickeln?

Im Folgenden wird eine überblicksartige Zusammenstellung von zentralen ökonomischen Theorien sowie deren implizites oder explizites Verständnis von Raum gegeben. Die Folie der Interpretation der Raumkonzepte bietet ein erweitertes Konzept der „Produktion von Raum“ von Henri Lefêbvre (1991). Diese Vorgangsweise soll dazu dienen, einen Einblick in ökonomische Theorien, deren Funktionsweisen, Fragestellungen und Raumkonzepte zu ermöglichen. Damit soll auch deren Anschlussfähigkeit sowie Verwendbarkeit für andere Wissensdisziplinen und für „Praktiker/innen“ (z.B. aus der Planung oder der Sozialen Arbeit) deutlich gemacht werden.

2. Ökonomische Beziehungen zum „Raum“

2.1 Die Ursprünge der Ökonomie – Adam Smith, David Ricardo und Karl Marx

Ein kurzer Blick auf die Geschichte des ökonomischen Denkens macht deutlich, dass die Auseinandersetzung mit der räumlichen Entwicklung von Gesellschaften im 17. und 18. Jahrhundert v.a. über die Thematisierung des Verhältnisses zwischen Stadt und Land wichtiger Bestandteil von Sozialtheorien war. Entsprechend dem zugrundeliegenden erkenntnistheoretischen Programm handelt es sich jedoch bei den diesbezüglichen Raumvorstellungen um „Behälterraum“-Ansätze. Deterministische und mechanistische Theoriegebäude dominieren die Auseinandersetzung mit einem Raum, der in der alltäglichen Lebenswelt als schwer überwindbar und als hinderlich erfahren wurde.

Die Ökonomie entstand zu einem Zeitpunkt, als sich die unterschiedlichen Wissenschaften erst herausbildeten und sich die Konstruktion eines einheitlichen erkenntnistheoretischen Gebäudes in Versuchen zur Formalisierung und Mathematisierung der sich entwickelnden Wissensdisziplinen zeigte. Das „positivistische Denken“ prägte auch die Ökonomie: „eine ganze Schicht von Phänomenen wird der Erfahrung gegeben, deren Rationalität und Verkettung auf einer objektiven Grundlage ruhen, die man unmöglich an den Tag bringen kann. Man kann nicht die Substanzen erkennen, sondern die Phänomene; nicht die Essenzen, sondern die Gesetze; nicht die Wesen, sondern ihre Regelmäßigkeiten“ (Foucault 1994: 302). Dieser historische, erkenntnistheoretische Zusammenhang hinterließ fundamentale Spuren, die heutige ökonomische Theorien (z.B. neoklassische Standorttheorie) prägen. Schließlich trug dieser auch dazu bei, eine Auffassung von Raum in ökonomische Konzepte einzuführen, welche mit dem Behälterraum-Ansatz gleichzusetzen ist. Dem damaligen erkenntnistheoretischen Feld gemäß musste Raum eingeteilt, formalisiert und berechnet werden können. „Die irreduzible Spezifität des Lebens oder der besondere Charakter der Humanwissenschaften" wurde weniger beachtet (Foucault 1994: 303). Damit wurde dem „Raum" seine „Lebendigkeit, Subjektivität und Heterogenität" genommen.

Es sind v.a. Adam Smith, David Ricardo und Karl Marx, welche für unterschiedliche Sozialtheorietraditionen stehen, und welche die ökonomische Theorie entscheidend beeinflussten. Daher wird auf diese drei „Klassiker der Ökonomie" im Folgenden kurz eingegangen.

Adam Smith (1723-1790) legte in seiner zentralen Schrift „An Inquiry into the Nature and Causes of the Wealth of Nations" (ursprünglich 1776; deutsche Fassung: 1990) die Grundlage für eine ökonomische Stoßrichtung, welche die „unsichtbare Hand des Marktes" als Grundlage für die Regulation sozialer Verhältnisse ansieht. Für Adam Smith ist der Raum v.a. die materiell-physische Umwelt, der „objektive" Raum, in welchem sich Tauschbeziehungen zwischen den Wirtschaftssubjekten manifestieren. Europäische Nationen und Städte sind in seiner Wirtschaftsstufenlehre die räumlichen Behälter für die „natürliche" ökonomische Entwicklung der Gesellschaften, die ihren Höhepunkt in der „Händlerkultur" als der modernen Form gesellschaftlichen Zusammenlebens finden sollen. V.a. die Städte sind der Nährboden für die Erreichung dieses Stadiums gesellschaftlicher Entwicklung. In ihnen und nicht durch sie kristallisiert sich der soziale Wandel. „Ähnlich verlief nach Smith die Entwicklung der europäischen Städte: Ihre Bewohner waren wegen der Ereignisse im Zusammenhang mit der Völkerwanderung praktisch von der Versorgung abgeschnitten und von Großgrundbesitzern abhängig. (...) Aber sie erlangten ihre Freiheit schneller als die Bauern, weil sie durch den Handel mit den von den Adeligen begehrten Luxusgütern früher zu etwas Reichtum gelangten (...)" (Streminger 1995: 168/169). Basierend auf einer Werttheorie, welche die Arbeit in den Mittelpunkt der Schaffung von Reichtum stellt, entwickelte er eine „Theorie der Arbeitsteilung", die räumliche und zeitliche Dimensionen der Produktionsprozesse berücksichtigte. Zum einen wird durch die Arbeitsteilung Zeit eingespart, und zum anderen wird die Arbeitsteilung nur von der Ausdehnung des Marktes begrenzt, die wiederum von der Qualität der Kommunikations- und Transportnetzwerke abhängt. Diese Theorie wird durch ein Menschenbild ergänzt, das Menschen als rational handelnde und den Eigennutzen bzw. höchsten Ertrag anstrebende Individuen betrachtet. Durch die Gewährung von natürlichen Freiheiten bei der Verwirklichung der individuellen Ziele entsteht gesamtgesellschaftlicher Wohlstand, bei dessen Herstellung der „Nachtwächterstaat" nur eine untergeordnete Rolle spielen soll. „Nicht vom Wohlwollen des Metzgers, Brauers und Bäckers erwarten wird das, was wir zum Essen brauchen, sondern davon, dass sie ihre eigenen Interessen wahrnehmen. Wir wenden uns nicht an ihre Menschen-, sondern an ihre Eigenliebe, und wir erwähnen nicht die eigenen Bedürfnisse, sondern sprechen von ihrem Vorteil" (Smith 1776/1990: 17).

In der politischen Ökonomie von Adam Smith gelingt zwar die Integration von Ökonomie und Politik; der Raum bildet im Theoriekonzept allerdings nur die passive Fläche, auf welcher sich gesellschaftliche Entwicklungen abspielen. Höchstens unterschiedliche Raumqualitäten werden hinsichtlich ihrer Wirkung auf das freie Spiel der Marktkräfte als materiell-physische Substrate in den Blick genommen. Der Frage, welche Auswirkungen diese auf die Bestimmung von Werten haben, wird ebenso nur marginal nachgegangen wie der Frage nach der Bedeutung des Raumes für das soziale Verhalten der nach Eigennutzen strebenden Individuen.

David Ricardo (1772-1823) entwickelte das „ökonomische Programm" von Adam Smith in Richtung einer stärkeren Formalisierung und größeren Geschlossenheit als Gesamtsystem und Modell weiter. Er unterscheidet sich von Adam Smith jedoch dadurch, dass seiner Meinung nach eine Theorie der Produktion, in der es um die Schaffung von Werten durch Arbeit geht, einer Theorie der Zirkulation (oder des Handels) vorausgehen muss. David Ricardo führte weiterhin eine bestimmte Form von „Zeitlichkeit" und „Räumlichkeit" in die ökonomische Theoriebildung ein. Zeitlichkeit bezieht sich dabei auf die Akkumulation von Reichtümern in einer zeitlichen Kette, deren erste Basis der Einsatz einer bestimmten Arbeitsmenge für Produktionszwecke ist. Der dabei entstehende Wert tritt sodann in die weitere Wertbildung ein. Räumlichkeit bezieht sich in seinen Vorstellungen einerseits auf die Funktion des Bodens, der seinen Besitzern aufgrund seiner „Widerständigkeit" und seines „Geizes" (nicht wegen seiner Fruchtbarkeit) eine Grundrente abwirft. Andererseits ist es die voranzutreibende internationale Arbeitsteilung sowie der Freihandel, die wohlfahrtssteigernde Wirkung auf die Nationalökonomien haben müssen. Die damit induzierten räumlichen Unterschiede sind Resultat einer internationalen Arbeitsteilung, die auf „den komparativen Kostenvorteilen" aufbaut. Zentrale Voraussetzung dieses Modells ist, dass der Warenhandel vollkommen frei ist, dagegen der Produktionsfaktor Arbeit immobil ist und Transportkosten keine Rolle spielen. Unter diesen „Modellannahmen" werden eine internationale Arbeitsteilung und ein Freihandel entstehen, in welchem sich jede Nationalökonomie auf die Produktion jener Ware spezialisiert, für die sie die relativ höhere Arbeitsproduktivität besitzt. David Ricardos Wirtschaftsmodell basiert auf der Idee, dass alle wirtschaftlichen Beziehungen durch das Wirken von Wettbewerbskräften beeinflusst werden, die in einem räumlich als Gebiet definierten System zum Einsatz kommen (vgl. Pribram 1992). Dahinter steckt implizit die Annahme, dass keine Beziehungen zwischen Raum und Rauminhalt bestehen.

In David Ricardo's Grundrententheorie spielt die Differentialrente eine entscheidende Rolle. Dabei wird davon ausgegangen, dass jene Grundbesitzer, die über Böden verfügen, welche fruchtbarer sind als der am schlechtesten Genutzte, eine Differentialrente lukrieren, d.h., dass Böden, deren Ertrag zu den höchsten, vom Preis gerade noch abgesicherten Kosten erzeugt wird, keine Rente abwerfen und alle anderen Böden umso höhere Erträge erzielen, je weniger Kapital und Arbeit eingesetzt wird. Die Rente ist damit eine Einkommensform als Ergebnis unterschiedlicher Produktivität der Böden. Böden werden in diesem Modell als geographische Flächen vorgestellt, die als dauerhafte Ressourcen nicht zerstört werden können. Die Existenz eines Privateigentums an Boden ist eine weitere Voraussetzung für die Funktionsweise der Differentialrente. „Die Versuche, Räumlichkeit in ökonomische Modelle einzuführen, haben traditionell die Form der Erklärung, wie Bodenpreise bzw. Grundrenten zustande kommen. Sie sind also ganz dem Verfahren der dezentralen

Abstimmung und der privaten Verfügung über Grund und Boden zugeschlagen" (Franck 1992: 31). So verstandene Räumlichkeit bezieht sich also auf einen homogenen geographischen Raum, der die objektive Grundlage für die Erzielung von Profiten darstellt. Wie sich zeigen lässt, ist Ricardos Sozialtheorie und damit seine implizite Raumauffassung von der Newtonschen Physik stark geprägt. Ricardo ging es um die Entdeckung von „Kausalgesetzen" im Wirtschaftsablauf, die der Entdeckung von Regelmäßigkeiten in der Naturwissenschaft nahe kommen soll. Die Geltung eines utilitaristischen Prinzips, wonach es bei jeder Tauschbeziehung um die Maximierung des zu erzielenden Nutzens geht, bildet eine weitere methodologische Grundannahme, die eine Voraussetzung für die Funktionsweise der „ökonomischen Maschine" ist. „Das ‚Hauptproblem der Volkswirtschaftslehre', das Ricardo sich zu lösen vornahm, war die Aufstellung von Gesetzen, nach denen der ‚Ertrag der Erde' verteilt wird – ‚alles, was von ihrer Oberfläche durch die vereinte Anwendung von Arbeit, Maschinerie und Kapital gewonnen wird'" (Pribram 1992: 277).

Karl Marx (1818-1883) ging einen etwas anderen Weg der ökonomischen Theoriebildung ging. Aus der Auseinandersetzung mit Georg Wilhelm Friedrich Hegel ergab sich für Karl Marx die Vorstellung, dass das menschliche Leben einen Prozess (Produktionsprozess) darstellt, der allerdings nicht einheitlich ist. In der Entwicklung von Gesellschaften zeigen sich seines Erachtens unterschiedliche Tempi und räumlich feststellbare historische Differenzen. Gleichzeitig spielt das dialektische Spiel von Struktur und Handlung in diesem Entwicklungsprozess eine entscheidende Rolle: „Die Menschen machen ihre eigene Geschichte, aber sie machen sie nicht aus freien Stücken unter selbstgewählten, sondern unter unmittelbar vorhandenen, gegebenen und überlieferten Umständen" (Marx 1965: 9). Der zentrale Motor für die gesellschaftliche Entwicklung sind die antagonistischen Interessenlagen verschiedener sozialer Klassen.

Im historisch-dialektischen Materialismus bestimmt das gesellschaftliche Sein das gesellschaftliche Bewusstsein, sind die materiellen ökonomischen Strukturen als Gesamtheit der Produktionsverhältnisse die reale Basis gesellschaftlicher Entwicklung. In diesen Grundannahmen zeigt sich zunächst eine grundlegende Kritik von statischen, nicht prozesshaften ökonomischen Konzepten. Aus der Analyse der Entwicklung der kapitalistischen Marktwirtschaft wird deutlich, dass diese Wirtschaftsform nicht als etwas Naturgegebenes, sondern als geschichtlich Gewordenes betrachtet werden muss. Der Aspekt der Veränderung, gar der Transformation von sozialen und ökonomischen Strukturen durch das Handeln der Individuen verweist auf den Aspekt des bereits erwähnten „Geschichtemachens", aber auch des „Geographiemachens", welches von Karl Marx so noch nicht thematisiert wurde. Das „Geographiemachen" wird von Anthony Giddens (1997) und von kritischen Geographen in Erweiterung des marxistischen Ansatzes in die Diskussion über „Raum" gebracht (vgl. den Beitrag von Benno Werlen/Christian Reutlinger in diesem Band).

Allerdings findet sich auch bei Karl Marx ein Verständnis von Raum, das den Raumauffassungen von Adam Smith und David Ricardo nahe kommt. Am besten zeigt sich dies an der Auseinandersetzung mit dem sich verändernden Verhältnis von Stadt und Land, in welchem die Stadt der zentrale Ort für die Herausbildung der kapitalistischen Produktionsweise ist. „Diesen Überlegungen zu Folge repräsentiert z.B. die Stadt im Mittelalter ein über feudalistische Gesellschaftsformationen hinausweisendes Element. D.h. sie entstand aufgrund der – dem Feudalismus immanenten und – zur Auflösung treibenden Widersprüche und trat – mit der Konstituierung der bürgerlichen Gesellschaft und der für sie spezifischen Widersprüche – als Besonderheit wieder in den Hintergrund“ (Schmals 1983: 53). Die Stadt fungiert als historisch produzierter Raum, in welchem sich soziale Kräfte entwickeln und in Widerstreit gelangen. Die Stadt ist Behälter für die Entwicklung der Produktionsverhältnisse, wobei hervorgehoben wird, dass die Lebensverhältnisse und Lebensformen in der Stadt historisch bestimmt sind und damit beständigen Veränderungen unterliegen. Im historisch-dialektischen Materialismus wird damit lediglich thematisiert, wie sich die Veränderungen von materiellen ökonomischen Strukturen auf materielle „Raumqualitäten“ auswirken.

Zusammenfassend kann festgehalten werden, dass sich alle drei Theoretiker um die Bildung einer ökonomischen Theorie kümmern, die sich sowohl mit räumlichen Entwicklungen als auch mit dem „Regulationsbereich“ auseinandersetzen kann. Aufgrund des Entstehungskontextes der Theorie handelt es sich allerdings in Bezug auf das zugrundeliegende Raumkonzept um ein „Behälter-Raum“-Verständnis. Doch auch dieses verschwindet im Übergang von der politischen zur „reinen Ökonomie“ im 19. Jahrhundert, d.h. in der „reinen“ Ökonomie wird dem Raum und dem Einfluss von Regulationsweisen und Regulationsinstanzen bei der Erklärung der Entwicklung von Gesellschaften keine Bedeutung mehr beigemessen.

2.2 Die Neoklassik – das „Verschwinden des Raumes"

Die Neoklassik, deren wichtigste Begründer Leon Walras (1834-1910), Karl Menger (1840-1921) und William Stanely Jevons (1835-1882) sind, kann heute zu Recht als das dominante Paradigma der Wirtschaftswissenschaften bezeichnet werden, und wird daher immer wieder als „Mainstream“-Theorie in der Ökonomie angesehen. Neoklassische Theoretiker untersuchen die Gesetze der „reinen“ Ökonomie, wobei das Attribut „rein“ auf eine programmatische „Säuberung“ in den theoretischen Grundannahmen verweist. So blendet die Neoklassik einerseits den politisch-institutionellen Bereich und machtstrukturelle Fragen sowie andererseits räumliche Entwicklungen aus der Modellbildung aus. Die Orientierung an Mathematik, Logik und Optimierung des wirtschaftlichen Systems lässt das analytische Programm als statisches erscheinen, in welchem historisch-dynamische Aspekte der Entwicklung von Gesellschaften vernachlässigt werden. Neben der theoretischen Bedeutungslosigkeit des „Raumes“ in neoklassischen Gleichgewichtsmodellen, wird damit auch der Vorstellung einer historischen Herstellung von konkreten Orten keine Bedeutung beigemessen – im Gegensatz zum marxistischen Ansatz. Das hängt wiederum damit zusammen, dass der Begriff der „Produktion“ im Vergleich zu den Annahmen von Karl Marx und David Ricardo zugunsten des Begriffes des „Tausches“ in den Hintergrund gerückt wird.

Der Erfolg der Neoklassik als dominanter Theorie ist einerseits darauf zurückzuführen, dass es ihr am besten im Sinne von theoretisch-logischer Klarheit gelingt, das Gleichgewichtspostulat, das auf Newtons Physik beruht („Weltall als umfassendes Gleichgewichtssystem“), auf die Ökonomie anzuwenden. Andererseits ist der Entstehungskontext der Neoklassik, das späte 19. Jahrhundert, ausschlaggebend für den Erfolg einer Theorie, die den aufkommenden sozialen Konflikten keine Bedeutung beimisst. Die Neoklassik passt sich in einen historischen Kontext ein, in welchem das Bürgertum an Macht gewinnt. Die Neoklassik kann als Theorie bezeichnet werden, die soziale Widersprüche leugnet. Sie ist im Kern eine Handlungstheorie, die in der Ökonomie als Mikroökonomie definiert wird. Im Zentrum des Interesses steht

- die Ressourcenallokation, d.h. die Verteilung der Produktionsfaktoren wie Arbeit, Kapital und Boden auf vielfältige Produktionsprozesse in einem Wirtschaftssystem,
- die „Grenzlehre", welche sich auf Kosten und Nutzen bezieht; so wird etwa in Bezug auf die Produktion angenommen, dass durch jede zusätzliche Einheit eines Produktionsfaktors dessen Leistungsfähigkeit im Produktionsprozess abnimmt, d.h. dass die Grenzproduktivität sinkt,
- sowie der Begriff der „Knappheit" von Ressourcen.

Ihre sozialtheoretischen Grundannahmen fußen auf dem „methodologischen Individualismus" (d.h. in der Theoriebildung wird beim rational handelnden Individuum angesetzt) und auf der Vorstellung des „homo oeconomicus" (d.h. der Mensch wird als eigennütziges und nutzenmaximierendes Wesen vorgestellt). Die Ende des 19. Jahrhunderts eingeführte Grenznutzenschule basiert auf diesen Annahmen sowie auf der Vorstellung, dass „Nutzen" eine subjektive Befindlichkeit beschreibt, und dass Menschen widerspruchsfreie und beständige Präferenzen in Bezug auf bestimmte Güterbündel haben.

Offensichtlich handelt es sich bei der Neoklassik um ein im Thomas Kuhnschen Sinne dominantes Paradigma in der Wirtschaftswissenschaft (vgl. Kuhn 1976), das sich dadurch erhält, dass das theoretische Instrumentarium auf immer weitere Bereiche ausgedehnt wird (etwa auf die Sozialpolitik oder auf die Umwelt). Inzwischen gibt es auch unzählige Versuche, an der Neoklassik Kritik zu üben (vgl. z.B. Hödl/Müller 1986). „Normale Wissenschaft versucht, sich auftretenden Problemen und Phänomenen mit ihren Methoden und ihrer Begrifflichkeit zuzuwenden oder sie zu ignorieren bzw. das Paradigma auf neue Anwendungsgebiete auszudehnen. Das ist auch das, was in der akademischen Ökonomie geschieht: zum einen werden neue Anwendungsgebiete erschlossen. Als Beispiel kann die theoretische Arbeit des Nobelpreisträgers von 1992, Gary Becker, angeführt werden, der seinen neoklassischen Ansatz auf Heirat, Einwanderung, Gefängnisstrafe (...) anwendet. Zum anderen wird die Exaktheit bereits durchgeführter Anwendungen gesteigert (Un-Gleichgewichtstheorie). Beispiele für die paradigmenimmanente Beschäftigung mit neuen Phänomenen sind auch die Vorschläge, die Natur zu bepreisen (…)" (Gubitzer 1993: 171).

In diesem Zusammenhang ist das Konzept der „externen Effekte" zu erwähnen, in die der „Raum" sozusagen verbannt wurde. Externe Effekte beziehen sich auf Kosten und Nutzen, die bei anderen Akteuren/innen entstehen, die nicht bei einer wirtschaftlichen Tätigkeit beteiligt sind. Negative externe Effekte werden im Rahmen der neoklassischen Umweltökonomie thematisiert. Diese entstehen, wenn durch Produktions- und/oder Konsumtionsprozesse für die Allgemeinheit Kosten entstehen, die sich nicht in Marktpreisen zeigen. Positive externe Effekte werden in der neoklassischen Stadt- und Regionalökonomie diskutiert. Durch Sanierungsarbeiten an bestimmten Wohnhäusern in einem Stadtviertel können positive Effekte für das Bild und die Wahrnehmung des Stadtteiles entstehen. Auch die „Agglomerationseffekte", die aus der räumlichen Konzentration wirtschaftlicher Aktivitäten entstehen, sind externe Effekte (positive Effekte ergeben sich etwa aus dem großen städtischen Arbeitsmarkt, oder der Infrastrukturausstattung; negative Effekte können etwa Umweltverschmutzungen sein).

Mit Blick auf die Rolle des Raumes in der neoklassischen Theorie kann dementsprechend gefolgert werden,

- dass das zustandsbeschreibende Gleichgewichtsdenken die Vorstellung einer dynamischen und prozesshaften Produktion eines Raumes nicht zulässt, und damit als a-historisch sowie raumlos zu bezeichnen ist,
- dass das neoklassische Gleichgewichtsdenken räumliche Ungleichheiten vernachlässigt (da sich Ungleichheiten von selbst auflösen) und von einer „Ein-Punkt-Wirtschaft" ausgeht (vgl. Läpple 1991: 170),
- dass die für die Raumproduktion wichtigen Mechanismen der Regulation gesellschaftlicher Entwicklung v.a. durch den politisch-administrativen Bereich ausgeblendet werden (wobei dies in der „Neuen Institutionenökonomik", etwa bei Rudolf Richter und Eirik G. Furubotn 2003, wieder behoben werden soll),
- dass damit über Fragen der Machtbildung und der Reproduktion von Machtstrukturen („Hegemonie über Räume"), die Räume gestalten und formen, nicht reflektiert wird,
- dass mit dem Bild des „homo oeconomicus" Aspekte der Sozialisation der Individuen, der Bedeutung nicht-rationalen Handelns und damit aber auch dem Einfluss konkreter Orte (wie z.B. der Stadtteil, das Haus) auf das Handeln, die Deutungsmuster und die Wahrnehmung der Individuen keine Berücksichtigung findet (das „embedding" sozialer Interaktionen spielt hier keine Rolle), und
- dass aufgrund der einseitigen handlungstheoretischen bzw. mikroökonomischen Orientierung, dem Verhältnis von Struktur und Handlung keine Beachtung geschenkt wird. Was für die Soziologie sicherlich gilt, soll auch für die Ökonomie bedeutsamer werden: „So wie Elias' Arbeit über den Raum gezeigt hat, wie wichtig die Berücksichtigung von Bewegung in einem soziologischen Raumverständnis ist, so zeigt die Arbeit von Läpple, dass das Verhältnis von Struktur und Handeln noch genauer reflektiert werden muss (...)" (Löw 2001: 141).

2.3 Spezielle Ökonomien und die Wirtschaftsgeographie – auf dem Weg zur „Re-Integration" des Raumes?

2.3.1 Zwei zentrale Theorien der Stadt- und Regionalökonomie und ihr Verständnis von Raum

In allen Theorien der Stadt- und Regionalökonomie wird versucht, den „Raum" in das ökonomische Theoriegebäude zu integrieren. Allerdings zeigt sich dabei, dass mit einem unterschiedlichen Verständnis von Raum gearbeitet wird. Dieses Verständnis ist primär dadurch bestimmt, ob eine mikro- oder eine makroökonomische Betrachtungsweise eingenommen und, ob eine struktur- oder handlungstheoretische Position in der zugrundeliegenden Sozialtheorie vorgefunden wird. Auf zwei wichtige stadt- und regionalökonomische Ansätze wird im Folgenden kurz eingegangen, da diese den Diskurs innerhalb der Stadt- und Regionalökonomie gegenwärtig stark prägen.

2.3.1.1 Neoklassische Standorttheorien

Die Basis dieses Ansatzes bildet eine mikroökonomische Betrachtungsweise wirtschaftlicher Prozesse, in welcher „dezentrale Marktentscheidung" und „Privateigentum" zentrale Elemente sind. Im Kern geht es immer um die Frage, von welchen Faktoren die Standortentscheidungen der Unternehmen beeinflusst werden, da diese Entscheidungen weitreichende Konsequenzen für die räumliche Struktur einer Stadt oder Region haben. „Diese Frage ist Gegenstand der einzelwirtschaftlichen Standorttheorie, die den aus betriebswirtschaftlicher Sicht günstigsten Standort einer Betriebsstätte (mit gegebenem Leistungsprogramm) zu bestimmen sucht. So kann die einzelwirtschaftliche Standorttheorie als ‚Standortbestimmungslehre' bezeichnet werden" (Krätke 1995: 23). Diesbezügliche Überlegungen basieren auf den Annahmen der „Industriellen Standortlehre" von Alfred Weber, dessen „Theorie" des Standortes" von neoklassischen Theoretikern laut Dieter Läpple (1991) zu einseitig interpretiert wurde. Von neoklassischen Standorttheoretikern wurden v.a. die Transportkosten als zentrales Element für die Bestimmung eines Unternehmensstandortes herangezogen, während Alfred Weber auch auf die Bedeutung von Materialpreisen, Arbeitskosten und Agglomerationseffekten hinwies. Zu den positiven Agglomerationseffekten gehören – wie schon erwähnt wurde – die räumliche Nähe von Unternehmen aus gleichen oder unterschiedlichen Branchen, welche zu Kostenersparnissen (z.B. weniger Lagerhaltungskosten) führen können, sowie die gute Infrastrukturausstattung eines Standortes.

Von Alfred Weber wurde schon angedeutet, dass die Auswirkungen des Standortfaktors „Arbeit" aufgrund seiner Heterogenität bezogen auf Menge und Qualifikation, welche wiederum von „weichen" Standortfaktoren beeinflusst werden, schwer anzugeben sind. Jedoch unterstellte er, dass die „Arbeitsorientierung" in der weiteren Entwicklung der Gesellschaft die „Transportorientierung" sukzessive ablösen wird (vgl. Krätke 1995). Die primäre Orientierung an den Transportkosten passte aber besser in das neoklassische Theorieprogramm, in welchem damit auch wieder der Raum eine Bedeutung zugewiesen bekam; das dahinterliegende Raumverständnis kann als „Behälterraum" bezeichnet werden, da Raum als geometrische Fläche verstanden wird, die über die Verwendung der Begriffe „Entfernung" bzw. „Distanz" vermessen werden kann. „Die Transportkosten spielen in der Entwicklung einer räumlichen Theorie der Wirtschaft eine wichtige Rolle. Sie sind direkt mit dem Problem der Überwindung physischer Distanz verbunden und fallen sowohl auf der Beschaffungs- als auch auf der Absatzseite der Produktion an. Da die Transportkosten als Preisaufschlag verstanden werden können, fügt sich die darauf aufbauende Standorttheorie bzw. räumliche Preistheorie problemlos in das Gedankengebäude der neoklassischen mikroökonomischen Theorie ein" (Maier/Tödtling 1992: 47).

In dieser Theorietradition mit diesem spezifischen Raumverständnis stehen weiterhin die Ansätze von Heinrich von Thünen, vom Stadtökonomen William Alonso, von Walter Cristaller und von einigen Regionalwissenschaftler/innen, die sich in

Erweiterung der neoklassischen Theorie um die Bedeutung von Institutionen und Regulationsmechanismen in der Standortfrage kümmern.

Heinrich von Thünens Theorie der Bodennutzung (1826) basiert auf dem „Marginaldenken" und den Gleichgewichtsmodellen der Neoklassik. Er zeigte, dass räumliche Unterschiede in der Bodennutzung durch das Spiel der Marktkräfte zustande kommen, und dass dabei die Distanz zu den Märkten eine wesentliche Rolle spielt. In den Ausgangsannahmen seiner Theorie finden sich Hinweise auf sein Raumverständnis: Basis ist ein isolierter Wirtschaftsraum als homogene Fläche mit einer Stadt im Mittelpunkt als Absatzmarkt. Ausgeblendet werden topographische Unterschiede oder Unterschiede in der Bodenbeschaffenheit. Die Produzenten verfügen über gleiche Produktionsfunktionen für ihre unterschiedlichen Güter und die Verkehrsverbindungen in die Stadt sind für alle gleich. Die gewinnmaximierenden Produzenten kalkulieren mit Transportkosten, die direkt proportional zur Entfernung von der Stadt sind und von Gut zu Gut unterschiedlich sind. Preise für die Güter bestimmen sich alleine durch das Spiel von Angebot und Nachfrage auf dem städtischen Absatzmarkt (vgl. Maier/Tödtling 1992). Der Produzent erzielt dabei eine Lagerente, die darüber Auskunft gibt, welches Produkt an welchem Standort produziert werden soll. Die Lagerente hängt von der Entfernung vom Absatzmarkt, dem produzierten Gut und dem dafür erzielbaren Preis ab und sinkt mit der Zunahme der Entfernung von der zentralen Stadt. Aus diesem Modell ergibt sich eine Abfolge von Bodennutzungszonen rund um die Stadt. Heinrich von Thünens Raumverständnis wird damit von Dieter Läpple zu Recht als „Behälter-Raum" bezeichnet (vgl. Läpple 1991: 177).

Dieser Ansatz wurde in den 1970er Jahren von Stadtökonomen aufgegriffen, die unter dem Titel „New Urban Economics" subsumiert werden können. Bekanntester Vertreter dieser stadtökonomischen Theorierichtung ist William Alonso (1964), der sich v.a. die Frage stellte, wie Haushalte ihr disponibles Einkommen auf unterschiedliche Güter verteilen und wo sie sich in einem Stadtgebiet ansiedeln. Sein theoretisches Konzept basiert auf der mikroökonomischen Theorie des Konsumentenverhaltens und den darin vorfindbaren Überlegungen zur individuellen Nutzenmaximierung (Maier/Tödtling 1992). In seinen Überlegungen geht er davon aus, dass sich im „Central Business District" die Tätigkeiten „konsumieren" und „arbeiten" konzentrieren, sowie dass dort für die Haushalte höhere Bodenpreise zu bezahlen sind. Der Standort des Haushalts hängt damit von seiner Budgetrestriktion ab, die von Ausgaben für Fahrten zum Stadtzentrum, für den Bodenpreis und der Größe des Grundstückes sowie für andere Güter und Dienstleistungen bestimmt wird. Bei der Frage der Ansiedlung versucht der Haushalt seinen Nutzen zu optimieren. Die Frage der Nutzenoptimierung wiederum steht in engem Zusammenhang mit der Entfernung zum Stadtzentrum. Über das Grundrentenniveau und die Entfernung von diesem Zentrum erfolgt die Verteilung verschiedener Nutzungsarten im Stadtraum. „Für verschiedene Nutzungsarbeiten wird sich aber eine je unterschiedliche Steigerung ihres Grundrentengebots zwischen Stadtzentrum und Stadtrand ergeben (...), und diese Differenzierung führt im Rahmen der Flächennutzungskonkurrenz zur Herausbildung einer stadträumlichen Nutzungshierarchie" (Krätke 1995: 218). Auch in diesem Modell findet sich der „Behälterraum-Ansatz" und gilt die allgemeine Kritik, die an der Neoklassik weiter oben angeführt wurde. Eine weitere zentrale Kritik an diesem Ansatz bezieht sich auf die Frage, ob nicht auch noch andere Bestimmungsfaktoren für die Grundrente Berücksichtigung finden müssten (z.B. Regulationsmechanismen, „Milieu-Faktoren“, vgl. Läpple 1991).

Die „Theorie der zentralen Orte“ von Walter Cristaller (1933) basiert ebenso auf dem neoklassischen Gleichgewichtsdenken, wobei die räumliche Organisation eines Städtesystems thematisiert wird. Die Zentralität eines Ortes in diesem System ergibt sich dabei aus der Bedeutung dieser Stadt für die Versorgung des Umlandes mit Konsumgütern und Dienstleistungen, welche sich wiederum aus der „Reichweite“ der verschiedenen „zentralen“ Güter und Dienstleistungen ergibt. Es entsteht ein hierarchisch gegliedertes System zentraler Orte, welche zusammen für eine optimale Versorgung des entsprechenden Gebietes sorgen. Der Begriff der „Reichweite“ fungiert dabei als Übersetzung des „Raumes“ in das raumwirtschaftliche Theoriegebäude, in welchem weiterhin von einer gleichmäßigen Bevölkerungsverteilung ausgegangen wird und eine „Dynamisierung“ der Landschaftsstrukturen (etwa durch technischen Fortschritt, Veränderung von Produktionsorganisationen etc.) vernachlässigt wird (Bökemann 1999: 230). Auch bei Walter Cristaller wird von einem „Behälterraum“ als homogener Ebene in Bezug auf die Verfügbarkeit von Produktionsfaktoren ausgegangen.

In einigen regionalwissenschaftlichen Ansätzen, so etwa bei August Lösch (1940), wird versucht, dem Aspekt der Dynamisierung Rechnung zu tragen. Allerdings geht auch August Lösch in seiner „Theorie der Marktnetze“ von einer homogenen Ebene als Raum aus, in welchem sich ein System von Produktionsstandorten entwickelt. Sowohl bei Walter Cristaller als auch bei August Lösch werden Agglomerationseffekte und Kostenwirkungen aufgrund räumlicher Nähe sowie deren Beziehung zu den Entscheidungen der Bevölkerung außer Acht gelassen.

Eine weitere Überarbeitung mikroökonomisch orientierter, regionalwissenschaftlicher Ansätze erfolgte in der „Theorie der Raumplanung“ von Dieter Bökemann (1999). V.a. versuchte Dieter Bökemann, das Verhalten von politischen Entscheidungsträgern in den mikroökonomischen Ansatz zu integrieren. Standorte werden in seiner Vorstellung zu von „Gebietskörperschaften produzierten Gütern“, wobei v.a. auf die Rolle der Infrastrukturinvestitionen und der Bodenordnung in Bezug auf die Auf- oder Abwertung von Standorten hingewiesen wird. Der Staat als Administrationsapparat, verkörpert in unterschiedlichen Gebietskörperschaften, steht „im Besitz“ der politischen Entscheidungsträger. Politische Entscheidungsträger handeln wie in der Vorstellung des „homo oeconomicus“ gemäß ihren eigenen Interessen. Der Staat hat die primäre Funktion, materielle Infrastrukturen zur Verfügung zu stellen, sowie institutionelle Ordnungen (Verfügungsrechte) zu gewährleisten. Gebietskörperschaften werden auf die Ebene von privaten Wirtschaftssubjekten gestellt, da diese in dieser Theorie ebenso nutzenmaximierend tätig sind und bestimmte Produkte (wie etwa Standorte) effizient herstellen. Weiterhin haben dem gemäß Gebietskörperschaften Verfügungsgewalt über klar abgegrenzte Gebiete. „Die Landschaft ist territorial gegliedert, wobei ein Gebiet durch die Grenzen der Verfügungsgewalt einer zugehörigen Gebietskörperschaft definiert ist“ (Bökemann 1999). Damit werden diese als Grundeigentümer angesehen, die ein Interesse an der „optimalen Nutzung“ ihres Gebietes haben sowie an der Verbesserung ihrer Position gegenüber anderen, übergeordneten Gebietskörperschaften. Mit diesem Ansatz, der sich an die „ökonomische Theorie der Demokratie“ und die „ökonomische Theorie der Bürokratie“ anlehnt, wird versucht, eine handlungsorientierte Theorie des Staates in die regionalwissenschaftliche Analyse einzubeziehen.

Gegenüber diesem Verständnis von Staat und dem zugrunde liegenden von „Raum“ sind jedoch in verschiedener Hinsicht Bedenken anzumelden:

- bezüglich des Staatsverständnisses: Der Staat wird hier als von anderen gesellschaftlichen Sphären isoliert betrachtetes Gebilde angesehen; der historischen Entstehung des Staates als Ausdruck der Entwicklung und des Widerstreits sozialer Kräfte wird keine Beachtung geschenkt; Fragen der politischen Kultur (etwa das historisch geprägte Verhältnis von Staat und Bürger/innen) werden außer Acht gelassen. Schließlich wird übergangen, dass die Logik in Bezug auf das Handeln privater Wirtschaftssubjekte nicht einfach auf das Handeln des Staates übertragen werden kann, da es im politischen Bereich eher um „ideologische“ Entscheidungen geht, die einer entsprechenden Legitimation bedürfen (z.B. Fragen der Umverteilung);
- bezüglich des internen Staatsaufbaus: Das Wechselverhältnis zwischen politischer und administrativer Ebene wird sehr verkürzt betrachtet; es wird nicht bedacht, welche Entscheidungs- und unterschiedlichen Organisationsstrukturen sowie welche formellen und informellen Beziehungsstrukturen innerhalb des politisch-administrativen Systems bestehen; und
- bezüglich des Modells des Politikers: Wie in allen neoklassischen Modellen besteht eine äußerst reduktionistische Vorstellung von der Konstitution der Akteure. Vernachlässigt werden etwa deren Sozialisationserfahrungen sowie deren sozialstrukturelle Merkmale, die ihre Wahrnehmungs-, Deutungs- und letztlich ihre Handlungsmuster mitbestimmen.
- Schließlich basiert auch dieses regionalwissenschaftliche Modell auf dem Konzept des „Behälterraumes“, auch wenn dem Aspekt der Dynamisierung Rechnung getragen wird. Denn die Trennung von Raum und Rauminhalt sowie die Vernachlässigung von Herstellungs- und Funktionszusammenhängen von Raum finden sich hierin wieder. „Primärer Gegenstand dieser Abhandlung ist die Siedlung. In der Regionalwissenschaft wird Siedlung im allgemeinen verstanden als (1) eine nach bestimmten sozialen oder wirtschaftlichen Kriterien abgegrenzte Fläche, die (2) mit tätigkeits- bzw. nutzungsbezogenen Eigenschaften (Eignungskriterien) ausgestattet ist und die (3) von bestimmten Wirtschaftssubjekten auf bestimmte Weise besetzt ist“ (Bökemann 1999: 20).
- Was ebenso keine Berücksichtigung findet, sind „realgesellschaftliche“ und „realpolitische“ Entwicklungen, die sich im Übergang vom Fordismus zum Postfordismus unterschiedlich manifestieren. Zu erwähnen sind die Debatten im Zusammenhang mit dem Begriff „Governance“ (vgl. Pierre 2000), in denen die Rolle und Bedeutung des Staates hinterfragt und neu definiert wird (weitere Begriffe in diesem Kontext sind „New Public Management“, „public-private-partnerships“ oder „outsourcing“). Prozesse der (Re-)Territorialisierung sozialer und politischer Verhältnisse (vgl. den Beitrag von Fabian Kessl/Susanne Krasmann in diesem Band), die unter dem Stichwort „politics of scale“ diskutiert werden, verändern institutionelle Konfigurationen, die weniger klar hierarchisch aufgebaut sind, sondern sich stärker überlappen.

- Weiterhin werden aufgrund der einzelwirtschaftlichen Betrachtungsweise, Prozesse der Rehierarchisierung von Räumen, die durch strukturelle und räumlich übergeordnete Bedingungen mitbestimmt werden (z.B. Effekte der Globalisierung) nicht beachtet. Inzwischen findet der Kapitalverwertungsprozess von multi-regionalen Unternehmen an unterschiedlichen Standorten statt, sodass sich unterschiedliche Räume immer stärker verflechten. Ökonomische, politische und soziale Räume überschneiden sich heute und sind keinesfalls mehr deckungsgleich (wie dies im Zeitalter des „Fordismus" angenommen wurde), was die Einführung einer „Mehrebenenanalyse" für die Erklärung von räumlichen Entwicklungen notwendig erscheinen lässt. „Wirtschaftliche Globalisierung bzw. die Etablierung transnationaler Produktions-, Güter- und Kapitalströme, genauso wie die Herausbildung internationaler Arbeitsmärkte und Migrationsbewegungen veränderten das Denken über räumliche Größen" (Heeg 2001: 12).

2.3.1.2 Der Milieu-Ansatz in der Ökonomie

Im Gegensatz zu neoklassischen ökonomischen Theorien werden im „Wirtschaftsmilieu"-Ansatz die Eigenschaften und Qualitäten des Standortes nicht als externe Faktoren betrachtet, sondern spielen eine zentrale Rolle in den Entscheidungen der Unternehmen. Die Idee der „embedded economy" (vgl. Granovetter 1973; 1985), welche das Unternehmen als integraler Bestandteil der Region oder des Stadtraumes ansieht, findet sich in unterschiedlichen Ansätzen wieder. In der Ökonomie verweist die Verwendung des Milieu-Begriffs auf die Berücksichtigung eines räumlichen und zeitlichen Bezuges und auf die Inkludierung sozioökonomischer, politisch-administrativer und soziokultureller Umweltfaktoren in der Analyse räumlicher Prozesse. Der Begriff taucht in der Regionalforschung erstmals Ende der 1980er Jahre auf, wobei rund um die Gruppe GREMI (groupe de recherche Européen sur les milieux innovateurs) der Frage nachgegangen wurde, welche regionalen Voraussetzungen gegeben sein müssen, damit eine Wirtschaft flexibel, innovativ und anpassungsfähig ist („innovative Milieus").

Dass die Eigenheiten von Räumen in der ökonomischen Analyse zu berücksichtigen sind, wird mit dem Phänomen begründet, dass es nach Regionen unterschiedliche Entwicklungen von Branchen unter scheinbar gleichen Bedingungen gibt oder dass sich Betriebe aus der so genannten „New Economy" an bestimmten Standorten konzentrieren. Im Konzept der „Industrial Districts", das ähnliche Zugänge wie der Milieu-Ansatz beinhaltet, teilen Unternehmen ein bestimmtes Wissen, bestimmte Werte und eine bestimmte Kultur, wobei diese aus Konkurrenz- wie aus Kooperationsgründen miteinander in Beziehung stehen (vgl. Sengenberger et al. 1990; Piore/ Sabel 1984). Industrial Districts bilden ein eigenes System aus verschiedenen, kleineren Unternehmen der gleichen Branchen, die für einen Endmarkt produzieren. Sie sind Eckpfeiler einer post-fordistischen Ökonomie, die auf dem Prinzip der „flexiblen Kapitalakkumulation" beruht (vgl. Amin 1994).

Im Zentrum der Theoriebildung stehen die so genannten „Produktionsmilieus", d.h. Konstellationen von internen und externen Umweltbedingungen der produktionsorientierten Wirtschaft (vgl. Häußermann 1992). Das Produktionsmilieu wird als Teil des Sozialmilieus betrachtet werden, in dem hinsichtlich der sozialen Strukturen sehr unterschiedliche Menschen miteinander in Verbindung stehen. Die Region oder der Stadtraum werden dabei als Räume mit bestimmten Verflechtungen und Interaktionen gesehen, die den wirtschaftlichen Prozess wesentlich beeinflussen. Die Vorstellung der gesellschaftlichen Konstruktion von Raum tritt hier ansatzweise zu Tage. Der Erfolg einer Region oder eines Stadtraumes bemisst sich demnach stark an der Geschichte dieser Räume, an den tradierten und eingespielten Beziehungen und Interaktionsmustern sowie über eine bestimmte Kultur. Die Qualität eines Milieus bemisst sich weiterhin an der Art der Integration von unterschiedlichen Beziehungsgeflechten und Kommunikationsstrukturen.

In der wirtschaftspolitischen Diskussion finden „Verflechtungsbeziehungen" und „Netzwerke" eine starke Aufmerksamkeit. Sie sind vom Milieu-Begriff konzeptuell nur schwer zu trennen (vgl. Lessat 1998). Der Milieu-Ansatz rekurriert stärker auf das soziale System und die räumliche Dimension, während der Netzwerk-Ansatz eher ökonomische Beziehungen betrachtet. Dabei wird die Qualität eines Milieus von innerwirtschaftlichen und außerwirtschaftlichen Verflechtungen bestimmt. Eine spezifische Wirtschaftskultur bildet sich demnach unter spezifischen geographischen Bedingungen (wie etwa dem Klima) und aus ethnischen, religiösen, historischen Prägungen, aus politischen, rechtlichen und institutionellen Gegebenheiten sowie aus kollektiven Mentalitäten (vgl. Krätke 1995). Netzwerke bezeichnen Beziehungen zwischen Unternehmen, die Kooperation oder Absprachen beinhalten können, sowie informelle Faktoren, die Vertrauen schaffen sollen.

Auch Dieter Läpple (1998) verwendet in seiner Neu-Konzipierung einer Stadtökonomie den Milieubegriff. Er versucht, die Idee der „Reflexivität der Ökonomie" einer Stadt, die auf die „Einbettung" der ökonomischen Akteure in den städtischen Kontext hinweist, über den Begriff der Milieus zu erfassen.

Diesen Ansätzen ist gemein, dass mit dem Milieu-Begriff ökonomische Interaktionen berücksichtigt werden, die in den neoklassischen Ansätzen unter der Annahme der vollkommenen Konkurrenz keine Bedeutung haben, und die mit verhaltenstheoretischen Ansätzen des „rational choice" weitgehend brechen (Lessat 1998). „Werden die in der Region lokalisierten Unternehmen nicht als isolierte Elemente der regionalen Wirtschaft betrachtet (im Sinne des ‚Behälter-Raum'-Konzeptes), sondern als Teil eines regionalen ‚Milieus', das von vielfältigen ökonomischen und politischen Akteuren, von ihrer spezifischen ‚wirtschafts-kulturellen' Prägung und der Art ihrer Interaktionsbeziehungen konstituiert wird, kommt man zu einem Konzept, dass die Regionen als Wirtschaftsräume fasst, deren ‚ökonomischer Erfolg' von der Qualität der regions-internen Verflechtungs- und Interaktionsbeziehungen bestimmt ist" (vgl. Krätke 1995: 79).

Zu ähnlichen Ergebnissen in Bezug auf „Raum" kommt die kalifornische Schule der Wirtschaftsgeographie, die zusammen mit der New Economic Geography im Folgenden kurz dargestellt wird.

2.3.2 Die „New Economic Geography" und die „kalifornische Schule der Wirtschaftsgeographie"

Vielversprechend in Bezug auf die Überwindung des dominanten „Behälterraum-Ansatzes" in der Ökonomie erscheinen die Annahmen der kalifornischen Wirtschaftsgeographen Allen Scott und Michael Storper (1986; 1992). Sie gehen davon aus, dass ökonomisch-räumliche Entwicklungen unter der Berücksichtigung der Dynamik von industriellen Produktionssystemen betrachtet werden sollen. Industrielle Produktionssysteme bestehen aus einem Netzwerk von Betrieben, welche über vielfältige Interaktionen, die nicht nur ökonomischer Natur sein müssen, miteinander in Verbindung stehen. Ein „industrieller Komplex" entsteht, wenn mehrere Betriebe miteinander komplementäre Lieferbeziehungen aufweisen (Krätke 1995). Falls dieser industrielle Komplex räumlich konzentriert ist, hat man es mit einer „Agglomeration" zu tun.

So sind Regionen in dieser Zugangsweise nicht nur räumlich abgrenzbare Gebiete, sondern konstruieren sich aus intensiven Unternehmensinteraktionen und fungieren als Wissensressourcen und als Orte reflexiven Lernens. In den Analysen zur Entstehung von regionalen Produktionskomplexen wird ein Raumverständnis deutlich, das davon ausgeht, dass räumliche Veränderungen soziale Prozesse darstellen, die ständigen Aushandlungen etwa auch mit Akteuren aus den politisch-administrativen Systemen unterliegen. „Demnach ist es nicht die Struktur der Betriebe oder ihre technologische Spezialisierung, als vielmehr die regionale Kultur und politische Traditionen, die erfolgreiche Regionen auszeichnet" (Heeg 2001: 56). In dieser Betrachtungsweise zeigt sich, dass Regionen nicht „Behälter" von wirtschaftlichen Prozessen sind, sondern sie sind über Werte und Normen, regionale Konventionen, Wissensressourcen und Regulationsmechanismen produzierte Räume. „On the basis of the above discussion, we would argue that the making of a regional economy involves not just the development of a productive apparatus on the basis of the atomized decisions of firms and workers, but also a ‚politics of place', or in other words, the social construction of those institutional-regulatory structures that must be present in order to secure economic order and continuity" (Scott/Storper 1992: 15).

Einem anderen Raumverständnis folgt die „New Economic Geography", der es explizit um die Berücksichtigung des „Raumes" in der ökonomischen Theorie geht. Sie basiert u.a. auf dem Konzept eines der führenden US-Ökonomen Paul Krugman. Die Entstehung seines Ansatzes ist vor dem Hintergrund der Krise des Fordismus und der Zweifel sowohl an einer keynesianischen Steuerung durch den Staat als auch an neoliberalen Theoriegebäuden zu sehen.

Paul Krugmans Ausgangshypothese für die Entwicklung der New Economic Geography ist raumtheoretisch vielversprechend: „economists avoided looking at the spatial aspects of economies because they knew they had no way to model that aspect" (Krugman 2002: 37). Diesem Problem versucht er wiederum durch Modellierungen zu begegnen. In seinen Grundannahmen geht Paul Krugman von einer Ökonomie mit mehreren Standorten und zwei zentralen Sektoren aus, nämlich Landwirtschaft und eine sich verändernde Industrie. Die Industrie besteht aus vielen Firmen, die unterschiedliche Produkte herstellen, wobei jede Fabrik ein einzigartiges Produkt aufgrund „increasing returns" (steigende Erträge) herstellt. Die Annahme einer entstehenden monopolistischen Konkurrenz (und damit imperfekter Konkurrenz) lässt Fragen des strategischen Verhaltens unwichtig erscheinen. Was folgt ist: „All that firms need to do is choose an optimal location, taking into account the spatial distribution of demand and the transportation costs they must pay" (Krugman 2002: 61). Die Industrieunternehmen werden ihre Produktion an den „besten" oder „wünschenswertesten“ Standort verlagern, und deren ohnehin bestehenden Vorteile als Standorte noch verstärken. Damit verstärken sich räumliche Ungleichgewichte.

Mit diesem Ansatz steht Paul Krugman ganz in der Tradition der „Behälter-Raum“-Vorstellungen vieler Stadt- und Regionalökonomen/innen. Die Kritik an diesen bezogen auf deren verkürztes Raumverständnis trifft sein Modell gleichermaßen. Das ist umso enttäuschender als seine Ausgangshypothese auf einen „alternativen“ Weg in der ökonomischen Theorie hinzudeuten schien. Der Raum wird dabei aber, wie schon bei Alfred Weber, v.a. über das Konzept der „Agglomerationseffekte“ integriert. Über die modelltheoretische Einbeziehung von Marktunvollkommenheiten in das Theoriegebäude wird berücksichtigt, dass räumliche Ungleichheiten aus Globalisierungsprozessen entstehen können.

Eine weitere spezielle Ökonomie, die sich wie die Wirtschaftsgeographen mit „Raum“ und der Kritik an der Neoklassik auseinandersetzt, ist die „ökologische Ökonomie“.

2.3.3 Die Ökologische Ökonomie

Diese spezielle Ökonomie ist in den 1980er Jahren im Zusammenhang mit dem Aufkommen des „Nachhaltigkeitsbegriffs“ entwickelt worden. Die Vertreter/innen der Ökologischen Ökonomie sehen sich dem 1992 in Rio de Janeiro festgesetzten Ziel der Erreichung nachhaltiger Entwicklung verpflichtet („Agenda 21“). Dafür reicht eine „reine“ ökonomische Betrachtungsweise, wie sie die Neoklassik vorsieht, nach deren Meinung nicht aus. Die Ökologische Ökonomie verfolgt einen transdisziplinären Ansatz, in dem es um die Berücksichtigung des politischen Bereichs, der Ökologie sowie des „Raums“ in der ökonomischen Theoriebildung geht. „Die Ökologische Ökonomie will über die rein ökonomische Betrachtungsweise hinausgehen und die ökonomischen Prozesse im Rahmen eines sozial-ökologischen Zusammenhangs unter Berücksichtigung der Wechselbeziehung zwischen Menschen und der übrigen Natur analysieren“ (Rogall 2002: 84). Dem „Primat der Ökonomie“ sowie einer rein mikroökonomischen Betrachtungsweise werden ethische und gesellschaftliche Voraussetzungen für die Erreichung einer nachhaltigen Entwicklung entgegengesetzt. Es werden Prozesse des internationalen Handels und der internationalen Arbeitsteilung („Globalisierung“), wie sie von Adam Smith und David Ricardo betont wurden, kritisch betrachtet. Herman Daly (1999), ein wichtiger Vertreter der Ökologischen Ökonomie, führt an, dass Globalisierung zur weiteren Externalisierung von sozialen und ökologischen Kosten führt (z.B. durch Absenkung sozialer Standards bei den Arbeitsbedingungen), eine weitere Übernutzung natürlicher Ressourcen induziert und weiterhin zum „hollowing-out“ der Nationalstaaten führen wird. Generell wird davon ausgegangen, dass sich durch Globalisierungsprozesse, in welchem v.a. das Kapital außerordentlich mobil ist, Verteilungsungerechtigkeiten in nationalen Räumen verschärfen, und eine gesamtwirtschaftliche Steuerung durch politisch-administrative Systeme auf lokaler, regionaler und nationaler Ebene immer unmöglicher wird.

Herman Daly verrückte in seinem Ansatz den analytischen Schwerpunkt von der Frage der optimalen Ressourcenallokation auf die Frage der begrenzten Nutzung der biophysischen Grundlagen von ökologischen und ökonomischen Systemen, die in dauernder Wechselwirkung stehen. Er entwickelte das Konzept der „steady state-economy“, wonach ein Wirtschaftssystem angestrebt werden soll, das einen konstanten Stock materieller Güter gewährleistet, welcher für ein „gutes Leben“ notwendig ist. Darin wiederspiegelt sich die Idee der „Grenzen des materiellen Wachstums“. Auf dieser Vorstellung aufbauend wurden drei interdependente Ziele der Ökologischen Ökonomik formuliert:

- ökologisch nachhaltige Größenordnung (bezogen auf das „Ausmaß des Durchsatzes bzw. des Stromes von Materie/Energie aus der Umwelt in Form von Rohstoffen mit niedriger Entropie und zurück zur Umwelt in Form von Abfällen mit hoher Entropie“ (Constanza et al. 2001: 97),
- gerechte Verteilung (bezieht sich auf die Verteilung von Gütern und Dienstleistungen auf die Individuen und auf die Verteilungsgerechtigkeit zwischen Generationen) und
- effiziente Allokation von Ressourcenströmen.

Wie sich zeigt, übernimmt die Ökologische Ökonomie auch Konzepte der neoklassischen Umweltökonomie. Sie überarbeitet diese aber an entscheidenden Stellen (z.B. in Bezug auf die Frage der Monetarisierung von Umweltkosten) und führt etwa ethische Prinzipien und Grundwerte ein, die der Logik des „homo oeconomicus“ nicht mehr entsprechen. Weiterhin spielt der Staat dabei eine wichtige Rolle, Instrumente zur Erreichung der Ziele einer nachhaltigen Entwicklung zu entwickeln und einzusetzen. Im Vergleich etwa zur oben angeführten regionalwissenschaftlichen Theorie liegt hier ein „erweitertes“ Staatsverständnis zu Grunde. Dies zeigt sich an den Voraussetzungen einer nachhaltigen Entwicklung, die von einer weiteren wichtigen Ökologischen Ökonomin, nämlich Christiane Busch-Lüty, formuliert wurden (nach Rogall 2002: 85): „Bürgerbeteiligung und Ausbau der Bürgerdemokratie; eine umfassende Entfaltung und Förderung der Selbstorganisationspotenziale der Gesellschaft und damit ein neues Rollenverständnis des Staates; neue institutionelle Arrangements; die Wiedergewinnung der ‚Nähe‘, eine nicht-monetäre ‚In-Wert-Setzung‘ des Raumes; mehr gemeinwohlorientierte Bürgerarbeit für die Schaffung von Gemeinschaftsgütern (kollektive Aktionen); ganzheitliches Denken und Handeln; ‚zukunftsfähige Menschen‘“.

Hier finden sich also auch Hinweise auf ein „Raumverständnis“ der Ökologischen Ökonomie, die – das sei hier hervorgehoben – weit davon entfernt ist, eine „geschlossene“ ökonomische Schule mit einheitlichen Regeln in Bezug auf Grundannahmen, Theorieinstrumentarien und Interpretationen zukünftiger gesellschaftlicher Entwicklung zu sein. V.a. wenn man einen Blick darauf wirft, wie Prozesse der „Lokalen Agenda 21“ (LA 21) entwickelt und durchgeführt werden, deren Bedeutung Ökologischen Ökonomen/innen zur Erreichung der Ziele einer nachhaltigen Entwicklung unterstreichen (vgl. Constanza et al. 2001: 279), wird deutlich, dass wir es hier nicht mit einer „banalen“ Raumauffassung zu tun haben. Obwohl eine bestimmte „Neigung“ besteht, Raum auf Ökologie, auf das materiell-physische Substrat zu reduzieren, wird die soziale Konstruktion von Räumen in der Durchführung von LA21-Prozessen deutlich. Die Interdependenz von Raum und Rauminhalt wird berücksichtigt, indem von der Wechselwirkung unterschiedlicher Systeme bei der Herstellung von Räumen ausgegangen wird. Durch die Einbettung ökonomischer Prozesse in sozial-ökologische Zusammenhänge wird deutlich, dass die materielle Struktur eines Raumes im Zusammenhang mit gesellschaftlichen Verhältnissen wird (vgl. Rogall 2002).

3. Resümee: Raumökonomie – ein noch „einzulösendes" Unterfangen?

Wie dargestellt, gibt es in der Ökonomie unterschiedliche Versuche, den „Raum" in die ökonomische Theoriebildung zu integrieren. Dahingehend fruchtbare Ansätze finden sich auch in der „Regulationstheorie" (vgl. den Beitrag von Bernd Röttger/Markus Wissen in diesem Band), in Ansätzen zur „lokalen Ökonomie" (vgl. den Beitrag von Ingrid Breckner/Toralf Gonzalez in diesem Band) sowie in der „Entwicklungsökonomie" (vgl. z.B. Hamedinger 1998), die hier nur erwähnt seien. Kann man aber alleine deswegen von einem „spatial turn" in der Wirtschaftswissenschaft sprechen, genauso wie dies in Bezug auf die Sozialwissenschaft unterstellt wird?

Wenn Dieter Läpples Forderungen im Hinblick auf die Konzipierung einer Gesellschaftstheorie und sein Konzept des „gesellschaftlichen Raumes" als Maßstab der Beurteilung genommen werden, dann muss die Antwort darauf eindeutig nein sein. Denn in den dominanten Theorien der Ökonomie zeigt sich eine unreflektierte Rezipierung des „Behälterraum"-Ansatzes, die ihre Ursprünge in den Anfängen der Ökonomie als Wissensdisziplin hat. Daraus darf allerdings nicht die Schlussfolgerung gezogen werden, dass diese Theorien „wenig hilfreich" sind, um gegenwärtige sozialräumliche und wirtschaftsräumliche Entwicklungen zu begreifen. Welche Raumkonzeption die „Richtige" ist, kann nur im Hinblick auf die konkrete Fragestellung und auf das konkrete Erkenntnisinteresse hin beantwortet werden. Damit kann auch nicht von einem allgemein gültigen Raumbegriff ausgegangen werden. Als kleinster gemeinsamer Nenner in Bezug auf die Definition des Begriffs „Raum" kann höchstens gelten, dass die alleinige Konzentration auf das materiell-physische Substrat eines Raumes zu wenig ist. Andere Komponenten von Raum, wie sie Dieter Läpple schon in seinen diesbezüglichen Überlegungen einforderte (etwa Interaktionsformen, Regulationsmechanismen und Symboliken) spielen in der Strukturierung des sozialen Handelns eine ebenso wesentliche Rolle. Um die Komplexität gegenwärtiger Prozesse der Verflechtung von Räumen, der Ent- und Re-Territorialisierung sowie der „Multiskalarität" von institutionellen Arrangements erfassen zu können, bedarf es eines komplexen Verständnisses von Raum, das auch in den Sozialtheorien der Ökonomie ihren Niederschlag finden sollte.

Aber wie diese „Anforderungen" in eine ökonomische Theorie zu integrieren sind, bleibt bisher ungeklärt. Einige Überlegungen dazu, die eher als Ausgangspunkte und Anregungen für die Entwicklung einer Raumökonomie dienen sollen, werden nun abschließend angeführt.

Um aus der Ökonomie, die schon einmal als „wonderland of no spatial dimension" bezeichnet wurde (vgl. Isard 1956), eine „Raumökonomie" zu machen, bedarf es grundlegender Weichenstellungen im zugrundeliegenden ökonomischen Programm. „Raumökonomie" wäre als eine Querschnittswissenschaft zu konzipieren, die nicht nur nach der „materiellen" Anordnung von Standorten und deren Beziehung zu einander fragt, sondern etwa auch nach deren Symboliken und Bedeutung für die Interaktionen der Individuen. Dabei wäre zu berücksichtigen, dass neue Produktionsverfahren, Arbeitsorganisationsmodelle, Konsummodelle und Kapitalzirkulationsverfahren räumliche Auswirkungen haben (z.B. die Einführung des Geldes als Ermöglichung der räumlichen Trennung von Kauf und Verkauf) und räumliche Strukturen wiederum auf diese wirken.

Aus struktureller Sicht wäre zu fragen, welches die Prinzipien hinter den wirtschaftsräumlichen Strukturierungen sind. Es ginge darum zu hinterfragen, welche Beziehungen zwischen dem materiell-physischen Substrat des Raumes, das unmittelbar von Akteuren wahrgenommen und interpretiert wird, und den sozialen Verhältnissen (z.B. dem Staat) bestehen. Einer solchen Ökonomie müsste das Prinzip der „Dialektik" (verstanden als prozesshafte Auseinandersetzung von fundamentalen Gegensätzen bzw. Widersprüchen) zugrundegelegt werden, wenn es darum geht, räumliche Entwicklung zu erfassen, die sowohl Prozesse der „Einbettung" (wie z.B. regionale Produktionskomplexe) als auch der Bildung eines „Raumes der Ströme" (Castells 2001) umfassen.

„Raum" ist in dieser Ökonomie integraler Teil jedes wirtschaftlichen Prozesses, welcher als Produkt wechselseitigen Handelns (laut Karl Marx), damit als soziales Verhältnis verstanden werden kann. Hier ist auf Henri Lefêbvre zu verweisen, der davon ausging, dass jedes soziale Verhältnis „seinen" Raum produziert (vgl. Lefêbvre 1991). „‚Raum' ist in einem aktiven Sinne zu verstehen, als ein vielschichtiges Geflecht von Beziehungen, das laufend produziert und reproduziert wird. Gegenstand der Analyse sind somit aktive Produktionsprozesse, die sich in der Zeit abspielen" (Schmid 2003: 225). Eine solche Raumökonomie müsste mit dem Bild des „homo oeconomicus" brechen und ein differenzierteres Bild der Akteure beinhalten, das etwa auch die Bedeutung ihrer Biographie, ihrer sozialen Lage oder ihres Lebensstils für ihr sozial- und wirtschaftsräumliches Verhalten berücksichtigt. Damit müsste diese Form von Raumökonomie über raumintegrierende Ansätze hinausgehen, die im Prinzip nur auf die Analyse der „materiellen Unterlage" abzielen und die Ebene der „Repräsentationen" sowie der Symboliken vernachlässigen (vgl. etwa Läpple 1998 bei der Einführung des Cluster-Konzeptes im Rahmen der Konzipierung einer „Ökonomie der Stadt"). Eine solcherart verstandene Raumökonomie könnte sich an die Konzeption des „Raumes" von Henri Lefêbvre anschließen, und hätte deshalb drei Dimensionen des Raumes zu beachten: „materiell-räumliche Praktiken", „Repräsentationen von Raum" als Ordnungen, Regulationsmechanismen und Diskurse sowie „Räume der Repräsentationen" als Symboliken, Bedeutungen und affektive Besetzungen bei der Analyse jedes sozioökonomischen Prozesses (etwa Produktion und Konsumtion).

Literatur

Amin, Ash (Hg.) (1994): Post-Fordism. A reader. Oxford
Alonso, William (1964): Location and Land Use. Cambridge
Berger, Wilhelm/Pellert, Ada (Hg.) (1993): Der verlorene Glanz der Ökonomie. Wien
Bökemann, Dieter (1999): Theorie der Raumplanung. München
Brand, Ulrich/Raza, Werner (Hg.) (2003): Fit für den Postfordismus? Theoretisch-politische Perspektiven des Regulationsansatzes. Münster

Castells, Manuel (2001): Das Informationszeitalter I – Die Netzwerkgesellschaft. Opladen
Constanza, Robert/Cumberland, John/Daly, Herman/Goodland, Robert/Norgaard, Richard (Hg.) (2001): Einführung in die Ökologische Ökonomik. Stuttgart
Cristaller, Walter (1933): Die zentralen Orte in Süddeutschland. Jena
Daly, Herman E. (1999): Wirtschaft jenseits von Wachstum. Die Volkswirtschaftslehre nachhaltiger Entwicklung. Salzburg/München
Dangschat, Jens S. (1998): Segregation. In: Häußermann (Hg.) (1998): 207-220
Foucault, Michel (1994): Die Ordnung der Dinge. Frankfurt a.M.
Franck, Georg (1992): Raumökonomie, Stadtentwicklung und Umweltpolitik. Stuttgart/Berlin/Köln
Giddens, Anthony (1997): Die Konstitution der Gesellschaft. Frankfurt a.M./New York
Granovetter, Mark (1985): Economic action and social structure. The Problem of Embeddedness. In: American Journal of Sociology 3/91. 1985: 48-510
Granovetter, Mark (1973): The strength of weak ties. In: American Journal of Sociology 6/78. 1973: 1360-1380
Gregory, Derek/Urry, John (Hg.) (1985): Social Relations and Spatial Structures. Houndmills/Basingstoke/Hampshire/London
Gubitzer, Luise (1993): Alternative Ökonomie – Ein neues Paradigma in der Ökonomie? In: Berger et al. (Hg.): (1993): 129-181
Häußermann, Hartmut (Hg.) (1998): Großstadt. Soziologische Stichworte. Opladen
Häußermann, Hartmut (Hg.) (1992): Ökonomie und Politik in alten Industrieregionen Europas: Probleme der Stadt- und Regionalentwicklung in Deutschland, Frankreich, Großbritannien und Italien. Basel/Boston/Berlin
Häußermann, Hartmut/Ipsen, Detlev/Krämer-Badoni, Thomas/Läpple, Dieter/Rodenstein, Marianne/Siebel, Walter (Hg.) (1991): Stadt und Raum. Soziologische Analysen. Pfaffenweiler
Hamedinger, Alexander (1998): Raum, Struktur und Handlung als Kategorien der Entwicklungstheorie. Frankfurt a.M./New York
Harvey, David (1991): Geld, Zeit, Raum und die Stadt. In: Wentz (Hg.) (1991): 149-168
Heeg, Susanne (2001): Politische Regulation des Raumes. Metropolen – Regionen – Nationalstaat. Berlin
Hödl, Erich/Müller, Gernot (Hg.) (1986): Die Neoklassik und ihre Kritik. Frankfurt a.M./New York
Isard, Walter (1956): Location- and Space-Economy. Cambrige
Krätke, Stefan (1995): Stadt – Raum – Ökonomie. Basel/Boston/Berlin
Krugman, Paul (2002):Development, Geography and Economic Theory. Cambridge/London
Kuhn, Thomas S. (1976): Die Struktur wissenschaftlicher Revolutionen. Frankfurt a.M.
Läpple, Dieter (1998): Ökonomie. In: Häußermann (Hg.) (1998): 193-201
Läpple, Dieter (1991): Essay über den Raum. In: Häußermann et al. (Hg.) (1991): 157-207
Lefêbvre, Henri (1991): The Production of Space. Oxford/Cambridge
Lessat, Vera (1998): Anmerkungen zum Milieu- und Netzwerkbegriff aus ökonomischer Sicht. In: Matthiesen (Hg.) (1998): 265-276
Lipietz, Alain (1998): Nach dem Ende des „Goldenen Zeitalters". Regulation und Transformation kapitalistischer Gesellschaften. Berlin
Lösch, August (1940) Die räumliche Ordnung der Wirtschaft. Jena
Löw, Martina (2001): Raumsoziologie. Frankfurt a.M.
Maier, Gunther/Tödtling, Franz (1992): Regional- und Stadtökonomik. Wien/New York
Marx, Karl (1852/1965): Der 18. Brumaire des Louis Bonaparte. MEW Band. 8: 111-207
Matthiesen, Ulf (Hg.) (1998): Die Räume der Milieus. Berlin
Pierre, Jon (2000): Debating Governance. Oxford
Piore, Michael/Sabel, Charles F. (1992): The second industrial divide: Possibilities for prosperities. New York
Pribram, Karl (1992): Geschichte des ökonomischen Denkens. Frankfurt a.M.
Richter, Rudolf/Furubotn, Eirik G. (2003): Neue Institutionenökonomik. Tübingen

Rogall, Holger (2002): Neue Umweltökonomie – Ökologische Ökonomie. Opladen
Schmals, Klaus (Hg.) (1983): Stadt und Gesellschaft, München
Schmid, Christian (2003): Raum und Regulation. Henri Lefêbvre und der Regulationsansatz. In: Brand et al. (Hg.) (2003): 217-242
Scott, Allen J./Storper, Michael (1986): Production, Work, Territory. The Geographical Anatomy of Industrial Capitalism. Boston
Scott, Allen J./Storper, Michael (1992): Pathways to Industrialization and Regional Development. London/New York
Sengenberger, Werner/Lovemann, Gary/Piore, Michael (Hg.) (1990): The re-emergence of small enterprises: industrial restructuring in industrialized countries. Genf
Smith, Adam (1776/1990): Der Wohlstand der Nationen. München
Streminger, Gerhard (1995): Der natürliche Lauf der Dinge. Essay zu Adam Smith und David Hume. Marburg
Tühnen, von J. Heinrich (1826/1963): Der isolierte Staat in Beziehung auf Landwirtschaft und Nationalökonomie. Hamburg/Stuttgart
Weber, Alfred (1909): Über den Standort von Industrien. Teil I: Reine Theorie des Standortes. Tübingen
Wentz, Martin (Hg.) (1991): Stadt-Räume. Die Zukunft des Städtischen. Band 2. Frankfurt a.M./ New York

Philosophie

Stephan Günzel

Abstract

Der Begriff des Raumes ist durch kulturhistorische Verschiebungen von ‚Räumlichkeit' durch die Geschichte des Wissens hindurch einem grundlegenden Wandel unterworfen, der sowohl die jeweiligen Rahmenbedingungen in sich spiegelt als auch das philosophische Unterfangen einer empiriefreien Kategorisierung ad absurdum führt: Am Beginn des Philosophierens steht die metaphysische Frage nach dem Anfang oder dem ‚Grund' (gr. arche) aller Dinge, auf das der Raum als Ursprungskonzeption eine Antwort gibt; am Ende steht die Einsicht in die im Denken allein nicht begründbare (‚anarchische') Struktur des Raumes und in dessen Emergenz aus politischen, ökonomischen, historischen und v.a. gesellschaftlichen Kontexten.
Die Abfolge der philosophischen Begriffsbildung und der damit einhergehende Streit um Positionen ist dabei nicht linear, sondern erfolgt in Rückgriffsprozessen und entsprechenden Umschichtungen, so dass es zu einem Bedeutungswandel auch bei äußerlich scheinbar gleichen Inhalten kommt. Die Hauptlinien der philosophischen Diskussion verlaufen von Aristoteles und Platon, die im Rahmen der Geometrie Euklids und im Weltbild des Ptolemäus denken, über Descartes, Leibniz und Kant, die unter dem Eindruck der Kopernikanischen Dezentrierung und Newtons Physik Raum begrifflich zu fassen suchen, hin zur Moderne, die im Nachgang zu physiologischen Fragestellungen und herausgefordert durch die Nichteuklidische Geometrie Raumbilder pluralisiert. V.a. seitens der Phänomenologie, Dekonstruktion und Diskursanalyse wird das Raumdenken auf die Prozesse der soziokulturellen, historischen Wirklichkeit verwiesen.

Raum als Thema der Philosophie: Begriff, Geschichte und Systematik

In der Philosophie ist ‚Raum' von Anfang an ein zentrales Thema. ‚Philosophie' – ein Terminus, der ‚Liebe zur Weisheit' bedeutet – schloss am Anfang des abstrakten Denkens in der griechischen Antike nicht nur denkerischen Müßiggang, sondern v.a. auch denjenigen Bereich ein, der heute unter ‚Wissenschaft' im Allgemeinen und Natur(er)forschung im Besonderen verstanden wird. (Heraklit benutzte im 5. Jahrhundert v. Chr. erstmals den Ausdruck *philosophos* als Bezeichnung für denjenigen, der nach der ‚Natur der Dinge' forscht.) Erst mit Entstehung der Einzelwissenschaften – v.a. durch die Säkularisierung und Auffächerung der Fakultäten an den europäischen Universitäten – emanzipierten sich nach und nach die positiven Wissenschaften von der Philosophie. So wurde aus der in Antike über Mittelalter bis zur Neuzeit (natur-),wissenschaftlich' ausgerichteten Philosophie mit der Aufklärung ein entweder rein spekulatives Unterfangen, das die Natur- bzw. Gegenstandserkenntnis zugunsten von (politischer) ‚Weltanschauung' verdrängte oder die Philosophie wurde Hilfswissenschaft (Philosophie der ...) bzw. Wissenschaftstheorie – sei es als Logik wissenschaftlichen Arbeitens und Argumentierens oder als Geschichte der Wissenschaften und des Wissens.

Genau diesem Spektrum ist auch der Raum bzw. der Begriff ‚Raum' in der Philosophie unterworfen: Im gleichen Maße, in dem er also systematische Variationen aufweist, verändert er sich durch die Geschichte hindurch. Komplizierend kommt hinzu, dass ‚Begriff' nicht gleichbedeutend ist mit ‚Wort': Ein *Wort* im engeren Sinne einer Bezeichnung ‚meint' einen Gegenstand. Ein *Begriff* hingegen steht in einem Kontext, ist mit anderen Begriffen verwoben und wird erst im Ganzen eines Ansatzes ‚sichtbar'. So kommt es, dass in einer bestimmten Philosophie (zumeist stehen dahinter Schulen oder auch ganze Epochen, die man unter dem Namen einer Person führt) nie (explizit) die Rede von ‚Raum' ist, es (implizit) aber dennoch einen ‚Begriff' davon gibt. (Siehe z.B. unter 1. den Raumbegriff Hesiods, der unter dem Namen *chaos* firmiert.)

Nahezu die gesamte (Begriffs-)Geschichte (Gosztonyi 1976, Breidert et al. 1992, Wertheim 2000) sollte es dabei dauern, bis ‚Raum' (auch) als ein sozial konstituierter entdeckt wurde bzw. gedacht werden konnte. Dies liegt nicht an den Philosophen allein, sondern zumeist an historischen und epistemischen Rahmenbedingungen, unter denen ‚Raum' für sie jeweils nur denkbar war oder überhaupt erst ein mögliches Thema werden konnte (Cornford 1976). – Säkularisierung, Technisierung und Globalisierung benennen dabei drei historische Prozesse, die den Raumbegriff irreversibel verändern: So war noch lange nach den dogmatischen Lehren des Mittelalters der Begriff des Raumes von *theologischen Vorstellungen* (einem jeweiligen Gottesbegriff, v.a. die Gleichsetzung von Gott und endlosem Raum) geprägt, deren Schemata selbst für die Physik lange Zeit eine hohe Hürde darstellten (Jammer 1960). Der Wegfall des Schöpfergottes eröffnet auch erst für die Naturwissenschaften die Möglichkeit zur Durchsetzung nihilistischer Kosmologien. Jede Epoche ist ferner durch technische Apparaturen und *Medien* bestimmt, deren Auftauchen den Raum affiziert (Burckhardt 1994): So stiftet der gotische Kathedralenbau das Bild eines vertikalen, zum Himmel weisenden Raumes. Telekinematische Apparate wiederum verkürzen Distanzen und verbinden ehedem getrennte Räume. Zuletzt steht Raum in Abhängigkeit von der sich verändernden *Geographie* bzw. einer Nutzung, Eroberung, Erweiterung und schließlich auch einer ‚Schließung' des Raumes (Schlögel 2003). Dominieren in der Antike noch Raumvorstellungen, die eher Nahweltkonzeptionen bedeuten und sich entlang der Vorstellung vom griechischen Stadtstaat (gr. *polis*) – in Absetzung von den despotischen Reichen in Asien und den nomadischen Lebensformen im Norden – organisieren, so erweitert sich der Raum in der Neuzeit und mit der Eroberung der ‚Neuen Welt' als Möglichkeitshorizont ins Unendliche, dem entgegen heute (wieder) seine Endlichkeit (nun) im Angesicht des Globalen im Vordergrund steht.

Jedoch unterscheidet sich der heutige Raum von dem der antiken Welt dahingehend, dass der heutige die Unendlichkeit inkorporiert hat und sie durch die interne Vernetzung in einem endlichen Raum der Ausdehnung aufrechterhalten kann. Zuletzt ist dabei eben der Raum als soziales Konstrukt eigens zum Thema geworden (Simmel 1903). Dies war in der Antike nur begrenzt der Fall (eine wichtige Ausnahme ist der Begriff vom Haus – gr. *oikos* – als eine in Grenzen selbstregulierte Mikrowelt), auch wenn stets eine soziale Welt ‚hinter' dem Begriff von Raum stand.

Die im 19. Jahrhundert – zugleich mit der Ökonomie – als Disziplin ausgeschiedene Soziologie als eine wissenschaftliche Perspektive bzw. nun als solche eines eigenständigen Faches war ihrerseits erst möglich durch die Industrialisierung und das Auftreten des Menschen als bzw. in Masse(n), die nun den Raum ‚bevölkerten' und ihn anders zum Thema werden ließen, als es im Zeitalter Newtons und der Aufklärung geschehen konnte. Wie an jeder anderen epochalen Schnittstelle ist also eine gewisse Reflexivität (oder ‚Dialektik') zwischen geschichtlichen Bedingungen, bestimmten Begriffen und zugleich den wissenschaftlichen Diskursen oder Paradigmen gegeben. – Zuletzt sind es die Übertragungsbewegungen zwischen diesen Bereichen, die den philosophischen Begriff des Raumes ausmachen und mit bestimmen.

Die im Folgenden vertretene Perspektive folgt dem Ansatz einer an Friedrich Nietzsche (1844-1900) angelehnten ‚Geophilosophie' (Günzel 2001), wonach philosophische Begriffsbildung zum einen nicht unabhängig von ihren Bedingungen verstanden werden kann, diese dabei aber zum anderen keinen von den Begriffen getrennten Außenbereich bilden, sondern in jenen ‚insistieren'. Wie an keinem anderen Problem lassen sich an der Räumlichkeit diese inhärenten Außenbezüge darstellen, da Raum historischen Variationen unterliegt, die sich einer Logik der linear fortschreitenden Geschichte entziehen. Diese Sichtweise ist am ehesten einer geologischen Betrachtung verwandt, für die Epochen nur in Form materieller Schichten, ihren Verwerfungen und Relationen, existieren.

Raum in der Geschichte seines Begriffswandels: Vom metaphysischen zum sozialen Raum – und darüber hinaus ...

1. Antike: ‚Raum' als arche in Mythos und Wissenschaft

Der Anfang des philosophischen Raumdenkens ist in mehrfacher Hinsicht von einer besonderen Struktur gekennzeichnet. Zum einen ist am Anfang der Philosophie der ‚Anfang' selbst das wichtigste Thema. Zum anderen gab es bereits vor jenem Anfang ein philosophisches Denken, ausgehend von mythologischen Berichten. In beiden Fällen kommt dem Raumbegriff eine Schlüsselstellung zu.

Der (historisch-zeitliche) Anfang der Philosophie wird gemeinhin mit Thales im 6. Jahrhundert v. Chr. datiert und umfasst die mit ihm anhebende Epoche der so genannten ‚Vorplatoniker' oder auch ‚Vorsokratiker', mit der alle Philosophen vor Platon (ca. 427-ca. 347 v. Chr.) bzw. seinem Lehrer und dem Protagonisten seiner Dialoge, Sokrates, kategorisiert werden. Nahezu jede vorplatonischer Überlegung begann mit der Frage nach dem Grund oder ‚Anfang' (gr. *arche*) der Dinge, d.h. der Natur bzw. des gesamten Seins. Bereits dem Wort nach ist diese Bezeichnung für den Ursprung selbst einer Vorstellung von Raum entlehnt: Tatsächlich verweist ‚Arche' auf das Schiff des Noah im Sintflutbericht vom Anfang des 2. Jahrtausends v. Chr., womit unter dieser frühesten Benennung von Raum die Konstruktion eines dreidimensionalen ‚Kastens' gemeint ist (Burkert 1996).

Noch bevor aber die griechischen Philosophen nach dem Anfang fragen, beantwortete bereits ein Autor, der dabei war, sich bereits aus der mythischen Dichtung eines Homer zu verabschieden, die Frage nach der *arche*. Es war Hesiod im 7. Jahrhundert v. Chr., der zwar noch von Göttergestalten schrieb, deren Namen er aber bereits wie *Begriffe* benutzte. Seinen Begriff von Raum (Kratzert 1998) muss man nicht an irgendeiner Stelle erschließen, sondern findet ihn sogleich zu Anfang seiner kosmischen Erzählung: Als Antwort auf die für Griechen selbstverständliche Frage nach dem, was am Anfang steht, schrieb Hesiod, dass (in zeitlicher Hinsicht) noch vor den Göttern das Chaos war bzw. (in logisch-systematischer Hinsicht) ‚ist'.

Das Wort *chaos* im Griechischen aber meint nicht wie im heutigen Sprachverständnis Unordnung, sondern vielmehr ‚Spalt' oder ‚Höhlung': Nach Hesiod geht dieses Chaos den beiden ältesten Göttern ‚Gaia' (Erde) und ‚Uranos' (Himmel) voraus. – Das Chaos ist so gleichsam die Horizontlinie zwischen Erdboden und Himmelszelt. Damit ist der (leere) Raum erstmals *begrifflich* bestimmt zum einen als der *Unterschied* zwischen Zweien und zum anderen zudem als diesem Unterschied selbst vorausliegend als deren ‚Grund'. Er ist ein Ganzes und der Unterschied, ein Behältnis und Trennung, ‚Container' und Grenzverlauf zugleich. Retrospektiv betrachtet vereint dieser Begriff des Raumes effektiv bereits die Grundopposition der in über 2.500 Jahren nachfolgenden Raumbegriffe: Schon die auf Hesiod folgenden Philosophen (Fink 1957) betonten entweder die Behälterfunktion des Raumes – so Anaximander (unbegrenzt/voll) und Empedokles (begrenzt/leer) – oder hoben dessen differenzierende Funktion hervor – so die Pythagoreer (begrenzt/begrenzend) und Zenon (unendlich/teilbar). Parmenides wiederum, für den es keinen leeren Raum (Vakuum) gibt, vertritt eine vermittelnde Position und begreift den Raum als identisch mit dem Sein (siehe auch unten 6.1), das aber begrenzt ist und außerhalb dessen es ‚nichts' gebe.

Platon, mit dem die noch naturmythisch inspirierte Philosophie der Vorsokratik gebündelt wird und zu einem vorläufigen Ende kommt, benutzt für seinen Begriff von Raum das Wort *chora* (eigentlich ‚platzbietendes Land'; in Abwandlung von gr. *choros*, ‚Tanzplatz'): Nach Platon ist Raum eine Art Zwitterwesen bzw. ein ‚Neutrum' (lat. *ne-uter*, weder-noch), das *weder* dem (‚männlichen') Sein *noch* dem (‚weiblichen') Werden zugehört, sondern, ähnlich dem ‚archaischen', geschlechtslosen *chaos* nach Hesiod, dem Werden zuallererst ein ‚Worin' ermöglicht, d.h. im Raum ‚gibt'. (Platon bezeichnet den Raum auch als das ‚Dritte'.) Trotz der konzipierten Mittelstellung ist der Raum im Platonismus tendenziös dem (irdischen) Werden als Vergänglichkeit näherstehend, denn dem (ideellen) Sein als Ewigkeit, da er als jene „Amme des Werdens" betrachtet wird, die auch dem Nicht-Sein (der ‚Leere') ‚Raum geben' kann. (V.a. der Feminismus greift im späten 20. Jahrhundert auf diese Raumkonzeption zurück. Siehe 6.4.)

2. Topostheorie und Euklidik

Es ist Aristoteles (384-322 v. Chr.), der gegen seinen Lehrer Platon, eine (wissenschaftliche) Systematik in Anschlag bringt und dessen Selbstverständnis zum ersten Mal nicht nur Philosophie als das gesamte Wissen (über die Natur) einschließt, sondern auch das Denken als logischen Vorgang. Irreführender Weise wurde dieser wissenschaftsbegründende Ansatz später ‚Metaphysik' genannt, weil es das ‚Über-der-Natur-Stehende' (im Sinne von unabhängig vom gegebenen Inhalt) meint, dafür aber den Rückbezug auf den Gegenstand dennoch immer mit einschloss. (Im Gegensatz dazu bezeichnet man heute mit ‚metaphysisch' wissenschaftlich unbegründete Annahmen.)

2.1 Aristoteles Theorie der Örter

Die (Meta-)Physik des Aristoteles bildet den Anfang einer neuen und längerfristigen Tradition, als es das Raumdenken von Hesiod zu Platon hätte stiften können: Er begreift den Raum dezidiert als Ort (gr. *topos*) (Zekl 1990). D.h. der Raum wird weder von einer Umfassung noch von einer Grenzziehung aus konzipiert, sondern von derjenigen Raumstelle aus, dem Ort, an dem sich Dinge, Menschen etc. befinden. (Diese ‚Örterlehre' ist weder mit der modernen *Topologie* identisch, noch darf sie mit der an sie angelehnten *Topik* verwechselt werden, welche in der Philosophie die Lehre vom Gebrauch von Argumenten für Sätze mit nur hypothetischer Aussagekraft oder in der Literaturwissenschaft diejenige von Gemeinplätzen meint. Mit Einschränkung kann sie zur Grundlegung der *topographischen* Beschreibung herangezogen werden.)

Zunächst einmal ist ‚Ort' für Aristoteles eine rein sprachliche ‚Kategorie'. (Immer kann man von einer Sache sagen, *wo* sie sich befindet.) Zum anderen aber ist in ‚physikalischer' Hinsicht der ‚Ort' immer das unmittelbare Umfassen des Gegenstandes – wobei er dennoch vom Gegenstand verschieden ist –, und also mindestens gleichgroß wie der Gegenstand. Dass der Gegenstand von seinem ‚Ort' getrennt werden kann, weist auf eine entscheidende Abstraktionsleistung hin (auch wenn Aristoteles ‚natürliche Orte' annimmt), durch welche Orte vergleichbar und gleichfalls berechenbar werden.

Diese Vorstellung ist wiederum verschieden von einem gegenwärtigen Raumverständnis, in dem der (konkrete) ‚Ort' als Gegenbegriff des (abstrakten) ‚Raumes' ausgespielt wird. (Siehe 6.1.) – Dass diese Gegenüberstellung noch nicht derart Thema sein konnte, liegt darin, dass die griechische Kosmologie bzw. deren Weltbild selbst von der Vorstellung der Einhegung im Sinne der *chora* bestimmt war, wobei mehr der Innenraum interessierte denn der unbestimmte Außenraum. (So wird denn auch die Bedeutung des von Thales überlieferten Ausspruchs greifbar: „Das Größte ist der Ort, denn er gibt allem Raum.") *Chaos*, *chora* und *topos* sind damit allesamt Begriffe vom Raum als übergeordneter Instanz, nicht Bezeichnungen etwa eines ‚relativen Raums', des gelebten Sozialraumes. – Bereits die nachklassische, griechisch-römischen Philosophie der Stoiker kritisieren jene Vermengung des Raumproblems mit dem der Frage nach einer Existenz von ‚Leere' (gr. *kenon*) bei Aristoteles wie auch schon bei Platon (Algra 1995). Sie weisen damit auf eine Frage voraus, die erst im 17. Jahrhundert durch die experimentelle Herstellung des Vakuums mittels einer Luftpumpe (erfunden um 1650 durch Otto von Guericke) entschieden werden kann.

2.2 Der Raum des Euklid

Erst mit Euklid im 3. Jahrhundert v. Chr. entsteht ein Begriff des Raumes, der ‚Ort' und ‚Raum' als konträre Alternativen erscheinen lassen wird: Ausgehend von einer wiederum Platonischen Vorstellung, dass die Gesetze der Geometrie zwar immer nur an einem konkreten Ort veranschaulicht werden können (etwa Figurenzeichnungen im Sand), diese aber immer ein ideales Gebilde zeigen (an deren gedachte Exaktheit diese Zeichnung sich nur annähern kann), entwickelt Euklid eine Axiomatik (Euklid nennt sie *aitemata*, Postulate), die selbst weder empirisch begründet noch aus anderen Gesetzen abgeleitet werden kann: Die zentrale ‚Grundannahme' Euklids besagt, dass zwei Parallelen sich nie (oder: nur ‚in der Unendlichkeit') schneiden.

Euklid hatte seine Geometrie für die Konstruktion in der Ebene entwickelt. Obwohl die geometrische Praxis im flachen und begrenzten Raum der Zeichenfläche stattfindet, kann Euklids Einfluss auf den Begriff des Raumes nicht überschätzt werden: Der unendliche, gleichförmige Raum wird nunmehr ‚denkbar'. Im Gegensatz zur *chora* hat er dabei keinen Inhalt (das Werden), sondern ist der Raum jeder möglichen Konstruktion. Dies hatte Euklid freilich nicht im Sinn, war die Geometrie doch zu Zwecken der Erdvermessung ‚erfunden' worden und – ganz im Sinne Aristoteles' – also bei aller Abstraktheit dennoch anwendungsbezogen. Problematisch wird diese (mathematische) Unendlichkeit auch erst dann, als in der Kosmologie das Bild vom endlichen Raum ebenfalls hinfällig wird.

3. Neuzeit: Philosophie und Physik

Zwar gibt es auch schon in der ersten Hälfte des 5. Jahrhundert v Chr. die Annahme der runden, nicht-flachen Gestalt der Erde (Parmenides) sowie heliozentristische Modelle (Aristarch), dennoch ist erst in Zeiten des Spätmittelalters bzw. der Renaissance der Sachverhalt der Unendlichkeit des ‚Alls' gedacht und rückt mit aller Konsequenz ins Bewusstsein (Blumenberg 1975). Es ist nun nicht mehr nur der mathematische Raum, welcher endlos ist, sondern auch der physische Raum: derjenige der Natur und des Menschen, den die Berechnungen, Beobachtungen und Behauptungen des Kopernikus dezentrieren (Hiller 1964). – Ein unendlicher Raum lässt jedoch keinen Platz mehr für einen Schöpfergott des Alls, so die Botschaft des Giordano Bruno (1548-1600), der denn auch für seine Lehre von der Inquisition verbrannt wurde. Mit Galilei und Kepler wurde die neue Sichtweise jedoch nach und nach naturwissenschaftlich zementiert und der Ptolemäische Geozentrismus durch den ‚neuen Glauben' überwunden (Koyré 1980).

Eine Vorbedingung hierfür stellte der argumentative Bruch mit dem aristotelischen Weltbild dar, den wesentlich der deutsche Naturphilosoph und Theologe Nicolaus Cusanus (1401-1464) vollzog, welcher eine Wertehierarchie von Orten im Kosmos bezweifelte und die Konsequenz aus der Annahme zog, das Gott sowohl im Kleinsten wie auch im Größten *ist*, so dass es keinen bestimmbaren Mittelpunkt es Alls geben kann. Erstmals wird damit der Gedanke einer (physikalischen) Relativität vorgebracht.

3.1 Reaktionen auf die Unendlichkeit des Raumes

Auf jene ‚Kopernikanische Revolution‘ gab es drei maßgebliche Reaktionen, die allesamt eine Vereinbarkeit des neuen Raumbildes mit der Existenz Gottes anstrebten. Philosophisch reflektiert wurde der unendliche Raum zunächst von René Descartes (1596-1650): Er unterscheidet den Raum als ausgedehnte Sache (lat. *res extensa*) von der denkenden (unausgedehnten) Sache (lat. *res cogitans*). Erstes setzte man später mit der ‚äußeren‘ (wahrgenommen) Objektwelt, zweites mit der (wahrnehmenden) subjektiven ‚Innenwelt‘ gleich. Nur war die Unterscheidung von Descartes selbst noch nicht im wahrnehmungsphysiologischen Sinne gebraucht, wonach leibliche Subjekte Sinneseindrücke der Außenwelt haben, sondern idealisierend vorgestellt – ganz im Sinne Euklids –, wonach nicht die Objekte ‚wahr‘ (oder ‚falsch‘) sind, sondern es nur das Wissen von ihnen sein kann: Die Ausdehnung der Dinge allein hat so noch keinerlei Substanz (an sich), sondern erst deren Berechnung. Dass aber diese Berechnungen zutreffend sind, das garantiert ‚Gott‘, der als Idee selbst die absolute Substanz ‚verkörpert‘. Deren ‚Sachgehalt‘ liegt jedoch jenseits der Berechenbarkeit, sondern ist schlechthin real. Deshalb – so die für uns heute etwas obskure Schlussfolgerung Descartes – ist auch unser Wissen von Substanzen (der Gegenständlichkeit) der Dinge ‚wahr‘ bzw. im wissenschaftlichen Sinne ‚exakt‘.

Für Descartes ist damit nicht der Raum als solcher gleichbedeutend mit Gott, sondern nur dessen Berechenbarkeit als euklidischer Raum. Gott ist die den Objekten als ‚Summe‘ vorausliegende Gesamtrealität, also *res cogitans* und *res extensa* in einem. In diesem Sinne verstand auch der zweite markante Verteidiger eines theologischen Raumbegriffs, Baruch de Spinoza (1632-1677), Gott als gleichbedeutend mit ‚Natur‘, im Sinne eines substantiellen Äquivalents der intelligiblen Welt.

Bevor jedoch ‚Gott‘ und ‚Raum‘ in einer dritten und entscheidenden Position tatsächlich gleichgesetzt werden konnten, musste zunächst noch eine ideengeschichtliche Umsattlung erfolgen: Im Rahmen griechisch-christlichen Denkens war es nicht möglich, den Raum (als Ausdehnung) von der Substanz (als Materie) getrennt zu denken – wohl aber in der jüdischen Denktradition: Mit dem hebräischen Wort *makom* wird hier etwas vorgestellt, das zugleich unendlich ist *wie auch* unteilbar. Wenn es aber unteilbar ist, kann *makom* keine Materie sein, die ja augenscheinlich in Teilen vorliegt.

3.2 Newton und der Raum des Absoluten

Dieser Raumbegriff wurde Isaac Newton (1642-1727) durch Henry More (1614-1687) vermittelt. Newton benutzte fortan das Bild eines ‚unendlichen‘ Raumes als Ausdruck für jene substanzlose Realität, woraus eine dritte, die historisch wirkungsmächtigste Position hervorging. Systematisch notwendig geworden sei die Annahme des ‚absoluten Raumes‘ nach Newton deshalb, weil man Bewegung (im ‚relativen Raum‘) als prinzipielle, mechanische und gegenseitige Verursachung von Körpern nur in einem übergeordneten Bezugssystem bestimmen könne: Während das griechische Denken Gott als ersten Beweger ansetzte, der Impulse in den (Welt-) Raum gibt, die sich fortpflanzen, und aus deren Beobachtung man auf die Existenz dieses Bewegergottes rückschließen kann, geht Newton nicht von einer vorgängigen Ruhe der

Dinge aus, die in Bewegung versetzt werden müssen, sondern von der Ruhe als Sonderfall der Bewegung im ‚absoluten' Raum. Tatsächlich aber wären Anziehung und Abstoßung auch im jeweils konkreten, ‚relativen' Raum bestimmbar. Newton kam es jedoch darauf an, nicht nur eine kohärente Naturerklärung zu liefern, sondern darüber hinaus auch Physik und Theologie miteinander zu versöhnen. – Dies sollte mit dem Begriff des ‚absoluten Raumes' gegeben sein.

4. Aufklärung: Der Raum nach Newton

4.1 Kant: Raum als Anschauungsform

Mehr noch als eine solche ‚Vergötterung' des Raumes inaugurierte Newtons Ineinanderblendung die Herrschaft des euklidischen Raumes im Denken der Philosophie und der neuzeitlichen Wissenschaften, die vom 16. bis ins 18. Jahrhundert vom physikalischen Primat beherrscht waren. Es ist maßgeblich Immanuel Kant (1724-1804) gewesen, der Newtons Bild des physikalischen Raum in dem die Physik nach euklidischer Maßgabe funktionierte, zu dem bis heute am weitesten verbreiteten philosophischen Begriff des Raumes erhob: der Raum als eine Form der Anschauung des äußeren Sinns (Dück 2001).

Was heißt das? Zunächst muss vorweggeschickt werden, dass Kant, wenn er von ‚Anschauung' und ‚Sinn' spricht, (wie auch schon Descartes nicht) von ‚subjektiver' Wahrnehmung spricht, sondern (im Sinne des Aristotelischen Grundlegungsanspruchs) bestimmen will, unter welchen Bedingungen eine jede exakte Wissenschaft nur möglich ist. D.h. in Bezug auf den Raum, dass jede Wissenschaft, die Objekte vermisst, dies notwendig innerhalb eines dreidimensionalen Raumes tun muss, damit die Ergebnisse ‚objektiv', d.h. nachvollziehbar und auch unabhängig vom vorhandenen Einzelobjekt gültig sind. Raum ist für Kant zugleich ‚ideal' wie auch ‚real': *Ideal*, da der absolute Raum nicht selbst wieder vermessen werden kann, und *real*, insofern alle Gegenstände, ihre Ausdehnung und Bewegung im Raum betreffend miteinander situationsunabhängig vergleichbar sind.

Folgenschwer ist diese Bestimmung in zweierlei Hinsicht. *Zum einen* vom schon angesprochenen physiologischen Standpunkt aus: Die Physiologie wird die Physik gegen Ende des 18. Jahrhunderts als Leitdisziplin ablösen und den Übergang vom mechanischen zum organischen Paradigma einläuten, unter Beibehaltung physikalischer Modelle. So kommt es zur naheliegenden Verwechslung des physikalisch-geometrischen Konstruktionsraumes (nach Euklid, Newton und Kant) mit dem Raum der Wahrnehmung. *Zum anderen* provoziert die Ausschließlichkeit einer (axiomatisch begründeten) Definition des Raumes als einer unendlichen Ausdehnung, die durch drei aufeinander senkrecht stehenden Achsen bestimmt wird, den Widerspruch freier Geister: Bereits zur Zeit Kants hatte die Mathematik begonnen, entweder doch den Beweis für das Parallelenpostulat zu suchen (Saccheri) oder eine Geometrie zu konzipieren, welche diese Annahme nicht benötigt (Lambert).

4.2 Nichteuklidische Geometrie

Letzteres führt in ‚antieuklidische' Geometrie(n) (Gauss, Lobatschewski, Bolyai, Riemann, Beltrami und Klein) und nähert sich paradoxerweise der ursprünglichen Idee von Geometrie als Erdvermessung wieder an: Auf der gekrümmten Erdoberfläche hat man es nie mit planen Ebenen (für welche die Geometrie Euklids nur galt) zu tun, sondern immer mit gekrümmten Flächen. Auf einer solchen (positiv gekrümmten) und (ihrerseits in Idealisierung vorstellbaren) Kugeloberfläche schneiden sich alle ‚parallelen' Linien, die als kürzeste Verbindung zwischen den beiden Polen verlaufen in zwei Punkten ebenda. Ähnliches gilt für negativ gekrümmte Flächen, die Innenseite eines Sektkelches bspw., in der alle ‚parallelen' Linien sich in Richtung der Verjüngung unendlich annähern, in der anderen Richtung aber auseinanderlaufen. Allgemein werden nun Räume, die eine solche Krümmung aufweisen, ‚hyperbolisch' genannt (‚sphärisch' bei positivem, ‚pseudosphärisch' bei negativem Krümmungsmaß). Im Gegensatz zur gekrümmten Fläche im Raum kann man sich die Krümmung des Raumes selbst nicht oder nur wieder mittels einer Analogie vorstellen, die bspw. die Situation eines Brillenträgers beschreibt, der sich an eine neue Stärke seiner Gläser gewöhnen muss und für den der Raum dann kurzzeitig ‚gekrümmt' erscheint.

Die Krux dabei ist, dass man die *extrinsische* Perspektive (Außensicht), in der Räume auf Planetenoberflächen einem entfernten Beobachter durchaus als gekrümmt erscheinen mögen, aus der *intrinsischen* Perspektive (Innensicht) eines betreffenden Raumbewohners illustrieren möchte. – Tatsächlich wird auch der Bewohner des gekrümmten Raumes den Raum als ‚gerade' ansehen, denn genau das will die Annahme hyperbolischer Räume ja besagen: ‚Von Innen' als parallel erscheinende Linien stehen nur ‚von Außen' gesehen ‚schräg' zueinander. Hypothetisch sichtbar ist ein solcher Umstand für ‚Raumwesen' nur im Übergang von einer zwei- in eine dreidimensionale Welt. Ebenso wie ‚Flächenwesen' diesen Unterschied nicht mehr wahrnehmen können, können jene den Übergang vom Raum in eine vierdimensionale Mannigfaltigkeit (im strengen Sinne ist dies ebenso wie die Fläche kein ‚Raum') nicht mehr empfinden. Eben das meinte im Kern Kant mit der (transzendentalen) Idealität des Raumes.

4.3 Perspektivischer und relationaler Raum

Eine Sonderstellung nimmt in dieser Hinsicht der ‚perspektivische Raum' der Renaissancemalerei ein: Er ist selbst eine ‚symbolische Form', d.h. ein Code, den subjektiven Raum der Wahrnehmung geometrisch zu konstruieren (Panofsky 1998). Der Clou der Zentralperspektive ist dabei, dass er die physiologischen Grundlagen – die Binokularität des Menschen – missachtet und rein im äußeren Nachvollzug optischer Gesetzmäßigkeit den Raum so entwirft, dass ein mit zwei Augen ausgestattetes Wesen einen Raum ‚in der Fläche' sieht. (Auch hier behält Kant mit der unbedingten Voraussetzung der Dreidimensionalität des Raumes recht.)

Dass dieser Begriff des Raumes sich durchsetzte, war nicht allein Kants Verdienst, sondern stellte sich mit den wissensgeschichtlichen Konstellationen ein: Kant selbst operierte mit zwei weiteren Raumbegriffen, die zum einen vor Newton zurückgreifen, zum anderen über ihn hinausweisen: Zum ersten setzt sich Kant mit der Kritik von Gottfried Wilhelm Leibniz (1646-1716) an Newton (bzw. dessen Fürsprecher Samuel Clarke, mit dem Leibniz einen brieflichen Disput führte) auseinander. Ähnlich dem Aristotelischen Begriff vom Raum als ‚Ort' ging Leibniz davon aus, dass zwar nicht ein Ort allein, aber doch die Relationen von Raumstellen ‚Raum' bestimmen und nicht umgekehrt. Nicht also ist zuerst ein dreidimensionales Koordinatensystem da, in dem hernach die Positionen der Dinge eingetragen werden können, sondern zunächst gibt es Relationen von Gegenständen, die durch ihre Lagebestimmung eine jeweilige Räumlichkeit hervorbringen. Leibniz avisierte damit eine Lehre von der Untersuchung der Raumstellen (*analysis situs*), die er jedoch nicht ausführte.

Der junge Kant greift Leibniz' relationale Raumvorstellung auf und versucht, die Relationsbestimmung (von Orten) nach Leibniz mit der Annahme des absoluten Raumes nach Newton zu versöhnen, indem er behauptet, dass die Lagen von Gegenständen zueinander erst dann eindeutig angegeben werden können, wenn die jeweilige Relation in Bezug auf absolute Richtungen im Raum bestimmt ist (Van Cleve/ Frederick 1991). Dazu bemüht er ein Gedankenexperiment: Im dreidimensionalen Raum können die rechte und linke Hand nie so vertauscht werden, dass sie vollständig zur Deckung kommen. (Wie schon bei Figuren in der Fläche, die nicht durch Drehung, sondern nur durch Spiegelung zur Deckung zu bringen sind, geht dies nur, wie der Mathematiker Möbius über ein halbes Jahrhundert später zeigte, in einem um genau eine Dimension (n+1) ‚höheren Raum', worin die Hand im Beispiel wie ein Handschuh ‚umgestülpt' werden könnte.) Die (unrichtige) Schlussfolgerung Kants ist, dass ‚rechts' und ‚links' keine relationalen Bestimmungen sind, sondern Eigenschaften des *einen*, ‚absoluten' Raumes respektive die Existenz eines solchen voraussetzen. Um dies behaupten zu können, muss Kant die sprachliche Zuschreibung von ‚Gegenden' im Raum (‚rechts'–‚links', ‚oben'–‚unten', ‚vorn'–‚hinten') für ‚dingliche' Eigenschaften desselben nehmen.

Kants Argumentation trägt auch schon deshalb nicht, weil er damit nicht die Notwendigkeit der Annahme eines absoluten (unendlichen) Raumes, sondern nur die Notwendigkeit der eindeutigen Bestimmung von Richtungen im relativen Raumes belegt hätte. Dahingegen ist die Antwort des älteren Kant allemal origineller und verweist auf aktuelle Problemstellungen des 20. Jahrhunderts ‚in Sachen Raumfrage', wo jenseits des physiologischen Denkens der vergangenen Epoche und unter dem Eindruck der Relativitätstheorie ein neues, wandelbares Bezugssystem entdeckt wird: Der Mensch, der sich in seiner Umwelt orientiert (Jensen 2003). Diese Umwelt ist zwar in der Gesamtschau ein nur ‚relativer' Raum, für das aufgeklärte, von grund auf nach Orientierung strebende Subjekt ist er (hier kehrt die Dopplung des Raumes in ‚ideal' und ‚real' auf anderer Ebene wieder) jedoch ‚absolut'. Ohne dieses von Kant benannte ‚Bedürfnis nach Orientierung' – d.h. ohne das Denken auf das Leben zu beziehen – macht es gar keinen Sinn den ‚Raum' im Ganzen bestimmen zu wollen. Nur ist dieser dann nicht mehr der (naturwissenschaftliche) Raum der Objekte, sondern der (sozialwissenschaftliche) Raum der Subjekte (Kruse 1974).

5. Moderne: Der Raum in der Phänomenologie

5.1 Die Philosophie in Zeiten von Physiologie und Psychologie

Genau diesen Impuls nimmt die Phänomenologie auf, welche wiederum an das Aristotelische Metaphysikprojekt von Philosophie als Grundlegung der Wissenschaftlichkeit anschließt: Nur ist sie nach dem 19. Jahrhundert mit einer neuen Problemstellung konfrontiert, die weniger mathematisch-geometrisch als physiologisch bzw. experimentell-psychologisch geprägt ist und ‚Raum' als eine durch Wahrnehmung vermittelte Quantität ansieht. (Vielerlei philosophische Erklärungen beziehen sich vor und während der Jahrhundertwende affirmativ auf diese ‚empiristische' Position und entwickeln Theorien bspw. von ‚Lokalzeichen', welche im Wahrnehmungsprozess unbewusst auf entsprechender Höhe und Breite der Netzhaut mit wahrgenommen werden und in der Reproduktion (Erinnerung) sodann wieder mit hervorgeholt werden, wodurch Orte im Raum ‚eindeutig' identifiziert werden können.)

Der Phänomenologie greifen diese ‚positivistischen' und zugleich aber spekulativen Erklärungen zu kurz, ignorieren sie doch den Umstand, dass für die (orientierte) Wahrnehmung viel mehr als nur die Wahrnehmung im physiologischen Sinne nötig ist. Das Subjekt muss (mittels einer Art ‚Möglichkeitssinn') wissen, was bspw. in einem Raum sein kann, ohne diesen vorher bis in jeden Winkel (wie die Perspektivmalerei oder die Euklidik) gesehen zu haben, um ihn – und sei es nur in seiner *Struktur* – erfasst zu haben.

Als ‚Wissenschaft von den Erscheinungen' behauptet die Phänomenologie in Person ihres Hauptvertreters Edmund Husserl (1859-1938) zweierlei: Wahrnehmung ist je schon mit Sinn ausgestattet bzw. ist Sinn und Wahrnehmung gleichursprünglich, da der Wahrnehmungsakt von Vorwegnahmen geprägt ist (sonst würde bspw. auch keine Ausrichtung der Wahrnehmung auf relevante Objekte erfolgen); und: ebenso wie Sinn und Sinnlichkeit ineinander greifen, sind Raum und Objekte untereinander verwoben: In der Objektwahrnehmung wird Raum konstituiert (Claesges 1964). Die Wahrnehmung von Bewegung gibt mir also demnach eine Vorstellung von (möglichen) Bewegungsräumen, die ich wieder auf meinen Körper und umgekehrt von der Körpererfahrung auf die Objektwelt übertragen kann.

Nicht unwichtig sind dabei die in Folge der Nichteuklidischen Geometrie anhebenden Überlegungen seitens der Physik, dass Raum und Zeit keine voneinander zu trennenden Größen sind (Reichenbach 1928), sondern eine (vierdimensionale) ‚Raumzeit' konstituieren. Betrachteten Newton und Kant die Zeit nur als diejenige Zeit, die ein Ding braucht um seine Position im Raum ‚von A nach B' zu verändern, so wurde mit Riemann, Minkowski und schließlich Einstein eine ganz andere Überlegung favorisiert: In ihr sind nicht nur Raum und Zeit enger miteinander verwoben, sondern wird darüber auch die Materie, welche Newton von der Ausdehnung getrennt hatte, wieder mit der Ausdehnung vereinigt. Der ehemals autonome Raum als Behälter oder „*container*" (Einstein) der „Mietskasernen-Theorie" (Weyl) wird anderen Größen unterworfen und von ihnen abhängig: Vergeht Zeit, ist auch der Raum ein anderer als zuvor. Verändert sich der Zustand der Materie (oder: Masse), so wirkt dies wiederum auf die Zeit und diese auf den Raum. Philosophische Konzeptionen des Raumes werden nachhaltig von diesem Wissensumbruch geprägt, wobei es in Ermangelung neuer Begrifflichkeiten zu einem allseitigen Rückgriff auf die Aristotelische Topos-Lehre kommt (Conrad-Martius 1958).

Als früher Vertreter eines phänomenologischen Ansatzes hatte bereits Georg Wilhelm Friedrich Hegel (1770-1833) Überlegungen in diese Richtung angestellt und die Beschränkung auf den Raum als leere Dreidimensionalität kritisiert, ohne sich jedoch aus dem Universum Newtons befreien zu können: Statt der bloß quantitativen Unterscheidung von Länge, Breite und Höhe sei unter philosophischen Gesichtspunkten eine qualitative Differenzierung nötig, um den Raum zu ‚begreifen' (Schubert 1987a). Der Raum lässt sich nach Hegel erst (dialektisch) aus seinem Gegensatz (seiner ‚Negation') verstehen: Der Punkt als das schlechthin Unräumliche fällt dafür jedoch aus, ist selbst noch kein echter Gegensatz, sondern nur die Abwesenheit von Raum. Ein wirklicher Gegensatz sei erst mit der Linie (der Eindimensionalität) gegeben. Deren ‚Negation' wiederum stellt die Fläche (die Zweidimensionalität) dar. Mit zwei (‚echten') Negationen aber ist für Hegel (weil sie eine neue Positivität ergeben) der maßgebliche Schritt (die ‚Aufhebung') vollzogen, um etwas qualitativ differenziert zu bestimmen: Die Wahrheit des Raumes ist also für Hegel die ‚Fläche'. (Was die perspektivische Malerei mit ihrer planen Darstellung des Raumes im Bild eindrücklich belegt.)

Raum und Zeit wiederum sind für Hegel im ‚Ort' (als Position zum gegebenen Zeitpunkt) identisch, jedoch ebenfalls nicht qualitativ differenziert. Erst die Bewegung als erste Negation des Ortes und schließlich die Materie als Negation der Bewegung ist die ‚wahre' Bestimmung von Raum/Zeit (Ohashi 1984). Diese äußerst spekulative Schlussfolgerung, die mit den Komponenten der Mechanik spielt (und ebenfalls die Dimensionenzahl von drei als gegeben akzeptiert), verweist untergründig auf die (qualitative) Abhängigkeit der (quantitativ) messbaren Größen.

Die moderne Phänomenologie schließlich und nahezu alle nachfolgenden philosophischen Theorien des (Sozial-)Raums bleiben von jenem neuen physikalisch-relativistischen Paradigma nicht unbeeinflusst: Wie die Materie den Raum (oder genauer: die ‚Raumzeit') krümmen kann, so können auch die Gegenstände und so kann auch die soziale ‚Masse' den Raum transformieren (Baudrillard 1979), müssen soziales Handeln und materielle Konfigurationen (wie v.a. Körperlichkeit) zusammengedacht werden (Löw 2001).

5.2 Intersubjektivität, Lebenswelt und Orientierungsraum

Die Sozialwelt wird in Husserls Phänomenologie des Raumes als ‚Lebenswelt' adressiert. Der heute selbstverständliche Terminus kommt nicht von ungefähr, sondern enthält zwei wichtige Komponenten, die im Denken schon des 18. und 19. Jahrhunderts virulente Themen waren und zur Jahrhundertwende in der Philosophie aufbrachen: ‚Leben' und ‚Welt'. Chirurgie und die vivisektorische Physiologie untersuchten nicht nur Körper von Lebewesen, sondern rückten damit erstmals die Idee, dass das Leben in der Tiefe des Organismus und seiner Organe zu finden ist, in den Mittelpunkt. Der Leib wird dabei zum ‚Nullpunkt' eines zwar nach wie vor Kartesischen, aber nun lebendig-leiblichen Koordinatensystems (Cyon 1908) – und seine Umgebung in der Folge zur ‚Umwelt' (Uexküll 1913a). Für die so genannte ‚Lebensphilosophie' (v.a. für Henri Bergson) erschien die Kategorie des ‚Lebens' fortan nicht mehr nur als eine unter vielen, sondern als die Grundkategorie schlechthin, die vom Denken – dies ist der entscheidende Punkt – nicht selbst ergründet werden kann, sondern es vielmehr bestimmt.

Der Terminus ‚Welt' (lat. *mundus*) meint – ähnlich dem Hesiodschen *chaos* – eine Öffnung oder ‚Erschlossenheit'. Im Unterschied zum bloßen (Erd-)Raum ist die Welt diejenige, welche dem Menschen exklusiv zugänglich ist. (Das Wort ‚Welt' geht aus der Zusammensetzung von ‚Mensch' und ‚Zeitalter' hervor, bezeichnet also die Epoche des Menschen. Im astronomischen Kontext bedeutet *mundus* dezidiert das Weltall.) Aus der vormals christlichen Idee eines von Gott eingerichteten Kosmos' wird im Verlauf der Säkularisierung die Vorstellung von ‚Welt' als bekannte Gebiete einerseits und unbekannte andererseits, die es zu erobern gilt. Als philosophischer Begriff wird unter Welt der ‚Horizont' verstanden, in dem der Mensch sich eingerichtet hat und der sein Bewusstseins- und möglichen Wissensbereich definiert (Bermes 2004). (In der modernen Physik wiederum ist ‚Welt' seit Minkowski gleichbedeutend mit der vierdimensionalen Raumzeit.)

Beide Komponenten zusammen meinen im Begriff der ‚Lebenswelt' also die (bewusste) Erschlossenheit alles Irdischen auf einer (unbewussten) Grundlage des Lebendigen. Die Lebenswelt ist also das Gesamt lebender Individuen, die nicht für sich allein, ‚autonom' sind, sondern sowohl über ihre Wahrnehmungsorgane von ihren Körpern sinnlich bestimmt sind, als auch von einer zunächst nicht näher differenzierten Gemeinschaft anderer Individuen: Entgegen der Cartesianischen Annahme, dass das Individuum als Subjekt (*res cogitans*) dem Ausdehnungsraum einsam, aber bestimmend gegenübersteht, meint Husserl, dass es in der Welt viele dieser ‚Ichheiten' gibt, die durch ihre gemeinsame, leibliche Existenz im Raum zwar nicht unbedingt in das Bewusstsein des anderen schauen können, deren ‚Intersubjektivität' aber ein Faktum ist, das von keinem Subjekt ignoriert, geschweige denn als Privatposition eingesehen werden kann. Diese solchermaßen verstandene *Intersubjektivität* der Lebenswelt wird als Sozialphilosophie für die Gesellschaftswissenschaften des 20. Jahrhunderts als Alternative zu marxistischen Positionen, für welche (radikalsoziologisch) die Produktionsverhältnisse im Vordergrund stehen, konkurrenzlos leitend.

Über diese ‚Begründung' des Subjekts in der intersubjektiv geteilten Lebenswelt hinaus nimmt Husserl noch eine weitere ‚Tieferlegung' vor, die eine wichtige Implikation für den Raumbegriff hat: Er geht davon aus, das jede vergesellschaftete Existenz noch einmal in etwas eingebettet ist, das sie unabhängig von kulturell-historischen Unterschieden in einem Raum (gleich) sein lässt: den Erdraum als *arche*. Mit dem von ihm so genannten ‚Ur-Boden' ist der ‚formale' (oder: ‚transzendentale') Grundzug des ‚Bodens' bezeichnet und wonach jeder Mensch der Gravitationskraft (Newton) unterworfen ist, die ihn nicht nur an die Erde zu binden vermag, sondern ihn vielmehr erst zum (im Sinne des späten Kant) orientierten Wesen in einer Welt macht, insofern er den Unterschied zwischen ‚oben' und ‚unten' am ‚eigenen Leib' erfährt (Husserl 1940). ‚Erde' wird bei Husserl damit zur Chiffre einer übergeschichtlichen, universellen und egalisierenden Lebenswelt.

6. Nach der Phänomenologie: place vs. space?

Diese Rücknahme der ‚Kopernikanischen Wende', welche die neuzeitliche Dezentrierung des Planeten – und mit ihm des Menschen – zur Folge hatte (Brague 1994), zugunsten einer kosmologisch-epistemologischen ‚Erdung' wird nach Husserl wiederum in zwei entscheidenden, dabei oppositionellen Richtungen weitergeführt: Einmal durch seinen Nachfolger im Amt während der Nazi-Zeit, Heidegger (6.1), der mehr noch als Husserl den Raumbegriff der deutschen Philosophie bis heute prägt; ein anderes mal von einem dezidierten Kritiker Heideggers, dem jüdischen Philosophen Levinas (6.2), der das ‚postmoderne' und ‚poststrukturalistische' Philosophieren nach dem II. Weltkrieg in Europa beförderte und v.a. auf die Arbeiten Derridas (6.4) wirkte.

Innerhalb der Soziologie erfolgte daneben eine dezidierte Ausbuchstabierung der Husserlschen Raumphänomenologie durch Alfred Schütz (1899-1959) im Gefolge von Max Webers Konzept des ‚sozialen Handelns': Schütz (1932) begreift Menschen als diejenigen, die ihre Welt ‚sinnhaft' gestalten und dabei raumzeitliche Strukturierungen vornehmen, d.h., gemeinsame Handlungsorte und Erinnerungszeiträume ausbilden, die ihnen wiederum als Orientierungshorizont dienen.

6.1 Heidegger und die Wiederkehr des Ortes

Ganz im Sinne der – von vielen Phänomenologen stets abgewehrten (Becker 1923) – Relativitätstheorie, aber mit einer entsprechend anderen Zielsetzung, geht nun Martin Heidegger (1889-1976) davon aus, dass Raum nur aus ‚Zeit' heraus verstehbar ist. Analog dem physikalischen Bild einer wiederum durch Materie beeinflussbaren Zeit begreift Heidegger diese von der ‚Stimmung' des Menschen (dem ‚Dasein') abhängig (Neumann 1999). Neben dieser impliziten Raumzeitphysik ist Heideggers Ansatz durch zwei weitere unausgesprochene Momente seines historischen Kontextes geprägt: Nach dem I. Weltkrieg war das Thema des ‚Raumes' in Deutschland im höchsten Maße mit geopolitischen Konnotationen aufgeladen. Ferner wurde die ‚Welt' nach der militärischen Niederlage maßgeblich als eine ‚sinnlose' empfunden. In Reaktion auf diese Situation wird ‚Raum' im Bewusstsein deutscher Philosophen als Überbietung des bloßen Handlungsraumes zunehmend als ‚faustischer' „Tatraum" (Spengler) aufgefasst.

Vor diesem Hintergrund behauptete Heidegger, dass der Mensch (gleich einem Tier) in die Welt ‚geworfen' sei und in seinem Innersten (an der Stelle, an welcher das 19. Jahrhundert noch das ‚Leben' suchte) die ‚Angst' wohnt. Aus ihr heraus speist sich zum einen der Antrieb zur Pflege des Gemeinwesens bzw. der sozialen Nahwelt (die Sorge um sich und andere) als auch der Wille, sein Schicksal (die Geschichte) selbst in die Hand zu nehmen. In diesem Entwurf Heideggers wird also die (existentielle) Zeit aus der Befindlichkeit des Daseins heraus bestimmt, das wiederum sein Sein im Raum („In-Sein") als ein „In-der-Welt-Sein" (Immanenz) prägt. Diese Art der Räumlichkeit ist Schutz und Last zugleich: Als Last ist das Sein im (Erd-)Raum nunmehr die einzig mögliche Form der Existenz. Es gibt kein Jenseits (Transzendenz) mehr. Positiv aber bietet dieser Raum auch Schutz, indem er den Menschen sich so und so in *seiner* Zeit (im Doppelsinn von ‚Eigenzeit' und ‚eigene Epoche') entfalten lässt. Entscheidend dafür sei einzig die existentielle Grundsituation bzw. deren Anerkennung.

Solcherart versucht auch Heidegger (1954) sich an einer (Wieder-)Aneignung des griechischen Raumbegriffs im Sinne Aristoteles' und setzt gegen dessen Bezeichnung ‚Raum' – die (von mittelhochdt. *rûm*) ‚leermachen' (‚räumen') bedeutet und eigentlich ein ‚Nichts' (im Sinne des ‚Punktes' nach Hegel) meint – den ‚Ort' (im Deutschen ursprünglich die Bezeichnung der Speerspitze). Heidegger, dessen persönliche Verachtung des großstädtischen Lebens und des dortigen Massendaseins sein Werk durchzieht, wertet so bedingungslos den gelebten *Ort* als einen bewohnten Bezirk gegenüber dem ‚kalten', physikalisch-homogenen *Raum* auf.

Es ist diese Grundintention, die den von der Phänomenologie beeinflussten ‚humanistischen' Zweig der jüngeren angelsächsischen Anthropogeographie (Tuan, Seamon, Buttimer et al.) dazu bringt, *place* (Ort) gegen *space* (Raum) auszuspielen (Casey 1997) und dabei in den Bahnen eines unausgesprochenen Kulturkonflikts denkt, indem der griechisch-heidnische Kosmos und dessen Raumbegriff (*topos*) gegen das römisch-christliche Imperium und dessen Raumvorstellung (*spatium*, lat. für Distanz) gesetzt wird. – In Ablehnung dieses Humanismus weisen v.a. französische Theoretiker wie Foucault (6.5) und Lefêbvre (1974) in Richtung einer gegenläufigen Begriffsbildung, die sich in der Soziologie als Konzepte von ‚Spatialisierung' oder ‚spatial practice' niederschlagen (vgl. auch den Beitrag von Martina Löw/Gabriele Sturm in diesem Band).

War Raum zwischen den Weltkriegen noch eine politische Kategorie, so wird sie nach den 1950ern in Westdeutschland zu einem Begriff v.a. für Architekten, Designer und Inneneinrichter. Mit der wirtschaftlichen Sättigung entwickelt sich eine ‚Philosophie des schöner Wohnens', in der ‚Raum' nicht mehr in existentielle Fragenkomplexe eingebunden war, sondern als Luxusgegenstand erfahren wird: Mit Max Bense (1997), Otto Friedrich Bollnow (1964), Hermann Schmitz (1967-78), Gernot Böhme (1995) und zuletzt Peter Sloterdijk (2004) formiert sich dieser spezifisch deutsche Theoriestrang, für den Räume als ‚Atmosphären' aufgefasst werden. – Im wahrsten Sinne des Wortes ‚heimgesucht' wird dieser Raumbegriff von den Vertriebenen, Gastarbeitern und Spätaussiedlern, für die das ‚Wohnen' noch jene existentielle Dimension hat. Deren Migrationsbewegungen sind es auch, die in der Philosophie des Raumes einen Aspekt des Husserlschen Ansatzes wichtig werden lassen, der vergessen schien: der (unbekannte) ‚Andere', der dennoch Teil einer gemeinsamen Welt ist.

6.2 Von der Welt zum All, vom Raum zum Feld: Levinas und Merleau-Ponty

Diese Facette des Raumdenkens wird besonders von Emanuel Levinas (1906-1995) betont: Im Angesicht von Gagarins Raumflug spricht Levinas (1992) davon, dass nun erstmals der Euklidische Raum als ‚Geometrie im Unendlichen' erfahrbar wird und gleichsam erst dessen wichtigste Implikation der ‚Entortung' begriffen werden kann. In Rückbezug auf die Vorplatonische Frage nach der *arche* kann nun deren Grundlosigkeit angeführt werden: der Raum ist demnach ‚an-archisch'. Es ist für Levinas nach Husserl somit keinesfalls ein Widerspruch, ‚Raum' als physikalische Unendlichkeit und zugleich als sozialweltlichen Horizont zu denken. Gegen die griechisch-teutonische Fixierung auf Örtlichkeit stellt Levinas den kosmopolitisch-internationalistischen (Welt-)Raum. In Deutschland nimmt Bernhard Waldenfels

(1997) diesen Impuls auf und versucht entgegen dem Wohnraumdenken ein Denken der Fremdbegegnung und auch des ‚Fremdsein-Lassens' in Form einer Topographie zu entwerfen.

Eine Zwischenposition zu Heidegger und Levinas nimmt der Phänomenologe Maurice Merleau-Ponty (1908-1961) ein: Im Gegensatz zur stillschweigenden Übernahme anverwandelt er sich ausdrücklich ein Konzept der neueren Physik, welches in der Gestaltpsychologie (Gurwitsch 1975) bereits Verwendung fand: das (elektromagnetische) ‚Feld'. (Siehe auch 7.) Es bezeichnet nicht die Eigenschaften der Materie, welche die Raumkrümmung bewirkt, sondern die zugehörigen Strukturmerkmale. Wirkungen *im* Feld werden nicht als different zur Umgebung erfahren, sondern als einheitlich. Bedingungen außerhalb dieses Feldes sind für es nicht relevant, noch überhaupt – ähnlich der Grundannahme der späteren Systemtheorie – ‚wahrnehmbar'.

Für Merleau-Ponty (1976) ist das Feld gleichbedeutend mit der Struktur der menschlichen (Inter-)Aktion, dem Verhalten und Handeln: Wie schon für Husserl Wahrnehmungen an bestimmte Vorbedingungen geknüpft sind, welche die Wahrnehmung übersteigen, so ist für Merleau-Ponty nicht jeder Akt ‚willentlich' bewirkt, sondern befindet sich ‚im Fluß' mit der Umgebung. Der Raum ist derart ein Umgreifendes, so dass ein „Zur-Welt-Sein" (in Abwandlung von Heideggers „In-der-Welt-Sein") ermöglicht wird, wobei ein Körper oder eine Person als konstitutiv mit dem Raum verwoben zu denken ist.

6.3 Die kulturwissenschaftliche Perspektive

Zeitgleich zu Merleau-Ponty beginnt man, aus der Philosophie heraus Versuche zu unternehmen, den Raum nicht mehr ‚nur' als Frage einer kohärenten Begriffskonstruktion anzusehen, sondern ihn zunehmend als kulturelles Produkt zu betrachten: So versuchte der Neukantianer Ernst Cassirer (1874-1945) ‚Raum' (wie auch ‚Zeit') zwar wie Kant als ‚präkognitiv' zu begreifen, deren Struktur selbst aber kann grundsätzlich variieren: Bspw. nimmt Cassirer (1985) eine dichotome Gliederungen des Raumes in Zonen (‚heilig' vs. ‚profan' etc.) an, die je nach Epoche und Kultur variieren können.

Aber nicht nur ‚reale' Räume, sondern auch virtuelle Räume des Traums und der Phantasie kommen so in den Blick – als Erzeugnisse, die zwar ‚subjektiv' sind, aber mit ihrer ‚poetische' Wirkung (gr. *poiesis*, das Gemachte) den objektiven Raum nichtsdestoweniger transformieren (Bachelard 1960). In soziokultureller Hinsicht können diese Prozesse zusammen eine ‚zweite Natur' in Form eines kollektiven Gedächtnisses (Halbwachs 1967) bilden, in dem jene Raumstrukturen ‚archiviert' sind.

6.4 Dekonstruktion des Raumes: Derrida

Trotz der Wirkung Nichteuklidischer Geometrie und Allgemeiner Relativitätstheorie befinden sich alle bisher genannten Positionen der Moderne noch im Bannkreis des Kantischen Transzendentalismus. Diesen hinter sich zu lassen, ist Ziel jüngerer Ansätze französischer Theoretiker, in deren Zuge eine Rückwendung zum Platonischen Raumbegriff erfolgt: Die so genannte ‚Dekonstruktion' des Raumes nach Jacques

Derrida (1930-2004) wiederbelebt das Denken der *chora* (Derrida 1992) als eigentümlich paradoxen Begriff vom Raum, der auf das zentrale Problem jeglicher geisteswissenschaftlichen Raumtheorie hinweist: Stillschweigend vorausgesetzt wird vom Gros der Raumtheorien das Euklidische Raumbild, das aber (unter humanistischen Gesichtspunkten) in moralischer Hinsicht als ‚unmenschlich' abgelehnt wird. So verstricken sich gegenwärtige soziologische und sozialgeographische ‚Konstruktionen' von Raum nahezu durchweg in Widersprüchen, wenn Räumlichkeitsvorstellungen in Anlehnung an den ‚Behälterraum' kategorisch ausgeschlossen werden, ‚Raum' aber zugleich zur starren Grundkategorie des Sozialen benutzt wird (Thabe 2002).

Das ‚Weder-Noch' des Platonischen Raumes zieht laut Derrida aus dieser Paradoxie schon in der Antike die Konsequenz, ‚Raum' als Begriff unbestimmt zu lassen bzw. diese Unbestimmtheit zum Begriff zu erheben. Ähnlich wiederum einem physikalischen Bild (hier: aus der Quantentheorie nach Bohr und Heisenberg), wonach entweder nur die Länge einer ‚Welle' oder nur der Ort eines ‚Teilchens', nie aber beide zugleich bestimmbar sind (Heisenbergsche ‚Unschärferelation'), will der dekonstruktivistische Ansatz auf die fundamentale Ambivalenz der Begriffe hinweisen. Im Rahmen feministischen Denkens wird dieser Platonismus gegen eine ‚männliche' Definition des Raumes in Anschlag gebracht und *chora* als *matrix* (lat. ‚Gebärmutter') aufgefasst, als ein indifferentes, raumgebendes Spatium, das dem gegliederten, starren Raum vorausliegt (Irigaray 1991).

6.5 Archäologie des Raumes: Foucault

Aufgrund dieser Aporie philosophischer Begriffsbildung hat Michel Foucault (1926-1984) einen neuen Weg eingeschlagen, der von begrifflichen Bestimmung des Raumes generell Abstand nehmen möchte: Der Raum soll dabei selbst als Gegenstand der Geschichte analysiert werden (Elden 2001). Da es über den Raum jedoch keine Dokumente gibt wie sie von Schlachten oder Krönungszeremonien vorhanden sind, ist der Raum kein Gegenstand für den Historiker oder die Geschichtsschreibung, sondern für den Archäologen, der sich eine bestimmte Räumlichkeit aus den Überresten erschließt (Assmann 1999).

‚Überreste' bedeuten hier nicht immer sogleich die Ruinen von Bauwerken, vielmehr soll mit deren Betonung ein erneuter Perspektivenwechsel angezeigt werden: ‚Dokumente' sollen anders als bisher betrachtet werden, nämlich nicht als Texte sondern als Zeugnisse im übertragenen Sinn: als *Monumente*, so dass prinzipiell jede Epoche hinsichtlich des Raumes einer Archäologie unterworfen werden kann (Innis 1997). V.a. Schriftstücke, die von Behörden erstellt wurden, können dazu dienen, einen gesellschaftlichen Raum zu rekonstruieren, in dem dessen juridisch-politische Machtstrukturen analysiert werden konnten, also Gesetzeserlass, -anwendung oder Vorschriften zur Lebensführung etc; nicht um damit nachvollziehen zu wollen, wie die Menschen in einer Epoche *lebten*, sondern um zu beschreiben, wie die Struktur ihrer Handlungsfelder aufgebaut war. (Deutliche Parallelen zeigt Foucaults Ansatz zur ‚Geohistoire' der Annales-Schule um Fernand Braudel (1976) und andere, die Geschichte in mehreren ‚Schichten' auch durch geographische und volkswirtschaftliche Bedingungen beeinflusst sehen.)

So veranschlagt Foucault (1990) drei große ‚Zeiten' des Raumes mit jeweils anderen Raumkonfigurationen und ordnet dabei die bekannten Raummodelle der Philosophie ihrerseits entlang einer historisch-sozialgeschichtlichen Wirklichkeit an, um so nicht zuletzt auch den Streit um einen ‚richtigen' Raumbegriff für beendet zu erklären: Einen *Ortungsraum* im Mittelalter, in dem sakrale von profanen Orten (*topoi*) geschieden waren, einen *Raum der Ausdehnung* (*spatium*) in Zeiten der Reiche und Imperien, und einen *Raum der Lagerung* (oder Relationen) im gegenwärtigen Zeitalter der Massenvertreibung und -vernichtung bzw. Globalisierung.

Diese historische Schichtung von Raumverhältnissen legt Foucault aber nicht auf Ausschließlichkeit hin an, sondern plädiert dafür, ausgehend hiervon gerade diejenigen ‚Räume' zu betrachten, die sich nicht eindeutig in eine der Epochen einfügen, sondern vielmehr nur als strukturräumliche Mischverhältnisse auftreten und die von ihm so genannte ‚Heterotopologien' bilden: Sie stehen quer zum Raum einer Epoche (bzw. Episteme) und bilden gleichsam ‚Inseln' im homogenen Raum (Bordelle, Kliniken, Piraten- und Narrenschiffe sowie andere Zonen ‚auf der Grenze'). – In ihnen sind die begrifflich geglätteten Widersprüche, die eine gesellschaftliche Konsenskonstruktion widerspiegeln, noch virulent. In Anlehnung an die ebenfalls auf Synchronien ausgerichtete Ethnologie Claude Lévi-Strauss' (*1908), für die soziale Beziehungsgeflechte sich ebenfalls als räumliche Strukturen im Raum niederschlagen (Lévi-Strauss 1972), kann die Archäologie Foucaults durchaus als eine strukturalistische Ethnologie der eigenen Kultur bezeichnet werden.

6.6 Glatter und gekerbter Raum: Deleuze/Guattari

Die (historische) Einsicht, dass Räumlichkeit ‚heterologisch' zu denken ist, wird von Gilles Deleuze und Félix Guattari (1992) weiterentwickelt und zu einer analytischen Dichotomie ausgebaut, welche wiederum auf zwei mathematische Vorbilder rekurriert: Sie reduzieren die beiden Pole möglicher Mischung auf den Raum der Euklidik, den sie aufgrund seiner metrischen Erfassbarkeit als ‚gekerbt' bezeichnen, und den Raum der nichteuklidischen Geometrie, den sie als ‚glatt' beschreiben.

Diese ungewöhnliche Attributierung ist kontraintuitiv, wird der gerade Raum Euklids doch gemeinhin mit dem ‚Glatten' bzw. die Figuren der geometrischen Konstruktion mit glatten Oberflächen assoziiert. Im Hintergrund steht für Deleuze/-Guattari dabei die angestrebte Umkehrung bzw. Auflösung einer althergebrachten Hierarchie: Die traditionelle Kulturgeschichtsschreibung vermittelt ein Bild der Höherentwicklung von nomadischen zu sesshaften Lebensformen. Dies sei jedoch nur eine Darstellung der Sesshaften, die darin ihrer alltäglichen Form von Räumlichkeit den Vorzug geben. Laut Deleuze/Guattari seien dagegen beide Formen als gleichursprünglich anzusehen und ihnen je eigenen Raumtypen zuzuordnen.

Dem Nomade wird die Form *glatter* Raum zugeordnet, mit je eigenen Weisen der Ausrichtung im Raum. So gibt es zwei Möglichkeiten, sich auf dem Meer zu orientieren: Nomadisch bspw., indem ein Schiff sich in die Gegebenheiten von Wind und Strömung einfügt, während die sesshafte Weise diejenige wäre, sich mittels eines Kompasses in einem artifiziellen Koordinatennetz zu orientieren. Auf dem Land entspricht dies signifikant dem Straßenbau, durch den Raum ungeachtet jeweiliger Naturbedingungen ‚ein*gekerbt*' wird. Dies soll nicht heißen, dass der ‚Nomade' natürlich lebt, während der sesshafte Kultur entwickelt, sondern dass der Unterschied von ‚kultivierter' Natur und ursprünglicher ‚Natur' im glatten Raum nicht vorkommt.

Deleuze/Guattari formulieren in diesem Zuge eine Alternative zum Dualismus von ‚Ort/*place* oder Raum/*space*': Denn es sind nicht die materiellen Aspekte des Ortes oder der Stadt, die die Räumlichkeit determinieren, sondern eine gesellschaftliche Praxis (vgl. auch den Beitrag von Benno Werlen/Christian Reutlinger in diesem Band): Ein Stadtraum wie auch eine Ortschaft können sowohl in der Weise des Sesshaften als auch nach Art des Nomaden genutzt werden. Diese Perspektive auf ‚Raum', die nomothetisch (gr. *nomos*, Gesetz, im Gegensatz zu gr. *physis*, Natur) genannt werden kann (Schmitt 1950), hebt folglich die ideologische Opposition ‚sesshaften Denkens' auf eine analytische Ebene der Betrachtung von ‚(Hetero-)Topologien'.

7. Diesseits der Philosophie: Territorialität und Sozialtopologie

Eine solche Analyse der Mischungsverhältnisse von Raumtypen führt auf die weitreichendere Unterscheidung einer ‚sesshaften' und einer ‚nomadischen Wissenschaft' vom Raum. Für die erste, die mit dem Blick der Euklidik den Raum als dreidimensional gegliederten ‚container' begreift, kann es keine Mehrfachbesetzung einzelner Raumstellen geben – für eine ‚nomadische Wissenschaft' hingegen schon. – Das Verhältnis ist daher zuletzt asymmetrisch: Vom gekerbten Raum aus betrachtet gibt es nur Orte der Sichtbarkeit. Zone des Nichtwahrnehmbaren (wie z.B. nichtstaatliche Netzwerke) sind in einer am euklidischen Raum angelehnten Analyse nicht abbildbar (Hardt/Negri 2002). In diesem Sinne ist der glatte Raum für den gekerbten selbst ‚unsichtbar'. – Ihn zu beschreiben, bedarf es eines *topologischen* Ansatzes (Huber 2002), der über bloße Topographien hinausgeht und unterschiedliche Raumformen (‚gekrümmte' Räume u.ä.) miteinander in Beziehung setzen kann; ähnlich der Beschreibung von Handlungsräumen (so genannte ‚hodologische' Räume, von gr. *hodos*, Weg) durch die feldtheoretisch inspirierte Psychologie (Lewin 1969), für die Räume nur dann und in der Weise ‚wirklich' sind, falls und wie sie benutzt werden.

Als neutralen ‚Zwischenbegriff' (durchaus im Sinne der Platonischen *chora*) schlagen Deleuze und Guattari vor, um nicht in die Opposition von (leerem) Raum und (gelebtem) Ort zu geraten, von Territorialität bzw. ‚Territorialisierungsprozessen' zu sprechen. Unter dem Gesichtspunkt der ‚Territorialität' gibt es keinen ursprünglich bewohnten Platz, sondern nur besetzte und wieder verlassene Raumstellen. Sie sprechen deshalb differenzierter von reziproken Re- und Deterritorialisierungsprozessen. Mit diesen wird die Vorgängigkeit und Interdependenz von Raum-Handlungsprozessen bezeichnet. Sie sind sowohl auf der Mikro- wie Makroebene analytisch anwendbar (Best 2003) sowie auch auf Prozesse, die nicht prima facie als räumlich adressiert werden würden. (Ebenso wie eine Hand einen Gegenstand als Werkzeug reterritorialisiert, selbst dabei aber als Greiforgan deterritorialisiert wird, kann Kapital den Ertrag eines Bodens deterritorialisieren und sich in Werten reterritorialisieren etc.)

Der gegenwärtige Begriff des Raumes kann angesichts seiner Vorgeschichte deshalb von hier aus resümierend und treffend als „heterogenisierender Relationsbegriff" (Ott 2003) bezeichnet werden, in dem die empirischen Gefüge des Sozialen und Politischen (Maresch/Werber 2002) nicht zuletzt eine Reformulierung des geographischen Ansatzes notwendig erscheinen lassen (Doel 1999) und die Philosophie zur Kritik und Erweiterung ihrer Begriffsgeschichte nötigen (Fecht/Kamper 2000).

Literatur

Algra, Keimpe (1995): Concepts of space in Greek thought. Leiden/New York/Köln

Assmann, Aleida (1999): Erinnerungsräume. München

Bachelard, Gaston (1957/1960): Poetik des Raumes. München

Barck, Karlheinz/Gente, Peter/Paris, Heidi (Hg.) (1990): Aisthesis. Leipzig

Baudrillard, Jean (1978/1979): Im Schatten der schweigenden Mehrheit. In: Freibeuter 1/1979: 17-33 (Heft 1), 2/1979: 37-55 (Heft 2)

Becker, Oskar (1923): Beiträge zur phänomenologischen Begründung der Geometrie. In: Jahrbuch für phänomenologische Forschung 6. Halle. 1923: 385-560

Bense, Max (1997): Ausgewählte Schriften. Band 1. Stuttgart/Weimar

Bense, Max (1934/1979): Raum und Ich. In: Bense (1997): 5-71

Bermes, Christian (2004): ‚Welt' als Thema der Philosophie. Hamburg

Best, Ulrich (2003): Die Konstitution des Sozialen bei Deleuze und Guattari. In: Jenaer Geographische Manuskripte 30. 2003: 67-79

Blumenberg, Hans (1975): Die Genesis der kopernikanischen Welt. Frankfurt a.M.

Böhme, Gernot (1995): Atmosphäre. Frankfurt a.M.

Böhme, Gernot (1992/1995): Atmosphäre als Grundbegriff einer neuen Ästhetik. In: Böhme (1995): 21-48

Bollnow, Otto Friederich (1964): Mensch und Raum. Stuttgart

Brague, Remi (1990/1994): Geozentrismus als Demütigung des Menschen. In: Internationale Zeitschrift für Philosophie 1. 1994: 1-25

Braudel, Fernand (1958/1976): Geschichte und Sozialwissenschaften. In: Wehler (Hg.) (1976): 189-215

Breidert, Wolfgang/Kambartel, Walter/Kaulbach Friedrich/Mainzer, Klaus/Stekeler-Weithofer, Pirmin/Zekl, Hans Günter (1992): Raum. In: Historisches Wörterbuch der Philosophie. Band 8. Basel: 68-111

Burckhardt, Martin (1994): Metamorphosen von Zeit und Raum. Frankfurt a.M./New York

Burkert, Walter (1996): Konstruktion des Raumes und räumliche Kategorien im griechischen Denken. In: Reichert (Hg.) (1996): 57-85

Čapek, Milič (Hg.) (1976): The Concepts of Space and Time. Dordrecht

Casey, Edward S. (1997): The Fate of Place. Berkeley/Los Angeles/London

Cassirer, Ernst (1985): Symbol, Technik, Sprache. Hamburg

Cassirer, Ernst (1931/1985): Mythischer, ästhetischer und theoretischer Raum. In: Cassirer (1985): 93-119

Claesges, Ulrich (1964): Edmund Husserls Theorie der Raumkonstitution. Den Haag

Conrad-Martius, Hedwig (1958): Der Raum. München

Cornford, Francis M. (1936/1976): The Invention of Space. In: Čapek (Hg.) (1976): 3-16

Cyon, Elias v. (1908): Das Ohrenlabyrinth. Berlin

Deleuze, Gilles/Guattari, Félix (1980/1992a): 1440 – Das Glatte und das Gekerbte. In: Deleuze et al. (1980/1992b): 657-693

Deleuze, Gilles/Guattari, Félix (1980/1992b): Tausend Plateaus. Berlin

Derrida, Jaques (1987/1992): Chôra. Wien

Doel, Marcus (1999): Poststructuralist Geographies. Edinburgh

Dück, Michael (2001): Der Raum und seine Wahrnehmung. Würzburg

Elden, Stuard (2001): Mapping the Present. London/New York
Faber, Martin (Hg.) (1940): Philosophical Essays in Memory of Edmund Husserl. Cambridge
Fecht, Tom/Kamper, Dietmar (2000): Umzug ins Offene. Wien/New York
Fink, Eugen (1957): Zur Ontologischen Frühgeschichte von Raum – Zeit – Bewegung. Den Haag
Foucault, Michel (1984/1990): Andere Räume. In: Barck et al. (Hg.) (1990): 34-46
Gosztonyi, Alexander (1976): Der Raum. Freiburg i.Br./München
Günzel, Stephan (2001): Geophilosophie. Berlin
Gurwitsch, Aron (1957/1975): Das Bewusstseinsfeld. Berlin
Halbwachs, Maurice (1950/1967): Das kollektive Gedächtnis. Stuttgart
Hardt, Michael/Negri, Antonio (2000/2002): Empire. Campus/New York
Heidegger, Martin (1954): Vorträge und Aufsätze. Stuttgart
Heidegger, Martin (1952/1954): Bauen Wohnen Denken. In: Heidegger (1954): 139-156
Hiller, Horst B. (1964): Raum – Zeit – Materie – Unendlichkeit. Stuttgart
Huber, Joachim (20029: Urbane Topologie: Weimar
Husserl, Edmund (1934/1940): Grundlegende Untersuchungen zum phänomenologischen Ursprung der Räumlichkeit der Natur. In: Faber (Hg.) (1940): 307-325
Innis, Harold A. (1997): Kreuzwege der Kommunikation. Wien/New York
Innis, Harold A. (1951/1997): Das Problem des Raumes. In: Innis (1997): 147-181
Irigaray, Luce (1984/1991): Ethik der sexuellen Differenz. Frankfurt a.M.
Jammer, Max (1954/1960): Das Problem des Raumes. Darmstadt
Jensen, Bernhard (2003): Was heißt sich orientieren? München
Koyré, Alexandre (1957/1980): Von der geschlossenen Welt zum unendlichen Universum. Frankfurt a.M.
Kratzert, Thomas (1998): Die Entdeckung des Raums. Amsterdam/Philadelphia
Kruse, Lenelis (1974): Räumliche Umwelt. Berlin/New York
Lee, Kyung Jik (2001): Platons Raumbegriff. Würzburg
Lefêbvre, Henri (1974): La production de l'espace. Paris
Lévi-Strauss, Claude (1952/1972): Rasse und Geschichte. Frankfurt a.M.
Levinas, Emmanuel (1963/1992): Schwierige Freiheit. Frankfurt a.M.
Levinas, Emmanuel (1961/1992): Heidegger, Gagarin und wir. In: Levinas (1963/1992): 173-176
Lewin, Kurt (1969/1936): Grundzüge der topologischen Psychologie. Bern/Stuttgart
Löw, Martina (2001): Raumsoziologie. Frankfurt a.M.
Maresch, Rudolf/Werber Niels (Hg.) (2002): Raum – Wissen – Macht. Frankfurt a.M.
Merleau-Ponty, Maurice (1942/1976): Struktur des Verhaltens. Berlin/New York
Neumann, Günther (1999): Die phänomenologische Frage nach dem Ursprung der mathematisch-naturwissenschaftlichen Raumauffassung bei Husserl und Heidegger. Berlin
Panofsky, Erwin (1998): Deutschsprachige Aufsätze. Band 2. Berlin 1998
Panofsky, Erwin (1927/1998): Die Perspektive als ‚symbolische Form'. In: Panofsky (1998): 664-757
Reichert, Dagmar (Hg.) (1996): Räumliches Denken. Zürich
Reichenbach, Hans (1928): Philosophie der Raum-Zeit-Lehre. Berlin
Schlögel, Karl (2003): Im Raume lesen wir die Zeit. München/Wien
Schmitz, Hermann (1967-78): System der Philosophie. Band 3. Der Raum (fünf Teile). Bonn
Schmitt, Carl (1950): Der Nomos der Erde. Berlin
Schubert, Venanz (1987a): Erlebnis, Anschauung und Begriff des Raumes. In: Schubert (Hg.) (1987b): 15-44
Schubert, Venanz (Hg.) (1987b): Der Raum. St. Ottilien
Schütz, Alfred (1932): Der sinnhafte Aufbau der sozialen Welt. Wien
Simmel, Georg (1903): Soziologie des Raumes. In: Jahrbuch für Gesetzgebung 27. 1903: 27-71
Sloterdijk, Peter (2004): Sphären. Frankfurt a.M.
Thabe, Sabine (2002): Raum(de)konstruktionen. Opladen
Ohashi, Ryosukec (1984): Zeitlichkeitsanalyse der Hegelschen Logik. Freiburg/München

Ott, Michaela (2003): Raum. In: Ästhetische Grundbegriffe. Band 5. Weimar/Stuttgart. 2003: 113-149

Uexküll, Johan Jakob (1913a): Gedanken über die Entstehung des Raumes. In: Uexküll (1913b): 284-292

Uexküll, Johan Jakob (1913b): Bausteine zu einer biologischen Weltanschauung. München

Van Cleve, James/Frederick, Robert (1991): The Philosophy of Right and Left. Dordrecht/Boston/London

Wehler, Hans-Ulrich (Hg.) (1976): Geschichte und Soziologie. Köln

Waldenfels, Bernhard (1997): Topographie des Fremden. Frankfurt a.M.

Wertheim, Margaret (1999/2000): Die Himmelstür zum Cyberspace. Zürich

Zekl, Hans Günter (1990): Topos. Hamburg

Soziale Arbeit

Fabian Kessl und Susanne Maurer

Abstract

Mit diesem Beitrag wird an bestimmte Thematisierungen von (Sozial-)Räumlichkeit im Kontext Sozialer Arbeit erinnert. Dabei wird sowohl eine disziplinäre als auch eine professionsbezogene Perpektive verfolgt. „Räumlichkeit" ist somit zum einen als Bezugspunkt einer sozialpädagogischen Theoriebildung von Interesse, zum anderen als Bezugspunkt eines problematisierenden, eingreifenden und gestaltenden sozialpädagogischen Handelns.

In einer historischen (Re)Konstruktion wird deutlich: Soziale Probleme zeigen sich konkret „vor Ort", fordern Handeln „vor Ort" heraus und bringen dort ganz konkrete Akteure und Akteursgruppen auf den Plan. Die Praktiken Sozialer Arbeit entwickeln sich historisch denn auch nicht zuletzt „vor Ort": als kommunale Sozialpolitiken, soziale Kontroll- und Hilfelandschaften – als Topographien des Sozialen. Zugleich sind soziale Probleme Teil historisch-spezifischer Gestalten des Sozialen und Soziale Arbeit Bestandteil des wohlfahrtsstaatlichen Arrangements des Sozialen. Räumliche Bezüge dieser Zusammenhänge werden im Folgenden herausgearbeitet. Dazu werden auch historische Positionierungen in Bezug auf Räumlichkeit in den Blick genommen, die bisher nicht unter dieser Perspektive diskutiert wurden (z.B. die bürgerliche Frauenbewegung). Diese Vorgehensweise erlaubt die Ambivalenzen des Räumlichkeitsbezugs in der Sozialen Arbeit zu illustrieren. Vor dem damit entworfenen Hintergrund werden anschließend Ansatzpunkte für ein raumtheoretisch verankertes Konzept Sozialer Arbeit als Bearbeitung von Grenzen skizziert. Aus einer re-artikulationstheoretischen Perspektive wird hierzu für eine kritisch-reflexive Soziale Arbeit argumentiert, die das aktuell Sichtbare und Sagbare als historisch-spezifisch betrachtet und damit immer nur als eine Form möglicher Rationalisierungsformen. Aufgabe Sozialer Arbeit wäre dementsprechend immer der Versuch einer Freilegung anderer möglicher, also alternativer Formen.

Annäherung: Räumlichkeit und Soziale Arbeit

„Am Anfang war der Raum", so gelte es, laut Franz Hamburger, für die Geschichte der Sozialen Arbeit zu konstatieren (vgl. Hamburger 2003: 132). Diese Bemerkung erscheint auf den ersten Blick basal, stellen Raum und Zeit doch die wesentlichen Koordinaten sozialer Lebenszusammenhänge dar. Räumlichkeit ist insofern wie selbstverständlich eine bestimmende Dimension Sozialer Arbeit. Die Konstruktion von Räumen muss als konstitutiver Bestandteil sozialpädagogischer Handlungsvollzüge betrachtet werden. Dennoch wird einer systematischen Bezugnahme auf Dimensionen der Räumlichkeit in den Feldern Sozialer Arbeit erst seit einigen Jahren ein verstärktes Interesse entgegengebracht (vgl. Kessl/Otto 2004; Otto/Ziegler 2004; Reutlinger 2003). Während bis in die 1970er Jahre relativ selbstverständlich der soziale Konstruktionsprozess menschlicher Geschichte hervorgehoben und untersucht wurde, galten Raumdimensionen in den Sozialwissenschaften zumeist als reine Umweltbedingung: Räume wurden als Territorien oder auch als Orte verstanden und damit nur selten einer systematischen Rekonstruktion und Reflexion unterzogen (vgl. die Beiträge von Martina Löw/Gabriele Sturm und Benno Werlen/Christian Reutlinger in diesem Band). Diese verbreitete „Raumblindheit" (Läpple 1991: 16) prägte auch die Mehrheit der theorie-konzeptionellen Debatten um Soziale Arbeit (vgl. als Ausnahmen: Becker/Eigenbrodt/May 1984; Böhnisch/Münchmeier 1993; Bruhns 1985; Funk 2001). Denn sichtet man die historischen Rekonstruktionsarbeiten zur Sozialen Arbeit, so wird fast ausschließlich von Räumen als „Orten" und „Territorien", nicht aber von „Räumlichkeit" gesprochen. Räume werden damit überwiegend auf ihre materiell-territoriale Dimension verkürzt (*Orte*), anstatt systematisch die geschaffenen Räume „der sozialen Organisation und Produktion" (*Räumlichkeiten*) in den Blick zu nehmen (Soja 1989: 127).

Vor diesem Hintergrund erweist sich Hamburgers Abwandlung des Johanneischen Eröffnungsverses geradezu als Provokation. Hätte Hamburger also eher konstatieren müssen: „Am Anfang war der Ort"? Räume erscheinen in den sozialpädagogischen Debatten zumeist als präskriptive Substanzen, von denen angenommen wird, sie gingen sozialen Zusammenhängen voraus. Räume und menschliche Handlungsvollzüge werden damit nicht nur analytisch differenziert, sondern mehrheitlich auch als substantiell differente Aspekte betrachtet. Mit Anthony Giddens gesprochen wird also in diesen Fällen entweder der Standpunkt einer interpretativen oder einer strukturalistischen Sozialwissenschaft eingenommen, das heißt entweder ein „Imperialismus des Subjekts" oder ein „Imperialismus des gesellschaftlichen Objekts" reproduziert (Giddens 1997: 52).[1] Je nach Standpunkt wäre demnach menschliches Handeln räumlichen Strukturen vorgängig oder umgekehrt. Gemeinsam ist aber beiden Sichtweisen, dass Räume als Orte substantialisiert werden.

Demgegenüber weisen sozialwissenschaftliche Raumtheorien ebenso wie raumtheoretische Reflexionen Sozialer Arbeit in den letzten Jahren verstärkt darauf hin, dass Räume nicht einfach als Territorien gedacht werden können, dass Räumlichkeit vielmehr systematisch zu erfassen sei (vgl. Gotham 2003; für die Soziale Arbeit: Kessl/Otto 2005): „We make the spaces and places through which we live our lives" (Massey 1996: 123). Angesprochen sind damit soziale Praktiken – als diskursiv durchwobene, machtförmig ausgeprägte, interessensfokussierte Thematisierungen individueller wie kollektiver Subjekte. Räume können in einer solchen Sichtweise nicht mehr als fixierte Territorien zum Ausgangspunkt reflexiver Rekonstruktionen gemacht werden, sondern sind als Arenen politischer Kämpfe zu untersuchen: Die „konkrete Räumlichkeit ist die eigentliche menschliche Geographie, in der sich die sozialen Kämpfe (...) abspielen" (Keil 1991: 190). Für die Soziale Arbeit wie für die Sozialwissenschaften insgesamt wäre somit geltend zu machen, dass Räume „nicht unabhängig von sozialem Handeln verstanden werden (können)" (Harvey 1990, zitiert nach Castells 2003: 466).

---

1 Inwieweit Anthony Giddens in seinen eigenen Arbeiten die Überwindung von subjektivistischen bzw. objektivistischen Verkürzungen realisieren kann, ist sozialwissenschaftlich zumindest strittig (vgl. Haferkamp 1992).

Soziale Arbeit ist Teil bestimmter Formierungen von Zeit (*Zeitlichkeit*) und Raum (*Räumlichkeit*). Die lokalen und regionalen, nationalen, transnationalen und globalen Gewebe von Orten und Räumen, ihre differenten kulturellen (Be)Deutungen und ihre Zugangs- wie Nutzungsbeschränkungen sind Ausdruck dieser (Formierungs)Prozesse. Der „Ortsbezug" Sozialer Arbeit ist daher eine, aber eben *nur* eine Dimension der für sozialpädagogische Handlungsvollzüge relevanten Räumlichkeitsprozesse. Räumlichkeit ist in den Feldern Sozialer Arbeit vielmehr immer mindestens in doppelter Weise zu thematisieren: „Räume" als *konkrete Aktionsfelder* – bspw. autoritärer, sozialintegrativer, gemeinschaftsidealistischer, sozialreformerischer oder -revolutionärer Akteure – und als *symbolische Bezugspunkte* – in ordnungspolitischer wie in gesellschaftskritisch-utopischer, also grenzüberschreitender Absicht. Diese Prozesse permanenter Räumlichkeits(re)produktion sind für die Soziale Arbeit konstitutiv. Zugleich sind die Diskussionen um Soziale Arbeit aber durch fehlende systematische Rekonstruktionen und Reflexionen von Räumlichkeit gekennzeichnet. Soziale Arbeit weist damit dieselbe Ambivalenz auf, die Edward W. Soja für die Sozialwissenschaften insgesamt konstatiert hat (vgl. Soja 1989: 10f.).

Die Lage in der Sozialen Arbeit – als Disziplin *und* Profession – ist allerdings noch mehrdeutiger als in der Soziologie, der Ökonomie oder der Sozialgeographie (vgl. die entsprechenden Beiträge in diesem Band), hat doch Räumlichkeit im Handlungsvollzug der Profession und den damit verbundenen konzeptionellen Reflexionen von Beginn an eine Rolle gespielt. So waren bspw. die Prozesse der Institutionalisierung öffentlicher Normalisierungsstrukturen zugleich Prozesse ihrer je konkreten Verortung (vgl. Donzelot 1980). Bereits Johann Hinrich Wichern spricht davon, dass das Kind „den Einflüssen einer entschieden verderblichen Umgebung durch den liebevollen Ernst einer christlichen Hausordnung, nicht bloß vorübergehend zu entreißen (sei)", was die „Anstaltsfamilien" im Rauhen Haus in Hamburg realisieren sollten (Wichern 1962: 96).[2] Auch Paul Natorp sucht seinen Vorschlag einer *Sozialen Organisation zur Willensentwicklung* anhand der drei Bildungsorte Haus, Schule und Volkshochschule zu explizieren (Natorp 1899/1925: 217ff.). Allerdings ist beiden Protagonisten der Ort nur Mittel zum Zweck, denn das eigentliche Ziel ist die Schaffung des „an sich natürlich gegebenen" gemeinschaftlichen Ganzen („christliche" oder „sittliche Gemeinschaft"). Diese Naturalisierung von Gemeinschaft ist es auch, die Alice Salomon bereits in ihrer Grundlegung für das Gesamtgebiet der Wohlfahrtspflege Kritik an administrativen *Sozialkartographien* (vgl. Kessl 2005a) formulieren lässt: „Alle Einteilung in Einzelgebiete, die sich auf Schäden bezieht, die durch die Wohlfahrtspflege bekämpft werden sollen, ist ungenau, fehlerhaft, ist nichts als ein methodisches Hilfsmittel für die Organisation der Wohlfahrtspflege" (Salomon 1928/1998: 140).

Die Kritik an den Territorialisierungsstrategien des Sozialen ist also, zumindest vereinzelt, bereits eine Begleiterscheinung des Institutionalisierungsprozesses So-

---

2 Johann Hinrich Wichern bekommt 1833 vom Hamburger Senator Sieveking das Gelände des Rauhen Haus geschenkt. Wichern errichtet dort das Rettungshaus zur „nachhaltige(n) Reduzierung des mit den spezifischen Lebensbedingungen moderner Großstädte in Verbindung gebrachten Gefährdungspotentials für Kinder und Jugendliche" (Anhorn 1992: 107; vgl. Kunstreich 1997: 25ff.).

zialer Arbeit. Allerdings waren sowohl Ortsbezüge als auch die ersten kritischen Einwände aus dem Glauben an natürliche Gemeinschaften motiviert, deren Unterminierung durch staatliche Verortungsstrategien verhindert werden sollte. Die inzwischen von einer reflexiven Raumtheorie ausgearbeitete Frage nach der Relationalität, der historischen Spezifik und damit der kontextabhängigen Gestalt von Räumlichkeit, war all jenen Strategien fremd. Vor diesem Hintergrund wäre Hamburgers Zuspitzung mit Bezug auf die Geschichte Sozialer Arbeit und die für sozialpädagogische Handlungsvollzüge konstitutiven Raumdimensionen wohl zu modifizieren: „Am Anfang waren Ort und Raum, aber keine/r schaut(e) systematisch hin".

Das wohlfahrtsstaatliche Arrangement als räumliche Ordnung und Soziale Arbeit als Teil dieser Ordnung des Räumlichen

Seit dem zweiten Drittel des 19. Jahrhunderts erfahren materielle und psychosoziale Notsituationen mit Verweis auf den vehementen sozialen Wandel eine verstärkte öffentliche Thematisierung (vgl. Maurer 2004; Kessl 2005a). Die vormals „göttlicher" Handlungsverantwortung bzw. „charakterlicher Schwäche" zugeschriebenen menschlichen Notlagen scheinen zunehmend begründungsbedürftig. Die entstehenden Sozialwissenschaften (Soziologie, Nationalökonomie, Sozialmedizin, Statistik und Sozialpädagogik) legitimieren sich mit Hinweis auf diese „soziale Frage" und verhelfen damit der neuen Deutungsweise einer öffentlichen Verantwortung für menschliche Notlagen zu weitreichendem Einfluss (vgl. Pankoke 1971; Evers/Nowotny 1987). Ihre Erkenntnisse dienen sozialpolitischen Initiativen wiederum dazu, ihre Forderungen nach einer öffentlichen Reaktion auf menschliche Notlagen zu begründen. Diese Neubestimmung des Sozialen als Vermittlung von politischer Organisation und wirtschaftlichem System erfährt ihre Institutionalisierung durch die Implementierung des „sozialen Sektors", der wohlfahrtsstaatlichen Versorgungs- und Unterstützungsinstanzen (vgl. Castel 2000; Ewald 1993). Teil dieses Prozesses ist der Aufbau vergesellschafteter Sozialisationsinstanzen bzw. die Entwicklung früher Organisationsformen Sozialer Arbeit. Von Beginn an realisiert sich dieser Teil der pädagogischen Ausprägung des wohlfahrtsstaatlichen Systems mit Bezug auf die räumliche Dimension des Lokalen (vgl. Elberfelder oder Straßburger System der Armenfürsorge Mitte des 19. Jahrhunderts) und reagiert zugleich auf räumliche Strukturierungen des Sozialen in nationalen und transnationalen Dimensionen (vgl. das Wanderarbeitsstättengesetz von 1907).

Terminologisch ist von „Sozialer Arbeit" im 19. Jahrhundert allerdings noch kaum die Rede. Die ersten Formen öffentlich organisierter Prozesse einer aktiven Unterstützung und geplanten Beeinflussung von Lebensführungsweisen in Fällen sozialer Problemlagen werden in diesen Jahren zumeist als „Nothilfe", „Fürsorge" oder auch „Zwangserziehung" thematisiert. Der Begriff „Soziale Arbeit", der in der deutschsprachigen Debatte in den ersten systematischen Arbeiten zur Sozialpädagogik vereinzelt bereits auftaucht (vgl. etwa Natorp 1894/1907), erfährt erst mit der Etablierung Sozialer Arbeit als (Frauen-)Beruf eine weitere Verbreitung. Vertreterinnen der bürgerlichen Frauenbewegung, die zu Beginn des 20. Jahrhunderts eine entscheidende Rolle im Verberuflichungs- und Professionalisierungsprozess Sozialer Arbeit spielen, bestimmen Soziale Arbeit als „die sozialen Fürsorgemaßnahmen, die sich um die Hebung und Förderung der herabgedrückten, gefährdeten, hilfsbedürftigen, kulturell wenig entwickelten Glieder der menschlichen Gemeinschaft bemühen“ (Salomon 1928/1998: 133).

Parallel zur sozialpolitischen Etablierung von Fürsorgestrukturen in verschiedenen Staaten des Deutschen Bundes und anschließend im Deutschen Reich entwickelt sich v.a. an deutschsprachigen Universitäten in Verbindung mit dem Begriff der *Sozialpädagogik* eine Debatte um Formen der Erziehungs- und Bildungstätigkeiten, innerhalb derer – häufig im Anschluss an die Überlegungen des Schweizer Pädagogen Johann Heinrich Pestalozzi – die soziale Kontextualisierung von Erziehungs- und Bildungsprozessen hervorgehoben wird.

Seien es nun die weiblichen Protagonistinnen im Kontext der Frauenbewegungen um 1900 oder die männlichen Protagonisten im Kontext der „sozialpädagogischen Bewegung“ (vgl. Nohl 1927a) bzw. der akademischen Debatten um eine Sozialpädagogik: „Mütter“ wie „Väter“ der Sozialen Arbeit bleiben zumeist sozialidealistischen Gemeinschaftserziehungsentwürfen verhaftet; Bezüge auf historisch-spezifische Gestaltungsformen des Sozialen erscheinen eher unsystematisch und zufällig. Räumlichkeit wird von ihnen vor diesem Hintergrund in zweifacher Weise konzipiert: als *künstlicher Ort* der Erziehung (Anstalt) und als *natürlicher Raum* der Gemeinschaft (Familie, Gesellschaft).

Funktionalistische Deutungen schreiben Sozialer Arbeit in den Jahren nach 1945 mit Verweis auf den funktionalen Differenzierungsprozess einen „bestimmten geschichtlichen und gesellschaftlichen Ort“ zu – z.T. im Anschluss an die Bäumerschen und Nohlschen Bestimmungen aus den 1920er Jahren (vgl. Mollenhauer 1964/1993: 19).[3] Soziale Arbeit wird demnach zur zunehmend auch intern ausdifferenzierten öffentlich institutionalisierten Reaktion auf identifizierte soziale Probleme, die ausdrücklich auf die „größtmögliche Konzentration von Erziehungsmitteln, eine hohe Intensität der pädagogischen Atmosphäre“ setzt (ebd.: 119).

In den 1970er und 1980er Jahren werden genau solche Vorschläge zum Anlass einer neuen Explizierung von Räumlichkeit: Gerade die institutionelle „Konzentration von Erziehungsmitteln“, wie sie Mollenhauer in seiner Einführung noch beschreibt, fordert nun erhebliche Einwände heraus. Gegenüber den zentralisierten pädagogischen „Anstalten“ werden regionalisierte und stadtteilorientierte Strukturen gefordert und nach und nach auch realisiert: „Zunächst modernisierten und differenzierten sich die Heime selbst. (...) Unter dem Vorzeichen von De-Institutionalisierung und Dezentralisierung wurden Gruppen in die Gemeinde oder den Stadtteil verlagert, Außenwohngruppen entstanden, aus Reforminitiativen entwickelten sich Verbünde von Wohngruppen, Jugendwohnkollektive und Kleinstheime“ (Koch et al. 2002: 25).

---

3 Die für das Reichsjugendwohlfahrtsgesetz zuständige Ministerialrätin Gertrud Bäumer schreibt in dem von Herman Nohl und Ludwig Pallat 1929 herausgegebenen *Handbuch der Pädagogik,* Sozialpädagogik bezeichne „nicht ein Prinzip, dem die gesamte Pädagogik, sowohl ihr Theorie wie ihre Methoden, wie ihre Anstalten und Werke – also vor allem die Schule – unterstellt ist, sondern einen Ausschnitt: alles was Erziehung, aber nicht Schule und nicht Familie ist“ (Bäumer 1929: 3).

An dieser konzeptionellen und organisationsstrukturellen (Neu-)Entwicklung setzen die sozialraumorientierten Strategien seit den 1990er Jahren an. Das Soziale wird dabei administrativ vermessen. Sozialpädagogisch korrespondiert mit dieser sozialkartographischen Mathematisierung sozialer Zusammenhänge die Entwicklung und Legitimation spezifischer sozialpädagogischer Prozesse der Ortsgestaltung (vgl. den Beitrag von Fabian Kessl/Susanne Krasmann in diesem Band), mit dem Ziel der Aktivierung lokaler Handlungspotenziale (vgl. Deinet/Krisch 2002; EREV-Schriftenreihe 01/2000; Merten 2002; Peters/Koch 2004; Wolff 2000). Im Unterschied zur Programmatik der Institutionalisierungs- und Expertokratiekritik der 1970er und 1980er Jahre sind die aktuellen Deutungsweisen allerdings an den herrschenden politischen Bedarfen orientiert, eine neue sozialadministrative Funktionalität zu generieren (vgl. den Beitrag von Dahme/Wohlfahrt in diesem Band): Ungeachtet der Territorialisierungskritiken ist insofern ein Großteil der sozialraumorientierten Vorgehensweisen bis heute dadurch gekennzeichnet, dass Räumlichkeit primär in Form konkreter Territorien beschrieben wird: In den Blick kommen von daher vor allem als „benachteiligt" oder „besonders entwicklungsbedürftig" identifizierte Stadtteile, Quartiere und Straßenzüge.

Gleichzeitig werden die hier zur Debatte stehenden sozialpolitischen und sozialpädagogischen Strategien zunehmend begleitet von Forderungen nach einer relationalen Systematisierung von Raum als Räumlichkeit (vgl. die Beiträge in Widersprüche 82/2001; Kessl/Otto/Ziegler 2002; Langhanky et al. 2004; Peters/Hamberger 2004; Reutlinger 2003; Schubert 2002). Die dabei formulierte Erkenntnis, dass die territoriale Fixierung auf lokale Nahräume unzureichend sei, führt an diesen Stellen zu dem Hinweis, „Sozialräume" seien nicht auf die territorialen Einheiten bestimmter Bevölkerungsgruppen zu reduzieren. Solche raumtheoretisch motivierten Einsichten speisen sich aus ganz unterschiedlichen Erkenntnisquellen: aus neueren handlungstheoretisch geleiteten raumsoziologischen Arbeiten (vgl. Löw 2001; für die Soziale Arbeit: Bitzan 2005), einer ebenfalls handlungstheoretisch ausgerichteten Re-Interpretation der Sozialgeographie (vgl. Werlen 1995/1997; für die Soziale Arbeit: Reutlinger 2003), Anschlüssen an eine materialistische Aneignungstheorie (vgl. Leontjew 1973; Holzkamp/Schurig 1973; für die Soziale Arbeit: Deinet 1993, 2004) und an die sozialökologische Denktradition der so genannten Chicagoer Schule (vgl. Park 1952; Baacke 1980; für die Soziale Arbeit: den Beitrag von Marlo Riege/Herbert Schubert in diesem Band). Anschlüsse an Entwürfe der kritischen Geographie oder Konzepte feministischer wie materialistischer Raumtheorie finden sich dagegen bisher nur stichwortartig innerhalb der Debatten um eine hinsichtlich der Räumlichkeitsdimensionen sensible Soziale Arbeit (vgl. Otto/Ziegler 2004; Langhanky et al. 2004).

Die aktuellen Diskussionen um Soziale Arbeit zeichnen sich hinsichtlich der Thematisierung von Räumlichkeit somit durch eine eigenartige Gemengelage aus – die Gleichzeitigkeit einer erhöhten Relevanz raumtheoretischer Vergewisserungen und deren faktische Negation in der wachsenden Zahl sozialraumorientierter Programme. Wenn nun aber die Räumlichkeitsdimensionen Sozialer Arbeit gerade nicht in ihrer Reduzierung auf die Ebene ihrer zumeist lokalen Verortung betrachtet werden sollen, was gerät dann in den Blick?

Die Verortung Sozialer Arbeit und die Spur der Akteure[4]

Michael Winkler formuliert in seiner Theorie der Sozialpädagogik, sozialpädagogisches Denken beginne dort, „wo überlegt wird, wie ein Ort beschaffen sein muss, damit ein Subjekt als Subjekt an ihm leben und sich entwickeln kann, damit er auch als Lebensbedingung vom Subjekt kontrolliert wird“ (Winkler 1988: 278f.). Seien es nun die „häusliche Wohnstube“ als sozialisatorisches Grundprinzip in der (sozial) pädagogischen Konzeption Pestalozzis, mit dessen Imitation öffentliche Erziehungsinstanzen zu betrauen seien (vgl. Reyer 2002: 62) oder die strukturanalog konstruierte „Anstaltsfamilie“ in den Erziehungsprogrammen Johann Hinrich Wicherns (vgl. Wichern 1949) – die Frage der Ortsgestaltung, der Gestaltung „pädagogischer Orte“ für die Ermöglichung menschlicher Entwicklung, stellt eine zentrale Frage sozialpädagogischer Konzeptionen und entsprechender Reflexionen dar. Vorläufer und Frühformen derartiger sozialräumlicher Arrangements sind von ihrer je konkreten Verortung geprägt: neben dem Wichernschen Rettungshaus in Hamburg bspw. hessische Kinderheime, das Hallenser Anstaltsgelände oder die Elberfelder Stadtbezirke. Fürsorge wird in diesen Zusammenhängen als Handlungsweise in einer bestimmten räumlichen Struktur (*Orte*) verstanden, die sie voraussetzt und im gelungenen Fall zu gestalten weiß, das heißt bspw., dass sie den NutzerInnen deren Aneignung ermöglichen kann (vgl. Hamburger 2003: 128). Hans Pfaffenberger hat daher im Rahmen seiner Überlegungen hinsichtlich des Theorie- und Methodenproblems zur Beurteilung eines Methodeneinsatzes in der Sozialen Arbeit Ende der 1960er Jahre als eines von fünf Kriterien hervorgehoben, es gehe um: „Ort und Sitz des eigentlichen Problems“ (Pfaffenberger 1968: 45).

Wenn nun die Bedeutung von Räumlichkeit in der Sozialen Arbeit in den Blick gerät, kann unseres Erachtens historisch eine zweifache Spur von AkteurInnen oder Akteursgruppen verfolgt werden, die einerseits Soziale Arbeit als Bestandteil des wohlfahrtsstaatlichen Arrangements konkret – und das heißt in der Regel im kommunalen Raum „vor Ort“ – entwickelt und gestaltet haben. Andererseits haben sie Sozialpädagogik als idealistisches Theorieprojekt im Angesicht industriell-kapitalistischer Vergesellschaftungsformen beschrieben und propagiert: mit Bezug auf den Raum einer idealen menschlichen Gemeinschaft. Die erste Gruppe von AkteurInnen verweist insbesondere auf die lokalen, kommunalen oder regionalen „Kulturen des Sozialen“

4 Die hier eingenommene Perspektive ist inspiriert vom Interesse, AkteurInnen als TrägerInnen gesellschaftlicher Prozesse in den Blick zu rücken und dabei den Kontext spezifischer Geschlechterordnungen (auch im Bereich des Symbolischen) systematisch mit zu reflektieren. Den Hintergrund bilden nicht zuletzt machtanalytische Überlegungen, mit denen Individuen und Kollektive auch als AkteurInnen in lokalen Kräftefeldern wahrgenommen werden können, deren Handeln als spezifisch strukturiert und gleichzeitig strukturierend interpretiert wird. Es interessieren also auch deren (Selbst-)Positionierungen im Sozialen Raum. Mit Michel Foucault kann davon ausgegangen werden, dass Subjekte sich in realen und historisch analysierbaren Praktiken bilden (vgl. Foucault 1994: 289) und dass die historisch-gesellschaftlichen Situationen, in deren Kontext diese Praktiken sich entfalten, als eine Art Matrix zu betrachten sind, die Denken und Handeln sowohl bedingen wie auch ermöglichen und in spezifischer Weise beschränken (vgl. Butler 1995: 98).

– soziale Hilfelandschaften, wie sie im Wesentlichen von sozialen Bewegungen und sozialreformerisch Engagierten hervorgebracht und gestaltet worden sind. Die zweite Gruppe umfasst vor allem die bereits erwähnten gemeinschaftsorientierten Konzeptionen der Sozialpädagogik gegen Ende des 19. Jahrhunderts.

Gerade die frauenbewegten Akteurinnen um 1900 weisen interessante Verschränkungen konkreter Orts- und symbolischer Raumbezüge auf: Der „soziale Nahraum“ wird von ihnen nicht als isoliertes Territorium angesprochen, sondern als exemplarischer Raum für das Soziale, den *sozialen Raum der Gesellschaft* (vgl. den Beitrag von Fabian Kessl/Susanne Krasmann in diesem Band). Es geht hier um soziale Politiken, soziale Reformen und (weibliche) Partizipationsansprüche gleichermaßen: Die Kämpfe um Zugang zu verwehrten gesellschaftlichen Möglichkeiten (Bildung, Ausbildung, Erwerbsarbeit und Bürgerrechte) verbinden sich mit Ansprüchen auf Gebiets(mit) nutzungen (Armenpflege, Vormundschaft) und dem – zumindest vorübergehend erfolgreichen – Versuch der „Besetzung von Territorien“ („Soziale Arbeit als Frauenberuf“; vgl. Maurer 2001) – und zwar auch und gerade im übertragenen, metaphorischen Sinn. Stadt und Region bilden für diese Akteurinnen den Raum, innerhalb dessen sie bestimmte Kräftekonstellationen mobilisieren, Chancen zur Veränderung nutzen und eine Erweiterung bestehender Handlungsmöglichkeiten realisieren können (z.B. das kommunale Wahlrecht für Frauen; vgl. Schröder 1995, 2001). In gewisser Weise stellt das Kommunale oder Regionale für diese sozial engagierten Frauen sowohl eine Art Übergangsraum in die Gesamtgesellschaft als auch einen abgegrenzten eigenen Gestaltungsraum innerhalb dieser Gesamtgesellschaft dar.

Unseres Erachtens ist dieser Blick auf frauenbewegte Akteurinnen Sozialer Arbeit deshalb relevant, weil er eine erweiterte Bestimmung Sozialer Arbeit provoziert: Die „Thematisierungsmacht“ Sozialer Arbeit in Bezug auf soziale Probleme sowie deren – durchaus ambivalente – Ausgestaltung in Arbeitsansätzen und konkreten Praxen ist in historisch spezifischer Weise nicht zuletzt mit den Programmen und Strategien der Frauenbewegungen um 1900 verwoben (vgl. Maurer 2004). Eine Theorie Sozialer Arbeit als Reflexionsrahmen sozialpädagogischer Handlungsvollzüge sollte daher weder allein auf eine Sozialstaatstheorie noch eine Theorie eines (sozial)pädagogischen Handlungsfeldes beschränkt werden, sondern systematisch die konflikthaften gesellschaftlichen Prozesse und Phänomene einbeziehen, auf die sich nicht zuletzt soziale Bewegungen, wie die Frauenbewegungen zu Beginn des 20. Jahrhunderts, richten und zu deren Entfaltung und Bearbeitung sie als kollektive Subjekte beitragen. So erweist sich die konzeptionelle Entwicklung Sozialer Arbeit, wie sie Anfang des 20. Jahrhunderts maßgeblich durch die in der Frauenbewegung agierenden bürgerlichen Frauen vorangetrieben wird, mehr als bisher angenommen, als sozialpolitisch dimensioniert (siehe Marie Baums frühe Studien als Fabrikinspektorin (1906); vgl. Lauterer 1995; Maurer/Schröer 2002). Die von diesen Akteurinnen formulierten Teilhabewünsche und -ansprüche werden zwischen 1870 und 1925 mit Bezug auf die konkreten lokalen Kontexte artikuliert und häufig auch realisiert. Die Aktivitäten bürgerlicher Frauen sind also Bestandteil derjenigen gesellschaftlichen Dynamik, die auch den städtischen Raum verstärkt in einen sozialpolitischen Raum verwandelt und in diesem Zusammenhang eine „soziale Hilfelandschaft“ – als konkrete lokale Realisierungsebene des wohlfahrtsstaatlichen Arrangements – implementiert.

Mit der Aufmerksamkeit für die soziokulturellen Milieus, denen die Akteurinnen Sozialer Arbeit entstammen oder zu denen sie sich zugehörig fühlen und die ihr Handeln, ihre Bewegungen im „sozialen Raum" ermöglichen oder behindern, stärken oder schwächen, zeigt sich darüber hinaus noch ein anderer systematischer Aspekt von Räumlichkeit innerhalb der Sozialen Arbeit – auch hier gibt es eine territoriale Bezugsebene, die „soziokulturellen Milieus" oder „Szenen" sind aber nicht auf diesen Aspekt reduziert (vgl. Maurer/Schröer 2002).

Die zweite Spur von Akteuren verweist auf die theorie-konzeptionellen Denker des ausgehenden 19. und beginnenden 20. Jahrhunderts, die sich den pädagogischen Beitrag an der sozialen Organisation und Produktion in einer ganz bestimmten Art und Weise vorstellten: Als „organisierte Gemeinschaft" in Haus, Schule und Volkshochschule wird sie bspw. von Paul Natorp in seiner *Sozialpädagogik* beschrieben (vgl. Natorp 1899/1925: 219f.) oder als Organisation der „Gesellschaft als Gemeinschaft" von Paul Bergemann (vgl. Bergemann 1899). Die unterschiedlichen sozialpädagogischen Denker – von Paul Natorp, Karl Fischer über Paul Bergemann und Theobald Ziegler bis hin zu Carl Mennicke waren in ihren Gemeinschaftserziehungsprogrammen im ausgehenden 19. und beginnenden 20. Jahrhundert auf die Suche nach Orientierungspunkten angesichts der radikalen industriegesellschaftlichen Transformationen des Sozialen gegangen und schienen sie in Re-Vergemeinschaftungsstrategien zu finden (vgl. die Beiträge in Henseler/Reyer 2000). Des Gemeinschaftsbegriffs bedienten sich in diesen Jahren aber auch noch andere Denker, wie innerhalb der evangelischen Schulgemeindebewegung etwa Friedrich Wilhelm Dörpfeld, so mancher Herbartianer – wie etwa Wilhelm Rein – oder auch Reformsozialisten wie Siegfried Bernfeld. Die Handlungslegitimation durch den Verweis auf Gemeinschaftlichkeit, so könnte man zusammenfassen, nutzen in diesen Jahren sowohl „sozialpädagogische" wie „individualpädagogische Perspektiven" (vgl. Reyer 2002: 101ff.). Der Gemeinschaftsbegriff kann insofern für die Phase der Konstitution Sozialer Arbeit „als ein unbestimmter sozial-ethischer Schlüsselbegriff angesehen werden" (Schröer 2000: 98).

In den aktuellen Auseinandersetzungen um eine Sozialraumorientierung Sozialer Arbeit finden sich vor dem Hintergrund einer allgemeinen Krisendiagnose („Krise des Wohlfahrtsstaats" und „Krise der Arbeitsgesellschaft") nun die programmatischen Spuren beider Akteursgruppen wieder: die Lokalitätstradition sozialer Bewegungen ebenso wie die sozial-idealistische Re-Vergemeinschaftungstradition. Diese Strategien erfahren allerdings eine Aktualisierung und entsprechend Neu-Kontextualisierung. Zum einen wird das Lokale als Bestandteil der neo-sozialen Neu-Programmierung des Sozialen zum Substitutionsraum nationalstaatlicher Integrationsdefizite erklärt: Kleinräumige Territorien stellen dabei bemerkenswerterweise als „Orte der Desintegration" und als „Stätten der Heilung" *zugleich* den Ausgangspunkt staatlicher Interventionsbemühungen dar (vgl. Duyvendak 2004: 158ff.). Zum anderen werden die BewohnerInnen der als problematisch identifizierten Wohnareale zur nachbarschaftlichen Schicksalsgemeinschaft stilisiert, deren Vergemeinschaftungspotenziale es zu aktivieren gelte, und zwar als bürgergesellschaftlichen Zusammenhang (vgl. Kessl 2005b). Demgegenüber geht es in den Sozialraumdebatten, wie sie im Kontext einer kritischen Sozialen Arbeit geführt werden (vgl. Kessl/Otto 2004; Widersprüche 82/2001), um die analytische Frage nach der Gestalt von Subjektivierungs- und Regierungsweisen angesichts der neo-sozialen Re-Regulierungsstrategien (vgl. den Beitrag von Markus Wissen/Bernd Röttger in diesem Band). Es geht um die sozialen Artikulationskontexte, um die Möglichkeiten heterogener Räumlichkeiten (vgl. Karstedt 2004). Eine der zentralen Fragen ist deshalb auch die nach möglichen Foren der Thematisierung von (sozialen) Konflikten heute. Angesichts der Haushaltseinbrüche in den Kommunen und Landkreisen ist bspw. für die Soziale Arbeit aktuell völlig ungeklärt, inwieweit die politische Brisanz sozialer Konflikte, die im Nahraum aufbrechen, in andere, weiträumigere Politikebenen oder -dimensionen (zurück)vermittelt werden kann.

Soziale Arbeit verfügt hierfür jedenfalls historisch über eine Expertise, da sie – als „kollektive Akteurin" oder „Instanz" – mit Bezug auf soziale Probleme ausgehend von konkreten lokalen Kontexten auch gesamtgesellschaftlich immer wieder Thematisierungsmacht entfalten, und damit nicht zuletzt auf soziale Ungleichheit als strukturierendes Prinzip im sozialen Raum der Gesellschaft hinweisen konnte. Die mit Sozialer Arbeit konstitutiv verbundene Ordnungs-, Normalisierungs- und Kontrollfunktion wird mit dieser „anderen Seite" Sozialer Arbeit keineswegs aufgehoben. Dennoch sollte die notwendige analytische Vergewisserung über Soziale Arbeit als Teil der wohlfahrtsstaatlichen *Regierung des Sozialen* nicht verdecken, dass in manchen sozialpädagogischen Kontexten ein spezifischer Blick für die Anstrengungen in der Lebensführung (*Lebensbewältigung*) entwickelt worden ist, der immer auch ein Potenzial der erneuten Politisierung in den sozialpädagogischen Kontexten beinhaltet. Soziale Arbeit ist Teil der Artikulationsweisen, die das wohlfahrtsstaatliche Arrangement durchziehen und legitimieren. Sie ist damit Teil der Thematisierungspraktiken, die den wohlfahrtsstaatlichen Diskurs prägen (vgl. Laclau/Mouffe 1985/2000: 141ff.). Zugleich ist ihre Beteiligung aber auch Möglichkeit zur Re-Artikulation, zur Irritation und Verschiebung des Bestehenden auf Basis der Dechiffrierung hegemonialer Artikulationsweisen. Bevor wir abschließend diese Re-Artikulationsfunktion Sozialer Arbeit noch einmal etwas weitergehender diskutieren, wollen wir sie im Folgenden – wiederum mit Bezug auf historische Rekonstruktionen – exemplarisch konkretisieren. Dazu rücken wir eine weitere Dimension sozialpädagogischer Räumlichkeit in den Blick: *Praktiken der Über-Setzung.*

Die Über-Setzung von Erfahrung – eine zwiespältige artikulatorische Praxis

Sozialpädagogische Übersetzungsarbeiten „von der einen Welt in die andere" – ob nun im konkreten Handlungsvollzug mit den AdressatInnen oder im Hinblick auf eine potenzielle Thematisierungsfunktion zur Gestaltung des Sozialen – finden sich zu Beginn des 20. Jahrhunderts u.a. in den Beiträgen von Marie Baum (vgl. Baum 1906) und denen anderer Sozialforscherinnen, wie Elisabeth Gnauck-Kühne (vgl. Gnauck-Kühne 1905)[5] oder Helene Simon (vgl. Eggemann/Hering 1999). Ziel dieser

5 In diesem Text schildert Gnauck-Kühne, eine der ersten Nationalökonominnen und Soziologinnen eindrücklich die Arbeits- und Lebensverhältnisse der Arbeiterinnen.

Arbeiten ist nicht zuletzt, konkrete Lebensverhältnisse in der Arbeiterklasse einem bürgerlichen Publikum so vor Augen zu führen, dass der sozialpolitische und -reformerische Handlungsbedarf überdeutlich wird.[6]

Wie solche Vorgänge der Über-Setzung zwischen unterschiedlichen Erfahrungswelten und verschiedenen Öffentlichkeiten – insbesondere auch „zwischen Öffentlichkeit und Privatheit" – vorstellbar sind und welche problematischen Effekte dabei auch entstehen, kann ein konkretes historisches Beispiel verdeutlichen. Es geht dabei um die Politisierbarkeit von Unrechtserfahrungen, wie sie von Elisabeth Frysak in ihrem Beitrag *Legale Kämpfe – Petitieren als Konsequenz von Unrechtserfahrung(en) österreichischer bürgerlicher Frauenrechtlerinnen* diskutiert werden (Frysak 2004). In ihrer Analyse des Petitionsrechtes als politischer Strategie der bürgerlichen Frauenbewegung Österreichs, die auch in der deutschen bürgerlichen Frauenbewegung eine zentrale Rolle spielte, beschreibt Frysak ein Spannungsfeld, das dadurch charakterisiert sei, dass individuelle Unrechtserfahrungen erst dann die Wahrnehmbarkeitsschwelle überschreiten, wenn sie den politischen und juristischen Regeln entsprechend formuliert werden. Der deshalb notwendige „Übersetzungsvorgang" führte, so Frysak weiter, zu zweierlei: Die emanzipatorischen Forderungen bürgerlicher Frauen wurden einer Reihe „demokratischer" Spielregeln unterzogen, u.a. gesetzlichen Einschränkungen und inhaltlichen Selektionen, wobei radikalere Forderungen in der Regel völlig zum Verschwinden gebracht wurden. Dennoch sei dieser Prozess auch als Prozess der Politisierung zu lesen. So komme es bspw. in den Rechtsschutzstellen der bürgerlichen Frauenbewegungen – einer konkreten Form praktischer Unterstützungsarbeit von Frauen unterschiedlicher sozialer Herkunft, die gleichzeitig zum empirischen Vorfeld der Erarbeitung von Petitionen wird – zur Begegnung verschiedener Erfahrungskontexte: Frauen erzählen hier von ihren konkreten Unrechtserfahrungen, diese Erzählungen „verschwinden" anschließend aber im Diskurs der petitierenden Fürsprecherinnen bzw. sind darin in spezifischer Weise „aufgehoben". Die Frage, die sich also stellt, ist, ob der Preis des Fürsprechens als Form legalen Kämpfens das Verstummen eigenen Sprechens ist, oder ob der Akt des Fürsprechens die „besondere" (individuelle) Erfahrung zu einer „allgemeinen", im Sinne von „öffentlich thematisierbaren", „re-artikulierbaren" Erfahrung macht.

Frysak deutet diesen Zusammenhang dahingehend, dass zwar ein Sprechen von Erfahrung zunächst möglich erscheint, dann allerdings in der repräsentierten Re-Artikulation dieser Erfahrung „verschwindet". Sie unterscheidet in diesem Zusammenhang verschiedene Ebenen: die Ebene des Petitionsrechts und der Petitionspolitik der Frauenbewegung und die Ebene der konkreten, alltäglichen Praxis der Rechtsschutzstellen. Die Rechtsschutzstellen als Begegnungsorte unterschiedlicher Erfahrungskontexte umfassen demnach mehrfache Übersetzungsprozesse: zum einen zwischen den Rat suchenden Frauen und den Beraterinnen und zum anderen zwischen den Frauenrechtlerinnen und den adressierten Abgeordneten. Im Zuge die-

6 Den Kontext bilden hier zum einen der Bereich der Sozialforschung und des sozialen Berichtswesens überhaupt – etwa die frühen Sozialstatistiken oder Enqueten, aber auch sozialreformerische Petitionen oder andere öffentliche Thematisierungsformen sozialer Problemlagen als gesamtgesellschaftliche Aufgabe, ausgehend bspw. vom Verein für Sozialpolitik (vgl. Sachße 1986).

ses mehrstufigen Übersetzungsprozesses werden die – individuellen wie kollektiven – Anliegen der Frauen in einen juristischen Diskurs „eingefädelt" und damit auch transformiert: Sie werden „politisiert" (d.h. in die Sphäre der Politik eingebracht) und gleichzeitig in gewisser Weise auch ihrer politischen Brisanz beraubt.

Die Realisierung von Räumlichkeit, an der Soziale Arbeit als pädagogische Ausprägung des wohlfahrtsstaatlichen Arrangements beteiligt ist, kann sich theoretisch darauf beschränken, bestehende Herrschaftsräume zu reproduzieren (*Artikulation*). Das österreichische Beispiel der Petitionspraxis zeigt allerdings, dass diese Artikulationsfunktion uneindeutig ist und häufig mit *Re-Artikulation*sprozessen Hand in Hand geht. Mit der Metapher der Über-Setzung verweisen wir daher auf diejenige Räumlichkeitsdimension Sozialer Arbeit, mit der scheinbar Nicht-Artikulierbarem wieder Re-Artikulationsräume bereitgestellt werden.

Elemente einer sozialraumsensiblen Sozialen Arbeit: Grenzbearbeitung als Re-Artikulation

„Räumlichkeit" ist im Kontext Sozialer Arbeit keineswegs auf Territorialität zu beschränken. Räumlichkeit kann in gesellschaftskritischer Perspektive zum Bezugspunkt für die Analyse, Auswertung, Veränderung, Weiterentwicklung und nicht zuletzt auch Selbst-Behauptung einer *achtsamen Sozialen Arbeit* werden. Soziale Arbeit ist – im konkreten wie metaphorischen Sinne – eine „Grenzgängerin", sie arbeitet an den gesellschaftlichen Grenzen, an deren Verschiebung, Öffnung, Durchlässigkeit – aber eben immer auch an deren Sicherung. Dass Erfahrungen mit Grenzen im gesellschaftlichen Raum, die Begrenztheit von Lebensmöglichkeiten und die Kontroverse um deren Legitimität konstitutiv zum Geschäft Sozialer Arbeit gehören, zeigen nicht zuletzt unsere historischen Ausführungen. Vor diesem Hintergrund machen wir abschließend den Vorschlag, Soziale Arbeit auch systematisch „als Bearbeitung von Grenzen bzw. Grenzregimes" aufzufassen, und damit die Dimension der Räumlichkeit bewusst in ihrer Mehrdeutigkeit – von Artikulation und Re-Artikulation – aufzunehmen.

Welche Grenzen bearbeitet werden, kann beispielhaft wie folgt ausformuliert werden: Im Kontext Sozialer Arbeit geht es letztlich immer um die Organisation einer aktiven Unterstützung und geplanten Beeinflussung von Subjektivierungsweisen – also von Prozessen einer ambivalenten Gleichzeitigkeit von Unterwerfung und Subjektwerdung (vgl. Butler 2003: 59). Oder anders gesprochen, um die Möglichkeiten der Subjektwerdung und die Bedingungen der Unterwerfung: Wie sind die „Subjekte im Verhältnis zur sozialen Ordnung" verortet? Wer hat welche Zugänge zu welchen Gestaltungsmöglichkeiten? Wessen (Mit-)Gestaltungsversuche werden wahrgenommen, aufgenommen, mit Resonanz, Anerkennung und Wertschätzung versehen und wessen nicht? Wer verfehlt mit den eigenen Versuchen der Lebensführung die von der Gesellschaft, das heißt den von den Institutionen bereitgehaltenen „Angebote"? Wessen „Kämpfe um Anerkennung" laufen somit ins Leere?

Nicht zuletzt an solchen Fragen, an den „Grenzen der Zugangs- und Verwirklichungsmöglichkeiten", an den Möglichkeiten der Teilhabe müssen sich sozialpädagogische Reflexionen auch weiterhin entzünden. Soziale Arbeit kann dann institutionalisierter Ausdruck von Re-Artikulationshoffnungen sein. Eine Grenzgängerin also, die im Bündnis mit gesellschaftskritischen Akteursgruppen wenigstens zeitweise die brüchigen Stellen aufsucht, an denen sich Zeit- und Raumdimension quasi kreuzen, an denen sich Unerwartetes ereignen und an denen sich vordem eng Begrenztes vorübergehend öffnen kann.

Wir plädieren somit in disziplinärer Perspektive für ein erkenntniskritisches Projekt, das „unsere Sinne schärfen (soll), unsere Augen für Daseinsbedingungen öffnen, die bis dahin unsichtbar geblieben waren" (Bauman 1990/2000: 29). Aufgabe der rekonstruktiven Analysen sozialpädagogischer Handlungsvollzüge wäre es damit, hegemoniale Grenzziehungen aufzudecken, um verdeckte Räume (vgl. Bitzan 2005) ebenso sichtbar machen zu können wie bestehende räumliche Beschränkungen. Eine solche Sichtbarmachung verweist denn auch auf den Kern einer professionellen Grenzbearbeitung durch sozialpädagogische Fachkräfte. Ziel sozialpädagogisch gestalteter Handlungsvollzüge wäre aus unserer Perspektive eine situative Gestaltung offener Anfänge (vgl. Hörster/Müller 1997) bzw. eine situative Ermöglichung des Anderen (vgl. Dewe/Otto 2001).

Solche Prozesse disziplinärer wie professioneller Grenzbearbeitung könnten als Teil einer re-artikulationstheoretischen Perspektive systematisiert werden. Die HegemonietheoretikerInnen Laclau/Mouffe (2000) beschreiben das Soziale als temporäre und prekäre Artikulation einer bestimmten sozialen (Be)Deutung. Die „Thematisierung des Sozialen" stellt für sie daher immer ein kontroverses, konflikthaftes, dabei doch kontinuierliches Geschehen dar. Soziale Arbeit wiederum ist Teil der wohlfahrtsstaatlichen Regierung des Sozialen, sie steht also mitten im Gefüge der Macht und kann dieser nicht entkommen. Gerade eine solche Einsicht könnte unseres Erachtens dazu führen, Achtsamkeit gegenüber den Kontexten und allen Beteiligten zu üben, sich auf diesem Weg also möglichst flügge zu machen im Gefüge (vgl. Kessl 2005a). Theorie-scholastische Deutungsmuster und entsprechende expertokratische Vorgehensweisen stellen das Gegenteil einer solchen achtsamen Vorgehensweise dar. Eine sozialraumsensible Soziale Arbeit ist unseres Erachtens daher dazu aufgefordert, ein sozial situiertes, kontextuiertes „Wissen" und Agieren zu realisieren, das seiner Gespaltenheit, seiner Vieldeutigkeit und Instabilität immer wieder gewahr wird: „Wir müssen (...) die Offenheit des Sozialen als konstitutiven Grund beziehungsweise als ‚negative Existenz' des Existierenden ansehen sowie die verschiedenen ‚sozialen Ordnungen' als prekäre und letztlich verfehlte Versuche, das Feld der Differenzen zu zähmen" (Laclau/Mouffe 2000: 142).

Re-Artikulationstheoretische Perspektiven gehen davon aus, dass sich das aktuell Sichtbare historisch immer in einer bestimmten Weise zu einem Diskurs verbindet (vgl. Hall 2000: 65). Projekte der Re-Artikulation, wie sie das Konzept Sozialer Arbeit als Grenzbearbeitung anstrebt, haben daher Antwortversuche auf die Frage bereit zu stellen, wie „man gegen den Strom der historischen Formation schwimmt", um einige dieser historischen Verbindungen zu unterbrechen und zu durchtrennen (vgl. Hall 2000: 67). Die bestehenden Topographien des Sozialen, die historischspezifischen konkreten Kontroll- und Hilfelandschaften, sind die Ausgangspunkte für diese politischen Kämpfe und sozialen Gestaltungsprozesse.

Soziale Arbeit als Grenzbearbeitung, eine in diesem Sinne sozialraumsensible Soziale Arbeit, ist daher angesichts der hegemonialen Orts- und Raumkonstruktionen herausgefordert, permanent das „Gefüge der Macht innerhalb der Konstruktion von Raumbetroffenen" zu dechiffrieren und zu problematisieren (Massey 2003: 45). Dabei stehen für die Soziale Arbeit „lokale Kulturen" im Mittelpunkt – allerdings als Vielfalt von Fällen im Gewebe herrschender (Be)Deutungen, nicht als einheitliches Feld. Eine sozialraumsensible Soziale Arbeit ist deshalb dazu aufgefordert, aktiv und vehement in Prozesse symbolischer Inszenierung von Räumlichkeit einzugreifen. Dazu steht ihr ihre historische Erfahrung in solchen Auseinandersetzungen zur Verfügung – vorausgesetzt, sie erinnert sich daran. Theorie-systematisch steht daher auch die Rekonstruktion der Gedächtnisfunktion Sozialer Arbeit an, das heißt die systematische Erschließung der in Institutionen, Konzepten und Praktiken eingelagerten und gespeicherten Fragen an die jeweilige Gestalt des Sozialen und die damit verbundenen sozialen Kämpfe (vgl. Maurer 2004). Im Komplex „Soziale Arbeit" sind diese gesellschaftlichen Erfahrungen gespeichert und können deshalb einer erneuten Auswertung und kritischen Weiterbearbeitung zugänglich gemacht werden. Soziale Arbeit als Gedächtnis zu begreifen, heißt allerdings auch, die Frage danach zu stellen, in welchen Situationen und in welcher Weise sich Soziale Arbeit sozialen Kämpfen verweigert hat. Denn die Geschichte Sozialer Arbeit ist eben auch eine Geschichte der Erhaltung und Rekonstruktion bestehender Verhältnisse statt der Verpflichtung auf eine „Qualität des Menschlichen", die nicht „in irgendeinem definierten Zustand" erreicht werden kann, sondern nur in dem „notwendig unentschiedenen Kampf, [... in dem] das Gegebene, was immer es sein mag, zurück[gewiesen wird], weil es das Gegebene ist" (Bataille 1956/1997a: 55; Hervorh. im Orig.).

Die Brisanz der Gestaltung des Sozialen, die wohlfahrtsstaatlich als „soziale Frage" thematisiert wird, steht im Mittelpunkt einer Sozialen Arbeit als Grenzbearbeitung. Diese politische Brisanz gilt es immer wieder freizulegen, wenn Soziale Arbeit Räume für das Menschliche im Batailleschen Sinne erschließen, und nicht nur bestehende Räumlichkeiten und die damit verbundenen Schließungen bestätigen und reproduzieren will.

Literatur

Anhorn, Roland (1992): Sozialstruktur und Disziplinarindividuum. Zu Johann Hinrich Wicherns Fürsorge- und Erziehungskonzeption des Rauhen Hauses. Egelsbach/Köln/New York

Baacke, Dieter (1980): Der sozialökologische Ansatz zur Beschreibung und Erklärung des Verhaltens Jugendlicher. In: Deutsche Jugend 6/38. 1980: 493-505

Bataille, Georges (1956/1997a): Die Souveränität. In: Bataille (1979b): 45-72

Bataille, Georges (1997b): Die psychologische Struktur des Faschismus. Die Souveränität. München

Baum, Marie (1906): Drei Klassen von Lohnarbeiterinnen in Industrie und Handel der Stadt Karlsruhe. Karlsruhe

Bäumer, Gertrud (1929): Die historischen und sozialen Voraussetzungen der Sozialpädagogik und die Entwicklung ihrer Theorie. In: Nohl/Pallat (Hg.) (1929): 3-17

Bauman, Zygmunt (1990/2000): Vom Nutzen der Soziologie. Frankfurt a.M.

Becker, Helmut/Eigenbrodt, Jörg/May, Michael (1984): Pfadfinderheime, Teestube, Straßenleben. Jugendliche Cliquen und ihre Sozialräume. Frankfurt a.M.

Bergemann, Paul (1899): Aphorismen zur sozialen Pädagogik. Leipzig

Bitzan, Maria (2005/i.E.): Weibliche Sozialräume? Lokale Handlungsbedingungen unter geschlechtertheoretischer Perspektive. In: Kessl/Otto (Hg.) (2005/i.E.)

Blum, Peter (Hg.) (1995): Frauengestalten. Heidelberg
Böhnisch, Lothar/Münchmeier, Richard (1993): Pädagogik des Jugendraums. Zur Begründung und Praxis einer sozialräumlichen Jugendpädagogik. Weinheim/München
Bruhns, Kirsten (1985): Kindheit in der Stadt. München
Butler, Judith (1995): Körper von Gewicht. Die diskursiven Grenzen des Geschlechts. Berlin
Butler, Judith (Hg.) (1998): Das Undarstellbare der Politik: zur Hegemonietheorie Ernesto Laclaus. Wien
Castel, Robert (2000): Die Metamorphosen der sozialen Frage: eine Chronik der Lohnarbeit. Konstanz
Castells, Manuel (2003): Das Informationszeitalter. Band 1: Der Aufstieg der Netzwerkgesellschaft. Opladen
Combe, Arno/Helsper, Werner (Hg.) (1997): Pädagogische Professionalität: Untersuchungen zum Typus pädagogischen Handelns. Frankfurt a.M.
Deinet, Ulrich (1993): Raumaneignung in der sozialwissenschaftlichen Theorie. In: Böhnisch/ Münchmeier (1993): 57-66
Deinet, Ulrich (2004): „Spacing", Verknüpfung, Bewegung, Aneignung von Räumen – als Bildungskonzept sozialräumlicher Jugendarbeit. In: Deinet/Reutlinger (Hg.) (2004): 175-189
Deinet, Ulrich/Reutlinger, Christian (Hg.) (2004): „Aneignung" als Bildungskonzept der Sozialpädagogik. Wiesbaden
Deinet, Ulrich/Krisch, Richard (2002): Der sozialräumliche Blick der Jugendarbeit: Methoden und Bausteine zur Konzeptentwicklung und Qualifizierung. Opladen
Dewe, Bernd/Otto, Hans-Uwe (2001): Profession. In: Otto/Thiersch (Hg.) (2001): 1399-1423
Donzelot, Jacques (1980): Die Ordnung der Familie. Frankfurt a.M.
Dreyfuss, Hubert L./Rabinow, Paul: Michel Foucault (1994): Jenseits von Strukturalismus und Hermeneutik. Frankfurt a.M.
Duyvendak, Jan (2004): Spacing Social Work? Möglichkeiten und Grenzen des Quartiersansatzes. In: Kessl et al. (Hg.) (2004): 157-168
Eggemann, Maike/Hering, Sabine (Hg.) (1999): Wegbereiterinnen der modernen Sozialarbeit. Texte und Biographien zur Entwicklung der Wohlfahrtspflege. Weinheim/München
Evers, Adalbert/Nowotny, Helga (1987): Über den Umgang mit Unsicherheit: die Entdeckung der Gestaltbarkeit von Gesellschaft. Frankfurt a.M.
Ewald, François (1993): Der Vorsorgestaat. Frankfurt a.M.
Färber, Ruth (1949): Der Erzieher Wichern in Selbstzeugnissen. Lüneburg
Foucault, Michel (1994): Das Subjekt und die Macht. Ein Interview mit Michel Foucault (1987). In: Dreyfuss/Rabinow (1994): 243-261
Frysak, Elisabeth (2003): Legale Kämpfe. Die petitionsrechtlichen Forderungen der österreichischen bürgerlichen Frauenbewegung zur Änderung des Ehe- und Familienrechts um die Jahrhundertwende. In: l'homme. Zeitschrift für Feministische Geschichtswissenschaft 1/14. 2003: 65-82
Funk, Heide (2001): Regionalität. In: Otto/Thiersch (Hg.) (2001): 1474-1480
Gnauck-Kühne, Elisabeth (1905): Einführung in die Arbeiterinnenfrage. Mönchen-Gladbach
Gebhardt, Hans/Reuber, Paul/Wolkersdorfer, Günter (Hg.) (2003): Kulturgeographie. Aktuelle Ansätze und Entwicklungen. Heidenberg/Berlin
Giddens, Anthony (1997): Die Konstitution der Gesellschaft: Grundzüge einer Theorie der Strukturierung. 3. Auflage. Frankfurt a.M./New York
Gotham, Kevin Fox (2003): Toward an understanding of the spatiality of urban poverty; the urban poor as spatial actors. In: International Journal of Urban and Regional Research 3/27. 2003: 635-648
Häußermann, Hartmut/Ipsen, Detlev/Krämer-Badoni, Thomas/Läpple, Dieter/Rodenstein, Marianne/Siebel, Walter (Hg.) (1991): Stadt und Raum. Pfaffenweiler
Haferkamp, Heinrich (1992): Von der „Entzauberung des Staates" zur „Wiederkehr des Leviathans"? Anmerkungen zu Anthony Giddens' Analyse des Nationalstaats. In: Prokla 22/22. 1992: 262-285

Hall, Stuart (2000): Cultural Studies: ein politisches Theorieprojekt. Ausgewählte Schriften 3. Hamburg

Hamburger, Franz (2003): Einführung in die Sozialpädagogik. Stuttgart

Henseler, Joachim/Reyer, Jürgen (Hg.) (2000): Sozialpädagogik und Gemeinschaft: historische Beiträge zur Rekonstruktion eines konstitutiven Verhältnisses. Hohengehren

Holzkamp, Klaus/Schurig, Volker (1973): Zur Einführung in A. N. Leontjews „Problem der Entwicklung des Psychischen". In: Leontjew (1973): XI-LII

Hörster, Reinhard (2002): Sozialpädagogische Kasuistik. In: Thole (Hg.) (2002): 549-558

Hörster, Reinhard/Müller, Burkhard (1997): Zur Struktur sozialpädagogischer Kompetenz. Oder: Wo bleibt das Pädagogische der Sozialpädagogik. In: Combe/Helsper (Hg.) (1997): 614-648

Karstedt, Susanne (2004): „Linking Social Capital". Überlegungen zur institutionellen Dimension des Sozialkapitals. In: Kessl/Otto (Hg.) (2004): 45-62

Keil, Roger (1991): Handlungsräume/Raumhandeln. In: Wentz (Hg.) (1991): 185-208

Kessl, Fabian/Otto, Hans-Uwe (Hg.) (2005/i.E.): Territorialisierung des Sozialen. Regieren über soziale Nahräume. Leverkusen

Kessl, Fabian (2005a): Der Gebrauch der eigenen Kräfte: eine Gouvernementalität Sozialer Arbeit. Weinheim/München

Kessl, Fabian (2005b/i.E.): Sozialer Raum als Fall? In: Thole/Galuske (Hg.) (2005/i.E.)

Kessl, Fabian/Otto, Hans-Uwe (Hg.) (2004): Soziale Arbeit und Soziales Kapital: zur Kritik lokaler Gemeinschaftlichkeit. Wiesbaden

Kessl, Fabian/Otto, Hans-Uwe/Ziegler, Holger (2002): Einschließen oder Aufmachen? Der Raum, sein Kapital und deren Nutzer. In: Riege/Schubert (Hg.) (2002): 177-190

Koch, Josef et al. (2002): Mehr Flexibilität, Integration und Sozialraumbezug in den erzieherischen Hilfen: Zwischenergebnisse aus dem Bundesmodellprojekt Integra. Frankfurt a.M.

Kunstreich, Timm (1997): Grundkurs Soziale Arbeit: sieben Blicke auf Geschichte und Gegenwart Sozialer Arbeit. Hamburg

Laclau, Ernesto/Mouffe, Chantal (1985/2000): Hegemonie und radikale Demokratie: zur Dekonstruktion des Marxismus. 2. Auflage. Wien

Langhanky, Michael/Frieß, Cornelia/Hußmann, Marcus/Kunstreich, Timm (2004): Erfolgreich sozialräumlich handeln: die Evaluation der Hamburger Kinder- und Familienzentren. Bielefeld

Läpple, Dieter (1991): Essay über den Raum. Für ein gesellschaftswissenschaftliches Raumkonzept. In: Häußermann et al. (Hg.) (1991): 157-207

Lauterer, Heide-Marie (1995): „Weil ich von dem Einsatz meiner Kräfte die Überwindung der Schwierigkeiten erhoffte." Marie Baum (1874-1964): In: Blum (Hg.) (1995) Frauengestalten. Heidelberg

Leontjew, Alexej Nikolajew (1973): Problem der Entwicklung des Psychischen". Frankfurt a.M.

Liegle, Ludwig/Treptow, Rainer (Hg.) (2002): Welten der Bildung in der Pädagogik der frühen Kindheit und der Sozialpädagogik. Freiburg i.Br.

Löw, Martina (2001): Raumsoziologie. Frankfurt a.M.

Massey, Doreen (2003): Raum und Politik. In: Gebhardt et al. (Hg.) (2003): 31-46

Massey, Doreen (1996): Politicising space and place. In: Scottish Geographical Magazine 2/112. 1996: 117-123

Maurer, Susanne (2004): Zum Verhältnis von Frauenbewegungen und Sozialer Arbeit um 1900 – Versuch einer historisch-systematischen (Re-)Kontextualisierung nebst Überlegungen zu einer reflexiven Historiographie in der Sozialpädagogik. Habilitationsschrift. Hildesheim

Maurer, Susanne/Schröer, Wolfgang (2002): „Ich kreise um ..." – Die Bildungstheorie der Mitte am Beispiel Gertrud Bäumer. In: Liegle/Treptow (Hg.) (2002): 288-306

Maurer, Susanne (2001): Soziale Arbeit als Frauenberuf. In: Otto et al. (Hg.) (2001): 1598-1604

Merten, Roland (Hg.) (2002): Sozialraumorientierung. Zwischen fachlicher Innovation und rechtlicher Machbarkeit. Weinheim/München

Mollenhauer, Klaus (1964/1993): Einführung in die Sozialpädagogik: Probleme und Begriffe der Jugendhilfe. 10. Auflage. Weinheim/Basel

Natorp, Paul (1899/1925): Sozialpädagogik: Theorie der Willenserziehung auf der Grundlage der Gemeinschaft. Stuttgart

Natorp, Paul (1894/1907): Pestalozzis Ideen über Arbeiterbildung und soziale Frage. Eine Rede. In: Natorp (1907): 69-97

Natorp, Paul (1907): Gesammelte Abhandlungen zur Sozialpädagogik. Stuttgart

Nohl, Herman/Pallat, Ludwig (Hg.) (1929): Handbuch der Pädagogik. 5. Band. Langensalza

Nohl, Herman (1927a): Die geistigen Energien der Jugendwohlfahrtsarbeit. In: Nohl (1927b): 1-13

Nohl, Herman (1927b): Jugendwohlfahrt – Sozialpädagogische Vorträge. Leipzig

Otto, Hans-Uwe/Ziegler, Holger (2004): Sozialraum und sozialer Ausschluss: die analytische Ordnung neo-sozialer Integrationsrationalitäten in der Sozialen Arbeit (Teil 2): In: Neue Praxis 3/34. 2004: 271-291

Otto, Hans-Uwe/Thiersch, Hans (Hg.) (2001): Handbuch Sozialarbeit/Sozialpädagogik. Neuwied/ Kriftel

Pankoke, Eckart (1971): Sociale Bewegung – sociale Frage – sociale Politik: Grundfragen der deutschen „Sozialwissenschaft" im 19. Jahrhundert. Stuttgart

Park, Robert E. (1952): Human Communities. The City and the Human Ecology. Gelncoe Illinois

Peters, Friedhelm/Hamberger, Matthias (2004): Integrierte flexible, sozialräumliche Hilfen (Integra) und der aktuelle Erziehungshilfediskurs. In: Peters/Koch (Hg.) (2004): 27-56

Peters, Friedhelm/Koch, Josef (Hg.) (2004): Integrierte erzieherische Hilfen: Flexibilität, Integration und Sozialraumbezug in der Jugendhilfe. Weinheim/München

Pfaffenberger, Hans (1968): Das Theorie- und Methodenproblem der sozialpädagogischen und sozialen Arbeit. In: Röhrs (Hg.) (1968): 53-65

Reutlinger, Christian (2003): Jugend, Stadt und Raum: sozialgeographische Grundlagen einer Sozialpädagogik des Jugendalters, Opladen

Reyer, Jürgen (2002): Kleine Geschichte der Sozialpädagogik: Individuum und Gemeinschaft in der Pädagogik der Moderne. Hohengehren

Riege, Marlo/Schubert, Herbert (Hg.) (2002): Sozialraumanalyse: Grundlagen, Methoden, Praxis. Opladen

Röhrs, Hermann (Hg.) (1968): Die Sozialpädagogik und ihre Theorie. Frankfurt a.M.

Sachße, Christoph (1986): Mütterlichkeit als Beruf. Sozialarbeit, Sozialreform und Frauenbewegung 1871-1929. Frankfurt a.M.

Salomon, Alice (1928/1998): Grundlegung für das Gesamtgebiet der Wohlfahrtspflege. In: Thole et al. (Hg.) (1998): 131-145

Schröder, Iris (1995): Wohlfahrt, Frauenfrage und Geschlechterpolitik. Konzeptionen der Frauenbewegung zur kommunalen Sozialpolitik im Deutschen Kaiserreich 1871-1914. In: Geschichte und Gesellschaft 3/21. 1995: 368-390

Schröder, Iris (2001): Arbeiten für eine bessere Welt. Frauenbewegung und Sozialreform 1890-1914. Frankfurt a.M.

Schröer, Wolfgang (2000): Soziale Arbeitsgemeinschaften und sozialistische Lebensgestaltung – Sozialpädagogische Gemeinschaftsvorstellungen nach dem Ersten Weltkrieg. In: Henseler/ Reyer (Hg.) (2000): 88-101

Schröer, Wolfgang (1999): Sozialpädagogik und die soziale Frage: der Mensch im Zeitalter des Kapitalismus um 1900. Weinheim/München

Schubert, Herbert (2002): Menschliche Siedlungen als Symbolräume. In: Riege/Schubert (Hg.) (2002): 161-176

Soja, Edward W. (1989): Postmodern geographies: the reassertion of space in critical social theory. London/New York

Thole, Werner/Galuske, Michael (Hg.) (2005/i.E.): Zwischen Biographiearbeit und Sozialmanagement – Neuere Entwicklungen in der sozialpädagogischen Methodendiskussion. Wiesbaden

Thole, Werner (Hg.) (2002): Grundriss Soziale Arbeit. Opladen

Thole, Werner/Galuske, Michael/Gängler, Hans (Hg.) (1998): KlassikerInnen in der Sozialen Arbeit: sozialpädagogische Texte aus zwei Jahrhunderten – ein Lesebuch. Neuwied/Kriftel

Werlen, Benno (1995/1997): Sozialgeographie alltäglicher Regionalisierungen. 2 Bände. Stuttgart
Wentz, Martin (Hg.) (1991): Stadt-Räume. Frankfurt a.M./New York
Wichern, Johann H. (1962): Sämtliche Werke. Berlin/Hamburg
Wichern, Johann H. (1949): Familienerziehung zu Hause und in der Anstalt. In: Färber (1949): 19-26
Winkler, Michael (1988): Eine Theorie der Sozialpädagogik: über Erziehung als Rekonstruktion der Subjektivität. Stuttgart
Wolff, Mechthild (2000): Integrierte Erziehungshilfen. Eine exemplarische Studie über neue Konzepte in der Jugendhilfe. Weinheim/München

Sozialpolitik

Lothar Böhnisch und Wolfgang Schröer

Abstract

Der gegenwärtige Diskurs um den Strukturwandel der Arbeitsgesellschaft und die ökonomisch-technologischen Rationalisierungs- und Globalisierungsprozesse wird in einer sozialräumlichen Sprache geführt. Es ist von der Entbettung des ökonomischen Systems, der Entgrenzung der Arbeit und der Gebundenheit des Sozialstaats die Rede. Die Wirtschaftsweise hat sich im digitalen (ortlosen) Kapitalismus vom Sozialen in einer Weise gelöst, in der das Denken in national-staatlich-territorialen Kategorien einer „Nationalökonomie" obsolet zu werden scheint, gleichzeitig aber die nationalstaatlich-territoriale Verhaftung der Sozialpolitik offenkundig geworden ist. Darin ist das Problem vermittelt, dass sich die Ökonomie gegenüber den Menschen systemisch zu verselbstständigen droht, während diese in ihren lebensweltlichen Räumen zurückbleiben. Dieses Bild vermittelt nicht nur die Relevanz räumlicher Begrifflichkeit für die Verortung der Sozialpolitik im Prozess der Globalisierung. Es hilft uns auch, einen Zugang zur sozialpolitischen Bestimmung der Kategorie Raum im sozialwissenschaftlichen Denken zu finden und Missverständnisse im gegenwärtigen sozialräumlichen Diskurs zu klären.

Der soziale Raum – ein Klärungsversuch

Dass der Raum als territoriale Größe nicht an sich, sondern erst über die menschliche Aneignung seine soziale Qualität entfaltet, die sich damit und darin vom Territorialen abhebt, ohne sich aber ganz von ihm ‚absetzen' zu können, scheint seit Georg Simmel (1908) sozialwissenschaftlicher Konsens zu sein. Und doch kann sich dieser Konsens nicht setzen, begrifflich zur Ruhe kommen, nagt doch immer wieder der Zweifel besonders in den sozialräumlichen Argumentationen, die einen ‚eindeutigen' und ‚fassbaren' Begriff des Sozialraums suchen und nicht finden können. Die Tücke des Sozialraumbegriffs besteht eben darin, dass nicht nur die alltagstheoretische, sondern genauso die wissenschaftliche Vorstellung vom Räumlichen sich partout nicht vom Territorialen lösen kann. Auch wenn man das damit verbundene Unbehagen mit den verschiedensten sozialen Hilfskonstruktionen zu verscheuchen sucht, auflösen kann man es scheinbar nicht. Die Vorstellung, man käme im räumlichen Argumentieren immer wieder in Gefahr, in den Sog eines ‚Containerdenkens' zu geraten, holt den Diskurs immer wieder ein.

Diese Blackbox der Sozialraumbestimmung liegt wohl, wie bei den Kategorien Zeit und Geschlecht, darin, dass das Räumliche in die Natur des Menschen hineinreicht, diese aber nie ganz soziologisch erschließbar ist. Der Mensch ist endlich (solange er nicht geklont wird), kann sich seines Leibes nicht entziehen und ist – bei aller Mobilität – territorial-räumlich gebunden. Diese Gebundenheit stellt einen Pol seiner sozialen Identität dar, sie macht sie – v.a. psychodynamisch – gerade immer dann besonders bemerkbar, wenn die Menschen unter Mobilitäts- und Flexibilisierungsdruck geraten. Dieser so vermittelte „Naturbezug" des menschlich angeeigneten Raumes entzieht sich immer wieder dem Erklärungszwang der Sozialwissenschaften.

Simmel schien dieses Problem nicht zu haben. Er war sich der ontogenetischen Blöße des Raumbegriffs offensichtlich bewusst, ohne sie eigens zu explizieren. Sie geht in seinem literarischen Stil auf und so gelingt es ihm, mit diesem wissenschaftstheoretischen Problem, als dessen Urheber er ja durchaus gelten kann, in einer beneidenswerten Unbefangenheit umzugehen. Er fällt – so würden die heutigen sozialwissenschaftlichen Zweifler wohl sagen – immer wieder in eine territorial rückgebundene Darstellung zurück, obwohl er doch gerade die gegenüber dem Territorialen eigenständige soziologische Qualität der räumlichen Aneignungsprozesse durch die Menschen hervorhebt.

Man kann diese literarische Unbefangenheit – wie übrigens in vielen seiner anderen Studien auch – auf sein dialektisches Gespür zurück führen, das es ihm erlaubt, über die Klippen hinweg zu argumentieren, die einige sozialräumliche Argumentationen heute geradezu zwanghaft aufzubauen scheinen. Ähnlich könnte man auch Pierre Bourdieus Sozialraumbestimmung (1997) charakterisieren. Diese „versteckte Dialektik" ist nicht ausformuliert, bleibt in der Intention stecken, springt aber dann doch wieder so ins Auge, dass es den Versuch lohnt, sie angesichts der tendenziellen Eindimensionalität des gegenwärtigen Raumdiskurses systematisch anzugehen. Diese Dialektik besteht darin, dass die leib-seelische Gebundenheit des Menschen an den physikalischen Raum mit seinem Territorialcharakter in einem kategorialen Widerspruch steht zu den Handlungsmustern, die sich über räumliche Aneignungsprozesse (als räumlich aktivierte Praxis) entwickeln und sich gegenüber dem Territorialen soziologisch verselbstständigen. Dieser Widerspruch kann nur über einen dialektischen Schritt hin zu einer neuen begrifflichen Form überwunden werden, indem dieser kategoriale Widerspruch soziologisch so transformiert wird, dass er als Spannung deutlich wird, aus der räumliche Kräfte der Vergesellschaftung erwachsen. Es handelt sich dabei – eben in diesem dialektischen Sinne – um *pararäumliche* Vergesellschaftungsbezüge.

Der Begriff *pararäumlich* drückt die Erkenntnis aus, dass der territoriale Raumbezug des Sozialen für die menschliche Erfahrung wirklich und gleichzeitig wieder nicht wirklich ist. Diese dialektische Perspektive kommt dem Begriff der räumlich vermittelten oder aktivierten Praxis (vgl. auch Werlen 2000) entgegen, allerdings nun in der Dialektik des historisch-soziologischen Praxisbegriffs (Gramsci; vgl. Schmidt 1972), der auf die erst in der *historischen Bilanz* sich abzeichnende Interdependenz von menschlichem Handeln und sozialökonomischen Verhältnissen hinweist, wobei die Strukturkraft der Geschichte und nicht die des menschlichen Handelns selbst im Vordergrund steht. Dem kommt in der heutigen wissenstheoretischen Diskussion die Position eines kritischen soziologischen Konstruktivismus am ehesten entgegen. Nach diesem Verständnis „ist die Sozialwelt nicht nur von uns gemeinsam, sozial, gesellschaftlich oder wie auch immer konstruiert, sondern sie ist Konstruktion. Die Sozialwelt wird ‚als gegeben vorausgesetzt' und sie ist dennoch ein Konstrukt. In dem soziale Akteure interagieren, wird eine Sozialwelt ebenso (co)konstruiert, wie die Interaktion durch die Konstruktion der sozialen Welt bestimmt ist" (Nicolaisen 1999: 102).

In diesem dialektischen Modell kann dann die Erfahrung weiter bestehen, dass Menschen lebensweltlich an territoriale Räume gebunden sind, genauso wie soziale Institutionen, auch wenn sie historisch über räumliche Aneignungsprozesse entstanden sind, sich längst aus dieser territorialen Gebundenheit gelöst und sich ihr gegenüber verselbstständigt haben. Gleichwohl sind es immer wieder räumlich-territorial vermittelte Aneignungsprozesse, die sozialen Wandel anstoßen und verselbstständigte institutionell-organisatorische Systeme praktisch in Frage stellen können, wenn diese ihre ‚Bodenhaftung' verloren haben. Andererseits können es aber auch die institutionell-organisatorischen Systeme selbst sein, die zu Zeiten eigener Bestandskrisen räumlich-territoriale Rückbindung suchen und – mit welcher Legitimationsstrategie auch immer – soziale Probleme in die territorial gebundenen Aneignungsräume der Menschen hinein verlagern.

Gleichzeitig entfaltet die pararäumliche Vergesellschaftungsdynamik auch ihre Eigenkräfte, sowie wir sie heute in den Bereichen des *Medialen* erleben. Mediale Aneignungsportale vermitteln Zugänge zu virtuellen Räumen, die ihre soziale Relevanz dadurch erhalten, dass sie zu den alltäglichen und biografischen Aneignungsformen in einen pararäumlichen Bezug gesetzt werden können, in dem sie entsprechende Interaktionsstrukturen herausbilden. In diesem Kontext können z.B. soziale Rückzugsphänomene wie das der *Verhäuslichung,* die der Perspektive der räumlich aktivierten sozialen Praxis entgegen stehen, dennoch – im Erlebnis des Einzelnen – pararäumlich eingebettet und damit sozial bezugsfähig sein.

Überträgt man nun diese Perspektive der pararäumlichen Vergesellschaftung auf die sozialpolitische und sozialstaatliche Sphäre, so kommen wir gerade zwangsläufig zur Kategorie der *sozialpolitischen Öffentlichkeit.* Öffentlichkeit – als Sphäre zwischen Privatheit und Staatlichkeit – wird in der politischen Soziologie als räumlich vermittelte Praxis des diskursiven Konflikts beschrieben (vgl. Habermas 1973). Soziale Bewegungen, Bürgerinitiativen und soziale Kampagnen als Motoren einer modernen sozialpolitischen Öffentlichkeit waren und sind an räumliche Aneignungsprozesse und räumlich aktiviertes politisches Handeln (Interessenartikulation und -durchsetzung) der Beteiligten gebunden. Sie stehen in einem Spannungs- und Konfliktverhältnis zu den institutionell vermittelten Legitimationsöffentlichkeiten der politischen und administrativen Systeme. Diese räumlich vermittelten Öffentlichkeiten aktivieren das sozialpolitische Prinzip (vgl. Böhnisch/Arnold/Schröer 1999) – den sozialpolitischen Konflikt – und geraten so in Widerstreit mit der institutionellen Legitimationsöffentlichkeit. In diesem Prozess entwickelt sich jene pararäumliche Dynamik, in der sich aus räumlich vermittelten Interessenartikulationen soziale Probleme entwickeln, die als solche von der Politik aufgegriffen werden müssen und so einen gesellschaftlichen Status erhalten, der sie gegenüber den Menschen, die sie aktiviert haben, verselbstständigt.

Wir wollen nun im Folgenden im Vergleich zweier sozialpolitischer Zeitkonstellationen – der sozialstaatlichen Modellpolitik der 1970er Jahre und der gegenwärtigen Krise des Sozialstaats sowie der Entgrenzung von Arbeit – den Bedeutungswandel räumlich vermittelter sozialpolitischer Öffentlichkeit darstellen und dabei auch die sozialraumtheoretischen Implikationen weiter ausdifferenzieren.

Sozialstaatliche Modellpolitik vor dem Hintergrund eines räumlich aktivierten modernisierungspolitischen Spannungsverhältnisses

Der deutsche Sozialstaat der 1970er Jahre konnte vor dem Hintergrund eines Gleichgewichts zwischen Arbeit und Kapital und bei weitgehender nationalstaatlicher Einbettung der Ökonomie seine Regulierungskraft entfalten. Das Modell des staatlich regulierten Kapitalismus, in dem die Interessen der Ökonomie und die der sozialstaatlichen Integration aufeinander zu beziehen waren, konnte v.a. deswegen funktionieren, weil eine mittelbare Vereinbarkeit von wirtschaftlichen und sozialen Interessen – im Sinne der sozialpolitischen Dialektik, wie sie Eduard Heimann (1929) aufgezeigt hat – möglich war. Die kapitalistische Wirtschaft war – bei verschärftem internationalem Wettbewerb und unter den Bedingungen der fordistischen Wirtschaftsweise – auf die Ausschöpfung allen Humankapitals und seine Qualifizierung angewiesen. Dies verlangte vom Staat als Regulator des Modernisierungsprozesses die Mobilisierung der verfügbaren Bildungsreserven. Eine solche Politik der Bildungsmobilisierung, die auf Verbreiterung und relative Gleichheit der Bildungschancen abzielte, reichte damit mitten in die sozialpolitische Sphäre sozialer Gerechtigkeit hinein. Soziale Integration und soziale Gerechtigkeit als sozialstaatliche Ziele konnten also mit der Perspektive des ökonomischen Wachstums verbunden werden. Soziale Gerechtigkeit wurde unter diesem Aspekt gleichsam zur Produktivkraft, soziale Demokratisierung zum Gebot sozialer wie ökonomischer Modernisierungspolitik.

Diesem komplexen Modernisierungsdruck war die überkommene institutionell-administrative Apparatur nicht gewachsen, sie kam selbst unter Reformdruck. Somit entwickelte sich ein multiples Spannungsfeld, in dem politische, soziale und institutionelle Konflikte v.a. außerhalb der *institutionellen* Strukturen, also räumlich freigesetzt und aktiviert wurden. Dabei waren es nicht nur die außerinstitutionellen sozialen Bewegungen und Initiativen der damaligen Zeit, die soziale Benachteiligung sichtbar machten und Interessen artikulierten, sondern genauso – oft in Reaktion darauf – der Sozialstaat, der seine Gestaltungsspielräume außerinstitutionell zu erweitern versuchte, um von dort Impulse für seine Modernisierungspolitik zu erhalten. Diese Modellpolitik eines – man könnte formulieren – „lernenden“ Sozialstaates schuf regionale Gelegenheits- und Anregungsstrukturen, über die der soziale Konflikt räumlich aktiviert werden konnte. So entstanden erst Inseln, dann Zonen einer räumlich aktivierten Praxis sozialpolitischer Öffentlichkeit, die sich mit den räumlich freigesetzten sozialen Bewegungen zunehmend verschränkte. Interessen, die bisher übergangen wurden, wurden durch räumliche Aneignungsprozesse sichtbar, darin enthaltene Definitionen sozialer Probleme wurden als gesellschaftliche Definitionen durchgesetzt.

Als Beispiele können die Mieter- und Gemeinwesenkampagnen in den neuen Satellitenstädten, die in den damaligen Urbanisierungsschüben aus dem Boden schossen, die Jugendzentrumsbewegung, aber auch die Kampagne zur Humanisierung der Arbeitswelt genannt werden. In allen Beispielen geht es um räumliche Aneignungsprozesse, die sich in sozialpolitische Öffentlichkeiten hinein verlängern und im öffentlichen Diskurs neuer sozialer Probleme verselbstständigen. Mieter eignen sich die neuen Stadtteile an und aktivieren dabei den sozialpolitischen Diskurs, um eine humane

Stadtentwicklungspolitik durchzusetzen. Jugendliche machen auf sich über phantasievolle wie aggressive räumliche Repräsentationen und Manifestationen aufmerksam und schaffen so ein sozialräumlich rückgebundenes Klima für eine sozialpolitische Anerkennung der Jugendfrage. Räumlich freigesetzte außerbetriebliche Öffentlichkeiten machen die Verknüpfung von betrieblichen und gesellschaftlichen Strukturen sichtbar.

Im Verlauf dieser Prozesse wurden aber nicht nur die sozialen und kulturellen Interessen der Bürger räumlich aktiviert und in sozialpolitische Öffentlichkeiten hinein verlängert, es wurden auch allgemeine gesellschaftliche Probleme ‚vor Ort' räumlich sichtbar. Fragen der Menschenwürde, der sozialen Gerechtigkeit, der Unterdrückung und der Kluft zwischen Armut und Reichtum wurden als internationale Themen ‚vor Ort' zugänglich. So fügten sich z.B. die Vietnamdemonstrationen der damaligen Zeit durchaus in die sozialpolitischen Öffentlichkeiten ein, auch wenn sie auf den ersten Blick in ihrer Symbolik außerhalb der regionalen Öffentlichkeit zu liegen schienen.

Es entstand – in der historischen Bilanz gesehen – ein räumlich aktiviertes Spannungsfeld sozialpolitischer Modernisierung, in dem auch die institutionell-organisatorischen Apparaturen modernisiert und neue Institutionen geschaffen werden konnten. Das Entscheidende war dabei die Spannung zwischen den Institutionen und den räumlich aktivierten Öffentlichkeiten. Dies sei im Kontrast zur Gegenwart betont, wo räumlich aktiviertes Handeln von den institutionell-organisatorischen Apparaturen instrumentalisiert wird, um die anwachsenden Schwierigkeiten des Zugangs zu den Lebenswelten der Adressaten und Klienten zu verbessern. Wichtig ist aus heutiger Sicht auch, dass der Sozialstaat in dieses räumlich aktivierte Spannungsfeld sozialpolitischer Öffentlichkeit eingebunden war, während heute der Raum zivilgesellschaftlich gegen den Sozialstaat gleichsam ausgespielt wird.

Mit der institutionell-organisatorischen Umsetzung der Modellergebnisse und den damit verbundenen Professionalisierungsprozessen der 1980er Jahre wurde nun aber die sozialpolitische Landschaft neu vermessen, lösten sich die räumlich rückgebundenen sozialpolitischen Öffentlichkeiten weitgehend auf. Räumlich aktivierte Initiativen (Bürger- und Stadtteilinitiativen) blieben in ihrer Öffentlichkeitsdynamik begrenzt, da sie sich in ihren Aneignungsformen und -zielen zunehmend auf das Lokale beschränkten. Sozialräume des Experimentierens waren institutionell und professionell abgesteckt („Container"), Aneignungsprozesse pädagogisch aktiviert und begleitet. Es war die Zeit der kommunalen Kinder- und Jugendhäuser, der Abenteuerspielplätze und Festivals, der Stadtteilbüros und der mobilen Jugendarbeit.

Entgrenzung von Arbeit und der neue Allokationssog

Mit der im Zuge der Rationalisierung und Globalisierung entstandenen politischen und fiskalischen Krise des Sozialstaates im digitalen Kapitalismus büßt die Sozialpolitik heute Gestaltungsspielräume und Gestaltungsdynamik ein. Vor dem Hintergrund des nun entstandenen Ungleichgewichts zwischen Kapital und Arbeit wird der nationale Sozialstaat stärker ökonomisch gebunden, die Sozialpolitik muss sich zunehmend der Standortpolitik im Magnetfeld des globalisierten Wettbewerbs unterordnen: In diesem Kontext ist – verstärkt durch die Entgrenzungstendenzen in der Arbeitsgesellschaft – die räumliche Transformation sozialer Probleme gegenwärtig in einen *Allokationssog* geraten, der soziale Ungleichheit mitunter zum Regulationsproblem lokaler Politik werden lässt. Darum werden z.B. in den Diskussionen um die Zukunft der Bürgergesellschaft und des Sozialstaates soziale Probleme häufig allein phänomenlogisch an die Orte gebunden, an denen sie zu Tage treten. Neu betrachtet wird das antike Ideal des Aktivbürgers, das zwar „in der modernen, komplexen, vernetzten mobilen Gesellschaft nicht mehr trägt", aber für den „überblickbaren, politischen Raum" (Thürer 2000: 206) als zukunftsfähig erkannt wird. Dieser Gegenentwurf zu den sozialpolitischen Modellen, die sich im 20. Jahrhundert v.a. auf gesellschaftliche Großgebilde – wie eben den Sozialstaat – bezogen, kann aber die sozialen Spannungen zwischen den Vergesellschaftungsprozessen im digitalen Kapitalismus und den allokativen Vergegenständlichungen sozialer Probleme, wie sie sich auch in der Ökonomie des 21. Jahrhunderts deutlich abzeichnen, nicht regulieren.

Die Ausbreitung und ökonomische Durchsetzung des digitalen Kapitalismus und die Art seines Einwirkens auf die sozialstaatlich regulierten Gesellschaften sind mit Entgrenzungsprozessen verbunden, die zudem nicht mehr mit dem bisher gebräuchlichen sozialwissenschaftlichen Begriff der „Entstrukturierung", der v.a. die Pluralisierung sozialstaatlich regulierter Gesellschafts- und Lebensbereiche beschreiben sollte, erfasst werden können (vgl. Böhnisch/Schröer 2002). Entstrukturierung meinte, dass sich die sozialen und institutionellen *Formen* der Vergesellschaftung gewandelt haben, dass ihre grundlegenden Strukturprinzipien aber dennoch weiter erhalten bleiben.

Das grundlegende Strukturprinzip der fordistisch-sozialstaatlichen Gesellschaft des 20. Jahrhunderts war in diesem Sinne ein System der Arbeitsteilung, in dem die Funktionssphären von Produktion und Reproduktion gleichzeitig voneinander getrennt und aufeinander bezogen sind. Wenn in diesem Kontext von Entgrenzungsprozessen gesprochen wird, richtet sich die Analyse in erster Linie auf die Entgrenzung von Arbeit und damit auf die fordistische Arbeitsteilung. Gemeint ist, dass die soziale, räumliche und zeitliche *Entgrenzung von Arbeit* im digitalen Kapitalismus die Normalität des Normalarbeitsverhältnisses mit lebenslanger Berufs- und Arbeitsplatzsicherheit und tariflicher und sozialer Absicherung aufweicht (vgl. Kratzer 2003). Diese findet – glaubt man euphorischen Zeitdiagnosen – in der Figur des „Arbeitskraftunternehmers" ihre entsprechende Vergesellschaftungsform individueller Lebensführung. Unternehmergeist und die – mitunter auch bürgerschaftlich zu nutzenden – Leadership-Qualitäten sind die besonderen Qualitäten dieser Sozialform. Zudem würden „freie" Vertrags- und Aushandlungsmodelle vor Ort in Zukunft die alltägliche Lebensführung zwischen Erwerbsarbeit und Familienarbeit bestimmen.

Grundsätzlich kann allerdings erst einmal festgehalten werden, dass die in diesem Bild gebündelten Arbeitsanforderungen „empirisch und konzeptuell das idealtypische Modell zweier ‚Sphären' mit unterschiedlichen Handlungslogiken, Zeiten und Orten, verteilt auf zwei Geschlechter (sprengen). Indem sich sowohl Beruf als auch Familie jeweils vom fordistischen Modell weg entwickelt haben, ist auch ihr Verhältnis zueinander nicht mehr entsprechend komplementär konstruiert. In den sich umwälzenden Arbeits- und Lebensverhältnissen geht es nicht mehr um Vereinbarkeit, denn die ursprünglichen Grenzlinien sind nicht mehr scharf und der Zugriff auf die Individuen und ihre Familien ist umfassender und subtiler zugleich geworden. Es geht vielmehr um immer wieder neu auszutarierende Balancen von unterschiedlichen Tätigkeits- und Lebensformen an unterschiedlichen Orten der Gesellschaft" (Jurczyk/Lange 2003: 12-13).

Mit den Entgrenzungsprozessen verschwimmen somit die vormals abgegrenzten und in dieser Abgrenzung aufeinander bezogenen Strukturen, wie sie bisher in der sozialstaatlich-fordistischen Gesellschaft prägend waren. Unterschiedliche „Rationalitätssemantiken" (vgl. Kocyba/Schumm 2002) lösen die zweckrationale Logik fordistischer Ökonomie und Lebensführungsmodelle ab. Die Ambivalenzen, die schon Max Weber für die ersten Freisetzungsprozesse der industriellen Moderne beschrieben hat (vgl. Weber 1972), tauchen in den neuen Kontexten des digitalen Kapitalismus wieder auf: Je mehr sich die systemischen Prozesse von Ökonomie und Gesellschaft ins Abstrakte bewegen, sozial entbettet sind, desto stärker steigt der Allokationsdruck und wächst das Bedürfnis nach dem Konkreten, nach sozial erreichbaren und fassbaren Zugehörigkeiten, nach Orten der Sicherheit: „Daher ist es kein Wunder, dass die (Re)Aktivierung sozialer Bindemittel in kleinen lokalen Gemeinschaften in der Bundesrepublik wie in einer Mehrzahl der OECD-Staaten seit einigen Jahren in vielen Politikbereichen gefordert und gefördert wird. Auch soziale Ungleichheit soll mit dieser Strategie behoben werden: Mit der Implementierung von Stadtentwicklungsprogrammen und quartiersbezogenen Aktivierungsmaßnahmen wird eine nahraumorientierte Inklusion von Bewohnerinnen und Bewohnern so genannter benachteiligter Quartiere angestrebt" (Kessl/Otto 2004b: 9).

Offensichtlich ist, dass der Mensch in dieser Szenerie unter dem Druck steht, vor Ort, im jeweiligen lokalen Nahraum, die von ihm verlangte ‚Souveränität' zu erreichen. Dieser Allokationsdruck bringt das Bedürfnis nach befriedeten und abgeschotteten Gemeinschaften hervor, wie sie Jeremy Rifkin bereits für die amerikanische Gesellschaft beschrieben hat (vgl. Rifkin 2000). Jenseits der entgrenzten Aushandlungs- und Mediationskultur wächst so die Sehnsucht nach einer lokalen Gemeinschaft, wird Nähe in den Möglichkeiten gesucht, die man noch hat: In der Familie, in der Idee, aber auch in der Ideologie der community, in der Sehnsucht nach Zugehörigkeiten und Anerkennung.

Doch nicht nur der Allokationssog verstärkt eine Tendenz zur lokalen und selbstbezogenen Abschottung, sondern gleichzeitig erzeugt der digitale Kapitalismus selbst neue Grenzen und Formen der Abschottung (vgl. Kirchhöfer 2005). Indem die Ökonomie in ihrem Magnetfeld von Rationalisierung und Globalisierung nur einen Teil des Humankapitals anzieht, den anderen aber abstößt, ökonomisch unter Druck setzt, entsteht eine Segmentierung der Arbeitsgesellschaft, die offene Erreichbarkeitstrukturen entgegensteht. Große Bevölkerungsteile in den Industriegesellschaften haben dann keine Aussicht mehr in die ökonomisch-gesellschaftlichen Kernbereiche der Erwerbsarbeit zu gelangen, für viele bedeuten die neuen Formeln des digitalen Kapitalismus ein Leben in prekären und flexibilisierten Arbeitsverhältnissen.

Der sozialpolitische Bedeutungswandel sozialräumlicher Kontexte zu Beginn des 21. Jahrhunderts

Mit der steigenden Entkoppelung von lebensweltlich-allokativer und systemischer Sphäre sind die Gelegenheiten und Möglichkeiten der räumlich aktivierten Transformation von Interessen in sozialpolitischen Öffentlichkeiten geringer geworden, zumal der Sozialstaat seine Gestaltungsräume eingebüßt hat und die Menschen vor dem Hintergrund steigender sozialer Risiken im alltäglichen Bewältigungszwang gebunden sind. Damit bekommt das Räumliche eine andere politische Bedeutung. Es geht nicht mehr um die räumliche Freisetzung und Aktivierung übergangener Interessen und Konflikte, der Raum wird angesichts des Allokationssogs zunehmend zum Bewältigungsraum und zum sozialpolitischen *Verdeckungs- und Befriedungszusammenhang* vor Ort.

Am Beispiel der „Spaltung der Städte" kann man diese Tendenzen zur räumlichen Verdeckung und Befriedung gut beobachten: So stehen wir „möglicherweise an einem Wendepunkt in der Entwicklung der europäischen Stadt, und jene Integrationsleistung, die die Städte vor und während der Industrialisierung erbracht haben, steht auf dem Spiel. (...) Im Vergleich zur Stadt des 19. Jahrhunderts – und im Vergleich zur Stadtentwicklung in den USA – hatten sich unter sozialstaatlichen Bedingungen in der Bundesrepublik relativ homogene Stadtgesellschaften entwickelt: Tiefgreifende Spaltungen und Fragmentierungen konnten wenn nicht überwunden, dann doch so weit abgemildert werden, dass auf dieser Basis alle gut leben konnten. Dies scheint sich nun, an der Schwelle zum 21. Jahrhundert, zu ändern. (...) Die sozialräumliche Struktur der Städte könnte dadurch selbst zu einer Ursache für soziale Ausgrenzung werden. Gesellschaften sind heute mehr denn je von globalen Tendenzen, von globalem Wettbewerb geprägt. Ebenso wie die Gesellschaft in Deutschland insgesamt befinden sich auch die Städte in einer Phase des Übergangs" (Häußermann 2004: 352).

Da viele Städte nicht mehr in der Lage sind, den Spagat zwischen ökonomischem Standortdruck und kommunaler Sozialintegration zu halten, muss die Perspektive der sozialen Integration und breiten Partizipation aller Bürger hinter der ökonomischen Standortpolitik (im globalisierten Standortwettbewerb der Städte untereinander) zurückstehen. Sozialstrukturellen Dynamiken der Verhäuslichung und Segregation kann nicht mehr im ausreichenden Maße gegengesteuert werden. Gleichzeitig entwickelt sich angesichts der fiskalischen Krise der Städte und der Anforderung der Ökonomie, für ihren Einzugsbereich eine optimale kulturelle und soziale Standortqualität zu bekommen, eine städtische Befriedungspolitik, welche die Segregations- und Verhäuslichungseffekte bei den Bürgern, die in der größer gewordenen Peripherie der Stadtgesellschaft leben, noch verstärken: „Über eine forcierte Marktinklusion hinaus, lassen sich in diesem Kontext Verschiebungen von ‚Government-' zu ‚Governance-Strategien' beschreiben, in deren Folge ein gesellschaftlicher Ordnungsrahmen konstituiert wird, in dem eine gemeinschaftsbezogene kulturell-solidarische Integration zunehmend an die Stelle des Primats einer aktiven sozialstaatlichen Gesellschaftsintegration rückt" (Otto/Ziegler 2004: 131).

Soziale Probleme werden jetzt nicht mehr räumlich aktiviert und sichtbar gemacht, sondern die räumlichen Dynamiken der Segregation und Verhäuslichung verdecken sie, lassen sie unsichtbar werden. Das scheinbar Paradoxe ist nun, dass die Einrichtungen und Dienste der Sozialen Arbeit, die in diese kommunale Befriedungspolitik eingebunden sind und zu der die räumlichen Bezüge sich zu Verdeckungszusammenhängen entwickeln, zur gleichen Zeit gezwungen werden, sich sozialräumlich zu orientieren,.

Dies ist darauf zurückzuführen, dass mit der Entgrenzung der Arbeitsgesellschaft und den neuen Formen des bürgerschaftlichen Regierens (vgl. Böhnisch/Schröer 2002) die Lebenszusammenhänge der Adressaten und Klienten der Sozialen Arbeit in einer Vielschichtigkeit vor Ort auftauchen, in der sie über die professionelle Containerperspektive nicht mehr fachlich hinreichend lebensweltlich erreicht werden können. Gleichzeitig erfordert der fiskalische Druck auf die kommunale Apparatur sozialer Hilfe eine Neuordnung des Ressourcen- und Qualitätsmanagements in der Richtung, dass die Einrichtungen angehalten sind, Ressourcen der Hilfe und Selbsthilfe außerhalb der professionellen Struktur – aber für diese verfügbar zu aktivieren. Somit erleben wir heute eine institutionell und professionell gesteuerte räumliche Aktivierung von Bewältigungskontexten, die über die Schaffung von Netzwerken, aufsuchender Arbeit und Out-Sourcing den sozialpädagogischen Einrichtungen zugänglicher werden sollen. Die sozialräumliche Ausrichtung der Sozialen Arbeit kann aber von den Einrichtungen nur im begrenzten Umfang autonom gesteuert werden, da sie einerseits selbst unter Entgrenzungsdruck stehen, andererseits der von ihnen nun professionell gesuchte kommunale Raum nicht mehr gestaltungsoffen ist. Vielmehr treffen sie auf Räume, die nicht mehr für Aneignungsprozesse sozialstaatlich freigehalten sind, und werden mit „unsichtbaren Bewältigungskarten" (vgl. Reutlinger 2003) konfrontiert, die sie von ihren institutionellen Möglichkeiten her schwer integrieren können und geraten so zwangsläufig in eine sozialräumliche Selektivität, die der kommunalen Befriedungspolitik entgegenspielen muss.

Dies ist der sozialpolitische Hintergrund, vor dem man die Möglichkeiten und Grenzen sozialräumlicher Sozialer Arbeit heute thematisieren muss, soll sie nicht zur neuen Praxisideologie werden. Das heißt nicht, dass die Sozialpädagogik sich nicht sozialräumlich verhalten soll, dazu ist sie schließlich strukturell gezwungen, zumal sich im Zuge der Entgrenzung der Arbeitsgesellschaft auch die Lebenswelten und Bewältigungsherausforderungen ihrer Adressaten und KlientInnen verändert haben. Es geht also vielmehr um die sozialpolitische Reflexivität, welche eine sozialräumlich orientierte Soziale Arbeit braucht, wenn sie ihre Grenzen und Möglichkeiten einschätzen will.

In dem Maße, indem die Räume heute ökonomisiert werden, sind nur noch ökonomisch relevante Interessen und Probleme sichtbar. Diese verbinden sich mit den virtuellen ökonomischen Öffentlichkeiten der globalisierten Informations- und Kommunikationsnetzwerke. Der Raum wird damit nur für solche Interessen als Medium der politischen Aktivierung zugänglich, die auch Zugang zum Netz haben (vgl. Rifkin 2000). Nun sind die Räume digitalisiert und es werden nur noch erwünschte Öffentlichkeiten freigesetzt und aktiviert: biografische Erfolgsgeschichten, Erzählungen von Flexibilität und Durchsetzung. Durch die *pararäumliche* Verschmelzung von digitalen Aneignungskontexten und lokal-territorialen Aneignungsräumen, ist das Räumliche nun selbst entgrenzt, die Probleme und Konflikte verlieren an Schärfe, sind fluid, bekommen Eventcharakter, der entsprechend medial zurückgespiegelt wird.

New Governance als neue sozialpolitische Perspektive?

In dieser Situation sind heute u.a. zwei Gegendiskurse entstanden, die auf eine Repolitisierung des Raumes abzielen. Es ist zum einen der mehr sozialwissenschaftlich geführte europäische Diskurs um neue Formen des Regierens (*new governance*) und zum anderen die Formierung von Minoritäten, die national (z.B. politisierte Gruppen in der Sozialen Arbeit mit Migranten) und international (z.B.: Attac) auftreten. Der *new governance*-Diskurs sucht nach intermediären Zonen zwischen Ökonomie und institutioneller Politik, damit sich Partizipationsformen jenseits der institutionellen Versäulungen entwickeln können: Denn „es ist nicht zu bezweifeln, dass in den westlichen Demokratien ein Verlust an Vertrauen in die Institutionen und an Legitimation stattgefunden hat (...). Es herrscht gewissermaßen eine institutionelle Verdrossenheit" (Karstedt 2004: 60). Entsprechend bezieht sich der *new governance*-Diskurs darauf, dass die klassischen Regierungsinstitutionen es nicht erreichen, dass die zivilgesellschaftliche Entwicklung mit dem Strukturwandel der Arbeitsgesellschaft so Schritt halten kann, dass Demokratisierung und Humanisierung trotz Globalisierungs- und Rationalisierungsprozessen möglich sind.

Da aber dieser Diskurs nicht sozialpolitisch geführt wird, bleibt er in der Eindimensionalität intermediärer Konzepte steckten, kann nicht die sozialpolitische Spannung erzeugen, die für eine Repolitisierung des Räumlichen notwendig ist. So richten sich bisherige Vernetzungen mehrheitlich auf die regionale Ökonomie und erfassen nicht die Möglichkeiten einer Verbindung von ökonomischer und zivilgesellschaftlicher Perspektive. Wenn der *new governance*-Prozess nicht in dieser Eindimensionalität gefangen bleiben soll, dann wird er soziale Konflikte in die Öffentlichkeit bringen müssen. Festzuhalten bleibt aber, dass sich gerade heute „vor Ort" vieles an sozialen Problemen abbildet, aber keine Perspektive im Sinne einer räumlich aktivierten sozialpolitischen Öffentlichkeit sichtbar wird. Der Raum ist – wie wir bereits gezeigt haben – unter dem Allokationsdruck zum Bewältigungsraum geworden. Gleichzeitig folgt auch die Soziale Arbeit in ihrer sozialräumlichen Programmatik häufig der Logik der neokapitalistischen Modernisierung mit ihren Entgrenzungen und Verdeckungen gleichermaßen. Dadurch erhält die auf den ersten Blick fachlich fortschrittliche sozialräumliche Diagnostik und Intervention ihre ökonomische Grammatik der Effizienz, die sie der sozialpolitischen Rückbindung entzieht, obwohl sie von ihren Effekten her fachlich durchaus weiterführend ist (vgl. Munsch 2004).

Hier wird umso deutlicher, dass – so wie die Konflikttheorie für das Gelingen eines demokratischen Konfliktes eine gemeinsame integrative Perspektive der Konfliktparteien voraussetzt – der *New-governance*-Prozess eine Perspektive oder Rahmung der sozialen Gerechtigkeit braucht (vgl. Böhnisch/Schröer/Thiersch 2005). Nur so können für eine entsprechende soziale Praxis reflexive und kommunikativ umsetzbare *Ermöglichungsräume* geschaffen werden, in denen sich Bürger ihrer Teilhabe- und Einflusschancen an sich selbst und den mit ihnen verbundenen anderen gewahr und bewusst werden. Interesse am Anderen und politisches Interesse können so ineinander übergehen. Handlungsfähigkeit im Alltag und politische Partizipationsfähigkeit müssen dann nicht mehr zwangsläufig auseinander fallen.

Agency als begriffliche Umschreibung dieses politisch wirksamen Interaktionszusammenhangs von unten ist in diesem Zusammenhang betrachtet keine institutionell und methodisch verkürzte Perspektive, wie sie sich in den deutschen Diskussionen um Agenturen für Arbeit und Bildung ausdrückt (vgl. Homfeldt/Schröer/Schweppe 2005). Es zeigt sich, dass die traditionellen Institutionen die im Neokapitalismus freigesetzte soziale Dynamik nicht mehr so wie bisher und allein regulieren können. *New governance* und *Agency* dagegen sind Kontexte, die nicht primär institutionenbezogen sind und in denen die Infrastrukturen über soziale Prozesse gelesen werden. Dazu gehören aber andere Rahmungen als die bisherigen institutionellen Definitionen von Partizipation und Engagement. Man kann sich die agency-Perspektive im Bild *beweglicher Netzwerke* (moving networks) vorstellen, die sich jeweils neu und anders flechten und in denen die Institutionen *von den Bürgern her* – unter den Vorgaben des Netzwerks – in Anspruch genommen werden.

Der Unterschied zur Modellpolitik des Sozialstaates besteht darin, dass hier nicht Modelle erprobt werden, um dann institutionell transformiert werden zu können. Im Falle der *moving networks* geht es nicht um die institutionelle Vervielfachung, sondern um die kommunikative Erschließung von und die Verständigung über Voraussetzungen, die in dieser Region vorhanden sein müssen, wenn zivilgesellschaftlich-sozialpolitische Prozesse ins Laufen kommen sollen. Dabei ist der zivilgesellschaftliche Zielhorizont ein anderer als der institutionelle. Während institutionelle Interventionen auf den Ausgleich zwischen ökonomischen Wachstumszielen und sozialen Belangen aus sind, orientieren sich zivilgesellschaftlich-sozialpolitische Anregungsprozesse entlang der Perspektive *sozialer Gerechtigkeit*. In dieser Perspektive sollen v.a. auch Gruppen partizipieren können, die institutionell und im bürgerlich-politischen Mainstream sozialräumlich eher ausgegrenzt sind.

In den 1970er Jahren – im Kontext der Modellbewegung – wurden Schulen, Jugendhäuser, Bildungsstätten bis hin zu lokalen Unternehmen als regionale „Orte" gedacht, durch die Netzwerklinien liefen. In der Zeit der Entgrenzung und des Allokationssogs, in der Unternehmen mehr denn je am abstrakten Gewinn, Schulen an der abstrakten Leistung orientiert sind und Jugendhäuser wieder in segmentierte Zonen gedrängt werden, fehlt dieser Konzeption die soziale Spannung. Heute sind es eher Projekte, die unterschiedliche *Magnetfelder* ausbilden, die Leute anziehen, vielleicht auch abstoßen. Solche Magnetfelder sollen immer wieder – wenn auch in ihren Streubereichen wechselnd – neu aufgeladen werden können, damit *soziale Nachhaltigkeit* entstehen kann. Wenn die Organisationen an das Wissen, wie es in den Netzwerken aktiviert werden kann, herankommen wollen, können sie dies nun nicht mehr aus ihrer Machtposition heraus tun, sondern müssen sich als Lernende einfügen. Entsprechend werden bereits Private-Public-Partnership-Modelle erweitert und in ein Prozessmodell eingefügt, so dass nicht nur bilaterale Kooperationen zwischen Organisationen des ersten und Trägern des dritten Sektors existieren, sondern dass in der Region Projekte entstehen, an denen sich die unterschiedlichsten Organisationen (Unternehmen, freie Träger und Personengruppen) beteiligen. Eine sozialräumliche Öffnung allein reicht für die Schulen und auch die Organisationen der Kinder- und Jugendhilfe nicht aus. Sie hätten in diesem Modell eine intermediäre Agentur für regionale Entwicklung und bisher übergangene Kompetenzen von Kindern und Jugendlichen zu sein, um diese zu stärken, zu verbreitern und v.a. auch anzuerkennen.

Diese Magnetfelder müssen den Einzelnen das Erlebnis geben können, dass das Interesse an ihnen und ihr Interesse an anderen und der Region aufeinander zulaufen und so die Basis für die Mitwirkung bei der Entwicklung einer *regionalen Praxis* bilden. Damit diese nicht wieder sozial segmentiert wird, muss soziale Gerechtigkeit den Rahmen regionaler Aktivierung bilden. In dieser Verbindung wird soziale Gerechtigkeit zum Faktor der Regionalentwicklung im Sinne einer regionalen Modernisierung im Gleichgewicht von Mensch und Ökonomie. Das unterscheidet diesen Prozess von Top-down-Strategien, die primär dem Steuerungsinteresse der Institutionen dienen.

Auf diesem Weg wird sich die räumlich gerichtete sozialpolitische Analyse vielmehr wieder den Konstitutionsbedingungen sozialpolitischer Öffentlichkeiten zuwenden müssen. Dabei wird deutlich, dass sich die räumlichen Freisetzungs- und Aktivierungsmuster strukturell gewandelt haben: Es werden nicht mehr Konflikte, sondern Konkurrenzen freigesetzt. Aufgrund der Entgrenzung der gesellschaftlichen Bereiche ist die Konkurrenz zum allgegenwärtigen Bewegungs- und der Markt zum entsprechenden Strukturmoment geworden. Vermarktete Räume aber sind nicht mehr offen, man braucht Kapital, um Zugang zu ihnen zu erhalten. Gleichzeitig werden die Möglichkeiten der räumlichen Freisetzung und Aktivierung sozialpolitischer Öffentlichkeiten in dem Maße geringer, in dem die sozialstaatliche Hintergrundsicherheit schwindet. Zudem schafft der über die Globalisierung freigesetzte abstrakte Raum Sozialformen, die einer Aktivierung sozialpolitischer Konflikte entgegenstehen. Dies ist auf dem „Kontinuum" von der Entgrenzung von Arbeit bis hin zum verhäuslichten Menschen darstellbar. Man könnte fast sagen: Zu dem Zeitpunkt, zu dem der Raum von den Sozialwissenschaften und der Sozialpädagogik wieder entdeckt wird, ist er schon großenteils ökonomisch besetzt und entgrenzt. Deshalb muss der sozialräumliche Diskurs grundsätzlich um einen sozialpolitischen Diskurs erweitert werden.

Literatur

Böhnisch, Lothar/Schröer, Wolfgang/Thiersch, Hans (2005): Sozialpädagogisches Denken. Wege zu einer Neubestimmung. Weinheim/München

Böhnisch, Lothar/Schröer, Wolfgang (2002): Soziale Bürgergesellschaft. Weinheim/München

Böhnisch, Lothar/Arnold, Helmut/Schröer, Wolfgang (1999): Sozialpolitik. Weinheim/München

Bourdieu, Pierre (1997): Ortseffekte. In: Bourdieu (Hg.) (1997): 159-167

Bourdieu (Hg.) (1997): Das Elend der Welt. Konstanz

Brunkhorst, Hauke/Kettner, Matthias (Hg.) (2000): Globalisierung und Demokratie. Wirtschaft, Recht, Medien. Frankfurt a.M.

Habermas, Jürgen (1973): Legitimationsprobleme im Spätkapitalismus. Frankfurt a.M.

Hanesch, Walter/Krüger-Conrad, Kirsten (Hg.) (2004): Lokale Beschäftigung und Ökonomie. Wiesbaden

Häußermann, Hartmut (2004): Die soziale Stadt im gesellschaftlichen Umbruch. In: Hanesch et al. (Hg.) (2004): 343-364

Heimann, Eduard (1929/1980): Soziale Theorie des Kapitalismus. Frankfurt a.M.

Homfeldt, Hans-Günther/Schröer, Wolfgang/Schweppe, Cornelia (2005): Agency und social work. Perspektiven einer transnationalen Sozialen Arbeit. Nordhausen

Honneth, Axel (2002): Befreiung aus der Mündigkeit. Frankfurt a.M.

Jurczyk, Karin/Lange, Andreas (2002): Familie und die Vereinbarkeit von Arbeit und Leben. In: Diskurs 3/12. 2002: 9-16

Karstedt, Susanne (2004): Linking capital. Institutionelle Dimensionen sozialen Kapitals. In: Kessl et al. (Hg.) (2004a): 45-62

Kessl, Fabian/Otto, Hans-Uwe (Hg.) (2004a): Soziale Arbeit und Soziales Kapital. Wiesbaden 2004

Kessl, Fabian/Otto, Hans-Uwe (2004b): Soziale Arbeit und die Neugestaltung des Sozialen. In: Kessl et al. (Hg.) (2004a): 7-18

Kirchhöfer, Dieter (2005): Grenzen der Entgrenzung. Lernkultur in der Veränderung. Frankfurt a.M.

Kocyba, Hermann/Schumm, Wilhelm (2002): Begrenzte Rationalität – entgrenzte Ökonomie. Arbeit zwischen Markt und Betrieb. In: Honneth (2002): 35-64

Kratzer, Nick (2003): Arbeitskraft in Entgrenzung. Berlin

Munsch, Chantal (2004): Die Effektivitätsfalle. Gemeinwesenarbeit und bürgerschaftliches Engagement zwischen Ergebnisorientierung und Lebensbewältigung. Hohengehren

Nicolaisen, Bernd (1999): Zwischen Konstruktion und Interaktion. Zur Rekonstruktion der Genese sozialer Handlungsfähigkeit. Frankfurt a.M.

Otto, Hans-Uwe/Ziegler, Holger (2004): Sozialraum und sozialer Ausschluss. Die analytische Ordnung neo-sozialer Integrationsrationalitäten in der Sozialen Arbeit (Teil 1). In: Neue Praxis 3/34. 2004: 117-135

Reutlinger, Christian (2003): Jugend, Stadt und Raum. Sozialgeographische Grundlagen einer Sozialpädagogik des Jugendalters. Opladen

Rifkin, Jeremy (2000): Access. Das Verschwinden des Eigentums. Frankfurt a.M./New York

Schmidt, Alfred (1972): Geschichte und Struktur. Fragen einer marxistischen Historik. 2. Auflage. München

Simmel, Georg (1908/1992): Soziologie. Gesamtausgabe. Band 2. Frankfurt a.M.

Thürer, Daniel (2000): „Citizenship" und Demokratieprinzip: „Förderative" Ausgestaltungen im innerstaatlichen, europäischen und globalen Rechtskreis. In: Brunkhorst (2000): 177-207

Weber, Max (1972): Wirtschaft und Gesellschaft. Tübingen

Werlen, Benno (2000): Sozialgeographie. Eine Einführung. Bern/Stuttgart/Wien

Stadt- und Regionalsoziologie

Jens S. Dangschat und Oliver Frey

Abstract

Stadt- und Regionalsoziologie befasst sich mit der gesellschaftlichen Organisation im besiedelten Raum. Die Formen der Vergemeinschaftungen und Vergesellschaftungen bilden den sozialen Kontext der Siedlungsstrukturen. Die Wahrnehmungen, Wertvorstellungen und Handlungen der Individuen werden daher sowohl von diesen sozialen Prozessen, als auch von den städtischen Strukturen geprägt. In dem Beitrag werden die wesentlichen Ausgangspunkte sozialwissenschaftlicher Stadtanalysen zusammengetragen und auf gemeinwesenarbeitsrelevante Problemstellungen bezogen. Dabei werden v.a. diejenigen Ergebnisse der Stadt- und Regionalsoziologie zusammengetragen, welche insbesondere für die sozial differenzierte Entwicklung von Sozialräumen maßgeblich sind.

1. Einleitung

Stadt- und Regionalsoziologie ist eine „spezielle Soziologie“, die sich mit der gesellschaftlichen Organisation im besiedelten Raum befasst. Dabei steht einerseits die Frage danach im Mittelpunkt, wie sich Gesellschaften ihre jeweiligen Umgebungen gestalten (vom sicheren, beschützenden Gehäuse zu den offenen Bühnen der Selbstdarstellung und des Sehens und Gesehen-Werdens, die Nachbarschaften, die Nähe zu den Orten der Erwerbsarbeit in Fabriken oder Bürotürmen, die Verwandten-, Freundschafts- und Nachbarschaftsnetze sowie den Verkehr dazwischen, um die Orte zu einem Wahrnehmungs- und Erlebnisraum zusammenzufügen) und andererseits, wie sich Kontexte wie die „Innenstadt“, die „Vorstadt“, das „Dorf“, die „Arbeitersiedlung“, die „Reihenhaus-“ und „Einfamilienhausidylle“, der „Marktplatz“ und das „Einkaufszentrum“ auf die Formen des Zusammenlebens auswirken. Wissenschaftlicher ausgedrückt: Wie zeigen sich die einzelnen Formen der Vergemeinschaftung und der Vergesellschaftung[1] in den verschiedenen sozialen und gebauten

1 Diese vom Klassiker Ferdinand Tönnies stammende Unterscheidung meint idealtypische Formationen von Gesellschaftszuständen in einer Phase starker Urbanisierung, wobei „Vergemeinschaftung“ für das ländliche Leben (geringe soziale Unterschiede, hohes Maß an gegenseitiger Wahrnehmung und Kenntnis, verbunden mit sozialer Kontrolle, direkten sozialen Kontakten und sozialem Austausch) steht, während „Vergesellschaftung“ eine eher städtische, hochgradig arbeitsteilige und daher ungleiche Gesellschaft beschreibt, die sich in Institutionen organisiert und sich über indirekte, mediengestützte Informationen und ein zunehmend allgemeingültiges Regelwerk verständigt und zusammenhält. Heute – in einer stark verstädterten

Kontexten der Siedlungsstrukturen und wie wirken sie auf Wahrnehmungen, Wertvorstellungen und Handlungen der Individuen, die Ansiedlungsentscheidungen von Unternehmen sowie die politische und planerische Praxis aus?

In diesem allgemeinen Kontext hat die Organisationsform Großstadt eine besondere Bedeutung erfahren, weil Urbanisierung (=Verstädterung) und Industrialisierung im Übergang zum Kapitalismus einen erheblichen Veränderungsdruck auf Gesellschaften erzeugte, die sich daraufhin aus den feudalen, ständischen und ländlichen Strukturen (Georg Simmel sprach von „rostigen Ketten“) befreite und sich an den (Fern-)Zielen der französischen Revolution zu orientieren begann.

Diese neue gesellschaftliche Konstellation war der Grund für das Entstehen der Soziologie als wissenschaftlichem Fach und die (Groß-)Stadt war der „hype“ der Entwicklung in seinen Ambivalenzen zwischen gesellschaftlichen Erfindungen auf der einen Seite und Wohn- und Lebenselend des städtischen Proletariats auf der anderen. Daher verwendeten die Klassiker der Soziologie – Karl Marx, Friedrich Engels, Émile Durkheim, Herbert Spencer, Georg Simmel und Max Weber – in ihren Gesellschaftsanalysen die Großstadt als „Laboratorium“ für die Analyse der neuen gesellschaftlichen Phänomene und Prozesse. Industrialisierte Großstädte bargen für diese Soziologen zum einen neue gesellschaftliche Phänomene, zum anderen stellten Städte auch neue Formen gesellschaftlichen Zusammenlebens unterschiedlicher sozialer Gruppen auf engstem Raum dar, die meist konfliktreich, sozial selektiv und daher auch benachteiligend sein konnten (Segmentation und Segregation). Gleichzeitig kamen die ZuwanderInnen und suchten Halt und Orientierung, meist untereinander, und bildeten dörfliche Gemeinschaften in der Anonymität der Großstädte (Integration).

Neben der Betrachtung der (Groß-)Stadt als Ort und Erscheinungsform unterschiedlich positiver und negativer Strukturen und Prozesse gesellschaftlicher Organisation bildete sich seit etwa 1915 eine eigenständige Stadt- und Regionalsoziologie heraus, welche zum Gegenstand hat, den Zusammenhang zwischen der soziostrukturellen, ökonomischen und technischen Entwicklung in der Gesellschaft und dem Verhalten von Individuen und sozialen Aggregaten respektive sozialen Gruppen in territorialen Einheiten zu analysieren und zu verstehen. Es geht also zum einen um das Wechselverhältnis von gesellschaftlichen Entwicklungen, die den Wandel der räumlichen und sozialen Strukturen von Städten und Regionen beeinflussen, und zum anderen um die Wirkungen der räumlichen und sozialen Organisation von Städten auf nationale oder globale Gesellschaftsstrukturen. „(Groß-)Stadt“ wird in dieser Perspektive sowohl als ein Kristallisationspunkt, als auch als ein Impulsgeber von und für gesellschaftliche Entwicklungen gesehen.

Für einen LeserInnenkreis, der überwiegend in groß-, mittel- und kleinstädtischen Kontexten lebt und arbeitet, erscheint es uns als hilfreich, mehr über die sozialräumlichen Kontexte der für sie relevanten Problemstrukturen und -entwicklungen zu

---

Gesellschaft – steht diese Unterscheidung eher für freiwillige, voluntaristische Formen der (Selbst-)Organisation, die auf face-to-face-Kontakten und einem hohen Maß an Vertrauen aufbauen (Vergemeinschaftung), während Vergesellschaftung die übergreifenden Elemente institutioneller Ordnung bezeichnet, um komplexen, vielschichtigen und heterogenen sozialen Einheiten ein „Korsett“ zu geben.

erfahren – wie sie entstehen, welche Kontext-Wirkung sie haben und wie damit umgegangen wird. Natürlich reicht es dabei nicht aus, sich auf die heutige Situation zu beschränken (Erscheinungsform sozial-räumlicher Strukturen und dahinter stehende Prozesse), sondern die Stadt ist auch „steingewordene Geschichte“ und „Ausdruck gesellschaftlicher Machtverhältnisse“, die hinter den Erscheinungsformen der städtebaulichen Gestalt, den Verteilungsmustern von Wohnstandorten sozialer Gruppen (Segregation, Konzentration), den sozial selektiven Aktionsräumen und Nutzungen der „Bühnen“ sowie deren Veränderungsprozessen stehen.[2]

In diesem Beitrag sollen daher die wesentlichen Ausgangspunkte sozialwissenschaftlicher Stadtanalysen als Beschreibung des Problems und der Forschungszugänge zusammengetragen und als Entstehungshintergrund heutiger, gemeinwesenarbeitsrelevanter Problemstellungen verwendet werden. Um Unterstützung in der Deutung selektiver städtischer Kontexte anbieten zu können, soll hier jedoch keine allgemeine Einführung in die Stadt- und Regionalsoziologie gegeben werden – zumal es hierzu Publikationen gibt (vgl. Friedrichs 1993; Herlyn 1993, 1998; Häußermann 2001; Häußermann/Siebel 2004) – und erst recht keine allgemeine Einführung in die Soziologie (vgl. in einem ideengeschichtlichen und historischen Aufbau Hermann Korte 1995). Es geht uns vielmehr darum, den Zusammenhang von gesellschaftlicher Ausdifferenzierung, Kohäsion und Konflikten bezüglich der Konkurrenz um den (städtischen) Raum zu verdeutlichen. Dazu werden im ersten Schritt die „Schulen“ der Stadt- und Regionalsoziologie knapp dargestellt (Kapitel 2), um danach Aspekte einer sozial-räumlichen Strukturierung zu beschreiben (Kapitel 3).

2. Wurzeln der Stadt- und Regionalsoziologie

2.1 Die Klassiker der Soziologie

Die fachliche Geschichte der Stadt- und Regionalsoziologie (oder auch Siedlungssoziologie, vgl. Hamm 1982; Hamm/Neumann 1996) reicht bis zu den Klassikern der Soziologie aus der zweiten Hälfte des 19. und dem beginnenden 20. Jahrhunderts zurück. Diese „Gründungsväter“ waren noch keine Soziologen und entwickelten auch keine Stadtsoziologie (vgl. Saunders 1987). Sie setzten sich zwar anfangs mit den Stadt-Land-Gegensätzen auseinander, wobei „Stadt“ und „Land“ lediglich als Stereotype, Idealtypen respektive „Behälter“ für die „alte“ und die „neue“ Gesellschaft verwendet wurden (siehe oben die Bemerkungen zur Vergemeinschaftung und Ver-

---

2 Der städtebaulichen Anlage und der Architektur werden in diesem Zusammenhang meist „Wunderdinge“ zugeschrieben. Die griechische Polis und die römische Stadt brachten funktionale Bedeutung und soziale Hierarchien durch strenge städtebauliche Regeln zum Ausdruck; im Mittelalter gab es verschiedene Entwürfe von Idealstädten, mit denen „ideale Gesellschaften“ erzeugt werden sollten, aber auch die idealtypischen Entwürfe der „Gartenstadt“, der funktional getrennten Stadt, der sozialistischen Stadt, bis hin zur „autogerechten“ wie zur „nachhaltigen“ Stadt gehen von einem engen deterministischen Einfluss der Baustruktur auf die Gesellschaftsstruktur aus – dieses ist jedoch empirisch falsch (zumal der Einfluss eher in umgekehrter Richtung wirkt).

gesellschaftung). In den gesellschaftstheoretischen Arbeiten von Friedrich Engels, Karl Marx, Wilhelm H. Riehl, Émile Durkheim, Max Weber oder Georg Simmel wird die Stadt und das Städtische als etwas Eigenes in Abgrenzung zum Ländlichen begriffen. Die Stadt, das urbane Leben wird von ihnen als ein eigenständiger Sozialraum begriffen, in dem die Prozesse des (intensiven) sozialen Wandels sichtbar werden.

In der Gesellschaftstheorie von *Karl Marx* und *Friedrich Engels* sind die Städte die Orte, an denen sich der Kapitalismus am deutlichsten entfaltet und in seinen polarisierenden Folgen sichtbar wird. Die Stadt ist demnach der Ort, an dem sich die kapitalistische Produktionsweise durch die produktiven Kräfte des städtischen Handels- und Industriekapitals durchsetzt. Karl Marx beschreibt das Verhältnis zwischen Stadt und Land als Arbeitsteilung zwischen dynamischer Produktivkraftentwicklung der kapitalistischen Produktionsweise (in der Stadt) und die feudale Perpetuierung der grundbesitzenden Klasse (auf dem Land). Friedrich Engels (1845) beschrieb und kritisierte die polarisierende Wirkung der rasanten industriellen kapitalistischen Entwicklung, die im Negativen die Herausbildung eines städtischen Proletariats in seiner benachteiligenden und v.a. über die verheerenden Wohnbedingungen ausgrenzenden materiellen und ideellen Lage.

Die frühen industriellen Städte (‚Manchester-Kapitalismus') sind demnach die Orte, an denen es zu einer (vom Zugang zu den Produktionsmitteln, und damit zur Schöpfung von Mehrwert ausgegrenzten) Gruppenbildung kommt (Proletarier), die durch eine gemeinsame Klassenlage (‚Klasse an sich') gekennzeichnet ist. Durch die Dichte der Städte besteht zudem eine bessere Möglichkeit, sich zu treffen, sich auszutauschen, was Karl Marx als Chance für das Proletariat gesehen hatte, sich über die gemeinsame Klassenlage bewusst zu werden (‚Klasse für sich'), aus der sich – nach Karl Marx – die „kritische Masse" für eine proletarische Revolution ergäbe.

Hier irrte er zwar – zumindest bezüglich der Mehrheit der Städte – dennoch ist seine Analyse des dialektischen historischen Materialismus und der Rolle der Städte als Orte erster Erscheinungsformen der Organisation kapitalistischer Produktion und der sozialräumlichen polarisierenden Folgen zutreffend. Städte sind das Produkt gesellschaftlicher Macht- und Hierarchiestrukturen und damit auch gesellschaftlich wandelbar.

Max Weber hat einen völlig anderen Blickwinkel auf die Gesellschaft als die Marxisten. Er sieht zwar auch die dominante Wirkung des Kapitalismus, unterstreicht aber die Bedeutung der nach wie vor wirksamen kulturell bestimmten sozialen Schließungsmuster in der städtischen Mittelschicht (der Kaufleute und Handwerker) durch ständische Muster. In einem seiner sehr zahlreichen Schwerpunkten setzt Max Weber (1904/05) sich mit der Frage auseinander, warum der Kapitalismus gerade in Westeuropa seine historische Entwicklung begann. Er verweist dabei auf die Entstehung eines spezifischen okzidentalen Rationalismus (insbesondere des calvinistischen städtischen Bürgertums). Max Weber zeigt an der städtischen Entwicklung des Okzidents, dass sich soziale und kulturelle Bedingungen herausgebildet haben, welche für die Entstehung des modernen Kapitalismus Voraussetzung waren. In diesem Prozess spielt die Herausbildung eines städtischen Marktes eine wesentliche Rolle. Wie er in seinen religionssoziologischen Beobachtungen zeigen kann, breitet sich der Kapitalismus im Gegensatz zu katholisch-barock geprägten

Regionen besonders rasch und durchsetzungsmächtig in calvinistisch geprägten Regionen aus (vgl. Weber 1920). Grund hierfür sei der religiös geprägte Lebensstil, der materiellen Besitz und deren demonstrative Zur-Schau-Stellung unter Calvinisten negativ sanktioniert, was dazu führe, dass die ökonomischen Erträge in sehr viel stärkerem Umfang in den Betrieb wieder reinvestiert werden.

Weitere hier relevante Elemente seiner an Großstadt-Beobachteten allgemein abgeleiteten Erkenntnisse über Stadtgesellschaften (er betrachtete die Stadt als „bürokratische Ordnung“, vgl. Weber 1921a), öffnen den Weg zu einer mehrdimensionalen Betrachtung sozialer Ungleichheit entlang einer materiell-ökonomischen Dimension (soziale Klassen, aus denen später das Schichtungs-Konzept entwickelt wurde), einer kulturellen Dimension der ständisch geprägten Wertemuster und des ständischen Verhaltens (aus dem später das Lebens(führungs)stil-Konzept abgeleitet wurde) sowie einer Macht-Dimension der gesellschaftlichen Steuerung, die er den politischen Parteien zuordnete.

Georg Simmel war ein sehr vielseitig interessierter Sozialwissenschaftler, der seine Erkenntnisse sehr stark aus genauen Beobachtungen der sozialen Verhältnisse in Berlin sammelte. Für ihn war die Moderne durch neu geschaffene (städtische) Institutionen geprägt – die objektive Uhrzeit und die Stadt als Sitz der Geldökonomie (und den damit einhergehenden Werteverschiebungen zur Rationalität). In seinem für die Stadtforschung zentralen Essay beschreibt er die spezifisch urbane Lebensweise in den Großstädten im Gegensatz zum „tumben“ Landleben als „blasiert“ und „arrogant“ (vgl. Simmel 1903). Diese arrogante Kälte sei notwendig, um in dieser von Informationen überladenen Stadt das individuelle „Geistesleben“ zu schonen und im Griff zu behalten. Durch die Fülle der Informationen und Angebote könne man nicht auf alles und Alle reagieren, was im Übrigen die Voraussetzung dazu sei, die Anonymität und die Fremdheit der Anderen auszuhalten. In einem weiteren Essay über den Raum setzt er sich damit auseinander, wie wichtig das Territorium, seine Ausdehnung, seine Grenzen und die Nähe zu anderen Territorien für die eigene Identitätsbildung und die Herausbildung sozialer Gruppen ist und welche Bedeutung der Möglichkeit zukommt, das „eigene“ Territorium symbolisch zu besetzen und notfalls zu verteidigen (vgl. Simmel 1908). In diesem Essay findet sich auch ein Exkurs über „den Fremden“. So lange dieser „heute kommt und morgen geht“ sei alles unproblematisch und bereichernd. Verunsicherungen gehen hingegen von dem Fremden aus, „der heute kommt und morgen bleibt“. Wie wir unten sehen werden, sind die sozial-räumlichen Schließungsprozesse[3] in einer Stadt im Umgang mit „dem Fremden“ und zur Herausbildung sozialer Gruppen innerhalb der Stadtbevölkerung für die Entstehung der Stadt- und Regionalsoziologie von zentraler Bedeutung (vgl. Abschnitt 3.1).

---

3 In der Diskussion der Herausbildung von sozialen Gruppen hatte Simmel einen engen Kontakt mit Max Weber. Beide waren der Auffassung, dass für die Gruppenbildung zwei Aspekte zentral sind: die Übereinstimmung der Wertestrukturen innerhalb der Gruppe zur Identitätsstiftung und die deutliche Abgrenzung gegenüber „den Anderen“, was durch Symbole (des Lebensstils) zum Ausdruck gebracht wird. Dieses nannten sie „soziale Kohäsion“ – ein Begriff, der heute intensiv Verwendung findet, um die neuen und neu anzustrebenden Formen des gesellschaftlichen Zusammenhalts zu erreichen (s.u.).

Ein weiterer „Gründungsvater" der Stadtsoziologie war der Franzose *Émile Durkheim*. Er setzte sich mit methodischen und wissenschaftstheoretischen Fragen ebenso auseinander wie mit den Phänomenen der sozialen Ausdifferenzierung moderner städtischer Gesellschaften aufgrund der zunehmenden Arbeitsteilung und des Problems des gesellschaftlichen Zusammenhalts. Zwei seiner Überlegungen sind für die Soziologie und insbesondere die Stadtsoziologie folgenreich. Nach seinen Vorstellungen müsse sich eine Wissenschaft gegenüber anderen durch einen klar definierten Wissensbereich abgrenzen. Demzufolge sollen in der Soziologie soziale Phänomene ausschließlich durch „das Soziale" erklärt werden (vgl. Durkheim1981). Das bedeutet, dass alles Materielle – die Natur, die von Menschen gestalteten Orte wie landwirtschaftlich genutzte Flächen und Baustrukturen – ausgeblendet wird. Die Soziologie leidet bis heute unter der selbst auferlegten „Raumblindheit" und der Ferne zu Natur und deren Deutungen. In der Stadt- und Regionalsoziologie hat es dazu geführt, dass sich die sogenannten Behälterraum-Vorstellung bis vor etwa 15 Jahren unreflektiert hat etablieren können, was zu erheblich eingeschränkter Reichweite der Fragestellungen und Problemlösungen der Stadt- und Regionalsoziologie (und Humangeographie) beigetragen hat (vgl. den Beitrag von Martina Löw/Gabriele Sturm in diesem Band). Émile Durkheims methodische Überlegungen bildeten zudem die Grundlagen zum sogenannten Kritischen Rationalismus, einer quantitativen, mikrosoziologischen Methode, die bis weit in die 1980er Jahre hinein der nahezu ausschließliche methodische Ansatz innerhalb der Stadt- und Regionalsoziologie war (vgl. Durkheim 1965).

2.2 Die Chicago-School I – der quantifizierende und kategorisierende Ansatz

Die University of Chicago war der erste Ort, an dem ein soziologischer Lehrstuhl eingerichtet und an dem erstmalig eine akademische Stadtforschung etabliert wurde. Die Ursache für das Letztere war die problematische Stadtentwicklung eines aufgrund seines Bevölkerungszuwachses förmlich explodierenden Chicagos. Neben dem starken Wachstum wurden insbesondere die Probleme des vielfältigen Neben- und Gegeneinanders der einzelnen Zuwanderungsgruppen sichtbar.

Zentral für die Entwicklung der Chicago School war das Wirken von *Robert Ezra Park,* der als Journalist, Dozent und spät berufener Professor auf ein bewegtes Leben zurück blicken konnte. Er hatte einen sehr intensiven Kontakt zu Georg Simmel, weniger zu Max Weber, und kannte daher deren Soziologie (vgl. zu einer eindrücklichen Schilderung des Lebens(werkes) von Robert E. Park: Rolf Lindner 1990). Park und sein Kollege *Ernest W. Burgess* wurden von der Verwaltung der Stadt Chicago gebeten, auf der Basis eines neu erstellten Statistik-Systems die Stadt kleinräumig zu analysieren und Hinweise für eine planerische Steuerung der sozial(räumlich)en Probleme zu geben. Ernest W. Burgess entwickelte aus dem umfangreichen Datenmaterial ein Modell der Stadtentwicklung (vgl. Friedrichs 1993: 101-106), dessen Dynamik einerseits aus dem Expansions- und Umwandlungsdruck der City(funktionen) und andererseits aus der ungleichen Verteilung der ethnischen Gruppen entstand, wobei die neu ankommenden Ethnien die vorher Gekommenen (und in der Regel im Status knapp höheren Gruppen) immer wieder aus ihren angestammten Wohnquartieren verdrängten.

Park interessierte sich für diese räumlich hoch konzentrierten ‚ethnic communities', die er aufgrund der hohen Homogenität auch der städtebaulichen Elemente ‚natural area' nannte. Für ihn waren diese räumlichen Konzentrationen ein massiver Ausdruck der Gruppenschließungsprozesse, welche für die neu Zugewanderten hilfreich seien. Er interpretierte im Sinne von Max Weber und Georg Simmel das räumlich konzentrierte Wohnen als Abbild der dahinter stehenden sozialen Gruppenbildungen. Er ging noch einen Schritt weiter, indem er die räumliche Distanz zwischen zwei Wohngebieten als Indikator für die soziale Distanz ansah. Damit war das Segregations-Modell als „Spiegelung" sozialer Ungleichheit in den Raum geboren.

Theoretisch erklärten Park und Burgess dieses Abbild im Raum durch ein biologistisches Wettbewerbsmuster zwischen sozialen Gruppen um attraktive Orte, wobei es Verdrängungen, aber auch Symbiosen geben könne. Dieser ‚survival of the fittest'-Wettbewerb unter den Menschen sei jedoch von einer ‚moral order' überformt, welche den Wettbewerb um das knappe Gut des (zum Wohnen genutzten) Territoriums moderiert und an bürgerliche Normen bindet. Diese „Sozialökologie" genannte Theorieansatz war als soziologische Theorie zwar nicht erfolgreich, legte jedoch die Grundlinien der soziologischen Stadtforschung (vgl. den Beitrag von Marlo Riege/Herbert Schubert in diesem Band).

Die 1920er Jahre waren durch eine intensive Forschungstätigkeit gekennzeichnet. In diesem Zweig begann eine Forschungsrichtung zu dominieren, bei der mit Hilfe statistisch-mathematischer Verfahren (auf Émile Durkheim zurückgreifend) die Aggregationen sozialer Strukturen, von (abweichenden) Verhaltensweisen und städtebaulichen Missständen kleinräumig zueinander in Beziehung gesetzt wurden („Raum" als Behälter). Als Ergebnis wurden der planenden Stadtverwaltung Vorschläge gemacht, wie die städtebaulichen Strukturen verbessert werden könnten respektive wie über eine andere Verteilung der „Problembevölkerung" die Gesellschaft vor anomischen Entwicklungen bewahrt werden konnten (auch hier gab es Rückbezüge zu Émile Durkheim).

Mit dieser Art von Sozialraumanalysen entstand jedoch die Gefahr, Stereotype von Schuldzuweisungen gegenüber Minderheiten-Gruppen (nach Ethnie, aber auch Gesundheitszustand und politischem Wahlverhalten) zu erzeugen. Aus dieser Tradition ist nicht nur die Kriminologie (respektive Kriminal-Soziologie) entstanden, sondern es sind auch die Grundlagen zur stadtgeographischen Darstellung gelegt worden.[4]

---

4 Ein besonders problematischer Zusammenhang ist mit der Person von Andreas Walther, dem ersten Soziologie-Professor in Hamburg (seit 1926), verbunden, der die neuen sozial-räumlichen Berechnungs- und Darstellungsmethoden bei Park gelernt hatte. Er nutze seine Analysen in Hamburg, um bedrohliche sozial-räumliche Konstellationen in innerstädtischen Quartieren zu ermitteln, für die er zwei Arten von Handlungsempfehlungen an die Hamburger Verwaltung gab: Abreißen der Gebäude und Umverteilung der BewohnerInnen auf verschiedene Standorte (De-Segregation) sowie Kasernierung und Um-Erziehung der besonders harten Fälle von „abweichendem Verhalten" (wie Präferenzen für radikale politische Parteien, Wahlenthaltungen, aber auch Behinderungen und Krankheiten wie TBC) (vgl. Waßner 1988a). In den 1960er Jahren wurde diese Abriss-Politik im Sanierungszusammenhang in

Der deutschsprachigen „Gemeindesoziologie“ wurde dieser Ansatz von Jürgen Friedrichs (1972) vermittelt, bevor zeitgleich Peter Atteslander und Bernd Hamm (1974a) sowie Ulfert Herlyn (1974) Reader mit übersetzten amerikanischen Aufsätzen herausbrachten und Jürgen Friedrichs dann im Jahr 1977 die erste Version seiner „Stadtanalyse“ schrieb.

2.3 Die Chicago-School II – der ethnomethodologische und sinnverstehende Ansatz

Robert E. Park war mental der Lokalreporter geblieben, der er lange war, und forderte seine Studierenden auf, nach draußen in die Wildheit und Fremdheit der Großstadt zu gehen, die Nase überall hinein zu stecken und Kontakt (und Betroffenheit) mit der städtischen Vielfalt anzunehmen. Ihn interessierte v.a., wie die jeweiligen Formen der ‚moral order‘ funktionieren, wie die (ethnischen) Gruppen sich bilden und in ein städtisches Mosaik einbetten. Dazu gehörten v.a. auch die Fragen, die Georg Simmel in seinem oben genannten Essay über den Raum angeschnitten hatte und wie bei der Identifikation über die (geteilte) Territorialität mit „den Fremden“ umgegangen wird.

Auf diese Simmelschen Überlegungen aufbauend, hat Robert E. Park mit seinem race-relation-cycle Idealvorstellungen von „gelungener“ Integration und Assimilation über die schrittweise Annäherung der unterschiedlichen Ethnien entwickelt[5], die bis heute für viele Theorien zur Migration und Integration die Grundlage bilden (vgl. Treibel 1999). Nach seiner Vorstellung dauert eine solche Integration zwei bis drei Generationen, ist aber in den schrittweisen Annäherungen der Ethnien und Rassen von erheblichen Konflikten und deutlichen Segregationsmustern gekennzeichnet (vgl. Dangschat 2000).

Das methodische Vorgehen dieses Zweiges der Stadt- und Regionalsoziologie setzte sich v.a. in den 1930er Jahren durch und wurde schrittweise methodisch und theoretisch weiterentwickelt[6]. Mit Methoden, die ursprünglich zur Beobachtung und Analyse „fremder Völker“ entwickelt und angewendet wurden (Ethno-Methodologie), beobachtete und analysierte man die Wohnquartiere der „fremden ZuwanderInnen“ in der eigenen Stadt.

Mit dieser qualitativen Stadt(teil)forschung wurde eine Handlungstheorie entwickelt, bei der die Deutung des Sinns der anderen sozialen AkteurInnen in einem gegebenen Territorium, sowie die Reaktion darauf zur Grundlage genommen wurde. Auf diese Weise wurde der Symbolische Interaktionismus, der das gesellschaftliche

---

Hamburg wieder aufgenommen, explizit auch, um auf diese Weise „gesunde Bevölkerungsmischungen“ herzustellen.

5 Dabei ging er von einem für die damalige Zeit revolutionär-reformerischen Modell des ‚melting pot‘, des Verschmelzens der Ethnien und Rassen zu einer Gesellschaft der „guten Amerikaner“ als Selektion mobiler und aktiver MigrantInnen aus verschiedenen Regionen. In der damaligen Zeit bestand der Mainstream auf einem offenen Apartheits-Ansatz zumindest gegenüber den „Schwarzen“.

6 Eine wichtige Rolle kam dabei Herbert Mead und Herbert Blumer zu.

Verhalten als Ergebnis der Widerspiegelung im Gegenüber sieht, über die Ethnomethodologie in einen raum-zeitlichen und damit sozialen Rahmen gesetzt. Damit untersucht dieser Zweig der sozialökologischen Schule das Verhalten von GroßstadtbewohnerInnen in ihrem gesellschaftlichen und stadtstrukturellen Wandel.

Mit dieser wissenschaftlichen Position ging man davon aus, dass Menschen in ihrem sozial-räumlichen Handeln einerseits kognitive Strukturen aufgrund ihrer Einbindung in soziale Gruppen und soziale Räume entwickeln (bspw. als Mitglied einer bestimmten Ethnie *und* als Frau *und* als Mensch mit höherem Schulabschluss *und* als BewohnerIn eines Wohnquartiers), aber auch über individuelle Spielräume verfügen. Hier gibt es bereits erste Hinweise darauf, dass Menschen Orte als soziale Gebilde wahrnehmen und in spezifischer Weise für sich (re-)konstruieren (vgl. Löw 2001, die auf diesen Grundgedanken ihre Raumsoziologie aufbaut; vgl. den Beitrag von Martina Löw/Gabriele Sturm in diesem Band).

2.4 Der Ansatz der ‚new urban sociology'

Die ‚new urban sociology' wurde in den 1970er und 1980er Jahren in Frankreich (Manuel Castells, Henry Lefêbvre), Großbritannien (Christopher G. Pickvance) und den USA (Michael Dear, Susan S. Fainstein, David Harvey, Peter Marcuse, Harvey Molotch, Allen J. Scott, Michael P. Smith, Peter Smith, Michael Storper) im Kontext einer Auseinandersetzung und Kritik am sozial- und humanökologischen Ansatz entwickelt (zu einem ersten Überblick in deutschsprachigen Raum vgl. Jürgen Krämer und Rainer Neef 1985 sowie Renate Borst et al. 1990 – spätere VertreterInnen: Hartmut Häußermann, Stefan Krätke, Dieter Läpple, Margit Mayer, Walter Siebel). Kritik wurde v.a. an der mikro-soziologischen, empiristisch Sichtweise des Ansatzes der Chicago-School geübt.

Ausgangspunkt der makrotheoretischen ‚new urban sociology' ist ein kapitalismuskritischer, neo-marxistischer respektive neo-weberianischer Ansatz. „Stadt" wird hierbei nicht als isolierbarer Gegenstand betrachtet, sondern es wird versucht, jedes beobachtbare städtische Phänomen in einen gesellschaftlichen Zusammenhang zu stellen, der v.a. durch das Wechselspiel aus Politik und wirtschaftlichen Interessen bestimmt ist, wobei sich die Dominanz zunehmend zu Gunsten der ökonomischen Interessen verschiebt.

„Stadt" wird in diesem Zusammenhang als Ort kapitalistischer Produktion und der Regelung der Verteilung des Mehrwertes angesehen, welche sich aufgrund des krisenhaften Kapitalismus zunehmend in einem internationalen Rahmen verschiebt. Folge dieser Internationalisierung ist eine weltweit sich ausdifferenzierende Arbeitsteilung, welche spezifische Städte in die Rolle von ‚functional nodal cities' bringt (vgl. Storper/Scott 1990). Diese Prozesse führen zu einer Auflösung von Stadt-Land-Gegensätzen auf der einen Seite, aber zu neuartigen Polarisierungen zwischen den Regionen („Süd-Nord-Gefälle", vgl. Friedrichs et al. 1986) und innerhalb der Stadtregionen. Diese Thesen sind insbesondere von Saskia Sassen (1991) als ‚global city'-Thesen weiterentwickelt worden.

Neben den veränderten Produktionsbedingungen, Standortqualitäten und der zunehmenden sozio-ökonomischen Ungleichheit ist in diesem Ansatz ein besonderes

Augenmerk auf die lokal-staatliche Steuerung gelegt worden (vgl. Harvey 1985; Borst et al. 1990; siehe auch Abschnitt 2.6). Ein weiteres wichtiges Element dieses Ansatzes ist der Blick auf die städtische Kultur als eine Wachstumsindustrie, was dazu geführt hat, dass „Kultur“ einerseits zunehmend die Strategien im Wettbewerb der Städte/Stadtregionen, andererseits auch die Aufwertung innenstadtnaher Wohnstandorte bestimmte (Gentrification, siehe Abschnitt 3.1) (vgl. Molotch 1976; Zukin 1982).

2.5 Die feministische Stadt- und Regionalforschung

Ausgangspunkt der feministischen Stadtkritik und -forschung sind die in den 1970er Jahren von der neuen Frauenbewegung thematisierten benachteiligenden räumlichen Strukturen in den Städten sowie die vorherrschenden patriarchalen Strukturen in Studium, Beruf und Gesellschaft.

In diesem Zusammenhang wurden (Haus-)Frauen als Planungsbetroffene wahrgenommen und thematisiert: Das Zurückwerfen von Frauen auf die Reproduktionsarbeit im Wohnbereich, das Behindern durch zeitliche Restriktionen und bauliche Barrieren, Frauen als Opfer von Männergewalt in privaten und öffentlichen Räumen, Unsicherheitsgefühle und Ängste von Frauen im öffentlichen Raum. Aus diesen Thematisierungen wurden Grundsätze einer feministischen Stadtkritik formuliert (vgl. Bauhardt 1995; Dörhöfer 1990). Zum einen wurde der Alltag von Frauen aufgrund der geschlechtsspezifischen Arbeitsteilung als grundlegend unterschiedlich von dem der Männer verstanden. Daraus folgte die Forderung nach einer „frauengerechten“ bzw. feministischen Planung, die die Reproduktionsarbeit der Frauen in den Mittelpunkt stellt (vgl. Bauhardt/Becker 1997). Zum anderen, erfordert die geschlechtsdifferierende Raumaneignung und -nutzung (vgl. Ecarius/Löw 1997); siehe auch den Beitrag von Martina Löw/Gabriele Sturm in diesem Band) bauliche und planerische Maßnahmen, um diese Ungleichheit aufzuheben bzw. abzubauen (vgl. Bauhardt 2004). Nicht zuletzt wurde thematisiert, dass frauenorientierte bzw. feministische Planung von den NutzerInnen ausgehen sollte und deren Bedürfnisse im Rahmen unterschiedlicher Beteiligungsverfahren bei Planungen und bei baulichen Maßnahmen berücksichtigt werden müssten.

Die feministische Stadtforschung formulierte auch Kritik an den theoretischen Grundlagen der soziologischen Stadtforschung (vgl. Frank 2004). Ein wesentlicher Kritikpunkt besteht in der stadtsoziologischen Konzeption einer Bipolarität von Öffentlichkeit und Privatheit. In Auseinandersetzung mit dem soziologischen Begriff der Arbeit und den regulationstheoretischen Überlegungen der ‚new urban sociology‘, die Veränderungen der Produktionsstrukturen in den Städten auf den Wandel staatlicher Regulierungsformen zurückführt, wird der Vorwurf erhoben, dass die Bedeutung der Reproduktionsweisen sozialer Gruppen unterbewertet wird. Auch die polare Gegenüberstellung von Öffentlichkeit und Privatheit ist – so die feministische Stadtkritik – eine männlich bürgerliche Konstruktionsleistung mit weitreichenden Folgen. Den beiden Sphären werden klare Zuordnungen unterstellt: ‚private woman‘ und ‚public man‘. Die feministische Kritik stellt darauf ab, das Denken in Polaritäten von Öffentlichkeit und Privatheit, von Arbeit und Freizeit aufzuheben, weil es

Bedingung und Ausdruck realer hierarchischer Beziehungen zwischen den Geschlechtern ist. Die Kategorien „Raum" und „Geschlecht" werden dabei als soziale Konstruktionen konzipiert, die die bipolaren Ausprägungen der Zweigeschlechtlichkeit sowie der Gegenüberstellung des „öffentlichen" und „privaten" Raumes in Frage stellen kann (vgl. Ruhne 2004: 3). Die Annahme der sozialen und gesellschaftlichen Konstruiertheit von „Geschlecht" und „Raum" bedeutet, dass diese keiner biologischen Naturwüchsigkeit unterliegen, sondern sich in sozialen Prozessen (immer wieder neu) konstruieren. Die Überwindung einer dichotomen Sichtweise, die die Welt in jeweils zwei Hälften polarisierenden Denkens, Handelns und Gestaltens einteilt, so die feministische Stadtforschung – ist die Bedingung zur Aufhebung der realen Hierarchien zwischen männlichen und weiblichen Lebenswelten (vgl. Becker/ Neusel 1997).

2.6 Theorien der städtischen Steuerung

Im Zusammenhang mit der Veränderung der relativen Positionen der Städte im Rahmen der vertikalen Politikverflechtung sowie den neuen Herausforderungen der Steuerung der städtischen Entwicklung ist – basierend auf den Ansätzen der ‚new urban sociology' – der Regulationsansatz entstanden (vgl. Leborgne/Lipietz 1990; Moulaert/Swyngedouw 1990). Mit Hilfe des Regulationsansatzes werden komplexe gesamtgesellschaftliche Steuerungsmechanismen analysiert[7]. Dabei geht man in der Regel von vier, miteinander in Verbindungen stehenden Komplexen aus:

a) Das *Akkumulationsregime*, das als Reaktion auf die fordistische Krise verändert wurde und aufgrund der technologischen Entwicklungen im Kommunikationsbereich ihre globale Dimensionierung erfuhr. Es wird auf diese Weise internationaler und bezieht Regionen entsprechend ihrer Positionen im wirtschaftlichen Modernisierungsprozess in unterschiedlicher Weise in die flexibilisierten und räumlich entgrenzten Ketten der Wertschöpfung ein.
b) Das *industrielle Paradigma*, welches auf einer Re-Organisation der Güterproduktion aufbaut (auch in einigen Regionen den Übergang in die Dienstleistungsgesellschaft forciert), indem neue Management-Modelle entwickelt werden (‚lean management').
c) Eine neue Form *gesellschaftlicher Regulierung* durch die Rücknahme der Staatstätigkeit (De-Regulierung), eine Stärkung der Marktkräfte, weshalb es auch zu

7 Dieser Forschungsansatz kommt ursprünglich nicht aus der Stadt- und Regionalsoziologie, sondern die Autoren befassten sich mit polit-ökonomischen Vergleichen fordistisch organisierter Nationalstaaten, v.a. in Bereichen der Regulation der Arbeitsmarktbedingungen. In dieser Situation begannen aber die ersten Nationalstaaten damit, die fordistischen Strukturen aufzubrechen und die Regulationsdichte zurückzunehmen und zu flexibilisieren. Auf diese Weise entstand eine sehr genaue Analyse des Übergangs zum Post-Fordismus. Da diese Veränderungen v.a. in Großstädten stattfanden, wurden diese Analysen im Rahmen der kritischen Stadtforschung auf den ‚lokalen Staat' übertragen (vgl. Esser/Hirsch 1987; Harvey 1989; Borst et al. 1990).

Re-Regulierungen kommt sowie eine Ausweitung auf neue korporatistische AkteurInnen (NGOs und andere zivilgesellschaftliche Formationen).

d) ein neues *Konsummodell*, das durch einen zunehmend differenzierten Konsumgeschmack gekennzeichnet ist (Lebensstile), in dem aber auch hedonistische Werte zum Ausdruck kommen.

Bei der Diskussion der in deutlichem Wandel befindlichen städtischen Steuerung stand immer wieder die Frage im Mittelpunkt, wie unabhängig Städte überhaupt agieren können, da sie als nachgeordnete Ebene in vielen Fragen weisungsgebunden sind, nationale Politik in Teilen im Rahmen einer Subsidiarität allenfalls umsetzen und stark von Steuer- und Abgabenzuweisungen abhängig sind[8]. Gegenwärtig geht man von einer zunehmenden Unabhängigkeit der Städte und Stadtregionen aus, die immer eigenständiger und untereinander immer stärker in Konkurrenz um Ansiedelungen, (Auslands-Direkt-)Investitionen, Touristen und andere Wirtschaftsfaktoren stehen.

Auf der empirischen Ebene wurden die Handlungsspielräume der Kommunalpolitik in verschiedenen Politikfeldanalysen vorgenommen; auch hier gab es deutliche Verschiebungen in der Sichtweise: Ging man ursprünglich in der Organisationssoziologie von der besonderen Bedeutung des institutionellen Aufbaus aus (was auch durch die Systemtheorie gestützt wurde) (vgl. Schimank 1994), schwenkte man in den 1980er Jahren zu Stakeholder-Ansätzen um, d.h. man betrachtete die Einstellungen und Handlungsweisen der zentralen Personen. Mit Christopher G. Pickvance (1990) kam man schließlich zur heute weitgehend geteilten ‚local theory', bei der die Handlungsspielräume der Stakeholder innerhalb der spezifischen institutionellen Kontexte (die wiederum raum- und zeitabhängig sind) analysiert werden (vgl. Héritier 1993a).

3. Ortsbezogene Strukturen und Prozesse

In diesem Kapitel werden Ergebnisse der Stadt- und Regionalsoziologie zusammengetragen und eingeordnet, welche insbesondere für die sozial differenzierte Entwicklung von Sozialräumen maßgeblich sind. Die Analyse der ungleichen Verteilung der Wohnstandorte sozialer Gruppen im (städtischen) Raum (residentielle Segregation/Konzentration) ist Ausgangspunkt und Kern aller Ansätze der Stadt- und Regionalsoziologie (siehe Abschnitt 3.1). Ein weiterer wichtiger Faktor sozial selektiver Raumnutzung wird von der Aktionsraumforschung (ARF) beschrieben (siehe Abschnitt 3.2). Schließlich werden neuere Ansätze sozialer Ungleichheitsforschung in ihrem Raumbezug mit der Milieuforschung aufgegriffen (siehe Abschnitt 3.3).

8 In diesen Bereichen gibt es innerhalb Europas erhebliche Unterschiede, die sich bspw. im Ausmaß eigener Steuer- und Abgabenhoheit sowie lokaler Planungskompetenz zeigen.

3.1 Residentielle Segregation/Konzentration

Das Konzept der residentiellen Segregation, also die ungleiche Verteilung der Wohnstandorte sozialer Gruppen in einer Stadt(region), stand nicht nur am Anfang der Chicagoer Schule, sondern steht im Mittelpunkt aller stadtsoziologischen Ansätze. War Park noch stark daran interessiert, wie sich soziale (Zuwanderungs-) Gruppen in ihren ‚ethnic villages' im Rahmen ihrer spezifischen ‚moral order' organisierten und die ‚natural areas' zu einem städtischen Mosaik der Aus- und Eingrenzung machten, entwickelte sich die eigentliche Segregationsforschung seit den späten 1940er Jahren in einer formalen mathematisch-statistischen Logik. Es wurde eine Reihe von Indices entwickelt, mit deren Hilfe man das Abweichen der Ungleichverteilung vom städtischen Durchschnitt berechnete (vgl. Friedrichs 1993: 218-224). Allen Indices ist jedoch gemeinsam, dass deren Werte stark von der Größe der analysierten städtischen Teilgebiete[9] und der betrachteten sozialen Gruppen[10] abhängig sind. Da der Indexwert eine Maßzahl für eine Stadt ist, kann man ihm jedoch nicht ansehen, welche Art von Ungleichheit sich dahinter verbirgt respektive welche Verschiebungen es im Laufe der Zeit gegeben hat.[11]

Segregationsanalysen hatten v.a. in der vergleichenden Stadtforschung ihre Bedeutung – aber gerade hier zeigt sich in besonderer Weise deren Problematik, denn es wirken sich nicht nur die beschriebenen methodischen Probleme erschwerend aus, sondern mit dem Vergleich unterschiedlicher Stadtgesellschaften wirken sich unterschiedliche Ungleichheitsstrukturen in der Gesellschaft, unterschiedliche Logiken des Wohnungsmarktes respektive der (staatlichen) Zuweisung von Wohnraum ebenso aus, wie politische Kulturen, welche die lokalen Muster der In- und Exklusion steuern (vgl. Dangschat 2000b). Gerade die Variationen der strukturellen Bedingungen von Ungleichheit, deren Konstruktionen und Repräsentationsformen sind entscheidend dafür, ob und welche Art von Segregation für welche soziale Gruppe förderlich oder hinderlich ist (vgl. Anhut/Heitmeyer 2000).

Mit Segregation wird in der Regel Negatives verbunden. In der aktuellen Stadtforschung geht man davon aus, dass eine „freiwillige" respektive „funktionale" Segregation hilfreich sei – weil sie Zuwandernden den ersten vertrauten Rückhalt in einer recht fremden Welt liefert –, hingegen eine „erzwungene" respektive „strukturelle" Segregation abzulehnen sei (vgl. zu den Positionen Häußermann/Siebel 2000; Heitmeyer 1998). Dass diese einfache Gegenüberstellung zwar nachvollziehbar, allerdings analytisch und sozialpolitisch-praktisch wenig Sinn macht, ist offensicht-

---

9 Je kleiner diese sind, desto wahrscheinlicher sind sie homogen, d.h. entsprechen umso weniger dem städtischen Durchschnitt, was zu höheren Indexwerten führt.

10 Erst ab einer Mindestgröße bilden bspw. ZuwanderInnen räumliche Cluster aus, die auf die weiteren Gruppenmitglieder eine Sichtbarkeit und Attraktivität ausüben können.

11 Formal entspricht der Indexwert einem statistischen Zentralmaß, zu dem auch immer eine Aussage zur Abweichung von diesem Mittelwert gehört. Hinter einem moderaten Indexwert kann eine durchschnittlich hohe Abweichung vom städtischen Durchschnitt in vielen städtischen Teilgebieten ebenso wahrscheinlich stehen, wie die hohe Konzentration einzelner sozialer Gruppen in wenigen Teilgebieten. Ist man an der Analyse „problematischer" sozialräumlicher Konstellation interessiert, sollte man eher die Orte höherer Konzentrationen dieser sozialen Gruppen bestimmen und analysieren.

lich, zumal zwischen beiden Formen funktionale Bezüge bestehen, denn die „erzwungene" Segregation ist auch das Ergebnis „freiwilligen" Wegzuges der Mittelschichten aus den ehemals sozial gemischten Gebieten (vgl. Dangschat 2004a). Da auch die nahezu perfekte Segregation der Reichen und Wohlhabenden kaum je ein brisantes Thema der Stadtsoziologie oder Stadtplanung war, wird deutlich, dass lediglich die Konzentrationen sozial Benachteiligter in „benachteiligenden Wohn- und Wohnumfeldbedingungen" (vgl. Alisch/Dangschat 1998) als Problem angesehen werden. Diese finden insbesondere dann eine erhöhte Aufmerksamkeit, wenn sich spezifische ethnische Gruppen oder wenn arme Menschen sich in starkem Maße räumlich konzentrieren – respektive in bestimmten Wohnungsmarktsegmenten konzentriert werden (siehe zu den Interventionen in diese städtischen Teilgebiete Abschnitt 3.4).

Mit der *Gentrification* wird eine Form der Segregation jedoch nahezu durchgängig als negativ bewertet, da hinter diesen Prozessen eine ökonomische Aufwertung des innerstädtischen Wohnungsbestandes steht, der zu sozial selektiven Verdrängungsprozessen der Wohnbevölkerung führen kann. Mit der Gentrification wird seit den späten 1970er Jahren ein relativ neuer Prozess in Städten beobachtet. Für hedonistische und experimentelle soziale Milieus und Lebensstilgruppen werden innenstadtnahe Wohnstandorte zunehmend attraktiv und führen zu einer „Wiederbelebung" der vorher überalterten Quartiere (vgl. Friedrichs 2000). Stadtsoziologisch sind diese Prozesse v.a. auch deshalb interessant, weil sie viele der bis dahin gültigen Prozesse der Stadtentwicklung „auf den Kopf" gestellt haben.

3.2 Aktionsräume

Die ungleiche Verteilung von Bevölkerung (Segregation) und Ausstattungen im städtischen Raum (Segmentierung) sowie die ungleich verteilten Ressourcen und Constraints der Stadtbewohnerinnen hat zur Folge, dass sich auch deren Aktivitäten in ihren Häufigkeiten, ihrer Dauer und den Distanzen im Raum unterscheiden. Damit führt nicht nur die Segregation, sondern auch die sozial selektive Nutzung von (städtischem) Raum zu dessen Differenzierung.

Sozialräume unterscheiden sich damit in ihren Nutzungsmöglichkeiten (Umfang und Qualität der Gelegenheiten, Erreichbarkeit), ihren NutzerInnen (sichtbar über soziale Strukturen und Lebensstile) sowie den sozial vermittelten Zugangs-Barrieren (Symbole). In den Untersuchungen von Aktionsräumen von StadtbewohnerInnen wird der Frage nachgegangen, wer an welchem Ort welche Aktivitäten wie lange und mit wem ausübt. Aktionsraumforschung hat zum Ziel, die ungleiche Verteilung von Aktivitäten der Stadtbevölkerung zu analysieren (vgl. Dangschat et al. 1982; Friedrichs 1993: 302-328).

Jürgen Friedrichs (1993) geht in seiner Beschreibung der Aktionsraumforschung von der konstitutiven Bedeutung der Wohnstandorte für die Aktivitäten der Stadtbevölkerung aus. Der Wohnstandort wird als Bezugsort gewählt, der die geographischen Distanzen innerhalb von Aktionsräumen bestimmt. Danach ergeben sich empirisch fünf idealtypische Modelle (siehe Abbildung 1b).

Die Forschungsergebnisse über städtische Zeitstrukturen in den letzten 20 Jahren (Henckel 1992) zeigen, dass die neuen verbesserten Techniken des materiellen Verkehrs (Schnellbahnen, Intensivierung des Flugverkehrs) und der Entwicklung neuer Informations- und Kommunikationstechnologien zu einer Umstrukturierung raumzeitlicher Distanzen geführt haben. Distanzen innerhalb von Aktionsräumen werden immer weniger in geographischen Distanzen berechnet als vielmehr in Zeitdistanzen (vgl. Henckel 2002: 312).

Abbildung 1: Aktionsräume

1a: Sozial selektive Teilräume eines Stadtraumes

1b: Idealtypische Formen von Aktionsräumen

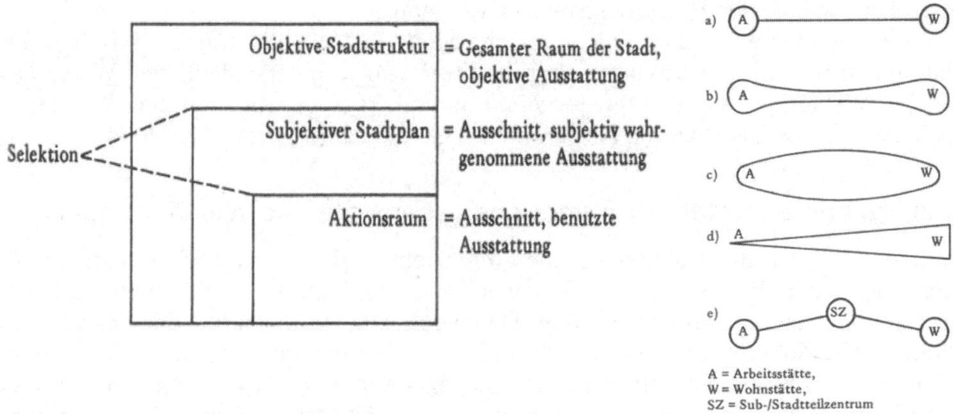

Quelle: Friedrichs (1991: 307 und 328)

3.3 Milieu und Sozialraum

Die traditionellen Konzepte von Klassen und Schichten zur Analyse sozialer Ungleichheit(en), die sich weitgehend auf objektive Merkmale wie Beruf, Einkommen und Bildung beschränkten, gelten seit den 1980er Jahren als überholt, weil sich der Zusammenhang zwischen Bildungsstand, beruflicher Position und Einkommen immer stärker lockerte und ein zunehmender Teil der Menschen nicht mehr über sie eingeordnet werden konnte. Aktuelle Ansätze der Sozialstrukturanalyse gehen überwiegend davon aus, dass sich neue soziokulturelle Dimensionen sozialer Ungleichheit herausgebildet haben, welche immer weniger von den „objektiven“ Merkmalen abhängen und in wachsendem Maße selbst handlungsleitend werden. Man spricht von sozialen Lagen, sozialen Milieus und Lebensstilen. Typisch hierfür ist die Betonung der „Pluralisierung der Lebensstile“, die sich weitgehend von objektiven Merkmalen abgelöst haben, und die – oft partielle – Zugehörigkeit zu Lebensstilgruppen oder Milieus. Milieu- und Lebensstilkonzepte fangen stärker die subjektiven Wertemuster und ihrer Sinnhorizonte ein und untersuchen diese in ihrer Funktion einer Restrukturierung von sozialer Gemeinschaft. Der Entstrukturierungsthese liegt die Feststellung einer Individualisierung (vgl. Beck 1983) gesellschaftlicher Entwicklungen zugrunde – Individuen werden aus überkommenen sozialen Zusammenhängen herausgelöst – welche auch auf sozialstruktureller Ebene zu einer Ausdifferenzierung führen.

Die Stadt- und Regionalsoziologie hat schon früh den Forschungsschwerpunkt auf das Verhältnis zwischen Sozialstrukturanalyse und räumlicher Ausdifferenzierung gelegt. Karl Dieter Keim (1997) unterscheidet in a) sozialwirksame Raumstruktur und b) raumwirksame Sozialstruktur. Unter der Sozialwirksamkeit von Raumstrukturen wird die räumliche Anordnung von Gebäuden, Freiflächen, Einrichtungen und infrastruktureller Ausstattung verstanden, welche die Art und Weise sozialer Strukturen bspw. die Form sozialer Netzwerke oder die Art der Kommunikation beeinflusst. Unter Raumwirksamkeit von sozialen Strukturen wird die Prägung des Quartiers und der räumlichen Nachbarschaft durch die räumlich dort vorherrschenden sozialen Beziehungsmuster verstanden.

Im Folgenden werden drei idealtypische Modelle des Verhältnisses zwischen Sozialräumen und Milieustrukturen vorgestellt, die in je unterschiedlicher Weise das Wechselverhältnis zwischen territorialen räumlichen Gegebenheiten und den dahinter liegenden Sozialstrukturen beschreiben (vgl. Frey 2004; Frey et al. 2004).

Sozialräume als Gefäß für homogene Lebensstile und Werthaltungen

In diesem Modell dient die territoriale Grenzziehung dazu, eine soziale Vergemeinschaftungspraxis innerhalb eines Gebietes zu beschreiben, welche ähnliche Lebensweisen und Mentalitäten hervorbringt. Dabei gehen sie von einem Verständnis eines Raumes als einem geographisch abgrenzbaren Territorium aus, das durch Eigenschaften wie Größe, Lage, Begrenzung und soziale Identität bestimmbar wird. Dabei bildet sich in den jeweiligen Räumen durch den historischen Entwicklungsprozess eine eigene kulturelle und soziale Dimension heraus, die zu einer Identität des Ortes wird.

Auch die Stadtplanungssoziologie der 1970er Jahre folgt dieser Ineinssetzung von Milieu und Raum, indem von einer Einheit des „Quartiersraumes“ und dem sozialen Beziehungsgefüge ausgegangen wird. Mit dem stadtplanerischen Instrument der „Milieuschutzsatzung“ wird festgelegt, dass die ansässige Quartiersbevölkerung eines meist innerstädtischen Altbauquartieres vor Veränderung der Sozialstruktur bewahrt werden soll. Damit geht man von einer Einheit der sozialen Gemeinschaft und dem städtischen Territorium aus.

Der ausdifferenzierte Sozialraum

Im Gegensatz zur Homogenitätsannahme geht man bei diesem Konzept von einem ausdifferenzierten Sozialraum aus, d.h. dass in einem konkreten Stadtviertel unterschiedliche Milieus existieren können. Auf diese Weise überlagern sich Milieus – entweder in einer funktionalen Ansammlung eingebundenen oder in Form von Parallelgesellschaften.

Räumlich entbettete Sozialräume

In diesem Konzept wird die These vertreten, dass das Quartier als ein territorialer Bezug von Vergemeinschaftung an Bedeutung verloren hat. Durch Mobilität, neue Informations- und Kommunikationsmedien im Kontext einer zunehmenden Individualisierung von Lebensstilen, einer Heterogenisierung und Ausdifferenzierung von milieubildenden Werthaltungen, verliert das Wohnquartier für das soziale Milieu an prägender Bedeutung.

Schulze fasst in der Analyse der Beziehung zwischen Milieu und Raum diesen als Umgebung, als einen territorialen Bezugsrahmen, der dem Aktionsradius der Individuen entspricht und innerhalb dessen die Milieubildung stattfindet. Die Bedeutung des Raumes als Umgebung sieht Schulze schwinden und konstatiert dagegen, dass der Raum zur Szenerie wird. Die Umgebung wird dabei auf den konkreten Ort reduziert, der als Treffpunkt und Schauplatz von Szenen eine größere Bedeutung erhält. Diese szenischen Orte werden in ihrer räumlichen Ausdehnung als gering und in ihrer zeitlichen Kontinuität als fragil beschrieben. Die sozialräumliche Beziehung zwischen szenischem Ort und Individuum ist durch eine Flüchtigkeit gekennzeichnet. Szenerien werden betreten und wieder verlassen, sie können schnell umgebaut und verändert werden oder ganz verschwinden. (vgl. Schulze 1992)

Schulze konstatiert letztlich eine Fragmentierung des einheitlichen flächenbezogenen Stadtraumes, die zu einer höheren Bedeutung von inselhaft gelegenen Orten führt und eine szenische Vergesellschaftung ermöglichen. Schulze diagnostiziert eine abnehmende Bedeutung von Raum als Umgebung bzw. der Wohnstandorte für die städtische Segregation. In der stadtsoziologischen Debatte wird dies sehr kontrovers diskutiert und zunehmend ein Bedeutungszuwachs des unmittelbaren Wohnumfeldes gerade für benachteiligte Bevölkerungsgruppen thematisiert (vgl. Dangschat 1994a). Die von Schulze charakterisierte Zunahme von Szenen trifft eher auf moderne kreative Wissensmilieus zu (vgl. Matthiessen 2004).

Literatur

Alisch, Monika/Dangschat, Jens S. (1998): Armut und soziale Integration. Strategien sozialer Stadtentwicklung und lokaler Nachhaltigkeit. Opladen

Amin, Ash (ed.) (1994): Post-Fordism. A Reader. Oxford/Cambridge

Anhut, Reimund/Heitmeyer, Wilhelm (2000): Desintegration, Konflikt und Ethisierung. Eine Problemanalyse und theoretische Rahmenkonzeption. In: Heitmeyer et al. (Hg.) (2000): 17-75

Atkinson, Rowland/Kintrea, Keith (2004): Opportunities and Despair, It's All in There. Practitioner Experiences and Explanations of Area Effects and Life Chances. In: Sociology 3/38: 437-455

Atteslander, Peter/Hamm, Bernd (Hg.) (1974a): Materialien zur Siedlungssoziologie. Köln

Atteslander, Peter/Hamm, Bernd (1974b): Einleitung: Grundzüge einer Siedlungssoziologie. In: Atteslander et al. (Hg.) (1974a): 11-32

Bauhardt, Christine (1995): Stadtentwicklung und Verkehrspolitik. Eine Analyse aus feministischer Sicht. Stadtforschung aktuell 54. Basel et al.

Bauhardt, Christine (2004): Entgrenzte Räume. Zur Theorie und Politik räumlicher Planung. Wiesbaden

Bauhardt, Christine/Becker Ruth (1997): Durch die Wand! Feministische Konzepte zur Raumentwicklung. Stadt, Raum und Gesellschaft. Band 7. Pfaffenweiler

Beck, Ulrich (1983): Jenseits von Klasse und Stand? In: Kreckel (Hg.) (1983): 35-74

Becker, Ruth/Neusel, Aylâ (1997): Fachbericht Architektur, räumliche Planung. In: Niedersächsisches Ministerium für Wissenschaft und Kultur (Hg.) (1997): 455-494

Borst, Renate/Krätke, Stefan/Mayer, Margit/Roth, Roland/Schmoll, Fritz (Hg.) (1990): Das neue Gesicht der Städte. Theoretische Ansätze und empirische Befunde aus der internationalen Debatte. Stadtforschung aktuell, Band 29. Basel/Boston/Berlin

Breitfuss, Andrea/Dangschat, Jens S./Frey, Oliver/Hamedinger, Alexander (2004): Städtestrategien gegen Armut und soziale Ausgrenzung. Herausforderungen für eine sozialverträgliche Stadterneuerungs- und Stadtentwicklungspolitik. Kammer für Arbeiter und Angestellte. Wien

Dangschat, Jens S. (2005a): Soziale Milieus und Lebensstile in Raum und Zeit. In: Dangschat et al. (Hg.) (2005b, i.E.)

Dangschat, Jens S./Hamedinger, Alexander (Hg.) (2005b): Lebensstile, Soziale Milieus und Siedlungsstrukturen. Hannover (i.E.)

Dangschat, Jens S. (2004a): Konzentration oder Integration? – Oder: Integration durch Konzentration? In: Kecskes et al. (Hg.) (2004): 45-76

Dangschat, Jens S. (2004b): Integration oder Ablenkungsmanöver? Zielsetzungen und Beitrag des Bund-Länder-Programms „Soziale Stadt" zur Integration sozialer Gruppen. In: Greiffenhagen et al. (Hg.) (2004, i.E.)

Dangschat, Jens S. (2000a): Integration – Eine Figuration voller Probleme. Warum die Integration von Migrant/innen so schwierig ist. In: Klein et al. (Hg.) (2000a): 185-208

Dangschat, Jens S. (2000b): Segregation. In: Häußermann (Hg.) (2000a): 209-221

Dangschat, Jens S. (1995): „Stadt" als Ort und als Ursache von Armut und sozialer Ausgrenzung. In: Aus Politik und Zeitgeschichte. Band 31-32: 50-62

Dangschat, Jens S. (1994a): Segregation – Lebensstile im Konflikt, soziale Ungleichheiten und räumliche Disparitäten. In: Dangschat et al. (Hg.) (1994b): 426-445

Dangschat, Jens S./Blasius, Jörg (Hg.) (1994b): Lebensstile in den Städten. Konzepte und Methoden. Opladen

Dangschat, Jens S./Droth, Wolfram/Friedrichs, Jürgen/Kiehl, Klaus (1982): Aktionsräume von Stadtbewohnern. Opladen

Deinet, Ulrich/Reutlinger, Christian (Hg.) (2004): Aneignung als Bildungskonzept der Sozialpädagogik. Beiträge zur Pädagogik des Kindes- und Jugendalters in Zeiten entgrenzter Lernorte. Wiesbaden

Dörhöfer, Kerstin/Terlinden, Ulla (1998): Verortungen. Geschlechterverhältnisse und Raumstrukturen. Stadtforschung aktuell. Band 66. Basel et al.

Dörhöfer, Kerstin (Hg.) (1990): Stadt – Land – Frau. Soziologische Analysen, feministische Planungsansätze. Freiburg

Durkheim, Émile (1981): Frühe Schriften zur Begründung der Sozialwissenschaft. Darmstadt/Neuwied

Durkheim, Émile (1965): Die Regeln der soziologischen Methode. Berlin

Ecarius, Jutta/Löw, Martina (Hg.) (1997): Raumbildung – Bildungsräume. Über die Verräumlichung sozialer Prozesse. Opladen

Engels, Friedrich (1845/1990): Die Lage der arbeitenden Klasse in England. In: Marx-Engels-Werke (MEW). Band 2. Berlin: 256-276

Esser, Josef/Hirsch, Joachim (1987): Stadtsoziologie und Gesellschaftstheorie. Von der Fordismuskrise zur „postfordistischen" Regional- und Stadtstruktur. In: Prigge (Hg.) (1987): 31-56

Frank, Susanne (2004): Feministische Stadtkritik – Theoretische Konzepte, empirische Grundlagen, praktische Forderungen. In: Häußermann et al. (2004): 196-213

Frank, Susanne (2003): Stadtplanung im Geschlechterkampf. Stadt und Geschlecht in der Großstadtentwicklung des 19. und 20. Jahrhunderts. Opladen

Frey, Oliver (2004): Urbane öffentliche Räume als Aneignungsräume. Lernorte eines konkreten Urbanismus. In: Deinet et al (Hg.) (2004): 219-234

Frey, Oliver/El Khafif, Mona/Witthöft, Gesa (2004): Space.Ing. Gebaute Räume und Sozialräume in der Wiener Stadterneuerung. In: Dérive – Zeitschrift für Stadtforschung. Heft 17: 31-34

Greiffenhagen, Sylvia/Neller, Katja (Hg.) (2004): Praxis ohne Theorie? Wissenschaftliche Diskurse zum Bund-Länder-Programm Stadtteile mit besonderem Entwicklungsbedarf – Die soziale Stadt. Wiesbaden 2004

Joas, Hans (Hg.) (2001): Lehrbuch der Soziologie. Frankfurt a.M./New York

Friedrichs, Jürgen (1972): Kapitel „Großstadtforschung in den USA“, „Stadtregion“, „Region“, „Soziologische Theorie der Stadt“. In: Pfeil (1972): 100-386
Friedrichs, Jürgen (1993): Stadtanalyse. Soziale und räumliche Organisation der Gesellschaft. 3. Auflage. Opladen
Friedrichs, Jürgen (2000): Gentrification. In: Häußermann (Hg.) (2000a): 57-66
Friedrichs, Jürgen; Häußermann, Hartmut/Siebel, Walter (Hg.) (1986): Süd-Nord-Gefälle in der Bundesrepublik? Sozialwissenschaftliche Analysen. Opladen
Häußermann, Hartmut/Siebel, Walter (2004): Einführung in die Stadtsoziologie. Frankfurt a.M.
Häußermann, Hartmut (2001): Städte, Gemeinden, Urbanisierung. In: Joas (Hg.) (2001): 505-532
Häußermann, Hartmut (Hg.) (2000): Großstadt – Soziologische Stichworte. 2. Auflage. Frankfurt a.M./New York
Häußermann, Hartmut/Siebel, Walter (2000): Neue Urbanität. Frankfurt a.M.
Häußermann, Hartmut/Ipsen, Detlef/Krämer-Badoni, Thomas/Läpple, Dieter/Rodenstein, Marianne/ Siebel, Walter (Hg.) (1992): Stadt und Raum. Soziologische Analysen. Pfaffenweiler
Häußermann, Hartmut/Siebel, Walter (1990): Bausteine zu einem Szenario zur Entwicklung von Berlin. Sozialräumliche Struktur und Steuerung des Wachstums
Hamm, Bernd/Neumann, Ingo (1996): Siedlungs-, Umwelt- und Planungssoziologie. Opladen
Hamm, Bernd (1982): Einführung in die Siedlungssoziologie. München
Harloe, Michael/Pickvance, Christopher G./Urry, John (eds.) (1990): Place, Policy and Politics. London et al.
Harth, Annette/Scheller, Gitta/Tessin, Wulf (Hg.) (2000): Stadt und soziale Ungleichheit. Opladen
Harvey, David (1989): The Condition of Postmodernity. Oxford
Harvey, David (1987): Flexible Akkumulation durch Urbanisierung. Reflektionen über „Postmodernismus" in amerikanischen Städten. In: PROKLA 69/17: 109-131
Harvey, David (1985): The Urbanization of Capital. Oxford
Heitmeyer, Wilhelm/Anhut, Reimund (Hg.) (2000): Bedrohte Stadtgesellschaft. Soziale Desintegrationsprozesse und ethnisch-kulturelle Konfliktkonstellationen. Weinheim/München
Heitmeyer, Wilhelm (1998): Versagt die „Integrationsmaschine“ Stadt? Zum Problem der ethnisch-kulturellen Segregation und ihren Konfliktlagen. In: Heitmeyer et al. (Hg.) (1998): 443-468
Heitmeyer, Wilhelm/Dollase, Rainer/Backes, Otto (Hg.) (1998): Die Krise der Städte. Frankfurt a.M.
Henckel, Dietrich (1992): Der Rhythmus der Stadt – Veränderungen von Zeitstrukturen und Stadtentwicklung. In: Oblong (Hg.) (1992): 152-163
Henckel, Dietrich (2002): Raumzeitpolitik. Opladen
Héritier, Adrienne (1993a): Einleitung. Policy-Analyse. Elemente der Kritik und Perspektiven der Neuorientierung. In: Héritier (Hg.) (1993): 9-36
Héritier, Adrienne (Hg.) (1993b): Policy-Analyse. Kritik und Neuorientierung. Politische Vierteljahresschrift 24. Opladen
Herlyn, Ulfert (1998a): Stadtsoziologische Literatur der letzten 50 Jahre. In: Herlyn (Hg.) (1998b): 211-239
Herlyn, Ulfert (Hg.) (1998b): Hans Paul Bahrdt – Die moderne Großstadt. Soziologische Überlegungen zum Städtebau. Opladen
Herlyn, Ulfert (1993): Stadt- und Regionalsoziologie. In: Korte et al. (Hg.) (1993): 245-263
Herlyn, Ulfert (Hg.) (1974): Stadt- und Sozialstruktur. München
Kecskes, Robert/Wagner, Michael/Wolf, Christof (Hg.) (2004): Angewandte Soziologie. Wiesbaden
Keim, Karl Dieter (1997): Milieu und Moderne. Zum Gebrauch eines nachtraditionalen sozialräumlichen Milieubegriffs. In: Berliner Journal für Soziologie 3/7: 387-399
Kerber, Harald/Schmieder, Arnold (Hg.) (1994): Spezielle Soziologien. Problemfelder, Forschungsbereiche, Anwendungsorientierungen. Reinbek
Klein, Gabriele/Treibel, Annette (Hg.) (2000a): Skepsis und Engagement. Hamburg
Korte, Hermann (1995): Einführung in die Geschichte der Soziologie. 3. Auflage. Opladen
Korte, Hermann/Schäfers, Bernhard (Hg.) (1993): Einführung in Spezielle Soziologien. Opladen

Krämer, Jürgen/Neef, Rainer (Hg.) (1985): Krise und Konflikte in der Großstadt im entwickelten Kapitalismus. Texte zu einer „New Urban Sociology“. Stadtforschung aktuell. Band 9. Basel et al.

Krämer-Badoni, Thomas (1992): Die Stadt als sozialwissenschaftlicher Gegenstand. Ein Rekonstruktionsversuch stadtsoziologischer Theoriebildung. In: Häußermann (Hg.) (1992): 1-30

Kreckel, Reinhard (Hg.) (1983): Soziale Ungleichheiten. Sonderband 2 der Sozialen Welt. Göttingen

Krummacher, Michael/Kulbach, Roderich/Waltz, Viktoria/Wohlfahrt, Norbert (2003): Soziale Stadt – Sozialraumentwicklung – Quartiersmanagement. Herausforderungen für Politik, Raumplanung und soziale Arbeit. Opladen

Leborgne, Danièle/Lipietz, Alain (1990): Neue Technologien, neue Regulationsweisen: Einige räumlich Implikationen. In: Borst et al. (Hg.) (1990): 109-129

Lindner, Rolf (1990): Die Entdeckung der Stadtkultur. Soziologie aus der Erfahrung der Reportage. Frankfurt a.M.

Löw, Martina (2001): Raumsoziologie. Frankfurt a.M.

Marx, Karl (1857/58, 1974): Grundrisse der Kritik der Politischen Ökonomie. Berlin

Matthiesen, Ulf (Hg.) (2004): Stadtregion und Wissen. Analysen und Plädoyers für eine wissensbasierte Stadtpolitik. Wiesbaden

Molotch, Harvey (1976): The City as a Growth Machine: Toward a Political Economy of Place. In: American Journal of Sociology 2/82: 309-332

Moulaert, Frank/Swyngedouw, Erik (1990): Regional Development and the Geography of the Flexible Production System. Theoretical Arguments and Empirical Evidence from Western Europe and the U.S. In: Borst et al. (1990) (Hg.): 109-129

Niedersächsisches Ministerium für Wissenschaft und Kultur (Hg.) (1997): Berichte aus der Frauenforschung: Perspektiven für Naturwissenschaften, Technik und Medizin. Referat für Presse- und Öffentlichkeitsarbeit. Hannover

Oblong, Dirk (Hg.) (1992): Zeit und Nähe in der Industriegesellschaft. Eine Annäherung aus verkehrspolitischer Sicht. Tagungsband DIE GRÜNEN. Bonn

Park, Robert E. (1926/1950a): Our Racial Frontier on the Pacific. In: Park (ed.) (1926/1950): 138-151

Park, Robert E. (ed.) (1926/1950b): Race and Culture. Essays in the Sociology of Contemporary Man. Glencoe

Park, Robert E. (1925/1974): Die Stadt als räumliche Struktur und sittliche Ordnung. In: Atteslander et al. (1974a): 90-100. Zuerst als: The Urban Community as a Spatial Pattern and a Moral Order. ASA 20: 1-14.

Petermann, Theodoro/Gehe-Stiftung (Hg.): Die Großstadt. Vorträge und Aufsätze zur Städteaustellung. Jahrbuch. Dresden. http://209.130.85.137/sim/sta03.htm

Pfeil, Elisabeth (1972): Großstadtforschung. 2. neubearbeitete Auflage. Hannover

Pickvance, Christopher G. (1990): Introduction: The Institutional Context of Local Economic Development: Central Controls, Spatiaol Policies and Local Economic Policies. In: Harloe (eds.) (1990)

Prigge, Walter (Hg.) (1987): Die Materialität des Städtischen. Stadtentwicklung und Urbanität im städtischen Umbruch. Stadtforschung aktuell 17. Basel et al.

Ruhne, Renate (2004): (Un)Sicherheiten im öffentlichen Raum im machtvollen Wirkungsgefüge zwischen „Raum“ und „Geschlecht“. In: Frei-Räume 11. www.fopa.de/ruhne.pdf

Sassen, Saskia (1991): The Global City: New York, London, Tokyo. Princeton

Saunders, Peter (1987): Soziologie der Stadt. Frankfurt a.M./New York

Schimank, Uwe (1994): Organisationssoziologie. In: Kerber et al. (Hg.) (1994): 240-254

Schulze, Gerhard (1992/2000): Die Erlebnisgesellschaft. Kultursoziologie der Gegenwart. Frankfurt a.M./New York

Simmel, Georg (1908): Soziologie. Untersuchungen über die Formen der Vergesellschaftung. Berlin

Simmel, Georg (1903): Die Großstädte und das Geistesleben. In: Petermann, Theodoro/Gehe-Stiftung (Hg.) (1903): 185-206

Simmel, Georg (1908): Der Raum und die räumlichen Ordnungen der Gesellschaft. In: Simmel: 460-526
Storper, Michael/Scott, Allen J. (1990): Geographische Grundlagen und gesellschaftliche Regulation flexibler Produktionskomplexe. In: Borst et al. (Hg.) (1990): 130-149
Sturm, Gabriele (2000): Wege zum Raum. Methodologische Annäherungen an ein Basiskonzept raumbezogener Wissenschaften. Opladen
Treibel, Annette (1999): Migration in modernen Gesellschaften. Soziale Folgen von Einwanderung, Gastarbeit und Flucht. 2. Auflage. Weinheim/München
Walther, Uwe-Jens/Mensch, Kirsten (Hg.) (2004): Armut und Ausgrenzung on der „Sozialen Stadt“. Konzepte und Rezepte auf dem Prüfstand. Schader-Stiftung. Darmstadt
Walther, Uwe-Jens (Hg.) (2002): Soziale Stadt – Zwischenbilanzen. Ein Programm auf dem Weg zur Sozialen Stadt? Opladen
Waßner, Rainer (1988a): Andreas Walther und seine Stadtsoziologie in Hamburg zwischen 1927 und 1935. In: Waßner (Hg.) (1988b): 69-84
Waßner, Rainer (Hg.) (1988b): Wege zum Sozialen. 80 Jahre Soziologie in Hamburg. Opladen
Weber, Max (1904/05, 2000): Die protestantische Ethik und der Geist des Kapitalismus. In: www.uni-potsdam.de/u/paed/Flitner/Flitner/Weber/
Weber, Max (1921/2000a): Die Stadt. In: Weber (1921/2000b): 727-732
Weber, Max (1921/2000b): Wirtschaft und Gesellschaft. Tübingen
Weber, Max,(1920/1988): Gesammelte Aufsätze zur Religionssoziologie. Stuttgart
Wirth, Louis (1974): Urbanität als Lebensform: Die Stadt und die Zivilisation der Gegenwart. In: Herlyn, Ulfert (Hg.) (1974): 42-66
Zukin, Sharon (1982): Loft Living. Culture and Capital in Urban Change. New Brunswick

Internet-Adressen

http://de.wikipedia.org/wiki/Stadtsoziologie
http://isra.tuwien.ac.at/
http://lnhf.gwdg.de/downloads/ffbericht/archdoc.pdf
www.commurb.org/
www.ifs.tu-darmstadt.de/club/
www.stareg.uni-bremen.de/

Stadt- und Regionalplanung

Heiderose Kilper und Barbara Zibell

Abstract

Die räumliche Entwicklung auf der regionalen und kommunalen Ebene vorausschauend zu steuern und zu koordinieren, gehört zu den Aufgaben von Stadt- und Regionalplanung. Damit werden für die Zukunft Festlegungen getroffen, „was sein soll". Mit Sozialraum-Analysen hingegen sollen Erkenntnisse gewonnen werden, wie soziale Gruppen im städtischen Raum verteilt sind, welche Segregationsprozesse und welche Verhaltensweisen und Nutzungsroutinen von BewohnerInnen sich ortsbezogen herausbilden. Hier geht es darum, zu verstehen, „was ist". Das Verhältnis zwischen beiden Disziplinen ändert sich, wenn Stadt- und Regionalplanung nicht nur als staatlich-hoheitliche Ordnungsaufgabe verstanden wird, sondern auch als räumliche Entwicklungs- und Gestaltungsaufgabe, die gemeinsam von öffentlichen und privaten Akteuren zu bewältigen ist. In einem Fall sind BewohnerInnen allenfalls Betroffene, die es – zumindest in formellen Verfahren – zu beteiligen gilt. Im anderen Fall werden Betroffene zu potenziellen AkteurInnen, die in Prozesse aktiv eingreifen bzw. grundsätzlich einzubeziehen sind. Es wird gezeigt, wie mit der BURANO-Methode, dem Konzept der behutsamen Stadterneuerung und mit dem Diskurs über feministische Perspektiven in der räumlichen Planung wichtige Impulse des Sozialraum-Konzepts in die Stadt- und Regionalplanung getragen worden sind und zu Modifikationen in deren Raum- und Planungsverständnis geführt haben.

1. Einleitung

Sich mit Konzept und Methode der Sozialraumanalyse aus stadt- und regionalplanerischer Sicht auseinander zu setzen, heißt, Brücken zwischen unterschiedlichen Zugängen zum Raum zu bauen. Unterschiedlich sind die disziplinäre Verortung (Stadt-) Soziologie vs. Raumplanung), die Raumbegriffe (sozialer Lebensraum vs. politisch-administrativer bzw. funktionaler Raum), die Ziele und Aufgaben (empirische Analyse bzw. laufende Beobachtung vs. Planung im Sinne vorausschauender Lenkung), die Leitbilder (soziale und selbstbestimmte Raumaneignung vs. Nachhaltigkeit und ausgeglichene Siedlungsstruktur), die Handlungslogik (Entwicklungspolitik „von unten" vs. Ordnungspolitik „von oben"), der institutionelle Kontext (Quartiersmanagement und Stadtentwicklung vs. Raumordnung und Landesplanung).

Welche Brücken erst noch zwischen Stadt- und Regionalplanung und Sozialraum-Konzept zu schlagen sind, lässt sich auch daran ablesen, dass man im „Handwörterbuch der Raumordnung" (ARL 1995) vergeblich nach einem Stichwort „Sozialraum" sucht. Gleichwohl finden sich Hinweise zur disziplinären Positio nierung unter dem Stichwort „Raum" (Blotevogel 1995: 733ff.), so u.a. die Aussage, dass zwar eine Vielzahl gesellschaftlicher Raumkonzepte zu unterscheiden, eine einheitliche „Sozialraumtheorie" jedoch kaum zu erwarten sei (ebd.: 738). Nichtsdestotrotz wird „die Erarbeitung einer disziplinübergreifenden planungsbezogenen Raumtheorie" resümierend als „offene Aufgabe" benannt (ebd.: 739).

Über Stadt- und Regionalplanung[1] in einem Atemzug zu sprechen, ist nur bedingt möglich. Sie sind einerseits tatsächlich als zusammengehörig zu betrachten, da beide zusammen mit der Landesplanung und der Bundesraumordnung konstitutive Elemente des deutschen Raumordnungssystems sind. Sie sind andererseits getrennt zu behandeln, da sie partiell in unterschiedlichen institutionellen Kontexten verankert sind (hier: staatliche Mehrebenen-Planung; da: kommunale Autonomie).

Die Regionalplanung lässt sich jedoch – zumindest im Planungssystem der Bundesrepublik Deutschland – nicht eindeutig der staatlichen bzw. der kommunalen Ebene zuordnen. Der Gesetzgeber hat die Frage offen gelassen, wie die Regionalplanung zu organisieren sei. Vielmehr ist es Sache der Bundesländer, diese angepasst an die unterschiedlichen Verwaltungsstrukturen und Kommunalverfassungen zu gestalten. Die Bandbreite der Organisationslösungen reicht denn auch von der vollständigen staatlichen Wahrnehmung bis zur vollständigen Kommunalisierung. Dazwischen liegen verschiedene Formen der Anbindung an eine staatliche Mittelinstanz oder der kommunal verantworteten Regionalplanung. Diese Zwitterfunktion entspricht auch der spezifischen Aufgabenstellung der Regionalplanung zwischen örtlichen und überörtlichen Interessen, als Vermittlerin zwischen kommunaler und regionaler Planungs- und Entwicklungstätigkeit.

Über Stadt- und Regionalplanung in einem Atemzug zu sprechen, hat sich – spätestens seit der Einführung entsprechend benannter Studiengänge[2] in den 1970er Jahren – inzwischen jedoch auch eingebürgert. Dabei hat sich in den letzten dreißig Jahren ein Wandel im Verständnis der Stadt- und Regionalplanung vollzogen: Wurden die beiden Planungsebenen in den ersten Generationen der neuen Studienpläne zunächst als getrennte Denk- und Handlungswelten mit spezifisch auf Stadtplanung einerseits bzw. Regionalplanung andererseits bezogenen Fachinhalten[3] behandelt, so änderte sich dies angesichts der fortschreitenden Sub- und Des-Urbanisierungstendenzen zusehends. Heute werden zahlreiche Studienprojekte angeboten, die sich auf einen gemeindeübergreifenden, d.h. immer auch regionalen, zumindest interkommunalen Kontext beziehen. Die sozialwissenschaftliche Orientierung der Stadtpla-

---

1 Stadt- und Regionalplanung werden in diesem Beitrag als Zusammenfassung der örtlichen und überörtlichen Planungstätigkeit verstanden, die – anders als Raumordnung und Landesplanung – unmittelbar Einfluss nimmt auf die lokale Entwicklung in Stadt und Region. Der Begriff der „Stadtplanung" bezieht sich dabei auf alle Kommunen, umfasst also auch alle Planungen in kleineren und dörflichen Gemeinden, die nicht ausdrücklich „Stadt" sind, versteht sich als „Ortsplanung" im weitesten Sinne.

2 Stadt- und Regionalplanung wurde als Vollstudium an der TU Berlin 1972 eingerichtet, an den Universitäten Dortmund und Kaiserslautern unter den Bezeichnungen „Raumplanung" bzw. „Raum- und Umweltplanung". Weitere entsprechende Studiengänge, die zum Teil zunächst nur für das Hauptstudium angeboten wurden, folgen an der Carl-von-Ossietzky-Universität in Oldenburg, an der TU Hamburg-Harburg und später an der BTU Cottbus.

3 So wurden dem Themenfeld der Stadtplanung eher sozialwissenschaftliche Fachinhalte, der Regionalplanung eher wirtschaftswissenschaftliche Fachinhalte zugeordnet.

nung, die dem Sozialraum-Konzept von ihrer lokalen Ausrichtung her immer schon näher war, hat sich im regionalplanerischen Kontext jedoch bisher kaum als selbstverständlich verankern können. Dagegen konnten ökonomische Perspektiven in der Stadtplanung schon eher Fuß fassen.

Stadt- und Regionalplanung sind – wie alle Politikfelder – vielschichtig, dynamisch und einem ständigen Wandel unterworfen. Sie bewegen sich zwischen der Wahrnehmung von Ordnungs- und damit hoheitlichen Aufgaben einerseits und Entwicklungs- und Gestaltungsaufgaben andererseits, die nur gemeinsam von öffentlichen und privaten Akteuren zu bewältigen sind. Mit jedem Aufgabentyp sind andere Planungsmodelle bzw. Steuerungs- und Beteiligungsverfahren verknüpft. Keine der Aufgaben kann die andere ersetzen, sondern sie überlagern sich permanent. Einmal tritt die eine Aufgabe in den Vordergrund, dann die andere. Sie wirken komplementär, nicht alternativ. In dieser Perspektive gewinnen Konzepte und empirische Analysen zum Sozialraum für die Stadt- und Regionalplanung an Bedeutung.

Im Folgenden werden wir zunächst eine Positionsbestimmung für Stadt- und Regionalplanung vornehmen (Kapitel 2). Wir werden die Aufgaben, Raumbegriffe und institutionellen Kontexte vorstellen, die für die Stadt- und Regionalplanung in ihrer ordnungspolitischen Ausrichtung stehen (Kapitel 2.1). Wir werden zeigen, wie sich Raumbegriff und Planungs- und Steuerungsverfahren modifizieren, wenn Stadt- und Regionalplanung als Entwicklungs- und Gestaltungsaufgabe verstanden werden (Kapitel 2.2). Wir werden die Karriere skizzieren, die das Sozialraum-Konzept vor allem in der deutschen Stadtplanung seit den 1970er Jahren gemacht hat (Kapitel 3). Dabei werden wir uns mit drei Ansätzen näher beschäftigen: mit der BURANO-Methode, die sich als „Entscheidungshilfe für Stadt- und Sozialplaner beim Entwurf neuer und bei der Reparatur bestehender öffentlicher Räume und Wohnquartiere" (BURANO-Gruppe 2002: 85) versteht (Kapitel 3.1); mit dem Konzept der behutsamen Stadterneuerung, das infolge der Erfahrungen mit der Stadterneuerung nach dem Städtebauförderungsgesetz (StBauFG) in den 1980er Jahren entwickelt worden ist (Kapitel 3.2); schließlich mit dem Diskurs über feministische Perspektiven, der neue Sichtweisen in die Stadt- und Regionalplanung getragen hat (Kapitel 3.3). Mit einem Resümee der Potenziale des Sozialraum-Konzepts für die Stadt- und Regionalplanung werden wir den Beitrag beenden (Kapitel 4).

2. Positionsbestimmung

2.1 Stadt- und Regionalplanung als staatlich-hoheitliche Ordnungsaufgabe

Aufgaben und Raumbegriff

Stadt- und Regionalplanung stehen für die vorausschauende Steuerung und Koordination räumlicher Entwicklung auf der substaatlichen bzw. kommunalen Ebene. Der Raum – verstanden als menschlicher Lebensraum – ist tagtäglich den vielfältigsten Nutzungsansprüchen des Menschen ausgesetzt, die sich in der Inanspruchnahme von Flächen manifestieren. Freie Flächen werden bebaut und damit reduziert. Einzelne

Flächennutzungen stehen mitunter in Konflikt zueinander. Der Chemiebetrieb im Naherholungsgebiet mag dafür als Beispiel gelten. Es kommt zu weiträumiger Zersiedelung oder – im anderen Extrem – zu kleinräumiger Zusammenballung (zu) vieler Menschen. Dem will die räumliche Planung mit ihren Vorgaben vorbeugen. Hier will sie durch Ver- und Gebote korrigierend eingreifen.

Stadt- und Regionalplanung sind – zusammen mit der Landesplanung – konstitutive Elemente des staatlichen Systems der Raumordnung in der Bundesrepublik Deutschland. Sie sind als politisch-administrative Prozesse zu verstehen, in denen zwischen Staat bzw. Kommune, Politik und Gesellschaft ein Konsens über Ziele zur Ordnung und Entwicklung des Raumes gefunden werden soll. Diese Ziele wiederum schlagen sich in Plänen und Programmen nieder. Stadt- und Regionalplanung sind von ihrem Gegenstand her querschnittbezogene Planungen und damit fachübergreifend integrierte Planungen, die sich an mittel- bis langfristigen Zielen orientieren. Sie sind in erster Linie Ordnungsplanung.

Dietrich Fürst (Fürst 1995: 709) unterscheidet generell für staatliche Planung vier Funktionen, die im Prinzip auch für die Stadt- und Regionalplanung gelten:

a) Frühwarnfunktion: Planung will frühzeitig auf Probleme Einfluss nehmen, indem sie auf Basis der ihr zur Verfügung stehenden Informationen Probleme wahrnimmt, definiert und versucht, einen möglichen Problemlösungsraum vorzustrukturieren;
b) Orientierungsfunktion: Planung verlängert die Zeitachse des Handelns in die Zukunft;
c) Koordinationsfunktion: Planung will Konflikte frühzeitig ausräumen, indem sie sachliche Interdependenzen und deren interessenabhängige Bewertung aufzeigt;
d) Moderationsfunktion: Planung will Verteilungs- und Interessenkonflikte zwischen Beteiligten und Betroffenen entschärfen und diese zur Gestaltung gemeinwohlorientierter, kooperativer Lernprozesse ermutigen.

Für die kommunale Planung beschreibt Gerd Albers, was im Prinzip auch für die staatliche Planung Gültigkeit hat: Sie ist einerseits Vorgang, andererseits (in Form von Plänen) auch Ergebnis des Planens (Albers 1988: 3). Eine Besonderheit der kommunalen bzw. städtebaulichen Planung liegt darin, dass sie schwerpunktmäßig auf bauliche Verwirklichung orientiert ist. Als solche hat sie immer auch einen unmittelbaren Bezug zur Architektur.

Es liegt in der Natur der Sache, dass Stadt- und Regionalplanung als untere Planungsebenen der staatlichen Raumordnung ihren Gegenstandsbereich als politisch-administrativen Raum mit eindeutigen, territorialen Grenzen definieren. Da Raumplanung staatlich-hoheitliche Planung ist, braucht sie auch einen hoheitlichen Einfluss- und Wirkungsbereich. Als baulich-räumliches Handlungs- und Gestaltungsfeld definieren Stadt- und Regionalplanung ihren Gegenstandsbereich jedoch auch als zusammenhängenden Siedlungsraum, der administrative Grenzen regelmäßig überschreitet. Im Zuge fortschreitender Suburbanisierungsprozesse gewinnen diese konnotativen Grenzüberschreitungen an Bedeutung.

Institutioneller Kontext – Regionalplanung

Die hoheitliche Ordnung, Entwicklung und Sicherung des Raumes erfolgt im föderativen System der Bundesrepublik Deutschland im Zusammenwirken von Institutionen unterschiedlicher Planungsebenen, der Landes-, der Regional- und der kommunalen Bauleitplanung. Diese wiederum haben sich an den normativen Vorgaben der gesamtstaatlichen Raumordnung zu orientieren. Jede dieser Planungsebenen erfüllt für ihren räumlichen Hoheitsbereich unterschiedliche Aufgaben. Stadt- und Regionalplanung beruhen dabei auf unterschiedlichen Rechtsgrundlagen.

Im föderativen System der Bundesrepublik liegt die Raumplanungskompetenz bei den Bundesländern. Sie erlassen nach § 6 Raumordnungsgesetz (ROG) für ihre Hoheitsbereiche Landesplanungsgesetze, die auch die rechtliche Grundlage der Regionalplanung bilden. Sie haben die Aufgabe, die Leitvorstellung und Grundsätze der Raumordnung nach §§ 1 und 2 ROG zu verwirklichen (§ 6 ROG). Sie haben für ihr Gebiet zusammenfassende und übergeordnete Raumordnungspläne aufzustellen. Sie haben die unterschiedlichen Fachplanungen, die für die Raumentwicklung von Bedeutung sind, zu koordinieren.

Die Regionalplanung formt die Ziele der Landesplanung räumlich und sachlich aus. Sie liegt unterhalb der Landesebene und vermittelt zwischen Stadt- bzw. Orts- und Landesplanung. Regionalplanung bezieht sich damit auf Teilräume bzw. zusammenhängende Flächen, die zwischen einem Bundesland und seinen Kommunen liegen.

Institutioneller Kontext – Stadtplanung

Rechtliche Grundlage der Stadtplanung ist das Baugesetzbuch (BauGB). Anders als die Landesplanungsgesetze liegt dieses in der Gesetzgebungskompetenz des Bundes und regelt im Wesentlichen das „Allgemeine Städtebaurecht". Dieses befasst sich u.a. mit der Bauleitplanung, die aus dem Flächennutzungsplan als dem vorbereitenden Bauleitplan und den Bebauungsplänen als den rechtsverbindlichen Bauleitplänen besteht. Mit diesen setzen die Kommunen Baurecht, das gegen Private wirkt. Die Kommunen sind damit die zentralen Vollzugsakteure der Raumordnung. Sie haben ihre Planungen den Zielen der Regional- und Landesplanung anzupassen. Zugleich dürfen die Kommunen nach der Verfassung im Wesensgehalt ihrer kommunalen Selbstverwaltung nicht beschnitten werden (Art. 28 Abs. 2 GG). Regionalplanung steht damit strukturell im Spannungsfeld zwischen der Respektierung kommunaler Planungshoheit und der Wahrnehmung einer staatlichen Ordnungsfunktion auf teilräumlicher Ebene.

Gerd Albers (Albers 1995: 899) nennt als kennzeichnenden Wesenszug der Stadtplanung, dass sich in ihr zwei Arten von Planung überlagern: die der Landes- und Regionalplanung verwandte, langfristige und vorausschauende Ordnungsplanung, die das gesamte Stadtgebiet umfasst, und die eher kurzfristig orientierte Planung eines (umfangreichen) städtebaulichen Projekts, aufgrund dessen „gebaut" wird.

Regional- und Stadtplanung sind in unterschiedlichen institutionellen Gefügen und damit Handlungslogiken verortet. Als Teil des deutschen Raumordnungssystems sind beide in ihren Entscheidungsprozessen einerseits dem so genannten „Gegenstromprinzip" unterworfen. Das heißt, dass die kommunale Ebene an den Zielaussagen der Regionalebene und diese wiederum an den Zielaussagen der Landesebene mitwirken soll. Umgekehrt sollen sich die jeweils nachgeordneten Ebenen an den Vorgaben der jeweils höheren ausrichten, die Regionalplanung an der Landesplanung und die Stadtplanung wiederum an der Regionalplanung (vgl. § 1 Abs. 3 ROG). Zwischen den Ebenen der Raumordnung bestehen keine unmittelbar hierarchischen Weisungsbeziehungen, weder zwischen Landesplanung und Bundesraumordnung noch zwischen der kommunalen Bauleitplanung und der Regionalplanung. Das Gegenstromprinzip ist somit kein Instrument der hoheitlich-hierarchischen Steuerung von oben nach unten, sondern ein Instrument der vertikalen Koordination zwischen Planungsebenen.

Soweit Stadtplanung mit ihrer Bauleitplanung gegen Private wirkt, bewegt sie sich im Bereich „unvollständiger Kontrolle". Ganz in diesem Sinne bezeichnet es Gerd Albers (Albers 1995: 881) als Aufgabe der Stadtplanung, „gleichsam einen räumlichen Rahmen für die Aufnahme der erkannten oder erwarteten, jedoch als unbeeinflussbar geltenden Entwicklungskräfte von Wirtschaft und Gesellschaft zu entwerfen." Stadtplanung kann nur einen Teil der in der Stadt wirksamen Kräfte, nämlich die öffentlichen, unmittelbar beeinflussen. Sie ist deshalb gehalten, bei der Planung „öffentliche und private Belange gegeneinander und untereinander gerecht abzuwägen" (§ 1 Abs. 6 BauGB). Die kommunale Bauleitplanung ist somit ein Instrument der horizontalen Koordination zwischen den Teilsystemen Kommune, Wirtschaft und Gesellschaft.

2.2 Stadt- und Regionalplanung als Entwicklungs- und Gestaltungsaufgabe öffentlicher und privater AkteurInnen

Mit Stadt- und Regionalplanung werden aber nicht nur staatlich-hoheitliche Ordnungsaufgaben, sondern auch Entwicklungs- und Gestaltungsaufgaben wahrgenommen. In der politischen Praxis ist dies den StadtplanerInnen vor allem im Zusammenhang mit der Sanierung von städtischen Altbauquartieren und in der Auseinandersetzung mit sozialen Brennpunkten in Großwohnsiedlungen bewusst geworden, den RegionalplanerInnen vor allem im Zusammenhang mit dem tiefgreifenden sektoralen und regionalen Strukturwandel in ehemals prosperierenden Industrieregionen Westdeutschlands. Der Gehalt all dieser Erfahrungen lässt sich dahingehend zusammenfassen, dass die Problemlagen in modernen, hochgradig differenzierten Gesellschaften zu komplex sind, als dass sie allein mit den Instrumenten der hoheitlich-hierarchischen Steuerung „von oben", d.h. mit Gesetzen, Verordnungen, Erlassen und/oder mit staatlichen Finanzmitteln hinreichend bewältigt werden könnten.

Das Konzept der kooperativen Raumplanung gibt darauf eine doppelte Antwort: zum einen die Verlagerung von Kompetenzen und Ressourcen von oben nach unten, vom Bund auf die Länder bzw. von den staatlichen Ebenen auf die kommunale Ebene (Dezentralisierung); zum andern die Öffnung der Verfahren der politischen Willensbildung und Entscheidungsfindung für nichtstaatliche, gesellschaftliche Akteure der lokalen und regionalen Ebene. Letzteres verlangt von allen Beteiligten ein anderes Planungs- und Steuerungsverständnis. Gefordert sind „weiche" Instrumente wie

Kooperation und Kommunikation zwischen allen Beteiligten, Partizipation von Betroffenen, Moderation und Vermittlung zwischen unterschiedlichen Interessen, Sicht- und Denkweisen.

Kooperative Planung als informelle Planung

Kooperative Planung ist informelle (Entwicklungs-)Planung. Sie hat in West-Deutschland als komplementäre Steuerungsform in den 1980er Jahren ihren Eingang in die Stadtplanung und in den 1990er Jahren in die Regionalplanung gefunden. Diese Entwicklung wird im politik- und verwaltungswissenschaftlichen Diskurs als „Form- und Funktionswandel staatlicher Planung und Politik/Kooperativer Staat“ reflektiert (vgl. Kilper 1999: 39ff.). Verstanden wird unter einer kooperativen Staatspraxis das Regieren und Verwalten durch Verhandlungen mit den AdressatInnen staatlicher Maßnahmen. Staatliche Institutionen öffnen sich der Kooperation mit gesellschaftlichen AkteurInnen, Gruppen oder Organisationen und gewähren ihnen Einfluss, ohne dass dabei ein institutioneller Zwang zur Zusammenarbeit besteht. Damit verzichtet der Staat auf seine Durchsetzungsmacht als einer hierarchisch übergeordneten Institution und entscheidet nicht mehr einseitig. Was er sucht, ist der Konsens mit den AdressatInnen und Betroffenen seiner Entscheidungen und Anweisungen. Ernst-Hasso Ritter (Ritter 1979: 393) hat diesen Wandel staatlicher Politik bildhaft so umschrieben, dass der Staat vom hoheitlich-hoheitsvollen Podest des einseitig Anweisenden herabtrete, sich auf die Ebene des Austausches von Informationen und Leistungen begebe und zu abgestimmtem Handeln kommen wolle.

Neue Verfahren und Instrumente in der Stadtplanung

Nachdem die 1970er Jahre in der Bundesrepublik Deutschland eine Phase der Planungseuphorie und eines technischen Planungsverständnisses waren (umfassende kommunale Gesamtentwicklungsplanungen; erstmals rechtlich geregelte Stadterneuerungsverfahren gemäß StBauFG 1971), kehrte zu Beginn der 1980er Jahre Ernüchterung ein. Veränderte Sichtweisen kamen zum Zuge, die sich in Städten wie Berlin, Frankfurt a.M., Hannover u.a. durch Bürger- und Mieterinitiativen bzw. Aktivitäten politisch engagierter StadtbewohnerInnen, auch mit Unterstützung kirchlicher Institutionen, bereits seit den 1960er Jahren vorbereitet hatten. Das technische Planungsverständnis wich einem neuen Bewusstsein für die Rolle der so genannten „Betroffenen“, das deren Beteiligung auch über die rechtlich fixierten Verfahren hinaus vorsah. Dieses veränderte Planungsverständnis ist in der Folge vermehrt wissenschaftlich bearbeitet (Froessler et al. 1994) und in Methoden und Techniken kommunikativer Planungsprozesse umgesetzt worden (Selle 1996).

Daneben hielten neue, „informelle“ Instrumente Einzug in die städtebauliche Planungspraxis, die das Regelwerk der kommunalen Bauleitplanung zunehmend vorbereiteten und ergänzten. An dem Zustandekommen dieser neuen Instrumente waren zunehmend auch privatwirtschaftliche AkteurInnen beteiligt, die dem angelsächsischen Modell der *private public partnership* folgten. In Deutschland wurde die Zusammenarbeit mit Privaten in das Baugesetzbuch (§§ 11-13 BauGB) eingefügt.

Neue Verfahren und Instrumente in der Regionalplanung

In der internationalen sozialwissenschaftlichen Diskussion wird dieser Wandel von Planung und Steuerung, der in allen modernen Industriestaaten zu beobachten ist, seit Mitte der 1990er Jahre unter dem Begriff von *governance* bzw. *regional governance* (Benz/Fürst 2003) analysiert. Das Konzept unterstellt die Bedeutungszunahme der Region als politischer Handlungs- und Steuerungsebene im Zusammenhang mit der Internationalisierung der ökonomischen Beziehungen, der Europäisierung der Politik sowie der Grenzen staatsinterventionistischer Steuerung (Benz et al. 1999). Im Kontext von *regional governance* interessiert Region nicht als Territorium, d.h. als das Hoheitsgebiet einer Gebietskörperschaft. Region interessiert als Funktions- und Handlungsraum. Genauer gesagt: Region konstituiert sich erst in den Kommunikations- und Kooperationsbeziehungen, die die regionalen Akteure miteinander pflegen.

Jörg Knieling, Dietrich Fürst und Rainer Danielzyk (Knieling/Fürst/Danielzyk 2001: 184) definieren ganz in diesem Sinne kooperative Regionalplanung als „das Zusammenspiel regionaler Akteure unter wesentlicher Mit-Steuerung durch die Regionalplanung zur Bearbeitung regionaler Gemeinschaftsaufgaben. ‚Kooperative Regionalplanung' soll dabei solche Themen umfassen, die neben dem Prozess der Planerstellung (der in der Praxis immer kooperativ abläuft) einen Beitrag zur Selbststeuerung regionaler Entwicklung leisten."

In den 1990er Jahren werden – verstärkt durch die Diskussionen um nachhaltige Entwicklung – informelle Entwicklungs- und Gestaltungsprozesse auf kommunaler und regionaler Ebene zunehmend durch (gesamt-)staatliche Programme angestoßen (bspw. „Städte der Zukunft" und „Regionen der Zukunft" vom Bundesministerium für Verkehr, Bau- und Wohnungswesen/Bundesamt für Bauwesen und Raumordnung; „Stadt 2030" vom Bundesministerium für Bildung und Forschung). Die wissenschaftliche Begleitung dieser Prozesse hat zum Ziel, über die institutionellen Zusammenhänge hinaus weit gespannte Netzwerke von AkteurInnen zu initiieren und durch entstehende Synergien Innovationen anzustoßen. Nicht zuletzt solche Modellprojekte können zu einer nachhaltigen Implementation des Sozialraum-Konzepts in der Stadt- und Regionalplanung beitragen.

3. Zur Karriere des Sozialraum-Konzepts in der Stadt- und Regionalplanung

Das Sozialraum-Konzept ist ursprünglich ein analytisch-heuristisches Konzept, mit dem empirische Erkenntnisse über die Verteilung sozialer Gruppen, über gesellschaftliche Armuts- und Ausgrenzungsprozesse (Segregation) und über ortsbezogene Kontexte von Verhaltensweisen und Nutzungsroutinen im städtischen Raum gewonnen werden sollen. Während es zu den Aufgaben der Stadt- und Regionalplanung gehört, vorausschauend Festlegungen dafür zu treffen, „was sein soll", geht es bei Sozialraum-Analysen darum, zu verstehen, „was ist". Mit ihren Ergebnissen wollen Sozialraum-Analysen aber auch Informationsgrundlagen liefern für politisches Handeln im Allgemeinen, für stadtplanerische Entscheidungen im Rahmen der

Stadterneuerung im Besonderen wie auch für die kommunale Jugendhilfeplanung und für die Organisation sozialer Dienste in der Stadt.

In der deutschen Stadtplanung ist das Sozialraum-Konzept – nicht unbedingt als Begriff, aber als Thematik – seit den 1970er Jahren präsent. Als neue, sich etablierende Disziplin, die mit ihrer lokal bezogenen Perspektive den alltagsweltlichen Zusammenhängen und Raumnutzungen immer schon näher war als die Raumordnung oder Landes- und Regionalplanung, eignete sie sich die vorliegenden subjektiven, sozialen und ökonomischen Raumkonzepte (zu den Begrifflichkeiten vgl. Blotevogel 1995) für ihre Zwecke und Handlungsorientierungen an. Dabei griff sie auf Grundlagen zurück, die seit den Pionierarbeiten der Chicagoer Schule im Laufe des 20. Jahrhunderts gelegt worden waren.

Wie alle raumbezogenen Analysen basieren auch Sozialraum-Analysen letztlich auf interdisziplinären Forschungen, wobei der Teildisziplin der Stadtforschung eine dominierende Rolle zukommt. Marlo Riege und Herbert Schubert (Riege/Schubert 2002b: 8) sprechen vom „interdisziplinären Zusammenspiel“ und verweisen auf die Fachwissenschaften Stadtsoziologie, Städtebau, Architektur, Geographie, Pädagogik und Soziale Arbeit.

3.1 Die BURANO-Methode

Die „BURANO-Methode“ ist eine Stadtbeobachtungsmethode zur Beurteilung von Lebensqualität, die während eines Aufenthaltes in Burano (Venedig) 1972 von einer (deutschen) Gruppe von ArchitektInnen und StadtplanerInnen entwickelt worden ist. Ihnen ging es darum, bauliche, sozioökonomische und zwischenmenschliche Aspekte in ihren Wechselbeziehungen zu erfassen, um damit u.a. Aussagen über die Zusammenhänge zwischen Bau- und Lebensformen treffen zu können. Die Methode versteht sich als Entscheidungshilfe für Stadt- und SozialplanerInnen beim Entwurf und bei der Reparatur öffentlicher Räume und Wohnquartiere (BURANO-Gruppe 2002).

Grundlage für die Entwicklung der Methode war die Überzeugung, dass herkömmliche Methoden der Stadtbeobachtung und Stadtbeschreibung entweder zu global oder zu abstrakt sind bzw. zu speziell oder zu zusammenhanglos, um Anschauung bieten und Einblick vermitteln zu können in die Realität tatsächlicher Lebenssituationen. Statistiken liefern lediglich Zahlen, Daten, Fakten für einen bestimmten Raum oder ein Stadtgebiet, sie sagen aber nichts aus über die Qualität konkreter Lebenszusammenhänge. Hier setzt die BURANO-Methode an:

- Zur Sozial- und Wirtschaftsstruktur werden Kurzinformationen zusammengestellt; die Daten werden ergänzt durch Aussagen aus Interviews mit Personen aus der Bevölkerung.
- Die baulichen Konstanten werden veranschaulicht durch die Kartierung der Straßen- und Platzräume.
- Die Verhaltensformen und -muster der Bevölkerung werden in Form einer sog. „raumbezogenen Tätigkeitenanalyse“ dargestellt. Hierzu werden zu verschiedenen Tageszeiten und an unterschiedlichen Erfassungspositionen Orte und Arten der Tätigkeiten als Momentaufnahmen kartiert.

Ergebnis einer solch umfassenden Analyse ist die Erfassung der Umwelt- und Lebensqualität eines Ortes oder Quartiers. Die VerfasserInnen hielten ihre Stadtbeobachtungsmethode ausbaufähig als Grundlage für die Planung und Gestaltung der Stadt und ihrer Quartiere (BURANO-Gruppe 2002: 101).

Die BURANO-Methode wurde seit 1972 auf eine Reihe von historischen Quartieren und Neubaugebieten angewendet. Bekannt geworden sind hier insbesondere Janne und Roland Günter, Mitglieder der BURANO-Gruppe, im Rahmen der Auseinandersetzungen um den Erhalt von Bergarbeitersiedlungen im Ruhrgebiet (Projektgruppe Eisenheim 1973/1975). Sie setzten ihre Beobachtungen in der Folge in baulich-räumliche Qualitätskriterien um, so genannte „Elemente einer Sozialen Architektur", die von der privaten Wohnung über halbprivate und halböffentliche Zonierungen im Wohnumfeld bis hin zum Wegenetz im Quartier reichten und von den Verhaltensweisen der BewohnerInnen abgeleitet waren. Dabei spielten die so genannten „Kommunikationsanalysen" und deren Kartierung als Methoden der Architektur-Analyse eine zentrale Rolle.

Die BURANO-Methode ist zwar nicht ausdrücklich weiterentwickelt oder gar zum Standard bei allen Erneuerungs- und Entwicklungsplanungen der Stadt erhoben worden. Sie hat jedoch zum Teil vorweggenommen, was im Rahmen der behutsamen Stadterneuerung in den 1980er Jahren wieder aufgegriffen worden ist. Auch wurde im Rahmen der von Fachfrauen formulierten Anforderungen in Architektur und Planung die Notwendigkeit der Anwendung qualitativer – neben quantitativen – Methoden seit den 1970er Jahren immer wieder postuliert.

Gebrauchswertbestimmung und Öffentliche Räume

Ein ähnlicher Ansatz für die Stadtplanung entstand in den 1980er Jahren in der DDR im Rahmen der sozial orientierten Stadtforschungen an der „Weimarer Schule". Zentrale Analysemethode war die so genannte „Gebrauchswertbestimmung" (Staufenbiel 1989), in die alle qualitativen und quantitativen Elemente des gesellschaftlichen Organismus Stadt einflossen – so die Qualität der städtischen Lebensumwelt, die Bedeutung wohnungsnaher Freiräume, Umweltschutz und Umweltgestaltung, Ortsverbundenheit.

3.2 Das Konzept der behutsamen Stadterneuerung

Die Sozialraumforschung in der Stadtplanung entwickelte sich in Westdeutschland seit den 1970er Jahren auf der Grundlage des Städtebauförderungsgesetzes (StBauFG 1971), in dem die Erneuerung städtischer Quartiere erstmals bundeseinheitlich auf eine rechtliche Grundlage gestellt wurde. Mit den Verfahrensvorschriften bezüglich vorbereitender Untersuchungen und Hinweisen für den Sozialplan sowie der geforderten Mitwirkungsbereitschaft der Sanierungsbetroffenen etc. wurde die Begründung baulicher Maßnahmen auch von sozialen Kriterien abhängig gemacht. Diese Vorgaben zogen die Systematisierung stadtplanerischer Grundlagenarbeiten nach sich, deren sozialräumliches Verständnis sich in der Regel jedoch auf individuelle Wohnwünsche, potenzielle Selbsthilfe und persönliche Mietzahlungsbereitschaft beschränkte und weniger den sozialen Beziehungen und Netzwerken im Quartier nachspürte. Dies wurde nach wie vor überwiegend aus einer technisch-städtebaulichen Grundhaltung, weniger als Lebensraum für BewohnerInnen betrachtet, die – zumindest in der ersten Phase der Stadterneuerung im Zuge der Flächensanierungen – regelmäßig in die neuen Großwohnsiedlungen am Stadtrand „umgesetzt" wurden.

Dies änderte sich erst in den 1980er Jahren, als – ausgelöst durch Ölpreisschock und Umweltkrisen – eine soziale bzw. ökologische Orientierung in der Stadterneuerung um sich griff. Zusammen mit veränderten Anforderungen (Vorrang der inneren Erneuerung vor der Außenentwicklung) wurde die soziale und ökologische Orientierung zum Impuls für neue bürgerorientierte und frauenbasierte Vorgehensweisen in der Stadtplanung. Im Rahmen der Vorbereitungen zur Internationalen Bauausstellung IBA Berlin 1984/87 wurden diese alternativen Verfahren unter dem Begriff der behutsamen Stadterneuerung eingeführt und anhand von vier Modellblöcken in der Kreuzberger Luisenstadt als „Altbau-IBA" im Bestand dargestellt. Zur Umsetzung der behutsamen Stadterneuerung wurden zwölf Grundsätze als „Leitlinien für ein Verfahren" entwickelt, „das auf die Kraft der Menschen setzt" (Hämer 1984: 35). Als erster Grundsatz galt, dass die Erneuerung mit den Bewohnern und Gewerbetreibenden zu planen und – substanzerhaltend – zu realisieren sei. Darüber hinaus umfassten die Grundsätze Hinweise zu Beteiligungsrechten, zur Stärkung der Betroffenenvertretung vor Ort sowie zu neuen Formen der Trägerschaft. Hier wurde insbesondere darauf hingewiesen, dass treuhänderische Sanierungsaufgaben (Dienstleistungen) und Baumaßnahmen zu trennen seien. Zur Sicherung der behutsamen Vorgehensweise über die Laufzeit der IBA Berlin hinaus wurde 1985 die Gesellschaft der behutsamen Stadterneuerung (S.T.E.R.N.) gegründet, die bis heute nicht nur in Berliner Sanierungsgebieten, sondern auch in anderen innerstädtischen Gebieten und in Großsiedlungen mit besonderem Entwicklungsbedarf Aufgaben der Projektsteuerung und Generalplanung übernimmt.

Die IBA Emscher Park knüpfte mit ihrer inkrementalistischen Vorgehensweise einer projektorientierten Planung der kleinen Schritte an diese Grundsätze und Erfahrungen an (Kilper 1999: 119ff.). Weitere Modellprojekte – wie z.B. der Umbau der Tübinger Südstadt – folgten. Mittlerweile ist das Konzept der behutsamen Stadterneuerung zu einem bundesweit anerkannten Aufgabenfeld der städtebaulichen Innenentwicklung geworden, das zu einer sozial- und umweltverträglichen Entwicklung der Quartiere beitragen soll.

3.3 Der Diskurs über feministische Perspektiven in der räumlichen Planung

Die Entdeckung des Reproduktionsbereichs als Ort und Ausgangspunkt der Versorgungsarbeit ist wesentliches Verdienst der Wissenschaftlerinnen, die seit den 1970er Jahren andere Sichtweisen in die Stadtplanung hineingetragen haben. So waren es die Lebensbedingungen der weiblichen Arbeitskraft, die im Mittelpunkt der ersten vergleichenden Studien frauenspezifischer Lehre und Forschung standen. Den baulichen Hintergrund boten auch hier innerstädtische Altbauquartiere einerseits und neue Großsiedlungen am Stadtrand andererseits. Dabei ging es zunächst um eine komplexe baulich- und sozialräumliche Bestandsaufnahme der weiblichen Lebensbedingungen mit dem Ziel, zusammen mit BewohnerInnen vor Ort Konzepte zur Verbesserung der räumlichen Strukturen zu entwickeln (Dörhöfer/Flecken/Zibell 1998).

Mittlerweile gibt es eine Reihe von grundlegenden Publikationen, die einen Zugang zu den vernachlässigten Aspekten in der Stadt- und Regionalplanung bieten (Dörhöfer/Terlinden 1985, 1998; Dörhöfer 1990; Bauhardt/Becker 1997; Demmel/-Klingberg/Siemer 1998). Die Feministische Organisation von Planerinnen und Architektinnen (FOPA), die 1981 in Berlin und wenig später auch in anderen westdeutschen Stadtregionen gegründet wurde, zeichnet verantwortlich für die Erstellung zahlreicher Gutachten aus Frauensicht zu städtebaulichen Projekten oder im Vorfeld von Wettbewerben. Einige realisierte Projekte, die z.T. im Zusammenhang mit den Internationalen Bauausstellungen IBA Berlin 1984/87 und IBA Emscher Park 1989-99 entstanden sind (Schröder/Zibell 2004), weisen darauf hin, dass standardisierter Wohnungsbau und männlich dominierte Stadtplanung nicht alle Lebensformen und sozialen Milieus in gleicher bzw. angemessener Weise berücksichtigen.

Frauenspezifische Forschung und Praxis in Architektur und Planung ging vom Wohnbereich, dem primären Arbeitsplatz von Frauen, aus und entwickelte sich über die Planung der Stadt und ihrer öffentlichen Räume weiter bis auf die Ebene der Region. Dabei stand die Analyse der sozialen Räume jeweils am Anfang: Waren dies bei den ersten Untersuchungen der Wohnungsgrundrisse bzw. des Wohnumfelds die Rollenteilung zwischen den Geschlechtern bzw. Nutzungsanalysen und das nachbarschaftliche Verhalten im gebauten Kontext (Zibell 1983), so war dies im nächsten Schritt die Beobachtung des Frauenlebens im städtischen Alltag (Greiwe/Wirtz 1986).

Die öffentlichen Räume der Stadt wurden unter dem Aspekt der Sicherheit (vgl. Siemonsen/Zauke 1991), aber auch der geschlechtsspezifischen Benutzbarkeit (Spitthöver 1989) untersucht und z.T. in konkrete Projekte umgesetzt. Die am weitesten gehenden Beispiele hierzu finden sich in Wien: von der Ausstellung zum Frauenalltag in der Stadt 1991 über die FrauenWerkStadt, das größte Wohnungsbauprojekt in Europa, das 1991-97 maßgeblich von Frauen konzipiert und umgesetzt wurde (vgl. Schröder/Zibell 2004), und die mädchengerechte Parkgestaltung mit vorgängigen geschlechtsspezifischen Nutzungsanalysen bis hin zum *Gender*-Musterstadtteil ist hier bereits eine ganze Bandbreite an frauenspezifischen Kriterien in die konkrete Stadtplanung und -gestaltung eingeflossen (Kail/Kleedorfer 1991; Kail 2003, i.E.). Eine wichtige Rolle kommt auch den Verkehrsplanerinnen zu, die auf geschlechtsspezifische Einschränkungen der Mobilität und der Nutzung und Aneignung öffentlicher Räume durch die Dominanz des Individualverkehrs hingewiesen haben (Striefler 2001). Mittlerweile sind diverse Kriterienkataloge und Arbeitshilfen herausgegeben worden, die – aufbauend auf den Forschungsarbeiten und Praxiserfahrungen – die Erkenntnisse über die Anforderungen an die Stadt aus Frauensicht in Handlungsleitlinien umsetzen.

Die systematische Erfassung frauenorientierter Aspekte in der Stadtplanung wurde erstmals im Rahmen eines Forschungsprojektes des BMBau ermöglicht (Baumgart et al. 1996). Aus den vielfältigen Lebensmustern von Frauen wurden hier Anforderungen an die räumliche Umwelt nach Themenfeldern zusammengetragen, die von Wohnen, Hausarbeit, Kinderbetreuung über Erwerbsarbeit, Qualifizierung, Kultur bzw. Mobilität und Aktivitäten im Freien bis zum Leben in Stadtteilen und Quartieren, zum Leben in der Stadt und zu den besonderen Rahmenbedingungen in den neuen Bundesländern reichen. Der hier gewählte „*gender*-sensitive"-Ansatz öffnete gleichzeitig den Blick über die reine Frauenfrage hinaus auf die Notwendigkeit eines nach unterschiedlichen Lebensformen und -bedingungen differenzierten Blicks in der Stadtplanung. Neben der Fokussierung der Stadt und ihrer Quartiere wird auch der ländliche Raum aus Frauensicht – insbesondere hinsichtlich Versorgungsstrukturen, Mobilität und Erreichbarkeit – thematisiert.

In den 1990er Jahren nahmen die Fachfrauen zunehmend die regionale Politik- und Handlungsebene in den Blick: zum einen in wissenschaftlicher Form (Bock 2002), zum anderen auf das planerische Handeln im konkreten Raum bezogen. So gelang es sowohl den Planungsfachfrauen in der Region Hannover (vgl. Striefler 2001) wie auch dem Frauenratschlag in Stuttgart (vgl. Grüger 2000), Einfluss auf regionale Raumordnungsprogramme zu nehmen und frauenspezifische Forderungen in die Planwerke zu integrieren.

4. Sozialraum in der Stadt- und Regionalplanung – ein Resümee

Die zunehmende Bedeutung informeller Verfahren und Instrumente in der Stadt- und Regionalplanung führt dazu, dass die Anforderungen an die sozialen Kompetenzen der planenden und politischen AkteurInnen steigen. Hierzu gehört auch die bewusste Auseinandersetzung mit den unterschiedlichen Raumrealitäten und -perspektiven der Planungsbetroffenen, d.h. der Nutzer- und BewohnerInnen in Stadt und Region. Raum in der Planung ist deshalb mehr als gebauter Raum, mehr als die Zusammenfassung aller sichtbaren Siedlungs- und Kulturlandschaften. Er ist immer sowohl gebauter als auch sozialer und logischer, d.h. konstruierter Raum, der immer wieder neu zu denken, zu strukturieren und zu gestalten ist (Zibell 2003).

Anders als in der Stadt- und Regionalplanung ist im Sozialraum-Konzept nicht der politisch-administrative Raum von vorrangigem Interesse. Fokus von Sozialraum-Analysen ist der soziale Lebensraum des Menschen, sein Stadtteil, sein Wohnumfeld, seine Nachbarschaft. Weil sich dieser soziale Lebensraum ganz individuell über kommunikative und soziale Beziehungen konstituiert, sind seine Grenzen „weich" und flexibel. Eine wesentliche Leistung des Sozialraum-Konzepts sehen wir darin, dass es damit auf die „sozialen Bedeutungsinhalte von Raum" bzw. „auf die komplexen Beziehungen zwischen Raum und Sozialem" (Riege/Schubert 2002: 7 bzw. 24) aufmerksam macht. Insbesondere schärft es den Blick von Stadt- und RegionalplanerInnen für die unterschiedlichen Raumerfahrungen und damit Raumwahrnehmungen und -perspektiven von Frauen und Männern, von Erwachsenen, Jugendlichen und Kindern, von Alten und Jungen, von Einwanderern und Einheimischen.

Es ist das Verdienst der Planer*innen*, das Sozialraum-Konzept in *alle* Felder der Stadt- und Regionalplanung hineingetragen zu haben. Dazu gehören das genaue Hinschauen, der differenzierte Blick auf gelebte Lebensformen im Raum und die Lebensbedingungen vor Ort, wie auch die Analyse etablierter und sich neu formierender Netzwerke zwischen unterschiedlichen AkteurInnen in Stadt und Region. Verfahrensaspekte mit all ihren Facetten an Beteiligungsformen „von unten" standen neben den veränderten Perspektiven auf Inhalte und Schwerpunkte der Planung immer gleichwertig im Blick der Fachfrauen. Die Umsetzung der Erkenntnisse in gebaute Räume scheiterte jedoch allzu oft an den Realitäten struktureller Gewalt. Nichtsdestotrotz haben diese ihren Beitrag zur Sensibilisierung für Akteursnetzwerke geleistet, die als Sozialräume mit spezifischen Ausgrenzungsmechanismen wirken, und zwar in Bezug auf alle Themenfelder und Ebenen der räumlichen Planung.

Die Identifizierung von Räumen mit ihren spezifischen Zugangsmöglichkeiten und -berechtigungen erfordert mehr als die baulich-räumliche Analyse, egal auf welcher Maßstabsebene. Ohne die Zuordnung der sichtbaren (gebauten) Welt zu den sozialen Realitäten und Milieus der hier Lebenden, zu Akteursnetzwerken und konkreten Lebenszusammenhängen, und ohne die Rückführung auf die dahinter liegenden logischen Räume, die konstruierten und konstruierenden Denkwelten, können kaum lebenswerte und zukunftsfähige Räume in Stadt und Region entwickelt werden.

Leitbild des Sozialraum-Konzepts ist die selbstbestimmte und sozial differenzierte Aneignung des Raumes durch die individuelle Persönlichkeit. Dezentralität und horizontale Koordination zwischen den AkteurInnen gelten als sozialräumliche Organisationsprinzipien. Der gesellschaftlichen Selbststeuerung und der Partizipation von Betroffenen bei der Gestaltung des Lebens im Stadtteil wird eine hohe Bedeutung im politisch-planerischen Willensbildungs- und Entscheidungsprozess beigemessen.

Hier zeigen sich nun interessante Parallelen zum Konzept des *place-making*, wie es Patsy Healey (Healey 2001) jüngst in die Planungsdiskussion eingebracht hat. Grundlage ist hierbei die Unterscheidung zwischen *place* und *space* – eine Differenzierung, die die deutsche Sprache nicht kennt. *Space* bezieht sich auf den Raum in seinen physischen, *place* in seinen sozio-kulturellen und sozio-ökonomischen Funktionen. Für das Konzept des *place-making* sind folgende Annahmen grundlegend: Moderne Gesellschaften definieren sich immer mehr als Wissensgesellschaften. Diese „leben“ von qualifizierten Arbeitskräften und setzen zunehmend auf Lebensqualität, Selbsthilfe und dezentrale Steuerung. Weil Lebensqualität als wichtiger Faktor individueller Lebensstile betrachtet wird, wird diesen Menschen eine hohe Bereitschaft unterstellt, die Umfeld-Belange, die sie berühren, nicht fremden Akteuren zu überlassen, sondern selbst mitzugestalten.

Erscheint somit im Konzept des *place-making* das Sozialraum-Konzept im neuen Gewande? Einiges spricht dafür. In beiden Konzepten ist die räumliche Maßstabs- und Bezugsebene das direkte räumliche Umfeld. Die Perspektive auf den Raum erfolgt „von unten“, aus Sicht der Einzelnen, die in diesem Raum leben, wohnen und arbeiten. In beiden Konzepten gelten deren aktive Aneignung und Gestaltung als grundlegend. Partizipation und Emanzipation des Individuums wie dessen soziale Integration gelten als gemeinsame normative Ziele. Den grundlegenden Unterschied zwischen Sozialraum- und *place-making*-Konzept sehen wir im Akteurstypus, der diesen Prozess der Raumaneignung und -gestaltung tragen und prägen soll. Im Sozialraum-Konzept sind dies bisher hauptsächlich benachteiligte Bevölkerungsgruppen. Im *place-making*-Konzept sind dies die gut Qualifizierten, die in materiell gesicherten Verhältnissen leben.

Sozialraum ist damit nicht länger nur Realität in Programmen sozialer Stadterneuerung oder im Rahmen der Planung (sozialer) Infrastrukturen. Sozialraum ist überall da, wo räumliche Entwicklung sich vollzieht, wo AkteurInnen ihre Handlungsspielräume nutzen (können) oder nicht, egal ob auf kommunaler, interkommunaler oder regionaler Ebene. Er vermittelt immer zwischen Denkwelten, Möglichkeitsräumen, Lebenswelten und gebauten Realitäten. Ein Sozialraum-Konzept, das sich nicht auf benachteiligte Bevölkerungsgruppen bzw. partizipatorische Ansätze in benachteiligten Quartieren beschränkt, sondern auch die lebensweltlichen Interessen und die Mitwirkungs- und Gestaltungsbereitschaft potenter BewohnerInnen reflektiert, eröffnet der Stadt- und Regionalplanung neue Handlungs- und Gestaltungsmöglichkeiten, die im Sinne einer nachhaltigen Raumentwicklung die kulturelle Identität der Menschen und soziale Gerechtigkeit wahrt, demokratische Mitbestimmung und die Übernahme von Mitverantwortung ermöglicht sowie die prägende Vielfalt der Teilräume stärkt.

Literatur

Adamaschek, Bernd/Pröhl, Marga (Hg.) (2003): Regionen erfolgreich steuern. Regional Governance – von der kommunalen zur regionalen Strategie. Gütersloh

Albers, Gerd (1995): Stadtplanung. In: ARL (1995): 899-895

Albers, Gerd (1988): Stadtplanung. Eine praxisorientierte Einführung. Darmstadt

ARL/Akademie für Raumforschung und Landesplanung (1995): Handwörterbuch der Raumordnung. Hannover

Blotevogel, Hans Heinrich (1995): Raum. In: ARL (1995): 733-740

Bauhardt, Christine/Becker, Ruth (Hg.) (1997): Durch die Wand! Feministische Konzepte zur Raumentwicklung. Pfaffenweiler

Baumgart, Sabine/Düsterhöft, Roswitha/Pagel, Ina/Seemann, Kerstin/von Seggern, Hille (1996): Frauengerechte Stadtplanung. Ein Beitrag zu einer „gender-sensitive“-Planung der Stadt. Forschung des Bundesministeriums für Raumordnung, Bauwesen und Städtebau 498. Bonn

Benz, Arthur/Fürst, Dietrich (2003): Region – „Regional Governance“ – Regionalentwicklung. In: Adamaschek et al. (Hg.) (2003): 11-66

Benz, Arthur/Fürst, Dietrich/Kilper, Heiderose/Rehfeld, Dieter (1999): Regionalisierung. Theorie – Praxis – Perspektiven. Opladen

Bock, Stephanie (2002): Regionale Frauennetzwerke. Frauenpolitische Bündnisse zwischen beruflichen Zielen und geschlechterpolitischen Interessen. Opladen

BURANO-Gruppe (2002): BURANO – Eine Stadtbeobachtungsmethode zur Beurteilung der Lebensqualität. In: Riege et al. (Hg.) (2002): 85-101

Demmel, Friederike/Klingberg, Tina/Siemer, Dorothee (Hg.) (1998): Geschlechterverhältnis und räumliche Planung. Kirchlinteln

Dörhöfer, Kerstin/Terlinden, Ulla (1998): Verortungen. Geschlechterverhältnisse und Raumstrukturen. Basel/Boston/Berlin

Dörhöfer, Kerstin (Hg.) (1990): Stadt – Land – Frau. Soziologische Analysen, feministische Planungsansätze. Freiburg i.Br.

Dörhöfer, Kerstin/Flecken, Ursula/Zibell, Barbara (1998): Frauenforschung und Gender Studies in der Stadt- und Regionalplanung. In: SRL (1988): 43-57

Dörhöfer, Kerstin/Terlinden, Ulla (Hg.) (1985): Verbaute Räume. Auswirkungen von Architektur und Stadtplanung auf das Leben von Frauen. Köln

Froessler, Rolf/Lang, Markus/Selle, Klaus/Staubach, Reiner (Hg.) (1994): Lokale Partnerschaften. Die Erneuerung benachteiligter Quartiere in europäischen Städten. Basel/Berlin/Boston

Fürst, Dietrich (1995): Planung. In: ARL (1995): 708-711

Greiwe, Ulla/Wirtz, Birgit (1986): Frauenleben in der Stadt. Durch Planung behinderter Alltag. Dortmunder Beiträge zur Raumplanung 43. Dortmund

Grüger, Christine (2000): Nachhaltige Raumentwicklung und Gender Planning. Das Beispiel der Regionalplanung beim Verband Region Stuttgart. Dortmunder Beiträge zur Raumplanung 104. Dortmund

Hämer, Hardt-Waltherr (1984): Für einen liebevolleren Umgang mit der Stadt: In: Senator für Bau- und Wohnungswesen (Hg.) (1984)

Healey, Patsy (2001): Towards a more place-focused planning system in Britain. In: Madanipur et al. (eds.) (2001): 265-286

Kail, Eva (i.E.): Vom frauengerechten Wohnbau zum Gender Musterbezirk. Eine Wiener Annäherung. In: Arbeitshilfe 4 der Reihe L des Deutschen Städtetages „DST-Beiträge zur Frauenpolitik". Zur Implementierung der Gender-Mainstreaming-Strategie in der räumlichen Planung (Arbeitstitel)

Kail, Eva (2003): Wem gehört der öffentliche Raum? Eine genderpolitische Herausforderung am Beispiel Wien. In: Werkstatt: Praxis 4. 2003

Kail, Eva/Kleedorfer, Jutta (Hg.) (1991): Wem gehört der öffentliche Raum. Frauenalltag in der Stadt. Wien/Köln/Weimar

Kilper, Heiderose (1999): Die Internationale Bauausstellung Emscher Park. Eine Studie zur Steuerungsproblematik komplexer Erneuerungsprozesse in einer alten Industrieregion. Opladen

Knieling, Jörg/Fürst, Dietrich/Danielzyk, Rainer (2001): Kann Regionalplanung durch kooperative Ansätze eine Aufwertung erlangen? In: Raumforschung und Raumordnung 2-3/59. 2001: 184-191

Madanipour, Ali/Hull, Angela/Healey, Patsy (eds.) (2001): The governance of place: Space and planning processes. Aldershot

Projektgruppe Eisenheim (1973/1975): Rettet Eisenheim. 3. Auflage. Berlin/West

Riege, Marlo/Schubert, Herbert (Hg.) (2002a): Sozialraumanalyse. Grundlagen – Methoden – Praxis. Opladen

Riege, Marlo/Schubert, Herbert (2002b): Einleitung: Zur Analyse sozialer Räume – Ein interdisziplinärer Integrationsversuch. In: Riege, Marlo/Schubert, Herbert (Hg.) (2002): 7-58

Ritter, Ernst-Hasso (1979): Der kooperative Staat. Bemerkungen zum Verhältnis von Staat und Wirtschaft. In: Archiv des öffentlichen Rechts 104. 1979: 389-413

Schröder, Anke/Zibell, Barbara (2004): Auf den zweiten Blick. Städtebauliche Frauenprojekte im Vergleich. Beiträge zur Planungs- und Architektursoziologie 1. Frankfurt a.M. et al.

Selle, Klaus (Hg.) (1996): Planung und Kommunikation. Gestaltung von Planungsprozessen in Quartier, Stadt und Landschaft. Grundlagen, Methoden, Praxiserfahrungen. Wiesbaden/Berlin

Senator für Bau- und Wohnungswesen (Hg.) (1984): Internationale Bauausstellung Berlin 1987. Leitfaden: Projekte – Daten – Geschichte. Berichtsjahr 1984. Berlin

Siemonsen, Kerstin/Zauke, Gabriele (1991): Sicherheit im öffentlichen Raum. Städtebauliche und planerische Maßnahmen zur Verminderung von Gewalt. Zürich/Dortmund

Spitthöver, Maria (1989): Frauen in städtischen Freiräumen. Köln

Staufenbiel, Fred (1989): Leben in Städten. Soziale Ziele und Probleme der intensiven Stadtreproduktion. Aspekte kultursoziologischer Architekturforschung. Berlin

SRL/Vereinigung für Stadt-, Regional- und Landesplanung e.V. (1988): Stadtplanung und Städtebau. Positionen finden – Überzeugungen vermitteln. Eine Festschrift für Dieter Frick. SRL-Schriftenreihe 43. Berlin

Striefler, Katja (2001): Kleine Geschichte der PlanungsFachFrauen. In: Rundbrief PlanungsFachFrauen Oktober/32. 2001. Hannover

Zibell, Barbara (Hg.) (2003): Zur Zukunft des Raumes. Perspektiven für Stadt – Region – Kultur – Landschaft. Frankfurt a.M. 2003

Zibell, Barbara (1983): Frauen in Wohnumfeld und Nachbarschaft. Arbeitshefte des Instituts für Stadt- und Regionalplanung an der TU Berlin. Berlin

Wäscher in Banaras[1]

Stefan Schütte

„Ich gehöre immer zu meinem Ṭāṭ, egal wo ich lebe auf dieser Welt." Liest man den im Folgenden noch zu spezifizierenden indigenen Begriff „*Ṭāṭ*" in einer ersten Annäherung als synonym mit „Sozialraum", so werden in dieser Aussage eines jungen Wäschers (*Chotelāl Kannaujiyā, Madhopur, 28. Februar 2002*) aus der nordindischen Millionenstadt Banaras wesentliche Kriterien bei der Konstitution „sozialer Räume" dieser spezifischen Bevölkerungsgruppe bereits deutlich: Sie lassen sich nur äußerst schwer lokalisieren („egal wo ich lebe"), bieten einen festen Ankerpunkt im Alltagsleben („Ich gehöre dazu") und sind gleichzeitig sehr genau definiert („mein *Ṭāṭ*").

Aspekte der Konstruktion von „sozialen Räumen" stehen im Verlauf der folgenden Ausführungen im Vordergrund. Das Ziel dieses Beitrages ist es, die Konstitution und Aufrechterhaltung von sozialräumlichen Netzwerkbeziehungen unter den Wäschern („*Dhobī*") von Banaras im Rahmen eines tradierten und äußerst komplexen indigenen Orientierungssystems zu beschreiben und zu analysieren. Dieses mit dem Begriff „*Ṭāṭ*" bezeichnete System der Wäscher verbindet die beteiligten Akteure untereinander in einer komplexen und sehr dichten Netzwerkstruktur. Auf verschiedenen, hierarchisch gegliederten Netzwerk-Ebenen entfalten sich dabei vielfältige Prozesse, die unterschiedliche Funktionen für die Organisation von Lebensalltag und -sicherung dieser gesellschaftlich marginalisierten Bevölkerungsgruppe übernehmen.

Diese verschiedenen Netzwerk-Ebenen repräsentieren die sozialen Räume der Wäscher. Sie sind das Resultat von Prozessen der alltäglichen „Konstruktion von Lokalität". Die Funktionsweise des *Ṭāṭ*-Systems veranschaulicht dabei in besonderer Weise, wie „Raum"[2] als Produkt sozialer Beziehungen und Interaktion entsteht und wie sich soziale Netzwerke als wohl definierte „Räume sozialer Beziehungen" konstituieren.

---

1 Die Ausführungen basieren auf einer insgesamt 12,5 Monate dauernden empirischer Forschung in Banaras im Rahmen des DFG-Projektes „*Visualisierte Räume. Konstruktionen von Lokalität und kartographische Repräsentation in Benares*", das von einer interdisziplinären Forschergruppe am Südasien-Institut der Universität Heidelberg durchgeführt wurde (vgl. auch ausführlich Schütte 2003).

2 Vgl. zur geographischen Debatte um Raum und Lokalität insbesondere Gebhardt/Reuber/Wolkersdorfer 2003, Gregory 1998, Massey 1995, Massey/Allen/Sarre 1999, Simonsen 1996, Werlen 1995, 1997.

Kontexte: Banaras, Beruf, Kaste und sozialer Status

Schauplatz der folgenden Ausführungen ist die indische Stadt Banaras.[3] Direkt am Ganges gelegen schmiegt sich die Stadt über mehrere Kilometer an die Westseite des heiligen Flusses und gewährt über 84 teilweise sehr steil verlaufende Ufertreppen, den so genannten *Ghāṭs*, direkten Zugang zu dem Gewässer. Mit seinen unzählbaren Tempeln und Heiligtümern ist Banaras ein bedeutendes Zentrum der Hindu-Religionen, doch darüber hinaus hat die „Stadt der Wallfahrten" mit ihren derzeit etwa 1,5 Millionen Einwohnern eine eminent wichtige Bedeutung als lebhaftes urbanes Zentrum im östlichen Teil des nordindischen Bundesstaates Uttar Pradesh. Die engen Straßen sind tagsüber in der Regel ständig verstopft durch zahllose Fahrrad-*Rikśās*, kleine motorisierte „Three-Wheeler" für den Personentransport, Fußgänger, Radfahrer, mobile Kleinsthändler und weniger durch Autos. In der Stadt siedeln Gruppen aus allen Teilen Indiens, und auch die Kastenstruktur ist dementsprechend vielfältiger als in vergleichbaren indischen Großstädten. Dabei scheint die Zeit vor den Toren der Stadt halt machen zu wollen, wie folgende Einschätzung verdeutlichen will: „*Manchen ist es ein Ort der Rückständigkeit, anderen ein Ort, der gerade das typisch Indische oder Hinduistische bewahrt, das, was es gegen den Westen zu verteidigen und zu bewahren gilt. Gäbe es Fundamente im Hinduismus, ließe sich diese Einstellung als Fundamentalismus bezeichnen*" (Gutschow/Michaels 1993: 13). Wer durch die engen Gassen der Altstadt wandelt, mag in der Tat den Eindruck gewinnen, sich in einer zeitlosen Stadt zu befinden – so oder so ähnlich könnte es bereits vor Jahrhunderten dort an einigen Orten ausgesehen haben.

Auch wer die tägliche Arbeit der Wäscher von Banaras beobachtet, wird Zeuge einer Tätigkeit, die sich über Generationen kaum verändert hat und für die Mehrheit der Akteure aus dieser Kastengruppe[4] auch heute noch eine alltägliche Realität darstellt. In der Tat haben die *Dhobī* abseits ihrer traditionellen Arbeit kaum Zugang in formalisierte Beschäftigungsverhältnisse erhalten. Eine Statistik in der lokalen Tageszeitung *Dainik Jagran* (vgl. 8. Oktober 2001) behauptet, dass in Uttar Pradesh bisher nur 7,96% aller Wäscher eine Tätigkeit außerhalb ihres traditionellen Berufstandes gefunden haben. Wenn diese Angabe auch für den gesamten Bundesstaat gilt und in der Stadt Banaras die Situation für die dort Lebenden, etwa 15.000 Wäscher,[5] insgesamt noch etwas anders aussehen mag, so verschafft diese Angabe doch

---

3 Andere gebräuchliche Namen sind Vārāṇasī, die Stadt zwischen den Flüssen Varuna und Assi, oder Kāśī, die „Stadt des Lichts".

4 Der hier verwendete Begriff „Wäscher" bezeichnet im strengen Sinne keine Kaste, sondern einen in ganz Indien verbreiteten Berufsstand, der wiederum in zahlreiche endogame Subkasten oder „*Jātis*" untergliedert ist. Die Ausbreitung der verschiedenen Subkasten unter den Wäschern erstreckt sich dabei bspw. über mehrere Distrikte oder einen ganzen Bundesstaat, hat aber immer einen regionalen Bezug. Dies lässt sich auch deutlich am vorliegenden Fall illustrieren, wo sich die lokal dominante Subkaste der Wäscher mit dem Namenstitel „*Kannaujiyā*" bezeichnet. Im vorliegenden Zusammenhang bezieht sich die Rede von „den Wäschern" deshalb immer auf genau diese spezifische Subkaste. (Vgl. allgemein zum Diskurs um den durchaus nicht unproblematischen Begriff „Kaste" in Indien Dirks 2001, Jürgenmeyer/Rösel 1998, Michaels 1998).

5 Diese Angabe beruht auf eigenen Schätzungen während der Feldaufenthalte in Banaras.

immerhin eine Ahnung davon, in welchem Maße sich Kastenzugehörigkeit und Arbeitsausübung nach wie vor entsprechen und damit gleichzeitig für die meisten Menschen die Einkünfte aus dem Waschen die ökonomische Basis bleiben. Auch ist dies ein Indiz dafür, dass die innere Stratifizierung der *Dhobī* in Banaras noch nicht sehr weit fortgeschritten ist. Gleichwohl haben Bemühungen um die Ermöglichung höherer formeller Bildungsniveaus für die jüngere Generation und damit zusammenhängend auch der Blick auf neue berufliche Tätigkeitsfelder in sehr vielen Wäscher-Haushalten der Stadt inzwischen hohe Priorität erhalten. Doch während ersteres bereits relativ erfolgreich umgesetzt werden konnte, bleibt der Übergang in formalisierte Arbeitsfelder ein zentrales Problem insbesondere für die schulisch gebildete Jugend der Wäscher (vgl. Schütte 2003).

In orthodoxer hinduistischer Sichtweise gelten die *Dhobī* aufgrund ihrer Tätigkeit, die sie permanent in Kontakt mit „Unreinheit" geraten lässt, als „unberührbar". Die traditionelle Beschäftigung der Wäscher, das Waschen und Bügeln der Kleidung von zumeist höherkastigen Kunden, ist demnach mit einem deutlichen Stigma versehen, oder wie der britische Kolonialbeamte William Crooke es drastischer formuliert hat: *„(...) the Dhobī has been formed into a caste which shall bear the impurities of all*" (Crooke 1896/1974: 289). Dabei gibt es in dieser Hinsicht durchaus auch noch weitere Differenzierungen, da sich Wäscher bspw. weigern, die Kleidung von Gruppen zu reinigen, die in ihrer subjektiven Wahrnehmung noch tiefer stehen, also „unreiner" als sie selber sind (z.B. Leichenverbrenner, Straßenkehrer, Abdecker)[6].

Den mit dem marginalisierten gesellschaftlichen Status der Unberührbarkeit verbundenen, offenen Diskriminierungen sind Wäscher im städtischen Kontext heute kaum mehr ausgesetzt. Zwar gibt es vereinzelt immer noch Eintrittsverbote für bestimmte Tempel in Banaras oder auch Zugangsbeschränkungen in bestimmten Tee- oder Zuckerwaren-Geschäften, doch finden diese Ausgrenzungen z.B. im Vergleich zu den Straßenkehrern aus der *Dom*-Kaste heute nur noch sehr selten offene Anwendung. Die offizielle Sichtweise der Landesregierung in Uttar Pradesh klassifiziert die Wäscher als so genannte *„Scheduled Caste*" – ein affirmativer Status, der verschiedene unberührbare Gruppen in einer Kategorie sammelt und quasi als legale Kompensation für eine untergeordnete soziale Stellung bestimmte Reservierungsquoten z.B. für Arbeitsplätze im Regierungsdienst oder den Zugang zu Universitäten gewährt (vgl. Mendelsohn/Vicziany 2000).

Vom alltäglichen „Geographie-Machen" der Wäscher

Wäscher „machen" auf verschiedene Weise alltäglich Geographie (vgl. Werlen 1995; 1997). Die mit der Ausübung ihres Berufes verbundenen Aktivitäten vernetzen einerseits Alltagshandlungen, Lokalitäten und soziale Beziehungen zu spezifischen Aktionsräumen, deren Aufrechterhaltung nicht selten einen hohen Mobilitätsaufwand erfordert. Andererseits rufen die sozialen Netzwerke der Wäscher auch

6 Für eine ausführliche Auseinandersetzung mit den Konzepten von „Reinheit" und „Unreinheit" vgl. Michaels 1998.

geographische Vorstellungsbilder hervor, die als mit indigenen Bezeichnungen versehene „Konstruktionen von Lokalität“ eine hohe Stabilität und äußerst vielfältige Bedeutungen aufweisen und sich in der Praxis des *Ṭāṭ*-Systems widerspiegeln (s.u.).

Aktionsräume

Die folgende kurze Beschreibung eines typischen Arbeitstages möchte zunächst die physischen Dimensionen des Lebensalltags der Akteure illustrieren. Das Reinigen von Kleidung nach der von den *Dhobī* seit Generationen bevorzugten Methode ist sehr aufwendig und zeitintensiv. Abhängig vom jeweiligen Auftrag des Kunden kann ein Kleidungsstück dabei bis zu elf verschiedene Bearbeitungsschritte durchlaufen. Diese Schritte erfordern in der Regel räumliche Mobilität, und zur Illustration dieses alltäglichen Vorgangs ist es hilfreich, den Weg eines Bündels Wäsche (die so genannte *Lādī*), das einem *Dhobī* zur Reinigung überlassen worden ist, einmal genauer zu verfolgen.

Zunächst muss die Wäsche eingesammelt werden. Dies wird im Falle eines Stammkunden direkt in dessen Haus geschehen, wo normalerweise bei jedem Besuch ein Austausch von sauberer gegen zu waschende Kleidung erfolgt. Die feste Kundschaft eines Wäschers lebt allerdings meistens nicht in dessen näherer Nachbarschaft, so dass Lieferung und Abholung der Wäsche daher in der Regel mit dem Fahrrad als Transportmittel erfolgt. Nach der Abholung muss die Kleidung zunächst für den Waschgang vorbereitet werden, indem sie entweder in mit Waschpulver und Soda gemischten Wasser oder, auf die althergebrachte Art und Weise, in einer Mixtur aus Wasser, Schafdung und der feinen Krume von brachliegendem Land eingeweicht wird. Dieser Schritt der „Vorwäsche“ wird in der Regel vor den jeweiligen Wohnhäusern der Akteure durchgeführt und erst danach das Bündel zu einem der zahlreichen *Dhobī-Ghāṭs* getragen, wo anschließend die eigentliche Reinigung erfolgt. Der Transport geschieht je nach Menge und Gewicht der Wäsche und Distanz zum Waschplatz entweder per Fahrrad, zu Fuß oder in manchen Fällen auch noch mit einem Maulesel als dem traditionellen Nutztier der Wäscher. Jede Familie nutzt dabei einen typischerweise bereits seit Generationen gebrauchten Waschplatz, der sich häufig in der Nähe des jeweiligen Wohnhauses befindet, aber auch sehr weit davon entfernt sein kann (siehe Karte 1). Das Waschen selber ist eine körperlich anstrengende Arbeit, bei der die vorbehandelte Wäsche zunächst mit Bürste und Seife behandelt und anschließend auf den Waschsteinen ausgeschlagen wird und dabei jenes so charakteristische Geräusch erzeugt, mit dem früh am Morgen die verschiedenen von Wäschern genutzten Ganges-*Ghāṭs* erfüllt werden. Dieser Arbeitsschritt ist der einzige (fast) ausschließlich von Männern geleistete und prägt gleichzeitig auch die öffentliche Wahrnehmung von den *Dhobī* und ihrer Tätigkeit.

Foto 1: *Dhobí* bei der Tätigkeit des Waschens.

Das Foto zeigt eine alltägliche Szene an einem internen *Dhobī-Ghāṭ*, dem „Bhavaniā-Teich“. Foto: Schütte, Dezember 2001.

Alle weiteren Stufen unterliegen einer familiären Arbeitsteilung, obwohl die Frauen niemals per Fahrrad Wäsche austragen und dementsprechend auch zu Fuß häufig relativ weite Distanzen zurücklegen. Diese Aufgabe wird allerdings nur von älteren Frauen erledigt – junge Frauen dagegen verlassen, abgesehen von den wenigen, die auf eine höhere Schule gehen, den eigenen Stadtteil nur äußerst selten, z.B. um Verwandte zu besuchen. Dem eigentlichen Waschgang folgend wird die Kleidung zum Trocknen ausgelegt, und die Ganges-*Ghāṭs* bieten dem Betrachter dabei alltäglich ein farbenfrohes Bild, wenn an allen verfügbaren Stellen an den Ufertreppen Wäsche in der Sonne ausgebreitet liegt. Häufig ist zur Ausführung dieses Schrittes allerdings noch ein weiterer Gang mit der *Lādī* zu einem anderen Ort notwendig (z.B. ein Park), da es an vielen *Ghāṭs* einfach am nötigen Platz mangelt, um die Wäsche direkt dort auslegen zu können. Danach muss die nun saubere Wäsche noch gebügelt und ggf. auch gestärkt werden. Dies geschieht entweder direkt am jeweiligen Wohnhaus oder sehr häufig auch an einem kleinen Platz irgendwo in der Stadt, der als „Bügelplattform“ und offenes Geschäft genutzt werden kann. Erst von dort wird das Bündel wieder zurück zum Kunden transportiert.

Diese Zusammenhänge sind in der folgenden Karte wiedergegeben.

Karte 1:

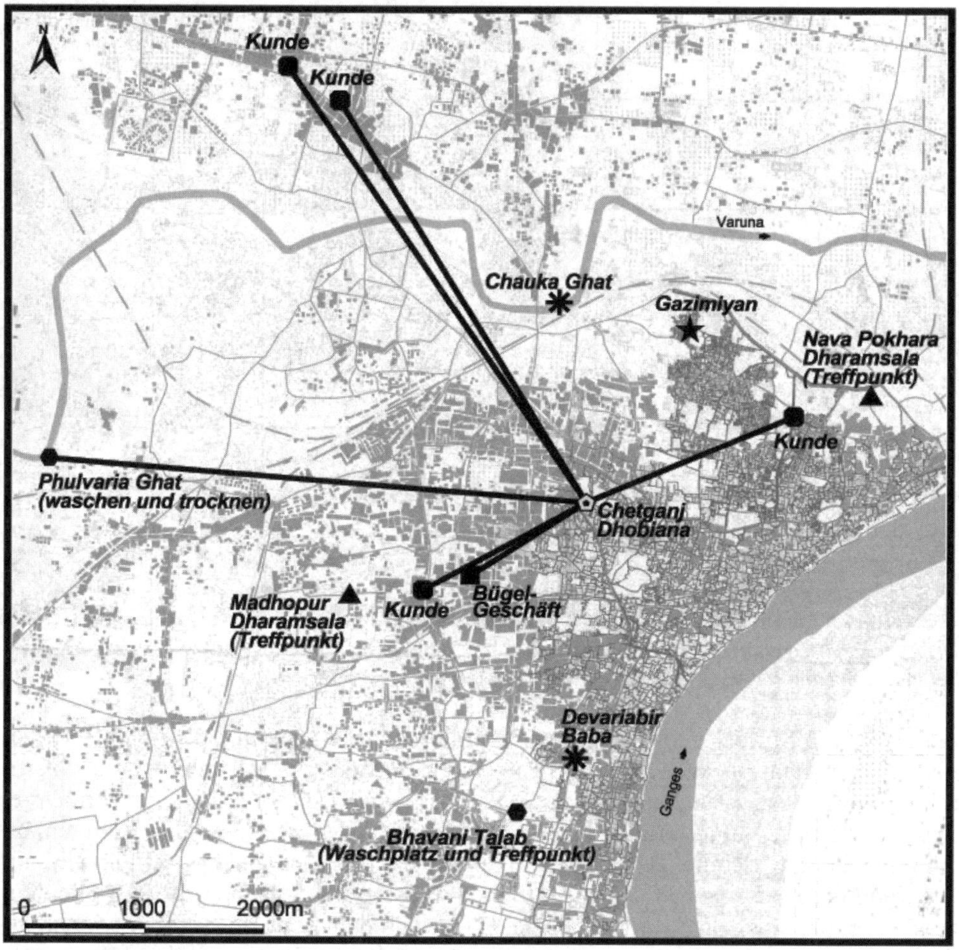

Die Darstellung zeigt die zur Ausübung der traditionellen Tätigkeit genutzten Orte einer Wäscher-Familie. Weitere auf der Karte verzeichnete Handlungs-Schauplätze, die über diesen Haushalt hinaus auch für die meisten anderen Dhobī in Banaras wichtige Bedeutung haben, sind die beiden zu den Kannaujiyā gehörige *Dharamśālās* in Banaras. Diese fungieren neben ihrem Zweck als Rasthäuser für auswärtige Kastengenossen insbesondere auch als wichtige Treffpunkte der Gemeinschaft. Gleiches gilt für den internen Waschplatz am „*Bhavaniā*"-Teich, der für regelmäßig stattfindende Treffen und auch für verschiedene Festlichkeiten genutzt wird. An *Chauka-Ghāṭ* und dem Tempel des *Devariābir-Bābā* finden die Aktivitäten zu einem jährlichen, Wäscher-spezifischen Festtag statt, und der Schrein des islamischen Heiligen *Ghazīmiyān* im muslimisch dominierten Stadtteil *Bari Bazār* ist einer der wichtigsten religiösen Stätten auch für die hinduistischen Dhobī in Banaras.

Quelle: Schütte 2003: 127.

Das *Ṭāṭ*-System der Wäscher

Der Begriff *Ṭāṭ* widersetzt sich einer direkten Übersetzung, und auch eine strenge und eindeutige Definition wird sich nicht anführen lassen. Generell bezeichnet er die sozialräumlichen Organisationsformen der Wäscher in Banaras und des näheren Umlandes der Stadt. In diesem Sinne ist *Ṭāṭ* auch eher als eine Konzeption denn als feststehender Begriff zu verstehen – eine indigene Konzeption von der Art und Weise des Zusammenlebens der Menschen, von sozialen Beziehungen, von Raum und von räumlichen Ordnungsmustern. Auf diese Weise wird *Ṭāṭ* zu einem festen und verbindlichen Orientierungssystem für den Ablauf und die Gestaltung des Lebensalltags der Akteure.

In einer ersten Herangehensweise lässt sich *Ṭāṭ* als Praxis regelmäßig zusammentretender Kastenräte charakterisieren. In diesem Zusammenhang wird in der allgemeinen Abhandlung des britischen Kolonial-Inspektors Edward Blunt über das Kastensystem in Nordindien an einer Stelle u.a. auch der Begriff *Ṭāṭ* erwähnt, ohne dass dieser jedoch in Bezug zu einer bestimmten Kastengruppe gestellt wird (vgl. Blunt 1931: 105). Für Edward Blunt sind *Ṭāṭ* und andere indigene Bezeichnungen gleichbedeutend mit bestimmten räumlich begrenzten Arealen der kasteninternen Jurisdiktion und Konfliktlösung, die von jeweiligen Kastenräten überwacht werden. Damit ist in der Tat bereits eine wesentliche Funktion des *Ṭāṭ*-Systems der Dhobī in Banaras angesprochen, denn die mit diesem verbundenen und aktuell gelebten Praktiken rekurrieren nach wie vor auch auf die von Blunt beschriebenen Zusammenhänge eines sozialräumlichen Gliederungssystems von internen Kastenbeziehungen, gehen zur gleichen Zeit allerdings auch darüber hinaus.

Ganz allgemein steht *Ṭāṭ* für das heute nicht mehr gebräuchliche Wort für „Teppich“. Auch die Wäscher wissen von diesem Gebrauch des Wortes und nehmen kontinuierlich metaphorischen Bezug darauf. So ist von *Ṭāṭ* die Rede als der *„Ort, an dem unsere Gemeinschaft zusammen sitzt“* – auf einem „Teppich“, der ausschließlich für Wäscher reserviert ist. *Ṭāṭ* wird so zum Treffpunkt, zum spezifischen Ort der Wäscher. Aber der Gebrauch der Teppich-Metapher wird noch weiter geführt, z.B. wenn die Akteure ausführen, *„Ṭāṭ ist der Faden, der unsere Gemeinschaft zusammenhält“*, gemeint als Analogie zu dem Faden, aus dem ein Teppich geknüpft ist und diesem Form und Halt gibt.

Dieser metaphorische Gebrauch des Teppich-Bildes kann noch weiter beansprucht werden, wenn es darum geht, die vielfältigen praktischen Konnotationen des *Ṭāṭ*-Systems zu erfassen und zu betrachten. Denn das Konzept des *Ṭāṭ* beinhaltet ein Patchwork von Bedeutungen in stetig wechselndem Zusammenspiel. Um im Bild zu bleiben, können diese als Fleckenmuster eines Teppichs dargestellt werden, das die wesentlichen Charakteristika des *Ṭāṭ*-Systems der Wäscher in Banaras repräsentiert (siehe Abbildung 1).

Abbildung 1:

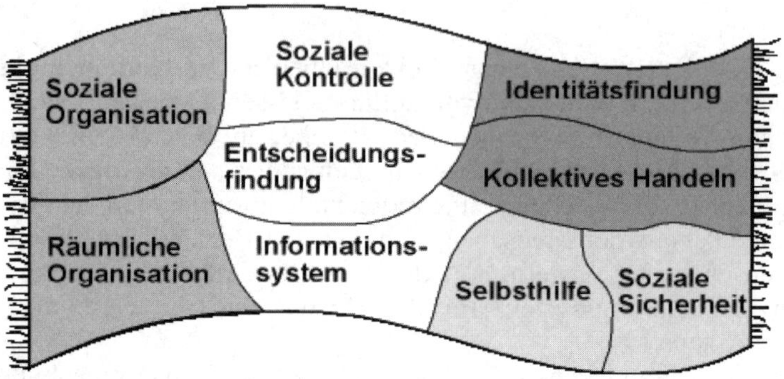

Dargestellt in Form eines Teppichs (eine buchstäbliche Übersetzung des Begriffes *Ṭāṭ*) verweist das Fleckenmuster der Abbildung auf die vielfältigen miteinander verschränkten Elemente von *Ṭāṭ* als sozialräumliche Konzeption der Wäscher.

Quelle: Schütte 2003: 135.

Die vier verschiedenen Schattierungen des Fleckenmusters lassen sich dabei vier übergeordneten Kategorien zuordnen, mit deren Hilfe die komplexe Bedeutungsvielfalt des Systems der Wäscher anschaulich entschlüsselt werden kann. *Ṭāṭ* lässt sich dementsprechend analytisch unterscheiden als „Soziale Räumlichkeit", als „Institutionelles Arrangement", als „Soziales Sicherungssystem" und als „Forum sozialer Identifikation". Die in diesem Beitrag im Vordergrund stehende Praxis sozialer Räumlichkeit schafft dabei einen selbst gestalteten Rahmen, in dem sich die weiteren genannten Prozesse entfalten können.[7]

Ṭāṭ als soziale Räumlichkeit

Ṭāṭ bezeichnet eine äußerst komplexe soziale Organisation von räumlichen Beziehungen, eine alltägliche Praxis sozialer Räumlichkeit. Die Basis des Systems sind die vielschichtig verwobenen sozialen Beziehungsmuster von Akteuren aus den verschiedenen Quartieren der Wäscher, den so genannten *Dhobianās* (s.u.). In der Praxis dieser sozialen Netzwerke entstehen verschiedene aufeinander bezogene Ebenen sozialer Organisation, die hierarchisch geordnete und streng institutionalisierte „Räume sozialer Beziehungen" repräsentieren.

Die verschiedenen Hierarchien im räumlichen Gefüge des *Ṭāṭ*-Systems mit ihren indigenen Bezeichnungen und seine prinzipielle Organisationsstruktur werden in der folgenden Darstellung (siehe Abbildung 2) zunächst einmal in schematischer Weise verdeutlicht. Dabei muss beachtet werden, dass sich der Begriff *Ṭāṭ* sowohl auf die gesamte Konzeption bezieht, als auch auf eine Ebene im Rahmen dieses umfassenden Ordnungssystems.

7 Für eine ausführliche Auseinandersetzung mit den weiteren Aspekten des *Ṭāṭ*-Systems vgl. Schütte 2003.

Abbildung 2:

1) **Dhobianā**

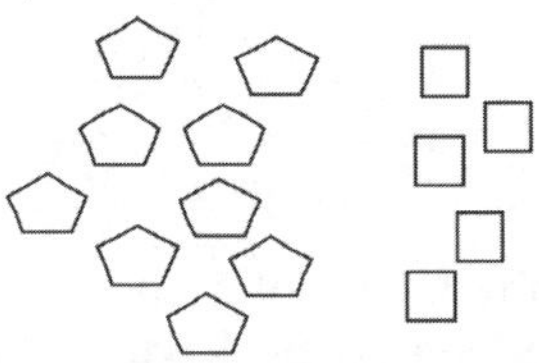

Der Begriff Dhobianā bezeichnet eine Nachbarschaft von Wäscher-Familien, die typischerweise aus einem Straßenzug oder einer Ansammlung von Häusern besteht. Das Schema symbolisiert zwei Dhobianās mit neun und fünf Haushalten.

2) **Gāṃv**

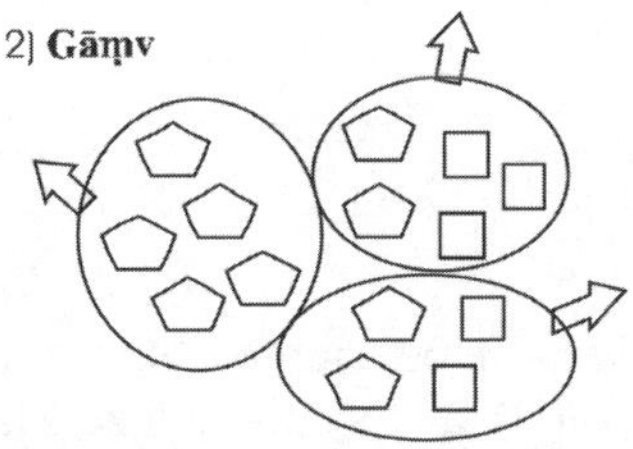

Diese Haushalte organisieren sich in sog. 'Gāṃv' (Hindi für Dorf), deren Mitglieder in verschiedenen Dhobianās leben (in der Darstellung durch Pfeile angedeutet). In dem Beispiel sind die Haushalte aus den beiden Dhobianās organisiert im Rahmen von drei Gāṃv.

3) **Ṭāṭ**

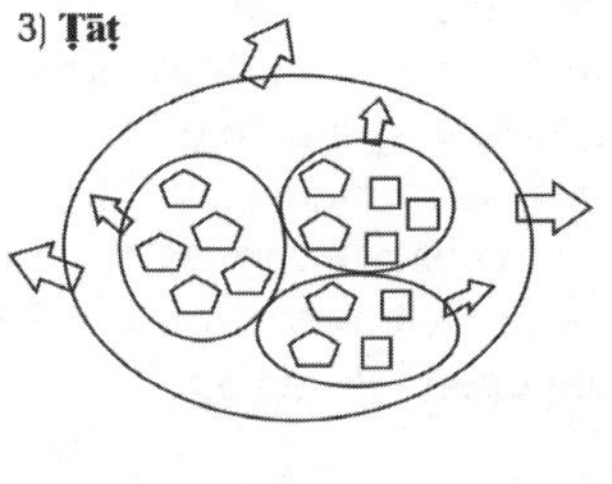

Eine bestimmte Anzahl von Gāṃv formt einen 'Ṭāṭ' als die zentrale und namensgebende Einheit des Systems. Die Haushalte in den verschiedenen Dhobianās mögen zu unterschiedlichen Gāṃv gehören, sind auf einer höheren Stufe der sozial-räumlichen Hierarchie aber durch ihren Ṭāṭ miteinander verbunden. Wie auch bei Gāṃv üblich, umfasst ein Ṭāṭ Haushalte in verschiedenen Dhobianās.

4) **Chaurāsī**

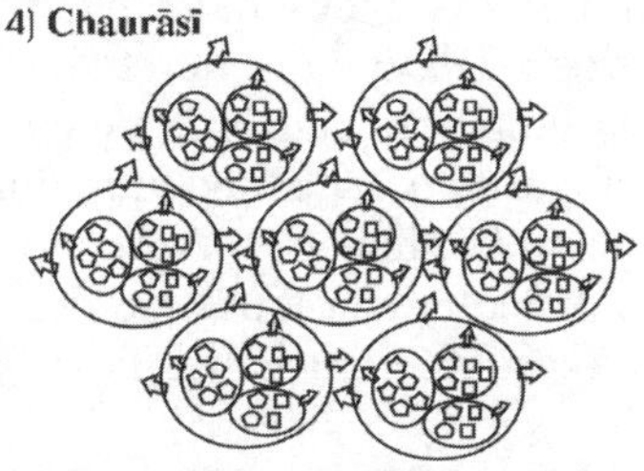

Ein weiterer Layer in der Dhobi Hierarchie wird als Chaurāsī benannt (Hindi für 84). Der Begriff bezeichnet diejenigen sieben Ṭāṭs, die in der Vorstellung der Wäscher die Stadt Banāras konstituieren. Chaurāsī wird so zu einer sehr spezifischen Konzeption von Banāras, zugeschnitten auf die Bedürfnisse einer untergeordneten Gruppe.

5) 4 Parganā

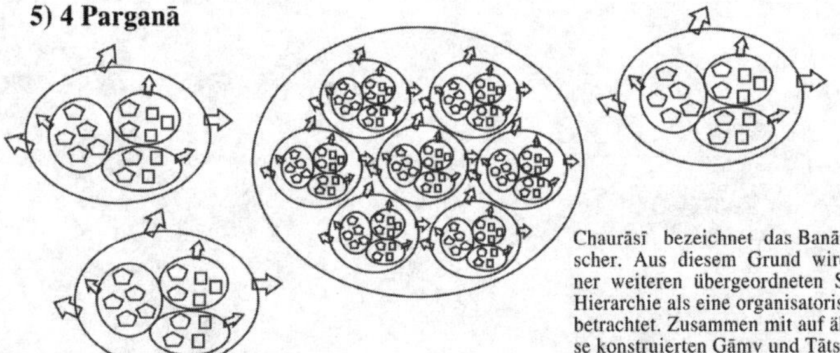

Chaurāsī bezeichnet das Banāras der Wäscher. Aus diesem Grund wird es in einer weiteren übergeordneten Stufe in der Hierarchie als eine organisatorische Einheit betrachtet. Zusammen mit auf ähnliche Weise konstruierten Gāṃv und Ṭāṭs aus den Außenbezirken der Stadt Banāras enstehen die sog. 4 Parganā.

Das *Ṭāṭ*-System wird durch Hierarchien von sozialen Netzwerken im sozialräumlichen Gefüge strukturiert. Dabei entstehen spezifische imaginierte Lokalitäten, die sich von den unteren Organisationsstufen ausgehend zu höheren, umfassenderen Formen sozialräumlicher Netzwerkarbeit ausweiten. Dabei ist jede einzelne Stufe in der jeweils höheren Hierarchie-Stufe mit enthalten, behält dabei allerdings dennoch einen gewissen Grad an Regelungs-Autonomie.

Quelle: Schütte 2003: 138.

Doch wie „funktioniert" die alltägliche Konstruktion von Lokalität unter den *Dhobī*? Grundsätzlich basieren die in Abbildung 2 dargelegten Entitäten auf der Vernetzung aller oder einer bestimmten Anzahl von Haushalten in den verschiedenen *Dhobianās* von Banaras.

Dhobianā

Der Begriff *Dhobianā* bezeichnet eine Nachbarschaft von Wäscher-Familien, von denen sich insgesamt 71 über die ganze Stadt verteilen (siehe Karte 3, Foto 2). Dabei hat man sich allerdings keine abgeschlossenen, räumlich segregierten Siedlungen vorzustellen, wie sie sich z.B. sehr häufig bei den Straßenkehrern finden. Vielmehr sind *Dhobianās* offene und von einer variierenden Anzahl von Wäscher-Haushalten besiedelte Wohngebiete, die in ihr jeweiliges Stadtviertel (so genannte *Muhallās*) eingebunden sind und von diesem auch den Namen übernehmen.

Zumeist werden *Dhobianās* durch einen Straßenzug gebildet oder einer verstreuten Ansammlung von Häusern in einer *Muhallā*, und nur in einem Fall existiert eine komplett abgeschlossene und nur durch ein sehr niedriges Tor zugängliche Siedlung, die ausschließlich von Wäschern bewohnt ist. In ihrer Größe unterscheiden sich diese Ansiedlungen teilweise deutlich – die kleinste *Dhobianā* beherbergt gerade mal vier Wäscher-Haushalte, die größte dagegen bereits 55.

Foto 2: Szene aus der *Dhobianā* Teliyanala im Norden von Banaras.

Foto: Schütte, Januar 2002.

Dhobianās bieten in der Regel Platz für verschiedene Kastengruppen. Dabei werden aber bspw. *Camār* (Abdecker, Lederverarbeiter), die häufig in unmittelbarer Nachbarschaft zu Dhobī leben, ihre Wohn-Siedlung nicht als *Dhobianā* bezeichnen, sondern, wenn danach gefragt, auf den Namen ihrer *Muhallā* verweisen. Unter Bezugnahme auf ihre direkten Nachbarn aus der Wäscher-Kaste wird der Begriff allerdings auch von den *Camār* verwendet. Eine *Dhobianā* ist also eher als soziales Merkmal eines Stadtviertels zu verstehen – in diesem Straßenzug, in diesem Quartier leben Wäscher, und dementsprechend wird die Wortschöpfung auch ausschließlich in direktem Bezug auf die jeweiligen dort lebenden Dhobī-Familien angewendet. *Dhobianās* als Kennzeichen z.B. eines Straßenzuges, der vornehmlich von Wäschern bewohnt wird, gehören also zu bestimmten *Muhallās*, übernehmen dabei auch deren Namen und können eindeutig im physischen Stadtraum von Banaras lokalisiert und kartiert werden.

Neben ihrer Position im physischen Raum lassen sich *Dhobianās* aber auch durch ihre Lage im sozialen Raum kennzeichnen. Dadurch werden die *Ṭāṭs* der Wäscher sowohl sozial als auch räumlich-materiell kartierbar und lassen sich als eine besondere, eine kastenspezifische sozialräumliche Konzeptualisierung von Banaras visualisieren (vgl. Karten 2-4).

Gaṃv

Die kleinste Netzwerk-Ebene der Wäscher wird als *Gaṃv* (Hindi für „Dorf") bezeichnet. In den Rahmen eines derartigen *Gaṃv* sind bis zu 25 Familien eingebunden, die in jeweils variierender Anzahl, rangierend zwischen einem und zehn Haushalt(en), in verschiedenen *Dhobianās* leben. Karte 2 zeigt dies am Beispiel von sechs *Gaṃv* im südlichen Banaras, die dort insgesamt 214 Wäscher-Haushalte aus 13 *Dhobianās* miteinander vernetzen.

Jedes *Gaṃv* hat einen Vorsteher („*Chaudharī*"), mit dessen Namen es auch identifiziert wird, im Sinne von z.B. Kishuns *Gaṃv* oder Lullans *Gaṃv*. Diese Funktion des *Chaudharī* wird traditionell von bestimmten Familien ausgeübt und innerhalb dieser vererbt. Es ist eine zugeschriebene Position, die mit Würde gepflegt und weitergegeben wird, aber neben viel Prestige auch bestimmte Verantwortlichkeiten mit sich bringt.

Karte 2:

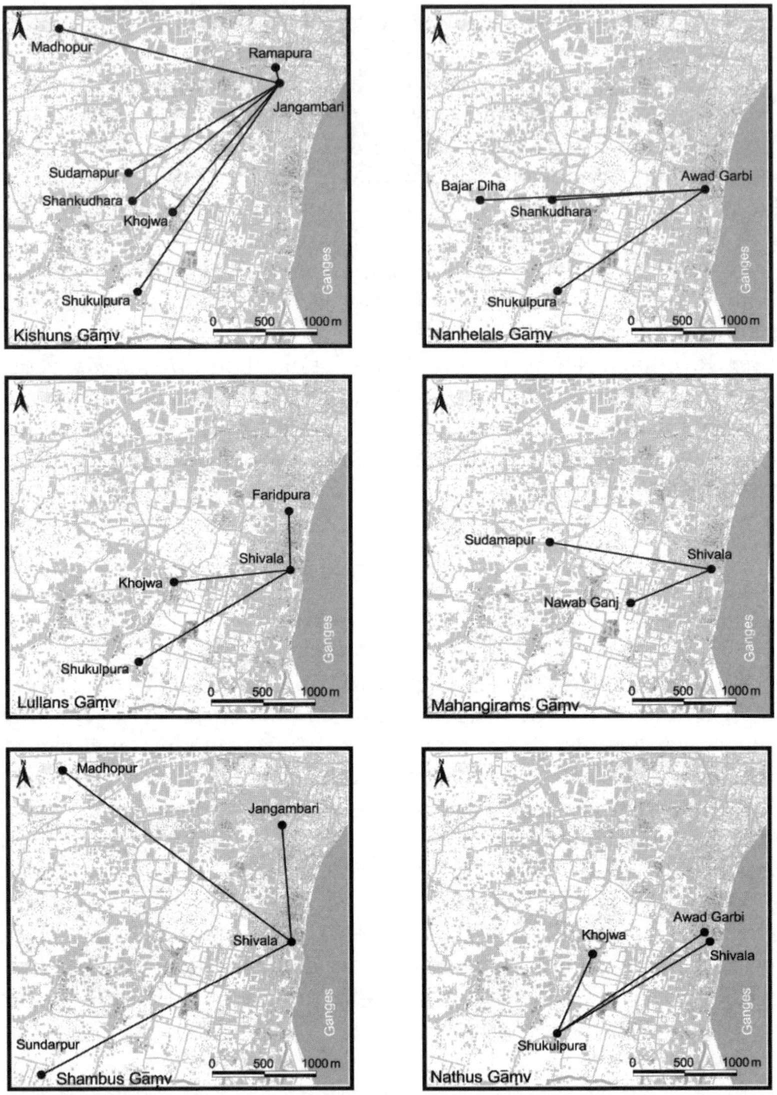

Die Kartenserie zeigt sechs dieser Konstruktionen in ihrer sozialräumlichen Vernetzung von Haushalten aus den verschiedenen *Dhobianās* des südlichen Banaras. Jeder *Gaṃv* ist nach seinem Vorsteher benannt, dessen Wohnort jeweils im Zentrum der Darstellungen steht. Unabhängige *Gaṃv*-Treffen finden regulär einmal im Monat statt, doch häufigere Zusammenkünfte gibt es noch von allen *Gaṃv* gemeinsam, die auf diese Weise einen *Ṭāṭ* bilden; im dargestellten Beispiel den „*Bhadaini-Ṭāṭ*".

Quelle: Schütte 2003: 140.

Diese bezieht sich zu einem großen Teil auf eher traditionelle Aufgaben eines Vorstehers, der bspw. als Repräsentant bei allen Hochzeiten oder Begräbnissen in „seinem“ *Gaṃv* fungieren muss, oder als Vorsitzender an den monatlich stattfindenden Treffen auch für die Verwahrung einer kollektiv gefüllten und für gemeinsame Aktivitäten oder Notfälle genutzte Geld-Kassette zuständig ist. Alle Mitglieder eines jeweiligen *Gaṃv* müssen zu wichtigen Festen und Ritualen eingeladen werden, und im Haus des *Chaudharī* werden die für eine Bewirtung einer großen Anzahl von Gästen notwendigen und gemeinsam genutzten Küchen-Utensilien aufbewahrt. Die wichtigste Funktion des Vorstehers eines *Gaṃv* ist allerdings die eines Informations-Vermittlers. Jeder *Chaudharī* ist verpflichtet, alle wichtigen Neuigkeiten für die Gemeinschaft sofort in seinem *Gaṃv* zu verbreiten und ggf. auch ein Treffen darüber einzuberufen. Wird dieser Verpflichtung nicht nachgekommen, kann auch der *Chaudharī* mit einer Strafe belegt werden. Solche wichtigen Neuigkeiten können Informationen über zukünftige Treffen auf höheren Netzwerk-Ebenen sein, Termine und Themen, die besprochen werden sollen, außerdem Entscheidungen, die bspw. in anderen *Gaṃv* getroffen wurden und zur Diskussion gestellt werden, aber auch weitere gemeinsame Aktivitäten wie die Durchführung von Festlichkeiten oder von Protestaktionen.

Darüber hinaus obliegt den Vorstehern die Kontrolle ihrer *Gaṃv*-Mitglieder. Verstöße gegen gemeinsam beschlossene Regeln werden sanktioniert, und der *Chaudharī* hat dabei das Recht, eine dem Vergehen angemessene Strafe auszusprechen, die daraufhin allerdings noch mehrheitlich genehmigt werden muss.

Gaṃv sind auf kleinen Maßstäben regionalisierte soziale Einheiten der Wäscher, die unter den Akteuren ein Gefühl des Eingebundenseins, der Einheit und Solidarität vermitteln. Diese soziale Einheit fungiert auch als rituelle Einheit, wenn etwa bei Hochzeiten und Begräbnissen alle Mitglieder zur Unterstützung gerufen werden. Sie bildet außerdem eine kulturelle Einheit im Sinne gemeinsamer Aktivitäten, wie Picknicken an besonderen Orten in und außerhalb von Banaras oder wie die Ausrichtung der *Gaṃv*-Feste, die jährlich stattfinden und sich über mehrere Tage erstrecken.

Die Konstruktion des *Gaṃv* fungiert so primär als lokaler und institutionalisierter Zusammenhalt einer bestimmten Zahl von Wäscher-Haushalten, die zudem sehr flexibel gestaltet wird. Bspw. wurde die Anzahl von *Gaṃv* im Süden von Banaras per Ratsbeschluss auf der nächst höheren Stufe der sozialräumlichen Hierarchie jüngstens verdoppelt. Die Vorsteher konnten ihren Verpflichtungen gegenüber der wachsenden Bevölkerung in den *Gaṃv* nicht mehr nachkommen, und folgerichtig wurden drei neue *Chaudharī* einberufen und die ehemals bestehenden und auch heute noch als solche adressierten „*Tīnō Gaṃv*“ die drei Dörfer des *Bhadaini-Ṭāṭ*, neu aufgeteilt. Dabei hat man sich die Treffen der Gruppe allerdings nicht als eine Versammlung aller Individuen aus den jeweiligen Haushalten vorzustellen. Es ist ausreichend, wenn jeweils deren Vorstand erscheint, doch hat dieser auch eine verbindliche Anwesenheitspflicht. Dabei gilt es hervorzuheben, dass die Treffen ausschließlich von Männern gebildet werden, und dabei die Älteren der Gemeinschaft in der Regel die Wortführerschaft bilden. Es kommt zwar häufiger vor, dass mehrere Haushaltsmitglieder an einem Treffen teilnehmen, doch typischerweise sind Jugendliche an den Zusammenkünften nur relativ selten beteiligt. Versammlungen bleiben bisher die

Domäne der erfahrenen Wäscher, und Frauen nehmen nur teil, wenn es ein dringliches Problem der betroffenen Familie zu lösen gilt.

Über die angesprochenen traditionellen Funktionen hinaus werden heute in den Treffen allerdings häufiger auch politische Diskussionen geführt, sei es nun über die allgemeine politische Situation oder über spezielle Themen wie z.B. staatliche Reservierungsquoten für „*Scheduled Castes*" oder neue „*government schemes*". Nicht selten finden Diskussionen über eigene Regelungen statt. Diese Aspekte einer zunehmenden Politisierung der Diskussionsinhalte in den Treffen werden dabei jedoch häufiger als in den *Gaṃv* auf den höheren und mehr Akteure umfassenden Hierarchie-Stufen verhandelt, deren wichtigste wohl die des *Ṭāṭ* darstellt.

Ṭāṭ

Ṭāṭ bezeichnet neben der gesamten Netzwerk-Konzeption der Wäscher auch eine spezifische sozialräumliche Ebene derselben. Diese Ebene fasst mehrere *Gaṃv* zu einer Einheit zusammen. Bspw. bilden die in Karte 2 dargestellten sechs *Gaṃv* zusammen den *Ṭāṭ* von Bhadaini im Süden von Banaras, wobei sich im Rahmen dieser übergeordneten Ebene prinzipiell die in Bezug auf *Gaṃv* beschriebene Organisationsstruktur wiederholt.

Die Mitgliederschaft verschiedener *Ṭāṭs* erstreckt sich immer über mehrere *DhobianÁs*, doch können in derselben *DhobianÁ* auch mehrere *Ṭāṭs* präsent sein. In historischer Perspektive hat die Bildung von *Ṭāṭs* sehr wahrscheinlich auf den jeweiligen Stadtteil Bezug genommen und sich erst im Laufe der Zeit und mit zunehmendem Bevölkerungswachstum und residenzieller Mobilität zu der heute beobachtbaren sozialräumlichen Strukturierung des Banaras der Dhobī ausgeweitet (siehe Karte 3). Dass originär bestimmte Stadtteile die Grundlage des Systems darstellen, wird in vielen Fällen schon durch die Namensgebung deutlich, da viele *Ṭāṭs* in Banaras nach dem Stadtviertel ihres Ursprungs benannt sind (z.B. Bhadaini, Chetganj, Rajmandir oder Teliyanala). Andere Namen von *Ṭāṭs* dagegen sind abgesehen von den Dhobī kaum jemandem bekannt (z.B. Bispatta, Kampu oder Murgiya Tola), beziehen sich aber auch auf räumliche Anordnungen, wie z.B. Kampu als das Gebiet des britischen Cantonment oder Murgiya Tola als der Name eines heute nicht mehr vorhandenen Parks.

Wie bereits im Eingangszitat deutlich wurde, wird die *Ṭāṭ*-Mitgliedschaft einer Person nicht beeinträchtigt, wenn sie den Wohnort wechselt. Sie gehört zu ihrem *Ṭāṭ*, egal wo sie auch leben mag. *Ṭāṭ* transzendiert also den physischen Raum und ist gleichzeitig räumlich definiert: „*Bispatta ist in der Mitte von Banaras, Kampu das Cantonment, Bhadaini im Süden usw.*" (*Chotelāl Kannaujiyā, Madhopur, 28. Februar 2002*).

Karte 3:

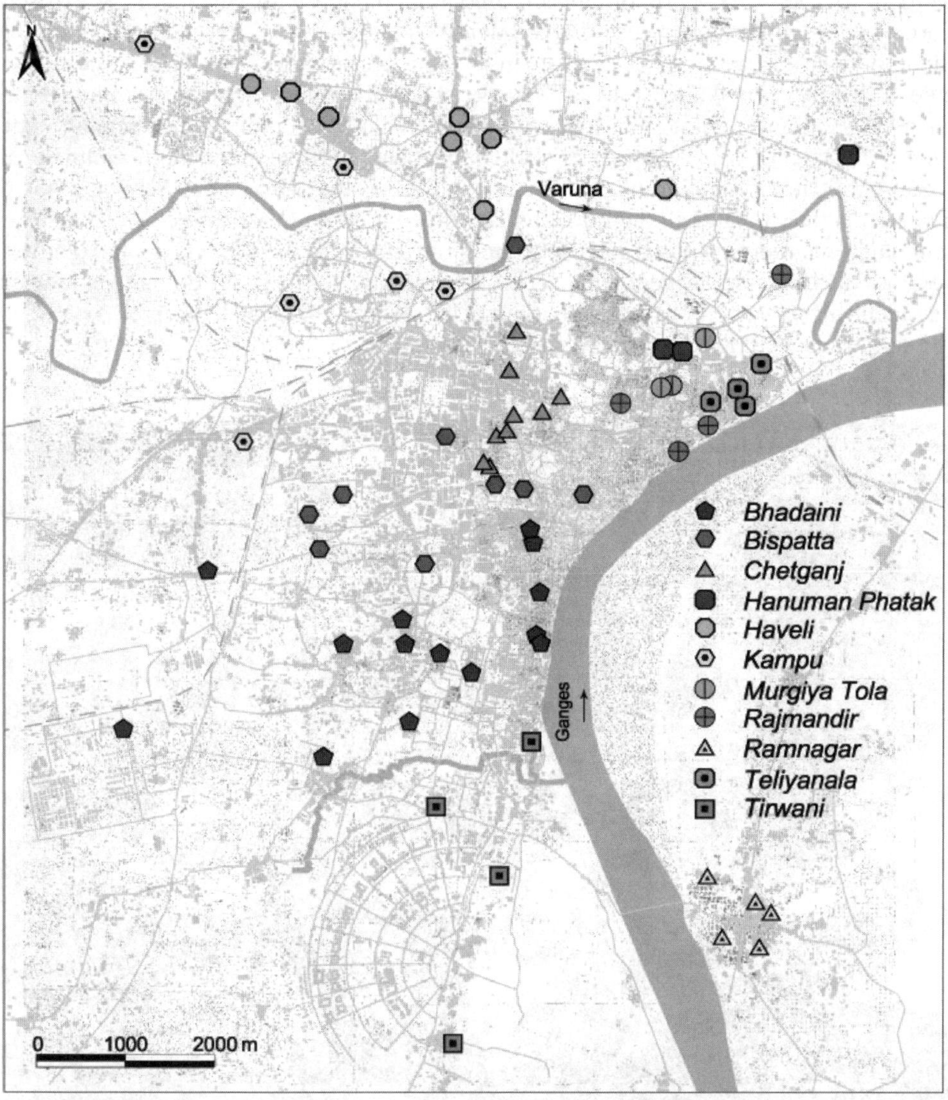

In der Repräsentation sind die *Dhobianās* von Banaras gemäß der Zugehörigkeit ihrer Bewohner zu verschiedenen *Ṭāṭs* markiert. *Ṭāṭ* verknüpft auf diese Weise Haushalte aus verschiedenen Stadtteilen und bildet dabei einen wohl definierten Raum sozialer Beziehungen, der für die Akteure auch als Identifikationsraum eine wichtige Rolle spielt. Zu beachten ist in dieser Darstellung, dass der besseren Übersicht wegen jeder *Dhobianā* nur ihr dominanter *Ṭāṭ* zugeordnet ist, obwohl typischerweise mehrere *Ṭāṭs* in einer *Dhobianā* präsent sind. Karte 4 verdeutlicht diesen Zusammenhang genauer.

Quelle: Schütte 2003: 144.

Ṭāṭ konstituiert auf diese Weise die sozialen Räume der Wäscher. Über das Konzept werden soziale Netzwerke organisiert und reglementiert als auch eine spezifische Form von Lokalität konstruiert, die von den Akteuren auch „verortet" wird. In diesem Sinne bilden Netzwerk und Form der indigenen Konstruktion von *Ṭāṭs* so etwas wie eine „kognitive Landkarte" für die Wäscher. Dies allerdings nicht primär im eigentlichen Verwendungsgebrauch des Begriffs als mentale Muster zur räumlichen Orientierung, z.B. anhand von bestimmten städtebaulichen Merkmalen, sondern vielmehr als sozialräumliches Orientierungssystem, mit Hilfe dessen der Stadtraum von Banaras gemäß imaginierter Lokalitäten organisiert wird. Für viele Wäscher ist ihr *Ṭāṭ* der wesentliche Orientierungspunkt im Leben, und die *Muhallā*, die z.B. für viele Handwerker oder auch die ansässigen nepalischen Bevölkerungsgruppen in Banaras eine wichtige identifikatorische Funktion übernimmt (vgl. Kumar 1988; Gaenszle i.E.), wird dabei nur als ein Teil des Zusammenhanges betrachtet.

Foto 3:

Eine Zusammenkunft des *Bhadaini-Ṭāṭ*. Dieses Treffen fand am 15. Februar 2002 am *BhavaniÁ*-Teich statt und war deutlich politisch motiviert. Die Wahlen in Uttar Pradesh standen vor der Tür, und eine ausgedehnte Diskussion über die Möglichkeiten einer kollektiven Stimmabgabe wurden erörtert. Auffallend im Bild zu sehen ist, wie ein Ratsmitglied von zu spät eintreffenden Akteuren fünf Rupien Strafgeld für die kollektive Kasse des *Ṭāṭ* einsammelt. Die *Chaudharī*, die immer im Zentrum der Versammlung Platz nehmen, hatten zuvor genau kontrolliert, ob alle Mitglieder ihres jeweiligen *Gaṃv* anwesend sind.

Foto: Schütte, Februar 2002.

Räumliche Wahrnehmung und Identifikation erfolgt in diesen Fällen immer schon vernetzt, und der *Ṭāṭ* des Einzelnen übernimmt dabei den Ankerpunkt der sozialen Orientierung und bestimmt auch die gültigen Normen für die Gestaltung des Lebensalltags.

Im Rahmen des *Ṭāṭ* werden weiter reichende Entscheidungen getroffen als im *Gaṃv* eines *Chaudharī*, und auch die Häufigkeit der Treffen ist höher als auf der „Dorfebene". Die Versammlungen der *Ṭāṭs* erfolgen dabei regelmäßig, z.B. zur Diskussion von Belangen der Profession oder der Organisation gemeinsamer Aktivitäten, oder aber im Sinne ihrer traditionellen Funktion als Organ der lokalen Rechtsprechung als Kastenrat. Dieser verhandelt über interne Streitigkeiten zwischen Familien und kann zu diesem Zweck auch spontan angerufen werden.

Aber auch die *Ṭāṭs* von Banaras sind wiederum eingebunden in eine höhere Stufe der Hierarchie, die von den Akteuren als „*Caurāsī*" bezeichnet wird.

Caurāsī

Caurāsī ist der Hindi-Ausdruck für die Zahl 84, doch für die Wäscher symbolisiert er mehr als nur einen Zahlenwert. Er bezeichnet vielmehr eine Konzeption von Gemeinschaft und eines Netzwerkes und bezieht sich direkt auf den Stadtraum von Banaras, wie er in der Wahrnehmung der Wäscher konstituiert wird. Die Mitglieder des *Caurāsī* werden mithin als „*Banarasi-Dhobī*" identifiziert und tragen diese Bezeichnung auch mit einem gewissem Stolz und in Abgrenzung zu den Akteuren aus anderen, nicht zu *Caurāsī* gehörenden *Ṭāṭs*.

Für die *Dhobī* besteht Banaras aus genau sieben *Ṭāṭs*. In Karte 4 sind diese sieben Sozialräume abgebildet, und es fällt auf, dass *Dhobianās* wie z.B. in Assi oder auch die des Cantonments, sowie auch alle Quartiere nördlich des Varuna, nicht dem Banaras der Wäscher zugehörig sind (siehe Karte 3).

Im Rahmen des *Caurāsī* werden Regelungen für das gesamte innere Banaras getroffen, und im Falle besonderer Umstände lassen sich auf dieser Plattform schnell weitreichende Entscheidungen herbeiführen. Prinzipiell wiederholen sich auch hier wieder die Prozesse der untergeordneten Ebenen. Es gibt regelmäßige Zusammenkünfte, während derer verschiedenste Inhalte diskutiert werden, aber *Caurāsī* ist auch eine höhere Stufe der Gerichtsbarkeit, auf der Fälle erörtert werden, für die z.B. auf G*aṃv*- oder *Ṭāṭ*-Ebene keine Lösung herbei geführt werden konnte.

Karte 4:

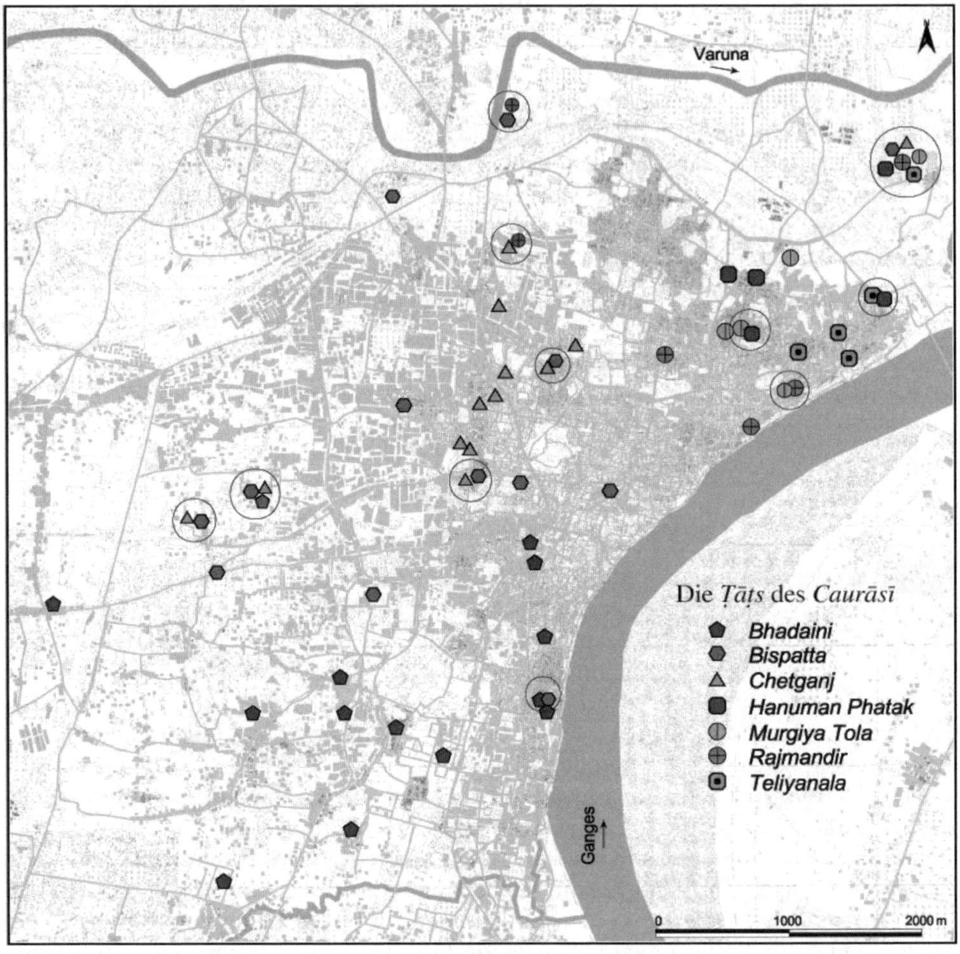

Für die Wäscher bilden die in der Karte dargestellten sieben *Ṭāṭs* die Stadt Banaras, und nur Akteure aus diesen bestimmten sozialen Räumen werden als „*Banarasi-Dhobī*" adressiert. Die Repräsentation macht auch deutlich, dass die Mitgliedschaft in verschiedenen *Ṭāṭs* sich nur bedingt auf spezifische Quartiere bezieht, da in einer *Dhobianā* auch mehrere *Ṭāṭs* präsent sein können. Dieser Umstand ist in der Darstellung durch die Häufung und Umkreisung der verschiedenen Symbole angezeigt. In Koniya im äußersten Nordosten des Kartenausschnittes sammeln sich bis auf Bhadaini alle *Ṭāṭs* des *Caurāsī*. Die Einrichtung eines *Dhobī-Ghāṭ* Anfang 1990 führte zu einem starken Zustrom von Wäschern aus allen Stadtteilen und *Ṭāṭs* nach Koniya wo sich heute eine der größten *Dhobianās* von Banaras befindet.

Quelle: Schütte 2003: 147.

4 Parganā

Die so genannte *4 Parganā* der Wäscher umfassen Banaras in seinen heutigen offiziellen administrativen Grenzen und das nähere Umland sowie die Stadt Ramnagar. Innerhalb dieser Konstruktion wird *Caurāsī* als eine organisatorische Einheit verstanden, und zusammen mit den verschiedenen *Ṭāṭs* Kampu, Haveli und Ramnagar wird der urban geprägte Raum des heutigen Banaras-Distriktes in der Konzeption der *4 Parganā* zusammengefasst. Der Begriff *Parganā* ist dabei einer Bezeichnung aus Zeiten der Mogul-Herrschaft über Nordindien entlehnt, die damals für verschiedene Einzugsgebiete der Steuerveranlagung verwendet wurde und heute als Bestandteil der sozialen Organisation der Wäscher weiter lebt. Auf dieser Ebene finden Treffen eher unregelmäßig statt und werden dann vor allem zur Lösung von auf den unteren Ebenen unentschiedenen Problemfällen genutzt. Doch wenn es zu einer Zusammenkunft kommt, werden auch unabhängig vom spezifischen Anlass des Treffens allgemeine Aspekte und Entwicklungen innerhalb der städtischen Gemeinschaft diskutiert und kollektive Aktionen geplant und umgesetzt.

Die komplexe Gestaltung sozialräumlicher Beziehungen unter den Wäschern von Banaras fasst also letztlich alle städtischen Haushalte in einem Netzwerk zusammen. Angefangen bei einer Gruppe von Haushalten (*Gaṃv*), weiter zu einer bestimmten Anzahl dieser Gruppen (*Ṭāṭ*) bis hin zur gesamten Stadt Banaras (*Caurāsī*) und deren Außenbezirke (*4 Parganā*) ergibt sich ein umfassendes Netzwerk von Sozialbeziehungen, das für die Wäscher eine Vielzahl wichtiger Funktionen übernimmt und dabei den Lebensalltag entscheidend mitbestimmt. Dabei ist die Mitgliedschaft in diesem Kasten-Netzwerk keineswegs verpflichtend, wie immer wieder hervorgehoben wird. Dennoch sind bis heute nur sehr wenige Wäscher-Familien davon ausgeschlossen, entweder als Strafe und daher unfreiwillig, oder aber aus freien Stücken, weil sie der hohen sozialen Kontrolle durch ihre Kastengenossen entgehen wollen. Diese Fälle sind allerdings eine seltene Ausnahme. Oder wie es *Bhaiyalāl Kannaujiyā (Shukulpura, 4. Februar 2002)* formuliert hat: *„Ohne Ṭāṭ kann keiner leben. Alle die bisher gegangen waren, sind auch irgendwann zurückgekommen*“.

Beharrungsvermögen und Wandel tradierter Orientierungssysteme

Das *Ṭāṭ*-System der Wäscher, wie es hier in kurzen Zügen dargelegt worden ist, existiert in dieser Form bereits seit sehr langer Zeit. Empirisch kann es über mindestens vier Generationen zurückverfolgt werden, und die Ausführungen der kolonialen Geschichtsschreibung lassen ein noch weitaus höheres Alter vermuten. Es repräsentiert damit einen sehr außergewöhnlichen und bemerkenswert stabilen Fall sozialer Vernetzung und Organisation, vielleicht sogar ein Relikt, eine „fossile“ Praxis. Was aber hat die *Dhobī* befähigt, dieses System bis in das 21. Jahrhundert fortzuführen? Eine plausible These, die diese Tatsache erklären könnte, bezieht sich auf die relativ hohe Homogenität der Wäscher als Berufsgruppe. Eine Diversifizierung der Tätigkeitsstruktur ist unter den *Dhobī* im Gegensatz zu vielen anderen städtischen Gruppen bisher erst wenig entwickelt. In diesem Zusammenhang steht auch ein verbreiteter Analphabetismus innerhalb der älteren Generation. *Ṭāṭ* ist so auch ein „*Netzwerk für Analphabeten*" (*Ramu Kannaujiyā, Rajmandir, 19. Dezember 2001*), das dazu beiträgt, die aus einer mangelnden Grundbildung entstehenden Nachteile gemeinsam zu kompensieren. Die Schaffung von eigenen Regularien, eigenen Rechtssetzungen und Mechanismen der Selbsthilfe spiegelt auf diese Weise auch die Notwendigkeit wider, einen marginalen Platz in einer segmentierten Gesellschaft kollektiv zu sichern und zu gestalten.

Ṭāṭ wirkt so als Schutzmechanismus. Das System der Wäscher ist jedoch nicht ausschließlich reaktiv. Es erweitert umgekehrt auch die Handlungsspielräume und Einflussbereiche der Gemeinschaft und seiner Mitglieder. Es stellt Ressourcen bereit und ermöglicht die Verwirklichung bestimmter Ziele, wie z.B. die Gewährung von Schulbildung für die jüngere Generation oder die Mobilisierung von ökonomischen Ressourcen durch die Praxis von Spargruppen (vgl. Schütte 2003).

Soziale Identifikation über die tägliche Arbeit, daraus entstehende gemeinsame Interessen und relativ homogene Aktivitätsmuster bilden demnach wichtige Voraussetzungen für die Aufrechterhaltung tradierter Formen sozialräumlicher Organisation. Darüber hinaus werden auch die Potenziale sozialer Netzwerke deutlich. Gerade der Aspekt eines gestiegenen Bildungsniveaus, der Aufbau von „Humankapital", kann als eine entscheidende soziale Veränderung unter den *Dhobī* in den letzten beiden Generationen angesehen werden. Die Einbindung in ein „Netzwerk für Analphabeten" hat es offensichtlich ermöglicht, Ressourcen für die Versorgung nachfolgender Altersgruppen mit Bildungsangeboten bereit zu stellen.

Diese Potenziale sozialer Vernetzung marginaler Gruppen, der „Lohn" aus der zum Aufbau und Erhalt sozialer Beziehungen eingesetzten „Institutionalisierungsarbeit" (Bourdieu 1983: 192), betreffen neben Mobilisierung und Erhalt von Ressourcen insbesondere auch die Schaffung sozialer Identifikationen, von Zusammengehörigkeits- und Einheitsbewusstsein, einer kollektiven und geteilten Identität. Doch *Ṭāṭ* ist auch nach wie vor erforderlich für die Gestaltung eines Lebens in Sicherheit. Die marginale gesellschaftliche Position der Wäscher, ihr niedriger sozialer Status und vorerst nur in Anfängen erkennbare soziale Mobilitätsprozesse lassen die Fortführung der tradierten Praktiken weiterhin notwendig erscheinen. Das *Ṭāṭ*-System vermag mit seinen internen Regelungen und Selbsthilfemechanismen gesellschaftliche Benachteiligungen zumindest teilweise zu kompensieren.

Wichtig für das Beharrungsvermögen des *Ṭāṭ*-Systems ist dementsprechend weiterhin eine aus hoher sozialer und beruflicher Homogenität entstehende und bis heute aufrecht erhaltene, gemeinsame Interessenlage der beteiligten Akteure. Identitätsgefühl und zunehmend höhere Bildungsniveaus in den jüngeren Generationen stärken dabei noch das Bewusstsein für die potenziell mit sozialen Netzwerken verbunden Effekte, wobei dadurch allerdings auch eine Verschiebung der gemeinsamen Interessen einher gehen kann.

Aktuelle Entwicklungen innerhalb der Gemeinschaft weisen bereits in diese Richtung. Das indigene *Ṭāṭ*-System wird in jüngster Vergangenheit allmählich mit einem übergreifendem politischen Repräsentationssystem der Wäscher verknüpft (die so genannte „*Dhobī-Mahāsabhā*, die „*Große Versammlung der Wäscher*"), welches dazu tendiert, die eher auf Lebensabsicherung zielende „protektive" Funktion des *Ṭāṭ*-Systems durch ein offensives politisches Forum zu ergänzen bzw. zu ersetzen. Im Zuge dieser Politisierung der Kastenorganisation treten Spannungen, Widersprüche und Konflikte innerhalb der Gemeinschaft auf (vgl. Schütte 2003). Ist das *Ṭāṭ*-System eine eindeutig lokale Regelungsinstanz von Alltag und Zusammenleben, so fungiert die *Mahāsabhā* eher als bundesstaatlich orientierte Interessensorganisation, die sozialen und ökonomischen Fortschritt für die Gruppe herbeiführen will. Dabei bildet die Frage nach der sozialen Identität eine wichtige Nahtstelle des Wandels sozialer Netzwerke unter den Wäschern.

Die Aktivitäten der *Mahāsabhā* zielen auf politische Repräsentation und die Vertretung eigener Interessen. Im Vordergrund steht hier nicht mehr die Konstitution einer lokalen Identität, wie sie durch soziale Vernetzung im Rahmen indigener Konzeptionen und einer lokalen Verankerung entsteht. Es geht nun vielmehr um die Produktion von Identität durch die „Erfindung von Tradition". Identität wird damit zur Identitätspolitik, und die Zelebrierung und Instrumentalisierung einer erst kürzlich „entdeckten" historischen Symbolfigur wird dabei zum neuen Ankerpunkt. Eng damit verbunden ist der Wandel der sozialräumlichen Form im Zuge ausgeweiteter Identitätspolitiken. Das *Ṭāṭ*-System erscheint vielen Akteuren als nicht mehr ausreichend, um mit den sich wandelnden sozial-ökonomischen Verhältnissen der indischen Gesellschaft umgehen zu können. Dies äußert sich vor allem darin, dass erweiterte Ambitionen formuliert werden, Wäscher zu einer gesellschaftlichen Anspruchsgruppe werden zu lassen. Bspw. wird es durch den Wunsch vieler gebildeter Akteure nach neuen Tätigkeitsfeldern notwendig, andere Appellationsinstanzen anzurufen, da der eigene *Ṭāṭ* in dieser Hinsicht keinen Nutzen mehr bieten kann.

Doch auch wenn das System der *Ṭāṭs* derzeit den Beginn eines zukünftig möglicherweise tief greifenden Wandels erlebt, der sich in seiner Reichweite noch nicht abschätzen lässt, so baut die heutige Generation der Wäscher nach wie vor auf die Stärken lokaler Selbstorganisation, auf ihre eigene Welt in Banaras, in der es sich in Sicherheit leben lässt. Solange die Bedürfnisse der Akteure sich weiter an ihrer traditionellen Tätigkeit orientieren, bietet *Ṭāṭ* ein wirksames System der Regelung von Alltag und sozialräumlichen Beziehungen. Erst wenn sich diese Bedürfnisse ändern und andere Tätigkeiten zunehmend an Bedeutung gewinnen, und darauf deutet vieles hin, werden andere, neuere, „moderne" Modi sozialer Organisation notwendig. Gesellschaftlicher Wandel äußert sich so in einem Formwandel sozialer Organisation und sozialer Netzwerke.

Fazit

Ṭāṭ als soziale Räumlichkeit bezieht sich auf die konkreten Modi der Konstruktion von Lokalität unter den Wäschern in Banaras. Diese Lokalitäten entstehen durch soziale Vernetzung, indem sich Haushalte aus verschiedenen *Dhobianās* zusammenschließen und dabei übergeordnete sozialräumliche Einheiten bilden, die mit indigenen Bezeichnungen versehen und dabei den Charakter von etwas Örtlichem erhalten und von den Akteuren auch so wahrgenommen werden. Die Lokalitäten der Wäscher sind Räume sozialer Beziehungen.

Das Gefüge von sozialen Räumen ist durch eine innere Hierarchisierung gekennzeichnet. Es existieren aus allen Mitgliedern einer jeweiligen Lokalitäts-Konstruktion zusammen gesetzte Kastenräte, die so etwas wie das „Regiment" dieser sozialen Räume darstellen. Die innere Hierarchie bezieht sich dabei im Wesentlichen auf die sukzessive Ausweitung von Entscheidungsebenen, indem sich die Regelungen des Sozialen ausgehend von den kleinen Maßstäben der Vernetzung weniger *Dhobianās* über mehrere Stufen letztendlich über ganz Banaras und darüber hinaus erstreckt.

Ṭāṭ als soziale Räumlichkeit verweist aber auch auf die Wahrnehmung und Organisation von Raum in Relation zur sozialen Gruppe und zur Sozialstruktur. Das bedeutet, Grenzen sind sozial und nicht räumlich konfiguriert, und die Wahrnehmungen von Raum und sozialen Beziehungen sind stark beeinflusst durch soziale Positionierungen und soziale Zugehörigkeiten.

Raum und Räumlichkeit sind keine gegebenen Voraussetzungen, die unabhängig von Lebensalltag und alltäglichen Aktivitäten der Akteure existieren würden. Vielmehr beziehen sie sich auf Modelle, auf Konzepte, anhand derer die Welt kollektiv geordnet und kommuniziert wird. Die Wäscher in Banaras gestalten diese Ordnungsprozesse kontinuierlich mittels sozialer Interaktion im Rahmen von regelmäßigen Zusammenkünften auf den jeweiligen Lokalitäts-Ebenen. Hier wird ihr Modell der Welt diskutiert, aufrechterhalten und mittels eigener Regel- und Normsetzungen geschützt und reproduziert.

Literatur

Bourdieu, Pierre (1983): Ökonomisches Kapital, kulturelles Kapital, soziales Kapital. In: Soziale Welt 2 (1993): 183-198

Blunt, Eward Arthur Henry (1931): The Caste System of Northern India. New Delhi

Crooke, William (1896/1974): The Tribes and Castes of the North Western India. New Delhi

Dainik Jagran (8. Oktober 2001): Picharon Kā Ārakshan Baṛhayā Sarkār Ne. Varanasi

Dirks, Nicholas B. (2001): Castes of Mind. Colonialism and the Making of Modern India. Princeton

Gaenszle, Martin (2005): Banaras as a spiritual centre of Nepal.

Gebhardt, Hans/Reuber, Paul/Wolkersdorfer, Günter (Hg.) (2003): Kulturgeographie. Aktuelle Ansätze und Entwicklungen. Heidelberg

Gregory, Derek (1998): Power, Knowledge and Geography. In: Geographische Zeitschrift 2/86: 70-93

Gutschow, Niels/Michaels, Axel (1993): Benares – Tempel und religiöses Leben in der heiligen Stadt der Hindus. Köln

Jürgenmeyer, Clemens/Rösel, Jakob (1998): Das Kastensystem. Hinduismus, Dorfstruktur und politische Herrschaft als Rahmenbedingungen der indischen Sozialordnung. In: Landeszentrale für politische Bildung Baden-Württemberg. Der Bürger im Staat 1: 25-32

Kumar, Nita (1988): The Artisans of Banaras. Princeton

Massey, Doreen/Allen, John/Sarre, Philip (Hg.) (1999): Human Geography Today. Cambridge

Massey, Doreen (1995): The conceptualization of place. In: Massey et al. (1995): 45-85

Massey, Doreen/Jess, Pat (1995): A Place in the World? Oxford

Mendelsohn, Oliver/Vicziany, Marika (2000): The Untouchables. Subordination, Poverty and the State in Modern India. New Delhi

Michaels, Axel (1998): Der Hinduismus. Geschichte und Gegenwart. München

Schütte, Stefan (2003): Soziale Netzwerke als räumliche Orientierungssysteme: Konstruktionen von Raum und Lokalität der Wäscher von Banaras. Saarbrücken

Simonsen, Kirsten (1996): What kind of space in what kind of social theory? In: Progress in Human Geography 4/20: 494-512
Werlen, Benno (1995): Sozialgeographie alltäglicher Regionalisierungen. Band 1: Zur Ontologie von Gesellschaft und Raum. Stuttgart
Werlen, Benno (1997): Sozialgeographie alltäglicher Regionalisierungen. Band 2: Globalisierung, Region und Regionalisierung. Stuttgart

2. Strukturierungen

(Re)Regulationen des Lokalen

Bernd Röttger und Markus Wissen

Abstract

Im Zuge der ökonomischen Globalisierung hat sich das Verhältnis zwischen Politik und Ökonomie grundlegend gewandelt. Einer vorherrschenden Sichtweise zufolge gewinnt dabei die Region als Ebene der politischen Regulierung gegenüber dem Nationalstaat an Bedeutung. Gleichzeitig vollzieht sich ein Übergang vom staatszentrierten Government zur akteurszentrierten Governance. Der Beitrag stellt zunächst diese Sichtweise, den „New Regionalism", vor und setzt sich kritisch mit ihm auseinander. Dabei wird deutlich, dass regionale und lokale Governance-Prozesse weniger einer kooperativen Bewältigung des Strukturwandels dienen, sondern zunehmend von global orientierten Unternehmen dominiert werden. Ein angemessenes Verständnis dieser Prozesse erfordert den Rückgriff auf materialistische Ansätze. Deshalb werden in einem zweiten Schritt neuere regulationstheoretische und kritisch-geographische Arbeiten erörtert. Diese, so wird gezeigt, stellen vielversprechende Ausgangspunkte dar, um die Re-Regulationen des Lokalen/Regionalen in ihren vielfältigen Konflikt- und Herrschaftsdimensionen zu begreifen.

1. Paradoxien des Postfordismus: Einleitung und Problemstellung

In der Debatte um die Globalisierung ökonomischer Beziehungen mehrten sich zu Beginn der 1990er Jahre die Stimmen, die eine weitgehend aus den sozialen und politischen Verhältnissen losgelöste Ökonomie entstehen sahen. Der „Raum der Ströme" (space of flows) habe den „Raum der Orte" (space of places) endgültig abgelöst (Castells 1989; 1996); die Territorialität der globalkapitalistischen Ökonomie befinde sich, nicht zuletzt aufgrund nun überflüssiger nationalstaatlicher Grenzen (Ohmae 1996), in Auflösung (Ruggie 1993). Tatsächlich aber besteht eine der größten Paradoxien der nachfordistischen Zeit darin, dass sich die Unternehmensstrategien als Antwort auf die Krise des Fordismus seit der Weltwirtschaftskrise 1974/75 zunehmend internationalisiert und so einen transnationalen Handlungsraum geschaffen haben („Globalisierung" der Ökonomie), während sich die politische Regulation ökonomischer Prozesse eher kleinräumlicher formiert. Lokale und regionale Ansätze stehen als Surrogat einer fehlenden makroökonomischen Regulierung auf nationalstaatlicher, europäischer oder weltökonomischer Ebene seit den 1980er Jahren zumindest hoch im Kurs („Lokalisierung" der Politik). Die Region ist von entscheidenden Akteuren der industriellen Beziehungen und des politischen Systems als ein bevorzugter Handlungsraum entdeckt worden und wird zunehmend als politische Arena der Interessenartikulation und -durchsetzung benutzt.

Die Entdeckung mikrosozialer Regulierung ist auf der einen Seite getragen von der Krise der fordistisch-keynesianischen Komplexe in den altindustriellen Regionen der USA („rustbelt") und Westeuropas seit Beginn der 1970er Jahre, auf der anderen Seite durch den historisch parallelen Aufstieg neuer industrieller Regionen wie dem Silicon Valley, Baden-Württemberg oder dem so genannten Dritten Italien. In den dynamischen Wachstumsregionen der kapitalistischen Weltökonomie wurde mit den grundlegenden Mustern fordistischer Entwicklung gebrochen: Nicht mehr das vertikal-integrierte Großunternehmen markierte das Leitbild industrieller Dynamik, sondern dezentralisierte, in horizontale, oft transnationale Verflechtungs-, Zuliefer- und Subkontraktstrukturen eingebundene Unternehmen, die für ihre „schlanke Produktion" auf einen lokalen Arbeitskräftepool spezialisierter Qualifikationen, lokale Wissenseinrichtungen, ein Set von wirtschaftsnahen Dienstleitungen und einen in den Regionen organisierten Technologietransfer zurückgreifen konnten. Das flexible Produktionssystem avancierte zum Leitbild kapitalistischer Entwicklung. Silicon Valley wurde zum „Detroit des Informationskapitalismus" (Lüthje 2002), zum Sinnbild für die Organisationsstrukturen des nachfordistischen Kapitalismus. Dieser – so ließe sich in einer Analogie zur Karl Marxschen Formulierung über das 19. Jahrhundert sagen – „zeigt der minder entwickelten Region nur das Bild der eignen Zukunft" (MEW 23: 12). In diesem Zusammenhang avancierte der Netzwerkbegriff zum Sammelbegriff für verschiedene Varianten neuer institutioneller Einbettungen der nachfordistischen Ökonomie (früh: Granovetter 1985). Netzwerke gelten bis heute als *die* organisatorische Form, in der sich der Übergang politischer Regulierung vom staatszentrierten Government der fordistischen Formation zur akteursbezogenen Governance des nachfordistischen Kapitalismus vollzieht. Sie erscheinen als „angemessene Instrumente für eine kapitalistische Wirtschaft, die auf Innovation, Globalisierung und dezentralisierter Konzentration beruht" (Castells 2001: 528).

Im Folgenden werden wir diese Sichtweise unter dem Begriff des „New Regionalism" vorstellen und problematisieren. Wir gehen dabei davon aus, dass lokale/regionale Regulationsprozesse staatstheoretisch als Prozesse zu verstehen sind, die auf dem Grundverhältnis der Trennung von Ökonomie und Politik im Kapitalismus aufsatteln (vgl. Brenner et al. 2003). Arbeits- und Kapitalverhältnis bedürfen strukturell der Regulation. „There is no labour market without rules (...) The critical issue is not whether to have rules but what kind of rules and who create them" (Sengenberger 1994: 11). Entsprechendes gilt für andere soziale Verhältnisse wie das Geschlechterverhältnis. Jeder in Lokalisierungs- und Regionalisierungsprozessen zum Ausdruck kommende „spatial fix" (Harvey 2001) artikuliert ein „prekäres Gleichgewicht" (Lefêbvre 1976: 56), das immer durch soziale Konflikt- und Kompromissbeziehungen charakterisiert ist. Im Prozess der Lokalisierung/Regionalisierung kommt es zur „Destruktion und Neuproduktion der alten" sozialen und politischen Formen (Marx 1974: 393). Der Staat wird transformiert, desartikuliert und rekombiniert (Brenner 1998: 28). Die Rekonfiguration des Lokalen konstituiert dabei eine neue politische Arena, in der um hegemoniale Deutungen und Strategien gestritten wird.

Der folgende zweite Abschnitt des Beitrags befasst sich mit dem New Regionalism, der eine ökonomische Entwicklungs- mit einer politischen Steuerungstheorie verbindet. Im Mittelpunkt unserer Ausführungen steht das „Cluster-Konzept". Dieses bildet den ökonomischen Kern des New Regionalism und ist auch insofern von

Interesse, als Clusterpolitik inzwischen als zentrales Instrument lokaler Staaten reüssiert, um Handlungsfähigkeit im globalen Kapitalismus herzustellen (Croach et al. 2004). Wir werden die Aussagen des New Regionalism über einen Bedeutungszuwachs der lokalen und regionalen Regulierung mit einigen neueren empirischen Befunden konfrontieren. Im dritten Abschnitt stellen wir Elemente einer kritischen Theorie der Re-Regulation des Lokalen vor.

2. New Regionalism: die Renaissance des Lokalen

2.1 Der Aufstieg des Clusterkonzepts

Mit dem Buch „Das Ende der Massenproduktion" haben Michael Piore und Charles Sabel (1985) eine intensive Debatte über die Bedeutung regionaler Ökonomien sowie deren Einbettung in soziale Zusammenhänge ausgelöst. Wenige Jahre später wurde die „Renaissance regionaler Ökonomien" (Sabel 1989: 9) verkündet. Der New Regionalism war geboren. Der einflussreichen Studie von Michael Piore und Charles Sabel zufolge hatte die gesellschaftliche Entwicklung mit der Krise des Fordismus „einen Punkt erreicht, an dem die Imperative der Herrschaftssicherung mit denen der Kapitalverwertung in Widerspruch gerieten" und so eine „Rückkehr der Gesellschaft in die Ökonomie" erzwangen.

Als zentrale Arenen dieser sozialen und politischen Rückbettung ökonomischer Prozesse sollten kleinräumliche Einheiten fungieren. Der neue Regionalismus basierte auf der These, dass die anhaltende Instabilität internationaler Märkte und die technologischen Umbrüche zwangsläufig zu einer Wiederbelebung regionaler Ökonomien führen müssten. Diese regionalen Ökonomien hätten dabei Ähnlichkeiten mit den industriellen Distrikten des 19. Jahrhunderts (Marshall 1919; 1920). Erfolgreiche industrielle Produktion war schon zum Ende des 19. Jahrhunderts stark räumlich konzentriert. Alfred Marshall führte Erklärungsmuster hierfür ins Feld, die auch den New Regionalism prägen sollten: Wesentliche Ursachen für die starke räumliche Konzentration der Industrie in so genannten Distrikten bildeten nach Alfred Marshall erstens die Existenz eines Arbeitskräftepools mit spezialisierten Qualifikationen, zweitens ein regional differenziertes Angebot von spezialisierten Zulieferfirmen („subsidiary industries") sowie drittens die Möglichkeit, so genannten „technological spillovers" zu erzielen.

Mit dem Konzept des industriellen Distriktes – die Autoren des New Regionalism sprechen von „new industrial spaces" (Scott 1988), „production complexes" (Scott/Storper 1989) oder „technology districts" (Storper 1993) – verschob sich das Erkenntnisinteresse der Mainstream-Regionalökonomie von dem einzelnen Unternehmen zu den räumlichen Einheiten. Hierin liegt eine Wurzel ihres Erfolges, der sich auch darin manifestierte, dass das politische Programm des New Regionalism es vermochte, auch antagonistische gesellschaftliche Kräfte und ihr Interesse an einer alternativen Regulation des postfordistischen Kapitalismus einzubinden. Charles Sabel (1987: 37) hat in diesem Zusammenhang schon früh darauf verwiesen, dass den „Institutionen zur Regulierung der innerbetrieblichen Arbeitsbeziehungen" eine zentrale Rolle in der lokalen Governance zukomme. Ein zweiter Hebel des Erfolgs des New Regionalism bestand darin, dass sehr schnell von den spezifischen Bedingungskonstellationen prosperierender Regionen wie dem Silicon Valley oder dem Dritten Italien abstrahiert wurde und deren Entwicklungsmerkmale zu allgemeinen Erfolgskriterien der Regionalentwicklung umgedeutet wurden (kritisch: Amin/Thrift 1992; Ronneberger 1995).

Der New Regionalism konnte ideologisch auf alle Regionen ausstrahlen, weil er ein lokales/regionales Regulationsversprechen im ökonomischen Strukturwandel artikulierte. Der ökonomische Auf- bzw. Abstieg, der Erfolg oder Misserfolg in der Bewältigung des strukturellen Wandels wurde nämlich nicht mehr als eine Dynamik verstanden, die im Kern infolge vorherrschender Branchenstrukturen vorbestimmt war; Erfolg oder Misserfolg waren vielmehr mittels der im historischen, sozialen und regionalpolitischen Prozess ausgebildeten „räumlichen Verhältnisse und Konfigurationen" von den Städten und Regionen selbst beeinflussbar. Zugleich schien es, als könnten mit dem New Regionalism die Muster tradierter Ansiedlungs- und Standortpolitik aufgebrochen werden. Der lokale Staat musste nämlich den Gegenstand seines Politikfeldes weiter fassen als bisher und sich verstärkt auf die regionalspezifischen wirtschaftlichen und sozialen Struktur- und Entwicklungszusammenhänge konzentrieren. Erst durch diese Erweiterung seines Policy-Feldes auf die Formen der Regulierung von regionalen Arbeits- und Unternehmensbeziehungen konnte er seine neue Funktion als „Hüter" territorial integrierter Produktionskomplexe (Cluster) und als „kreativer Akteur" in der Schaffung innovativer industrieller Organisationsbeziehungen und firmenübergreifender Interaktionsmuster wahrnehmen (zusammenfassend: Krätke 1995).

Theoretisch begründet sich das Cluster-Konzept aus dem von Michael Porter (1993) formulierten „Standortparadox". Die empirisch feststellbare Existenz regionaler Cluster etwa im Dritten Italien oder im Silicon Valley wird dabei als ein Beleg für die Richtigkeit der theoretischen Prämissen des Cluster-Ansatzes genommen, weil nach wirtschaftsliberalen Vorstellungen Unternehmen und Branchen eigentlich nicht regional konzentriert sein müssen. Michael Porter (1999: 63) kommt daher zu dem Schluss, dass „die dauerhaften Wettbewerbsvorteile in einer globalen Wirtschaft (...) häufig besonders in Regionen (liegen); sie beruhen auf Konzentration von hochspezialisierten Fertigkeiten und Kenntnissen, Institutionen, Konkurrenten sowie verwandten Unternehmen und anspruchsvollen Kunden. Geographische, kulturelle und institutionelle Nähe führt zu privilegiertem Zugang, engeren Beziehungen, kräftigen Anreizen und weiteren Produktivitäts- und Innovationsvorteilen, die sich schwerlich aus der Ferne nutzen lassen. Dies gilt umso mehr, je komplexer und dynamischer die Weltwirtschaft wird und je mehr sie auf Wissen beruht".

Cluster werden als „räumliche Konzentration von Elementen einer Produktionskette" (Rehfeld 1999: 43) bzw. als „branchenübergreifende Wirtschaftskomplexe" (Bratl et al. 1997: 17) verstanden. Ein Cluster umschreibt alle Funktionen und Produktionsstufen, die für Entwicklung, Herstellung und Vermarktung/Vertrieb notwendig sind, d.h. einschließlich der vor- und nachgelagerten Funktionen einer Branche. Es umfasst aber auch ein spezifisches Milieu, in dem Innovationen auf Dauer gestellt werden können. Viele Autoren sehen inzwischen in der Fähigkeit zu „regionaler Innovations- und innovativer Regionalpolitik" (Blöcker/Rehfeld 2000) den

Schlüssel für den Erfolg von Regionen im Cluster-Wettbewerb. Erfolgreiche Cluster basierten auf einer „Gleichzeitigkeit von Spezialisierung und funktionaler Differenzierung" (Kilper/Rehfeld 1992: 57). Es komme nicht allein darauf an, „innerhalb eines Produktionsclusters innovativ zu sein, sondern es geht nun darum, in ein neues Produktionscluster hinein zu diversifizieren" (Rehfeld 1999: 119). In regionalen Clustern manifestierten sich „flexible production complexes" (Scott/Storper 1989) und „innovative Milieus" (Maillat 1991).

In dieser modernisierungspolitischen Zielstellung vereinen sich im Konzept des Clusters markt- bzw. wettbewerbstheoretische und steuerungs- bzw. regulationstheoretische Grundannahmen. Der lokale Staat sei der zentrale Ort der Produktion regionaler Bindungen, die den Exit-Optionen des global agierenden Kapitals entgegenwirke. Mehr noch: in der lokalen/regionalen Wirtschaftspolitik komme eine Alternative zu vereinfachten, an der „kurzen Frist" ausgerichteten Cost-cutting-Strategien konkurrierender Betriebe zum Ausdruck. Lokale und regionale Regulierung sei somit ein zentrales Moment der Konstitution eines so genannte „high-road"-Pfades der ökonomischen Restrukturierung (vgl. Dörre 1999).

2.2 Clusterrealitäten, unabgegoltene Versprechen und theoretische Unzulänglichkeiten

New Regionalism und Clusterpolitik fungieren als „ideologische Formen"[1], in denen sich breite lokale/regionale Bündnisse formieren konnten. Diese geraten jedoch zunehmend ins Wanken, was vor allem damit zusammenhängt, dass sich das Regulierungsversprechen des New Regionalism kaum erfüllt hat. Wir werden im Folgenden drei empirische Argumente aus der Realität lokaler/regionaler Rekonfigurationsprozesse vortragen, die die Grenzen der Erklärungskraft des New Regionalism, aber auch Begrenzungen seiner Wirkungsmacht dokumentieren.

Erstens: Die Regulierungsversprechen einer lokalen/regionalen Clusterorientierung werden zunehmend durch globale Restrukturierungsstrategien des Kapitals unterminiert. Das regulative Potential der endogenen Faktoren wird im New Regionalism zu hoch veranschlagt; die strukturbildende Bedeutung der Integration der regionalen Produktionsverhältnisse in die Hierarchie der weltökonomischen Zusammenhänge bleibt systematisch unterbelichtet. Dies ist inzwischen durch eine Reihe von empirischen Untersuchungen zur Reorganisationsrealität in den Regionen bestätigt worden. In einer Untersuchung von 160 Clustern in aller Welt wird festgestellt, dass staatliche Förderpolitik (mit Ausnahme von Aus- und Fortbildungsaktivitäten) für die Performance von Clustern weitgehend irrelevant geblieben ist (vgl. Meyer-Stamer 2003). In einer am Forschungsinstitut Arbeit, Bildung, Partizipation

1 Der Begriff der „ideologischen Formen" geht auf die berühmte Karl Marxsche Formulierung im Vorwort ‚Zur Kritik der Politischen Ökonomie' zurück, in dem Karl Marx zwischen der Umwälzung in den ökonomischen Produktionsbedingungen „und den juristischen, politischen, religiösen oder philosophischen, kurz, ideologischen Formen (unterscheidet), worin sich die Menschen dieses Konflikts (gemeint ist der zwischen Produktivkräften und Produktionsverhältnissen, d.A.) bewusst werden und ihn ausfechten" (MEW 13: 9).

(FIAB) durchgeführten Studie, in der die von Gewerkschaften initiierten Strukturpolitiken in altindustriellen Regionen untersucht wurden, konnte kein einziger Fall festgestellt werden, in dem Standortentscheidungen transnational agierender Konzerne durch eine irgendwie geartete regionale Governance entscheidend beeinflusst worden wären. Ein Wirtschaftsförderer spricht offen von regionalen „Schneeverwehungen" des Shareholder-Value-Kapitalismus, die mit dem regionalen Instrumentarium nicht geräumt werden können. Ein Gewerkschafter stellt resignierend fest: „Wir haben alles, was eine moderne, an Clustern orientierte Wirtschaftsförderung auszeichnet. Aber alles dümpelt vor sich hin" (vgl. Beese/Dörre/Röttger 2004).

Zweitens: Lokale/regionale Cluster basieren kaum auf kooperativen Beziehungen der Unternehmen, sondern sind hochgradig hierarchisch strukturiert. Sie entfalten sich weniger in Abhängigkeit von lokaler/regionaler Governance, sondern verstärkt als Funktion von reorganisierten Wertschöpfungsketten. Dies konnten empirische Erhebungen insbesondere in der Automobilindustrie zeigen. Am Beispiel von Mercedes-Benz und der Baden-Württembergischen Zulieferindustrie etwa wurde eine Auflösung nahräumlich organisierter Firmenkooperationen nachgewiesen. Ursache hierfür sind u.a. anhaltende Reorganisationsstrategien der automobilen Wertschöpfungskette im Rahmen des „global sourcing" und der zunehmenden Vermarktlichung der Zulieferbeziehungen und der damit verbundene erhöhte Druck auf die lokalen Zulieferer (vgl. Glassmann 1999). Aber auch dort, wo die Lokalisierung von Zulieferbeziehungen gelingt (etwa bei VW im Rahmen der WOB AG in Wolfsburg), zeigen die Schnittstellen zwischen Endhersteller und Zulieferern Tendenzen einer stärkeren Selektion und der Entstehung privilegierter Beziehungsnetzwerke, die gerade keine eindeutige Tendenz der Regionalisierung aufweisen (Jürgens 1999: 187). Zudem entfaltet die unter dem Sigel der Clusterpolitik firmierende Ausrichtung der regionalen Wirtschaftspolitik auf „lokale Unternehmen" selten dynamische regionale Effekte, sondern verschärft vielmehr regionale und politische Abhängigkeiten. Auf den Fall der Errichtung eines neuen Werks der Opel AG in Eisenach bezogen formulieren Volker Döhl und Dieter Sauer (1995: 148): „Regionen werden (...) den Funktions- und Aktionsbedingungen von Produktionsnetzwerken unterworfen". Entscheidend für die lokale/regionale Performance ist nicht die Governance, sondern die Reorganisation der Wertschöpfungskette, d.h. die Entwicklungsdynamik des kapitalistischen Produktionsmodells.

Drittens: In der lokalen/regionalen Governance der Clusterpolitik entwickeln sich neue Steuerungsformen, die eine Abkehr von partizipationsorientierten und demokratisch legitimierten Prozessen der Lokalisierung/Regionalisierung dokumentieren und als eine neue Qualität der Entstaatlichung/Ökonomisierung gedeutet werden können. Wie neue Untersuchungen zum Silicon Valley zeigen, werden entgegen verbreiteter Vorstellungen des New Regionalism Produkt- und Prozessinnovation nicht in kooperativen Beziehungen zwischen Kapital und Arbeit, sondern unter der Direktionsgewalt des Kapitals realisiert (Lüthje 2003). Die Globalisierung der Produktionsnetze der informationstechnischen Industrie bewirkt darüber hinaus eine Ausdehnung neotayloristischer Arbeitsformen, in denen – entlang der Kette – die Mehrheit der Beschäftigten nicht in vertrauensbasierten, kooperativen Arbeitsverhältnissen arbeitet. Vielmehr entstehen ethnisch, geschlechtlich und/oder sozial diskriminierte neue Arbeitsschichten (Lüthje 2004). Auch die Kultur der Konsensgremien und „runden Tische“ ist als Reaktion auf die anhaltende ökonomische Stagnation inzwischen allerorts in Verruf geraten. Sie gilt als Ausdruck von Sklerose und Innovationsfeindlichkeit (Heinze 2003). In den Regionen erwiesen sich die Konsensgremien oft als innovationshemmend (Kreibich 1994), es heißt, sie hätten tradierte Standortpolitiken nicht überwinden können (Kilper 1998) oder seien in ihren strukturpolitischen Effekten begrenzt geblieben (Rehfeld/Wompel 1997).

Hinter dem Rücken der „regionalen Entwicklungskoalitionen“ entfalten sich heute zunehmend Kräfte der Ökonomisierung des Lokalen. Produktive Kapazitäten des Lokalen/Regionalen werden im Rahmen des Wettbewerbsregionalismus oder der „unternehmerischen Stadt“ neu mobilisiert. Zu den neuen Formen gehört vor allem die eindeutige Wettbewerbsorientierung und Weltmarktausrichtung der Wirtschaftsförderung, die zunehmend – unter der Beratung privater Consultants – als „Public-Private-Partnership“ organisiert wird. Solche öffentlich-privaten Kooperationsprojekte konzentrieren sich in der Regel auf attraktive städtische Standorte. Im Vordergrund stehen standortpolitische Ziele; Lösungen für städtische Problemgebiete oder benachteiligte soziale Gruppen sind von solchen Projekten eher nicht zu erwarten (vgl. den Beitrag von Hartmut Häußermann/Jens Wurtzbacher in diesem Band). Faktisch gelingt es den lokalen/regionalen Entwicklungskoalitionen deshalb immer weniger, den Tendenzen sozialräumlicher Polarisierung im Zuge der Modernisierung und Globalisierung der Produktionsverhältnisse entgegenzuwirken, der Modernisierung eine sozialintegrative Dimension durch lokale bzw. regionale Sozialpolitik abzuringen und sich somit den Tendenzen der Vermarktlichung aller sozialen Beziehungen, insbesondere aber der bedingungslosen Kommodifizierung der Arbeitskraft, entgegenzustellen (vgl. Beese/Dörre/Röttger 2004). Insofern diese Entwicklung einher geht mit einem Rückzug des Staates aus der Verantwortung für Aufgaben der „sozialen Reproduktion“, werden damit auch die Asymmetrien im Geschlechterverhältnis festgeschrieben bzw. verschärft (Katz 2001). Die ungebrochene politische und wissenschaftliche Konjunktur der Begriffe „Lokalisierung“ und „Regionalisierung“ geht Hand in Hand mit der Krise von Lokalisierungs- und Regionalisierungsprozessen als Projekten zur politischen und sozialen Gestaltung der Ökonomie selbst.

Weltmarktorientierung und die Ökonomisierung der lokalen/regionalen Regulationsprozesse markieren einen Paradigmenwechsel „weg von der inszenierten bottom-up-Phase der 1990er Jahre (...) hin zum top-down-Ansatz mit einer starken Orientierung an globalen Wachstumsbranchen“, der – so die allgemeine Einschätzung – nur noch „wenig Raum für sozialökologische und beteiligungsoffene Reformprojekte lässt“ (Blöcker 2003: 31). Insbesondere im lokalen/regionalen „Cluster-Management“ lässt sich dieser Wandel aufzeigen. Teilweise durch gewerkschaftlichen Einfluss geschaffen, folgt es nun Zielsetzungen, in denen arbeitsorientierte Inhalte keinen Platz mehr finden. „Die Unternehmen haben sich an die Spitze der Bewegung gestellt“, so ein regionalpolitisch aktiver Gewerkschafter (vgl. Beese/Dörre/Röttger 2004). Regionale Produktionscluster, regionale innovative Milieus und endogene Potentiale, also die ökonomische und soziale Spezifik des Lokalen/Regionalen, werden zu Ressourcen, die nicht zur kooperativen Bewältigung des strukturellen Wandels eingesetzt, sondern im Sinne weltmarktorientierter Restrukturierung „in Wert“ gesetzt werden. Eine solche Kultivierung der „endogenen Potentiale“ basiert auf einem neuen „Repräsentationsregime“, in dessen Rahmen die Ausrichtung auf den internationalen Wettbewerb „normalisiert“ wird und die damit einher gehenden sozialräumlichen Widersprüche symbolisch bearbeitet werden. Lokale Akteure, die die Stadt im internationalen Wettbewerb günstig positionieren wollen, sind daran hegemonial beteiligt (vgl. Wissen 2005).

3. Regulationsprozess und *Scale*: Elemente einer kritischen Theorie der Re-Regulation des Lokalen

Aus der Perspektive einer kritischen Theorie der „new states of regionalization“ und der „new regionalizations of the state“ (MacLeod 2001) ergeben sich vor dem Hintergrund unserer bisherigen Ausführungen Forschungsdesiderate vor allem hinsichtlich dreier Problemkomplexe: eines prozessorientierten Verständnisses von Regulation, einer staatstheoretischen Fundierung von Theorien der Lokalisierung/Regionalisierung und eines dialektischen Raumverständnisses. Im Folgenden sollen verschiedene kritisch-materialistische Ansätze auf ihren möglichen Beitrag hierzu überprüft werden.

3.1 Theorie der Regulation

Der erste Ansatz ist die französische *Theorie der Regulation*. Entstanden zur Erklärung der fordistischen Nachkriegsprosperität, stellt sie die Entwicklung des kapitalistischen Lohnverhältnisses ins Zentrum ihres Erkenntnisinteresses. Regulation wird verstanden als die Art und Weise, „in der sich dieses Verhältnis trotz seines widersprüchlichen, konfliktiven Charakters reproduziert“ (Lipietz 1985: 109). Im Unterschied zu „Regulierung“ ereignet sich Regulation ohne steuerndes Subjekt. Das heißt nicht, dass es sich um einen Prozess ohne Subjekte handelt, sondern dass gegenüber dem Konzept der Regulierung, in dem das intentionale Handeln (in der Regel eines Akteurs „Staat“) im Zentrum steht, das Moment des Nicht-Intendierten stärker betont wird. Es ist das Anliegen der Regulationstheorie zu erklären, wie sich kapitalistische Gesellschaften trotz immanenter Widersprüchlichkeiten am Leben erhalten und wie es dabei zu Phasen relativ stabiler Kapitalakkumulation kommen kann (Aglietta 1979a; Boyer 1986; Hirsch/Roth 1986; Hübner 1989). Zu ihren zentralen analytischen Kategorien zählen die „institutionelle Form“, die „Regulationsweise“, das „Akkumulationsregime“ und die „Entwicklungsweise“. Bei den institutionellen Formen handelt es sich um kodifizierte und nicht-kodifizierte Regeln, die bestimmte Handlungsmuster erzeugen, sich durch diese hindurch reproduzieren, aber auch durch gesellschaftliches Handeln veränderbar sind. In ihrer Gesamtheit konstituieren die institutionellen Formen eine Regulationsweise. Deren Wirkung besteht darin, Erwartungshorizonte und Verhaltensweisen sowie die Muster gesellschaftlicher Konfliktaustragung mit den jeweiligen Erfordernissen der Kapitalakkumulation kompatibel zu machen, also „to canalize the class struggle into forms compatible with the law of accumulation“ (Aglietta 1979a: 123). Über eine Regulationsweise stellt sich mithin ein Entsprechungsverhältnis zwischen gesellschaftlichen Produktions- und Konsummustern, ein Akkumulationsregime, her. Dass dies gelingt, ist weder eine

Notwendigkeit, noch ist es völlig kontingent. Auch handelt es sich nicht um das intendierte Ergebnis strategischen Handelns. Eine Regulationsweise ist letztlich immer eine historische „Fundsache“ (Lipietz 1985: 114), hervorgegangen aus einem prinzipiell offenen Prozess sozialer Auseinandersetzungen und Kompromissbildungen. Eine historische Konstellation, in der die Widersprüche kapitalistischer Vergesellschaftung im Rahmen einer Regulationsweise so bearbeitet werden, dass die Kohärenz des Akkumulationsregimes gewährleistet ist, wird in der Regulationstheorie als Entwicklungsweise bezeichnet.

Auch bei der Untersuchung lokaler und regionaler Regulationsverhältnisse, einem wesentlichen Element postfordistischer Transformation, fand die Regulationstheorie zunehmend Anwendung. Dabei traten jedoch zwei zentrale Schwierigkeiten auf: Zum einen zeichnet sich die Regulationstheorie traditionell durch eine gewisse Raumblindheit aus. Der Nationalstaat wurde als Raum bzw. Maßstab von Regulation und Akkumulation als gegeben vorausgesetzt. Regulation wurde als Ergebnis eines nationalstaatlich vermittelten Klassenkompromisses konzeptualisiert. Dies wurde zu einem theoretischen und analytischen Problem, als mit der Krise des Fordismus die „Suche“ nach neuen Räumen von Akkumulation und Regulation jenseits des Nationalstaats einsetzte. Zum anderen tendiert die Regulationstheorie zu einem Gleichgewichtsdenken. Mit ihrem Instrumentarium lassen sich zwar Phasen der Stabilität kapitalistischer Reproduktion, die durch krisenhafte Umbrüche historisch voneinander getrennt sind, begrifflich fassen. Für die Umbrüche selbst und die in ihnen prozessierenden Widersprüche aber liefert die Regulationstheorie kein Erklärungsmuster (Hay 1995; Röttger 1997: 91; Sablowski 1994: 144). Auch besteht in der regulationstheoretischen Debatte bis heute keine Klarheit darüber, ob sich bereits eine postfordistische Entwicklungsweise ausgebildet hat oder ob wir es derzeit noch mit einer Phase des Übergangs zu tun haben (Amin 1994; Candeias/Deppe 2001). In letzter Konsequenz tendiert die Theorie der Regulation dazu, die im Fordismus ausgebildeten kohärenten Formen kapitalistischer Entwicklung zum „Maßstab der Geschichte“ zu machen, gemessen an dem die derzeitige Phase als krisenhaft und inkohärent erscheint.

Auf den ersten Blick ist es also keineswegs ausgemacht, dass mit der Regulationstheorie die Funktionsmodi nachfordistischer Transformation freigelegt werden können. Vieles deutet vielmehr darauf hin, dass die regulationstheoretischen Kategorien gerade den Blick auf die Realitäten nachfordistischer Regulation verstellen. Trotzdem gibt es wichtige Anknüpfungspunkte in der neueren regulationsthoretischen Debatte, die für eine kritische Theorie lokaler/regionaler Regulation genutzt werden können.

3.2 Neo-Regulationstheoretische Ansätze zur Lokalisierung/Regionalisierung

In der internationalen Debatte lassen sich zwei Strömungen identifizieren, die die Regulationstheorie für die Analyse lokaler Transformationsprozesse fruchtbar zu machen versuchen. Beide unterscheiden sich voneinander in der Art und Reichweite der Revisionen, die sie am ursprünglichen Theoriegebäude vornehmen.

Zur ersten Strömung gehören zunächst jene Vertreter der älteren Regulationstheorie, die wie Alain Lipietz relativ frühzeitig der Kategorie des Raums stärkere Beachtung geschenkt haben. Sie verhält sich weitgehend affirmativ zu Prozessen, in denen Regulationsfunktionen von staatlichen Instanzen auf der lokalen und regionalen Ebene erbracht werden. Alain Lipietz geht davon aus, dass die am Nationalstaat orientierte räumliche Gestalt des Fordismus hinfällig geworden sei. Das heißt nicht, dass der nationalen Ebene keine Bedeutung mehr zufalle. Nach wie vor würden hier grundlegende Kämpfe geführt und soziale Kompromisse ausgehandelt. Jedoch spiele die regionale Ebene eine zunehmend wichtige Rolle bei der Bearbeitung der Widersprüche des postfordistischen Kapitalismus. Alain Lipietz fasst dies mit dem Begriff der „regionalen Armatur", der einen Raum bezeichnet, „in dem die herrschenden Klassen des lokalen hegemonialen Blocks über eigene ideologische und politische Apparate verfügen, die es ihnen ermöglichen, im lokalen Maßstab einen Teil der sozio-ökonomischen Konflikte zu regulieren" (Lipietz 1998: 165). Er spricht sich dafür aus, „die regionalen Armaturen mit ökonomisch und sozial stärkeren Regulationsinstrumenten auszustatten" (ebd.: 179). Auf nationaler und supranationaler Ebene sollten Regeln verankert werden, die die Konkurrenz zwischen den Regionen eindämmten. Zu einer ähnlichen Schlussfolgerung kommen auch Jamie Peck und Adam Tickell (1994). Auch sie weisen der lokalen und regionalen Ebene eine gestiegene regulatorische Bedeutung zu. Dieser könne sie jedoch nur dann gerecht werden, wenn sie in einen nationalen und supranationalen Rahmen eingebunden werde, der die interregionale Konkurrenz reguliere. So bleibt diese Strömung einer aktualisierten Theorie der Regulation im Gleichgewichtsdenken der älteren Regulationstheorie verhaftet. Die regionale Konzeptualisierung wird notwendig normativ. Regionale Verwerfungen werden weniger herrschaftssoziologisch analysiert und staatstheoretisch kritisiert, denn als Ausdruck eines „regulatorischen Vakuums" (Peck/Tickell 1994: 296) normativ in politische Forderungen nach Re-Regulierung umgemünzt.

Eine zweite Strömung bezieht nicht nur die lokale Ebene systematisch in ihre Überlegungen mit ein, sondern bricht auch mit der Stabilitätsfixierung der älteren Regulationstheorie. Sie geht weit mehr davon aus, dass Arbeits- und Kapitalverhältnisse strukturell der Regulation bedürfen und bewegt sich weitaus weniger in der Vorstellung einer geschichtlichen Abfolge von Regulation-Deregulation-Reregulation. Gerade lokale/regionale Regulation, so die These von Joe Painter und Mark Goodwin (1995: 341), sei meistens „neither perfect nor wholly absent". Statt sie vorrangig mit „stability, coherence, functionality, and structure" in Verbindung zu bringen, sollte sie als „process, uneveness, tendency, and practice" konzeptualisiert werden (Goodwin/-Painter 1997: 23). Dadurch gerieten sowohl regulatorische, also die erweiterte Reproduktion des Kapitals ermöglichende, als auch anti-regulatorische Wirkungen lokaler Politik in den Blick. Diese Revision hat deutlich weiterreichende theoretische Implikationen als die Modifikationen, die im Rahmen der ersten Strömung vorgenommen wurden. Ging es bei diesen noch darum, den Beitrag bzw. die Funktion der lokalen Ebene im Rahmen einer sich herausbildenden postfordistischen Regulationsweise zu klären, so wird nun die Kategorie der Regulationsweise selbst in Frage gestellt: „Instead of looking for coherent ‚modes of regulation' we prefer to emphazise the ebb and flow of regulatory processes through time and across space" (Painter/Goodwin 1995: 342).

Die Regulationstheorie wird in der zweiten Strömung aus den Begrenzungen ihres eigenen Kategoriensystems befreit, ohne dass dieses vollständig verworfen werden müsste. Dadurch geraten drei Zusammenhänge in den analytischen Blick, gegenüber deren Wahrnehmung sich die ältere Regulationstheorie durch ihren engen Bezug auf die fordistische Entwicklungsweise selbst immunisiert hatte, ohne gleichwohl strukturell blind für sie zu sein. Es gelingt eine Erweiterung des Forschungsfeldes, durch die die im New Regionalism unterbelichteten Dynamiken kapitalistischer Regulation erhellt werden können. Es gelingt zudem, sowohl deterministische als auch voluntaristische Kurzschlüsse zu vermeiden.

Erstens ermöglicht die Hinwendung zu den Regulations*prozessen* ein vertieftes Verständnis der in Lokalisierungs- und Regionalisierungsprozessen waltenden Verhältnisse von Struktur und Handlung. Unter dem Eindruck der fordistischen Stabilitätsperiode tendierte die Theorie der Regulation noch dazu, Handeln auf Krisenphasen und das Wirken von Strukturen auf Phasen stabiler Akkumulation zu reduzieren. Durch die Betonung des Prozesscharakters von Regulation verflüssigt sich diese Dichotomie. Handeln bleibt „nicht auf die Krise beschränkt, aber auch in dieser löst es sich nicht von Strukturen“ (Scherrer 2003: 475). In den Blick geraten somit Prozesse der Hegemoniebildung, die auch in Zeiten relativer Stabilität nie ganz abgeschlossen und in Zeiten der Krise nie ganz offen sind (vgl. Gramsci 1996: 1567).

Zweitens ermöglicht die Orientierung auf den Regulationsprozess das Verständnis eines sich neu artikulierenden Verhältnisses von Innen und Außen im Prozess fortgeschrittener Globalisierung. Dabei kann an das ältere regulationstheoretische Konzept weltwirtschaftlich gültiger, hegemonialer Produktions- und Tauschnormen angeknüpft werden (Aglietta 1979b). Es thematisiert die Wechselbeziehungen zwischen der „Globalisierung“ der Produktionsbedingungen und der „Lokalisierung“ der Ausbeutungsstrategien (Lüthje 1998). Eine hegemoniale Produktionsnorm bezeichnet dabei nicht nur einen Rationalisierungstyp, der sich im Konglomerat aus Managementprinzipien, Firmenorganisation und Arbeitsbeziehungen realisiert („industrielles Paradigma“). Sie verweist vielmehr auf eine Produktionsweise, die sich durch ökonomische, soziokulturelle und arbeitspolitische Kontexte hindurch organisiert und reproduziert (vgl. Röttger 2002; 2003). Solche Prozesse der „Interiorisierung“ (Poulantzas 2001) weltökonomischer Strukturen bleiben nicht auf die Nationalstaaten beschränkt, sondern lassen sich „auf lokalen, regionalen, grenzübergreifenden und interregionalen Ebenen genauso feststellen wie in den Aktivitäten der so genannten ‚unternehmerischen Städte‘„ (Jessop 2001: 92). Die im nachfordistischen Kapitalismus wirkungsmächtigen hegemonialen Produktionsnormen begründen also ein gesellschaftliches *Durchdringungsverhältnis*, durch das es gelingt, die „Räume der Regulation“ einzuhegen und mit dem vorherrschenden ökonomischen Organisationsprinzip vereinbar zu machen.

Drittens können die Tendenzen sozialräumlicher Polarisierung der nachfordistischen Restrukturierung als Elemente eines neuen Herrschaftsverhältnisses thematisiert und nicht nur als Momente von „disorder“ bzw. Deregulierung verstanden werden. Die ältere Regulationstheorie verortete die raum-zeitlichen Ungleichheiten in der Entwicklung des Kapitalismus im Verhältnis zwischen verschiedenen Nationalstaaten, während sie innerhalb derselben kohärente Entwicklungsmuster diagnostizierte. Die Abwendung von einem an Kohärenz orientierten Begriff der Regulation macht es möglich, die raum-zeitlichen Ungleichheiten des Postfordismus als Momente des Regulationsprozesses selbst zu begreifen (Candeias 2000; Goodwin/Duncan/Halford 1993; Jones 1999; Tömmel 1994; Wissen 2000).

3.3 Neuere Ansätze einer kritischen Geographie

Einen zweiten Schlüssel zu einem vertieften Verständnis der „new states of regionalization" und der „new regionalizations of the state", der sowohl anschlussfähig an die jüngere regulationstheoretische Debatte ist, als auch über diese hinausgeht, stellen neuere Ansätze der *kritischen Geographie* dar. Im Anschluss an die Arbeiten von David Harvey und Henri Lefêbvre wird in diesen Ansätzen die Produktion von Raum bzw. von neuen räumlichen Maßstäben (*scale*) in den Vordergrund gestellt. Als Ausgangspunkt fungiert – ähnlich wie in den regulationstheoretischen Arbeiten zu lokalen Transformationsprozessen – eine Kritik an der „pervasive naturalization of the nation scale of social relations" (Brenner, zitiert nach Winter 2003: 212); die „ontologische Fixierung auf den Nationalstaat" müsse gelöst werden (Schmid 2003: 233). Dabei sei es jedoch keineswegs ausreichend, lediglich neue räumliche Ebenen der Akkumulation und Regulation einzuführen und deren Funktionalität im Rahmen einer (sich herausbildenden) nachfordistischen Entwicklungsweise zu untersuchen. Vielmehr gehe es darum, die *soziale Konstruktion* dieser Ebenen und ihres Verhältnisses zueinander in den Blick zu nehmen. Es sei „nicht der Maßstab als solcher zu untersuchen, sondern die Prozesse, durch die diese Maßstabsebenen produziert werden" (ebd.: 222).

Die Maßstabsebenen sind das Ergebnis einer „politics of scale" (Smith 1993). Als Prozesse des „re-scaling" werden nicht nur „Veränderungen der Beziehungen und Gewichtungen zwischen den verschiedenen Ebenen politischer und wirtschaftlicher Organisation (lokal, regional, national, makro-regional, global)" verstanden, sondern auch Veränderungsprozesse „zwischen den auf diesen Ebenen handelnden Akteuren" (Brenner 1997: 8), die versuchen, neue „politics of scale" durchzusetzen. Die Maßstabsebenen werden somit sowohl als Ergebnis, als auch als Medium und Voraussetzung sozialer Auseinandersetzungen begriffen: „Scale is the geographic organizer and expression of collective social action" (Smith 1995: 61; vgl. Swyngedouw 1997: 141). Als ein exemplarisches Beispiel wird häufig die Europäische Union angeführt: Die Konflikte, die in ihrem Rahmen stattfänden, drehten sich wesentlich um die Frage, welche Probleme auf welchen räumlichen Maßstabsebenen zu verhandeln seien. Sollen z.B. auf europäischer Ebene, ähnlich wie in den Bereichen Währung oder Regionalpolitik, auch weitreichende arbeitsmarkt-, sozial- und umweltpolitische Normen festgeschrieben werden? Dies würde Gewerkschaften und soziale Bewegungen in den gesellschaftlichen Auseinandersetzungen auf nationaler, regionaler und lokaler Ebene stärken und trifft deshalb auf den geballten Widerstand etwa von Regierungen und Unternehmensverbänden, die ihrerseits alles daran setzen, auf europäischer Ebene Liberalisierungs- und Privatisierungsvorgaben festzuschreiben. Die relative Machtposition sozialer Akteure hängt, so Erik Swyngedouw (1997: 141), wesentlich davon ab, wer auf welcher Maßstabsebene was reguliert. Das zeige, „that the continuous reshuffling and reorganization of spatial scales is an integral part of social strategies and struggles for control and empowerment".

An der Konstruktion von *scale* entscheide sich, inwieweit gesellschaftliche Widersprüche erfolgreich bearbeitet werden könnten bzw. inwieweit es subalternen Akteuren gelinge, diese Widersprüche zu politisieren und bestehende Machtverhältnisse herauszufordern. Insofern handelt es sich bei der räumlichen Dimensionierung von sozialen Verhältnissen um ein wesentliches Element von Regulation, die postfordistische Transformation erscheint als „*spatial* resolution of contradictory social forces" (Smith 1995: 61).

Es ist ein Verdienst der neueren kritisch-geographischen Arbeiten, den lokalistischen Engführungen in der Debatte um die Re-Regulationen des Lokalen entgegen zu wirken. Deutlicher noch als in den neueren regulationstheoretischen Arbeiten löst sich der Blick von bestimmten geographischen Ebenen zugunsten der Frage einer räumlichen Neudimensionierung und ihrer konstitutiven Bedeutung für den Regulationsprozess. Es geht mithin nicht länger um die Aufwertung des Lokalen, Regionalen und Globalen gegenüber dem Nationalen oder um die Funktionalität lokaler/regionaler Institutionen im Kontext postfordistischer Transformation. Stattdessen wird die konflikthafte Konstruktion räumlicher Hierarchien und deren strukturierende Wirkung auf soziales Handeln in den Vordergrund gerückt. Dadurch werden Prozesse und Strukturen auf der lokalen/regionalen Ebene als Verdichtungen multiskalarer Entwicklungen begreifbar, in denen der Nationalstaat nach wie vor eine zentrale Rolle spielt (Keil/Brenner 2003; Mayer 2003). In den Blick gerät auch die Konstruktion neuer räumlicher Einheiten wie Stadt- bzw. Metropolregionen.

Schließlich ist die kritisch-geographische Debatte deutlich sensibler für Fragen des Geschlechterverhältnisses als die Regulationstheorie. Letztere stellt die Bedingungen der (in der Regel nicht als vergeschlechtlichter Prozess wahrgenommenen) *erweiterten Reproduktion* des Kapitals ins Zentrum ihres Erkenntnisinteresses und erfasst damit primär Konfliktlinien wie Klasse/soziale Ungleichheit sowie – in ihren neueren Ausprägungen – ungleiche regionale Entwicklungen. Damit erzählt sie allerdings „only part of a much more complex story" (Marston 2000: 233). Dies trifft zwar auch noch auf die Mehrheit der kritisch-geographischen Arbeiten zu (vgl. zur Kritik ebd.; Marston/Smith 2001). Jedoch erweist sich der Fokus auf räumliche Maßstabsebenen und ortsgebundene soziale Praktiken als prinzipiell offen für die Thematisierung der Dynamiken *sozialer Reproduktion*. So führt Sallie A. Marston den Haushalt als eine bislang vernachlässigte Maßstabsebene ein. Es handle sich um eine „small-scale, physical, cultural and emotional infrastructure (...) where labor power is reproduced on a daily basis" und „where capitalist consumption practices are also entrained" (Marston 2000: 233). Auf diese Weise gerät eine wichtige Ebene der Artikulation und Reproduktion von Kapital- und Geschlechterverhältnissen in den Blick. Gleichzeitig werden die gängigen Dichotomien Lokal/Global und Privat/Öffentlich infrage gestellt: Was in Mainstream-Theorien als voneinander getrennt erscheint, wird nun als Verhältnis wechselseitiger Durchdringung sichtbar (Bergeron 2003; Massey 1996).

4. Re-Regulationen des Lokalen als Konfliktformation: Perspektiven von Lokalisierung/Regionalisierung

Die dargestellten kritisch-materialistischen Ansätze ermöglichen u.E. eine weitaus präzisere Bestimmung der Re-Regulationen des Lokalen in ihren Konflikt- und Herrschaftsdimensionen als der New Regionalism. In den Regulationsprozessen des lokalen/regionalen Staats entsteht „a new playing field with different contours" (Hay 1995: 395). Es artikuliert sich ein neuer hegemonialer Block aus transnationalem Kapital, kleinen und mittleren Unternehmen und saturierter, aber konsumorientierter Mittelschicht der Städte und repräsentiert ein transnationales liberales Projekt (Paul 2002; vgl. Brenner 1998). Die Konstitution dieses Machtblocks wird als Resultat von zwei sich überlagernden Dynamiken begriffen: zum einen Veränderungen in den Beziehungen von Staat, Ökonomie und Gesellschaft, die neue Formen lokaler/regionaler Governance, neue Formen politischer Repräsentation sowie neuartige Identifikationsangebote generieren; zum anderen Veränderungen in den Beziehungen und Gewichtungen zwischen den verschiedenen Ebenen politischer und wirtschaftlicher Organisation und der auf ihnen handelnden Akteure (re-scaling), durch die soziale Konflikte und Kompromisse strategisch selektiert werden. In Lokalisierungs- und Regionalisierungsprozessen entsteht so ein neues „Regulationsdispositiv" (Becker 2003). Die Logik des Standortes dominiert zunehmend die Logik der sozialen Dimension des lokalen Staates und gewinnt in der dramatischen Zunahme sozialräumlicher Polarisierungen Gestalt, die zugleich herrschaftlich für die Durchsetzung neuer Regulationsprozesse verwendet werden.

Auf der Grundlage der zuletzt skizzierten Ansätze werden die oben benannten Forschungsdesiderate zwar nicht eingelöst, aber doch theoretisch anspruchsvoll und empirisch anschlussfähig bearbeitbar: Prozessorientierte Ansätze können entwickelt werden, indem das sich dynamisch verändernde Artikulationsverhältnis von Ökonomie, Politik und Zivilgesellschaft, ihre jeweiligen Akteurskonstellationen und Bündnisse analysiert werden. Staatstheoretisch gehaltvoll können diese Regulationsprozesse als Prozesse der Formierung von hegemonialen Blöcken untersucht werden, denen es gelingt, neue Verbindungen zwischen Akteuren und „policies" herzustellen. Ein dialektisches Raumverständnis schließlich ist möglich, weil lokale/regionale Regulationsprozesse nicht aus sich selbst heraus, sondern als „prozessierende Widersprüche" (Karl Marx) im Spannungsfeld von globaler Entwicklung, nationalstaatlicher Politik und lokalen/regionalen Prozessen hegemonialer Blockbildung interpretiert und in ihrem wechselseitigen Konstitutionsverhältnis ergründet werden. Ein solches Vorgehen scheint uns geeignet zu sein, um die Krisenhaftigkeit der Re-Regulationen des Lokalen freizulegen und damit den Blick für Veränderungspotenziale zu schärfen, die über die bloße Stabilisierung ungleicher Entwicklung hinausweisen.

Literatur

Aglietta, Michel (1979a): A Theory of Capitalist Regulation. The US Experience. London
Aglietta, Michel (1979b): Die gegenwärtigen Grundzüge der Internationalisierung des Kapitals. Die Wertproblematik. In: Deubner et al. (1979): 70-124

Amin, Ash/Thrift, Nigel (1995): Institutional issues for the European regions: from markets and plans to socioeconomics and powers of association. In: Economy and Society 1/24. 1995: 41-66
Amin, Ash (Hg.) (1994): Post-Fordism. A reader. Oxford
Amin, Ash/Thrift, Nigel (1992): Neo-Marshallian Nodes in Global Networks. In: International Journal of Urban and Regional Research 4/16. 1992: 571-587
Becker, Joachim (2003): Akkumulation, Regulation, Territorium. Zur kritischen Rekonstruktion der französischen Regulationstheorie. Marburg
Beese, Birgit/Dörre, Klaus/Röttger, Bernd (2004): Im Schatten der Globalisierung. Strukturpolitik, Netzwerke und Gewerkschaften in altindustriellen Regionen. Projektendbericht. Recklinghausen
Bergeron, Suzanne (2003): Polit-Ökonomische Diskurse über Globalisierung und feministische Politik. In: Scharenberg et al. (Hg.) (2003): 55-77
Bird, Jon et al. (eds.) (1993): Mapping the Futures. Local Cultures, Global Change. London/New York
Blöcker, Antje (2003): ArbeitnehmerInnenbeteiligung an regionalisierter Strukturpolitik. Erste Rückschlüsse aus laufenden Politikanalysen in Südniedersachsen und Südostniedersachsen. Forschungsbericht aus dem Institut für Sozialwissenschaften der Technischen Universität Braunschweig
Blöcker Antje/Rehfeld, Dieter (2000): Regionale Innovationspolitik und innovative Regionalpolitik. In: Simonis et al. (Hg.) (2000): 388-404
Boyer, Robert (1986): La Théorie de la régulation. Une analyse critique. Paris
Brand, Ulrich/Raza, Werner (Hg.) (2003): Fit für den Postfordismus? Theoretisch-politische Perspektiven des Regulationsansatzes. Münster
Bratl, Hubert/Eder, Wolfgang/Scheer, Günter/Trippl, Michaela (1997): Clusterentwicklung als neues Instrument der Struktur- und Regionalpolitik. Studie im Auftrag des Bundesministeriums für Wissenschaft und Verkehr. Invent – ÖAR-Regionalberatung GmbH. Wien
Braczyk, Hans-Joachim/Cock, Philipp/Heidenreich, Martin (Hg.) (1988): Regional Innovation Systems. London
Brenner, Neil/Jessop, Bob/Jones, Martin/MacLeod, Gordon (eds.) (2003): State/Space. A Reader. Malden
Brenner, Neil (1998): Global cities, glocal states: global city formation and state territorial restructuring in contemporary Europe. In: Review of International Political Economy 1/5. 1998: 1-37
Brenner, Neil (1997): Globalisierung und Reterritorialisierung: Städte, Staaten und die Politik der räumlichen Redimensionierung im heutigen Europa. In: WeltTrends 17/5. 1997: 7-30
Buckel, Sonja/Dackweiler, Regina-Maria/Noppe, Roland (Hg.) (2003): Formen und Felder politischer Intervention. Münster
Candeias, Mario/Deppe, Frank (Hg.) (2001): Ein neuer Kapitalismus? Akkumulationsregime – Shareholder Society – Neoliberalismus und Neue Sozialdemokratie. Hamburg
Candeias, Mario (2000): Restrukturierung der räumlichen Organisation des Staates. In: Das Argument 3/42. 2000: 355-373
Castells, Manuel (2001): Die Netzwerkgesellschaft. 3 Bände. Opladen
Castells, Manuel (1996): The Rise of the Network Society. Cambridge (Mass.)
Castells, Manuel (1989): The Informational City. Cambridge (Mass.)
Cox, Kevin R. (ed.) (1997): Spaces of Globalization. Reasserting the Power of the Local. New York/London
Croach, Colin/Le Galès, Patrick/Trigilla, Carlo/Voelzkow, Helmut (eds.) (2004): Changing Governance of Local Economies – Responses of European Local Production Systems. Oxford
Deubner, Christian/Rehfeldt, Udo/Schlupp, Frieder/Ziebura, Gilbert (Hg.) (1979): Die Internationalisierung des Kapitals. Neue Theorien in der internationalen Diskussion. Frankfurt a.M.
Döhl, Volker/Sauer, Dieter (1995): Neue Unternehmensstrategien und regionale Entwicklung. In: IfS Frankfurt/INIFES Stadtbergen/ISF München/SOFI (Hg.) (1995): Jahrbuch Sozialwissenschaftliche Technikberichterstattung 1995. Göttingen/Berlin: 103-157

Dörre, Klaus/Röttger, Bernd (Hg.) (2005, i.E.): Die erschöpfte Region. Politik und Gewerkschaften in Regionalisierungsprozessen. Münster
Dörre, Klaus (1999): Local Heroes. Globalisierung, Partizipation und mikrosoziale Regulation. In: Fuchs et al. (Hg.) (1999): 92-135
Eckardt, Andrea/Köhler, Holm-Detlev/Pries, Ludger (Hg.) (1999): Global Players in lokalen Bindungen. Unternehmensglobalisierung in soziologischer Perspektive. Berlin
Egle, Christoph/Ostheim, Tobias/Zohlnhöfer, Reimut (Hg.) (2003): Das rot-grüne Projekt. Eine Bilanz der Regierung Schröder 1998-2002. Wiesbaden
Eskelinen, Heikki/Snickars, Folke (eds.) (1995): Competitive European Peripheries. Berlin
Esser, Josef/Görg, Christoph/Hirsch, Joachim (Hg.) (1994): Politik, Institutionen und Staat. Zur Kritik der Regulationstheorie. Hamburg
Fuchs, Gerhard/Krauss, Gerhard/Wolf, Hans-Georg (Hg.) (1999): Die Bindungen der Globalisierung – Interorganisationsbeziehungen im regionalen und globalen Wirtschaftsraum. Marburg
Glassmann, Ulrich (1999): Der Einfluss von Internationalisierungsstrategien auf die baden-württembergische Zulieferindustrie. Das Beispiel Mercedes-Benz. In: Eckardt et al. (Hg.) (1999): 189-209
Goodwin, Mark/Painter, Joe (1997): Concrete Research, Urban Regimes, and Regulation Theory. In: Lauria (ed.) (1997): 13-29
Goodwin, Marc/Duncan, Simon/Halford, Susan (1993): Regulation theory, the local state, and the transition of urban politics. In: Environment and Planning D: Society and Space 11. 1993: 67-88
Gramsci, Antonio (1996): Gefängnishefte. Hamburg
Granovetter, Mark (1985): Economic Action and Social Structure: The Problem of Embeddedness in High-Technology. In: American Journal of Sociology 3/91. 1985: 481-510
Harvey, David (2001): Spaces of Capital. Towards a Critical Geography. New York
Hay, Colin (1995): Re-stating the problem of regulation and re-regulating the local state. In: Economy and Society 3/24. 1995: 387-407
Heinze, Rolf G. (2003): Das „Bündnis für Arbeit“ – Innovativer Konsens oder institutionelle Erstarrung? In: Egle et al. (Hg.) (2003): 137-161
Hellmann, Gunter/Wolf, Klaus Dieter/Zürn, Michael (Hg.) (2003): Die neuen Internationalen Beziehungen. Forschungsstand und Perspektiven in Deutschland. Baden-Baden
Hirsch, Joachim/Jessop, Bob/Poulantzas, Nicos (2001): Die Zukunft des Staates. Denationalisierung, Internationalisierung, Renationalisierung. Hamburg
Hirsch, Joachim/Roth, Roland (1986): Das neue Gesicht des Kapitalismus. Vom Fordismus zum Post-Fordismus. Hamburg
Hübner, Kurt (1989): Theorie der Regulation. Eine kritische Rekonstruktion eines neuen Ansatzes der Politischen Ökonomie. Berlin
Jessop, Bob (2001): Globalisierung und Nationalstaat. Imperialismus und Staat bei Nicos Poulantzas – 25 Jahre später. In: Hirsch et al. (2001): 71-100
Jessop, Bob (1994): Post-Fordism and the State. In: Amin (ed.) (1994): 251-279
Jones, Martin (1999): New Institutional Spaces. London
Jürgens, Ulrich (1999): Neue Systeme der Produktentstehung im Spannungsfeld von Regionalisierung und Internationalisierung. In: Fuchs et al. (Hg.) (1999): 162-191
Katz, Cindi (2001): Vagabond Capitalism and the Necessity of Social Reproduction. In: Antipode 4/33. 2001: 709-728
Keil, Roger/Brenner, Neil (2003): Globalisierung, Stadt und Politik. In Scharenberg et al. (Hg.) (2003): 254-276
Kilper, Heiderose (1998): Regionalisierung. Prinzipielle Überlegungen und Denkanstöße aus der Internationalen Bauausstellung Emscher Park. In: Institut Arbeit und Technik (1998): Jahrbuch 1997/98. Gelsenkirchen: 114-128
Kilper, Heiderose/Rehfeld, Dieter (1992): Vom Konzept der Agglomerationsvorteile zum Industrial District. Überlegungen zur Bedeutung innerregionaler Verflechtungen und Kooperationsbeziehungen für die Stabilität von Regionen. Institut Arbeit und Technik. IAT-PS 03. Gelsenkirchen

Krätke, Stefan (1995): Stadt – Raum – Ökonomie. Einführung in aktuelle Problemfelder der Stadtökonomie und Wirtschaftsgeographie. Basel

Krebs, Hans-Peter (Hg.) (1998): Lipietz, Alain: Nach dem Ende des „Goldenen Zeitalters". Regulation und Transformation kapitalistischer Gesellschaften. Ausgewählte Schriften. Berlin/Hamburg

Kreibich, Rolf (1994): Strukturwandel durch harte oder weiche Standortfaktoren. In: Kreibich et al. (1994): 79-96

Kreibich, Rolf/Schmid, Arno S./Siebel, Walter/Sieverts, Thomas/Zlonicky, Peter (Hg.) (1994): Bauplatz Zukunft. Dispute über die Entwicklung von Industrieregionen. Essen

Lauria, Mickey (ed.) (1997): Reconstructing Urban Regime Theory. Regulating Urban Politics in a Global Economy. London/New Dehli

Lefêbvre, Henri (1976): De L'état. De Hegel à Marx par Staline. Vol. 2. Paris

Lipietz, Alain (1998): Das Nationale und das Regionale. Wie viel Autonomie bleibt angesichts der weltweiten Krise des Kapitalismus? In: Krebs (Hg.) (1998): 155-184

Lipietz, Alain (1985): Akkumulation, Krisen und Auswege aus der Krise. Einige methodische Überlegungen zum Begriff der „Regulation". In: Prokla 58/21. 1985: 109-137

Lüthje, Boy (2004): Kehrt der Fordismus zurück? Globale Produktionsnetze und Industriearbeit in der New Economy. In: Berliner Debatte INITIAL 1/15. 2004: 62-73

Lüthje, Boy (2003): Vom Post-Fordismus zum „Post-Korporatismus"? Vernetzte Massenproduktion und Regulation des Lohnverhältnisses in Silicon Valley. In: Buckel et al. (2003): 126-145

Lüthje, Boy (2002): Standort Silicon Valley. Ökonomie und Politik der vernetzten Produktion. Frankfurt a.M.

Lüthje, Boy (1998): „Vernetzte Produktion" und „post-fordistische" Reproduktion. Theoretische Überlegungen am Beispiel „Silicon Valley". In: Prokla 113.1998: 557-588

MacLeod, Gordon (2001): New Regionalism Reconsidered: Globalization and the Remaking of Political Economic Space. In: International Journal of Urban and Regional Research 4/25. 2001: 804-829

Maillat, Denis (1991): Vom ‚Industrial District' zum innovativen Milieu: Ein Beitrag zur Analyse der lokalisierten Produktionssysteme. In: Geographische Zeitschrift 1/86. 1991: 1-15

Marshall, Alfred (1920): Principles of Economics. London

Marshall, Alfred (1919): Industry and Trade. London

Marston, Sallie A. (2000): The social construction of scale. In: Progress in Human Geography 2/24. 2000: 219-242

Marston, Sallie A./Smith, Neil (2001): States, scales and households: limits to scale thinking? A response to Brenner. In: Progress in Human Geography 4/25. 2001: 615-619

Marx, Karl (1974): Grundrisse der Kritik der Politischen Ökonomie. Berlin/DDR

Massey, Doreen (1996): Space, Place and Gender. Cambridge/Oxford

Mayer, Margit (2003): Das Potenzial des Regulationsansatzes für die Analyse städtischer Entwicklungen am Beispiel territorialer Armutspolitik. In: Brand (Hg.) (2003): 265-280

MEW: Marx-Engels-Werke. Berlin/DDR

Meyer-Stamer, Jörg (2003): Governance – die vernachlässigte Kategorie in der lokalen Wirtschaftsförderung, unveröffentlichtes Manuskript. Duisburg

Ohmae, Kenichi (1996): The End of the Nation State. The Rise of Regional Economics. New York

Painter, Joe/Goodwin, Mark (1995): Local governance and concrete research: investigating the uneven development of regulation. In: Economy and Society 3/24. 1995: 334-356

Paul, Darel E. (2002): Re-scaling IPE: subnational states and the regulation of the global political economy. In: Review of International Political Economy 3/9. 2002: 465-489

Peck, Jamie/Tickell, Adam (1994): Searching for a new institutional fix: the after-Fordist crisis and the global-local disorder. In Amin (ed.) (1994): 280-315

Piore, Michael J./Sabel, Charles F. (1985): Das Ende der Massenproduktion. Studie über die Requalifizierung der Arbeit und die Rückkehr der Ökonomie in die Gesellschaft. Berlin

Porter, Michael E. (1993): Nationale Wettbewerbsvorteile. Wien

Porter, Michael E. (1999): Unternehmen können von regionalen Vernetzungen profitieren. In: Harvard Business Manager 3. 1999: 51-63

Poulantzas, Nicos (2001): Die Internationalisierung der kapitalistischen Verhältnisse und der Nationalstaat. In: Hirsch et al. (2001): 19-69

Rehfeld, Dieter (1999): Produktionscluster. Konzeption, Analysen und Strategien für eine Neuorientierung der regionalen Strukturpolitik. Berlin

Rehfeld, Dieter/Wompel, Mag (1997): Globalisierungsdebatte als Lernvermeidungsstrategie. In: Institut Arbeit und Technik. Jahrbuch 1996/97. Gelsenkirchen. 1997: 38-47

Ronneberger, Klaus (1995): Von High-Tech-Regionen lernen? In: Jahrbuch Sozialwissenschaftliche Technikberichterstattung 1995. Berlin.1995: 19-78

Röttger, Bernd (2003): Verlassene Gräber und neue Pilger an der Grabesstätte. Eine neo-regulationistische Perspektive. In: Brand et al. (Hg.) (2003): 18-42

Röttger, Bernd (2002): Nachfordistisches Produktionsmodell – „schmetternde Ouvertüre" einer neuen Formation des Kapitalismus? Insignien einer transnationalen Produktionsweise. In: Forschungsinstitut Arbeit, Bildung, Partizipation (FIAB): Jahrbuch Arbeit, Bildung, Kultur 2001/2002, Band 19/20, Recklinghausen. 2002: 85-99

Röttger, Bernd (1997): Neoliberale Globalisierung und eurokapitalistische Regulation. Die politische Konstitution des Marktes. Münster

Ruggie, John Gerard (1993): Territoriality and beyond: problematizing modernity in international relation. In: International Organization 1/47. 1993: 139-174

Sabel, Charles F. (1989): The reemergence of Regional Economies. Wissenschaftszentrum Berlin für Sozialforschung. FS I 89-3. Berlin

Sabel, Charles F. (1987): Regional Prosperities Compared: Massachusetts and Baden-Württemberg in the 1980s. Wissenschaftszentrum Berlin für Sozialforschung. IIM/87-10b. Berlin

Sablowski, Thomas (1994): Zum Status des Hegemoniebegriffs in der Regulationstheorie, In: Esser et al. (Hg.) (1994): 133-156

Scharenberg, Albert/Schmidtke, Oliver (Hg.) (2003): Das Ende der Politik? Globalisierung und der Strukturwandel des Politischen. Münster

Scherrer, Christoph (2003): Internationale Politische Ökonomie als Systemkritik. In: Hellmann et al. (Hg.) (2003): 465-494

Schmid, Christian (2003): Raum und Regulation. Henri Lefêbvre und der Regulationsansatz. In: Brand et al. (Hg.) (2003): 217-242

Scott, Allen J./Storper, Michael (1989): The geographical foundation and social regulation of flexible production complexes. In: Wolch et al. (eds.) (1989): 21-40

Scott, Allen J. (1988): From Silicon Valley to Hollywood. Growth and development of he multimedia industry in California. In: Braczyk et al. (Hg.) (1988): 136-162

Simonis, Georg/Martinsen, Renate/Saretzki, Thomas (Hg.) (2000): Politik und Technik. Analysen zum Verhältnis von technologischem, politischem und staatlichen Wandel am Anfang des 21. Jahrhunderts. Opladen

Sengenberger, Werner (1994): International labour standards in a globalized economy. In: Sengenberger et al. (eds.) (1994): 3-15

Sengenberger, Werner/Campbell, Duncan (eds.) (1994): International Labour Standards and Economic Interdependence. Geneva

Smith, Neil (1995): Remaking scale: competition and cooperation in prenational and postnational Europe. In: Eskelinen et al. (eds.) (1995): 59-74

Smith, Neil (1993): Homeless/global: scaling places. In: Bird et al. (eds.) (1993): 87-119

Storper, Michael (1993): Regional „Worlds" of Production: Learning and Innovation in the Technology Districts of France, Italy and the USA. In: Regional Studies 5/27. 1993: 433-455

Swyngedouw, Erik (1997): Neither Global nor Local. „Glocalization" and the Politics of Scale. In: Cox (ed.) (1997): 137-166

Tömmel, Ingeborg (1994): Staatliche Regulierung und europäische Integration. Die Regionalpolitik der EG und ihre Implementation in Italien. Baden-Baden

Winter, Jens (2003): Regulation und Hegemonie in nach-fordistischen Zeiten. Notizen zur raumtheoretischen Herausforderung. In: Brand et al. (Hg.) (2003): 196-216

Wissen, Markus (2005, i.E.): Standortbündnisse und Modernisierungskoalitionen. Die Regulation ungleicher Entwicklung im „post-montanindustriellen“ Ruhrgebiet. In: Dörre et al. (Hg.) (2005, i.E.)

Wissen, Markus (2000): Die Peripherie in der Metropole. Zur Regulation sozialräumlicher Polarisierung in Nordrhein-Westfalen. Münster

Wolch, Jennifer/Dear, Michael (eds.) (1989): The Power of Geography: How Territory Shapes Social Life. Boston

Internet-Adressen

Antipode. A Radical Journal of Geography: www.blackwellpublishing.com/journal.asp?ref=0066-4812

International Network for Urban Research and Action (INURA): www.inura.org/

Regulationstheorie: www.lateinamerika-studien.at/content/wirtschaft/ipo/ipo-2034.html

Sozialpolitische Programmierungen

Fabian Kessl und Susanne Krasmann

Abstract

Das Soziale wurde im 19. Jahrhundert in einer bestimmten Art und Weise programmiert, also vor-geschrieben und bekannt gemacht: als wohlfahrtsstaatliches Arrangement. Dieses Arrangement wird in der Bundesrepublik seit den 1970er Jahren und nochmals zugespitzt seit Ende der 1990er Jahre radikal transformiert. Symptomatisch für diese neo-soziale Transformation des Sozialen sind die Programmierungsweisen der Responsibilisierung und der Territorialisierung. Mit Rekurs auf Perspektiven der Studien zur Gouvernementalität wird im Folgenden der Programmierungsbegriff als sozialtheoretisches Analyseinstrument eingeführt und der neo-soziale Transformationsprozess am Beispiel von Kriminologie und Sozialer Arbeit dargestellt.

1. Programmierungen des Sozialen

„Cäsar ist eine Primzahl" (Carnap 1931: 227). Dieses Beispiel dient Rudolf Carnap als Illustration seiner Reaktion auf Martin Heideggers Überlegungen zur Metaphysik (vgl. Carnap 1931). Carnap erklärt in seiner Entgegnung den römischen Herrscher zur Primzahl, um zu verdeutlichen, dass Heidegger mit seiner Deutung Sphären vermenge, Unvereinbares in eins bringen wolle. Der Metaphysiker wolle über wahr und falsch sprechen und mache doch keine Aussage, sondern bringe nur ein Lebensgefühl zum Ausdruck, wenn er auf das menschliche „Sein" verweise. Mit einer solchen Vorgehensweise agiere er analog zur Sphäre des Künstlerischen, entspreche aber in keiner Weise den logischen Regeln in der Sphäre des Theoretischen, obwohl er die Regeln von Widerlegung und Begründung für sich beanspruche. Damit betreibe Heidegger wie alle Metaphysiker eine begriffliche *Sphärenvermengung*. „Carnap sah ihn als einen in die Philosophie verirrten Ausdruckskünstler, als heimlichen Musiker, der das falsche Medium gewählt habe" – und dieses dazu hin noch schlechter beherrsche als diejenigen, die sich bewusst für dieses Medium entschieden (Pörksen 1989: 109): „Metaphysiker sind Musiker ohne musikalische Fähigkeit." (Carnap 1931: 240).

Vermengen wir mit unserer Rede von einer *Programmierung des Sozialen* nicht auch verschiedene „Sphären"? Schließen wir uns einmal dem positivistischen Denken eines Rudolf Carnap an: „mathematisieren" wir nicht sozialtheoretische Perspektiven? Denn programmiert werden Lackieranlagen, Industrieroboter oder Schweißzellen; auch organische Moleküle werden zur Erzeugung von Produktstrukturen zu programmieren versucht; außerdem stellt eine Computersoftware das Ergebnis von

Programmierungsleistungen dar. Wird etwas programmiert, so wird etwas *vor-geschrieben*: Software-Programmierungen, etwa eines Betriebssystems, werden festgelegt. Diese Festlegungen können nur durch einen Eingriff in die grundlegende – in Zahlen verfasste – Funktionsstruktur wieder verändert werden. Doch kann „das Soziale", also das, was das historisch-spezifische Zusammenleben von Menschen ausmacht, fixiert werden wie der Quellcode einer HTML-programmierten Webseite (vgl. Rose 1996: 75)? Versteht man Gesellschaften nicht eher, wenn man sich geltende Normen und Werte anschaut, ihre Kultur und also ihre Regeln der Interaktion und die Weisen, in denen soziale Bedeutungen und sozialer Sinn hergestellt wird? Haben wir es beim „Sozialen" nicht mit einer „Materie" zu tun, die sich mathematisch nicht angemessen beschreiben, geschweige denn berechnen und determinieren lässt?

Sozialtheoretiker sprechen von einer „Erfindung des Sozialen" (vgl. Donzelot 1980) und meinen damit zweierlei: Zum einen wird die Gesellschaft tatsächlich mit Hilfe von Instrumenten wie Statistik und Wahrscheinlichkeitsrechnung zu einer berechenbaren, also *quantifizierbaren* Größe. Die Kameralistik und die deutsche Polizeywissenschaft stellen die frühen administrativen Formen dieser Technik der systematischen Datenerfassung dar. Seit dem 17. Jahrhundert wird die Bevölkerung auf diese Weise zum Gegenstand eines systematischen politischen Kalküls und zu einer Gesamtheit, die mehr als die Summe ihrer Teile ist: Man beginnt soziale Regelmäßigkeiten zu erkennen, Kollektivphänomene, wie sie in Krankheits-, Sterbe- oder Unfallraten beschrieben werden und die ein einzelnes Schicksal in den Kontext sozialer Lebensbedingungen stellen (vgl. Deflem 1997). Erst die Verknüpfung von Statistik und Wahrscheinlichkeitsrechnung im 19. Jahrhundert erlaubt indes, diese Regelmäßigkeiten als Risiken kalkulierbar zu machen. Das Risiko ist paradigmatisch für die Existenz des Sozialen: Es lässt einen Unfall, einen Autounfall oder einen Arbeitsunfall, nicht mehr als individuelles Versagen oder göttlich verantwortet erscheinen, sondern als Folge des Zusammenlebens der Menschen. Begeben wir uns in den Straßenverkehr oder bedienen wir die Maschinen am Arbeitsplatz, so müssen wir damit rechnen, dass uns etwas zustößt. Das Industriezeitalter generiert diese moderne Bedeutung des Unfalls, der kein metaphysisches Übel mehr ist, die Vorsehung einer höheren Ordnung, aber auch kein bloßer Zufall. Der Unfall ist wahrscheinlich angesichts von Technik und Maschinen, die ihrerseits auf eine Objektivität verweisen, auf die Gesellschaft. Lebensrisiken werden zunehmend als „normal" angesehen und zugleich als soziale Produkte verstanden, die aus dem Zusammenwirken der Vielen hervorgehen (vgl. Ewald 1993; Schmidt-Semisch 2002: 19ff.). „Normalisierung setzt (...) die Homogenisierung und Kontinuierung des Heterogenen und Diskontinuierlichen unbedingt voraus. Nur in einem homogenen und kontinuierlichen Feld können kontinuierliche Datenerhebungen und Bildungen von Gesamtdurchschnitten vorgenommen werden" (Link 1998: 156). Das Versicherungswesen, das Ende des 19. Jahrhunderts entsteht, und Versorgungs- und Fürsorgeinstanzen, wie sie bereits seit dem zweiten Drittel des 19. Jahrhunderts implementiert werden, stellen die praktische Umsetzung dieses Denkens dar. Die Konstruktion kollektiver Versicherungs-, Versorgungs- und Fürsorgestrukturen war erst auf der Basis eines „Geist(es) mathematischer Egalität" (Welsch 1996: 78) denkbar; die verwaltungsmäßige Implementierung eines wissenschaftlichen und technischen *Know-hows* ermöglicht nunmehr eine Programmierung des Sozialen: Nicht nur werden Risiken wie das des Arbeitsunfalls, der Krankheit oder der Arbeitslosigkeit monetär kompensierbar und ihre Verhinderung zu einer Aufgabe in öffentlicher Verantwortung erklärt. Vielmehr erschließen Versicherungs-, Versorgungs- und Fürsorgetechnologien auch neue politische Interventionsfelder. Der Staat schwingt sich zum „Förderer des Sozialen“ (vgl. Donzelot 1994) auf; er kann für ökonomischen wie für sozialen Wohlstand sorgen. Historisch wird auf diese Weise ein Instrumentarium zur Befriedung der „sozialen Frage“ geschaffen, aber auch eine neue Zugriffsform auf das Individuum. Sozialpolitik verlangt eine Normierung der Individuen, und das ist die zweite, *qualitative* Komponente jener Erfindung des Sozialen. Die Bewilligung sozialer Leistungen erfordert die Einschätzung einer Bedürftigkeit oder Berechtigung und eine entsprechende Einschätzung der Personen, die in diesen Verfahren der Beurteilung erst zu bestimmten Individuen werden, zu Arbeitslosen oder Arbeitswilligen, zu Leistungserschleichern oder zu Leistungsberechtigten. Das System der sozialen Sicherung geht mit Systemen der sozialen Unterscheidung einher und eröffnet Felder sozialer Interventionsformen, von Hygiene-, über Ernährungsprogrammen bis zur Jugendfürsorge. Strategien der Mathematisierung stellen also die Voraussetzung für eine Bestimmung kranker, krimineller oder sozial marginalisierter Bevölkerungsgruppen dar (*Diagnose*) und gleichzeitig machen sie gezielte Interventionsstrategien in Bezug auf bestimmte und bestimmbare Bevölkerungsgruppen möglich (*Therapie*).

Mehr noch: In dem Moment, in dem die Gesellschaft als eine eigene Entität erscheint, als ein sozialer Körper mit spezifischen Anfälligkeiten, die auf gewisse Regelmäßigkeiten zurückzuführen sind, in dem Moment wird die Gesellschaft auch zu einem zu schützenden Körper. In der Kriminalpolitik taucht das Prinzip der „Verteidigung des Sozialen“ auf und mit ihm etabliert sich die Kriminologie als Wissenschaft. Der Verbrecher wird zum Gegenstand des Wissens und des politischen Kalküls. Das „gefährliche Individuum“ ist das Pendant zur Gesellschaft, im doppelten Sinne: Es stellt eine Gefahr für die Gesellschaft dar, die es auszuschließen, auszumerzen oder einzudämmen und zu transformieren gilt; gleichzeitig wird es nur im Spiegel der Gesellschaft als solche erkennbar. Es verkörpert die Abweichung von den Normen, die eine Gesellschaft sich selber gibt, und ist insofern ein genuin gesellschaftliches Produkt (vgl. Foucault 1988).

Auch sozialpolitische Strategien erfahren ihre Legitimation daher mit Verweis auf delinquentes Verhalten, das es zu verhindern gelte. Die erfolgreiche Ausgestaltung der öffentlichen Fürsorge zeichne sich demnach dadurch aus, so Daniel von der Heydt mit Bezug auf das Elberfelder System: „den Arbeitslosen Arbeit verschafft, die Arbeitsscheuen ohne Nachsicht abgewiesen“ und eben „Widerspenstige vor den Strafrichter geführt, Eltern mit den Kindern, Kinder mit Eltern mittels Ermahnung oder Anwendung des Gesetzes verbunden und im allgemeinen in weiten Kreisen Sitte und Ordnung und Gefühl von Ehre und Pflicht hervorgerufen und erstrebt zu haben“ (Sachße/Tennstedt 1980: 218).

Die Thematisierung der *sozialen Frage* vollzieht sich im ausgehenden 18. und beginnenden 19. Jahrhundert also nicht so sehr im Rahmen eines Projektes der Humanisierung von Arbeits- und Alltagswelten, sie zielt vielmehr auf spezifische Führungsformen von Menschen: „Nicht aus der Perspektive der Verringerung und Beseitigung von Armut und Elend, sondern der Abwehr ihrer gefährlichen Konsequenzen für die Gesellschaft eines neuen Reichtums wird gedacht und gehandelt" (Evers/ Nowotny 1987: 109). Die politisch erzwungene Solidarität von Erwerbstätigen als Sozialversicherungsmitglieder seit den 1880er Jahren im Deutschen Reich und einige Jahre später in anderen mittel- und westeuropäischen Ländern resultiert nicht primär aus politischer Einsicht in die generelle Notwendigkeit einer Begrenzung oder Überwindung sozialer Problemlagen. Diese haben im 19. Jahrhundert zwar ihre Form verändert, aber keineswegs zu völlig neuen Verteilungsmustern geführt – ganz im Gegenteil zeigt sich eine verblüffende Gestaltpermanenz sozialer Stratifikationsmuster (vgl. Wehler 1995: 704ff.).

Legitimation erfuhr das Programm der Solidarität durch die entstehenden Sozialwissenschaften (Soziologie, Sozialmedizin, Statistik oder Sozialpädagogik), deren gemeinsames Ziel die „Suche nach Ordnung", eine mathematisierte Programmierung des Sozialen, war (Evers/Nowotny 1987: 74; vgl. Bauman 2000: 246ff.). Sie fand ihre Repräsentation in der Bevölkerungsstatistik (vgl. Barlösius 2001), die es ermöglichte, Bevölkerungsgruppen als berechenbare Einheiten zu generieren. Solche *Objektivierungen der Gesellschaft* waren wiederum die Voraussetzung dafür, Bevölkerungen politisch zu regulieren (vgl. Krasmann 2003: 99ff.). Wohlfahrtsstaatliche Regierungsstrategien bezogen sich auf das Ganze der Bevölkerung, den sozialen Raum der Gesellschaft. Sozialversicherungen und öffentliche Fürsorgestrukturen waren instrumenteller Ausdruck dieses neuen Gesellschaftsvertrags bürgerlich-kapitalistischer Gesellschaftsformationen (Schmidt-Semisch 2002: 30). (Sozial)Staatliche Institutionen übernahmen die Kalkulation berechenbarer Risiken. Denn es galt die Freiheit der Einzelnen in einer Weise zu beschränken, dass industrie-kapitalistische Produktions- und Reproduktionsprozesse gesichert waren. Der entstehende Sozialstaat realisierte diese neue Form einer Regierung des Sozialen mit der Implementierung eines spezifischen sozialen Sektors.

2. Programmanalyse

Der Begriff des Programms geht auf das Griechische *prográmma* oder *prográphein* zurück und heißt soviel wie „schriftlich bekannt machen" oder auch „öffentlich vorschreiben". Im Alltagsverständnis meint Programm zum Beispiel einen Veranstaltungsablauf, den es ankündigt, den es aber auch selbst darstellt. Dabei sind prospektiver Verweis und der Prozess selbst freilich nicht dasselbe. Das eine meint das Reden über, das Protokoll, das andere das Tun, das dem Protokoll folgen soll, dabei jedoch seine eigene Grammatik entfaltet, die nicht immer vorhersehbar ist und von anderen Ereignissen durchkreuzt werden kann.

Politische Programme lassen sich zum Beispiel aus Positionspapieren von Interessensgruppen, aus Koalitionsverträgen oder administrativen Vorgaben – auf regionaler, nationalstaatlicher oder internationaler Ebene – erschließen. In solchen Zusammenhängen erfährt der soziale Raum des Lokalen gegenüber dem sozialen Raum der Gesellschaft seit einigen Jahren eine immense politische Aufwertung. Soziale Kohäsion soll durch die Aktivierung kleinräumiger Verantwortungsgemeinschaften die nationalstaatlich gesicherte Integration in „globalisierten Zeiten" ersetzen, wie die Sozialkapitalprogramme der Weltbank (vgl. http://www.worldbank.org/poverty/scapital/index.htm), der EU (vgl. Europäische Kommission 2002 und „Lokales Soziales Kapital (LOS)") oder der Bundesregierung (vgl. Bundesprogramm „Soziale Stadt" und Parallelprogramm „Entwicklung und Chancen junger Menschen in sozialen Brennpunkten (E&C)") verkünden.

Programme sind wissensförmig: Sie setzen ein Wissen von der Realität voraus oder machen ein Realitätsfeld zum Objekt des Wissens und auf diese Weise zum Gegenstand des Programmierens (vgl. Gordon 1980: 248). Sie stellen bestimmte Formen gesellschaftlicher Problematisierung dar und schon auf diese Weise formen sie die Realität, die sie in ihrer Sprache und Denkweise zuschneiden. Indem sie Probleme definieren und Ziele formulieren – zum Beispiel eine mangelnde Fähigkeit von Gesellschaftsmitgliedern, selbständig die Sicherung und Vorsorge gegen Lebensrisiken zu betreiben, so dass es notwendig erscheint, kleinräumige Aktivierungsmaßnahmen zu implementieren –, legen Programme Gegenstandsbereiche und die Relevanz von Gegenständen fest, und sie zeigen die Richtung an, auf die hin die Realität zu verändern ist (vgl. Lemke 1997: 147). So kann die Rede von lokalen Kohäsionskräften das Verhältnis von Staat und Bürger problematisieren und dabei voraussetzen, dass diese zu sehr von staatlichen Leistungen und Vorgaben abhängig seien; sie kann damit eine Gesellschaft anvisieren, in der der Einzelne mehr Eigeninitiative, Partizipationsbereitschaft oder selbstverantwortlichen Unternehmergeist zu entwickeln habe.

Freilich fabrizieren solche Programme noch keine partikulare Verantwortung lokaler Gemeinschaften, sondern stellen zunächst nur eine Anrufung an die Akteure dar, sich als selbstverantwortlich („Unternehmer seiner selbst") zu begreifen. Programme sind kein Abbild der Realität. Sie sagen noch nichts über das konkrete Handeln und ihre eigene Wirkung aus, aber sie artikulieren die Intention, haben das Potenzial und nicht selten bieten sie auch das passende Instrumentarium, um politische und soziale Prozesse zu steuern.

Programme sind performativ, gerade darin dass sie visionär sind, dass sie Erstrebenswertes projizieren und Wege und Verfahren aufzeigen, die dahin führen sollen. Sie rationalisieren Formen der Machtausübung und untermauern bestehende Herrschaftsstrukturen: Indem sie Problemfeststellungen, Ziele und Strategien der Bearbeitung ins Verhältnis zueinander setzen, artikulieren sie Denkweisen und etablieren bestimmte Ordnungsvorstellungen. Sie formen die Realität in dieser Rationalität. Dies geschieht nicht nur auf dem Papier, vielmehr können Programme sich in Praktiken einschreiben, und das ist es, was ihre *Realitätsmächtigkeit* ausmacht (vgl. Miller/Rose 1993: 78). Sie können sich in institutionalisierten Verfahren und Abläufen durchsetzen und sich beispielsweise in der Gestaltung von Architektur und öffentlichen Räumen materialisieren. Strategische Räume, die sich in Anordnungen, Regelungen und Praktiken bilden, lassen sich daher ihrerseits als Programme dechiffrieren, die das Verhalten von Akteuren steuern.

Programme können die Subjektivität der Menschen formen, die sich bestimmte Sichtweisen zu Eigen machen. Dabei handelt es sich nicht um Ideologie, es geht nicht darum, dass den Menschen ein „falsches Bewusstsein" vermittelt würde und eine Differenz zwischen ihrem wahren Selbst und einem ihnen aufgezwungenen Selbst auszumachen wäre (vgl. Ritsert 2002: 57). Indem Programme Probleme beschreiben und vorwegnehmen, wie der Mensch sich begreifen sollte, formulieren sie vielmehr, wie der Mensch ist und sein kann. Sie sind deskriptiv und darin zugleich präskriptiv. Sie bieten Subjektivitäten an und regieren die Individuen, die sich damit identifizieren, durch diese Subjektivitätsfolien hindurch. Sie bieten Deutungsschemata, mit denen Menschen sich verorten und in denen sie verortet werden, und insofern konstituieren sie Subjekte. Daher stellen Programmierungen des Sozialen Scharniere der Subjektivierung zwischen Unterwerfung und Subjektwerdung dar (vgl. Butler 2003: 59). Sie bilden Schnittstellen zwischen den Weisen des Regierens und den Formen, in denen Menschen sich selbst regieren.

Die Analyse von Programmen geht indes nicht davon aus, dass Programmierungen einen einfachen Umsetzungsprozess beschreiben: Die Aktivierung lokalen sozialen Kapitals wird beispielsweise als Ziel neuer Stadtentwicklungsprogramme und eines damit verbundenen Quartiersmanagements proklamiert. Die Frage einer programmanalytischen Rekonstruktion wäre dann, wie diese Probleme aufgegriffen, übersetzt und umgebogen werden, unter welchen Bedingungen die Probleme, die sie formulieren, überhaupt Gehör finden und auf Akzeptanz bzw. auf Widerstand stoßen.

Nicht ob oder wie Programme richtig umgesetzt werden, gilt es daher zu eruieren, auch nicht, ob die Ziele, die sie formulieren, prinzipiell wünschenswert oder ihre Lösungsvorschläge geeignet sind. In diesem Sinne ist die Fragestellung nicht normativ, wohl aber darin, dass sie die Bedingungen auszuloten sucht, unter denen bestimmte Normen wirksam werden, und dass sie untersucht, mit was für einer Gesellschaft wir es zu tun haben, die bestimmte Probleme als die ihren akzeptiert, in bestimmter Weise diskutiert und traktiert. Gegenstand der Analyse sind die Denk- und Sichtweisen, die Programme vermitteln, und die Frage ist, wie diese Sichtweisen sich in Technologien des Regierens, also in systematischen Praktiken der Menschenführung realisieren (vgl. Foucault 1987).

Dabei können Programme nicht nur die Subjektivität von Menschen formen. Soziale Praktiken können ihrerseits „Wissensbereiche erzeugen, die nicht nur neue Objekte, neue Konzepte, neue Techniken hervorbringen, sondern auch gänzlich neue Formen von Subjekten und Erkenntnissubjekten“ (Foucault 2003: 10). Formen der Subjektivierung beschreiben nicht kohärente Entitäten, sondern streng genommen nur Momente und Aspekte von Personen oder Subjekten. Als einer der ersten hat Robert Castel (1983) diese Einsicht am Beispiel von Risikotechnologien verdeutlicht. Diese dekonstruieren das Individuum in den Verfahren von Statistik und Wahrscheinlichkeitsrechnung, sie lösen es in Daten auf und stellen statistisch Vergleichbarkeiten her. Umgekehrt rekonstruieren sie Individuen als Subjekte, die in der Projektion von Risikofaktoren selbst zu Trägern variabler gesellschaftlicher Datensätze werden. Auf diese Weise werden gesellschaftliche Gruppen in technischen Verfahren gebildet und zugleich vorstellbar, handhabbar und letztlich regierbar gemacht, während die Individuen sich ihrerseits spezifischen Technologien des Selbst unterworfen sehen, nämlich einer Arbeit an sich selbst im Namen der Risikovorsorge.

Im Gegensatz zu konventionellen Handlung-Struktur-Dualismen fokussiert die Analyse von Technologien des Regierens und ihren Subjektivierungsweisen die dynamische Relationalität von Akteuren und sozialen Zusammenhängen. Weder „Subjekte“ noch „das Soziale“ werden somit als Konstituenten verstanden, deren In-Verhältnis-Setzung entweder handlungs- oder strukturtheoretisch analysiert werden sollte. Vielmehr werden beide Aspekte als uneinheitliche und vielfältige Sphären erfasst, die ein Spannungsfeld bilden, das sich in Form historisch-spezifischer Subjektivierungsweisen materialisiert.

3. Von der wohlfahrtstaatlichen Konzeption und ihrer neo-sozialen Transformation

„Plastikwörter“ nennt Uwe Pörksen Begriffe, mit denen menschliche Zusammenhänge vereinfacht, in vereinheitlichte Räume aufgeteilt und enthistorisiert werden. Termini wie *Modernisierung*, *Entwicklung* oder *Zukunft* bringen seines Erachtens „vielfältig abgestufte Ausdrucksmöglichkeiten“ dadurch „zum Schweigen“, dass sie Wissenschaftlichkeit und eine durch Expertise bestimmbare, planbare und damit gestaltbare Welt suggerieren (vgl. Pörksen 1989: 28ff.). Uwe Pörksen problematisiert mit seinem Hinweis eine zunehmende „Uniformierung der Umgangssprache“ (ebd.: 43). Sprachen würden „global gestanzt“ und mit einem kleinen Begriffsfundus weltweit bestimmte Bewegungen legitimiert, der sich alle Beteiligten zu unterwerfen hätten, wenn sie nicht zurückbleiben wollten.

Unsere Rede von Programmierungen des Sozialen schließt sich dieser Kritik an. Anders als die Diagnosen von einer Risiko- oder Multioptionsgesellschaft, von Individualisierung und einer Erlebnisgesellschaft, von einer Ära des Postfordismus oder des Neoliberalismus setzt die Analyse von Programmierungen auf der Ebene konkreter sozialer Praktiken an. Gesellschaft betrachtet sie nicht aus einer Zentralperspektive, auch sucht sie nicht nach einem einheitlichen Funktions- oder Ordnungsprinzip, mit dem gesellschaftliche Veränderungen beschrieben werden können. Vielmehr nimmt sie Rationalitäten und Technologien in den Blick, „die Gesellschaft als Einheit überhaupt erst denkbar machen und praktisch herstellen“ (vgl. Bröckling/Krasmann/Lemke 2004).

Die „globalen Stanzungen“, die Uwe Pörksen als ein Charakteristikum der seit Mitte der 1970er Jahre entstehenden fortgeschritten liberalen Arrangements des Sozialen bestimmt, sind gleichwohl nicht nur semantische Phänomene, sondern Ausdruck und Teil veränderter Regierungsstrategien des Sozialen, neuer (Regierungs-) Grammatiken (vgl. Fach 2000; Bröckling/Krasmann/Lemke 2004). Übereinkünfte zur Gestaltung des Sozialen werden seither grundlegend verändert: Wohlfahrtsstaatliche Regierungsweisen werden in neo-soziale überführt, und diese neo-sozialen Regierungsstrategien basieren auf einer Ergänzung und Transformation sozialstaatskritischer Einwände durch neo-liberale Freiheitsideologien und neo-klassische Ökonomiemodelle (vgl. Hayek 1991; Friedman 1976). Die *Uniformierung* neo-sozialer Regierungsprogramme liegt gerade in ihrem *Pluralitäts-* und *Individualitätsversprechen*. Glaubt man ihren Protagonisten, ermöglichen sie eine *allgegenwärtige Zugänglichkeit*: Jeder Lebensstil und jedes Wissen stehe inzwischen potenziell allen zur Verfügung (vgl. Bauman 2000: 289). Wahlfreiheit lautet das (neo-liberale) Credo. Während wohlfahrtsstaatliche Programme sozialer Ordnung darum bemüht waren, vorherrschende Normalitätsmuster aufrechtzuerhalten (*männliche Normalerwerbs- und weibliche Reproduktionsarbeitsbiographien*), zielen neo-soziale Regierungsprogramme auf die Stabilisierung individueller Verfügbarkeit (*individuelle Lebensstile*).

Die bisherige wohlfahrtsstaatliche Organisation des Sozialen war durch die Sicherung der Überbrückungsmöglichkeit von politischer Organisation und wirtschaftlichen Bereichen gekennzeichnet – es ging um die Regierungsfähigkeit des Kapitalismus in seiner klassisch industriellen Gestalt (vgl. Castel 2000). Während wohlfahrtsstaatliche Programme sozialer Integration, die in einer Mehrzahl von OECD-Staaten bis Mitte der 1970er Jahre vorherrschend waren, ihren Orientierungspunkt im *sozialen Raum der Gesellschaft* suchten (vgl. Bourdieu 1995), fokussieren neo-soziale Programme sektorale Inklusionsprozesse in *sozialen Räumen lokaler Gemeinschaften* (vgl. Rose 1996).

„Neo-sozial" sind diese Programme einerseits, weil der Fokus von der Gesellschaft auf kleinräumige lokale Gemeinschaften verschoben wird, die bisherige nationalstaatliche Gestalt des Sozialen also eine grundlegende Veränderung erfährt. Kollektivstrukturen, wie das im Instrument von Sozialversicherungen institutionalisierte Solidarprinzip, werden mit Verweis auf „Standort-" und „Lebensqualitätsbedingungen" als hinderlich, ineffizient und ineffektiv ausgewiesen und sollen durch privatwirtschaftlich-kaufmännische partikulare Strukturen ersetzt werden (vgl. das Äquivalenzprinzip privater Renten- und Krankenversicherungen). Andererseits wird subjektives Engagement proklamiert, einzelnen Personen und bestimmten Bevölkerungsgruppen soll die Verantwortung zur Lebensgestaltung mit allen Konsequenzen übertragen werden, verbunden mit dem Versprechen einer Freisetzung aus scheinbar beschränkenden staatlichen Normierungsmustern: „Wenn ihr bereit seid, euer Leben in die eigene Hand zu nehmen, bieten wir euch Projekte an, die anzupacken sich lohnt – und wir halten euch den Rücken frei", versprach Bodo Hombach (1998: 69) als Wahlkampfmanager des späteren bundesrepublikanischen Kanzlers.

Die Überzeugung, die sich mit der Erfindung des Sozialen verband, nämlich dass das Soziale messbar sei, wird gegenüber den wohlfahrtsstaatlichen Varianten der Bevölkerungserfassung noch überboten und zugleich kleinräumig umgebaut. Die Programme mathematisieren und technisieren das Soziale in einem bisher ungekannten Maße, indem ökonomische zu allgemeingültigen Ordnungsprinzipien erklärt werden. „Das Ökonomische ist in dieser Perspektive nicht ein fest umrissener und eingegrenzter Bereich menschlicher Existenz, sondern umfasst prinzipiell alle Formen menschlichen Verhaltens" (Lemke/Krasmann/Bröckling 2000: 16). Die funktionalistische Raffinesse dieser Ökonomisierungsstrategien liegt in ihrer Suggestion, Regierung werde damit immer weniger nötig, denn kaufmännische Berechnungen ersetzten politische Aushandlungsprozesse (vgl. Latour 2001: 172ff.). Gleichzeitig eröffne die Übertragung der Lebensgestaltungsverantwortung an die einzelnen Subjekte den Weg in ein „Reich der Freiheit". „Verantwortung muss, um wirkungsvoll zu sein, persönliche Verantwortung sein", so der neo-liberale Vordenker Friedrich Hayek (1991). Dieser kalkulierbare Verantwortungsbereich der Einzelnen realisiert sich in den neuen territorial fokussierten Regierungsprogrammen.

Wenn wir von Programmierungen des Sozialen sprechen, nehmen wir damit eine historisch-spezifische Verschiebung in der Gestaltung menschlicher Zusammenhänge in den Blick. Die neo-sozialen Programme und die Technologien des Regierens, die an sie anschlussfähig sind, bilden strategische Formationen: Sets von Technologien, deren Zusammenwirken eine bestimmte Richtung einschlägt und spezifische Weisen der Subjektivierung hervorbringt. So sind wohlfahrtsstaatliche Programme solche sozialer Integration, die sich mit Verweis auf soziale Probleme legitimieren. Bestimmte Lebenslagen werden nicht mehr nur als benachteiligt, hilfsbedürftig oder unterstützungswürdig identifiziert, sondern die Beseitigung, Substitution und Verhinderung dieser sozialen Probleme wird zum öffentlichen Auftrag erklärt. Neosoziale Inklusionsstrategien erfahren ihre Begründung demgegenüber, indem sie auf subjektive Unzulänglichkeiten und damit verbundene Beziehungsstörungen verweisen. Staatliche Maßnahmen suchen daher die Einzelnen so zu aktivieren, dass sie ihre *Lebensgestaltungsverantwortung* selbst übernehmen. Ein solcher „Gebrauch der eigenen Kräfte" ist das Ziel neo-sozialer *Responsibilisierungsstrategien* (vgl. Kessl 2005; vgl. Krasmann 2003: 183f.), die mit dem Prinzip „no rights without responsibilities" (Giddens 1998: 65) operieren. Aktivierung durch Verantwortungszuweisung heißt es nun vor allem dort, wo die Menschen nicht mehr „zusammen kegeln gehen": In bestimmten von sozialen Problemlagen besonders betroffenen Wohnarealen. Hier gilt es, das *soziale Kapital* der Bewohnerinnen und Bewohner zu aktivieren, um eine neue *lokale Gemeinschaftlichkeit* zu (er)wecken (vgl. Kessl/Otto 2004).

Diese *Community*-Orientierung fungiert wie ein Scharnier, das die politische Restrukturierung von Gesellschaft und Staat an die Einzelnen weiterleitet: Anders als in der wohlfahrtsstaatlichen Grammatik werden Risiken jetzt tendenziell nicht mehr sozialisiert, sondern privatisiert und auf einzelne Akteure bzw. Akteursgruppen (*Subjekte*) übertragen. Staatliche Sicherungs- und Unterstützungsstrukturen werden in zivilgesellschaftliche und marktwirtschaftliche überführt. Die Frage, wer oder was die Gesellschaft zusammenhält, stellt sich damit neu. Die Strategie, soziale Inklusionspotenziale nunmehr in lokalen Gemeinschaften auszumachen, verbindet beides, moralische Inklusion wie individuelle Verantwortungszuweisung. „Wenn wir soziales Verhalten fördern und die gegen die Gesellschaft gerichteten Handlungen zügeln wollen", so Amitai Etzioni (2001: 146), einer der Protagonisten eines substantialistischen Kommunitarismus (vgl. Forst 1994), „dann täten wir gut daran, uns mehr auf die feinsinnigen und informellen Druckmittel der Gemeinschaft zu verlassen, wie etwa Zustimmung und Tadel, als auf staatliche Zwangsmaßnahmen." „Gute lokale Gemeinschaften" sollen ein „wertevermittelndes" Vergemeinschaftungsprogramm initiieren (vgl. Etzioni 1993). Gemeinschaft stellt sich jedoch nicht nur über diesen impliziten moralischen Druck in die Zugehörigkeit her, sondern wird auch durch den nicht minder moralischen Appell an eine „aktive Bürgerschaft" mobilisiert. Wenn dieser seinerseits das autonome, atomistische Individuum voraussetzt, das sich selbständig für Zugehörigkeit und Engagement entscheidet, steht das nicht im Gegensatz zum kommunitaristischen Solidarprinzip (vgl. Hayek 1991: 102f.). Beide Strategien einer „Etho-Politik" (Rose 1999: 188) gehen nämlich gerade nicht von einer tradierten Gemeinschaft, sondern von einer künstlichen Community aus, die erst herzustellen ist und für die sich die Individuen entscheiden müssen (vgl. Lash/Urry 1994: 50). Strategien einer Aktivierung sozialen Kapitals erweisen sich somit als ein entscheidender Bestandteil von Strategien einer *Territorialisierung* des Sozialen (vgl. Kessl/Otto 2005), die von kalkulierenden Individuen ausgeht, die sich ihre Chancen und Möglichkeiten der Lebensgestaltung selbst ausrechnen.

4. Neo-soziale Programmierungen

Das Regieren über soziale Nahräume, eine *Territorialisierung des Sozialen*, kennzeichnet Regierungsprogramme allerdings bereits seit der Implementierung wohlfahrtsstaatlicher Arrangements.

Soziale Arbeit als Bestandteil des wohlfahrtsstaatlich installierten sozialen Sektors richtete bereits im 19. Jahrhundert ihr Interventionshandeln an spezifischen Ortseinheiten aus. Armenkommissionen (Berlin) oder Armenpfleger unter der Regie eines Armenvorstehers (Elberfeld, Straßburg) beaufsichtigten Bewohnerinnen und Bewohner in Armutslagen in ihren Wohnquartieren, inspizierten ihre Notlage und unterstützten sie dementsprechend oder vermittelten sie an öffentliche Instanzen. Die Einteilung der Städte nach Armutsquartieren führt zu frühen Modellen einer *Kartographie des Sozialen* (vgl. Kessl 2005: 182ff.). Das so genannte *Elberfelder System* basierte auf einer kleinräumigen Einteilung der bergischen Kommune in 252 Quartiere, die jeweils einem ehrenamtlichen Armenpfleger unterstellt waren. Auf der nächsthöheren Ebene wurden je 14 Quartiere in Bezirke zusammengefasst und in die Verantwortung einzelner Armenvorsteher gestellt (Sachße/Tennstedt 1980: 286ff.). Soziale Lebenszusammenhänge wurden schon in Elberfeld – und parallel in Berlin und anderen Städten des Deutschen Bundes – administrativ in verschiedene „Behälter-Räumen" gruppiert (Läpple 1991: 37ff.). Gegenwärtig bilden solche Sozialkartographien die Grundlage für Stadtentwicklungsprogramme, wie das Beispiel des Bundesprogramms „Soziale Stadt" zeigt: So genannte besonders benachteiligte Stadtteile werden knapp 150 Jahre nach der Implementierung des Elberfelder Systems wieder als Behälter-Räume identifiziert und anschließend in administrative Planungsräume für die Stadtentwicklung umdefiniert.

Die Veränderung des wohlfahrtsstaatlichen Arrangements des Sozialen seit Mitte der 1970er Jahre zeigt sich in einer neuen *Destabilisierung von Lebenslagen*, die bei etwa 10% der Bevölkerung eine zunehmende „Verfestigung sozialer Deklassierung durch *Armut* bzw. durch vollständige *Exklusion* aus dem Arbeitsmarkt und auch durch sozialmoralische Ausgrenzung in bestimmten Minderheiten und Wohnvierteln" hervorgebracht hat (vgl. Vester et al. 2001: 83; Hervorhebung im Original). Diese räumlichen Segregationsdynamiken spielen eine entscheidende Rolle in der Konzeption aktueller Programme der Sozialraumorientierung Sozialer Arbeit. Anfangs wiesen vor allem stadtsoziologische, stadt- und regionalplanerische und sozialgeographische Studien auf diese räumliche Segregationsdimension einer neuen sozialen Spaltung hin (vgl. Häußermann/Siebel 1987: 139). Die Destabilisierung von Lebenslagen, so die These, führe zu einer räumlichen Konzentration von immobilen armen Bevölkerungsgruppen (vgl. Kronauer 1998: 25; vgl. den Beitrag Hartmut Häußermann/Martin Kronauer in diesem Band). Diese Diagnosen räumlicher Segregation dienen nun der Begründung von Interventionsstrategien in den sozialen Raum des Lokalen: Soziale Probleme werden als Probleme spezifischer Territorien identifiziert, woraus die Schlussfolgerung gezogen wird, staatliche Reaktionen seien in Form von Interventionsmaßnahmen in diese spezifischen sozialen Räume des Lokalen zu konzipieren: „Eine Betrachtung der Lebens- und Mobilitätssituation von Bewohnern benachteiligter Stadtteile zeigt jedoch, dass hier die Mobilität eher abnimmt und damit der Nahraum als Sozialraum an Bedeutung gewinnt. (...) Das bedeutet, dass die Diskussion um Sozialraumorientierung sich auf bestimmte Gebiete und damit auf bestimmte Aufgaben konzentrieren muss“ (Murböck 2002: 101).

Sozialer Arbeit wird in diesen Zusammenhängen die Aufgabe einer nahraumorientierten Aktivierungsinstanz zugewiesen (vgl. den Beitrag von Heinz-Jürgen Dahme/Norbert Wohlfahrt in diesem Band). Durch ein Jugendhilfe- und Quartiersmanagement sollen brachliegende Ressourcen der Bevölkerungsgruppen in den als besonders benachteiligt bestimmten Wohnarealen aktiviert werden, so sieht es beispielsweise die Programmlogik des Partnerprogramms von *Soziale Stadt*: „Entwicklung und Chancen junger Menschen in sozialen Brennpunkten (E&C)“ und dessen Nachfolgeprogramm „Lokales Soziales Kapital (LOS)“ vor.

Gegenwärtige *nahräumliche Territorialisierungsstrategien* schließen somit an eine lange Tradition einer Territorialisierung sozialer Sicherungsmaßnahmen an, die sie allerdings gleichzeitig in fundamentaler Weise transformieren. Denn die *territoriale* Ausrichtung von Interventionen Sozialer Arbeit basierte in ihrer öffentlich verfassten wohlfahrtsstaatlichen Formierung gerade auf einer *Entterritorialisierung* sozialer Sicherung: „Insoweit sie auf Systemen rechtlicher Regulierung basieren, stützen sich diese (...) Sicherungen nicht notwendigerweise auf gegenseitige Abhängigkeit, ebensowenig auf Unterwerfung und personengebundene Beziehungen wie den Paternalismus des Arbeitgebers oder gegenseitige Bekanntschaften, welche die unmittelbare Sicherung in Gang setzen können“ (Castel 2000: 406). Basierten wohlfahrtsstaatliche Territorialisierungsstrategien auf dieser „entterritorialisierten“ Zusage kollektiver Sicherung, verlagern neo-soziale Territorialisierungsprogramme die Verantwortung für die eigene Lebensgestaltung an die Akteure selbst (vgl. Clarke 2001). Innerhalb spezifischer Territorien sollen staatliche Aktivierungsstrategien nahräumliche Verantwortungsgemeinschaften initiieren.

Im Feld der Kriminologie wiederum lassen sich zwei Varianten einer *Territorialisierung des Sozialen* ausmachen. Zum einen wird die Kontrolle von Kriminalität und Sicherheit gleichsam kommunalisiert, indem Anwohner einer Gemeinde oder eines Stadtteils in die polizeiliche Kontrollarbeit mit einbezogen werden oder diese externalisiert wird. Kriminalpräventive Räte, in denen Polizisten zusammen mit Sozialarbeitern und Vertretern von Stadtteilinitiativen oder Bürgergruppen sich um lokale problemorientierte Strategien bemühen, oder Nachbarschaftsinitiativen beispielsweise, welche die Ordnung vor Ort überwachen (Neighbourhood Watch, Bürgerwehren), erlauben, an der Sicherheits- und Ordnungsarbeit aktiv zu partizipieren; zugleich stellen sie Formen der Delegation von Verantwortung und Aufgaben dar, die staatliche Institutionen entlasten können. Zum anderen ergänzen automatisierte Kontrolltechniken zusehends den Einsatz „humaner Ressourcen“, und auch diese Entwicklung geht mit einer Privatisierung oder Kommodifizierung von Polizeiaufgaben und der Kontrollarbeit einher. Automatische Kontrolltechniken, die das Verhalten der Individuen durch räumliche Arrangements oder technische Vorrichtungen wie z.B. Videokameras lenken (vgl. Krasmann 2004), sind jüngst vermehrt in semiöffentlichen Räumen zum Einsatz gekommen, in öffentlich zugänglichen Räumen, die in privater Hand sind und daher dem Zugriffsrecht der Hausordnung unterstehen. So wurden im Zuge der Privatisierung der Bundesbahn in den 1990er Jahren auch die Bahnhöfe in größeren deutschen Städten zu einer Art Konsumräume umgestaltet.

Durchgangspassagen verwandelten sich in Wandelhallen, Ordnung wurde zum ersten Gebot der Kontrolle: Weil die Welt der Waren und des Konsums von der Optik lebt (vgl. Laermans 1993), gerät schon das Erscheinungsbild in den Fokus von Sicherungsstrategien. Ähnlich argumentiert die so genannte *broken-windows*-Theorie (vgl. Wilson/Kelling 1982; Kelling/Coles 1996), die hier zu Lande ebenfalls in den 1990er Jahren populär wurde (vgl. Sack 1996; Hess 1996; Dreher/Feltes 1997). Zwar setzte sie sich nicht mit der *zero tolerance* durch wie in New York, doch das Schlagwort war so eingängig wie das Prinzip: Der Devise „Währet den Anfängen" folgt das Gebot, schon erste Anzeichen von Unordnung umgehend zu beseitigen. Kriminalpolitik beginnt mit Ordnungspolitik. Ein Stück Abfallpapier auf dem Boden gilt als Risikofaktor, als Zeichen einer Vernachlässigung, die Unsicherheitsgefühle erzeugen oder verantwortungsloses Rowdytum provozieren kann. Der Mensch erscheint in dieser Theorie als ein Mängelwesen, das sein Verhalten nach seiner Umwelt ausrichtet und darüber steuerbar ist. Die Gestaltung des Raumes verändert demnach nicht nur Gelegenheitsstrukturen für Straftaten oder Störungen, sie kann Hemmschwellen erhöhen, bestimmte Verhaltensweisen verhindern, aber auch hervorrufen. Sie dient der Sicherung des Konsums und ist zugleich Instrument der Kontrolle. So kann der Anblick einer Kamera Passanten dazu veranlassen, ihr eigenes Erscheinungsbild und ihr Verhalten zu überprüfen; Blumenkübel, Bänken und Treppen können ihre Bewegungen und ihre Schritte in eine gewünschte Richtung lenken. Im optimalen Falle stimmt das Verhalten mit der Funktion der Räume, der Förderung des Konsums wie der Regulierung des Pendlerverkehrs überein.

Der Automatismus solcher Techniken des *Regierens aus der Distanz* (vgl. O'Malley 1992) beruht darauf – und das ist hier mit Territorialisierung des Sozialen gemeint –, dass soziale Normen gleichsam in die Umgebung eingeschrieben sind. Das Soziale verschwindet auf diese Weise nicht, aber es verändert sich: Die Regeln menschlicher Kommunikation und direkter Interaktion werden durch diese Techniken prinzipiell aufgehoben (vgl. Lianos/Douglas 2000). Normen werden so gleichermaßen unverhandelbar wie kontingent, nämlich abhängig vom räumlichen Kontext, und Kriminalprävention wird zu einer Frage des Designs. Freilich beruhen solche Programme auf der Erwartung, dass der Mensch ein räsonierendes Wesen ist, das sein Handeln entsprechend kalkuliert, und weil das so ist, kann auch prinzipiell jeder adressiert, allerdings auch prinzipiell jeder verdächtig werden: Automatische Kontrolltechniken richten sich nicht an bestimmte Personen, sondern an anonyme Passanten oder Nutzer, denen es nun obliegt, die Sprache des Risikos zu entziffern und auf sich zu beziehen.

Solche Formen so genannter situationsorientierte Kriminalprävention (vgl. Clarke 1997; 1995) sind Teil eines Paradigmenwechsels in der Kriminologie, der sich im Zuge einer neo-sozialen Ausrichtung der Politik und eines Rückzugs des wohltätigen Staates vollzogen hat. Wohlfahrtsstaatliche Kriminalpolitik war täterorientiert, im Guten wie im Schlechten: Es hieß helfen, bessern, re-integrieren, aber auch intervenieren und regeln, besser wissen und einschließen. Das neue Kontrollregime zeigt sich demgegenüber am Täter vergleichsweise desinteressiert (vgl. Lindenberg/Schmidt-Semisch 2003). Der Glaube an (Re-)Sozialisierung scheint nunmehr abhanden gekommen, eher heißt es wegschließen und ausschließen oder wenn integrieren, dann nicht ohne Bedingungen zu stellen (vgl. Feeley/Simon 1992; 1994; Garland 2001):

Gefördert wird, wer sich entsprechenden Anforderungen stellt, vor allem über das Prinzip der Selbstverantwortung. So wie der Passant in jenen öffentlichen Konsumräumen, so sieht sich auch der Delinquent nicht selten vor die Wahl der geeigneten Maßnahme seiner eigenen Rehabilitation gestellt – für deren Erfolg (oder Scheitern) er sich folglich selbst verantwortlich zu zeigen hat. Während das Verbrechen im wohlfahrtsstaatlichen Paradigma eher als Pathologie und behandelbare Krankheit galt, macht man es heute zu einer Frage der Entscheidung (vgl. Garland 2004: 9).

5. Marginalisierung oder Anerkennung sozialer Sicherungsinstanzen?

Staatliche Interventionsinstanzen wie die Soziale Arbeit sehen sich durch die neosozialen Neuprogrammierungen des Sozialen, die wir anhand aktueller Territorialisierungs- und Responsibilisierungsstrategien skizziert haben, vor einer paradoxen Situation: Ihnen droht einerseits eine weit reichende *Marginalisierung* und gleichzeitig eine weit reichende politische *Anerkennung*.

Während die Soziale Arbeit ihre bisherige wohlfahrtsstaatliche Orientierung an universellen Integrationsmustern zunehmend aufgibt, verspricht ihr ein möglicher Rollenwechsel hin zu einer *staatlichen Aktivierungsinstanz* neue Einflussnahme. Denn institutionskritische Einwände gegenüber herrschenden Strategien sozialer Sicherung gehören inzwischen zum festen programmatischen Bestandteil derselben. Während die Gemeinwesenarbeit seit Ende der 1960er Jahre noch vehement für eine Stadtteilorientierung und Bewohneraktivierung gekämpft hatte, um eine Selbstorganisation der Beteiligten zu ermöglichen, ist diese Selbstorganisation von Bewohnergruppen seit einigen Jahren unverzichtbarer Baustein territorialer Aktivierungskonzeptionen. Beauftragt mit quartiersbezogenen Interventionsmaßnahmen ist Soziale Arbeit regelmäßig in Regional- und Stadtentwicklungsprogrammen vorgesehen, ihr Wissen um quartiersspezifische Milieus ist in kiezorientierten Präventionsbeiräten und Räten kommunaler Kriminalprävention und ihre Erfahrung in der Implementierung von Stadtteilkonferenzen oder -räten in den Prozess kommunaler Verwaltungsmodernisierung gefragt.

Erste Evaluationsergebnisse zeigen, wie sich die Ambivalenz dieser Anerkennung für die Nutzerinnen und Nutzer materialisiert. Sozialraumorientierte Aktivierungsmaßnahmen führen nach Einschätzung von Bewohnerinnen innerhalb der identifizierten Territorien („benachteiligte Stadtteile“) durchaus zu einer subjektiv erfahrenen Verbesserung von Lebensqualität. Allerdings erfährt die öffentliche Wahrnehmung einer räumlich konzentrierten Desintegration und Gefährlichkeit durch eine solche gezielte „Bearbeitung“ dieser Areale gleichzeitig einen weiteren Dramatisierungsschub (vgl. Projektgruppe „Netzwerke im Stadtteil – Wissenschaftliche Begleitung von E&C“ 2002; Schneider 2002). Dagegen scheinen auch die beteiligten Fachkräfte nur bedingt angehen zu können, denn auch ihr Bild, das sie von den einzelnen Quartieren beschreiben ist deutlich positiver als das der gesamtstädtischen Bevölkerung (vgl. Projektgruppe „Netzwerke im Stadtteile – wissenschaftliche Begleitung von E&C“ 2002: 24).

Neo-soziale Territorialisierungsprogramme können sich insofern als zynisch erweisen, da sie – analog zu neo-konservativen Forderungen – eher zur Stabilisierung einer „Kultur der Armut" in den so genannten benachteiligten Stadtteilen beitragen. Mit Verweis auf die Eigeninitiative administrativ installierter Bewohnergruppen und die scheinbar brachliegenden Potenziale dieser künstlichen Gemeinschaften werden diese in Wohnarealen eher eingeschlossen, denn in die städtischen und regionalen Zusammenhänge eingebunden. Diese Entwicklung kalkulieren Protagonisten aktueller Territorialisierungsstrategien explizit mit ein. So schreiben die Autoren eines Gutachtens für die Enquete-Kommission „Zukunft der Erwerbsarbeit" des Landtags Nordrhein-Westfalen: „Unter Umständen muss man damit rechnen, dass Effekte eher in Richtung ‚Stabilisierung' statt ‚Entwicklung' zu erwarten sind. Das kann heißen, dass nach und nach in einigen Bereichen – im öffentlichen Stadtraum, bei den Angeboten der öffentlichen Geschäfte, bei den sozialen Einrichtungen und den Arbeitsplätzen – eine ‚Zweitklassigkeit' Platz greift. Zwar werden Elemente der lokalen Integration erhalten, aber immer weniger Brücken führen hier in die Konsum-, Arbeits-, Lebens- und Erwerbsmodelle der ‚ersten Stadt'" (Evers et al. 2000: 64).

Auch das Feld der Kriminal- und Sicherheitspolitik spaltet sich tendenziell mit dem Rückzug des wohltätigen Staates, einerseits in die eher „soften" Interventions- und Präventionsformen, die das private Sicherheitsgewerbe übernimmt, und andererseits in die „harten" Aktions- und Repressionsformen, die Staatsaufgabe bleiben (vgl. Trotha 2002). Dabei sind „Verführen" und „Repression" keine alternativen Strategien, die verschiedene Gruppen adressieren (Bauman 1995; vgl. O'Malley 1993). So wie Prekarität angesichts objektiver, existenzieller Unsicherheiten zu einem verallgemeinerten Lebensgefühl der Gegenwart geworden ist (vgl. Bourdieu 1998: 97; Castel 2000), so haben sich auch die Grenzen zwischen Einschluss und Ausschluss, Teilhabe und „Absturz verallgemeinert" (vgl. Ehrenreich 1994). Situationsorientierte Kriminalprävention ist insofern paradigmatisch hierfür, als sie für Kontrollregime steht, die mit Handlungsfeldern und eben Situationen wechseln, weniger mit bestimmten Personengruppen (vgl. Rose 1999: 240ff.).

Die neosoziale Programmierung des Sozialen manifestiert sich im *Ausschluss durch Einschluss*: Milieugrenzen materialisieren sich in inszenierten wie installierten sektoralen und situativen Abgrenzungen. Das zeigt sich in den „Gated Communities" der USA, in denen sich wohlhabende Bevölkerungsgruppen auf eigene Kosten durch private Sicherheitsdienste einschließen lassen (vgl. Wehrheim 2002), ebenso wie in der Kartografierung und anschließend sozialpolitischen Bearbeitung bestimmter „benachteiligter" Stadtteile im Bundesprogramm „Soziale Stadt".

Präventive Kontrolle von Ordnungsstörungen heißt inzwischen, Kriminalität und Abweichung zu normalisieren, sie als alltägliche und gewöhnliche Erscheinungsformen zu lesen (vgl. den Beitrag von Michael Lindenberg/Holger Ziegler in diesem Band). Das bedeutet jedoch – erstens – keineswegs, dass abweichendes Verhalten nur noch als harmloses Tun wahrgenommen würde. Ganz im Gegenteil ist eine zunehmende „Dangerisierung" zu beobachten (vgl. Lianos/Douglas 2000), eine Gefährdungsausweitung, indem Störungen schon auf einer niedrigen Schwelle von Ordnungsrastern wahrgenommen werden und sich der Kreis potenzieller Störer auf diese Weise tendenziell ausdehnt. Der Hinweis auf eine Verallgemeinerung von Ausschluss und Absturz sollte – zweitens – nicht dahingehend missverstanden werden, dass die

Grenze zwischen Inklusion und Exklusion uneindeutiger geworden wäre, sie wird eher deutlicher gezogen. Der Stacheldrahtzaun sperrt heute eben nicht mehr nur verurteilte Straftäter ein, sondern privilegierte Bevölkerungsgruppen sperren sich in wachsendem Maße aus Sicherheitsbedürfnis selbst ein. Die urbanen Ghettos marginalisierter Bevölkerungsgruppen, wie sie in den US-amerikanischen Großstädten zu finden sind, oder die französischen *banlieues* (vgl. den Beitrag von Hartmut Häußermann/Martin Kronauer in diesem Band) korrespondieren in verblüffender Weise mit den neuen „Reichenghettos". Die Anlage eines „Club Mediterrané" auf irgendeiner schönen Insel in der Karibik symbolisiert diesen Typus von „Ghettos" der Gegenwart. Der Stacheldrahtzaum, der die Anlage auf der Mauer säumt, und damit den Raum umschließt, innerhalb dessen sich die vielen mittleren Wohlhabenden des Westens im Urlaub vergnügen, versinnbildlicht: Während die Angebote des Veranstalters das Verhalten der „Kunden" drinnen unmerklich regieren, so dass diese sich dem Regime von Essenszeiten, Fitnessprogrammen und Wegeleitung durch Sprinkleranlagen und Grünbewuchs kaum entziehen können, haben die einheimischen Nicht-Kunden, die nicht zahlen und folglich unerwünscht sind, gleichsam bei Körperstrafe draußen zu bleiben. Der Zaun markiert die Trennung und ist als solches von beiden Seiten ein sichtbares Zeichen, das Schutz ebenso signalisiert wie Ausgrenzung (vgl. Kreissl 2000). Bewohnern von so genannten benachteiligten Stadtteilen stellt sich dieser Ausschluss im Einschluss analog, wenn auch deutlich unbequemer dar: Auch sie sehen sich mit aktivierungspädagogischen Maßnahmen konfrontiert, allerdings können sie sich im Gegensatz zu den Reisenden im „Club Mediterrané" keineswegs freiwillig auch gegen die Teilnahme an Bewerbungstrainings oder die Übernahme von Arbeitsangeboten unter Tarif entscheiden – wollen sie nicht auf jede Form öffentlicher Versorgung verzichten.

Bezeichnend für Sozialtheorien der Gegenwart und die mit ihnen verbundenen Ordnungsregime (*Regierungsprogramme*) ist, dass sie sich nicht mehr an das wohlfahrtsstaatliche Paradigma gebunden sehen. Gesellschaftsmitglieder sind nicht in erster Linie mit Schutz- und sozialen Rechten ausgestattete Bürger. Vielmehr bringen staatliche Instanzen ihnen ein generelles Misstrauen entgegen. Sie gehen davon aus, dass Kriminalität, Abweichung und soziale Marginalisierung normale, „Jedermannsphänomene" darstellen, die man regulieren, also über externe Mechanismen steuern kann.

Responsibilisierungs- und Territorialisierungsprogramme teilen die (individuellen wie kollektiven) Subjekte in alte und neue Risikogruppen ein, deren Verhaltensweisen taxiert werden, um ihnen buchstäblich das „an-gemessene" Regierungsprogramm zu verpassen. Wer sich dabei in der Gruppe sozial Benachteiligter oder Delinquenter wiederfindet, hat sich zunehmend damit abzufinden, dass er oder sie zu einer unverbesserlichen Risikogruppe zählt, die sich ausgeschlossen und in manchen Fällen sogar gleich ganz weggeschlossen sieht.

Literatur

Barlösius, Eva/Müller, Hans-Peter/Sigmund, Steffen (Hg.) (2001): Gesellschaftsbilder im Umbruch. Soziologische Perspektiven in Deutschland. Opladen

Barlösius, Eva (2001): Die Macht der Repräsentation. In: Barlösius et al. (2001): 179-202

Bauman, Zygmunt (2000): Vom Nutzen der Soziologie. Frankfurt a.M.
Bauman, Zygmunt (1995): Moderne und Ambivalenz: das Ende der Eindeutigkeit. Frankfurt a.M.
Bourdieu, Pierre (1998): Gegenfeuer. Wortmeldungen im Dienste des Widerstands gegen die neoliberale Invasion. Konstanz
Bourdieu, Pierre (1995): Sozialer Raum und „Klassen". Leçon sur la leçon. 3. Auflage. Frankfurt a.M.
Bourdieu, Pierre (1995): Sozialer Raum und „Klassen". In: Bordieu (1995)
Bröckling, Ulrich/Krasmann, Susanne/Lemke, Thomas (Hg.) (2004): Glossar der Gegenwart. Frankfurt a.M.
Bröckling, Ulrich/Krasmann, Susanne/Lemke, Thomas (Hg.) (2000): Gouvernementalität der Gegenwart: Studien zur Ökonomisierung des Sozialen. Frankfurt a.M.
Butler, Judith (2003): Noch einmal: Körper und Macht. In: Honneth et al. (Hg.) (2003): 52-67
Carnap, Rudolf (1931): Überwindung der Metaphysik durch logische Analyse der Sprache. In: Erkenntnis 2. 1931. 219-241
Castel, Robert (2000): Die Metamorphosen der sozialen Frage. Konstanz
Castel, Robert (1983): Von der Gefährlichkeit zum Risiko. In: Wambach (Hg.) (1983): 51-74
Clarke, John (2001): Dissolving the Public Realm? Chapel Hill. Unveröffentlichtes Vortragsmanuskript. In: www.unc.edu/depts/anthro/talks/clarke.PDF
Clarke, Ronald V. (1997): Situational Crime Prevention. Successful Case Studies. 2. Auflage. New York
Clarke, Ronald V. (1995): Situational Crime Prevention. In: Tonry et al. (Hg.) (1995): 91-150
Deflem, Mathieu (1997): Surveillance and Criminal Statistics: Historical Foundations of Governmentality. In: Studies in Law, Politics, and Society 17: 149-184
Donzelot, Jacques (1995): Wiederkehr des Sozialen. Von der passiven Sicherheit zur aktiven Solidarität. In: Tüte. Wissen und Macht. Die Krise des Regierens. Tübingen (1995): 54-59
Donzelot, Jacques (1980): Dic Ordnung der Familie. Frankfurt a.M.
Dreher, Günther/Feltes, Thomas (Hg.) (1997): Das Model New York: Kriminalprävention durch „Zero Tolerance"? Beiträge zur aktuellen kriminalpolitischen Diskussion. Holzkirchen
Dreyfus, Hubert L./Rabinow, Paul (1987): Jenseits von Strukturalismus und Hermeneutik. Frankfurt a.M.
Ehrenreich, Barbara (1994): Angst vor dem Absturz. Das Dilemma der Mittelklasse. Reinbek
Etzioni, Amitai (2001): Jeder nur sich selbst der Nächste? In der Erziehung Werte vermitteln. Freiburg
Etzioni, Amitai (1993): The Spirit of Community. Rights, Responsibilities, and the Communitarian Agenda. New York
Europäische Kommission (2002): Some implications of human and social capital building in the knowledge society for employment and social inclusion policies. Brüssel
Evers, Adalbert/Schulze-Böing, Matthias/Weck, Sabine/Zühlke, Werner (2000): Soziales Kapital mobilisieren. Gemeinwesenorientierung als Defizit und Chance lokaler Beschäftigungspolitik. Institut für Landes- und Stadtentwicklungsforschung des Landes Nordrhein-Westfalen. Dortmund
Evers, Adalbert/Nowotny, Helga (1987): Über den Umgang mit Unsicherheit. Die Entdeckung der Gestaltbarkeit. Frankfurt a.M.
Ewald, François (1993): Der Vorsorgestaat. Frankfurt a.M.
Fach, Wolfgang: Staatskörperkultur. Ein Traktat über den „schlanken Staat". In: Bröckling et al. (2000): 110-130
Feeley, Malcolm M./Simon, Jonathan (1994): Actuarial Justice: The Emerging New Criminal Law. In: Nelken (Hg.) (1994): 173-201
Feeley, Malcolm M./Simon, Jonathan (1992): The New Penology: Notes on the Emerging Strategy of Corrections and Its Implications. In: Criminology 20: 1992: 449-474
Forst, Rainer (1994): Kontexte der Gerechtigkeit. Frankfurt a.M.

Foucault, Michel (2003): Die Wahrheit und die juristischen Formen. Nachwort von Martin Saar. Frankfurt a.M.
Foucault, Michel (1988): The Dangerous Individual. In: Kritzman (Hg.) (1988): 125-151
Foucault, Michel (1987): Das Subjekt und die Macht. Nachwort von Michel Foucault. In: Dreyfus et al. (1987): 243-261
Foucault, Michel (1980): Power/Knowledge: Selected Interviews and Other Writings 1972-1977. Colin Gordon (Hg.). New York
Friedman, Milton (1976): Kapitalismus und Freiheit. München 1976
Gane, Mike/Johnson, Terry (Hg.) (1993): Foucault's New Domains. London/New York
Garland, David (2004): Kriminalitätskontrolle und Spätmoderne in den USA und Großbritannien. In: Kriminologisches Journal 36. 2004: 3-10
Garland, David (2001): The Culture of Control, Crime and Social Order in Contemporary Society. Chicago/Oxford 2001
Giddens, Anthony (1998): The Third Way. The Renewal of Democracy. Cambridge
Gordon, Colin (1980): Afterword. In: Foucault (1980): 229-259
Häußermann, Hartmut et al. (Hg.) (1991): Stadt und Raum. Soziologische Analysen. Pfaffenweiler
Häußermann, Hartmut/Siebel, Walter (1987): Neue Urbanität. Frankfurt a.M.
Hayek, Friedrich A. (1991): Verfassung der Freiheit. Tübingen [1960] 1991
Hempel, Leon/Metelmann, Jörg (Hg.) (2004): Bild – Raum – Kontrolle. Frankfurt a.M.
Hess, Henner (1996): New York zieht die Lehren aus den zerbrochenen Fensterscheiben. In: Kriminologisches Journal 28. 1996: 179-190
Hombach, Bodo (1998): Aufbruch: die Politik der neuen Mitte. München
Honneth, Axel/Saar, Martin (Hg.) (2003): Michel Foucault. Zwischenbilanz einer Rezeption. Frankfurter Foucault-Konferenz. Frankfurt a.M.
Kelling, George L./Coles, Catherine M. (1996): Fixing Broken Windows. New York
Kessl, Fabian (2005): Der Gebrauch der eigenen Kräfte: Eine Gouvernementalität Sozialer Arbeit. Weinheim/München
Kessl, Fabian/Otto, Hans-Uwe (Hg.) (2004): Soziale Arbeit und Soziales Kapital. Zur Kritik lokaler Gemeinschaftlichkeit. Wiesbaden
Kessl, Fabian/Otto, Hans-Uwe (Hg.) (2005): Territorialisierung des Sozialen. Regieren über soziale Nahräume. Leverkusen
Krasmann, Susanne (2004): Mobilität. Videoüberwachung als Chiffre einer Gouvernementalität der Gegenwart. In: Hempel et al. (2004)
Krasmann, Susanne (2003): Die Kriminalität der Gesellschaft. Zur Gouvernementalität der Gegenwart. Konstanz
Kreissl, Reinhard (2000): Mob oder Souverän: Diskurse über die rechtliche Regulierung kollektiver Protestformen. Opladen
Kritzman, Lawrence D. (Hg.): Michel Foucault: Politics, Philosophy, Culture: Interviews and Other Writings 1977-1984. New York/London
Kronauer, Martin (1998): Armut, Ausgrenzung, Unterklasse: Über neue Formen der gesellschaftlichen Spaltung. In: Leviathan 1/25. 1998: 13-27
Läpple, Dieter (1991): Essay über den Raum. Für ein gesellschaftswissenschaftliches Raumkonzept. In: Häußermann et al. (1991): 157-207
Laermans, Rudi (1993): Learning to Consume: Early Department Stores and the Shaping of the Modern Cosumer Culture (1860-1914). In: Theory, Culture & Society 10/1. 1993: 79-102
Landschaftsverband Westfalen-Lippe, Fachberatung Jugendarbeit (Hg.) (2002): Sozialraumorientierung in der Jugendhilfe. Münster
Lash, Scott/Urry, John (1994): Economies of Signs & Space. London
Latour, Bruno (2001): Das Parlament der Dinge: für eine politische Ökologie. Frankfurt a.M.
Lemke, Thomas/Krasmann, Susanne/Bröckling, Ulrich (2000): Gouvernementalität, Neoliberalismus und Selbsttechnologien. In: Bröckling et al. (Hg.) (2000): 7-40

Lemke, Thomas (1997): Eine Kritik der politischen Vernunft. Foucaults Analyse der modernen Gouvernementalität. Berlin/Hamburg

Lianos, Michalis/Douglas, Mary (2000): Dangerization and the End of Deviance. In: British Journal of Criminology 40. 2000: 261-278

Lindenberg, Michael/Schmidt-Semisch, Henning (2003): Ethik der Interessenlosigkeit. Zur Ambivalenz einer neoliberalen Kriminal- und Sicherheitspolitik. In: Stangl et al. (Hg.) (2003): 99-111

Link, Jürgen (1998): Versuch über den Normalismus. Wie Normalität produziert wird. 2. aktualisierte und erweiterte Auflage. Opladen

Miller, Peter/Rose, Nikolas (1993): Governing economic life. In: Gane et al. (1993): 75-105

O'Malley, Pat (1993): Containing Our Excitement: Commodity Culture and the Crisis of Discipline. In: Studies in Law, Politics, and Society 13. 1993: 159-186

O'Malley, Pat (1992): Risk, power and crime prevention. In: Economy and Society 21. 1992: 252-75

O'Malley, Pat/Mugford, Stephen (1992): Moral Technology: The Political Agenda of Random Drug Testing. In: Social Justice 18. 1992: 122-146

Murböck, Monika (2002): Stadtteile mit besonderem Erneuerungsbedarf – Eine Herausforderung für Sozialraumorientierung. In: Landschaftsverband Westfalen-Lippe, Fachberatung Jugendarbeit (Hg.) (2002): 101-115

Nelken, David (Hg.) (1994): The Futures of Criminology. London

Ortner, Helmut/Pilgram, Arno/Steinert, Heinz (Hg.) (1998): Die Null-Lösung. Zero-Tolerance-Politik in New York – das Ende der urbanen Toleranz? Baden-Baden

Pörksen, Uwe (1989): Plastikwörter: die Sprache einer internationalen Diktatur. 3. Auflage. Stuttgart

Projektgruppe „Netzwerke im Stadtteil – Wissenschaftliche Begleitung von E&C" (2002): Netzwerkstrukturen in sozialen Brennpunkten. Ergebnisse der Interviews mit Schlüsselpersonen in den Modellgebieten von E&C. Erster Teilbericht. Deutsches Jugendinstitut e.V. München

Ritsert, Jürgen (2002): Ideologie: Theoreme und Probleme der Wissenssoziologie. Münster

Rose, Nikolas (1999): Powers of Freedom. Reframing Political Thought. Cambridge

Rose, Nikolas (1996): The Death of the Social? Refiguring the Territory of Government. In: Economy and Society 3/25. 1996. 327-356 [Tod des Sozialen? Eine Neubestimmung der Grenzen des Regierens. In: Bröckling et al. (Hg.) (2000): 72-109]

Sachße, Christoph/Tennstedt, Florian (1980): Geschichte der Armenfürsorge in Deutschland: Vom Spätmittelalter bis zum I. Weltkrieg. Stuttgart/Berlin/Köln/Mainz

Sack, Fritz (1996): Kriminologie – populär und populär gemacht. In: Kriminologisches Journal 28. 1996: 116-120

Schmidt-Semisch, Henning (2002): Kriminalität als Risiko: Schadenmanagement zwischen Strafrecht und Versicherung. München

Schneider, Horst R. (2002): Arbeitshilfe zu qualitativen und aktivierenden Verfahren im Rahmen der Sozialraumanalyse in der Jugendhilfeplanung. Landschaftsverband Westfalen-Lippe. Münster

Stangl, Wolfgang/Hanak, Gerhard (Hg.) (2003): Innere Sicherheiten. Jahrbuch für Rechts- und Kriminalsoziologie. Baden-Baden

Tonry, Michael/Farrington, David P. (Hg.) (1995): Building a Safer Society. Strategic Approaches to Crime Prevention. Crime and Justice 19. Chicago/London

Trotha, Trutz von (2002): Über die Zukunft der Gewalt. In: Monatsschrift für Kriminologie und Strafrechtsreform 85. 2002: 365-384

Vester, Michael/von Oertzen, Peter/Geiling, Heiko/Hermann, Thomas/Müller, Dagmar (2001): Soziale Milieus im gesellschaftlichen Strukturwandel. Frankfurt a.M.

Wambach, Manfred Max (Hg.) (1983): Der Mensch als Risiko. Zur Logik von Prävention und Früherkennung. Frankfurt a.M.

Wehler, Hans-Ulrich (1995): Deutsche Gesellschaftsgeschichte. Band 3: Von der ‚Deutschen Doppelrevolution' bis zum Beginn des I. Weltkrieges: 1849-1914. München

Wehrheim, Jan (2002): Die überwachte Stadt: Sicherheit, Segregation und Ausgrenzung. Opladen

Welsch, Wolfgang (1996): Vernunft: die zeitgenössische Vernunftkritik und das Konzept der transversalen Vernunft. Frankfurt a.M.

Wilson, James Q./Kelling, George L. (1982): The police and neighborhood safety: Broken windows. In: Atlantic Monthly. March 1982: 29-39 (deutsch in: Kriminologisches Journal 28. 1996: 121-137)

Internet-Adressen

www.worldbank.org/poverty/scapital/index.htm

Konzeptionelle Perspektiven

Marlo Riege und Herbert Schubert

Abstract

Sozialraumanalyse zielt auf die Zusammenhänge zwischen sozialen und räumlichen Strukturen und Prozessen – auf theoretisch-analytischer wie auf empirisch-methodischer Ebene. Aufgrund der arbeitsteiligen einzelwissenschaftlichen Untersuchung von Raumaspekten sowie der in Deutschland lange bestehenden Dominanz einer ‚objektivierenden' und quantifizierenden Methodologie sind sozialräumliche Zusammenhänge vernachlässigt worden.

In dem Beitrag nehmen die beiden Autoren die Traditionen der Sozialraumanalyse auf und präsentieren eine Typologie, die die einzelwissenschaftlichen Perspektiven zueinander in Beziehung setzt. Es werden zwei Typen der Sozialraumanalyse unterschieden: (1) der gesamtstädtische Ansatz zum Vergleich administrativ abgegrenzter Gebiete einer Stadt und (2) der städtische Gebiete intern differenzierender Ansatz, bei dem sich das Interesse auf die inneren Strukturen und Qualitäten eines ausgewählten Gebietes richtet. Diese komplexe Untersuchung kann auf mehrere Ebenen bezogen sein (Mehrebenenanalyse), indem die strukturelle Raumebene mit personalen Handlungsebenen verknüpft wird.

1. Zum Begriff der Sozialraumanalyse

1.1 Prägung des Sozialraum-Begriffs durch die Chicago-Schule

Die ‚Erfindung' systematischer raumbezogener Analysen geht auf die so genannte ‚Chicago-School' in den 1920er Jahren zurück. Die Forscher der Chicagoer Schule waren die ersten, die ihre Untersuchungen auf typische Entwicklungs- und Verteilungsmuster von und in modernen Städten richteten und dafür sowohl theoretische Modelle als auch spezifische Methoden entwickelten (vgl. z.B. Burgess 1929; Park 1974). Die Raumzustände und Raumprozesse erschlossen sie über den (zeitlichen und strukturellen) Vergleich verschiedener Stadtgebiete, wobei die Raummuster insbesondere von der Bewohnerstruktur und von der Raumnutzung gebildet wurden. Dabei wurde der Begriff der „social area" – also des „Sozialraums" – geprägt, weil das Zusammenspiel räumlicher und sozialer Strukturen durch die Verknüpfung der räumlichen und der sozialen Datenebene untersucht wurde.

In diesem Zusammenhang sind die Instrumente entwickelt worden, die in der Stadtforschung seitdem für die Charakterisierung von (sozialen) Räumen grundlegend geworden sind. Im weiteren Entwicklungsprozess schälte sich ein Verfahren der *humanökologischen Raumanalyse* heraus, das im Allgemeinen aus vier Schritten besteht: (a) die Abgrenzung bzw. Zonierung eines Raumes, (b) eine Beschreibung der internen Charakteristik nach räumlich-funktionalen Strukturen und räumlichen Verteilungen, (c) die Ermittlung der Beziehungen zu anderen Gebieten und (d) das Herausarbeiten der ‚historischen Trägheit' im Sinne fester sozialer und physischer Potenziale im Raum (Quinn 1950).

Die Instrumente der Charakterisierung von (sozialen) Räumen wurden weiter verfeinert zur „Social Area Analysis". Im Laufe der 1950er Jahre beschrieben Eshref Shevky und Wendell Bell dieses Analyseverfahren mit den Worten: „Wir behaupten, dass der soziale Raum ganz allgemein Personen mit gleichem Lebensstandard, der gleichen Lebensweise und dem gleichen ethnischen Hintergrund zusammenfasst. Wir stellen die Hypothese auf, dass sich die Personen, die in einem bestimmten Typus des sozialen Raums leben, in Bezug auf charakteristische Gewohnheiten und Verhaltensweisen grundsätzlich von den Personen unterscheiden, die in einem anderen Typus des sozialen Raums wohnen" (Shevky/Bell 2005: 81). Im deutschen Sprachraum wurde das Verfahren, das von sozioökonomischen Strukturmustern auf sozialkulturelle Raumtypologien schließt, mit dem Begriff ‚Sozialraumanalyse' übersetzt. Bernd Hamm (1984) hat herausgearbeitet, dass es v.a. komparativ (Vergleich von Städten und deren Teilräumen miteinander), dynamisch (Vergleich der Variablen über mehrere Zeitpunkte), relational (Berücksichtigung der Beziehungen von Teilräumen untereinander) und auf mehrere Ebenen bezogen sein soll (Verknüpfung von struktureller Raumebene mit der personalen Handlungsebene, aber auch mit dem übergeordneten Kontext von Kommune, Staat und internationalen Einflüssen). Die traditionelle Konzeption der Sozialraumanalyse von Eshref Shevky und Wendell Bell beeinflusst die empirische Untersuchung von Städten und Stadtgebieten bis heute, weil sich die Verwendung von Indikatoren und geografischen Kartierungsmethoden oder Geo-Informations-Systeme (GIS) zur Charakterisierung städtischer Räume in der Regel an diesem Vorbild der Humanökologie orientieren.

1.2 Sozialräume in der Verhaltensperspektive

Die einseitige Fokussierung auf strukturelle Faktoren in der humanökologischen Raumanalyse ist vielfach kritisiert worden (z.B. Neckel 1997). Denn das komplexe soziale Geschehen im Raum ‚unterhalb' statistischer Indikatoren wird hierbei im Allgemeinen ausgeblendet. Deshalb gab es Bemühungen um einen ganzheitlichen Ansatz, der nicht nur strukturelle, auf Indikatoren gestützte Verteilungen sozioökonomischer Merkmale im Raum, sondern auch die realen Nutzungen gleichwertig in die Betrachtung einbezieht.

Den konsequenten Wechsel von der Strukturperspektive – d.h. von den ‚distributions' – zu der Verhaltensperspektive – d.h. zu den ‚living patterns' der ‚human activity systems' – vollzogen Sozialwissenschaftler und Geografen im Laufe der 1960er und 1970er Jahre. In Folge des starken Städtewachstums waren Entscheidungen zu treffen, wo öffentliche und private Investitionen für Wohngebiete, Einkaufszentren, Schulen und andere Infrastruktureinrichtungen zu tätigen waren. Für die Erarbeitung wissenschaftlich gesicherter Grundlagen sowohl für die Sozial- und Infrastrukturplanung als auch für die Stadt- und Standortplanung entstand die zeit-räumlich ausgerichtete Aktionsraumforschung. Darin wurde der Zusammenhang zwischen aktionsräumlichem Verhalten und der Organisation des Raumes sowie die Rolle der Zeit für soziales Verhalten betont, was nur unter Berücksichtigung der individuellen oder gruppenspezifischen Handlungen und Motivationen als erklärende Merkmale darstellbar ist.

Die soziale Raumkonstruktion erfolgt im aktionsräumlichen Ansatz auf zwei Ebenen: Auf der Seite der Subjekte wird den Motivationen und Denkweisen als Prädispositionen des Verhaltens sowie den Rollen und persönlichen Charakteristiken als Verhaltenskonditionierungen Bedeutung zugeschrieben. Auf der räumlichen Seite wird davon ausgegangen, dass die Verfügbarkeit von Gelegenheiten und die Wahrnehmung ihrer Qualität einen großen Einfluss auf das Verhalten haben. Aus den Motivationen und Prädispositionen ergebe sich – so das Modell – eine Neigung, sein Verhalten auf konkrete Gelegenheiten in einem Raum auszurichten oder solche räumlichen Aneignungsprozesse zu unterlassen. Und der Kontext der räumlichen Gelegenheiten schaffe Möglichkeiten und gebe Anreize zu einem Verhalten, das zu sozialen Bindungen und Ausprägungen von Verhalten in diesem konkreten Raum oder zur Verlagerung dieses Verhaltens in andere Räume führen kann. Insofern bestehen hier enge Wechselwirkungen.

In der Vorstellung des aktionsräumlichen Konzepts bewegt sich jedes Individuum auf einem Raum-Zeit-Pfad durch den Alltag. Bspw. hält sich eine Person an einzelnen Standorten wie Wohnung, Arbeitsstätte, Einkaufsgelegenheit und Freizeiteinrichtung auf. Zwischen diesen stationären Aktivitäten führt sie raumzeitliche Bewegungen aus, die die Standorte verbinden. Der Blick führt weg von der einzelnen Raumeinheit hin zu Verhaltensmustern, die sich über mehrere Raumeinheiten erstrecken. Projiziert man den Raum-Zeit-Pfad zurück auf den geografisch definierten Raum, so ergibt sich ein räumliches Interaktionsmuster von Wegen, Fahrten und Aufenthalten.

In der Rezeption des ‚Human-activity-systems'-Ansatzes wird nicht allein das Verhaltensmuster betont, sondern auch der Raumbezug, was im Deutschen zur Bezeichnung des ‚Aktionsraumes' führte. Wenn von einem ‚Aktionsraum' gesprochen wird, muss es immer um ein oder mehrere Subjekte gehen, d.h. um Nutzer mit ihren räumlichen Ausprägungen von Interessen und Möglichkeiten. Aus dem Blickwinkel von Architektur und Städtebau interessiert v.a. der Zusammenhang zwischen *Raumgestalt und Sozialgestalt*, der von Verhalten und Kommunikation im öffentlichen Raum konstituiert wird. Eine qualitative Dokumentation, die an die Methode der Teilnehmenden Beobachtung angelehnt ist und diesen Zusammenhang in den Mittelpunkt der Analyse stellt, repräsentiert die so genannte Burano-Methode (vgl. Burano-Gruppe 2005). Sie wurde zu Beginn der 1970er Jahre von vier Stadtplaner-Familien mit deren Kindern während eines Besuchs in der Lagune von Venedig entwickelt. In Burano beobachteten sie damit die Aufenthalte und die Kommunikation zwischen der einheimischen Bevölkerung im öffentlichen Raum und kartierten die unterschiedlichen Kommunikations- und Verhaltensmuster. Als qualitative Faktoren der Kommunikationsdichte identifizierten sie die guten Proportionen der Freiräume, die direkte Zuordnung der Wohnungen zum öffentlichen Raum und die homogenen Sozialstrukturen der Bevölkerung. Sozialräume lassen sich danach in der Korrespondenz von räumlichen und sozialen Merkmalen erfassen. In der aktuellen Diskussion über Nutzungsveränderungen und Qualität öffentlicher Räume werden ähnliche Analysezugänge vorgenommen (Selle 2003).

1.3 Sozialräume als ‚Lebenswelten'

Die Renaissance des ‚Lebenswelt'-Begriffs von Edmund Husserl und Alfred Schütz in den 1970er und 1980er Jahren hatte auch Auswirkungen auf das Konzept des Sozialraums. Denn mit dem Begriff der Lebenswelt werden besonders die sekundären Qualitäten des sozialen Raumes beleuchtet, also Eigenschaften, die Dinge nur haben, wenn sie von Menschen wahrgenommen werden. Damit geht es um die Frage, welche Merkmale des Raumes – insbesondere der Stadt- und Wohnquartiere – von den Menschen aus ihrer jeweiligen individuellen Sicht erfasst und mit relevanten Bedeutungen aufgeladen werden. Der Sinn sozialräumlicher Phänomene wird aus den subjektiven Sinnzusammenhängen der sie konstituierenden Handelnden erklärt (Eberle 2000) und repräsentiert somit eine komplementäre Perspektive zur wissenschaftlichen Erzeugung von Sozialräumen durch die Typisierung von Strukturdaten.

Der sukzessive Aufstieg der Lebensweltanalyse ist auf die wachsende Kritik an objektivierenden und quantifizierenden Wissenschaftsansätzen zurück zu führen, die von den individuellen Lebenswelten abstrahieren: Es komme in der objektivierenden Logik zu einer Vertauschung der Lebenswelten mit einer wissenschaftlich konstruierten Welt. Das phänomenologische Theorieverständnis setzt dagegen einen Rückbezug auf die Sachen (Phänomene) der alltäglichen Erfahrung (Intentionalität und Sinn) von Menschen im Sozialraum. Aufgabe der Lebensweltanalyse sei es, die Strukturierungsprozesse der Erfahrung, in denen das Gegebene im Raum angeordnet wird und seinen Sinn gewinnt, zu ergründen (Buchholz 1984). Die alltägliche Lebenswelt ist eine soziokulturell überformte Umwelt und damit eine sprachlich verfasste Wirklichkeit. Empirisch handelt es sich um den Raum, wie er individuell oder gruppenspezifisch als je eigener gegeben ist. Methodologisch wird dabei die Subjektivität betont und konsequent eine Verstehensmethodologie gefordert (vgl. Deinet/Krisch 2002). Deshalb muss die Lebensweltanalyse von Individuen bzw. kann nicht vom Raum oder von Orten ausgehen. In solchen lebensweltlich fokussierten Konzepten steht die Sinnaushandlung der Subjekte im Vordergrund. Interviews mit Bewohnern im Rahmen von Quartiersspaziergängen identifizieren somit ganz andere Dimensionen des Sozialraums als auf Indikatoren gestützte Analysen (Deinet/Krisch 2005).

1.4 Ganzheitliche Raumbeschreibung der Soziografie

Gegenwärtig findet ein weiterer Strang der sozialräumlich differenzierten Analyse erneut Aufmerksamkeit: die Soziografie. Soziografische Forschungsansätze, die in der Tradition der ‚community studies' und ‚social surveys' stehen, untersuchen das Alltagsleben in einem gegebenen Sozialraum. Paul Lazarsfeld, Marie Jahoda und Hans Zeisel von der Wirtschaftspsychologischen Forschungsstelle der Universität Wien, die Ende der 1920er Jahre die Methode der ‚Soziografie' im Rahmen der so genannten ‚Marienthalstudie' entwickelt haben, führen dazu aus: „ (...) Soziografie (...) ist der Versuch, ein verhältnismäßig enges Gebiet, das ursprünglich geografisch, späterhin auch in seinem Problemkreis abgegrenzt ist, von möglichst vielen Seiten mit verschiedenen Methoden darzustellen" (Jahoda et al. 1975: 132f.). Es geht dabei um das tiefenscharfe Betrachten des ,Innenlebens' einzelner Stadträume. Dessen Vielfältigkeit kann nicht allein auf der Basis statistischer Indikatoren erfasst werden, sondern erfordert ein wesentlich komplexeres Methodenrepertoire. Hierzu gehören insbesondere Beobachtungen sowohl mit quantifizierender Ausrichtung (z.B. Häufigkeiten) als auch mit vertiefenden und ergänzenden qualitativen Zielsetzungen bis hin zur Verarbeitung zufällig erworbener Eindrücke (Lazarsfeld 2004). Auch Sekundäranalysen von Dokumenten gehören zum Repertoire der Soziografie: v.a. von verbalen Dokumenten, die in anderen Zusammenhängen oder auch im Untersuchungsprozess selbst entstanden sind (z.B. die Analyse der Weihnachtswünsche von Kindern). Entsprechend dem Anliegen der Soziografie, eine komplexe, tiefenscharfe Sozialraumbeschreibung zu liefern, korrespondieren die eingesetzten Methoden jeweils eng mit dem konkreten Untersuchungsgegenstand. Gemeinsame Kennzeichen sind zum einen die gleichzeitige Berücksichtigung von Strukturmerkmalen (,objektive' Tatbestände) und subjektiven Einschätzungen, zum anderen die Offenheit und Dynamik des Forschungsprozesses. Dieses mehrdimensionale Verständnis des Sozialraums ist später etwa in der Umweltpsychologie und in der auf Milieus fokussierenden Raumbetrachtung aufgegriffen worden und spielt insbesondere bei Sozialraumanalysen eine wichtige Rolle, die auf unterschiedliche kulturelle und ethnische Raumaneignungsmuster abstellen.

2. Die Ebenen von ,Sozialraum'

Im Zentrum von methodologischen Überlegungen und empirischen Untersuchungen stehen in der Regel jeweils konkrete Sozialräume. Demgegenüber zielen die insbesondere mit Pierre Bourdieu verbundenen Arbeiten v.a. auf ein gesellschaftliches Verständnis von Sozialraum: Es „(...) deutet alles darauf hin, dass das Wesentliche des vor Ort zu Erlebenden und zu Sehenden, d.h. die erstaunlichsten Einblicke und überraschendsten Erfahrungen, ihren Kern ganz woanders haben" (Bourdieu 1997a: 159). Die in konkreten, abgrenzbaren Sozialräumen erkennbaren Sozialstrukturen, Lebensverhältnisse, Nutzungs- und Wahrnehmungsmuster konstituieren sich nicht im ,Nahraum' selbst, sie sind vielmehr Ausdruck gesellschaftlicher Ungleichheits- und Machtverhältnisse, der Positionierung von Personen und Gruppen im gesellschaftlichen Raum. Nach Martina Löw stellt Bourdieu „(...) zwei Räume gegenüber: der metaphorisch gemeinte soziale Raum und der sozial angeeignete geographische Raum. Während also der Begriff des sozialen Raums nur als Bild verwendet wird, um soziale Prozesse zu verdeutlichen, folgen die Ausführungen zu dem angeeigneten physischen Raum der Logik eines starren Raums, in den sich soziale Prozesse einschreiben" (Löw 2001: 182). Im physisch-geografisch lokalisierbaren Sozialraum (zweite Bedeutung) bilden sich Bewegungs-, Nutzungs- und Wahrnehmungsmuster ab, die im gesellschaftlichen Sozialraum (erste Bedeutung) konstituiert werden, und zwar auf der Grundlage von Kapitalbesitz in seinen verschiedenen Varianten: ökonomisches, soziales, kulturelles Kapital. Gesellschaftliche Teilnahme – in positiven wie negativen Ausprägungen (Ausgrenzungen) – verdichtet sich an Orten und sind in diese eingeschrieben; sie werden grundlegend aber im gesellschaftlichen Sozialraum gebildet und sind auch nur dort wirklich beeinflussbar.

Ähnliche Positionen sind aus der stadtsoziologischen Debatte um die Spezifika der wissenschaftlichen Analyse von Stadt bekannt. Sie wurde zuletzt in der Rezeption des Buches von Peter Saunders (1987) erneut aufgegriffen und zugespitzt formuliert in der Frage: Hat die Stadtsoziologie überhaupt einen eigenen Gegenstand? D.h. kommt der Stadt in der modernen Gesellschaft überhaupt noch eine von allgemeinen gesellschaftlichen Entwicklungen unterscheidbare Bedeutung zu, die eine spezifische, soziologische Perspektive sinnvoll und ertragreich machen kann? „Dem Soziologen ist die Stadt entweder als gesellschaftlicher Mikrokosmos (das ‚Überbleibsel' der ökologischen Tradition) von Nutzen oder wegen ihrer Bedeutung im Hinblick auf die Auswirkungen der moralischen Dichte auf soziale Verhältnisse (das ‚Überbleibsel' der kulturalistischen Tradition). Im ersten Fall wird die Stadt eher zu einem Forschungsinstrument (die so genannte Community-Study-Methode) als zu einem eigenständigen Objekt der Analyse: Wir untersuchen die Stadt bzw. verschiedene Gebiete in ihr, um zu sehen, was sie uns über bestimmte Phänomene in der gesamten Gesellschaft aussagen kann. Im letzteren Fall stellt die Stadt zwar durchaus ein eigenständiges Untersuchungsobjekt dar (...), aber die Reichweite einer solchen Analyse scheint doch sehr begrenzt zu sein" (Saunders 1987: 241).

Die jeweils gewählte Perspektive hat nicht nur wissenschaftliche, sondern auch politische Konsequenzen bezogen auf die Ansatzpunkte und Reichweiten von Interventionen in städtischen Teilräumen: Wenn sich in Stadtgebieten gesellschaftliche Entwicklungsprozesse sozialräumlich niederschlagen, dann sind auf Teilräume bezogene Strategien zwangsläufig von begrenzter Wirksamkeit (vgl. z.B. Häußermann 2002). Zweifellos sind Städte und städtische Teilräume durch gesellschaftliche Strukturen und Entwicklungen geformt – die seit den 1990er Jahren beobachteten sozialräumlichen Polarisierungen, auf die die ‚Soziale-Stadt'-Programmatik zielt, sind hierfür beredtes Beispiel. Städte und städtische Teilräume sind jedoch zugleich identifizierbare Orte gesellschaftlicher Prozesse; diese schreiben sich in Raum- und Baustrukturen, in deren Nutzung und Wahrnehmungen durch soziale Milieus ein, die ihrerseits mannigfaltig auf die räumlichen Organisations- und Ausdrucksformen zurückwirken. Und in diesen konkreten ‚Gestalten' sind Sozialräume Gegenstand sowohl theoretischer und empirischer Analysen als auch Ansatzpunkt von Handlungsstrategien. In der aktuellen Diskussion wird bezüglich dieser unterschiedlichen Akzentsetzungen unnötig polarisiert. Wir sehen mit dem Blick auf den mikrosoziologischen Bereich des städtischen Sozialraums einen Beitrag, im lebensweltlichen und sozialräumlichen Kontext des urbanen Raumes problematische Lebensverhältnisse wie auch Ressourcen für stadtgebietsbezogene Handlungsansätze aufzuzeigen. Insofern ist die empirische Analyse hierauf fokussiert und damit selbstverständlich begrenzt; in dieser Begrenztheit liefert sie gleichwohl wichtige Erkenntnisse. Aus unserer Sicht besteht ein Zusammenhang zwischen der lange vorherrschenden Geringschätzung oder Unkenntnis der jeweils konkreten Muster und Qualitäten sozialräumlicher Phänomene und der Unentwickeltheit der für ihre Analyse benötigten Untersuchungsinstrumentarien.

3. Interdisziplinäre Integration von Methoden für die Sozialraumanalyse

Die Professionalisierung der Berufsgruppen, die an stadträumlichen Definitions- oder Interventionsprozessen beteiligt sind, führte im Laufe der vergangenen Jahrzehnte zu einer ,Pluralisierung' des stadträumlichen Verständnisses. Allerdings finden in den verschiedenen analytischen, konzeptionellen oder planerischen Auseinandersetzungen mit dem Raum eigenständige und sich gegenseitig abgrenzende Schwerpunktsetzungen statt. Das Problem der mit Raum befassten Disziplinen ist, dass sie jeweils nebeneinander nur Teilausschnitte erfassen. Ein interdisziplinärer Vergleich der unterschiedlichen Perspektiven, Konzepte und Methoden verdeutlicht hingegen, dass sie sich bei der Erforschung von Sozialräumen nicht gegenseitig ausschließen, sondern in Folge komplementärer Betrachtungsniveaus ergänzen können.

Wie gezeigt, ist das klassische Sozialraumverständnis – in der humanökologischen Tradition der ,Social Area Analysis' – auf *sozialräumliche Strukturen* fokussiert, indem Muster von Ausprägungen sozioökonomischer Indikatoren zur Charakterisierung eines Stadtgebietes benutzt werden. Daneben hat sich eine Perspektive verbreitet, die *sozialräumliche Nutzungsmuster* – also Verhalten und aktives Handeln im Raum – in den Blickpunkt rückt. Exemplarisch können hier zwei methodische Konzepte genannt werden: (1) Der ,Aktionsraum' bzw. die Aktionsraumanalyse, in deren Blickpunkt die Sozialräume stehen, die über Aktivitäten zwischen konkreten Örtlichkeiten gespannt werden.

(2) Das ,Lebenswelt'-Konzept bzw. die Lebensweltanalyse, bei deren Bestimmung von Sozialräumen die Deutungen und Interpretationen von Individuen besondere Beachtung finden, die sie durch die Wahrnehmung und Aneignung von Orten und Plätzen ihres (Nah-)Raums – eingebunden in Handlungsabläufe – entwickeln (z.B. Deinet/Krisch 2005).

Eine Integration der Perspektiven und eine Verknüpfung verschiedener methodischer Konzepte sind bei empirischen Annäherungen an Sozialräume bisher kaum vorzufinden. Die Schnittstellen, über die ein integriertes interdisziplinäres Verständnis von Sozialräumen zu gewinnen ist, bleiben häufig unbeachtet, weil die Untersuchungen oft immer noch auf ein einzelwissenschaftliches Raumkonzept beschränkt werden.

3.1 Methodische Typologie der Sozialraumanalyse

Wir haben eine methodische Typologie für die Sozialraumanalyse vorgeschlagen, die diese monodisziplinären Einzelperspektiven zueinander in Beziehung setzt (Riege/Schubert 2005). Der komplementäre Charakter der verschiedenen Ansätze lässt sich über deren Anwendungsfunktionen darstellen. Danach lassen sich allgemein zwei Typen der Sozialraumanalyse unterscheiden: An erster Stelle steht *der gesamtstädtische Ansatz*, mit dem administrativ abgegrenzte Gebiete einer Stadt miteinander verglichen werden. An zweiter Stelle steht der *städtische Gebiete intern differenzierende Ansatz*, bei dem sich das Interesse auf die inneren Strukturen und

Qualitäten eines in der Stadt ausgewählten Gebietes richtet. Diese komplexe Untersuchung kann auf mehrere Ebenen bezogen sein (Mehrebenenanalyse), indem die strukturelle Raumebene mit personalen Handlungsebenen verknüpft wird. Solche Verknüpfungen können auch zu übergeordneten Kontexten von Kommune, Region, Staat und global-internationalen Einflüssen hergestellt werden.

3.2 Differenzierung der Stadt und ihrer Quartiere

Beim *ersten Typ* wird in der Regel mit quantitativen Daten nach dem klassischen humanökologischen Modell der ‚Social Area Analysis' operiert, um in einer *gesamtstädtischen Analyse* besondere Stadtteile oder Stadtquartiere zu identifizieren bzw. die städtischen Gebiete systematisch voneinander zu unterscheiden. Zur Beschreibung und Analyse werden im Allgemeinen Indikatoren und Merkmale aus der kommunalen Statistik heran gezogen. Die kommunale Sozialberichterstattung stellt für diese Zwecke bevölkerungsstrukturelle Merkmale (Geschlecht, Altersstruktur, Nationalität, Haushaltsgröße, Zu-/Fort-/Umzüge), Merkmale aus dem Bildungsbereich (allgemeiner Schulabschluss), Merkmale zur materiellen Lage bzw. zur materiellen Bedürftigkeit (Sozialhilfe, Wohngeld, Fehlbelegungsabgabe), Merkmale zur Wohnsituation (Wohnungsausstattung, Wohnungsbelegung, Anteil von Miet-/Eigentumswohnungen/öffentlich geförderten Wohnungen) sowie Merkmale aus den Geschäftsstatistiken der Fachbereiche (Arbeitslosigkeit, Hilfe zur Pflege, Behinderte, Interventionen des Allgemeinen Sozialdienstes, Jugendhilfestatistik) bereit. Auf der Basis dieser sozioökonomischen Indikatoren werden Strukturmuster gesucht, um Stadtteile und Quartiere auf der Ebene der Gesamtstadt signifikant voneinander abgrenzen zu können und dabei Stadtgebiete mit einem besonderen Profil – in der Regel mit einem besonderen Handlungs-, Entwicklungs- und Interventionsbedarf – zu identifizieren.

Beim *zweiten Typ* der *Differenzierung eines Stadtgebietes nach innen* werden sowohl quantitative als auch qualitative Datenprofile einbezogen. Wegen des Zieles, den Sozialraum tiefenscharf bis zu Lebenswelten der Bewohnerschaft zu durchdringen, kommt eine gemischte Methodologie (Methodenmix) zur Anwendung (Tashakkori/Teddlie 1999). Deshalb weist der zweite Typ sowohl eine (a) strukturanalytische als auch eine (b) verhaltensanalytische Komponente auf. Vier konsekutive Analyseebenen sind für diese Binnenorientierung kennzeichnend: (1) die physische Raumabgrenzung des Sozialraums sowie seine Untergliederung in Teilräume, (2) quantitative Datenanalysen zur sozialstrukturellen Profilierung des Stadtgebiets und seiner Teilräume, (3) eine Bestandsbeschreibung zur Ermittlung der im Stadtgebiet und in den Teilräumen vorhandenen Probleme, Ressourcen und Potenziale und (4) die empirische Erfassung von Nutzungsräumen unter Einbeziehung individueller Nutzerperspektiven (vgl. tabellarische Übersicht).

Tabelle: Untersuchungsebenen und Ziele einer Teilräume nach innen differenzierenden Sozialraumanalyse

Untersuchungsebenen		Ziel
1	Raumabgrenzung und Raumdefinition	Differenzierung signifikanter sozialer/physikalischer Teilräume des Stadtgebiets
2	Strukturelle Profilierung	Ermittlung der Muster sozialstruktureller/sozioökonomischer Strukturen nach Teilräumen
3	Bestandsbeschreibung	Ermittlung vorhandener Probleme/Ressourcen/Potenziale
4	Erkundung der Lebens- und Nutzungsräume	Tiefenscharfe Erfassung von subjektiv und kollektiv konstruierten (Wahrnehmungs-)Räumen

Abbildung: Methodische Tiefenschärfe der Sozialraumanalyse (Schichtenmodell)

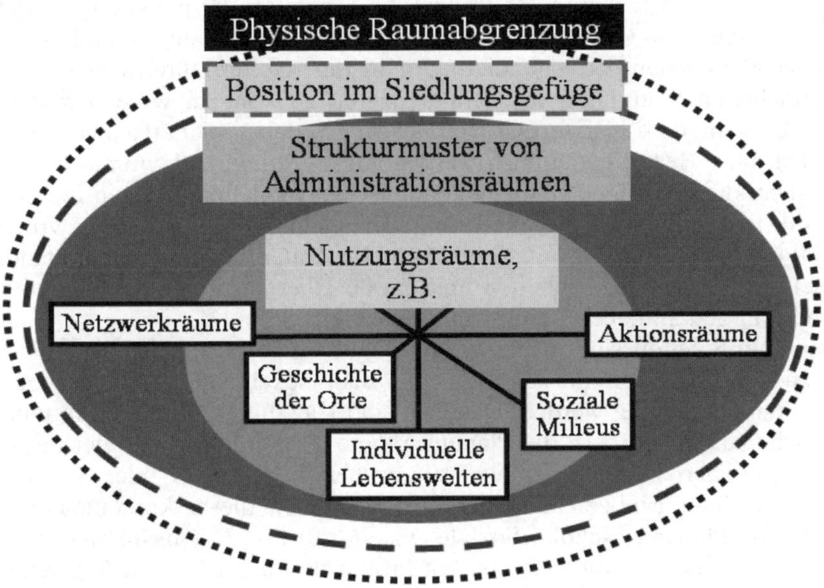

Quelle: Riege/Schubert 2005

Raumabgrenzung

Bei der *physischen Raumabgrenzung* werden an Hand von Karten die topografischen Bedingungen und Setzungen durch gebaute Strukturen betrachtet. Es wird analysiert, innerhalb welcher Restriktionen und Grenzen von Verkehrsachsen, Naturräumen und Bebauungsformen sich der Sozialraum des Stadtgebietes und seine sozialräumliche Substruktur ausgebildet haben. Große Flüsse, Autobahnen oder Waldareale stellen bspw. typische Raumgrenzen für sozialräumliche Nutzungen dar. In der darauf aufbauenden *physischen Raumdefinition* werden die sozialräumlichen Rahmenbedingungen rekonstruiert, die den alltäglichen Erfahrungsraum grundsätzlich strukturieren.

Die Kategorien der Raumabgrenzung – räumliche Grenzlinien und Barrieren, Raumhierarchie, funktionale Flächennutzung, kleinteilige Bereichsabschnitte von

Baustrukturen, System der Verkehrswege und symbolische Identifikationspunkte und Merkzeichen – stammen aus der Methode von Kevin Lynch (2000), das Stadtbild und seine Elemente als sozialräumliches „Image" zu erfassen. Die Abgrenzung kann einerseits aus professioneller Sicht (quasi ‚expertokratisch' durch Stadtplanung, Sozialplanung oder Stadtsoziologie) rein physisch erfolgen, aber auch im Rahmen qualitativer Befragungen unter der Bewohnerschaft empirisch ermittelt werden, um die Raumdefinition auf der Grundlage von subjektiven Stadtbildern vorzunehmen.

Strukturelle Profilierung

In der empirischen Annäherung stellt sich die Frage, ob die physische – nach den genannten Kategorien vorgenommene – Raumabgrenzung und Raumbestimmung mit sozialen Merkmalen korrespondiert. Um die inneren Strukturen von Teilgebieten eines betrachteten Stadtquartiers charakterisieren zu können, werden *quantitative Aggregatdaten* mit dem *strukturanalytischen Modell* der ‚social area analysis' analysiert. Dabei muss Bezug genommen werden auf die *Raumstrukturen der ‚Administration'*, denn die betreffenden sozioökonomischen Indikatoren liegen in der Regel nur für die teilräumliche Untergliederung der städtischen Verwaltung vor. Diese Verknüpfung macht allerdings nur Sinn, wenn die Untergliederung eines städtischen Teilgebiets in Verwaltungseinheiten eine große Übereinstimmung mit den physischen und wahrgenommenen Raumstrukturen zeigt.

Neben dem Stadtteil sind insbesondere kleinräumigere Einheiten wie die Wahlbezirke zu nennen. Über die Addition von Baublöcken können auch spezifische kleine Teilräume gebildet werden. Daneben sind Handlungsräume der kommunalen Fachbereiche zu nennen: z.B. die Planungsräume der Stadtplanung oder das Gebiet der Bezirkssozialarbeit bzw. der Verwaltungsbezirk des ASD oder Schulverwaltungsbezirke. Unter Einbeziehung der Professionellen dieser kommunalen Handlungssektoren (Planung, Schule, Soziale Arbeit etc) als ‚Datensammler' oder ‚Informationsgeber' können die spezifischen Profile der dort lebenden Menschen heraus gearbeitet werden. Der Raum bzw. die jeweiligen Raumeinheiten werden dabei statisch aufgefasst, als Hülle oder ‚Container', in dem sich Soziales abbildet bzw. ereignet. In der quantitativen Darstellung von sozioökonomischen Merkmalen werden soziale Positionen abgebildet – z.B. die Schichtung der Bewohner und bestehende Segregationsmuster (nach Klasse, Geschlecht, Alter, Einkommen, Ethnizität etc.) – und auf baulich-physische Raumstrukturen bezogen.

Der besondere Vorteil der Bezugnahme auf die administrativen Unterteilungen besteht darin, dass zu ihrer Charakterisierung im Allgemeinen im Verwaltungsprozess dokumentierte quantitative Strukturdaten verfügbar sind. Bei der Formulierung konkreter Gebietsindikatoren können verschiedene Perspektiven eingenommen werden: Bedarfsträger (Zielgruppen), sozioökonomische Lagen (Benachteiligungen, Polarisierungen), lebenslagenspezifische Differenzierungen (z.B. Pluralisierung von Haushaltsformen), soziokulturelle Milieus (Traditionen, Gebräuche, Stile), Interventionen (Aktivitäten Sozial-, Jugendhilfe), Infrastruktur und Dienstleistungen (Einrichtungen, Angebote), Organisations- und Personalstrukturen (Standards der Leistungserbringung), Nutzersicht (Inanspruchnahme, Akzeptanz, Nachfrage), Leistungsbilanzen (Versorgung, Leistungen proportional zu Adressaten, Personal, Ressourcen). Neben der Perspektive, Gebiete mit Hilfe von Strukturanalysen als „benachteiligte“ Sozialräume zu beschreiben, findet seit einigen Jahren komplementär auch das Untersuchungsziel Beachtung, „benachteiligende“ Effekte durch das Leben in diesen Gebieten darzustellen (Wilson 1987; Häußermann/Kapphan 1999; Häußermann 2004).

Als mögliche Datenquellen kommen in Frage: die amtliche Statistik (Totalerhebungen/Volkszählung, Stichprobenerhebungen, Geschäftsstatistiken/Datenerfassung im operativen Vollzug, lokale Statistiken), Daten aus dem Verwaltungsvollzug (Einwohnermeldewesen, Sozialwesen, Gesundheitswesen, Schulverwaltung, Bauverwaltung, Wohnungswesen), aber auch standardisierte Befragungen wie z.B. Bevölkerungsumfragen und die Bestandsdaten der sozialen Einrichtungen und Dienste.

Bestandsbeschreibung

Die *Potenziale und Ressourcen eines Stadtgebietes* lassen sich in der Regel nicht allein über die beschriebenen Datenanalysen erfassen. Dazu bedarf es eines weiteren Untersuchungsschritts, in dem der *infrastrukturelle Bestand des Sozialraums* dargestellt wird. Unter dem infrastrukturellen Bestand sind eine Reihe lokaler Gegebenheiten zu verstehen: Erstens gehören dazu soziale sowie kulturelle Infrastruktureinrichtungen und Dienste, aber auch informelle Beziehungsnetze, Vereine und Assoziationen im Sozialraum. Zweitens bilden die gewerblichen und wirtschaftlichen Potenziale sowie Träger von Beschäftigungs- und Ausbildungsmaßnahmen eine bedeutende Bestandsgrundlage. Und drittens sind die personalen Ressourcen dazu zu zählen, die am Sozialraum ein Interesse oder auf die Entwicklung im Sozialraum Einfluss haben; zu nennen sind v.a. engagierte Akteure und die Schlüsselpersonen der örtlichen Institutionen, Organisationen, Interessen- und Einflusskreise. Dabei geht es im Allgemeinen um folgende Analyseperspektiven (vgl. Schubert 2005):

- Zusammenstellung aller Akteure, die sich für den Sozialraum engagieren, an seiner Entwicklung ein erklärtes Interesse haben oder auf seine Entwicklung Einfluss nehmen können;
- Dokumentation der räumlich-materiellen Gelegenheiten und Infrastrukturen des Sozialraums im Rahmen von Begehungen und Dokumentenstudium;
- Übersicht über die nicht-materiellen Potenziale des Raumes, die in der Gestalt von sozialen Assoziationen, Allianzen, Koalitionen und Netzwerken bestehen.

Die ermittelten Potenziale und Ressourcen des Bestands können einer Stärken-Schwächen-Analyse unterzogen werden, um die Situation des Sozialraums hinreichend einschätzen und bewerten zu können.

Erkundung von Lebens- und Nutzungsräumen

Die qualitative Betrachtung von Raumstrukturen eröffnet ein Verständnis vom *räumlichen Verhalten der Bewohnerschaft* und ihren *alltäglichen Nutzungsmustern.* Bei dieser tiefenscharfen Ausleuchtung eines Sozialraumes als ‚gelebte Struktur‘ wird der Blick v.a. auf drei räumliche Verhaltenskontexte gerichtet:

- Zuerst interessieren die ‚*Aktionsräume*' zwischen Wohnungen und Infrastruktureinrichtungen sowie den Wegen dazwischen (vgl. z.B. Blinkert 1993, 1997).
- Als zweites sind ‚*Lebenswelten*' in Gestalt der individuellen räumlichen Bezüge von Interesse, die in den Verhaltensweisen von Einzelnen und Gruppen regelmäßig vorkommen (Deinet/Krisch 2005).
- Und die dritte Perspektive betrifft die Kennzeichnung räumlicher Bereiche durch ‚*Symbole*', aus denen sich der Zusammenhang von physischer Raumstruktur, sozialen Nutzungen, Bewohnerkulturen und sozialen Mentalitäten bildhaft und kohärent erschließt (Alber 1997; Geiling 2005; Schubert 2005).

Methodenrepertoire

Eine differenzierte Übersicht über das Methodenrepertoire, soziale Räume aus den disziplinären Perspektiven von Architektur und Stadtplanung, Sozial- und Raumforschung, Geografie, Raummanagement und Verwaltung, (Sozial-)Pädagogik und Sozialer Arbeit vielschichtig zu analysieren, ist bei Riege/Schubert (2005) zu finden:

- Bei der physischen Raumbestimmung kommen Methoden der Geografie und der Stadtplanung – wie die ‚*Kartierung*' und die so genannte ‚*Zonierungsmethode*' – zur Anwendung (vgl. Sachs Pfeiffer 1983).
- In Strukturanalysen nach dem klassischen Ansatz der ‚social area analysis' werden Administrationsräume auf der Grundlage von Indikatoren klassifiziert (vgl. Shevky/Bell 2005).
- Qualitative Befragungsmethoden der *Feldforschung* sind hilfreich, räumliche Nutzungs- und Verhaltensmuster darzustellen und sie interpretativ in die lokalen Sinn- und Deutungsmuster einzubetten (vgl. Flick et al. 1995; Flick et al. 2003). Zum verfügbaren Instrumentarium sind ‚*narrative Interviews*', ‚*fokussierte Leitfadengespräche*' und ‚*Gruppendiskussion*', aber auch die ‚*Passantenbefragung*' (Friedrichs/Wolf 1990) zu zählen.
- Zur Abbildung von Nutzungsstrukturen eines Sozialraums eignet sich die Methode der offenen oder verdeckten *teilnehmenden Beobachtung* nach den Prinzipien der ‚*Burano*'-*Methode* sowie die die *semiotische Analysetechnik* des ‚*Street Reading*' (Alber 1997; vgl. Schubert 2005).
- Als integrierter methodischer Ansatz zur empirischen Durchdringung eines komplexen Sozialraums wird vermehrt die ‚*ethnografische Methode*' angesehen; im Sozialraum fällt der ethnografische Blick auf die Praktiken von Bewohnergruppen – z.B. Kinder und Jugendliche (vgl. Lindner 2001).
- Subjektive Nutzungsaspekte des Sozialraums werden über die Erhebung von Erlebnissen, Erfahrungen und Wahrnehmungen der Menschen gewonnen, wie das bei der *Begehung des Raumes*, bei der *Stadtteilerkundung mit lokalen Schlüsselpersonen* oder *mit Vertretern von Zielgruppen* (Foto-/Videostreifzug) der Fall ist, um Lebenswelten und ihre Phänomene aus der Sicht von Bewohnern zu verorten (Deinet/Krisch 2005).
- Schließlich sind noch aktivierende Strategien und Instrumente der so genannten ‚*Aktionsforschung*' (Moser 1997) zu nennen, wie z.B. die ‚*aktivierende Befragung*' (vgl. Lüttringhaus/Richers 2003).

Bei diesem Überblick geht es um die Darstellung möglicher und bewährter Verfahren und nicht um den Anspruch, sie möglichst zahlreich im Einzelfall einzusetzen. Grundsätzlich wird es für die empirische Untersuchung eines Sozialraums unumgänglich sein, für ein ausgewogenes Verhältnis von Aufwand und Ertrag zu sorgen. Die lange Vernachlässigung differenzierter Sozialraum-Betrachtungen sowie die aktuelle (politische) Orientierung auf integrierte Zugänge lässt allerdings eine etwas aufwändigere Anfangsphase auf diesem Untersuchungsfeld erwarten.

Kontext der Ebenen

Im Zusammenspiel der skizzierten Ebenen wird die Vielschichtigkeit einer interdisziplinär integrierten Sozialraumanalyse deutlich. Sozialräume werden nicht nur auf Indikatoren reduziert, sondern werden in Schichten analysiert. Das Spektrum reicht von einer Schicht der topografischen Gegebenheiten, physischen Grenzen und gebauten Barrieren über eine Schicht der sozioökonomischen Kennzeichen der Bevölkerungsaggregate im betrachteten Raum bis hin zu einer Schicht der gelebten Nutzungsräume, also der durch Wahrnehmung, Verhalten und Handeln erzeugten Raumbedeutungen (vgl. Abbildung).

Damit sich die Sozialraumanalyse nicht im isolierten Blick nach innen verliert, kommt der zusätzlichen Analyseebene „Position im Siedlungsgefüge" eine besondere Bedeutung zu. Sie hat die Funktion einer Schnittstelle zum gesamtstädtischen und regionalen Kontext, um den Zusammenhang zwischen den sozialräumlichen Entwicklungen und übergreifenden Prozessen transparent zu halten (vgl. Saunders 1987). Es gehörte bereits zu den Grundprinzipien der humanökologischen Raumanalyse, auch die Beziehungen eines Sozialraums zu anderen Gebieten und zur Gesamtstadt zu ermitteln.

Methodische Tiefenschärfe der Sozialraumanalyse (Schichtenmodell)

Mit dieser Typologie bieten wir eine methodische Perspektive für das stadtsoziologische Konzept des ‚gesellschaftlichen Raumes' (Läpple 1991): Denn in die Sozialraumanalyse werden (1) die materielle Erscheinungsform des Raumes in der Form der physischen Grundlagen, (2) die Interaktions- und Handlungsstrukturen der Produktion, Nutzung und Aneignung des Raumes und (3) das räumliche Zeichen- und Symbolsystem einbezogen. Dieser methodische Ansatz verleiht der Vielschichtigkeit des Gegenstandes ‚Sozialraum' einen angemessenen Ausdruck. Unter ‚Sozialraumanalyse' darf deshalb nicht das eine Konzept oder die eine Methode verstanden werden; sie muss vielmehr theoretisch wie methodisch die unterschiedlichen Perspektiven von den räumlichen Verhältnissen der Menschen widerspiegeln. Dies kann gelingen, wenn die empirischen Instrumente der verschiedenen Professionen und wissenschaftlichen Disziplinen methodisch zu einem umfassenden Modell von Sozialraumanalyse integriert werden, das nicht nur deskriptive Funktionen aufweist, sondern in der mikro- und mesosoziologischen Annäherung an städtische Räume auch verdeutlicht, wie sich gesellschaftliche Prozesse in den Teilräumen der Stadt auswirken.

Literatur

Alber, Reinhold (1997): New York Street Reading. Die Stadt als beschrifteter Raum. Dokumentation von Schriftzeichen und Schriftmedien im Straßenraum und Untersuchung ihrer stadträumlichen Bedeutung am Beispiel von New York. Dissertation, Fakultät für Sozial- und Verhaltenswissenschaften, Eberhard-Karls-Universität Tübingen

Atteslander, Peter/Hamm, Bernd (Hg.) (1974): Materialien zur Siedlungssoziologie. Köln

Bauer, Petra/Otto, Ulrich (Hg.) (2005/i.E.): Mit Netzwerken professionell zusammenarbeiten. Band 2. Institutionelle Netzwerke in Sozialraum- und Kooperationsperspektive. Tübingen

Blinkert, Baldo (1997): Aktionsräume von Kindern auf dem Land. Pfaffenweiler

Blinkert, Baldo (1993): Aktionsräume von Kindern in der Stadt. Pfaffenweiler

Bourdieu, Pierre (1991): Physischer, sozialer und angeeigneter physischer Raum. In: Wentz (Hg.) (1991): 25-34

Bourdieu, Pierre (1997a): Ortseffekte. In: Bourdieu (1997b): 159-167

Bourdieu, Pierre (1997b): Das Elend der Welt. Konstanz

Buchholz, Wolfgang (1984): Lebensweltanalyse. München

Burano-Gruppe (Dellemann, Christof u.a.) (2005): BURANO – eine Stadtbeobachtungsmethode zur Beurteilung der Lebensqualität. In: Riege et al. (Hg.) (2005): 98-112

Burgess, Ernest W. (1929): Urban Areas. In: Smith et al. (Hg.) (1929): 114-123

Chapin, F. Stuart (1974): Human Activity Patterns in the City. Things People Do in Time and in Space. New York/London/Sydney/Toronto

Deinet, Ulrich/Krisch, Richard (2005): Konzepte und Methoden zum Verständnis der Lebensräume von Kindern und Jugendlichen. In: Riege et al. (Hg.) (2005): 145-158

Deinet, Ulrich/Krisch, Richard (2002): Der sozialräumliche Blick der Jugendarbeit. Methoden und Bausteine zur Konzeptentwicklung und Qualifizierung. Opladen

DIFU (Deutsches Institut für Urbanistik) (2003): Strategien für die Soziale Stadt. Bericht der Programmbegleitung. Berlin

Eberle, Thomas Samuel (2000): Lebensweltanalyse und Handlungstheorie. Beiträge zur Verstehenden Soziologie. Konstanz

Flick, Uwe/Kardorff, Ernst von/Steinke, Ines (Hg.) (2003): Qualitative Forschung. Ein Handbuch. 2. Auflage. Reinbek

Flick, Uwe/Kardorff, Ernst von/Keupp, Heiner (Hg.) (1995): Handbuch Qualitative Sozialforschung. Grundlagen, Konzepte, Methoden und Anwendungen. München

Friedrichs, Jürgen/Lüdtke, Hartmut (1977): Teilnehmende Beobachtung. Einführung in die sozialwissenschaftliche Feldforschung. 3. Auflage. Weinheim

Friedrichs, Jürgen/Wolf, Christof (1990): Die Methode der Passantenbefragung. In: Zeitschrift für Soziologie 1/19. 1990: 46-56

Geiling, Heiko (2005): Integrations- und Ausgrenzungsprobleme in einer städtischen Großsiedlung – Zur Theorie und Methode der Stadtteilanalyse. In: Riege et al. (Hg.) (2004): 223-240

Hamm, Bernd (1984): Aktuelle Probleme sozialökologischer Analyse. In: Kölner Zeitschrift für Soziologie und Sozialpsychologie 36/36: 277-299

Häußermann, Hartmut (2004): Segregation durch Partizipation. Postfordistische Stadterneuerung und ihre Folgen. In: Die Alte Stadt 1/31: 1-21

Häußermann, Hartmut (2002): Global, lokal, sozial. Von der Unteilbarkeit der Stadt. In: Walther (Hg.) (2002): 71-84

Häußermann, Hartmut/Kapphan, Andreas (1999): Berlin: Bilden sich neue Räume sozialer Benachteiligung? In: Herkommer (Hg.) (1999): 187-208

Häußermann, Hartmut/Ipsen, Detlef/Krämer-Badoni/Thomas/Läpple, Dieter/Rodenstein, Marianne/Walter Siebel (Hg.) (1991): Stadt und Raum. Soziologische Analysen. Pfaffenweiler

Herkommer, Sebastian (Hg.) (1999): Soziale Ausgrenzungen. Hamburg

Jahoda, Maria/Lazarsfeld, Paul F./Zeisel, Hans (1975): Die Arbeitslosen von Marienthal. Ein soziografischer Versuch. Erstveröffentlichung Leipzig 1933. Frankfurt a.M.

Klingbeil, Detlef (1978): Aktionsräume im Verdichtungsraum. Zeitpotenziale und ihre räumliche Nutzung. Regensburg

Läpple, Dieter (1991): Essay über den Raum. Für ein gesellschaftswissenschaftliches Raumkonzept. In: Häußermann et al. (Hg.) (1991): 157-207

Lazarsfeld, Paul F. (2004): Die soziografische Methode in der Marienthalstudie. Erstveröffentlichung Leipzig 1933. In: Riege et al. (Hg.) (2004): 71-78

Lindner, Werner (Hg.) (2001): Ethnographische Methoden in der Jugendarbeit. Opladen

Löw, Martina (2001): Raumsoziologie. Frankfurt a.M.

Lüttringhaus, Maria/Richers, Hille (2003): Handbuch Aktivierende Befragung. Konzepte, Erfahrungen, Tipps für die Praxis. Stiftung Mitarbeit. Bonn

Lynch, Kevin (2000): Das Bild der Stadt. Bauwelt Fundamente 16. Amerikanisches Original 1960. Basel

Moser, Heinz (1997): Instrumentenkoffer für den Praxisforscher. Freiburg i.Br.

Muchow, Martha/Muchow, Hans-Heinrich (1934): Der Lebensraum des Großstadtkindes. Reprint 1978. Bensheim

Neckel, Sighard (1997): Zwischen Robert E. Park und Pierre Bourdieu: Eine dritte ‚Chicago School'? In: Soziale Welt 47. 1997: 71-84

Park, Robert E. (1974): Die Stadt als räumliche Struktur und als sittliche Ordnung. Erstveröffentlichung Washington 1925. In: Atteslander et al. (Hg.) (1974): 90-100

Quinn, James A. (1950): Human Ecology. Neuauflage 1971. Hamden/Connecticut

Riege, Marlo/Schubert, Herbert (Hg.) (2005): Sozialraumanalyse: Grundlagen, Methoden, Praxis. 2. verbesserte Auflage. Wiesbaden

Sachs Pfeiffer, Toni (1995): Qualitative Stadt- und Gemeindeforschung. In: Flick et al. (Hg.) (1995): 394-402

Sachs Pfeiffer, Toni (1983): Sozialräumliche Zonierung. Bemerkungen zu Nutzung und Raum. In: Arch+ 68. 1983: 31-35

Saunders, Peter (1987): Soziologie der Stadt. Frankfurt a.M./New York

Schubert, Herbert (2005): Das Management von Akteursnetzwerken im Sozialraum. In: Bauer et al. (Hg.) (2005): im Erscheinen

Schubert, Herbert (2004): Menschliche Siedlungen als Symbolräume. In: Riege et al. (Hg.) (2004): 175-190

Selle, Klaus (2003): Was ist los mit den öffentlichen Räumen? 2. Auflage. Aachen/Dortmund/Hannover

Shevky, Eshref/Bell, Wendell (2005): Sozialraumanalyse. Erstveröffentlichung 1961. In: Riege et al. (Hg.) (2005): 79-95

Smith, Thomas Vernor/White, Leonard D. (Hg.) (1929): Chicago. An Experiment in Social Science Research. Chicago

Tashakkori, Abbas/Teddlie, Charles (1999): Mixed methodology: combining qualitative and quantitative approaches. California

Walther, Uwe-Jens (Hg.) (2002): Soziale Stadt – Zwischenbilanzen. Opladen

Wasserman, Stanley/Faust, Katherine (1999): Social network analysis: methods and applications. Cambridge

Wentz, Martin (Hg.) (1991): Stadt-Räume. Frankfurt a.M./New York

Wilson, William Julius (1987): The Truly Disadvantaged – The Inner City, the Underclass, and Public Policy. Chicago/London

Internet-Adressen

http://sozialer-raum.ch/sa/
www.socialnet.de/rezensionen/
www.sozial-raum-management.de/

Recht und Finanzierung

Heinz-Jürgen Dahme und Norbert Wohlfahrt

Abstract

Die aktuelle Sozialraumorientierung im Bereich der Sozialen Dienste erweist sich bei näherer Betrachtung als ein Hebel der umfassenden Reorganisation sozialer Dienste. Dies wirft eine Reihe grundsätzlicher rechtlicher und finanzieller Fragen auf, die Gegenstand des Artikels sind. Im Vordergrund steht dabei das Sozialraumbudget als ein Instrument sozialraumbezogener Finanzierung, dessen Ausgangspunkt bei den erzieherischen Hilfen liegt, das aber auch auf andere Bereiche sozialer Dienstleistungen übertragen werden kann. Ziel der Sozialraumbudgetierung ist die Entwicklung fallübergreifender und präventiver Maßnahmen durch soziale Dienstleistungsanbieter mit dem Ziel, Fälle im Sozialraum möglichst nicht entstehen zu lassen bzw. frühzeitig zu intervenieren, so dass negative Fallkarrieren verhindert werden können. In diesem Sinne weist die Sozialraumorientierung über die Jugendhilfe hinaus und zielt auf die Mobilisierung aller im Sozialraum verfügbaren Ressourcen.

1. Begriffliche Unterscheidung der Sozialraumorientierung

In der aktuellen Diskussion um das Thema Sozialraumorientierung wird in der Regel zwischen zwei Begriffsdimensionen unterschieden:

- Sozialraumorientierung als Unterstützung der erzieherischen Hilfen im Einzelfall einerseits, d.h. *Nutzung der Ressourcen* des sozialen Raums und
- Sozialraumorientierung als *Entwicklung der Ressourcen* des sozialen Raums andererseits (vgl. JSB 2000).

Je nach verwendeter Definition wird der Begriff der Sozialraumorientierung mit unterschiedlichen Inhalten gefüllt. Im Kontext der erzieherischen Hilfen wird unter Sozialraumorientierung vornehmlich eine Flexibilisierung der Hilfen, verbunden mit der Nutzung sozialräumlicher Ressourcen, verstanden; ein umfassenderes Verständnis sozialraumorientierter Sozialer Arbeit stellt diese dagegen in den Kontext von Milieu- und Strukturarbeit, was dazu führt, dass unter sozialräumlicher Arbeit nicht nur sämtliche Felder der Jugendhilfe zu verstehen sind, sondern auch andere Handlungsfelder wie Arbeitsmarktpolitik, Sozialhilfepolitik und Stadtentwicklungspolitik.

Versteht man Sozialraumorientierung als auf die Entwicklung der Ressourcen des sozialen Raums gerichtetes Handlungsprinzip, dann sind hierfür eine Reihe rechtlicher Grundlagen bindend: Das Raumordnungsgesetz (ROG) fordert in Übereinklang mit des Grundgesetz, dass Politik und Verwaltung „gleichwertige Lebensbedingungen der Menschen in allen Teilräumen" zu verwirklichen bzw. anzustreben hätten. Das KJHG – ein eher auf Kompensation fokussiertes Gesetz – betont am deutlichsten die Notwendigkeit einer kommunalpolitischen Prioritätensetzung zugunsten benachteiligter Stadtteile. Es hebt die besondere Planungsverantwortung der Jugendhilfe „in gefährdeten Lebens- und Wohnbereichen" (§ 80, Abs. 2.3) hervor und stellt die Notwendigkeit einer rechtzeitigen und bedarfsgerechten Versorgung heraus. Im Arbeitsförderungsgesetz gibt es Handlungsspielräume, die Aspekte der Arbeitsmarktpolitik mit Stadtentwicklungsperspektiven zu verbinden, bspw. bei der Schaffung von „lokalen Beschäftigungsinitiativen" im Bereich öffentlicher und freigemeinnütziger Trägerschaft. Im Rahmen des Wohnungs- und Städtebaurechts finden sich Hinweise zur Ausgestaltung einer sozial ausgewogenen Stadtentwicklungspolitik (bspw. II. Wohnungsbaugesetz). Es bleibt allerdings der politischen Prioritätensetzung überlassen, ob Schwerpunkte der Neubau-, Sanierungs- und Modernisierungsförderung zugunsten besonderer Bedarfsgruppen gefördert werden.

Die im 8. Jugendbericht geforderte Wendung von der Intervention bei Gefahr zur Förderung bei sozialstruktureller Benachteiligung wird im KJHG insofern mitvollzogen, als es seine Leistungsangebote grundsätzlich an alle richtet und alle zur Mitarbeit aufruft (§ 8 SGB VIII). Auf diese Art und Weise soll die Integration der in den unterschiedlichen Lebenslagen, insbesondere regional unterschiedlich Betroffenen gewährleistet werden (§ 9 SGB VIII).

Die aktuelle Diskussion um Sozialraumorientierung – die auch Gegenstand der folgenden Erörterungen ist – verbindet diese mit einem neuen Finanzierungsmodus, dem Sozialraumbudget. Entsprechend der unterschiedlichen Definitionen der Sozialraumorientierung sind auch hier verschiedene Aussagen zur Bildung möglicher Budgets festzustellen. Für die erzieherischen Hilfen wird ein Modell angeregt, welches separate Budgets für fallbezogene, fallübergreifende und fallunspezifische Leistungen vorsieht. Hierbei sollen auch ambulante und stationäre Formen der Erziehungshilfe in die Sozialraumbudgets einbezogen werden. Für die soziale Stadtentwicklung werden Quartiersbudgets oder ähnliche projektbezogene Finanzierungsformen vorgeschlagen, die zusätzlich zu den vorhandenen Finanzierungsformen die infrastrukturelle Arbeit im Stadtteil unterstützen sollen. Diese spielen in der Praxis gegenwärtig eine untergeordnete Rolle. Johannes Mündner definiert das Sozialraumbudget folgendermaßen: „Bei diesem handelt es sich um ein Budget, das für den jeweiligen Sozialraum bereitgestellt wird für die (im Einzelnen zum Teil unterschiedliche) Leistungserbringung – vornehmlich bei den Hilfen zur Erziehung. Dieses Budget ist in sich flexibel, das heißt, es werden nicht für spezielle Hilfeformen jeweils entsprechende Summen festgelegt, sondern aus dem jeweiligen Jahresbudget sind die im Laufe eines Jahres anfallenden ‚Fälle' zu übernehmen und zu finanzieren" (Mündner 2001: 13).

Die aktuelle Diskussion um die Sozialraumorientierung in der Sozialen Arbeit ist eng mit der Entwicklung der Verwaltungsmodernisierung in der Bundesrepublik verknüpft. Hierbei handelt es sich um einen umfassenden Prozess der Reorganisation kommunaler Verwaltungsaufgaben, in deren Zusammenhang geprüft werden soll, welche Auswirkungen das Handeln der Verwaltungsorganisationen auf das Entstehen und die Bewältigung sozialer Probleme haben. Hierzu gehört die Aufgabe, die sozialräumliche Auswirkung der Tätigkeit zu analysieren und zu verbessern. Die neue Raumorientierung der Verwaltung wirft eine Reihe rechtlicher und finanzieller Fragen auf, die z.T. Gegenstand heftiger Auseinandersetzungen sind. Insbesondere in der Jugendhilfe ist dies mit fachlichen Fragen der Leistungserbringung verknüpft (Konzept der lebensweltorientierten Jugendhilfe; Dienstleistungsorientierung des Verwaltungshandeln; Flexibilisierung der Erziehungshilfen), da die Erbringung von Jugendhilfeleistungen traditionell eng mit den „fallproduzierenden“ sozialen Strukturen und den Möglichkeiten ihrer Beeinflussung verknüpft ist. Wir konzentrieren uns in unseren folgenden Ausführungen auf die rechtlichen und finanziellen Fragestellungen der Sozialraumorientierung, die insbesondere die *Modernisierung der Jugendhilfe* betreffen, in deren Folge aber eine raumbezogene Restrukturierung aller sozialen Dienste zu beobachten ist.

2. Sozialraumorientierung und Verwaltungsmodernisierung

Die Verwaltungsmodernisierung hat schon seit längerem ihre anfängliche Binnenorientierung erweitert und begonnen, die „Umwelt“ der Verwaltung in den Modernisierungsprozess einzubeziehen, was spätestens mit der Verankerung der neuen wettbewerbsorientierten Finanzierungsformen im Sozialrecht (z.B. § 93 BSHG; §§ 78aff. KJHG) sichtbar wurde.

Bestandteil des aktuellen sozialpolitischen und verwaltungswissenschaftlichen Diskurses zur Außenmodernisierung der Verwaltung ist auch die aus dem Theoriefundus der Sozialpädagogik stammende Sozialraumorientierung. Sozialraumkonzepte stehen für das fach- und professionspolitische Versprechen, durch Feldarbeit Fälle zukünftig erst gar nicht mehr entstehen zu lassen (zumindest nicht in der bislang bekannt hohen Zahl). Die aus der Sozialen Arbeit stammende Sozialraumorientierung – diese scheinbar ganz andere Modernisierungsstrategie – hat gegenwärtig Konjunktur, insbesondere in der Jugendhilfe, seitdem die Sozialverwaltung Räumlichkeit als Steuerungsgröße entdeckt hat. Dadurch ist Sozialraumorientierung aber auch in den Mittelpunkt rechtlicher und rechtspolitischer Diskurse gerückt. Die neue Raumorientierung der Sozialverwaltung berührt unmittelbar Fragen der Leistungsgewährung und Leistungserbringung, da das Herzstück dieser Modernisierungsstrategie, die Sozialraumbudgets bzw. einzelfallübergreifende Finanzierungen, der Versuch sind, neue Regeln der Leistungsfinanzierung wie auch der Leistungsgewährung zu etablieren.

Joachim Merchel hat drei Aspekte herausgearbeitet, die den Sozialraumansatz für die Sozialpolitik und die Verwaltungsmodernisierung gegenwärtig so attraktiv erscheinen lässt: „Zum einen erhofft man sich eine verbesserte Effektivität durch die Überwindung der Effektivitätsgrenzen, die mit einer bisher fast ausschließlich fallbezogenen, individuell ausgerichteten Sozialen Arbeit einhergehen. Die Veränderung der Lebensbedingungen im Sozialraum soll sich insgesamt entweder präventiv problemverhindernd bzw. problementschärfend auswirken, oder es sollen in Gruppenformen gemeinschaftliche Hilfemöglichkeiten geschaffen werden. Zum anderen sollen Effektivierungsreserven bei der Hilfegestaltung erschlossen werden, indem durch Aktivierung des sozialen Umfeldes kostengünstige und adressatennahe Problemlösungs- und Hilfemöglichkeiten geschaffen werden, Unterstützungspotenziale im sozialen Nahraum gezielter genutzt werden, Möglichkeiten des Einsatzes anderer Institutionen besser geprüft werden etc. Zum Dritten erhofft man sich von einer Verlagerung der Steuerungsverantwortung durch Budgetvergabe an basisnähere Organisationseinheiten einen zielgerichteteren und sparsameren Umgang mit dem Budget" (Merchel 2001: 374).

Kaum ein Jugendamt kann sich den Versprechungen der neuen Sozialraumkonzepte verschließen, denn die damit verbundenen Hoffnungen auf Fallvermeidung wie auf Aktivierung von Ressourcen im Gemeinwesens sind – vor dem Hintergrund ansteigender Fallzahlen – für die finanziell strapazierte Jugendhilfe verlockend. Sozialraumorientierung ist das Versprechen (mal offen, mal versteckt), die Kosten in der Jugendhilfe durch dieses sozialpädagogische Arbeitsprinzip besser in den Griff zu bekommen und die Arbeitsweise der Mitarbeiter sozialer Dienste wirkungsvoller zu gestalten. Das macht Sozialraumorientierung für die Sozialverwaltung zur Steuerung sozialer Dienste gegenwärtig hoch attraktiv. Sozialraumorientierung, die noch vor einiger Zeit in Form einer politisierenden Gemeinwesenarbeit bei Kommunalpolitikern und der Kommunalverwaltung Berührungsängste auslöste, ist gegenwärtig zum kommunalpolitischen Hoffnungsträger avanciert, allerdings erst, seitdem sich die Kommunale Gemeinschaftsstelle (KGSt), ein Dienstleistungsunternehmen der Kommunen, im Rahmen ihrer Modernisierungskonzepte der Sozialraumorientierung angenommen hat und mit dem Kontraktmanagement und den Sozialraumbudgets die dazu passenden Steuerungs- und Finanzierungsinstrumente entwickelt hat. Sozialraumorientierung ist zwar auch weiterhin ohne Sozialraumbudgets möglich, in der Jugendhilfe stellt dies gegenwärtig aber die Ausnahme dar; sie sind dort mittlerweile allgegenwärtig und beflügeln offensichtlich auch die Phantasie der Kommunalpolitik wie der Jugendhilfeplanung, die sich in letzter Zeit immer wieder neue Modelle einer sozialräumlich strukturierten Jugendhilfe einfallen lassen (vgl. z.B. Hoehn/Lindner/Röder 2004, Hummel 2004, Kleve 2004, Marquard 2004).

Definitionen: Sozialraumbudget und Sozialraumorientierung

Sozialraumbudgets sind ein neues Finanzierungsinstrument sozialer Dienste und Einrichtungen, das insbesondere in der Jugendhilfe zum Einsatz kommt und dort in vielen Variationen erprobt wird. Sozialraumorientierung ist ein sozialpädagogisches Arbeitsprinzip, das seitens der Sozialverwaltung reaktiviert wurde, um zum einen die Wirkungsorientierung in der Jugendhilfe zu verbessern und um zum anderen die Kostenexplosion in diesem Bereich in den Griff zu bekommen. Sozialraumorientiertes Arbeiten in den sozialen Diensten und Einrichtungen wird vom öffentlichen Kostenträger über Kontraktmanagement gesteuert und mittels Sozialraumbudgets finanziert. Sozialraumorientierung in der Sozialen Arbeit wird dadurch ein administratives Mittel kommunaler Budgetkontrolle.

Das scheinbar problemlose Zusammengehen von sozialpädagogischer Sozialraumorientierung und betriebswirtschaftlicher Steuerungslogik ist erst einmal überraschend, denn „(e)s ist kein alltäglicher Vorgang, dass Sozialpolitiker sich für sozialpädagogische Theorien interessieren" (Neumann 2003: 30). Überraschend ist auch die Leichtigkeit, mit der sich Teile der Sozialen Arbeit auf die Logik der Verwaltungsmodernisierung einlassen; Steuerungslogik und Professionslogik vertragen sich nur schwer, soll doch die bislang (zumindest theoretisch) zugestandene Handlungsautonomie der Sozialen Arbeit auf die Einhaltung politisch-administrativer Zielvorgaben verpflichtet werden. Die sozialpädagogische Sozialraumorientierung ist einen Bund mit der aktivierenden, präventionsorientierten Sozialpolitik eingegangen und wird als Steuerungsinstrument zur Restrukturierung der sozialen Dienste in vielen kommunalen Modellvorhaben und Projekten eingesetzt. Unübersehbar ist, dass die „neue" Sozialraumorientierung nicht nur einem in den Hintergrund gerücktem sozialpädagogischen Arbeitsprinzip wieder mehr Geltung verschaffen will, sondern auch darauf abzielt, das ganze System der Jugendhilfe neu zu strukturieren und neue Steuerungsprinzipien für die Jugendhilfe zu entwickeln. Dabei geht es ganz wesentlich darum, die gewachsenen Beziehungen zwischen „Kostenträgern" und „Leistungserbringern" vor Ort neu zu ordnen und eine (raumbezogene) Abstimmung der Leistungserbringung herbeizuführen. Angesichts des Tempos in der Umsteuerung auf Sozialraumorientierung und Sozialraumbudgets wurde schon verschiedentlich die Frage aufgeworfen, ob diese Umsteuerung mit dem geltenden Sozialrecht und den etablierten Sozialstaatsprinzipien vereinbar ist.

Rechtsfolgen der Sozialraumbudgets

Das sozialpädagogische Arbeitsprinzip der Sozialraumorientierung wird in den letzten Jahren immer häufiger zwischen öffentlichen Kostenträgern und Leistungserbringern (freien Trägern) mittels Leistungsvereinbarungen (Kontraktmanagement) festgeschrieben. Die Erbringung der vertraglich vereinbarten Leistung durch die Träger sozialer Einrichtungen und Dienste in einem Sozialraum wird über Sozialraumbudgets finanziert. Sozialraumbudgets sind Geld- und Mengeneinheiten, die sich aus Sachzielen ableiten und auf einen vorgegebenen Zeitabschnitt beziehen. Die den Sozialraumbudgets zugrunde liegenden Sachziele sind alle in einem Sozialraum in einem vereinbarten Zeitraum anfallenden Hilfen (z.B. Hilfen zur Erziehung nach § 27ff. KJHG). Sozialraumbudgets sind wie Budgets überhaupt gedeckelte (plafondierte) Geldmengen mit denen alle vertraglich vereinbarten anfallenden Leistungen zu finanzieren sind; die Mittelbegrenzung soll zu mehr Flexibilität in der Arbeit und zu mehr Wirtschaftlichkeit in den sozialen Diensten und Einrichtungen beitragen. Diese aus der Betriebswirtschaftlehre stammenden Steuerungsinstrumente können zu Konflikten mit sozialstaatlichen Zielen und mit dem geltenden Sozialrecht führen, vor allem dann, wenn der Bürger leistungsberechtigt ist, aber nicht genügend Mittel zur Verfügung stehen. Das Steuerungs- und Finanzierungsinstrument Sozialraumbudgetierung wirft eine Reihe sozialrechtlicher und haushaltsrechtlicher Fragen auf, vor allem aber, ob Sozialraumbudgets zur Finanzierung sozialer Einrichtungen und Dienste mit den sozialrechtlich verankerten sozial- und jugendhilferechtlichen Prinzipien vereinbar sind.

Die Attraktivität der neuen Sozialraumkonzepte für Politik und Verwaltung liegt offensichtlich in ihrer Anschlussfähigkeit an den aktuellen Effizienz- und Modernisierungsdiskurs wie auch an die in der Sozialpolitik diskutierten Selbstregulierungserwartungen des aktivierenden Staates an den Bürger; die Sozialraumdebatte dreht sich demnach – im Unterschied zum Lebensweltkonzept oder zum Konzept der Integrierten Hilfen – „hauptsächlich um Finanzierungs- und Planungsfragen" (Wolff 2002: 48); aber auch die sozialpolitisch geforderte stärkere Verkoppelung professionellen und ehrenamtlichen Handelns macht die Sozialraumorientierung für die Verwaltung attraktiv, eröffnet sich doch hier ein Weg in die „Bürgerkommune", ein ebenfalls von der KGSt entwickeltes Modernisierungskonzept. Eine so gewendete Sozialraumorientierung ist dann auch anschlussfähig an die zurzeit in vielen Bundesländern beobachtbare „Kommunalisierung" von Aufgaben. Sozialraumorientierung wäre in diesem Kontext als deren lokale Umsetzungs- und Anpassungsstrategie verstehbar. Die neue „Raumorientierung der kommunalen Selbstverwaltung" ist somit in erster Linie ein Steuerungsinstrument zur Restrukturierung des gewachsenen Systems sozialer Dienste im lokalen Sozialstaat, so unsere Kernthese.

Noch einmal: Begriffliches

Wenn im Folgenden von Sozialraumorientierung die Rede ist, geht es auch immer zugleich um das von der Sozialverwaltung eingesetzte Steuerungs- und Finanzierungsinstrument der Sozialraumbudgets. Sozialraumorientierung ist ein Arbeitsprinzip, das mittels Sozialraumbudgets durchgesetzt werden soll. Sozialraumorientierung und Sozialraumbudgets sind zwei Seiten einer Medaille. Die Medaille heißt: Verwaltungsmodernisierung und Kostenmanagement

3. Sozialraumorientierung und Sozialraumbudget: Pro und Contra

Wolfgang Hinte, einer der vehementesten und lautstärksten Verfechter der neuen Sozialraumorientierung, plädiert dafür, diese als einen eng mit der Gemeinwesenarbeit verbundenen bereichsübergreifenden aktivierenden Interventionsansatz zu betrachten. Das Exerzierfeld für dic neue Sozialraumorientierung ist gegenwärtig vor allem die Jugendhilfe. Der Sozialraum wird dabei steuerungstheoretisch als „Planungsgröße" und „Bezugsgröße für die Konzentration von Personal und anderen Jugendhilfe-Ressourcen" verstanden; durch regionale Budgets sollen die Fachkräfte im Sozialraum zu einer die Ressourcen des ganzen Sozialraums nutzenden Einzelfallarbeit angehalten werden, gleichzeitig aber auch finanziell „angeregt" werden, „tragende Strukturen personeller und materieller Art für eine quartiernahe Unterstützung von Hilfe suchenden Menschen aufzubauen" (Hinte 2002: 94). Regionale Budgets sind in diesem Konzept das Hauptinstrument zur Unterstützung einer gestaltenden sozialraumorientierten Jugendhilfe; sie sollen Anreize schaffen für fachlich bessere, wirksamere und dichter an den Bedürfnissen der Betroffenen ausgerichtete Hilfe. Unerlässlich sei aber auch, „dass es sich nicht um eine jugendamtsintern vorgenommene und auf soziale Räume heruntergebrochene (beim ASD angesiedelte) Budgetierung handelt (...), sondern um beim HzE-Träger angesiedelte Budgets" (Hinte 2002: 108f.).

Die KGSt hat in ihrem Bericht 12/1998 über „Kontraktmanagement zwischen öffentlichen und freien Trägern" näher ausgeführt, wie solche Sozialraumbudgets gestaltet und verwaltet werden sollen (der Bericht konzentriert sich auf die ambulanten Hilfen zur Erziehung, geht aber perspektivisch davon aus, das gesamte Leistungsangebot des KJHG in das Kontraktmanagement zu integrieren): Die KGSt schlägt vor, die Budgetierung an Sozialräumen auszurichten, um sozialraumbezogene Interventionsformen in der Jugendhilfe zu stärken; dadurch soll vor allem der Handlungsspielraum von freien Trägern im Stadtteil aufgewertet werden. „Die bedarfsgerechte Bereitstellung der Hilfe nach vereinbarten Standards ist das Ziel der vertraglichen Vereinbarung. Ob das Ziel dieser Hilfe erreicht wird, die Hilfe also ‚wirkt', lässt sich u.a. daraus ersehen, ob bzw. wie weit die Verselbstständigung gefördert wurde" (vgl. KGSt 1998). Die KGSt empfiehlt, die Jugendhilfe im Sozialraum als ein Mischsystem aus drei Tätigkeitsfeldern zu betrachten, der fallspezifischen, fallübergreifenden und fallunspezifischen Arbeit. Wirkungen sollen auf zwei Ebenen gemessen werden: fallbezogen sowie das Gesamtsystem der Jugendhilfe betreffend. Hoffungsträger ist dabei vor allem die so genannte „fallunspezifische Arbeit" (vgl. Früchtel 2001), weil man sich hierdurch mittel- bis langfristig mehr Wirkung und Kostenersparnis erwartet. In diesem Zusammenhang wird dafür plädiert, die bisherige Finanzierung über Fachleistungsstunden durch die Einführung eines pauschalen Abrechnungsverfahrens abzulösen. Mittels Ausschreibungsverfahren sollen Leistungsvereinbarungen geschlossen werden, in denen mit einem Budget verknüpfte Lösungspakete beschrieben und festgelegt werden; die im Ausschreibungsverfahren Erfolgreichen sind dann für die Bearbeitung der in einem Sozialraum (Bezirk, Stadtteil, Wohnquartier) anstehenden „Fälle" sowie für die (Präventions-) Arbeit zur Fallvermeidung zuständig. Indes wird die Schwierigkeit einer Verknüpfung der Budgetbemessung und -entwicklung mit Indikatoren des sozialen Raums eingeräumt; deshalb wird ersatzweise ein Budgetierungsverfahren vorgeschlagen, das einen pauschalen Abrechnungsmodus mit flexiblen Elementen und qualitätsbezogenen Anreizen verbindet und mittelfristig mit einem fallübergreifenden Sozialraumindikatorenkonzept verknüpft werden kann.

Den Vorteil von Sozialraumbudgets gegenüber der Finanzierung über Fachleistungsstunden sieht man in dem stärkeren Anreiz zum Ausbau präventiver Hilfen und einer größeren Flexibilität der Leistungserbringer. Der Budgetierungsvorschlag sieht vor, dass vom Gesamtbudget der ambulanten Hilfen zur Erziehung ein Anteil (z.B. 70%) als garantierter Sockelbetrag den freien Trägern in festgelegten Raten ausgezahlt wird. Dafür übernehmen diese die Verpflichtung, alle im Sozialraum anfallenden Fälle zu bearbeiten. Wird dieser Grundbetrag auf mehrere Träger verteilt, muss jeder entsprechend seinem Anteil Fallmengen bearbeiten. Weitere 10% erhalten die freien Träger für die Durchführung fallunspezifischer Tätigkeiten. Dieser etwa 80%ige Anteil des Gesamtbudgets bildet den für die Ziel- und Standarderreichung notwendigen Sockelbetrag und schafft für die Leistungserbringer eine Planungssicherheit. Die verbleibenden 20% sollen an Qualitätsnachweise gekoppelt oder – falls dies nicht nachgewiesen werden kann – leistungsbezogen auf andere im Sozialraum tätigen Träger für die Durchführung von ambulanten Erziehungshilfen verwendet werden. Zur Steuerung dieses Budgetierungsverfahrens soll ein lokales Sozialraumgremium geschaffen werden, das auch den Kern der am Controlling-Prozess Beteiligten bildet.

Mit diesem Finanzierungsvorschlag verabschiedet sich die KGSt (zumindest im Jugendhilfebereich) von der vorher von ihr vertretenen Produktlogik. Die im Sozialraum erbrachten Leistungen sollen „nicht kleinteilig jeweils einzeln als Produkt definiert werden". Fallübergreifende wie fallunspezifische Arbeitsschritte sollen nicht als Teilprodukte der fallspezifischen Arbeit gewertet werden. „Die Produktgruppenbeschreibung lautet in diesem Fall vielmehr ‚Hilfen zur Erziehung im sozialen Raum'" (KGSt 1998: 48). Auch wenn die KGSt im Bereich der Jugendhilfe stillschweigend von ihrer ursprünglichen Produktorientierung Abstand nimmt, so bleibt sie doch anderen wichtigen Reformprinzipien der Verwaltungsmodernisierung treu und versucht gerade diesen im Rahmen der neuen Sozialraumbudgets Geltung zu verschaffen. Sozialraumbudgets sollen weiterhin dazu beitragen:

- dass sich an den verschiedenen Stellen eine stärkere unternehmerische Orientierung ausbreitet, angefangen in den Rathäusern bis hin zu den Trägern sozialer Dienste, da nur so Kostenbewusstsein entstehen kann;
- dass der Verwaltungshaushalt entlastet wird, wobei auch weiterhin die Strategie der Ausgliederung von Dienstleistungen verfolgt wird und der Rückzug der öffentlichen Hand aus Feldern, die Private besser betreiben können, systematisch fortgesetzt wird;
- dass durch die Schaffung von ressourcenverantwortlichen Sozialraumgremien neue kooperative Organisationsformen mit Synergieeffekten entstehen und die im Dezentralisierungsmodell enthaltene Delegation von Entscheidungen auf die operative Ebene (auch im Handlungsfeld „Soziale Dienste") erreicht wird;
- dass nach der Binnenmodernisierung auch in der „Umwelt" der Verwaltung Modernisierungsprozesse in Gang kommen, um auf Verwaltungsseite die Implementierung eines strategischen Managements angehen zu können.

Die neuen Sozialraumkonzepte der Sozialverwaltung haben mittlerweile in der Fachöffentlichkeit – nicht zuletzt auf Grund ihres Versprechens, die Präventions- und fallunspezifische Arbeit zu stärken – zu einer breiten und heftigen Kontroverse geführt. Der fachliche Disput kreist dabei vor allem um die „Heilserwartungen" der Erfinder und Befürworter der Sozialraumbudgets wie um die „Bedenken" der so genannten „Boykotteure" und „Spielverderber", die insbesondere jugendhilferechtliche und jugendhilfepolitische Argumente gegen die Sozialraumorientierung ins Feld führen. Wir wollen uns im folgenden auf sozialrechtliche Fragen konzentrieren und kurz umreißen, welche rechtlichen und rechtspolitischen Argumente in der aktuellen Debatte über die budgetierte Sozialraumorientierung in der Jugendhilfe verhandelt werden. Einig sind sich alle aufgeführten Positionen darin, dass die neue Sozialraumorientierung wegen ihrer Verkoppelung mit dem Instrument des Sozialraumbudgets rechtliche Kernfragen des KJHG berührt, da das Steuerungs- und Finanzierungsinstrument „Sozialraumbudget" das Jugendhilfesystem im Sinne des KJHG in Frage stellt und sich damit der Einstieg in eine neue Jugendhilfe ergeben könnte. Anhand einiger ausgewählter Beispiele wollen wir kurz die Kritiker und ihre um rechtliche und finanzielle Fragen kreisenden Argumente darstellen.

- *Budgetkontrolle durch Sozialraumbudgets*: Eine immer wieder geäußerte Kritik lautet, dass Sozialraumorientierung durch die gleichzeitige Suche nach neuen Finanzierungsformen bei den erzieherischen Hilfen dazu führt, dass individuelle Rechtsansprüche aufgeweicht würden; Sozialraumorientierung diene damit in erster Linie der kommunalen Budgetkontrolle und schränke das Wunsch- und Wahlrecht der Leistungsberechtigten ein, auch dann, wenn es zu einem mehr oder minder freiwilligen Zusammenschluss verschiedener Träger auf sozialräumlicher Ebene käme (vgl. Tornow 2001).
- *Sozialraumbudgets, ein rechtwidriges Finanzierungsinstrument*: Die Umstellung der Fallfinanzierung auf die Pauschalfinanzierung wird als ein „rechtswidriges

Sparprogramm mit fragwürdigem jugendhilfepolitischem Nutzen" (Krölls 2002: 183) betrachtet, denn Sozialraumbudgets seien die „Verlagerung des Refinanzierungsrisikos auf die freien Träger" (Krölls 2002: 190); auch wenn Globalbudgets bloß ein Verrechnungsmodus zwischen Kosten- und Leistungsträger darstellen, hätten sie doch reale Auswirkungen auf die Leistungsberechtigten und Leistungserbringer, denn durch die Budgetierung würden real wirkende Kräfte freigesetzt, welche die Tendenz zur faktischen Beschränkung des individuellen Leistungsanspruches auf bedarfsgerechte Hilfen zur Erziehung sowohl bei der Leistungsgewährung als auch der Leistungserbringung in sich tragen (vgl. Krölls 2002: 192); kritisiert wird auch, dass die Gefahr zur Entstehung von „Sozialraumoligopolen" bzw. zu „staatlich lizenzierte(n) Gebietsmonopolisten" (Kröll 2002: 193) bestehe, was der vom Subsidiaritätsprinzip geforderten und im KJHG verankerten Trägerpluralität sowie dem Wunsch- und Wahlrecht fundamental entgegen laufe (vgl. Luthe 2001).

- *Sozialraumorientierung weicht die Differenz zwischen öffentlichen und freien Trägern auf*: Ein weiterer, vielfach vorgebrachter Kritikpunkt betrifft das Verhältnis von öffentlichen und freien Trägern und die damit verbundene Aufweichung der Gewährleistungsfunktion des öffentlichen Trägers. Es bestehe die Gefahr (vgl. Institut für Soziale Arbeit 2001), dass Sozialraumbudgets in letzter Konsequenz dazu führen könnten, die Trennung zwischen öffentlicher Leistungsgewährung und Leistungserbringung durch Dritte zu verwischen, und zwar dann, wenn – wie im Rahmen der Sozialraumbudgets vorgesehen – der das Budget verwaltende freie Träger gleichzeitig die Aufgabe der Leistungsgewährung und Leistungserbringung in einer Hand hat; Sozialraumbudgets beinhalten in letzter Konsequenz die Übertragung der Aufgabe der Kostenprüfung und -zusage auf den jeweiligen budgetverantwortlichen Leistungserbringer im Sozialraum.
- *Sozialraumbudgets sind wettbewerbsrechtlich bedenklich:* Nicht unerwähnt bleiben sollte, dass die neue Sozialraumorientierung manchmal auch als Beginn einer schleichenden Deprofessionalisierung in der Jugendhilfe gesehen wird und sich dem Vorwurf ausgesetzt sieht, angesichts der zunehmenden Vermarktwirtschaftlichung sozialer Dienste einer „Sozialromantik" zu huldigen (Wiesner 2002: 179; Schipmann 2002: 137). Kritisiert wird, dass sie gegen das Wettbewerbsrecht verstoße und den Korporatismus stärke (vgl. Luthe 2001); die Monopolstellung großer Träger werde durch die Sozialraumorientierung und ihren Finanzierungsmodus gestärkt und die – im Vergleich zu den privat-wirtschaftlichen Trägern – bestehenden Privilegien fortgeschrieben. Dem neuen Ansatz der Sozialraumorientierung wird nachgesagt, er widerspreche „sowohl marktwirtschaftlichem als auch dem an individuellen Rechtsansprüchen der Bürger orientierten Denken und Handeln", die Sozialraumorientierung sei „von ihrer Anlage her tendenziell geeignet, von Gemeinden und Kommunen als willkommenes Instrument zur rigiden Kosteneinsparung genutzt zu werden" (Schipmann 2002: 144).

Fasst man die Einwände gegen das Konzept der Sozialraumorientierung zusammen, so richten sich diese hauptsächlich gegen die rechtliche Zulässigkeit, gegen gesellschaftspolitische und fachpolitische Folgen, gegen die Gefahr als „Sparmodell" missbraucht zu werden, gegen die sich aufweichende Gewährleistungsfunktion des öffentlichen Trägers und ein sich herausbildendes neues Verhältnis von öffentlichen und freien Trägern, in dem letztere als privilegierte „Lizenznehmer" und Auftragnehmer des öffentlichen Trägers tätig werden. Die Diskussion über die Rechtsverträglichkeit des neuen Finanzierungsinstruments sozialräumlichen Arbeitens hat sich in jüngster Zeit verstärkt, so dass sich mittlerweile schärfere Konturen einer Kritik an der Sozialraumorientierung der Sozialverwaltung zeichnen lassen, was im folgenden Abschnitt anhand von Thesen geschehen soll. Dabei geht es vor allem um jugendhilferechtliche Fragen, da die Jugendhilfe das Gebiet ist, auf dem die Sozialraumorientierung am weitesten fortgeschritten ist. Das Eingehen auf jugendhilfepolitische Fragen lässt sich nicht vermeiden, da das neue Finanzierungsinstrument „Sozialraumbudget" nicht nur als betriebswirtschaftliches Instrument der Kostenkontrolle zu sehen ist; wegen seines Haushaltskonsolidierungsbias ist das Instrument hoch politisch, da es im Einzelfall auch den Ausschluss von Leistungen impliziert, also als Kontingentierungsinstrument gehandhabt werden kann (vgl. Krölls 2000).

4. Weiterführende sozialrechtliche und jugendhilfepolitische Überlegungen zur Raumorientierung der Sozialverwaltung

a) Die schon vielfach aufgeworfene Frage, ob Sozialraumbudgets mit dem geltenden Sozialrecht und den sozialrechtlich verankerten Finanzierungsregeln der Leistungserbringer vereinbar sind, lässt sich besser beurteilen, wenn man sich vergegenwärtigt, wie die Vergabe öffentlicher Aufträge in der Sozial- und Jugendhilfe grundsätzlich geregelt ist. Bekanntlich vollzieht sich die Leistungsabwicklung im Dreiecksverhältnis von Leistungsträger, Leistungserbringer und Leistungsberechtigtem: Der Träger der Jugendhilfe prüft die Voraussetzungen des geltend gemachten Anspruchs und bescheidet den Anspruch auf Leistungen durch einen Sozialverwaltungsakt. Handelt es sich bei der bewilligten Leistung um eine sozialrechtliche Dienstleistung (persönliche Hilfe), bestimmt der Kostenträger auf der Grundlage seines „Auswahlermessens" in der Kostenzusage auch den Erbringer der Leistung (geht doch die Zusage an den Maßnahmeträger). Wenn der Leistungsberechtigte die Erbringung der Leistung durch einen bestimmten freien Träger will, soll dem Wunsch- und Wahlrecht entsprochen werden, sofern sich der Wunsch auf „eine rechtlich zulässige und fachlich geeignete Hilfe" bezieht und „keine unverhältnismäßigen Kosten" verursacht werden (Neumann 2003: 32). Die so genannte „Selbstbeschaffung" der Leistung durch den Hilfesuchenden – früher nicht unüblich – ist nach jüngster Rechtssprechung des Bundesverwaltungsgerichtes nicht zulässig. Juristisch umstritten ist, ob die Kostenzusage eine konkrete, bindende Beauftragung des Leistungserbringers darstellt: „Der freie Träger soll nicht ein fremdes Geschäft für den öffentlichen Träger besorgen, sondern sein eigenes", so Knut Hinrichs (2003: 30). Dem öffentlichen Träger steht eine Einflussnahme auf Details der Leistungserbringung im Einzelfall nicht zu. Freie und öffentliche Träger wirken – nach der Logik des SGB VIII – partnerschaftlich, gewissermaßen auf gleicher Augenhöhe zusammen. Die Übertragung ganzer „Leistungs- und Leistungserbringungskomplexe" auf freie Träger im Rahmen der Sozialraumbudgets wird deshalb als rechtlich unzulässig betrachtet, da der Kostenträger die Beauftragten dadurch zu „Befehlsempfängern“ degradiert und damit gegen das Subsidiaritätsprinzip und das daraus resultierende Autonomiegebot verstößt (vgl. Hinrichs 2003: 31).

b) Sozialraumbudgets sind auch problematisch, weil sie zwei getrennt zu finanzierende Sachverhalte vermengen und dadurch zu einem „Spannungsverhältnis zwischen einer Rechtsanspruchspolitik und Infrastrukturpolitik“ (Mündner 2001: 7) führen. Johannes Mündner betont, dass das Recht der Leistungsberechtigten zu „Friktionen mit dem für die Sozialraumorientierung wichtigen Kriterium der exklusiven Leistungserbringung und gegebenenfalls dem Sozialraumbudget führen“ (Mündner 2001: 36) kann. Neumann merkt an, dass durch die Sozialraumorientierung „die Verantwortung des Sozialstaats für die Gewährung und Erbringung von Sozialleistungen auf die freien Träger verlagert“ (Neumann 2003: 45) werden kann und somit die Rechte des Bürgers beschnitten werden könnten. Ein nicht unbegründeter Einwand, sollen doch die freien Träger im Sozialraum mit prospektiven, flexibel verwendbaren Budgets sowie mit Entscheidungsbefugnissen auch auf der Ebene der Fallbeschaffung und Fallbeurteilung ausgestattet werden, also mit der Definitionsmacht über Fälle. Betrachtet man Sozialraumbudgets im Lichte der sozialrechtlichen Prinzipien der Leistungsgewährung und Leistungsfinanzierung, dann scheint sich die neue Sozialraumorientierung nur schwer mit der sozialrechtlichen Realität vereinbaren zu lassen. An einigen Problemen soll das näher erläutert werden:

- Der öffentliche Träger darf das Wunsch- und Wahlrecht der Leistungsberechtigten nicht beeinträchtigen; daraus folgt, dass schon auf der Ebene des Gestaltungs- und Planungshandelns, also im Rahmen der Jugendhilfeplanung, zu berücksichtigen ist, dass das Wunsch- und Wahlrecht der Leistungsberechtigten sich zukünftig auch entfalten kann. Die Vergabe eines Sozialraumes an einen oder mehrere exklusive Anbieter kann zu einer planerischen Aushebelung des Wunsch- und Wahlrechtes führen (vgl. Mündner 2001: 39).
- Ziel vieler Sozialraumkonzepte ist die Differenzierung von Gewährleistungs- und Durchführungsverantwortung. Das kann Auswirkungen haben auf die Gesamtverantwortung des öffentlichen Trägers, insbesondere wenn Planungsaufgaben und Gewährleistungsfunktion auf einen privaten Träger übergehen. Es stellt sich dann die Frage, ob der Träger der Jugendhilfe noch seinen infra- und sozialstrukturellen Aufgaben (§§ 79, 80 SGB VIII) voll nachkommen kann, denn der öffentliche Träger kann sich seiner „letztendlichen Gesamtverantwortung und Gewährleistungsverantwortung nicht entziehen (…) Diese kann er nicht übergeben“ (Mündner 2001: 83).
- Die Übertragung von Entscheidungskompetenzen auf die Sozialraumakteure kann Fragen der Organisationszuständigkeit aufwerfen. Wenn im Sozialraum aus den Mitteln des Sozialraumbudgets Aufträge (Zuwendungen) an Dritte erteilt werden, stellt sich die Frage, ob das ohne vorherige Beschlussfassung des Jugendhilfeausschusses möglich ist. Zuwendungen an freie Träger, ohne den Jugendhilfeausschuss befragt zu haben, gelten grundsätzlich als „ermessensfehlerhaft“ und sind deshalb rechtswidrig: „Deshalb sind sozialräumliche Konzepte (...) mit den Kompetenzen des Jugendhilfeausschusses unverträglich“ (Neumann 2003: 36).

- Kernanliegen der Sozialraumkonzepte ist die Einrichtung von neuen Steuerungsgremien (Regionalkonferenzen, Sozialraumkonferenzen), deren Arbeit in Konflikt mit der Jugendhilfeplanung kommen kann, die allein für die Bestimmung des örtlichen Bedarfs an Einrichtungen, Diensten und Vorhaben (§ 80 SGB VIII) zuständig ist. „Vorschläge, Kompromisse oder Konsenspapiere irgendwelcher Regionalkonferenzen sind keine Jugendhilfeplanung und für die Ausübung des Ermessens unbeachtlich“ (Neumann 2003: 38).

c) Offenkundig gibt es Inkompatibilitäten zwischen dem Konzept der Sozialraumorientierung und der durch das SGB VIII gegebenen Rechtslage. Die Sozialraumorientierung ist deshalb auch als Ausdruck eines neuen öffentlichen Aufgabenverständnisses zu werten, in dem Aspekte der Prävention sowie der sozialen Infrastrukturgestaltung gegenüber der Finanzierung des Einzelfalls neu bestimmt werden. Das Kinder- und Jugendhilferecht ist primär durch eine dem Leistungsberechtigten verpflichtete Rechtsanspruchspolitik geprägt und eine der Verwaltung aufgetragene Infrastrukturpolitik. Sozialraumorientierung folgt grundsätzlich einer anderen Logik, denn nach den Protagonisten der neuen Sozialraumorientierung sollen individuelle Rechtsansprüche und Infrastrukturaufgaben vermischt und „einheitlich“ behandelt werden (vgl. Mündner 2001). Reinhard Wiesner weist darauf hin, dass Sozialraumorientierung deshalb auch als Privatisierungsvariante angesehen werden kann, da Sozialraumbudgets darauf abzielen, Funktionen des Jugendamts (z.B. Verantwortung für einen Sozialraum, Leistungsbewilligung), auf einen nicht-öffentlichen Akteur zu übertragen, wodurch das Verhältnis zwischen Jugendamt und Leistungsanbieter grundsätzlich neu justiert wird (Wiesner 2003: 9). Auch der Diskussion um die Finanzierung sozialraumbezogenen Arbeitens ist vielfach zu entnehmen, dass es in der Sozialraumdiskussion um die Neubestimmung von Einzelfallhilfe und Infrastrukturpolitik geht. Aus einem Budget sollen zukünftig zwei getrennt zu betrachtende Aufgaben finanziert werden. Wenn Rechtsansprüche das Budget zu sprengen drohen, dann muss die Infrastrukturentwicklung hinten anstehen. Das ist z.B. den Aussagen von Georg Schäfer zu entnehmen, der betont, dass der pauschal finanzierte Infrastrukturanteil in den Budgets seines Modellprojektes als „Puffer“ für die Fälle dienen kann, in denen die im Budget angesetzten Mittel zur Erfüllung des individuellen Rechtsanspruchs nicht ausreichend sind (vgl. Schäfer 2002).

d) Die Zusammenführung einzelfallbezogener und fallunspezifischer Leistungen in einem Sozialraumbudget, also die Überwindung der klassischen Finanzierungssystematik (Wolfgang Hinte nennt sie „verrottet“), soll den Vorteil haben, dass erforderliche präventionsorientierte und fallunspezifische Unterstützungs- und Ermöglichungsstrukturen entstehen, die wiederum der Einzelfallhilfe zu Gute kommen. Regionale Budgets – so Wolfgang Hinte – seien demnach auch ein Instrument gestaltender sozialraumorientierter Jugendhilfe, aber nicht gleichzusetzen mit „Infrastruktur-Aufbau etwa im Rahmen von Gemeinwesenarbeit“ (Hinte 2002: 110). Die Streiter für Sozialraumbudgets werden von der Annahme geleitet, dass arbeitsaufwändige und kostenträchtige Fälle durch vermehrte fallunabhängige Arbeit vermeidbar seien, bleiben allerdings den Beweis dafür schuldig; begründet wird die Annahme häufig mit Alltagswissen oder Allgemeinplätzen („jeder weiß ...“; „jeder Träger weiß ...“). Schuld daran ist nicht zuletzt der Begriff der „fallunspezifischen Arbeit“, der von der Prävention über den Aufbau sozialer Unterstützungsnetzwerke, Ressourcenmobilisierung bis hin zum Stadtteilmanagement alles umfassen kann (vgl. Früchtel 2001). Der im Begriff enthaltene Sinnüberschuss macht es den Protagonisten des Konzeptes leicht, sich gegen Kritik zu immunisieren, da jedem Kritiker jederzeit vorgehalten werden kann, er hätte das Konzept partout nicht verstanden oder wolle es sogar böswillig missverstehen.

e) Die vielfach gehegte Erwartung, dass das heutige „Geschacher um Geld" in den Hilfeplanverfahren zukünftig von „inhaltlichen Diskussionen" über die beste Lösung abgelöst wird, ist wenig begründet. Dass Sozialraumbudgets das Trägerinteresse an der Verhinderung der Fallentstehung befördern würden, ist lediglich eine Deduktion aus der Unterstellung, freie Träger seien rational handelnde Wirtschaftssubjekte. Wenn ein Sozialraumbudget Planungssicherheit bedeutet, was vielfach behauptet wird, dann vor allem für den Kostenträger (vgl. Meyer/van Rennings 2003), der mittels der Budgets die finanzielle Bewältigung des steigenden Bedarfs an Hilfen den privaten Leistungserbringern übertragen kann. Die Verlagerung des Kostenrisikos auf den Leistungserbringer dürfte – so ist zu befürchten – vielmehr zu Qualitätsproblemen führen oder auch zum Wegdefinieren von Anspruchberechtigungen seitens der regionalen Budgetverwalter. Der Rückgang von Fallzahlen im Sozialraum kann dann auch nicht länger als Indiz einer gelungenen Präventionsarbeit gelesen werden, sondern kann auch Ausdruck dafür sein, dass der Hilfebedarf dem vorhandenen Budget angepasst wird, Hilfe letztendlich rationiert wird (vgl. Krölls 2000). Auch die Sozialraumbudgetbefürworter sehen diese Gefahr, glauben aber, ihr durch betriebswirtschaftliche Controlling-Verfahren gegensteuern zu können.

5. Fazit: Prävention im Sozialraum: Einstieg in eine neue Ordnungspolitik?

Die Sozialraumorientierung der Sozialverwaltung und die dazu entwickelten Sozialraumbudgets werden mit der zu verstärkenden Präventionsarbeit, die im bisherigen Finanzierungssystem mangels fehlender finanzieller Anreize zu kurz kommt, begründet. Neue sozialraumbezogene Finanzierungsformen sollen den Weg eröffnen, vorhandene Ressourcen stärker auf das Gemeinwesen zu fokussieren als auf den Einzelfall und dessen (mehr oder weniger) gelingender Reparatur. „Insgesamt halten wir eine Veränderung der Finanzierungsformen in Richtung regionaler Budgets für einen den aktuellen Fragestellungen der Jugend- und Sozialhilfe angemessenen Weg zur Qualifizierung der praktischen Arbeit und für einen wesentlichen Baustein zur Umsteuerung des Verwaltungshandelns im Sinne einer bürgerorientierten, aktivierenden und sozialräumlichen Perspektive", heißt es bei Vertretern der Sozialraumbudgets (Hinte/Litges/Groppe 2003: 102). Das Präventionsargument (Fallvermeidung) wird auch von der Sozialverwaltung bemüht. Die Notwendigkeit eines Paradigmenwechsels in der Sozialen Arbeit (vom Fall zum Feld) leitet die Sozialverwaltung gewöhnlich aus den weiterhin steigenden Fallzahlen ab, die die Kommunen angesichts ihrer angespannten Haushaltslage als budgetsprengend erleben.

Angesichts der gestiegenen und zukünftig wohl noch wachsenden Ausgaben der Kommunen in der Kinder- und Jugendhilfe ist es ein Ziel der Verwaltung, durch Sozialraumbudgets nicht nur eine neue Finanzierungsform, sondern auch neue Organisationsformen in der Kinder- und Jugendhilfe zu erproben bzw. durchzusetzen. Kommunalpolitische Praktiker sagen, das müsste so sein, will man langfristig den lokalen Sozialstaat sichern und sicherstellen, dass den „materiellen Rechtsansprüchen der leistungsberechtigten Bürgerinnen und Bürger" auch weiterhin „effektiv Geltung" verschafft werden kann (Schröer 2001: 157). Politische Entscheidungsträger und Verwaltung sind sich darin einig, dass dies mit den gegenwärtigen Strukturen in der Kinder- und Jugendhilfe nur unzureichend gelingen wird und dass folglich die Kosten durch die gegenwärtige Organisation der Kinder- und Jugendhilfe noch weiter steigen werden. Einen Kostenfaktor – und vor allem eine Ursache für die Fallzahlen – scheint man demnach vor allem in der Organisation der Jugendhilfe selbst zu sehen.

Der jüngste Jugendbericht der Bundesregierung nennt andere Ursachen für die steigenden Fallzahlen und weist darauf hin, dass vor allem anhaltende Arbeitslosigkeit und zunehmende Armutstendenzen sich in erodierenden Familienstrukturen manifestierten und Familien dadurch zunehmend weniger in der Lage seien, ihre erzieherischen Aufgaben ohne Unterstützung zu bewältigen. Vor diesem Hintergrund stellt sich die Frage, ob die sozialraumorientierte Jugendhilfe gegenwärtig nicht mit großen, unerfüllbaren Erwartungen überfrachtet wird, denn fraglich ist, ob sozialraumorientiertes Arbeiten den im Jugendhilfebericht genannten Ursachen, die durch kommunales Handeln nur schwer zu beeinflussen sind, gegensteuern kann. Sozialraumorientierung mittels Sozialraumbudgets in der Jugendhilfe stärker zu implementieren könnte sich im Gefolge der auf „Fördern und Fordern" programmierten neuen Sozialpolitik leicht darauf reduzieren, diejenigen, denen eigentlich geholfen werden soll, dazu zu aktivieren, sich selbst zu helfen (vgl. Dahme/Wohlfahrt 2002).

Die neue Raumorientierung der Sozialverwaltung könnte sich dann schnell auch als ein im Kern ordnungspolitisches Konzept erweisen (vgl. Deinet 2001), wenn soziale Dienste und Soziale Arbeit administrativ instrumentalisiert werden, vor allem für eine sicherheitsfokussierte Präventionslogik (vgl. Deinet 2002). Die Ausrichtung der Sozialen Arbeit zum „Präventionshelfer" und ihre Einbindung in „Ordnungspartnerschaften" würde die Soziale Arbeit einseitig positionieren und sie in den „Sog der Sicherheitsdebatte" ziehen; soziale Räume würden somit „nur unter dem negativen Vorzeichen eines unkontrollierten Raums" gesehen, der „unter Kontrolle gebracht" werden muss (vgl. zur damit verbundenen ausufernden Präventionslogik Lindner 2003). – Die aktuelle Sozialraumorientierung, eingebettet in ein umfassendes Kontraktmanagement und angetreten für mehr Wirkungsorientierung in der Sozialen Arbeit, ist nicht nur ein Kostenmanagementinstrument, sondern auch der „goldene Zügel", die sozialen Dienste und ihre Arbeit in die von der Sozialverwaltung gewünschte Richtung zu lenken, um deren aktive Mitarbeit am Umbau des bestehenden Jugendhilfesystems im Sinne der Ziele der Verwaltungsmodernisierung sicher zu stellen. Angesichts der kommunalen Haushaltslage und der damit verbundenen Sparpolitik richten sich die Hoffnungen der „Modernisierer" auf die Mobilisierung der im Sozialraum vorhandenen infrastrukturellen Ressourcen, die zugleich durch sozialrechtliche Entwicklungen (siehe die Hartz-Gesetzgebung) erhebliche

Einschränkungen erfahren. So werden die Kommunen und in ihnen die Sozialräume zum Hoffnungsträger einer sozialen Sparpolitik, einer „Politik mit leeren Kassen" wie es viele Sozialdezernenten gegenwärtig ausdrücken (vgl. Graebsch-Wagner 2004). Sollte die damit verbundene sozialraumbezogene Aktivierungslogik allerdings misslingen – und hier lassen sich aus dem Quartiersmanagement bereits Beispiele in Fülle anführen (vgl. Eick 2004) – dann werden sicherheits- und ordnungspolitische Aufgabenstellungen neue Nahrung erhalten und auch für die sozialen Dienste nicht ohne Folgen bleiben.

Literatur

Dahme, Heinz-Jürgen; Otto, Hans-Uwe; Trube, Achim; Wohlfahrt, Norbert (Hg.) (2003): Soziale Arbeit für den aktivierenden Staat. Opladen

Dahme, Heinz-Jürgen/Wohlfahrt, Norbert (2002): Aktivierender Staat. Ein neues sozialpolitisches Leitbild und seine Auswirkungen auf die soziale Arbeit. In: neue praxis 32. 2002: 10-32

Deinet, Ulrich (2002): „Aneignung" und „Lebenswelt" – der sozialräumliche Blick der Jugendarbeit. In: Merten (Hg.) (2002): 151-166

Deinet, Ulrich (2001): Sozialräumliche Orientierung – Mehr Prävention! Jugendarbeit verkauft sich mit einer Sozialraumorientierung „light". In: Deutsche Jugend 3. 2001: 117-124

Eick, Volker (2004): Profiteure Sozialen Kapitals: Zur Genese lokaler Sicherheitsregime durch Nonprofits, kommerzielle Sicherheitsdienste und den lokalen Staat. In: Kessl et al. (Hg.) (2004): 139-154

Evangelische Erziehungshilfe (Hg.) (2001): Werkstattheft Sozialraumorientierung. Eine Arbeitshilfe. Hannover

Früchtel, Frank (2001): Fallunspezifische Arbeit oder: Wie lassen sich Ressourcen mobilisieren. In: Früchtel et al. (Hg.) (2001): 9-21

Früchtel, Frank (Hg.) (2001): Umbau der Erziehungshilfe. Weinheim

Graebsch-Wagner, Sophie (2004): Sozialraumorientierung – Sozialpolitik mit leeren Kassen. Vortrag auf dem Workshop der Evangelischen Fachhochschule Bochum und der Stadt Bochum. In: Graebsch-Wagner (Hg.) (2004)

Graebsch-Wagner, Sophie (Hg.) (2004): Sozialraumorientierung. Dokumentation eines Workshops. Bochum

Hinrichs, Knut (2003): Jugendhilfe und die Vereinbarung nach §§ 78aff. SGB VIII: Keine Beauftragung, keine Belegung und keine Bevormundung der freien durch die öffentlichen Träger. In: Sozialrecht aktuell 2. 2003: 29-35

Hinte, Wolfgang/Litges, Gerhard/Groppe, Johannes (2003): Sozialräumliche Finanzierungsmodelle. Berlin

Hinte, Wolfgang (2002): Fälle, Felder und Budgets. Zur Rezeption sozialraumorientierter Ansätze in der Jugendhilfe. In: Merten (Hg.) (2002): 91-126

Hinte, Wolfgang (2001): Sozialraumorientierung und das Kinder- und Jugendhilferecht – ein Kommentar aus sozialpädagogischer Sicht. In: SOS-Kinderdorf (Hg.) (2001): 125-156

Hoehn, Jochen/Lindner, Michael/Röder, Matthias (2004): Konzept zur ressourcenorientierten Steuerung der Erziehungshilfe. In: Nachrichtendienst des Deutschen Vereins für öffentliche und private Fürsorge 4. 2004: 216-221

Hummel, Konrad (2004): Eine Ära geht zu Ende. Soziale Kommunalpolitik statt kommunaler Sozialpolitik. In: Blätter der Wohlfahrtspflege 1. 2004: 3-6

Institut für soziale Arbeit (ISA) (2001): Sozialraumorientierte Planung – Begründungen, Konzepte, Beispiele. Expertise im Auftrag der Regiestelle E&C der Stiftung SPI. Münster

JSB (Jan Schröder Beratungsgesellschaft) (2000): Sozialraumorientierung und neue Finanzierungsformen. Dokumentation. Bonn

Kessl, Fabian/Otto, Hans-Uwe (Hg.) (2004): Soziale Arbeit und Soziales Kapital: Zur Kritik lokaler Gemeinschaftlichkeit. Wiesbaden

Kleve, Heiko (2004): Sozialraumorientierung. Systemische Begründung für ein klassisches und innovatives Konzept der Sozialen Arbeit. In: Sozialmagazin 3. 2004: 12-22

Kommunale Gemeinschaftsstelle (KGSt) (1998): Kontraktmanagement zwischen öffentlichen und freien Träger der Jugendhilfe. Bericht 12. 1998. Köln

Krölls, Albert (2002): Die Sozialraumbudgetierung aus jugendhilfepolitischer und jugendrechtlicher Sicht. Ein rechtswidriges Sparprogramm mit fragwürdigem jugendhilfepolitischem Nutzen. In: Merten (Hg.) (2002): 183-201

Krölls, Albert (2000): Budgetierung per Kartellabsprache? Zur Unzulässigkeit von Kontingentvereinbarungen zwischen Jugendhilfeadministration und Wohlfahrtsverbänden im Bereich der Hilfen zur Erziehung. In: Nachrichtendienst des Deutschen Vereins für öffentliche und private Fürsorge 2. 2000: 56-59

Lindner, Werner (2003): Verlassen von allen guten Geistern? Anmerkungen zum Verhältnis von Innerer Sicherheit, Prävention und fachlichen Maximen der Kinder- und Jugendarbeit. In: Dahme et al. (Hg.) (2003): 277-294

Luthe, Ernst-Wilhelm (2001): Wettbewerb, Vergabe und Rechtsanspruch im „Sozialraum" der Jugendhilfe. In: Nachrichtendienst des Deutschen Vereins für öffentliche und private Fürsorge 8. 2001: 247-257

Marquard, Peter (2004): Sozialraumorientierung und Demokratisierung. In: Nachrichtendienst des Deutschen Vereins für öffentliche und private Fürsorge 4. 2004: 117-124

Merchel, Joachim (2001): Beratung im „Sozialraum". Eine neue Akzentsetzung für die Verortung von Beratungsstellen in der Erziehungshilfe? In: neue praxis 4. 2001: 369-387

Merten, Roland (Hg.) (2002): Sozialraumorientierung. Zwischen fachlicher Innovation und rechtlicher Machbarkeit. Weinheim

Meyer, Katharina/van Rennings, Hedwig (2003): Soziale Arbeit im Spannungsfeld von Professionalisierung und Ökonomisierung. In: Sozialmagazin 1: 26-34

Münder, Johannes (2001): Sozialraumorientierung und das Kinder- und Jugendhilferecht. Rechtsgutachten im Auftrag von IGfH und SOS-Kinderdorf e.V. In: SOS-Kinderdorf (Hg.) (2001): 6-124

Neumann, Volker (2003): Raum ohne Rechte? Zur Rezeption von Sozialraumkonzeptionen durch die Sozialpolitik. In: Recht sozialer Dienste und Einrichtungen 55. 2003. 30-46

Schäfer, Georg (2002): Realisierung der Sozialraumorientierung: Praktische Perspektiven. Beispiel der Stadt Celle. In: Merten (Hg.) (2002): 69-90

Schipmann, Werner (2002): „Sozialraumorientierung" in der Jugendhilfe. Kritische Anmerkungen zu einem (un-)zeitgemäßen Ansatz. In: Merten (Hg.) (2002): 127-150

Schröer, Hubertus (2001): Sozialraumorientierung und das Kinder- und Jugendhilferecht – ein Kommentar aus der Umsetzungsperspektive einer Kommune. In: Sozialpädagogisches Institut im SOS-Kinderdorf e.V. (2001): 157-174

Sozialpädagogisches Institut im SOS-Kinderdorf e.V. (2001): Sozialraumorientierung auf dem Prüfstand. Tagungsdokumentation vom 21. Mai 2001 in Frankfurt a.M. München

Tornow, Harald (2001): Grenzen und Risiken der Sozialraumorientierung. In: Evangelische Erziehungshilfe (Hg.) (2001): 21-30

Wiesner, Reinhard (2003): Konkurrenz, Wettbewerb, Vergabe und Rechtsanspruch auf Leistungen. Manuskript. Berlin

Wiesner, Reinhard (2002): Die Leitidee des KJHG und ihre Vereinbarkeit mit dem sozialräumlichen Planungsansatz. In: Merten (Hg.) (2002): 167-181

Wolff, Mechthild (2002): Integrierte Hilfen vs. versäulte Erziehungshilfen. Sozialraumorientierung jenseits der Verwaltungslogik. In: Merten (Hg.) (2002): 41-52

Gestaltung

Angela Lackner-Pilch und Martina Pusterhofer

Abstract

In diesem Beitrag möchten wir aufzeigen, dass der biographische Blickwinkel – die subjektive Binnensicht – für die Diskussion von Räumen und über Räume wichtig und aufschlussreich für deren Konstruktion und Konstitution ist. Wir nennen diese Verschränkung den biographischen Raum, diskutieren dessen Bestimmungsgrößen und Relevanzkriterien für das subjektive Alltagshandeln. Biographische Räume geben Aufschluss über die innere und äußere Erfahrungswelt von Individuen. In autobiographischen Darstellungen werden diese Erfahrungsräume in Form von erzählten Erfahrungsstrukturierungen sichtbar. Die von Fritz Schütze formulierten kognitiven Figuren sind zentrale Ordnungsprinzipien der narrativen Erfahrungsrekapitulation und können als Konstruktionsprinzipien dieser Räume begriffen werden.

AkteurInnen entwickeln im Erfahren von Differenz soziale Praktiken, die in Form von Routinen in die Alltagswelt einfließen. Diese verweisen einerseits auf langfristige Lernprozesse, die in der Praxis des Zusammenlebens entwickelt werden, andererseits auf die Nutzung biographischen Wissens, über das ein/e Biographieträger/in verfügt. Vor dem Hintergrund des Forschungsprojektes ‚Interkulturelle Kompetenz in urbanen Räumen' wird der urbane Raum mit Blick auf Differenzerfahrung thematisiert. Anhand der Rekonstruktion der sozialen Praxis eines Interviewpartners soll die in der subjektiven Binnensicht enthaltene Verwobenheit des sozialen Raumes mit dem biographischen Raum diskutiert werden.

1. Biographie als soziales Konstrukt

Die Biographieforschung folgt der Annahme, dass sich soziale Wirklichkeiten grundsätzlich in kulturellen Symbolsystemen konstituieren und über die interpretative Leistung von Subjekten wahrgenommen werden: „*Gegenstand der Biographieforschung ist (...) die soziale Wirklichkeit, die die Menschen in Auseinandersetzung mit sich, mit anderen und der Welt für sich jeweils herstellen*" (Marotzki 2003: 23).

Biographien verweisen einerseits auf konkret gelebte Leben, auf einzelne Lebensgeschichten und andererseits auf kollektiv geteilte, gesellschaftlich-historische Geschichten. Im Blick auf die Biographie eines Subjekts vereinen sich Struktur und Handeln, Gesellschaft und Individuum. In diesem Spannungsfeld werden Lebenskonstruktionen – gleichsam die innere Struktur – in Verbindung mit der Gesellschaft – der äußeren Struktur – gebildet. Lebenskonstruktionen als „*das gestaltbildende und formgebende Regelgerüst eines individuellen Lebens*" (Bude 1999: 251) sind gekennzeichnet durch Regeln und Muster, welche sinnstiftend wirken. Biographien sind auch biographische Handlungen, sind Konstruktionsprozesse. Sie deuten auf „*komplexe und einzigartige Leistungen von individuellen Subjekten"* (Dausien 1996: 572), die in Interaktion mit anderen AkteurInnen und EreignisträgerInnen geschehen und in räumliche und zeitliche Strukturen eingebunden sind.

2. Strukturtheoretischer Handlungsbegriff

Gemäß des Interpretativen Paradigmas (vgl. Wilson 1973) werden soziale Ordnungen durch die interpretative Leistung der Handelnden hergestellt. Die theoretischen Annahmen in diesem Beitrag beziehen sich demnach nicht auf eine *„strukturelle Hinterwelt"* (Meuser 2003a: 121), die als äußerlicher und objektiver Zwang das Handeln der AkteurInnen determiniert. Soziales Handeln als individuelles Handeln ist vielmehr gesellschaftlich angelegt und kann von der interaktiven Struktur gemeinsamen Handelns begriffen und definiert werden. Wie Alfred Schütz beschreibt, finden wir immer schon sinnhaft strukturierte soziale Welten vor – die Lebenswelten sind bereits vorinterpretiert (vgl. Meuser 2003b: 92ff.).

Wesentlich erscheint in diesem Zusammenhang – in Anlehnung an Thomas Luckmann – die Unterscheidung von Konstitution und Konstruktion. Die Hermeneutische Wissenssoziologie geht von der Annahme aus, dass sich *„Wirklichkeit in Bewusstseinstätigkeit konstituiert und dass historische Welten gesellschaftlich konstruiert werden"* (Luckmann 2003: 19)[1]. Strukturen können als Wissensbestände begriffen werden, die gesellschaftlich vorgegebene, institutionalisierte Handlungsrahmen darstellen. Sie sind Vorauslegungen sozialer Wirklichkeit. *„Entscheidend für eine handlungstheoretisch orientierte Strukturtheorie ist aber, dass die gesellschaftlich etablierten Vorauslegungen nur über die aktive Aneignung und Umsetzung der Subjekte weiterhin zur Geltung kommen können"* (Schröer 1997, zitiert nach Meuser 2003a: 123), also durch die Konstitutionsleistung der Subjekte (re)produziert werden müssen. In diesem Sinne verstehen wir AkteurInnen als aktive ProduzentInnen gesellschaftlicher Wirklichkeit. Das ForscherInnenanliegen ist es daher, jene interaktiven Prozesse zu rekonstruieren, durch die sozialer Sinn bzw. die Konstrukte gesellschaftlicher Wirklichkeit hervorgebracht werden, oder anders formuliert: *„zu zeigen, wie das Gemachte zu einem Gegebenen wird und als solches die Möglichkeiten des Machbaren begrenzt"* (Meuser 2003a: 129).

3. Lebenswelt und Erfahrungsraum

Der Begriff Lebenswelt meint – im Anschluss an Edmund Husserl (1954) – *„das Insgesamt subsinnweltlicher Wirklichkeitsbereiche"* (Honer 2003a: 110). Subsinnwelten sind das Resultat spezifischer Relevanzsetzungen bzw. werden von diesen

---

1 Bei der Analyse von empirischem Material erweist sich eine eindeutige Trennung als schwierig.

geprägt. Wie Alfred Schütz und Thomas Luckmann betonen, sind Lebenswelt und Alltagswelt nicht als übereinstimmend zu verstehen (vgl. Honer 2003b: 52). Die Alltagswelt beschreibt den aus pragmatischen Gründen ‚ausgezeichneten' Wirklichkeitsbereich der Lebenswelt, *„der sich in der sogenannten relativ-natürlichen Einstellung räumlich, zeitlich und sozial aufschichtet – gegliedert nach je subjektiven, biografisch sich konstituierenden Relevanzstrukturen"* (Honer 2003a: 110).

Die Lebenswelt eines Menschen bietet eine Vielfalt an Erfahrungsmöglichkeiten, die vom Subjekt nicht vollständig erfasst bzw. aufgenommen werden kann. Der Ausschnitt der Erfahrung basiert auf Auswahl- bzw. Selektionsprozessen, die das Subjekt vornimmt (vgl. Honer 2003a: 111). Der Erfahrungsraum, an dem Individuen teilhaben, verfügt über eine große Anzahl von gemeinsamen Deutungsschemata (vgl. Honer 2003a: 112), deren Grundlage spezifisch hervorgebrachte, im jeweiligen sozio-historischen Kontext eingebettete Interpunktionsweisen von Erfahrungsströmen sind. Welt- und Wirklichkeitsanschauungen haben ihren Ursprung in der Grundstruktur der individuellen Erfahrung des Menschen. Bei den unterschiedlichen Interpunktionsweisen geht es um ‚Gewohnheiten', den Strom der Erfahrung so zu interpunktieren, dass er die eine oder andere Kohärenz annimmt. Marotzki nennt diese Gewohnheiten Erfahrungsstrukturierungen bzw. Rahmungen (vgl. Marotzki 1990: 36). Goffman beschreibt sie als *„kollektiv verfügbare Muster der Organisation von Wahrnehmung und Handlung"* (Meuser 2003a: 140).

Handlungspraktische Relevanz gewinnen Orientierungsschemata im Kontext von Orientierungsrahmen. Die in der Tradition von Karl Mannheim stehende Dokumentarische Methode unterscheidet in diesem Zusammenhang zwischen einem reflexiven oder theoretischen (expliziten) Wissen und einem handlungsleitenden, inkorporierten (impliziten) Wissen. Das gesellschaftlich vorhandene implizite Wissen wird als konjunktiver Erfahrungsraum beschrieben und meint im Wesentlichen jenen Orientierungsrahmen, der eine Gemeinsamkeit der Erfahrungsbasis durch die Zugehörigkeit zu einer spezifischen Soziallage aufweist. Der Handlungspraxis liegt somit ein habitualisiertes und zum Teil inkorporiertes Orientierungswissen zugrunde, das durch gemeinsam gelebte Praxis angeeignet wird und über den subjektiven Sinn hinausweist (vgl. Bohnsack 2003: 40-44). Bourdieu formulierte in seinem Sozialraummodell ebenso einen mit der Soziallage korrespondierenden Habitus. Dieser fungiert als Mittel der Orientierung, (re)produziert jedoch als inkorporierter Mechanismus soziale Ungleichheit (vgl. Bourdieu 1987). Giddens verweist in seinen Arbeiten auf die Hierarchisierung des sozialen Raumes und auf das ‚Rückwirken' dieser Konstruktionen auf die Handlungspraxis der AkteurInnen. Er beschreibt das ‚Machen' unter nicht selbstgewählten ‚Umständen' anhand eines wechselseitigen Ineinandergreifens von Handeln und Struktur (Dualität von Strukturen). Sein Machtbegriff schließt jedoch das gestaltende Vermögen der AkteurInnen ein (vgl. Iványi 2003: 149ff.).

Aus Sicht der Biographieforschung weisen Wissensprofile befragter ErzählerInnen Elemente eines habitualisierten und sedierten Gegenwissens auf, die mit der sozialräumlichen Positionierung korrespondieren (vgl. Dausien 1996: 118). Alheit bezeichnet diese als Erfahrungsüberhang (vgl. Alheit 1989: 144). Wesentlich bei der Analyse eines narrativ-biographischen Interviews sind die in der subjektiven Binnensicht enthaltenen Bezüge zum sozialen Kontext. Das gelebte wie ungelebte Leben ist immer in einem konkreten sozialen Raum und den darin enthaltenen Beziehungsnetzwerken hineinverwoben.

Zusammenfassend möchten wir festhalten, dass die ‚kollektive Orientierung' als eine eigene Dimension der sinnhaften Strukturierung der sozialen Welt verstanden werden kann. Ein kollektiv angelegtes, habitualisiertes Wissen strukturiert das Handeln der AkteurInnen, bedarf jedoch der sozialen Praxis dieser, um weiterhin zur Geltung gebracht zu werden. Neuauslegungen des gesellschaftlich vorausgelegten Wissens fließen in die gesellschaftlichen Wissensbestände ein. Wesentlich ist, dass diese Neuauslegungen anschlussfähig gemacht werden bzw. sozial – wiederum in einem interaktiven Prozess – ratifiziert werden.

4. Biographischer Raum

Durch den Blick auf die Komplexität einzelner Biographien wird jene soziale Wirklichkeit sichtbar, die soziale AkteurInnen in Auseinandersetzung mit sich, mit anderen und in Verbindung mit strukturellen Kontexten permanent herstellen. Diese Prozesse der Erfahrungs- und Bedeutungszuschreibungen werden als *„Biographisierung" (Marotzki 2000: 179)* beschrieben: Individuen ordnen Vergangenes, Gegenwärtiges wie auch Zukünftiges in das eigene Leben sinnvoll ein, strukturieren ihre Erfahrungen und bringen diese in Situationen hervor, ziehen Relevanzlinien und schaffen ‚Orientierung' (vgl. Marotzki 2000: 179ff.). Dabei wird ein spezieller Raum hergestellt, den wir den biographischen Raum nennen. Er ist Zeugnis der inneren und äußeren Erfahrungswelt, des Selbst- und Weltverhältnisses des/der sozialen Akteurs/Akteurin. Räume werden von Individuen angeeignet und selbstständig ‚geschaffen'.

Entgegen der Vorstellung von Raum als Container, als eine unabhängige Realität, besteht bei relationalen Raummodellen eine Wechselwirkung zwischen Räumen und sozialen Prozessen (vgl. Löw 2001). Räumliche Strukturen und Handlungsprozesse stehen miteinander in Verbindung und bedingen sich gegenseitig. Angelehnt an diese Annahme gehen biographische Räume über die Vorstellungen eines Containerraumes hinaus, stellen den/die soziale AkteurIn in den Mittelpunkt der Überlegungen. Diese Raumkonzeption fokussiert auf das Subjekt, das Räume konstruiert und konstituiert. Dabei wird besonders der Handlungs- und Gestaltungsaspekt von AkteurInnen in den Vordergrund gerückt. Lebenswelten und fremde Sinnkontexte werden von Individuen vor dem Hintergrund ihres biographischen Raumes wahrgenommen. Biographische Räume zeugen von individuellen Erfahrungsstrukturierungen, welche in der Alltagswelt der Individuen für soziale Praxen im konkreten physisch-materiellen Raum handlungsleitend sind.

Der biographische Raum ist v.a. ein Erfahrungsraum, in dem BiographieträgerInnen relevante Ereignisse und Erfahrungen wahrnehmen, erkennen und in dem sie diese Erfahrungsbestände in das biographische Wissensgebäude einordnen und strukturieren. Individuelle Erfahrungsbestände sind nicht immer reflexiv zugänglich. Ein Teil dieser biographischen Erfahrungsbestände ist das *„biographische Hintergrundwissen"* (Alheit 1994: 47), welches über die *„intuitiv verfügbare(n) Rahmenbedingungen"* (Alheit 1994: 45) des Lebens Aufschluss gibt und auf Hintergrundannahmen, Selbstverständlichkeiten und Orientierungen, wie das bereits erwähnte habitualisierte Orientierungswissen von Individuen, verweist. Der biographische Raum zeigt einerseits reflexiv zugängliches Wissen und andererseits jene Sinnüberschüsse, jene Anteile des gelebten und ungelebten Lebens, die nur teilweise bewusst und verfügbar sind, auf. Diese Sinnüberschüsse, die bei biographischen Konstruktionen wirksam werden, können als Ressource fungieren und genutzt werden.

Peter Alheit (1989) trennt zwischen Erinnerungs- und Deutungsschemata. Erinnerungsschemata nehmen Bezug auf die Ereignis- und Erlebnisebene, verweisen aber nicht auf die Wissensformen der Deutungsschemata, welche als *„relativ selbstständige, ereignisunabhängige Verarbeitungsformen sozialer Wirklichkeit“* (Alheit 1989: 142) gesehen werden. Diese theoretischen Haltungen unterscheiden sich von den unmittelbar narrativ hervorgebrachten Anteilen in Stegreiferzählungen.

Der biographische Raum wird in Hinblick auf die Darstellung von autobiographischen Erzählungen, der narrativen Rekapitulation, näher erläutert. Dabei wird der Fokus auf mögliche Elemente biographischer Raumkonstruktionen gelegt. Die Theorie *der „kognitiven Figuren des autobiographischen Stegreiferzählens“* (Schütze 1984) ist dabei hilfreich. Fritz Schütze führt vier Figuren als Ordnungselemente des Erzählens und Erlebens ein, die auf diese Konstruktionsprinzipien des subjektiven Selbst- und Weltbezugs hinweisen. Die Ordnungsbausteine für die Erfahrungsrekapitulation bilden den abstrakten Rahmen der Narrationen, Erlebnisse und Erfahrungen des/der Biographieträgers/Biographieträgerin. Mit Hilfe der kognitiven Figuren können konkrete Erfahrungsaufschichtungen, speziell Mechanismen der Narration von Erfahrungen, explizit gemacht werden.

- Die erste kognitive Figur wird als *„Biographie, Ereignisträger und ihre Beziehungen“* bezeichnet. EreignisträgerInnen können soziale Einheiten sein, die eine lebensgeschichtliche Bedeutung in ihrer Beziehung zum/zur BiographieträgerIn haben. EreignisträgerInnen sind aber auch kollektive soziale Einheiten oder unbelebte Objekte. EreignisträgerInnen fungieren in der Erzählung des/der Biographieträgers/Biographieträgerin als interaktionsstiftende Subjekte. Die Beziehung zu diesen Subjekten und Objekten, die Art der Interaktion werden von dem/der ErzählerIn erläutert bzw. wird durch die Erzählung selbst verdeutlicht.
- Zustandsänderungen werden in *„Erfahrungs-, Ereignis- und Erzählketten“* unterschiedlich dargestellt. Der Prozess des Geschehens, wie es dazu kam und wie es verlief, ist Ausdruck dieser kognitiven Figur. Im Rahmen von Erzähllinien thematisiert der/die ErzählerIn unter anderem auch Prozessabläufe: d.h. er/sie erzählt Haltungen, die er/sie damals und heute gegenüber Ereignissen und lebensgeschichtlichen Erlebnissen hatte bzw. hat. Die Wahl der Erzähllinie hängt von der aktuellen Einstellung des/der Biographieträgers/Biographieträgerin und von der damals für den/die BiographieträgerIn gegebenen Wichtigkeit des Prozessablaufs ab.
- Soziale und lebensgeschichtliche Prozesse werden in die Orientierungsfigur *„soziale Rahmen“* eingebettet, welche auf die Bedingungskonstellationen und Sinnhorizonte der Veränderungsprozesse verweist. Der soziale Rahmen bietet den Kontext, vor dessen Hintergrund mögliche Lernprozesse und Zustandsänderungen erzählt werden. Dieser kann als Aktions-, Reflexions- oder Reaktionsraum

erfahren werden. Das Bedingungsgefüge muss dem/der BiographieträgerIn nicht als *„intentional fassbarer Vorstellungs- und Orientierungshorizont“* (Schütze 1981: 98) zugänglich sein. Soziale Rahmen werden in Interaktions- und Handlungssituationen, Lebensmilieus und soziale Welten unterteilt. Soziale Situationen schaffen den Rahmen für erlebte und erzählte Zustandsänderungen. Lebensmilieus sind nähere Erfahrungsrahmen in Reichweite, die dadurch gekennzeichnet sind, dass sie umfassende Lebenszusammenhänge bilden und ein Territorium darstellen, in dem sich der/die BiographieträgerIn für einen gewissen Zeitraum aufhält und an dem er/sie körperlich teilnimmt. An sozialen Welten hingegen können soziale AkteurInnen auch symbolisch – ohne dass sie ein Territorium körperlich besetzen – teilhaben. Sie werden als *„relativ weitflächiger Aktivitäts- und Interessenszusammenhang“* (Schütze 1984: 117) gesehen.

- Eine weitere Ordnungsfigur ist die *„Biographische Gesamtformung“*, worunter Schütze den übergeordneten Gesamtsinn der Lebensgeschichte, der von dem/der ErzählerIn hergestellt wird, versteht. Bei dieser kognitiven Figur wird zwischen der autobiographischen Thematisierung, dem inhaltlichen Schwerpunkt, den der/die ErzählerIn seiner/ihrer Geschichte gibt, und der biographischen Gesamtformung, der Gesamtgestalt, die von dem/der ForscherIn formal herausgearbeitet wird, unterschieden (vgl. Schütze 1984: 78-117).

Die kognitiven Figuren informieren über narrative Mechanismen biographischer Raumkonstruktionen. Biographische Erfahrungen werden in konkreten sozialen Kontexten gemacht und im biographischen Raum als *„sozialer Rahmen“*, als Beschreibung von Interaktions- und Handlungssituationen, Lebensmilieus und sozialen Welten, sichtbar.

5. Biographische Erfahrungsstrukturierungen als Lern- und Gestaltungsprozesse

Die fortgeschrittene Moderne zeichnet sich durch eine Komplexität an Lebenswelten und Sinnsystemen aus. Menschen müssen sich mehr denn je in unterschiedlichen sozialen Teilbereichen und Räumen zurechtfinden und bewegen. Durch den zunehmenden Pluralismus und die Beliebigkeit der vorgegebenen Handlungsmuster können sich Individuen immer weniger auf traditionelle Strukturen und Kriterien verlassen. Menschen müssen für sich eine Selbstkonsistenz in der Zeit, eine *„Identität-Für-Sich“* (Hahn 1988: 93) entwickeln.

Im Spannungsfeld von individuellen und strukturellen Kontexten werden Erfahrungen immer wieder von Neuem in Beziehung zum biographischen Raum gesetzt und innerhalb dessen sinnvoll eingeordnet und strukturiert. Biographische Raumkonstruktionen befinden sich somit in stetiger Bewegung und Veränderung.

Erfahrungsstrukturierungen, in weiterer Folge auch Raumkonstruktionen, sind von Erfahrungshaltungen, die Menschen gegenüber lebensgeschichtlichen Erlebnissen eingenommen haben und einnehmen, abhängig. Fritz Schütze (1981) formuliert vier Prozessstrukturen, die handlungsleitend sind.

Wenn der/die ErzählerIn aus der Erfahrungshaltung eines *„biographischen Handlungsschemas“* heraus erzählt und agiert, dann sind aktive Handlungen das Thema der Auseinandersetzungen. Aus dieser Haltung heraus kann man auf neue Situationen flexibel reagieren, da bereits erreichte Handlungsergebnisse bewusst mit einbezogen werden. Die Erfahrung, die aus diesem Prozessablauf entsteht, ist der erfolgreiche oder erfolglose Versuch der Verwirklichung von individuellen Vorhaben. *„Institutionelle Ablaufmuster“* sind vorgegebene Routineabläufe, mit deren Erwartungsstrukturen unterschiedliche Erfahrungen gemacht werden. Entweder werden die Erwartungsschritte beschleunigt, verzögert, oder die Abwicklung wird behindert und/oder scheitert schließlich. Situationen, in denen übermächtige Ereignisse als überwältigend erlebt werden und das Gefühl, sie nicht mehr planen und kontrollieren zu können und von ihnen bestimmt zu werden, vorherrscht, verweisen auf die Prozessstruktur der *„Verlaufskurve“*. *„Wandlungsprozesse“* beschreiben Veränderungen, die ihren Ursprung in der Innenwelt des/der Erzählers/Erzählerin haben. Diese Veränderungen zeigen sich in der Selbst- und Weltsicht, in den Erlebnis- und Handlungsmöglichkeiten der Individuen (vgl. Schütze 1981: 82-98).

Der biographische Raum ist unter dem Aspekt eines Lern- und Bildungsraumes zu sehen. Biographische Lernprozesse, die das Subjekt in Verbindung mit der sozialen Welt erwirbt, werden in Erfahrungsstrukturierungen sinnvoll eingebaut, an vergangene biographische Lernprozesse angebunden. Eine Veränderung der Erfahrungsstrukturierung tritt dann ein, wenn Individuen mit Situationen konfrontiert werden, bei denen die Lebenskonstruktionen und Erfahrungsstrukturierungen als Orientierungsmuster nicht mehr ‚greifen‘ und andere Strategien und Verarbeitungsformen der sozialen Welt gefunden werden müssen. Bei den sich entwickelnden, neuen Lebenskonstruktionen werden traditionelle, soziale Formen benutzt, verändert oder auch aufgelöst (vgl. Apitzsch 1999: 481f.). Diese Transformationsprozesse verweisen auf transitorische Bildungsprozesse, bei denen Erfahrungen nicht in eine alte Struktur eingebaut, sondern *„bereits als Elemente neuer kontextueller Bedingungen“* (Alheit 1994: 48) gedeutet werden.

Handlungen haben einen Überschuss an Bedeutung. Durch die Fähigkeit, das Leben immer wieder neu auslegen zu können, wird der individuelle Kontext als gestaltbar erfahren. Sinnüberschüsse können entziffert und biographisch nutzbar gemacht werden. Entscheidend ist die selbstbestimmte Entdeckung der ‚Anschlussfähigkeit‘ individueller biographischer Handlungspotentiale an die strukturellen Rahmenbedingungen (vgl. Alheit 1994: 50). *„Nicht die Anpassung der Individuen an die neuen Gegebenheiten, sondern die handlungsorientierte Neugestaltung dieser Rahmenbedingungen unter Nutzung der biographischen Ressourcen der beteiligten Akteure schaffen andere soziale Realitäten“* (Alheit 1994: 50). Diese Veränderungen der Orientierungen und Erfahrungsstrukturierungen bezeichnen einen Bildungsprozess, bei dem eine Transformation des Selbst- und Weltverhältnisses stattfindet (vgl. Marotzki 1990: 33-53). Biographische Rahmungen, welche als Orientierung fungieren, werden dabei verändert. Der Wechsel von einem System der Selbst- und Weltreferenz in ein völlig anderes System, jene *„Modalisierungen“* (Marotzki 1990: 144) verweisen auf Transformationen der Orientierungen und sind in weiterer Folge Zeugnisse hoher Flexibilität. *„Mit steigender Stufe wird der Freiheitsgrad in der Gestaltung der Umweltbeziehungen größer“* (Marotzki 1990: 53).

Biographische Lern- und Bildungsprozesse sind als Bewegungen im biographischen Raum erkennbar. Die kreativen Verarbeitungsformen der inneren Erfahrungswelt schlagen sich in der äußeren Erfahrungswelt nieder.

In Hinblick auf die eingangs skizzierte Verschränkung von gesellschaftlichen und individuellen Kontexten im Konzept der Biographie bedeuten diese Bewegungen im biographischen Raum immer auch eine konkrete Bewegung im sozialen Raum (vgl. Dausien 1996: 591).

6. Konkretisierung am Beispiel: ‚Interkulturelle Lernprozesse in urbanen Räumen'

In dem durchgeführten Forschungsprojekt ‚Interkulturelle Kompetenz in urbanen Räumen'[2] wurden Formen sowie Entstehungsbedingungen interkultureller Kompetenz sozialer AkteurInnen untersucht. Analysiert wurden Prozesse individueller Erfahrungsstrukturierungen, die durch Kontakte mit fremdkulturellen Sinnhorizonten, welche Differenzerfahrungen darstellen können, hervorgerufen werden. Die individuellen Strukturierungsleistungen sind Ergebnisse langfristiger Lernprozesse, die in der Praxis des Zusammenlebens hergestellt werden. Im Rahmen des Forschungsprojektes wurde eine ‚biographische Sozialraumanalyse'[3] durchgeführt. Die Erkundung des urbanen Raumes zielte darauf ab, Aufschluss über kontextspezifische Relevanzstrukturen im Zusammenhang mit Differenzerfahrungen zu erhalten. Das untersuchte Feld wurde in ethnographischer Haltung ‚fremd gemacht'[4]. Unterschiedliche Facetten des Alltagslebens im Bezirk wurden beobachtet sowie ExpertInneninterviews mit StadtteilbewohnerInnen durchgeführt.

Die gesammelten Felddaten, die wichtige Hinweise auf Differenzebenen im Bezirk gaben, dienten als Basis für die Auswahl von Vergleichsgruppen. Formen interkultureller Lernprozesse wurden subjektorientiert anhand narrativer Interviews erschlossen. Biographisch relevante Differenzerfahrungen von AkteurInnen konnten lokalisiert und daraus resultierende Lernprozesse analysiert und aufgezeigt werden.

Ausgehend von theoretischen Überlegungen zu Differenzerfahrungen in urbanen Räumen wird nun im Folgenden ein konkretes Beispiel diskutiert. Anhand der entworfenen Handlungsstrategie eines Interviewpartners soll die Verschränkung von sozialen und biographischen Räumen näher beleuchtet werden.

---

2 Das Forschungsprojekt (Nr. 9972) wurde vom Jubiläumsfond der Österreichischen Nationalbank gefördert.

3 Die ‚biographische Sozialraumanalyse' wurde von den ForscherInnen im Rahmen eines Forschungsdesigns definiert und entwickelt. Der Fokus liegt dabei neben der Erkundung des Feldes vorwiegend auf dem ‚biographischen Raum'.

4 Das weitgehend Vertraute wird betrachtet, als sei es fremd. Die dadurch erzeugte Distanz zum/zur BetrachterIn ermöglicht es, dass Selbstverständliches hinterfragt werden kann (vgl. Hirschauer/Amann 1997).

7. Urbane Räume unter dem Aspekt von Differenzerfahrung

Unter den Bedingungen zunehmender gesellschaftlicher Ausdifferenzierung, Pluralisierung und abnehmender Orientierungsverbindlichkeit rückt die Frage nach dem städtischen Zusammenleben und der damit verbundenen Auseinandersetzung mit Fremdheit stärker in den Mittelpunkt. Durch globale Mobilität und Transformationsprozesse hat sich in urbanen Räumen eine Vielfalt von Lebensstilen und sozialen Figurationen entwickelt, die Aneignungsprozesse von Fremdheit forcieren. Städte sind Orte, die sich in stetiger Bewegung befinden, Unterschiede zulassen und Vielfalt begünstigen. Interkulturalität ist dabei in Anlehnung an Ortfried Schäffter (1997: 92) als Spannungsverhältnis zwischen Eigenem und Fremdem beschreibbar. Entscheidend ist die relationale Bestimmung der Differenzlinie. Die vermehrten Anforderungen an die Gesellschaftsmitglieder werden nicht nur durch ‚äußere' Fremde initiiert, wie in gängigen räumlichen Deutungsmustern gerne konstatiert wird. Vielmehr wird die Fähigkeit zum Kontextwechsel durch innergesellschaftliche Divergenzen erforderlich gemacht.

Die Multiplikation und die Diversifikation von Welten zeigt, dass Differenz nicht nur zu einem anomischen[5] Zustand führt, sondern durchaus Kohärenz erzeugt. Was die urbanen BewohnerInnen verbindet, ist die Differenz unterschiedlicher Welthorizonte in ein und derselben Welt, verbunden mit der Möglichkeit, in mehreren und unterschiedlichen Welten gleichzeitig zu leben (vgl. Bukow et al. 2001: 435). Damit einher geht die Anforderung, *„die Welt gleichzeitig aus einer Vielzahl unterschiedlicher Sinnkontexte zu erfahren und in ihnen unter Berücksichtigung ihrer jeweiligen Unterschiedlichkeit kompetent zu handeln"* (Schäffter 1997: 95). Die einzelnen Teilbereiche können dabei völlig ambivalente Anforderungen an die Individuen stellen. Durch gesellschaftliche Transformationsprozesse erhöht sich der Druck neue Sinnwelten wie auch Handlungsumwelten zu erschließen.

Das Leben von StadtteilbewohnerInnen zeigt sich keineswegs desorganisiert, sondern ist Teil eines intensiven Gefüges, in dessen Rahmen Individuen ihre Netzwerke bauen, die in ihrer Unterschiedlichkeit nebeneinander oder sich überschneidend existieren können. Auf der Grundlage dieses Gefüges wird urbanes Leben organisiert und reorganisiert. Die Urbanisierung hat *„eine Art ‚soziale Grammatik'*[6] *hervorgebracht, die den Umgang mit der Komplexität und der Unübersichtlichkeit ermöglicht und regelt"* (Bukow et al. 2001: 30).

---

5 Émile Durkheim gelangte in der von ihm formulierten Anomie-These zu einer skeptischen Beurteilung der Integrationsfähigkeit moderner Gesellschaften (vgl. Durkheim 1992 bzw. Heitmeyer 1997a/b). In diesem Zusammenhang konstatiert Uwe Sander: „Nicht die Gesellschaft in der Moderne ist gefährdet, sondern die Vorstellungen und Paradigmen über Gesellschaft" (vgl. Sander 1995: 34).

6 In der Studie ‚die multikulturelle Stadt' (Bukow et al. 2001), in der Mikrostrukturen des Alltags in einem Kölner Stadtquartier untersucht wurden, standen weniger kulturelle Konflikte im Mittelpunkt, sondern die Fragestellung richtete sich v.a. auf praktizierte Formen des fraglosen Zusammenlebens und die darin enthaltenen verständigungsorientierten Prozesse. Der Begriff ‚soziale Grammatik' wurde dieser Studie entnommen.

Individuen wie auch Organisationen und Institutionen stehen vermehrt unter dem Druck, sich Zugangsmöglichkeiten zu unterschiedlichen oder auch gegensätzlichen Teilkulturen erwerben zu müssen. Durch globale Modernisierungsprozesse vervielfältigen sich die Berührungs- und Kontaktmöglichkeiten der jeweiligen Teilsysteme. Die scheinbar getrennten Sinnprovinzen stehen durch funktionale Differenzierung in einem wechselseitigen Austausch. Da gesellschaftliche Segmentierungsprozesse temporalisiert und ungleichmäßig verlaufen, sind die Voraussetzungen für die Individuen sehr unterschiedlich (vgl. Schäffter 1997: 109ff.). Die hierarchische Strukturierung des sozialen Raumes sollte dabei nicht unberücksichtigt bleiben. Das Spannungsverhältnis zwischen Eigenem und Fremdem wird unter verschiedenen Rahmenbedingungen sozial inszeniert. Verschiedene Auslegungen von Fremdheit werden erfahrbar.

Ausgangsbasis für eine produktive Aneignung der Fremdheitserfahrung ist das Erkennen der Grenzen der unterschiedlichen Sinnkontexte und der damit verbundenen Deutungsmuster. Die Linie sozialer Differenz wird dabei selektiv und kontextabhängig ausgewählt. Als Beziehungsmodus erfolgt die Grenzsetzung aus der Perspektive von Eigenheit, wobei inhaltliche Kriterien offen bleiben sollten. Wesentlich ist das Wahrnehmungsvermögen für Sinndifferenzen, da die Kontextmarkierungen der jeweiligen Relevanzbereiche nur selten als solche ausgewiesen sind (vgl. ebd. 1997: 115-118). Inwieweit diese einzelnen Sinnprovinzen auch räumlich kartographiert werden, bleibt an dieser Stelle unbeantwortet.

Kontakt- sowie Reibungsflächen können als Differenzerfahrung genutzt werden, wenn es möglich ist, Fremdheit erfahrbar zu machen. Wie bereits in der Ausgangslage skizziert, entwickeln Individuen im Rahmen der ‚sozialen Grammatik' ihre eigenen Netzwerke bzw. Soziosphären[7], die sich zum Teil überschneiden und in ihrer Differenziertheit auch nebeneinander existieren können. Menschen leben in unterschiedlichen Kontexten und ihre Integration erfolgt über die Teilhabe an verschiedenen gesellschaftlichen Funktionssystemen. Die urbane Kommunikation im Rahmen der sozialen Grammatik ermöglicht Individuen eine eigene lokale, aber auch übergreifende Vernetzung ihrer Alltagsaktivitäten. Wesentlich ist die ‚sinnvolle' Interpretation der eigenen Lebenssituation, die einen reflexiven Blick erfordert. Die AkteurInnen setzen sich, vom eigenen Standpunkt aus, mit der Veränderung der Lebenswelt auseinander, wobei die Veränderungsvoraussetzungen divergieren. Was wesentlich für die eigenen Belange ist, wird zum Orientierungshorizont erhoben (vgl. Bukow et al. 2001: 435-440). Die durch gesellschaftliche Transformationsschübe ‚entfremdete' Eigenwelt muss wieder produktiv angeeignet werden.

Wie Alfred Schütz und Harold Garfinkel[8] aufgezeigt haben, stabilisiert die Routine den Alltag und wird gleichzeitig zur Basis dessen, entsprechend den vertrauten Deutungsmustern, was als gültig definiert wird. Bricht die Alltagsroutine zusammen werden Besonderheiten wichtig, die Irritation hebt sozusagen den Schleier. Die durch Routine hervorgebrachte Unschärferelation erzeugt jene Soziosphären, in denen wir uns unbeschwert bewegen, ohne durch Kontraste, Besonderheiten und Ab-

---

7 Anstelle von Netzwerken spricht Martin Abrow (1999) von verschiedenen Soziosphären der Individuen.

8 Siehe Alfred Schütz (1974) und Harold Garfinkel zitiert nach Heinz Abel (1998).

weichungen einer ständigen Irritation ausgesetzt zu sein. Routine fungiert demnach als Orientierungspfad, der das Alltagshandeln trägt und gleichzeitig mit Ein- und Ausgrenzungsprozessen korreliert (vgl. Bukow et al. 2001: 445-449). Das individuelle soziale Handeln in den jeweiligen spezifischen Kontexten kann so als sinnvolles Ganzes erfahren werden, ohne durch Fragmentierungen bzw. Widersprüchlichkeiten den roten Faden zu verlieren. Die von AkteurInnen entwickelten Strategien im Umgang mit Differenzerfahrungen fließen in Form von Routinen wieder in die Alltagswelt ein.

8. ‚Die soziale Praxis des Grüßens'

Im folgenden Abschnitt wird anhand einer beschriebenen ‚sozialen Praxis' eines Interviewpartners die Verwobenheit des sozialen Raumes mit dem biographischen Raum diskutiert und aufgezeigt. Wesentlich dabei sind die in der subjektiven Binnensicht enthaltenen Erfahrungsstrukturierungen, die Auskunft über eingenommene Haltungen und vorgenommene Relevanzsetzungen des/der Biographieträgers/Biographieträgerin geben sowie Bezüge zum sozialen Raum aufweisen.

> Das Grüßen[9] 8,11-18
> „Und man lebt da in einem Bezirk, also ich kann nicht meinen Nachbar auswechseln also der ist mein Nachbar ob ich mit ihm sprich oder nicht sprich es wird sich nicht viel ändern. Natürlich wenn ich sprich, grüßt er mich, ich habe einen Kontakt ich kann mich auf irgendwas verlassen. Und und und im Notfall kann ich damit rechnen dass er mir hilft. Aber wenn ich nicht sprich wenn mich nicht interessiert was er macht und und und was er tut und ich gehe einfach vorbei drehe meinen Kopf um schau ihn gar nicht an, also dann kann ich nicht erwarten in einer schwierigen Situation oder irgendwann, wenn es was mich auch sehr wundert, dass er mir was hilft."

Ausgangspunkt ist der soziale Rahmen ‚Bezirk', der auf einen politisch-geographisch konstruierten Raum verweist. Innerhalb dessen wird die Alltagswelt, der nähere Sozialraum des Erzählers, eingeführt. Dieser wird durch die Sozialkategorie „Nachbar", dem für ihn relevanten Interaktionspartner, bestimmt. Der Nachbar erscheint in diesem Zusammenhang als Ereignisträger und als Symbolträger für Nachbarschaft im Allgemeinen. Ein Nachbar ist einer, der Nachbar ist und den man nicht auswechseln kann, jemand der auch Nachbar bleibt, ob Gregor mit ihm spricht oder nicht. Die soziale Einheit Nachbar wird als ein nicht selbst gewähltes Gegenüber dargestellt. Was Gregor gestaltbar erfährt, ist der Umgang bzw. der Kontakt oder Nicht-Kontakt zu der konkreten Person. Er erläutert in dieser Darstellung nun das Grüßen als mögliche Form eines Kontaktes. Der Erzähler konstruiert über die soziale Kategorie *„Nachbar"* einen Beziehungsraum, den er mit dem Element der Veränderung und Gestaltung verknüpft.

---

9 Die soziale Praxis des Grüßens, die in der folgenden Sequenz beschrieben wird, entstand in der Nachfragephase eines narrativen Interviews. Der Erzähler wird mit dem Namen Gregor anonymisiert. Um die Interviewpassage lesbarer zu gestalten wurden sprachliche Interpunktionen gesetzt.

Die Darstellung beruht dabei nicht auf der Schilderung eines konkreten, vergangenen Erlebnisses, sondern stellt vielmehr eine von Gregor beschriebene soziale Praxis im Umgang mit seinem Nachbarn dar, welche auf einen Erfahrungsüberhang hinweist. Die beschriebene Interaktion ist davon gekennzeichnet, dass es einen Kontakt gibt, der in zwei Richtungen verläuft. Der Erzähler als Ereignisträger setzt eine Handlung und ‚spricht' und der Nachbar als Gegenüber reagiert und ‚grüßt natürlich'. Sein Sprechen als aktive Kontaktaufnahme provoziert aus der Sicht des Erzählers eine ‚natürliche Reaktion', das Grüßen, das als eine gemeinsam geteilte, soziale Praxis von ihm vorausgesetzt und in der Situation erwartet wird. Die intentionale Haltung wird näher erläutert. Die aktive Handlung ‚sprechen' wird mit dem Bedeutungszusammenhang ‚Kontakt haben' und ‚sich auf etwas verlassen können' verknüpft. Diese Funktion wird durch die Einführung des möglichen Ereignisses *„Notfall"* klarer. Dieses Szenario wird von Gregor nicht näher ausgeführt, kann jedoch als mögliche Situation beschrieben werden, in der Not herrscht und in der er, aufgrund seiner gesetzten Handlungen, mit konkreter Hilfe rechnet. Die soziale Praxis wird in das mögliche Ereignis *„Notfall"* eingebettet und kann als Absicherungsstrategie im Umgang mit Notfällen gesehen werden.

Es wird deutlich, dass der Kontakt an sich für den Interviewpartner nicht nur situationsgebundene Interaktion impliziert, sondern eine Form des Sich-in-Beziehung-Setzens darstellt. Dies kontrastiert Gregor mit der sozialen Praxis des Nicht-Grüßens, die anhand dieser Konstruktion ein anderes wahrscheinliches Ereignis zur Folge hätte. Was Gregor hier beschreibt sind Möglichkeits- und Erwartungsräume im Kontext eines unmittelbaren sozialen Nahraumes – dem der Nachbarschaft. Mögliche ‚zukünftige' Ereignisse werden vom Akteur subjektiv konstruiert und in die soziale Praxis eingebettet. Die soziale Praxis des Nicht-Grüßens wird vom Biographieträger als Nicht-Sprechen mit Jemanden, Nicht-interessiert-Sein an der Person und ihren Handlungen erklärt. Es wird deutlich, welche Bedeutungssetzungen Gregor mit der sozialen Praxis ‚Grüßen' verbindet. Diese stellen eine Strategie dar, bei der er den *„Nachbarn"* auf der Interaktionsebene in sein soziales Gefüge der Alltagswelt inkludiert. In der folgenden Passage wird die soziale Praxis des ‚Grüßens' vor dem Hintergrund seines biographischen Geworden-Seins beleuchtet.

Gregor – biographischer Hintergrund

Gregor ist in Bosnien geboren. Er bezeichnet sich selbst als Kroate. Mit elf Jahren muss er mit seiner Familie aufgrund des Krieges in Bosnien das Land verlassen. Die Zeit *„bis der Krieg nicht angefangen hat"* (1,7) wird von ihm nicht thematisiert. Die Familie wird in Österreich aufgenommen und in einem Kloster untergebracht, wo sein Vater Arbeit erhält. Gregor besucht dort die Schule, in der er Deutsch lernt. Im Interview betont er die Hilfsbereitschaft der Nonnen, die ihm das Gefühl vermittelt haben, *„wir gehören einfach dazu, als ob wir immer da waren"* (3,5). Er wählt den Beruf des Kellners. Seine Lehre macht er in einem Hotel, er deutet diese Zeit als *„Freiraum"*. Das Verhältnis zu seinem Herkunftsland wird von Gregor so beschrieben, dass er nach Bosnien *„auf Urlaub"* fährt. Er benennt beide Länder, Österreich und Bosnien, als Heimatländer. Gregor lebt nun seit elf Jahren in Österreich. Der

Krieg wird von Gregor als relevantes Ereignis angeordnet. Er bezeichnet sich selbst als einen sehr optimistischen Menschen: *„ich bin ein sehr optimistischer Mensch, obwohl ich ja ziemlich also nicht leicht in meinem Leben gehabt habe aber ich denke immer positiv also allerdings war die Kriegszeit die schwierigste Zeit in meinem Leben"* (1,15-16).

> Kriegserfahrung (2,7-16)
> „Also ich war des Öfteren ausgesetzt vor der Entscheidung mein Leben oder Tod. Ob ich überlebe die nächste Stunde die Minute. Das ist ja also es ist nicht sehr einfach. Ja aber ich bin glücklich dass ich überlebt habe das ich alles das hinter mir habe und dass ich dass sich so was niemals wiederholt hoffe ich! Und ja ich arbeite gerne wie gesagt mit Menschen weil ich selber von Menschen angewiesen war, weil ich durch die Kriegszeit an Menschen verschiedene Menschen angetroffen bin und Hilfsbereitschaft Liebenswürdigkeit und auch das ganze Gegenteil von dem. Man trifft auf verschiedene Menschen. Ich finde ein Mensch so teilen können ein Mensch so einen anderen helfen immer wie weit es geht, und ein Mensch darf nie vergessen wer er ist was er tut und ich finde jeder Mensch muss ein ein orientierten Weg gehen"

Die Erfahrung des Krieges beschreibt Gregor als ein sehr dramatisches Ereignis, das die Fortsetzung seiner bisherigen Erlebnisebene bedroht. Krieg beinhaltet kollektives Verlaufskurvenpotential und gefährdet die Handlungsautonomie eines Biographieträgers. Die Flucht bzw. Auswanderung, von der Gregor betroffen war, kann als Ergebnis eines überwältigenden äußeren Ereignisses begriffen werden. Der Handelnde muss *„bearbeitende Handlungsschemata in Gang setzen, die zunächst unter Ansehung der gesamten Lebensgeschichte das Geschehen theoretisch verarbeiten und reinterpretieren"* (Schütze 1984: 80). Gregor beschreibt diese grundlegenden lebensgeschichtlichen Erfahrungen als etwas, das einerseits hinter ihm liegt, das er *„überlebt"* hat, andererseits als etwas, das sich niemals wiederholen sollte.

In dieser Passage wird deutlich, dass der Aspekt der Interaktion mit anderen Menschen für Gregor einen zentralen Stellenwert einnimmt. Er schildert die Hilfsbereitschaft, die er erlebt hat und auf die er angewiesen war, benennt jedoch ebenso die Erfahrung des Nicht-Helfens bzw. des ‚Gegenteils', ohne näher darauf einzugehen. Hier zeichnet der Erzähler zwei mögliche Szenarien, die er einander gegenüberstellt. Ebenso verknüpft er den Erfahrungsraum seiner Arbeitssituation mit der Grenzerfahrung Krieg, indem er die Interaktionsebene betont. Damit werden die beiden Sinnkontexte im biographischen Raum angeordnet und mit der Interaktionsebene verknüpft.

Mit dem Blick auf mögliche gezielte handlungsschematische Behandlungs- und Kontrollstrategien werden zwei Aspekte hervorgehoben:

- Das Anknüpfen an die positive Erfahrung des Helfens, die der Interviewpartner erlebt hat und die, wie er es selbst beschreibt, Anlass dafür ist, gerne mit Menschen zu arbeiten.
- Das Entwickeln einer Gegenhaltung zu der Kriegserfahrung. Die Aktivitätsorientierung richtet sich dabei vorwiegend auf die Interaktionsebene und soll ein ‚Miteinander' garantieren.

Der Ausdruck ‚orientierter Weg' wurde im Rahmen der analytischen Auswertung anhand weiterer narrativer Passagen als Form des ‚Wissens voneinander' konkretisiert. Im Rahmen der Darstellung eines weiteren zentralen Themas – das der Migrationserfahrung – beschreibt sich Gregor als ‚orientierten Menschen'. Es wird deutlich, dass er damit sowohl Wissen über sozio-historische Kontexte als auch über biographisch Relevantes der InteraktionspartnerInnen meint. Der Ausdruck ‚orientierter Weg' kann als Handlungsstrategie begriffen werden, die darauf abzielt, dass soziale Interaktionen über den situationsgebundenen Zeitraum hinaus wirken und die konkrete Auseinandersetzung von Subjekt zu Subjekt ‚garantieren' sollen. Dieses Handlungskonzept des ‚orientierten Weges' beschreibt Relevanzkriterien, die dadurch charakterisiert sind, dass ‚ein Mensch teilen und anderen helfen sollte'. Er beschließt dieses Segment mit der Handlungsaufforderung einen ‚orientierten Weg' zu gehen. Hier wird nochmals die Verschränkung seines biographischen Raumes mit dem konkreten Alltagsraum sichtbar.

9. Abschließende Bemerkungen

In den beschriebenen Interviewpassagen wurde die Verwobenheit einer sozialen Praxis mit dem biographischen Raum aufgezeigt. Dabei wurde die soziale Praxis des „Grüßens" näher beleuchtet, welche als aktive Kontaktaufnahme im urbanen Raum beobachtbar ist. Hinter dieser sozialen Praxis stehen biographische Erfahrungen und intentionale Haltungen, die das Grüßen in einen größeren Kontext stellen.

Das Handeln selbst wird in Raumvorstellungen eingebettet, die auf geographische, politisch territoriale und soziale Elemente verweisen. Der Biographieträger unterscheidet zwischen Gegebenem, wie z.B. dem Bezirk, dem Nachbar u.ä., und den ‚Elementen', die er als gestaltbar erfährt. Seine Aktivitätsorientierung richtet sich auf die soziale Interaktionsebene, die mehr intendiert als eine ‚bloße' Face-to-face-Begegnung. Innerhalb seiner intentionalen Haltung, die seiner sozialen Praxis zugrunde liegt, konstruiert er Möglichkeits- und Erwartungsräume. Zusammenfassend kann seine Strategie als soziale Praxis des Inkludierens beschrieben werden, die auf ein Miteinander abzielt, das durch eine Form der Verbindlichkeit bedingt ist.

Diese individuelle Handlungsstrategie verweist auf das gestaltende Element des biographischen Raumes. Biographisches Wissen wird in Alltagssituationen sinnvoll eingesetzt, verworfen oder transformiert.

Gestaltung als soziale Dimension urbaner Räume kann vor dem Hintergrund des biographischen Wissens, des biographischen Raumes der AkteurInnen rekonstruiert und näher beleuchtet werden. Die kognitiven Figuren als zentrale Ordnungselemente geben Auskunft über die Erfahrungsaufschichtung im biographischen Raum. Unter dem Blickwinkel eines Lern- und Bildungsraumes wird deutlich, dass AkteurInnen kreative Verarbeitungsformen entwickeln, die in Form von Wissensbeständen und sozialen Praxen in den sozialen Raum einfließen und ihn gestalten.

Literatur

Abel, Heinz (1998): Interaktion, Identität, Präsentation. Opladen

Abrow, Martin (1999): Abschied vom Nationalstaat. Frankfurt a.M.

Alheit, Peter (1994): Was die Erwachsenenbildung von der Biographie- und Lebenslaufforschung lernen kann. In: Lenz (Hg.) (1994): 28-56
Alheit, Peter (1989): Erzählform und soziales Gedächtnis. In: Alheit et al. (Hg.) (1989): 123-147
Alheit, Peter/Hörning, Erika (Hg.) (1989): Biographisches Wissen. Beiträge zu einer Theorie lebensgeschichtlicher Erfahrung. Frankfurt a.M.
Arbeitsgruppe Bielefelder Soziologen (Hg.) (1973): Alltagswissen, Interaktion und gesellschaftliche Wirklichkeit. Band 1. Reinbeck
Apitzsch, Ursula (1999): Biographieforschung und interkulturelle Pädagogik. In: Krüger et al. (Hg.) (1999): 471-486
Bohnsack, Ralf (2003): Dokumentarische Methode. In: Bohnsack et al. (Hg.) (2003): 40-44
Bohnsack, Ralf/Marotzki, Winfried/Meuser, Michael (Hg.) (2003): Hauptbegriffe qualitativer Sozialforschung. Opladen
Bourdieu, Pierre (1987): Die feinen Unterschiede. Kritik der gesellschaftlichen Urteilskraft. Frankfurt a.M.
Brödel, Rainer (Hg.) (1997): Erwachsenenbildung in der Moderne. Diagnosen, Ansätze, Konsequenzen. Band 9. Opladen
Brose, Hans Georg/Hildenbrand, Bruno (Hg.) (1988): Vom Ende des Individuums zur Individualität ohne Ende. Opladen
Bude, Heinz (1999): Lebenskonstruktionen als Gegenstand der Biographieforschung. In: Krüger et al. (Hg.) (1999): 247-258
Bukow, Wolf-Dietrich/Nikodem, Claudia/Schulze, Erika/Yildiz, Erol (2001): Die multikulturelle Stadt. Von der Selbstverständlichkeit im städtischen Alltag. Opladen
Dausien, Bettina (1996): Biographie und Geschlecht. Zur biographischen Konstruktion in Frauenlebensgeschichten. Bremen
Durkheim, Émile (1992): Über soziale Arbeitsteilung: Studie über die Organisation höherer Gesellschaften. Frankfurt a.M.
Flick, Uwe/Kardorff, Ernst von/Steinke, Ines (Hg.) (2000): Qualitative Forschung. Ein Handbuch. Hamburg
Goffman, Erving (1980): Rahmen-Analyse. Ein Versuch über die Organisation von Alltagserfahrungen. Frankfurt a.M.
Hahn, Alois (1988): Biographie und Lebenslauf. In: Brose et al. (Hg.) (1988): 91-105
Heitmeyer, Wilhelm (Hg.) (1997a): Was treibt die Gesellschaft auseinander? Bundesrepublik Deutschland: Auf dem Weg von der Konsens- zur Konfliktgesellschaft. Band 1. Frankfurt a.M.
Heitmeyer, Wilhelm (Hg.) (1997b): Was hält die Gesellschaft zusammen? Bundesrepublik Deutschland: Auf dem Weg von der Konsens- zur Konfliktgesellschaft. Band 2. Frankfurt a.M.
Hirschauer, Stefan/Amann, Klaus (Hg.) (1997): Die Befremdung der eigenen Kultur. Zur ethnographischen Herausforderung soziologischer Empirie. Frankfurt a.M.
Hitzler, Ronald/Reichertz, Jo/Schröer, Norbert (Hg.) (2003): Hermeneutische Wissenssoziologie. Standpunkte zur Theorie der Interpretation. Konstanz
Honer, Anne: Lebenswelten. In: Bohnsack et al. (Hg.) (2003): 110-112
Honer, Anne (2003): Bausteine zu einer lebensweltorientierten Wissenssoziologie. In: Hitzler et al. (Hg.) (2003): 51-67
Husserl, Edmund (1954): Die Krisis der europäischen Wissenschaften und die transzendentale Phänomenologie. Den Haag
Iványi, Nathalie (2003): Die herrschende Konstruktion der Wirklichkeit. In: Hitzler et al. (Hg.) (2003): 147-167
Kohli, Martin/Robert, Günter (Hg.) (1984): Biographie und soziale Wirklichkeit. Neue Beiträge und Forschungsperspektiven. Stuttgart
Krüger, Heinz-Hermannn/Marotzki, Winfried (Hg.) (1999): Handbuch erziehungswissenschaftlicher Biographieforschung. Opladen
Krüger, Heinz-Hermann/Rauschenbach, Thomas (Hg.) (1997): Einführung in die Arbeitsfelder der Erziehungswissenschaft. Band 6. Opladen

Krüger, Heinz-Herrmann/Marotzki, Winfried (Hg.) (1995): Erziehungswissenschaftliche Biographieforschung. Opladen
Lenz, Werner (Hg.) (1994): Modernisierung der Erwachsenenbildung. Wien/Köln/Weimar
Löw, Martina (2001): Raumsoziologie. Frankfurt a.M.
Luckmann, Thomas (2003): Wirklichkeiten: individuelle Konstitution und gesellschaftliche Konstruktion. In: Hitzler et al. (Hg.) (2003): 17-28
Marotzki, Winfried (2003): Bildungstheorie und Neue Medien. Rostock
Marotzki, Winfried (2000): Qualitative Biographieforschung. In: Flick et al. (Hg.) (2000): 175-187
Marotzki, Winfried (1990): Entwurf einer strukturalen Bildungstheorie. Biographietheoretische Auslegung von Bildungsprozessen in hochkomplexen Gesellschaften. Studien zur Philosophie und Theorie der Bildung. Band 3. Weinheim
Matthes, Joachim/Pfeifenberger, Arno/Stosberg, Manfred (Hg.) (1981): Biographie in handlungswissenschaftlicher Perspektive. Nürnberg
Meuser, Michael (2003a): Subjektive Perspektiven, habituelle Disposition und konjunktive Erfahrung. In: Hitzler et al. (Hg.) (2003): 121-146
Meuser, Michael (2003b): Interpretatives Paradigma. In: Bohnsack et al. (Hg.) (2003): 92-94
Sander, Uwe (1995): Biographie und Nationalität. In: Krüger et al. (Hg.) (1995): 239-257
Schäffter, Ortfried (1997): Das Fremde als Lernanlaß. Interkulturelle Kompetenz und die Angst vor Identitätsverlust. In: Brödel (Hg.) (1997): 91-129
Schütze, Fritz (1984): Kognitive Figuren des autobiographischen Stegreiferzählens. In: Kohli et al. (Hg.) (1984): 78-117
Schütze, Fritz (1981): Prozeßstrukturen des Lebensablaufs. In: Matthes et al. (Hg.) (1981): 67-156
Schütz, Alfred (1974): Der sinnhafte Aufbau der sozialen Welt. Frankfurt a.M.
Wilson, Thomas (1973): Theorien der Interaktion und Modelle soziologischer Erklärung. In: Arbeitsgruppe Bielefelder Soziologen (Hg.) (1973): 54-79

Internet-Adressen

www.soziologie.de/sektionen/b02/
www.uni-bielefeld.de/Universitaet/Einrichtungen/Fakultaeten/Paedagogik/fobika/

Aneignung

Ulrich Deinet und Christian Reutlinger

Abstract

Der Beitrag „Aneignung" betont eine für Kinder und Jugendliche typische Entwicklungsdimension: ihr gut zu beobachtendes und besonders ausgeprägtes Verlangen, sich ihre Lebenswelten zu erschließen, deren Bedeutungen zu verstehen, sich Räume anzueignen, eigene Sozial-Räume zu definieren, ihren Handlungsraum zu erweitern und damit immer wieder neu in erweiterten und sich verändernden sozial-räumlichen Bezügen zu agieren. „Räume" sind für uns deshalb untrennbar mit dem handelnden Subjekt verbunden: Kinder und Jugendliche lernen in sozial-räumlichen Kontexten, ihr Leben findet in vielfachen und zunehmend auch virtuellen Raumbeziehungen statt. „Soziale Aneignungs-Räume" stellen für Kinder und Jugendliche sowohl Lern- und Erfahrungs- als auch Gestaltungsmöglichkeiten dar.

Gesellschaftliche Umbruchprozesse, wie wir sie derzeit im Rahmen des Strukturwandels der Arbeitsgesellschaft erleben, verändern die sozialräumlichen Handlungsvoraussetzungen und damit das Aneignungshandeln von Heranwachsenden. Zudem droht das Verständnis sozialer Aneignungsräume von Kindern und Jugendlichen durch überkommene Erklärungsansätze unvollständig und verdeckt zu bleiben. Aus diesem Grund müssen sowohl die mit den gesellschaftlichen Umbruchprozessen verbundenen Implikationen als auch neuere Raumvorstellungen aus den Sozialwissenschaften berücksichtigt und in ein zeitgenössisches Verständnis von Aneignung eingearbeitet werden. Dann gelingt es, das Aneignungshandeln von Kindern und Jugendlichen angemessen in neuer Weise zu verstehen und sozialpädagogisch adäquat zu handeln.

1. „Sozialräumliche Aneignung als Dimension des handelnden Subjekts" unter veränderten gesellschaftlichen Bedingungen

1.1 Der Aneignungsbegriff

Aneignung meint sehr allgemein das Erschließen, „Begreifen", Verändern, Umfunktionieren und Umwandeln der räumlichen und sozialen Umwelt. Aneignung impliziert das aktive Handeln des Subjektes, seine Auseinandersetzung mit der räumlichen und sozialen Umwelt. Die menschliche Entwicklung ist keine ‚Adaptation an seine Umwelt', sondern ein Mensch kann sich im Gegenteil auch dahin entwickeln, „daß er den Rahmen seiner begrenzten Natur verläßt, daß er sich ihr nicht anpaßt, weil er durch sie daran gehindert wird, den Reichtum echter menschlicher Züge und Fähigkeiten voll zu entfalten" (Leontjew 1973: 232f.).

Damit verstehen wir die räumliche Umwelt nicht nur physisch-materiell über Artefakte und die gebaute gegenständliche Welt, sondern vielmehr als eine vom

Menschen unter bestimmten historischen Bedingungen in gesellschaftlichen Prozessen konstituierte Welt (im Sinne von sozialen Räumen), die sich ein Kind oder Jugendlicher genauso aneignen muss, wie die konkreten Gegenstände (vgl. Henri Lefêbvre im Beitrag von Martina Löw/Gabriele Sturm in diesem Band).

Unter „Region" wird in dieser Herangehensweise ein soziales Konstrukt verstanden (als Ergänzung vgl. auch die Ausführungen zu ‚Region' im Beitrag von Bernd Röttger/Markus Wissen in diesem Band). Mit dem Begriff der Region ist derjenige der Regionalisierung bzw. Territorialisierung verbunden, über die Kontexte von Handlungen in Raum und Zeit miteinander verbunden werden. Die Region ist die Handlungssituation, die ein Kind oder ein Jugendlicher vorfindet, zusammengesetzt aus physisch-materiellen, sozialen, subjektiven und vermehrt auch virtuellen Komponenten. ‚Territorialisierung' oder ‚Regionalisierung' meint jenen Prozess, in dem diese Situationen und Kontexte durch die Subjekte sozial konstituiert werden (Werlen 1997: 194). Die in „Regionen" bzw. räumlichen Bedingungen („Räumen") eingelagerten gesellschaftlichen Bedeutungen werden im Aneignungsprozess entschlüsselt, räumliche Settings werden umgedeutet, und damit kann „Aneignung" auch als „Bildungsprozess im Raum" (Deinet 2004: 177f.) verstanden werden. Aneignungsprozesse von Heranwachsenden können als spezifische Formen des Handelns in „Räumen", als „Regionalisierungen bzw. Territorialisierungen von Kindern und Jugendlichen" aufgeschlossen werden, und es gilt diese Aspekte in Bezug zu den Regionalisierungen anderer gesellschaftlicher AkteurInnen zu setzen (vgl. den Beitrag von Benno Werlen/Christian Reutlinger in diesem Band).

Das klassische Aneignungskonzept von Leontjew und Holzkamp

Der tätigkeitstheoretische Ansatz des Aneignungskonzeptes von Klaus Holzkamp gilt allgemein als Wurzel des Aneignungsansatzes. Es hat seine Grundlage in den Arbeiten aus der von Lev Semenovich Vygotskii gegründeten so genannten kulturhistorischen Schule der sowjetischen Psychologie (wie z.B. von Alexejew Nikolajew Leontjew und Anderen). Nach dem Tod von Klaus Holzkamp ist das Aneignungskonzept jedoch theoretisch und praktisch wenig aufgegriffen und weiter entwickelt worden (vgl. Braun 2004). Dies hat sicher auch mit dem Niedergang des Sozialismus in der Sowjetunion und einem mangelnden Interesse an materialistischen marxistischen Ansätzen zu tun. Uns scheint es jedoch zunächst wichtig, den Aneignungsbegriff aus dem Entstehungskontext und den gesellschaftlichen Bedingungen der Sowjetunion auf die heutigen gesellschaftlichen Bedingungen zu abstrahieren. Bezugnehmend auf die Arbeiten der Kritischen Psychologie (besonders die von Klaus Holzkamp und Karl-Heinz Braun 1977) können die Möglichkeiten und Grenzen der heutigen Anwendung hinreichend ausgelotet und das Aneignungskonzept für die Erklärung der Territorialisierungen von Kindern und Jugendlichen unter den aktuellen entgrenzten Bedingungen im Rahmen des Strukturwandels der kapitalistischen Arbeitsgesellschaft weiterentwickelt werden.

Die Idee des Aneignungsansatzes der kulturhistorischen Schule der sowjetischen Psychologie hat ihre Grundlagen bei Karl Marx (s.u.) und Alexejew Nikolajew Leontjew und besteht darin, die Entwicklung des Menschen als tätige Auseinandersetzung mit seiner Umwelt, als Aneignung der gegenständlichen und symbolischen

Kultur zu verstehen (Leontjew 1973; Holzkamp1983). Im Aneignungsansatz verbirgt sich die These der Entfremdung, die an der marxistischen Kapitalismuskritik anknüpft (vgl. Reutlinger 2003). Diese ist an den Arbeitsbegriff gebunden, der dem Industriekapitalismus inhärent ist: Im industriellen Produktionsprozess entfremdet sich der Mensch von dem durch seine Arbeit geschaffenen Produkt, weil er mit zunehmender Arbeitsteilung nur noch Teilarbeiten ausführt, bei denen es auf den Arbeiter in seiner Individualität immer weniger ankommt und er sich deshalb immer weniger über bzw. in seinem Produkt ausdrücken (verwirklichen respektive erkennen) kann. „Die verselbständigte und entfremdete Gestalt, welche die kapitalistische Produktionsweise überhaupt den Arbeitsbedingungen und dem Arbeitsprodukt gegenüber dem Arbeiter gibt, entwickelt sich also mit der Maschinerie zum vollständigen Gegensatz." (Marx 1972: 455). Der Mensch entfremdet sich also von seinem Arbeitsprodukt, zugleich wird er aber auch vom Arbeitsvorgang selbst entfremdet; die Arbeit dient ihm nicht mehr zur eigenen Entfaltung, sondern sie verbraucht bzw. verwertet ihn. Schon Karl Marx formulierte noch zwei weitere Aspekte der Entfremdung: einerseits die Entfremdung des Menschen von seiner Art (Natur), weil die von ihm geschaffene (auch soziale) Welt eher als Beschränkung seiner menschlichen Entwicklung wirkt und die Gesellschaft zum Zweck wird, die eigenen (privaten) Bedürfnisse zu befriedigen, andererseits die Entfremdung der Menschen voneinander, weil sie im sozialen Verhältnis (z.B. dem Besitz) einander (feindlich) gegenüber stehen (vgl. Lobkowicz 1967, insbesondere 293ff.).

Damit reiht sich das Aneignungskonzept, das für die konkreten Handlungen von Kindern und Jugendlichen konzipiert wurde, in eine marxistische Gesellschaftstheorie ein. Das Grundproblem bildet darin die industrielle Produktion, die Karl Marx noch mit kapitalistischer gleichsetzen konnte, Alexejew Nikolajew Leontjew in der Sowjetunion jedoch nicht mehr. Hier wurde das Aneignungskonzept benötigt, um die Entfremdung des Menschen durch die Industriearbeit bzw. der Welt durch deren Produkte ‚aufzuheben', indem die entfremdete Umwelt nachträglich wieder angeeignet wurde. Dazu bedurfte es (v.a. für die Jugend) besonderer (Schon-)Räume, in denen die Entwicklung vom nicht-entfremdeten Menschen hin zum aneignenden vollzogen werden konnte.

Was in einer kommunistischen Gesellschaft als allgemeines Interesse gelten sollte, musste in der industriekapitalistischen Gesellschaft erst von ‚Gegenkräften' eingeklagt werden: Dem Kapitalismus ist eigen, dass er die Seite seiner (sozialen) Reproduktion (d.h. das dialektische ‚Gegenstück des Systems') beständig verbraucht, durchdringt und ‚kolonialisiert' (Habermas). Daher musste die Forderung nach Aneignungsräumen in der westlichen Welt immer in einem ‚kämpferischen' respektive ‚gegengesellschaftlichen' Licht erscheinen. Die sozial notwendigen ‚Freiräume' mussten erst dem System ‚abgetrotzt' werden. Die Grundproblematik ist jedoch die gleiche, weshalb sich die westlichen Vertreter des Aneignungskonzeptes auf Alexejew Nikolajew Leontjew beziehen konnten.

Nach den Überlegungen Alexejew Nikolajew Leontjews präsentiert sich dem Menschen die Umwelt in wesentlichen Teilen als eine Welt, die bereits durch menschliche Tätigkeit geschaffen bzw. verändert wurde.

In der materialistischen Aneignungstheorie von Alexejew Nikolajew Leontjew wird der Begriff der „Gegenstandsbedeutung" in den Mittelpunkt gestellt. Genauso wie im Prozess der Vergegenständlichung Personen und Gegenstände durch das Ergebnis produktiver Arbeit miteinander verbunden sind, geht es im umgekehrten Prozess der Aneignung für das Kind oder den Jugendlichen darum, „einen Gegenstand aus seiner Gewordenheit" zu begreifen und sich die in den Gegenständen verkörperten menschlichen Eigenschaften und Fähigkeiten anzueignen (vgl. alternative Lesart von Bruno Latours „Das Parlament der Dinge" 2001).

Im Gegensatz zu den klassischen entwicklungspsychologischen Ansätzen begreift Alexejew Nikolajew Leontjews Konzept die Entwicklung des Menschen nicht als innerpsychischen Prozess, der mehr oder weniger beeinflusst von „außen" verläuft. Entwicklung wird vielmehr als tätige Auseinandersetzung mit der Umwelt gesehen:

> „Die gesellschaftlichen arbeitsteiligen Strukturen sind die Grundlagen für die individuelle Entwicklung. Die kritische Psychologie sagt dazu, dass das Wesen des Menschen gesellschaftlicher Natur ist. Das bedeutet, dass jeder Mensch zunächst in gesellschaftliche Gegebenheiten hinein geboren wird, die ihm die Existenzgrundlage bieten. Er ist demnach auf sie angewiesen. Indem sich Menschen aber in die Gesellschaft integrieren, in sie hinein wachsen, eignen sie sich die Gesellschaft, ihre Verhältnisse, ihre Bedeutungen, ihre Normen und Werte usw. an. Dieser Aneignungsprozess ist ein aktiver Prozess. Das bedeutet, dass die gesellschaftlichen Verhältnisse, Bedeutungen, Kompetenzen etc. nicht automatisch verinnerlicht und aufgesogen, sondern individuell bearbeitet und verarbeitet werden" (Bader 2002: 16ff.).

1.2 Historische Entwicklung und Dimensionen des Aneignungsbegriffs

Neben der Konstruktion und Weiterentwicklung des Aneignungskonzeptes der kritischen Psychologie und dessen theoretischer Rahmung wird der Begriff der Aneignung bspw. in der Sozialpädagogik (vgl. Böhnisch/Münchmeier 1990; Deinet 1999; Reutlinger 2003), in der Kindheits- und Jugendforschung (Rolff/Zimmermann 1990), jüngst auch in der Stadtplanung (vgl. Wüstenrot – Herlyn/Seggern/Heinzelmann/-Karow 2003) z.T. sehr unterschiedlich verwendet. In zahlreichen Veröffentlichungen wird auch kein Bezug genommen zum klassischen Aneignungskonzept, sondern der Begriff wird in einem unbestimmten Sinne bzw. weitergehenden Zusammenhang benutzt. Für die aus der Stadtplanung kommenden AutorInnen der Studie „Jugendliche in öffentlichen Räumen" verbindet sich bspw. „mit dem Prozess der Aneignung umfänglich die Abstimmung von menschlichen Bedürfnissen und Umweltkonstellationen je nach historisch gegebenen Möglichkeiten. Der Begriff der Aneignung meint den aktiven und selbstbestimmten Umgang mit räumlichen Gegenständen, um bestehende Bedürfnisspannungen zu reduzieren" (Wüstenrot – Herlyn/Seggern/Heinzelmann/-Karow 2003: 28).

Damit ist gesagt, dass sich jeder Mensch seine Umwelt aneignet und die Aneignung jeweils von der Gestalt der Umwelt abhängt. In ähnlicher Form beschreibt der Stadtsoziologe Paul-Henry Chombart de Lauwe den Aneignungsbegriff:

> „Die Aneignung des Raums entspricht so einer Gesamtheit psychologischer Prozesse, die in der Subjekt-Objekt-Beziehung, also zwischen dem Subjekt (Individuum oder Gruppe), welches sich den Raum anzueignen versucht, und den Objekten, die die Subjekte im Alltagsleben

umgeben. Ihre Grenzen sind durch Schranken der physischen und juristischen Inbesitznahme definiert, sowie zugleich durch die sozialökologischen Bedingungen, denen die Subjekte unterworfen sind" (Chombart de Lauwe 1977: 6).

Auch wenn sich die Autoren aus der Stadtplanung bzw. -soziologie nicht explizit auf die „Aneignungstheoretiker" beziehen, geben sie doch einen deutlichen Hinweis auf die Einbettung des Aneignungsprozesses in die jeweilige gesellschaftliche Situation: „Der Prozess der realen wie symbolischen Aneignung von Gegenständlichem ist nur aus der gegenwärtigen sozialen Situation des Akteurs und seiner historischen Erfahrung zu verstehen" (Wüstenrot – Herlyn/Seggern/Heinzelmann/Karow 2003: 29).

Mit anderen Worten bedeutet dies, dass sich Kinder und Jugendliche zu jeder Zeit ihre (räumliche und soziale) Umwelt angeeignet haben und dies auch unter den heutigen Bedingungen des Aufwachsens tun. Dabei ist die Erkenntnis von Bedeutung, dass sich durch die Veränderung der Welt auch die sozialräumliche Umwelt verändert hat. Die Dimensionen der Aneignung unterliegen, bedingt durch die gesellschaftlichen Veränderungen, einem ständigen Wandel in der Zeit. Sie können aus den jeweiligen gesellschaftlichen Bedingungen herausgelesen werden.

Im Folgenden werden deshalb gesellschaftliche Veränderungen, insbesondere der Strukturwandel der Arbeitsgesellschaft und seine Auswirkungen auf das Aneignungskonzept beschrieben.

Strukturwandel der Arbeitsgesellschaft – Entgrenzung der sozialräumlichen Umwelt

Die gesellschaftliche Realität, wie sie sich uns derzeit präsentiert, ist vom Wandel von der Industrie- zur Dienstleistungsgesellschaft geprägt. Oder genauer ausgedrückt: Der Wandel von der industrieproduktionellen zur Dienstleistungs-, (Tele)Kommunikations- und über virtuelle Systeme verbundenen Gesellschaft und die damit zusammenhängende wirtschaftliche und industrielle Globalisierung führt zu einer tief greifenden Umstrukturierung sämtlicher Lebensbereiche, was eine tief greifende Auswirkung auf die Aneignungssituation und damit auf das Aneignungshandeln von Kindern und Jugendlichen hat. Den gegenwärtigen Umbruchprozessen soll sich hier über den Zugang der Entgrenzung von Arbeit und Leben (vgl. Jurczyk/Oechsle 2002: 15; vgl. auch den Beitrag von Thomas Kreyer/Andreas Oehme in diesem Band) sowie dem damit zusammenhängenden Übergreifen der Strukturierungsprinzipien von Arbeit in alle Lebensbereiche hinein genähert werden. Entgrenzung soll in einfachster Form „als sozialer Prozess verstanden werden, in dem sich unter bestimmten historischen Bedingungen entstandene soziale Strukturen auflösen und mögliche neue Regulierungen erst allmählich herausbilden" (ebd.). Entgrenzung wird in erster Linie über die Erwerbsarbeit, wie sie sich in der industriekapitalistischen Arbeitsgesellschaft herausgebildet hat, und den derzeitigen Veränderungen erschlossen werden – in der Entgrenzung von Arbeit und Leben und den damit verbundenen Grenzen der alltäglichen Lebensführung in sozialer, zeitlicher und räumlicher Hinsicht. Damit wird das Auflösen und Verschwimmen herkömmlicher Grenzen bzw. Konturen und der damit zusammenhängenden Räume, sowie die Neuformierung von nunmehr fluiden Grenzen bzw. die Neukonstitution von ‚Raum' durch massive Umbrüche der hegemonialen Wirtschaftsstruktur beschrieben (vgl. Lenz/Schefold/Schröer 2004a). Bspw. werden traditionelle Lernorte entgrenzt, die Bildungskonzepte müssen grundlegend auf die neuen sozialräumlichen Herausforderungen hin geprüft und damit auch ‚neu verortet' werden. Es reicht also nicht aus, nur die räumliche Umwelt als entgrenzt zu beschreiben, sondern auch die Aneignung muss über neue Dimensionen aufgeschlossen werden. Aktuelle diesbezügliche Ansätze sollen hier kurz umrissen werden (vgl. ausführlich Deinet/Reutlinger 2004).

Mehrere Autoren nehmen die skizzierten gesellschaftlichen Veränderungen auf und stellen den Aneignungsbegriff in diesen neuen Rahmen: Wolfgang Schöer (2004) kritisiert vor dem Hintergrund der Entgrenzungstendenzen die in der derzeitigen Bildungsdiskussion nach wie vor verbreitete Figur der Jugend als Bildungsmoratorium. Er zeigt Möglichkeiten auf, wie auf der Basis einer Aneignungs- und Bewältigungsforschung ein wichtiger Zugang zu einer neuen Bildungs- und Übergangsstruktur in der entgrenzten Arbeitsgesellschaft erschlossen wird. Daran knüpft auch Andreas Oehme (2004) an: Da sich die biografischen Verläufe immer weniger an institutionell angelegten Bildungs- und Beschäftigungswegen orientieren, könne unter dem Aspekt der Aneignung gezeigt werden, wie heute Lernräume gefasst bzw. gestaltet sein müssen, die dem Menschen ermöglichen, die Aufgaben und Herausforderungen ihres Alltags zu bewältigen. In ähnliche Richtung geht ein Ansatz von Maria Icking, die das Aneignungskonzept in Bezug auf den Erwerb von Kompetenzen zur Gestaltung der Berufs- und Erwerbsbiografie nutzt (2004). Die Entgrenzung der Arbeit erfordert auch einen erweiterten Kompetenzbegriff. Ausgehend von der Unterscheidung von Vermittlung und Aneignung im pädagogischen Prozess arbeitet Icking heraus, welche neue Qualität entsteht, wenn nicht die Vermittlung, sondern die Aneignungsdimension beim Erwerb von Kompetenzen gesteigert wird.

Aneignung unter geschlechtsspezifischem Blickwinkel

Vor dem Hintergrund der Entgrenzung von Produktion und Reproduktion muss das Aneignungskonzept auch grundlegend unter dem Aspekt geschlechtsspezifischer Ausprägungen diskutiert werden. Elke Schön (2004) beschäftigt sich bspw. mit dem Problem der bipolaren Kodierung von „Weiblichkeit" und „Männlichkeit" im öffentlichen Freiraum. Im Gegensatz zur auch in der Kindheits- und Jugendforschung vorherrschenden Vorstellung eingeschränkten Aneignungsverhaltens von Mädchen besonders im öffentlichen Raum, kommt Schön auf der Grundlage einer Studie mit 8- bis 15-jährigen Mädchen zu anderen Ergebnissen: Mädchen lernen in alltäglichen Selbstbildungsprozessen eben auch, sich den sozialräumlichen Zuschreibungen zu widersetzen: „Während Jungen tendenziell besser die Konstitution von Raum in Auseinandersetzung mit sozialen Gütern lernen, entwickeln Mädchen Kompetenzen in der Konstitution von Raum über Menschen" (Löw 2001: 253).

Weibliche Jugendliche nehmen an bestimmten Selbstbehauptungsritualen im Sozialraum, die für männliche Jugendliche typisch sind, oft nicht teil. Durch die verräumlichten Territorialkämpfe sowie die räumliche Inbesitznahme vieler stadtbezogener Raumstrukturen durch männlich geprägte Jugendgangs und ihre Aneignungssymbole (z.B. Graffiti) fühlen sich insbesondere weibliche Jugendliche, aber auch Gruppen von jüngeren Jugendlichen in ihrer raumbezogenen Interessenorientierung eingeschränkt. Sie setzen angesichts eines hohen Gebrauchswertes des eigenen Sozialraums auf konfliktmoderierende Potenziale von Jugendeinrichtungen und eine tendenziell sozialräumlich-selbstbegrenzende geschlechtsspezifische Raumorientierung (vgl. Baisch-Weber 2002).

Es gelingt weiblichen Jugendlichen jedoch ohne Raumbegrenzungen durchaus, sozialräumlich defensive Geschlechtsrollenfestlegungen in der Form von geschlechtsspezifischen Unterschieden lebensbewältigender Raumaneignung und Raumnutzung zu überwinden.

Die in der Literatur vielfach behauptete generelle Einschränkung der Raumaneignung bei Mädchen ist deshalb als überholt zu betrachten. „Fasst man Raum (...) auch als Konfiguration von Menschen, so erscheint nicht länger das Handeln der Jungen raumkompetenter als das der Mädchen, sondern die Geschlechter eignen sich unterschiedliche Aspekte der Konstitution an. Die Mädchen werden Fachfrauen für die Einbeziehung von Menschen in die Raumkonstruktion, die Jungen Fachmänner für an sozialen Gütern orientierte Räume" (Löw 2001: 253).

1.3 Die Einbettung des Aneignungsprozesses in sozial-räumliche Bedingungen

Über die verschiedenen Formen der Regionalisierungen bzw. Territorialisierungen von Kindern und Jugendlichen werden soziale Aneignungsräume konstituiert. Damit gehen wir von einem Raumverständnis aus, welches die aktive Konstitutionsleistung des handelnden Subjekts in den Vordergrund stellt. Ebenso wie die räumliche Umwelt sozial mitkonstituiert ist, werden auch die Aneignungsräume nicht nur im gegenständlichen Sinne des umbauten oder geografisch bestimmbaren Territoriums verstanden, sondern als soziale Räume. Im Zeitalter der Computerrevolution geraten dabei vermehrt soziale Prozesse über virtuelle Systeme (‚virtuelle Räume') und deren Aneignung ins Zentrum der Betrachtung. Über die Entgrenzungstendenzen von Arbeit und Leben werden die Grenzen, wie sie sich in der industriekapitalistischen Arbeitsgesellschaft herausgebildet haben aufgelöst. Es kommt zu einer „Verarbeitlichung" des Alltags (vgl. Projektgruppe „Alltägliche Lebensführung" 1995; vgl. den Beitrag von Thomas Kreher/Andreas Oehme in diesem Band) der Menschen und damit zu neuen Grenzziehungen der alltäglichen Lebensführung in sozialer, zeitlicher und räumlicher Hinsicht. Über diese Grenzen werden ganz andere soziale Räume konstituiert. Diese liegen quer zu den tradierten Grenzen und Räumen. Die Gestalten, aber auch die Räume der industriekapitalistischen Arbeitskraft verlieren damit ihre strukturierende Kraft und müssen grundlegend neu überdacht werden. Durch die Verarbeitlichung des Alltags müssen die Territorialisierungen von Heranwachsenden und die damit zusammenhängenden Aneignungsräume mit dem Strukturprinzip der Arbeit gedacht werden. Ansatzpunkte einer über die alltägliche Lebensführung konstituierte Sicht auf Raum können in aktuellen Diskussionen der Sozialgeographie, v.a. in der handlungstheoretisch fundierten Variante (vgl. den Beitrag von Benno Werlen/Christian Reutlinger in diesem Band) und in der aktuellen raumsoziologischen Diskussion (vgl. den Beitrag von Martina Löw/Gabriele Sturm in diesem Band) gefunden werden. Damit teilen wir die Ansicht von Martina Löw (Löw 2001), dass es verschiedene Raumbegriffe gibt, die gleichzeitig nebeneinander existieren (können) und für ein entsprechendes ‚Raumproblem' einen kleineren oder größeren Erklärungswert haben. Deshalb gibt es nicht eine falsche oder richtige ‚Raumvorstellung', „sondern die Kriterien für die Beurteilung müssen der Erklärungsnutzen für empirisch beobachtbare Phänomene und die theoretische Konsistenz der Begriffsbildung sein" (Löw 2001: 15). Je nach Raumproblem von Heranwachsenden kann deshalb der eine oder andere Raumbegriff herausgelöst und mit der verarbeitlichten alltäglichen Lebensführung gebrochen werden.

Die konkreten Verhältnisse der Gesellschaft werden Kindern und Jugendlichen v.a. räumlich vermittelt, da sie noch nicht, wie Erwachsene, in Rollen eingebunden sind, so unsere These (vgl. auch Böhnisch 1999: 127). In diesem Abschnitt soll die von Alexejew Nikolajew Leontjew angelegte Beziehung zwischen Aneignung und direkter gesellschaftlicher Umwelt ausgefüllt werden. Der Aneignungsprozess ist für Kinder und Jugendliche quasi eingebettet in die „Räume" unserer Gesellschaft, in die durch die Strukturen der Gesellschaft geschaffenen konkreten räumlichen Gegebenheiten. Diese Räume sind, wie aufgezeigt, den Entgrenzungen unterworfen. Sie sind bspw. immer weniger lokalisiert und vermehrt virtuelle Räume ohne konkrete geografische Verortung.

Gegenstandsbedeutungen finden ihre konkreten Zuweisungen auch in der Einbettung in Räume; die Kategorie des Raumes spiegelt mit dessen Elementen auch die Strukturen der Gesellschaft wieder. Auch virtuelle Räume bilden gesellschaftliche Entwicklungen ab und müssen entsprechend erschlossen werden. Gegenstandsbedeutung und Raumbezug haben gerade für Kinder und Jugendliche direkten Verweisungscharakter.

Zusammenfassend kann man den Aneignungsbegriff wie folgt operationalisieren (vgl. Deinet 1999).

Aneignung als:

- eigentätige Auseinandersetzung mit der Umwelt,
- (kreative) Gestaltung von Räumen durch Symbole etc.,
- Inszenierung, Verortung im öffentlichen Raum (Nischen, Ecken, Bühnen) und in Institutionen,
- Erweiterung des Handlungsraumes (die neuen Möglichkeiten, die in neuen Räumen liegen),
- Veränderung vorgegebener Situationen und Arrangements,
- Erweiterung motorischer, gegenständlicher, kreativer und medialer Kompetenz,
- Eigentätige Nutzung neuer Medien zur Erschließung virtueller sozialer Räume (handy, chatrooms),
- Erprobung des erweiterten Verhaltensrepertoires und neuer Fähigkeiten in neuen Situationen,
- Entwicklung situationsübergreifender Kompetenzen im Sinn einer „Unmittelbarkeitsüberschreitung" und „Bedeutungsverallgemeinerung" (Braun 1994: 110).

2. Aneignung und Entgrenzung – Weiterentwicklung des sozialräumlichen Aneignungskonzepts

2.1 Das Aneignungskonzept und neuere Raumvorstellungen

Martina Löw (Löw 2001) beschreibt, dass Kinder und Jugendliche heute keine homogene Raumvorstellung entwickeln können, so wie frühere Generationen, sondern auch auf Grund des Einflusses der Medien Raum als inkonsistent erfahren: „Diese neue Sozialisationserfahrung bestätigt nicht mehr die Vorstellung im Raum zu leben. Raum wird nun auch als diskontinuierlich konstituierbar und bewegt erfahren. An einem Ort können sich verschiedene Räume herausbilden" (Löw 2001: 266). Dadurch entsteht, neben der kulturell tradierten Vorstellung im Raum zu leben, d.h. von einem einheitlichen homogenen Raum umgeben zu sein, auch eine Vorstellung vom Raum, die einem fließenden Netzwerk vergleichbar ist (Löw 2001: 266).

Die Tatsache, dass Kinder und Jugendliche keinen homogenen Raum erleben, führt Martina Löw insbesondere auch auf den Einfluss der modernen Medien zurück: „Was jedoch die Kinder und Jugendlichen betrifft, die mit Cyber-space-Technologien aufwachsen, so ist meine Schlussfolgerung, dass in virtuellen Räumen systematisch wiederholt wird, was bereits in der verinselten Raumaneignung vorgegeben wird: Die Bezugnahme auf einen nicht einheitlichen Raum" (Löw 2001: 100).

Unsere These ist nun, dass der Aneignungsbegriff insofern aktualisiert werden kann, dass er nach wie vor die tätige Auseinandersetzung des Individuums mit seiner Umwelt meint, und bezogen auf die heutigen Raumveränderungen der Begriff dafür sein kann, wie Kinder und Jugendliche eigentätig Räume schaffen (Spacing) und die (verinselten) Räume ihrer Lebenswelt verbinden. Der Begriff der Aneignung passt deshalb sehr gut zu der von Martina Löw besonders herausgehobenen Bedeutung der Bewegung und der prozesshaften Konstituierung von Raum im Handlungsverlauf. Diese „Tätigkeit" ist aber heute nicht mehr (nur) als gegenständlicher Aneignungsprozess in dem klassischen Sinne von Alexejew Nikolajew Leontjew zu verwenden (im Sinne von Gegenstandsbedeutungen s.o.). Die von Kindern und Jugendlichen heute zu leistende Verbindung unterschiedlicher (auch virtueller und symbolischer) Räume kann im Aneignungsbegriff als aktive, prozesshafte Form eingebunden werden. Aneignung der Lebenswelt heute heißt, Räume schaffen und nicht nur schon vorhandene gegenständlich aneignen. Raumaneignung heißt dementsprechend Räume schaffen und v.a. verbinden.

„Spacing", Bewegung, Veränderung, Verknüpfung von Inseln – Konsequenzen neuer Raumvorstellungen für das Aneignungskonzept

Das Konzept der Aneignung als menschliche Verwirklichung kann für die heutigen gesellschaftlichen Umstände nur dann Bedeutung erlangen, wenn auch neuere Erkenntnisse über Raumvorstellungen Eingang finden, insbesondere dann, wenn es darum geht, das Aneignungskonzept als Bildungskonzept der Jugendarbeit zu entwickeln. Wie Martina Löw eindeutig beschreibt, lernen Kinder und Jugendliche heute, mit unterschiedlichen Raumvorstellungen umzugehen:

„Dies bedeutet, dass sich neben der Kontinuität der tradierten Raumvorstellung mit den für Messungen und Orientierungen notwendigen Kenntnissen auch eine Vorstellung von Raum zu etablieren beginnt, die Raum statt einheitlich als uneinheitlich, statt kontinuierlich als diskontinuierlich, statt starr als beweglich manifestiert. Diese Annahme der Herausbildung einer gleichzeitigen neuen Raumvorstellung basiert jedoch nicht nur auf einer verinselten Sozialisation, sondern auch auf dem Einfluss neuer Technologien, auf den ich im Anschluss zu sprechen komme" (Löw 2001: 88).

Aneignung als Verknüpfung von Räumen

Kinder und Jugendliche, die in der Mediengesellschaft bzw. einer verinselten Lebenswelt aufwachsen, entwickeln nicht nur gleichzeitig unterschiedliche Raumvorstellungen (s.o.), sondern auch die Fähigkeit, sozusagen in unterschiedlichen Räumen gleichzeitig zu agieren. Sie stellen Verbindungen her zwischen unterschiedlichen Räumen, etwa dem konkreten geografischen Ort, an dem sie sich gerade befinden (dem durch Aneignung eine Sinnbedeutung gegebenen wurde, so dass ein sozialer Raum entsteht) und den entfernteren Orten und sozialen Räumen, mit denen sie jederzeit kommunizieren können (über Handy oder PC) sowie virtuellen Räumen im Internet (chatrooms), die z.T. auch als soziale Räume verstanden werden. Aufgrund dieser Gleichzeitigkeit unterschiedlicher Raumbezüge kommt Martina Löw zum Schluss, „dass die Konstitution von Räumen durch Verknüpfung hergestellt werden muss" (Löw 2001: 131) Insbesondere Kinder und Jugendliche konstituieren Räume „in der Zusammenschau einzelner Inseln" (ebd.).

Die Verknüpfung von Räumen ist eine Bildungsfunktion, die gerade die Kinder- und Jugendarbeit sehr nachhaltig unterstützen könnte: Zum einen geht es um die Verknüpfung konkreter geografischer Orte. Die dazu notwendige Mobilität ist zwar vielfach vorhanden, zum Teil aber auch sehr eingeschränkt, wenn man an spezifische Zielgruppen in gespaltenen Städten und abgehängten Stadtvierteln denkt. Konkrete Raumverknüpfungen herzustellen gehört zum klassischen Repertoire der Kinder- und Jugendarbeit, wenn man an die vielen Projekte, Fahrten, Exkursionen etc. denkt, die immer Raumerweiterung und damit die Verknüpfung von Räumen zum (manchmal heimlichen) Thema haben. Jugendliche, die auf Grund sozialstruktureller Bedingungen sehr stark auf ihren Nahraum beschränkt und eingegrenzt sind, können sich so mit Hilfe der Jugendarbeit neue Inseln erschließen und eine Verknüpfung herstellen.

Wenn etwa die Jugendarbeit Räume bietet für die Durchführung von LAN-Partys (LAN ist die Abkürzung für „Local Area Network": lokal angelegtes Netzwerk. „Lokal" bezieht sich in diesem Sinne auf einen gemeinsamen Standort, etwa ein Jugendhaus. Teilnehmer einer LAN-Party spielen in diesem Netzwerk Computerspiele), ist dies ein gutes Beispiel für die Verknüpfung: Die Jugendlichen nutzen den Ort der Jugendarbeit mit seinen Ressourcen und schaffen einen sozialen Raum, der mit vielen anderen virtuellen Räumen verknüpft werden kann. Nahraum und verinselte (virtuelle) Räume stehen so in einer gelungenen Verknüpfung.

Aufbauend auf diesen neueren Raumvorstellungen geht es im nächsten Abschnitt darum, das Konzept des Aneignungshandelns mit aktuellen gesellschaftlichen Entwicklungen in Verbindung zu bringen.

2.2 Vom Aneignungshandeln zum Schreiben (unsichtbarer) Bewältigungskarten

Im derzeitigen Strukturwandel der Arbeitsgesellschaft sind soziale Prozesse mitunter unberechenbar. Das Leben ist gekennzeichnet durch strukturelle Anomien. Durch die Loslösung der individuellen und gruppenspezifischen Handlungen von den gesellschaftlichen Integrationsstrukturen fehlt es auf der Handlungsebene an gesellschaftlicher, integrativer Resonanz. Deshalb kann Resonanz nur in der ‚Gruppe der davon Betroffenen' gefunden werden. Diese ambivalente Situation erzeugt auf individueller Ebene Stress, den alle Menschen spüren, sowohl auf der Gewinner- als auch auf der Verliererseite des digitalen Kapitalismus. Um diesen Druck zur Bewältigung abzubauen, sind die Menschen auf der andauernden Suche nach Handlungsfähigkeit. Lebensprobleme müssen auf individueller Ebene in der Biografie selbst bewältigt werden.

In Westeuropa kommt es gegenwärtig durch die radikalen Veränderungsprozesse im Strukturwandel der Arbeitsgesellschaft zur *gesellschaftlichen Spaltung* zwischen ‚drinnen' und ‚draußen' (Polarisierung zwischen dem Segment der Beschäftigten und dem Segment der dauerhaft Arbeitslosen). Die Spaltung der Gesellschaft in ‚Gewinner' und ‚Verlierer' führt letztlich zur konsequenten sozialen und räumlichen Ausgrenzung von nicht systemrationalen Lebensbereichen aller Menschen im Allgemeinen, von sozialen Problemen bzw. von Menschen mit sozialen Problemlagen, von ‚Abgehängten', ‚Unerwünschten' oder für den Arbeitsprozess ‚Überflüssigen' im Speziellen. Dadurch drohen die biografischen Bewältigungsaufgaben und sozialräumlichen Herausforderungen von Heranwachsenden zu Beginn des 21. Jahrhunderts in der *Unsichtbarkeit* zu versinken. Dies führt zur Notwendigkeit eines Perspektivenwechsels und zur Erweiterung des Aneignungsansatzes.

Die klassische Aneignungstheorie und die daraus hervorgehenden sozialpädagogischen Maßnahmen hatten den aufklärerischen Anspruch, für Heranwachsende in einer durchfunktionalisierten und entfremdeten Welt aneigenbare (pädagogisierte) Räume zu schaffen, können aber die aus der Freisetzungsproblematik heraus entstehenden sozialräumlichen Probleme des Aufwachsens, so genannte ‚wilde Aneignungsformen' nicht erfassen (vgl. Reutlinger 2004).

Den Ausgangspunkt des interdisziplinären Ansatzes der *‚unsichtbaren Bewältigungskarten'* (vgl. Reutlinger 2003) bildet nun die These, dass in allen westlichen Industriegesellschaften die Menschen vor Ort weiterhin ihr Leben gestalten, um handlungsfähig zu bleiben. Im Ansatz der „Lebensbewältigung" (vgl. insb. Böhnisch 1999) finden sich die theoretischen Grundlagen für die Erklärung der biografischen Bewältigungsformen von Heranwachsenden im Strukturwandel der Arbeitgesellschaft. Der Ansatz der „unsichtbaren Bewältigungskarten" geht davon aus, dass Kinder und Jugendliche unter den Lebensbedingungen der (vermeintlichen) Freisetzung durch den Strukturwandel der Arbeitsgesellschaft ihren Alltag außerhalb von systemrationalen Bereichen bewältigen müssen. Sie schreiben auf der Suche nach Orientierung, Sinnstiftung, Anerkennung und Selbstwert unsichtbare Bewältigungskarten. Dabei ist davon auszugehen, dass jeder Mensch (in Anlehnung an die Idee des Geografie-Machens (vgl. den Beitrag von Benno Werlen/Christian Reutlinger in diesem Band), um handlungsfähig zu bleiben, jeden Tag seine sozialen (Bewältigungs-)Karten konstituiert. Dementsprechend schreiben alle Jugendlichen ihre ‚Landkarten‘ in der Stadt, die nach kartografischen Überlegungen als Bewältigungskarten bezeichnet werden, indem sie sich ihre Umwelt aneignen und ihre jugendspezifischen Sozialräume konstituieren.

Bei der Konstitution von Sozialräumen als eigenständiges Bewältigungskarten-Schreiben schaffen sich Kinder und Jugendliche unter den aktuellen urbanen und sozialen Gegebenheiten ihre eigene Struktur, diese bezieht sich jedoch nicht ausschließlich auf die gesellschaftlichen, sondern vielmehr auf die gruppeninternen Verhältnisse. Dabei ist die Bedeutung der peers für die Bewältigung des Alltags herauszustreichen. Jugendliche finden Selbstwert, Anerkennung und Orientierung nicht über einen Job, sondern über sich selbst und über die Gruppe. So kann über die Bewältigungskarten die sozialräumliche Wirklichkeit von Jugendlichen beschrieben und in ein Verhältnis zu den gesellschaftlichen Rahmenbedingungen gesetzt werden.

Als Konsequenz der empirischen Resultate und theoretischen Überlegungen zum Ansatz der Bewältigungskarten sollen Orientierungslinien aufgezeigt werden, wie sich die ‚Sozialen Räume‘ in Zukunft gestalten, welche Rolle die Kinder- und Jugendpolitik in diesem Gestaltungsprozess einnimmt und was die sozialen Dienstleistungen tun können, damit die jungen Menschen weiterhin soziale und ökonomische Handlungsfähigkeit sowie politische Partizipation beibehalten.

Eine sozialräumliche Kinder- und Jugendpolitik dürfte sich nicht darauf beschränken, die aktuellen Bewältigungskarten, die hier und jetzt in den „Containern“ der Jugendhilfe-, Förderungsprogramm- und Stadtplanerlogik geschrieben werden, anzuerkennen. Die ‚Sozialpädagogik des Jugendraumes in der gespaltenen Stadt‘ sollte die Jugend in und mit ihren eigenen Bewältigungskarten (als ihrer eigenen Sozialgeografie), die sie bei den Bewältigungsleistungen in der gespaltenen Stadt schreiben, anerkennen.

In Zeiten des sozialstaatlichen Abbaus und entsprechender Integrationsschwierigkeiten werden die damit zusammenhängenden sozialen Probleme nicht länger sozialstaatlich gelöst, sondern in den Sozialraum der Städte hineinverlagert. Um diese Mechanismen zu durchbrechen, die dazu führen die Menschen weiter sozial- und auch räumlich auszugrenzen, müssten die bisherigen Konzepte und Ideen von Sozialräumlichkeit und sozialem Raum von Grund auf neu gedacht werden. Die Bewältigungskarten der Kinder und Jugendlichen müssten als eigenständige Form der Bewältigungsleistung anerkannt werden, sie müssten in Verbindung zu allen Bereichen – von virtuellen bis hin zu privaten – gebracht und die nötigen Übergänge angeboten werden.

Die Kinder- und Jugendpädagogik hätte dafür zu sorgen, dass die ‚Sozialgeografien der Jugend‘ auf unterschiedlichen Ebenen zu den gesellschaftlichen Partizipations- und Teilnahmeformen in Verbindung gebracht und auch Partizipationsformen in der Unsichtbarkeit ermöglicht werden, das heißt in nicht systemrationalen Bereichen des Lebens. Es müssten vermehrt Ermöglichungsstrukturen geschaffen und ausgebaut werden. Diese dürften jedoch nicht nur örtlich und sozialräumlich auf den physisch-materiellen Raum beschränkt bleiben, sondern ihrer bedarf es in allen möglichen Formen und Ebenen wie z.B. als virtuelle, institutionelle und digitale Ermöglichungsstrukturen mit den diversen Sprachcodes.

3. Konflikthafte Aspekte der Aneignung

3.1 Die Einschränkung des Handlungsraumes mit zunehmendem Alter

Bei vielen älteren Menschen stellt sich, meist verbunden mit Problemen der körperlichen Mobilität und Bewegungseinschränkungen, eine allmähliche Einschränkung des Handlungsraumes ein. Ähnlich wie im Verlaufe der Kindheit und Jugend im Zuge wachsender körperlicher Kräfte und einer sich entfaltenden Motorik und Dynamik Handlungsräume erweitert werden, stellt sich im Alter ein gegenläufiger Prozess ein: Orte der ökologischen Peripherie (vgl. Baacke 1984) können nur mit Hilfe von anderen Personen und Verkehrsmitteln erreicht werden, der eigentätig nutzbare Handlungsraum wird kleiner und verengt sich zunehmend auf den ökologischen Nahraum. Für die Möglichkeiten der Raumaneignung und -nutzung älterer Menschen spielen physische Barrieren, Treppenhäuser, Zugänglichkeiten etc. eine genau so wichtige Rolle wie für kleine Kinder. Die Orte und Räume der ökologischen Ausschnitte und ökologischen Peripherie werden ähnlich wie im Inselmodell von Helga Zeiher (1983) in einem unzusammenhängenden Gesamtraum wahrgenommen, d.h. einzelne Inseln (z.B. die Wohnung von Kindern, Bekannten etc.) können zum Teil nur noch mit Hilfe öffentlicher Verkehrsmittel oder personenbezogener Unterstützungsleistungen erreicht werden. Für ältere Menschen stellen sich konkrete Aneignungsanforderungen z.B. in der Reaktivierung der Möglichkeiten der Benutzung öffentlicher Verkehrsmittel, die oft im Erwachsenenalter durch die jahrzehntelange Nutzung des Individualverkehrs verloren gegangen waren. Die Nutzbarmachung des unmittelbaren Wohnumfeldes ist bei mangelnder Einschränkung der eigenen Mobilität zur Aneignungsaufgabe geworden, wobei – ebenso wie im Kindesalter – die eigenständige Tätigkeit ein wesentliches Qualitätsmerkmal ist. Das selbstständige Erreichen einer Parkbank, ohne die Inanspruchnahme von Hilfeleistungen erscheint bspw. im Alter als Prozess der Aneignung eingeschränkter eigentätiger Möglichkeiten.

3.2 Vom Stadt-Land-Gefälle zur verinselten Raumaneignung

Die Frage, unter welchen Bedingungen Prozesse der sozialräumlichen Aneignung in ländlich strukturierten Zusammenhängen stattfinden, ist insofern schwierig zu beantworten, als dass diese sich in einer Vielschichtigkeit und zum Teil mit einer Ambivalenz darstellt, die über eine enge „dörfliche" Betrachtung hinausgehen: „In Wirklichkeit präsentiert sich der ländliche Raum als uneinheitlicher Handlungsraum, als ein neues Mix zwischen lokalen und regionalen Lebenswelten, als eine Ausdifferenzierung zwischen eher dorfzentrierten oder eher regionalorientierten Dörfern, als eine Alltagskultur der Überschneidungen und Übergänge, als ein Raum voller ‚Ambivalenzkonflikte'" (Herrenknecht 2000: 54f).

Die Verbindung von Aneignung und Raum lässt sich für ländliche, regionale Bezüge sehr gut mit dem Konzept der Verinselung konzeptionalisieren: „Verinselung" hat Helga Zeiher (1983) als Muster entwickelt, um damit den uneinheitlichen Lebensraum von Großstadtkindern zu beschreiben. Im Gegensatz zum Modell der allmählichen Erweiterung des Handlungsraumes (vgl. Baacke 1984) erfolgt die Raumaneignung von Kindern und Jugendlichen eben nicht in einer kontinuierlichen Erweiterung, sondern in der Aneignung einzelner Rauminseln. Diese Rauminseln (z.B. die Schule, das Kinderzimmer einer Freundin in einem anderen Stadtteil, die Kinder- und Jugendeinrichtung in der Nähe, die Musikschule etc.) stehen in keinem direkten räumlichen Zusammenhang, d.h. auch, dass die Überbrückung der Distanzen zwischen den einzelnen Rauminseln zum Teil nur mit Hilfe öffentlicher Verkehrsmittel oder durch die Transporthilfe der Eltern erfolgen kann. Ein wesentliches Medium für die Aneignung von Rauminseln ist also die Mobilität.

Obwohl für den Großstadtbereich entwickelt, ist das Inselmodell sehr geeignet, damit auch die Lebenssituation der Kinder und Jugendlichen unter ländlich geprägten Lebensbedingungen zu beschreiben. Dabei ist die wachsende Mobilität auch hier Motor einer Veränderung und Auflösung dörflicher Strukturen und macht eine regionale Orientierung erst möglich. Die Verinselung der Lebenswelt ist aber mit dem Medium der Mobilität auch erst lebbar, nur durch Mobilität sind die Inseln miteinander zu verbinden: „Beim Wechsel auf weiterführende Schulen wird der Busparkplatz zur zweiten Heimat. Auch im Freizeitbereich läuft die Beförderungsuhr des Familientaxis weiter: Die Jugendlichen werden zu ihren Terminen (Musik, Sport, PC-Kurs, etc.) gekarrt und bei den Freunden und nach Abendveranstaltungen abgeholt“ (Herrenknecht 2000: 52).

Die Widersprüchlichkeit zwischen der unterschiedlichen Deutung von Sozialräumen in ländlich geprägten Lebenszusammenhängen kann eingebettet werden in ein Erklärungsmuster, das insgesamt von Paradoxien und Ambivalenzen ausgeht, die die Lebensphase Kindheit und Jugend insbesondere im ländlichen Raum kennzeichnen. Hans van der Loo und Willem van Reijen (1992) sprechen von der Paradoxie, der scheinbaren Widersprüchlichkeit der Modernisierung, die sich für Jugendliche darin äußert, dass es in ihrer Lebenswelt sowohl zu einer Maßstabsverkleinerung (Aufspaltung bestehender gesellschaftlicher Einheiten) als auch zu einer Maßstabsvergrößerung (strukturelle Differenzierungen lösen sich auf, bestehende Grenzen werden immer mehr überschritten) kommt. Konkret bedeutet dies für Jugendliche und ihr Aneignungsverhalten einerseits ein Angewiesensein auf das direkte gesellschaftliche Umfeld (Wohninsel, Heimatdorf, Freundeskreis usw.), andererseits nehmen sie durch die Medien, in Schule und Ausbildung an Entwicklungen teil, die weit über ihren Nahbereich hinausgehen. Sie orientieren sich am direkten Wohnumfeld oder einer Region ebenso wie an weltweit über die Medien propagierten Konsumbildern und müssen diese Widersprüchlichkeit verarbeiten.

4. Kritische Synthese – „Aneignung“ und Bildungsdiskurs

Betrachtet man Bildungsprozesse unter dem Aspekt der Sozialisation und definiert diesen Prozess als Entwicklung des Subjekts durch aktive Aneignung von Welt, dann ergeben sich daraus keine grundsätzlichen Differenzen zwischen Aneignungsprozessen in der alltäglichen Lebenspraxis und Aneignungsprozessen in institutionalisierten Bildungsräumen (Kade 1993).

Kinder und Jugendliche lernen und bilden sich nicht nur in Institutionen wie der Schule, sondern in ihren jeweiligen Lebenswelten, Nahräumen, Dörfern, Stadtteilen, insbesondere auch in öffentlichen Räumen und zunehmend auch in den virtuellen Räumen der neuen Medien.

Diese Bereiche sind die Orte des informelles Lernens, das die intentionalen Bildungsprozesse wesentlich mit prägt: Die Entwicklung sozialer Kompetenzen in wechselnden Gruppen oder im Umgang mit fremden Menschen in neuen Situationen, die Erweiterung (oder Einschränkung) des Handlungsraums und des Verhaltensrepertoires prägen auch die Fähigkeiten für den Erwerb von Sprachkenntnissen und Bildungsabschlüssen, wie nicht erst die PISA-Studie gezeigt hat.

Die Aneignung ihrer jeweiligen Lebenswelt als schöpferischer Prozess der eigentätigen Auseinandersetzung mit der gegenständlichen und symbolischen Kultur, der Gestaltung und Veränderung von Räumen und Situationen – sozusagen die Bildung des Subjektes im sozialen Raum – wird wesentlich beeinflusst, gefördert oder eingeschränkt durch die sozialstrukturellen Bedingungen von Dörfern, Wohnquartieren, Stadtteilen, Regionen.

In der Bildungsdiskussion um die Konsequenzen von PISA wird oft zu einseitig der Bereich des formellen Lernens an institutionalisierten Lernorten fokussiert. Es ist jedoch auf die Bedeutung des Zusammenspiels formeller, nichtformeller wie auch informeller Lernformen aufmerksam zu machen. In diesem Zusammenhang spielen insbesondere Formen des „wilden Lernens", wie sie Lothar Böhnisch und Wolfgang Schröer (2001) bezeichnen, oder „chaotische Lernformen", wie sie Karin Bock (i.E.) nennt, die jenseits der institutionalisierten und gesellschaftlich legitimierten Pädagogik stattfinden, eine immer größer werdende Rolle. In der gegenwärtigen Diskussion scheint es darum zu gehen, Bildung im Schulkontext fassen zu wollen, wie z.B. die Streitschrift des Bundesjugendkuratoriums anmerkt (2001). Die Schule hat jedoch tendenziell nur eine Form des Lernens und die damit zusammenhängenden Kompetenzen im Blick und vernachlässigt Kompetenzen, die aus informellen Lernformen an nicht-institutionalisierten Lernorten hervorgehen. Diese Kompetenzen, „die sich schnell den sich verändernden Bedingungen und wechselnden Anforderungen anpassen, die Übertragungen zwischen den einzelnen Tätigkeitsbereichen ermöglichen, die innovativ Anwendungen auf neue Problemsituationen gestatten und auf ständige Neuorganisation der eigenen Persönlichkeitsdispositionen orientiert sind" (Kirchhöfer 2001: 107f.), werden in Zeiten der Entgrenzung der Erwerbsarbeit zunehmend nachgefragt werden. Dabei werden nicht nur die traditionellen Bereiche des Lernens von Entgrenzungen erfasst, sondern auch die Erwerbsarbeit sowie die alltägliche Lebensführung außerhalb der Erwerbsarbeit.

Damit verändern sich auch insbesondere die Bereiche der alltäglichen Lebensführung, des Lernens und der Lernorte, indem z.B. die Grenzen zwischen Arbeits- und Freizeit unklarer und durchlässiger werden, Arbeits- und private Lebensorte sich durchmischen etc. Es bilden sich in Anbetracht einer Tendenz der zeitlichen und räumlichen Entgrenzung neue Lernkulturen an sich entgrenzenden Lernorten heraus.

Die Ausdehnung des Lernens beschränkt sich nicht mehr nur auf die Lebensphasen der Kindheit und des Jugendalters, sondern verteilt sich auf die gesamte Lebenszeit. Durch IuK-Technologien können sich die Lernenden unabhängig von bestimmten Lernorten machen und sich damit ein individuell und biografisch geprägttes multiples System vielfältiger Bildungsorte konstruieren. Institutionalisierte Bildungsorte wie die Schule bilden in diesem System nur gewisse Ausschnitte. Damit wird zunehmend die Handlungsebene ins Zentrum gerückt und das soziale Umfeld als Lernfeld gewinnt eine zunehmende Bedeutung, da Kinder und Jugendliche darüber vermehrt bedeutsame Kompetenzen erwerben.

Lernen vollzieht sich als individuelle Aneignung, d.h. als ein Zu-Eigen-Machen. Zwar handelt es sich um einen individuellen Vorgang, doch wird er durch die sozialen Beziehungen des Individuums zu den Personen seines Umfeldes bestimmt. Lernprozesse vollziehen sich fast immer in einem unmittelbaren oder wenigstens mittelbaren sozialen Kontext.

Über die Bedeutung des informellen Lernens, bzw. der informellen Bildung wird intensiv diskutiert, nicht erst seit kurzem. So lässt sich eine lange Tradition zu diesem Thema nachzeichnen. Begriffe wie Erfahrungslernen, Lernen in der Sozialisation, indirektes Lernen, implizites Lernen, oder ähnliches, das heißt Lernformen, die außerhalb der Bildungsinstitutionen stattfinden, gehören heute zum normalen Wortgebrauch. In dieser Diskussion ist jedoch zu beklagen, dass auf der Handlungsebene ein tragfähiger Begriff fehlt, der die Vielschichtigkeit der Prozesse, die sich auf individueller Ebene abspielen, fassen kann. Mehr noch, wir sehen heute die Tendenz, dass über Ansätze, die vermehrt an der Handlungsebene der Heranwachsenden ansetzten, gar nicht mehr diskutiert wird. Diese Lücke kann geschlossen werden, indem das Aneignungskonzept aufgegriffen wird. Aneignung wird dann nicht verkürzt als Gegenbegriff zur formellen Bildung als Begriff für informelle Bildung verstanden, sondern hat dann eine eigene Dimension: Sie wird verstanden als die aktive Tätigkeit eines Subjekts in Wechselbeziehung von Person und Umwelt.

Literatur

Arbeitsgemeinschaft Betriebliche Weiterbildungsforschung e.V./Projekt Qualifikations-Entwicklungs-Management (Hg.) (2001): Kompetenzentwicklung: Tätigsein – Lernen – Innovation. Münster/New York/München/Berlin

Baacke, Dieter (1984): Die 6-12jährigen. Weinheim

Baacke, Dieter (1980): Der sozialökologische Ansatz zur Beschreibung und Erklärung des Verhaltens Jugendlicher. In: deutsche jugend 11. 1980: 493-505

Bader, Kurt (2002): Alltägliche Lebensführung und Handlungsfähigkeit. Ein Beitrag zur Weiterentwicklung gemeinwesenorientierten Handelns. In: Bader et al. (Hg.) (2002): 11-60

Bader, Kurt/Ludewig, Birte/Rauthe, Sabine/Wozniok, Oliver/Jeannèe, Pascale/Zinggl, Wolfgang (Hg.) (2002): Alltags(T)räume, Lebensführung im Gemeinwesen. Bonn

Baisch-Weber, Annja V. (2002): Die Bedeutung des Sozialraumes für Lebensbewältigungsprozesse Jugendlicher. Frankfurt a.M.

Bock, Karin (2004): Generationenverhältnisse, chaotische Lernformen und sozialer Raum. In: Projektgruppe Netzwerke im Stadtteil – wissenschaftliche Begleitung von E&C (Hg.) (2004): 239-260

Böhnisch, Lothar (1999): Sozialpädagogik der Lebensalter. Weinheim/München

Böhnisch, Lothar/Münchmeier, Richard (Hg.) (1990): Pädagogik des Jugendraums: zur Begründung und Praxis einer sozialräumlichen Jugendpädagogik. Weinheim/München

Böhnisch, Lothar/Schröer, Wolfgang (2001): Pädagogik und Arbeitsgesellschaft. Weinheim/München

Braun, Karl-Heinz (1994): Schule und Sozialarbeit in der Modernisierungskrise. In: Neue Praxis 2. 1994: 107-118
Braun, Karl-Heinz (2004): Raumentwicklung als Aneignungsprozess. In: Deinet et al. (2004): 19-48
Bundesministerium für Familie, Senioren, Frauen und Jugend/Bundesjugendkuratorium (2001): Zukunftsfähigkeit sichern! Für ein neues Verhältnis von Bildung und Jugendhilfe. Großbeeren
Chombart de Lauwe, Paul-Henri (1977): Aneignung, Eigentum, Enteignung. In: Arch+ 34. 1977: 2-6
Deinet, Ulrich (2004): „Spacing", Verknüpfung, Bewegung, Aneignung von Räumen als Bildungskonzept sozialräumlicher Jugendarbeit. In: Deinet/Reutlinger (2004): 175-189
Deinet, Ulrich/Reutlinger, Christian (2004): ‚Aneignung' als Bildungskonzept der Sozialpädagogik. Beiträge zur Sozialpädagogik des Kindes- und Jugendalters in Zeiten entgrenzter Lernorte. Wiesbaden
Deinet, Ulrich/Krisch, Richard (2002): Der sozialräumliche Blick der Jugendarbeit. Methoden und Bausteine zur Konzeptentwicklung und Qualifizierung. Opladen
Deinet, Ulrich/Sturzenhecker, Benedikt (Hg.) (2000): Jugendarbeit auf dem Land. Opladen
Deinet, Ulrich (1999): Sozialräumliche Jugendarbeit. Eine praxisbezogene Anleitung zur Konzeptentwicklung in der Offenen Kinder- und Jugendarbeit. Opladen
Deinet, Ulrich (1992): Das Konzept „Aneignung" im Jugendhaus. Neue Impulse für die offene Kinder- und Jugendarbeit. Opladen
Herrenknecht, Albrecht (2000): Jugend im regionalen Dorf. In: Deinet et al. (Hg.) (2000): 47-59
Holzkamp, Klaus (1973): Sinnliche Erkenntnis. Frankfurt a.M.
Braun, Karl-Heinz/Holzkamp, Klaus (1977): Kritische Psychologie. Bericht über den 1. Internationlan Kongreß Kritische Psychologie vom 13.-15. Mai 1977. Köln
Holzkamp, Klaus (1983): Grundlegung der Psychologie. Frankfurt a.M./New York
Holzkamp, Klaus/Schurig, Volker (1973): Zur Einführung in Alexejew Nikolajew Leontjews „Probleme der Entwicklung des Psychischen". In: Leontjew (1973): XI–LII
Icking, Maria (2004): Entwicklung erwerbsbiografischer Gestaltungskompetenzen zwischen Vermittlung und Aneignung. In: Deinet et al. (2004): 191-217
Jurczyk, Karin/Oechsle Mechthild (2002): Die fluide Gesellschaft. Entgrenzung ohne Ende? In: DISKURS 3. 2002. Thema: Moderne Zeiten. Zur Entgrenzung von Arbeit und Leben: 5-8
Kade, Jochen (1993): Aneignungsverhältnisse diesseits und jenseits der Erwachsenenbildung. In: Zeitschrift für Pädagogik 39. 1993. 3: 392-408
Kirchhöfer, Dieter (2001): Perspektiven des Lernens im sozialen Umfeld. In: Arbeitsgemeinschaft Betriebliche Weiterbildungsforschung e.V. (Hg.) (2001): 95-145
Krisch, Richard (2001): Zur Anwendung von Methoden sozialräumlich orientierter Lebensweltanalysen in der Jugendarbeit. In: Lindner (Hg.) (2001): 147-170
Latour, Bruno (2001): Das Parlament der Dinge: Naturpolitik. Frankfurt a.M.
Leontjew, Alexej Nikolajew (1973): „Probleme der Entwicklung des Psychischen". Frankfurt a.M.
Lenz, Karl/Schefold, Werner/Schröer, Wolfgang (2004): Entgrenzte Lebensbewältigung. Jugend, Geschlecht und Jugendhilfe. Weinheim/München
Lenz, Karl/Schefold, Werner/Schröer, Wolfgang (2004a): Entgrenzte Lebensbewältigung. Sozialpolitik vor neuen Herausforderungen. In Lenz et al. (2004): 9-18
Lindner, Werner (Hg.) (2001): Ethnographische Methoden in der Jugendarbeit. Opladen
Lobkovicz, Nicholas (1967): Theory and Practice: History of a Concept from Aristotle to Marx. London
Loo, Hans van der/Reijen, Willem van (1992):Modernisierung – Projekt und Paradox. München
Löw, Martina (2001): Raumsoziologie. Frankfurt a.M.
Marx, Karl (1972): Das Kapital. Kritik der politischen Ökonomie. I. Band. Berlin
Oehme, Andreas: Aneignung und Kompetenzentwicklung. In: Deinet et al.(2004): 205-218
Preuss-Lausitz, Ulf/Büchner, Peter (Hg.) (1983): Kriegskinder, Konsumkinder, Krisenkinder. Berlin
Projektgruppe Netzwerke im Stadtteil – wissenschaftliche Begleitung von E&C (Hg.) (2004): Grenzen des Sozialraums. Menschen und ‚soziale Brennpunkte'. Opladen

Projektgruppe „Alltägliche Lebensführung“ (Hg.) (1995): Alltägliche Lebensführung. Arrangements zwischen Traditionalität und Modernisierung. Opladen

Reutlinger, Christian (2003): Jugend, Stadt und Raum. Sozialgeographische Grundlagen einer Sozialpädagogik des Jugendalters. Opladen

Reutlinger, Christian (2004): Die Notwendigkeit einer neuen Empirie der Aneignung – der Ansatz der Bewältigungskarten. In: Deinet et al. (2004): 121-135

Rolff, Hans-Günter/Zimmermann, Peter (1990): Kindheit im Wandel. Eine Einführung in die Sozialisation im Kindesalter. Weinheim/Basel

Scherr, Albrecht (2004): Rückzugsräume und Grenzüberschreitungen. Wie sozialräumliche Jugendarbeit Bildungsprozesse unterstützen kann. In: Deinet et al. (2004): 161-174

Schön, Elke (2004): Selbstorganisiertes Handeln von Mädchen im städtischen öffentlichen Frei(Raum). In: Deinet et al. (2004): 235-248

Schröer, Wolfgang (2004): Aneignung in der entgrenzten Arbeitsgesellschaft – die Entgrenzung von Jugend. In: Deinet et al. (2004): 109-120

Werlen, Benno (1997): Sozialgeographie alltäglicher Regionalisierungen. Band 2: Globalisierung, Region und Regionalisierung. Erdkundliches Wissen. Stuttgart

Wüstenrot-Stiftung – Ulfert Herlyn/Seggern, Hille von/Heinzelmann, Claudia/Karow, Daniela (Hg.) (2003): Jugendliche in öffentlichen Räumen der Stadt. Chancen und Restriktionen der Raumaneignung. Opladen

Zeiher, Helga (1983): Die vielen Räume der Kinder. Zum Wandel räumlicher Lebensbedingungen seit 1945. In: Preuss-Lausitz et al. (Hg.) (1983): 176-195

Die Rückeroberung des Lokalen – Nachbarschaften in Montevideo

Ulrike Schwantner

1. Einleitung

Während lokale Nachbarschaftsinitiativen in Südamerika aufgrund vieler Krisensituationen eine lange Tradition haben, ist die Einbindung der Bevölkerung in Entscheidungen über städtische Belange die Ausnahme. Politik, Stadtplanung und Verwaltung agieren in der Regel über die Köpfe der Bevölkerung hinweg, es fehlt an Information und Transparenz bei Entscheidungen. So entstehen innerhalb der städtischen Organisation zwei Ebenen: auf der einen Seite die offizielle zentrale städtische Verwaltung und auf der anderen Seite, lokal in den Stadtvierteln, eine Vielzahl von informellen Initiativen, die alltägliches Krisenmanagement betreiben, von politischer Mitbestimmung aber ausgeschlossen sind.

In Montevideo, der 1,3 Millionen EinwohnerInnen zählenden Hauptstadt Uruguays, hat man in den letzten Jahren nun versucht, die starren Top-Down Strukturen städtischer Verwaltung aufzubrechen und über das Öffnen von Bottom-Up-Prozessen die beiden Ebenen miteinander in Verbindung zu bringen. In dieser veränderten Stadtpolitik erlangte die lokale Ebene neue Bedeutung, das Stadtviertel wurde zum Fokus städtischer Politik. Die Funktionsweise dieses komplexen Modells der Dezentralisierung und BürgerInnenbeteiligung, seine Umsetzung und die daraus entstehenden konkreten Veränderungen auf lokaler Ebene der Stadtviertel sind Gegenstand dieses Beitrages.[1]

1.1 Nachbarschaft

Entwicklungen in Raum und Gesellschaft laufen nicht parallel, sondern sind eng miteinander verflochten. In der Nachbarschaft werden die Verflechtungen zwischen

---

1 Der Text basiert auf meiner Diplomarbeit zum Thema „Dezentralisierung und Bürgerbeteiligung in der Stadtplanung von Montevideo" (Schwantner 2003). Die Arbeit beschäftigt sich mit der tatsächlichen Umsetzung, mit Erfolgen und Schwierigkeiten der Dezentralisierungsreformen in Montevideo, sowie mit der Frage, welche Auswirkungen die Reformen auf die gesamtstädtische Struktur haben. Ein besonderer Fokus liegt auf dem Problem der sozialräumlichen Polarisierung innerhalb der Stadt. Neben Literaturstudium wurden bei einem Forschungsaufenthalt in Montevideo im Frühjahr 2002 eine Reihe von ExpertInneninterviews und begleitende Beobachtungen sowie eine umfangreiche Recherche und Analyse von Primärquellen (Gesetzestexte, Videos und Zeitungsartikel) durchgeführt. Wesentlich für die Arbeit waren ein explorativer Zugang und die Perspektive der Raumplanung, die soziale und räumliche Blickpunkte kombiniert.

sozialer und räumlicher Organisation von Gesellschaft deutlich. Nachbarschaft bezieht sich auf soziale Netze und Hierarchien der BewohnerInnen, stellt aber gleichzeitig einen unmittelbaren Bezug zum Raum dar: jenem Raum, in dem sich das alltägliche Leben der BewohnerInnen abspielt, dem Raum symbolischer Repräsentation und Normen, den die Akteure gemeinsam nutzen, aber jeder nach seinen/ihren eigenen Bedürfnissen und Chancen; dem Raum der gemeinsamen Identifikation, in dem gleichzeitig soziale Ungleichheiten, Gegensätze und Konflikte deutlich werden. Nachbarschaft ist also weder sozialromantisches Idyll noch das Sinnbild für Solidarität, sondern die Tatsache eines gemeinsam bewohnten Territoriums (vgl. Gravano 1995a).

Ein Begriff, der eng mit dem der Nachbarschaft verknüpft ist, ist der des Stadtviertels. Es ist ein Raum gemeinsamer Identität, der sich durch bestimmte Charakteristika von anderen unterscheidet. Ein Viertel ist in erster Linie ein soziales Konstrukt, ein „Bezugsraum der Nachbarschaft". Eine 51-jährige Frau aus Pocitos in Montevideo antwortet auf die Frage nach dem Bezug zu ihrem Stadtviertel folgendermaßen: *„Es ist mein Raum, mein Viertel; und dein Viertel gefällt dir immer, auch wenn du eingestehen musst, dass es Dinge gibt, die nicht die besten sind... Es ist wie mit meinem Esszimmer hier: Es gefällt mir, weil ich hier Dinge tue, die mir Spaß machen und weil es mir gehört, weil dieser Raum etwas von mir enthält. Und ich gebe zu, dass mir diese Couch dort nicht gefällt, aber auch sie ist Teil des ganzen"* (Acevedo 1995: 137). Das Stadtviertel ist somit ein Ort, zu dem man gehört, erst in zweiter Linie kann das Viertel auch ein administrativer Raum sein. In Montevideo spielen Stadtviertel eine wesentliche Rolle in der Selbstdefinition der BewohnerInnen, sie decken sich jedoch nicht mit administrativen Grenzen.

Die Ebene der Nachbarschaft bzw. des Stadtviertels ist besonders in Krisensituationen gefragt: „Nachbarschaft hat eine größere Bedeutung in Situationen, in denen öffentliche Infrastrukturen oder privat-kommerzielle Dienstleistungen nicht oder nicht ausreichend zur Verfügung stehen. Das ist in historisch früheren Epochen Europas, es ist aber auch in ländlichen Siedlungen und es ist in vielen außereuropäischen Gesellschaften der Fall" (Hamm 2000: 175). Die Nachbarschaft ist in südamerikanischen Städten mit einer anderen Realität konfrontiert als in Europa, und daher vor besondere Herausforderungen gestellt.

1.2 Sozialräumliche Polarisierung

Südamerikas Städte sind seit langem durch große soziale Gegensätze geprägt, diese gesellschaftliche Polarisierung spiegelt sich in der räumlichen Organisation der Städte wider. Der brasilianische Politologe Lúcio Kowarick (1996) fasst die vielschichtigen Mechanismen sozialer Exklusion unter folgenden Aspekten zusammen: unterschiedliche Chancen und Möglichkeiten am Arbeits- und Wohnungsmarkt, unterschiedliche soziale und räumliche Mobilität, Ungleichheit im Zugang zu sozialen und technischen Infrastruktureinrichtungen und Exklusion über Bürgerrechte, die je nach Herkunft, Wohnort, ökonomischem und kulturellem Kapital unterschiedlich zugeteilt werden und verschiedene Möglichkeiten eröffnen. Alle diese Mechanismen haben direkte oder indirekte Auswirkungen auf die räumliche Organisation der städtischen Gesellschaft. Michael Dear und Jennifer Wolch (1991) beschreiben den Zusammenhang folgendermaßen: „Während Mängel dieser [individuellen] Umwelt (wie Einschränkungen in der Mobilität und in der Qualität sozialer Ressourcen) die individuellen Möglichkeiten, also die Möglichkeiten der Marktteilnahme beeinträchtigen, verhindert die gleichzeitig bestehende Armut den Zugang zu günstigeren räumlichen Bedingungen. Damit ist ein Prozess beschrieben, der sich beständig selbst verstärkt und der verständlich macht, dass ein Individuum von seiner Umwelt gezeichnet wird wie von einer Narbe. Es wird zugleich deutlich, wie sehr die Alltagsumwelt Ungleichheit weitertransportiert" (Dear/Wolch 1991: 236).

Für die sozial-räumliche Exklusion in Montevideo zeigt sich, dass besonders der Ausschluss vom herkömmlichen Arbeitsmarkt Auswirkungen auf die leistbare Wohngegend hat. Abgedrängt in die städtische Peripherie fehlt es an vielem, an guten Schulen, Gesundheitsvorsorge, kulturellen Einrichtungen, Zugang zu Medien und Information. Die Isolation unterschiedlicher gesellschaftlicher Gruppen führt zum Verlust von Räumen und Gelegenheiten sozialen und kulturellen Austausches von Personen. Das wiederum hat eine Radikalisierung gesellschaftlicher Beziehungen zur Folge. Vorurteile und Angst verstärken die Abschottung der verschiedenen Gruppen voneinander. Diese Homogenisierung und Ausgrenzung trifft sozial schwache Bevölkerungsgruppen schwerer, da für ihre Einbindung in das gesellschaftliche System Beziehungsnetze zu Personen unterschiedlicher Herkunft wesentlich sind. Besonders kritisch sind diese Entwicklungen für die Jugend, die angesichts schlechter Jobchancen ohnehin in einer schwierigen Lage ist (vgl. Kaztman 1999).

1.3 Fokus der Stadtplanung auf die lokale Ebene

Seit den 1980er Jahren haben soziale und räumliche Ausgrenzung in Südamerika zunehmend kritische Folgen für die gesamte Stadt. Polarisierung verringert die Potenziale sozialer Integration und hemmt die gesamtstädtische Entwicklung, nicht zuletzt auch aus ökonomischer Sicht. Das Wachsen von Elendsvierteln, Marginalisierung, baulicher Verfall und erhöhte Gewaltbereitschaft sind Folgen, mit denen nicht nur arme Bevölkerungsgruppen, sondern die Stadt als Gesamtheit konfrontiert ist. Da die Handlungsmöglichkeiten der Städte sehr eingeschränkt sind, sucht man in Lateinamerika Lösungen zunehmend auf der lokalen städtischen Ebene. Nachbarschaft wird so als Instanz mit hohen Konfliktlösungspotenzialen wieder entdeckt, nicht zuletzt angesichts leerer Staatskassen und der zunehmenden Krise des politisch-administrativen Systems. Weltweit scheinen Stadtplanung und -politik als Reaktion auf Phänomene der Globalisierung wieder vermehrt auf die Potenziale der Nachbarschaft zu setzen. Während globaler wirtschaftlicher Wettbewerb unter den Städten zu großen Standortkonkurrenzen geführt hat und transnationale Entwicklungen die Städte zu lenken scheinen, kann man gleichzeitig in der Stadtpolitik die Orientierung auf kleinräumliche Einheiten feststellen, man spricht in diesem Zusammenhang auch von „Glokalisierung". Probleme sozialer Ausgrenzung und Armut werden auch vermehrt direkt mit geografischen Räumen in Verbindung gebracht und sollen auf kleinstmöglicher Ebene, mit ehrenamtlicher Mitarbeit der Betroffenen und von NGOs gelöst werden[2] (vgl. Mayer 2003). Beispiele aus der Stadtplanung sind der Ansatz „Soziale Stadt“ in Deutschland, die Quartiersforen in Barcelona, die Einrichtung von Gebietsbetreuungen, Stadtteilmanagements oder Initiativen der Partizipation im Rahmen der Lokalen Agenda 21. Vor diesem Hintergrund sind letztlich auch die Reformen in Montevideo zu sehen.

Der Fokus auf die lokale Ebene bringt viele Chancen mit sich, muss aber auch kritisch gesehen werden. Es besteht die Gefahr des Rückzugs zentraler Instanzen aus ihrer Verantwortung und der Verlagerung von Kompetenzen auf untergeordnete Ebenen, ohne eine dementsprechende Umverteilung von finanziellen Mitteln und adäquaten Werkzeugen. Auch wird an Dezentralisierungsprozessen oft kritisiert, dass sie nur pro forma einen Schritt in Richtung mehr Demokratie bedeuten, tatsächlich aber bestehende Machtverhältnisse auch auf lokaler Ebene dominieren. Ein Beispiel einer gelungenen Dezentralisierung und Partizipation ist demgegenüber die Stadt Montevideo. Sie unterscheidet sich von anderen Ansätzen in Tragweite und Komplexität und war in der kritischen Situation, in der sie gestartet wurde, ein großes Experiment, das sich heute nach 15 Jahren mehr als bewährt hat.

1.4 Aktive Nachbarschaft in den Concejos Vecinales von Montevideo

Zu Beginn der 1990er Jahre befand sich Montevideo in einer äußerst schwierigen Lage: Leere städtische Kassen, gravierende Mängel in grundlegender Infrastrukturausstattung, ständig steigende Armut und explosionsartig wachsende Siedlungen am Stadtrand waren in der einst florierenden Stadt zum Alltag geworden. Durch einen politischen Umschwung, in dem ein Linksbündnis die Regierung in Montevideo übernahm, wurden viele längst fällige Reformen möglich. Dezentralisierung und BürgerInnenbeteiligung gaben die Entwicklungsrichtung vor. Auf der Ebene der Nachbarschaft, in den einzelnen Stadtvierteln, wollte die neue Regierung ansetzen, um Lösungen für die äußerst angespannte Alltagssituation vieler StadtbewohnerInnen zu suchen.

Um Verwaltung und Politik näher an die Bevölkerung heranzubringen, wurde die bis dahin zentral organisierte Stadt in 18 administrative Zonen unterteilt, mehrere Stadtviertel wurden zu diesen neuen Organisationseinheiten zusammengefasst. In jeder der Zonen wurde als dezentrale Zweigstelle der Stadtverwaltung ein lokales Verwaltungszentrum (Centro Comunal Zonal, kurz CCZ) eingerichtet und als Gremien politischer Repräsentation sollten die Lokalen Gemeinderäte (Junta Local) ein Bindeglied zwischen Bevölkerung und politischer Vertretung darstellen. Herzstück der Reformen waren allerdings die Nachbarschaftsräte (Concejo Vecinal), autonome Gremien der Bevölkerung, die in den 18 Zonen gegründet wurden. Die Nachbarschaftsräte werden von der Bevölkerung gewählt und können eigenständig und unabhängig von parteipolitischen Einflüssen agieren. Ihre zentrale Aufgabe ist die Vertretung der Interessen der Nachbarschaft gegenüber der Stadt und anderen rele-

2 Nicht nur innerhalb der Städte orientiert man sich auf die lokale Ebene. Die Europäische Union bspw. verfolgt mit der Regionalpolitik und ihrer Fokussierung auf benachteiligte Regionen dasselbe Ziel.

vanten Einrichtungen. Aufgaben und Möglichkeiten der Beteiligung sind gesetzlich abgesichert. Seit 1990 tagen nunmehr in den Stadtvierteln Montevideos 640 ehrenamtliche VertreterInnen der Nachbarschaft und lokaler NGOs und beraten über notwendige Maßnahmen in ihrem Viertel. Dabei werden ganz grundlegende Forderungen gestellt, wie eine verbesserte Straßenbeleuchtung, die erheblich zur Sicherheit im Viertel beiträgt, oder Reparaturarbeiten an den Straßen, Wartehäuschen für den öffentlichen Verkehr, Milchpulverspenden, Unterstützung beim Erhalt des Sozialzentrums oder eines kleinen gemeinschaftlichen Parks, je nach den speziellen Bedürfnissen der einzelnen Zonen. Der Concejo Vecinal ist als zentraler Akteur bei der Erstellung des Budgetplans der Stadt beteiligt. Der so genannte Budgetkompromisses (Compromiso de Gestión), ist ein Vertrag zwischen Stadt und Nachbarschaft, in dem in einem intensiven Diskurs zwischen der Nachbarschaft und städtischen Abteilungen die Infrastrukturmaßnahmen der kommenden Jahre für die einzelnen Zonen gemeinsam beschlossen werden.

Dabei diskutieren die VertreterInnen der Nachbarschaft mit den zuständigen städtischen und sonstigen öffentlichen Abteilungen sowie privaten Firmen und einigen sich am Ende des Prozesses auf eine Liste mit Prioritäten, Zuständigkeiten und einen Zeithorizont für die Realisierung. Ein tatsächlicher Kompromiss also, der zwischen zuständigen Institutionen und der Nachbarschaft geschlossen wird. Die jährliche Adaptierung des Budgetkompromisses ermöglicht den Concejos Vecinales auch die Kontrolle der Umsetzung. Somit wird die Entscheidung, welche Maßnahmen wo am wichtigsten sind, zu einem wesentlichen Teil von der lokalen Bevölkerung mitbestimmt. Die Stadtregierung gibt lediglich gewisse Rahmenbedingungen vor und sorgt für eine gerechte Verteilung der Finanzen unter den einzelnen Zonen. Dabei gilt nicht das Prinzip der Gleichverteilung, sondern eine klare Bevorzugung der besonders benachteiligten Räume! Die Bezeichnung Budgetkompromiss ist aber auch aus einem anderen Grund treffend: Da die städtischen Mittel äußerst beschränkt sind, steht nur sehr wenig Geld zur Verfügung. Daher besteht die Leistung der Stadt nicht selten im Verleihen von Maschinen und Werkzeugen oder im Bereitstellen von Materialien, die tatsächliche Umsetzung verlangt meines Erachtens dann wiederum das Engagement der lokalen Bevölkerung.

Abbildung 1: Informationsbroschüre der Stadt Montevideo zum Budgetkompromiss.

Der Bürgermeister besucht aktive StadtbewohnerInnen, Diskussion um dringend nötige Maßnahmen.

Quelle: Intendencia Municipal de Montevideo IMM, Informationsbroschüre: El presupuesto entre todos. Montevideo o.J.

Die Nachbarschaft bekam somit über die Reformen eine zentrale Rolle, aber auch neue Handlungsspielräume innerhalb der städtischen Organisation und wurde aus einer Position, in der sie keinerlei politische Beachtung gefunden hatte, zum Fokus einer neuen Strategie der Krisenbekämpfung in Montevideo. Wie sich nachbarschaftliche Strukturen im Laufe der Zeit veränderten, welchen Einfluss wirtschaftliche und politische Prozesse hatten und wie es gegen Ende der 1980er Jahre zu diesem erneuten Bedeutungsgewinn, der „Rückeroberung des Lokalen“ kam, wird im Folgenden erläutert.

3. Montevideos Nachbarschaft in einer Retrospektive

Uruguay, das drei Millionen EinwohnerInnen zählende Land in Südamerika, konnte aufgrund seiner wirtschaftlichen Prosperität und des sozialen Wohlstandes lange Zeit auf sehr homogene städtische Gesellschaftsstrukturen bauen und galt als die „Schweiz Südamerikas". Doch auch dort führten Weltwirtschaftskrise, Neoliberalismus, Militärdiktatur und globale Dependenzstrukturen zum großen wirtschaftlichen Zusammenbruch, der für die Gesellschaft verheerende Folgen hatte. Während sich noch in den 1960er Jahren 80% der Bevölkerung der Mittelschicht zugehörig fühlten, ist heute Hunger ein immer größer werdendes Problem. Im Jahr 2000 lebten in Montevideo 52% der Kinder bis sechs Jahre unterhalb der Armutslinie.[3] Die zunehmende Verarmung v.a. der Mittelschicht ist zu einem Großteil durch die steigende Arbeitslosigkeit begründet. 2001 betrug die Arbeitslosenrate[4] in Uruguay 15,6%, bei den unter 25-Jährigen lag sie bei 36,2% (IMM 2002: 120). Die negativen Effekte dieser Transformationsprozesse in Montevideo aus räumlich-architektonischer, wirtschaftlicher und sozialer Perspektive sind in einer geschichtlichen Retrospektive klar zu erkennen (vgl. Schwantner 2003).

3.1 Autarke Nachbarschaft in Zeiten des Wohlstandes

Montevideo war zur Zeit seiner wirtschaftlichen Blüte (bis Mitte des 20. Jahrhunderts) Ziel großer Migrationsströme aus Europa. Die Stadt wuchs exponentiell und in Sektoren, die von Immobilienhändlern und der Eisenbahn bestimmt wurden. Dort, wo Land parzelliert wurde und die Anbindung an öffentliche Verkehrsmittel erfolgte, siedelte sich Bevölkerung an. Die traditionellen kolonialen Stadtviertel wurden durch neue ergänzt, die in ihrer internen Organisation höchst autark funktionierten. Man identifizierte sich über Stadtviertel und unmittelbare Nachbarschaft, die Stadt Montevideo als Gesamtes hingegen wurde kaum wahrgenommen. Die europäischen Einwanderer waren mehr an aktuellen Geschehnissen aus Europa als an denen der neuen Heimat interessiert. Für den Großteil der Bevölkerung bot ihr Stadtviertel mit seinen Netzwerken alle notwendigen Funktionen, das Stadtzentrum war Repräsentationsraum der Oberschicht. Trotz dieser starken dezentralen Strukturen gab es auf lokaler Ebene keine Instanzen politischer oder administrativer Repräsentation.

---

3 Definition der Armutslinie laut INE (Instituto Nacional de Estadística, Uruguay): Ein Haushalt liegt unterhalb der Armutslinie, wenn dessen Gesamteinkommen nicht ausreicht, einen lebensnotwendigen Basis-Warenkorb zu konsumieren.

4 Die Definition der Arbeitslosenrate des INE basiert auf einer laufenden Erhebung. Als arbeitslos gelten jene Personen, die bei der Befragung angeben, in der letzten Woche Arbeit gesucht zu haben. Als nicht arbeitslos gelten Personen, die in diesem Zeitraum mindestens eine Stunde gearbeitet haben (www.ine.gub.uy/banco%20de%20datos/act_empydesem/ECH%20Def.pdf, Stand 12.10.2004).

3.2 Wirtschaftskrise, Diktatur und Nachbarschaft

Das wirtschaftliche Erfolgsmodell des Agrarexportes begann bereits in den 1930er Jahren mit Schwierigkeiten zu kämpfen, in den 1960er Jahren verschärfte sich die Wirtschaftslage und brachte das soziale und territoriale Gefüge der Stadt deutlich ins Wanken. Durch Arbeitslosigkeit waren viele Familien mit der Tatsache konfrontiert, ihren Lebensunterhalt nicht mehr sichern zu können; hohe Inflation und aufgrund der Liberalisierung steigende Mieten verschärften die finanziellen Probleme. Die sozialen Spannungen und der Druck auf die Politik wurden angesichts der Krise immer stärker. 1973 eskalierte die Situation, in einem Putsch übernahm eine Militärregierung die Macht in Uruguay. Die Diktatur sollte mehr als zehn Jahre dauern, bis aufgrund fehlender Lösungen der wirtschaftlichen und sozialen Probleme deren Eskalation die Machthaber 1984 zum Rücktritt zwang. Man hatte sich von den Militärs eine Kontrolle der sozialen und wirtschaftlichen Krise erhofft, aber das Gegenteil war der Fall gewesen, die Wirtschaftspolitik der Militärs folgte strikt der Logik des freien Marktes. Vor diesem Hintergrund kam es am Wohnungsmarkt zu vielen Delogierungen, eine beachtliche Zahl der Bevölkerung wurde an den Stadtrand verdrängt, in Räume, die weder mit Infrastruktur noch Dienstleistungseinrichtungen ausgestattet waren. Auf illegal besetzten Flächen wurden – oft gemeinschaftlich organisierte – Behelfswohnungen gebaut. Mit der Zeit entstanden so große Siedlungen und neue Nachbarschaften. Gleichzeitig begann sich das historische Stadtzentrum zu leeren, da es keine Nachfrage für den teuren Wohnraum gab. Das von seinen BewohnerInnen verlassene koloniale Zentrum Montevideos wurde zunehmend zu einer Touristenkulisse, in der nachts hohe Kriminalität herrscht. In die städtische Infrastruktur und den Erhalt der Gebäude wurde nicht investiert, Gelder flossen lediglich in die wohlhabenden Gegenden. Aus Spekulationsgründen wurden in der ganzen Stadt viele historisch und kulturell durchaus bedeutende Gebäude abgerissen. Ein bekanntes Beispiel sind die Conventillos, die Wohnhäuser und kulturellen Zentren der Nachfahren der SklavInnen, deren Abriss einen tiefen Einschnitt in die Traditionen der schwarzen Bevölkerung bedeutete. Zynischerweise wurden die Flächen bis heute nicht wieder bebaut und wirken wie Narben in den Vierteln der Schwarzen.

Die Militärregierung hatte aber auch die Unterdrückung unerwünschter sozialer Bewegungen zum Ziel: demokratische Institutionen wurden aufgelöst, progressive soziale Bewegungen verboten, die Menschenrechte aufgehoben und jegliche Form der Opposition systematisch unterdrückt. Es wurden unzählige Menschen verschleppt, gefoltert und getötet. Das Schicksal vieler Verschwundener ist bis heute nicht geklärt. Während der Militärdiktatur verließen 12% der wirtschaftlich aktiven Bevölkerung aus politischen und ökonomischen Gründen das Land, viel innovatives Potenzial ging verloren (vgl. Portillo 2000). In Montevideos Zivilgesellschaft war es durch die Militärdiktatur also zu großen Veränderungen gekommen. Die traditionellen Nachbarschaftsnetze waren zu einem beachtlichen Teil zerbrochen worden, Versammlungsverbot, Einschränkung der Meinungsfreiheit, Kontrolle und Verrat hatten unter der Bevölkerung Misstrauen geschürt. Die Politik der Kontrolle hatte auch großen Einfluss auf die öffentlichen Plätze. Sie wurden von wichtigen Treffpunkten und Aufenthaltsräumen zu Räumen militärischer Repräsentation und Überwachung. Dennoch bildeten sich angesichts der Krisensituation, in der sich viele Menschen befanden, auch neue informelle Netzwerke der Alltagsbewältigung.

Abbildung 2: Gesichter engagierter StadtbewohnerInnen in Montevideo.

Fotoprojekt von Carlos Contrera und Elder Silva zum Thema: Nachbarschaft, 11 Portraits aus Villa del Cerro.

Quelle: Archivo Fotográfico de Montevideo, Intendencia Municipal de Montevideo (www.montevideo.gub.uy/fotografía/archivo/, Stand: 30.8.2004).

Im Rückblick hatte sich Montevideo so von einer modernen, weltoffenen und prosperierenden Metropole über die Jahre zu einer Stadt entwickelt, die an die Grenzen ihrer Funktionsfähigkeit geraten war. Sie war konfrontiert mit städtebaulichen Problemen, sozialen Konflikten, einem tiefen Misstrauen in das politisch-administrative System und einer permanent sehr angespannten ökonomischen Situation. Mitte der 1980er Jahre war die Stadt insgesamt zunehmend verwahrlost: das öffentliche Verkehrssystem war überlastet, baufällige Gebäude wurden nicht saniert, die Müllsammlung funktionierte nicht, bestehende Infrastrukturnetze waren veraltet, öffentliche Plätze blieben ungepflegt und ohne Beleuchtung, Investitionen in Schulen und Gesundheitseinrichtungen blieben aus. Besonders groß waren die Mängel in der neuen städtischen Peripherie, die explosionsartig wuchs. Montevideo begann sich gesellschaftlich und räumlich zu polarisieren, in wohlhabende Stadtviertel v.a. entlang der attraktiven Ostküste, in denen sich Reichtum konzentrierte, und in Gebiete, in denen es gänzlich an Investitionen fehlte und in denen Armut rasch zu wachsen begann. Diese Orte finden sich v.a. in der neuen Peripherie, aber auch in abgewohnten Vierteln der historischen Innenstadt. Seit dem Ende der Diktatur und dem weiteren Vormarsch der freien Marktwirtschaft nahmen private Großinvestitionen in repräsentative Gebäude zu, Wohn- und Bürotürme in bester Lage, Luxushotels und Shopping Centers wurden errichtet. Die neuen Konsumtempel ersetzten nach und nach die alten Zentren und Treffpunkte der Stadt. Durch Konsumzwang und symbolische Barrieren wurden hier allerdings jene Gruppen zusätzlich ausgeschlossen, die ohnehin finanziell benachteiligt sind. Das bedeutete eine sozialräumliche Polarisierung innerhalb der Stadt entlang der Trennlinie Arm und Reich: Man lebt zwar in derselben Stadt, hat aber keine Berührungspunkte mehr; Privatschulen trennen bereits die Kinder unterschiedlicher sozialer Schichten von einander und verhindern Prozesse der gemeinsamen Sozialisation. Im Zuge dieser Entwicklung war Montevideo immer weniger in der Lage für die BewohnerInnen die nötigen Funktionen einer Stadt zu erfüllen.[5]

Selbsthilfegruppen und Kooperativen waren die Antwort auf fehlende Lösungen von Seiten der Stadt für alltägliche Probleme im Wohnumfeld. V.a. jene Bevölkerungsgruppen, die am stärksten von einem sozialen Abstieg bedroht waren, begannen sich kollektiv zu organisieren und Petitionen an die Stadtpolitik zu richten. Die Forderungen bezogen sich auf ganz konkrete räumlich-bauliche und infrastrukturelle Missstände, die Menschen forderten ihr Recht auf Versorgung, ihr Recht auf Stadt. Besondere Bedeutung unter den Selbsthilfegruppen hatten die Wohnbaukooperativen, die bis heute noch wichtige Akteure am Wohnungsmarkt sind (vgl. Nahoum 1999a). Obwohl die Militärs zivilgesellschaftliche Organisationen hatten verhindern wollen, konnten sie diese Kooperativen nicht verbieten, die städtischen Mängel waren zu groß und die Bewegung zu stark. Nach der Rückkehr zur Demokratie wurde bald klar, dass angesichts der räumlichen und sozialen Krise dringend Maßnahmen nötig waren, um die voranschreitende „Zerstörung der Stadt" zu stoppen. Da es in den städtischen Kassen kein Geld gab, versuchte man die aufstrebenden Selbsthilfe-Initiativen zu fördern. Noch 1985 wurde ein erstes Förderprogramm[6] ins Leben gerufen, es konnten allerdings kaum Projekte tatsächlich umgesetzt werden. Dennoch wurden bis 1989 in Montevideo mehr als 600 Nachbarschaftsinitiativen registriert. Ein Großteil der Selbsthilfeorganisationen hatte allgemein die Verbesserung der Lebensbedingungen im Stadtviertel zum Ziel, konkrete Forderungen bezogen sich auf Mängel in der technischen Infrastrukturausstattung, also auf Probleme im Bereich Wohnen bzw. Zugang zu Grund und Boden, und auf die Versorgung mit sozialen Einrichtungen wie Schulen, Gesundheitszentren oder Anschluss an das öffentliche Verkehrsnetz (vgl. González 1992).

4. Reformen und neue sozialräumliche Strukturen in den 1990ern

Vor diesem konfliktgeladenen Hintergrund war der politische Machtwechsel bei den Wahlen in Montevideo 1989 beinahe absehbar gewesen. Die Oppositionspartei Frente Amplio[7] gewann die Wahlen mit einem Programm, in dem an erster Stelle

5 1998 lebten an die 11% der Bevölkerung Montevideos in illegalen Siedlungen (IMM 1998: 15). Diese Entwicklung ist besonders auffällig, bedenkt man, dass in Montevideo, anders als in den meisten lateinamerikanischen Städten, die Bevölkerung seit der zweiten Hälfte des 20. Jahrhunderts keine nennenswerteren Zuwächse mehr verzeichnete.

6 Proyecto de Acción Vecinal (Projekt nachbarschaftlicher Initiative).

7 In dem traditionell von zwei Parteien regierten Land formierte sich in den 1970er Jahren ein Bündnis aus verschiedenen Linksgruppierungen, die Frente Amplio. Bei den ersten freien

„Descentralización y Participación" standen, und mit dem Montevideo wieder die Stadt ihrer BewohnerInnen (La ciudad de su gente) werden sollte, und zwar aller seiner BewohnerInnen, unabhängig vom Sozialstatus, den sie innehaben. Es wurden eine Reihe von Maßnahmen getroffen, die der sozialen Ausgrenzung entgegenwirken und v.a. auch ärmere Bevölkerungsgruppen ansprechen sollten. Diese Öffnung und Umgestaltung der städtischen Organisation erwies sich allerdings als nicht einfach, einerseits wegen des über die Jahre negativ geprägten Verhältnisses der Bevölkerung zum politisch-administrativen System, andererseits aufgrund verfassungsrechtlicher Besonderheiten des Landes. Basierend auf Alicia Veneziano (2001) beschreibt folgendes Unterkapitel einige die Dezentralisierung erschwerenden Rahmenbedingungen.

4.1 Politisch-traditionelle Hindernisse

Uruguay ist traditionell ein stark zentralistisch organisiertes Land, in dem die nationale Regierung bis auf die lokale Ebene hinab starken Einfluss hat! Das politisch administrative System in Montevideo selbst bestand aus der Judikative, der Junta Departamental (städtischer Gemeinderat) und der Exekutive, der Intendencia Municipal de Montevideo (IMM) mit ihren Abteilungen und einem/einer BürgermeisterIn an der Spitze. Neben dieser zentralen politisch-administrativen Ebene gab es vor den Reformen der 1990er Jahre keinerlei dezentrale Strukturen, weder in der Verwaltung noch in der politischen Repräsentation. Auch räumlich waren alle städtischen Ämter in einem zentralen Gebäude untergebracht und für viele StadtbewohnerInnen schwer erreichbar, da für sie schon alleine das Busticket ins Zentrum nicht leistbar ist! Die Distanz zwischen Bevölkerung, Verwaltung und Politik war also sehr groß.

Diese politisch-territoriale Limitation hatte aber auch zur Folge, dass lokalräumliche Angelegenheiten politisch kaum von Interesse waren, da mit diesen Themen keine Wahlen gewonnen werden konnten. Lokale Anliegen mussten über klientelistische Pfade an höhere hierarchische Ebenen herangetragen werden, um von dort anlassbezogen Unterstützung zu erhalten. (Auch die Selbsthilfegruppen versuchten über diesen Weg an Förderungen zu kommen.) Der Wahlmodus unterstützte den politischen Zentralismus ebenfalls: Bis 1997 gab es landesweit nur eine Wahl, bei der über einen Stimmzettel alle politischen Ebenen gemeinsam bestimmt wurden.[8] Die große Distanz zwischen PolitikerInnen und der Bevölkerung förderte Populismus und Korruption, da eine Kontrollmöglichkeit durch die BürgerInnen nicht gegeben war. Die Aufgaben der BürgerInnen innerhalb des demokratischen Systems waren auf das Erfüllen der Wahlpflicht beschränkt. Alles in allem keine einfachen Voraussetzungen für partizipative Prozesse!

In dem reformierten System in Montevideo sollte Transparenz diesen Klientelismus verhindern, die passive Beteiligung über die Wahl sollte verwandelt werden,

---

Wahlen nach der Militärdiktatur konnte die Frente Amplio erstmals politisch in Montevideo mitbestimmen.

8 Im Jahr 2000 wurde in Montevideo die Vertretung des Departments erstmals getrennt von der des Staates gewählt.

in eine aktive und alltägliche Beteiligung an lokalen Entscheidungen möglichst aller Bevölkerungsgruppen. Die über Jahre in derselben Routine arbeitende Verwaltung sollte sich ebenso auf die Reformen einlassen, wie die traditionelle politische Vertretung, die nunmehr die Rolle der Opposition in Montevideo innehatte. Die Frente Amplio war mit ihren Reformen vor besonders große Herausforderungen gestellt: Es ging nicht nur um eine institutionelle Neuorganisation des politisch-administrativen Systems in einer Situation gravierender städtischer Konflikte, sondern um die Schaffung eines gänzlich neuen Selbstverständnisses und neuer Kooperationen aller städtischen Akteure, der BewohnerInnen, der Verwaltungsbediensteten, der Politik und wirtschaftlicher Akteure! Dass das kein einfaches Vorhaben war, zeigte sich bereits an der ersten Reaktion der neuen Opposition, die einen Machtverlust fürchtete. Eine Blockadepolitik verzögerte die Reformen beträchtlich, insgesamt dauerte es drei Jahre, bis alle Reformschritte und die drei dezentralen Gremien in Zusammensetzung, Aufgaben und Funktion endgültig rechtlich festgelegt werden konnten. Mehr als zehn Jahre nach dem Start der Reformen, ist der Aushandlungsprozess aber immer noch nicht abgeschlossen, es gibt laufende Evaluierungen und Adaptierungen.

4.2 Neue lokale Gremien und deren Vernetzungen

Dezentralisierung und Partizipation waren für Uruguay völlig neue Erfahrungen, für die es weder in der Organisation noch in der Umsetzung Vorbilder gab. Man versuchte sich an Beispielen anderer Länder zu orientieren, aber letztlich musste Montevideo einen eigenständigen und radikal neuen Weg gehen. Die Unterteilung der Stadt in 18 administrative Zonen und deren Ausstattung mit lokalen Regierungen war ein Experiment. Behelfsmäßig wurden in verfügbaren Räumen wie z.B. in Sporthallen oder leerstehenden Bürogebäuden die lokalen Verwaltungszentren CCZ eingerichtet, danach suchte man nach legalen Möglichkeiten für die Schaffung der dezentralen politischen Repräsentation (Junta Local) und der Gremien der Bürgerbeteiligung (Concejo Vecinal). Es war allerdings klar, dass Partizipation nur dann funktionieren konnte, wenn es auch in der zentralen Stadtverwaltung Reformen und Umstrukturierungen von Kompetenzen und Machtverteilungen gab. Abbildung 3 zeigt schematisch das Modell der Dezentralisierung und stellt die unterschiedlichen Gremien auf zentralstädtischer und lokaler Ebene gegenüber. Die vielfältigen Beziehungen sind durch Pfeile gekennzeichnet. Von zentraler Bedeutung sind die Schaffung von direkten Kooperationen und die Möglichkeit der Kontrolle, die auf lokaler Ebene v.a. dem Concejo Vecinal, dem Gremium der Nachbarschaft gegeben wurde.[9] Wichtig war auch, für die Anliegen der Bevölkerung tatsächlich finanzielle Mittel zur Verfügung zu stellen, da kaum zusätzliche Einnahmen möglich waren, musste es intern eine Umverteilung von Ressourcen geben.

9 Basis dieser Darstellung der Organisation und Kompetenzverteilung sind Gesetzestexte und Verordnungen der Stadt Montevideo, die von Schwantner (2003) recherchiert und zusammengestellt wurden.

Abbildung 3: Das System der Dezentralisierung und Bürgerbeteiligung in der Stadtplanung von Montevideo, Institutionen und deren Beziehungen untereinander.

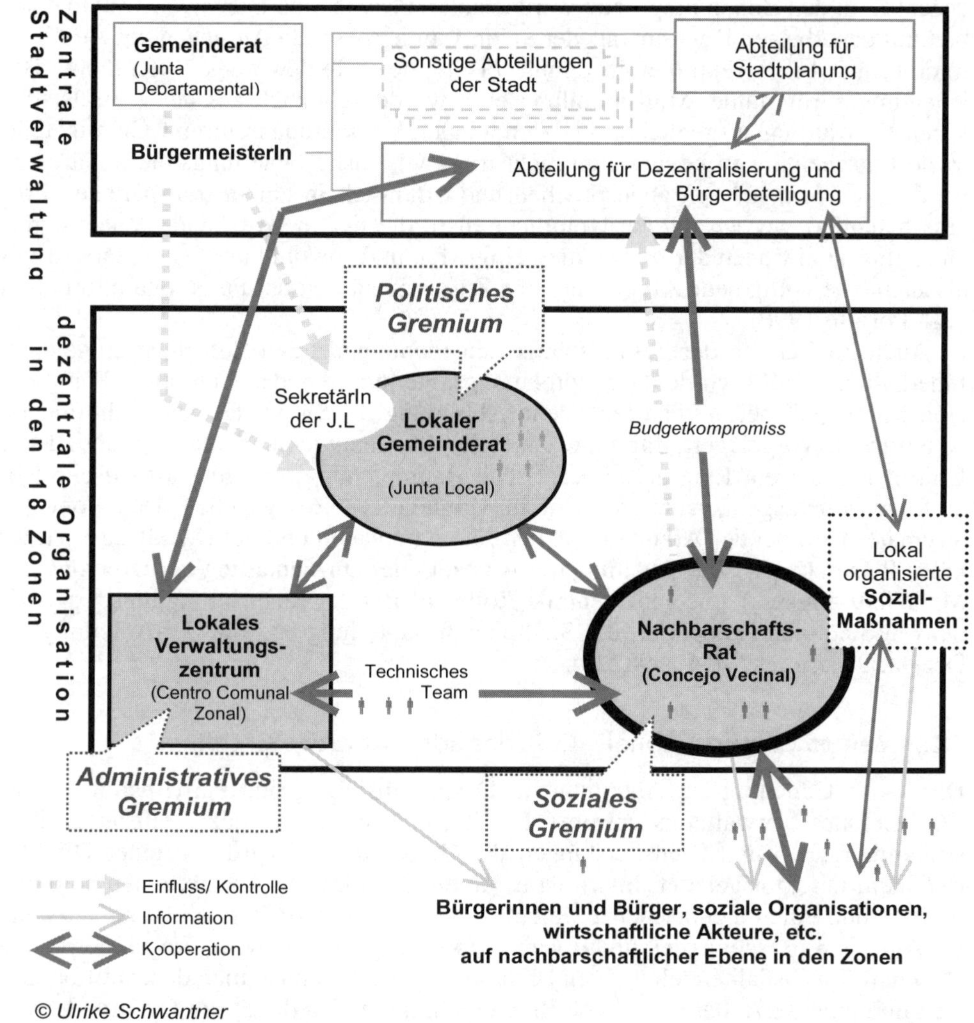

Quelle: Eigene Darstellung. Schwantner 2003.

4.2.1 Verwaltungsreform, Abteilung für Dezentralisierung und Partizipation

Zu Beginn der Dezentralisierung stand eine interne Verwaltungsreform, die veraltete bürokratische Strukturen innerhalb der IMM aufbrechen und ein intersektorales Zusammenarbeiten der unterschiedlichen städtischen Abteilungen ermöglichen sollte. Um die Zusammenarbeit mit den 18 Zonen zu koordinieren, wurde parallel zu den bestehenden Departments die Abteilung für Dezentralisierung und Partizipation geschaffen. Weitere wichtige Aufgaben dieser Abteilung sind die Prozesssteuerung, Öffentlichkeitsarbeit, und die Organisation von Sozialmaßnahmen, die möglichst dezentral in den Zonen umgesetzt werden sollten sowie eine intensive Zusammenarbeit mit den übrigen Departments der Stadt. Einige sektorale Aufgaben der Administration und Infrastrukturbereitstellung (Teile des Meldewesens, öffentliche Beleuchtung, Grünräume, Müllsammlung etc.) wurden gänzlich aus der zentralstädtischen Verwaltung ausgegliedert und den lokalen Verwaltungszentren CCZ zugeteilt. Viele Entscheidungen können nun nicht mehr wie bisher abteilungsintern getroffen werden, sondern müssen abgesprochen und öffentlich in einem transparenten Prozess diskutiert werden. Große Umbrüche also, die tief in bestehende Machthierarchien und Traditionen der Verwaltung eingriffen und sowohl interdisziplinäre Arbeit als auch eine völlig neue Art der direkten Zusammenarbeit der Funktionäre forderten (vgl. Portillo 1996).

Auch im Bereich der gesamtstädtischen Planung wurden Reformen eingeleitet. Innerhalb der IMM wurde die Stadtplanungsabteilung, Unidad Central de Planificación Municipal, neu geschaffen (siehe Abbildung 3). Sie sollte, den traditionellen Abteilungen vorgelagert, für eine generelle Stadtentwicklungsplanung und deren Umsetzung sorgen. Eine gesamtstädtische Raumplanung, die über ästhetische Detailfragen hinausgeht, hatte es zuvor in Montevideo nicht gegeben. Den Concejos Vecinales kam bei der Arbeit an lokalen Strategieplänen und bei Detailfragen zu lokalen Plänen (bspw. zur Erhaltung der Altstadt oder zur Sanierung der Uferzone des Miguelette-Flusses) eine ganz zentrale Rolle zu! Bei der Realisierung dieser partizipativen Stadtpläne kooperiert die Stadtplanungsabteilung eng mit der Abteilung für Dezentralisierung (IMM 1998: 20).

4.2.2 Centro Comunal Zonal – CCZ, das administrative Gremium

Der lokale Gegenpol zur Abteilung für Dezentralisierung und Partizipation ist das CCZ (lokales Verwaltungszentrum). Es ist das Zentrum für dezentralisierte Infrastrukturaufgaben und Dienstleistungen der Gemeinde und wird von einer Direktorin/einem Direktor geleitet. Intern ist es unterteilt in einen sozialen, einen administrativen und einen technischen Bereich. Der administrative Bereich ist Anlaufstelle für Anzeigen, Beschwerden und diverse verwaltungstechnische Anfragen der Nachbarschaft, im Sozialbereich werden bestimmte soziale Maßnahmen dezentral organisiert und umgesetzt, der technische Bereich kümmert sich direkt vor Ort um kleinere Infrastrukturarbeiten. Die Centros Comunales Zonales stehen in enger Verbindung mit den lokalen politischen Gremien, der Junta Local.

Zur fachlichen Unterstützung des Nachbarschaftsrates ist in jedem CCZ ein ExpertInnenteam tätig, das aus einer SozialarbeiterIn und einer ArchitektIn besteht und je nach den individuellen Bedürfnissen der Zone von VermessungstechnikerInnen, LehrerInnen, Fachkräften aus dem Gesundheitsbereich, unterstützt wird. Sie bringen ein für das Verwaltungspersonal sehr wesentliches Fachwissen bei alltäglichen Entscheidungen ein. In den meisten Zonen gibt es sehr engen Kontakt zwischen dem ExpertInnenteam und dem Concejo Vecinal, v.a. die SozialarbeiterInnen spielen eine wesentliche Rolle bei der Kommunikation sowohl zwischen den lokalen Gremien als auch mit der Abteilung für Dezentralisierung. Sie sind TrägerInnen wichtiger Informationen, stehen dem Concejo immer gerne mit Ratschlägen zur Seite und sind eine bedeutende Unterstützung für die Arbeit der Nachbarschaft. Die Bedeutung dieser Rolle wird v.a. dann klar, wenn man sich vor Augen hält, dass das gesamte System der Dezentralisierung sehr kompliziert und die Distanz zur zentralstädtischen Verwaltung groß ist. Für Laien, und die meisten Nachbarschaftsräte sind zumindest zu Beginn ihrer Arbeit Laien, sind viele Abläufe nur schwer verständlich. Wissen in Bürgerrecht und Verfassung sowie die genaue Kenntnis der Gesetze sind wesentliche Voraussetzungen dafür, die Interessen der Nachbarschaft gut vertreten zu können. Weiters ist die Hilfe von ExpertInnen wichtig, um bestimmte Situationen in der Zone richtig einschätzen zu können und geeignete Lösungen zu finden. Um speziell auf das fehlende rechtliche und methodische Wissen der Nachbarschaftsräte reagieren zu können, werden in Zusammenarbeit mit der Abteilung für Dezentralisierung und Partizipation regelmäßig Schulungen für Mitglieder des Concejo Vecinal angeboten, die auf sehr großes Interesse stoßen!

4.2.3 Junta Local, das politische Gremium

Die Junta Local (der lokale Gemeinderat) ist die politische Instanz in den Zonen. Ihre zentrale Aufgabe ist eine politische Kontrollfunktion und ein Austausch mit dem städtischen Gemeinderat und dem Bürgermeister bzw. der Bürgermeisterin. Die Junta Local hat fünf ehrenamtlich tätige Mitglieder, drei VertreterInnen der Regierungspartei und zwei VertreterInnen der Opposition, die je nach der Zusammensetzung des städtischen Gemeinderates von diesem für fünf Jahre bestimmt werden. Neben einem Mindestalter von 26 Jahren und der uruguayischen Staatsbürgerschaft müssen die Abgeordneten in der jeweiligen Zone ihren Wohnsitz nachweisen! Die Junta Local wählt aus ihrer Runde einen Präsidenten/eine Präsidentin, welche die Junta nach außen repräsentiert. Zusätzlich zum Präsidenten/zur Präsidentin wurde der Posten des Sekretärs/der Sekretärin der Junta Local eingeführt. Er/sie ist im Namen des Bürgermeisters/der Bürgermeisterin ohne Stimmrecht bei allen Sitzungen anwesend und soll die Kommunikation zwischen dem lokalen politischen Gremium und dem städtischen Oberhaupt garantieren. Die Junta Local ist gesetzlich verpflichtet, die Nachbarschaft in ihre Entscheidungen mit einzubeziehen. Das heißt, dass sie den Concejo Vecinal über ihre Aktivitäten informieren und auch als beratendes Gremium beiziehen muss. VertreterInnen des Concejo Vecinal dürfen auf Einladung auch an Sitzungen der Junta teilnehmen, haben aber dort kein Stimmrecht. Die Junta Local hat zwar die Möglichkeit als dezentrales Gremium Beschlüsse zu fassen, in der Realität sind ihre Kompetenzen jedoch sehr eingeschränkt. Die Junta Local kann, obwohl es verfassungsrechtlich möglich wäre, über keine eigenen Geldmittel verfügen, weil diese finanzielle Autonomie bis jetzt politisch noch nicht durchsetzbar war.

4.2.4 Concejo Vecinal (Nachbarschaftsrat), das soziale Gremium

Der Nachbarschaftsrat, das soziale Gremium, ist wohl das interessanteste Gremium innerhalb der 18 Lokalregierungen. Die 25 bis 40 Mitglieder des Concejo Vecinal werden alle 2-3 Jahre in einer geheimen Wahl bestimmt. Aktiv und passiv wahlberechtigt sind jene BewohnerInnen Montevideos, die älter als 18 Jahre sind und in der jeweiligen Zone entweder leben, arbeiten oder soziale Beziehungen, wie bspw. die Aktivität in einem Verein, nachweisen können. Die KandidatInnen können als VertreterInnen von sozialen Organisationen antreten, oder sich aus persönlichem Interesse der Wahl stellen. Dafür ist eine Unterstützungserklärung von zehn NachbarInnen vorzuweisen. Im Concejo Vecinal sollen Personen verschiedener Subzonen bzw. Stadtviertel und unterschiedlicher Organisationen vertreten sein. Insgesamt muss die gesellschaftliche Vielfalt der jeweiligen Zone repräsentiert werden. Dadurch sollten möglichst viele Interessen im Gremium vertreten sein.

Abbildung 4: Aufforderung zur Beteiligung an der Wahl der Concejos Vecinales, „Wir sind alle Kandidaten, beteilige dich!"

Quelle: Intendencia Municipal de Montevideo IMM, Informationsbroschüre: Todos somos candidatos. Montevideo o.J.

Seine interne Organisation bestimmt jeder Concejo Vecinal über die eigenen Statuten selbst. Die Sitzungen finden in der Regel wöchentlich statt. Zu verschiedenen Spezialthemen werden Subgruppen gebildet, die parallel zu den Vollversammlungen des Concejo Vecinal arbeiten, bei einzelnen Themen in die Tiefe gehen und Entscheidungen vorbereiten. In den meisten Zonen sind Umwelt, Kultur, Sport, Arbeit, Grund und Boden, Frauen und Gesundheit zentrale Themen.

Interessant ist hier die Präsenz des Themas Grund und Boden. In peripheren Gebieten sind die rechtliche Absicherung der illegalen Siedler, der Umgang mit weiterem Zuzug und die Grundausstattung mit Infrastruktur ein zentrales Thema.

Der Concejo Vecinal kann aus Informationen der Nachbarschaft Vorschläge für bestimmte Problemlösungen erarbeiten, Initiativen starten und die Arbeit der Stadt evaluieren. Eine große Herausforderung stellt die Beteiligung am Budgetkompromiss dar, da dieser Infrastrukturplan ganz konkrete und in der Regel kurzfristige Auswirkungen auf die Zone hat. Es ist keine einfache Aufgabe, angesichts der vielen räumlich-infrastrukturellen Mängel in der Nachbarschaft unter den beteiligten Gruppen Einigkeit bezüglich der festzulegenden Prioritäten zu erlangen. Erschwerend kommt hinzu, dass sich auch jene Institutionen, in deren Zuständigkeitsbereich die Realisierung der gewünschten Maßnahmen fällt, einverstanden erklären müssen. Allerdings erweist sich dieser komplizierte Mechanismus der Erstellung des Budgetkompromisses bei der späteren Umsetzung als vorteilhaft, weil unrealistische Vorhaben bereits im Verfahren ausgeschieden werden und die Rate der Realisierbarkeit somit hoch ist. Die Forderungen des Concejo Vecinal richten sich meist an städtische Abteilungen, wenn allerdings eine staatliche Institution oder ein privates Unternehmen für eine bestimmte Maßnahme zuständig ist, so wird diese direkt zum Adressaten der Nachbarschaft. Einen Budgetplan zu erstellen in einer Situation, in der es überall an Geld fehlt, ist eine sehr große Herausforderung und verlangt viel Kreativität und Geduld aller Beteiligten. Durch die Öffnung des Concejo Vecinal für BewohnerInnen, Berufstätige und sozial Engagierte innerhalb der Zone kann aber zumindest ermöglicht werden, dass Themen auf einer sehr breiten Basis diskutiert werden. Das bringt zwar oft Konflikte, aber auch konstruktive Lösungen. So konnten sich bspw. Kaufleute und fliegende Händler im Stadtzentrum, die sich lange Zeit konkurrenzierten, auf einen Kompromiss einigen, der für beide Gruppen zufriedenstellend ist.[10]

Der Concejo Vecinal ist gesetzlich dazu angehalten, die Bevölkerung regelmäßig über seine Aktivitäten zu informieren, sie zu einer aktiven Beteiligung aufzufordern und über die Zusammenarbeit mit bestehenden nachbarschaftlichen/lokalen Organisationen kulturelle, soziale, sportliche und touristische Aktivitäten in den Zonen zu fördern. Ein reger Austausch zwischen Concejo Vecinal und der restlichen Bevölkerung ist für den Prozess unbedingt notwendig. Die Sitzungen des Concejo Vecinal sind öffentlich zugänglich. Interessierte BürgerInnen können sich auch temporär an einem bestimmten Projekt beteiligen oder Vorschläge und Anregungen einbringen, die im Concejo behandelt werden müssen. Für besondere Anliegen können zu den Sitzungen auch Fachleute aus unterschiedlichen Disziplinen oder VertreterInnen von Institutionen eingeladen werden, die in der Fragestellung weiterhelfen können. Wesentliche Ansprechpartner des Concejo Vecinal sind die Abteilung für Dezentralisierung und Partizipation und auf lokaler Ebene das Centro Comunal Zonal.

4.3 Details und Interpretation der Partizipation

Das System der Dezentralisierung und Bürgerbeteiligung konnte auf eine Vielzahl von Nachbarschaftsinitiativen in der ganzen Stadt bauen. Die neuen Mechanismen der Beteiligung brachten jedoch direktere und v.a. transparentere Möglichkeiten, um

10 Fliegende Händler können einen legalen Status für ihre Arbeit bekommen, wenn sie gewisse Auflagen erfüllen und minimale Abgaben an die Stadt zahlen.

Anliegen an die Stadt heranzutragen. Wesentlich ist auch, dass nun nicht mehr einzelne Gruppen Forderungen stellen, sondern bereits auf lokaler Ebene die Diskussion darüber eröffnet wird, welche Anliegen tatsächlich die größte Bedeutung für die Nachbarschaft haben. Die Reaktion der Bevölkerung auf dieses neue System war sehr positiv, die Frente Amplio konnte bei den nachfolgenden Wahlen deutliche Gewinne verzeichnen. Kritisch gesehen werden muss meines Erachtens die große Komplexität der Kompetenzen und Aufgaben, die letztlich zu viel Verwirrung und Unsicherheiten bei den Beteiligten führt.

Die Wahlbeteiligung bei den Wahlen zum Concejo Vecinal lag im Durchschnitt bei 10%, war in den einzelnen Zonen aber sehr unterschiedlich. In manchen Gebieten konnte auch eine Beteiligung von 20% erreicht werden. Die politische Frustration der Bevölkerung wird durch diese doch niedrigen Werte bestätigt. Allerdings darf man auf der anderen Seite das Engagement der mehr als 2.200 aktiven BürgerInnen nicht übersehen, die sich der Wahl stellen und auch nicht jene, die sich mit ihren Anliegen einbringen, viel Zeit und Begeisterung investieren, den Wahlmodus aber umgehen.

Die Zusammensetzung der Concejos Vecinales bezüglich Einkommen und Berufsgruppen ist ausgewogen, stärker vertreten sind die Mittel- und Unterschicht. Auch wenn manche BewohnerInnen illegaler Siedlungen sehr aktiv sind, haben jene Menschen, die in wirklich kritischen Bedingungen leben, keine Motivation zur Beteiligung mehr. Wenn die alltägliche Not so groß ist, dass das Leben v.a. auf Überleben ausgerichtet ist, sind jegliche Beteiligungsstrukturen hinfällig (vgl. Avila et al. 2003). In reicheren Gegenden der Stadt kann man feststellen, dass zwar VertreterInnen von Armensiedlungen meist fehlen, der Concejo Vecinal aber Aktionen zur Unterstützung ärmerer BewohnerInnen startet.

Da sich zu Beginn des Partizipationsmodells eine zunehmende sozialräumliche Polarisierung abzuzeichnen begonnen hatte, war es aus der Sicht der Stadt besonders wichtig, benachteiligte Gruppen zu fördern. Begleitend zu den Schritten der Dezentralisierung wurden Sozialmaßnahmen gestartet, die auf Empowerment (Promoción Social) der Bevölkerung ausgerichtet sind. So wurden v.a. in der städtischen Peripherie für tendenziell benachteiligte Gruppen (wie z.B. Frauen und Jugendliche) in direkter Zusammenarbeit mit diversen sozialen Organisationen, NGOs und der Nachbarschaft, lokale Beratungszentren eingerichtet. In den Frauentreffpunkten (Comuna Mujer) und Jugendzentren (Centro Juvenil) wird zielgruppenspezifisch von psychologischer Beratung, Fortbildungsprogrammen, Schulungen und Hilfe bei Unternehmensgründungen bis zu kulturellen und sportlichen Aktivitäten, ein buntes Programm angeboten. Diese Frauen- und Jugendzentren sollen Treffpunkte mit niedrigschwelligem Zugang für Austausch, Begegnung und Empowerment sein und in den Zonen Impulse setzen.

Im Laufe der Jahre hat sich gezeigt, dass Frauen mehr Selbstbewusstsein gewonnen haben, und zunehmend über den Concejo Vecinal eine neue Möglichkeit politischer Partizipation finden. Der Frauenanteil im Concejo Vecinal liegt durchschnittlich bei 42,2%. Im System traditioneller politischer Repräsentation in Uruguay hingegen, sind Frauen kaum vertreten (IMM 2001: 139).

Die Gesellschaft Montevideos ist keine jugendliche, sondern dominiert von älteren Generationen. Während der Militärdiktatur sind v.a. Jugendliche ausgewandert, somit fehlt heute fast eine ganze Generation in der Stadt. Aus diesem Grund ist es für die Jugend besonders schwer, sich mit ihren Interessen und Anliegen einzubringen. In den Concejos Vecinales, die erst 18-Jährigen zugänglich sind, ist die Jugend stark unterrepräsentiert (Chavez/Goldfrank 2001: 35). Sie beteiligen sich deutlich weniger am politischen Geschehen als andere Altersgruppen und fühlen sich vom Prozessdesign langer Diskussionen und Verhandlungen offensichtlich nicht angesprochen. Daher sind für die Jugendlichen die Angebote der Jugendzentren ein wesentlicher Beitrag, sich an städtischen Belangen zu beteiligen und vermitteln das Gefühl, wahrgenommen zu werden und innerhalb der städtischen Organisation ebenfalls eine Rolle zu spielen.

5. Reflexion und Fazit

In diesem Überblick über die Aktivitäten der Stadtregierung in Montevideo wird deutlich, dass es sich bei den Reformen um eine Vielzahl von größeren und kleineren Schritten handelte, deren gemeinsames Ziel es war, das Geschehen in der Stadt wieder mehr in die Hände ihrer BewohnerInnen zu legen und gemeinsam Strategien zu entwickeln, die v.a. für Menschen in schwierigen Lebensbedingungen und unter äußerst kritischen Rahmenbedingungen Lösungen bieten. Stadtpolitik wurde in ganz wesentlichen Bereichen, wie z.B. der Budgetplanung, für eine breite Beteiligung geöffnet, das beinhaltet Veränderungen, deren Ergebnis nicht absehbar war. Aus heutiger Sicht, mehr als zehn Jahre nach Beginn der Reformen, kann ein durchaus positives Resultat gezogen werden.

Im Prozess der Veränderung von einer autarken Organisation der Stadtviertel in dem Montevideo um 1900 bis zur aktuellen Situation im Zeitalter der Globalisierung war Montevideos Nachbarschaft vor viele Herausforderungen gestellt. Bereits Mitte der 1980er Jahre war die Stadt an einen Punkt gelangt, an dem ohne die ehrenamtliche Mitarbeit und die Selbsthilfe der BewohnerInnen viele Probleme nicht mehr bewältigt werden konnten. Dazu gehörten sowohl Mängel der räumlichen Organisation und Ausstattung als auch soziale Konflikte. Das System der Dezentralisierung und Partizipation hat es geschafft, die bestehenden Initiativen der Bevölkerung zu stärken und sie in vielen Bereichen zu unterstützen und zu fördern. Die Stadtpolitik verfolgt zwei Strategien, sie versucht gezielt negative territoriale Rahmenbedingungen zu verbessern, und das möglichst effizient unter direkter Einbeziehung der lokalen Bevölkerung und setzt gleichzeitig auf Empowerment der StadtbewohnerInnen selbst. Neben zielgruppenspezifischen Förderungen stärken v.a. die neu gewonnenen Handlungsspielräume und Aufgaben der Nachbarschaftsräte das Selbstbewusstsein der Beteiligten. Diskurse und Kompromisse zwischen VertreterInnen von Politik, Wirtschaft, Verwaltung und unterschiedlichen Interessen der Nachbarschaft schaffen ein neues Selbstverständnis der AkteurInnen. Es entstehen Netzwerke, die wiederum dem Prozess sozialer Ausgrenzung entgegenwirken können. Menschen, die mit Gesetzen und Politik noch nie etwas zu tun hatten, sind zu Führungspersonen in ihren Stadtvierteln geworden. Sie wissen über ihre Rechte und Möglichkeiten Bescheid, und haben Instrumente in die Hand bekommen, diese auch einzufordern. So haben sich bspw. BewohnerInnen einer der ärmsten Zonen Montevideos zusammengetan, um strategisch gegen ein geplantes Privathafenprojekt zu protestieren – und das, so meine ich, mit guten Erfolgsaussichten. Das Stadtbild Montevideos hat sich nach Jahren des Verfalls wieder zum Positiven gewandelt, die meisten Infrastrukturleistungen funktionieren wieder, das öffentliche Verkehrssystem und die Müllentsorgung bspw., was noch nicht heißt, dass alle Mängel behoben werden konnten. Aber viele kleinere Infrastruktur- und Sozialprojekte wurden in den Concejos Vecinales entwickelt, in der Peripherie entstanden nachbarschaftlich organisierte Parks, BewohnerInnen von illegalen Siedlungen trafen sich mit ihrer „legalen" Nachbarschaft, um gemeinsame Probleme zu thematisieren etc. Das Wohnumfeld ist den Menschen wieder mehr ins Bewusstsein geraten, es wurde bewiesen, dass vielleicht manches doch veränderbar ist, auch wenn die wirtschaftlichen Rahmenbedingungen weiterhin äußerst kritisch sind. Information, Transparenz und Wissen sind wesentliche Voraussetzungen für das Gelingen dieses Prozesses. Nicht zuletzt hat das Empowerment von Personen und Gruppen aber auch ganz wesentliche Auswirkungen auf das Stadtviertel. Innovationen und erfolgreiche Projekte verbessern das Image des Raumes, der somit aufgewertet wird und seinen BewohnerInnen ein besseres Wohnumfeld bieten kann.

Montevideo und seine Stadtviertel stehen vor weit größeren Problemen als europäische Städte. Interessant ist jedoch, wie konsequent die Reformen angegangen wurden, wie Top-Down und Bottom-Up Strukturen miteinander kombiniert wurden, um ein partizipatives Steuerungsinstrument zu schaffen, in das sowohl Verwaltung als auch Politik und Bevölkerung direkt eingebunden sind.

Literatur

Acevedo, Fernando (1995): Pocitos sinfónico, La imagen del espacio barrial. In: Gravano (Hg.) (1995): 124-151

Avila, Soledad/Baraibar, Ximena/Errandonea, Fernando/Kaztmann, Rubén (2003): Nuevas Modalidades de Participación Popular Urbana: Los Asentamientos Irregulares en el Área Metropolitana de Montevideo. In: CMD Working Papers #03071, Center for Migration and Development Princeton University 2003. http://cmd.princeton.edu/CMD_Working_papers_/wp03071.pdf. Stand: 02.07.2003

Brand, Ulrich/Raza, Werner (Hg.) (2003): Fit für den Postfordismus? Theoretisch-politische Perspektiven des Regulationsansatzes. Münster

Chavez, Daniel/Goldfrank, Benjamin (2001): La descentralización en la percepción de la población montevideana. In: IDES (Instituto de Investigación y Desarrollo) (2001): 35-42

Dear, Michael/Wolch, Jennifer R. (1991): Wie das Territorium gesellschaftliche Zusammenhänge strukturiert. In: Wentz (Hg.) (1991): 233-247

González, Mariana (1992): Las redes invisibles de la ciudad, Las comisiones vecinales de Montevideo 1985-1989. Centro de Información y Estudios del Uruguay (CIESU). Montevideo

Gravano, Ariel (Hg.) (1995): Miradas urbanas, Visones barriales, diez estudios de antropología urbana sobre cuestiones barriales en regiones metropolitanas y ciudades intermedias. Montevideo

Gravano, Ariel (1995a): Hacia un marco teórico sobre el barrio: principales contextos de formulación. In: Gravano (Hg.) (1995): 255-274

Hamm, Bernd (2000): Nachbarschaft. In: Häußermann (Hg.) (2000): 173-182

Häußermann, Hartmut (Hg.) (2000): Großstadt. Soziologische Stichworte. Opladen

IDES (Instituto de Investigación y Desarrollo) (2001): 10 años de descentralización, un debate necesario. Montevideo

Intendencia Municipal de Montevideo (IMM) (2002): Unidad de Estadística Municipal. Montevideo en Cifras 2000. Montevideo

Intendencia Municipal de Montevideo (IMM) (1998): Unidad Central de Planificación Municipal. Plan de Ordenamiento Territorial (POT). Mondevideo

Kaztman, Rúben (1999): El vecindario también importa. PNUD. Montevideo

Kowarick, Lúcio (1996): Expoliación urbana, luchas sociales y ciudadanía: retrazos de nuestra historia reciente. Estudios Sociológicos XIV. São Paulo

Laurnagga, Ma. Elena (Hg.) (2001): La Geografía de un Cámbio, Política, Gobierno y Gestión Municipal en Uruguay. Montevideo

Mayer, Margit (2003): Das Potential des Regulationsansatzes für die Analyse städtischer Entwicklungen: am Beispiel territorialer Anti-Armutspolitik. In: Brand, Ulrich/Raza, Werner (Hg.) (2003): Fit für den Postfordismus? Theoretisch-politische Perspektiven des Regulationsansatzes. Münster: 265-280

Nahoum, Benjamin (1999a): De la autoconstrucción individual a las cooperativas pioneras. In: Nahoum (Hg.) (1999)

Nahoum, Benjamin (Hg.) (1999): Las cooperativas de vivienda por ayuda mutua uruguayas, una historia con quince mil protagonistas: Intendencia Municipal de Montevideo y Junta de Andalucía. Sevilla/Montevideo (1999): 23-34

Portillo, Alvaro (2000): Montevideo: una modernidad envolvente. Facultad de Arquitectura, Catedra de Sociología. Montevideo

Portillo, Alvaro (1996): La ciudad de la gente, Editorial Nordan Comunidad. Montevideo

Schwantner, Ulrike (2003): Dezentralisierung und Bürgerbeteiligung in der Stadtplanung von Montevideo. Eine Gegenstrategie zu sozialer Ausgrenzung und sozialräumlicher Polarisierung? Diplomarbeit. ISRA TU-Wien

Veneziano, Alicia (2001): Descentralización y Participación: Elecciones locales en Montevideo. In: Laurnagga (Hg.) (2001): 121-152

Wentz, Martin (Hg.) (1991): Städtische Räume, die Zukunft des Städtischen. Frankfurt a.M./New York

www.ine.gub.uy/banco%20de%20datos/act_empydesem/ECH%20Def.pdf. Stand: 12.10.2004

3. Handlungsfelder

Schule und lokale Bildungspolitik

Wolfgang Mack und Joachim Schroeder

Abstract

Im Folgenden wird in einem ersten Schritt aufgezeigt, wie sich im Bildungsraum gesellschaftliche Strukturen in ungleichen Zugängen zu oder Ausschlüssen von Bildung sozialräumlich manifestieren. Daran anschließend wird zunächst der schulische Raum als Abbild gesellschaftlicher Verhältnisse eingeführt, um dann das Verhältnis von Schule und Stadt differenzierter zu betrachten. Dabei werden einerseits stadtpolitische Interessen an Schule und andererseits pädagogische Begründungen für eine stärkere schulische Bezugnahme auf die Stadt vorgestellt. In diesem Zugang konkretisiert sich die Frage nach dem Verhältnis von Schule und Sozialraum auf eine spezifische Weise, nämlich in Bezug auf physisch-materielle Räume. Dass es sich hierbei immer nur um Annäherungen an konkrete Sozialräume handeln kann, wird im darauf folgenden Abschnitt verdeutlicht, in dem empirisch auffindbare Verhältnisbestimmungen zwischen Schulen und den Lebenswelten ihrer Nutzerinnen und Nutzer vorgestellt werden. An mehreren empirischen Studien werden sodann Konfliktfelder aufgezeigt, in denen sich gesellschaftliche Ungleichheit in Bildungsräumen abbildet. Abschließend werden Perspektiven einer raumorientierten lokalen Bildungspolitik umrissen, mit denen die Erwartung verbunden ist, dass dadurch die beschriebenen Konflikte zumindest ansatzweise bearbeitbar werden.

1. Schule und Sozialraum – ein zwiespältiges Verhältnis

Als pädagogische Institution ist die Schule traditionell auf sich selbst bezogen. Schule entsteht erst in der Konstruktion eines ‚eigenen' Bildungsraumes, der sich von anderen lebensweltlichen Zusammenhängen wie der Familie oder der Arbeitswelt deutlich abhebt. Zweck der Schule ist es, Kindern und Jugendlichen ‚neue' und ‚andere' Erfahrungs-, Wissens- und Handlungsräume anzubieten als solche, in denen sie sich im alltäglichen Leben bewegen. Da in der modernen Gesellschaft die Lebensformen keine hinreichende pädagogische Kraft mehr haben, muss – u.a. in der Form der Schule – eine Bildungswelt für den Nachwuchs „konstruiert" werden (vgl. Mollenhauer 1983: 67). Der ‚Lernraum' Schule ist künstlich; seine Grenzen zum sozialräumlichen Umfeld sind durch Zäune, Mauern und Tore deutlich markiert. Lebensweltliche Verhältnisse gehen in die Schule immer nur in pädagogisch aufbereiteter (‚vermittelter') Form ein: Lehrpläne, Schulbücher, didaktisches Material spiegeln allenfalls das Draußen, selbst in Lerngängen, Exkursionen und Schullandheimaufenthalten findet die Annäherung an die soziale Welt als außer*schulische* Veranstaltung in einer pädagogischen Brechung und Distanzierung statt. In ihrem Selbstverständnis ist die Schule herausgehoben aus dem ‚richtigen' Leben, ja man kann sagen: Schule und Sozialraum bilden ein Gegensatzpaar. Denn die schulpädagogische Distanzierung zum sozialen Umfeld schafft überhaupt erst den ‚Freiraum', um Bildung für *alle* zu ermöglichen und um allen *gleiche* Bedingungen der Bildung zu sichern. Die moderne Schule ist deshalb ein institutioneller ‚Containerraum', weil sich nur so der demokratische Anspruch verwirklichen lässt, Bildung flächendeckend allen Heranwachsenden zugänglich zu machen. Im ‚Schonraum' Schule wird, allen Widrigkeiten des Lebens zum Trotz, Lernen möglich, hier sollen und hier dürfen alle Kinder und Jugendlichen ‚gleich' sein – anders als im gesellschaftlichen Leben.

Die strikte Grenzziehung zwischen Schule und Sozialraum ist jedoch immer schon ein zentrales Moment der Schulkritik. Ihre ‚Ummauerung' trägt der Schule permanent den Vorwurf ein, lebens- und realitätsfern zu sein; in zahlreichen Karikaturen wird sie als ‚Käseglocke' oder ‚Lernknast' denunziert. Viele Bemühungen sind deshalb darauf gerichtet, die Schule in das soziale Umfeld einzubinden: In Konzepten wie der Stadtteil- oder Gemeinwesenschule, der Nachbarschaftsschule, der Schule in sozialen Brennpunkten, der Straßenschule oder der Schule am Bahnhof wird explizit ein sozialräumlicher Bezug hergestellt. In Bemühungen um eine „Öffnung" der Schule zum Nahraum hin, in Forderungen nach einer engeren Kooperation mit anderen sozialen und pädagogischen Handlungsfeldern ist der Raumbezug zumindest implizit enthalten. Die Vielfalt der Konzepte verdeckt allerdings, dass die Schulpädagogik bislang – anders als bspw. die Sozialpädagogik – noch keinen rechten Begriff vom Sozialraum entwickelt hat. Die schultheoretische Auseinandersetzung um ‚Räume' bezieht sich vorwiegend auf die Binnengestaltung der Schule, eine auf die Außenräume fokussierte Schulentwicklung ist kaum ausgebildet.

Unser Beitrag knüpft an neuere sozial- und erziehungswissenschaftliche Arbeiten an, in denen eine Perspektive auf soziale Räume entwickelt ist, die eine vielschichtige Verräumlichung des sozialen Lebens unterstellt (vgl. zusammenfassend Löw 2001). In dieser Annahme wird davon ausgegangen, dass die soziale Funktion des Raumes nicht auf seine Eigenschaft als Ort reduziert werden kann. Vielmehr wird ein Zusammenhang zwischen Vergesellschaftung, sozialen Handlungen und gegebenem Raum hergestellt, der zu der zentralen Ansicht führt, dass sich in der sozialen Aneignung und Nutzung von Räumen die Gesellschaft gleichsam ‚einschreibt'. Aufgrund des engen Zusammenhangs, der zwischen den menschlichen Handlungen und der Konstruktion sozialer Räume hergestellt wird, kann Schulentwicklung als eine auf die Praxis des Erziehens und Unterrichtens gerichtete soziale Handlung zur Organisation schulischer Bildung verstanden werden. Schulentwicklung ist somit ein Bestandteil der Konstruktion von Bildungsräumen. Bildungsräume sind nicht nur physisch durch Schulgebäude, Spielplätze, Kinderheime, Jugendhäuser usw. markiert, sondern sie werden ebenso in den sozialen Handlungen der Akteure hervorgebracht. In der hier eingenommenen Perspektive wird Schulentwicklung somit als eine Form der gesellschaftlichen Aneignung sozialer Räume und als ein Bestandteil sozialräumlicher Teilungsprozesse gefasst. Brisanz und Relevanz gewinnt das Thema deshalb, weil sich in der erziehungswissenschaftlichen Diskussion Hinweise finden, dass sich in Prozessen der Verräumlichung von Bildung soziale Ungleichheit reproduziert. Diskutiert wird auch, ob sich dieser Reproduktion durch eine raumbezogene Schulentwicklung entgegenwirken lässt und wie der Sozialraum als Ressource zur Herstellung von Bildungsgerechtigkeit genutzt werden kann.

Orientiert an dem bereits skizzierten sozialwissenschaftlichen Raumbegriff verstehen wir Bildungsräume in einem analytischen Sinne als räumlich organisierte Gelegenheitsstrukturen für die Bildung von Kindern, Jugendlichen und Erwachsenen, die einerseits durch institutionelle Vorgaben und Arrangements, andererseits durch die soziale Struktur und ihre räumliche Manifestation geprägt sind. Sie sind Ergebnis gesellschaftlicher Machtverhältnisse und politischer Entscheidungen. Von Bildungslandschaften sprechen wir, wenn diese bildungspolitisch gestalteten Arrangements von Bildungsinstitutionen in konkreten physisch-materiellen räumlichen Gebilden gemeint sind. Dabei vertreten wir die Ansicht, dass Schulentwicklung konzeptionell als Gestaltung von lokalen Bildungslandschaften gefasst werden sollte, wenn im Bildungsraum sich spiegelnde gesellschaftliche Teilungs- und Ausgrenzungsprozesse in Bezug auf Chancengleichheit bildungspolitisch bearbeitet werden sollen. In diesem Verständnis fließen somit analytisch-interpretative Raumkonzepte, die mit dem Begriff Sozialraum und dem darauf bezogenen des Bildungsraums markiert sind, und deskriptive Raumbegriffe, die von konkreten physisch-materiellen Räumen ausgehen, ineinander. In der Diskussion um Bezüge zwischen Schulen und ihrem lokalen bzw. regionalen Umfeld wird in der Regel lediglich auf den deskriptiv-territorialen Raumbegriff rekurriert, in unserem Beitrag verwenden wir ihn zur Beschreibung und Konzipierung von Bildungslandschaften aber auch in einer erweiterten analytisch-interpretativen Dimension.

2. Der Bildungsraum als Spiegel sozialen Miteinanders

Schulentwicklung findet in sozialen Räumen statt, die gesellschaftlichen Teilungsprozessen unterliegen. Diese den Sozialraum teilenden Prozesse führen nicht nur zu generations- und geschlechtsspezifischen, subkulturellen und institutionellen räumlichen Ausdifferenzierungen, vielmehr wird durch sie auch gesellschaftliche Ungleichheit räumlich organisiert: In der Verräumlichung sozialer Strukturen ‚verortet' sich die Hierarchisierung gesellschaftlicher Positionierungen (vgl. u.a. Bourdieu 1992a; Ecarius/Löw 1997a). Für die Schulentwicklung in sozialen Räumen stellt sich die Frage, in welcher Weise sich unter dem Anspruch der Verwirklichung von Chancengleichheit der Zugang zu und der Erwerb von Bildung organisieren lässt, so dass diese sozialen Teilungs-, gar Spaltungsprozesse nicht verstärkt werden, sondern zu deren Abbau beigetragen wird.

Außerdem ergeben sich sowohl in den durch gesellschaftliche Differenzierung und Teilung hervorgebrachten Raumsegmenten als auch zwischen diesen und den übergreifenden sozialräumlichen Gefügen vielfältige, zumeist konfligierende Konstellationen des Zusammenlebens in einem gemeinsam bewohnten sozialen Raum. Schulentwicklung sieht sich somit dem unaufhebbaren Widerspruch ausgesetzt, sich in Räumen zu vollziehen, die einerseits durch Teilungsprozesse gekennzeichnet, gleichwohl aber in vielfältiger Weise miteinander verschränkt und voneinander abhängig sind.

Fasst man unter Schulentwicklung sowohl Maßnahmen zur Entwicklung von Einzelschulen wie auch solche der Gestaltung lokaler Schulsysteme, so hat man es mit einem komplexen Gefüge aus individuellen, institutionellen und rechtlichen Entscheidungsprozessen zu tun. In dieser *Entscheidungsorientierung* liegt der *bildungspolitische* Charakter von Schulentwicklung begründet: Bildungspolitisches Handeln kennzeichne, so Klaus-Jürgen Tillmann (1991: 957), dass es sich „immer auf Entscheidungen über Rahmenbedingungen des pädagogischen Prozesses" und somit auf die „organisatorisch-systemischen Zusammenhänge" beziehe, um die „institutionellen Voraussetzungen für Bildungsprozesse" zu schaffen. Diese Entscheidungen über Rahmenbedingungen werden „in komplexen Beziehungs-, Diskussions- und Entscheidungsnetzen" (ebd.) getroffen, also auf ganz verschiedenen Ebenen und in je unterschiedlichen Bereichen, die gleichwohl miteinander zusammenhängen und sich wechselseitig beeinflussen. In diesen Entscheidungsprozessen, die den lokalen Bildungsraum hervorbringen, wirken die verschiedensten sozialen Gruppen und Institutionen mit, die dabei wiederum ihre jeweiligen Vorstellungen über das Zusammenleben im Dorf, Quartier oder Gemeinwesen verdeutlichen.

In ihren Bildungsprogrammen geben Schulen implizit wie explizit darüber Auskunft, ob und wie sie die lebensweltlichen Verhältnisse ihres Umfeldes beobachten, deuten und bewerten, und in welcher Weise sie sich darauf beziehen wollen. In schulinternen Diskussionen um die kulturellen und ökonomischen Strukturen des sozialen Umfelds, in Auseinandersetzung um die pädagogischen Konsequenzen, die aus den sozialen und ethnischen Charakteristika der Schülerschaft zu ziehen sind, in der Auswahl der Unterrichtsthemen, in der Weise wie und welche außerschulischen Kooperationspartner gesucht werden, in der Begründung und Entscheidung für oder gegen spezifische pädagogische Konzepte werden Zielsetzungen und Begründungszusammenhänge deutlich, wie in den jeweiligen Schulen der soziale Raum wahrgenommen wird, wie dieser gefördert werden soll und mit welchen Methoden man dies zu tun gedenkt.

Aus den Erwartungen, die Eltern, Schülerinnen und Schüler, aber auch die lokalen Institutionen (Vereine, Verbände, Religionsgemeinschaften usw.) an die Schulen und deren Entwicklung richten, lassen sich ebenfalls Vorstellungen über das soziale Miteinander entziffern. In diesen Erwartungen ist zumeist sehr präzise, wenngleich häufig kontrovers, ausformuliert, welche Leistungen von den Schulen gefordert, welche Funktionen für das Gemeinwesen ihnen zugedacht, welche Ansprüche an ihre Bildungsprogramme gestellt werden.

Schulentwicklung ist somit ein wichtiges Instrument lokaler Bildungspolitik, um kommunale Konzepte des sozialen Zusammenlebens im Nahraum umzusetzen. Die Verteilung finanzieller, personeller und sächlicher Ressourcen, die Einrichtung oder Schließung von Bildungsgängen, die Lenkung von Schülerströmen, das Angebot von Integrationsklassen für die gemeinsame Beschulung von behinderten und nichtbehinderten Kindern, die Einrichtung von Vorbereitungsklassen für junge Flüchtlinge, das Angebot von muttersprachlichem Unterricht und die Anstellung entsprechender Lehrkräfte, Angebote von Sonderklassen für Hochbegabte und Lernbehinderte, die Zuteilung oder Einsparung von zusätzlichen Deputaten usw. – all dies sind Spuren, in denen sich im kommunalpolitischen Handeln zur Gestaltung der lokalen Schullandschaft eine Grammatik der Organisation sozialen Zusammenlebens offenbart (vgl. Schroeder 2003).

3. Der Sozialraum Schule – Abbild gesellschaftlicher Machtverhältnisse

Wie gezeigt, bilden sich in der lokalen Schullandschaft die Strukturen des sozialräumlichen Gefüges ab, in denen die einzelnen Schulen lokalisiert sind. Unabhängig davon spiegeln Schulen aber auch in ihrer räumlichen Gestalt die ihr von der Gesellschaft zugewiesenen Funktionen und die für die Erreichung ihrer Ziele eingerichteten Macht- und Herrschaftsstrukturen. Versteht man Regionen oder Regionalisierung mit Anthony Giddens als „Strukturierung sozialen Verhaltens über Raum und Zeit" (Giddens 1997: 174), so zeigt sich in der Art und Weise der „Regionalisierung" von Interaktionen und sozialen Beziehungen im Innern der Schule ein Machtgefälle zwischen Lehrern und Schülern einerseits, eine egalisierende Behandlung der Schülerinnen und Schüler unabhängig von ihrer sozialen Herkunft andererseits.

> „Moderne Schulen sind disziplinierende Organisationen, und ihre bürokratischen Züge beeinflussen die Regionen, die sie enthalten, ebenso deutlich, wie sie von ihnen beeinflußt werden. Wie alle Formen disziplinierender Organisationen ist die Schule durch enge Grenzen von außen abgeschlossen; die physischen Grenzen der Schule trennen die entsprechenden internen Interaktionen ziemlich straff von den sonstigen alltäglichen Interaktionssituationen ab. Eine Schule ist ein ‚Behälter', in dem disziplinierende Macht generiert wird" (ebd.: 188). Die Herstellung von Disziplin erfolgt über die Architektur der Schule, sie ist räumlich in voneinander abgesonderte Klassenzimmer und durch die Form der Anordnung von Tischen und Stühlen aufgeteilt. Im Gegenüber von Schulklasse und Lehrperson werden Interaktionsformen strukturiert, die einer strengen Dramaturgie unterliegen: Räume und Zeiten für offene Interaktionen und Begegnungen gibt es in der traditionellen Schule fast nur vor und nach dem Unterricht sowie in den Pausen. Schülerinnen und Schüler haben in der Schule keine „rückseitigen Regionen" (Giddens), um sich der Überwachung und Kontrolle entziehen zu können. Um dennoch Autonomie in dieser Abhängigkeitssituation zu bewahren, sind andere Strategien des Verbergens notwendig, wie Anthony Giddens mit Bezug auf Erving Goffman gezeigt hat, z.B. die „Vermeidung oder Manipulation von Situationen, in denen es zur offenen Zurschaustellung von Verhaltensaspekten kommt" oder die „Verunglimpfung von Autoritätspersonen" (ebd.: 180f.).

Der Disziplinierung durch architektonische Mittel, in der sich die Macht der Lehrkräfte gegenüber der Schülerschaft ausdrückt, steht jedoch ein Schwinden der Autorität von Lehrenden gegenüber, das eintritt, weil das soziale und räumliche Arrangement im Klassenzimmer einen Blickkontakt zwischen allen beteiligten Akteuren nicht zulässt. Dieser Umstand macht deshalb entsprechende Körperhaltungen der Lehrenden notwendig, um sich ihre Autorität zu sichern; dementsprechend ermöglichen ostentativ zur Schau gestellte oder subtil inszenierte Körperhaltungen und Gesten von Schülerinnen und Schülern, sich diesem Machtanspruch zu entziehen und die Interaktionssituation umzudefinieren.

Architektur und räumliche Gestalt von Schule veränderten sich im Laufe der Zeit. Im historischen Vergleich verkörpern Schulbauten und Klassenzimmer des 19. Jahrhunderts in weitaus strengerem Maße diese disziplinierende Macht als heutige Schulgebäude und reformpädagogisch gestaltete Unterrichtsräume. Michael Göhlich hat in einer Analyse von Schulräumen vom Mittelalter bis zur Gegenwart die Entwicklung von „offenen Klassenräumen" in den Grundschulen nach 1968 hervorgehoben. Diese neuen Lernlandschaften, die mit der (Wieder-)Einführung reformpädagogischer Ansätze und Methoden entstehen, eröffnen Möglichkeiten zur Selbsttätigkeit, Selbstständigkeit und Selbstorganisation der Lernenden (Göhlich 1993: 69ff.). Sie sind Ausdruck eines neuen Lernverständnisses und eines Abbaus hierarchisch-autoritärer Strukturen in der Schule. Damit wandelt sich Schule allerdings nicht in eine herrschaftsfreie Zone, sie passt sich lediglich veränderten gesellschaftlichen Bedingungen an: „Das offene Klassenzimmer und die neuen Lernmaterialien fördern weniger die Selbstbestimmung als die Selbstkontrolle des Lernens, der Lösungen, der Leistungen und der Lernzeiten. Dahinter steht der zunehmende gesellschaftliche Bedarf an flexiblen, sich selbst motivierenden, organisierenden und kontrollierenden Menschen, kurz, an lebenslangen LernerInnen" (ebd.: 325).

4. Schule und Stadt

Seit den 1980er Jahren wird das Verhältnis von Schule und Stadt, werden deren wechselseitigen Bezüge und Verflechtungen intensiver diskutiert. Programmatisch geht es dabei in gesellschafts- und stadtpolitischer Sicht um die Wahrnehmung der Schule als Teil der städtischen Infrastruktur und Öffentlichkeit, in schul- und bildungspolitischer Sicht vor allem um die Öffnung der Schule zur Stadt.

In der Diagnose einer „Krise der Städte" (Heitmeyer/Dollase/Backes 1998) fließen Beobachtungen vermehrter sozialräumlicher Segregation, ethnischer Konflikte sowie nachlassender Kommunikations- und Konfliktlösungspotenziale der Städte ineinander. Mit der zunehmenden Funktionalisierung und sozialräumlichen Zersplitterung der Städte wird eine Suche nach integrierenden, sozial-kommunikativen städtischen Räumen eröffnet (vgl. Feldtkeller 2001); der Wandel des Aufwachsens von Kindern und Jugendlichen sowie die tendenzielle Überforderung von Familien, die Erziehung der Kinder, Gestaltung von Beziehungen und Anforderungen im Beruf zu vereinbaren, lenken den Blick auf soziale Unterstützungssysteme in der Stadt. Die kollektive Verarmung mancher Stadtteile und die Entstehung von sozialräumlich segregierten Quartieren in den meisten Städten der Bundesrepublik machen das Problem sozialer Ungleichheit und materieller Armut auch stadträumlich offenkundig (vgl. Häußermann 2001). Stadtpolitische Versuche, diesen Entwicklungen und Verwerfungen entgegenzuwirken sowie die integrativen und kommunikativen Funktionen der Stadt wieder neu zu beleben, führen auch zu einer neuen Wahrnehmung und zu einem neuen Interesse an Schule als sozialer und kultureller Institution in der Stadt. Ebenso werden aufgrund der schwierigen finanziellen Verhältnisse der Kommunen neue Konzepte erforderlich, die als Möglichkeit begriffen werden können „für einen Umbau der Stadtpolitik, der Verwaltung, der Finanzen – als Chance, vorhandene Ressourcen *anders*, besser zu nutzen" (Steffen 1994: 11). So interessiert sich Stadtpolitik nicht mehr nur für die „äußeren Angelegenheiten" wie Schulbau, materielle Ausstattung und Verwaltung, sondern auch für die Qualität der Schulen. Wenn Stadtpolitik eine funktionale Mischung in den städtischen Räumen wieder herstellen will, wenn Arbeiten, Konsum, Wohnen und Freizeit nicht mehr in unterschiedlichen städtischen Gebieten segmentiert sind, wenn Stadt zu einem Ort der Kommunikation und Begegnung von Menschen unterschiedlicher sozialer Lage und ethnischer Herkunft, von Jung und Alt werden soll (vgl. Feldtkeller 2001), kommt auch der Schule eine neue Bedeutung im Ensemble städtischer Infrastruktur zu: „Ein attraktiver Stadtteil braucht attraktive Schulen. Die Schulen sollten Stadtteilschulen sein, das Quartier mit seinem vielfältigen sozialen, kulturellen und wirtschaftlichen Leben als Lernort verstehen und zugleich den Aktivitäten des Stadtteils Raum geben" (Steffen 1994: 12). Moderne Stadtpolitik interessiert sich für Schule als Bestandteil städtischer Infrastruktur und als Bereicherung urbanen Lebens aber auch aus dem Wissen, dass in den Prozessen sozialräumlicher Segregation Schulen eine nicht unerhebliche Rolle spielen. Soll diesen Prozessen wirksam begegnet werden, müssen deshalb auch die Schulen in der Stadtpolitik thematisiert werden (vgl. Eckert 2001).

Auch in den Schulen findet seit den 1980er Jahren aus mehreren Gründen das Verhältnis zur Stadt ein gesteigertes Interesse. Neben der Wahrnehmung veränderter Bedingungen des Aufwachsens von Kindern und Jugendlichen und ihrer Folgen für die schulische Arbeit sind es vor allem Bemühungen um eine neue Kultur von Schule und Unterricht sowie die Suche nach Unterstützung, um Schulschwierigkeiten von Kindern und Jugendlichen entgegenwirken und Prozessen sozialer Desintegration vorbeugen zu können. Mit der Renaissance reformpädagogischer Traditionen werden auch Konzepte der Öffnung von Schule zur Stadt oder zum Gemeinwesen aufgegriffen und reformuliert. Anders als zu Beginn des 20. Jahrhunderts, als die Stadt als Ort der Verderbnis, der sozialen Gefährdung und gesundheitlichen Belastung für Kinder und Jugendliche galt, und folglich der ländliche Raum als die bessere „pädagogische Provinz" für innovative Schulgründungen betrachtet wurde, wird am Ende des 20. Jahrhunderts die modernisierte, von den traditionellen Belastungen industrieller Produktion, Lärm und schlechter Luft weitgehend entlastete Stadt als Ort reformpädagogischen Handelns wiederentdeckt. Städtische Räume werden als Lernorte verstanden, Unterricht wird an Orte in der Stadt verlagert, diese sollen Anregung, Ernsthaftigkeit und Echtheit bieten. Am konsequentesten wird dies im Konzept „Stadt-als-Schule" verwirklicht, in dem Schule sich tendenziell auflöst und Jugendliche in Betrieben, Büros, Geschäften und Werkstätten in der Stadt mit den dort tätigen Erwachsenen zusammenarbeiten und von ihnen lernen. Neuere reformpädagogische Konzepte wie projektorientiertes und praktisches Lernen beziehen in viel stärkerem Maße „außerschulische" Orte in die schulische Arbeit mit ein, sei es, dass schulisches Lernen ebenfalls nach außen verlagert wird, sei es, dass Schauspieler, Künstlerinnen oder Handwerker in die Schule kommen und eine reale Welt außerhalb der Schule repräsentieren.

Das Verhältnis von Schule und Stadt findet auch Aufmerksamkeit in sozialpädagogischer Sicht. Schule und Soziale Arbeit stellen in Deutschland seit der Reichsschulkonferenz von 1920 und der strikten Trennung von Schule und Jugendwohlfahrt zwei Systeme dar; Bemühungen, beide zu einer engeren Zusammenarbeit zu bringen, beschränkten sich zunächst auf die Versuche mit Gesamt- und Ganztagsschulen in der Bildungsreform der 1960er und 1970er Jahre der Bundesrepublik, erweiterten sich dann mit der Einführung von Schulsozialarbeit, insbesondere an Hauptschulen und Schulen in sozial benachteiligten Stadtteilen, und erfahren größere Aufmerksamkeit und Resonanz in städtischen Quartieren, die mit Problemen des sozialen Abstiegs und sozialräumlicher Segregation konfrontiert sind. In den 1980er Jahren werden Forderungen nach einer stärkeren Kooperation von Schule und Jugendhilfe und dem Ausbau von Schulsozialarbeit in den Zusammenhang von Schule und Stadt gestellt (vgl. Projektgruppe Schulsozialarbeit 1986). Soziale Ungleichheit und ihre Folgen wie Jugendarbeitslosigkeit, fehlende berufliche Perspektiven junger Heranwachsender, gesellschaftliche Ausgrenzung und Stigmatisierung benachteiligter sozialer Gruppen werden als Probleme der Schule in der Stadt wahrgenommen; mit Bezug auf sozialökologische Ansätze wird versucht, diesen Prozessen durch Kooperation von Schule und Jugendhilfe bezogen auf konkrete Sozialräume entgegenzuwirken. Der programmatischen und konzeptionellen Lebensweltorientierung von Schulen hinkt jedoch, wie im folgenden Abschnitt an empirischen Untersuchungen belegt werden soll, die Praxis weit hinterher.

5. Schule und Lebenswelt

Schule stellt eine besondere Lebenswelt für schulpflichtige Kinder und Jugendliche dar (vgl. Grunder 2001), die sich von deren „außerschulischen" Lebenswelten in vielfältiger Weise abhebt und distanziert; sie kann sich aber auch in unterschiedlicher Weise zu diesen Lebenswelten verhalten. Anders als die Sozialpädagogik, die sich trotz „doppeltem Mandat" relativ klar und deutlich auf der Seite der Adressaten ihrer Arbeit verorten kann, ist die Schule von einem ambivalenten Verhältnis zu ihren Nutzerinnen und Nutzern und deren Lebenswelten geprägt: Sie kann sich nicht bedingungslos auf die Lebenswelten von Kindern und Jugendlichen einlassen, das widerspricht ihrem Auftrag und den Funktionen, die Schule als gesellschaftliche Institution zu erfüllen hat. Um diesen Aufgaben nachkommen zu können, muss sie sich allerdings auf die Interessen und sozialen Kontexte ihrer Schülerinnen und Schüler einlassen. Mit der Frage, welche lebensweltlichen Beziehungen Schulen in ihren Bildungsangeboten und speziellen sozialen Dienstleistungen herstellen, hat sich eine empirische Studie des Deutschen Jugendinstituts befasst (vgl. Mack/Raab/Rademacker 2003). Lebensweltliche Bezüge von Schule sind in dieser Untersuchung sowohl sozialräumlich als auch adressatenbezogen konkretisiert worden: *Sozialräumliche Zugänge* zu den Lebenswelten fokussieren vor allem auf den Stadtteil, in dem sich die Schule befindet. Fehlende soziale Infrastruktur oder Ausbildungs- und Beschäftigungsmöglichkeiten im Stadtteil bzw. in der Region, eine schwierige Situation der Jugendlichen im Quartier, besondere Problemlagen, wie z.B. gewaltförmige Konflikte zwischen jugendlichen Gruppen, aber auch besondere Ressourcen im Stadtteil können Anlässe und Ansatzpunkte darstellen, dass sich Schulen bewusst und in besonderer Form auf den sie umgebenden Sozialraum beziehen. *Adressatenbezogene Konzepte* dagegen wenden sich an bestimmte Zielgruppen. Das können einzelne Jugendliche sein, die an einer Schule auffallen und damit einen besonderen pädagogischen Handlungsbedarf einfordern, das kann die gesamte Schülerschaft sein, an der sich eine Schule mit ihrem Programm orientiert, das können auch bestimmte soziale Milieus sein, aus denen eine Schule durch ihre besondere Ausrichtung ihre Schülerschaft rekrutiert. Die Unterscheidung in sozialraum- und adressatenorientierte Bezüge von Schulen zu den Lebenswelten ihrer Schülerinnen und Schüler hat eher heuristischen, weniger deskriptiven Charakter. Empirisch können folgende Typen des Verhältnisses von Schule und Lebenswelt festgestellt werden:

(1) Schulen mit speziellem Zielgruppenbezug: Diese Schulen sprechen spezielle Zielgruppen an, ihre Schülerschaft ist soziokulturell relativ homogen zusammengesetzt. Solche Schulen haben ein größeres Einzugsgebiet, der Stadtteil hat nur eine nachrangige Bedeutung; es sind überwiegend Gymnasien oder Schulen mit mehreren Bildungsgängen, darunter jedoch auch einem gymnasialen Bildungsgang. Der Bezug zu den Lebenswelten kann in Form eines Schulprogramms gegeben sein, das traditionelle, meist etablierte und aufstiegsorientierte soziale Schichten anspricht (z.B. konfessionelle Milieus), diese Schulen befinden sich deshalb auch häufig in freier Trägerschaft. Eine andere Variante bilden Schulen mit besonderen lebensweltorientierten Dienstleistungen und Angeboten, die sich insbesondere an die Bedürfnisse moderner Bevölkerungsgruppen richten; hierzu zählen z.B. private Ganztagsschulen. Einen dritten Typus stellen Schulen für Mädchen dar; Jungenschulen gibt es in den in der Studie einbezogenen Stadtteilen nicht, dies dürfte eine allgemeine Tendenz widerspiegeln.

(2) Stadtteilschule mit Milieubezug durch lebensweltorientiertes Schulprogramm: Schulen mit einer expliziten Orientierung an den Lebenswelten definieren sich als Schule im Stadtteil, sie beziehen das Quartier in ihre Arbeit ein, verlagern das Lernen in den Stadtteil. Einige dieser Schulen befinden sich in benachteiligten Stadtteilen, sie kennen besondere soziale Problemlagen und Benachteiligungen, richten ihr Bildungsprogramm und ihre sozialen Dienstleistungen an den Bedürfnissen und Interessen im Stadtteil aus.

(3) Schulen mit besonderem Profil: Solche Schulen sind mit ihrem Bildungsangebot für Nutzergruppen mit spezifischen Interessen attraktiv; sie sprechen insbesondere kulturbürgerliche und aufstiegsorientierte Milieus an. Das Einzugsgebiet reicht über den Stadtteil hinaus, sie sind jedoch auch in diesem verankert. Affinitäten zu den Lebenswelten dieser Schulen entstehen durch besondere Bildungsangebote, wie z.B. musisch-kulturelle Schwerpunkte. Andere Schulen zeichnen sich weniger durch ein profiliertes Bildungsprogramm aus als vielmehr durch eine insgesamt attraktive und einladende Schulkultur.

(4) Indifferente Schulen mit einem ausgewogenen Verhältnis zu den Lebenswelten der Nutzerinnen und Nutzer: Schulen dieses Typus weisen keinen expliziten Bezug zu den Lebenswelten auf. Das Verhältnis zwischen Schule und den Lebenswelten ist indifferent, insgesamt jedoch ausgewogen. Die hier vermittelte Bildung, im Unterricht und darüber hinaus, ist mit dem in den Familien der Jugendlichen vorfindlichen kulturbürgerlichen Habitus weitgehend homolog. Die Einzugsgebiete dieser Schulen sind unterschiedlich groß, der Stadtteil hat als Bezugspunkt schulischer Arbeit, bis auf einige Ausnahmen, eher eine untergeordnete Bedeutung. Es gibt allerdings auch Schulen mit einem indifferent-ausgewogenen Verhältnis zu den Lebenswelten, insbesondere Gymnasien, die sich von der Kultur und den Milieus im Stadtteil absetzen und damit, vorwiegend in den Augen der Eltern, weniger in der Selbstwahrnehmung der Schule, eine Insel darstellen, die es ermöglicht, die Bildungsbedürfnisse und den Lebensstil des eigenen Milieus entgegen der dominanten Mehrheitskultur im Stadtteil in der Schule wiederzufinden und zu kultivieren.

(5) Indifferente Schule mit einem prekären Verhältnis zwischen Schule und Lebenswelten: Diese Schulen bieten kaum lebensweltbezogene Angebote an, die Arbeit der Schule wird nicht explizit an den Bedürfnissen und Interessen der Nutzerin-

nen und Nutzer ausgerichtet. Der gesellschaftliche Veränderungsprozess führt zu einem tendenziell konflikthaften Verhältnis zwischen Schule und Jugendlichen. In Problemfällen und zur Krisenintervention werden spezielle Angebote und Maßnahmen eingerichtet. Schulen dieses Typus sind überwiegend im unteren Bildungsbereich zu finden (vgl. Mack/Raab/Rademacker 2003: 217ff.).

Lebensweltliche Bezüge von Schulen sind, so ein Ergebnis der Studie, unabhängig von der sozialen Lage ihrer Nutzerinnen und Nutzer, und sie sind, zwar insgesamt selten, aber dennoch in allen Schulformen zu finden. In den Gymnasien sind lebensweltliche Bezüge in der Regel Ausdruck einer Homologie zwischen dem schulischen Habitus und den in den Lebenswelten ihrer Schülerinnen und Schüler repräsentierten Habitusformen. In den unteren Bildungsgängen stellen sich Übereinstimmungen zwischen Schule und Lebenswelten nicht in dieser Form her, sie müssen gewollt und schulisch inszeniert werden.

Besonderer Handlungsbedarf zeigt sich in jenen Schulen im unteren Bildungsbereich, deren Verhältnis zu den Lebenswelten ihrer Schülerinnen und Schüler indifferent ist, denn dies hat prekäre Folgen sowohl für die Bildungsprozesse als auch für die Bewältigung individueller Problemlagen und jugendtypischer Entwicklungsaufgaben. Für diese Schulen liegt eine zentrale und vordringliche Aufgabe von Schulentwicklung darin, Bildung und Hilfen zur Lebensbewältigung miteinander in Einklang bringen. Gelingt dies nicht, kann dies nicht nur zu Benachteiligungen im Bildungsprozess führen, sondern zum Scheitern der sozialen Integration durch Schule, mithin also auch zu jugend- und sozialpolitischen Problemen. Deshalb sind gerade in diesen Kontexten Prozesse der Schulentwicklung dringend nötig, die attraktive Bildungsangebote mit lebensweltorientierten Schulprogrammen verbinden. Ein besonderer Handlungsbedarf besteht dabei, wie wir im Folgenden aufzeigen werden, in sozial benachteiligten Stadtteilen.

6. Konfliktfelder

Gleichsam *regelhaft* bezieht sich die sozialräumliche Schulentwicklung auf die Befriedigung von Bildungsbedürfnissen der historisch je zur Mehrheitsgesellschaft zählenden sozialen Gruppen. Denn soziales Zusammenleben organisiert sich nach den von Pierre Bourdieu formulierten Regeln sozialräumlicher Distinktion (vgl. Bourdieu 1983; 1991; 1992). In dieser Sichtweise bestimmt sich die Lebenslage von Individuen durch die spezifische „Konfiguration" ökonomischen, sozialen und kulturellen Kapitals, die die Möglichkeiten und Grenzen zur Gestaltung des individuellen Lebens bestimmen. Wie der geographische Raum, so sei auch der soziale Raum in Regionen aufgeteilt und nach unterschiedlichen Teilungsprinzipien konstruiert. Die Lebenslage eines Individuums bilde sich *auch* in physischen Räumen ab, denn soziale Räume verfügten über unterschiedliche „soziale Vermögen", die wiederum die Aneignungsmöglichkeiten der sozialen Räume durch deren Bewohnerinnen und Bewohner beeinflussten. Somit verobjektiviere sich gleichsam die soziale Teilung der Gesellschaft im Raum. *Bildung* wird als das Produkt individueller Zugangsmöglichkeit und Verfügungsmacht zu diesen unterschiedlichen Kapitalformen verstanden, und Schulentwicklung lässt sich als ein bedeutsames Verteilungsinstrument von Bildung in einem umschriebenen sozialen Raum definieren. An drei empirischen Untersuchungen möchten wir diese Zusammenhänge illustrieren.

(1) Eine im September 1996 an allen Schülerinnen und Schülern der fünften Klassen an Hamburger Schulen durchgeführte und 1998 an den Siebtklässlern wiederholte Untersuchung über „Aspekte der Lernausgangslage“ (Lehmann/Peek 1997, 1999) löste eine bundesweite bildungspolitische Diskussion aus. Die Brisanz der Studie liegt darin begründet, dass sie nicht nur die Heterogenität der Lernstände der Kinder nachweist, sondern dass behauptet wird, es ließen sich klare Zusammenhänge zwischen diesen Lernständen zur sozialen Lage, zum Bildungsstand der Eltern und zu Migrationserfahrungen belegen. Zudem könne die *ungleiche sozialräumliche Verteilung* der Lernausgangslagen im Hamburger Stadtgebiet nachgewiesen werden: In einzelnen Stadtregionen erreichen die Schülerinnen und Schüler durchschnittlich weniger als 50 von 130 möglichen Testpunkten; es sind durchweg die ‚Armutsquartiere‘, in denen die schlechtesten Testergebnisse erzielt wurden. Es zeigte sich zudem, dass die leistungsstärkeren Schülerinnen und Schüler in den benachteiligten Stadtteilen etwa den Stand der leistungsschwächeren Mädchen und Jungen in den am meisten bevorzugten Gebieten erreichen (vgl. Lehmann/Peek 1997: 53).

In aller Deutlichkeit spiegelt die Studie, wie eng die schulische Bildung auf die gesellschaftlich hegemonialen kulturellen Standards bezogen ist. Im Konzept der „Bildungsnähe“ und „Bildungsferne“ benützt die Schulforschung eine Raummetapher, um die „Distanzen“ in der Bildungsbeteiligung und im Bildungserfolg verschiedener sozialer Schichten auszudrücken. Der Begriff „Bildungsdistanz“ hat in dieser Perspektive einen empirisch nachweisbaren Raumbezug, weil sich zeigt, wie sozio-ökonomisch periphere Stadtteile auch benachteiligt in Bezug auf schulische Leistungsmaßstäbe sind, denen die Kinder solcher Wohnquartiere, die in der Einkommensstatistik ganz oben rangieren, durchschnittlich weitaus besser entsprechen können. Bildungsbenachteiligungen erscheinen als Folge der Verräumlichung eines allgemeinen Konzepts von Bildung, das sich aus den Leitbildern des städtischen Besitzbürgertums konstituiert sowie in Bezug darauf die Inhalte und Leistungsmaßstäbe schulischer Bildung definiert – die Chancen, diesen allgemeinen Bildungsansprüchen zu entsprechen, sind jedoch sozialräumlich ungleich verteilt.

(2) In Gemeinwesen organisiert sich soziales Zusammenleben in den von Norbert Elias (1990; 1992) beschriebenen *Etablierten-Außenseiter-Figurationen;* auch die Schulentwicklung folgt zumeist dieser Regel. Mit Figurationen sind Beziehungsgeflechte zwischen sozialen Gruppen bezeichnet, die dem Zusammenleben von Menschen eine Gestalt geben. Kern der Figuration ist eine ungleiche Machtverteilung zwischen sozialen Gruppen, und es ist dieses „Problem der Verteilung von Machtchancen, das im Zentrum der Spannungen und Konflikte“ steht (Elias 1990: 36). Denn immer drängten die machtunterlegenen Gruppen „mit stillem Druck oder offener Tat auf Verringerung“ der Machtdifferenziale, die relativ mächtigere Gruppe „auf Erhöhung oder Wahrung der Machtunterschiede und ihrer eigenen Überlegenheit hin“ (ebd.). Ursache für die Herausbildung einer Figuration sei vor allem die unterschiedliche „Wohndauer am Platz“ (ebd.: 15). In der kommunikativen Ausgestaltung dieser Differenz bilde sich eine Figuration der „Einheimischen“ (Etablierten) und „Neuankömmlinge“ (Außenseiter), über die sich das soziale Zusammenle-

ben im Wesentlichen organisiere. Die tatsächlichen Eigenschaften der Zugewanderten spielten für die Herausbildung der Figuration nur eine untergeordnete Rolle, vielmehr seien es relativ willkürlich gewählte Zuschreibungen, die die soziale Interaktion zwischen den Gruppen strukturieren.

In Untersuchungen zur Schulentwicklung im Hamburger Stadtteil Wilhelmsburg lässt sich nachweisen, dass die Organisation des sozialen Zusammenlebens zwischen den „Einheimischen" und den „Neuankömmlingen" im Wesentlichen dieser Regel folgt (vgl. Schroeder 2002): In der Beziehung der evangelischen Bauern zu den als „roh" etikettierten Schiffszimmerern im 18. Jahrhundert; in der Beziehung der Wilhelmsburger zu den kollektiv als „katholisch" und „polnisch" etikettierten Zuwanderern des ausgehenden 19. Jahrhunderts; in der Beziehung zu den „Gastarbeitern" und gegenwärtig zu den – wiederum kollektiv – als „türkisch" und „fundamentalistisch" wahrgenommenen vielfältigen Einwanderergruppen; nicht zuletzt in der über drei Jahrhunderte sich verfestigenden Figuration der Wilhelmsburger zu den dort lebenden Sinti zeigt sich die Regel von Etablierten und Außenseitern in diesem multikulturellen Stadtteil.

Auch in der Konstruktion des Wilhelmsburger Bildungsraumes finden sich Figurationen, in denen die Beziehungen zwischen sozialen Gruppen im Bildungsdiskurs sprachlich und symbolisch markiert, bildungspolitisch festgeschrieben und in der pädagogischen Interaktion fixiert werden: Die Organisation des Schulwesens orientiert sich sehr ausschließlich an den Bildungsansprüchen der „Etablierten", nachgeordnet sind die Bildungsbedürfnisse der „Außenseiter". Dies zeigt sich bspw. in der Diskussion um den „Tipping Point". Mit diesem Begriff wird in den 1960er Jahren in den USA ein Phänomen bezeichnet, das an „weißen" Schulen zu beobachten war, an denen nach der Aufhebung der Rassensegregation schwarze Kinder aufgenommen wurden. Mit dem „Tipping Point" ist der Anteil schwarzer Kinder in einer Klasse oder Schule bezeichnet, der zum „White Flight" führt, also zu Reaktionen von weißen Familien in Form von Umschulung oder Wohnortwechseln, um ihre Kinder der gemeinsamen Beschulung mit schwarzen Kindern zu entziehen (vgl. Bussigel et al. 1980). Auch in Wilhelmsburg wird „White Flight" von etablierten deutschsprachigen Wilhelmsburgern vollzogen, um durch Umschulung oder Wohnortwechsel ihre Kinder dem gemeinsamen Unterricht mit „ausländischen" Kindern zu entziehen. Erleichtert wird der „White Flight" durch die 2001 vom Hamburger Senat beschlossene Aufhebung der Pflicht zur wohnortnahen Einschulung: Zahlreiche Eltern haben ihre Kinder aus Kindergärten, Grundschulen und weiterführenden Gesamtschulen „mit hohem Ausländeranteil" abgemeldet, vorwiegend die Mütter fahren im Privatauto ihre Kinder in andere Stadtteile, teilweise sogar zu Schulen in Schleswig-Holstein.

In der in Wilhelmsburg geführten *schulpolitischen* Debatte um den „Tipping Point" geht es darum, numerische Größen festzulegen, bei Anwesenheit von wie viel „schwierigen" oder „verhaltensgestörten" Kindern, „Zigeunerkindern" oder „Ausländerkindern" der „neuralgische Punkt" erreicht ist, an dem „normale Unterrichtsverhältnisse" nicht mehr gewährleistet sind. Findet man 1968 in der Hamburger Schulbehörde noch, dass der „Tipping Point" bei einem Anteil von 20 Gastarbeiterkindern pro Schule (!) liegt, so ist gegenwärtig als Maximum ein 50%iger Ausländeranteil pro Klasse (!) angestrebt, ein höherer Anteil, so heißt es, sei pädagogisch nicht vertretbar. Es gibt keinen Erlass, der einen solchen Grenzwert festlegt, doch lässt sich aus dem empirischen Material belegen, wie er bildungspolitische, schulorganisatorische und pädagogische Entscheidungen leitet. Begründet wird die Festlegung von „Tipping Points“ mit dem Ziel, wieder „normale Verhältnisse“ herzustellen, obwohl es „Normalität“ im Sinne einer sprachlich, ethnisch oder sozial homogenen Schülerschaft in Wilhelmsburg seit über 100 Jahren nicht mehr gibt.

Die Wiederherstellung „normaler Verhältnisse“ erfolgt – wie in den USA – vornehmlich durch „Busing“: Kinder zumeist einer Nationalität werden in von der Stadt finanzierten Bussen zu Schulen in anderen Stadtteilen gefahren. Wurde in den USA „Busing“ im Rahmen einer gesellschafts- und bildungspolitischen Zielsetzung des Abbaus von im Schulsystem angelegter Segregation eingesetzt, um durch Neuverteilung der Schülerschaft Rassenschranken abzubauen und ethnisch homogene Klassen bzw. Schulen zu mischen, so wird es in Wilhelmsburg (wie in Hamburg insgesamt) für den umgekehrten Zweck eingesetzt: Die trotz „White Flight“ weiterhin heterogene (‚multikulturelle‘) Schülerschaft soll durch Schülertransporte homogenisiert werden. Wurden in den USA durch „Busing“ die Schulen „gemischt“, so versucht man in Hamburg, die „gemischten“ Verhältnisse dadurch aufzuheben.

(3) Ein im Zusammenhang mit Schulentwicklung in städtischen Verdichtungsräumen immer wieder aufgegriffenes Konzept ist das der *Stadtteilschule*, mit dem intendiert ist, durch „Öffnung der Schulen“ zum städtischen Milieu hin auf die spezifischen lebensweltlichen Strukturen in benachteiligten Quartieren pädagogisch angemessen zu reagieren. Die Bildungslandschaft zeigt jedoch in der Verwirklichung dieses Anspruchs einige bemerkenswerte Verwerfungen, denn wie sich empirisch belegen lässt (vgl. Friedemann 2002), öffnen sich Schulen den außerschulischen sozialen Räumen in starrer *schulformspezifischer* Weise: Die Gymnasien und Gesamtschulen „öffnen“ sich zum Theater, zum Konzertsaal, zu Museen, zur Bibliothek, zur Universität, zu historischen Stätten, zum innereuropäischen oder transatlantischen Schüleraustausch, auch zu Wissenschafts- und Umweltläden, zu entwicklungspolitischen Initiativen, zu „Jugend forscht“, zum Internet. Den Haupt- und Förderschulen liegt es dagegen im Allgemeinen näher, sich an das Arbeitsamt, an Jugendhäuser und Sportvereine, an Betriebe und Beratungsstellen anzuschließen, und die Schülerinnen und Schüler an soziale und psycho-therapeutische Einrichtungen heranzuführen.

In offensichtlich langen und verfestigten Bildungstraditionen haben sich im Rahmen des gegliederten Schulsystems je besondere schulartbezogene Perspektiven auf soziale Räume und deren Bildungspotenziale herausgebildet, die die Wahrnehmung in den Schulen formatieren. Eckart Liebau beschreibt für die kulturpädagogische Orientierung von Schulen ähnliches: „Empirisch aber setzt sich noch immer das alte Muster durch: ästhetische Arbeit findet vor allem im höheren Schulwesen, insbesondere im Gymnasium, ihren Ort. Die Kultursoziologie weiß die Gründe dafür“ (Liebau 1995: 41). Was Eckart Liebau für den Bereich der Kunst zeigt, lässt sich ebenso für die politische Bildung, die Vorbereitung auf die Arbeitswelt, die Naturaneignung oder für die religiöse Erziehung nachweisen: Die Außenorientierung der Schulen erfolgt in sehr eng geführten schulartspezifischen Wahrnehmungen des sozialen Raumes, die Öffnungen werden durch den tradierten Habitus der jeweiligen Schulform verräumlicht, den Schülerinnen und Schülern werden nach Bildungsgängen vorgespurte Zugangswege zum Umfeld eröffnet. Der Bildungsraum wird schulformspezifisch geteilt.

Ursprünglich war mit dem Programm der Stadtteilschule die Hoffnung verbunden, dass sich die in der Aufteilung des Kultur- und Bildungsraums widerspiegelnde Gliederung des Schulsystems überwinden lasse, indem sich Schulentwicklung stärker auf den lebensweltlichen Hintergrund der Schülerinnen und Schüler bezieht. Ein erweiterter Begriff von Kultur sollte den Bezugspunkt bilden, der nicht mehr als ein fester Kanon anerkannter Bildungsgüter gefasst, sondern in dem nach Vermittlungsformen gesucht wird, die den Schülerinnen und Schülern vor dem Hintergrund ihrer Alltagskultur Zugänge zu einer produktiven und rezeptiven Praxis eröffnen: „Die Habitusformen der Kinder sind wesentlich durch das soziokulturelle und sozialökologische Umfeld der Schule mitbestimmt; es würde der Schule daher um so eher gelingen, ihre eigenen sachlichen Anforderungen zur Geltung zu bringen, je mehr sie an die ‚mitgebrachten' Habitusformen anknüpfen und zu ihrer Weiterentwicklung beitragen könnte. Dies wiederum konnte in den ‚natürlichen', den lebenspraktischen Kontexten vermutlich besser und verbindlicher gelingen als im institutionellen Kontext der Schule allein. Dementsprechend mußte es darauf ankommen, Verbindungen zwischen der Schule und ihrem Umfeld herzustellen, die auch einen Wechsel der Lernorte und der Lernarten möglich machen konnten" (Liebau 1995: 37). Das heißt, eine Sozialraumorientierung weitet nicht zwangsläufig den Blick einer Schule, sondern dieser kann sich weiterhin im historisch verengten Horizont der Schulform bewegen.

7. Perspektiven

Schulentwicklung verläuft in Deutschland als zweigeteilter Prozess: Für Schulbau und materielle Ausstattung der Schulen kommen die Kommunen auf, für Inhalte und Personal die Kultusadministrationen der Länder. Diese Aufteilung erweist sich zunehmend als überholt und kontraproduktiv, Kommunen als Schulträger sind längst nicht mehr nur für „äußere Angelegenheiten" zuständig: Mit der Bereitstellung technischer Ausstattung, insbesondere im IT-Bereich, und der Beschäftigung von sozialpädagogischem Personal an Schulen, um nur zwei Beispiele zu nennen, greifen Kommunen auch in „innere" Angelegenheiten ein. Ebenso erscheint eine Reduktion von Schulentwicklung auf personale, curriculare, methodische und organisatorische Probleme wenig überzeugend, da Fragen des Standorts einer Schule, des Schulbaus, der räumlichen Gestaltung und Ausstattung wesentlichen Einfluss auf Kultur und Klima einer Schule haben. Deshalb scheint eine Überwindung der strikten Trennung in innere und äußere Schulangelegenheiten und eine neue Form der Arbeitsteilung zwischen kommunaler und staatlicher Schulverwaltung geboten, in der kommunale Schulträgerschaft gestärkt und in die Lage versetzt wird, „*aktiv-gestaltend* auf die Schulentwicklung vor Ort einzuwirken" (Hebborn 2004: 217).

Eine Neubestimmung des Verhältnisses von kommunaler und staatlicher Schulverwaltung könnte auch dazu beitragen, Schulentwicklung von der Engführung auf die Einzelschule zu lösen und als Entwicklung der Schulen im Quartier, in der Stadt oder in der Region zu konzeptualisieren. Mit der Schaffung von lokalen Bildungsräumen könnten zumindest die dargestellten Konflikte und Ungleichheiten bearbeitet werden. Hier sind einzelne Schulen überfordert, erst der Bezug auf ein Netz von Schulen im lokalen Raum würde weiter gehende Perspektiven ermöglichen.

Lokale Bildungsräume sind keine ausschließliche Angelegenheit der Schule. Sie entstehen in der Herausbildung einer Infrastruktur für Kinder, Jugendliche und Erwachsene als Lernende, die von Schule, Jugendhilfe, Wirtschaft, kulturellen Einrichtungen und Organisationen sozialer Dienstleistung getragen wird. Einen wesentlichen Beitrag zum Aufbau solcher lokalen Bildungsräume kann die Kooperation von Schule und Jugendhilfe leisten. Erfahrungen in der Zusammenarbeit bestehen bei der gemeinsamen bzw. wechselseitigen Nutzung von Räumen, der kooperativen Planung und Durchführung von Angeboten, der fachlichen Unterstützung und Beratung von Lehrkräften bei Schwierigkeiten mit ihren Schülerinnen und Schülern durch die Jugendhilfe. Mit dem Ausbau von Ganztagsschulen ergeben sich neue Möglichkeiten der Kooperation. Um lokale Bildungsräume gestalten und entwickeln zu können, bedarf es auch geeigneter Instrumente der Steuerung. Dazu sollten Jugendhilfe- und kommunale Schulplanung stärker aufeinander bezogen werden und Beratungsbüros für die Gestaltung von lokalen Bildungsräumen eingerichtet werden.

Letztlich geht es um das alte Problem einer Demokratisierung des Zugangs zu kulturellen und sozialen Räumen. Luigi Guerra (1997) gibt den Hinweis, dass mit der zunehmenden Bedeutung, die dem außerschulischen Bildungssektor zukommt, eine neue Ungleichheit in den Aneignungsmöglichkeiten dieser nicht-schulischen Form der Bildung entstehen werde, „eine[r] Ungleichheit, der vor allem jene ausgeliefert sind, die die Bildungsangebote ihrer Lebensumgebung nur aus einer untergeordneten oder randständigen Position heraus nutzen können, oder deren Lebensumgebung einfach arm an derlei Angeboten ist." Daraus folge „die konsequente Neuinterpretation des Konzepts Recht auf Bildung, begrifflich erweitert nun als Recht auf Aneignung, dessen Voraussetzungen für alle Individuen zu jeder Zeit und an jedem Ort garantiert werden müssen" (Guerra 1997: 223f.). Er schlägt vor, in Stadtteilen ein „Netz territorialer Bildungsagenturen" aufzubauen, „das den engen Rahmen des ‚Schul'systems verlässt, um zum wirklichen ‚Bildungs'system zu werden" (ebd.: 224). Der Abbau verräumlichter Bildungsbarrieren würde durch den systematischen Aufbau eines Netzwerks der Bildung intendiert, in das die Schulen einzubinden wären, in dem ihnen auch eine wichtige Koordinierungs- und Steuerungsfunktion zukäme, sie aber nicht mehr über das Bildungsmonopol verfügten. Noch immer erfolgt jedoch die Gestaltung von Bildungsräumen allenfalls bezogen auf die Entwicklung des lokalen Schulsystems, nicht auf die einer Bildungslandschaft, mit einer konsequenten Verzahnung und Vernetzung formaler, non-formaler und informeller Lernorte und Bildungsangebote.

Literatur

Becker, Gerold/Bilstein, Johannes/Liebau, Eckart (Hg.) (1997): Räume bilden. Studien zur pädagogischen Topologie und Topographie. Seelze-Velber

Bourdieu, Pierre (1991): Physischer, sozialer und angeeigneter physischer Raum. In: Wentz (Hg.) (1991): 25-34

Bourdieu, Pierre (1992a): Sozialer Raum und symbolische Macht. In. Bourdieu (1992b): 135-154

Bourdieu, Pierre (1992b): Rede und Antwort. Frankfurt a.M.
Bourdieu, Pierre (1983): Ökonomisches Kapital, kulturelles Kapital, soziales Kapital. In: Kreckel (Hg.) (1983): 183-198
Bruhns, Kirsten/Mack, Wolfgang (Hg.) (2001): Aufwachsen und Lernen in der Sozialen Stadt. Kinder und Jugendliche in schwierigen Lebensräumen. Opladen
Buckow, Wolf-Dietrich/Yildiz, Erol (Hg.) (2003): Der Umgang mit der Stadtgesellschaft. Ist die multikulturelle Stadt gescheitert oder wird sie zu einem Erfolgsmodell? Opladen
Bussigel, Margret/Hansen, Georg/ Rolff, Hans-Günther (1980): Ethnische Minderheiten, Schülerzahlen-Rückgang und Jugendarbeitslosigkeit. Schulentwicklung in den USA. Ein Bericht für die Volkswagenstiftung. Dortmund
Ecarius, Jutta/Löw, Martina (1997a): Raum – eine vernachlässigte Dimension erziehungswissenschaftlicher und sozialwissenschaftlicher Forschung und Theoriebildung. In: Ecarius, Jutta/Löw, Martina (Hg.) (1997b): 7-14
Ecarius, Jutta/Löw, Martina (Hg.) (1997b): Raumbildung – Bildungsräume. Über die Verräumlichung sozialer Prozesse. Opladen
Eckert, Roland (2001): Dritte Welt in der Ersten? – Die Entstehung einer neuen Social underclass in den sozialen Brennpunkten. In: Bruhns et al. (Hg.) (2001): 291-309
Elias, Norbert/Scotson, John L. (1990): Etablierte und Außenseiter. Frankfurt a.M.
Elias, Norbert (1990): Zur Theorie von Etablierten-Außenseiter-Beziehungen. [Erstveröffentlichung: Amsterdam 1976] Deutsche Fassung in: Elias et al. (1990): 7-56
Elias, Norbert (1992): Figuration. In: Schäfers (Hg.) (1992): 88-91
Feldtkeller, Andreas (2001): Stadtentwicklung und Soziale Arbeit – Aufgaben der kommunalen Planung. In: Bruhns et al. (Hg.) (2001): 73-88
Friedemann, Hans-Joachim (2002): „Gäste" in Schule und Unterricht. Konzept einer sozialräumlichen und kulturbezogenen Entwicklung. Ulm-Langenau
Giddens, Anthony (1997): Die Konstitution der Gesellschaft. Grundzüge einer Theorie der Strukturierung. Frankfurt a.M./New York
Göhlich, Michael (1993): Die pädagogische Umgebung. Eine Geschichte des Schulraums seit dem Mittelalter. Weinheim
Grunder, Hans-Ulrich (2001): Schule und Lebenswelt. Münster/New York/München/Berlin
Guerra, Luigi (1997): Die erziehende Stadt. In: Becker et al. (Hg.) (1997): 221–232
Häußermann, Hartmut (2001): Aufwachsen im Ghetto – Folgen sozialräumlicher Differenzierung in den Städten. In: Bruhns et al. (Hg.) (2001): 37-51
Hebborn, Klaus (2004): Die Kommunen und ihre Schulen. Ein Plädoyer für eine aktiv-gestaltende Schulträgerschaft. In: Die deutsche Schule 2/96. 2004: 209-217
Heitmeyer, Wilhelm/Dollase, Rainer/Backes, Otto (Hg.) (1998): Die Krise der Städte. Frankfurt a.M.
Hiller, Gotthilf Gerhard (Hg.) (1994): Jugendtauglich. Konzept für eine Sekundarschule. Langenau-Ulm
Kreckel, Reinhard (Hg.) (1983): Soziale Ungleichheit. Soziale Welt. Band 2. Göttingen
Lehmann, Rainer/Peek, Rainer (1997, 1999): Aspekte der Lernausgangslage von Schülerinnen und Schülern der fünften Klassen an Hamburger Schulen. Bericht über die Untersuchung im September 1996 (1998). Humboldt-Universität zu Berlin
Liebau, Eckhart (1995): Schulkultur und Jugendschule. Perspektiven einer jugendorientierten Reform des unteren Schulwesens. In: Mack (Hg.) (1995): 35-47
Löw, Martina (2001): Raumsoziologie. Frankfurt a.M.
Mack, Wolfgang/Raab, Erich/Rademacker, Hermann (2003): Schule, Stadtteil, Lebenswelt. Opladen
Mack, Wolfgang (Hg.) (1995): Hauptschule als Jugendschule. Beiträge zur pädagogischen Reform der Hauptschulen in sozialen Brennpunkten. Ludwigsburg
Mollenhauer, Klaus (1983): Vergessene Zusammenhänge. Über Kultur und Erziehung. Weinheim/München
Projektgruppe Schulsozialarbeit (1986): Schule in der Stadt. DJI Materialen, Reihe Materialien zur Schulsozialarbeit Band 15. München

Schäfers, Bernhard (Hg.) (1992): Grundbegriffe der Soziologie. Opladen

Schroeder, Joachim (2002): Bildung im geteilten Raum. Schulentwicklung unter Bedingungen von Einwanderung und Verarmung. Münster

Schroeder, Joachim (2003): Schulentwicklung und die Grammatik des sozialen Zusammenlebens. In: Buckow et al. (Hg.) (2003): 113-130

Steffen, Gabriele (1994): Gute Schulen in schlechten Zeiten. Das Sekundarschulkonzept: Ein ermutigendes Beispiel für den Umbau der Stadtpolitik. In: Hiller (Hg.) (1994): 11-15

Tillmann, Klaus-Jürgen (1991): Erziehungswissenschaft und Bildungspolitik. Erfahrungen aus der jüngsten Reformphase. In: Zeitschrift für Pädagogik 6/37. 1991: 955-974

Wentz, Martin (Hg.) (1991): Stadt-Räume. Frankfurt a.M.

Jugendarbeit und Kommune

Werner Lindner und Rainer Kilb

Abstract

Der Beitrag aktualisiert Auftrag und Funktion der Jugendarbeit im Sozialen Raum jenseits tradierter Devianzorientierungen. Vor dem Hintergrund der historischen Verflechtung der Kategorien ‚Stadt' und ‚Jugend' eröffnet die Verbindung von Bildung, Lebensbewältigung und urbaner Kompetenz den Anschluss sowohl an neuere Tendenzen der Stadtentwicklung als auch an zukunftsbezogene, an der Subjektivität junger Menschen ansetzende Modi gelingenden Aufwachsens. Voraussetzungen für die praktische Einlösung ist die jeweils präzise Analyse der relevanten Sozialen Räume wie auch der damit verbundenen Alters-, Geschlechts-, Schicht- und ethnisch-kulturellen Prägungen und Orientierungen Jugendlicher. Jugendarbeit hätte die morphologischen, materiellen, kulturellen, sozialen und geschichtlichen Dimensionen sozialer Räume differenziert nach ihren jeweiligen Auswirkungen auf den Prozess des Aufwachsens zu erfassen und hieraus spezifische Aktivierungs- und Gestaltungsmöglichkeiten sowie Bildungsgelegenheiten zu identifizieren.

1. Einleitung

Diskussionen um das Arbeitsfeld Jugendarbeit sind seit ihrem Anbeginn vornehmlich unter dem Vorzeichen von „Jugend als Problem" geführt worden. Auch wenn diese Fokussierung aktuell weiterhin relevant bleibt (z.B. in den Themen Prävention, Migration oder Arbeitsgesellschaft), so kann die Jugendarbeit nicht darauf reduziert werden. Jugendarbeit bleibt hinter ihren Möglichkeiten, ihrem fachlichen und gesetzlichen Auftrag zurück, sofern sie sich nicht partiell vom Defizitblick löst und statt dessen die gewandelten Lebensbedingungen, soweit sie aktuellen sozialräumlichen Aspekten zuzuordnen sind, mit einem bildungsproduktiven Blick verbindet. Bislang sind im Arbeitsfeld Jugendarbeit urbanitäts-, stadt- und kommunaltheoretisch fundierte Konzepte eher rar; ebenso stehen sozialräumliche und bildungsorientierte Ansätze vielfach unverbunden nebeneinander. Der vorliegende Beitrag skizziert in der Verbindung von Bildung, Lebensbewältigung und urbaner Kompetenz einige Verbindungslinien, die diesen Entwicklungsnotwendigkeiten Rechnung tragen. Damit können neuere Ansätze der Jugendarbeit aber allenfalls perspektivisch-konzeptionell skizziert werden, da diese bislang in die Praxis kaum Eingang gefunden haben.

Bereits die Analyse expliziter und impliziter Verflechtungen von Kommune (hier zunächst im umfassenden Sinne des Städtischen) und Jugendarbeit zeigt vielfache Hinweise auf eine miteinander verbundene Entwicklungsgeschichte, weil sie grundlegende Aussagen über die Bedingungen und Bewältigungsformen des Aufwachsens von Kindern und Jugendlichen in der Moderne ermöglicht. Denn sowohl die (Industrie-)Stadt als auch die Jugendarbeit beruhen durchgängig auf den Entstehungsbedingungen moderner Gesellschaften: Auf der einen Seite ist die „Erfindung des Jugendlichen“ (Roth 1983) Resultat der Industrialisierung der westlichen Gesellschaften, auf der anderen Seite ist die Stadt „die räumliche, soziale und ökonomische Voraussetzung der Herausbildung von Jugend und Trennung von Jugend und Erwachsenen“ (Breyvogel 1983b: 8).

In dem Maße, wie Jugendliche in den Fokus gesellschaftlicher Diskurse und Entwicklungen geraten, ist auch die Jugendarbeit als pädagogisch-gesellschaftliches Regulativ notwendig involviert (vgl. die aktuelle Gewalt- bzw. Präventionsdebatte oder den Diskurs um die neue Ganztagsschule). Dabei werden der Jugendarbeit für gewöhnlich unterschiedliche Vorstellungen bzw. Funktionszumutungen angetragen (Prävention, Bildung, Integration, Lebensbewältigung, Freizeitgestaltung, Partizipation), die im Gesamtbild „eine eigentümliche Mischung aus „Überdeterminiertheit“ (d.h.: allzu viele wollen allzu viel und allzu Verschiedenes von uns) und „Unterdeterminiertheit“ (d.h. wir wissen nicht, was von uns verlangt wird, letztlich ist es gleichgültig, was wir tun, wir werden nicht als jemand wahrgenommen, von dem man sich wirklich etwas erwartet)“ (Hornstein 2004) erzeugen.

Analog zur Jugendarbeit fungiert auch die Stadt als Projektionsfläche für unterschiedliche Assoziationen, Funktionen und Bedeutungszuweisungen: als Ideal der Polis, als Modell des gesellschaftlichen und politischen Lebens, als Geburtsstätte bürgerlicher Freiheiten und der Emanzipation von obrigkeitlichen Zumutungen („Stadtluft macht frei“), als Basis des Sozialstaats, Mikrokosmos und gesellschaftliches Laboratorium, in dem sich die Prinzipien der Moderne fokussieren und die „soziale Grammatik des Zusammenlebens“ (Bukow 2002) sich erst erweist. Im Blick auf das von Lefêbvre angeführte Paradigma von der „Verstädterung der Gesellschaft“ (Lefêbvre 1972; vgl. Mönninger 1999) entfalten sich deren Kategorien der Zentralität, der Implosion und Explosion, der Gleichzeitigkeit und der Sichtbarkeit sowie die Konzentration des Widersprüchlichen. Hier wird die Matrix ersichtlich für das Verständnis städtischer und gesellschaftlicher Entwicklungen, die in spezifischer Weise die Sozialisationsbedingungen Jugendlicher beeinflussen: „In der Schrittfolge von antiker politisch-religiöser Stadt, mittelalterlicher Handelsstadt und die Grenzen der Stadt sprengender Industriestadt des 18. bis 20. Jahrhunderts (...) durchdringt das Städtische die Gesellschaft. Es kommt zur Urbanisierung des gesamten sozialen Raumes, zur Verstädterung, oder besser formuliert zu dem vorherrschenden Typ der verstädterten Gesellschaft der Gegenwart“ (Breyvogel 2000: 1).

Seit ihrem Entstehen verbindet sich Jugendarbeit unumgänglich mit der (Groß)-stadt, denn es war zunächst die verwahrloste (Fabrik)Arbeiterjugend in den Städten, der „zügellose Jugendliche“ wie auch die so genannten „Halbstarken“, die insbesondere im 19. Jahrhundert die Entstehung, Entwicklung und Ausdifferenzierung von Jugendfürsorge und Jugendarbeit maßgeblich bedingten (vgl. Addams 1909; Dehn 1919; Kautz 1926; Tenfelde 1982; Peukert 1986). Zugleich war die Jugendarbeit von Anbeginn verbunden mit Überlegungen, bestimmte „Kontrolllücken“ zu schließen, Dissidenz und Devianz (möglichst frühzeitig) zu bearbeiten; der Gedanke, Jugendlichen einen eigenständigen Entfaltungs- und Proberaum zur Verfügung zu stellen war in der damaligen Jugendarbeit kaum entfaltet.

Seit diesen Ursprüngen ist die sozialräumliche Dimension der Jugendarbeit vielfach in wissenschaftlichen und fachlichen Positionen behandelt worden (vgl. u.a. Böhnisch/Münchmeier 1987 und 1990; Pleiner 2001; Reutlinger 2002; die zahlreichen Ausführungen von Ulrich Deinet z.B. 1999; Deinet/Krisch 2002). Unter Einbeziehung und in Bezug auf diese Arbeiten sollen Rolle und Funktion der Jugendarbeit in einem spezifischen Verständnis von „Kommune“ dargestellt und hieraus angemessene konzeptionelle Perspektiven skizziert werden.

2. Sozialraum und Kommune als theoretisch-konzeptionelle Fundamente der Jugendarbeit

Im Kontext von Kommune und Sozialraum wird Jugendarbeit auf die Stadt bezogen, welche ihrerseits vielfältigen gesellschaftlichen Entwicklungen ausgesetzt ist. Zum einen ist der Zweck der Stadt die „baulich-räumliche Organisierung des gedeihlichen Zusammenlebens von Menschen unterschiedlicher Herkunft und Kultur“ (Feldtkeller 2002: 107). Zum anderen aber ist sie Laboratorium, Mikrokosmos und Repräsentation gesellschaftlicher Entwicklungen, Basis des (Sozial)Staats und zugleich Basis der Politik, in der sich die Folgen politischer Entscheidungen im Alltagsleben der BürgerInnen konkretisieren. Die Stadt ist der Ort des Unbekannten. Fremdheit und, damit verbunden, eine prinzipielle Unsicherheit ist die genuine Stadterfahrung (vgl. Simmel 1975a; Sennett 1990). In ihrer Funktion als Marktplatz bezeichnet die Stadt zugleich den Ort des Austausches unterschiedlicher Waren, Ansichten, Funktionen und Dienstleistungen. Die Urbanität der Stadt und deren zivilisatorische Wirkung beruht darauf, dass ihre Räume nicht geschlossen und nicht vollständig sozial kontrollierbar sind und der öffentliche Raum als Grenze zwischen dem Privaten und dem Öffentlichen „unbeschränkte Zugänglichkeit für eine unbeschränkte Allgemeinheit“ (Feldtkeller 2002: 115) gewährleistet.

Stets war und ist die Jugendarbeit in alle diese Entwicklungen involviert; aktuell beeinflussen die nachfolgend skizzierten Rahmenbedingungen von Stadt, Kommune und Sozialraum die Jugendarbeit in spezifischer Weise.

1. Die ab den 1970er Jahren immer deutlicher zu Tage tretenden ökonomischen Krisen im Verbund mit sozialem und technischem Wandel bewirkten, dass das „spezifisch Städtische, die Gleichzeitigkeit und öffentliche Zugänglichkeit verschiedenartigster Nutzungen, die den Erfahrungsbereich erweiterten und die Stadt zu einem einzigartigen Erlebnisraum machten, (....) zunehmend ausgedünnt [wurden]. (...) Die Stadt wird funktioneller für die Funktionierenden und repressiver für die anderen“ (Häußermann/Siebel 1987: 226; vgl. Ronneberger/Lanz/Jahn 1999).
2. Im Zuge der alles durchdringenden Ökonomisierung erfolgt der Wandel zum „Konzern Stadt“, der sich im internationalen Wettbewerb zu behaupten hat. Das zugehörige Leitbild der „3-S“-Kultur (Sicherheit, Sauberkeit, Service) zielt darauf ab, *die Sichtbarkeit von Unordnung und Marginalisierung in ökonomisch sensiblen Räumen zu unterbinden* (vgl. Ronneberger 1998).

3. Hier mutiert Sicherheit zum Zentralbegriff einer insbesondere auf die Städte bezogenen Kriminalitäts- und Unsicherheitsdebatte, angesichts deren sich PolitikerInnen ermutigt fühlen, Ausgangssperren für Jugendliche zu fordern, und die Städte, neue Ordnungssatzungen erlassen. Die hiermit verbundene „Zero-Tolerance"-Maxime versteht jegliche Unordnung (disorder) als Vorform und Prädiktor von *möglicher* Kriminalität und verfolgt nicht mehr faktische Gesetzesüberschreitungen, sondern vollzieht in der Orientierung auf Ordnung, Disziplin und Sauberkeit eine allumfassende Umdeutung alltäglicher Lebensverhältnisse in einen kriminalitäts- bzw. auch präventionsbezogenen Sachverhalt. Wo zugleich Jugendlichen Gewaltbereitschaft, Verwahrlosung, Orientierungs- und Normlosigkeit unterstellt wird, betrifft sie die neue Sicherheitsdebatte ganz besonders, denn nun werden ihnen noch engere Grenzen gezogen. Jugendarbeit wird hier in besonderem Maße als präventive Arbeit funktionalisiert.
4. In der medial verstädterten Gesellschaft werden Sichtbarkeit und Aufmerksamkeit zu neuen selbständigen Werten (vgl. Franck 2000; Kersten 1998; Breyvogel 1998b; Friedrich-Ebert-Stiftung 1994). Aufmerksamkeit ist eine neue Wertressource, eine Kapitalform, die jedem zugänglich ist und sich im jugendlichen Selbstverständnis nach dem Motto: „Ich bin nur wer, wenn ich wahrgenommen werde, wenn sich die Leute nach mir umdrehen; ich falle auf, wenn ich Angst und Schrecken verbreite" äußert (vgl. Stuckert 1993; Lindner/Stuckert 1995). In der Spannung von neuer sozial-ökonomischer Zerklüftung, gleichzeitig sich vollziehendem kulturellem Zerfall und der Auflösung moralischer Standards im Angesicht einer neuen Form der Werterzeugung durch Sichtbarkeit und Aufmerksamkeit – in diesen Bruchlinien existiert das Riskante der Stadt, welches zugleich das Sicherheitsbedürfnis herausfordert.
5. Der anwachsende Dienstleistungssektor verwandelt besonders die Innenstädte zu austauschbaren Kulissen, hinter denen sich wahlweise Verwaltungseinheiten, Kaufhäuser, Anwaltskanzleien, Reisebüros, Arztpraxen oder Sonnenstudios verbergen können. Inmitten der um sich greifenden „Verhübschung" der Innenstädte, in denen sich selbst Bahnhöfe als „Erlebnisorte mit Gleisanschluss" stilisieren, nehmen die so genannten „Nicht-Orte" (Augé 1994; vgl. Groys 2000) zu, die allein noch zum Durchqueren, Passieren und kurzen Verweilen eingerichtet sind: Restaurants, Fast-Food-Ketten, Bankautomaten, Tankstellen, Kaufhäuser, Supermärkte. Aktivitäten, die früher den öffentlichen Raum der Stadt belebten, werden möglichst schnell, reibungslos und anonym abgewickelt – wenn sie nicht ohnehin völlig von zu Hause aus erledigt werden durch Teleshopping, Telearbeit, Telebanking, Online-Dienste, Home-Services etc. Mit diesem Zuwachs an städtischen *Orten ohne Sozialität* korrespondieren wiederum exemplarische Jugendkulturen durch die Kultivierung einer *Sozialität ohne Orte*.
6. Der Zusammenhang von Sozialraum und Kommune muss aber angesichts der neueren Entwicklungen über die traditionelle Kernstadt hinaus gedacht werden; denn diese hat ihren eigenen Rahmen gesprengt. An sie schließt sich die Zwischenstadt an (vgl. Sieverts 1997), verbunden und unterbrochen durch vielfältige unterschiedliche Siedlungsräume, ein Siedlungsbrei oder auch eine verstädterte Landschaft. Die Unterschiede zwischen Kernstadt und Umland verwischen sich in vielfältigen dezentralen Zersiedlungsformationen: Urbanisierung der Provinz,

> Provinzialisierung der Stadt: „Der alte Gegensatz von Stadt und Land löst sich sukzessiv auf. Die Kernstädte sind vielerorts zu reinen Einkaufs- und Bürohauszonen mutiert, die abends entseelt vor sich hin dämmern. Das Umland hingegen ist nicht mehr Land, sondern Agglomeration, ist Einfamilienhausreservat, Büro- oder Medienpark, Tankstellen- und Möbelhausgefilde. Urbanität (...) ist nicht länger an einen spezifischen Ort gebunden. Stadt ist überall, Stadt ist nirgends" (Rauterberg 2002).

Aus diesem Grund muss die aktuelle Stadt stets in ihrem regionalen Umfeld gesehen werden. Damit wird der Zusammenhang von Sozialraum und Kommune nicht als Fixierung auf die alte Kernstadt allein reduziert, wohl aber erfolgt die bewusste Wahl der Stadt als Bezugspunkt für das, was sie ihrer Idee und Funktion nach einmal war, z.B. eine lebendige Konzentration von Mannigfaltigkeit. Sie wäre demgemäß mitsamt deren urbanen Qualitäten auch über ihre historischen Grenzen hinaus zu erhalten und zu revitalisieren.

7. Auf einer letzten Ebene schließlich wird Kommune zum Austragungsort des Politischen. Bereits in ihrer antiken Urform der athenischen Demokratie orientierte sie sich am Modell der *polis*, in dem die Stadt Austragungsort der öffentlichen Angelegenheiten aller (anerkannten) Bürger war, wobei „öffentlich" in einem Verständnis von „offen legen" galt. Die Teilnahme an diesen öffentlichen Angelegenheiten, der *ekklesia* als Versammlung aller Bürger auf dem städtischen Hauptplatz (*agora)* bestätigt wiederum die eigene Würde als Staatsbürger (vgl. Sennet 1997: 37ff.). Die *agora* als öffentlicher Sprechraum, als Marktplatz, Gericht, Abstimmungsort, Redeort, war umgeben von anderen Orten (wie z.B. dem theatron) der städtischen Selbstdarstellung, die Autonomie und Selbstverantwortlichkeit symbolisierten. In dem Maße, wie Stadt ebenso wie die ihr zugeordneten umgebenden Räume von vielfältigen Funktionsverlusten auch in Form von Polarisierung, Virtualisierung, Ent-Solidarisierung, Ent-Öffentlichung, Ent-Politisierung geprägt werden, erscheint die Erinnerung an vormalige Traditionen des Kommunalen, an die auch die Jugendarbeit insbesondere in Modellen der Partizipation anknüpft.

Eine solche Perspektive der Jugendarbeit hätte sich zu orientieren am Muster des „Kommunalismus" (Blickle 2000) oder der „Bürgerkommune" (Roth 2003), denn freiwilliges Engagement findet vorwiegend auf der kommunalen Ebene statt. Dort kann die Kommune als „Schule der Demokratie" gelten, weil sie strukturell am nächsten an den Lebenslagen Jugendlicher, in der Reichweite alltäglicher Lebenspraxis situiert ist (die gleichwohl zusehends global-medial vermittelt ist). Im Zuge der erneuerten Demokratisierung im Rahmen einer „Kultur der Anerkennung", gilt es die positiven Erfahrungen zu stärken, um des „Glück des Öffentlichen" (Hannah Arendt) wieder ernst zu nehmen und die Transparenz demokratischer Prozesse wieder ernsthaft zu erobern. Aber entgegen einer Rückverlagerung von Handlungs- und Entscheidungsoptionen weisen die gesellschaftlichen Trends der letzten Jahre in exakt die Gegenrichtung, denn je unmittelbarer und alltagsnäher eine Gestaltungsoption sein könnte, desto weniger eigenständig und handlungsfähig ist sie (vgl. Roth 2003: 108).

3. Aufgaben und Funktionen von Jugendarbeit

Der Jugendarbeit kommt gesetzlich der Auftrag zu, jungen Menschen die zur Förderung ihrer Entwicklung erforderlichen Angebote zur Verfügung zu stellen. Die Angebote sollen an den Interessen der Kinder und Jugendlichen anknüpfen und von ihnen mitbestimmt und mitgestaltet werden können, sie zur Selbstbestimmung befähigen und zu gesellschaftlicher Mitverantwortung und sozialem Engagement anregen und hinführen helfen (vgl. SGB VIII, § 11, 1). Das Aufgabenspektrum von Jugendarbeit (vgl. SGB VIII, §§ 11ff.) ist dabei durch eine ambivalente Auftragssituation gekennzeichnet: Jugendarbeit soll sich einerseits an *alle* Kinder und Jugendlichen wenden; sie soll andererseits aber mit *besonderen Benachteiligungen* umgehen und diese kompensieren helfen. Dieser „doppelte Auftrag" führt in unserer sozial gespaltenen Gesellschaft in der Regel zu räumlich voneinander getrennten Angeboten für eher Benachteiligte und eher weniger Benachteiligte.

Auch wenn die Jugendarbeit in ihrer bisherigen historischen Entwicklung von vielfältigen gesellschaftlichen Strömungen und Themenkonjunkturen beeinflusst wurde, so spielt sich deren gegenwärtige Funktion maßgeblich im Spannungsfeld dreier dominierender Themenbereiche ab: der Prävention, der Bildung und der Lebensbewältigung.

Während zumindest starke Bedenken bestehen, Prävention als Auftrag der Jugendarbeit fraglos zu akzeptieren (vgl. Freund/Lindner 2001), spricht vieles dafür, Jugendarbeit im Zuge der aktuellen Bildungsdebatte zu einer fundierten und reflektierten Renaissance ihres genuinen Bildungsauftrags zurück zu orientieren (vgl. Brenner 1999; Lindner/Thole/Weber 2003). Da Jugendarbeit aber immer auch Jugendliche in besonderen Lebenslagen zu ihren Zielgruppen zählt, gelangt der Auftrag hinzu, einen Beitrag zu deren Lebensbewältigung zu leisten (vgl. Böhnisch 2002). Jugendarbeit ist hier der *Unterstützung jugendlicher Subjektivität* verpflichtet, wobei insbesondere den Dimensionen Selbstbestimmung, Selbstachtung, Selbstsorge und Selbstbewusstsein gesteigerte Relevanz zukommt.

(Lebens-)Bewältigung bedeutet, „über die Runden zu kommen", wobei das Interesse pragmatischen individuellen Strategien gilt, Handlungsfähigkeit im Alltag zu erhalten. Angezielt wird die Herstellung einer Übereinstimmung zwischen den subjektiven Möglichkeiten und Wünschen, den sozialstrukturellen und lebensweltlichen Voraussetzungen und den daraus resultierenden individuellen Denk- und Handlungsperspektiven. Lebensbewältigung bezieht sich auf eine erfolgreiche und konstruktive Bearbeitung von Krisen und als Wiederherstellung eines nicht-krisenhaften, entlasteten „gelingenderen Alltags" (Thiersch), aber auch auf die Ausbildung von Fähigkeiten, ein Leben in der Risikogesellschaft, an den Grenzen der „Normalität" zu führen und mit wechselnden, widersprüchlichen und selten kalkulierbaren Anforderungen und Erwartungen zurecht zu kommen. Dabei sind Lebensbewältigung und Bildung vielfach miteinander verbunden: Bildung unterstützt Bewältigung; Bewältigung gilt als Bedingung von Bildung, Bildung impliziert gelungene Bewältigung von Entwicklungsaufgaben, Bildung ist ohne gelungene Bewältigung nicht denkbar.

4. Jugendarbeit in der Orientierung auf Sozialraum und Kommune

Im Hinblick auf die Themenstellung dieses Beitrags käme der Jugendarbeit mithin die Aufgabe zu, an Prozessen der *Bildung und Lebensbewältigung im Medium des Sozialräumlichen* mitzuwirken (wobei nicht zu verkennen ist, dass sich Jugendarbeit darin keineswegs erschöpft). Hierzu eröffnen sich u.a. die nachfolgenden konzeptionellen Zugänge, die mit je spezifischen praxisbezogenen Arbeitsformen und Methoden verbunden sind.

Jugendarbeit findet zunächst in unterschiedlichen sozialräumlichen Arealen statt und wird deshalb in (analytisch) verschiedenen Grundformen angeboten:

- Als *Cliquenbegleitung* in speziell hierfür bereitgestellten Räumlichkeiten; im Rahmen der Schulsozialarbeit oder der auf Schulen orientierten Jugendarbeit sind diese Cliquen häufig mit Teilen von Schulklassen identisch;
- als *Offene Kinder- und Jugendarbeit* in meist größeren Jugendzentren oder Jugendhäusern mit altersgruppenbezogenen, kulturspezifischen und geschlechtsspezifischen Angebotsformen;
- als *Mobile Kinder- und Jugendarbeit* mit unterschiedlichen Zielgruppen und Anlauforten;
- als *Anlaufstellen in Jugendbüros* mit einer einzelfall- und peergroup-orientierten Arbeitsweise;
- als *Jugendkultur- und Jugendbildungsarbeit* (über die kommunalen Jugendbildungswerke oder die Internationale Jugendarbeit);
- als *kooperierende Angebote*, die entweder an Vereine oder Verbände angebunden bzw. im Zusammenhang mit ganztagsschulischen Entwicklungen in den schulischen Bereich eingebunden sind;
- als *aufsuchende Jugendsozialarbeit* für meist benachteiligte Jugendliche an öffentlichen Plätzen/im öffentlichen Raum;
- als *selbstorganisierte Angebote* von Jugendinitiativen und
- als Vereins-, kirchliche oder verbandliche Jugendgruppenarbeit.

Vor diesem Hintergrund lassen sich gegenwärtig folgende Tendenzen und Trends ausmachen:

- In den Einrichtungen der Offenen Kinder- und Jugendarbeit etablieren sich unabhängig von der jeweiligen Gebäudegröße BesucherInnenkerngruppen zwischen meist 20 und 40 Jugendlichen mit tendenziell homogener Sozialstruktur; Heterogenität und Multikulturalität in den BesucherInnengruppen steigen dabei mit der Betreuungsintensität an.
- Jugendliche mit deutscher Herkunft sind in ländlichen Bereichen über-, in den urbanen Ballungsräumen dagegen unterrepräsentiert; dort entwickeln sich die Einrichtungen zunehmend zu reinen, häufig männlich dominierten Migrantentreffs.
- Bei den Altersgruppen gibt es einen deutlichen Verjüngungstrend hin zu den 12- bis 17-Jährigen.

- Insbesondere bei den älteren Altersgruppen dominieren männliche Jugendliche, bei den jüngeren Altersgruppen sind die Geschlechter etwa gleich vertreten.
- In den neuen Bundesländern kommt es zu starken Abgrenzungen zwischen „links-" und „rechtsorientierten" Jugendlichen in jeweils eigenen Räumen.
- Eine intensivere Gruppenhomogenität bewirkt extremere Ausgrenzungseffekte anderer.
- Die raumorientierte Offene Kinder- und Jugendarbeit unterliegt starken saisonalen und gruppierungsbezogenen Zyklen.
- In der vereinsbezogenen Kinder- und Jugendarbeit existieren in ländlichen Bereichen ebenfalls noch sehr traditionelle BesucherInnengruppen; im großstädtischen Kontext dominieren dagegen in den beiden größten Bereichen der Sportjugendarbeit, dem Kinder- und Jugendfußball, Migrantenjugendliche, im Kinderturnen eher junge Aktive deutscher Herkunftskultur.
- Insbesondere im Vereinssport gibt es eine Austrittstendenz ab dem 13. Lebensjahr.

Im Blick auf die beiden multiplen Merkmalsausprägungen von Jugendarbeit werden deren gesetzliche Ziele und fachlichen Aufgaben mit je spezifischen Angebotsformen, unterschiedlichen Konzepten und Methoden bearbeitet. Dabei kommen der Jugendarbeit je nach kommunalpolitischer Provenienz und sozialräumlicher Struktur unterschiedliche Funktionen zu. In eher polarisierten sozialen Strukturen bestehen häufiger Aufgabenzuweisungen in Richtung einer Sozialen Arbeit mit Auffälligen, in kohärenteren kommunalen Sozialstrukturen dagegen eine Orientierung an den eigentlichen, gesetzlich ausgewiesenen bildungs- und entwicklungsrelevanten Zielsetzungen.

Da sich Jugendarbeit jeweils neu und spezifisch auf die für sie relevanten sozialräumlichen Gegebenheiten einzustellen hat, ist für die Soziale Arbeit mit Kindern und Jugendlichen ein differenzierter Blick auf den Sozialraum notwendig. Sowohl die Arten der sozialräumlichen Nutzungen als auch die vom Sozialraum ausgehenden Einflüsse und Prägungen sind durch Alters-, Geschlechts-, Schicht- und ethnisch-kulturelle Zugehörigkeit geleitet. Im Zuge ihrer Sozialraumorientierung (vgl. BMJFFG 1990) geht es einerseits darum, die morphologischen, materiellen, kulturellen, sozialen und geschichtlichen Dimensionen sozialer Räume differenziert nach ihren jeweiligen Auswirkungen auf den Prozess des Aufwachsens zu erfassen. Darüber hinaus wären die jeweiligen Aktivierungs- und Gestaltungsmöglichkeiten und Gelegenheiten zu identifizieren.

In den diversen sozialräumlichen Zonen (z.B. Vorstädte, traditionelle Arbeitersiedlungen, Trabantenstädte, Cityrandbereiche, Armutsquartiere, ländliche Bereiche) existieren jedoch einerseits durch heterogene Bevölkerungsstrukturen, andererseits durch differierende Sozialpolitiken häufig ungleichzeitig verlaufende Entwicklungen. Während z.B. in eher ländlich geprägten Landkreisen bzw. einzelnen Gemeinden die kommunale Kinder- und Jugendarbeit heute erst aufgebaut wird, hingegen im Rahmen der so genannten „Zwischenstadt", also in den „Speckgürteln" bzw. Wohlstandsgürteln der metropolitanen Ballungsräume die Angebote erweitert werden, reduzieren die Kernstädte die kommunale Förderung dieses Bereiches aufgrund ihrer finanziellen Lage teilweise drastisch bis hin zum gänzlichen Abbau.

Obwohl sich in großstädtischen Zusammenhängen durch die ethnisch-kulturelle Bevölkerungsvielfalt eine außerordentliche soziale Heterogenität und damit auch

Singularität von Gemeinwesenstrukturen abbildet, lassen sich für die verschiedenen Siedlungsregionen Tendenztypen unter jugendbezogenen Nutzungsaspekten identifizieren. Diese müssen nach

- *metropolitanen Ballungsräumen* (Berlin, Hamburg, München, Rhein-Main-Region und „Rheinschiene“),
- *großstädtischen Verdichtungsräumen* (z.B.: Hannover, Bremen, Stuttgart, Nürnberg, Dresden, Leipzig, Ruhrgebiet, Rhein-Neckar-Region),
- *Einzugsbereichen mittlerer und kleiner Großstädte* (z.B. Bielefeld, Augsburg, Freiburg, Aachen, Rostock) sowie nach
- *ländlich-provinziell geprägten Regionen* (modernisierte und traditionelle Formen, zentrale Lagen oder Randlagen) differenziert betrachtet werden.

In sämtlichen dieser Gebietstypen findet man jeweils eigene jugendkulturelle Aktions-, Artikulations- und Kommunikationsformen, die mit wiederum spezifischen Arbeits- und Organisationsansätzen von Jugendarbeit korrespondieren. Darüber hinaus existieren jugendkulturelle Differenzen zwischen alten und neuen sowie zwischen norddeutschen, westdeutschen und süddeutschen Bundesländern (vgl. Kilb 2000b).

Bezogen auf die Nutzungen sozialer Räume lassen sich mehrere zentrale Entwicklungen festhalten:

- Für Jugendliche besonders *attraktive Erlebniszonen* stellen insgesamt die metropolitanen Knotenpunkte des Verkehrs (Hauptbahnhöfe, Flughäfen, zentrale Plätze), des Konsums (Einkaufs- und Entertainmentcenter, Einkaufsstraßen, Großkinos), des Sports (Stadien, Arenen, Eissporthallen) und der Kultur (Events, traditionelle Großfeste, Musik- und Tanzarenen) dar, denen überregionale Bedeutung zu kommt; es geht dabei um das gemeinsame Erleben, Genießen und Empfinden, das Identifizieren, das Selbstpräsentieren und die Selbstinszenierung. In den „zwischenstädtischen“ und ländlichen Bereichen wird diese Palette noch ergänzt durch größere Discotheken, Kinos oder Drive-in-Fastfoodzentren.
- Eine zentrale sozialräumliche Funktion besitzen die *Schulen*, insbesondere die weiterführenden Schulen und Schulzentren. Die aktuelle Debatten um Ganztagsschulen und Öffnung der Schulen zum sozialräumlichen Umfeld hin werden diese Entwicklung noch verstärken. Es zeigt sich sowohl in den Großstädten als auch in den ländlichen Bereichen, dass Schulen und ihr unmittelbares Umfeld neben den Lern- und Bildungsaufgaben auch Freizeit-, Erholungs-, Versorgungs-, Spiel- und Aktivierungsfunktionen wahrnehmen. In großstädtischen Arealen spielen im Umfeld der Schulen auch die Haltestellen, die Verkehrsmittel selbst, die Jugendfreizeiteinrichtungen, Spielplätze, Kaufhäuser, Geschäftsstraßen und die Schulhöfe eine bedeutende Rolle. In ländlich-kleinstädtisch geprägten Regionen sind es neben den Haltestellen, Bahnen und Bussen die Sportplätze und die größeren Sportvereine (auf Kosten der kleineren Vereine in Gemeinden ohne weiterführende Schulen), die sozialräumliche Akzente für Kinder und Jugendliche setzen (vgl. z.B. Sozialplanungen in den Landkreisen Gießen, Fulda und Vogelsberg).
- Mit zunehmendem Alter erweitern und differenzieren sich die sozialräumlichen Bezüge aus. Jugendliche nutzen je nach Geschlechts-, Kultur- und Schichtzugehörigkeit Sozialräume ganz unterschiedlich. Allgemein sind Mädchen aus benachtei-

ligten sozialen Schichten und aus Migrationszusammenhängen stärker auf den sozialen Nahraum und ihre ethnische Community hin orientiert und kommunizieren häufig über das Telefon. Für MigrantInnen überlagern sich dabei häufig die multikulturellen mit den community-bezogenen Sozialraumebenen. Letztere haben ihre örtlichen Foren und Fixpunkte meist in den Metropolen oder Agglomerationen. Das Zonenmodell von Dieter Baacke (1984) und das Inselmodell von Helga Zeiher (1983) lassen sich hier in Kombination zueinander anwenden, um den Prozess einer biographisch zunehmend ausschnitthaften sozialräumlichen Aneignung zu beschreiben.

Jugendarbeit und urbane Kompetenz

Als zeitgemäße, quer zu diesen Anforderungen liegende Aufgabe der Jugendarbeit kann die *Orientierung an einem Muster urbaner Kompetenz* (im Sinne von Bildung und Lebensbewältigung) gesehen werden. „Urbane Kompetenz" bezeichnet das Vermögen, sich in modernen Sozialräumen, vorzugsweise aber in städtischen Räumen zu Recht zu finden, zu leben und angemessen zu entfalten. (Inwieweit sich Urbanität bzw. einzelne Elemente davon mittlerweile von der Stadt im engeren Sinne gelöst haben und im Zuge einer ‚Urbanisierung des ländlichen Raumes' weiter ausdehnen, kann hier nicht ausführlich erörtert werden.) Urbane Kompetenz zielt auf den Rückgewinn dieser Ressourcen, aber sie ergibt sich nicht quasi automatisch aus dem bloßen Vorhandensein möglichst vieler Gebäude und Menschen an einem Ort, sondern umschreibt die Art und Weise, sich miteinander in städtischen Räumen zu verhalten. Und hier liegt eine besondere, bislang weithin unerledigte Aufgabe der Jugendarbeit: Urbane Kompetenz entsteht in der Spannung von Risiko, Vielfalt und Sicherheit, die miteinander verbunden sind, denn es gibt keine Sicherheit ohne Risiko, keine Vielfalt durch Sicherheit. Es setzt die Fähigkeit voraus, in Ambivalenzen zu denken und diese zu ertragen. Auf der handlungspraktischen Ebene umfasst urbane Kompetenz (Handlungs-)Sicherheit, die aber nicht durch Polizei und Behörden, sondern durch Partizipation, Engagement, Diskurs und offene Konfliktregulierung entsteht, die im weitesten Sinne einer „Kultur der sozialen Aufmerksamkeit" entspricht. Sie setzt die Stadt als grundlegend konflikthafte Möglichkeitsform voraus, als Ort des Neuen, das aus Konfrontation, Differenz und gleichzeitiger Empfindsamkeit entsteht, und sie revitalisiert die alten und neuen Utopien der Stadt; sie setzt auf ihre Produktivität aus Gegensätzlichem, Gleichzeitigem und Sichtbarem, auf die Stadt als offenen, allen frei zugänglichen, diskursiv besetzten Raum, als Markt der Möglichkeiten, Zentralort des Austausches von Meinungen und Waren. Das Konzept der urbanen Kompetenz enthält einen *kulturellen* Kern, da es letztlich eine *Kultur der sozialen Aufmerksamkeit* statt einen Habitus eifernden Misstrauens oder aber der Gleichgültigkeit anzielt und kulturelle oder sozialpolitische Partnerschaften anstelle von Sicherheitspartnerschaften favorisiert. Hierzu gehören die nachfolgende Aspekte:

Zielrichtung wäre also die Revitalisierung und Erinnerung an die Funktion des Städtischen in Verbindung mit den Dimensionen Stadtpolitik, Sichtbarkeit, Öffentlichkeit und Partizipation. Hier kann sich die Jugendarbeit im Rahmen ihrer Aufgaben in unterschiedlichsten Aspekten entfalten: In der Zurückweisung der ihr vielfach zugeschriebenen Devianzorientierung wäre durch die Jugendarbeit in der Stadt eine öffentliche Debatte zu initiieren, in der geklärt wird, welche Sicherheit die BürgerInnen erwarten können und welche nicht. Wenn es denn niemand anders tut, dann hätte die Jugendarbeit Debatten darüber anzuregen, wie man sich in einem gemeinsamen öffentlichen Raum bewegt. Die zu erreichende Ordnung aber kann keine partikulare sein; sie kann weder ausschließlich die der Mittelschicht sein, noch die des Einzelhandels oder anderer sozialer Gruppierungen. Hier hat die Jugendarbeit die besondere Perspektive Jugendlicher offensiv zu thematisieren. Es geht darum, Möglichkeiten und allgemein akzeptierte Formen herauszufinden, die unterschiedlichen, z.T. widersprüchlichen Vorstellungen von Urbanität auszutragen; denn Urbanität ist keine heile Welt-Utopie, sondern der Prozess dieses Austragens. Die Stadt ist immer beides: vertraute Heimat *und* anonyme Maschine, Ort der Anonymität *und* Ort der Identifikation; die Aufgabe besteht darin, diese im Interesse der Jugendlichen in möglichst fruchtbarer Spannung zu erhalten.

„Urbane Kompetenz heißt städtisch mit der Stadt umzugehen" (Ipsen 1997: 2). Erst der Kontrast zwischen dem geschützten privaten Raum und der Öffentlichkeit ergibt die Spannung, den Reiz und die Attraktivität des Städtischen. Wo sich jedoch Intimisierung und Lokalbezug als Leitkriterien durchsetzen, läuft das Leben in der Stadt auf eine Beschränkung der Erfahrung hinaus, geht der Sinn für die res publica verloren. Der Stadt diese Spannung zu nehmen, hieße, sie des wesentlichen Kernpunktes ihrer Existenz zu berauben. Jugendarbeit hat nach innen (in Bezug auf ihre jugendlichen AdressatInnen) und nach außen (in Bezug auf die Öffentlichkeit) ihren Beitrag dazu zu leisten, um zu verstehen, zu erfahren, zu lernen und zu akzeptieren „warum Städte anders sind als das eigene Wohnquartier und die Nachbarschaft und warum dies auch so sein muss. Lebendige Städte können nicht heimelig sein, in ihnen müssen unterschiedliche Lebensstile und Lebensschicksale aufeinander treffen. Damit verbunden ist immer ein gewisses Maß an Aversionen, Irritationen und Ängsten" (ebd.). Eine solches Bewusstsein, als eine Dimension urbaner Kompetenz, erfordert es, permissive Muster zu betonen, zu vermitteln und vorzuleben. Hierbei sind auch Jugendmilieus einzubeziehen, die sich schwer im öffentlichen Meinungsaustausch tun.

Im Zuge einer Abtrennung der Stadt in unterschiedlich segmentierte, monofunktionale Sphären, ist festzustellen, dass manche BewohnerInnen aus ihren Vierteln fast nie herauskommen, während die BewohnerInnen der restlichen Stadt diese Viertel meiden und sich gleichzeitig immer mehr in soziale Enklaven und zusehends abgeschottete Arbeits-, Konsum- oder Wohnbereiche zurückziehen. In dem Maße, wie insbesondere Jugendliche nur noch in ihren eigenen Milieus leben, gehen ihnen Entwicklungs- und Erfahrungsmöglichkeiten verloren; in der Folge wird nur noch das Bekannte und Vertraute wahrgenommen, das, was in die vorhandenen (Vor-)Urteils- und Stilmuster passt. Damit aber werden Jugendliche der produktiven Aneignung in wirklichen Verständigungsprozessen beraubt. In diesem Zusammenhang ist auch Jugendarbeit gefragt und gefordert, anzuregen, zu animieren, gegenzusteuern, sich aktiv und langfristig auf allen Ebenen für eine Revitalisierung der „Stadtkultur" durch und mit Jugendlichen einzusetzen.

Dies kann durch vielfältige Partizipationsprojekte geschehen, aber auch die Aktionen, die auf der Basis unkonventioneller Aneignungen die Stadt als Erlebnis- und

Erfahrungsraum neu bewerten, die Verriegelung und Verregelung öffentlicher Räume kreativ erweitern und die *Veränderbarkeit und Gestaltbarkeit der Stadt und ihrer Sozialräume erfahrbar machen.*

Immer schon erweisen Jugendliche spezifisch urbane Kompetenzen in testenden, experimentierenden fragmentarischen Vorformen dort, wo diese erforderlich sind, um sich in der Stadt, inmitten der Turbulenz ihrer Phänomene, Signale und Symbole zu setzen: *„Checking“* (Boettner 1989: 51; vgl. Butor 2000; Höge 1999; Schubert 2002), der rasch taxierende Blick an vorbeihuschenden Objekten, der bereits ein ausgearbeitetes Setting von Codes voraussetzt; Schärfung und prompte Löschung der Wahrnehmungen, das Bewältigen punktueller und transitorischer Begegnungen im *„Kontaktieren“*, das Dechiffrieren von Zeichen und Gesten, die in der Stadt als „soziale Ampelanlage“ (Boettner 1989: 65) fungieren. Motiviert durch die „Angst, nicht auf Sendung zu sein“ (Türcke 2001) kultivieren viele Jugendliche Signale der popkulturellen, migrationsspezifischen oder milieuorientierten Zugehörigkeit. Wo in der städtisch-medialen Öffentlichkeit vornehmlich durch Habitus-Präsentationen noch symbolische Aufmerksamkeitseffekte (Distinktionsgewinne) zu erzielen sind, lautet der Imperativ der öffentlichen Anerkennung „Medientauglichkeit“. Wo es auf Sichtbarkeit, Aufmerksamkeit und das reine Signal ankommt, ist die Fähigkeit ausschlaggebend, diese Signale gekonnt einzusetzen. (Dass diese Formen der Selbstdarstellung natürlich dem Kreislauf von Enteignung, Entwertung und Recycling unterliegen, ist Jugendlichen zum Teil bewusst, wird aber als Preis für die eigene Selbst-Inszenierung in Kauf genommen.) Hier hätte Jugendarbeit anzuknüpfen an vorfindbare Aspekte urbaner jugendlicher Kompetenz mit der Aufgabe, hierfür Entwicklungs- und Entfaltungsräume zu sichern, neu zu (er)finden, zurück zu erobern, diese Ansatzpunkte zu kultivieren, zu qualifizieren und im Sinne einer Bildungsaufgabe zu weiteren Entwicklungen anzuregen. Hierzu gehört nicht zuletzt, die Anliegen Jugendlicher im kommunalen Raum öffentlich zu vertreten, zu unterstützen und pädagogisch-städtische Gegenpositionen zu beziehen. Jugendarbeit als urbane Kulturarbeit (Sting 1993) ist hier im Schwerpunkt Arbeit an der sozialräumlich-städtischen Wahrnehmung, der es darum geht, Erfahrungs- und Erlebnisräume zu erschließen, Spielräume für Bewegungen, Kommunikationsräume für Begegnung und Austausch, Rückzugsräume, aber auch Freiräume für Experimente, Räume für Ruhepausen, zur Erholung und zum Entspannen ebenso wie Raum für kulturelle Ausdrucksformen mit den Jugendlichen gemeinsam auszugestalten.

Was im öffentlichen Blick als jugendliche Devianz etikettiert wird, kann in einer anderen Lesart durchaus als Form „urbaner Kompetenz“ gelesen werden, soweit die sich ausbreitenden Strategien zur Festivalisierung und Inszenierung der Straße und die Aufmerksamkeitsbedürfnisse Jugendlichen auf einander zu laufen. Auf der einen Seite gerät die „Exotik der Abweichung“ zum festen Bestandteil der Kulturindustrie, auf der anderen Seite spielen bestimmte Jugendszenen mit den Möglichkeiten und Gelegenheiten der Stadt. Mit Hip-Hop, Techno, Graffiti, Streetball, Skate-, Inliner- und Kickboardszenen existieren Jugendkulturen, die sich explizit auf die moderne Stadt und ihre Strukturen beziehen. Hier beweisen Jugendliche ihre urbane Kompetenz, indem sie die Stadt als Bühne der Sichtbarkeit für ihre Belange nutzen. Hier werden die städtischen Sozialisationsbedingungen weniger regellos-aggressiv (vgl. Baudrillard 2000) als flexibel-kreativ ausagiert. Hier hat sich Jugendarbeit in Kontakt zu begeben mit urbanen Jugendszenen und diese in ihren jeweiligen Raumaneignungen zu unterstützen und sich für sie einzusetzen.

Jugendarbeit im Kontext von Segregation

Während in der zuvor beschriebenen eher kulturell akzentuierten Jugendarbeit die Erweiterung der Wahrnehmungs- und Erlebnisfähigkeit sowie die Anregung und Qualifikation der gestalterischen Ausdruckserfahrung im Mittelpunkt stehen, ist Jugendarbeit in von Segregation betroffenen Wohnarealen meist präventiv ausgerichtet, d.h. sie zielt darauf, benachteiligende Lebensverhältnisse für die Betroffenen lebbarer gestalten zu helfen, stark abweichendem Verhalten wie etwa Kriminalität und Gewalttätigkeit mit alternativen Angeboten zu begegnen. Sie stößt in segregierten Sozialräumen aber häufig an Grenzen, da die strukturellen Hintergründe der benachteiligten Lebenslagen oft nicht Gegenstand einer Bearbeitung im Spektrum von Jugendarbeit und Jugendhilfe allein sein können. Jugendarbeit in isolierter Form kann dann sogar kontraproduktive Züge annehmen, wenn sie im Sinne eines adressatenorientierten Vorgehens lediglich vorhandene Strukturen reproduzieren hilft. Deshalb findet sie häufig in einer gemeinwesenorientierten Form statt, d.h. sie ist mit zahlreichen anderen Institutionen und Maßnahmen vernetzt und spezialisiert sich in solchen Verbünden dann auf jugendtypische Phänomene wie z.B. Delinquenz. Nachfolgend wird die je spezifische Funktion von Jugendarbeit im Kontext solcher begleitenden Maßnahmen anhand einiger exemplarischer Beispiele für drei unterschiedliche Segregationsareale skizziert:

Segregationstypus Getto:

Diese meist in sich geschlossenen Areale verstärken sich durch externe Stigmatisierungen positionell eher negativ, entfalten aber gleichzeitig eine „Vorhangwirkung“ durch eine starke Selbstisolation der BewohnerInnen: man bleibt im Getto und sieht deshalb die „äußeren Welten“ seltener. In diesem Sozialraumtyp tritt gesellschaftliche Exklusion besonders deutlich hervor. Bei heterogener interkultureller Bevölkerungsstruktur intensiviert sich dabei soziale Desorganisation. Delinquenzphänomene lassen sich hier sehr stark mit den Etikettierungstheorien (vgl. Lüdersen/Sack 1984/85) und dem sozialökologischen Ansatz von sozialer Desorganisation (Shaw/McKay) erklären: Dementsprechend sind Eigentums- (Exklusion) und Gewaltdelikte (fehlende soziale Kontrolle) gleichermaßen überrepräsentiert.

- In diesem Stadtgebietstyp ginge es zuerst um eine Aufwertung im gesamtkommunalen Kontext z.B. durch die Verlagerung subzentraler oder zentraler kommunaler bzw. interessanter stadtweiter Angebote und Dienstleistungen wie z.B. Sportstätten, Freizeitangebote, Kulturangebote (Beispiel: Spielstätte des Schauspiels und Ausstellungsangebote eines weltbekannten Museums in Köln in leerstehende Industriehallen eines sozialen Brennpunktes der Stadt; Bau des neuen WM-Stadions in Paris in einer Trabanten-Vorstadt; Guggenheim-Sammlung in Bilbao-Docklands).

- Weiterhin könnten Verbindungen von Arbeits- und Ausbildungsprojekten mit Wohnumfeldverbesserungen (Beispiel: Gebäude- und Grünflächensanierung in Sozialen Brennpunktsiedlungen durch Beschäftigungsprojekte von Jugendhilfeträgern) mit aus peergroups gebildeten Arbeitseinheiten entstehen.
- Gemeinwesenarbeit nach dem US-amerikanischen „leader-Modell“: d.h. Nutzung der vor Ort vorhandenen informellen „Hierarchie-Strukturen“ als internem Regulations- und Vertretungsansatz. Solche vorhandenen Strukturen müssen teilformalisiert und damit aufgewertet werden und durch fachliche Begleitung demokratisiert und von bisher unterdrückenden Impulsen „befreit“ werden.
- Individuelle cliquen- und zielgruppenorientierte Talentförderung über Projekte der Kinder- und Jugendarbeit.
- Individuelles Mentoring in der Jugend-, Familiensozialarbeit und der Jugendbildungsarbeit.
- Konfrontierend-akzeptierende pädagogische Handlungsformen in den freizeitpädagogischen und den Settings der Jugendgerichts- und Straffälligenhilfe.

Segregationstypus Armutslagen – Konsumkonzentration in Cityrandbereichen:

Diese Sozialräume fungieren als Konfrontationsverstärker: Durch unmittelbares Aufeinandertreffen von Konsumkonzentration und Benachteiligungslagen verstärken sich Konfrontations-, Polarisierungs- und Diskriminierungseffekte. In diesen Arealen dominieren ganz deutlich die Eigentumsdelikte bei Kindern und Jugendlichen, die in ihren räumlichen Lebenswelten ständig mit Konsumstandards konfrontiert werden, zu denen sie materiell keine ausreichenden legalen Zugänge besitzen. Das delinquente Bewältigungsverhalten lässt sich bei diesem Typus mit der Anomietheorie erklären (vgl. Merton 1968).

- In städtischen Arealen dieses Typs (meist in Cityrandlagen) sollten im Gegensatz zum Gettotypus städtebauliche „Nischen“ und Rückzugsbereiche – durch baulich-räumliche Abtrennungen – entstehen, die zusammen mit gezielten lokalen Angeboten eine Alternative zum „konsumorientierten Streifzug“ der Kinder und jugendlichen BewohnerInnen darstellen.
- Mit Hilfe von Sponsoringaktivitäten und Patenschaften sollten Jugendliche frühzeitig in arbeitsorientierter Form (Jobs, Praktika, Ausbildungsplätze) in die Betriebe im Quartier eingebunden werden.
- Der sekundären Prävention (speziell bezogen auf Konsumpräsenz und Kriminalität) in Schulen und der Kindertagesbetreuung sowie der Kinder- und Jugendarbeit sollte große Bedeutung zukommen.
- Die vor Ort ansässigen Kinder und Jugendlichen sollten durch eigene Angebote tendenziell von solchen problematischen Kindern und Jugendlichen wegorientiert werden, die außerhalb wohnen, die Citybereiche aber nutzen. Dies kann nur gelingen, wenn für beide Gruppierungen separate sozialpädagogisch begleitete Hilfe-, Freizeit- und Kulturarbeit existiert.

Typus Desintegrationsareale:

Diese Quartiere besitzen kaum städtebauliche Akzente und Orientierungen. Es sind in der Regel Bebauungen längs der Verkehrsmagistralen ohne integrative Bezugskomponenten. Es treffen ungleichzeitig verlaufende Entwicklungen der BewohnerInnen mit ethnischer Heterogenität zusammen. Gewalt- und Eigentumsdelikte sind gleichermaßen überrepräsentiert. Sie lassen sich mit Hilfe des sozialökologischen Ansatzes und der Anomietheorie erklären.

- In diesem Quartierstyp sind zumeist abgrenzende und zentrifugal wirkende Kräfte dominant. Es fehlen häufig historisches Identitätsbewusstsein und bewährte Integrationsabläufe und Rituale, sodass es notwendig erscheint, eine neue soziokulturelle Infrastruktur aufzubauen. Dies kann durch ein Miteinander von Gemeinwesenarbeit und Quartiersmanagement erfolgen. Dabei sollten die bestehenden community-Strukturen der häufig zahlreichen Migrationsgemeinden als Ausgangspotenzial genutzt werden. Je nach Migrationsgeneration sind ethnospezifische und interkulturelle Foren und Kommunikationssettings angesagt. Regelarrangements und ein stufenförmiges Integrationskonzept scheinen hier notwendig zu sein.
- In der Jugendarbeit geht es vor allem um peer-group-Ansätze und um zunächst gestaltete Kommunikationsmöglichkeiten zwischen diesen peer-groups.
- Interkulturelle Mediation, konfrontierende und gleichzeitig akzeptierende Methoden erscheinen ebenfalls indiziert. Gerade an den Regelverstößen müsste die sozialpädagogische Quartiersarbeit ansetzen, um mittelfristig Regelarrangements zwischen den BewohnerInnengruppen entstehen zu lassen.

Fazit

Jugendarbeit hat auf die unterschiedlichen Sozialräume bezogen, in denen Jugendliche leben bzw. sich aufhalten, je spezifische Konzepte und Handlungsmaximen zu verfolgen. Zugleich hat Jugendarbeit zur Kenntnis zu nehmen und sich darauf einzulassen, dass eine ausschließlich sozialraumorientierte Ausrichtung zu Verengungen führt, sofern Jugendliche *städtisch geprägte Lebenswelten, die immer auch symbolisch-medial durchdrungen, sind mitsamt ihren Möglichkeiten wie Restriktionen als Baustelle für die eigene Subjektivierung* verwenden.

Hier ergeben sich im Kontext von Sozialraum, Bildung, Lebensbewältigung und der Orientierung an urbaner Kompetenz durchaus neuartige, bislang aber weitgehend vernachlässigte Aufgabenstellungen. Entscheidend für jugendpädagogische Intentionen sind Leitfragen wie: Für welche Zielgruppen ist eine überwiegend sozialräumliche Arbeit (noch) relevant? Für welche Zielgruppen sind die Ansatzpunkte eher auf den anderen Ebenen zu suchen? In welchen Verhältnissen stehen sozialräumliche, medienorientierte und symbolische Kategorien in den Lebenswelten unterschiedlicher Jugendmilieus zueinander: ergänzend, dominierend, bereichernd, kompensatorisch, sich ausschließend? Und: In welchen konkreten Situationen und Bedarfslagen werden die einzelnen Dimensionen für bestimmte Zielgruppen bedeutsam (vgl. Lieberg 1996)?

Hier kann Jugendarbeit zur Balance zwischen ästhetischen und sozialen Orientierungen, zwischen Bildung und Lebensbewältigung beitragen. Und ihre Chancen angemessener jugendpädagogischer Handlungsansätze liegen darin, je zielgruppenspezifisch zwischen sozialräumlichen, medien-spezifischen und symbolisch-ästhetischen, migrations- oder geschlechtsspezifischen Kategorien zu vermitteln, Bildung und Lebensbewältigung in ihren wechselseitigen Effekten zu sehen, Grenzen, Übergänge und Offenheit zu erhalten wo Vereinseitigungen drohen, neue Zugänge, Anregungen und Lernerfahrungen einzurichten, wo diese zuvor nicht existierten.

Es käme in der Jugendarbeit darauf an, Verbindungen von auseinanderbrechenden Erfahrungen, Wahrnehmungen und Handlungschancen zu ermöglichen und Jugendlichen Orientierungshilfen durch die vorgenannten Ebenen hindurch zu ermöglichen. Hier sind JugendpädagogInnen als BegleiterInnen gefragt, die gemeinsam mit Jugendlichen durch die unterschiedlichen ‚Realitätszonen' von symbolischem, medial-globalem und kommunal-lokalem Raum navigieren. Hier gilt es, Transparenz herzustellen, den kompetenten Umgang in Sozialräumen zu ermöglichen, diese auf ihre Veränderbarkeiten zu testen (kreative Kompetenz) und an Gruppen- oder Cliquenstrukturen sowie das eigene Alltagsleben im lokalen und regionalen Raum zurück zu vermitteln (soziale und kulturelle Kompetenzen).

Die jugendpädagogischen Aufgaben bestehen dann darin, vom sozialen Raum auszugehen und darauf aufbauend zwischen den Kategorien Region, Stadt, Medien, Geschlecht und Migration produktive Verknüpfungen auszumachen, Gelegenheiten für Anschlussmöglichkeiten zu eröffnen, per Differenz- und Kontrasterfahrungen die jeweils vernachlässigte Dimension zu reanimieren, die Übergänge offen zu halten und dabei auf jeder Ebene je nach Ziel, Inhalt und Bedarf spezifischen Lern- und Aneignungschancen den Weg zu ebnen.

Literatur

Addams, Jane (1909): The Spririt of Youth and the City Streets. New York

Augé, Marc (1994): Orte und Nicht-Orte. Vorüberlegungen zu einer Ethnologie der Einsamkeit. Frankfurt a.M.

Baacke, Dieter (1984): Die 6-12jährigen. Einführung in die Probleme des Kindesalters. Weinheim/ Basel

Baudrillard, Jean (2000): Die Stadt und der Haß. In: Keller (Hg.) (2000): 130-142

Blickle, Peter (2000): Kommunalismus. Skizzen einer gesellschaftlichen Organisationsform. 2 Bände. München

Boettner, Johannes (1989): Himmlisches Babylon. Zur Kultur der verstädterten Gesellschaft. Berlin

Böhnisch, Lothar (2002): Lebensbewältigung. Ein sozialpolitisch inspiriertes Paradigma für die Soziale Arbeit. In: Thole (Hg.) (2002): 199-214

Böhnisch, Lothar/Schröer, Wolfgang (2001): Pädagogik der Arbeitsgesellschaft. Weinheim/München

Böhnisch, Lothar/Münchmeier, Richard. (1990): Pädagogik des Jugendraums. Zur Begründung und Praxis einer sozialräumlichen Jugendpädagogik. Weinheim/München

Böhnisch, Lothar/Münchmeier, Richard (1987): Wozu Jugendarbeit? Weinheim/München

Bundesministerium für Jugend, Familien, Frauen und Gesundheit (1990): Achter Jugendbericht. Bonn

Brenner, Gerd (1999): Jugendarbeit in einer neuen Bildungslandschaft. In: deutsche jugend 6/47. 1999: 249-256

Breyvogel, Wilfried (2000): Urbane Kompetenzen. Münster
Breyvogel, Wilfried (Hg.) (1998a): Stadt, Jugendkulturen und Kriminalität. Bonn
Breyvogel, Wilfried (1998b): Der „gefährliche Jugendliche“ auf der „Bühne der Sichtbarkeit“. Sichtbarkeit und Transparenz in der Mediengesellschaft. In: Breyvogel (Hg.) (1998a): 84-111
Breyvogel, Wilfried (Hg.) (1983a): Einleitung: Gegen das Vergessen. In: Breyvogel (Hg.): Autonomie und Widerstand. Zur Theorie und Geschichte des Jugendprotestes. Essen: 7-11
Breyvogel, Wilfried (1983b): Die Jugendrevolte als städtische Revolte. Zur Bedeutung der Stadt als Erfahrungsraum. In: Breyvogel (Hg.) (1983a): 98-105
Bukow, Wolf-Dietrich (2002): Zur Dynamik der metropolitanen Gesellschaft. In: Bukow et al. (Hg.) (2002): 25-46
Bukow, Wolf-Dieter/Yildiz, Erol (Hg.) (2002): Der Umgang mit der Stadtgesellschaft. Opladen
Butor, Martin (2000): Die Stadt als Text. In: Keller (Hg.) (2000): 179-192
Dahme, Hans-Jürgen/Otto, Hans-Uwe/Trube, Achim/Wohlfahrt, Norbert (Hg.) (2003): Soziale Arbeit für den aktivierenden Staat. Opladen
Dangschat, Jens S. (2000): Segregation. In: Häußermann (2000): 209-221
Dehn, Günter (1919): Großstadtjugend. Berlin
Deinet, Ulrich/Krisch, Richard (2002): Der sozialräumliche Blick der Jugendarbeit. Methoden und Bausteine zur Konzeptentwicklung und Qualifizierung. Opladen
Deinet, Ulrich (1999): Sozialräumliche Jugendarbeit. Eine praxisbezogene Anleitung zur Konzeptentwicklung in der Offenen Kinder- und Jugendarbeit. Opladen
Farin, Klaus/Seidel-Pielen, Eberhard (1991): Krieg in den Städten. Jugendgangs in Deutschland. Berlin
Feldtkeller, Andreas (2002): Gebauter Raum für das Zusammenleben von Fremden. In: Riege et al. (2002): 105-118
Franck, Georg (2000): Ökonomie der Aufmerksamkeit. In: Keller (Hg.) (2000): 101-118
Freund, Thomas/Lindner, Werner (Hg.) (2001): Prävention. Zur kritischen Bewertung von Präventionsansätzen in der Jugendarbeit. Opladen
Friedrich-Ebert-Stiftung (Hg.) (1994): Der öffentliche Raum als Bühne. Bonn
Groys, Boris (2000): Stadt auf der Durchreise. In: Keller (Hg.) (2000): 60-75
Häußermann, Hartmut (2000): Großstadt. Opladen
Häußermann, Hartmut/Siebel, Walter (1987): Neue Urbanität. Frankfurt a.M.
Heitmeyer, Wilhelm/Dollase, Rainer/Backes, Otto (Hg.) (1998): Die Krise der Städte. Frankfurt a.M.
Hornstein, Walter (2004): Bildungsaufgaben der Kinder- und Jugendarbeit auf der Grundlage jugendlicher Entwicklungsaufgaben. In: Lindner et al. (Hg.) (2004): 15-34
Hornstein, Walter (2003): Was macht die Politik mit der Jugend? Über die nicht einlösbaren Versprechungen, mit denen Politik die Jugend zu gewinnen sucht. In: Zeitschrift für Pädagogik 6/49. 2003: 870-883
Höge, Helmut (1999): Täter tragen Turnschuhe. Bandenmode und andere Erscheinungen in den Zeiten der Transformation. In: Frankfurter Rundschau, 9. September 1999
Hohm, Hans-Jürgen (Hg.) (1997): Straße und Straßenkultur: interdisziplinäre Beobachtungen der öffentlichen Sozialraumes in der fortgeschrittenen Moderne. Konstanz
Ipsen, Detlef (1997): Sicherheit durch urbane Kompetenz. In: www.central.de/-jonasp/safercity/urbkomp.html
Kautz, Heinrich (1926): Im Schatten der Schlote. Versuche zur Seelenkunde der Industriearbeiterjugend. Köln
Kersten, Joachim (1998): Sichtbarkeit und städtischer Raum. Jugendliche Selbstinszenierungen, Männlichkeit und Kriminalität. In: Breyvogel (Hg.) (1998a): 112-129
Kilb, Rainer (2000a): Arbeitsbuch Jugendhilfeplanung. Frankfurt a.M.
Kilb, Rainer (2000b): Jugendhilfeplanung – ein kreatives Mißverständnis? Leverkusen-Opladen
Kilb, Rainer (1998): Arm dran in einer reichen Gesellschaft. Frankfurt a.M.
Keller, Ursula (Hg.) (2000): Perspektiven metropolitaner Kultur. Frankfurt a.M.
Lefêbvre, Henri (1972): Die Revolution der Städte. Frankfurt a.M.

Lieberg, Mats (1996): Jugend, Modernität und öffentliche Räume. In: Diskurs, Deutsches Jugendinstitut München, 2/96. München. 1996: 38-48

Lindner, Werner/Sturzenhecker, Benedikt (Hg.) (2004): Kinder und Jugendarbeit als Bildungsarbeit. Vom Bildungsanspruch zur Bildungspraxis. Weinheim/München

Lindner, Werner (1998a): Von der Unwirtlichkeit zur Unwirklichkeit der Stadt. Die pädagogische Vermittlung zwischen jugendlicher Stadt- und Medienerfahrung. In: np, 29. Jg., H. 2. 1998: 150-162

Lindner, Werner (1998b): Die „sichere" Stadt zwischen ‚urban control' und urbaner Kompetenz. In: Breyvogel (Hg.) (1998a): 37-61

Lindner, Werner/Thole, Werner/Weber, Jochen (Hg.) (2003): Kinder- und Jugendarbeit als Bildungsprojekt. Opladen

Lindner, Werner/Stuckert, Thomas (1996): „Ich möchte, dass sich die Leute auf der Straße nach mit umdrehen" – Jugendliche Subkulturen im Ruhrgebiet. In: Kommunalverband Ruhrgebiet (Hg.): Standorte. Jahrbuch Ruhrgebiet 1994/95. Essen 1995: 159-164

Lüdersen, Helmut/Sack, Fritz (1984/85): Seminar: Abweichendes Verhalten I–IV. Frankfurt a.M.

Merton, Robert (1968): Social Theory and Social Structure. New York

Mitscherlich, Alexander (1963): Die Unwirtlichkeit der Städte. Frankfurt a.M.

Knemeyer, Franz-Ludwig (1995): Bürgerbeteiligung und Kommunalpolitik. München

Meyer, Thomas/Weil, Richard (Hg.) (2002): Die Bürgergesellschaft. Perspektiven für Bürgerbeteiligung und Bürgerkommunikation. Bonn

Mönninger, Michael (Hg.) (1999): Stadtgesellschaft. Frankfurt a.M.

Peukert, Detlev J. K. (1986): Grenzen der Sozialdisziplinierung. Aufstieg und Krise der deutschen Jugendfürsorge 1878 bis 1932. Köln

Preuss-Lausitz, Ulf et al. (Hg.) (1983): Kriegskinder, Konsumkinder, Krisenkinder. Weinheim

Pleiner, Günter (Hg.) (2001): Jugendarbeit in Großstädten: Leitlinien, Schwerpunkte, Praxismodelle. Opladen

Rauterberg, Hans (2002): Leben im unheimlichen Heim. In: Die Zeit, 2. Mai 2002. 40

Reutlinger, Christian (2002): Stadt. In: Schröer et al. (Hg.) (2002): 255-272

Riege, Marlo/Schubert, Herbert (Hg.) (2002): Sozialraumanalyse. Grundlagen – Methoden – Praxis. Opladen

Ronneberger, Klaus (1998): Die Erosion des Sozialstaats und der Wandel der Stadt. In: Frankfurter Rundschau v. 9. Februar 1998

Ronneberger, Klaus/Lanz, Stephan/Jahn, Walter (1999): Die Stadt als Beute. Bonn

Roth, Roland (2003): Bürgerkommune – Reformprojekt mit Hindernissen. In: Dahme et al. (hg.) (2003): 103-126

Roth, Lutz (1983): Die Erfindung des Jugendlichen. München

Sampson, Robert/Groves, Byron (1989): Community Structure and Crime. In: American Journal of Sociology. 4/94. 1989: 774-802

Schubert, Herbert (2002): Menschliche Siedlungen als Symbolräume. In: Riege et al. (2002): 161-176

Schröer, Wolfgang/Strude, Norbert/Wolff, Mechthild (Hg.) (2002): Handbuch der Kinder- und Jugendhilfe. Weinheim/München

Sennett, Richard (1997): Fleisch und Stein. Der Körper und die Stadt in der westlichen Zivilisation. Frankfurt a.M.

Sennett, Richard (1990): Civitas. Die Großstadt und die Kultur des Unterschieds. Frankfurt a.M.

Sennett, Richard (1983): Verfall und Ende des öffentlichen Lebens. Die Tyrannei der Intimität. Frankfurt a.M.

Shaw, Clifford R./McKay, Henry D. (1969): Uvenile Delinquency and Urban Areas. Chicago: University of Chicago Press

Simmel, Georg (1975a): Die Großstädte und das Geistesleben. In: Simmel (1975b): 192-204

Simmel, Georg (1975b): Das Individuum und die Freiheit. Essais. Stuttgart

Sieverts, Thomas (1997): Zwischenstadt: Zwischen Ort und Welt, Raum und Zeit, Stadt und Land. 3. verbesserte und ergänzte Auflage. Gütersloh

Sting, Wolfgang (1993): Wildwuchs und Vielfalt. Kulturpädagogische Arbeit in Metropolen. Essen

Stuckert, Thomas (1993): „Die Leute haben einfach nur Angst vor uns“. Der Jugendliche als öffentlicher Schrecken. In: Breyvogel (Hg.): Lust auf Randale. Jugendliche Gewalt gegen Fremde. Bonn: 161-201

Tenfelde, Klaus (1982): Großstadtjugend in Deutschland vor 1914. Eine historisch-demographische Annährung. In: Vierteljahresschrift für Sozial- und Wirtschaftsgeschichte. 2/69. 1982: 182-218

Thole, Werner (Hg.) (2002): Grundriß Soziale Arbeit. Opladen

Türcke, Christoph (2001): Die mythische Angst, nicht dabei zu sein. In: Die Zeit, 10. Mai 2001: 38

Zeiher, Helga (1983): Die vielen Räume der Kinder. Zum Wandel räumlicher Lebensbedingungen seit 1945. In: Preuss-Lausitz et al. (Hg.) (1983): 176-195

Erziehungshilfen und lokale Integration

Josef Koch und Mechthild Wolff

Abstract

Im ersten Teil geht es um die Grundannahmen des sozialpädagogischen Handelns in den Erziehungshilfen. Es zeigt sich, dass der soziale Raum eine wichtige Bezugsgröße sowohl für die Handlungen, Wahrnehmungen als auch für die sozialen Verteilungskämpfe und gesellschaftlichen Bewertungen bildet. Erziehungshilfen müssen nun aber versuchen, den einzelnen hilfesuchenden Menschen in diesen sozialen und räumlichen Bezügen zu fördern. Dabei ist gerade im Feld der Erziehungshilfen nicht zu übersehen, dass es ein Spannungsverhältnis zwischen der Eröffnung von individuellen sozial-räumlichen Aneignungs- und Bildungsgelegenheiten für junge Menschen und den raumbezogenen Planungs- und Steuerungsnotwendigkeiten der Sozialverwaltung gibt.

Mit diesem Spannungsverhältnis beschäftigt sich der zweite Teil des Beitrages ausführlicher. Nachgezeichnet werden im Feld der Erziehungshilfen die Brüche, die sich auftun zwischen den Logiken dieses sozialpädagogisch fundierten sozialräumlichen Denkens und Handelns und eines Verwaltungshandelns, das sich an kommunalen Erfordernissen und Gegebenheiten orientieren muss. In den widersprüchlichen Logiken finden sich manifeste Interessenskollisionen und damit auch Zielkonflikte sowie unbeabsichtigte Nebenfolgen.

1. Der Sozialraum als Grundlage sozialpädagogischen Denkens und Handelns

1.1 Das ökologische Modell als metatheoretische Grundlage für die Erziehungshilfen

Wenn wir uns in diesem Beitrag an die Bedeutung des Sozialraums für die Erziehungshilfen annähern wollen, kommen wir nicht umhin, einen grundsätzlichen Blick auf das Verständnis sozialpädagogischen Handelns gegenüber KlientInnen zu werfen. In der Handlungslehre der Sozialen Arbeit wird reklamiert, dass sich das Menschenbild, auf das sich sozialarbeiterisches Handeln bezieht, von dem anderer Disziplinen, wie bspw. der Medizin, absetzt, ja sogar absetzen muss. Die Sicht auf den Menschen in seiner Gewordenheit und in seinen alltäglichen Ausdrucksformen erfordert eine multiperspektivische Sicht. Urie Bronfenbrenner (1981), der eine wichtige bezugstheoretische Grundlage für die Disziplin liefert, hat aufgezeigt, dass Entwicklung und Handlungsweisen von Individuen nur mit Blick auf die Wechselwirkungen zwischen den verschiedenen Systemebenen (Mikro-, Meso- und Makrosystem) erklärbar werden. Die von ihm identifizierten „Schichten“ umfassen die unmittelbare Umgebung (Haus, Schule, Straße usw.), die (informellen) sozialen Netzwerke (Bekanntenkreis, peer-group usw.), die (formalen) Institutionen (Schule, Verwaltung usw.) sowie die ideologischen Systeme (Gesetze, Werte und Normen usw.). Räumliche Merkmale strukturieren in diesem Zusammenhang die Handlungen, ihre Bewertungen durch Menschen und ihre Wahrnehmungen.

Wir erachten das ökologische Modell für die Erziehungshilfen als besonders bedeutsam, weil es einen hilfreichen Verstehenszugang zu KlientInnen eröffnet: individuelle unbewältigte biografische Krisen, fehlende Lebensperspektiven, überfordernde Alltagssituationen, Desintegration oder nicht zur Verfügung stehende materielle, soziale oder emotionale Ressourcen sind somit nicht Ausdruck individuellen Versagens oder Fehlverhaltens. Soziale Arbeit muss sich demnach in der Analyse der Entstehung individueller Krisen- oder Problemlagen auf eine schwierige Gemengelage von Faktoren und Indikatoren in den Systemebenen einlassen. Krisen- oder Problemlagen sind somit nicht allein im Individuum verankert, sondern im Spannungsverhältnis zwischen Individuum und seiner Umwelt begründet. Ein solches Verständnis stellt eine hohe Anforderung an die Deutung sozialer Krisen von Menschen, es macht zugleich die Planung und Durchführung von Hilfeleistungen für diese Menschen in den Institutionen Sozialer Arbeit zu einem mehrdimensionalen Prozess.

So möchten wir für diesen ersten Zugang festhalten, dass ein Spezifikum sozialpädagogischen Handelns in den Erziehungshilfen darin besteht, dass Fachkräfte, die Menschen Hilfestellungen zur Bewältigung von Lebenskrisen geben wollen, diese nur mit Blick auf das Zusammenwirken aller Systeme verstehen können. Hier sind Spannungsfelder zu Handlungslogiken der Sozialadministration angelegt, wenn diese ihr Handeln an einem geografisch definierten Raum mit einer hohen Quote von Hilfebedürftigen ausrichtet.

1.2 Lebensbewältigung als Zielperspektive für die Erziehungshilfen

Der soeben bereits verwendete Begriff der Bewältigung eröffnet die grundlegende Zielperspektive, die sich von anderen angrenzenden Disziplinen unterscheidet – bspw. in Abgrenzung zur Psychologie, die das Ziel der Behandlung verfolgt. Das Ziel jeder sozialpädagogischen Intervention besteht demnach darin, Unterstützung und Hilfe bei biografischen Bewältigungsprozessen bereitzustellen. Krisenhafte Lebensereignisse haben zur Folge, dass Menschen ihre gewohnte Handlungssicherheit verlieren, weil sie neuen Situationen und Anforderungen gerecht werden müssen. Krisenhafte Situationen vermitteln dem Menschen Erfahrungen der Unsicherheit und Entwertung und versetzen ihn in Zustände, in denen er auf sich selbst zurückgeworfen ist. Die Erziehungshilfen haben häufig mit Menschen in diesen zeitweiligen oder dauerhaften Krisensituationen zu tun. Die Aufgabe von Professionellen in Kontexten Sozialer Arbeit besteht demnach darin, das Individuum in seinem eigenen Streben nach psychosozialer Handlungsfähigkeit zu unterstützen (vgl. Böhnisch 1994). Dieses auf einem positiven Menschenbild basierende Paradigma, das dem Menschen ein eigenes Bestreben nach Veränderung zutraut, gleichzeitig aber auch abverlangt, beinhaltet, dass sich das Individuum umorientieren, dass es alte gewohnte Muster ablegen und sich auf neue Prozesse einlassen möchte, in denen es neue Lernerfahrungen gewinnen kann. Eine defizitäre Sicht darauf, welche individuellen und eigenwilligen Lösungen der Mensch zur Lebensbewältigung wählt, finden hierin keinen Raum. Diese Grundannahmen beziehen sich auf Menschen in allen Lebensaltern (vgl. Böhnisch 1997) und sie verweisen darauf, dass sich die Soziale Arbeit damit deutlich von einem Behandlungsparadigma im Einzelfall absetzt und stattdessen den Ansatz des Empowerment (vgl. Herriger 2002) anstrebt. Es gilt also, Menschen in ihren eigenen Impulsen nach Veränderung zu unterstützen, auf ihre eigenen Ressourcen im Sinne der Hilfe zur Selbsthilfe zu bauen und nicht nur individuelle Problemlösungsstrategien gemeinsam mit den KlientInnen zu entwickeln, sondern diese an Netzwerke anzukoppeln oder Energien darauf zu verwenden, solche entstehen zu lassen. In diesem Zusammenhang spielt die Einbeziehung von Ressourcen und Selbsthilfestärken im sozialen Nahraum insbesondere in den Ansätzen der Erziehungshilfen eine noch untergeordnete Rolle.

Ein Professionsverständnis Sozialer Arbeit, das seine Zielperspektive in der Sicherstellung und Förderung von Hilfen zur Lebensbewältigung sieht, stellt die Professionellen zunächst vor die Anforderung, die positiven Potenziale von Menschen und ihren Lebensformen anzuerkennen. Dieser – an einem positiven Menschenbild ausgerichtete – Aspekt verweist nicht nur auf die Haltung, mit der Professionelle zu KlientInnen in Beziehung treten, er legt auch die Notwendigkeit offen, das methodische Vorgehen auf der Grundlage von Potenzialen und Ressourcen zu planen. Potenziale und Ressourcen verbergen sich nicht nur in den Individuen selbst, sondern zugleich in ihren Lebensformen und in allen sie umgebenden Teilsystemen. Gerade in den Erziehungshilfen, die sich Kindern, Jugendlichen und Familien zuwenden, können Maßnahmen nur erfolgreich sein, wenn sie diesen Prämissen folgen.

Für unseren zweiten Zugang möchten wir resümieren, dass es im Rahmen der Erziehungshilfen darum geht, Lern- und Bildungsprozesse zu organisieren, die Kindern, Jugendlichen und Familien Chancen zur Lebensbewältigung eröffnen. Die Organisation von Hilfen basiert auf einem positiven und ganzheitlichen Menschenbild und auf Methoden, die das Individuum und die Systeme in seinem Umfeld einbeziehen. Sozialadministrationen entfalten hingegen überindividuelle Bedarfs- und Bewältigungsprognosen, die auch von der gesellschaftlich zugemessenen Finanzsumme für Hilfeleistungen gesteuert werden.

1.3 Die Raumaneignung als sozialisationstheoretische Grundlage für die Erziehungshilfen

Für die Erziehungshilfen möchten wir auf Erkenntnisse aus der Psychologie und aus der Jugend- bzw. Sozialisationsforschung zurückgreifen, die an das ökologische Paradigma anknüpfen (vgl. dazu Baacke 1995; 2000). Die Entwicklung des jungen Menschen ist demnach an seinen sozialen Nahraum und an seine Peripherie gekoppelt und je reichhaltiger die Anregungen in seinem sozialen Umweltsystem sind, desto stärker unterstützen sie eine differenzierte Persönlichkeitsstruktur, weil eine immer breitere Palette von Persönlichkeitsmerkmalen, Einstellungen und Verhaltensmöglichkeiten hinzukommen kann (vgl. dazu auch Hurrelmann 1999). Hier sind allerdings v.a. altersspezifische und geschlechtsbezogene Differenzierungen zu beachten. In der Diskussion um die Bedeutung der Raumaneignung für die Entwicklung von Kindern und Jugendlichen werden geschlechtsspezifische Unterschiede reklamiert. Sie deuten darauf hin, dass einerseits die Interessenslagen insbesondere im und am öffentlichen Raum von Mädchen und Jungen andere sind (vgl. Schön 2004) und dass andererseits Mädchen und Jungen auf sehr unterschiedliche Weise öffentliche Räume erkunden und darin agieren (vgl. dazu auch Nissen 1998). Dieses Verhalten begründet sich nicht nur in einem unterschiedlichen Rollenverständnis, es produziert auch ein solches in der Folge. Ursula Nissen verweist in diesem Zusammenhang darauf, dass schichtspezifische und ethnische Unterschiede weitere Unterscheidungsmerkmale darstellen.

Resümierend kann hieraus geschlossen werden, dass auf einer theoriegeleiteten Ebene für die Soziale Arbeit mit Kindern und Jugendlichen ein Verständnis vorherrscht, dass die Aneignung von Räumen, in denen sich Kinder und Jugendliche bewegen, Voraussetzung für die Herausbildung ihrer Ich-Identität sowie ihrer sozialen Rollen ist. Dieser Prozess ist Bestandteil eines Bildungsprozesses (vgl. Deinet/Reutlinger 2004), der sich als lebenslanger Lernprozess vollzieht.

Für die Erziehungshilfen bedeutet dies, dass der Prozess der Aneignung von sozialen Räumen eine wichtige und notwendige Sozialisationsaufgabe für Kinder und Jugendliche darstellt. Der Auftrag der Erziehungshilfen besteht demnach darin, diese Aneignungsprozesse in sozialen Lernprozessen zu befördern. Vor diesem Hintergrund werden die Erziehungshilfen zu einem wichtigen Sozialisationsort gerade für die Kinder und Jugendlichen, denen Sozialisationschancen verwehrt sind. Die Aufgabe, die Professionellen in den Erziehungshilfen zukommt, besteht darin, Kindern und Jugendlichen Bildungsprozesse in Form sozialer Lernerfahrungen zur Aneignung von Raum zu ermöglichen. Geschlechtsspezifische Unterschiede, ethnische und schichtspezifische Unterschiede stellen in diesen Prozessen eine grundlegende Analysefolie dar. So kann gerade im Feld der Erziehungshilfen ein Spannungsverhältnis zwischen raumbezogenen Planungs- und Steuerungsnotwendigkeiten der Sozialverwaltung und der Eröffnung von individuellen sozial-räumlichen Aneignungs- und Bildungsgelegenheiten der einzelnen Kinder erwachsen.

1.4 Der Sozialraum als Ressource für die Jugendarbeit und die Erziehungshilfen

Insbesondere für die Jugendarbeit wurde differenziert und auf breiter Ebene herausgearbeitet, welche konzeptionellen Implikationen eine am Sozialraum orientierte Jugendarbeit haben muss und hat (vgl. Böhnisch/Münchmeier 1987; Deinet 1998, 1999 sowie Deinet/Krisch 2002). Der für die Jugendarbeit formulierte Grundsatz lautet: Jugendarbeit basiert immer auf einer Pädagogik des Jugendraums (vgl. Böhnisch/Münchmeier 1990). Diese Prämisse hat zwei Seiten: Jugendliche bewegen sich in eigenen Räumen, sie erschließen sich eigene Räume, sie benötigen aber auch Unterstützung dabei, Erfahrungen der Aneignung von Raum zu machen. Mit diesem Prozess der Aneignung werden gerade in der Jugendarbeit wichtige Ressourcen verbunden, die der Förderung sozialer Kompetenzen und sozialen Lernens sowie der

Entwicklung einer Ich-Identität dienen. Dazu gehören bspw.: Erfahrungen mit familien- und institutionenunabhängigen Zeiten und Orten; Erfahrungen der kulturellen und sozialen Zugehörigkeit (Selbstverortung); Erfahrungen des Experimentierens mit verschiedenen Formen der Lebensführung; Erfahrungen im Kontext der Entwicklung und des Ausprobierens von Moral und Werten, z.B. Sinn für Gerechtigkeit und Fairness, Bereitschaft zu teilen, Fähigkeit, sich in die Lage eines Anderen zu versetzen (Empathie und Ambiguitätstoleranz); Erfahrungen des Aushandelns von Interessen, Ansichten und Präferenzen; Lernerfahrungen Kompromisse zu schließen und Regeln auszuhandeln; Erfahrungen im Umgang mit Differenzen (z.B. Geschlecht, Kultur, Milieu); Erfahrungen der Loslösung vom Elternhaus (Eigenverantwortung) (vgl. Müller 1996; Hafeneger 2002). Vor dem Hintergrund dieser Erkenntnisse hat sich in der Jugendarbeit eine Methodendiskussion entfaltet, in deren Rahmen Elemente der Ethnografie und Ethnografieforschung nutzbar gemacht werden (vgl. Lindner 2000). Diese Methoden und Praxisbeispiele geben wichtige Hinweise darauf, wie Jugendliche darin gefördert werden können, in Erkundungsprozessen ihre eigenen Sozialräume verstehend zu erschließen, wie aber auch Professionelle die Sozialräume von Jugendlichen aus deren Sicht besser verstehen können (vgl. dazu u.a. Deinet/Krisch 2002). In den Erziehungshilfen könnten und müssten die Erfahrungen und Methoden z.B. einer verstehenden Erkundung von Sozialräumen, die im Kontext der offenen Jugendarbeit entwickelt wurden, nutzbar gemacht werden.

Ausgehend von unseren Überlegungen und den dargestellten definitorischen Näherungen, welche grundsätzliche Bedeutung der Sozialraum für die Erziehungshilfen hat, werden wir im zweiten Teil anhand einiger thematischer Aufrisse genauer nachzeichnen, welche Brüche sich auftun zwischen den Logiken dieses sozialpädagogisch fundierten sozialräumlichen Denkens und Handelns und eines Verwaltungshandelns, das sich an kommunalen Erfordernissen und Gegebenheiten orientieren muss. In den widersprüchlichen Logiken finden sich manifeste Interessenskollisionen und damit auch Zielkonflikte sowie unbeabsichtigte Nebenfolgen. Derzeit münden diese in kommunale, aber auch überregional sich zuspitzende sozialpolitische Debatten

2. Sozialräumliche Logiken zwischen sozialpädagogischem Handeln und Steuerungsverfahren

2.1 Integrierte Erziehungshilfen und der Sozialraumblick

In den Erziehungshilfen ist die Diskussion um eine sozialräumliche Perspektive v.a. durch die inhaltliche Akzentuierung von flexiblen, integrierten Hilfen im sozialräumlichen Lebensfeld von hilfesuchenden Menschen neu angestoßen worden (vgl. exemplarisch Peters/Trede/Winkler 1998; Peters/Koch 2004; Wolff 2000). Das wichtigste fachliche Anliegen integrierter und flexibler Erziehungshilfen ist es, sich an den individuellen Bedarf anzupassen (vgl. Klatetzki 1995), im Lebensfeld der AdressatInnen angesiedelt zu sein und auf eine möglichst rasche Integration in Regelangebote hinzuarbeiten. Diese Orientierung am Bedarf bringt es mit sich, dass nicht eigenständige Institutionen für verschiedene Hilfearten gebraucht und vorgehalten werden müssen, sondern vielmehr flexible Organisationen, die in der Lage sind, die gemeinsam erarbeiteten Hilfeoptionen und notwendigen Unterstützungsleistungen individuell für den jeweiligen Einzelfall zu realisieren und sich dafür auch zuständig sehen. Dabei werden v.a. Ressourcen (der Lebenswelt und des sozialen Nahraums) aktiviert. Auf Seiten der Hilfeorganisationen und deren MitarbeiterInnen setzt dieses ein hohes Maß an Kenntnis lebensweltlicher und sozialräumlicher Bezüge voraus.

Die häufig im Praxisalltag synonym verwendeten Begriffe „Flexible Hilfen" bzw. „Integrierte Hilfen" meinen dabei im Rahmen von kommunalen Umgestaltungen (z.B. in Großstädten wie Stuttgart (vgl. Früchtel/Lude/Schaffer 2001), München, aber auch Celle, Frankfurt/Oder oder in Landkreisen wie Tübingen oder Nordfriesland) oder in Modellprojekten (wie z.B. das INTEGRA-Projekt, vgl. dazu Koch et al. 2002) kein spezifisches Angebot neben anderen, sondern bezeichnen eine Richtung, in die – ausgehend von den Erziehungshilfen – die gesamte Infrastruktur umzugestalten ist. Die Konzipierung von Flexiblen Hilfen im Sinne einer weiteren Ausdifferenzierung der Angebotsformen in der Erziehungshilfe, bisweilen noch verbunden mit einer spezifischen Adressatendefinition (gedacht für die „besonders schwierigen Jugendlichen"), wird als kontraproduktiv für eine sozialräumliche, auf Integration bedachte Jugendhilfe kritisiert.

Die Verständigung über grundlegende Qualitätsstandards flexibler und integrierter Erziehungshilfen bezieht sich dann folglich nicht allein auf die Ebenen des professionellen Handelns, der Gestaltung von Hilfesettings oder einer Einrichtung, sondern es geht grundlegender um die Gestaltung einer tragfähigen regionalen Jugendhilfestruktur mit ihren dafür notwendigen Instrumenten (vgl. auch Merchel 2003). Diese weite, integrative Auffassung einer Neuorientierung der Jugendhilfe ausgehend von den erzieherischen Hilfen macht deutlich, dass es nicht um die Identifizierung ausgesuchter marginalisierter Räume im Rahmen von Stadtentwicklungsprogrammen geht, die sich nur an territorialen Einheiten orientieren (vgl. kritisch zu dieser Tendenz Kessl/Otto/Ziegler 2002).

Andererseits werden mit dieser Ansprüchlichkeit der flexiblen, integrativen und eben auch sozialräumlichen Ausrichtung auch Anschlüsse an die Diskurse aus der Neuen Steuerung, der Verwaltungsmodernisierung und des reinen Kostenmanagements über Territorialbudgets erleichtert, da diese Zielrichtung auf eine Strukturqualität über die pädagogische und methodische Akzentuierung der Sozialraumdebatte hinausweist (vgl. dazu Peters/Hamberger 2004: 35ff.). Hier entstehen neue Spannungsbögen und Gefahren, wenn die sozialräumliche Orientierung der Erziehungshilfen auf ein rein geografisches Planungsraumprinzip reduziert wird und die fall- und feldbezogene Kooperation den raumbezogenen kommunalen Budgetkontrollen untergeordnet wird. Die Entdeckung der Räumlichkeit durch die Sozialverwaltung erzeugt unter dem Kostendruck und einer Verkürzung des Sozialraumansatzes zum Instrument des territorial ausgerichteten reinen Kostenmanagements neue Nebenfolgen (vgl. Treeß 2002: 927).

Mit der Umsetzung integrierter und flexibel ausgerichteter Erziehungshilfen ist ein weitreichendes Programm verbunden, das einerseits einige der zentralen Widersprüchlichkeiten der Jugendhilfe aufgreift und in einen neuen Ausgleich bringt, das andererseits die Jugendhilfe in Richtung Sozialraumorientierung um eine wichtige Handlungsmaxime (wieder) erweitert und damit wesentlich fortentwickelt. Die Praxis der Sozialen Arbeit und insbesondere der Jugendhilfe ist institutionell geprägt durch eine mehrfach widersprüchliche Struktur. Diese Widersprüchlichkeiten bzw. Spannungsverhältnisse z.B. zwischen Organisation und Interaktion, zwischen subjektivem Bedürfnis und definiertem Bedarf, zwischen sozialstaatlichem Eingriff und Dienstleistung, territorial definiertem Verwaltungshandeln und subjektiv erschlossenen und bedeutsamen Lebensräumen etc. ergeben sich aus der institutionellen Verfasstheit der Jugendhilfe, ihrer Organisation, aber ebenso auch aus ihrem Gegenstand (vgl. Langhanky et al. 2004 sowie den Beitrag von Michael Langhanky et al. in diesem Band).

Im Folgenden wollen wir unter Berücksichtigung dieser Akzentuierungen einige Spannungsbogen und Widersprüchlichkeiten bei der Etablierung sozialräumlich ausgerichteter Erziehungshilfen diskutieren.

2.2 Raumbezug und Planungsprozesse der Jugendhilfe

Wenn der soziale Raum zum Zentrum von Planungs-, Steuerungs- und Organisationsprozessen wird, geht es um drei Ebenen: „Zum einen hat soziale Arbeit immer auch die Funktion, soziale Räume zu gestalten und Menschen in ihrem Lebensraum zu unterstützen, zum anderen dient es der Qualität der Einzelfallarbeit, wenn Ressourcen des sozialen Raums genutzt bzw. systematisch solche Ressourcen aufgebaut werden, die bei der Ausübung des gesetzlichen Auftrags den sozialen Diensten nutzen können. Der soziale Raum kann zudem ein integrierendes Bezugselement für verschiedene Abteilungen, Träger und Zielgruppen darstellen. Insofern muss sich der soziale Raum auch in der Struktur einer Organisation abbilden“ (Hinte 2003: 19). Der Jugendhilfeplanung und der individuellen Hilfeplanung kommt im Rahmen der Erziehungshilfen bei der Ausgestaltung aller drei Ebenen eine zentrale Bedeutung zu. Im Rahmen von Jugendhilfeplanungsprozessen geht es darum, die Infrastruktur einer Jugendhilfelandschaft innerhalb einer Kommune oder eines Landkreises näher zu bestimmen. Die Bereitstellung einer Infrastruktur muss sich an den Bedarfslagen und den für notwendig angesehenen Hilfeleistungen, die von Einrichtungen erbracht werden können, bemessen. Mit diesem Planungsprozess kommt man einerseits der sozialstaatlichen Pflicht nach, jedem Bürger und jeder Bürgerin eine Hilfeleistung im nachgewiesenen Bedarfsfall zukommen zu lassen, andererseits legitimiert der Planungsprozess die Existenz von sozialen Einrichtungen gegenüber den Geldgebern. Die Jugendhilfeplanung stellt eine Pflichtaufgabe der verantwortlichen Verwaltungsbehörde dar.

Mit der Debatte um eine sozialräumliche Kinder- und Jugendhilfe wurden verstärkt Überlegungen relevant, wie kleinräumige Analysen vorgenommen werden können, um eine zielgenauere und wohnortnahe Versorgung der BürgerInnen zu gewährleisten und um regional etablierte Infrastrukturen auf ihre Notwendigkeit zu überprüfen. Für die Erkundung und Bewertung der Beschaffenheit und Qualität sozialer Infrastruktur ist es notwendig, dass die Projekte integrierter Erziehungshilfen eng mit der Jugendhilfeplanung kooperieren. Die Jugendhilfeplanung muss dafür wiederum enger mit den lokalen Kooperationsgremien der öffentlichen und der freien Jugendhilfe zusammenarbeiten bzw. zur Kooperation angeregt werden.

Im Einzelnen sind folgende Aspekte zu beachten:

- Regionale Erreichbarkeit von Jugendhilfeangebote sowie niederschwellige, offene Zugänge zu Hilfen und transparente Informationen über Hilfemöglichkeiten stehen für AdressatInnen in direktem Zusammenhang mit den wahrgenommenen Chancen zur Entwicklung von individuellen passgenauen Hilfen. Aus diesem Grunde bilden z.B. sozialräumliche Erkundungsprojekte mit Kindern, Jugendlichen und Familien eine Chance zur Feststellung von Belastungsgrößen und sozialräumlichen Ressourcen. Es muss darum gehen mit Jugendlichen und Familien den sozialen Raum immer wieder neu kennen zu lernen. Eine solche qualitative Datenerhebung sollte ergänzt werden durch kleinräumige statistische Bedarfs- und Belastungserhebungen. Solche Formen finden sich aber bisher kaum in der sozialräumlichen Ausrichtung der Erziehungshilfen.
- Stadtteilrunden oder sozialraum- bzw. planungsraumbezogene Fachkonferenzen sind sinnvoll nutzbar als ein zentrales Element der kleinräumigen Jugendhilfeplanung. In Anlehnung an § 80 (3) SGB VIII sind diese Foren geeignet, eine kooperative kleinräumige Jugendhilfeplanung unter frühzeitiger Beteiligung der freien Träger auch unterhalb der Ebene der Jugendhilfeausschüsse zu etablieren. Die vertraglich abgesicherte Einbindung örtlicher Organisationseinheiten für integrierte Erziehungshilfen (Jugendhilfestationen, Jugendhilfeeinheiten etc.) in die Jugendhilfeplanung kann frühzeitig Bedarfe, Belastungen und Ressourcen sichtbar machen.
- Gremien und Orte der kooperativen Steuerung der Jugendhilfe (AGs nach § 78ff. SGB VIII, stadtweite Arbeitsforen zur Entwicklung flexibler Hilfen etc.) müssen durch die Moderation der Jugendhilfeplanung mit regional ausgerichteten dezentralen Kooperationsgremien verknüpft werden (konsequente Einbeziehung der lokalen Kooperations- und Steuerungsebenen im Reformprozess).

Im Kontext der veränderten sozialräumlichen Planungsprozesse soll die Dezentralisierung und Regionalisierung der Sozialen Dienste häufig das integrierende Bezugselement auf der Ebene der Organisationen darstellen. So sollen etwa in Form von Sozialbürgerhäusern, die dann fast alle sozialen Dienstleistungen unter einem Dach regional vereinen, Hilfen gebündelt und zugänglicher werden. Die Stadt München bspw. will bis zum Jahr 2010 insgesamt 13 Sozialbürgerhäuser schaffen, die die Sozialhilfe, die Grundsicherung und Arbeitsvermittlung, alle Fragen um Wohnungsbelange und verschiedene Beratungsleistungen, Hilfen zur Erziehung und Tagespflege u.a.m. bündeln. Die Grenzen solcher Versuche eine regionale Leistungsstruktur auszubilden werden deutlich, wenn man sich klar macht, dass es ein Sozialbürgerhaus für zwei bis drei Stadtbezirke geben soll, also keineswegs eine Kleinräumigkeit garantiert ist und an ein festes Budget für diese Bürgerhäuser für alle Leistungen gedacht ist. Darüber hinaus können bei den so genannten Sozialraumanalysen verschiedene grundsätzliche Fragen aufgeworfen werden:

- nach den Logiken der planerischen Aufteilung eines Stadtgebietes oder eines ländlichen Gebietes. Hierfür stehen mehrere Optionen zur Verfügung, denn die zu analysierenden Gebiete können einerseits entsprechend den gegebenen Stadtteilgrenzen geschnitten werden, sie können sich an signifikanten physikalischen Raummerkmalen (vgl. Riege/Schubert 2002) orientieren, wie bspw. an schneidenden Straßen, Flüssen oder Schienen und sie können des Weiteren die Zuständigkeitsbereiche der Verwaltung widerspiegeln. In der Logik einer sozialpädagogischen Definition müssten hier andere Schneidungen vorgenommen werden, zumal der individuell definierte Sozialraum nicht mit diesen Markierungen übereinstimmen muss.

- nach der Art der Datenerhebung. Zu fragen ist, mit welchen Methoden Daten erhoben werden, die Auskunft über einen Sozialraum geben sollen. Geht es den Verantwortlichen darum, Daten zu eruieren, die Hinweise darauf geben, wie sich die sozioökonomischen Strukturen im Teilraum eines zu untersuchenden Gesamtgebietes unterscheiden (vgl. ebd.: 38), so werden quantitative Methoden ausreichen. Werden sozioökonomische Daten als ausschließliche Faktoren gesehen, die Problemlagen und letztlich Bedarfslagen für Kinder, Jugendliche und Familien in Planungsräumen erklären sollen, so wird nicht in Rechnung gestellt, dass die Entstehung von Problemlagen und Krisensituationen im Leben von Menschen weitaus komplexeren Eigengesetzlichkeiten folgt. Aus sozialpädagogischer Sicht kommt dies einer verkürzten Sicht auf die Lebensrealitäten von Menschen gleich. Will man aber in Rechnung stellen, dass Sozialräume weitaus mehr Qualitäten für Menschen aufweisen, die sich nicht aus den objektiven sozioökonomischen Daten begründen, so wären qualitative Methoden zur Erhebung solcher Faktoren dringend angezeigt. So schlagen Marlo Riege und Herbert Schubert ein differenziertes qualitatives Methodenrepertoire vor (u.a. Lebensweltanalyse, Aktionsraumanalyse, Milieuanalyse etc.), das insbesondere über die Nutzung und die sich daraus abgeleitete individuelle Wahrnehmung subjektiv und kollektiv konstruierter Räume (vg. ebd.: 38) Auskunft geben kann.
- nach der Auswahl der Indikatoren zur Charakterisierung von Teilbereichen. Am Beispiel der Jugendhilfeplanung der Stadt Hamm (vgl. Landschaftsverband Westfalen-Lippe 2002) kann deutlich gemacht werden, dass sich in den Indikatoren, auf die sich die Analyse bezieht, die innere Struktur der einzelnen zuständigen Verwaltungsbehörden abbildet. Auf der Grundlage von Daten zur Inanspruchnahme von Sozialhilfe, dem Bezug von Arbeitslosenhilfe, der Inanspruchnahme sozialen Wohnungsbaus, der Kriminalitätsbelastung, der Altersverteilung, der Anzahl von Alleinerziehenden, der Kinderzahl, der gegebenen Jugendhilfeinfrastruktur und der tatsächlichen Leistungserbringung in diesem Feld (u.a.) werden Belastungsfaktoren der einzelnen Teilräume identifiziert. Demnach bezieht sich die Datengewinnung ausschließlich auf die in der kommunalen Sozialverwaltung bzw. auf der Bundesebene (Bundesagentur für Arbeit) generierten und vorhandenen Informationen. So kann man festhalten, dass in so angelegten Jugendhilfeplanungsprozessen zwar durch die stattgefundene verwaltungsinterne Kooperation und den Abgleich von Daten sicher Synergien erzeugende Kooperationen entstanden sind, da Daten aus dem Einwohnermeldewesen, dem Sozial- und Gesundheitswesen, der Schul- und Bauverwaltung sowie dem Wohnungswesen (vgl. Riege/Schubert 2002: 40) zusammengeführt wurden. Vor dem Hintergrund der bereits seit einigen Jahren zu diesem Thema geführten Debatte (u.a. ISA 1999) stellt sich aber die Frage: Führen sozioökonomische Belastungsfaktoren zwangsläufig zu sozial-emotionalen Problemlagen von Menschen?

2.3 Infrastrukturaufbau und Fallarbeit

Der Aufbau von verlässlichen Strukturen und Vertrauen scheint entscheidend für den Erfolg von Hilfen, die eine selbstbestimmte Lebensbewältigung unterstützen. Verlässlichkeit zu fördern – und zwar über eine leicht erreichbare und verlässliche Hilfeinfrastruktur und über eine Betreuungs- und Ansprachekontinuität jenseits der Hilfeintensitäten und -formen im Einzelfall – erhöht die Chance, bei AdressatInnen eigene Handlungsmöglichkeiten im Hilfeverlauf (neu) zu entdecken, und schafft die Option eines tragfähigen Arbeitsbündnisses von AdressatInnen und Professionellen. Der Rückhalt über eine Infrastruktur von flexiblen, integrierten Erziehungshilfen im Sozialraum bedeutet aus Sicht der AdressatInnen eine wichtige Stütze und verändert das Bild der Jugendhilfe, auch wenn Jugendhilfeleistungen nicht in Anspruch genommen werden (vgl. Zeller 2004 und Munsch 2004).

Jugendhilfestationen sollen im Rahmen von integrierten Erziehungshilfen nicht allein als Kriseneinrichtung fungieren, sondern als Teil einer sozialen Infrastruktur für Kinder, Jugendliche und Familien. Damit sind neue und niederschwellige Erstkontakte gegeben, die von Seiten der Fachkräfte und der Organisation eine veränderte Haltung des sich Zuständig-Fühlens erfordert, gleichzeitig aber auch wandlungs- und anpassungsfähige Strukturen, um bedarfsgerecht reagieren und Hilfesettings kreieren zu können. Dies erfordert zwischen dem zuständigen ASD und den Fachkräften der Jugendhilfestation verbindliche und geregelte Absprachen mit Blick auf die Zugangsmöglichkeiten zur Hilfe. Die unterschiedlichen Aufgaben und Zuständigkeiten müssen geklärt und geregelt werden. Die Beteiligung der Kinder, Jugendlichen und Familien gewinnt größere Bedeutung, weil stärker im Blick ist, diesen zu einer selbstständigen Lebensführung mit eigenen Bewältigungsansätzen zu verhelfen und weil auch die unterschiedlichen Erwartungen und Ziele der Beteiligten auszuhandeln sind.

Auf diese Weise kann gerade bei Einzelfallhilfen die Einbeziehung, aber auch die Aktivierung von Ressourcen im sozialen Raum für den Aufbau einer niederschwelligen Jugendhilfeinfrastruktur hilfreich sein (vgl. ausführlicher die Erfahrungen aus dem INTEGRA-Projekt bei Josef Koch et al. 2002 sowie Peters/Koch 2004). Erfahrungen zeigen, dass so die Hilfesuchenden Art und Umfang der Hilfe sowie den Zeitpunkt der Kontaktaufnahme zu staatlichen und privaten Hilfeinstitutionen eher mitbestimmen können (vgl. die AdressatInnenbefragungen bei Zeller 2004).

Freilich sind wieder relativierende Anfragen an die Umsetzungspraxis notwendig. Im Zusammenhang mit dem niederschwelligen Zugang und der Beteiligung zu Hilfebeginn muss bspw. darauf verwiesen werden, dass potenzielle AdressatInnen häufig immer noch zu wenig über das Angebot (insbesondere ambulanter) erzieherischer Hilfen informiert sind. Wo Informationsangebote an Schulen, Jugendzentren, Kindertagesstätten und durch lokale Jugendhilfezentren und Selbsthilfegruppen im sozialen Nahraum intensiviert werden, verändert sich die Einstellung zur Jugendhilfe positiv. Allerdings sind – sobald diese niederschwelligen Zugänge mit Präventionsabsichten unterlegt werden – zugleich immer Kontroll- und Integrationsanforderungen formuliert, die das Heranwachsen von Eigenansprüchen und Selbsthilfepotenzialen wieder unterminieren (vgl. dazu z.B. im Kontext der offenen Jugendarbeit Freund/Lindner 2001).

Neben Transparenz, Information und Öffentlichkeitsarbeit müssen Möglichkeiten geschaffen werden, dass sich Kinder, Jugendliche und Eltern bei staatlich unabhängigen Stellen beschweren können, wenn ihnen eine Hilfe und Unterstützung verweigert wird. In Zeiten zunehmender finanzieller Schwierigkeiten der Kommunen besteht die Gefahr, dass der individuelle Rechtsanspruch der AdressatInnen auf eine angemessene *und* zeitnahe Hilfe keine Berücksichtigung findet. Da die Leistungserbringer (freie Träger) vom öffentlichen Träger (als Auftraggeber) häufig abhängig sind, besteht die Gefahr, dass bestimmte AdressatInnengruppen (z.B. solche, die sich nicht in der gewünschten Weise kooperationswillig zeigen) sich ohne Fürsprecher oder rechtlichen Beistand wiederfinden.

Gleichzeitig stellt sich im Kontext niederschwelliger, im Sozialraum angebotener Hilfen aber die Frage, ob sie nicht auch die Zugriffsmöglichkeiten der öffentlichen Jugendhilfe auf die BürgerInnen innerhalb eines Stadtteils oder einer Gemeinde erhöhen. Hier müssen klare Regelungen des Datenschutzes (z.B. bei kooperativen Gremien im Kontext der Hilfeplanung) vereinbart werden, und die Beteiligung von Fachkräften an der Hilfeberatung muss für die AdressatInnen transparent bleiben.

Ferner ist es sinnvoll und notwendig – wie im Gesundheits- und Altenpflegebereich in Ansätzen geschehen – ein internes amts- und trägerbezogenes Beschwerdemanagement auf- und auszubauen sowie die Möglichkeit einzuräumen, sich bei Unzufriedenheiten bezüglich der Hilfeplanung und Hilfegestaltung an unabhängige Vertrauensleute wenden zu können (vgl. Forum Erziehungshilfen 2003).

2.4 Die so genannten „fallunspezifischen Hilfen"

Vor allem durch das Essener ISSAB-Institut und den Bericht der Kommunalen Gemeinschaftsstelle (KGST) zum Kontraktmanagement zwischen öffentlichen und freien Trägern wurde zunächst für die ambulanten Hilfen zur Erziehung die Frage aufgeworfen, ob es nicht fachlich und wirtschaftlich klüger sei, zunächst Ressourcen der Lebenswelt und des sozialräumlichen Umfeldes zur Unterstützung der Einzelfallarbeit mit Hilfe suchenden Menschen zu nutzen. Der KGSt-Bericht von 1998 führte eine im Verlaufe der Folgejahre in den Erziehungshilfen stark rezipierte Unterscheidung von drei Tätigkeitsfeldern ein:

- *„Fallspezifische Arbeit*: In diesem Tätigkeitssegment konzentrieren sich die Fachkräfte auf den Einzelfall und versuchen fallbezogen geeignete Unterstützung zu leisten und zur Stabilisierung der individuellen Lebenslage beizutragen. (...) Dabei hat man den einzelnen Menschen, allenfalls die jeweilige Familie, im Blick und versucht über ein bestimmtes Spektrum an methodischen, auf das Individuum oder die Familie bezogenen Interventionen ‚den Fall zu bearbeiten'.
- *Fallübergreifende Arbeit* unterstützt (abweichend von der bisherigen Begriffsverwendung im Rahmen der Fachleistungsstunden) ein Kind oder eine Familie, indem sie durchaus mit Blick auf den Fall, also anlassbezogen, die Ressourcen des sozialen Raumes (etwa Nachbarschaften, Cliquen, andere Netzwerke) nutzt. Sie ist also weniger beraterisch-therapeutische als organisatorische, koordinierende und vernetzende Tätigkeit (‚Case-Management').

- *Fallunspezifische Arbeit* geschieht zu einem Zeitpunkt, da die Fachkräfte noch nicht absehen können, ob und für welchen späteren Fall sie die jeweilige Ressource benötigen. Hierzu zählen insbesondere die Aneignung von Kenntnissen über den sozialen Raum, die Einbindung in das Netz der Fachkräfte im Wohnquartier, der Aufbau von Kontakten zu Institutionen außerhalb des sozialen Bereiches, zu Vereinen, Bürgergruppen usw." (KGSt 1998: 28)

Mit dem Begriff der „fallunspezifischen" Leistungen wird eine neue Denkart und ein erweitertes Leistungsverständnis eingeführt. Die eigenständige Definition dieser Leistungen als Teilsegment der Erziehungshilfearbeit stellt den Versuch dar den Perspektivenwechsel in den Erziehungshilfen systematisch voranzutreiben.

In kooperativen fallbezogenen Gremien zwischen öffentlichen und freien Trägern und der wirtschaftlichen Jugendhilfe werden z.B. in Stuttgart in so genannten Stadtteilteams die Aktivitäten der fallunspezifischen Arbeit konkretisiert. In einem Bericht zu den Evaluationsergebnissen des Stuttgarter Reformprojekts „Umbau der Hilfen zur Erziehung" heißt es erläuternd: *„Mit der notwendigerweise offenen Konzeptionierung fallunspezifischer Arbeit ergibt sich eine Vielzahl von Ansatzpunkten für Aktivitäten in diesem Bereich (…) Ressourcengewinnung im Kontakt mit KlientInnen, BürgerInnen des Stadtteiles (…) Vernetzung mit andern sozialen Institutionen (…) Gewinnen von Volunteers (…) Einklinken in bereits bestehende Veranstaltungen (…) Kooperationsprojekte (…)"* (Finkel/Reinl 2004: 54).

Zu den Effekten fallunspezifischer Arbeit im Rahmen der Erziehungshilfen halten die Autorinnen drei Aspekte fest:

- Die Unterstützung für die bereits begonnenen Einzelfallhilfen. Gemeint sind hier bspw. andere Begegnungsmöglichkeiten und Erfahrungskontexte, welche sich für die Fallarbeit auftun.
- Die Erhöhung der Optionen für „Maßanzüge", durch den Einsatz von Volunteers oder die Verfügbarkeit von Gruppenangeboten auch für von Hilfen zur Erziehung erreichte Kinder. Integrative Elemente können in der Zusammenarbeit mit anderen Einrichtungen und Diensten, aber auch in der Unterstützung durch ein Netz an engagierten BürgerInnen im Stadtteil gestärkt und weiterentwickelt werden.
- Die Vermeidung von Erziehungshilfe durch früh und niederschwellig ansetzende Projekte und Aktivitäten im Vorfeld der Erziehungshilfe. Hierunter lassen sich v.a. offene Gruppenangebote fassen, aber auch unterschiedliche Formen der Beratung und aufsuchenden Arbeit im Gemeinwesen (vgl. ebd.: 55).

Fallunspezifische Arbeit stellt außerdem „ein Sichtbarwerden der Ansprechpartner für erzieherische Hilfen" im Bedarfsfall fest, erweitert Kenntnisse über den sozialen und geografischen Raum bei den Fachkräften und sie verbessert Kooperationsbeziehungen zu angrenzenden Bereichen nicht nur der Jugendhilfe (vgl. ebd.: 55f.).

Matthias Hamberger weist allerdings daraufhin, dass trotz all dieser Öffnungen und Chancen die Sozialraum- und ressourcenorientierten Handlungsansätze in den Erziehungshilfen gegen Verengungen aus zwei Richtungen geschützt werden sollten: *„Sie dürfen nicht ausschließlich unter dem Aspekt der Verhinderung oder gar Verringerung teurer Einzelmaßnahmen betrachtet werden und sie dürfen nicht für einseitige Interessen instrumentalisiert werden und ggf. zum Ausfallbürgen für an-*

dere Aufgabenbereiche werden (Stadtentwicklung, Bildungssystem, Soziale Sicherung). Sozialraum- und ressourcenorientierte Handlungsansätze in den Erziehungshilfen sind keineswegs beliebig je nach Haushalts- und Sparzwängen zu gewährleisten und abzusichern: sie sind gleichwertig und im Sinne einer nachhaltigen Entwicklung und präventiven Ausrichtung notwendig wie andere Leistungsangebote" (Hamberger 2005).

Einzelfall bezogene Hilfen, die auch ins Gemeinwesen wirken wollen, müssen sich zwar mittelfristig auch unter Kostengesichtspunkten ausweisen, werden aber allein Kostengesichtspunkte programmsteuernd angewandt, verschwindet der Innovationsgehalt des Fachkonzeptes für die BürgerInnen und Fachkräfte unter der regionalisierten Kostendeckelung und zurück bleibt nur der Versuch der Ökonomisierung der Sozialen Arbeit auf Kosten der Hilfesuchenden. Allein schon deshalb kommt der Vereinbarung von Qualitätsstandards unter Einbeziehung der Hilfe-AdressatInnen für integrierte und sozialräumliche Hilfen eine wichtige Bedeutung zu.

2.5 Gender-Angebote und die Sozialraumausrichtung

Wo MitarbeiterInnen aus Mädchenprojekten sich in den Veränderungsprozess in Richtung integrierter, flexibler und sozialräumlich ausgerichteter Jugendhilfe einbringen, bringen sie aus ihrer stark an Subjekten respektive mädchenspezifischer Subjektivität geprägten Geschichte oftmals methodisch fundierte Ansätze des Fallverstehens (v.a. biografische Ansätze) und ein schon vorab integriertes Denken ein, da die ‚Mädchenfrage' nicht an bestimmten institutionellen Grenzen festzumachen ist. Im Umbauprozess zu einer regionalisierten Hilfestruktur erweitern sich die bisherigen Arbeitsansätze um die Arbeit mit Angehörigen und dem sozialen Umfeld (Eltern, Freunde, Schule usw.), wobei oftmals neue und andere Probleme in den Blick geraten (z.B. Überschuldung der Eltern, Suchtprobleme in den Familien u.ä.). Interessanterweise wirken geschlechtsspezifische Projekte unter Umständen dann als die entscheidende Nahtstelle zu anderen Trägern/Institutionen (z.B. Schulen, Beratungsstellen, Jugendhäuser usw.) im Sozialraum (siehe das Beispiel: Mädchenprojekt Erfurt).

So zeigen sich Hinweise dafür, dass gerade geschlechtsspezifische Projekte ihre Arbeit nicht nur an den §§ 1-3 und § 27ff. SGB VIII, sondern auch am § 13 SGB VIII orientieren und Verbindungen zwischen Angeboten der offenen Kinder- und Jugendarbeit und ambulanten Erziehungshilfen vor Ort schaffen.

Ein Effekt von Umsteuerungsprozessen auf regionaler Ebene besteht aber auch in einem Verteilungskampf einzelner Leistungsbereiche und Träger. Dies hat insbesondere Auswirkungen auf die Mädchenarbeit (vgl. Wolff 2004). Da mit der Umsteuerung auch der Anspruch der Reduktion von spezialisierten Hilfen einhergeht, wird mit der Begründung, dass es sich um ein zielgruppenspezifisches Angebot handelt, Mädchenarbeit von politisch Verantwortlichen vielerorts demontiert. So wird gerade an diesem Leistungsfeld deutlich, dass die Sozialraumorientierung längst zu einer Teilhabefrage innerhalb der Infrastruktur der Jugendhilfe selbst geworden ist. Für die Mädchenarbeit scheint es so zu sein, dass man ihr den Status eines Gefälligkeitsbereichs einräumt, den man sich in guten finanziellen Zeiten leisten kann und will. Wenn die Sozialraumorientierung zum Verdrängungsinstrument wird, d.h. zum

Hebel für das Wegbrechen von gewachsenen Strukturen im Feld der Mädchenarbeit genutzt wird, hat sie ihr Ziel verfehlt. Eine sozialraumorientierte Jugendhilfe kann nicht auf Kosten von Mädchen gehen, sondern sie muss die Lebensbedingungen von Mädchen erst recht in den Blick nehmen.

2.6 Finanzierung und Recht

Schließlich geht es bei der sozialräumlichen Orientierung der Erziehungshilfen auch um die Entwicklung von Finanzierungskonstrukten, die durch ihre flexible Handhabbarkeit die Kreativität von Professionellen in der Ausgestaltung fallgerechter Hilfen geradezu herausfordern, indem Gestaltungsspielräume auch durch die flexiblen Finanzierungsmöglichkeiten im programmatischen Sinne strukturell neu erschlossen, angeregt und strategisch unterstützt werden. Es müssen also auch finanzierungstechnisch flexibel nutzbare Geldmengen zur Verfügung stehen, die zur Erfüllung der Aufgaben und der Leistungsansprüche im Bereich der Hilfen in einem zu versorgenden Raum bereitstehen und die unter Nutzung der sozialräumlich latenten Ressourcen den jungen Menschen durch individuelle und originelle Settings Hilfen eröffnen, die prioritär auch einen Verbleib in ihrem Lebensfeld begünstigen (vgl. Bürger 2000). Schon früh wurden rechtliche Fragen v.a. bezüglich der Gewährleistung des Wunsch- und Wahlrechtes, der Trägervielfalt etc. an solche Modelle gestellt. Die Internationale Gesellschaft für erzieherische Hilfen (IGfH) hat aus diesem Grunde – in Kooperation mit dem Sozialpädagogischen Institut im SOS-Kinderdorf e.V. – bspw. bei Prof. Johannes Münder ein Rechtsgutachten in Auftrag gegeben, das die Vereinbarkeit der Sozialraumorientierung mit dem SGB VIII juristisch prüfen sollte. Einige Kernaussagen des Gutachtens lauten (vgl. Münder 2001):

- Individuelle Rechtsansprüche können durch Budgets nicht tangiert werden. Rechtsansprüche sind immer budgetsprengend, also auch sozialraumbudgetsprengend.
- Rechtlich problematisch ist die zeitlich unbegrenzte Trägerexklusivität eines einzelnen Trägers in einem Sozialraum, weil diese das Wunsch- und Wahlrecht gem. § 5 SGB VIII einschränken kann und mit dem Gebot der Trägervielfalt gem. § 3 SGB VIII konfligiert.
- Beim Einrichten von HzE-Budgets ist sichergestellt, dass die dort vereinbarten fallübergreifenden und v.a. fallunspezifischen Leistungen nicht generell der Gemeinwesenarbeit oder der Infrastrukturpolitik dienen.
- Auch bei einer engen Kooperation zwischen öffentlichem Träger (ASD) und freiem Träger (Mitarbeiter einer Jugendhilfestation) muss die Rollenteilung bei der Hilfeplanung zwischen gewährleistungsverpflichtetem öffentlichen Träger als dem „Entscheider“ und dem freien Träger als dem „Leistungserbringer“ gewahrt bleiben.

Die Einführung neuer (flexiblerer) Finanzierungsmodelle können MitarbeiterInnen und Träger motivieren, sozialräumliche Ressourcen zu erkunden, zu nutzen und Networking auch im nicht-professionellen Raum zu betreiben (vgl. Hinte/Litges/Groppe 2003). Es kann aber andererseits nicht übersehen werden, dass so genannte trägerbezogene Budgetierungen bezogen auf die Leistungserbringung für einen meist nur geografisch-territorial definierten Versorgungsraum zunehmend von Kommunen und Landkreisen aufgrund ihrer Anschlussfähigkeit an aktuelle Effizienz- und Selbstregulierungsdebatten als reines Kostenmanagementsystem zum Teil rechtswidrig benutzt werden.

So ist es auch nicht verwunderlich, dass es in jüngster Zeit auch Klagen von freien Trägern gegen die Nicht-Berücksichtigung bei Auswahlverfahren im Rahmen der sozialräumlichen Neuorientierung v.a. von Großkommunen und der damit häufig verbundenen befristeten Auswahl von festen Trägern oder Trägergemeinschaften zur Erbringung von Leistungen der Erziehungshilfen in einer bestimmten Region gibt. Kern der Auseinandersetzung ist hier immer der Ausschluss von Anbietern der Hilfen zur Erziehung. So wurde durch Beschluss des Verwaltungsgerichtes Hamburg vom 05.08.2004 (13 E 2873/04) im Wege einer einstweiligen Anordnung dem Bezirk Bergedorf untersagt, regionale Versorgungsaufträge im Zuge ihrer sozialräumlichen Neuordnung der Kinder- und Jugendhilfe zu vergeben (vgl. zur Dokumentation Forum Erziehungshilfen 5/04 und darin die Beiträge von Josef Koch 2004, Rüdiger Meier 2004, Ulla Engler 2004 und Axel Stähr 2004). Organisations- und Steuerungsformen, die inhaltlich angetreten waren, den „Fall im Feld" mehr in den Blick zu bekommen und eine flexibel nutzbare Geldmenge durch sozialräumliche Versorgungsaufträge zu gewinnen, finden sich nun in einer Reihe mit Klagen gegen kartellrechtliche Vergabeverfahren. Allerdings kristallisiert sich auf diese Weise erneut heraus: *„Rechtlich entscheidend bei der Beurteilung des Konzepts der Sozialraumorientierung ist die Beachtung des Wunsch- und Wahlrechts, damit verbunden das Gebot der Pluralität und die Gewährleistung einer gleichberechtigten Teilhabe am Auswahlverfahren. Auch nicht ausgewählte Leistungserbringer sollten allerdings weiterhin eine reelle Chance haben, Leistungen anzubieten und in Anspruch genommen werden zu können. Daher kommt es darauf an, ein Finanzierungskonzept für Sozialraumorientierung so umzusetzen, dass auch außerhalb der Kooperationsvereinbarungen noch Zugangsmöglichkeiten für Leistungserbringer bestehen und im Übrigen die Vereinbarungen zeitlich so limitiert werden, dass keine Verkrustungen entstehen und ein Wettbewerb sichergestellt bleibt"* (Stähr 2004: 311).

3. Ausblick

Auch für die Erziehungshilfen bleibt es wichtig, immer wieder deutlich zu machen, dass die Wahrnehmungen und Handlungen von Menschen nicht nur durch Merkmale wie Alter, Geschlecht, nationale Zugehörigkeit u.a.m. strukturiert werden (vgl. z.B. Bartelheimer 1999; Löw 2001), sondern auch durch räumliche Merkmale. Zugleich weist die derzeit wieder hervortretende Betonung eines relationalen Raumbegriffs darauf hin, dass Räume immer als soziale Räume in den Blick zu nehmen sind (vgl. auch Bourdieu 1991), „d.h. als Räume von Hierarchien und sozialen Abständen, als Arenen von individuellen, sozialen, symbolischen und politischen Kämpfen um Aneignung von Gütern und Diensten" (Kessl/Otto/Ziegler 2002: 179).

Die erzieherischen Hilfen und die Jugendhilfe insgesamt müssen daher aufpassen, dass sie sich nicht übernehmen, denn solche – in diesem Fall sozialräumliche –

Konzepterweiterungen zwischen sozialpädagogischem Handeln und kommunalen Steuerungsverfahren müssen *Bestandteil eines umfassenden Konzeptes einer sozialen Lebenslagenpolitik* sein. Hier sind Steuerungsmittel wie Stadtentwicklungspolitik, kommunale Wohnungsbaupolitik, soziale Infrastrukturpolitik gefragt. Die Erwartungen bestimmter politischer Instanzen, dass nun Soziale Arbeit die Ruhigstellung von Menschen in ihren ausgegliederten Stadtteilen organisiert, sind nicht zu übersehen. In diesem Zusammenhang müssen Reformgedanken und -projekte, die die Neugestaltung der Hilfen in Richtung einer Integration von Leistungen voranbringen wollen, sich daran messen lassen, inwieweit sie in der Lage sind (und dafür auch ein Gespür und Methoden entwickeln) die Menschen als BürgerInnen wahrzunehmen und deren Belange und Bedürfnisse gegenüber der Verwaltung zu akzentuieren. Das wird nur erfolgreich sein, wenn es gelingt, die Belange und Bedürftigkeiten der Hilfe suchenden Menschen in den konkreten sozialräumlichen Bezügen ihrer Lebenswelt zu verstehen und in die Sozialpolitik stärker zu vermitteln.

Literatur

Baacke, Dieter (1995): Die 6- bis 12-Jährigen. 6. Auflage. Weinheim/Basel

Baacke, Dieter (2000): Die 13- bis 18-Jährigen. Weinheim/Basel

Barthelheimer, Peter (1999): Thesen zur Bedeutung des Sozialraums in der sozialen Arbeit. In: Freyberg et al. (Hg.) (1999): 33-36

Bitzan, Maria/Daigler, Claudia (1999): Beteiligung von Mädchen – warum ein Extra-Thema? Überlegungen aus Ansätzen mädchengerechter Jugendhilfeplanung. In: Kriener et al. (Hg.) (1999): 208-220

Bitzan, Maria (1998): Zwischen Struktur und Person: Geschlechterdifferenzierende und sozialpolitische Handlungskompetenz als Grundlage für sozialräumliche Hilfen. In: Peters et al. (Hg.) (1998): 52-72

Bitzan, Maria/Funk, Heide (1995): Geschlechterdifferenzierung als Qualifizierung von Jugendhilfeplanung. In: Bolay et al. (Hg.) (1995): 71-124

Böhnisch, Lothar (1997): Sozialpädagogik der Lebensalter. Eine Einführung. Weinheim/München

Böhnisch, Lothar (1994): Gespaltene Normalität. Lebensbewältigung und Sozialpädagogik an den Grenzen der Wohlfahrtsgesellschaft. Weinheim/München

Böhnisch, Lothar/Münchmeier, Richard (1990): Pädagogik des Jugendraums. Weinheim/München

Böhnisch, Lothar/Münchmeier, Richard (1987): Wozu Jugendarbeit? Weinheim/München

Bolay, Eberhard/Herrmann, Franz (Hg.) (1995): Jugendhilfeplanung als politischer Prozess. Neuwied

Bourdieu, Pierre (1991): Physischer Sozialer und angeeigneter Raum. In: Wentz (Hg.) (1991): 25-34

Brenner, Gerd/Hafeneger, Benno (Hg.) (1996): Pädagogik mit Jugendlichen – Bildungsansprüche, Wertevermittlung und Individualisierung. Weinheim/München

Bronfenbrenner, Urie (1981): Die Ökologie der menschlichen Entwicklung. Stuttgart

Buckert, Friedhelm (2000): Sozialraumverantwortung durch freie Träger oder Zusammenbauen, was zusammen gehört. In: EREV-Schriftenreihe 1/Jahrgang 41. 2000: 45-54

Bürger, Ulrich (2000): Anfrage eines „kritischen Symphatisanten" an das Stuttgarter Modell. In: Forum Erziehungshilfen 4/6. 2000: 204-205

Daigler, Claudia/Häbel, Hannelore/Wolff, Mechthild (2003): Mädchen und junge Frauen im Sozialraum: Fragen, Problemanzeigen und Perspektiven eines interdisziplinären Themas. In: Forum Erziehungshilfen 1/9. 2003: 4-10

Deinet, Ulrich/Reutlinger, Christian (Hg.) (2004): „Aneignung" als Bildungskonzept der Sozialpädagogik. Wiesbaden

Deinet, Ulrich/Krisch, Richard (Hg.) (2002): Der sozialräumliche Blick der Jugendarbeit. Opladen

Deinet, Ulrich (1999): Sozialräumliche Jugendarbeit. Eine praxisbezogene Anleitung zur Konzeptentwicklung in der offenen Kinder- und Jugendarbeit. Opladen

Deinet, Ulrich (1998): Aneignung und sozialer Raum. In: Kiesel et al. (Hg.) (1998): 127-146

Deutschendorf, Rene/Hamberger, Matthias/Koch, Josef/Lenz, Stefan/Peters, Friedhelm (Hg.) (2005): Werkstattbuch INTEGRA. Grundlagen, Anregungen und Arbeitsmaterialien für Integrierte, flexible und sozialräumlich ausgerichtete Erziehungshilfen. Weinheim/München

Engler, Ulla (2004): Interessenbekundungsverfahren. In: Forum Erziehungshilfen 4/10. 2004: 312-314

Finkel, Magarete/Reinl, Heidi (2004): Fallunspezifische Arbeit – Experimentieren in Zwischenräumen. In: Forum Erziehungshilfen 1/10. 2004: 53-58

Forum Erziehungshilfen (2003): Schwerpunktheft: Chance Beschwerde. 4/9. 2003. Frankfurt a.M.

Freund, Thomas/Lindner, Werner (Hg.) (2001): Prävention. Zur kritischen Bewertung von Präventionsansätzen in der Jugendarbeit. Opladen

Freyberg, Thomas von/Schneider, Johann (Hg.): Sozialraumanalyse als Lernprozess. Beiträge zur qualitativen Segregationsanalyse. Frankfurt a.M.

Früchtel, Frank/Lude, Werner/Schaffer, Thomas (Hg.) (2001): Umbau der Erziehungshilfe. Von den Anstrengungen, den Erfolgen und den Schwierigkeiten bei der Umsetzung fachlicher Ziele in Stuttgart. Weinheim

Hafeneger, Benno (2002): Kinder- und Jugendräume, Peer-group, Straße. In: Schröer et al. (Hg.) (2002): 199-209

Hamberger, Matthias (2005): Der Fall im Feld: sozialraum- und ressourcenorientierte Arbeit in den Erziehungshilfen. In: Deutschendorf et al. (Hg.) (2005): 111-124

Herriger, Norbert (2002): Empowerment in der Sozialen Arbeit. Eine Einführung. 2. ergänzte Auflage, Stuttgart

Hinte, Wolfgang (2003): Das Konzept der Sozialraumorientierung. In: Rundbrief des Verbandes Sozial-Kulturelle Arbeit 1/2003. Berlin: 19-21

Hinte, Wolfgang/Litges, Gerhard/Groppe, Johannes (2003): Sozialräumliche Finanzierungsmodelle. Qualifizierte Jugendhilfe auch in Zeiten knapper Kassen. Berlin

Hinte, Wolfgang (2001): Soziale Kommunalpolitik: soziale Räume gestalten statt Elend verwalten. In: Hinte et al. (2001): 168-178

Hinte, Wolfgang/Lüttringhaus, Maria/Oelschlägel, Dieter (2001): Grundlagen und Standards der Gemeinwesenarbeit. Münster

Hinte, Wolfgang/Litges, Gerd/Springer, Werner (1999): Soziale Dienste – Vom Fall zum Feld. Soziale Räume statt Verwaltungsbezirke. Berlin

Hinte, Wolfgang (1999): Fallarbeit und Lebensweltgestaltung – Sozialraumbudgets statt Fallfinanzierung. In: Institut für Soziale Arbeit (ISA) (Hg.) (1999): 82-94

Hurrelmann, Klaus (1999): Lebensphase Jugend. Eine Einführung in die sozialwissenschaftliche Jugendforschung. Weinheim/München

Institut für Soziale Arbeit (ISA) (Hg.) (1999): Soziale Indikatoren und Sozialraumbudgets. Münster

Kessl, Fabian/Otto, Hans-Uwe/Ziegler, Holger (2002): Einschließen oder aufmachen? Der Raum, sein Kapital und deren Nutzer. In: Riege et al. (Hg.) (2002): 177-190

Kiesel, Doron/Scherr, Albert/Thole, Werner (Hg.) (1998): Standortbestimmung Jugendarbeit. Schwalbach/Taunus

Klatetzki, Thomas (Hg.) (1995): Flexible Erziehungshilfen. Ein Organisationskonzept in der Diskussion. 2. Auflage. Münster

Koch, Josef (2004): Ausschreiben, anschreiben, abschreiben? Wie Konzeptdebatten auf die Gerichte verlagert werden. In: Forum Erziehungshilfen 4/10. 2004: 302-304

Koch, Josef (2002): Mehr Flexibilität, Integration und Sozialraumbezug in den erzieherischen Hilfen. Zwischenergebnisse aus dem Bundesmodellprojekt INTEGRA. Frankfurt a.M.

Koch, Josef/Lenz, Stefan (Hg.) (2000): Integrierte und sozialräumliche Finanzierungsformen. Zum Stand und den Perspektiven der Diskussion. Frankfurt a.M.

Kommunale Gemeinschaftsstelle für Verwaltungsvereinfachung (KGSt) (1998): Kontraktmanagement zwischen öffentlichen und freien Trägern in der Jugendhilfe. Bericht 12. Köln

Kriener, Martina/Petersen, Kerstin (Hg.) (1999): Beteiligung in der Jugendhilfepraxis. Münster

Landschaftsverband Westfalen-Lippe (Hg.) (2002): Sozialraumanalyse Stadt Hamm – Kleinräumige Analyse des Stadtgebiets als Grundlage der Jugendhilfeplanung. Bielefeld

Langhanky, Michael/Frieß, Cornelia/Hußmann, Markus/Kunstreich, Timm (2004): Erfolgreich sozialräumlich handeln. Die Evaluation der Hamburger Kinder- und Familienhilfezentren. Bielefeld

Lindner, Werner (2000): Ethnographische Methoden in der Jugendarbeit. Zugänge, Anregungen und Praxisbeispiele. Opladen

Löw, Martina (2001): Raumsoziologie. Frankfurt a.M.

Meier, Rüdiger (2004): Vorläufiger Stopp der „Sozialraumbudgetierung" der ambulanten Jugendhilfe in Hamburg. In: Forum Erziehungshilfen 4/10. 2004: 304-307

Merchel, Joachim (2003): Standards für Flexible Erziehungshilfen. Forum Erziehungshilfen 3/9. 2003: 174-184

Merten, Roland (Hg.) (2002): Sozialraumorientierung. Zwischen fachlicher Innovation und rechtlicher Machbarkeit. Weinheim/München

Müller, Burghard K. (1996): Jugendliche brauchen Erwachsene. In: Brenner et al. (Hg.) (1996): 22-29

Münder, Joachim (2001): Sozialraumorientierung und das Kinder- und Jugendhilferecht. In: Sozialpädagogisches Institut im SOS-Kinderdorf e.V. (Hg.) (2001): 6-124

Sozialpädagogisches Institut im SOS-Kinderdorf e.V. (Hg.) (2001): Sozialraumorientierung auf dem Prüfstand. Rechtliche und sozialpädagogische Bewertungen zu einem Reformprojekt in der Jugendhilfe. München

Munsch, Chantal (2004): AdressatInnenorientierung als verlässliche und ganzheitliche Unterstützung in schwierigen Lebenslagen. In: Peters et al. (Hg.) (2004): 219-246

Nissen, Ursula (1998): Kindheit, Geschlecht und Raum. Sozialisationstheoretische Zusammenhänge geschlechtsspezifischer Raumaneignung. Weinheim/München

Peters, Friedhelm/Hamberger, Matthias (2004): Integrierte flexible, sozialräumliche Hilfen (INTEGRA) und der aktuelle Erziehungshilfediskurs. In: Peters et al. (Hg.) (2004): 27-56

Peters, Friedhelm/Koch, Josef (Hg.) (2004): Integrierte erzieherische Hilfen. Flexibilität, Integration und Sozialraumbezug in der Jugendhilfe. Weinheim/München

Peters, Friedhelm/Trede, Wolfgang/Winkler, Michael (Hg.) (1998): Integrierte Erziehungshilfen. Qualifizierung der Jugendhilfe durch Flexibilisierung und Integration? Frankfurt a.M.

Riege, Marlo/Schubert, Herbert (Hg.) (2002): Sozialraumanalyse Grundlagen – Methoden – Praxis. Opladen

Schön, Elke (2004): Selbstorganisiertes Handeln von Mädchen im städtischen öffentlichen Frei(Raum). In: Deinet et al. (Hg.) (2004): 235-247

Schröer, Wolfgang/Struck, Norbert/Wolff, Mechthild (Hg.) (2002): Handbuch Kinder- und Jugendhilfe. Weinheim/München

Stähr, Axel (2004): Zuverlässigkeit der Auswahl von freien Trägern im Rahmen des Konzepts der Sozialraumorientierung. In: Forum Erziehungshilfen 4/10. 2004: 307-311

Treeß, Helga (2002): Prävention und Sozialraumorientierung. In: Schröer et al. (Hg.) (2002): 925-941

Wentz, Martin (Hg.) (1991): Stadt-Räume. Die Zukunft des Städtischen. Frankfurt a.M./New York

Wolff, Mechthild (2004): Integrierte Erziehungshilfen versus Verwaltungslogik. Von Diskursverschiebungen und ihren Effekten. In: Peters et al. (Hg.) (2004): 101-110

Wolff, Mechthild (2002): Integrierte Hilfen versus versäulte Erziehungshilfen. Sozialraumorientierung jenseits der Verwaltungslogik. In: Merten, Roland (Hg.) (2002): 41-52

Wolff, Mechthild (2000): Integrierte Erziehungshilfen. Eine exemplarische Studie über neue Konzepte in der Jugendhilfe. Weinheim/München

Zeller, Maren (2004): Partizipation im Kontext flexibler Erziehungshilfen. In: Peters et al. (Hg.) (2004): 195-218

Exemplarisches zu einer generativen Methode Sozialer Arbeit

Michael Langhanky, Cornelia Frieß, Marcus Hußmann und Timm Kunstreich

Abstract

Lange dominierte in der Diskussion um „Sozialraumorientierung“ in der Sozialen Arbeit ein eher auf den physikalischen Raum verdinglichter Ansatz, in der Regel verbunden mit entsprechenden sozialadministrativen Begrenzungen des Raumes. Dieses Raumverständnis war eher das eines Containers, der entweder schon gefüllt war oder neu oder anders gefüllt werden sollte. Diese Position dominiert bspw. den von Roland Merten herausgegebenen Reader (2002) in einer Weise, dass in keinem Beitrag auf Pierre Bourdieu Bezug genommen wird. Der kritische, Sozialraum bezogene Dialog, der v.a. von Pierre Bourdieu und im deutschen Sprachraum von Martina Löw repräsentiert wird, nimmt aber in vielfältiger Weise Themen der Sozialen Arbeit auf. Unser Versuch, sozialräumliches Handeln im Kontext der Diskussion um methodisches Handeln in der Sozialen Arbeit zu profilieren, hat deshalb nicht zum Gegenstand, wer den „richtigeren“ oder „wahreren“ sozialen Raum konstruiert, sondern geht von der Position aus, dass verschiedene Akteure unterschiedliche soziale Räume hervorbringen, also generieren. Der Raum selbst wird dabei als prozesshaftes Phänomen verstanden, an dessen Entstehung und in dessen Relationierungen die Professionellen und Adressaten als Akteure beteiligt sind. „Über die repetitiven Handlungen werden räumliche Strukturen rekursiv reproduziert. Räumliche Strukturen werden in Institutionen eingelagert (...)“ (Löw 2001: 263).[1]
Folgt man diesem Grundverständnis des sozialen Raumes als Raum von konflikthaften Relationierungen – als Raum, der sich durch die Güterverteilung ergebenden Positionierungen, als Raum, der durch Synthese (Leistung der Akteure, die verschiedenen Facetten gleichzeitig miteinander zu verbinden) und Spacing (Positionierung von Gütern und Menschen) konstituiert wird (vgl. Löw 2001), so ergeben sich eine Reihe von weitergehenden Fragen an die Akteure der Sozialen Arbeit. In erster Linie sind dies Fragen nach dem „Wie“ der eigenen Positionierung im sozialen Raum. Fragen nach Praktiken des Synthetisierens, Fragen nach Kommunikation, Kooperation und Güterverteilung bzw. deren Koordination rücken in den Vordergrund. Besonders aber stellt sich die Frage, ob und wie sich die jeweilige Organisation überhaupt als Beteiligte dieses Konstituierens des sozialen Raumes versteht, die Frage also, ob sie den Raum nur als geographischen bzw. zu verwaltenden Ort oder als sozialen Raum im angedeuteten kritischen Sinn versteht.
Antworten auf diese Fragen haben wir versucht in einer Evaluation von ungewöhnlichen sozialpädagogischen Einrichtungen zu finden: den acht Kinder- und Familienhilfezentren (KiFaZ) in Hamburg.
Im Folgenden skizzieren wir zunächst die Entstehung dieser Stadtteilzentren und gehen auf unseren ebenfalls sozialräumlich zu verstehenden Evaluations-Ansatz ein, um dann das sozialräumliche Handeln der Professionellen und ihrer Adressaten selbst an einem Beispiel – der Binnenstruktur der Organisationen – deutlich zu machen.

---

1 Vgl. hierzu auch Pierre Bourdieus Unterscheidung von sozialem und geographischem Raum in dem Essay in „Elend der Welt“ (1997).

In der folgenden Darstellung nehmen wir eine weitere Kompression einer schon komprimierten Darstellung vor. Wir verweisen deshalb auf unser Buch, aus dem dieser Texte in leichter Überarbeitung entnommen ist.[2]

Das Rahmenkonzept „Kinder- und Familienhilfezentren" und seine Realisierung

Im Mai 1995 publizierten zwei Mitarbeiter des Amtes für Jugend der Freien und Hansestadt Hamburg, Günther Finke und Klaus-Dieter Müller (1995), ein „Rahmenkonzept Hamburger Kinder- und Familienhilfezentren". Darin wird der Arbeitsauftrag der zu gründenden Stadtteilzentren wie folgt beschrieben: Sie sollen alltagsorientiert, entlastend, unterstützend, begleitend und beratend tätig werden, sowie abgestimmt auf den Bedarf des Einzelfalls handeln. Die Zentren sollen lebenswelt- und familienorientierte Hilfen nach dem KJHG (§§ 28 bis 32) sowie Beratung und Aktivitäten, unterstützende Hilfen bei Sozialhilfe und Wohnungssuche anbieten. Außerdem sollen sie Erholungsmaßnahmen und Babysitterdienste vorhalten, Mütter und Väter im Alltag entlasten, und zudem noch, wenn möglich, ein Café bspw. durch ein Beschäftigungsprojekt für Langzeitarbeitslose anbieten (vgl. Finke/Müller 1995: 9).

Das Konzept unterstreicht deutlich den sozial-räumlichen Bezug der Zentren: „Ziele, die mit der Arbeit der Kinder- und Familienhilfezentren verfolgt werden, sind:

- Das Mitgestalten von Lebenswelten und sozial-räumlichen Kontexten;
- Die Verbesserung von Lebens- und Sozialisationsbedingungen (...);
- Die soziale Vernetzung, Stärkung von Handlungskompetenz und Selbsthilfepotentialen der Betroffenen und die
- Aktivierung ehrenamtlichen Engagements" (ebd.).

Dieses Anforderungsprofil wird von den Autoren des Konzeptes in der Forderung gebündelt, dass die Zentren die Funktion eines ‚Managements des Sozialen' übernehmen sollen, das die fachlich-inhaltliche Vernetzung der Adressaten und Anbieter im Stadtteil, von der Schule bis hin zu Gewerbetreibenden, umfasst. Ziel der Kinder- und Familienhilfezentren soll „die Verbesserung von Sozialisationsbedingungen durch die positive Beeinflussung kindlicher und familiärer Lebenswelten im umfassenden Sinne sein" (Finke/Müller 1995: 18).

Man könnte das Rahmenkonzept auch als einen „Erlass" sehen, die bisherigen Organisationssystematiken der Institutionen Sozialer Arbeit zu verlassen und unter dem Stichwort einer ‚Kultur des Aufwachsens' die Lebensbedingungen von Menschen in einer Region zu verbessern.

Wurde das Rahmenkonzept v.a. von Trägern der Hilfen zur Erziehung (HzE) zunächst eher kritisch aufgenommen, folgte nach der Klärung der Finanzierungsmoda-

---

2 Der ausführliche Evaluationsbericht (Langhanky et al. 2004) und/oder die Berichte über die einzelnen KiFaZ können über die Evangelische Fachhochschule für Sozialpädagogik des Rauhen Hauses angefordert werden (E-Mail: ev-fhs-hh@rauheshaus.de, Telefon: 040-65591-180).

litäten eine Phase des interessierten, manchmal sogar hoffnungsvollen fachlichen Interesses gegenüber dem Modell.

Träger unterschiedlicher Provenienz begannen 1996/97 in unterschiedlichen Quartieren mit dem Aufbau der acht Kinder- und Jugendhilfezentren, so z.B. der Deutsche Kinderschutzbund, traditionsreiche Stiftungen, aber auch kleine Beschäftigungsträger und Vereine. Es wurden sechs Zentren mit je drei festen Stellen und zwei Zentren mit je einem halben Budget und entsprechend nur eineinhalb Stellen gegründet. Die Zentren entstanden in Stadtteilen mit sehr unterschiedlicher Struktur. Gemeinsam ist ihnen jedoch, dass sie eine bauliche Substanz im Stil großstädtischer Wohnungssiedlungen der 1960er, 1970er und 1990er Jahre aufweisen und dass ihre Bevölkerung als eher einkommensschwach bezeichnet wird. Das Spektrum der Stadtteile reicht von Neu-Allermöhe-West, einem Neubauviertel am Stadtrand Hamburgs aus den späten 1990er Jahren, in dem durch intelligente Planung einige Fehler der 1970er Jahre vermieden wurden und in dem rund 30% der Bevölkerung aus Ländern kommen, die ehemals dem Warschauer Pakt angehörten, bis hin zu Dringsheide einem rundlingartigen Siedlungsring, der sozial zu kollabieren schien. Die innere Struktur, in der die Träger die Vorgaben der Behörde realisierten, reichten von einem Gemeinwesenzentrum im Stadtteil Großlohe bis hin zu einer ‚Kooperations-Zentrale' für Fragen des Kinderschutzes und Kindeswohls im Bezirk Harburg. Die strukturellen Bedingungen, welche die Zentren bis heute prägen, variieren ähnlich breit: Ein Träger hat ein ehemaliges Gemeindezentrum als Baukörper übernommen, ein anderer musste mit einer Drei-Zimmer-Wohnung Vorlieb nehmen, ein dritter hat binnen zwei Jahren ein exzellentes Haus von den Bauträgern des Wohngebietes erstellt bekommen. Ebenso breit war zunächst das professionelle Selbstverständnis der Teams: Ein Team war stark durch die offene Jugendarbeit und deren Ansätze geprägt, ein zweites Team kam eher aus einem gemeinwesenarbeiterischen Ansatz, ein drittes hatte im Hintergrund den Kinderschutz und ein viertes etwa die Migrations- und Frauenarbeit.

Damit ist also nicht – wie bei „Erlässen" eigentlich zu erwarten – eine homogene, stromlinienförmige, geklonte Umsetzung eines Modells entstanden. Vielmehr hat sich in der Realisierung der Vorschläge der Behörde eine Vielfalt unterschiedlicher Praxen entwickelt. Diese sind allerdings nicht so unterschiedlich, dass der grundsätzliche Ansatz des Konzeptes verwässert oder bis zur Unkenntlichkeit hin ausgeweitet worden wäre. In diesem Fall scheint Vielfalt nicht der Gegensatz zur Stringenz eines Ansatzes und einer diesbezüglichen fachlichen Übereinstimmung zu sein. Und Behördenkonzepte scheinen nicht nur den heimlichen Trägerprogrammen utilitaristisch untergeordnet zu sein.

Die Ansätze aus der Gründungsphase der Kinder- und Familienhilfezentren haben inzwischen – fünf bis sechs Jahre nach den ersten Schritten der Umsetzung – Form angenommen. Die Zentren lassen sich als Familien entlastende bzw. unterstützende Settings begreifen, in denen von Maßnahmen, die der Hilfe zur Erziehung *gleichkommen*, über offene Angebote bis hin zu Beratung und Beschäftigung ein je nach Region variierendes Angebot entwickelt wurde. Je nach Trägertradition und spezifischem sozialgeographischen Umfeld sind unterschiedliche Kooperationsgeflechte entstanden, die sich auch in den unterschiedlichen baulichen Bedingungen widerspiegeln.

Die Zentren scheinen trotz ihrer Heterogenität einen Common Sense zu bewahren: Sie beziehen sich ernsthaft auf den Nahraum eines Stadtviertels, setzen sich mit den Menschen in unbürokratischer Manier auseinander und gerieren sich weder therapeutisch noch interventionistisch. Sie entwickelten vielmehr eine Praxis, die aufhorchen lässt.

Erstens wurde mit relativ wenig Geld eine breite, entspezialisierte Praxis entwickelt, die eine der wenigen zu sein scheint, die sich nicht nur lebensweltorientiert nennt, sondern sich tatsächlich um die Lebenswelt der Menschen im Quartier kümmert und sich an ihr orientiert. Zweitens war das klassische Doppelmandat der Sozialen Arbeit (Hilfe und Kontrolle) durch eine konsequente Hinwendung zu den Adressaten und ihren Lebenssituationen im Quartier zumindest für den außenstehenden Betrachter nicht ohne weiteres erkennbar. Des Weiteren waren und sind – für Institutionen der Sozialen Arbeit ungewöhnlich – sehr viele Bürger mit den Einrichtungen befasst und bestimmen diese mit. Partizipation scheint hier kein normatives Gebot, sondern eine Tatsache zu sein.

Dies alles war für uns Grund genug, sich diesen Zentren zuzuwenden, ihre Praxis näher zu untersuchen und zu versuchen, die darin eingebetteten Handlungsprinzipien herauszuarbeiten.

Der Forschungsansatz der KiFaZ-Evaluation

Eine Untersuchung der Arbeitsprinzipien eines bestimmten Modells der Sozialen Arbeit ist angewiesen auf die Akteure, die diese Handlungen ausführen. Für die meisten Akteure gilt das, was nur schwer zu beschreiben ist, nämlich das – wie Siegfried Bernfeld es ausdrückt –, „was wir wirklich taten" (zitiert nach Hörster/Müller 1997: 627). Die hinter einem alltäglichen und routinierten professionellen Handeln liegenden Prinzipien, Muster und ‚generativen Themen' sind flüchtig (Freire 1973: 79ff.), oft nur in Metaphern benennbar und liegen nicht zur Deklaration parat. Einem forschenden Blick von außen bieten sie sich nicht oder nur selten dar. Sie sind in den Reflexionen der Handelnden über ihr Tun und in diesem selbst enthalten. Für ihre Untersuchung scheint uns deshalb das zu gelten, was Paulo Freire in seiner „Pädagogik der Unterdrückten" für die „Untersuchung des thematischen Universums des Volkes" gefordert hat: „Die Untersuchung dessen, was ich als ‚thematisches Universum' des Volkes verwendet habe – der Komplex seiner ‚generativen Themen' – eröffnet den Dialog der Bildung als Praxis der Freiheit. Schon die Methodologie dieser Untersuchung muss dialogisch angelegt sein, sowohl um die Gelegenheit zu schaffen, die generativen Themen zu entdecken, wie auch um die Wahrnehmung der Menschen im Blick auf diese Themen zu fördern" (ebd.: 79f.).

Wie kann eine dialogische, auf Verständigung ausgerichtete und danach suchende Forschung aussehen? Paulo Freire beschreibt einige Vorraussetzungen für den Dialog: „Dialog ist die Begegnung zwischen Menschen, vermittelt durch die Welt, um die Welt zu benennen. Daher kann Dialog sich nicht ereignen zwischen solchen, die die Welt benennen wollen und solchen, die eine solche Benennung nicht wünschen" (ebd.: 72). Neben Empathie, Glauben an den Anderen und Demut sind, so

Paulo Freire, kritisches Denken und Solidarität Grundvoraussetzungen des Dialogs. Eine auf Dialog und Verständigung fußende Untersuchung benötigt, folgt man dieser Idee, Empathie gegenüber dem ,Untersuchungsgegenstand', Solidarität und kritisches Engagement gegenüber dem Feld.

Unsere Suche nach einem geeigneten Untersuchungsdesign war entsprechend ausgerichtet: Es ging uns nicht um eine distanzierte Evaluation der ,best practice'. Es ging uns auch nicht um eine Evaluation der Qualität der Kinder- und Jugendhilfezentren in Konfrontation mit dem Organisationsziel, wie es in dem Konzept beschrieben stand. Es ging uns vielmehr darum, die im Vollzug ihrer Praxis eingebundenen Arbeitsprinzipien in einer kritisch solidarischen Verständigung mit den Mitarbeitern, Adressaten und Bewohnern der jeweiligen Quartiere herauszufinden; also darum, das zum Sprechen zu bringen, was im Alltag zur selbstverständlichen Praxis sozial-räumlichen Handelns in der Sozialen Arbeit geworden ist. Es ging uns darum, die ,generativen Themen' der Handelnden im Feld zu finden.

Einen diesem Verständnis entsprechenden Evaluationsansatz fanden wir in dem von Egon G. Guba und Yvonne S. Lincoln entwickelten hermeneutischen Ansatz einer „Fourth Generation Evaluation" (1989; vgl. auch Heiner 2001). Im Zentrum dieses Ansatzes steht eine kumulative Befragung, in der die Positionen der Interviewten wechselseitig bekannt gemacht werden und somit eine kollektive Repräsentation einer spezifischen Gruppe entsteht, z.B. die der Professionellen in einem KiFaZ, die der Adressaten aber auch von denjenigen, die das KiFaZ nicht besuchen. In jedem der acht KiFaZ wurden diese drei Befragungskreise durchgeführt. Zusätzlich untersuchten in jedem KiFaZ Feldforscher in teilnehmender Beobachtung den Alltag in den Zentren. Darüber hinaus standen uns vielfältige Materialien in Form von Berichten, Statistiken und sozialplanerischen Grundlagen zur Verfügung. Auf diese Weise gelang uns ansatzweise eine Triangulation unseres Untersuchungsvorhabens.

Die Untersuchung der acht KiFaZ in Hamburg zielt explizit auf das ,Wie' ihres Handelns im Alltag der Einrichtungen ab. Dabei stellt sich die Frage, auf welche Weise es gelingen kann, das in den Kulturen, Repräsentationen, Regeln und Pragmatiken der Organisationen geborgene ,Wie' herauszuarbeiten und zu benennen. Aus der ethnographischen Feldforschung und den Interviews haben wir Eindrücke zu Interaktionen und Kommunikationen sowie Beobachtungen zu Stilen und Haltungen der Akteure erhalten, aber kein Destillat des Handlungsmodus, der Methode oder des Arbeitsprinzips. Bestenfalls ist uns mit unseren Fragen die Rekonstruktion der *generativen Themen* in der jeweiligen Organisation gelungen. Paulo Freire nennt Themen dann generativ, wenn sie „die Möglichkeit enthalten, in viele mögliche Themen weiter entfaltet zu werden, die ihrerseits nach Durchführung neuer Aufgaben verlangen" (Freire 1973: 84). Durch die Art unserer Untersuchung – insbesondere durch die kumulative Befragung in hermeneutischen Zirkeln und die teilnehmenden Beobachtungen – ist es uns gelungen, tief in das „Universum von Themen" (Paulo Freire) jedes KiFaZ einzutauchen. Schon in unseren ersten Interpretationsversuchen merkten wir, dass wichtige Aspekte der Realität und der Arbeitsweisen eines KiFaZ verloren gehen würden, wenn wir versuchten, aus dem „Universum von Themen" einzelne Arbeitsprinzipien zu isolieren. Die ,Gestalt' der Arbeitsprinzipien, der methodischen Ansätze und des vielfältigen, nicht auf einen Nenner zu bringenden Lebens in den Einrichtungen machte uns deutlich, dass wir nach dem Verbindenden in dieser ‚Gestalt' suchen mussten. Wir mussten ein „gemeinsames Drittes" (Brecht 1978a: 353) im Universum der Themen eines KiFaZ finden. Dazu verhalf uns das Konzept des Codierens und Decodierens des jeweils spezifischen generativen Themas (vgl. Freire 1973).

Die Rekonstruktion der Konstruktion lässt mit dem Lernen einer Sprache und/oder einer professionellen Fertigkeit vergleichen: Man sucht nach der Grammatik einer Sprache, und das einzige Mittel ist die Beobachtung der Sprache selbst. Ob man letztlich jene Grammatik gefunden hat, die als Regelwerk in den Köpfen der Sprecher die Sätze generiert, bleibt solange unklar, bis man selbst zum ‚native speaker' der untersuchten Sprache geworden ist. Das Problem ist dasselbe: Die generative Grammatik des Handelns in den acht KiFaZ, ihre Regeln und Repräsentationen können wir nur über das ‚Wie' ihres Handelns entschlüsseln.

„Obwohl die generierte Sprache [in unserem Fall: das generierte Handeln, d. Verf.] unendlich ist, ist die in einem endlichen Gehirn repräsentierte Grammatik selbst endlich. Somit müssen die grammatischen Regeln auf gewisse Weise wiederholt angewendet werden, damit eine unendliche Menge von Sätzen [hier: Handlungen, d. Verf.], jeder davon mit seiner besonderen Lautung, Struktur und Bedeutung generiert werden kann. Wir machen im Alltag ständig Gebrauch von dieser ‚rekursiven' Eigenschaft der Grammatik. Wir konstruieren ganz frei neue Sätze [hier: Handlungen, d. Verf.] und verwenden sie situationsangemessen, ebenso wie wir die neuen Sätze verstehen, die wir in neuen Situationen hören; wenn wir solche kreativen Handlungen ausführen, wenden wir im allgemeinen sehr viel mehr als unsere Sprachkenntnis an" (Chomsky 1981: 222). Mit diesen Worten macht Noam Chomsky nicht nur die Funktionsweise generativer Grammatik deutlich, er weist noch auf ein weiteres Problem hin: In den Sätzen, in unserem Fall in den Handlungen, ist weit mehr als nur die Anwendung der Grammatik abgebildet. Empathie, Kreativität, biolinguale Fähigkeiten und nicht zuletzt ‚implizites Wissen' sind Elemente, die den Sprecher bzw. den Handelnden beeinflussen.

Insofern sind wir uns darüber im Klaren, dass die vorgenommenen Bildungen zentraler Begriffe als generative Themen nicht die Abbildung, sondern unsere Rekonstruktion der generativen Handlungs-Grammatik der acht KiFaZ darstellen, was selbst wieder ein mäeutischer Prozess ist (vgl. Sünker 1989).

„Erfolgreich sozial-räumlich handeln" – Vier Handlungskreise und ihre Arbeitsprinzipien

In folgenden Überblick wollen wir die derart rekonstruierten generativen Themen der acht KiFaZ sowie die jeweils damit verbundenen zentralen Arbeitsprinzipien darstellen.

Tabelle: Die generativen Themen und Arbeitsprinzipien der acht KiFaZ

	E	ntwickeln statt lösen
	M	ultikulturalität statt Integration
KifaZ Allermöhe	P	artizipativ statt kolonisierend
	F	ördernd statt fordernd
Generatives Thema: EMPFANG	A	ktivierend statt klientifizierend
	N	icht auf Rechte durchgreifend
	G	astfreundlich
	V	ielfalt
	I	nitiative ermöglichen
KiFaZ Barmbek-Süd	E	rsatzorte schaffen
	L	ebensbedingungen verändern
Generatives Thema: VIELFALT	F	reundlich sein
	A	nwaltlich handeln
	L	otsenfunktion übernehmen
	T	rägerübergreifende Arbeitsbündnisse herstellen
	Z	ugänge aller Art
	U	nkonventionell
KiFaZ Burgwedel-Schnelsen	S	eele im Stadtteil
	T	rägerübergreifende Organisation von Strukturen
Generatives Thema: ZUSTAENDIG	A	nwaltschaftliches Engagement
	E	twas für alle
	N	utzen aller Kapazitäten
	D	emonstrativ in der eigenen Position
	I	m Auftrag des Nutzers
	G	ast-Freundschaftlich
	G	astfreundlich sein
	E	ntwickeln statt lösen
KifaZ Dringsheide	M	iteinander etwas bewegen
	E	rmöglichen und entlasten
Generatives Thema: GEMEINDE	I	dentitäten bilden
	N	ebenbei beraten
	D	emokratischer Dorfplatz
	E	inrichtungsübergreifende Arbeitszusammenhänge schaffen
	A	ngebotsvielfalt
	N	ach außen gehen
KiFaZ Farmsen-Berne	S	ubunternehmerschaft
	C	ooperation
Generatives Thema: ANSCHUB	H	albes KiFaZ
	U	nterstützung
	B	edarfsrezeption und Planung
	T	ranskulturelle Brücken schlagen
	E	ntlastung organisieren, Möglichkeiten erweitern
KiFaZ Großlohe	I	ndividuelle Unterstützung bieten
	L	ücken füllen statt konkurrieren
Generatives Thema: TEILHABE	H	ospitalität pflegen
	A	ushandeln statt behandeln
	B	y-the-way beraten
	E	mpowerment forcieren
	R	egeln vereinbaren
	E	ntschleunigung ermöglichen
KiFaZ Harburg	S	tandards setzen
	P	erspektiven aus unterschiedlichen Positionen entwickeln
Generatives Thema: RESPEKT	E	ntlastung realisieren
	K	onsens anstreben
	T	ransparenz herstellen
	A	dvokatorisch
	N	iedrigschwellig beratend
KiFaZ Lurup	K	ooperativ
	E	mpowernd (für Frauen)
Generatives Thema: ANKER	R	espektvoll und Regeln des Miteinanders

In einem weiteren Schritt haben wir die so generierten einzelnen Arbeitsprinzipien noch einmal auf die damit gekennzeichneten Inhalte bezogen und nach diesen inhaltlichen Ähnlichkeiten neu zusammengesetzt. Auf diese Weise entstanden vier unterscheidbare Cluster, die jeweils einen besonderen Handlungsbereich thematisieren. Diese Handlungsbereiche greifen ineinander, sie sind nicht sauber als Dimensionen, Ebenen oder Sektionen zu kennzeichnen, sie sind aber deutlich als unterschiedliche Handlungsbezüge zu erkennen. Es sind vier konzentrische Handlungskreise, in denen jedes KiFaZ sein professionelles Handeln kreiert und organisiert und die jeweils spezifische Dimensionen und Realisierungen sozial-räumlichen Handelns sind:

Zunächst haben die KiFaZ spezifische Arbeitsprinzipien bezogen auf ihre Binnenstruktur als Organisation, als Anbieter von Dienstleistungen und Sozialer Arbeit (1. Handlungskreis). Sie haben dabei ihnen eigene Prinzipien eines subjektorientierten Ansatzes professionellen Handelns mit ihren Adressaten entwickelt (2. Handlungskreis). Die quartiersspezifische Dimension ihres Arbeitsansatzes wird zum einen in der Kooperation mit Trägern, Behörden und Institutionen im Quartier entfaltet (3. Handlungskreis), zum anderen werden Arbeitsansätze des Quartiermanagements realisiert (4. Handlungskreis). Dieser Ansatz könnte handlungsmethodisch als „Mehrebenenkonzeption“ (Staub-Bernasconi 1998: 51) beschrieben werden. Eine Abbildung des Handelns auf Ebenen entspricht jedoch nicht der Alltagspraxis der KiFaZ. Diese ist vielmehr durch eine vielfältige Interdependenz bzw. durch fließende Übergänge gekennzeichnet und repräsentiert ein eher holistisches Bild oder eine sozial-räumliche ‚Gestalt‘ als eine Mehrebenenpraxis.

Wir bevorzugen deshalb die Abbildung der Handlungsbereiche als konzentrische, interdependente Kreise mit unscharfen Grenzen.

Schaubild: Die vier Handlungskreise der Kinder- und Familienzentren

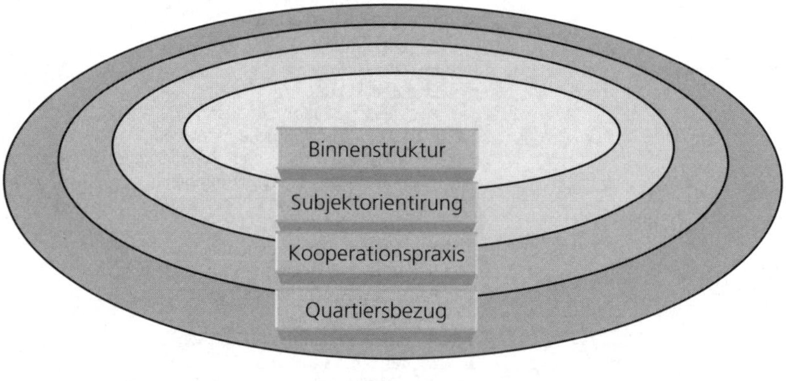

Jeder einzelne der Handlungskreise hat eine besondere Konfiguration von Arbeitsprinzipien und den damit verbundenen Positionen und Relationen in den vielfältigen sozialen Räumen. Vor die Wahl gestellt, jeden dieser Handlungskreise kurz darzustellen oder einen ausführlicher, haben wir uns für die letzte Möglichkeit entschieden. Gerade der erste Handlungskreis – die Binnenstruktur der Organisation – macht in besonderer Weise deutlich, dass ein handlungsbezogener sozial-räumlicher Ansatz zu einem anderen Konzept von Organisation gelangt, als z.B. der dominierende systemtheoretische.

Binnenstruktur der Organisation

Im Gegensatz zum Luhmannschen Diktum der Selbstreferenz, Autopoesis und damit „Taktunfähigkeit von Organisationen" (Luhmann 1971: 135) fanden wir in den KifaZ einen Typus Organisation, der durch Transversalität gekennzeichnet werden kann. Damit ist nach Weigand u.a. die Fähigkeit bezeichnet, quer zu den hierarchischen Ordnungen – in unserem Falle: den Sparten- oder Zuständigkeitsordnungen – zu handeln: „Wenn wir das Organigramm einer Organisation untersuchen, dann stellen wir fest, dass hierarchische Bindungen die instituierten Machtbeziehungen determinieren. Diese organisationelle Macht verläuft in den meisten Fällen pyramidal. Man vermeidet transversale Kommunikation. (...) Die Transversalität, die Gesamtheit der Zugehörigkeiten der Mitglieder einer Organisation, negiert diese Referenz auf die hierarchische Organisation" (Weigand/Hess/Prein 1988: 251).

Transversalität stellt damit eine spezifische Anforderung an Organisationen einer lebensweltlich und sozial-räumlich orientierten Praxis dar und entwirft zugleich ein anderes Konzept von Organisationsanalyse: dieses geht aus, von den horizontalen Verflechtungen lebens- und alltagsweltlicher Kooperation. In den KifaZ fanden wir diese insbesondere durch sechs Handlungsmaximen konkretisiert.

1. *Offene und vielfältige Zugänge schaffen:* Alle KiFaZ haben sich hinsichtlich des Zugangs zur Einrichtung – ob geographisch-technisch oder hinsichtlich des Anliegens – eine Vielfalt an Öffnungen und Zugängen geschaffen. Kein KiFaZ ist auf nur eine Art des Zugangs spezialisiert. So kann eine Kontaktaufnahme über einen Mittagstisch oder eine Restauration, bspw. ein Café, erfolgen. Nutzer erleben die KiFaZ im Zugang als unkonventionell: Sie kommen direkt, über Verweisungszusammenhänge, Öffentlichkeitsarbeit, aus Neugierde und ohne Anliegen, zum Kaffeetrinken oder Mittagessen etc.
2. *Schwellen bewusst gestalten:* Die hohe Aufmerksamkeit vieler KiFaZ auf das Gestalten der Schwelle beschreibt wohl ein Satz Paul Valérys am besten, wenn er sagt: „Schwellen. Nichts Wichtigeres als das. Das gesamte Funktionieren hängt daran" (zitiert nach Waldenfels 1999: 204).
   Die Scheidezone zwischen innen und außen wird in den KifaZ durch architektonische Vorkehrungen – eine Lobby, ein Café oder einen offenen Kommunikationsraum – gemildert. Diese sind dabei aber nicht nur Anziehungspunkt, um den Nutzern den Zugang zu ermöglichen, sondern gleichzeitig ein Medium für eine sich anschließende Hilfeleistung. Beratungsprozesse bspw. werden in den meisten KifaZ aus solchen Alltagssituationen heraus initiiert – nicht in klassischen Beratungs-Settings.
   Die beschriebenen vielfältigen Zugangsmöglichkeiten lassen es nicht zu, mit dem Übertritt über die Schwelle zugleich mit einem Stigma der folgenden Art versehen zu werden: „Trete ich ein, bin ich Hilfeempfänger". Der Fremdheit, die beim

Übertritt deutlich wird, wird mit Symbolen des Willkommen-Seins und der Gastfreundschaft begegnet (z.B. Tee und Kaffee im Wartebereich).

3. *Für alles zuständig sein, aber nicht alles selbst machen:* Wenn auch unterschiedlich intensiv, sind doch alle acht KiFaZ im Zugang entspezialisiert. Sie changieren im Organisationsstatus zwischen einer Anlaufstelle für alle Lebensfragen und einem Bürgerzentrum im Quartier. Sie signalisieren die Entspezialisierung auf zweierlei Art: Durch eine breite Angebotsvielfalt und durch primäre Allzuständigkeit.
   Drei Regeln sind dabei substanziell: Zum einen muss das Angebot einer Nachfrage aus dem Stadtteil oder einem festgestellten Bedarf folgen. Zweitens ist zu prüfen, ob das KiFaZ oder besser ein anderer Träger oder Bürger selbst das Angebot realisieren. Damit verbunden ist eine Orientierung, die eher auf die Entwicklung neuer Möglichkeiten, als auf das Lösen von Problemen ausgerichtet ist. Bspw. leistet ein KifaZ Projektfinanzierungen für einmalige Projekte oder als eine Art ‚Starter-Kit' eine Vor- und Anschubfinanzierung für Initiativen außerhalb der verfestigten Zuständigkeitsregeln. Hiermit wird die Absicht verfolgt, den Bedarf zunächst aufzunehmen und erst dann ggf. weiter zu vermitteln. Damit ist bereits die dritte Regel angedeutet: Allzuständigkeit. Die KiFaZ beschränken sich nicht auf ihre Angebote, sie verweisen die Bürger mit „anderen" Bedarfen nicht weiter; vielmehr werden neue Bedarfe als Aufforderung verstanden, das Angebot zu überdenken und gleichzeitig den angemeldeten Bedarf vorerst provisorisch zu befriedigen.
4. *Unterschiedliche, aber gleichwertige Mitgliedschaften ermöglichen:* Zwei Merkmale sind für die Personalstruktur bedeutsam: Die Mitarbeiter sind regelhaft allzuständig, auch wenn sie Schwerpunkte im Organisationsablauf haben. Sie sind weitestgehend entspezialisiert, umweltoffen und streben in der Gestaltung der Zusammenarbeit den Ausgleich der Asymmetrie zwischen Besucher und Professionellen an, z.B. durch die Gestaltung von ‚Wohlfühlräumen', das Sprechen einer gemeinsam verständlichen Sprache und indem die Sozialarbeiter sich auch als private Person – nicht nur als Professionelle – zeigen.
   Das zweite Merkmal ist die Durchlässigkeit der Mitgliedschaften im KiFaZ. Bürger können vom Nutzer zum Anbieter werden, vom Hilfe-Adressaten zum Organisationsmitglied. In diesem Zusammenhang ist eine fokussierte Aufmerksamkeit der Mitarbeiter auf die Kompetenzen und Interessen der Besucher bedeutsam. Wir vermeiden hier bewusst das im Rahmenkonzept des Amtes für Jugend Hamburg genannte Wort ‚Ehrenamt', das als Rolle wiederum eine Asymmetrie zwischen Professionelle und Ehrenamtliche legt.
5. *Arbeitsweisen auf die Anforderungen aus dem Feld ausrichten:* Multiperspektivität, offene Situationsarrangements sowie Settings, die Entwicklung ermöglichen, markieren, dass die KiFaZ nicht im traditionellen Sinne auftragsgebunden handeln. Sie müssen sich in einem komplexen Feld von Interessen, Bedarfen, Problemlagen und Lebenswelten bewegen und bewähren. Sie nutzen die Andersartigkeit professioneller und organisatorischer Einbindungen sowie der unterschiedlichen lebensweltlichen Deutungsmuster und billigen ihr bspw. mit dem Arbeitsprinzip *Perspektiven aus unterschiedlichen Positionen entwickeln* eine zentrale Rolle zu.

Die KiFaZ sind durch solche Arbeitsweisen strukturell relativ resistent gegen Standardisierung und eher genötigt, seismographisch das Feld und seine Bewegungen zu erfassen. Eine dauerhaft hohe Flexibilität ist die Folge, die sich als Adhokratie darstellt: Organisationsstrukturen werden so geregelt, dass sie bei veränderten Nachfragen oder Umweltsituationen relativ leicht umgebaut werden können.

6. *Verlässliche und responsive Finanzgrundlage sichern:* Diese Anforderung benennt die ökonomischen Rahmenbedingungen der skizzierten Organisationskultur. Die Zuwendungs- (oder Projekt-)finanzierung der acht KiFaZ lässt eine relativ leicht durchschaubare und – sofern nicht Kürzungen ins Haus stehen – verlässliche Finanzgrundlage entstehen. Trotz knapper werdender Mittel sind die meisten KiFaZ mit ihren Finanzierungsmitteln in einer Art umgegangen, die wir als responsive (verantwortlich antwortend auf Bedarfe) Ökonomie in Abgrenzung zu einer possessiven (fest an sich bindende, ‚besitzergreifende') Ökonomie bezeichnen. Sie stellen Mittel als Startkapital für Dienstleistungen im Stadtteil zu Verfügung, übernehmen finanzielle Verantwortung für Kooperationsprojekte, nutzen gleichzeitig die vorhandenen Ressourcen und versuchen, Professionelle anderer Einrichtungen einzubeziehen, um die Breite vorhandener Projekte und Angebote zu steigern.

Die relativ hohe finanzielle Sicherheit bildet eine wesentliche Grundlage für gelingende Kooperation. Projekt- oder Zuwendungsfinanzierung ist eine Art sozial-räumliches Budget auf niedrigem Niveau und öffnet die Organisation. Gleichzeitig bindet es die Organisation in der Legitimation der Mittelverwendung an Transparenz.

Lässt man die sechs Handlungsmaximen, die aus den Arbeitsprinzipien zur internen Organisation der KiFaZ gewonnen wurden, noch einmal Revue passieren, können sie als Hinweise gelesen werden, wie Strukturen einer Organisation generell zu bilden sind, die zugleich den Subjekten und ihrer Lebenswelt wie auch dem professionellen Netzwerk und dem Quartier als geographischem Raum der Sozialitäten zugewandt sind. Die durch sie generierte Binnenstruktur ermöglicht es den Organisationen, im ‚con-Takt' mit ihrer Umwelt zu bleiben. In diesem Sinne können Organisationen also durchaus taktvoll handeln.

Selbstreferenz und Routineprogramme werden mit diesem Ansatz nicht als primärer Code wahrgenommen. Es gelingt den KiFaZ vielmehr, die Codes der sozialen Akteure im Feld zu verstehen und zugleich ausreichend flexibel zu sein, um in den sich verändernden Anforderungen des sozialen Raumes den Subjekten gegenüber mit Respekt zu begegnen. Die Fähigkeit, derartige Organisations-Settings zu bilden, ist die zentrale Kompetenz einer Profi-Transversalität, die sich dadurch deutlich von Konzept und Selbstverständnis einer Profi-Bürokratie abhebt. Im Mittelpunkt sozialräumlichen Handelns steht deshalb nicht das *Herstellen von etwas*, sondern das *Entstehen als etwas* – und das ist immer ein dialogischer, kooperativer Prozess.

Literatur

Bourdieu, Pierre (1997): Das Elend der Welt. Konstanz.
Brecht, Berthold (1978a): Die Mutter. In: Brecht (1978b): 333-360
Brecht, Berthold (1978b): Die Stücke von Berthold Brecht in einem Band. Frankfurt a.M.
Chomsky, Noam (1981): Regeln und Repräsentationen. Frankfurt a.M.
Combe, Arno/Helsper, Werner (Hg.) (1997): Pädagogische Professionalität. Untersuchungen zum Typus pädagogischen Handelns. Frankfurt a.M.
Finke, Günther/Müller, Klaus-Dieter (1995): Rahmenkonzept Hamburger Kinder- und Familienhilfezentren. Hamburg
Freire, Paolo (1973): Pädagogik der Unterdrückten. Hamburg.
Guba, Egon G./Lincoln, Yvonna S. (1989): Fourth Generation Evaluation. Prag/London/New Delhi
Heiner, Maja (2001): Evaluation. In: Otto et al. (Hg.) (2001): 481-495
Hörster, Rainer/Müller, Burkhard (1997): Zur Struktur sozialpädagogischer Kompetenz. Oder: Wo bleibt das Pädagogische der Sozialpädagogik? In: Combe et al. (Hg.) (1997): 614-648
Langhanky, Michael/Frieß, Cornelia/Hußmann, Markus/Kunstreich, Timm (2004): Erfolgreich sozialräumlich handeln. Die Evaluation der Hamburger Kinder- und Familienhilfezentren. Bielefeld
Löw, Martina (2001): Raumsoziologie. Frankfurt a.M.
Luhmann, Niklas (1971): Lob der Routine. In: Luhmann: Politische Planung. Opladen: 113-143
Merten, Roland (2002): Sozialraumorientierung zwischen fachlicher Innovation und rechtlicher Machtsarbeit. Weinheim/München
Mrochen Siegfried/Berchthold, Elisabeth/Hesse Alexander (Hg.) (1998): Standortbestimmung Sozialpädagogischer und Sozialarbeiterischer Methoden. Weinheim
Otto, Hans-Uwe/Thiersch, Hans (Hg.) (2001): Handbuch Sozialarbeit – Sozialpädagogik. Neuwied/Kriftel
Staub-Bernasconi, Silvia (1998): Methodenentwicklung in der Zukunft – eine Prognose und ein Weg aus der Professionalisierungsfalle. In: Mrochen et al. (Hg.) (1998): 42-64
Sünker, Heinz (1989): Bildung, Alltag und Subjektivität. Weinheim
Waldenfels, Bernhard (1999): Vielstimmigkeit der Rede – Studien zur Phänomenologie des Fremden 4. Frankfurt a.M.
Weigand, Gabriele/Hess, Remy/Prein, Gerald (1988): Institutionelle Analyse. Theorie und Praxis. Frankfurt a.M.

Übergänge in Arbeit und Beschäftigungspolitik

Thomas Kreher und Andreas Oehme

Abstract

Auf die schwindende Integrationsfähigkeit der Ausbildungs- und Beschäftigungsstrukturen hat man seit den 1970er Jahren mit der Kompensation durch ein „Parallelsystem" von Beschäftigungshilfen reagiert, dass sich weiterhin auf die institutionellen Bildungs- und Arbeitswege bezog und die jungen Erwachsenen mit verbesserter pädagogischer Betreuung wieder ins Regelsystem zu integrieren versuchte. Die Entgrenzung und Segmentierung der Arbeitsgesellschaft bewirkt jedoch nicht nur eine zunehmende Ausgrenzung bestimmter gesellschaftlicher Gruppen, sondern auch tiefe Umbrüche in der bisherigen gesellschaftlichen, weitgehend institutionalisierten Praxis von Leben, Arbeit und Ausbildung. Eine Neugestaltung von Übergangswegen muss daher die subjektiven Perspektiven der Menschen systematisch einbeziehen. Im Beitrag wird über die Begriffe Biografie, Sozialraum und Bewältigung die Verbindung zwischen subjektiver und gesellschaftlicher Ebene erschlossen und im Anschluss der Begriff Vermittlungsregime entworfen. Mit diesem analytischen und sozialpolitischen Instrument erhalten wir einen Zugang zu den subjektiven Perspektiven und deren Einbindung in eine pädagogische und politische Gestaltungsperspektive.

1. Von der Beschäftigungshilfe der 1970er Jahre zur heutigen Lage

In der Reaktion auf die in den 1970er Jahren erstmals massiv in Erscheinung tretenden Übergangsprobleme von Jugendlichen und jungen Erwachsenen in Arbeit entwickelte sich ein Angebot an unterschiedlichen Ausbildungs- und Beschäftigungshilfen. Dieses war unter der normativen Orientierung am damals vorherrschenden Modell eines bildungsbezogenen Jugendmoratoriums und einer Arbeitsgesellschaft mit Vollbeschäftigungshorizont als kompensatorischer Ausfallbürge für das Regelsystem (duales System) des Übergangs in Arbeit und die Erwachsenenwelt angelegt. Die anhaltenden und sich verschärfenden strukturellen Verwerfungen auf den Ausbildungs- und Beschäftigungsmärkten als Teil der ökonomischen Entwicklung von einer fordistischen Industriegesellschaft hin zu einem digitalen Kapitalismus führten dann zu einer zunehmenden Ausweitung und Ausdifferenzierung hin zu einem „Parallelsystem" (vgl. Braun 2002) an Ausbildungs- und Beschäftigungshilfen für Jugendliche und junge Erwachsene. Die Angebote folgen nach wie vor einer Grundlogik des vollbeschäftigungsorientierten „Fitmachens" der einzelnen Betroffenen für den ersten Arbeitsmarkt.Obwohl mittlerweile programmatisch als „integraler Bestandteil" des Bildungssystems ausgewiesen (vgl. Bundesministerium für Bildung und Forschung 2002), verbleiben das die Betroffenen wie das gesamte System in einem stigmatisierenden Status des Defizitären und es verschärfen sich Ausgrenzungs- und Segmentierungsprozesse (vgl. z.B. Lex 1997; Solga 2004).

Ein Bestandteil des komplexen Systems der Übergangshilfen für Jugendliche und junge Erwachsene waren und sind dabei sozialräumliche Perspektiven im Sinne einer Orientierung an Lebenswelten bzw. Lebensorten der Adressaten zum einen sowie einer Orientierung an lokaler und regionaler Koordination und Kooperation sowie der Vernetzung der unterschiedlichen Akteure zum anderen. Aktuell stehen diese beiden Perspektiven im Mittelpunkt der Ansätze zur Überwindung der Ausbildungs- und Beschäftigungsprobleme von Jugendlichen und jungen Erwachsenen, insbesondere bezogen auf soziale Brennpunkte und die Steuerungsproblematik auf lokaler und regionaler Ebene (vgl. Gericke et al. 2002: Teil III; Neue Förderstruktur und Neues Fachkonzept (vgl. INBAS 2001/2004; BA-Presseinfo 106).

Neben diesen in der Praxis eher territorialen Ansätzen versuchen Paul Fülbier und Richard Münchmeier (2001a) eine programmatische Bestimmung sozialräumlicher Perspektiven im Rahmen der arbeitsweltbezogenen Jugendsozialarbeit. Angesichts der postmodernen gesellschaftlichen Entwicklungen und der gewandelten Situation junger Menschen in unserer Gesellschaft, in deren Folge für „biografische Verläufe nicht mehr die Bildungsidee zentral ist, sondern die Idee der sozialräumlichen Mobilität“ (ebd.: 848), fordern die Autoren sozialräumliche Orientierung als Prinzip in der Jugendsozialarbeit ein, denn „die institutionellen Systeme (Schule, Ausbildungssystem, Laufbahn), die in der Regel linear und vertikal ausgerichtet sind, decken diese horizontale und pluralisierte Dimension nicht mehr ab“ (ebd.). Für die Umsetzung der sozialräumlichen Perspektiven in der Jugendsozialarbeit bedarf es dann v.a. einer veränderten Fachlichkeit, d.h. einer im Wesentlichen auf die alltägliche Lebensbewältigung von Jugendlichen und jungen Erwachsenen zielende sowie sich infrastrukturell (im Stadtteil) öffnende Arbeit der Professionellen.

Allerdings verbleiben die ortsbezogenen Ansätze in der Praxis sowie die konzeptionellen Bestimmungen in einer Perspektive auf das Binnen- bzw. Parallelsystem der Übergänge in Arbeit, ohne die strukturellen Transformationsprozesse der Arbeitsgesellschaft ausreichend zu reflektieren und in die Überlegungen und die Praxis einzubeziehen. System und Philosophie der Hilfen beim Übergang in Arbeit haben sich also immer mehr in einer institutionellen Eigenlogik weiterentwickelt (darin eingeschlossen auch die sozialräumlichen Perspektiven), die sich auf den industriegesellschaftlichen Horizont der 1970er und 1980er Jahre der alten Bundesrepublik rückbezieht. Dabei wurden die Probleme prinzipiell als Integrationsschwierigkeiten bestimmter Randgruppen definiert, die in einem gesonderten pädagogischen Rahmen zu lösen wären. Bis heute gehen Konzeption und Philosophie der Beschäftigungshilfen von der Annahme aus, dass sich zwar Weiterentwicklungen in der Arbeitswelt vollziehen und sich damit die Anforderungen an die Individuen verändern, die Struktur der Arbeitsgesellschaft aber prinzipiell gleich bleibt (vgl. Galuske 1999). Demgegenüber verdeutlicht ein empirischer Blick auf den Alltag der Menschen, dass die heutigen Probleme beim Übergang in Arbeit verstärkt durch strukturelle Wandlungsprozesse bedingt sind, auf die sich das institutionalisierte System der Übergangswege nicht einstellen konnte.

Bei der Gestaltung der Übergangs- und Beschäftigungshilfen kann man heute nicht von deren institutionellen „Tradition“ und Verfassung ausgehen, sondern braucht eine gesellschaftliche Analyse, die die Umwälzungen in der Arbeitswelt und ihrer Übergangsstrukturen thematisiert. Mit diesem Zugang werden die sozialen Problemstellungen, vor die die Menschen gestellt sind, als gesellschaftliche Entgrenzungs- und Segmentierungsprozesse beschreibbar, in denen sich einerseits bestehende Arbeits- und Übergangsstrukturen auflösen und andererseits neue soziale Segmentierungen bilden (vgl. Abschnitt 2). Diese Prozesse gilt es zum Gegenstand sozialpädagogischen und sozialpolitischen Handelns zu machen, wenn eine weitere Verschließung und gegenseitige Abschottung der Segmente mit allen Folgen für die soziale Stabilität der Gesellschaft verhindert werden soll. Der Ausgangspunkt liegt dabei in den subjektiven und empirisch erforschbaren Perspektiven der Menschen, die sich dadurch öffnen lassen, indem sie in gesellschaftliche Gestaltungsprozesse eingebunden werden (vgl. Abschnitt 3).

2. Entgrenzungs- und Segmentierungsprozesse der Arbeitsgesellschaft und die Auswirkungen auf Übergänge in Arbeit junger Erwachsener

Die arbeitsgesellschaftlichen Rahmenbedingungen sind infolge ökonomischer Rationalisierungsprozesse und des damit verbundenen Wandels von Arbeit und Wirtschaft gegenwärtig von deutlichen Veränderungsprozessen geprägt, die als Entgrenzungs- und Segmentierungsprozesse zu kennzeichnen sind und in deren Mittelpunkt die Veränderungen der sozialen Strukturierungen von (Erwerbs-)Arbeit stehen (vgl. Gottschall/Voß 2003). In diesem Zusammenhang ergeben sich insbesondere für das Feld der Übergänge in Arbeit von jungen Erwachsenen, die von dieser Thematik in spezifischer Weise betroffen sind, deutliche Veränderungen mit der Folge der Freisetzung von neuen und hoch ambivalenten Bewältigungskonstellationen.

Entgrenzungsprozesse bezeichnen Auflösungstendenzen von gesellschaftlichen Strukturelementen der Industriegesellschaft fordistischer Prägung auf unterschiedlichen Ebenen, wobei gegenwärtig unklar ist, in welche Richtung und wie sich diese Prozesse entwickeln. Damit verbunden sind gleichzeitig Freisetzungsprozesse aus ehemals klar bestimmbaren, eben begrenzten gesellschaftlichen Strukturen, aber auch Neuregulierungen und Segmentierungsprozesse, die durch Verfestigungen und Ausschließungen geprägt sind, wie es z.B. sehr deutlich wird im Feld der Beschäftigungshilfen als einem (intern nochmals segmentierten) Segment des Übergangs junger Erwachsener in Arbeit. Dieser folgenreichen Seite der Medaille wird u.E. im Entgrenzungsdiskurs bisher zu wenig Beachtung geschenkt, denn es besteht ein erheblicher Unterschied zwischen denjenigen jungen Erwachsenen, denen sich in Folge der arbeitsgesellschaftlichen Wandlungsprozesse Gestaltungsoptionen eröffnen und anderen (benachteiligten), die in weitgehend irreversible Ausschließungsprozesse geraten.

Für die Übergänge von jungen Erwachsenen in Arbeit sind dabei insbesondere die Veränderung der Arbeit und der Grenzen zwischen Arbeit und Leben, die damit einhergehende Veränderung der sozialen Gestalt Jugend und die Veränderungen der

Bildungs- und Übergangsstrukturen von zentraler Bedeutung. Diese drei sich gegenseitig durchdringenden Zusammenhänge werden im Folgenden kurz skizziert.

2.1 Entgrenzung von Arbeit und Leben

Ihren Ausgangspunkt haben die vielfältigen Entgrenzungsphänomene in den ökonomisch und technologisch bedingten Veränderungen in der Arbeitswelt, insbesondere der Entgrenzung und Flexibilisierung der Arbeit und der Arbeitsverhältnisse in ihren verschiedenen Dimensionen: zeitlich, räumlich, technisch, fachlich-qualifikatorisch, hinsichtlich der sozialen Bezüge, rechtlich-vertraglich, berufsstrukturell (vgl. Döhl et al. 2001; zusammenfassend Gottschall/Voß 2003a: 16ff.).

Infolge der tiefgehenden Veränderungen kommt es zu einer Erosion der ehedem relativ stabilen Trennlinien zwischen öffentlicher Arbeitswelt und privater Lebensführung, Erwerbsarbeit und Familie, Person und Arbeitskraft etc., die sich als Entgrenzung zwischen Arbeit und Leben charakterisieren lässt. Mit Nick Kratzer (2003: 56) ist festzuhalten, dass dabei „die Subjektivierung von Arbeit ein Kulminationspunkt von Entgrenzungsprozessen und der hierin angelegten Verschränkung von Arbeit und Leben sein könnte. Die These der Subjektivierung von Arbeit rekurriert auf die partielle Ablösung des für fordistisch-tayloristische Rationalisierungsstrategien konstitutiven Prinzips der Trennung von Person und Arbeitskraft im Arbeitsprozess." Diese Subjektivierung ist als doppelte zu kennzeichnen, d.h. zum einen steigen die Anforderungen aus der Arbeitswelt an die Subjekte und zum anderen steigen die Ansprüche der Subjekte an die Arbeitswelt.

Dieses verstärkt insgesamt die kulturelle Dominanz von Erwerbsarbeit in Richtung einer „Verarbeitlichung des Alltags" (vgl. Jurczyk/Oechsle 2002). Gleichzeitig finden aber auch Prozesse statt, die man als „Verlebendigung der Arbeit" bezeichnen könnte: Zum einen durchdringen auch Probleme des Alltags und der Freizeit die Sphäre der Arbeit, zum anderen kann und muss, wie wir noch zeigen werden, Arbeit aus dem Alltag und der Freizeit der Menschen heraus schöpfen. Entsprechend ist der Blick auf neue Anknüpfungspunkte und in den bisherigen Kontexten übergangenen Ressourcen – in unserem Fall Tätigkeiten und sozialräumliche Tätigkeitsstrukturen junger Erwachsener – zu richten.

In diesem Zusammenhang gewinnt das ebenfalls im Kontext arbeitssoziologischer Diskurse entwickelte Handlungskonzept der alltäglichen Lebensführung an heuristischer Bedeutung (vgl. Lange 2003), denn es betont insbesondere die Aktivität der Individuen bei der Organisation ihrer alltäglichen Lebensführung und die Herausbildung ganz spezifischer Muster der Lebensführung in der Auseinandersetzung mit den ambivalenten Entgrenzungsprozessen zwischen Arbeit und Leben (vgl. Wissenschaftsnetzwerk „Lebensführung im Wandel"): „Der Begriff weist auf die aktive Leistung des Individuums hin, seine Verfahrensweisen mit all den unterschiedlichen und zum Teil widersprüchlichen Handlungsanforderungen in den verschiedenen Lebensbereichen zu einem Arrangement zu binden, das das Problem lösen soll, ‚den Alltag auf die Reihe zu kriegen'" (ebd.). Empirische Bezugspunkte sind der bisher eher unterbelichtete „graue Alltag" und die Wechselbeziehungen zwischen „Arbeit und Leben".

Insgesamt bezieht sich der Diskurs um die Entgrenzung und Subjektivierung der Arbeit eher auf eine Vorstellung von Erwerbsarbeit, die prinzipiell von allen erreichbar ist. Kaum thematisiert werden dabei massive Spaltungs-, Segmentierungs- und Freisetzungsprozesse – etwa zwischen stabilen und prekären Bereichen des Arbeitsmarktes – und ihre Folgen, oder die Übergänge von jungen Erwachsenen in Arbeit, etwa die Frage, was es für Jugendliche und junge Erwachsene bedeutet, mit solchen Leitbildern wie dem des „Arbeitskraftunternehmers" (Pongratz/Voß 2001) konfrontiert zu sein. Verwiesen die Autoren in diesem Zusammenhang noch auf die besondere Bedeutung und Problematik des „Arbeitskraftunternehmers" als normativen Leittypus, so hat sich inzwischen dessen Einfluss angesichts der aktuellen strukturellen Ausbildungs- und Beschäftigungsproblematik einerseits und arbeitsmarktpolitischen Aktivierungsstrategien des Forderns und Förderns andererseits nur noch verstärkt. So verbindet sich mit der Betonung der Eigenaktivität und der Unternehmerkomponente die Gefahr eines neuen Sozialtypus unternehmerischer Mensch, der allein verantwortlich ist für Erwerbsarbeit und Daseinsvorsorge – und das vor dem Hintergrund massiver Strukturbrüche und Freisetzungsprozesse (vgl. Baethge 1999).

2.2 Entgrenzung von Jugend

Im Zusammenhang mit dem Strukturwandel der Arbeitsgesellschaft und der Entgrenzung von Arbeit und Leben steht eine Entgrenzung des Jugendmoratoriums und die Vergesellschaftung einer neuen Lebensphase „Jugend" (vgl. Schröer 2004a). Das industriegesellschaftliche Jugendmodell einer klar abgegrenzten, eigenständigen und gesellschaftlich weitgehend geschützten Bildungsphase (Moratorium), die der Vorbereitung auf das Erwachsenenalter und der Integration in die Arbeit dient und die sich in die erwerbsarbeitsbezogene Dreiteilung des Lebenslaufs einordnet, ist mit den arbeitsgesellschaftlichen Wandlungsprozessen grundlegenden Veränderungen ausgesetzt.

Heute nehmen arbeitsweltbezogene Ansprüche der Berufsorientierung sowie umfassender Qualifikationserwerb und Kompetenzentwicklung immer früher Raum ein; andererseits werden die Risiken der Arbeitsgesellschaft wie Arbeitslosigkeit und Ausbildungsprobleme oder die ökonomischen Prinzipien der Flexibilisierung, der Mobilität und der Konkurrenz schon im Jugendalter deutlich spürbar (vgl. Koditek 2002). Das vormals für die Jugendphase institutionalisierte Lernen wird nun zunehmend zu dem dauerhaften Vermittlungsmechanismus bzw. zur Vermittlungshoffnung zwischen Individuum und Gesellschaft. Allerdings sind dem entgegen die Bildungs- und Übergangsinstitutionen von Schule und Ausbildungssystem bis hin zur Benachteiligtenförderung noch weitgehend nach dem alten Moratoriumsmodell strukturiert.

Ein weiterer Ausdruck für die Entgrenzung von Jugend ist die Verlängerung und Pluralisierung von Übergangs- und Ausbildungszeiten und die Herausbildung einer Lebensphase junger Erwachsener (vgl. Stauber/Walther 2002), wobei sich nunmehr eben auch das Problem ergibt, dass einem Teil der jungen Erwachsenen eine erwerbsarbeitliche Integration überhaupt nicht mehr gelingt. Zudem sehen sich Jugendliche und junge Erwachsene auch in eine Generationenkonkurrenz gestellt, in der es keine Rolle spielt, ob man schon die Möglichkeit hatte, Berufserfahrung zu sammeln oder überhaupt einen Einstieg zu finden.

Mit der arbeitsgesellschaftlichen Durchdringung der Jugendphase werden die Experimentierräume und -möglichkeiten zur Entwicklung und zum Ausleben von jugendkultureller Eigenständigkeit und Unbefangenheit zurückgedrängt, wobei diesbezüglich auf die ganz unterschiedlichen (segmentierten) Spielräume von Jugendlichen in verschiedenen Lebenslagen verwiesen werden muss. Es zeichnen sich deutliche Spaltungstendenzen zwischen Jugendlichen mit guten Integrationsperspektiven und solchen mit Ausgrenzungsrisiken ab. Neben den unterschiedlichen Spielräumen, die Einfluss auf die Entwicklung von Jugendlichen haben, verschwimmt im Zuge der Entgrenzungsprozesse auch die Zielperspektive im Sinne von klaren normalbiografischen Orientierungsmustern und v.a. verlässlichen arbeits- und beschäftigungsbezogenen Integrationsmustern und den entsprechenden Anforderungen. Der zentrale Aspekt in der Debatte um die Entgrenzung von Jugend ist demnach, dass es sich hier um eine Lebensphase handelt, die durch eine prinzipielle Offenheit für eine Vielzahl biografischer Möglichkeiten gekennzeichnet ist, während heute die individuellen Biografien und die Struktur dieses Lebensalters als lebensaltertypischer Kontext von gesellschaftlichen Erwartungen, Vorgaben und institutionellen Bestimmungen zunehmend auseinander fallen. Die damit zunehmenden ambivalenten Handlungsanforderungen müssen biografisch bewältigt werden.

2.3 Entgrenzung der Bildungs- und Übergangsstruktur

Mit den Entgrenzungen in der Arbeitswelt differenziert und segmentiert sich das Bildungs- und Übergangssystem. So wird die Übergangsphase in Ausbildung und Beschäftigung für einen Teil der Heranwachsenden in unterschiedlicher Ausprägung immer brüchiger, prekärer und länger oder wird zum Dauerzustand, etwa sehr gut beobachtbar am Beispiel Ostdeutschland (vgl. Kreher/Oehme 2003a), wo die arbeitsgesellschaftlichen Strukturbrüche besonders stark zutage treten. Die Integrationskraft des dualen Systems der Berufsausbildung sinkt und es entsteht daneben ein schwer zu durchschauendes, hochkomplexes und in sich hochselektives System von Ausbildungs- und Beschäftigungshilfen, in dem sich weitere Segmentierungsprozesse abzeichnen (vgl. Lex 1997). Die damit verbundenen Maßnahmekarrieren sind teilweise schon im Schulsystem angelegt, in dem es für die Absolventen von Haupt-, Sonder- bzw. Förderschulen nahezu unmöglich ist, eine Perspektiven eröffnende Ausbildung zu erlangen (vgl. Solga 2004). Ein anderer Teil der Heranwachsenden hat zwar gute Integrationsperspektiven, gerät aber gleichzeitig unter einen hohen Mobilitäts- und Mithaltedruck.

Neben den institutionellen Ausdifferenzierungen resultieren aus den Entgrenzungen in der Arbeitswelt auch ständige Veränderungen von nachgefragten Qualifikationsanforderungen, auf die das Bildungswesen in seiner institutionellen Verfassung nicht mehr angemessen reagieren kann, d.h. die nicht mehr adäquat vermittelt werden können. Ausdruck dessen ist die gegenwärtige Konjunktur von Debatten und Bemühungen zur Förderung flexibel einsetzbarer Schlüsselqualifikationen und zur Kompetenzentwicklung. In dem Maße wie die erforderlichen Qualifikationen unklarer werden, entgrenzen sich auch die Lernformen und Lernfelder und das informelle Lernen tritt in den Fokus der Aufmerksamkeit (vgl. Kirchhöfer 2001).

Im Ergebnis der dargestellten Entgrenzungs- und Segmentierungsprozesse wird deutlich, dass es Jugendliche und junge Erwachsene mit einer Zunahme von ambivalenten und in ihrer Kontur diffuser werdenden Strukturen und Handlungsorientierungen und damit von Bewältigungskonstellationen und ständigen Anforderungen, die in Eigenregie bewältigt werden müssen, zu tun haben. Allerdings ergeben sich große Unterschiede in der Betroffenheit von den gesellschaftlichen Veränderungsprozessen. So bleibt ein Teil der Jugendlichen und der jungen Erwachsenen, die „überflüssige Jugend der Arbeitsgesellschaft" (Krafeld 2000), andauernd in einem prekären Übergangsstatus stecken. Denn trotz nachlassender Integrationsfähigkeit der institutionellen Strukturen und trotz aller Entgrenzungsphänomene bleibt der normative Fokus von Normalarbeit zentral. Diese wird paradoxer Weise um so mehr zur Instanz der gesellschaftlichen Integration, umso weniger Menschen Zugang zu ihr haben und umso weniger Alternativen existieren, auf gesellschaftlich anerkannte Weise eine gesicherte Existenzgrundlage zu erhalten. Mit diesem engen Fokus auf „reguläre Arbeit" verringern sich zugleich die „Spielräume" beim Übergang in Arbeit (vgl. Walther 2000). Die Entgrenzung der heutigen Arbeitsgesellschaft führt deshalb bei einem großen Teil junger Erwachsener zur Verengung ihrer Lebensperspektiven, zu ihrer Stigmatisierung und Ausgrenzung statt zur Entwicklung und gesellschaftlichen Einbindung ihrer Handlungspotentiale.

3. Die subjektive Handlungsebene: Biografie, Sozialraum, Bewältigung

Die Entgrenzung der gesellschaftlichen Strukturen macht es erforderlich, diese Übergangsproblematik von der subjektiven Handlungsebene her zu betrachten, um einen Ansatz zu ihrer Bewältigung auf individueller wie gesellschaftlicher Ebene zu erschließen. Wir wechseln somit die Perspektive und beschreiben die Übergänge in Arbeit aus dem Blickwinkel der Menschen als sozialräumliche und biografische Prozesse. Damit wird der Blick wieder auf die Handlungen bzw. auf die Handlungsmöglichkeiten gelenkt, die den Menschen zur Bewältigung des Übergangs in Arbeit zur Verfügung stehen. Denn die Biografien und Sozialräume der Menschen sind natürlich in strukturelle Bedingungen eingebunden, die bestimmte Bewältigungsstrategien ermöglichen oder beschränken, Perspektiven öffnen oder verschließen können. Ausgangspunkt der Überlegungen ist, dass sich die strukturellen Bedingungen heute auf andere Weise in den Biografien und Sozialräumen niederschlagen als im industriegesellschaftlichen Kontext der 1970er und 1980er Jahre.

3.1 Biografisierung der Übergänge und Versozialräumlichung von Vermittlung

Die institutionalisierten Bildungs- und Übergangswege, wie sie sich in der Bundesrepublik nach dem II. Weltkrieg entwickelt haben, strukturierten im Allgemeinen auch die alltägliche Lebensführung der Individuen. Jugendliche standen vor verschiedenen Bildungswegen, die zu bestimmten Beschäftigungsmöglichkeiten führten, und diese „Bahnen" fungierten zum einen als Struktur für den eigenen Lebensentwurf und zum anderen rückblickend als Erzählstruktur eines eigenen Lebenslaufs. Ähnliches gilt für die sozialen Bezüge, mit denen sich ein solcher Lebenslauf verband. Familie, Ausbildung, Arbeit, Wohnumfeld usw. waren Teil einer existierenden und sich reproduzierenden Sozialstruktur, die es subjektiv auszufüllen galt.

Diese sozialen Strukturen werden durch die Entgrenzungs- und Segmentierungsprozesse tendenziell für alle, insbesondere aber für diejenigen jungen Erwachsenen, die aus dem System der Erwerbsarbeit ausgegrenzt werden, schwer zugänglich und sie verlieren ihre integrative Funktion. Mit der Freisetzung aus den Bezügen, die ein institutionalisierter Bildungsweg und ein Normalarbeitsverhältnis enthielt, verlagert sich das Gewicht hin zu subjektiven Konstruktionen, durch die das Leben der Menschen einen Rahmen erhält bzw. erhalten muss (vgl. Marotzki 2000). Den Jugendlichen und jungen Erwachsenen stehen zusehends weniger objektive – d.h. in institutionellen Strukturen vergesellschaftete – biografische und sozialräumliche Formen wie bestimmte Bildungswege oder Sozialstrukturen zur Verfügung, die sie sich aneignen könnten, um darin ihr subjektives Leben zu verwirklichen. „Objektivierungen" in Form eines Lern- und Tätigkeitsverlaufs bzw. eines sozialen Raumes, in dem bzw. durch den sie tätig werden und ihren Alltag bewältigen können, müssen in zunehmenden Maß – gleichzeitig jedoch in oft sehr beschränkten Spielräumen – subjektiv hergestellt werden.

Die Begriffe Sozialraum und Biografie sollen hier im Sinne dieser subjektiven Konstruktionen verwendet werden, womit beide Begriffe in ein enges Verhältnis rücken (vgl. den Beitrag von Martina Pusterhofer/Angela Lackner-Pilch in diesem Band; Schumann 2004). Der Sozialraum von Menschen ist nicht einfach gegeben, sondern konstituiert sich in Prozessen, die durch die Biografien einen Rahmen erhalten. Zugleich besteht die Biografie nicht aus einer bloßen Abfolge von allein individuell bedeutsamen Ereignissen; man erzählt seine Lebensgeschichte entlang einer Zeitschiene, aber diese entsteht durch die Erfahrungen mit anderen Menschen, mit Bildungsinstitutionen usw. – d.h. im sozialen Raum. Neben der „Biographizität des Sozialen" (Alheit 1995: 289) gibt es also auch so etwas wie eine „Sozialräumlichkeit der Biografie".

Die subjektive Konstruktion von Biografie und Sozialraum darf dabei nicht einseitig als bloße Deutung der sozialen Wirklichkeit verstanden werden. Der Sozialraum eines Menschen besteht einerseits aus der subjektiven Sicht auf seine sozialen und gesellschaftlichen Bezüge, andererseits aber auch aus dem objektiv existierenden sozialen Raum, in dem sich dieser Mensch bewegt. Die Eigenart der „objektiven" Seite von Biografie und Sozialraum besteht heute darin, dass sie stärker vom Subjekt selbst konstituiert werden muss, während gesellschaftlich normierte Bildungswege oder stabile Sozialstrukturen (wie z.B. die Schule oder das Wohnviertel) eher als Gegenstände zu begreifen sind, die auch jenseits der einzelnen Subjekte eine eigenständige gesellschaftliche Existenz und Bedeutung haben. In den jüngeren Konzepten zur Beschreibung von Sozialräumen bzw. sozialräumlicher Aneignung werden diese Konstitutionsprozesse z.B. als „Spacing" (vgl. Deinet 2004) beschrieben: Jugendliche eignen sich Räume an, in dem sie sie „umnutzen", mit neuen Bedeutungen besetzen und in ihrer eigenen lebensweltlichen Logik miteinander verknüpfen. Der Sozialraum eines Menschen besteht in diesem Verständnis nicht einfach aus seinem Lebensort wie etwa dem Stadtviertel (vgl. z.B. Hinte/Groppe/Litges 2002), sondern aus der Synthese seiner sozialen Umwelt, in der er sich bewegt und auf die er eine ganz subjektive Sicht hat (vgl. Reutlinger 2003; den Beitrag von Benno Werlen/Christian Reutlinger in diesem Band). Die Begriffe Biografie und Sozialraum umfassen daher einerseits die subjektiven „Binnensichten" der Menschen auf soziale Konstrukte, andererseits aber auch die Konstitutionsprozesse, in denen diese Konstrukte „objektiviert" werden, so dass sozialräumliche Beziehungen und biografische Erzählungen entstehen.

Mit diesem Ansatz werden junge Erwachsene als soziale Akteure begreifbar, die sich in ihrem Bewältigungshandeln nicht nur auf gegebene Strukturen beziehen, sondern sie auch verändern, in informelle Zusammenhänge einbinden oder neue aufbauen können. Diese Perspektive wird gerade vor dem Hintergrund der zerfallenden Übergangs- und Arbeitsstrukturen entscheidend. Es kommt nun mehr denn je darauf an, die Strategien der jungen Erwachsenen zur Bewältigung ihres durch gesellschaftliche Entgrenzung und Segmentierung geprägten Alltags sozialpolitisch anzuerkennen und sie beim Aufbau sozialräumlicher Strukturen, die für den Übergang in Arbeit bedeutsam werden, zu unterstützen.

Mit dieser Perspektive verändert sich auch der Fokus in der Übergangsforschung. Die Frage, wie der Übergang von einer Statuspassage in die andere (von Schule in Ausbildung bzw. in Arbeit) mit Hilfe neuer institutioneller Regelungen und Maßnahmen, etwa durch die Berufsorientierung in der Grundschule o.ä., besser organisiert werden könnte, verliert an Bedeutung. Die Übergangswege von jungen Erwachsenen in Arbeit biografisieren sich, und die dabei stattfindenden Vermittlungsprozesse können immer weniger innerhalb einer institutionellen Vermittlungslogik betrachtet werden, weil sie sich zunehmend sozialräumlich strukturieren. Dementsprechend wird die Frage zentral, auf welche Weise bzw. auf welchen Wegen junge Erwachsene tätig werden, wie sie sich diese Tätigkeiten im Sinne einer Kompetenzentwicklung aneignen und wie der soziale Raum zu beschreiben ist, in dem sich sowohl die Tätigkeiten als auch die daran geknüpften Aneignungsprozesse den jungen Erwachsenen vermitteln.

3.2 Tätigkeit, Aneignung und Bewältigung im Vermittlungsregime

Bei der begrifflichen Fassung des Zusammenhangs von Tätigkeit und Aneignung lehnen wir uns an das Konzept der gegenständlichen Tätigkeit von Alexej Leontjew (1973; 1979) an. Wir begreifen diesen Zusammenhang als eine Art und Weise, menschliche Bedürfnisse über eine Tätigkeit zu befriedigen, die wiederum Bedürfnisse von anderen Menschen zum Gegenstand hat. Vereinfacht gesagt befriedigen Menschen zugleich ihre eigenen Bedürfnisse durch Tätigkeit wie die von anderen, für die sie eine Leistung erbringen. Die Motive der Tätigkeiten sind daher als vergesellschaftete menschliche Bedürfnisse zu verstehen: Sie sind sowohl auf der Seite derer, die tätig sind, als auch auf der Seite derer, die bestimmte Tätigkeiten (d.h. Leistungen) in Anspruch nehmen, gesellschaftlich vermittelt und vorstrukturiert. So wird bspw. die selbstorganisierte Betreibung von Jugendclubs ein Tätigkeitsfeld, in dem Jugendliche Anerkennung und Zugehörigkeit erlangen können, weil sich diesbezüglich eine jugendkulturelle Praxis mit den entsprechenden Bedürfnissen herausgebildet hat.

Die Vorteile eines solchen Tätigkeitsbegriffes liegen v.a. darin, dass mit ihm auch Handlungen und Tätigkeiten erfasst werden, die gesellschaftlich nicht als „Arbeit" anerkannt werden, im sozialen Umfeld der Menschen aber einen hohen Stellenwert haben. Von Jugendlichen, die in eigener Initiative ein Kulturzentrum betreiben und für ihren Interessentenkreis sporadisch Konzerte organisieren, ohne dabei etwas zu verdienen, sagt man im allgemeinen nicht, dass sie arbeiten, während sie doch im oben beschriebenen Sinn tätig sind. Der Tätigkeitsbegriff rückt so die subjektive und Sinn stiftende Seite menschlicher Tätigkeit in ihren Vergesellschaftungsprozessen und damit die Potenziale und Ressourcen an gesellschaftlich anerkannter Arbeit in den Vordergrund.

Mit gegenständlicher Tätigkeit stehen immer Lernprozesse in Verbindung, die sich als Aneignungsprozesse beschreiben lassen (vgl. genauer Oehme 2004). Leontjew beschrieb Aneignung als Auseinandersetzung der Subjekte mit ihrer gegenständlichen Umwelt, die aus gesellschaftlich erzeugten „Produkten" besteht. Damit sind sowohl materielle als auch abstrakte wie z.B. soziale Praktiken, Wissensbestände, Institutionen usw. gemeint. In diesen Produkten verkörpern sich gesellschaftliche Erfahrungen, die während ihres Entstehungsprozesses, d.h. durch menschliche Tätigkeit, in sie eingeflossen sind. Im Vollzug einer adäquaten Tätigkeit an den Gegenständen eignen sich Menschen diese gesellschaftlich geformten Gegenstände und damit auch die Tätigkeiten an, die sich in ihnen verkörpern.

Im Kontext einer entgrenzten Arbeitsgesellschaft lassen sich nun diese Aneignungsprozesse immer weniger als konfliktfreies Lernen im Rahmen bestimmter Bildungswege und Institutionen verorten, die nach wie vor auf die Vermittlung standardisierter Wissenskanons und Berufe aufbauen, obwohl das nicht mehr per se einen Übergang in Arbeit und damit gesellschaftliche Integration ermöglicht. Mit dem Aneignungsansatz wird aber zugleich sichtbar, dass sich Jugendliche auch unter diesen Bedingungen Tätigkeiten aneignen bzw. aneignen könnten, weil das Konzept nicht das Lernen aus der Perspektive bestimmter Bildungsinstitutionen in den Blick nimmt, sondern die tätige Auseinandersetzung der Menschen mit ihrer subjektiven Umwelt (vgl. Deinet 2004) – und das bedeutet heute die Auseinandersetzung mit einer in sich widersprüchlichen, durch Entgrenzungen und Segmentierungen geprägten Umwelt (vgl. Schröer 2004b).

Diese Perspektive ermöglicht also, Lernprozesse über die subjektive Welt der jungen Erwachsenen zu erschließen. Mit der Frage nach den Motiven des Lernens schließt sich der Kreis wieder bei ihren – in einem gesellschaftlichen Rahmen vermittelten – Bedürfnissen. Wie müssen also heute diese Rahmenbedingungen gestaltet sein, damit sich junge Leute mit ihrer Umwelt auseinandersetzen, sie sich aneignen und in ihr tätig werden können? Mit unseren empirischen Untersuchungen zu Kompetenzentwicklungsprozessen im sozialen Umfeld (vgl. Kreher/Oehme 2003b) hat sich dabei gezeigt, dass „Bedürfnisse" hier angemessen mit Hilfe des Bewältigungskonzepts (vgl. Böhnisch 1999; Lenz/Schefold/Schröer 2004) als Streben nach Erhalt und Erweiterung der Handlungsfähigkeit in den Dimensionen sozialer Anerkennung und Zugehörigkeit sowie Selbstwert und Orientierung verstanden werden können. Mit dieser Bestimmung von Bedürfnissen lässt sich nun sagen, dass sich junge Menschen Tätigkeiten in Lernprozessen dann aneignen können, wenn sie dadurch die arbeitsgesellschaftlichen Herausforderungen in der Form, in der sie sich in ihrem subjektiven Alltag stellen, bewältigen können. Im Zuge der Freisetzung der Menschen aus bisher gesellschaftsintegrativ wirkenden Übergangsstrukturen (vgl. Böhnisch/Schröer 2001) ist also die tätigkeitsorientierte Auseinandersetzung des Subjekts mit seiner Umwelt weniger als Aneignung eines Fähigkeits- und Wissenskanons, sondern vielmehr als Bewältigung des Alltags zu verstehen.

Bei der Betrachtung der Übergänge in Arbeit in der Form von Alltagsbewältigung durch Aneignung und Tätigkeit entsteht die Frage, wie sich entlang der sozialräumlichen und biografischen Dimension verschiedene Settings miteinander und einzelne Sequenzen zu Lern- und Tätigkeitsverläufen verknüpfen, da diese nun nicht mehr innerhalb institutionell vorgezeichneter Bahnen verlaufen. Dabei wirken bestimmte Vermittlungsstrukturen, die wir als Vermittlungsregime beschreiben können.

Der Begriff Vermittlungsregime bezeichnet im weitesten Sinne das Gesamtsetting aus sozialräumlichen Vermittlungsstrukturen und personellen wie institutionellen Bezügen, auf das sich die jungen Erwachsenen in ihren Bewältigungshandlungen beziehen. Es ist als Beschreibung eines sozialen Raumes zu verstehen, in dem Individuen Anschlüsse zu Handlungen und Tätigkeiten, d.h. zu Aneignungsgegenständen und -prozessen erhalten. Dabei spielen nicht nur soziale Netzwerke eine Rolle, sondern auch formale soziale Dienste und Vermittlungsstrukturen wie Beratungsstellen, Maßnahmen, Arbeitsämter, Medien, Kammern und Betriebe usw. Der Regimebegriff fängt dabei auch die „gesellschaftlich verankerten Bedeutungs-, Interpretations- und Kommunikationsmuster, die Arbeitsbeziehungen vorstrukturieren und bei ihrer symbolischen Reproduktion eine wichtige Rolle spielen" (Böhnisch/Schröer 2001: 183) ein. Im Vermittlungsregime sind also über die Bezüge zu sozialen Netzwerken und Infrastrukturen hinaus auch die sozialen Handlungs- und Kommunikationsmuster mit ihren Deutungen, Mythen, Denkweisen usw., wie sie im Vermittlungsregime vorherrschen, von Bedeutung. So ist bspw. das Bild vom Normalarbeitsverhältnis auf vielen Ebenen – sozialpolitisch bis hin zu persönlichen Überzeugungen – als Norm für „richtige Arbeit" oder einen „guten Job" präsent, vor deren Hintergrund andere Tätigkeitsformen im Allgemeinen geringer bewertet werden.

Der Begriff Vermittlungsregime soll den Blick für die Tatsache öffnen, dass für die heutigen Übergänge in Arbeit nicht allein die formelle Vermittlung von (Aus-)Bildung und Arbeit bedeutsam ist, sondern zunehmend auch eine informelle Vermittlung von Tätigkeiten und deren Aneignung sowie von sozialen (Anerkennungs-)Bezügen, durch die sich Tätigkeiten und Lernprozesse herausbilden. In der gegenwärtigen Beschäftigungspolitik wird Vermittlung meist als punktueller und situativer Vorgang verstanden: als Vermittlung eines Arbeitslosen in Arbeit oder in eine (Bildungs-)Maßnahme sowie als Vermittlung klar umrissener Qualifikationen bzw. Kompetenzen an ein Individuum, sofern sie ihm fehlen, wie z.B. Computerkenntnisse oder „soziale Kompetenzen" für Bewerbungsgespräche. Dies fängt jedoch nur die aktuelle formelle Logik ein. Demgegenüber wird heute in der Sozialpolitik ein Begriff von Vermittlungsregime nötig, um den Anschluss bzw. die Passung von Vermittlungsprozessen in der biografischen und sozialräumlichen Dimension betrachten zu können. Gerade im jungen Erwachsenenalter beschränkt sich Vermittlung nicht auf eine einzelne Situation mit begrenztem Zeitrahmen und fest umrissenen Inhalt, sondern sie verläuft als biografischer Prozess in einem sozialen Raum.

Damit erschließt sich auch, dass Vermittlungsprozesse nachhaltig werden, wenn die einzelnen Lernsequenzen und Tätigkeiten an die Selbstorganisationsfähigkeit der Subjekte anschließen, d.h. wenn verschiedene soziale Kontexte, in denen sich die jungen Erwachsenen bewegen, und wenn einzelne Tätigkeits- und Lernsequenzen zu einer „biografischen Konstruktion" (vgl. Alheit 2003) miteinander verknüpft werden können. Diese Verknüpfung ist einerseits wieder als Leistung des Subjekts zu begreifen, das eine eigene biografische Erzählung und einen sozialen Raum konstruiert. Aus struktureller Perspektive stellt sich aber andererseits die Frage, unter welchen Bedingungen dies geschieht. Oft übersteigen z.B. die Widersprüchlichkeiten verschiedener Vermittlungsbereiche die subjektiv gegebenen Möglichkeiten, diese im konkreten Alltag sozialräumlich zu integrieren. Ebenso bestehen inzwischen viele Lernverläufe aus zusammenhanglosen Sequenzen, die subjektiv kaum noch in einen Sinnzusammenhang gebracht werden können und kaum Lernprozesse und biografische Perspektiven ermöglichen.

Sozialräume haben damit das Potenzial zur Vermittlung von Tätigkeit und zur Ermöglichung ihrer Aneignung, aber sie sind nicht per se Vermittlungsregime. Sie können unter bestimmten Bedingungen dazu werden, was sich daran zeigt, dass junge Erwachsene Zugänge zu Tätigkeiten finden und sie sich aneignen können. In dieser Differenz liegt auch die beschäftigungspolitische Bedeutung des Begriffs, weil die Bedingungen, unter denen Vermittlungsregime aus Sozialräumen heraus entstehen können, in entscheidendem Maße von der politischen Gestaltung der Übergänge in Arbeit bzw. der gesellschaftlichen Anerkennung von Tätigkeiten im sozialen Umfeld abhängig sind.

Um den Begriff des Vermittlungsregimes sozialpolitisch zu schärfen, unterscheiden wir einen formellen und einen informellen Bereich des Vermittlungsregimes voneinander. Formell sind v.a. Institutionen zur Vermittlung von Bildung, Qualifikationen und Arbeit (z.B. die Bundesagentur für Arbeit, die verschiedenen Einrichtungen der Ausbildungs- und Beschäftigungshilfen, Schulen usw.) bzw. die Logiken, die sich in ihren Vermittlungsaktivitäten ausdrücken. Neben diesen formellen Mechanismen wirkt aber auch ein informelles Curriculum der Vermittlung von Tätigkeit und ihrer Aneignung, das im Zuge einer „Versozialräumlichung" von Vermittlung an Bedeutung gewinnt. Dies ist v.a. an nicht formalisierte sozialräumliche Bezüge wie Familie, Clique, informelle Netzwerke gebunden, wenngleich es natürlich auch in die Institutionen hineingetragen wird oder solche Bezüge in institutionellen Vermittlungssettings entstehen können. Über den Begriff des Vermittlungsregimes kann somit die subjektive Handlungsebene mit ihren Sinnzusammenhängen in eine sozialpolitische Gestaltungsperspektive (vgl. den Beitrag von Lothar Böhnisch/Wolfgang Schröer in diesem Band) gebracht werden[1]. Aus dieser Perspektive lässt sich beschreiben, wie formelle Vermittlungsmechanismen in das gesamte Vermittlungsregime eingelagert sind, in welchem Verhältnis sie zum informellen Ver-

---

1 Der Begriff Vermittlungsregime steht damit in einer Linie mit dem Lebenslagenkonzept in der Tradition von Gerhard Weisser und Ingeborg Nahnsen (vgl. Andretta 1991; Böhnisch 1982), das das gleiche Ziel verfolgt.

mittlungsbereich stehen und welche Wirkungen sie in den Vermittlungsprozessen entfalten.

4. Empirische Einblicke[2]

Ein Blick auf die Realität von jungen Erwachsenen, die über Erfahrungen im Beschäftigungshilfebereich (Jump-Programm, Jugend-ABM usw.) verfügen, zeigt recht offenkundig, dass die Vermittlungsregime kaum institutionell strukturiert sind, sondern vielmehr durch den Sozialraum, in dem allerdings die einzelnen Einrichtungen eine gewichtige Rolle spielen. Auch bei jungen Erwachsenen, die dauerhaft vom regulären Ausbildungs- und Arbeitsmarkt ausgegrenzt sind, entwickelt sich im biografischen Verlauf meist eine Art „privater Beruf", der in keinem gesellschaftlich anerkannten Beschäftigungsverhältnis ausgeübt wird, sondern als Tätigkeit, die im sozialen Umfeld anerkannt und eingebettet ist. Die Vermittlungsmechanismen bestehen weniger aus formellen Lehr- und Beschäftigungsverhältnissen als aus Cliquen, Kleingartensparten, Vereinen und Schwarzarbeit.

Solche sozialräumlich strukturierten Vermittlungsprozesse scheinen aber von formeller Seite, allem voran aus arbeitsmarktpolitischer Perspektive, kaum wahrgenommen zu werden. Die Institutionen verfolgen eine Vermittlungsstrategie in ihrer eigenen Logik, die aufgrund des verschlossenen Arbeitsmarktes selten zu regulären Arbeitsverhältnissen führt, zugleich aber auch die biografischen und sozialräumlichen Potentiale nicht fördern und aus ihnen eine biografische Perspektive entwickeln kann. Diese Entkopplung führt offensichtlich dazu, dass sich zwar Tätigkeits- und Vermittlungsstrukturen im sozialen Umfeld beobachten lassen, aber diese nicht in formale Strukturen wie Beschäftigungshilfen oder Erwerbsarbeit transformiert werden.

So zeigt sich für diese Gruppe der jungen Erwachsenen, dass die informellen Vermittlungsregime die formellen „ausfüllen", während die formellen Mechanismen allein kaum Übergänge in Arbeit bewirken. Die wirksamen Vermittlungsregime sind eher informell strukturiert, wobei sie auf ihre Aufnahme in formelle angewiesen sind. Damit verbunden ist auch ein hoher biografischer Aufwand, weil Lern- und Tätigkeitsanschlüsse immer wieder neu hergestellt werden müssen. Wer nicht ins soziale Abseits geraten will, muss sich immer wieder ABM, Bildungskurse oder kleine Jobs besorgen oder sich im sozialen Umfeld „etwas zu tun" suchen bzw. dieses Umfeld in eine formale Arbeit einbeziehen. Weil dabei eine Transformation dieser sozialräumlichen Vermittlungsregimes in formelle Strukturen kaum gelingt, verbleiben die jungen Erwachsenen in der Regel im prekären Beschäftigungsbereich bzw. bleiben von ihm ganz ausgeschlossen. Lernen und Arbeiten findet weitgehend in der Informalität statt, was umgekehrt auch zur Folge hat, dass sich die subjektiven sozialräumlichen und biografischen Konstruktionen zunehmend jenseits formeller Beschäftigungsstrukturen und -Anforderungen entwickeln. Generell zeigt sich dabei ein recht hoher Leidensdruck an den Widersprüchen zwischen den gesellschaftlichen

2 Dieser Abschnitt bezieht sich wieder auf die in Fußnote 1 genannte eigene Untersuchung.

Normen, den subjektiven Bedürfnissen und den Möglichkeiten zu ihrer Erfüllung, der allerdings oft durch ein starkes „Abkühlen" der eigenen Ansprüche und Bedürfnisse gemildert wird.

5. Konfliktlinien und Perspektivwechsel

Inzwischen ist der Übergang in Arbeit zu einem Problem geworden, für das es kaum noch gesellschaftlich verankerte Bewältigungsmuster gibt. Viele Jugendliche und junge Erwachsene werden mit diesem Problem allein gelassen und haben es auf sich gestellt zu bewältigen. In der breiten Diskussion um die Gestaltung von Bildungs- und Beschäftigungshilfen sowie um Kompetenzentwicklung wird im Allgemeinen das Hauptproblem darin gesehen, dass die Betroffenen mit den gesellschaftlichen Anforderungen nicht zurecht kommen, weil sie noch zu sehr an vergangenen Vorstellungen von Arbeit orientiert sind und es ihnen an entsprechenden Kompetenzen fehlt, um die neuen Anforderungen in der Arbeitswelt zu bewältigen (vgl. Gericke et al. 2002). Diese Sicht erzeugt den Eindruck, dass die Betroffenen durch die Auflösung gesellschaftlicher Formen von Lernen und Arbeiten hilflos geworden seien, während man auf der politischen Ebene durchaus wüsste, wie die Arbeitswelt wieder in Ordnung zu bringen wäre.

Demgegenüber zeigt sich mit der Betrachtung von Übergangsprozessen aus der subjektiven Perspektive, dass das Übergangsproblem zu einem Großteil ein sozialpolitischer Konflikt ist. Jugendliche und junge Erwachsene entwickeln durchaus konstruktive und tätigkeitsorientierte Strategien zur Bewältigung des Übergangs in Arbeit bzw. sie würden es tun, wenn sie die entsprechenden Möglichkeiten dazu hätten. Aber sie brauchen dazu sozialpolitische Rahmenbedingungen, die ihrem Handeln gesellschaftlich integrierende Wirkungen ermöglichen.

Die heutige Beschäftigungspolitik bringt dagegen in Orientierung am industriegesellschaftlichen Arbeitsmodell Programme und Maßnahmen hervor, die die subjektiven Bewältigungsaufgaben und -Strategien kaum anerkennen und dadurch die jungen Erwachsenen gesellschaftlich ausgrenzen. In der derzeitigen Arbeitsmarktpolitik verhindert man geradezu die Entstehung neuer Tätigkeits- und Lernstrukturen, weil man aus der formellen Perspektive Sozialraum und Biografie nicht als subjektive Konstruktion mit Anspruch auf gesellschaftliche Objektivierung versteht. Man setzt insbesondere in Deutschland in der Bildungs- und Beschäftigungspolitik stärker denn je gerade auf die institutionalisierten und versäulten Übergangsstrukturen, wenn diese auch im Sinne einer „Innovation" intern differenziert und z.T. flexibilisiert werden (vgl. die Konzeption der „Neuen Förderstruktur", INBAS 2001 bzw. das „Neue Fachkonzept" für berufsvorbereitende Maßnahmen der BA, INBAS 2004). Die Ausrichtung der Bildungs- und Beschäftigungshilfen zielen auf die „Reparatur" individueller Übergangswege, die aus den Schienen des Normalverlaufs geraten sind; eine sozialräumliche Orientierung bleibt fast ausschließlich „absolutistischen Raumvorstellungen" (Löw 2001) verhaftet. Im Allgemeinen wird sie im Sinne einer Verbindung verschiedener Institutionen eines Ortes gehandhabt: Praktikumsstellen sollen vor Ort akquiriert, Maßnahmen in so genannten „sozialen Brennpunkten" durchgeführt (vgl. Bundesmodellprogramm „Entwicklung und Chancen junger Menschen in sozialen Brennpunkten" (E&C; www.eundc.de) und im Zuge von Hartz IV verschiedene Behörden zu Jobcentern zusammengelegt werden. Diese Praxis ist zwar für die Erreichbarkeit der Einrichtungen infolge kurzer Wege sinnvoll, aber sie übergeht die subjektiven Bedeutungen, die diese Einrichtungen im Lebensalltag der jungen Erwachsenen haben. Zudem geht sie davon aus, dass der Übergang in Arbeit allein auf institutionellen Wegen vollzogen wird und über Institutionen zu steuern ist. Dabei wird auch hier mit zweierlei Ansätzen hantiert: Vermittlungsprozesse von jungen Erwachsenen in bevorteilten Lebenslagen werden durchaus nach den Erfordernissen einer entgrenzten Arbeitsgesellschaft organisiert und anerkannt (z.B. Au-Pair, FSJ, Praktika, Auslandsaufenthalte usw.), während insbesondere für die benachteiligten jungen Erwachsenen eine containerförmig abgeschlossene, an engen institutionellen Angeboten orientierte Sozialraum- und Lebensweltorientierung greift.

Mit der Beschäftigungspolitik der vergangenen Jahrzehnte wurde auf diese Weise ein institutionelles Gefüge ausgebaut, das heute wenig Platz für das sozialräumlich-biografische Projekt „Übergang in Arbeit" bietet. Die notorische Ausblendung der subjektiv konstituierten Sozialräume und Biografien mit ihren eigenen Sinnkonstellationen führte zunehmend zu einer Fokussierung individueller Problemlagen. Diese werden aber nicht als Bewältigungsaufgaben im konkreten Alltag junger Erwachsener betrachtet, sondern auf gesellschaftliche „Normalfolien" bezogen, wie etwa Arbeitstugenden, die als Anforderungen des Arbeitsmarktes dargestellt werden, und zu individuellen Defiziten umformuliert, ohne zu beachten, dass diese „Normalitäten" aus Sicht der Betroffenen zu abstrakten Leitbildern verkommen sind. Insbesondere in Regionen, die ökonomisch durch den Zusammenbruch ganzer Industriezweige und die daran gebundene Dienstleistungsstruktur geprägt sind, führt eine solche Beschäftigungspolitik zur massenhaften Stigmatisierung und gleichzeitig zur Ausgrenzung aus dem „regulären" Arbeitsmarkt. Das betrifft nicht nur junge Erwachsene, sondern zugleich auch Erwachsene, wobei die Betroffenheit nach sozialen Merkmalen wie z.B. Alter, Geschlecht und Migrationshintergrund stark variiert. Die heutige Übergangsproblematik entsteht zwar im Zuge des arbeitsgesellschaftlichen Strukturwandels, aber sie wird in ihrer Ausprägung entscheidend durch die sozialpolitischen Rahmenbedingungen bestimmt. Es besteht ein grundlegender Unterschied darin, ob diese Problematik auf politischer Ebene an individuellen Defiziten von Betroffenen festgemacht oder als gesellschaftliche Herausforderung verstanden wird, zu deren Bewältigung jeder Mensch auf seine Weise etwas beitragen kann.

Eine zukünftige Arbeitsmarkt- und Beschäftigungspolitik muss zunächst die subjektiven Perspektiven der Menschen in ihrer individuellen wie strukturellen Bedeutung anerkennen, um in einem weiteren Schritt ihre Transformation in gesellschaftlich anerkannte Strukturen zu unterstützen. Dabei müssten sowohl die Strategien, die die Menschen bei der Bewältigung ihres Alltags entwickeln als auch die dabei entstehenden biografischen und sozialräumlichen Konstrukte als Potenziale (an)erkannt werden, um mit den formalen Strukturen hieran anschließen zu können. Das institutionelle Gefüge mit seinen vielfältigen Bildungs- und Beschäftigungseinrichtungen müsste sich grundsätzlich viel mehr gegenüber diesen Potenzialen öffnen und sich in ein Verhältnis zu ihnen setzen, anstatt sich in einer institutionellen Eigenlogik zu verschließen. In diesem Sinne sollten auch die lokalen Ansätze (vgl. z.B. Ihmig 2000; vgl. auch den Beitrag von Ingrid Breckner/Toralf González in diesem Band) auf ihre sozialräumliche Wirksamkeit überprüft werden: Die Beschäftigungsentwicklung in den Regionen oder Quartieren erschließt sich nicht einfach vom Ort, sondern von den Subjekten her. Erst dann ist es möglich, die sozialräumlichen und biografischen Ressourcen der jungen Erwachsenen für individuelle Übergänge in Arbeit zu erschließen, ohne sie politisch und ökonomisch zu instrumentalisieren.

Literatur

ABWF/QUEM (Hg.) (2003): Weiterlernen – neu gedacht. Erfahrungen und Erkenntnisse. QUEM-report 78. Berlin

ABWF/QUEM (Hg.) (2001): Kompetenzentwicklung 2001. Tätigsein – Lernen – Innovation. Berlin

Alheit, Peter (1995): „Biographizität“ als Lernpotential: Konzeptionelle Überlegungen zum biographischen Ansatz in der Erwachsenenbildung. In: Krüger et al. (Hg.) (1995): 276-307

Alheit, Peter (2003): „Biographizität“ als Schlüsselqualifikation. Plädoyer für transitorische Bildungsprozesse. In: ABWF/QUEM (Hg.) (2003): 7-33

Andresen, Sabine/Bock, Karin/Brumlik, Micha/Otto, Hans-Uwe/Sturzbecher, Dietmar (Hg.) (2003): Vereintes Deutschland – geteilte Jugend. Ein politisches Handbuch. Opladen

Andretta, Gabriele (1991): Zur konzeptionellen Standortbestimmung von Sozialpolitik als Lebenslagenpolitik. Regensburg

Baethge, Martin (1999): Subjektivität als Ideologie. Von der Entfremdung in der Arbeit zur Entfremdung auf dem Arbeitsmarkt. In: Schmidt (Hg.) (1999): 29-44

BA-Presseinfo 106 (2004): Gemeinsam Jugendarbeitslosigkeit bekämpfen – Jugendkonferenzen verbessern regionale Vernetzung. Presseinformation der Bundesagentur für Arbeit vom 26. November 2004

Beck, Ulrich/Bonß, Wolfgang (Hg.) (2001): Die Modernisierung der Moderne. Frankfurt a.M.

Behringer, Frederike/Bolder, Axel/Klein, Rosemarie/Reutter, Gerhard/Sieverth, Andreas (Hg.) (2004): Diskontinuierliche Erwerbsbiographien. Zur gesellschaftlichen Konstruktion und Bearbeitung eines normalen Phänomens. Baltmannsweiler

Böhnisch, Lothar (1982): Der Sozialstaat und seine Pädagogik. Sozialpolitische Anleitungen zur Sozialarbeit. Neuwied/Darmstadt

Böhnisch, Lothar (1999): Sozialpädagogik der Lebensalter. Eine Einführung. 2., überarbeitete Auflage. Weinheim/München

Böhnisch, Lothar/Schröer, Wolfgang (2001): Pädagogik und Arbeitsgesellschaft. Weinheim/München

Braun, Frank (2002): Jugendarbeitslosigkeit und Benachteiligtenförderung. In: Tippelt (Hg.) (2002): 761-774

Bundesministerium für Bildung und Forschung (Hg.) (2002): Berufliche Qualifizierung Jugendlicher mit besonderem Förderbedarf. Benachteiligtenförderung. Bonn

Bundesmodellprogramm „Entwicklung und Chancen junger Menschen in sozialen Brennpunkten“ (E&C) (o.J.): www.eundc.de

Chassé, Karl-August/v. Wensierski, Hans-Jürgen (Hg.) (1999): Praxisfelder der sozialen Arbeit. Weinheim/München

Deinet, Ulrich (2004): „Spacing“, Verknüpfung, Bewegung, Aneignung von Räumen – als Bildungskonzept sozialräumlicher Jugendarbeit. In: Deinet et al. (Hg.) (2004): 175-189

Deinet, Ulrich/Reutlinger, Christian (Hg.) (2004): „Aneignung“ als Bildungskonzept der Sozialpädagogik. Beiträge zur Pädagogik des Kindes- und Jugendalters in Zeiten entgrenzter Lernorte. Opladen

Döhl, Volker/Kratzer, Nick/Moldaschl, Manfred/Sauer, Dieter (2001): Auflösung des Unternehmens? Die Entgrenzung von Kapital und Arbeit. In: Beck et al. (Hg.) (2001): 219-232

Flick, Uwe/Kardorff, Ernst von/Steinke, Ines (Hg.) (2000): Qualitative Forschung. Ein Handbuch. Reinbek bei Hamburg

Fülbier, Paul/Münchmeier, Richard (2001a): Sozialräumliche Ansätze. In: Fülbier (Hg.) (2001b): 847-861

Fülbier, Paul/Münchmeier, Richard (Hg.) (2001b): Handbuch Jugendsozialarbeit. Münster

Galuske, Michael (1999): Jugendsozialarbeit und Jugendberufshilfe. In: Chassé et al. (Hg.) (1999): 62-75

Gericke, Thomas/Lex, Tilly/Schreiber-Kittl, Maria/Schröpfer Haike (Hg.) (2002): Jugendliche fördern und fordern. Strategien und Methoden einer aktivierenden Jugendsozialarbeit. München

Gottschall, Karin/Voß, G. Günter (2003a): Entgrenzung von Arbeit und Leben. Zur Einleitung. In: Gottschall et al. (Hg.) (2003b): 11-33

Gottschall, Karin/Voß, G. Günter (Hg.) (2003b): Entgrenzung von Arbeit und Leben. Zum Wandel der Beziehung von Erwerbstätigkeit und Privatsphäre im Alltag. München/Mering

Hinte, Wolfgang/Groppe, Johannes/Litges, Gerd (2002): Expertise Sozialräumliche Finanzierungsmodelle. Im Auftrag der Regiestelle E&C der Stiftung SPI. Essen

Ihmig, Harald (Hg) (2000): Wochenmarkt und Weltmarkt. Kommunale Alternativen zum globalen Kapitalismus. Bielefeld

INBAS, Institut für berufliche Bildung, Arbeitsmarkt- und Sozialpolitik (2001): Entwicklungsinitiative Neue Förderstruktur für Jugendliche mit besonderem Förderbedarf – Konzeption. Offenbach a.M.

INBAS, Institut für berufliche Bildung, Arbeitsmarkt- und Sozialpolitik (2004): Neues Fachkonzept für Berufsvorbereitende Maßnahmen der BA. http://www.ausbildungsvorbereitung.de/neuefoerderstruktur/aktuell.html

Jurczyk, Karin/Oechsle, Mechthild (2002): Die fluide Gesellschaft. Entgrenzung ohne Ende? In: Diskurs 3/12. 2002: 5-8

Kirchhöfer, Dieter (2001): Perspektiven des Lernens im sozialen Umfeld. In: ABWF/QUEM (Hg.) (2001): 95-145

Koditek, Thomas (2002): Jugendliche. In: Schröer et al. (Hg.) (2002): 99-112

Krafeld, Franz-Josef (2000): Die überflüssige Jugend der Arbeitsgesellschaft. Eine Herausforderung für die Pädagogik. Opladen

Kratzer, Nick (2003): Arbeitskraft in Entgrenzung. Grenzenlose Anforderungen, erweiterte Spielräume, begrenzte Ressourcen. Berlin

Kreher, Thomas/Oehme, Andreas (2003a): Arbeit und Ausbildung für Jugendliche im Osten. In: Andresen et al. (Hg.) (2003): 393-411

Kreher, Thomas/Oehme, Andreas (2003b): Individuelle Tätigkeits- und Lernverläufe sowie Unterstützungsformen zur Kompetenzentwicklung für aktive Arbeits- und Lebensgestaltung. QUEM-Materialien 42. Berlin

Krüger, Heinz-Hermann/Marotzki, Winfried (Hg.) (1995): Erziehungswissenschaftliche Biographieforschung. Opladen

Lange, Andreas (2003): Theorieentwicklung in der Jugendforschung durch Konzeptimport. Heuristische Perspektiven des Ansatzes „Alltägliche Lebensführung“. In: Mansel et al. (Hg.) (2003): 102-118

Lenz, Karl/Schefold, Werner/Schröer, Wolfgang (2004): Entgrenzte Lebensbewältigung. Jugend, Geschlecht und Jugendhilfe. Weinheim/München

Leontjew, Alexej (1973): Probleme der Entwicklung des Psychischen. Frankfurt a.M.

Leontjew, Alexej (1979): Tätigkeit, Bewußtsein, Persönlichkeit. Berlin

Lex, Tilly (1997): Berufswege Jugendlicher zwischen Integration und Ausgrenzung. München

Löw, Martina (2001): Raumsoziologie. Frankfurt a.M.

Mansel, Jürgen/Griese, Hartmut M./Scherr, Albert (Hg.) (2003): Theoriedefizite der Jugendforschung. Standortbestimmung und Perspektiven. Weinheim/München

Marotzki, Winfried (2000): Qualitative Biographieforschung. In: Flick et al. (Hg.) (2000): 175-186

Oehme, Andreas (2004): Aneignung und Kompetenzentwicklung. Ansatzpunkte für eine Neuformulierung des tätigkeitsorientierten Aneignungsansatzes. In: Deinet et al. (Hg.) (2004): 205-217
Pongratz, Hans J./Voß, G. Günter (2001): Erwerbstätige als Arbeitskraftunternehmer. Unternehmer ihrer eigenen Arbeitskraft? In: SOWI-Sozialwissenschaftliche Informationen 4/30. 2001: 42-52
Reutlinger, Christian (2003): Jugend, Stadt und Raum. Sozialgeographische Grundlagen einer Sozialpädagogik des Jugendalters. Opladen
Schmidt, Günter (Hg.) (1999): Kein Ende der Arbeitsgesellschaft. Arbeit, Gesellschaft und Subjekt im Globalisierungsprozess. Berlin
Schröer, Wolfgang/Struck, Norbert/Wolff, Mechthild (Hg.) (2002): Handbuch Kinder- und Jugendhilfe. Weinheim/München
Schröer, Wolfgang (2004a): Befreiung aus dem Moratorium? Zur Entgrenzung von Jugend. In: Lenz et al. (2004): 19-74
Schröer, Wolfgang (2004b): Aneignung in der entgrenzten Arbeitsgesellschaft – die Entgrenzung von Jugend. In: Deinet et al. (Hg.) (2004): 109-120
Schumann, Michael (2004): Sozialraum und Biographie. Versuch einer pädagogischen Standortbestimmung. In: Neue Praxis 4. 2004: 323-338
Solga, Heike (2004): Kontinuitäten und Diskontinuitäten beim Übergang ohne Schulabschluss ins Erwerbsleben. In: Behringer et al. (Hg.) (2004): 120-132
Stauber, Barbara/Walther, Andreas (2002): Junge Erwachsene. In: Schröer et al. (Hg.) (2002): 113-143
Tippelt, Rudolf (Hg.) (2002): Handbuch Bildungsforschung. Opladen
Walther, Andreas(2000): Spielräume im Übergang in die Arbeit. Weinheim/München
Wissenschaftsnetzwerk „Lebensführung im Wandel“ (o.J.): http://www.tu-chemnitz.de/phil/soziologie/voss/alf/

Internet-Adressen

Bundesarbeitsgemeinschaft Jugendsozialarbeit: http://www.bag-jaw.de/
Deutsches Jugendinstitut, Abteilung „Übergänge in Arbeit“: http://cgi.dji.de/cgi-bin/projekte/output.php?projekt=9
Wissenschaftsnetzwerk „Lebensführung im Wandel“: http://www.tu-chemnitz.de/phil/soziologie/voss/alf/

Lokale Ökonomien und Arbeitsmarktpolitik

Ingrid Breckner und Toralf González

Abstract

Lokale Ökonomie und Arbeitsmarktpolitik existieren in der gesellschaftlichen Wirklichkeit als weitgehend getrennte und umstrittene Gegenstandsbereiche. Beide erregten wissenschaftliche und gesellschaftspolitische Neugierde im Verlauf der immer offenkundiger werdenden Krise industriell-kapitalistischer Vergesellschaftung. Der Beitrag erläutert zentrale inhaltliche Positionen und mögliche Zusammenhänge im Themenfeld unter dem Gesichtspunkt ihrer Bedeutung für die Strukturierung und Entwicklung sozialer Räume. Ausgehend von gedanklichen Konstrukten lokaler Ökonomie und Arbeitsmarktpolitik in wissenschaftlichen Diskursen analysieren wir Entwicklungsdynamiken der komplexen Wirklichkeiten des Untersuchungsgegenstandes in drei verschiedenen Raumtypen der Metropolregion Hamburg auf der Grundlage wissenschaftlicher Ergebnisse unterschiedlicher Studien. Abschließend stehen wissenschaftliche Handlungsperspektiven im Themenfeld zur Diskussion.

Dimensionen des Themenfeldes

Lokale Ökonomie und Arbeitsmarktpolitik erregten just in der geschichtlichen Entwicklungsphase wieder öffentliche Aufmerksamkeit, in der die Krise des industriellen Kapitalismus auch in abendländischen Gesellschaften unübersehbar wurde. Seit den 1970er Jahren erzeugen Deindustrialisierung und Globalisierung in Westeuropa wie in den entwickelten Teilen Amerikas strukturelle Arbeitslosigkeit, die sich – je nach gesellschaftlichen Rahmenbedingungen – zeitlich wie räumlich unterschiedlich manifestiert. Inzwischen hat diese Entwicklung auch unternehmensorientierte Dienstleistungen der Banken, Versicherungen, Krankenkassen etc. erfasst. Die politische und wirtschaftliche Steuerung dieses ökonomischen Strukturwandels erweist sich als schwierig. Die Persistenz von Langzeitarbeitslosigkeit, hohen Insolvenzraten und beruflicher Unsicherheit für immer breitere Teile der Bevölkerung hinterlässt mittlerweile fühlbare Krisenspuren in allen soziokulturellen Lebenswelten und verschärft die Erosion wohlfahrtstaatlicher Absicherung von Einkommen, Gesundheit und Bildung. Arbeitsmarktpolitik konnte dieser Dynamik trotz mehrfacher Reformversuche nicht Einhalt gebieten.

Arbeitsmarktpolitik im weiteren Sinne ist darauf ausgerichtet, die Beziehung von Arbeitskräfteangebot und -nachfrage gesamtwirtschaftlich zu steuern. Politik und arbeitsmarktpolitische Institutionen des Staates versuchen mit den Medien Recht und Geld wirtschaftliche Prozesse zentral zu beeinflussen. Besondere Rahmenbedingungen in einzelnen Wirtschaftsräumen spielten dabei zunächst kaum eine Rolle.

Arbeitsmarktpolitik im engeren Sinne förderte bundesweit in gleicher Weise die berufliche (Re-)Integration von Arbeitnehmern nach grob klassifizierten Zielgruppen mit unterschiedlichen Maßnahmen. Misserfolge und Mitnahmeeffekte sowie innovative Beschäftigungsinitiativen vor Ort – mit Unterstützung der zur Gewährleistung von Sozialhilfe gesetzlich verpflichteten und dadurch sukzessive verarmenden Kommunen sowie der freien Wohlfahrtspflege – erzwangen seit den 1980er Jahren eine räumliche Orientierung der Arbeitsmarktpolitik. Im Rahmen der anhaltenden Dezentralisierung der Bundesagentur für Arbeit wurden das Fördervolumen und die jeweilige Ausgestaltung von Maßnahmen regional differenziert. Verregelung und bürokratische Eigenlogiken der regionalen Arbeitsämter (Agenturen) begünstigen jedoch ein Handeln nach der Logik administrativer Behälterräume (Arbeitsamtsbezirke). Dabei wird deutlich, dass Dezentralisierung nicht gleichzeitig eine sachlich angemessene Verräumlichung von Politik bewirkt. Regionale oder lokale Arbeitsmarktpolitik setzt im Prinzip erst dort ein, wo über die Kofinanzierung von einzelnen Maßnahmen mit Hilfe europäischer, Landes- und kommunaler Mittel unterschiedliche Arbeitsmarktpolitiken zusammenwirken und den lokalen und regionalen Besonderheiten von Unternehmen, Branchen, Wirtschaftskulturen, Arbeitskräften und rechtlichen Praktiken mehr Gewicht verleihen[1].

Auch *neoliberale Konzepte der Krisenbewältigung* auf marktwirtschaftlichen Wegen zeigen sich bis heute weitgehend unsensibel gegenüber räumlichen und zeitlichen Differenzierungen ihres Gegenstandes. Alten wirtschaftlichen Denkmodellen folgend setzen sie auf die Privilegierung großer Unternehmen als machtvolle Gestalter des wirtschaftlichen Wandels. Kleinteilige lokale Ökonomie und Arbeitsmarktpolitik genießen in diesen Konzepten keine Anerkennung. Sie gelten als Behinderung wirtschaftlicher Handlungsfreiheiten und werden deshalb ignoriert oder belächelt, allenfalls instrumentalisiert, solange sie sich – wie z.B. die Frühverrentung mittels Beiträgen aus der Arbeitslosenversicherung – für eigene Zwecke einsetzen lassen. Die Kritik am Neoliberalismus suchte Auswege aus dem Dilemma u.a. in einer lokalen Politik und Praxis der kleinen Schritte.

Anknüpfend an Strukturen von Klein- und Mittelbetrieben mit lokaler Verankerung, sozialer Verantwortlichkeit für Auszubildende und Beschäftigte und einem ausgeprägten betriebspolitischen Eigensinn etablierten sich seit den 1970er Jahren neben alten kleinteiligen Strukturen auch neue *Akteure lokaler Ökonomie* unter mehr oder weniger emanzipatorischen Vorzeichen: Alternativbetriebe, Wohn- und Wirtschaftsgemeinschaften, Genossenschaften, neue Existenzgründer oder Beschäftigungsprojekte suchen bis heute nach qualitativen Auswegen aus den zunehmend riskanten Kontexten des industriellen Wirtschaftswunders der Nachkriegszeit. Sie nutzten gezielt verfügbare Instrumente und Maßnahmen der regionalisierten ‚Aktiven Arbeitsmarktpolitik' als Kompensation fehlenden Eigenkapitals und trugen so mit zur Entwicklung ‚zweiter' und ‚dritter' Arbeitsmärkte bei. Eine gedankliche und/oder praktische Vernetzung mit formellen Wirtschaftsstrukturen gehörte zunächst nicht zum Programm. Lokaler und damit räumlicher Bezug war in solchen

1 Eine ausführliche Diskussion dieser Zusammenhänge findet sich in einem Gutachten des Instituts für Landes- und Stadtentwicklungsforschung NRW (ILS 2000).

Handlungsfeldern allenfalls für die Verortung der jeweiligen Aktivitäten wichtig, blieb im expliziten Sinne aber weitgehend unreflektiert.

Vergegenwärtigen wir uns die Entwicklungen im Umgang mit gesellschaftlichen Transformationsprozessen in Westeuropa seit Ende der 1970er Jahre, so gewinnt die Trennung wirtschaftlicher und arbeitsmarktpolitischer Aktivitäten im Rückblick scharfe Konturen. Sie resultiert aus ideologischen und institutionellen Eigenlogiken, die in Konkurrenz und Abgrenzung voneinander handlungsleitend wurden. Chancen verstehender und ergebnisorientierter Handlungsstrategien mit lebensweltlichen und damit notwendigerweise auch sozialräumlichen Orientierungen blieben dabei weitgehend ungenutzt. Sie zeigen sich allenfalls in vereinzelten innovativen Handlungsfeldern, ohne mit ihren Ergebnissen in die Breite gesellschaftlicher Praxis auszustrahlen. Da gesellschaftstheoretisch begründete Analysen räumlicher Strukturen und Prozessen sozialräumliche Herausforderungen des gesellschaftlichen Strukturwandels am klarsten sichtbar werden lassen (vgl. Krätke 1995), nehmen wir solche Entwicklungen in den folgenden Abschnitten exemplarisch ins Blickfeld. Wir zeigen dabei, wie vielschichtig lokale Ökonomie und Arbeitsmarktpolitik beschaffen sind und wie fatal sich ihre fehlende Abstimmung und Vernetzung mit anderen Handlungsfeldern auf die Entwicklung sozialer Lebensräume auswirken kann.

Lokale Ökonomie und Arbeitsmarktpolitik im Spiegel gesellschaftlicher Diskurse

Kreative und erfolgreiche Entwicklungen an den Rändern formeller Arbeitsmärkte haben in Westeuropa seit den 1970er Jahren einen gesellschaftlichen Diskurs über lokale Ökonomie und Arbeitsmarktpolitik gespeist, dessen Konturen wir als Kontext nachfolgender Überlegungen zur stadträumlichen Wirklichkeit solcher Strukturen und Prozesse skizzieren.

Im wissenschaftlichen Diskurs über ‚Lokale Ökonomie' zeichnen sich zwei zentrale Argumentationsfiguren ab (vgl. Nützel 2002: 35ff.):

- Angeregt durch den englischen Diskurs über ‚local economy' mit dem Ziel: ‚local work for local people with local resources' setzte ab Ende der 1980er Jahre in der Bundesrepublik, nach ersten praktischen Erfahrungen mit Alternativbetrieben seit Mitte der 1970er Jahre, im Umfeld des Technologie-Netzwerkes an der TU-Berlin und im Bauhaus Dessau die Entwicklung von Konzepten selbst bestimmter bedürfnisorientierter Wirtschaftsweisen ein (vgl. Birkhölzer 1994 oder Stiftung Bauhaus 1996). Das Spektrum reichte von gebrauchsorientierter Gemeinwesenökonomie über französisch inspirierte Ansätze einer genossenschaftlichen sozialen Ökonomie bis hin zum gemeinwirtschaftlichen so genannten ‚dritten Sektor' der Wohlfahrtsproduktion. All diese Aktivitäten zielten auf einen Ausgleich für eingetretenes Staats- und Marktversagen durch sozial und ökologisch orientiertes unternehmerisches Handeln. Raumbezüge bleiben in diesen Konzepten lokaler Ökonomie eher diffus. Der lokale Raum fungiert selbstverständlich als Ort des alternativen, am Gemeinwohl orientierten wirtschaftlichen Handelns, ohne in seiner Struktur und Entwicklungsdynamik näher reflektiert zu werden.

- Eine andere Debatte entwickelte sich ausgehend von regionalökonomischen Analysen mit der Zielrichtung einer an Branchenmilieus, geschichtlichen Traditionen und Entwicklungsoptionen orientierten Einbettung wirtschaftlicher Aktivitäten (vgl. diesbezügliche Arbeiten von Dieter Läpple und Kollegen). Dabei wurden Teilökonomien unterschiedlicher Wirtschaftsräume hinsichtlich ihrer Einbettung durch milieuspezifische und geschichtliche Bindungen untersucht. Lokale Einbettung zeigte sich dabei in produzierenden oder reparierenden handwerklichen wie industriellen Betrieben unterschiedlicher Größe, im Einzelhandel, in der Gastronomie sowie in haushalts- und unternehmensbezogenen Dienstleistungen, die auf räumliche Nähe zu Arbeitskräften, Zulieferern, Kunden oder Kooperationspartnern angewiesen sind. Im Unterschied zur eher marktfernen bedürfnisorientierten lokalen Ökonomie des gemeinwirtschaftlichen Sektors handelt es sich hier um Akteure, die neben ihrer systemischen Einbettung in Marktstrukturen auf unterschiedlichen räumlichen Ebenen auch eine gemeinschaftlich-partnerschaftliche Einbettung in lokale Strukturen und Prozesse aufweisen.

Die wissenschaftliche Literatur zum Stichwort ‚Lokale Ökonomie' ordnet sich mehr oder minder ausdrücklich entweder der einen oder anderen Denkwelt zu oder verbindet die beiden Argumentationsfiguren mit dem Ziel einer Vernetzung aller lokal ökonomischen Handlungsfelder. Letzteres geschieht z.B. im Themenfeld ‚Soziale Stadt', in dem versucht wird, ökonomischen neben baulich-räumlichen und soziokulturellen Handlungsansätzen ein größeres Gewicht zu verleihen (vgl. Löhr 2004). Unter dem Gesichtspunkt der in diesem Band zur Diskussion stehenden sozialen Räume ist deren Prägung durch ökonomische Strukturen und Prozesse von zentraler Bedeutung. Sie entfaltet ihre klärende Kraft aber erst dann, wenn die Thematisierung des Raumes über eine Sensibilisierung für örtliche Rahmenbedingungen wirtschaftlichen Handelns hinausgeht. Anregungen hierfür bieten allein diejenigen regionalökonomischen Überlegungen zu ‚Lokaler Ökonomie', die ihr Verständnis von Raum theoretisch explizieren.

Das von Dieter Läpple entwickelte und von Gabriele Sturm methodologisch präzisierte *gesellschaftstheoretische Raumkonzept* fokussiert gleichzeitig auf lokale, regionale und globale Raumniveaus unterschiedlicher funktionaler Raumnutzungen und thematisiert *Wechselwirkungen* zwischen

- *materiellen* Voraussetzungen für Produktion oder Dienstleistung sowie für die Erreichbarkeit von Kunden und/oder Kooperationspartnern,
- *symbolischen* Ausdrucksformen eines Wirtschaftstandortes und deren Verträglichkeit mit den jeweiligen Repräsentationsbedürfnissen der Akteure,
- *sozialen* Kontexten, die für wirtschaftliches Handeln unterstützend oder störend wirken sowie
- *regulativen* Vorschriften im geltenden Recht, in kulturellen Normen und Werten oder ökologischen Standards.

Eine vergleichbare analytische Schärfe in Bezug auf räumliche Kontexte lassen bedürfnisorientierte Denkmodelle lokalen Wirtschaftens ebenso vermissen wie die bisherigen Ausprägungen lokaler oder regionaler Arbeitsmarktpolitik. Auch im Konzept des Sozialraumes schlummert im Falle unzureichender gesellschaftstheoretischer Reflexion der Bedeutungen von Raum die Gefahr unsystematischer alltagstheoretischer Bedeutungszuschreibungen, die leicht in Ideologisierungen des Lokalen als überschaubarem und gestaltbarem Handlungsfeld münden. Solche meist unbewussten Strategien einer normativen Reduktion der räumlichen Komplexität von Arbeitsmärkten, Steuerungskonzepten und wirtschaftlichen wie sozialen Praktiken täuschen gedankliche Sicherheiten vor, die der Wirklichkeit nicht entsprechen und deshalb auch kaum zu ihrer Veränderung beitragen können. Die Analyse der Strukturen und geschichtlichen Entwicklungsdynamiken des Gegenstandes, dessen bessere Gestaltung wissenschaftlich oder praktisch angestrebt wird, beschränkt sich so leicht auf beiläufige Zufälle und greift damit sicher zu kurz. Deshalb erläutern wir im Folgenden die Komplexität räumlicher Dimensionen lokaler ökonomischer Praktiken anhand von drei typologischen Teilräumen der Stadtregion Hamburg und diskutieren Reichweiten arbeitsmarktpolitischer Handlungsstrategien unter Berücksichtigung der komplexen Strukturen räumlicher Handlungsfelder.

Räumliche Dimensionen ökonomischer Praktiken

Empirische Grundlage der drei Raumtypen sind an der TU Hamburg-Harburg durchgeführte Forschungs- und wissenschaftliche Begleitungsprojekte (vgl. Läpple/Walter 2000; Breckner/González/Herrmann 2001; Breckner/González 2002). Ihre Kontextualisierung in dem gesellschaftstheoretischen Raumkonzept basiert auf der Rekonstruktion der verschiedenen Etappen der Industrialisierung und der spezifischen materiellen Überformung der untersuchten städtischen Teilräume.

- Die Hamburger Stadtteile Ottensen und das Schanzenviertel als heutige Symbole für *urbane Nutzungsmischung*, waren ursprünglich Entwicklungszonen außerhalb der Städte Altona und Hamburg. Im Industriedorf Ottensen entwickelten sich Eisen- und Schiffbau, Glashütten, Tabak- und Fischindustrie sowie die dazugehörenden Arbeiterwohnungen in einer extremen Dichte. Das erst in der Gegenwart so genannte Schanzenviertel entwickelte sich um den Schlachthof und den dafür eingerichteten Bahnhof Sternschanze entlang der Verbindungsbahn Hamburg-Altona. Auch hier entstand weitere Industrie, die neben dem spekulativen gründerzeitlichen Wohnungsbau das Quartier prägte.
- Das Gegenmodell der identitätslosen, in streng *getrennte Nutzungen* aufgeteilten Stadt findet sich u.a. am nordwestlichen Stadtrand Hamburgs. Die ehemaligen Dörfer im Umland der Stadt Altona wurden erst in den 1950er Jahren in die Hamburger Stadtentwicklung einbezogen. Aus dem Nebeneinander von Dörfern und abseits gelegener stinkender Industrie entwickelte sich ein großflächig zoniertes Gebiet aus alten Dorfkernen, Einfamilienhausgebieten, (Groß-)Wohn siedlungen der 1950er, 1960er und 1970er Jahre, Industrie- und Gewerbegebieten sowie Raumschneisen aus Gleisen, Güterbahnhöfen, Autobahnen und Parkanlagen. Die heutigen Stadtteile Lurup, Osdorf, Eidelstedt und Stellingen sind in erster Linie administrative Einheiten in diesem Stadttypus ohne eine allgemein getragene Identität.

- Der dritte Typus hier diskutierter Sozialraumstrukturen ist durch eine extrem *weltmarktabhängige Monostruktur* entstanden; die zwischen Norder- und Süderelbe gelegene Elbinsel hat Kennzeichen der beiden ersten Sozialräume und ist doch etwas Besonderes, weil sie – vergleichbar mit den Industriezonen des Ruhrgebietes – heute auf vielfältige Weise eine Entwicklungsbarriere darstellt. Historisch betrachtet ging dieser Teilraum aus der Eindeichung verschiedener Inseln im Stromspaltungsgebiet zwischen Norder- und Süderelbe hervor. Die ursprüngliche landwirtschaftliche Versorgungsfunktion für Hamburg (v.a. Milch und Milchprodukte) ist heute im weiterhin landwirtschaftlich geprägten Osten Wilhelmsburgs noch in Ansätzen erkennbar. Die nördlichen Teile der Inseln wurden schon früh von Hamburg angeeignet, hier entstand innerhalb des Hamburger Freihafens eines der weltwirtschaftlich bedeutendsten Werftzentren, in dem bis Anfang der 1960er Jahre noch rund 30.000 Menschen arbeiteten (vgl. Fahning 1995). Im Westen bekam das preußische Wilhelmsburg nach dem Zollanschluss Hamburgs sein zweites, industrielles Gesicht. Der hafennahe Teilraum sowie das südlich gelegene Harburg wurden v.a. mit dem Kapital Hamburger Kaufleute industrialisiert (vgl. Läpple 1989). Neben dem Schiffbau entstanden Grundstoffe verarbeitende Seehafenindustrien (Mineralölverarbeitung, Ölmühlen, Chemische Industrie, Nahrungsmittelindustrie).

Alle drei betrachteten Teilräume sind auf je besondere Weise durch Deindustrialisierung gekennzeichnet, deren vielschichtige Dimensionen und zeitlicher Verlauf an dieser Stelle nicht erörtert werden können.[2] Deindustrialisierung ist zunächst überall eine Geschichte des Verlusts, insbesondere aus der Perspektive der Stadtteilgeschichte und dem Gedächtnis der dort arbeitenden oder wohnenden Menschen. Mit dem weitgehenden oder auch gänzlichen Verlust der Industriebetriebe gehen nicht nur tausende wohnortnahe Arbeitsplätze verloren, sondern auch Gemeinsamkeiten und Identität stiftende Momente der Stadtteile. Neben diesem ideellen Moment prägt dieser Prozess nachhaltig bestimmte Segmente des Wohnungsmarktes. Gerade die unattraktiven Altbauquartiere in der Nähe der gewerblichen Arbeitsplätze zogen die Einwanderer an, die auch nach dem Strukturwandel dort wohnen blieben. Ausgesprochen hohe Arbeiteranteile weisen bis heute die Großsiedlungen für die berühmten „breiten Schichten der Bevölkerung" auf, die die Deindustrialisierung zu Modernisierungsverlierern gemacht hat.

Geschichte und eigenlogische ökonomische Strukturierungen bilden die Grundlage derzeitiger Entwicklungen der Entbettung und/oder Wieder-Einbettung ökonomischer Praktiken, die wir im Folgenden genauer ins Blickfeld nehmen werden.

Ottensen und das Schanzenviertel sind ein idealtypisches aber auch nicht reproduzierbares Beispiel für die hohe Aneignungsfähigkeit und den selbstregulativen Charakter von kleinteilig funktionsgemischten Räumen. Die Aneignungsfähigkeit der baulichen Struktur (Fabriketagen, große Altbauwohnungen, Läden, Hinterhofbetriebe etc.), die Verfügbarkeit durch Leerstand oder Unternutzung und seine

2 Hamburg hatte um 1960 den Gipfel seiner weltmarktorientierten Industrialisierung erreicht. Der dramatische Strukturwandel setzte in den 1970er und 1980er Jahren ein. Im Schiffbau, der einstmals industriellen Schlüsselbranche, arbeiten heute weniger als 3.000 Menschen (vgl. Läpple 2003).

Preisstruktur haben eine hohe Anziehungskraft auf urbane Milieus mit ausgeprägtem sozialem und kulturellen Kapital, das sich in diesen Stadtteilen in ökonomische Praxis umsetzt. Zunächst waren es Pioniere aus dem links-alternativen Milieu, die eine kulturelle Infrastruktur aufbauten, ihre sozialen Netzwerke entwickelten und Betriebe gründeten: In Ottensen entstand z.B. eine Vielzahl von Alternativbetrieben im Druck- und Grafikgewerbe. Die sozialen Kämpfe um Abriss und Sanierung erzeugten eine hohe Sensibilität für die Bausubstanz und ihre mögliche Inwertsetzung. Im Umgang mit Randgruppen entwickelte sich ein hohes Maß an zivilgesellschaftlicher Kompetenz.

Nach den Pionieren „entdeckten" Medienschaffende und andere Dienstleister die sanierten Fabriketagen und Altbauwohnungen. Dieser Aufwertungsprozess löste starke Verdrängungseffekte auf dem Wohnungsmarkt aus, enthielt aber gleichzeitig vielfache Impulse für die ökonomische Entwicklung, v.a. im Einzelhandel, der Gastronomie und auf dem Büromarkt der Dienstleistungen. Diese Impulse sind vielfach miteinander verkoppelt.

Der traditionelle Betriebsbesatz im Handwerk und im inhabergeführten Einzelhandel ist quantitativ gesehen in einem permanenten Rückzugsgefecht. Die Betriebe profitieren zwar von der Bevölkerungsdichte, der Nähe zu den Kunden und der Diversität der Nachfrage. Die lokale Einbettung auf der Nachfrageseite ist jedoch sehr brüchig und anfällig. Handwerksbetriebe sind stadtweit gezwungen, ihre Einzugsbereiche zu erweitern und dementsprechend ihre Angebote weiter zu entwickeln. Kleinbetriebe des Einzelhandels sind in der gesamten Stadtregion von der zunehmenden Filialisierung betroffen und sehr anfällig für Veränderungen der Kaufkraft im Quartier. Zusammen mit den von den neuen urbanen Milieus induzierten Aufwertungstendenzen ergibt sich oft eine Abfolge von der Schließung eines beliebten Traditionsbetriebes über spekulative Zwischennutzungen z.B. durch Restpostenmärkte bis hin zu neuen spezialisierten Existenzgründungen, die nur noch z.T. die lokale Wohnbevölkerung ansprechen.

Die selbstregulative Kraft der Stadtteile hat nichts zu tun mit einer auf sich selbst bezogenen „lokalen Ökonomie". Sie basiert vielmehr auf der Offenheit für neue Milieus, die wiederum soziale Netze mit vielfältigen so genannten „schwachen Verbindungen" benötigen, um überhaupt ökonomisch agieren zu können. Auch unter den Migranten gibt es viele Pioniere, so dass gerade in diesen Stadtteilen neue Geschäftsideen entstehen, die Verbindungen in die Ursprungsländer nutzen oder bewusst ein interkulturelles Profil aufweisen. Die Offenheit und die Dynamik dieses Prozesses machen ihn anfällig für Trittbrettfahrer-Effekte. Sie schwächen das selbstregulative Potenzial ab, sobald spekulative Investorenprojekte auf den Wohn- und Büromarkt drängen und zeitgleich das Büro-, Gastronomie- und Einzelhandelsangebot auf ein bestimmtes berufliches Milieu ausrichten. Eine solche renditeorientierte räumliche Homogenisierung ist seit einigen Jahren im Schanzenviertel zu beobachten. Ihre Anfälligkeit für globale und nationale Konjunkturkrisen manifestierte sich dort während der Internetkrise.

Die ökonomische Entwicklung des zweiten hier betrachteten Raumtypus wurde im Zuge der Randwanderung des Gewerbes befördert. Industrie- und sich modernisierende Handwerksbetriebe, die von der Sanierung „vertrieben" wurden oder keine Erweiterungsflächen hatten, fanden in Gewerbegebieten oder entlang der Ausfallstraßen oft ideale Standortbedingungen. Es sind Betriebe, die in regionale bis globale Absatz- und Beschaffungsmärkte eingebunden sind und den Standort oft nur noch im Raster der harten Standortfaktoren begreifen. Vereinzelt finden sich auch noch größere Industriebetriebe, die es geschafft haben, sich im globalisierten Markt zu behaupten, mit allen negativen Konsequenzen für die lokalen Zulieferer und den lokalen Arbeitsmarkt. Der insgesamt breite Betriebsbesatz aus den Großstadtindustrien und -dienstleistungen stellt einen wichtigen Anteil der regionalen Wirtschaftskraft und des regionalen Arbeitsmarktes. Dass es sich um den idealtypisch entbetteten Part städtischer Ökonomien, das scheinbare Gegenmodell der „lokalen Ökonomie" handelt, heißt jedoch nicht, dass sich hier grundsätzlich keine Bindungen an lokale Räume finden lassen. Sie sind selten, weil aufgrund des instrumentellen Verhältnisses zum Standort und der räumlichen Struktur die umliegenden Wohngebiete als „blinder Fleck" auf der mind map erscheinen und oft nur aus der spezifischen, von Personen getragenen Betriebstradition begründet sind, die fallbezogen „entdeckt" werden müssen.

In unmittelbarer Nähe der entbetteten Ökonomie finden sich in und um die alten Ortskerne oder heutigen Einkaufsstraßen Familienbetriebe aus verbraucherorientiertem Handwerk und Einzelhandel, die in zweiter oder dritter Generation geführt werden. Sie haben die Transformation vom Dorf zur Großstadt mitgemacht und sind einem eher konservativen kulturellen Milieu (Kirchengemeinde, Sportverein, Bürgerverein) treu geblieben. Hier paart sich oft eine starke lokale Bindung mit einer negativen Abgrenzung von den Wohnquartieren des sozialen Wohnungsbaus. Der zivilgesellschaftlichen Konfliktfähigkeit der urbanen Wohnquartiere steht hier ein vorurteilsbeladenes Nebeneinander gegenüber.

In den stigmatisierten Wohnsiedlungen beschränkt sich die Ökonomie weitgehend auf kleine Einkaufszeilen, die ausschließlich von der lokalen Wohnbevölkerung leben und in denen sich neben der sinkenden Kaufkraft der Strukturwandel im Einzelhandel in Form von Leerstand und Ramschläden negativ bemerkbar machen. Die Bewohner dieser Quartiere, die überwiegend Arbeiter waren oder noch sind, sind wenig mobil und besitzen geringes soziales und kulturelles Kapital, das sich ökonomisch nutzen ließe. Zudem bieten die Räume keine Aneignungsfähigkeit für andere Nutzungen jenseits von Wohnen und Nahversorgung. Der Ausbau der „lokalen Ökonomie" ist in der Regel nur in Form von Beschäftigungsprojekten und wohlfahrtsstaatlich gestützten Betrieben der sozialen Ökonomie möglich.

Im dritten Raumtypus zeigt sich die Sonderrolle der Hafengebiete zunächst in der Dominanz der globalen ökonomischen Wirkungskette: Die Deindustrialisierung hat zu immensen Arbeitsplatzverlusten in den Werften und Rohstoff verarbeitenden Seehafenindustrien geführt, die sich auch auf handwerkliche Zulieferer sowie der Instandhaltungs- und Reparaturbetriebe auswirkten. Mit der Einführung hochmoderner Containerterminals für größere Schiffe, die tieferes Wasser benötigen, wanderte der Güterumschlag schrittweise nach Westen. In Folge dessen entstanden im und am Rande des Hafens großflächige untergenutzte Areale, die weiterhin nur hafenaffine Nutzungen erlauben. Hier siedelte sich v.a. Logistikgewerbe an. Dieser Strukturwandel prägte schließlich auch den lokalen Arbeitsmarkt in den hafennahen Wohnquartieren: Viele Hafen- und Industriearbeiter verloren ihre alten Arbeitsplätze und konnten sich den gestiegenen Qualifikationsanforderungen in den neuen Arbeitsfeldern nicht rechtzeitig anpassen. Die heutigen Betriebe sind wie am Stadtrand in einen weitläufigen regionalen Arbeitsmarkt eingebettet.

Während Entwicklungen im Hafen aufgrund ihrer genuinen Integration in den Weltmarkt nur bedingt staatlich steuerbar sind, bleibt die Inwertsetzung entstehender Brachen eine städtische Entwicklungsaufgabe, die bis heute weitgehend ungelöst ist[3]. Spezifische Hafengesetze schreiben u.a. diesen Raum als quasi exterritoriales Gebiet fest und institutionalisieren somit die Logik eines Behälterraums. Der Hafen wird von einem eigens zuständigen Amt verwaltet, das lokale Belange stets arrogant ignoriert. Diese Distanz der Hafenbehörde gegenüber dem Lokalen nährt auch das „schwierige Verhältnis" Hamburgs zu seinen südlichen Nachbarn: Formell sind die Flächen jenseits von Freihafen und dem kleinen Stadtteil Veddel seit dem Großhamburggesetz (1937/38) eingemeindet; tatsächlich wurde die naturräumliche Grenze der Elbe nie wirklich überwunden. Aus Hamburger Sicht wird der Stadtraum jenseits der Elbe traditionell kaum oder eben nur als Hafen wahrgenommen. Heute stellen die zahlreichen Brach- und Konversionsflächen trotz der Altlasten- und Hochwasserproblematiken ein erhebliches Entwicklungspotenzial dar, dessen Nutzung durch die Verfügungsgewalt der Hafenbehörde bisher weitgehend blockiert wurde. Eine weitere Einschränkung ökonomischer Entfaltungsmöglichkeiten ergibt sich durch die stadtseitig betriebene einseitige Optimierung der großflächigen Hafenareale und der zahlreichen kleineren Gewerbe- und Industriegebiete innerhalb der Deiche anhand harter Standortfaktoren, insbesondere der guten Verkehrsanbindung. Da der Zugang zu den beiden Hauptverkehrsachsen in Nord-Süd-Richtung dementsprechend oft als alleiniger Standortvorteil erscheint und die relativ günstigen Bodenpreise flächenextensives Gewerbe anziehen, ist der LKW-Verkehr trotz der mittlerweile zahlreich durchgeführten Maßnahmen immer noch ein Hauptproblem hafennaher Stadtteile.

Die bisherigen Ausführungen zur Elbinsel verweisen auf die globale, regionale und gesamtstädtische Regulationsmacht in diesem Sozialraum, in dem lokale Fragen allenfalls sekundäre Bedeutung erlangen. Vor diesem Hintergrund bleibt zu fragen, inwieweit dort ansässige ökonomische Akteure auf neue Entwicklungen fruchtbar reagieren können. Pauschale Urteile über den Betriebsbesatz sind nicht möglich; über einzelne Segmente der Kleinökonomie liegen praktisch keine Erkenntnisse vor, wie z.B. Selbstständige mit Geschäftssitz am Wohnort (Baunebengewerbe, Transport- und Kurierfahrer und andere Dienstleister). Fokussiert man den Blick auf traditionelle gewerbliche Kleinbetriebe, erweist sich die ursprüngliche enge Anbindung an den Hafen tendenziell als Modernisierungsfalle[4]. Die Betriebe müssen sich neu orientieren und Kunden in anderen Teilökonomien und Stadtbereichen erschließen, wozu nur die professionelleren und innovationsfreudigeren Betriebe in der Lage sind. Ein nennenswer-

---

3 Während die lange Zeit regierende Sozialdemokratie auf der Elbinsel eine Befriedungsstrategie mittels Projektförderung nach dem ‚Gießkannenprinzip' weitgehend ohne Kontrolle der Ergebnisse praktizierte, strebt der amtierende CDU-Senat mit dem „Sprung über die Elbe" mittels Großprojekten eine programmatische Wende an.

4 Eine systematische Untersuchung der Entwicklungspfade Hamburger Kleinbetriebe aus Industrie und Handwerk findet sich in Läpple/Walter 2003.

ter Teil steht dagegen mit dem Rücken zur Wand und scheint aus verschiedensten Gründen nicht in der Lage zu sein, neue Impulse aufzugreifen.

Das engere Feld der Stadtteil- und Quartiersbetriebe der Elbinsel, in dem eine hohe Abhängigkeit von der lokalen Nachfrage und Kaufkraft der Wohnbevölkerung herrscht, befindet sich in einer Abwärtsspirale. Wie in anderen Stadträumen verschwindet der kleinteilige inhabergeführte „deutsche" Einzelhandel, im filialisierten Einzelhandel überleben nur noch Discounter und größere Zentren. Stark zugenommen hat der Besatz an Kleinbetrieben der Migrationsökonomie. Neben den klassischen Familienbetrieben im Lebensmittelhandel und der Imbiss-Gastronomie handelt es sich um Bäckereien, Elektro-Läden, Call- und Afro-Shops. Stark vertreten sind Textilhändler auf den lokalen Märkten. Anders als in den Altbauquartieren besitzt die Migrantenökonomie enge Verbindungen zum Wohnort und ist durch ausgeprägte konservative und traditionalistische Milieufärbungen gekennzeichnet. Die räumliche Bindung und die Enge des sozialen Milieus führt neben der geringen Kapitalausstattung zu einer wenig ausdifferenzierten Betriebsstruktur, die sich sehr nahe an der Grenze zu einer Armutsökonomie bewegt (vgl. Breckner/González 2002). Insgesamt zeigt sich, dass – anders als am Stadtrand – aneignungsfähige Raumstrukturen zwar vorhanden sind, das soziale und kulturelle Kapital der vorhandenen Bewohner und Gewerbetreibenden für deren Nutzung aber nicht ausreicht. Impulse von außen wären nötig, blieben bisher jedoch weitgehend aus, u.a. weil der Teilraum bisher ein ausgesprochen negatives Image besaß. Es speist sich aus einem weitgehend fehlenden Wirklichkeitskontakt, vielfältigen interessengeleiteten Spekulationen und medial reproduzierten Stereotypen.

Strukturwandel und sozioökonomische Abwärtsspirale werden innerhalb der Elbinsel von einem ethnisierenden Diskurs überlagert, der ökonomische Entwicklungspotenziale stark behindert. Anders als am heterogenen Stadtrand, dem öffentlich wirksame Stimmen fehlen, und in den innerstädtischen Altbauquartieren, in denen Einwanderer als Normalität akzeptiert werden, ist bei der alteingesessenen deutschen Bevölkerung noch eine starke traditionelle Identität wirkmächtig. Diese pflegt – auch als Reaktion auf die negativen Stereotypen – das Bild, Hamburg würde die Elbinsel als Müllabladeplatz instrumentalisieren (das Symbol hierfür ist die Giftmülldeponie Georgswerder) und hält an einer Selbstdefinition der „Schicksalsgemeinschaft hinter den Deichen" fest. Für Letztere kommt alles schlechte „aus Hamburg" und so wird auch die Bevölkerungsstruktur als Produkt einseitiger Belegungspolitik der Sozialwohnungen angesehen, die zu viele Migranten nach Wilhelmsburg gebracht habe.

Interventionen der lokalen Arbeitsmarktpolitik

Ende der 1980er und in den 1990er Jahren hatten in Hamburg zahlreiche kofinanzierte Arbeitsbeschaffungs- und Strukturanpassungsmaßnahmen z.T. einen Quartiersbezug und galten als Instrument zur Förderung von Beschäftigung in benachteiligten Quartieren; allerdings bestand auch hier der Raumbezug in der Regel nur in der Verteilung der Betriebe auf das Stadtgebiet und der damit erreichten Nähe zu den Wohnorten der Teilnehmenden. Bundes- und Landespolitik haben mittlerweile andere Prioritäten gesetzt, so dass diese Maßnahmen eher einem Auslaufmodell gleichkommen. Unabhängig davon haben die Erfahrungen mit derartigen Projekten die Grenzen der subjektorientierten Förderlogik dieser Instrumente aufgezeigt. Von erheblichem Gewicht sind außerdem die Schwierigkeiten, die unterschiedlichen Fördertöpfe in einzelnen Maßnahmen sozialräumlich zu bündeln. Gegenwärtig zeigt sich dies z.B. in Widersprüchen zwischen den auf Qualifizierung ausgerichteten Programmen des Europäischen Sozialfonds und den zunehmend zielgruppenindifferenten sowie ausschließlich auf unmittelbare Vermittlung abzielenden Ansprüchen von Arbeitsagenturen.

Noch grundsätzlicher ist auf Grundlage einer räumlichen Orientierung die sektorale Trennung in Arbeitsmarkt- und Wirtschaftsförderung in Frage zu stellen. Zwar wurde in Hamburg in den vergangenen Jahren im Bereich der Existenzgründungsförderung von Arbeitslosen ein gewisses Maß an Kooperation unter Behörden bei der Finanzierung von Projekten erreicht, nicht aber in Bezug auf kleinbetriebliche Bestandsförderung. Klein- und Kleinstbetriebe liegen traditionell im „toten Winkel" der Wirtschaftsförderung, ihre Sicherung zur Verhinderung von Arbeitslosigkeit und Stabilisierung von Quartiersökonomien wird höchstens im Rahmen von Sanierungspolitik thematisiert. Unseren Erfahrungen zufolge wirkt sich hier neben den sektoralen Trennungen und Konkurrenzen der Fachpolitiken sowie ihren oft nicht synchronisierbaren Zeitkorridoren das fachliche Selbstverständnis negativ aus: Wirtschaftsförderung setzt auf „den Markt" und beschränkt sich weitgehend auf Innovationsförderung durch Infrastrukturmaßnahmen; Arbeitsmarktförderung ist hochgradig reguliert und subjektorientiert; städtische Raumpolitik bleibt im Kern auf Investitionen in Gebäude beschränkt. Positive sozialräumliche Wirkungen werden ungeprüft als Sickereffekte gesetzt (vgl. FHH 2000).

Die Betrachtung unterschiedlicher Interventionen in die oben beschriebenen Raumtypen zeigt in Ottensen und im Schanzenviertel die Beschleunigung des Strukturwandels durch eine vergleichsweise behutsame Stadterneuerung. Die baulichen Aufwertungsmaßnahmen und die z.T. massiv betriebene Verkehrsberuhigung wirken als Push-Faktor auf Handwerksbetriebe, die an ihren alteingesessenen Standorten keine Erweiterungsmöglichkeiten haben und/oder eine Zunahme von Nutzungskonflikten mit Bewohnern fürchten. Gesichert werden Handwerksbetriebe, die nicht wachsen wollen, Nischenmärkte bedienen und weiterhin auf die lokale Einbettung setzen. Positive Effekte im Dienstleistungssektor wurden durch den Erhalt von ehemals industriell genutzten Gebäuden oder die Einrichtung von Gewerbehöfen erzielt. Letztlich wurde damit die selbstregulative Funktion der Quartiere „behutsam" gefördert. Herausragendes Beispiel einer gelungenen Wirtschaftsförderung war die Filmförderung: Ab 1980 wurden in Ottensen ansässige Initiativen der Medienbranche unterstützt, woraus sich im weiteren Verlauf ein „window of opportunity" für die Hamburger Filmbranche entwickelt hat[5].

Überaus deutlich wird in den beiden innerstädtischen Stadtteilen die Paradoxie einer lokal eingebetteten Ökonomie: Die Mechanismen, die die verbliebenen Hand-

5 Der Erfolg der Filme von Fatih Akin ist der offensichtlichste Beweis für die ökonomische Wirkung der Förderung eines lokal verankerten Milieus.

werks- und neuen Dienstleistungsbetriebe lokal verankern (soziale und informelle Netzwerke, gemeinsame Werte) führen dazu, dass ihr Arbeitsmarkt stark von sozialen Segmentierungs- und Ausschlussmechanismen geprägt ist (vgl. Läpple/Walter 2000). Die Interventionsspielräume für Arbeitsmarktförderung im Sinne der Vermittlung von benachteiligten Zielgruppen in die dortigen Arbeitsmärkte sind dementsprechend begrenzt. Erfolgreich praktizieren lässt sich dagegen die Förderung von Netzwerken der innovationsfreudigen beruflichen Milieus durch Beratung, insbesondere im Bereich der Existenzgründung.

In den reinen Wohnquartieren am Stadtrand stellt sich die Frage der Wirtschaftsförderung durch bauliche Maßnahmen nur im Rahmen der Reaktivierung der kleinen lokalen Einkaufszentren. Arbeitsmarkt bezogene Maßnahmen in den Siedlungen versuchen v.a. neue Angebote für soziale, haushalts- und umweltbezogene Dienstleistungen und die soziokulturelle Infrastruktur zu schaffen. Die Investitionen werden über die Soziale Stadtteilentwicklung finanziert, die ABM- und SAM-Stellen für arbeitslose Bewohner über die Arbeitsagentur und die Sozialbehörde gefördert. Weitere Bereiche sind Auf- und Ausbau von Beratungsangeboten, Unterstützung bei Bewerbungen und der Stellensuche und von niedrigschwelligen Sprachkursen im Quartier. Insgesamt verbessern diese Projekte in erster Linie die Lebensqualität im Quartier, ohne jedoch quantitative Effekte im Hinblick auf die Senkung der Arbeitslosigkeit zu erzielen. Das Grundproblem der Wohnquartiere, die Ausgrenzung großer Bevölkerungsteile vom Arbeitsmarkt, wird daher nur reproduziert, wenn Handlungsfelder durch baulich-räumliche Grenzen der Wohnquartiere und die eingeschränkten Wahrnehmungs- und Bewegungsräume der Bewohner definiert werden.

Die Interventionen in der Hafenregion der Elbinsel zeigen eine andere Facette von lokaler Arbeitsmarktpolitik: Hier verselbständigen sich Interventionen über staatlich geförderte Projekte des zweiten Arbeitsmarktes als Antwort auf die strukturelle Dauerkrise mit überaus widersprüchlichen Ergebnissen. Aufgrund spezifischer Ausgangsbedingungen und Akteurskonstellationen ist es gerade in dem die Elbinsel und südliche Teile Harburgs umfassenden Süderelbraum in den 1990er Jahren häufig gelungen, zielgruppenspezifische Arbeitsmarktförderung mit Stadterneuerungsgeldern zu verkoppeln und soziale Betriebe mit Quartiersbezug zu etablieren oder auch die maritime Tradition als räumliches und kulturelles Kapital für ABM-Projekte zu nutzen. Die Kombination aus vielen kleinen lokalen Projekten und wenigen großen Trägern hat die Professionalisierung von Projektent- und -abwicklung gesteigert. Effektivitätssteigernd waren weiterhin die Synergieeffekte von Stadtteilprojekten und reinen Qualifizierungsmaßnahmen, v.a. im Hinblick auf die Kontakte in „die Wirtschaft“. Aufgrund der hohen Konkurrenz um die Arbeitsplätze mit niedrigen Qualifikationsanforderungen müssen Vermittlungsbemühungen einsetzen, bevor die Stellen ausgeschrieben sind (was dem Arbeitgeber nicht unerhebliche Kosten durch Anzeigen und das Auswahlverfahren erspart). Die Erfolgsaussichten steigen, wenn der Vermittler die Anforderungen des Arbeitgebers gut kennt und die zu vermittelnde Person zeitnah und gezielt qualifizieren kann. (Zur Neueröffnung eines großen Supermarkts im Wilhelmsburger Einkaufszentrum wurden z.B. gezielt Verkäuferinnen trainiert und zur Personalauswahl vermittelt.)

Auf der anderen Seite findet die Kritik an der Sinnhaftigkeit und den diversen negativen Effekten des zweiten Arbeitsmarktes und der durch ihn geschaffenen Trägerinfrastruktur auch hier ihre Berechtigung. Der Paradigmenwechsel in der Arbeitsmarktförderung äußerte sich hier in den letzten Jahren eher in einer Tabula-rasa-Strategie, der nicht nur Stadtteil- und Qualifizierungsprojekte zum Opfer fallen, sondern auch das Know-how der Mitarbeiter, die Kontakte zu Betrieben und die Qualifizierungsmöglichkeiten. Das Kernargument, man möchte nicht die Träger, sondern die Arbeitslosen finanzieren, ist daher zu vereinfachend. Know-how und Kontakte sind Betriebskapital, das im Rahmen von kurzfristigen Projekten und bei wechselndem Personal ständig neu aufgebaut werden muss.

Betrachtet man den lokalen Arbeitsmarkt aus der Bewohnerperspektive, erweist sich der Blick auf professionelle Akteurskonstellationen, Handlungsräume und die Projektpraxis als zu kurz gegriffen. Auf der Elbinsel besaßen im Jahr 2002 65% der Arbeitslosen keine (anerkannte) abgeschlossene Berufsausbildung, innerhalb der Migranten waren es 80% und bei den über 35-Jährigen Türken über 90% (vgl. Breckner/González 2002). Einzelne Gruppen wie die älteren ehemaligen Hafenarbeiter besitzen praktisch keine Erwerbsperspektive; aufgrund der hohen Zahl von Schulabgängern ohne Abschluss wächst eine neue Gruppe von Jugendlichen ohne Perspektive heran. Nachziehenden Familienangehörigen von Migranten aus nicht EU-Ländern wird der Zugang zum Arbeitsmarkt durch fehlende Anerkennung von Berufsabschlüssen aus dem Herkunftsland erschwert; andere bleiben zu lange im Familienkreis verhaftet. Da die Ausgrenzung aus dem Arbeitsmarkt in erster Linie über den Filter der schulischen und beruflichen Qualifikation erfolgt (vgl. Läpple 2003), müsste – in vollkommenem Gegensatz zur aktuellen Arbeitsmarktpolitik – eine tatsächliche Qualifizierungsoffensive eingeleitet werden, vergleichbar mit der „skills for life strategy“ der Labour-Regierung in England (zur Umsetzung siehe Internet-Adresse: basic-skills-observatory.co.uk)

Die Qualität des Lokalen in einem Qualifizierungsprogramm bestünde v.a. darin, die lebensweltliche Realität der Teilnehmer umfassender und nachhaltiger einzubeziehen. Voraussetzung dafür ist die Fokussierung auf den Haushalt als geschichtliches Subjekt anstatt der individualisierten „Monaden“, die aus der sektoralen Perspektive entstehen. Der türkische Einzelhändler wäre in diesem Sinne nicht einfach ein Unternehmer, der sich auf dem Markt behaupten muss, sondern eher ein ehemaliger Arbeiter, der sich ohne Vorbereitung selbstständig gemacht hat und nun nachqualifiziert werden muss; seine Frau kann vielleicht Buchhaltung lernen und Sprachkurse machen, die gezielt das Vokabular des Einzelhandels trainieren.

Eine zweite Verschiebung wäre die Stärkung präventiver Maßnahmen und die Ermöglichung von Rückkopplung auf die „normalen“ Strukturen des Regelbetriebes, insbesondere im Bereich der Sprachförderung, der Schulentwicklung und der beiden Schwellen in das Arbeitsleben. In diesem Sinne ist eine Abkehr von der Praxis der „guten Beispiele“ notwendig, die als isolierte Ereignisse kaum nachhaltige Effekte erkennen lassen.

Aus der Zielperspektive Lebensweltnähe und Strukturveränderung werden schließlich Defizite in der derzeitigen Praxis arbeitsmarktpolitischer Akteure deutlicher. Dazu gehört z.B., dass kaum Migranten in Projekten arbeiten, die mehrheitlich von Migranten besucht werden. Die vermeintlichen Experten der lokal ansässigen Träger und Projekte sind den Lebenswelten und Problemen der Migranten oft genauso fremd wie andere Professionelle der Mittelschicht, die – im Falle der Elbinsel

– weitgehend nördlich der Elbe und im südlichen Umland Hamburgs wohnen und zu ihrem Arbeitsort an „soziale Brennpunkte“ einpendeln. Insofern ist eine Ethnisierung der Mitarbeiterstruktur ebenso wenig hilfreich, weil auch migrantische Experten über Schicht- und Milieudifferenzen nicht per se erhaben sind. Im Hinblick auf den Strukturwandel ist besonders wichtig, die Schule als abgeschlossene Institution gesellschaftlich zu öffnen und sie im Rahmen der Schulentwicklung räumlich einzubetten. Zu diesem extrem schwierigen und facettenreichen Komplex gehört u.a. der Verzicht auf Projekte, die strukturelle Defizite nur ausgleichen und notwendige schulinterne Veränderungen eher aufschieben als vorantreiben. Im wirtschaftlichen Handlungsfeld steht die Entwicklung neuer Finanzierungsinstrumente für Kleinbetriebe (z.B. Microlending, siehe Internetadresse: localdeveurope.org) an sowie eine Verzahnung betrieblicher Veränderungen mit Qualifizierungsansätzen und Stadtteilerneuerung.

Forschungs- und Praxisperspektiven

Nimmt man unsere empirischen Befunde aus den untersuchten Hamburger Teilräumen ernst, so gilt es für wissenschaftliche Forschung und gesellschaftspolitische Praxis gleichermaßen, sich von normativen Wunschvorstellungen in Bezug auf krisenmedizinische Heilkräfte ‚Lokaler Ökonomie‘ zu verabschieden. So schön und verlockend kleinräumige wirtschaftliche Selbstbestimmung sein mag, so verweist doch die Wirklichkeit auf die Notwendigkeit strukturanalytischer Anstrengungen im Vorfeld gesellschaftlicher Praxis. Insbesondere die Erfahrungen mit angestrebten Aktivitäten ‚Lokaler Ökonomie‘ im weitesten Sinne innerhalb des Bund-Länder-Programms ‚Soziale Stadt‘ zeigen, dass ohne gründliche Wissensgrundlagen auch keine Handlungsansätze entstehen, die nachhaltige Problemlösungen für wirtschaftliche Nöte in krisengeschüttelten Stadtgebieten versprechen (vgl. Löhr 2004).

Wissensdefizite existieren zum einen in Bezug auf Ressourcen existierender und potenzieller Akteure ‚Lokaler Ökonomie‘, ihre Entscheidungs- und Handlungslogiken, Qualifikationserfordernisse, Finanzierungsquellen, kurz- und längerfristige Rentabilitäten wirtschaftlichen Engagements vor Ort unter Berücksichtigung des stadtregionalen Kontextes (Mieten/Pacht/Bodenpreise, rechtliche Vorschriften, Nachbarschaften, Kaufkraft, Verlässlichkeit und Einzugsbereich der Kunden, vorhandene Branchenmilieus etc.). Besonders auffällig sind die lückenhaften Kenntnisse zur ‚Lokalen Ökonomie‘, die von Akteuren mit Migrationshintergrund getragen ist. Zum anderen ist auch die Landschaft der staatlichen und privatwirtschaftlichen Wahrnehmung von Aktivitäten im Feld der ‚Lokalen Ökonomie‘ weitgehend unerforscht: Die spürbare Skepsis von Wirtschaftsförderung, Kammern, Unternehmensberatungen, Arbeitsämtern, Gewerkschaften oder Banken gegenüber diesem Handlungsfeld kann unterschiedliche Ursachen haben. Sie wären aufzuklären, um neue Initiativen lokalen Wirtschaftens zukunftsfähig in existierende klein- und großräumige wirtschaftliche Strukturen einzubetten, ohne vorschnell ihre innovativen Potenziale zu beschneiden. Vielleicht würden sich dann auch Möglichkeiten fruchtbarer Wechselbeziehungen unterschiedlicher ökonomischer Praktiken im Raum zeigen, die Innovationsstrategien räumlicher Strukturpolitik zumindest ergänzen könnten. Nicht zuletzt wissen wir noch viel zu wenig über kulturelle Kontexte ‚Lokaler Ökonomie'. Hierzu gehören Bildungs- und Ausbildungsniveaus, Lern- und Improvisationsfähigkeiten, Arbeitsmentalitäten, alltagskulturelle Milieukontexte, Deutungsmuster, Lebens- und Kommunikationsstile etc. (vgl. González 2003).

Bisheriges Wissen über ‚Lokale Ökonomie' beschränkt sich weitgehend auf großstädtische oder altindustrielle Räume in Westeuropa. Die Übertragbarkeit dieser Erkenntnisse auf andere Siedlungsstrukturen und andere gesellschaftliche Kontexte ist weitgehend unklar. Möglicherweise könnten abendländische Gesellschaften im Bereich ‚Lokaler Ökonomie' von ihren neuen europäischen Nachbarn noch einiges lernen, die aufgrund materieller Einschränkungen schon lange zu sozialer und kultureller Kreativität in der Lösung wirtschaftlicher Probleme gezwungen sind. Selbst der Blick über den nationalen westeuropäischen Tellerrand ist keineswegs selbstverständlich und erfolgt nicht immer auf sachlich angemessenen wissenschaftlichen Grundlagen.

Die hier skizzierten Wissenslücken verweisen auf notwendige Forschung im Bereich des Grundlagenwissens wie des praktisch anwendbaren Wissens. Sie sollte aus verfügbaren Ressourcen aller wissenschaftlichen Disziplinen gespeist werden, die sich mit sozialen Strukturen und Prozessen in städtischen Räumen befassen. Solche transdisziplinären Forschungsansätze fehlen bislang weitgehend. Entsprechend inkompatibel blieben daher oftmals Theorien und Methoden geleisteter empirischer Feldforschung. Eine Folge davon sind inkonsistente, begrenzte oder sogar widersprüchliche Forschungsergebnisse, die nur eingeschränkte Schlussfolgerungen für gesellschaftliches Handeln in diesem thematischen Feld zulassen. In besonderer Weise betrifft dies die bislang nur begrenzt vorliegende Evaluationsforschung innovativer Praktiken im Handlungsfeld. Geldgeber versuchen hier Effektivität durch instrumentelle Standardisierung zu erreichen, die angesichts der vielen offenen Fragen zum Gegenstand nicht in vertretbarer Qualität vorgenommen werden kann. Die Akteure innovativer wirtschaftlicher Praxis in lokalen Kontexten städtischer Krisenregionen reagieren auf solche Evaluationen häufig wenig konstruktiv, weil sie ihren praktischen Wert bezweifeln. Sie bleiben weitgehend allein mit der Aufgabe der Integration unterschiedlicher Wissensbestände in ihrem Handlungsfeld und der Legitimation von deren Umsetzung. Ihre Überforderung mit dieser Aufgabe ist mehr als offensichtlich. Abhilfe hierfür bieten effektive Kooperationsstrategien zwischen Wissenschaft und Akteuren der gesellschaftlichen Praxis, die dazu beitragen, offene Fragen zu konkretisieren, wissenschaftliche Möglichkeiten der Bearbeitung zu diskutieren und somit praktisch verwertbare Forschungsergebnisse vorzubereiten.

Im Bereich der gesellschaftlichen Praxis beschränkt sich das Spektrum zu berücksichtigender Akteure keineswegs auf Fachleute der Quartiersentwicklung, die in der Regel nur auf ein begrenztes Spektrum disziplinärer Kompetenzen zurückgreifen. Weitgehend unterrepräsentiert blieben bislang in der wirtschaftlichen Entwicklung und Gestaltung sozialer Räume die Akteure der formellen Ökonomie – von Unternehmen und Wohnungsbaugesellschaften über Banken und Wirtschaftsverbände bis hin zu staatlicher Wirtschaftsförderung und Unternehmensberatung. Mangelhaft erscheint auch die Präsenz der lokalen, regionalen und nationalen Politik in entsprechenden gesellschaftlichen Veränderungsprozessen. Sie setzt sich allenfalls vor Wahlen mit dem Thema sozialer Verhältnisse in städtischen Räumen symbolisch in Szene, um es dann wieder den langsam mahlenden Mühlen ihrer jeweiligen Administrationen zu überlassen. Kaum eine Stimme im Feld der ‚Lokalen Ökonomie‘ hatten bisher Migranten selbst und ihre inzwischen aufgebauten gesellschaftlichen Organisationen. Ihr fehlendes Wahlrecht macht sie politisch machtlos und die strukturellen Hindernisse für den Einsatz ihrer Kompetenzen (z.B. in Form fehlender Anerkennung von Berufsabschlüssen aus Herkunftsländern oder Restriktionen der Kreditgewährung) längerfristig mutlos. Wirtschaftliche Integration für alle Generationen von Einwanderern bleibt jedoch – nicht zuletzt angesichts der vollzogenen EU-Osterweiterung und des manifesten demographischen Wandels abendländischer Gesellschaften – eine zentrale gesellschaftliche Aufgabe.

Neue konzeptionelle Impulse für innovative und tragfähige lokale Ökonomien in sozialen Räumen können politisch und administrativ nicht appellativ eingeklagt werden. Sie bedürfen konkreter und finanzierter Arbeit an den formulierten Fragen in Wissenschaft und gesellschaftlicher Praxis. Solange sich hierfür keine klaren Handlungsspielräume abzeichnen bleibt das Feld der ‚Lokalen Ökonomie‘ voraussichtlich eine mit vielen ungeprüften Hypothesen und Wunschvorstellungen belastete Nische für notdürftiges und symbolisches gesellschaftliches Handeln (vgl. Mayer 2004: 29ff.). Arbeitsmarktpolitik im Kontext der ‚Agenda 2010‘ lässt bislang noch keine Sensibilität für ihre räumlichen Rahmenbedingungen erkennen. Mögliche Verbindungen zu ökonomischen Entwicklungen vor Ort und im jeweiligen regionalen Kontext zu suchen und zu nutzen ist programmatisch nicht ausdrücklich vorgesehen. Deshalb stehen wir auch in Zukunft vor der Herausforderung einer systematischen Vernetzung von lokaler Ökonomie in einem regionalökonomischen Verständnis mit einer für Migration sensiblen Arbeitsmarktpolitik, wenn soziale Räume neben Wohnraum, sozialen Netzen, Erholung und Freizeit auch Arbeit und Einkommen sowie ein friedliches Zusammenleben bieten sollen.

Literatur

Birkhölzer, Karl (Hg.) (1994): Lokale Ökonomie. Beschäftigungs- und Strukturpolitik in Krisenregionen. Ein internationales Symposium. Berlin (Technische Universität)

Breckner, Ingrid/González, Toralf (2002): Qualifikations- und Potenzialanalyse der Hamburger Elbinsel. Technische Universität. Hamburg

Breckner, Ingrid/González, Toralf/Hermann, Heike (2001): Endbericht der „Programmbegleitung vor Ort“ des Modellgebiets Hamburg Altona – Lurup im Rahmen des Bund – Länder – Programms „Soziale Stadt“. Technische Universität. Hamburg

Fahning, Hans (1995): An der Elbe fest verankert. Der Industriestandort Hamburg. In: IGM Hamburg (Hg.) (1995): 35-44

Freie und Hansestadt Hamburg (FHH) (2000): Kleinräumige Wirtschaftsförderung. Mitteilung des Senats an die Bürgerschaft. Drucksache 16/5115

González, Toralf (2003): Qualitative Evaluation des ESF-Projektes Informations- und Beratungszentrum für ausländische Existenzgründer und Betriebe. Technische Universität. Hamburg

Hönekopp, Elmar/Jungnickel, Rolf (Hg.) (2003): Internationalisierung der Arbeitsmärkte. Beiträge zur Arbeitsmarkt- und Berufsforschung. IAB 2003. Nürnberg

IGM Hamburg (Hg.) (1995): „Wartet nicht auf andere, packt selbst mit an“. VSA. Hamburg

Institut für Landes- und Stadtentwicklungsforschung des Landes Nordrhein-Westfalen (ILS) (Hg.) (2000): Soziales Kapital mobilisieren. Gemeinwesenorientierung als Defizit und Chance lokaler Beschäftigungspolitik. Gutachten für die Enquete-Kommission „Zukunft der Erwerbsarbeit“ des Landes Nordrhein-Westfalen von Adalbert Evers, Matthias Schulze-Böing, Sabine Weck und Werner Zühlke. ILS-Schriften Heft 164. ILS. Dortmund

Interdisziplinäres Forschungsprojekt (IFP) Lokale Ökonomie (Hg.) (1994): Lokale Ökonomie. Beschäftigungs- und Strukturpolitik in Krisenregionen. Technische Universität. Berlin

Krätke, Stefan (1995): Stadt – Raum – Ökonomie. Einführung in aktuelle Problemfelder der Stadtökonomie und Wirtschaftsgeographie. Basel/Boston/Berlin

Läpple, Dieter (2003): Hamburger Arbeitsmarkt im globalen Kontext. In: Hönekopp et al. (Hg.) (2003): 187-220

Läpple, Dieter/Walter, Gerd (2003): Beschäftigungsorientierte Strukturpolitik für Arbeitsplätze im Stadtteil und Quartier. Technische Universität Hamburg. Hamburg (in Veröffentlichung bei der Hans Böckler Stiftung)

Läpple, Dieter/Walter, Gerd (2000): Im Stadtteil arbeiten. Beschäftigungswirkungen wohnortnaher Betriebe. Hrsg. Stadtentwicklungsbehörde Hamburg (heute Behörde für Bauen, Verkehr und Stadtentwicklung). Hamburg

Läpple, Dieter (1989): Zum Problem der ökonomischen Verflechtung. Das Beispiel der historischen Entwicklung der Harburger Seehafenindustrien. In: Pahl-Weber (Hg.) (1989): 35-60

Löhr, Rolf-Peter (2004): Lokale Ökonomie in der Sozialen Stadt – Chancen und Ansätze. http://www.stadtteilarbeit.de/index.html

Mayer, Hans-Norbert (2004): Hamburgisches Stadtteilentwicklungsprogramm – Zwischenevaluation 2003 in acht Quartieren. Gutachten der Arbeitsgruppe Stadtforschung Carl von Ossietzky Universität Oldenburg im Auftrag der Freien und Hansestadt Hamburg. Behörde für Bau und Verkehr. Hamburg

Nützel, Ulrich-Jochen (2002): Wirtschaft und Arbeit für Lohbrügge-Nord. Integrierte Handlungsansätze zur Stärkung lokalökonomischer Strukturen in der Quartiersentwicklung. Diplomarbeit am Studiengang Stadtplanung der Technischen Universität Hamburg-Harburg. Hamburg

Pahl-Weber, Elke (Hg.) (1989): „Groß-Hamburg“ nach 50 Jahren. Hamburg

Stiftung Bauhaus/Europäisches Netzwerk für ökonomische Selbsthilfe und lokale Entwicklung (Hg.) (1996): Wirtschaft von unten – People's Economy. Beiträge für eine soziale Ökonomie in Europa. Dessau

Internet-Adressen

http://localdeveurope.org/
www.basic-skills-observatory.co.uk/
www.sozialestadt.de
www.stadtteilarbeit.de/
www.tu-harburg/stadtplanung

Verwaltungen und die Politik der Planung

Michael Benda und Siggi Keppeler

Abstract

Der Artikel entwickelt die These, dass die Art und Weise, wie Verwaltungen Aufgaben wahrnehmen, zu denen auch die soziale Arbeit gehört, den Zuschnitt und die Gliederung territorialer Einheiten bestimmt. Dazu wird zunächst die historische Herausbildung von Verwaltungsräumen in ihrer heutigen Struktur nachgezeichnet und das Verhältnis von Verwaltungsentwicklung und räumlicher Zurichtung beschrieben. Dabei soll insbesondere auf Landkreise, daneben auf Städte und Gemeinden eingegangen werden, da diese „Administrativräume" für die Soziale Arbeit von besonderer Bedeutung sind. Deutlich wird, dass die Gebietseinteilungen ihre Existenz und ihren Zuschnitt dem Bemühen von Verwaltung, Steuerungs- und Versorgungsaufgaben möglichst effektiv zu erledigen, verdanken.

Beim Versuch eine systematische und rationale soziale Infrastruktur- und Leistungsentwicklung umzusetzen, bedient sich die Verwaltung unterschiedlicher Planungskonzepte und -verfahren. Der Stellenwert sozialräumlicher Steuerungsansätze wird vor dem Hintergrund dargestellt, dass Verwaltungshandeln zunehmend in Form koproduktiven Zusammenwirkens – und zuweilen Aushandelns – sowohl mit den jeweilig betroffenen Bürgern und Institutionen wie auch mit gemeindlichen, städtischen und landkreisbezogenen Planungen vollzogen werden soll.

Schließlich wird skizziert, welche Aufgaben von der Verwaltung auf der kommunalen Ebene bearbeitet werden und welche Spannungsfelder sich im Verwaltungsaufbau der unterschiedlichen Gebietskörperschaften einschließlich der jeweiligen Verflechtungen für die Soziale Arbeit ergeben. Dabei wird sichtbar, dass die zunächst historisch rekonstruierten Konfliktfelder auch aktuelle politische und administrative Entwicklungsdynamiken erhellen.

1. Wie sich öffentliche Verwaltung Räume schafft

1.1 Grundsätzliches vorweg

Bevor das gesicherte und abgegrenzte Territorium die Grundlage von Souveränität, Recht und Verwaltung wurde, organisierten sich die Gemeinschaften auf der Basis von Blutsverwandtschaft und Stammeszugehörigkeit. Erst die Ausbildung eines grundsätzlich beherrschbaren Territoriums ermöglicht den Übergang von der Verwandtschaftsverfassung hin zu einer auf räumlicher Einteilung beruhenden Organisation der einzelnen Gruppen. Am Beginn einer solchen territorialen Bestimmung von Herrschaft standen Markierungen im Raum. Von da an konnten Gemeinschaften auch über die Landschaft, in der sie sesshaft sind, identifiziert werden. Damit werden mechanischere, rationellere und politischere Organisationsformen möglich. Denn die Bildung eines einheitlichen Staates setzt voraus, dass die einzelnen Untergruppen, soweit sie politisch wirksam sind, grundsätzlich vergleichbar sind. Nur „der Raum als Grundlage der Organisation besitzt diejenige Unparteilichkeit und Gleichmäßigkeit des Verhaltens, die ihn zum Korrelat der Staatsmacht mit ihrem ebenso zu bezeichnenden Verhalten zu ihren gesamten Subjekten geeignet macht" (Simmel 1995: 201). Denn während die Exklusivität, die dem Blutsverwandtschaftsprinzip eigen ist, und die damit verbundenen Selbsterhaltungstriebe verwandtschaftlich geeinter Gruppen sich nur schlecht mit der notwendigen Relativität der einzelnen Staatselemente zueinander vertragen, ermöglicht die Organisation des Staates nach örtlich abgegrenzten Bezirkseinheiten die einheitliche Zusammenfassung von ansonsten unterschiedlichen Elementen, denen dann als einziges Absolutes eben der Staat gegenüber steht und idealerweise die Interessen der Allgemeinheit repräsentiert.

Gebremst wurde diese Entwicklung hin zu dem, was wir heute unter Gebietshoheit verstehen, durch das Patrimonialprinzip, der im Mittelalter bis zum 16. Jahrhundert vorherrschenden Rechtsmeinung, bei der das Herrschaftsgebiet als *Eigentum* des Landesherren verstanden wird und die in ihm wohnenden Untertanen gleichsam ‚Zubehör' sind (vgl. Leder 1987: 285). Der Raum ist das Grundelement, das die Souveränität eines Machthabers über dieses Territorium und über seine es bewohnenden Subjekte begründet. Demgegenüber ist die inhaltliche Qualität dieses Raumes, in Bezug auf Klima, Bodenbeschaffenheit, Bevölkerungsgröße und -dichte und wirtschaftliche Prosperität eine nachgeordnete Variable. Konsequenterweise ist das erste Regierungsziel der Erhalt des eigenen Fürstentums, Regierungskunst zuallererst die Fähigkeit, politische Macht zu erwerben und zu erhalten (so z.B. Machiavelli (1469-1527) in ‚Il principe').

Ab dem 16. Jahrhundert bildete sich nun ein Verständnis von Regieren heraus, das sich nicht ausschließlich auf das Territorium als bestimmter Ausschnitt der Erdoberfläche, sondern auf den Zusammenhang von Menschen und Dingen bezog. „Das heißt, dass diese Dinge, für welche die Regierung die Verantwortung übernehmen muss, die Menschen sind, aber die Menschen in ihren Beziehungen, ihren Verbindungen und ihren Verwicklungen mit jenen Dingen, den Reichtümern, Bodenschätzen und Nahrungsmitteln, natürlich auch dem Territorium innerhalb seiner Grenzen, mit seinen Eigenheiten, seinem Klima, seiner Trockenheit und seiner Fruchtbarkeit; die Menschen in ihren Beziehungen zu jenen anderen Dingen wie den Sitten und Gebräuchen, den Handlungs- oder den Denkweisen und schließlich die Menschen in ihren Beziehungen zu jenen nochmals anderen Dingen, den potentiellen Unfällen oder Unglücken wie Hungersnot, Epidemien und Tod" (Foucault 2000: 51).

Damit wuchs hoheitliches Handeln deutlich über bloße Machtpräsenz und Kontrolle in allen Teilen des Territoriums hinaus und entwickelte sich zu dem uns heute geläufigen Staatsverständnis und den damit verbundenen Aufgaben. Demzufolge soll staatliche Herrschaft und die sie exekutierende Verwaltung „so eingerichtet sein, dass sie geeignet ist, die Lebensinteressen des Staates und der ihn tragenden Gesellschaft an jedem Ort wahrzunehmen und in angemessener Weise nach den staatlichen gesetzten Zielen die vorgefundenen Verhältnisse zu beeinflussen. In den modernen Staaten ist die Gebietsherrschaft auf eine umfassende Daseinsvorsorge gerichtet; sie soll in der Lage sein, optimale Lebensbedingungen im Gebiet zu entwickeln" (Benzing et al. 1978: 163).

1.2 Historische Skizzen zur Erschaffung von Verwaltungsräumen

Historisch hat die Bildung von Verwaltungsräumen, die zu heutigen Landkreisstrukturen führte, ihren Schwerpunkt im 19. Jahrhundert. Zwar reichen Anfänge von Raumstrukturierungen landesherrlicher Verwaltungsbezirke vereinzelt bis ins 13. Jahrhundert zurück, aber als durchgehender Reformprozess räumlicher Neugliederung sind erst Ende des 18. Jahrhunderts vergleichbare Tendenzen der Raumstrukturierung durch die Verwaltung zu erkennen. Um 1800 stellte sich die deutsche Staatenkarte als ein kleingliedrig zerstückeltes Gebiet dar, bei dem allein Brandenburg-Preußen, Österreich, Hannover, Bayern und vielleicht noch Sachsen als eine Art Flächenstaaten erkennbar waren. Denn neben diesen Flächenstaaten existierten 314 reichsständische Territorien und 1.475 Reichsritterschaften (vgl. Knemeyer 1970: 21f.). Noch im 18. Jahrhundert war die Schaffung territorialer Geschlossenheit weitgehend unbedeutend – mit Ausnahme von Preußen und Österreich, die sich schon weitaus früher von der Idee eines „territorium clausum" als Grundlage des (Macht-) Staates leiten ließen. Im Vordergrund stand vielmehr die Frage, wie große, bevölkerungsreiche und damit steuerkräftige Gebiete erworben werden können, auch wenn diese geographische Satellitenfunktion hatten. Erst zu Beginn des 19. Jahrhunderts begann sich dies zu ändern. Mit dem Frieden von Luneville (9. Februar 1801) wurde der Entschädigungsanspruch der deutschen Erbfürsten anerkannt. Damit war das Ende der kleinen Stände besiegelt, denn die geistlichen Gebiete und die freien Städte wurden auf der am 24. August 1802 beginnenden Reichsdeputation in Regensburg endgültig verteilt. Mit dem Reichsdeputationshauptschluss 1803 und den damit verkoppelten Machteinbußen des Kaisertums, kam es für Länder wie Württemberg und Baden zu erheblichem territorialem Zuwachs. Parallel zum Prozess territorialer Vergrößerung wurde die territoriale Geschlossenheit der Einzelstaaten vorangetrieben. Ermöglicht wurde dies den Landesherren durch den mit der Mediatisierung und Säkularisierung verbundenen enormen Machtzuwachs, v.a. im Süden Deutschlands. Unmittelbar nach der Herstellung territorialer Geschlossenheit erfolgte eine Phase territorialer Untergliederung von Verwaltungsräumen. Auf drei unterschiedliche Typen territorialer Gliederung durch die Verwaltungen soll an den Beispielen Württemberg, Linksrheinisches Gebiet und Baden eingegangen werden.

Lange bevor mit der Mediatisierung Städte ihrer Eigenständigkeiten beraubt wurden, gab es in *Württemberg* eine lange Tradition übergemeindlicher Selbstverwaltung. Bereits 1489 wurden unter der Bezeichnung „Stadt und Amt" Städte und benachbarte Dörfer zu bestimmten Zwecken, wie Verteidigung oder den Ausgleich von Kriegslasten, zusammengeführt. Später wurden diese Verbände Amtskörperschaften genannt, die sich im Laufe der Zeit zu Amtsversammlungen entwickelten, deren Vorsitz der herzogliche Vogt innehatte. Er war zugleich der Vorsitzende des Stadtmagistrats der Amtsstadt. 1759 wurde für den Vorsitzenden der Amtsversammlung die Bezeichnung „Oberamtmann" eingeführt.

Mit dem Unterwerfungsprozess der freien Reichsstädte wurde die städtische Selbstverwaltung auf ein Mindestmaß beschränkt, das reichsstädtische Personal zum großen Teil aus dem öffentlichen Dienst entlassen und das Bürgerrecht beseitigt. Dem Stadtrat saß der staatlich bestellte Oberamtmann vor und alle Ämter wurden zunächst ohne jede Mitwirkung der Bürgerschaft besetzt. Durch den Preßburger

Frieden erlangte der Herzog von Württemberg die volle Souveränität und weitere Gebiete hinzu. Zur Jahreswende 1805/1806 hob er die altwürttembergische Ständeverfassung auf und machte den Weg frei für die Vereinigung der alten und neuen Kurlande und der neu hinzugewonnen Gebiete: Das geschlossene Königreich Württemberg war entstanden – mit der territorrialen Untergliederung und verwaltungsmäßigen „Durchdringung“ konnte begonnen werden.

Dazu gehörte auch, dass sich der staatliche Durchgriff nicht allein nur auf die Bezirke bezog, sondern bis in die einzelnen Gemeinden hineinreichte und ihre Freiheitsrechte massiv einschränkte. Dies wird im Umgang der Staatsregierung mit den so genannten Armutsgemeinden im 19. Jahrhundert deutlich. Am 2. Dezember 1854 erließ der württembergische Landtag das „Gesetz, betreffend die Handhabung der Staatsaufsicht über verwahrloste Gemeinden“, nachdem in Gemeinden, „welche sich in sittlichem und ökonomischem Zerfall befanden, insbesondere jene, die ohne staatliche Zuschüsse ihren Aufgaben nicht nachzukommen vermochten“, ein staatlicher Kommissar eingesetzt wurde. Alle Befugnisse der Bürger, des gewählten Ortsvorstehers und des Gemeinderates gingen damit an den „Staatsschultheißen“, der vom Innenministerium besoldet wurde. Alle bisherigen Amtsinhaber hatten ohne finanzielle Entschädigung abzutreten (vgl. Waibel 2001: 68). Die Konsequenz war der Verlust einer Reihe von Rechten, die bisher der Gemeinderat innehatte, was einen massiven Eingriff in die Persönlichkeitsrechte der Bürger bedeutete. „Personen, zumal jüngere, die sich in einer Gemeinde unter Staatsaufsicht aufhielten, konnten zur Arbeit gezwungen werden. Bettler, Landstreicher, Arbeitsscheue und als ‚boshaft‘ verurteilte Arme, die das Pech hatten, einer unter Staatsaufsicht gestellten Gemeinde anzugehören, konnten sogar, wenn ‚ihre Übertretung in beharrlicher Arbeitsscheu oder Genusssucht ihren Grund hat, oder einen höheren Grad von Bosheit oder Verdorbenheit kundtut‘, zu körperlicher Züchtigung bis zu 15 Streichen verurteilt werden“ (ebd.: 69). Bereits 30 Jahre zuvor wurde eine Erhebung und Kategorisierung von Armutsgemeinden durchgeführt. 1822 wurden 24 Gemeinden als „Vaganten- und Bettlerkolonien“ bezeichnet, die unter besondere „Staatsfürsorge“ gestellt wurden. Der von Raimund Waibel aufgenommenen aufschlussreichen Auflistung der Armutsgemeinden (vgl. Waibel 2001: 103f.) ist zu entnehmen, dass 31 Orte als unfähig beschrieben wurden ihre Armen zu ernähren. In der dritten Kategorie fanden sich 50 Orte mit „kümmerlichem Nahrungsstand“, die ihre Armen in gewöhnlichen Zeiten „nothdürftig unterstützen“ konnten. Die beschriebene direkte Intervention des Staates in die einzelnen Gemeinden hinein, die v.a. die Gemeinden der ersten Kategorie traf, hatte die Überwindung der aus dem Mittelalter stammenden heterogenen kleinräumigen Strukturen zur Vorraussetzung. „Die Aufhebung und Zerschlagung der historisch gewachsenen Ämter, die zum Teil absichtliche Verwischung bisheriger Territorialgrenzen, die Zusammenfügung alt- und neuwürttembergischer Gebietsteile und verschiedener Konfessionen zu neuen Verwaltungseinheiten“ war „diktiert von politischen Notwendigkeiten und den Bedürfnisse einer modernen Verwaltung.“ (Grube 1960: 64f.). Diese Form der Raumstrukturierung in Württemberg steht für den Typus ‚Herstellung territorialer Geschlossenheit bisher unverbundener Gebiete‘. Er zielt auf die Durchsetzung herrschaftlicher Macht durch die hinsichtlich flächenmäßiger Ausdehnung und Bevölkerungsanzahl vorgenommene Einteilung in vergleichbare Gebiete und die Einführung einer horizontalen Verwaltungsgliederung.

Im Gebiet des von den französischen Revolutionsarmeen 1794 eingenommenen linken Rheinufers lässt sich ein anderer Typus der Schaffung von Verwaltungsräumen finden (vgl. Engelbrecht 1995): die Bildung großer Raumeinheiten zur Dekonstruktion gewachsener, kleinräumiger sozialräumlicher Zugehörigkeiten. Nach zunächst uneinheitlichen Entwicklungen wurde 1797 mit dem Frieden von Campo Formio (3. Oktober 1797) der Anschluss des Rheinlandes an Frankreich beschlossen und gleichzeitig der Elsässer Rudler als Regierungskommissar eingesetzt, der seine Instruktionen von der Zentralstelle in Paris bekam. Sein Auftrag lautete, das eroberte Gebiet in möglichst gleich große Verwaltungsbezirke einzuteilen, nämlich in Departements, Arrondissements und Kantone. Die Departements wurden beauftragt, in kürzester Zeit Bevölkerungstabellen zu erstellen und diese dem Justizministerium als Planungsstelle in Paris zu übersenden. In Rudlers Instruktionen findet sich der Satz, er habe die administrative Neuordnung „auf derselben Grundlage und nach denselben Prinzipien wie auf dem Gebiet der französischen Republik" vorzunehmen (ebd.: 81). Dies führte dazu, dass das Rheinland in vier Departements (Roer, Rhein-Mosel, Saar, Donnersberg) eingeteilt und das Verwaltungspersonal durch den Regierungskommissar ernannt wurde. Die Departementseinteilung hatte den Zweck, historische Einheiten zu zerschlagen und „das Zusammengehörigkeitsgefühl auf einen anderen Pol hin auszurichten" (Knemeyer 1970: 30). Im linksrheinischen Gebiet wurden „eine Anzahl kleinerer abgeschlossener Gebiete mit oft beachtlichem Zusammengehörigkeitsgefühl zu einer größeren Verwaltungseinheit verbunden" (ebd.: 30). Dazu gehörte auch, dass alle Beamten nicht vom Volk gewählt, sondern von der Regierung berufen und eingesetzt wurden. Die hinter dem eingesetzten Präfektensystem stehende Logik war, mit dem Verschmelzen verschiedener kleiner Gebiete deren Eigenleben auszutrocknen und durch ihre Ausrichtung auf einen neuen gemeinsamen Bezugspunkt neues gemeinschaftliches Leben entstehen zu lassen.

Als dritter Typus territorialer Neugliederung durch die Verwaltung soll die Entwicklung von *Baden* skizziert werden: Die Nichtkongruenz zwischen Territorialgliederungen der Staatsverwaltung und denen der kommunalen Gebietskörperschaften. Es ist das einzige Beispiel für die Herausbildung eigenständiger Kreisgebiete und -Verwaltungen als kommunale Gebietskörperschaften mit weiten Befugnissen neben den staatlichen Verwaltungsstrukturen. Bei allen anderen Vorläufern späterer Landkreise bestand im 19. Jahrhundert eine enge Verbindung zwischen der unteren Verwaltungsbehörde als staatlichem Organ und der kommunalen Selbstverwaltung. Überall deckten sich die Verwaltungsbezirke der kommunalen Selbstverwaltungskörperschaft räumlich mit den staatlichen Verwaltungsbezirken – bis auf Baden. Dort umfassten die Kreise in räumlicher Hinsicht mehrere staatliche Verwaltungsbezirke (Amtsbezirke) (vgl. Arnold 1937), eine personale Verbindung zwischen beiden Ebenen bestand nicht.

Mit der Machtergreifung 1933 wurde – auch in Baden – der Selbstverwaltungswille der Kreise gebrochen, indem die Kreisversammlung und der Kreistag abgeschafft wurden. Der Kreisvorsitzende leitete die Kreisverwaltung in alleiniger Verantwortung und ohne „Störungen" durch demokratische Einmischungen. 1936 wurde das Land Baden in neue staatliche Verwaltungsbezirke eingeteilt; durch das Gesetz vom 24. Juni 1939 wurde die Angleichung der Kreisgebiete an diese Verwaltungsbezirke verfügt. Die Synchronisierung der Verwaltungsgebiete war eine Voraussetzung für die Durchsetzung staatlicher Macht. Der staatliche Landrat wurde auch Verwaltungsleiter im Kreis, womit der badische Sonderweg ein Ende fand. Ähnlich – allerdings ohne Gebietsreform – vollzog sich die Auflösung gebietskörperschaftlicher Selbstverwaltung auf Kreisebene in Württemberg. Durch das Gesetz vom 25. April 1933 wurden die Organe (Amtsversammlung und Bezirksrat) abgelöst und ihre Zuständigkeiten auf den Landrat übertragen.

1.3 Neustrukturierung durch Besatzungsmächte und kommunale Gebietsreform

Nach dem II. Weltkrieg musste von den Besatzungsmächten das nationalsozialistische Kommunalverfassungsrecht geändert werden. In der *französischen Besatzungszone* wurde mit der Verordnung Nr. 60-63 des Commandant en Chef Français en Allemagne vom 2. September 1946 verfügt, dass Kreisversammlungen von der Bevölkerung zu wählen sind, die aus ihrer Mitte Kreisversammlungsausschüsse wählen (Artikel 1,2,9). Als Vorsitzender wurde ein von der Militärregierung ernannter Landrat bestimmt. Von den einzelnen betroffenen Ländern wurden in der Folgezeit Kreisordnungen erlassen: In dem neugebildeten Gebiet Rheinlandpfalz erfolgte der Erlass eines Selbstverwaltungsgesetze am 27. September 1948, in Württemberg-Hohenzollern der Erlass einer Kreisordnung am 22. Dezember 1948, wobei hier die historisch entwickelten Grundsätze des Kreisverfassungsrechts erhalten blieben. Baden hingegen verzichtete auf den Erlass einer Kreisordnung. In den drei Ländern der *amerikanischen Besatzungszone* wurden auf Drängen der Besatzungsmacht 1946 Kreisordnungen erlassen (vgl. Baumann 1967: 31). Neben der Beibehaltung der Doppelstellung der Landkreise als staatlicher und kommunaler Verwaltungsbezirk wurde als Neuerung eingeführt, dass der Landrat vom Kreistag auf Zeit (in Bayern auf vier, in Hessen und Württemberg-Baden auf sechs Jahre) gewählt wurde. In Bayern und Württemberg-Baden wurde er Kommunalbeamter, in Hessen blieb er Staatsbeamter. Während man in diesen beiden Besatzungszonen an die Tradition unmittelbar anschloss, wurde in der *britischen Besatzungszone* das Kreisverfassungsrecht von Grund auf neu gefasst. Dies deutete sich bereits nach Kriegsende an, als die von den Besatzungsmächten eingesetzten Bürgermeister und Landräte die Geschäfte in ihren Gebieten in alleiniger Zuständigkeit unter Aufsicht der Besatzungsbehörden führten. Orientiert am System des Local Government Act von 1933 verloren die Kreise ihre Eigenschaft als untere Verwaltungsbehörde. Die den Behörden bisher vorstehenden Hauptverwaltungsbeamten wurden zu Kommunalbeamten und erhielten den Titel „Kreisdirektor" oder später „Oberkreisdirektor". Ihre Aufgabe war die Verwaltung des Kreises in Übereinstimmung mit dem Kreistag. Der Vorsitzende des Kreistages führte den Titel „Landrat" und war gleichzeitig der Vorsitzende des Kreisausschusses. Für das Land Niedersachsen, das im „Gesetz zur vorläufigen Regelung einiger Punkte des Selbstverwaltungsrechtes" vom 28. Mai 1947 die Grundsätze der Militärregierungsverordnung übernahm, blieb diese Struktur bis zum Inkrafttreten der „Niedersächsischen Landkreisordnung" vom 31. März 1958 gültig.

In der Zusammenschau dieser geschilderten Entwicklungen wird deutlich, dass sowohl in der historischen Entwicklung, in Selbstverständnis und Funktion der

Landkreise deutliche Unterschiede vorhanden sind, die sich im entsprechenden Verwaltungssaufbau niederschlagen. Dies sollte für die Bundesrepublik am Beispiel der *Kommunalen Gebietsreform* verdeutlicht werden. In den 1960er Jahren wurde eine heftige Debatte über die Frage geführt, wie eine funktionale Verwaltung aussehen und die dafür geeigneten Verwaltungsraumgrößen bemessen sein müssten. Die Gründe, die zur kommunalen Gebietsreform der 1960er und 1970er Jahre führten, waren vielfältig. Offensichtlich war, dass kleinere Gemeinden mit geringerer Verwaltungs- und Finanzkraft außerstande waren, die wachsenden Aufgaben wie Infrastrukturausbau, Bauleitplanung oder allgemeine Daseinsvorsorge im Sinne des Grundgesetzes und der Gemeindeordnung zu erfüllen. Die Nachfrage nach Verwaltungsleistungen, die mit einer gestiegenen Erwartung der Bürger an öffentliche Dienstleistungen im Bereich von Bildung, Gesundheitsversorgung oder Sportstätten einherging, nahm zu. Diesem gestiegenen Anspruchsniveau konnte mit den überkommenen Verwaltungsstrukturen des Verwaltungssystems nur bedingt nachgekommen werden (vgl. Gernert 1990: 30). Hinzu kam, dass sich auch im ländlichen Raum die Nachfrage nach öffentlichen Leistungen den städtischen Strukturen anglich. Gleichzeitig wurde deutlich, dass von der Verwaltung zunehmend Steuerungs- und Planungsaufgaben übernommen werden mussten, die von den traditionellen Verwaltungseinheiten in ihrer Unterschiedlichkeit und Kleinteiligkeit nicht geleistet werden konnten. Die Verwaltung reagierte mit einer Spezialisierung ihres Personals und rüstete sich mit technischen Hilfsmitteln aus, was beides jedoch größere Grundgesamtheiten nahe legte.

Mit dieser Reform war eine grundlegende Veränderung der Verwaltungsräume verbunden. In der Bundesrepublik Deutschland war nach Abschluss der kommunalen Gebietsreform die Zahl der Landkreise fast halbiert und die Anzahl selbständiger Gemeinden um über 2/3 vermindert. Kleingemeinden unter 2.000 Einwohnern wurden weitgehend aufgelöst (ausgenommen davon sind Länder, die zweistufige Organisationsformen einführten). Von den 425 Landkreisen und 24.411 Gemeinden vor der Verwaltungsreform blieben 237 Landkreise und 3.530 Gemeinden, davon 91 Kreisfreie Städte, 2.402 Einheits-Gemeinden und 1.037 Gemeinde-Verbände mit 6.013 Mitgliedsgemeinden, übrig (Schimanke 1978: 49). Erstmalig in der Verwaltungsgeschichte bestand eine hauptamtliche Kommunalverwaltung im ländlichen Raum (ebd.: 50). Damit verbunden war die Tendenz zur Professionalisierung innerhalb der Verwaltungen als ein Effekt der funktionalen Ausdifferenzierung. Die Aktivitäten kommunaler Planung, insbesondere auch der räumlichen Planung (Bauleitplanung, Flächenplanung), nahmen zu.

Das Verhältnis von Kreis und kreisangehörigen Gemeinden wurde durch die Kommunalreform neu bestimmt. Während dieses Verhältnis traditionell davon geprägt war, dass der Landkreis die Ausgleichsfunktion und die Leistungsfunktion übernommen hatte, eröffnete die Gemeindereform nun die Möglichkeit, den Gemeinden bisherige Kreisaufgaben zu übertragen. Allerdings wurden, nachdem die Gebietsreform flächendeckend leistungsfähige Gemeindeverwaltungen geschaffen hat, „im Saldo keine tatsächlich wirksame Verlagerung der Aufgabenschwerpunkte vom Kreis auf die kreisangehörigen Gemeinden, sondern eher eine Stärkung der Kreisebene festgestellt" (ebd.: 53). Den Gemeinden wurden zwar publikumsintensive Ordnungsverwaltungen übertragen, im Bereich der Leistungsverwaltung verblieben jedoch zentrale Bereiche beim Landkreis.

Bezogen auf das hier dargestellte Spannungsfeld zwischen kommunalen und staatlichen Hoheitsansprüchen wird die Gebietsreform als eine „Stärkung der kommunalen Gegenmacht im politisch-administrativen System“ (ebd.: 53) eingeschätzt.

2. Verwaltung und Bürger

Verwaltungen haben sich also ‚ihre‘ Räume geschaffen, denn eine „umfassende und zukunftsorientierte Aufgabenstellung der Gebietsverwaltung setzt voraus, dass *zweckmäßige* Standorte für die Verwaltungseinrichtungen ausgewählt werden, dass die regionalen, teilregionalen und örtlichen Gebietseinheiten *zweckmäßig abgegrenzt* werden und dass im Gesamtgebiet ein funktionsfähiges Verkehrsnetz zur Überwindung der räumlichen Distanzen und zum Transport der Verwaltungsmittel vorhanden ist“ (Benzing 1978: 163; Hervh. d.Verf.).

Auch in diesem Anspruch spiegelt sich eine Entwicklung hin zu abstrakteren, vom Raum zunehmend abgelösteren Formen sozialer Organisation, für die physisch-lokale Bindungen immer unerheblicher werden. Institutionen, die räumlicher Nähe, persönliche Anwesenheit und sinnlicher Anschauung bedürfen, für welche die Raumbezogenheit also konstitutiv ist, galten schon Georg Simmel und erst recht den Protagonisten der Verwaltungsmodernisierung als letztlich veraltet (vgl. Konau 1973; Läpple 1991; Simmel 1995). „In den Aufgabenbereichen der Ordnungs-, Bildungs-, Gesundheits- und Sozialverwaltung beschränkt sich der Raumbezug meist auf den Verwaltungsstandort, die örtliche Zuständigkeit bzw. den Versorgungsbereich und die konkrete Aufgabenlage. Die Funktionsziele sind auf Ordnung des Zusammenlebens der Bevölkerung und auf Daseinsvorsorge für sie gerichtet. Der Raum ist nur insofern im Blick, als er unterschiedlich dicht bevölkert ist und der Aufgabenvollzug im Staatsgebiet einheitlich sein soll“ (Benzing 1978: 163). Die Zukunft gehörte unabhängig von räumlichen Gegebenheiten strukturierten und funktional ausdifferenzierten Organisationen. Entsprechend sollte die Leistungsfähigkeit der Verwaltung durch ausreichend große und damit rentabel und rationeller zu bearbeitende Grundgesamtheiten (Gebietsreform), einer verschlankten Ordnung der Aufgaben und Zuständigkeiten (Funktionalreform) sowie der Verbesserung der behördeninternen Aufbau- und Ablauforganisation (Büroreform) gesteigert werden.

Die tayloristische Modernisierung reduzierte den Raum, und damit auch lokale Besonderheiten und lebensweltliche Eigenheiten, zum einen auf die Frage der „örtlichen Zuständigkeit“ und zum anderen zur „Kulisse“ (architektonische Gestaltung von Ämtern, Erreichbarkeit usw.) für die nach internen Codes ablaufenden Programme (vgl. Klüter 1986: 55).

Entsprechend dieser raumabstinenten Versorgungs- und Zuständigkeitslogik blieben die meisten Institutionen in Bezug auf die Transformation von erhobenen Daten in organisationsbezogene Wissensbestände ziemlich raumblind. Dabei wurde durchaus die erhebliche Bedeutung, die den Behörden der Gebietskörperschaften für den Zustand und die Entwicklung des Raumes zukommt, anerkannt. Denn neben direkt raumbezogenen Aufgaben wie Raumordnung, Flächennutzung, Landschafts- und Umweltschutz werde die räumliche Verteilung öffentlicher Einrichtungen und die Entwicklungsplanung für die äußeren räumlichen Lebensbedingungen der Bevölkerung und für den Gebietszustand immer wichtiger (vgl. Benzing 1978: 164). Dieser Administrativraum war jedoch hoch abstrakt und weitgehend schematisiert, indem Mindest- bzw. optimale Einwohnergrößen für verschiedene Verwaltungseinheiten mit dem System der zentralen Orte und ihrer Verflechtungsbereiche verknüpft wurden (vgl. Schimanke 1986: 44).

Das Christaller'sche Modell der Zentralen Orte wurde 1933 von dem deutschen Geographen Walter Christaller veröffentlicht (Christaller 1933). Aus seinen Untersuchungen des Städtesystems im süddeutschen Raum schloss er, dass die relative Größe von Städten und deren räumliche Anordnung eine Funktion des Versorgungsverhaltens ist und dass durch die Funktion von Städten als Absatz- und Dienstleistungszentren die Ausbildung eines hierarchischen Systems *Zentraler Orte* unterstützt wird. Diese besitzen demnach einen Bedeutungsüberschuss und dienen nicht nur zur Versorgung ihrer eigenen Bevölkerung sonder auch der des Umlandes. Dabei wird zwischen Unter-, Mittel- und Oberzentren unterschieden. Die *Unterzentren* versorgen den Nahbereich v.a. mit Gütern und Dienstleistungen des alltäglichen bis mittelfristigen Bedarfs. Unterzentren sind meist Kleinstädte oder Marktorte im ländlichen Raum. *Mittelzentren* sind häufig Kreisstädte. Neben den oben erwähnten Gütern und Dienstleistungen versorgen diese Orte ihr Umland verstärkt auch mit Produkten und Leistungen des mittelfristigen Bedarfs. Die Mittelzentren unterscheiden sich zudem im schulischen Bereich (z.B. durch Gymnasien) und in der Krankenhausversorgung deutlich von den Unterzentren. In Oberzentren werden außer jenen der Mittel- und Unterzentren auch „hochwertige" Dienstleistungen und Güter bereitgestellt. Diese sind relativ teuer und werden nur langfristig bzw. episodisch benötigt (wie z.B. spezielle Werkzeuge oder spezielle medizinische Dienste). Oberzentren können Weltstädte oder aber auch Mittelstädte mit Regierungsbezirkssitz sein.

Kurz nach der Veröffentlichung gewann das Modell zunächst im nordeuropäischen und angloamerikanischen Raum an Bedeutung. In den 1950er und 1960er Jahren (während der Hochphase der Zentralitätsforschung) wurde es auch in Deutschland umgesetzt. Dies erfolgte hier empirisch: Durch Befragungen und auf Kartengrundlage wurden Zentrale Orte der verschiedenen Stufen ermittelt.

Seit Mitte der 1970er Jahre wurde diese Konzeption zwar nicht mehr theoretisch weiterentwickelt, in der administrativen Planungspraxis jedoch umso mehr rezipiert. Das Christaller'sche System wurde als Grundlage für die räumliche Ordnung in Landesentwicklungsplänen und Raumordnungsprogrammen übernommen und das ehemals deskriptive Modell normativ aufgeladen. So wurden etwa „Ausstattungskataloge" für die Zentralen Orte entwickelt. Wegen der mangelnden Möglichkeit, auf regionale Besonderheiten einzugehen, geriet das Konzept ab Ende der 1970er in die Kritik. Mit der Wiedervereinigung allerdings wurde das Christaller'sche Modell erneut aufgegriffen und diente in den neuen Bundesländern als Leitlinie für weitreichende Infrastrukturplanungen. Auch auf europäischer Ebene wird es zum Aufbau eines transnationalen hierarchischen Städtesystems herangezogen und seine Verwendbarkeit für die Raumplanung in Entwicklungsländern geprüft.

Mit der Ende der 1960er Jahre einsetzenden kontroversen Diskussion über den Ausbau des Staates in Bezug auf sein wohlfahrtsstaatliches Aufgabenprofil wurde eine Renaissance des Raumes eingeleitet. Denn neben den grundsätzlichen Einwänden (vgl. Offe 1972) gegen das vorherrschende Sozialstaatsmodell wurde seine Fixierung auf zentralstaatlich organisierte Sicherungspolitik und seine Beschränkung auf die Steuerungsmedien Recht und Geld als zu eng kritisiert. Ungelöste Probleme wie Wohnungsnot, mangelnde Integration von Ausländern, Jugendarbeitslosigkeit usw. und ihre sozialen Begleiterscheinungen setzten die örtlichen politischen und administrativen Gremien unter Handlungsdruck. In den Städten und Gemeinden manifestierten sich die Probleme und „drängen sich den politischen Gremien und Sozialverwaltungen förmlich auf, da sie zu unmittelbaren Störquellen des normalen Ablaufs politischer und administrativer Prozesse vor Ort werden, und die Bürger ihre Anliegen, Proteste und Aktionen notfalls auch direkt vortragen und zum Ausdruck bringen können" (Olk/Otto 1981: 114). Die Debatte über ‚Bürgerferne', die bereits im Gefolge der kommunalen Gebietsreform entflammt war, wurde heftiger und damit sowohl die räumliche Ferne der Verwaltung, ihre personale Distanz zu den Bürgern und mangelnde Effizienz moniert (vgl. Kaufmann 1979; Grunow 1998). Angesichts der sich häufenden Erfahrung, dass zahlreichen Problemlagen mit Einkommenstransfers allein nicht beizukommen war, wurden die „vergessenen Komponenten der Sozialpolitik" (Mundt 1983), also die sozialen Dienste mit ihren oft weitreichenden Eingriffsmöglichkeiten und ihrer erheblichen Bedeutung für die Konstitution von Lebenslagen (vgl. Olk/Müller/Otto 1981) wieder entdeckt. Obwohl sich diese Entwicklung unabhängig von der kommunalen Gebietsreform vollzog, zielten die Effekte in die gleiche Richtung, nämlich eines Bedeutungszuwachses der Kommunen.

Im Mittelpunkt der im kommunalen Raum konvergierenden Sozialarbeit und Sozialpolitik stand das Konzept der personenbezogenen Dienstleistungen (vgl. Müller 1981: 281). Deren immaterieller Charakter, ihre Nicht-Lagerungsfähigkeit, ihre implizite Notwendigkeit einer räumlichen und zeitlichen Synchronisierung von Produzent und Klient und ihre Abhängigkeit von der Mitarbeit der AdressatInnen (Ko-Produktion) (vgl. Badura/Gross 1976) holte den schon im Verschwinden begriffenen Raum in die administrative Wirklichkeit zurück (vgl. Läpple 1991). Denn mit „der Expansion personenbezogener Dienstleistungen in der Sozialarbeit kommt es auf der interaktiven Ebene zu einer ‚Verschmelzung' von Organisation und Klientel: Sozialarbeiter sind auf eine ‚produktive Interaktion' mit ihren Adressaten angewiesen: Beratung und Therapie, aber auch eine an den Interessen der Betroffenen orientierte Jugendpflege, Stadtteilarbeit, Altenarbeit etc. sind in ihrem Erfolg davon abhängig, inwieweit es ihnen gelingt, die alltagsweltlichen Deutungsmuster der Adressaten zu erfassen" (Müller/Otto 1980: 22) und sowohl mit den Trägern sozialer Leistungen untereinander als auch mit deren Empfängern zu kooperieren. Dies lässt sich jedoch nicht in den zuvor beschriebenen Administrativräumen Christaller'scher Prägung bewerkstelligen, sondern erfordert direkte Zugänge der Verwaltung zum konkreten Raum.

Mit der Kritik an den herkömmlichen reaktiv kompensatorischen einzelfallorientierten Maßnahmen gewinnen gemeindebezogene Interventionsprogramme an Attraktivität (vgl. Brülle/Marschall 1981: 84). Auch diese setzen jedoch eine Analyse der sozial-räumlichen Struktur der jeweiligen Lebenswelt und die Kennzeichnung der stadtteilspezifischen Reproduktionssituation voraus. Entsprechende Wissensbestände waren (und sind) in den meisten Einrichtungen und Verwaltungen jedoch nicht vorhanden. Dabei wurde schon 30 Jahre vor der aktuell geläufigen Qualitäts- und Sozialraumdebatte das Fehlen von Nutzungs- und Wirkungsanalysen sozialer

Einrichtungen als Folge der routinemäßigen Bearbeitung von „Fällen“, an deren summarischer Bearbeitung sich die „Produktivität“ von Einrichtungen misst, kritisiert. Soziale Einrichtungen haben zwar die Eigenschaft, viele Informationen zu sammeln, sie aber nur für die Kontrolle der Einzelentscheidung zu speichern. „Die Gewinnung von Erfahrung aus der Beobachtung großer Kollektive, die in den sozialpolitischen Einrichtungen im Prinzip angelegt ist, unterbleibt, bzw. sie begnügt sich mit sehr groben statistischen Aussagen“ (von Ferber 1967: 74).

Die sich aus der Kritik der positivistischen Sozialforschung heraus entwickelnde sozialökologische Planung (vgl. Bourgett/Preusser/Völkel 1980) stellte deshalb die Erforschung historischer Gesetzmäßigkeiten des Verstädterungsprozesses, kleinräumige Anwendungsbereiche und die Unmittelbarkeit sinnlicher Erfahrungen ins Zentrum. Besonderer Wert wurde auf die Unmittelbarkeit der sinnlichen Vertrautheit des Sozialforschers mit seinem Gegenstand gelegt. Die Handlungsrelevanz sozialökologischer Forschung ergebe sich aus der Vermittlung sinnlicher Wahrnehmung und gesellschaftlicher Strukturdaten. Während nun die morphologische Struktur von Gemeinden und Städten durch die Jugend bzw. Sozialplanung zu ermitteln sei, soll die Betrachtung der kleinräumigen Wohnquartiere in erster Linie aus einer detaillierten und strukturierten Feldbeschreibung der Bezirkssozialarbeiter gewonnen werden. „Sozialarbeit, hier im besonderen Bezirkssozialarbeit, muss also die materiellen und sozialkulturellen Ressourcen ihres Stadtteils kennen und auf Einzelfälle beziehen; gleichzeitig dazu beitragen diese Ressourcen zu stabilisieren und zu verbessern. Zentraler Gegenstand sozialarbeiterischen Handelns ist somit nicht der Einzelfall, sondern der soziale Raum“ (Brülle/Marschall 1981: 86).

Zwar ist auch ein viertel Jahrhundert später weder die Forderung nach einer aussagekräftigen datenbasierten Darstellung der planungsrelevanten Sozialstruktur auf gemeindlicher Ebene noch deren Verknüpfung mit der konkreten Erfahrung dieser Räume und ihre Nutzung für die Einzelfallhilfe eingelöst (vgl. BMFSFJ 2002: 100ff.; vgl. den Beitrag von Sabine Reichertz/Klaus Wermker in diesem Band). Aber in Folge der „Sozialraumdebatte“ und politisch und administrativ motivierter Dezentralisierungstendenzen bauen die Verwaltungen raumbezogene Wissenssysteme auf. Ein Beispiel für den von Franz Berner und Lutz Leisering (2003) konstatierten Wissenszuwachs kommunaler Sozialverwaltungen ist die gemeinsam von den Jugendämtern und dem Landesjugendamt des Landeswohlfahrtsverbandes Württemberg-Hohenzollern entwickelte „Integrierte Berichterstattung zu Jugendhilfebedarf und sozialstrukturellem Wandel auf örtlicher Ebene (IBÖ)“.

3. Die öffentliche Verwaltung im Administrativraum Landkreis

Das vom Staat für ‚seinen‘ Raum in Anspruch genommene Recht zur Ausübung von Herrschaft, die Gebietshoheit, manifestiert sich im Raum durch die öffentliche Verwaltung und die Gerichtsbarkeit. Wie eingangs beschrieben wird dazu das Staatsgebiet in administrative Teileinheiten aufgeteilt, die räumliche Gliederung der Verwaltungseinrichtungen wird als Gebiets- oder Territorialorganisation bezeichnet.

> „Zu unterscheiden sind zwei Modelle der Regelung von Funktionen und Befugnissen der Gebietsorganisation. Die Verwaltung ist dezentralisiert, wenn den Verwaltungseinheiten wesentliche Befugnisse für bestimmte regionale Teilgebiete übertragen sind. Die Verwaltung ist dekonzentriert, wenn die Zentralverwaltung sich alle wesentlichen Entscheidungsbefugnisse vorbehält und die im Staatsgebiet verteilten Verwaltungseinrichtungen die Entscheidungen im Rahmen festgelegter Richtlinien oder nach speziellen Anweisungen ausführen. Im ersten Falle ist die Ausübung der Gebietsherrschaft zum Teil auf die regionalen Einheiten verlagert, im zweiten Falle nur der faktische Vollzug." (Benzing et al.1978: 162).

In der Bundesrepublik Deutschland besteht der Staat aus dem Bund *und* den Ländern, beide sind nebeneinander Träger von Verwaltung und *beide* üben in dem durch das Grundgesetz bestimmten Rahmen nebeneinander die Gebietsherrschaft aus. Dies tun sie nicht nur mit eigenen Behörden, sondern sie bedienen sich auch anderer rechtlich verselbstständigter Verwaltungsträger, insbesondere der kommunalen Gebietskörperschaften, also der Städte und Gemeinden und der Kreise. So wurde erstmals durch das RJWG und dann durch das KJHG den Kommunen die Verantwortung für die Ausgestaltung der örtlichen Sozial- und Jugendhilfe übertragen (§ 9 BSHG; §79 KJHG).

> „Bund, Bundesländer, Kreise (Kreisfreie Städte) und Gemeinden haben in ihrem Aufgabenbereich eine unmittelbare und umfassende Beziehung zu ihrem jeweiligen Gebiet. Dies äußert sich außer im Wahlrecht der Gebietsbevölkerung in einem offenen, im Rahmen der Verfassung erweiterungsfähigen Aufgabenkreis und in politischer und administrativer Verantwortung für das Gebiet als Raumeinheit" (Benzing et al. 1978: 166).

Gemeinden und (Stadt- und Land-)Kreise haben in ihrem Gebiet insofern die Gebietsherrschaft, als sie einen umfassenden Auftrag zur Gebietsverwaltung haben. Das heißt, ihre Zuständigkeit beschränkt sich nicht auf die von Bundes- oder Landesgesetzen ausdrücklich aufgeführten Kompetenzen; sie können Satzungen erlassen und ihre Verwaltung mit hoheitlichen Befugnissen im eigenen Namen führen. So nehmen die Kreise, unter Wahrung der Zuständigkeit der Gemeinden, die vom Staat übertragenen Aufgaben der Jugend- und Sozialhilfe in eigener Verantwortung wahr. Deutlich wird dieser eigene Gestaltungsspielraum bei der örtlichen Jugendhilfe. Eine überörtliche Steuerung der örtlichen Jugendhilfe (wie z.B. in der Arbeitsverwaltung) und damit der Jugendämter hätte wohl zu stark bürokratisierten Durchschnittsorganisationen geführt. Tatsächlich besteht zwischen den einzelnen Jugendämtern in der Bundesrepublik hinsichtlich Größe, Ausstattung und konzeptioneller Ausrichtung sowie regional-politischer Unterschiedlichkeiten und Traditionen ein großes Gefälle (BMFSFJ 2002: 249ff.). Ebenfalls eigene, aber weisungsgebundene Aufgaben der Kreise sind bspw. die Bauaufsicht oder der Lastenausgleich. Die Kreisverwaltung hat daneben noch eine Reihe von Aufgaben, die sie als allgemeine untere Verwaltungsbehörde des Landes wahrnimmt.

Werden weitere der bislang dekonzentrierten Sonderbehörden in die Landkreisverwaltungen eingegliedert, wächst damit die kommunale Bedeutsamkeit. Da die Landkreise diese Aufgaben in ihrer Eigenschaft als untere Verwaltungsbehörde wahrnehmen, ist der Kreistag hierfür nicht zuständig. Dem Bedeutungs- und Machtgewinn der Verwaltung, und hier insbesondere der Verwaltungsspitze, steht so ein relativer Bedeutungsverlust der gewählten VolksvertreterInnen gegenüber.

4. Spannungs- und Konfliktfelder, die bei der Lokalisierung unterschiedlicher Herrschaftssphären entstehen

In ein und demselben Territorium agieren Administrationen, die sich aus Herrschafts- und Gestaltungsansprüchen sowohl der Bundesrepublik wie auch der Länder und der Kommunen ergeben. Die Koexistenz der unterschiedlichen Herrschaftsansprüche im gleichen Raum ist jedoch nicht immer friedlich und, sieht man von Kernaufgaben des Staates wie Landesverteidigung, Münzrecht und Steuereinzug einmal ab, auch keineswegs dauerhaft fixiert.

Während insbesondere im historischen Teil das Spannungsverhältnis zwischen landesherrschaftlicher Raumstrukturierung und -unterwerfung mit den Versuchen gemeindlicher und landkreisbezogener Selbstbehauptung skizziert wurden, sollen nun einige Aspekte des Verhältnisses vom Bund zu den Kommunen, der Landkreise zu „ihren" Gemeinden und zum Verhältnis öffentlicher zu freien Trägern unter der Perspektive von Gouvernementalität (vgl. Bröckling/Krasmann/Lemke 2000) thematisiert werden.

4.1 Bundesgesetzlichkeit versus kommunaler Eigenverantwortlichkeit

Die (Stadt- und Land-)Kreise sind im Rahmen bundesgesetzlicher Vorgaben für die Sozial- und Jugendhilfe verantwortlich. Unter ordnungspolitischen Gesichtspunkten wird insbesondere von den kommunalen Spitzenverbänden die damit verbundene Einflussnahme des Bundesgesetzgebers auf kommunale politische und administrative Organisationsmodalitäten kritisiert. V.a. an der Form des zweigliedrigen Jugendamtes und die hierin aufscheinende Andersartigkeit des Jugendhilfeausschusses im Vergleich zu anderen Ausschüssen innerhalb der kommunalen Vertretungskörperschaft entzünden sich die Konflikte, deren Ausdruck der vorerst gescheiterte Versuch ist, in das KJHG ein so genanntes „Zuständigkeitslockerungsgesetz" aufzunehmen, mit dem bundesrechtliche Vorgaben aus verschiedenen Gesetzesbereichen in die Zuständigkeit der Bundesländer zurückverlagert werden sollen (vgl. Merchel/Reismann 2003). Es gelang jedoch den einschlägigen Fachverbänden und den überörtlichen Jugendämtern, die die Auslieferung der Jugendhilfe an die wechselvollen Prioritäten des kommunalpolitischen Tagesgeschäftes fürchteten, ausreichend politische Unterstützung für die im KJHG bundesrechtlich geregelten und verbindlichen Vorgaben zu mobilisierten.

Aber auch im Rahmen der Bemühungen, die Kompetenzen zwischen den verschiedenen Gesetzes- und Administrativräumen der bundesstaatlichen Ordnung zu entflechten, war die bestehende Möglichkeit des Bundes, für Länder und Kommunen nicht nur das Verwaltungsverfahren, sondern auch die Einrichtung bestimmter Behörden (z.B. des Jugendamtes) regeln zu können, umstritten.

Wesentlich grundsätzlicher ist die Diskussion über die so genannten Gemeinschaftsaufgaben (Art. 91a und b GG) und einzelne Kompetenztitel aus dem Bereich der konkurrierenden Gesetzgebungskompetenz, insbesondere der ‚öffentlichen Fürsorge' (Art. 74 Abs. 1 Nr. 7 GG). Befürchtet wurde, dass die „Jugendhilfe 85 Jahre nach ihrer erstmaligen reichsrechtlichen Kodifikation (wieder) in die Zuständigkeit der Länder und angesichts deren Deregulierungsstrategie zu weiten Teilen in die kommunale Selbstverwaltung zurückwandert" (Wiesner 2004: 309). Eine so realisierte ‚Sozialraumorientierung' hätte vermutlich nicht nur eine weitere Zunahme der ohnehin erheblichen regionalen Disparitäten in der Bundesrepublik bei den Strukturen und Leistungen der Jugendhilfe zur Folge, sondern mit der dann wahrscheinlichen Zersplitterung des Kinder- und Jugendhilferechts auch gravierende Nachteile für Kinder, Jugendliche und Eltern.

4.2 Landkreise und Gemeinden

In vielen Flächenlandkreisen wird die Förderung der offenen und verbandlichen Jugendarbeit (§§ 11; 12 KJHG) und die Tagesbetreuung als gemeindliche Selbstverwaltungsaufgabe wahrgenommen, während die Gewährleistungspflicht für die Jugendhilfe insgesamt beim Kreis liegt. Angesichts der Wechselwirkungen und Kooperationserfordernisse zwischen dem Gesamtleistungsspektrum der Jugendhilfe, einschließlich jener Angebote, die sich wie Kindertagesbetreuung und Jugendarbeit tendenziell an alle Kinder, Jugendlichen und Familien richten, und jenen Hilfen, deren Inanspruchnahme ein erzieherisches Defizit voraussetzen, folgt aus dem fachlich unhintergehbaren Beharren auf der Einheit der Jugendhilfe ein ‚Hineinregieren' in Städte und Gemeinden, das diese sich in der Regel nicht ohne weiteres gefallen lassen. Denn gemeindliche Planungs- und Strukturierungslogiken verstehen sich in den meisten Fällen nicht komplementär und sinnhaft auf die übergreifende Körperschaft bezogen, sondern folgen ihrer jeweils eigenen Sozialraum gestaltenden Rationalität. Die Widersprüche und unterschiedlichen Interessen werden v.a. bei den Vorhaben regionaler Jugendhilfeplanung offenkundig, in denen gemeindliche Jugendhilfeentwicklungen notwendig mit einer regionalen Strukturgebung auf die Landkreisebene abgestimmt werden müssten. Dies wird bei Regionalisierungsprojekten insbesondere im ASD deutlich (vgl. Koch et al. 2002). Dort wo die Allgemeinen Sozialen Dienste in regionale Teams aufgeteilt werden, mit der Aufgabenstellung bspw. stärker an Regeleinrichtungen wie Kindertageseinrichtungen oder Schulen heranzurücken oder gar gemeinwesenbezogene Aktivitäten zu entfalten oder diese zumindest mit zu unterstützen, prallen gemeindliche Akteure mit spezifischen sozialräumlichen Zuständigkeiten und Aufgaben auf die LandkreismitarbeiterInnen des ASD und deren sozialräumlich begründete Aufträge.

Für den ASD kommt erschwerend hinzu, dass er einerseits mit Sozialraumkonzepten stärker an die Lebenswelten der Klienten heranrücken will – auch mit der Option einer lebensweltbezogenen Ressourcenerschließung für die Klientinnen – dass dies andererseits aber nur um den Preis technokratisch anmutender Regionalisierung von Seiten der Organisation zu machen ist. Denn seine der funktionalen Logik der Aufgabenerledigung entspringenden Bedürfnisse, z.B. nach „gerechter" Arbeitsverteilung, müssen mit den planerischen Erfordernissen, bestehenden Raumstrukturen und möglicher Teamkonstellationen in Einklang gebracht werden. Der in der Jugendhilfepraxis häufig formulierte Anspruch, dass Planungsräume nicht bloß politisch-administrative Gegebenheiten abbilden, sondern dass bei ihrem Zuschnitt auch (noch) die von den Einwohnern ‚gelebten' Orientierungen, also soziokulturelle und sozialräumliche Zusammenhänge, berücksichtigt werden sollen, verdeutlicht, in welchem Spannungsfeld sich Akteure des ASD bewegen, die mit dem Anspruch des Handelns in „abstrakten" Planungsräumen und „konkret erfahrbaren" Sozialräumen zugleich konfrontiert sind.

5. Resümee

Auch Administrativräume sind „echte" Räume, zumindest hinsichtlich der sehr realen Konsequenzen administrativer Regionalisierungspraxis für die in diesen Zuständigkeitsbereichen lebenden Menschen. Daher ist eine Gegenüberstellung von „natürlichen" durch Kommunikation und menschliches Miteinander strukturierten Gemeinwesen einerseits und „künstlichen", durch administrative Aufgabenerledigung generierte Sozialräume andererseits nicht angemessen. Es zeigt sich vielmehr, gerade im Hinblick auf historisch entstandene Gebietskörperschaften mit ihren jeweiligen Zuständigkeiten und den daraus entstehenden Konflikten, dass sie prägend für (die) Entwicklung der Sozialen Arbeit sind und diese wiederum verwaltungsraumstrukurierende Effekte zeitigt. Deshalb ist auch der im Kontext sozialraumorientierter Jugendhilfeprojekte vorgetragenen Kritik an der „technokratisch geführten Sozialraumdebatte" zu widersprechen (vgl. den Beitrag von Michael Langhanky/Cornelia Frieß/Marcus Hußmann/Timm Kunstreich in diesem Band). Die AutorInnen kritisieren, dass die „tonangebenden Positionen eher dazu (neigen), ein territoriales Verständnis zu praktizieren, in dessen Vollzug das Territorium als zu verwaltender, zu erhaltender oder zu besetzender Raum begriffen wird. Verhandlungen über Sozialraumbudgets verkommen zu Kartellabsprachen der Träger Sozialer Arbeit, sozialräumliche Versorgungsverpflichtung wird als Pfründeverteilung missverstanden" (dies. 2004: 50). Die Dichotomisierung einer „sozial-räumlichen Akteursperspektive" einerseits und der „territorialen Perspektive" im Sinne einer „institutionsbezogenen Selbstreferenz" andererseits suggeriert, es gäbe auf der einen Seite eine quasi reine, von jeglicher organisatorischer und institutioneller Selbstreferenz losgelöste lebensweltorientierte Praxis Sozialer Arbeit und auf der anderen Seite, z.B. bei den Verwaltungen der Jugendämter, ein reduktionistisches Administrationshandeln, bei dem sich, bezogen auf den Raum, die „Fragen nach dem ‚Wie' der Positionierung der Handelnden im sozialen Raum" (ebd.: 49) schon gar nicht mehr stellen.

Geht man dagegen davon aus, dass die Leistungen Sozialer Arbeit immer im Spannungsfeld organisationsgenerierter Notwendigkeiten *und* lebensweltlicher Grundausrichtung erbracht werden, muss die administrative Plazierungspraxis (Löw 2001: 125) – oder, in der Sprache der Systemtheorie: die Projektion innerorganisatorischer Differenzierungen auf Ausschnitte der Erdoberfläche und deren nachfolgende Hypostasierung – stärker als bisher in den Blick genommen werden. Und so richtig der Hinweis ist, dass z.B. eine Gemeinde als soziale Wirklichkeit mehr ist als eine Verwaltungseinheit (vgl. Löw 2001: 121), so falsch wäre der Umkehrschluss, dass sie in ihrer Bedeutung als örtlich begrenzte Gebietskörperschaft vernachlässigt werden kann.

Literatur

Arnold, Hellmut (1937): Kreise und Selbstverwaltungskörper in Baden. In: Jeserich (1937): 259-274

Badura, Bernahrd/Gross, Peter (1976): Sozialpolitische Perspektiven. München

Baumann, Fritz-Achim (1967): Die allgemeine untere staatliche Verwaltungsbehörde im Landkreis. Berlin

Benzing, Alfred (1978): Verwaltungsgeographie. München

Berner, Franz/Leisering, Lutz (2003): „Sozialreform von unten". In: Nachrichtendienst des deutschen Vereins 5/83. 2003: 186-193

Berner, Roland/Maykus, Stephan (2003): Kommunale Jugendhilfe- und Sozialberichterstattung. In: Nachrichtendienst des deutschen Vereins 1/83. 2003: 21-24

Böllert, Karin (1989): Soziale Arbeit als aktive Gestaltung von Lebensweisen. In: Otto et al. (Hg.) (1989): 213-223

Botzenhardt, Erich/Ipsen, Hans-Peter (Hg.) (1955): Freiherr vom Stein. Stuttgart

Bourdieu, Pierre (1991): Physischer, sozialer und angeeigneter physischer Raum. In: Wentz (Hg.) (1991): 25-35

Bourgett, Jörg/Preusser, Norbert/Völkel, Rainer: Kommunale Sozialpolitik, Sozialökologie und Verwaltungshandeln in der Jugend- und Sozialhilfe. In: Neue Praxis 10. Sonderheft 5. 1980: 6-29

Brandel, Rolf/Stöbe-Blossey, Sybille/Wohlfahrt, Norbert (Hg.) (1998): Modernisierung der Jugendhilfe – welche Rolle spielt die Politik? Gelsenkirchen

Bröckling, Ulrich/Krasmann, Susanne/Lemke, Thomas (Hg.) (2000): Gouvernementalität der Gegenwart. Studien zur Ökonomisierung des Sozialen. Frankfurt a.M.

Brülle, Heiner/Theis Claus (Hg.) (2001): Neue Steuerung in der Sozialhilfe: Sozialberichterstattung, Controlling, Benchmarking, Casemanagement. Neuwied

Brülle, Heiner/Marschal, Adalbert (1981): „Sozialarbeit im Stadtteil". In: Neue Praxis 11. Sonderheft 6. 1981: 68-82

Bundesministerium für Familie, Senioren, Frauen und Jugend – BMFSFJ (Hg.) (2002): 11. Kinder- und Jugendbericht. Berlin

Christaller, Walter (1933): Die zentralen Orte in Süddeutschland. Jena

Dietrich, Richard (1966): Kleine Geschichte Preußens. Berlin

Deutscher Verein für öffentliche und private Fürsorge: Stellungnahme des Deutschen Vereins zu Überlegungen einer Neuordnung der Kompetenzen im Bereich Fürsorge. In: NDV 11/84. 2004: 367-371

Dipper, Christoph (Hg.) (1995): Napoleonische Herrschaft in Deutschland und Italien: Verwaltung und Justiz. Berlin

Engelbrecht, Jörg (1995): Grundzüge der französischen Verwaltungspolitik auf dem linken Rheinufer (1794-1814). In: Dipper (Hg.) (1995): 79-93

Ferber, Christian von (1967): Was stimmt nicht mit der deutschen Sozialpolitik. Hamburg

Foucault, Michel (2000): ‚Die Gouvermentalität'. In: Bröckling et al. (Hg.) (2000): 41-67

Gernert, Wolfgang (1990): Kommunale Sozialverwaltung und Sozialpolitik. Stuttgart/München

Grube, Walter (1960): Vogteien, Ämter, Landkreise in der Geschichte Südwestdeutschlands. 2. Auflage. Stuttgart

Grunow, Dieter (1998): Lokale Verwaltungsreform in Aktion: Fortschritte und Fallstricke. Basel/Boston/Berlin

Hard, Gerhard (1999): Raumfragen. In: Meusburger (1999): 133-162

Häußermann, Hartmut/Ipsen, Detlev/Krämer-Badoni, Thomas/Läpple, Dieter/Rodenstein, Marianne/Siebel, Walter (Hg.) (1991): Stadt und Raum. Pfaffenweiler

Hauptmeyer, Carl-Hans (1986): Entstehen und Verlust lokaler Autonomien im ländlichen Raum. In: Henkel (Hg.) (1986): 1-15

Henkel, Gerhard (Hg.) (1986): Kommunale Gebietsreform und Autonomie im ländlichen Raum. Paderborn

Holtzmann. Robert (1965): Französische Verfassungsgeschichte von der Mitte des neunzehnten Jahrhunderts bis zur Revolution. München

Japp, Klaus-Peter/Olk, Thomas (1980): Wachsende Bedürfnisbefriedigung oder Kontrolle durch soziale Dienstleistungen? In: Neue Praxis 10. Sonderheft 5. 1980: 30-60

Jeserich, Kurt (1937): Die Deutschen Landkreise. Material zur Landkreisreform. Stuttgart/Berlin

Karst, Theodor (1984): Regionale Amts- und Verwaltungsstrukturen im rheinhessisch-pfälzischen Raum 14. bis 18. Jahrhundert. Stuttgart

Karsten, Marie-Eleonore (1990): Lebensräume gestalten statt verwalten – Der Beitrag der Sozialberichterstattung, In: Karsten et al. (1990): 9-43

Karsten, Marie-Eleonore/Otto, Hans-Uwe (1990): Sozialberichterstattung: Lebensräume gestalten als neue Strategie kommunaler Sozialpolitik. Weinheim/München

Kaufmann, Franz-Xaver (1979): Bürgernahe Sozialpolitik: Planung, Organisation und Vermittlung sozialer Leistungen auf lokaler Ebene. Frankfurt a.M.

Kessl, Fabian/Otto, Hans-Uwe/Ziegler, Holger (2002): Einschließen oder aufmachen? In: Riege et al. (Hg.) (2002): 177-190

Klüter, Helmut(1986): Raum als Element sozialer Kommunikation. Gießen

Knemeyer, Franz-Ludwig (1970): Regierungs- und Verwaltungsreformen in Deutschland zu Beginn des 19. Jahrhunderts. Köln/Berlin

Koch, Josef et al. (2002): Mehr Flexibilität, Integration und Sozialraumbezug in den erzieherischen Hilfen. Frankfurt a.M.

Köck, Helmut (Hg.) (1987): Mensch und Raum. Hildesheim/Zürich/New York.

Konau, Elisabeth (1973): Raum und soziales Handeln. München

Kühne, Thomas/Rauch-Kühne, Cornelia (Hg.) (2001): Raum und Geschichte. Regionale Traditionen und förderative Ordnungen von der frühen Neuzeit bis zur Gegenwart. Leinfelden/Echterdingen

Läpple, Dieter (1991): Essay über den Raum. Für ein gesellschaftswissenschaftliches Raumkonzept. In: Häußermann et al. (Hg.) (1991): 157-207

Landeswohlfahrtsverband Württemberg Hohenzollern (Hg.) (2004): Handbuch IBÖ – Integrierte Berichterstattung auf örtlicher Ebene. Stuttgart

Langhanky, Michael/Frieß, Cornelia/Hußmann, Marcus/Kunstreich, Timm (2004): Erfolgreich sozial-räumlich handeln. Bielefeld

Laufs, Adolf (1962): Die Verfassung und Verwaltung der Stadt Rottweil. 1650-1806. Freiburg

Leder, Gottfried (1987): Raum und Recht. In: Köck (Hg.) (1987): 280-291

Löw, Martina (2001): Gemeindestudien heute. In: ZBBS Zeitschrift für qualitative Bildungs-, Beratungs- und Sozialforschung 1. 2001: 111-131

Merchel, Joachim/Reismann, Hendrik (2003): Der Jugendhilfeausschuss: besser als sein Ruf? In: Nachrichtendienst des Deutschen Vereins 10/83. 2003: 422-429

Meusburger, Peter (Hg.) (1999): Handlungsorientierte Sozialgeographie. Stuttgart

Meusburger, Peter (1999): Subjekt – Organisation – Region. In: Meusburger (1999): 95-132

Miller, M. (1934): Die Organisation und Verwaltung von Neuwürttemberg unter Herzog und Kurfürst Friedrich. Stuttgart/Berlin

Müller, Siegfried/Otto, Hans-Uwe: „Gesellschaftliche Bedingungen und Funktionsprobleme der Organisation sozialer Arbeit im Kontext staatlichen Handelns." In: Neue Praxis 10. Sonderheft 5. 1980: 5-29

Mundt, Jörn W. (Hg.) (1983): Grundlagen lokaler Sozialpolitik. Weinheim/Basel

Offe, Claus (1972): Strukturprobleme des kapitalistischen Staates. Frankfurt a.M.

Olk, Thomas/Müller, Siegfried/Otto, Hans-Uwe (1981): Sozialarbeitspolitik in der Kommune. In: Neue Praxis 11. 1981. Sonderheft 6: 5-25

Otto, Hans-Uwe/Böllert, Karin (Hg.) (1989): Soziale Arbeit auf der Suche nach Zukunft. Bielefeld

Pothmann, Jens (2004): Kinder- und Jugendhilfegesetz auf dem Prüfstand der Föderalismuskommission. In: KOMDAT Jugendhilfe 2/7. 2004: 3-4

Riege, Marlo/Schubert, Herbert (Hg.) (2002): Sozialraumanalyse Grundlagen – Methoden – Praxis. Opladen
Sachße, Christoph/Tennstedt, Friedrich (1980): Geschichte der Armenfürsorge in Deutschland. Stuttgart
Schimanke, Dieter (1986): Prozess und Auswirkungen der kommunalen Gebietsreform und Funktionalreform für die Kommunen im ländlichen Raum. In: Henkel (1986): 41-58
Schimanke, Dieter (1978): Verwaltungsreform Baden-Württemberg. Verwaltungsinnovation als politisch-administrativer Prozess. Berlin
Schöne, Friedrich (1937): Werden und Sein der preußischen Landkreise als Grundlagen ihrer Zukunft. In: Jeserich (1937): 1-96
Simmel, Georg (1995): Aufsätze und Abhandlungen 1901-1908. Frankfurt a.M.
Voigt, Rüdiger (1986): Dorfpolitik nach der Gebietsreform. In: Henkel (1986): 59-76
Waibel, Raimund (2001): Von der karitativen Staatsfürsorge zur obrigkeitlichen Staatsaufsicht. Württembergische Elendsgemeinden im 19. Jahrhundert. In: Kühne et al. (Hg.) (2001): 67-104
Weber, Peter (1986): Zur Bewertung der kommunalen Gebietsreform. In: Henkel (1986): 97-108
Weichhart, Peter (1999): Die Räume zwischen den Welten und die Welt der Räume. In: Meusburger (1999): 66-94
Wentz, Martin (Hg.) (1991): Stadt-Räume. Frankfurt a.M./New York
Wiesner, Reinhard (2004): Abschied vom Kinder- und Jugendhilfegesetz? In: Zentralblatt für Jugendrecht 9/1. 2004: 309-310

Internet-Adressen

www.olev.de
www.kreise.de
www.kompetence-site.de/egovernment.nsf

Kleinräumige Analysen sozio-demographischer Daten

Sabine Reichertz und Klaus Wermker

Abstract

In diesem Beitrag ist städtebauliche und regionale Planung in einem weiteren Sinn gemeint: Stadt(teil)entwicklungsplanung, Infrastrukturplanung, Jugendhilfeplanung oder interkulturelle Handlungskonzepte. Im denkbar weitesten Sinn wird hier vom Beitrag der Sozialberichterstattung zu kommunalen und regionalen Planungen zu reden sein.

1. Sozialberichterstattung in Essen

Sozialberichterstattung hat keinen klar definierten Gegenstand und bedient sich unterschiedlicher Methoden: Dazu zählen sozial- und bevölkerungsstatistische, aber auch wahlstatistische Methoden, diskursive oder einfachere Befragungsmethoden. Wie der Prozess kommunaler Sozialberichterstattung im Essener Zusammenhang begann, sich fortentwickelte, und welcher Schwierigkeiten man gewahr sein muss, wird im Folgenden aus der Perspektive kommunaler Praktiker mit langjähriger Berufserfahrung (in Essen) und der Vorbildung als Sozialwissenschaftler beschrieben. Das beinhaltet – notwendigerweise – eine Verengung, trägt aber, so hoffen wir, zur Klarheit und Lebendigkeit bei.

1.1 Anfänge

Der Anfang war pure Neugierde. Zu Beginn der 1980er Jahre gab es in Großbritannien in einigen Städten – z.B. London und Liverpool – soziale Unruhen, die sich in offenen Auseinandersetzungen auf der Straße manifestierten und über die in den deutschen Medien ausführlich berichtet wurde. Die Auslöser wurden in der Regel in ethnischen Konflikten in Stadtgebieten gesehen, die durch Mischungen sozialer Problemlagen gekennzeichnet waren.

Wir stellten uns die Frage, ob es diese brisanten Mischungen auch in unserer Stadt gibt – auch wenn wir die Form von manifesten Konflikten noch nicht erlebt hatten. Mit anderen Worten: Könnte dies auch bei uns passieren?

Wichtige Voraussetzung für die Bearbeitung dieser Frage war die Tatsache, dass Statistik/Stadtforschung und Entwicklungsplanung (später Stadtentwicklung) eine gemeinsame Organisationseinheit bildeten. Das hatte – wie noch beschrieben wird – zur Folge, dass es nicht bei analytischen Ergebnissen blieb, sondern diese in Konzeptentwicklungen eingingen. Die organisatorische Zugehörigkeit von Statistik und Entwicklungsplanung zum Geschäftsbereich des Verwaltungschefs sicherte den Ergebnissen nach innen in die Verwaltung und nach außen in die Stadtgesellschaft eine besondere Bedeutung.

Den Hintergrund der Analysen bildete u.a. die Entwicklung der Massenarbeitslosigkeit und wachsende Einkommensarmut in der Bevölkerung:

Essen war Anfang der 1950er Jahre mit mehr als 50 Schachtanlagen eine der größten Bergbaustädte Europas. Noch zu Beginn der 1960er Jahre arbeiteten rund 43.000 Beschäftigte im Bergbau. 1986 wurde die letzte Schachtanlage – die Zeche Zollverein XII – heute Weltkulturerbe der UNESCO – geschlossen, 1993 der letzte Montanbetrieb, die Kokerei Zollverein. Damit war eine mehr als 500-jährige Geschichte der Montanindustrie in Essen abgeschlossen.

Die damit verbundenen Arbeitsplatzverluste – ein Arbeitsplatz in diesem Bereich bindet etwa 1,5 Arbeitsplätze in den Folgebereichen – betrafen insbesondere den Essener Norden. Nach der Schließung der Kokerei Zollverein war der größte Arbeitgeber im Essener Norden – Bezirk VI – eine Beschäftigungsinitiative der evangelischen Kirche in Essen-Katernberg mit rund 150 Beschäftigten.

Der Zuwachs an Stellen im Dienstleistungsbereich konnte die Arbeitsplatzverluste im primären und sekundären Sektor bei weitem nicht kompensieren. Ende der 1990er Jahre war der Anteil der Beschäftigten in diesen beiden Wirtschaftsbereichen auf ca. 24% gesunken (Bergbau 4%: Zentralverwaltung der Ruhrkohle Aktiengesellschaft), während der Anteil der Beschäftigten im tertiären Sektor auf über 70% stieg; d.h., die Anteile innerhalb der Sektoren haben sich zwar deutlich in Richtung Dienstleistungen verschoben, die Gesamtzahl der Beschäftigten aber hat sich ebenso deutlich verringert.

Damit korrespondierte ein erheblicher Bevölkerungsverlust der Gesamtstadt, die Anfang der 1970er Jahre noch über 700.000 Einwohner hatte. Ende der 90er Jahre unterschritt die Einwohnerzahl die Grenze von 600.000. Ursachen dafür waren einerseits die so genannten Sterbeüberschüsse, andererseits die Wanderungsverluste vor allem an das Umland.

Diese konnten nicht durch die Zuwanderungen von Aussiedlern und Nicht-Deutschen, später auch Ost-Deutschen ausgeglichen werden, die sich vorwiegend im Essener Norden in den klassischen Arbeiterwohngebieten nahe bei den ehemaligen Produktionsstätten ansiedelten, dort, wo die Bodenpreise und damit das Wohnen bis heute günstiger ist als irgendwo sonst im Stadtgebiet. Viele fanden auch eine Bleibe im Zentrum oder in den Großsiedlungen des sozialen Wohnungsbaus – Wohngettos, in denen es zunehmend Probleme mit der Vermietung gibt und deren Verwalter gerne auf das Klientel der Sozialämter zurückgreifen, weil dann „die Mietzahlungen sicher sind“. Den Befund, dass Wanderungen durchaus sozial selektiv sind, erbrachte eine (erst) 1998 durchgeführte Wanderungsbefragung: Die abwandernde Bevölkerung verdient im Durchschnitt etwas mehr Geld als die zuwandernde Bevölkerung. Als Folge all dieser Entwicklungen wuchs das Ausmaß der Einkommensarmut in der verbleibenden Bevölkerung.

Vor diesem Hintergrund wurde 1987 von uns eine erste Untersuchung unter dem Titel „Soziale Ungleichheit im Stadtgebiet – Methoden der Erfassung sozialstruktureller und sozioökonomischer Disparitäten“ in Essen vorgelegt und veröffentlicht. In

Vorwegnahme eines wesentlichen Argumentes fürsorglicher Politiker, durch die Veröffentlichung solcher Daten würden Menschen oder gar ganze Stadtteile stigmatisiert, wurden keine konkreten Werte, sondern Indexwerte ausgewiesen.

Von anderen Studien – etwa zur selben Zeit erschien eine vergleichbare Studie über die Stadt München – unterschieden wir uns durch den kleinräumigen Ansatz: Neben der Verteilung sozialer Phänomene auf der Ebene der 50 Essener Stadtteile zeigten wir, wie es in den pro Stadtteil bis zu neun Stadtteilbereichen aussah. Wir wissen, dass größere Räume die Unterschiede einebnen bzw. dass die Verteilungsmuster sehr kleinräumig sind.

Wesentlich für den Essener Ansatz war neben der Kleinräumigkeit der Untersuchung, dass wir uns vollständig auf Daten aus dem Verwaltungsvollzug gestützt haben. Andere Städte, so z.B. Frankfurt, haben Sonderuntersuchungen an Dritte in Auftrag gegeben. Solche Aufträge wurden nicht selten nur einmal und dann nicht wieder vergeben.

1.2 Rezeption

Besonders überraschend war bei Veröffentlichung des ersten Berichts für uns die Wirkung in den Medien. Neben der Ortspresse, die vor allem ein negatives Image der Stadt beklagte, wurden unsere Untersuchungsergebnisse quer durch Deutschland von Presse, Funk und Fernsehen berichtet und kommentiert.

Die Bevölkerung reagierte durch einige Leserbriefe in den Ortszeitungen, vom Gefühl einer etwaigen Stigmatisierung war nichts zu lesen.

Im Kontext der örtlichen Politik wurde die Untersuchung von der Opposition als Beleg für schlechte Politik gewertet. Die „Regierungspartei" hingegen hielt die Ergebnisse für nicht glaubwürdig, da sie schließlich eine gute Politik gemacht habe.

Während der ersten Präsentation in einem Ausschuss des Rates wurde über mehrere Minuten die einschlägige Ratsvorlage der Stadt München zitiert, ohne dies vorher offen zu legen. Es ging darum deutlich zu machen, dass soziale Ungleichheit, mit den von uns verwendeten Methoden gemessen, nicht als Essener oder Ruhrgebietsphänomen zu sehen ist, sondern ein großstadttypisches Phänomen darstellt. Die Opposition beklagte in der folgenden Diskussion die Einseitigkeit der Darstellung, weil die Verteilung des Wohlstandes im Stadtgebiet nicht Gegenstand der Untersuchung war.[1]

1.3 Handlungsfelder

Ratlos schien die Verwaltung, mit Abwehr die örtliche Politik angesichts der Befunde des Berichts zur sozialen Ungleichheit von 1987 zu reagieren. Dies änderte sich in den folgenden Jahren (teilweise).

1 Heute sind wir kurz davor, die kleinräumige Verteilung des Lohnsteueraufkommens in der Stadt darzustellen. Wir folgen damit dem Beispiel von Jens S. Dangschat, der das Anfang der 1990er Jahre für Hamburg gemacht hatte.

Als Anfang der 1980er Jahre in Essen eine deutliche Zunahme der Arbeitslosigkeit sichtbar wurde, reagierte die Stadt darauf mit Maßnahmen zur Bekämpfung der Jugendarbeitslosigkeit. So wurde 1983 von Politik und Jugendverbänden der *Verein Jugendberufshilfe* gegründet und in der Stadtverwaltung eine *Koordinierungsstelle Jugendarbeitslosigkeit* eingerichtet.

1989 kam die *EABG Essener Arbeit- und Beschäftigungsgesellschaft* hinzu. Anlass ihrer Gründung war die Schließung der Zeche Zollverein XII 1986 als letzte Essener Zeche. Nachdem diese als Ensemble unter Denkmalschutz gestellt wurde, entstand der Plan, sie für neue Nutzungen kulturwirtschaftlicher Art herzurichten. Die EABG sollte einen Teil der Umbauarbeiten mittels Beschäftigungs- und Qualifizierungsarbeiten durchführen. Das Land Nordrhein-Westfalen hat den Umbau der Zeche durch beträchtliche Finanzmittel ermöglicht. Dazu kamen Fördermittel der Bundesanstalt für Arbeit. Ohne die 1988 begonnene Internationale Bauausstellung Emscher Park (IBA) – ein Strukturförderprogramm des Landes NRW für die (nördliche) Emscherzone des Ruhrgebietes – hätte der Umbau nicht gelingen können. Bereits im ersten Memorandum der IBA wurden öffentlich geförderte Beschäftigungs- und Qualifizierungsmaßnahmen gefordert.

Dies war auch notwendig, weil zu diesem Zeitpunkt deutlich wurde, dass die Städte durch die Massenarbeitslosigkeit immer stärker belastet wurden. Als Ausfallbürgen einer verfehlten Arbeitsmarktpolitik mussten sie immer höhere Sozialleistungen erbringen.

Diese krisenhaften Erscheinungen und deren Dokumentation (Sozialberichterstattung) haben auch bei Akteuren außerhalb der Stadtgesellschaft das Bewusstsein dafür geschaffen, dass neue Kooperationsformen nötig waren, um mit der Krise umzugehen.

Eine Reaktion darauf war die Gründung des „*Essener Konsens*“ 1994 anlässlich des EU-Gipfels in Essen.[2] Der „Essener Konsens“ ist eine informelle Verabredung der wichtigsten Akteure des Arbeitsmarktes (IHK, Kreishandwerkerschaft, ESPO, DGB, Stadt Essen, Beschäftigungs- und Qualifizierungsträger, Wirtschaftsförderungsgesellschaft, Agentur für Arbeit) und privater Unternehmen zur Realisierung von Beschäftigungs- und Qualifizierungsprojekten.[3] Er ist ein Netzwerk mit prinzipieller Offenheit für neue Partner und funktionierender Partnerschaft ohne institutionelle Form, ohne Rechtsform, ohne Vorstand und ohne Satzung. Projekte entstehen auf Initiative einzelner Personen/Organisationen, die für ihre Ideen im offenen Kreis des „Essener Konsens“ Partner und Ressourcen suchen – übrigens auch außerhalb. Nicht selten sind das das Landesministerium oder andere externe Unterstützer oder auch Geldgeber/Sponsoren. Der „Essener Konsens“ ist eine Haltung, eine Überzeugung, keine Organisation.

Ausgangspunkt der Projekte können (lokale) Arbeitsmarktsituationen sein. Konkretes Beispiel: Die Kokerei Zollverein schloss 1993 und wir suchten gemeinsam

2 Vgl. Essener Konsens – Eine Stadt entwickelt Arbeitsmarktideen, Essen 1994.

3 Das informelle Leitungsgremium besteht aus dem Oberbürgermeister, dem Stadtkämmerer, dem Hauptgeschäftsführer der IHK, dem Vorsitzenden des DGB, dem Direktor der Agentur für Arbeit, dem Vorstandsvorsitzenden der Kreishandwerkerschaft, dem Geschäftsführer der Essener Arbeits- und Beschäftigungsgesellschaft und dem Geschäftsführer der Essener Wirtschaftsförderungsgesellschaft.

nach Qualifizierungsprojekten für die arbeitslos gewordenen Arbeiter. In diesem Zusammenhang entstand der Neubau von 25 Wohneinheiten in Essen-Katernberg[4].

Der Impuls kann auch vom Objekt ausgehen: Die Kreuzeskirche in der Essener Innenstadt konnte von der Gemeinde nicht unterhalten werden. Seit 1996 läuft die bauliche Wiederherstellung – getragen vom „Essener Konsens" und mit einem Nutzungskonzept über die reine Gottesdienstfunktion hinaus.

In der Regel werden die Projekte in Zusammenarbeit von privatwirtschaftlichen Unternehmen mit Bildungsträgern durchgeführt unter Einbeziehung von Arbeitslosen, die aus unterschiedlichen Programmen der ehemaligen Bundesanstalt für Arbeit finanziert werden. Die Partner aus der Wirtschaft im „Essener Konsens" helfen, Unternehmen zu finden, die bereit sind, mit Beschäftigungs- und Qualifizierungsmaßnahmen, d.h. mit den Menschen in diesen Maßnahmen zusammen zu arbeiten.

Die Bemühungen richten sich darauf, Mehrzielprojekte zu realisieren, die Infrastruktur- und Beschäftigungspolitik miteinander verknüpfen, bevorzugt in solchen Stadtteilen, in denen sich soziale Problemlagen kleinräumig konzentrieren.

Auch die Essener Stadtteilentwicklungspolitik basiert entscheidend auf den Befunden unserer Recherchen. Seit 1992 gibt es das *Landesprogramm NRW „Stadtteile mit besonderem Erneuerungsbedarf"*, in das 1993 der Stadtteil Katernberg und 1997 der Stadtteil Altendorf aufgenommen wurde.

Wir gehen davon aus, dass unsere Untersuchungen dazu beitragen haben den Blick in der Landesregierung für das Problem der zunehmenden kleinräumigen Konzentration von ökonomischen und sozialen Problemlagen zu schärfen. Vollends „hoffähig" wurde das Thema 1999 mit der Etablierung des Bund-Länder-Programms „Soziale Stadt".

Unsere Erfahrungen in der Stadtteilentwicklung haben wir in programmatischen Konzepten wie z.B. den *„Ansätzen integrierter Kommunalpolitik"*[5] verarbeitet. Hier haben wir auf der Grundlage der Untersuchungen zur sozialen Ungleichheit die traditionellen Arbeitsansätze von Stadterneuerungs-, Arbeitsmarkt- und Beschäftigungspolitik, Jugend- und Sozialarbeit kritisch reflektiert und neue Arbeitsprinzipien einer integrierten Kommunalpolitik entwickelt. Sie setzen u.a. auf die örtlichen institutionellen und personellen Ressourcen, sind ressortübergreifend, realisieren Mehrzielprojekte, fördern die lokale Ökonomie und stärken die lokale Beteiligungskultur.

Einige Jahre später, 2001, haben wir ein Konzept zur *„Raumorientierung der Verwaltung"* veröffentlicht.[6] Dieses Konzept folgte der Erkenntnis, dass die modellhafte Bearbeitung der komplexen Probleme in den Stadtteilen mit besonderem Entwicklungsbedarf nicht mehr ausreicht, und widerspricht damit der Logik, dass mit einer zeitlich befristeten Konzentration von Geld und Personalaufwand diese Gebiete zu stabilisieren oder gar wieder auf ein städtisches Durchschnittsniveau zu heben seien.

Unsere Erfahrungen, gestützt durch gründliche kleinräumige Analysen, machen deutlich, dass nur eine Überführung der Modell- in Regelstrukturen nachhaltige Wirkung zeigen kann. Es geht darum, ressortübergreifendes Arbeiten im Stadtteil

---

4 Vgl. Bauherr Landesentwicklungsgesellschaft Nordrhein-Westfalen GmbH (LEG NRW).

5 Vgl. Informationen und Berichte zur Stadtentwicklung, Nr. 90, Stadt Essen, Essen 1997, 25ff.

6 Soziale Stadt, Info 6, Newsletter zu Bund-Länder-Programm Soziale Stadt, Deutsches Institut für Urbanistik, Berlin, Oktober 2001.

und die Bündelung finanzieller Ressourcen organisatorisch zu verankern: durch ressortübergreifende Gebietsteams und Raumhaushalte, über die vor Ort verfügt wird. Eine enge Verknüpfung mit den örtlichen politischen Instanzen (in NRW: Bezirksvertretungen) ist Teil des Konzepts. Wir sind der Überzeugung, dass nur so auch die örtlichen Potentiale der Zivilgesellschaft mobilisiert werden können.

Auch das interkulturelle Handlungskonzept der Stadt Essen bedient sich nicht einfach nur der Ergebnisse kleinräumiger Sozialberichterstattung[7] – vielmehr gründet es darauf. Essen hat von allen westdeutschen Großstädten den niedrigsten „Ausländer-Anteil" – bzw. Anteil an Einwohnern mit Migrationshintergrund. Erst die kleinräumige Betrachtung macht die Dimension der Integrationsaufgabe deutlich, so deutlich, dass politische und planerische Konsequenzen ergriffen werden. Diese konkretisieren sich, was die Stadt Essen angeht, im Handlungs- bzw. Umsetzungsprogramm zum interkulturellen Konzept „Interkulturelle Orientierung"[8].

In vielen Großstädten Westdeutschlands zeigt sich die Notwendigkeit des so genannten Stadtumbaus als Konsequenz des demographischen Wandels. Auch diese Aufgabe kann unseres Erachtens nur mit Arbeitsformen erfolgreich durchgeführt werden, wie wir sie im Konzept zur Raumorientierung skizziert haben.

Bemerkenswert ist, dass die Anerkennung für diese Arbeiten, die praktischen wie die programmatischen, außerhalb der Stadt bis heute deutlich größer war als in der Stadt – das mag mit dem Phänomen des Propheten im eigenen Land zu erklären sein. So hat die bis 1999 mit absoluter Mehrheit regierende SPD diese Arbeiten nie zu einer tragenden Säule der Stadtpolitik gemacht – sie haben keinen Eingang in ein kommunalpolitisches Grundsatz- oder Wahlprogramm gefunden. Erst kurz vor der Kommunalwahl im September 2004 machte die SPD, nachdem sie 1999 die Wahl spektakulär verloren hat, das Thema „Stadtteile stärken" zum zentralen Gegenstand ihres Wahlkampfes.

In den letzten drei Jahren mehren sich konkrete Anforderungen aus einzelnen Stadtteilen, ihre strukturellen Probleme nach dem Muster des integrierten, ressortübergreifenden Handelns in den Projekten der „Sozialen Stadt" zu bearbeiten. Die Antwort der Verwaltung darauf ist immer die, dass sowohl die finanziellen wie die personellen Ressourcen dazu nicht aufgebracht werden können. Unseres Erachtens ist das skizzierte Konzept der Raumorientierung eine Lösung.

Seit Anfang 2002 läuft in Essen ein vom BMBF (Bundesministerium für Bildung und Forschung) finanziertes Projekt „Lernende Regionen", eines von vielen Projekten in Deutschland – wobei die Region hier das Stadtgebiet Essen ist. Ziel des Projektes ist es, im Bereich der Bildung Netzwerke zu bilden oder bereits bestehende zu unterstützen. Die Handlungsfelder reichen von der Elementarerziehung bis zum Übergang Schule – Beruf. Die Bewerbung um Teilnahme an dem Projekt wurde aus Kreisen des „Essener Konsens" initiiert und ist eine Reaktion auf soziale Disparitäten, wie sie sich auch im Bildungsgefälle innerhalb der Stadt abbilden.

---

7 Wir verstehen unsere Sozialberichterstattung als Baukastensystem: Neben den allgemeineren Untersuchungen zur „Sozialen Ungleichheit im Stadtgebiet" gibt es vertiefende Analysen.

8 Interkulturelle Orientierung, Band 1 (Erster und zweiter Umsetzungsschritt) Stadt Essen, Essen 2003.

Zwei besonders eindrucksvolle Beispiele mangelnder Berücksichtigung der Befunde der Sozialberichterstattung sollen hier geschildert werden.

In Essen-Katernberg wollte ein Investor ca. 30 Wohnungseinheiten im sozialen Wohnungsbau errichten. Nach Lage der Dinge wären in einem Gebiet mit einem Ausländeranteil von ca. 25% (überwiegend Türken) bei Realisierung des Vorhabens rund 100 Aussiedler (Russlanddeutsche) angesiedelt worden. In der Bauverwaltung gab es zu diesem Vorhaben keine Bedenken, während die Vertreter des Quartiermanagements erhebliche Einwände artikulierten. In einer monatelangen Auseinandersetzung zwischen Bezirksvertretung und Stadtentwicklung auf der einen Seite und Bauverwaltung auf der anderen Seite konnte das Projekt verhindert werden, da das Grundstück im Besitz der Stadt war. Letztlich haben die zuständigen politischen Gremien entschieden, dass in diesem Stadtteil überhaupt kein sozialer Wohnungsbau größeren Umfangs mehr stattfinden darf. Ohne Intervention „von außen" hätte die zuständige Bauverwaltung die Brisanz des Themas gar nicht wahrgenommen.

Ein Jahr später erreichte uns eine Anfrage aus der Bauverwaltung, ob es vertretbar sei, in einem anderen, ebenfalls strukturschwachen Stadtteil des Essener Nordens, ca. 60 Wohneinheiten im sozialen Wohnungsbau errichten zu lassen (übrigens durch denselben Investor wie im ersten Fall). Ein kurzer Blick in die Daten ließ uns dieses Vorhaben ablehnen: Im Quartier lebten bereits 26% der Einwohner von Sozialhilfe oder von Leistungen des Asylbewerberleistungsgesetzes. Allerdings waren wegen entsprechender Zusagen der Bauverwaltung Schadenersatzforderungen des Investors zu erwarten, so dass der Rat der Stadt (bei Stimmenthaltung der Mehrheit des Rates) dem Vorhaben zustimmte. An dieser Stelle hat ein Teil der Verwaltung einen sozialen Brennpunkt geschaffen, der von einem anderen Teil der Verwaltung in Zukunft mit hohem Kosten- und Personalaufwand bearbeitet werden muss.

Wohlgemerkt, jede Teilentscheidung war für sich betrachtet richtig: die städtebauliche Entscheidung für Geschosswohnungsbau, die Investition an sich, das Fließen von Fördergeldern auch. Aber die Summe der Einzelentscheidungen hat ein großes Problem zur Folge. Deshalb plädieren wir seit langem für verbindliche, strukturell abgesicherte, ressortübergreifende, ortsnahe Entscheidungsverfahren – für eine Raumorientierung der Verwaltung.

2. Das Handwerkszeug und die Schwierigkeiten der Datenaufbereitung

2.1 Datenquellen

Für kleinräumige Untersuchungen nutzt das Amt für Statistik, Stadtforschung und Wahlen der Stadt Essen unterschiedliche Quellen. In der Regel handelt es sich dabei um Daten der amtlichen Statistik bzw. um Daten, die im Verwaltungsvollzug anfallen. Sondererhebungen, zum Beispiel Befragungen, wären wünschenswerte Ergänzungen, sind in der Regel aber kostenintensiv und häufig wegen der zu geringen Fallzahlen von Befragten kleinräumig nicht auswertbar.

Wesentliche Datenquellen sind derzeit die

- Einwohnerdatei,
- Sozialhilfeempfängerdatei,
- Arbeitslosendatei,
- Wohngelddatei und die
- Gebäude- und Wohnungsdatei.

Sie ermöglichen es, Informationen über

- die Bevölkerungsstruktur und die Struktur spezifischer Bevölkerungsgruppen, über
- die Struktur benachteiligter (einkommensarmer bzw. einkommensschwacher) Bevölkerungsgruppen und Hilfedichten in der Bevölkerung, über
- die Wohnsituation sowie
- das Wohnumfeld zusammen zu tragen.

Viele dieser Daten werden auf der Ebene der 9 Stadtbezirke und 50 Stadtteile regelmäßig in den Statistischen Halbjahresberichten der Stadt Essen veröffentlicht.[9] Bei Bedarf erfolgen auch Auswertungen auf der Ebene der 313 Stadtteilbereiche.

Bei entsprechenden Interessensschwerpunkten lassen sich zum Beispiel auch

- Geburten- und Sterbefall- sowie die Wanderungsstatistik,
- amtliche Schuldaten,
- Daten der Schuleingangsuntersuchungen und
- Daten der Realnutzungskartierung sowie
- Wahlergebnisse heranziehen, demnächst auch
- Daten der Einkommensteuerstatistik.

2.2 Stolpersteine bei der Datenaufbereitung

Der Zuschnitt der statistischen Einheiten entspricht den Erfordernissen des Datenschutzes, weniger stadtplanerischen oder soziologischen Kriterien. Auswertungen auf der Ebene der Stadtteilbereiche lassen dennoch die Heterogenität der Strukturen in den Stadtteilen deutlich werden. Dass auf höherer Aggregatebene, in den Stadtteilen, raumstrukturelle Unterschiede stark nivelliert werden, wird am deutlichsten in Stadtteilen, wo neben Siedlungen mit Ein- und Zweifamilienhäusern Großsiedlungen des sozialen Wohnungsbaus hochgezogen wurden.

Sofern Daten adressbezogen vorgehalten werden, lassen sich Räume, auf die sich die Auswertungen beziehen sollen, beliebig zusammensetzen. Hierzu müssen lediglich die einzubeziehenden Straßen und Hausnummern festlegt werden. Praktisch ist

9 Zusammenschauende oder vertiefende Analysen des Datenmaterials werden in den Reihen „Beiträge zur Stadtforschung“ (kommentierte Berichte) oder „Statistische Sonderhefte“ (Tabellenbände) publiziert. Dabei blickt Essen auf eine lange Tradition kleinräumiger Analysen zurück.

diese Möglichkeit häufig verbaut, da Fachämter/Behörden aus Datenschutzgründen ihre Daten oft nur aggregiert (auf der Ebene der Stadtteile oder Stadtteilbereiche) weitergeben.

Dass das „Geschäft“ der Datenaufbereitung nicht zwingend zur Routine wird, dass immer wieder *Anpassungen und „Qualitätsprüfungen“* vorgenommen werden müssen, dafür gibt es unterschiedliche Gründe: Hierzu zählen z.B. Veränderungen gesetzlicher Grundlagen, Einführung oder Veränderungen von EDV-Technologien, veränderte Fragestellungen an das Datenmaterial, etc.

Exemplarisch sollen Möglichkeiten und Schwierigkeiten der Datenbeschaffung, -aufbereitung und -analyse an einer Quelle aufgezeigt werden. Deutlich wird daran, dass auch Wissen um die Herkunft, die Entstehung der Daten, gefordert ist, wenn Qualität gewährleistet werden soll!

Die Analyse der Einwohnerdaten basiert auf der *Einwohnermeldedatei*. Sie ermöglicht Aussagen zum Bestand und der Struktur der Bevölkerung. So lassen sich Fragen nach der Zusammensetzung der Bevölkerung in räumlichen Teilgebieten beantworten, z.B. Fragen nach der altersstrukturellen Zusammensetzung, nach dem Ausländeranteil, nach den vor Ort vertretenen Staatsangehörigkeiten oder dem Ausländeranteil in spezifischen Altersgruppen.

Ausländer/innen werden anhand ihrer Staatsangehörigkeit ermittelt. Dies war lange Jahre unproblematisch, da Doppelstaatigkeit nach dem Staatsbürgerschaftsrecht nicht vorgesehen war und nur in Ausnahmefällen geduldet wurde.

Nach dem neuen Staatsbürgerschaftsrecht, das am 1. Januar 2000 in Kraft trat, erhalten *hier geborene Kinder* Nichtdeutscher nunmehr neben der nichtdeutschen auch die deutsche Staatsangehörigkeit, wenn ein Elternteil seit mindestens acht Jahren mit einer Aufenthaltsberechtigung in Deutschland lebt und seit mindestens drei Jahren eine unbefristete Aufenthaltserlaubnis hat. Sie sind Doppelstaatler, besitzen neben der deutschen Staatsangehörigkeit auch die Staatsangehörigkeit der Eltern bzw. eines Elternteils, und müssen bis zum Ablauf des 23. Lebensjahres eine Entscheidung zugunsten der einen oder anderen Staatszugehörigkeit treffen.

Um im Zuge der Einführung des neuen Staatsbürgerschaftsrechts *ältere Kinder* nicht zu benachteiligen, konnten im Jahr 2000 die 1991 bis 1999 geborenen Kinder Nichtdeutscher auf Antrag die deutsche Staatsangehörigkeit erhalten; seit 2001 ist dies nur noch über eine Einbürgerung möglich.

Aufgrund dieser gesetzlichen Regelungen ergibt sich die Notwendigkeit differenzierter Auswertungen: Nichtdeutsche werden anhand ihrer ausschließlich nichtdeutschen Staatsangehörigkeit, Personen mit Migrationshintergrund anhand ihrer nichtdeutschen zweiten Staatsangehörigkeit ermittelt. Nicht mehr zu ermitteln ist ein Migrationshintergrund, wenn Personen eingebürgert wurden.

Klare Abgrenzungen der Gruppen sind aus soziologischer Sicht aber kaum noch möglich: Personen mit ausschließlich nichtdeutscher Staatsangehörigkeit, aber auch Doppelstaatler können hier geboren, bestens integriert und keinesfalls benachteiligt sein, können aber auch Immigranten mit großen sprachlichen oder sonstigen Integrationsproblemen sein. Integrationsprobleme können aber auch Deutsche haben, die als Aussiedlerinnen bzw. Aussiedler kamen. Oder hier geborene Kinder Nichtdeutscher, die zwar Deutsche sind, deren Zuhause aber muttersprachlich geprägt ist.

Folgende Tabelle verdeutlicht derzeitige Möglichkeiten der Auswertung, aber auch die Auswirkungen des neuen Staatsbürgerschaftsrechts, wenn nach Alter differenziert wird.

Bevölkerung nach Altersgruppen und Staatsangehörigkeit in Essen am 31. Dezember 2003

	Bevölkerung (am Ort der Hauptwohnung) am 31. Dezember 2003				
	insgesamt	davon mit ...			
		ausschließlich deutscher Staatsangehörigkeit	Migrationshintergrund		
			insgesamt	davon mit ... Staatsangehörigkeit	
				deutscher und nichtdeutscher	ausschließlich nichtdeutscher
	absolut				
Bevölkerung	586.750	497.290	89.460	32.833	56.627
davon Minderjährige	96.870	71.807	25.063	12.658	12.405
Erwachsene	489.880	425.483	64.397	20.175	44.222
	in % der jeweiligen Bevölkerung				
Bevölkerung	100,0	84,8	15,2	5,6	9,7
davon Minderjährige	100,0	74,1	29,9	13,1	12,8
Erwachsene	100,0	86,9	13,1	4,1	9,0
Bevölkerung	100,0	100,0	100,0	100,0	100,0
davon Minderjährige	16,5	14,4	28,0	38,6	21,9
Erwachsene	83,5	85,6	72,0	61,4	78,1
Bevölkerung			100,0	36,7	63,3
davon. Minderjährige			100,0	50,5	49,5
Erwachsene			100,0	31,3	68,7

Quelle: Eigene Auswertungen der Essener Einwohnerdatei.

- Auffallend ist der im Vergleich zu den Erwachsenen (4%) drei mal höhere Anteil an Doppelstaatlern unter den Minderjährigen (13%).
- Mittlerweile gibt es ebenso viele Minderjährige mit ausschließlich nichtdeutscher Staatsangehörigkeit (13%) wie es Doppelstaatler (13%) gibt.
- Insgesamt sind ein Viertel der Minderjährigen Essens Nichtdeutsche oder haben einen erkennbaren Migrationshintergrund und zwar in den 9 Stadtbezirken zwischen 11% und 38%, in den 50 Stadtteilen zwischen 4% und 69% und in den 312 Stadtteilbereichen zwischen 2% und 75%.

In den Großsiedlungen des sozialen Wohnungsbaus trifft dies auf die Hälfte der Minderjährigen, in den innerstädtischen Bereichen auf weitaus mehr zu.

In den innerstädtischen Bereichen dominieren in der Regel die Nichtdeutschen, wenngleich überdurchschnittlich viele der Minderjährigen Doppelstaatler sind. In den durch Großsiedlungen des sozialen Wohnungsbaus geprägten Bereichen gibt es allerdings weitaus mehr Doppelstaatler unter den Minderjährigen als Nichtdeutsche. Hier sind ein Drittel und mehr (bis zu 41%) der Minderjährigen dieser Gruppe zuzurechnen. Die Anteile Nichtdeutscher entsprechen hingegen dem Durchschnitt der Gesamtstadt oder liegen nur unwesentlich darüber.

In den traditionellen Arbeiterwohngebieten sind beide Gruppen ebenfalls überdurchschnittlich stark vertreten.

Literatur

Literaturnachweise: siehe Schriftenreihe zu „Kleinräumige Sozialberichterstattung", Stadt Essen (Hg.), Amt für Entwicklungsplanung, Statistik, Stadtforschung und Wahlen.

Eine Auswahl

Arbeitslosigkeit in Essen im September 1996: Ausmaße der Betroffenheit unterschiedlicher Bevölkerungsgruppen und Struktur der Arbeitslosen im kleinräumigen Vergleich – Essen, November 1997, Reihe Beiträge zur Stadtforschung, Band 19

Soziale Ungleichheit im Stadtgebiet: Kleinräumige Entwicklung im Zeitraum 31.12.1994-31.12.1997. Tabellenband. Essen, März 1999, Reihe Statistische Sonderhefte 1/1999

Soziale Lage von Empfängerinnen und Empfängern existenzsichernder Hilfen: Struktur und Entwicklung 1997 bis 2002. Essen, Oktober 2003, Reihe Statistische Sonderhefte 1/2003

Netzwerk und soziale Projekte

Florian Straus und Renate Höfer

Abstract

Im folgenden Artikel wird der Frage nachgegangen, welchen Einfluss das Denken und Handeln in Netzwerken auf die Entwicklung sozialer Projekte hatte und welche Folgerungen sich daraus für die aktuelle Debatte der Sozialraumorientierung ableiten lassen. Dazu werden zunächst Netzwerke als moderne und boomende Analyseform komplexer Verflechtungsprozesse in ihren konzeptionellen Wurzeln und anhand ausgewählter empirischer Ergebnisse beschrieben. Es wird deutlich: Weniger der Raum prägt die darin entstehenden Netzwerke als vielmehr umgekehrt, Netzwerke definieren unterschiedliche und flexible Räume. Im Widerspruch dazu steht die Wiederentdeckung des Sozialraums in der Form behördlich definierter territorial gedachter Sozialräume.

Neben der Sozialraumorientierung werden in diesem Beitrag drei weitere Etappen des Einflusses der Netzwerkperspektive auf die Entwicklung sozialer Arbeit beschrieben und bewertet. Hier zeigt sich ein ambivalentes Ergebnis. Das innovative Potenzial der Netzwerkperspektive wird nicht selten nur „halbiert" umgesetzt. Ob die prognostizierte Entwicklung zu einer Netzwerkgesellschaft dieses Problem löst, bleibt abzuwarten.

Einleitung

Die Netzwerkperspektive gehört heute zum Standardrepertoire moderner gesellschaftlicher Analyse. Sie ist attraktiv, da sie „Flexibilität, Modernität und Innovationskraft suggeriert" (Diller 2002: 48). Netzwerke gelten als neuer Modus der Vergesellschaftung (vgl. Castells 1996) und als Schlüsselkategorie gesellschaftlicher Analyse (vgl. Schäfers 2000). Zugleich ist der Netzwerkbegriff alltagsweltlich omnipräsent. Wer heute durch die Welt der Wörter surft – gleich ob er sich mit Tageszeitungen beschäftigt oder sich in fachwissenschaftlichen Gefilden tummelt – findet diese Metapher stets aufs Neue. Zwischen der Vision einer Netzwerkgesellschaft, dem Hoffnungskonstrukt Netzwerk und dem skeptischen Blick auf den Mythos Netzwerk ist nicht selten nur ein kleiner Schritt.

Was ist eigentlich ein Netzwerk? Der Grundgedanke der Netzwerkperspektive ist schlicht. Menschen werden mit Knoten gleichgesetzt, die durch Linien oder Bänder mit anderen Menschen, die ihrerseits Knoten darstellen in Verbindung stehen. Das soziale Beziehungsgeflecht bildet ein Netz bzw. weil es ja von Menschen selbst geschaffen wird, ein Netzwerk.

Man kann vereinfacht drei Typen von sozialen Netzwerken unterscheiden: das egozentrierte Netzwerk, (ein Netzwerk, das eine Person (um sich herum) herstellt),

Gruppennetzwerke und Organisationsnetzwerke. Eine zweite Unterscheidung berührt die Zielperspektive von Netzwerken. Diller (2002) unterscheidet zwischen ungerichteten und gerichteten Netzwerken.[1] *„Gerichtete Netzwerke arbeiten themenbezogen, haben mehr oder minder klar von den Akteuren gemeinsam definierte Aufgaben und Ziele; ihre autonomen Akteure (Organisationen, Institutionen) treten bewusst und freiwillig in verschiedene Beziehungen zueinander, um diese Ziele zu erreichen (...). Ungerichtete Netzwerke bilden dagegen den Hintergrund der alltäglichen Handlungen der Akteure, ihren räumlichen und sachlichen Bezugsrahmen. Die Ziele der einzelnen Akteure unterscheiden sich hier stärker voneinander, sie sind weiter verzweigt und dauerhafter als gerichtete Netzwerke." (Diller 2002: 58).*

Was leisten Netzwerke? Eine dritte wichtige Unterscheidung betrifft die Leistungen von Netzwerken. Eine besondere Attraktivität liegt dabei in der Multifunktionalität ihres Leistungsspektrums. Diewald (1991) hat allein 16 Formen sozialer Unterstützung aufgelistet. Sie reicht von der *emotionalen* (Einfühlung, Fürsorge etc.), über die *instrumentelle* (konkrete Dienstleistungen, materielle Hilfen), *informelle* (Anregungen, Ratschläge, Vermittlung von *know-how*) bis hin zur *motivationalen* Unterstützung. Diese positiven Wirkungen treten jedoch nicht nur im Problem-/Krisenfall auf. Soziale Netzwerke bilden auch ein Schutzschild gegenüber drohenden Krisen und Problemen.[2] Und Netzwerke führen zu einer flexiblen räumlichen Verortung von Menschen. Sie verknüpfen und lösen sich zugleich von vorgegebenen räumlichen Strukturen.

Worin liegt die Attraktivität des Netzwerkkonzepts? Trotz aller Vieldimensionalität ist das Netzwerkkonstrukt im Grunde genommen ein einfaches Konstrukt, dessen Schlichtheit in einer Welt vielfach verbundener und verwobener Prozesse gerade deshalb als Möglichkeit der Reduktion von Komplexität gilt. Es hilft in jedem Fall diese zu visualisieren und in einfacher Form zu beschreiben. Da das Konstrukt bzw. die Metapher keineswegs nur auf soziale Prozesse beschränkt bleibt, erhöht sich noch dessen Attraktivität. Auch Verkehrs- und Einkaufswege, neurologische wie auch biologische Prozesse und alle Telekommunikationswege lassen sich ähnlich beschreiben und analysieren (vgl. Beyrer/Andritzky 2002). Aus soziologischer Sicht gibt es noch weitere Erwartungen, die ebenfalls als Gründe für die Attraktivität des

---

1 Man kann auch von zweckorientierten und richtungsoffenen Netzwerken sprechen (vgl. Spieckermann/Franzen 2002).

2 Lange Zeit ist man von Wirkungsmechanismen zweier konkurrierender Hypothesen ausgegangen. Nach der so genannten „Puffer"-Hypothese trägt soziale Unterstützung dazu bei, unangenehme und negative Folgen von Belastungen ganz oder teilweise zu dämpfen. In diesem Modell wird eine einfache interaktive Wirkung zwischen Stressoren und sozialer Unterstützung angenommen. Eine Person, die in einer belastenden Lebenslage unterstützende Leistungen in ihrem sozialen Netzwerk für sich mobilisieren kann, wird besser in der Lage sein, diese zu meistern, als Menschen, die über keine oder nur unzureichende Unterstützungsbezüge verfügen. Die Haupteffekt-Hypothese geht von einem direkten Einfluss sozialer Unterstützung auf körperliches und psychosoziales Wohlbefinden aus. Ungeachtet des Ausmaßes der Belastungen und Beeinträchtigungen ermöglicht ein vertrauensvolles Beziehungsnetz das Erleben von positiven Erfahrungen, von Sicherheit, Nähe und Anerkennung. Soziale Unterstützung erfüllt also menschliche Grundbedürfnisse und fördert damit unmittelbar das Selbstwertgefühl, die Befindlichkeit und die psychischen Widerstandskräfte. Heute geht man davon aus, dass beide Hypothesen sich nicht ausschließen, sondern ergänzen.

Netzwerkkonzepts gelten können. Dies betrifft zum einen die Erwartung, dass mit einer Theorie von Netzwerken auf der Meso-Ebene eine Brücke zwischen Handlung und Struktur gebaut werden kann. Weyer (vgl. 2000: 237ff.) hat den Vorschlag gemacht, ein Mehrebenenmodell zu konzipieren. Soziale Netzwerke fungieren dabei als Instanzen, über die gesellschaftliche Werte und Normen wie auch gruppen-, schicht- oder milieuspezifische Verhaltenserwartungen an den Akteur weitergegeben werden. Umgekehrt entstehen aus den vielen Einzelhandlungen von Subjekten in Netzwerken temporär verfestigte Institutionalisierungen von Verhaltensmustern, die sich dann in einem nächsten Schritt gegenüber dem Handeln der Akteure verselbständigen und zu institutionellen Strukturen entwickeln. Die zweite Erwartung gilt der Stellung der Netzwerke zwischen Markt und Hierarchie. Netzwerke bilden, darauf verweist bspw. Walter Powell (1996), ein eigenes Arrangement, welches sich weder auf Markttransaktionen noch auf hierarchische Steuerungs- und Regelungsstrukturen zurückführen lassen. Netzwerke sind damit weniger bürokratisch und verregelt wie Organisationen und zugleich flexibler und kooperationstauglicher als der Markt.

Zentrale Fragen dieses Beitrags sind: Welche dieser Erwartungen und Impulse konnten für die Weiterentwicklung sozialer Projekte genutzt werden? In welcher Form und in welchen Etappen wurden Ideen, Methoden und Perspektiven des Netzwerkkonzepts für soziale Projekte relevant? Da Netzwerke stets auch in Räumen stattfinden, gilt ein besonderer Fokus der Frage, welche Schnittstellen eine netzwerkbezogene und eine (sozial-)räumliche Perspektive haben? Gibt es gemeinsame Entwicklungspfade und welche Konsequenzen haben diese wiederum für soziale Projekte? Diese Fragen werden im Folgenden mit Verweis auf die historischen und konzeptionellen Wurzeln der Netzwerkperspektive bearbeitet.

1. Eine Renaissance der besonderen Art – ein Blick auf 100 Jahre Netzwerkgeschichte

Um 1900 überlegte ein Klassiker der Soziologie, Georg Simmel, wie sich im Vergleich der Jahrhunderte Zugehörigkeiten verändert haben. „(...) *in weniger individueller Weise haben sich im Mittelalter dem Einzelnen typische Zugehörigkeitskreise jenseits seiner Stadtbürgerschaft geboten. Die Hanse verband Stadt mit Stadt und ließ den Einzelnen an einem Wirkungskreis teilnehmen, der nicht nur über jede einzelne, sondern weit über die Reichsgrenzen hinausgriff; die Zunftgemeinschaften andrerseits fragen gleichfalls nicht nach dem städtischen Weichbild, sondern ordnen den Einzelnen, jenseits seiner Stadtbürgerschaft in Verbände, die sich durch ganz Deutschland hin erstrecken. Und wie der Zunftverband über die Stadtgrenzen, so greift der Gesellenverband über die Zunftgrenzen. Die letzteren Konfigurationen hatten das Eigentümliche, den Einzelnen nicht als Einzelnen, sondern als Mitglied eines Kreises zu ergreifen und ihn als solchen weiteren Kreisen einzugliedern. Die Vereinigung aus Vereinigungen stellt zwar den Einzelnen in eine Mehrheit von Kreisen, allein da sie sich nicht eigentlich schneiden, so haben sie zum Problem der Individualität ein eigenes, von den nachher zu erörternden soziologischen Konstellationen der letzteren gesondertes Verhältnis.*“ (Simmel 1992: 465f.) Simmels Überlegungen zu den sozialen Kreisen, in denen sich Menschen bewegen, stellen, wie Betina Hollstein (2001: 60ff.) zu Recht bemerkt hat, einen konzeptionell weitreichenden, wenngleich zu wenig bekannten Beginn der Netzwerkforschung dar.

Nach Georg Simmel dauerte es 26 Jahre, bis Jakob L. Moreno die Netzwerkmetapher nun v.a. unter methodologischen Gesichtspunkten weiter entwickelt hat. Jakob L. Moreno (1934/1974) versucht Beziehungsgefüge von Menschen über statistische Verfahren messbar sowie über optische Verfahren visualisierbar und damit letztlich transparenter zu machen. Ähnlich wie schon Georg Simmel sieht er in Netzwerken Kommunikationsprozesse, die *„über örtlich abgegrenzte Bezirke hinaus(fließen) und ohne Rücksicht auf Nachbarschaft, Bezirk oder Viertel große Individuengruppen in Einheiten zusammenschließen“ (Moreno 1974:* 276).

Doch für viele Netzwerkforscher beginnt die eigentliche Geschichte der Netzwerkanalyse erst in den frühen 1950er Jahren mit den Studien von John A. Barnes (1954) und Elizabeth Bott (1957/71). Elizabeth Bott untersucht Muster ehelicher Arbeitsteilung in Abhängigkeit von den durch die Ehepartner mitgebrachten Netzwerken, während John A. Barnes mit seiner Studie in Bremnes, einem norwegischen Fischerdorf, eine frühe Variante einer Sozialraumanalyse vorgelegt hat. Mit diesen Arbeiten der Manchester Gruppe der Anthropologen, zu der beide gehörten, hat die Netzwerkanalyse eine, wenn auch nicht kontinuierliche, so doch unaufhaltsame Entwicklung in den unterschiedlichsten Disziplinen erfahren. Bis zum Durchbruch der Netzwerkanalyse als eigenständigem Forschungsprogramm dauert es nach Elizabeth Botts Veröffentlichung nochmals eine weitere Dekade. Allgemein wird dieser nächste Meilenstein der Netzwerkgeschichte (vgl. Scott 1991: 33) gegen Ende der 1960er und Anfang der 1970er Jahre angesiedelt. Bis dahin hatten aus der Manchester Gruppe v.a. John A. Barnes (1972) und Clyde Mitchell die Netzwerkperspektive weiterentwickelt. Ihnen ging es dabei um die Erfassung der persönlichen, durch direkte Kontakte geprägten Lebenswelt von Individuen. Über eine zunehmende Nutzung mathematischer Modelle entwickelten Harrison C. White et al. ein Verfahren, das in der Lage war, Daten über relativ große Netzwerke zu verarbeiten. Hinzu kommt ein neuer theoretischer Anspruch, nachdem die Netzwerkanalyse nicht eine von mehreren Verfahren der Analyse sei, sondern *„the only way to construct a theory of social structure“* (White et al. 1976: 732f.). Dieser Weg, der letztlich eine weitreichende Formalisierung und Mathematisierung zur Folge hatte, wurde zwar nicht der Mainstream des soziologischen Denkens, hier hatte Harrison C. Whites Gegenspieler in Harvard, Talcott Parsons, weit mehr Erfolg. Die formale Netzwerkanalyse wurde jedoch zum Mainstream der Netzwerkanalyse. Ende der 1970er Jahre gelang es, diese bis heute bestehende Forschungsrichtung institutionell abzusichern und international zu etablieren (vgl. dazu Diaz-Bone 1997: 20ff.; Jansen 1999: 42f.).

Interdisziplinäre Ausweitung und Entstehung von zwei „Welten“ der Netzwerkanalyse: Mit der zunehmenden Anwendung der Netzwerkperspektive in verschiedenen Forschungsdisziplinen und Praxisfeldern haben sich auch unterschiedliche Formen und Forschungsstrategien herauskristallisiert. Für ihre Unterscheidung hilfreich ist das von Ronald S. Burt vorgeschlagene Sechs-Felder Schema:

Abbildung 1: Sechs Formen der Netzwerkanalyse (Burt 1980: 80)

	Akteursaggregation		
	Einzelner Akteur	Mehrere Akteure, die eine Subgruppe bilden	Viele Akteure als ein strukturiertes System
Relational	Ego-zentriertes Netzwerk als ausgedehnt und/oder multiplex	Primärgruppe als eine Clique im Netzwerk: Ein Set von Akteuren, die durch kohäsive Beziehungen verbunden sind	Struktur des Gesamtnetzwerks als dicht und/oder transitiv
Positional	Inhaber einer Netzwerkposition als zentral und/oder mit Prestige versehen (prestigious)	„status/role-set" als eine Netzwerkposition: Ein Set von strukturell äquivalenten Akteuren	Struktur des Gesamtnetzwerks als eine Stratifikation von „status/role-sets"

Jedes dieser Felder markiert einen typischen Zugang im Rahmen einer (sozialen) Netzwerkanalyse. Eine zweite Unterscheidung betrifft die forschungsmethodische Herangehensweise. Hier gibt es inzwischen neben der *formalen Netzwerkanalyse*, eine – wie wir sie nennen möchten – *multiperspektivische Netzwerkforschung*, die in einer Vielzahl von Wissenschaften Fuß gefasst hat und mit einem breiten methodischen Zugang soziale Beziehungen ebenfalls nicht als einfache Variable operationalisiert, sondern stets als relationales eigenständiges System begreift und in unzählige mehr oder minder komplexe Fragestellungen einbringt. Sie teilt die formale Rigorosität und Abstraktheit der formalen Netzwerkanalyse nicht um den Preis, dass sich ihre Ansätze und Studien kaum einem klar definierten Muster zuordnen lassen.

In jüngster Zeit gibt es noch neuere, eher außerhalb dieser beiden Forschungswelten angesiedelte Konzepte. In diesen von uns als *visionäre Konzepte der Netzwerkanalyse* etikettierten Arbeiten wird das Netzwerk nicht mehr vorrangig als eine auf das soziale Beziehungsleben gerichtete Beschreibungskategorie verwendet, sondern als wichtiger analytischer Begriff der Gesellschaftsanalyse. Ein zentraler Vertreter ist hier Manuel Castells. Die Hauptthese in seinem Standardwerk „The Rise of the Network Society" (1996) lautet, dass die dominanten Funktionen und Prozesse im Informationszeitalter zunehmend um Netzwerke organisiert sind. Beispiele solcher Netzwerke finden sich für ihn, neben dem bekannten Internet, auch

- im *ökonomischen Bereich* – denkt man an die Zusammenschlüsse von Firmen zu Netzwerken oder auch an das Zusammenspiel der weltweiten Börsenmärkte im übergeordneten Netzwerk der globalen Finanzflüsse,
- im *politischen Bereich* – denkt man an die nationalen Räte von Ministern und europäischen Kommissaren der EU. Andere Beispiele sind die UNO, die Nato usw.,
- im *kulturell-medialen Bereich* – denkt man an das Zusammenspiel von Fernsehsendern, Produktionsfirmen etc., die im globalen Netzwerk der neuen Medien die kulturelle Ausdrucksweise und die Meinungen im Informationszeitalter prägen.

In seinen Analysen wird dreierlei deutlich: Es geht bei diesen Netzwerken erstens um einen kommunikativen Austausch von Personen und Institutionen. Gegenstände, Räume und andere nicht-menschliche Lebewesen sind insofern einbezogen, als sie an einem kommunikativen Akt beteiligt sind. Der kommunikative Austausch beinhaltet zweitens einen bestimmten Kommunikationscode, der auch die Werte oder

Leistungsziele enthält, die das Netzwerk zusammenbindet. Und bei diesen Netzwerken handelt es sich drittens um offene Strukturen, die in der Lage sind ohne Grenzen zu expandieren, d.h. „sie können neue Knoten so lange integrieren, solange diese im Netzwerk kommunizieren können und so lange sie den gleichen Kommunikationscode teilen“ (Castells 1996: 471).

Ein zweiter Autor einer radikalisierten, visionären Netzwerkanalyse ist Bruno Latour. In seinen Analysen der Actor-Network Theory (ANT) verdeutlicht er, was wir aus dem Alltag kennen und was dieser Theorieansatz auf den Punkt zu bringen versucht. Alles hängt mit allem irgendwie zusammen. „Der winzigste Aidsvirus bringt uns vom Geschlecht zum Unbewussten, von dort nach Afrika, zu Zellkulturen, zur DNS, nach San Francisco. Aber Analytiker, Denker, Journalisten und Entscheidungsträger zerschneiden das feine Netz, das der Virus zeichnet. Übrig bleiben nur säuberlich getrennte Schubladen: Wissenschaft, Ökonomie, soziale Vorstellungen, vermischte Nachrichten, Mitleid, Sex (...)“ (Latour 1998: 9) Die ANT hat sich zur Aufgabe gemacht, eben diese Querbezüge zum Thema ihrer Arbeiten zu machen und konsequent die eingeschlagenen (Begriffs- und Denk-)Wege zu verlassen. Ihr eigenwilliger Weg führt sie bei der Analyse der Netzwerke zur Entdeckung hybrider Quasi-Objekte. Bei diesen handelt es sich weder um Dinge noch um Subjekte, sondern um „innige Verschmelzungen, in denen sich die Spuren der beiden Komponenten Natur und Gesellschaft vermischen“ (Latour 1998: 71). Der Netzwerkbegriff ist für die ANT Symbol und Programm zugleich. Ihr Ziel, die unverbundenen, genauer gesagt, die künstlich zerschnittenen Fäden wieder zusammenzuspannen, wird durch das Netzwerk perfekt symbolisiert.

Beide Ansätze betonen die Relevanz eines *erweiterten Netzwerkbegriffs*, der, so Manuel Castells, unausweichlich zu einer zentralen gesellschaftswissenschaftlichen (und wie Latour ergänzen würde, auch naturwissenschaftlichen Erkenntnis-)Kategorie wird. Dieser erweiterte Bedeutungsumfang reagiert, räumlich gesehen, auf die Entgrenzungsprozesse, die heute die Globalisierung mit sich bringt bzw. nutzt, analytisch gesehen, auf Verknüpfungen zwischen sozialen und nicht-humanen Elementen, die es bis dato so in der Netzwerkforschung noch nicht gegeben hat.

Dabei, und das kann hier nur kurz angedeutet werden, knüpfen diese Überlegungen durchaus an Ideen an, die bereits in dem relationalen Denken Georg Simmels enthalten sind. Insofern schließt sich auch hier wieder ein Kreis bzw. – netzwerkanalytisch gesprochen – gibt es Knoten und Verbindungslinien zwischen den Klassikern und Visionären der Netzwerkforschung.

2. Soziale Projekte und Netzwerke

Die Idee der Netzwerkorientierung hat aber nicht nur im Forschungsbereich ihre Spuren hinterlassen, sondern wurde in vielfältiger Form auch für die Praxis von sozialen Projekten und Organisationen genutzt. Mit Blick auf die letzten 40 Jahre lassen sich vier, zum Teil auch parallel wirkende Entwicklungslinien benennen, die auf ganz unterschiedliche Weise den Einfluss der Netzwerkidee auf soziale Projekte dokumentieren. Wir beschreiben diese im Folgenden aus einer gemeindepsychologischen Perspektive. Als Kind der Reformära und der sozialen Bewegungen (vgl. Keupp 1987: 190) versteht sich die Gemeindepsychologie ähnlich wie der Ansatz der Gemeinwesenarbeit nicht als distanzierter Beobachter gesellschaftlicher Entwicklungen, sondern als participant-conceptualizer (Bennett et al. 1966). In dieser Rolle ist sie aktiv an Veränderungsprozessen beteiligt und bezieht sich, in ihrem Bemühen, soziale Praxis zu verbessern, in besonderer Weise auf netzwerkorientierte Ansätze.

2.1 Forderung nach Überwindung der Individualisierung und Defizitorientierung (seit Anfang der 1970er Jahre)

Lange Zeit dominierten im psychosozialen Bereich Formen eines individualpsychologischen Denkens. Dieses war zumeist gekoppelt mit einer an Defiziten (des Individuum bzw. der Infrastruktur eines Stadtviertels) orientierten Praxis der Beratung und Begleitung. Erst durch die umweltbezogenen und sozialökologischen Ansätze der 1970er Jahre (vgl. Germain 1977; Germain/Gitterman 1983) wurden die Grenzen eines individualpsychologischen, defizitorientierten Handelns deutlich. Mit der in vielen psychosozialen Feldern Anfang der 1980er Jahre einsetzenden systemischen Wende und einem stärker den Ressourcen geltenden Verständnis Sozialer Arbeit gerieten die das Individuum umgebenden Umwelten immer stärker in den Mittelpunkt des Beraterblicks. Gefragt waren nun auch Ansätze, die in der Lage sind, die soziale Umwelt zu verstehen und die Sozialkompetenzen von Personen und ihren Netzwerken zu verbessern.

Dieser Annäherungsprozess an eine Netzwerkperspektive vollzog sich in kleinen Schritten. Am Beispiel der Familientherapie kann man exemplarisch zeigen, wie statt des Symptomträgers nun zwar ein erweitertes (Familien-)System als möglicher Problemverursacher in den Blick gerät. Andererseits bleibt dieser Ansatz aus Sicht der Netzwerkperspektive auf halber Strecke stehen. So fokussiert der familientherapeutische Blick (bspw. über Genogramme) das Beziehungsnetz auf das nahe, meist auch verwandtschaftlich verbundene soziale Umfeld eines Individuums. Und dies, obwohl man schon in den 1970er Jahren erkannt hatte, dass die selbst gewählten Beziehungen zu Freunden einen immer wichtigeren Stellenwert in der Beziehungsarbeit einer Person einnehmen. Was hier exemplarisch am Beispiel einer therapeutischen Perspektive formuliert wurde, gilt ebenso für organisationssoziologische Analysen. Auch hier wurde lange Zeit primär der formale Aufbau der Organisationen gesehen, die informellen Netzwerke in und um Organisationen herum wurden jedoch vernachlässigt.

Netzwerkanalytiker haben diese Beschränkung der Analysen sozialer Beziehungen stets kritisiert, blieben aber lange ohne größeren Einfluss. Erst in jüngerer Zeit mehren sich die Hinweise (bspw. Hass/Petzold 2000; Boskamp 1999), dass auch das weitere Umfeld in der Familie (oder das informelle Netz in der Organisation) wichtiger Teil von Konflikten wie auch Quelle von Ressourcen sein kann und somit zu einem systematischen Teil psychosozialen Handelns werden muss. Inzwischen gibt es auch eine Reihe von Verfahren, die für unterschiedliche Felder netzwerkbezogene Interventionen entwickelt haben:

- Ein Beispiel für eine therapeutische Methode ist die von Ross V. Speck und Carolyn L. Attnaeve (1983) sowie Urs Rueveni (1979) entwickelte Netzwerktherapie (vgl. auch Klefbeck 1998) und als sozialarbeiterisches Pendant die Netzwerkkonferenz (vgl. Fryand 1994; Feineis 1998). Eine weitere Variation stellt das für den sozialpsychiatrischen Bereich von Raisch (1998) mit entwickelte Verfahren der Netzwerkmoderation dar.
- Ein spezifisches Verfahren zur fallbezogenen Vernetzung von Helfern und Klienten ist die Methode der Helferkonferenzen (vgl. Kensy 1984; Straus 1990). Ein Beispiel eines netzwerkorientierten Verfahrens für Fallsupervisionen und -beratung in der sozialen Arbeit findet sich bei Florian Straus und Renate Höfer (1998).
- Ein Beispiel eines verhaltenstherapeutisch orientierten Gruppenprogramms bei Einsamkeit ist jenes, das Heide Möhrlein, Agathe Roth und Bernd Röhrle (1998) entwickelt haben.
- Des Weiteren gibt es auch Verfahren zur Stärkung der Unterstützungssysteme alter Menschen, wie jenes von David E. Biegel, Barbara K. Shore und Elisabeth Gordon (1984).

Bernd Röhrle, Gerd Sommer und Frank Nestmann (1998) haben für den deutschsprachigen Raum in einem Sammelband den bisher besten Überblick zu praxisorientierten Netzwerkmethoden zusammengestellt. Doch auch sie kommen zu dem Schluss, dass im Unterschied zum angloamerikanischen Raum in der BRD eine vergleichbare Praxis des „networking“ und des „support marshalling“ noch weitgehend fehlt.

In letzter Zeit wird im Kontext Sozialer Arbeit öfter auch der Begriff der Netzwerkarbeit verwendet. Dieser Begriff ist einerseits Sammelbegriff für verschiedene Ebenen der netzwerkbezogenen Intervention, andererseits verkörpert er auch ein bestimmtes analytisches Herangehen an vernetzte Strukturen. Fünf der damit verbundenen Grundhaltungen sollen im folgenden kurz beschrieben werden (vgl. auch Sommer/Röhrle 1998; Bullinger/Nowak 1998; Lenz 2000; Straus 2002).

- *Netzwerkarbeit bedeutet Netzwerkorientierung und Netzwerkanalyse.* Mit dem von Claude C. Tolsdorf (1976) geprägten Begriff der Netzwerkorientierung ist die grundsätzliche Bereitschaft des Individuums gemeint auf soziale Ressourcen zurückzugreifen. Dies bedeutet im ersten Schritt die in Netzwerken liegenden Ressourcen überhaupt verstehen, d.h. lesen zu können. Methoden wie Netzwerkkarten (-bilder, -diagramme) bieten ein reichhaltiges Repertoire an Möglichkeiten, nicht nur die Kernfamilie, sondern das gesamte Netzwerk in die Analyse einzubeziehen (Straus 2002).
- *Netzwerkarbeit zielt darauf ab, vorhandene Netzwerke zu stärken (network coaching/network intervention).* Vorhandene Netzwerke enthalten oft Ressourcen, die nicht oder nur teilweise genutzt sind. Ein wichtiger Aspekt praktischer Netzwerkarbeit ist es deshalb vorhandene Netzwerke, dort wo sinnvoll und möglich, zu stärken. Ein anderer Nutzen ist der, die Stärken bzw. positiven Beziehungen deutlicher zu machen. Eine wichtige Funktion haben hier oft auch jene Personen, die im ersten Moment weniger zentral erscheinen (vgl. auch Lenz 2000). Gerade sie können möglicherweise wichtige neue Funktionen übernehmen. Zur prakti-

schen Netzwerkarbeit gehört es deshalb, ihnen Beachtung zu schenken und allgemein mit den Klienten an ihrem sozialen Verhalten, an Kompetenzen zur Aushandlung und an Formen des Hilfesuchverhaltens usw. zu arbeiten.

- *Netzwerkarbeit schafft auch neue Netzwerke (network construction).* Praxisbezogene Netzwerkarbeit versucht dort, wo vorhandene Netzwerke nicht ausreichen oder Defizite haben, zusätzliche neue Netzwerke zu schaffen (Kontakte zu knüpfen, neue Bekannte/Freunde, von ähnlichen Problemen Betroffene usw. zu finden). Auch hier kann die Netzwerkarbeit sich vielfältiger Formen bedienen (Strategien lokaler Vernetzung, gemeinwesenorientierte Strategien, Initiierung von Selbsthilfegruppen). Eine besondere Herausforderung ist die Suche nach neuen Gelegenheitsstrukturen. Dies ist immer dann notwendig, wenn die klassischen und oft mittelschichtdominierten Orte nicht geeignet sind.
- *Netzwerkarbeit hilft mit fragwürdige Netzwerkstrukturen aufzulösen.* Wie schon erwähnt, können Netzwerkstrukturen auch negative Anteile haben. Statt Informationen zu geben halten sie diese zurück oder integrieren mit gezielten (Falsch-) Informationen; statt Liebe und Anerkennung zu geben, vermitteln sie Kälte und Geringschätzung und statt Räume oder/und Optionen im Handeln zu ermöglichen, schränken sie, durch allerlei Varianten des Drucks und der moralischen Kontrolle Freiräume eher ein. Aufgabe der Netzwerkarbeit muss es von daher auch sein, den Klienten zu helfen aus solchen Strukturen auszusteigen, sich von Netzwerkpersonen und -teilen zu verabschieden („Trennungsarbeit“). Dieser Teil bedeutet oft einen radikalen Umbau eines Netzes.
- *Netzwerkarbeit prüft und modifiziert Vernetzungen im professionellen Helfernetzwerk.* V.a. Multiproblemfamilien beschäftigen häufig auch eine ganze Heerschar an Professionellen. Aufgabe eines Beraters kann es sein, zu prüfen, welche dieser Helferbeziehungen sinnvoll und stützend, welche überflüssig und womöglich auch (eher) contraindiziert sind. Am Ende der Betreuung können Multiproblemfamilien zudem oft noch nicht in die völlige Autonomie entlassen werden, sondern sind weiter auf gezielte professionelle Unterstützung angewiesen. Diese sinnvoll zu arrangieren und gemeinsam mit der Familie zu organisieren (bspw. über Helferkonferenzen), ist ebenfalls Teil praktischer Netzwerkarbeit.

Eine weitere Variante einer ganz anderen netzwerkorientierten Dimension für Beratung eröffnet das Internet. In den letzten zwei Jahren haben Online-Beratungsangebote und auch Selbsthilfe-Chatrooms sprunghaft zugenommen. Anonyme Beratung zu fast allen Lebensfragen und Konfliktlagen wird inzwischen auch von seriösen Anbietern bundesweit ins Netz gestellt. Die „Netzwerkorientierung“ bezieht sich hier allerdings weniger auf die Beratungsinhalte als das Medium, in dem beraten wird.

Neben den klienten- und organisationsbezogenen Formen der Netzwerkberatung gibt es mittlerweile auch eine Variante des networking, die auf eine systematisch aufgebaute berufliche Beziehung und Karriereplanung abzielt. Hier lautet der Grundgedanke: Beziehungen müssen heute stärker als früher aktiv geknüpft und gepflegt werden, wenn sie für die berufliche Karriere Informationsaustausch, Kommunikation, Hilfestellung und gegenseitige Förderung beinhalten sollen. Dieser Beratungsansatz gibt Tipps und Hinweise für ein aktives Beziehungsmanagement. Es gilt die Chance zu nutzen, die beruflichen und privaten Partner zu Freunden und Verbündeten zu machen und ihre Wertschätzung, ihr Wohlwollen und ihre aktive Unterstützung zu gewinnen.

Auch wenn das letztgenannte Beispiel möglicherweise nur eine „Nebenblüte" in der boomenden Landschaft der Netzwerkidee ist, so verdeutlicht es dennoch, wie weit netzwerkorientierte Beratung in einer Zeit gehen kann, in der die Erosion klassischer Traditionen und Großgruppennetzwerke ein völlig neues Beziehungsmanagement notwendig macht.

2.2 Forderung nach Netzwerken als alternative Organisationsform: nicht-hierarchisch – flexibel – selbstorganisiert – bürgernah (seit Anfang der 1980er Jahre)

Fast seit Beginn begleitet die Netzwerkidee ein besonderer Zauber. Sie gilt als Hoffnungsträger für die stärkere Durchsetzung von sozialer Unterstützung, von mehr Gemeinschaftlichkeit und Menschlichkeit, sowie von Kreativität, Gleichberechtigung und von Arbeitsbeziehungen, die auf nicht entfremdeten Arbeitsverhältnissen basieren. In der versuchten Realisierung dieser Erwartungen galt es nicht nur soziale Konzepte und Methoden zu beeinflussen, sondern auch Organisationsformen zu schaffen, die sich diese attribuierten Eigenschaften eines Netzwerks zunutze machen. So ist es nicht verwunderlich, dass sich in der alternativen Szene in der Bundesrepublik in den 1980er und 1990er Jahren zuhauf Zusammenschlüsse finden, die sich aus den oben genannten Gründen als Netzwerk organisieren und zur sichtbaren Abgrenzung gegenüber klassischen Organisationsformen den Netzwerkbegriff in ihrem Namen aufnehmen. Auch heute gibt es ähnlich motivierte Beispiele, wenn es um gemeinsame Verantwortung und gemeinsames Handelns für unsere Welt geht. Wie oben bereits ausgeführt gelten Netzwerke als ein Instrument von Selbstorganisation, mit dem sich unentdeckte Hilfs- und Unterstützungspotentiale in der Gesellschaft organisieren können. Ihr Markenzeichen sind dabei nicht-hierarchische und freiwillige Formen von Zusammenschlüssen, die nicht auf Marktmechanismen beruhen.[3]

Das Netzwerkkonzept wird darüber hinaus heute im Kontext der Wirtschaft bzw. Organisationsentwicklung entdeckt und für Beratungsprozesse genutzt (vgl. Boskamp 1999; Balck 1996). Peter Boskamp sieht eine Reihe von Gründen, die das Netzwerkkonzept für leitende Mitarbeiter in Organisationen interessant machen. Während bislang die Person im Wesentlichen nur nach Funktion und Position gesehen wurde, verkörpern Netzwerke in einer Organisation jene Grauzone zwischen formalen Strukturen und informellem Bereich. Heute erkennt man, dass es nicht darum geht, diese informellen Netze zu kontrollieren, sondern ihr Potenzial zu fördern und mittels unterschiedlicher Strategien als nützliches Instrument im organisatorischen Alltag zu nutzen: Gerade in Zeiten mitarbeiterorientierter Organisations-

3 Beispiele sind Selbsthilfegruppen, die in aller Regel die Netzwerkidee im Kern realisiert haben, oder auch das „Global Challenges Network" (vgl. Burmeister/Canzler/Kreibich 1991) oder das Netzwerk Zukunft (vgl. Burmeister 1991:143).

entwicklung und der Förderung eines „lean Managements" werden die weitverzweigten Strukturen der informellen Netzwerke zu einem wichtigen Kapital jeder Organisation. Es gibt bereits Beispiele, dass in Unternehmen vor Umstrukturierungsprozessen Netzwerkanalysen durchgeführt werden, um wichtige informelle Netzwerke durch die Reorganisation nicht zu unterminieren. Neben den firmeninternen werden auch *organisationsübergreifende Netzwerke* („strategische Allianzen") wichtig und als Innovationspotenzial sowie als Strategie der Erhöhung der Wettbewerbsfähigkeit genutzt. Das „networking" bildet neben der Projektorientierung den wesentlichen Eckpfeiler einer Entwicklung, deren Opfer die traditionellen „Palastorganisationen" sind.

2.3 Forderung nach einem Ausbau von Vernetzung und Kooperation (seit Anfang der 1980er Jahre)

Neben dem klienten- und organisationsbezogenen Fokus wurde die Netzwerkidee auch als Zielperspektive für die Zusammenarbeit zwischen Organisationen und Institutionen sowie professionellen und informellen Hilfesystemen entdeckt. Dahinter stand die Beobachtung,

- dass vielfach hochgradig spezialisierte und ausdifferenzierte Organisationen und Institutionen, die das gleiche Klientel betreuen, wenig bis nichts voneinander wissen, geschweige denn kooperieren. Daraus resultierende Probleme sind Mehrfachbetreuungen, Fehlplatzierungen, Doppelarbeit und Vertrauensverluste beim Klientel,
- dass es auch zwischen den informellen und selbstorganisierten Hilfesystemen sowie den professionellen Diensten zu wenige Schnittstellen gibt und letztere viel zu selten auf das bereits vorhandene Potenzial zurückgreifen.

Als Lösung beider Probleme erhielt der Vernetzungsbegriff im psychosozialen Bereich einen stark positiven Gehalt: „*Kooperations- und Vernetzungsstrategien sind geradezu Hoffnungsträger ersten Ranges*" (Dahme/Wohlfahrt 2000: 319). Man erhofft sich sowohl Versorgungsstrukturen im Interesse der Klienten zu verbessern, Synergiepotentiale durch Zusammenarbeit verschiedenster Einrichtungen steigern zu können als auch Organisationen und Versorgungssysteme effizienter zu organisieren. Mit einer „Politik der Netzwerkbildung" über Gesetze (bspw. SGB VIII, §78), staatliche Programme und institutionelle Handlungspraxen wurden neue kooperative Steuerungspraxen in den verschiedensten sozialen Bereichen etabliert (vgl. auch von Kardorff 1998). Häufig genannt werden hier die so genannten intermediären Gruppen, wie psychosoziale Arbeitsgemeinschaften und Selbsthilfegruppen (vgl. Bergold/Filsinger 1993). Gerade letztere haben verdeutlicht, dass Netzwerke heute als ein Instrument von Selbstorganisation gelten, mit dem sich unentdeckte Hilfs- und Unterstützungspotenziale in einer Gesellschaft organisieren können.

Betrachtet man diese Entwicklung in ihrer Gesamtheit unter einer kritischen Perspektive, so finden sich viele Idealisierungen. Dies betrifft bspw. die langjährige Tabuisierung der professionalisierten Basis der Selbsthilfe, aber auch die Gegenüberstellung von Netz und Markt. Schon wird nicht nur gefragt, ob Netzwerke womöglich für mangelnde Steuerungsfähigkeit von Staat und Verwaltung stehen, sondern auch ob Netzwerke – quasi im Schatten der Hierarchie – Effizienz- und Kostenprobleme lösen sollen (Dahme/Wohlfahrt 2000: 327). Auch wenn hier unseres Erachtens zu vorschnell diagnostiziert wird, dass der Netzwerkbegriff eindimensional zur Rationalisierungsmetapher geschrumpft sei, so wird doch andererseits immer deutlicher, dass Netzwerke eben kein Wundermittel zur Verbesserung der Welt sind. Gerade auch die Markierung vieler Zusammenschlüsse und Arbeitsformen im wirtschaftlichen Sektor zeigt, dass Netzwerke keineswegs Bollwerke gegen Marktmechanismen sind, sondern zumindest in Teilen sehr wohl auch marktförmig funktionieren. Damit korrespondiert, dass in der Netzwerkforschung der Pathogenität sozialer Netzwerke, früher wie heute, zu wenig Aufmerksamkeit geschenkt wird (vgl. Röhrle 1994: 52ff.). Perspektivisch gedacht werden diese Ergebnisse, die auf die nicht unterstützende bzw. auch marktförmige Seite von Netzwerken verweisen, zu einer allmählichen Entzauberung des normativen Gehalts der Netzwerkidee führen. Ob man es will oder nicht, Netzwerke werden „entwertet" oder, wie Manuel Castells zutreffend schreibt: „Networks, as social *forms,* are value-free or neutral. They can equally kill or kiss: nothing personal." (Castells 2000: 16). Ein anderer Problemkreis, der die Euphorie der Vernetzung inzwischen gebremst hat, ist, dass viele psychosozialen Vernetzungen auf einer zu einfachen qualitativen Ebene stecken geblieben sind (bspw. zu wenig Brückenvernetzungen existieren) und heute, teilweise aufgrund des zeitlichen Aufwands für die Beteiligten, die Forderung nach zunehmender Vernetzung eher Skepsis und Widerstand als Hoffnung auslöst.

2.4 Forderung nach einer Sozialraumorientierung sozialer Dienste (seit Ende der 1990er Jahre)

Seit einigen Jahren wird nun verstärkt nicht nur eine Vernetzung, sondern eine Sozialraumorientierung sozialer Arbeit gefordert. Die Attraktivität des Konzepts bezieht sich aus seiner Mischung: so werden Elemente aus der Gemeinwesenarbeit mit Strukturmaximen der Jugendhilfe aus dem 8. Jugendbericht ebenso verwoben wie die Forderung nach einer zunehmenden Dienstleistungsorientierung der Jugendhilfe mit der Erwartung, die Jugendhilfe effizienter und effektiver zu machen. Die Sozialraumorientierung wird dabei nicht als Methode, sondern als Grundhaltung beschrieben, die alle Bereiche sozialer Arbeit durchdringen soll und die nicht mehr den Einzelfall in den Mittelpunkt stellt, sondern den Fall im Feld. Für die Struktur und Organisation der diversen Hilfen hat dies entscheidende Konsequenzen, wenn der soziale Raum als zentrale Steuerungsdimension akzeptiert wird. Sie verändern ihre Organisationsform und organisieren sich über Trägergrenzen hinweg.

Das Konzept der Sozialraumorientierung kritisiert damit sowohl die zentralistische Fach- und Zielgruppensortierung nach bestimmten Hilfearten, wie auch die Steuerung über Produkte. Die Sozialraumorientierung erscheint demgegenüber als lebensweltnahes, flexibles Konzept, das „die konstruktiv funktionierenden Teile eines Quartiers (nutzt). Dazu benötigen die Fachkräfte Kenntnisse über Machtströme, informelle Netzwerke und Infra-Struktur, sie müssen sich auskennen im lokalen Einzelhandel, auf den Hinterhöfen, den Straßen und Plätzen, in den Vereinen, Unternehmen und religiösen Organisationen." (Hinte 2001: 11) Aus Sicht einer Netzwerkperspektive hat dieser Ansatz den Charme, nicht nur die vielfältigen Bezüge der Menschen in den Mittelpunkt zu rücken, sondern auch im Sinne eines erweiterten Netzwerkbegriffs, Bezüge zwischen sozialen Netzwerken und unterschiedlichen Aspekten des sozialen Raums (Hinterhöfen, den Straßen und Plätzen) herzustellen. Ähnliche Bezüge finden sich heute auch außerhalb der sozialen Arbeit, wenn bspw. im Programm der sozialen Stadt, Quartier und Netzwerk zusammengedacht wird (vgl. Spieckermann/Franzen 2002). In der Programmatik der sozialen Stadt bzw. des Quartiersmanagement werden mehrere ebenso aktuelle wie fortschrittliche Prinzipien benannt: Eigenständigkeit und Selbstorganisation, Partizipation und Empowerment sowie Vernetzung.

Ziel ist es, „die Fähigkeit der Bewohnerinnen und Bewohner im Stadtteil zur Zusammenarbeit und sozialen Vernetzung („Sozialkapital") zu stärken. Dabei geht es nicht darum, die Zahl und Dichte von Zusammenarbeit und sozialer Vernetzung um ihrer selbst willen zu erhöhen. Vielmehr soll das kooperative Verhalten gewinnbringend sowohl für den Einzelnen als auch für das Gemeinwesen genutzt werden. Es geht darum, eine positive Grundstimmung zu schaffen nach dem Motto: „Mir ist es nicht egal, was aus diesem Stadtteil wird. Ich bleibe hier und tue etwas!". Selbsthilfe und Eigenverantwortung sowie nachbarschaftliche Kontakte und Netzwerke sollen gestärkt werden; damit soll der zunehmenden Abkopplung der Bewohner von gesellschaftlichen Institutionen wie Familie, Freundeskreis, Verein und Initiative entgegengewirkt werden. Es gilt, das Neben- und Gegeneinander von Bevölkerungsgruppen durch ein Miteinander zu ersetzen (vgl. Böhme/Schuleri-Hartje 2002).

Ihre Nagelprobe erfahren Sozialraumorientierung und Quartiersmanagement in ihrer tatsächlichen räumlichen *und* sozialen Umsetzung. Dazu sollen zunächst einige zentrale Ergebnisse der Netzwerkforschung zum Verhältnis von Raum und Netzwerk vorgestellt werden.

3. Netzwerke und Sozial-Raum

Nicht nur die Klassiker und Theoretiker der Netzwerkforschung, sondern auch viele empirische Studien haben sich mit den sozialräumlichen Bezügen von Menschen beschäftigt. Im Folgenden sollen einige der wichtigsten Ergebnisse der Netzwerkforschung kurz dargestellt werden (zum Überblick vgl. Keupp 1988a; Wellman 1999a, 2001):

1) *Gemeinschaftsbezüge sind beschränkte, spezialisierte Beziehungen, die nicht breitflächig unterstützend sind.* Die verschiedenen Arten der sozialen Unterstützung verteilen sich auf unterschiedliche Gruppen und Sektoren. Dies bedeutet, dass Menschen unterschiedliche Beziehungen pflegen müssen, um sich eine Bandbreite an Ressourcen zu sichern.
2) *Menschen sind nicht (mehr) in traditional dichte, enge Gemeinschaften eingebunden.* Sie bewegen sich in der Regel in dünnen, weitmaschigen Netzwerken mit starkem Wechsel. Generell gilt, dass große, heterogene und zugleich dichte

Netzwerke am meisten Unterstützungspotenzial bieten. Nur wenige Menschen haben heute stabile Netzwerke. Falsch wäre es, daraus zu schließen, dass Gemeinschaften mit dieser Entwicklung verschwinden; deutlich wird aber, sie sind im Fluss: Es gibt viele multiple soziale Arenen und die Menschen machen von diesen verzweigten Bezügen auch Gebrauch. Damit ist nicht gesagt, dass die Bezüge heute eher zufälliger Natur sind. Nach wie vor gilt das Sprichwort „Gleich zu gleich gesellt sich gern". V.a. aber kann man sich in den meisten Netzwerken heute nicht abwartend und passiv verhalten, sondern muss kontinuierlich aktive Beziehungsarbeit leisten.

3) Private Intimität hat die öffentliche Geselligkeit ergänzt und teilweise ersetzt. Gemeinschaften haben sich aus nachbarschaftlichen Bezügen zu weiter verstreuten Netzwerken verändert. Die starke Bedeutung von öffentlichen sozialen Räumen nimmt ab, wobei es sich dabei in vielen Ländern um stark männlich dominierte Räume handelt(e). Heute haben sich zumindest in vielen westlichen Gesellschaften die Muster verändert: Beide Geschlechter kommen gleichermaßen nach Hause (d.h. in immer weniger Fällen wartet die Frau auf den Mann, um ihn zu versorgen) und ein großer Teil gemeinschaftlichen Lebens findet zu Hause statt (als Treffpunkt mit Freunden, als Ausgangsort von Telefonaten, E-Mails usw.). Dies erklärt auch, warum (in Nordamerika stärker als in Europa) öffentliche Plätze heute überwiegend Verkehrsverbindungen sind, um von einem zum anderen Ort zu kommen oder/und Einkaufsorte, aber nicht mehr als lokale Treffpunkte gekennzeichnet werden können. Dies hat Konsequenzen für das Gefühl der Verantwortlichkeit und der informellen Hilfe für andere. Es erklärt auch, warum heute immer weniger Leute einfach so helfen beziehungsweise sich in der Folge im öffentlichen Raum nicht mehr sicher fühlen. Verstärkt wird diese Entwicklung nicht zuletzt durch das Potenzial der Telekommunikation. Diese ermöglicht es heute, enge Beziehungen auch über weite Strecken aufrecht zu erhalten. Damit haben viele Beziehungen die konkrete Örtlichkeit längst verlassen und Gemeinschaften sich aus nachbarschaftlichen Bezügen zu weiter verstreuten Netzwerken verändert, die (dennoch) unterstützend und gesellig bleiben.

4) Von der door-to-door zur person-to-person community. Historisch gesehen sieht Barry Wellman (2001), der sich in der Netzwerkforschung am intensivsten mit diesen Fragen beschäftigt hat, das lebensweltliche Zusammenleben der Menschen in räumlichen Strukturen v.a. von zwei markanten Veränderungen geprägt:

- *Dem Übergang von der door-to-door zur place-to-place community.* „Door-to-door" Gemeinschaften waren bis ins 19. und teilweise auch bis ins 20. Jahrhundert dominierend. In dieser Form der Gemeinschaft gab es dichte Bezüge. Wenn man sich besuchen wollte, ging man in aller Regel zum nächsten Gemeinschaftsmitglied, da man Tür an Tür wohnte. Gemeinschaft, der Wohnort und die Nachbarschaft fielen weitgehend zusammen. Mit der Weiterentwicklung der Transportmittel und der Erfindung neuer Kommunikationsmedien (wie bspw. des Telefons) verändert sich Gemeinschaft. Die Orte bleiben wichtig, neu ist aber, dass wichtige Orte auch weit weg von der eigenen Wohnung liegen können. Die unmittelbaren Kontakte zu den Nachbarn verlieren an Bedeutung. Umgekehrt gewinnt der Haushalt an Bedeutung. Barry Wellman spricht von der ersten Etappe der Verhäuslichung der Gemeinschaft. Wichtig werden v.a. die Transportmöglichkeiten, mit denen man schnell von Ort A nach Ort B kommt.

- *Dem Übergang von der place-to-place zur person-to-person (and role-to-role) community.* Wellman macht ein typisches Merkmal für diesen Übergang am Beispiel des Handys deutlich. Während das Telefon stets nicht nur zwei Personen, sondern auch zwei Orte verband, löst sich mit dem Handy die Ortsgebundenheit komplett auf. Person A ist mit Person B verbunden, wo immer diese Person B oder umgekehrt die Person A sich auch befinden. Auch andere mobile Geräte (CD-Spieler, Kassettenrecorder) führen schrittweise zu einem „Identitätsverlust" von konkreten Orten. Der Mensch kann immer Dinge tun und hören, egal wo er sich gerade befindet. Diese Ortsungebundenheit wird zunehmend auch durch die Möglichkeiten des Computers (Internet etc.) verstärkt. Damit gekoppelt gibt es eine zweite markante Veränderung. Gerade über die Möglichkeiten der computerunterstützten Kommunikationswege begegnen sich Personen immer stärker nur in partialen Rollen und Interessen. Die Folge ist das, was Barry Wellman als „The Rise of Personalized Networking" bezeichnet, und damit auch möglicherweise die Gefahr, dass wir ein Milieu voller Unsicherheit kreieren, in der jeder nur Ausschnitte des anderen und niemand mehr den anderen genau kennt. Doch Wellman warnt auch vor einseitigen Prognosen. Einerseits sieht er viele Menschen in beiden, dem Cyberspace und dem „Physical space" agieren. Mit der Verstärkung des einen geht die Bedeutung des anderen Bereichs nur teilweise zurück. Deutlich jedoch wird aus seiner Sicht, dass in diesen komplexen Konstellationen Netzwerke noch wichtiger werden als früher. Damit wächst auch die Bedeutung des Netzwerkkapitals. Es gehört ebenso wie das finanzielle, menschliche und kulturelle Kapital zu den erstrebenswerten und überlebensnotwendigen Ressourcen.

Ob man Barry Wellman's berühmte East York Studien oder andere Beispiele von Netzwerkanalysen heranzieht, stets wird in den meisten dieser akteurszentrierten Netzwerkstudien zwar ein Raumbezug vorgenommen, die Räume selbst werden jedoch eher als Kulisse oder/und Ressource thematisiert.

Vom vorgefundenen Container zum konstruierten relationalen sozialen Raum. Diese Verwendung des Raumbezugs entsprach dem damals gängigen (und in Teilen auch heute noch gültigen) soziologischen Umgang. Raum galt lange Zeit nicht als soziologisch relevante Kategorie. Als Beispiel kann die Stadtsoziologie gelten, in der Raum „lange Zeit überhaupt nur mit Präfix vorkam: Stauraum, Wohnraum, Straßenraum." (Dröge 2000: 9ff.). Dahinter steht das Container-Modell: Raum ist hier der euklidische dreidimensionale Raum, vermessbar und im Grunde genommen nicht mehr als eine außenwandige Gegebenheit für soziale Prozesse. Für ein alternatives Raumverständnis gibt es zwar ebenfalls historische Vorläufer (etwa bei Georg Simmel für einen relationalen Raumbegriff), doch erst die moderne Raumsoziologie, wie bspw. Martina Löw sie vertritt, bricht systematisch mit der Idee, dass Raum ein starres, umschließendes, gefäßartiges Gebilde ist. *„Räume sind stattdessen, so möchte ich betonen, nur im Plural zu denken, als gleichzeitige relationale (An)Ordnungen sozialer Güter und Lebewesen an Orten." (Löw 2001: 271). Martina* Löw definiert den Raum als soziales Konstrukt von Menschen. In diesem Konstrukt gibt es zwei Prozesse:

- Eine Syntheseleistung, mit der über Wahrnehmungs-, Vorstellungs- oder Erinnerungsprozesse Güter und Menschen zu Räumen zusammengefasst werden.
- Das „Spacing“ durch Platzieren (bauen, vermessen, errichten) jener Güter und Menschen an Orten, in Relation zu anderen Gütern und Menschen (vgl. ebd. 158f.).

Auffallend sind die Übereinstimmungen mit der oben skizzierten, erweiterten Netzwerkperspektive. Hier wie dort verzichtet man bewusst auf die klassischen Trennungslinien und versucht über einen synthetischen Blick komplexe Zusammenhänge besser zu verstehen. In den damit möglich gewordenen erweiterten Netzwerkanalysen wird der Raum bzw. werden räumliche Repräsentationen quasi ins Netz genommen und relational mit sozialen Akteuren und den von ihnen hergestellten Produkten und Dienstleistungen verknüpft.

Vor allem in der englischen Soziologie haben solche Überlegungen bereits eine längere Tradition. So kritisiert John Urry (2000) die konventionelle Soziologie darin, dass sie die körperliche Bewegung innerhalb und über die Gemeinde hinaus ebenso negiert, wie die Wege, auf denen andere Menschen und Dinge raum-zeitlich wahrgenommen werden. Er sieht eine Überbetonung der Interaktionen der Menschen und Gruppen und eine Vernachlässigung der Rolle von Objekten, der Materialität von Orten. Bspw., so John Urry weiter, können eine Kirche und ein Baum ein Dorf zu einem besonderen Ort des Wohnens machen. Objekte können als vorgestellte Objekte auch über große Distanzen eine Art von virtueller Behausung kreieren. In diesem Sinne denkt auch Martin Albrow (1998) und attackiert die Utopie der auf einen Ort begrenzten lokalen Gemeinschaft. Sie kumuliert für ihn in der letztlich illusionären Vorstellung *„städtischer Arbeiter, die alles gemeinsam machen“* (ebd.: 244) – für Martin Albrow ein typischer Mythos der Moderne. Er setzt dagegen Gemeinschaften, die auch ohne umfassend funktional oder lokal figuriert zu sein ihren Anhängern als wichtiger Bezugspunkt dienen. Albrows Gegenutopie analysiert die von räumlichen Kontexten losgelösten Aktivitäten: Das soziale Leben hat sich in zahlreichen unterschiedlichen Weisen von territorialen Strukturen gelöst, so dass es in vielen Teilen der Welt unsinnig geworden ist die Kohärenz und Integration sozialer Aktivitäten auf den lokalen Bereich zurückzuführen, in dem sie stattfindet. Lokalität verwandelt sich in ein Nebeneinander getrennter Welten. Soziale Aktivitäten finden zwar an bestimmten Orten statt, sind aber Teil sozialer Welten, die örtliche und staatliche Grenzen überwinden. Dies gilt nicht nur für die Wirtschaft, sondern auch für Verwandtschafts-, Freundschafts- und Interessensbeziehungen. Sie alle lassen sich mit Hilfe von Telefon, Brief, billigen Reisemöglichkeiten auch über große Distanzen aufrechterhalten. Diese Dislozierung von Netzwerken und lokalen Räumen hatte auch schon Anthony Giddens (1990/1996) im Visier. Seine zentralen, für den Prozess der Modernisierung relevanten Begriffe des „disembedding“ und „reembedding“ sind Raummetaphorik, die auf primäre und sekundäre Bindungswirkungen anspielen. Auch Anthony Giddens unterscheidet Ort (place) und Raum (space). Ort ist die (im konkreten geographischen Sinne) Nahwelt sozialer Interaktion. Die modernen Diffusionstechniken von Verkehr und Kommunikation haben den Raum vom Ort entkoppelt („disloziert“), d.h. Fernbeziehungen zwischen Abwesenden werden begünstigt, der Ort wird zunehmend phantasmagorisch, d.h. Schauplätze werden von entfernten sozialen Einflüssen durchdrungen und gestaltet. Das bedeutet: Den Ort gibt es wohl noch, aber er ist nicht mehr der Konstitutionsbereich des Sozialen qua Interaktion, vielmehr sinkt er ab zu einer Zone der Vermittlung von Nah- und Fernbeziehungen.

Dieser Bedeutungsverlust eines eng umgrenzten Orts zugunsten eines flexibel gedachten Sozial-Raums hat wesentliche Folgen für die Möglichkeiten und Grenzen der Sozialraumorientierung sozialer Arbeit.

4. Fazit – Ausblick

Mit Blick auf die Praxis der Sozialraumorientierung verdeutlicht eine Netzwerkperspektive, dass heute „vernetzte soziale Räume" jenseits territorialer Grenzen gedacht werden müssen und je nach Zielgruppe variieren können (d.h. unterschiedliche Herangehensweisen und Mobilitäten) erfordern. Mit den durch informationstechnologische Prozesse fortschreitenden Veränderungen und den oben benannten „personalized networks" wird diese Herausforderung noch zunehmen. So bringt die Sozialraumorientierung ein Paradox hervor. Indem sich soziale Dienste aus ihrer zentralistischen hin zu einer dezentralen räumlichen Perspektive bewegen und sich in bestimmten Sozialräumen treffen und vernetzen, treffen und verpassen sie ihr Klientel zugleich, das je nach Handlungskontext eben diese wohnortnahen lokalen Orte nutzt *und* verlässt. Grundsätzlich gilt: Sozialräume sind nicht territorial eingrenzbar und blockweise organisierbar. Die heute keineswegs selten anzutreffende Wiederentdeckung des Sozialraums in der Form behördlich definierter territorial gedachter Sozialräume wird der Komplexität sichtbarer und unsichtbarer Raumkonstruktionen von Menschen (Reutlinger 2003) in keiner Form gerecht. Bedenkt man dies, versteht man auch besser die Probleme, die jene Formen des Quartiersmanagements und der Sozialraumorientierung haben, die letztlich auf eng umrissene Orte von Nachbarschaft und Begegnung beschränkt bleiben. Fakt ist: Heute dominiert weniger der Raum die darin entstehenden Netzwerke als vielmehr umgekehrt Netzwerke unterschiedliche und flexible Räume definieren. Diesem Verständnis entspräche auch ein Begriff der Region, der sich aus wechselnden Interaktionen definiert (Diller 2002: 44). Diese Überlegungen machen deutlich, dass eine letztlich doch wieder territorial gedachte Sozialraumorientierung weder den historisch stärker gewordenen Entgrenzungsprozessen entspricht, noch den Entwicklungen der sozialen Netzwerke, die immer weitmaschiger und weiter verstreut agieren. Notwendig ist ein flexibel gedachter Sozial-Raum. Die eigentliche Aufgabe der Sozialraumorientierung ist es daher, sich von starren Ortsgrenzen zu lösen und die lebensweltlich begründeten Räume ihres Klientels zu entdecken und diese dorthin zu begleiten.

Die Sozialraumorientierung ist die aktuellste Herausforderung der Umsetzung der Netzwerkperspektive in die Praxis sozialer Projekte. In dieser, wie auch in den anderen drei vorher beschriebenen Etappen, zeigen sich nicht nur innovative Weiterentwicklungen, sondern stets auch Probleme der Umsetzung, wie folgende Beispiele zeigen:

- Für viele war die Netzwerkperspektive zu komplex und zu aufwändig, sodass der Individualisierung und Defizitorientierung in der Praxis oft nur eine halbierte sozialökologische Perspektive entgegensetzt wurde.
- Rechtliche Regelungen (Stichwort Vereinsrecht) standen der Förderung von Netzwerken entgegen. Zudem führten Idealisierungen der Netzwerkidee zu einer Überforderung der praktischen Umsetzungen.
- Die Idee der Vernetzung wurde und wird heute oft sehr statisch umgesetzt (werden „Netzwerke wie Gremien verwaltet") oder/und von ökonomischer Rationalität in Beschlag genommen
- und eine falsch verstandene Sozialraumorientierung führt aktuell zu einer technokratischen Umsetzung der Regionalisierungs- und Vernetzungsidee.

Es bleibt abzuwarten, ob die oben genannten Umsetzungsdefizite der Netzwerkperspektive sich in Zukunft deutlich verringern werden. Dies ist nur anzunehmen, wenn sich ein Prioritätenproblem deutlich verändert. So blieb der Einfluss der Netzwerkperspektive stets auch deshalb halbiert, weil sie häufig als Zusatzperspektive galt oder/ und auch nur oberflächlich umgesetzt wurde. Stimmt die These, dass wir am Beginn einer durch Netzwerke strukturierten Gesellschaft stehen (Dinter 2001), könnte eine Prioritätenverschiebung möglich werden. Dafür spricht auch die besondere Renaissance der Netzwerkidee, die wir v.a. in den Sozialwissenschaften erleben. Netzwerkanalysen sind nicht mehr nur eine anthropologische Spielwiese oder eine spezielle Form einer Bindestrichsoziologie, sondern eine in vielen Wissenschaftsdisziplinen breit angewandte Variante der Analyse komplexer, mit einander verbundener Phänomene. Zum Verständnis einer „Netzwerkgesellschaft" benötigen wir immer stärker erweiterte Netzwerkanalysen, die in der Lage sind Menschen, Objekte und Räume zu verbinden. Nur ein Analyseinstrument, das in der Lage ist, das relationale Gefüge von sozialen Beziehungen und Räumen in den Blick zu nehmen, ist gut gerüstet für die Entgrenzungsprozesse bzw. Verflüssigungen, die heute immer häufiger konstatiert werden.

Literatur

Albrow, Martin (1998): Abschied vom Nationalstaat. Staat und Gesellschaft im Globalen Zeitalter. Frankfurt a.M.

Balck, Henning (Hg.) (1996): Networking und Projektorientierung. Gestaltung des Wandels in Unternehmen und Märkten. Berlin/Heidelberg/New York

Barnes, John. A. (1972): Social networks. In: Module of Anthropology. Module 26. 1972: 1-29

Barnes, John A. (1954): Class committees in a Norwegian island parish. In: Human Relations 7. 1954: 39-58

Bennett, C. C./Anderson, L. S./Cooper, S./Hassol, L./Klein, D. C./Rosenbaum, G. (Hg.) (1966): Community psychology: A report of the Boston conference on the education of psychologists for community mental health. Boston University Press. Boston

Bergold, Jarg/Filsinger, Dieter (1993): Vernetzung psychosozialer Dienste. München

Beyrer, Klaus/Andritzky, Michael (2002): Das Netz. Sinn und Sinnlichkeit vernetzter Systeme. Frankfurt

Biegel, David E./Shore, Barbara K./Gordon, Elizabeth (1984): Building Support Networks for the Elderly – Theory and Application. Beverly Hills

Böhme, Christina/Schuleri-Hartje, Ulla-Kristina (2002): Zusammenleben in Stadtteilen mit besonderem Entwicklungsbedarf. In: Soziale Stadt – Info 8. Deutsches Institut für Urbanistik 4. 2002: 2-13

Boskamp, Peter (1999): Das Konzept des Sozialen Netzwerkes – Anwendungsmöglichkeiten im Kontext von Führen und Leiten in Organisationen. In: Boskamp et al. (Hg.) (1999): 161-192

Boskamp, Peter/Knapp, Rudolf (Hg.) (1999): Führung und Leitung in sozialen Organisationen. Handlungsorientierte Ansätze für neue Managementkompetenz. Neuwied

Bott, Elizabeth (1957/1971): Family and Social Network. Roles, Norms, and External Relationships in Ordinary Urban Families. New York

Buchholz, Wolfgang/Straus, Florian (Hg.) (1984): Die Netzwerkperspektive in der Praxis der Familienarbeit. Bayerisches Landesjugendamt. München

Bullinger, Hermann/Nowak, Jürgen (1998): Soziale Netzwerkarbeit – Eine Einführung. Freiburg

Burmeister, Klaus/Canzler, Weert/Kreibich, Rolf (Hg.) (1976): Netzwerke. Vernetzungen und Zukunftsgestaltung. Weinheim/Basel

Burmeister, Klaus (1991): Gesellschaft für Zukunftsgestaltung – Netzwerk Zukunft e.V. – Optionen für die Zukunft. In: Burmeister et al. (Hg.) (1991): 143-145

Burmeister, Klaus/Canzler, Weert/Kreibich, Rolf (Hg.) (1991): Netzwerke. Vernetzungen und Zukunftsgestaltung. Weinheim/Basel

Burt, Ronald S. (1980): Models of network structure. In: Annual Review of Sociology 6. 1980: 79-141

Castells, Manuel (2000): Materials for an exploratory theory of the network Society. In: British Journal of Sociology 1/51: 2000. 5-24

Castells, Manuel (1996): The Rise of the Network Society. Oxford

Dahme, Hans. J./Wohlfahrt Norbert (2000): Auf dem Weg zu einer neuen Ordnungsstruktur im Sozial- und Gesundheitssektor. Zur politischen Inszenierung von Wettbewerb und Vernetzung. In: Neue Praxis 4. 2000: 317-334

Deinet, Ullrich (2002): Der ‚sozialräumliche‘ Blick der Jugendarbeit – ein Beitrag zur Sozialraumdebatte. In: Neue Praxis 2. 2002: 285-296

Diller, Christian (2002): Zwischen Netzwerk und Institution – eine Bilanz regionaler Kooperation in Deutschland. Opladen

Dinter, Stefan (2001): Netzwerke: eine Organisationsform moderner Gesellschaften? Marburg

Diaz-Bone, Rainer (1997): Ego-zentrierte Netzwerkanalyse und familiale Beziehungssysteme. Wiesbaden

Diewald, Martin (1991): Soziale Beziehungen: Verlust oder Liberalisierung? Soziale Unterstützung in informalen Netzwerken. Berlin

Dröge, Franz (2000): Ort und Raum: über Raumkonstruktionen und ihre Vermittlung. Bremen

Feineis, Berhard (1998): Soziale Netzwerkarbeit mit Drogenabhängigen. In: Röhrle et al. (Hg.) (1998): 119-138

Fryand, Live (1994): Sosialt nettverk. Teori og Praksis. Tano

Germain, Carel B./Gitterman, Alex (1983): Praktische Sozialarbeit. Das „Life Model“ der Sozialen Arbeit Fortschritte in Theorie und Praxis. Stuttgart

Germain, Carel B. (1977): An Ecological Perspective on Social Work Practice in Health Care. In: Social Work in Health Care 3. 1977. 4: 67-76

Giddens, Anthony (1990/1996): Konsequenzen der Moderne. Frankfurt a.M.

Hinte, Wolfgang (2001): Sozialraum: Fall im Feld. In: Social managament 6. 2001: 10-13

Hass, Werner/Petzold, Hans G. (2000): Die Bedeutung sozialer Netzwerke und sozialer Unterstützung für die Psychotherapie – diagnostische und therapeutische Perspektiven. In: http://mypage.bluewin.ch/a-z/gestalt/IT/sozialenetzwerke.htm

Hollstein, Betina (2001): Grenzen sozialer Integration: zur Konzeption informeller Beziehungen und Netzwerke. Opladen

Jansen, Dorothea (1999): Einführung in die Netzwerkanalyse. Grundlagen, Methoden, Anwendungen. Opladen

Kardorff, Ernst v. (1998): Kooperation, Koordination und Vernetzung. Anmerkungen zur Schnittstellenproblematik in der psychosozialen Versorgung. In: Röhrle et al. (Hg.) (1998): 203-222

Kenis, Patrick./Schneider, Volker (Hg.) (1996): Organisation und Netzwerk. Institutionelle Steuerung in Wirtschaft und Politik. Frankfurt/New York

Kensy, Burkhard (1984): Netzwerk-orientierte Beratungsmethoden bei gewaltbelasteten Familien. In: Buchholz/Straus (Hg.) (1984): 12-22

Keupp, Heiner (1988a): Soziale Netzwerke – Eine Metapher des gesellschaftlichen Umbruchs. In: Keupp (Hg.) (1988b): 97-130

Keupp, Heiner (Hg.) (1988b): Riskante Chancen. Das Subjekt zwischen Psychokultur und Selbstorganisation. Heidelberg

Keupp, Heiner (1987): Psychosoziale Praxis im Umbruch. Bonn

Klefbeck, Johan (1998): Netzwerktherapie – eine Behandlungsmethode in Krisen. In: Röhrle et al. (Hg.) (1998): 139-152

Körner, Wilhelm/Hörmann, Georg (Hg.) (2000): Handbuch der Erziehungsberatung. Band 2: Praxis der Erziehungsberatung. Göttingen

Latour, Bruno (1991/1998): Wir sind nie modern gewesen. Versuche einer symmetrischen Anthropologie. Frankfurt a.M.

Lenz, Albert (2000): Praxis der netzwerkorientierten Trennungs- und Scheidungsberatung. In: Körner et al. (Hg.) (2000): 91-124

Lin, Nan/Burt, Ronald/Cook, Karen (Hg.) (2000): Social Capital: Theory and Research. Chicago. Band forthcoming (2000). Internet version 4.9.2000

Löw, Martina (2001): Raumsoziologie. Frankfurt a.M.

Möhrlein, Heide/Roth, Agathe/Röhrle, Bernd (1998): Netzwerkorientierte Interventionen bei Einsamkeit. In: Röhrle et al. (Hg.) (1998): 99-118

Moreno, Jacob L. (1934/1974): Die Grundlagen der Soziometrie. Opladen

Powell, Walter (1996): Weder Markt noch Hierarchie. Netzwerkartige Organisationsformen. In: Kenis et al. (Hg.) (1996): 213-271

Raisch, Michael (1998): Netzwerkmoderation in der Sozialpsychiatrie – Interventionen im Spannungsfeld zwischen Familie und Betreuungsnetzwerk. In: Röhrle et al. (Hg.) (1998): 153-168

Reutlinger, Christian (2003): Jugend, Stadt und Raum. Opladen

Röhrle, Bernd/Sommer, Gerd/Nestmann, Frank (Hg.) (1998): Netzwerkintervention. Fortschritte der Gemeindepsychologie und Gesundheitsförderung. Band 2. Tübingen

Röhrle, Bernd (1994): Soziale Netzwerke und soziale Unterstützung. Weinheim

Rueveni, Urs (1979): Networking families in crisis. Intervention strategies with families and social networks. New York

Sarason, Seymour, B. (1974): The psychological sense of community. Prospects for a community psychology. San Francisco

Schäfers, Bernhard (Hg.) (2000): Grundbegriffe der Soziologie. Opladen

Scott, John (1991): Social network analysis. A handbook. London

Simmel, Georg (1992): Soziologie. Untersuchungen über die Formen der Vergesellschaftung. Band 11 der Gesamtausgabe von Otthein Rammstedt (Hg.). Frankfurt a.M.

Sommer, Gerd/Röhrle, Bernd (1998): Zur Effektivität netzwerkorientierter Interventionen. In: Sommer et al. (Hg.) (1998): 13-47

Sommer, Gerd/Röhrle, Bernd/Nestmann, Frank (Hg.) (1998): Soziale Unterstützung. Tübingen

Speck, Ross V./Attneave, Carolyn L. (1983): Die Familie im Netz sozialer Beziehungen. Freiburg

Spieckermann, Holger/Franzen, Dominik (2002): Stadtteil- und Quartiersmanagement: Organisationsformen, Vernetzung, Bürgerbeteiligung in Köln-Kalk. Fachhochschule Köln Arbeitspapier 2 des Forschungsprojekts „Integriertes Stadtteilmanagement"

Straus, Florian (2002): Netzwerkanalysen. Gemeindepsychologische Perspektiven für Forschung und Praxis. Wiesbaden

Straus, Florian/Höfer, Renate (1998): Die Netzwerkperspektive in der Praxis. In: Röhrle et al. (Hg.) (1998): 77-95

Straus, Florian (1990): Netzwerkarbeit. Die Netzwerkperspektive in der Praxis. In: Textor (Hg.) (1990): 496-520

Textor, Martin (Hg.) (1990): Hilfen für Familien. Ein Handbuch für psychosoziale Berufe. Frankfurt a.M.

Tolsdorf, Claude C. (1976): Social networks, support and coping: An exploration study. In: Family Process 15. 1976: 407-417

Urry, John (2000): Sociology beyond Societies. Mobilities for the twenty-first century. London/New York

Wellman, Barry (2001): Physical Place and CyberPlace: The Rise of Personalised Networking. In: International Journal of Urban and Regional Research. 25/forthcoming. Internetversion. 2001: 1-29

Wellman, Barry/Frank, Kenneth (2000): Network Capital in a Multi-Level World: Getting Support from a Personal Communities. In: Lin et al. (Hg.) (2000): 1-33

Wellman, Barry (1999a): The Network Community. In: Wellman (Hg.) (1999b): 1-48

Wellman, Barry (Hg.) (1999b): Networks in the global village Colorado. Oxford

Weyer, Johannes (Hg.) (2000): Soziale Netzwerke. München

White, Harrison. C./Boorman, Scott A./Breiger Ronald (1976): Social structures from multiple networks – Blockmodels and roles and positions. In: American Journal of Sociology 81. 1976: 730-780

Widekind, Justus v./Canzler, Weert (1976): Global Challenges Network – Menschen und Wissen vernetzen. In: Burmeister et al. (Hg.) (1976): 138-142

Bürgerschaftliches Engagement und Stadtteilpolitik

Hans Hoch und Ulrich Otto

Abstract

In der Gesellschaft der Bundesrepublik Deutschland hat sich in den letzten Jahren, nochmals beschleunigt durch die grundlegenden Arbeiten der Enquête-Kommission Zukunft des Bürgerschaftlichen Engagements ein nachhaltiger zivilgesellschaftlicher Diskurs entwickelt. In ihm werden längst nicht mehr nur akademisch die Chancen neuer Formen der Partizipation in unterschiedlichen gesellschaftlichen Handlungsfeldern und auf den unterschiedlichen föderalen politischen Ebenen ausgelotet. Damit einher geht ein bürgergesellschaftliches Verständnis von Sozialräumlichkeit. Exponierteste „Laboratorien" für Engagement sind Kommunen – als gesellschaftliche Sozialräume, in denen neue Formen einer partizipativen Stadtteilpolitik erprobt werden. Bürgerschaftliches Engagement bewegt sich dabei jedoch in einem Spannungsfeld zwischen Innovation und Instrumentalisierung.

1. Bürgerschaftliches Engagement – definitorische Annäherungen

Bürgerschaftliches Engagement (BE) im *Sozialraum* kann in einer normativen Definition als zielorientiertes und raumkonfigurierendes soziales Handeln aufgefasst werden, das durch folgende Merkmale charakterisiert ist: a) Übernahme von „Verantwortung für andere", b) Gemeinschaftsfähigkeit und Aktivwerden als Mitbürger, c) einen Beitrag leisten zur Bildung des sozialen Kapitals der Gesellschaft (BT-Drucksache 14/8900: 6f.). Bürgerschaftliches Engagement ist weiterhin d) freiwilliges Engagement, e) nicht auf materiellen Gewinn gerichtet, f) gemeinwohlorientiert, g) öffentlich bzw. findet im öffentlichen Raum statt und wird h) in der Regel gemeinschaftlich/kooperativ ausgeübt. Wir folgen hier diesem mittlerweile breit konsentierten Merkmalsbündel eines weiteren Bürgerengagementbegriffs, allerdings geht es uns um Akzentuierungen mit Blick auf seine vielfachen sozialräumlichen Implikationen – vor allem auf den Beitrag von Bürgerschaftlichem Engagement für eine lokale Bürgergesellschaft ebenso wie auf die sozialräumlichen Ressourcen für die Entstehung und Kultivierung Bürgerschaftlichen Engagements. Der Sozialraumbezug kann hier geradezu als *der* bürgerschaftliche Kristallisationspunkt für Engagement gelten.

Bezogen auf die Bandbreite gängiger Diskurse setzen wir uns ab von einem – historisch aus dem sozialen Ehrenamt heraus entstandenen – Verständnis „freiwilligen Engagements", das in der Diktion „neuer Ehrenamtlichkeit" in erster Linie eine neue Form der Individualisierung darstellte. Bürgerschaftliches Engagement im hier zugrundegelegten Verständnis stellt einen speziellen Handlungstypus wechselseitig aneinander ausgerichteten sozialen Handelns mehrerer Akteure zur Produktion sozialer Güter im öffentlichen Raum dar, der sich in unterschiedlichen Organisationsgraden und Strukturbildungen manifestiert und als Teil der sozialen Konstruktion von Wirklichkeit (vgl. Berger/Luckmann 1987) ein weites Spektrum an Engagementfeldern umfasst.

An allgemeinen überblicksartigen Handbuchdarstellungen besteht derzeit kein dringender Bedarf, weshalb sich der Beitrag eher als problemorientiert-programmatisch versteht. Dies scheint ebenso in analytischer Hinsicht zur Aufhellung des Verhältnisses von Sozialräumlichkeit wie zur Konturierung eines Begriffes von Bürgerschaftlichem Engagement geeignet, der in der Lage ist, die zivilgesellschaftliche Bedeutung neuer Formen einer Territorialisierung des Sozialen zu unterstreichen. Außerdem werden in dem Aufsatz eigene (vgl. Klie et al. 2004; Bogumil et al. 2003; Danner/Hoch 2003) und Bezugsstudien herangezogen, welche die im folgenden entfaltete Multiperspektivität auf Sozialräumlichkeit als Laboratorium gesellschaftlicher Entwicklung mit empirischen Ergebnissen untermauern. Die allgemeineren Ausführungen werden ergänzt durch – kursiv gesetzte – Ergebnisse aus diversen Begleitforschungen zur Förderung des Bürgerschaftlichen Engagements in Baden-Württemberg.[1]

2. Sozialräumlichkeit als Konkretisierung von Bürgergesellschaftlichkeit im Lokalen

In Städten und den in Stadtteilen ausdifferenzierten sozialen Nahräumen lässt sich aus mikrosoziologischer Perspektive der Wandel sozialer Strukturen und der Konstitution sozialer Ordnungen unter dem Einfluss bürgerschaftlichen Engagements anschaulich nachzeichnen, wie dies in den folgenden Punkten ausgeführt wird.[2] Die Kommune gestaltet sich durch Bürgerschaftliches Engagement zur lebendigen *Bürgerkommune* als sozialräumlich gebundenem Unterbau zivilgesellschaftlichen Engagements.

Die Leitidee demokratischer *Partizipation* gehört zu den unverzichtbaren Essentials Bürgerschaftlicher Entwicklung im Kontext einer zukunftsfähigen Stadtentwicklung. Unter dem Paradigma des ermöglichenden bzw. aktivierenden Staates wird entsprechend eine aktivere Rolle des Bürgers bei der Gestaltung des Sozialen eingefordert und in unterschiedlichem Maße auf den unterschiedlichen Ebenen auch öffentlich unterstützt (vgl. vergleichend für die Länder Otto et al. 2003) – im überaus breiten Spektrum von partizipativer Mitgestaltung über kulturell-gemeinschaftliche bis hin zu sozial dienstebezogenen Engagements. Dabei sind die wichtigsten und nachhaltigsten Förderinitiativen *im kommunalen Bereich* zu finden, auch die landes-

1 An diesen waren die Autoren in unterschiedlichen Phasen intensiv beteiligt, wodurch sie eine fast 15-jährige Modellpraxis überblicken können.

2 Der Beitrag konzentriert sich wesentlich auf *städtische* Sozialräume.

und bundespolitischen Engagementförderungen greifen in der Regel auf sozialraumgebundene Akteure und Institutionen zurück.[3]

Für unseren Zusammenhang aber bleibt es noch unklar, welche Auswirkungen der „Strukturwandel des Engagements" (vgl. bspw. Olk 1987; Beher/Liebig/Rauschenbach 2000) hinsichtlich sozialraumorientierten Engagements hat. Was bedeuten die – beginnend mit jener Prognos-Studie von 1984 immer wieder bestätigten – Befunde, dass bei den großen Organisationen des Dritten Sektors (Kirchen, Wohlfahrtsverbände, Gewerkschaften, Parteien) ein Rückgang des Ehrenamts zu verzeichnen ist, während andererseits freiwillig Engagierte stärker in neue Betätigungsfelder und Organisationsformen hineingegangen sind? Lässt sich dieser Trend hin zur freien Wahl des Engagements nach Interesse im Kontext der erodierenden Determinationskraft sozialkultureller Milieus wirklich so interpretieren, dass er zugleich auf schwächer werdende sozialräumliche Bindungen einerseits verweist, andererseits deren weitere Schwächung befördert? Und könnte der vielfach behauptete Trend von altruistischen Orientierungen hin zur Betonung individueller Anspruchsniveaus und Selbstentfaltungswerte nicht eine auch sozialräumlich positive Balance von Eigennutz und Gemeinwohl stützen? Der Trend zur Mitgestaltung der Arbeit (nach Inhalt, Umfang, Dauer) statt einer Bereitschaft zur Einordnung in hierarchische Verbandsstrukturen könnte immerhin an sozialräumlichen Kristallisationspunkten ansetzen, ebenso wie ein Engagement, das auf kurz- und mittelfristige Verpflichtung in Initiativgruppen, Projekten und Aktionen angelegt ist. Der Trend vom langfristigen Engagement schließlich zu einem in Dauer und Umfang begrenzten Engagement (z.T. in mehreren Organisationen) könnte durchaus zu einem auch sozialräumlich wirksam werdenden neuen Vernetzungstypus führen. Diese Aspekte werden im folgenden entfaltet.

3. Sozialräumlichkeit auf der Basis lokalen Sozialkapitals im Kontext sozialer Ungleichheit

Soziales Kapital bildet sich in den Strukturen der Bürgerkommunen mit ihren Selbsthilfeinitiativen, Organisationen, Vereinen, Verbänden usw., in denen „Bürgertugenden" eingeübt werden. Mit dem Begriff des sozialen Kapitals werden mit Bezug auf Robert D. Putnam (vgl. Putnam 2000) vornehmlich drei Aspekte beschrieben – Netzwerke bürgerschaftlichen Engagements, gelingende, auf Gegenseitigkeit beruhende Austauschverhältnisse und soziales Vertrauen – die in ihrem Zusammenwirken die gesellschaftliche Koordination und die Kooperation zwischen Individuen erleichtern (vgl. dazu auch Offe/Fuchs 2001). In der Konzeptualisierung

---

3 Die Enquête-Kommission hebt eine Reihe von Initiativen und Programmen hervor, „die dem Leitbild Bürgerkommune zuarbeiten", wie bspw. das Modellprogramm „Soziale Stadt" (vgl. www.soziale-stadt.de) sowie neu gebildete Netzwerke, wie das von der Bertelsmann-Stiftung initiierte „Civitas-Netzwerk bürgerorientierter Kommunen" (BT-Drs. 14/8900: 161; vgl. www.buergerorientierte-kommune.de) oder das Landesnetzwerk Bürgerschaftliches Engagement in Baden-Württemberg (Hummel 2000; BT.-Drs. 14/8900: 169; Klie et al. 2004: 89ff.).

von Sozialkapital bei Robert D. Putnam (vgl. Putnam/Leonardi/Nanetti 1993; Putnam 2000, 2001) werden vor allem die positiven Wirkungen sich entwickelnder sozialer Netzwerke als Generatoren sozialen Kapitals betont. Er unterscheidet dabei zwischen „bridging social capital" und „bonding social capital", wobei ersterem besonders positive Wirkungen zugeschrieben werden, da beim Aufbau sozialer Netzwerke[4] Grenzen zwischen unterschiedlichen Subgruppen/Ethnien der Bevölkerung durch gemeinsame Aktivitäten überschritten werden, während „bonding social capital" sich auf die Binnennetzwerke unterschiedlicher sozialer Gruppen oder Milieus bezieht.

Im Gegensatz dazu hebt die Konzeptualisierung von Sozialkapital bei Pierre Bourdieu (vgl. Bourdieu 1983) stärker auf die Reproduktion sozialer Ungleichheit und die Spaltung der Gesellschaft in Gruppen mit jeweils unterschiedlichen Ressourcen an sozialem Kapital ab. Natürlich muss dieser Gesichtspunkt bei einer empirischen Wirkungsanalyse des sich im jeweiligen sozialen Raum entfaltenden Sozialkapitals Berücksichtigung finden. Pierre Bourdieu betont darüber hinaus die Abhängigkeit des sozialen Kapitals von den Kapitalsorten des ökonomischen und kulturellen Kapitals. Ökonomisches, kulturelles und soziales Kapital[5] bilden zusammen eine Kapitalstruktur, welche die soziale Position und Stellung von Individuen bzw. soziokulturellen Milieus im sozialen Raum bestimmen. Die soziale Position ist folglich abhängig von der Kapitalstruktur und den Kapitalvolumina sowie deren Entwicklung im Zeitverlauf.

Soziales Kapital ist sowohl ein privates wie auch öffentliches Gut. Es kann von den Individuen für ihr persönliches Fortkommen genutzt werden. Es kann aber auch in den sozialen Netzwerken akkumuliert werden, die als – trotz aller Selektivitäten – öffentliches Gut allen Individuen und Gruppen zugänglich sind und zugleich die Leistungsfähigkeit von Institutionen[6] stärken. Andererseits hat die Qualität von Politik, das politische Handeln und der Zustand von politischen Institutionen, ihre Leistungsfähigkeit sowie ihre Offenheit Bürger/innen gegenüber auf die Bildung von Sozialkapital im Sozialraum erheblichen Einfluss.[7] Will der kritische Bezug auf Sozialkapital einem verbreiteten Zirkelschluss (vgl. Mayer 2002) entgehen, behält er somit immer beide Zusammenhänge im Blick – Sozialkapital als Basis für Bürgerschaftliches Engagement wie auch Bürgerschaftliches Engagement als Basis für die Entstehung und Akkumulierung von Sozialkapital.

---

4 Zum Zusammenhang der Konzepte des sozialen Kapitals und sozialer Netzwerke vgl. Lin 2001; zur professionellen Förderung individueller sozialer Netzwerke Otto/Bauer 2005.

5 Mit ökonomischem Kapital ist das vorhandene Einkommen und Vermögen einer Person gemeint, kulturelles Kapital verweist auf Bildung, Wissen, Titel, sowie die kulturellen Güter (bspw. Bücher, Gemälde), die eine Person besitzt. Das Netzwerk an Beziehungen und damit der Aufbau von sozialem Kapital variiert mit der Ausprägung der anderen Kapitalsorten.

6 Der Begriff „Institution" umfasst dabei sowohl soziale Mikrosysteme wie Familien als auch größere Organisationen wie Betriebe, Gewerkschaften, Behörden, Vereine, Schulen und darüber hinaus institutionalisierte Normen, Werte, formelle und informelle Regeln und Verhaltensmuster, „die in einer Gesellschaft verbindlich sind" (BT-Drs. 14/8900 2002: 196).

7 Zum Vorschlag einer sozialpolitischen Rahmung des Sozialkapitalkonzepts vgl. Opielka 2004, 350ff.

Indem sich Bürger/innen nach demokratischen Regeln vielfach selbst organisieren und auf die Geschicke des Gemeinwesens einwirken, bilden sie lokales Sozialkapital in Form von Netzwerken und gesellschaftlichem Zusammenhalt von Menschen und Institutionen und damit Ressourcen, die der „Erstarrung sozialer Strukturen" infolge von Zentralisierung und Bürokratisierung durch „dezentrale Handlungseinheiten" und „Strukturdemokratisierung" (Beck 1986: 369) entgegenwirken können. Seitens der Enquête-Kommission wird dafür eine „entsprechende Gewichtsverlagerung im Aufbau der Staatsorganisation" durch Stärkung der kommunalen Handlungskompetenzen und Finanzausstattung gefordert (BT-Drs. 14/8900 2002: 68). Es ist insbesondere die Perspektive auf das in konkreten sozialräumlichen Bezügen lokalisierbare Sozialkapital, die hergebrachte Engagement-Förderpolitiken deutlich dynamisiert hat.

Eine zentrale Umorientierung besteht darin, den Kreis der wesentlichen Akteure im Feld bürgerschaftlichen Engagements mit Blick auf sämtliche Prozessschritte zu erweitern. Egal, ob es um die Sondierung von Ressourcen im Sozialraum oder um die Konzipierung von Förderinterventionen geht, wären neben den Bürger/innen grundsätzlich zumindest die folgenden Akteure zu berücksichtigen: Politik, Verwaltung, Fachkräfte, Unternehmen, Einrichtungen/Verbände. Wie die langjährigen Erfahrungen in Baden-Württemberg zeigen, kann damit eine nachhaltige Orientierung an einem breiten Begriff von Bürgerschaftlichem Engagement unterstützt werden, der alle wichtigen Quellen sozialräumlichen Sozialkapitals einschließt (vgl. Otto 1998; Klie/Roß 2000, 2001; Klie et al. 2004; Otto et al. 2003: 47ff.). Neuere Theoriekonzepte wie bspw. zum Typus hybrider Organisationen (vgl. Evers/Laville 2004; Evers/ Rauch/ Stitz 2002) sind zu deren Konzeption und Analyse hilfreich.

Eigene wie fremde empirische Ergebnisse geben Hinweise auf regionsstrukturelle Verteilungen sozialen Kapitals (vgl. Offe/Fuchs 2001: 431, 32; van Deth 2002: 575f.), das für sozialräumlich wirksame Engagementprozesse ein unverzichtbares Fundament darstellt. So sind strukturschwache Regionen, in denen Arbeitslosigkeit dominiert, lokale Bildungsinstitutionen und kulturelle Angebote fehlen, häufig durch fehlende Kooperations- und Vertrauensbeziehungen ihrer Bürger gekennzeichnet (vgl. BT-Drs. 14/8900 2002: 197). Dabei verstärkt die Abnahme sozialstaatlicher Leistungen sozialräumliche Segregationen (vgl. Dangschat 1997, 2000; Häußermann 2003) und eine wachsende Kluft zwischen Bewohnergruppen sowie eine wachsende Ausdifferenzierung der Lebensstile. In Stadtteilen mit großen sozialen und materiellen Problemen kann es zum Zerfall sozialen Kapitals kommen – sei es nun in Form von Vereinsstrukturen, Vertrauen, Beziehungen der verschiedenen Gruppen untereinander oder in Bezug auf ihre Möglichkeiten, sich zu organisieren und Interessen zu artikulieren. „Wesentliche Qualitäten des bürgerschaftlichen Engagements zur Quartierserneuerung in solchen segregierten Stadtteilen sind der Aufbau und die Entwicklung von Kommunikationsnetzen" (BT-Drs. 14/8900 2002: 255). Greiffenhagen konstatiert, dass gerade „Problemstadtteile kaum Partizipationsstrukturen" aufbauen können. Hier seien neue Partizipationsverfahren zu entwickeln, wobei auch weiterhin die „indirekte Interessenvertretung in diesen Stadtteilen durch Lobbys" wichtig bleibt (Greiffenhagen 2003: 282). Bürgerschaftliches Engagement hängt folglich wesentlich „von den Lebensbedingungen der Menschen" ab (Munsch 2003: 273) und davon, dass sozial Benachteiligte im Rahmen von Engagement nicht ausgegrenzt werden.

Dies ist für unsere Argumentation deshalb so folgenreich, weil gerade der Aufbau solcher Kooperationsbeziehungen durch eine entsprechende Initiativ- und Vereinskultur eine Voraussetzung zur Bildung sozialen Kapitals ist. Nicht umsonst ist dies einer der zentralen Bezugspunkte einer systematischen Engagementförderung, die letztlich auf wichtige weitere Effekte sozialer Wertschöpfung (vgl. Wendt 2003, Roß/Klie 2004) im Sozialraum abzielt. Die Voraussetzungen zur Bündnis- und Vernetzungsfähigkeit von Einwohner/innen im Stadtteil sind sehr unterschiedlich verteilt. Hier werden schicht- oder milieuspezifische Voraussetzungen der Bildung sozialen Kapitals sichtbar – wir gehen darauf später nochmals ein –, deren räumliches Strukturierungsmuster beispielsweise Thema der Sozialgeografie ist. Auch die sozialräumlichen Kommunikations-, Interaktions- und Engagementbilanzen der Stadtteilbewohner/innen fallen recht unterschiedlich aus.

Wie zentral das Wissen um das sozialräumlich bezogene Sozialkapital für Empowerment-, Partizipations- und Engagementförderung ist, wird anhand empirischer Hinweise sehr rasch deutlich. Eigene Studien bieten hier Daten auf der Grundlage einer Exploration in zwei relativ „neuen" Stadtteilen[8] – auch hinsichtlich der Untersuchung von Ungleichheitsfaktoren. Die genannten Bilanzen sind u.a. abhängig vom sozialen Status der Engagierten, ihrem Herkommen, ihren familialen Verpflichtungen. Unverändert bestätigen die Studien die Annahmen, dass Personengruppen mit höheren Bildungsabschlüssen oder beruflichen Positionen und in gut situierten finanziellen Lebensverhältnissen ein deutlich stärkeres ehrenamtliches/bürgerschaftliches Engagement aufweisen als der übrige Teil der Bevölkerung. Nach wie vor sind unter den Engagierten „höher qualifizierte, vollbeschäftigte Männer mittleren Alters" (Braun 2001a: 4) überrepräsentiert, während sich insbesondere Problemgruppen des Arbeitsmarktes deutlich weniger beteiligen.

Wenn Zusammenhänge aufgewiesen werden könnten zwischen dem ökonomischen Status von Haushalten und Wohneigentum, so ergeben sich daraus beispielsweise vielfältige Rückwirkungen auf den offensichtlich vielfach verbundenen Merkmalskomplex eines sozialräumlich gebundenen sozialen Netzwerks und bürgerschaftlicher Engagementbereitschaft. Der Befund sehr unterschiedlicher Netzwerkeinbindungen der Bewohner/innen auch in unseren beiden untersuchten Stadtteilen (Danner/Hoch 2003) hat große Auswirkungen darauf, inwiefern der sozialräumliche Bezug – vermittelt über sozialräumlich-netzwerkgebundene Informationen und Anknüpfungspunkte, aber auch Problemstellungen usw. – als Kristallisationspunkt für Engagement (vgl. Otto 1998) wirksam werden kann.

Als besonders „bündnisfähige", vernetzte Einwohner/innen erweisen sich junge Familien mit Kindern, deren Eltern höhere Bildungsabschlüsse haben und der Altersgruppe der 30- bis 44-Jährigen angehören und die in Eigentum wohnen (vgl. Danner/Hoch 2003: 206). Bezüglich des kulturellen und sozialen Engagements sind die über 64-Jährigen überdurchschnittlich engagiert (vgl. Danner/Hoch 2003: 122). Daneben sind solche Befunde hervorzuheben, die durch stadtplanerische bzw.

8 Im Rahmen einer Bewohner/innen-Befragung in den Neubaustadtteilen Hannover-Kronsberg und Freiburg-Rieselfeld wurde 2001 das soziale Miteinander der Stadtteilbewohner/innen und die Bereitschaft zur Wahrnehmung von Verantwortung im öffentlichen Raum untersucht (vgl. Danner/Hoch 2003; Maier 2003a sowie weitere Beiträge in Maier/Michelsen 2003).

stadtteilmanagementbezogene Interventionen beeinflussbar scheinen: So unterscheidet sich bspw. die Ressource sozialer „Netzwerkbezüge" signifikant nach Eigentums- und Zuzugsbedingungen und hängen solche sozialkapitalbildenden Bündnisse deutlich von der Wohndauer ab. Mit ihrer Zunahme kommt es u.a. auch zu Zusammenschlüssen, die bspw. der Verbesserung der Infrastruktur und der politischen Vertretung von Anliegen im Sozialraum dienen (Danner/Hoch 2003: 122).

Die Wohnform (Miete, Eigentum) und die Wohnzufriedenheit stellen wichtige Bedingungsfaktoren für die Identifikation mit dem Stadtteil dar und diese ist neben weiteren sozialstrukturellen Merkmalen eine wichtige Voraussetzung für Engagement im Stadtteil. Übergreifend macht der Rekurs auf Wohneigentum und Bildungskapital sowie die darum gruppierten Merkmalsbündel auch die sozioökonomischen Voraussetzungen der Selbstorganisation sichtbar. Es werden damit Ausgangslagen und Kontexte für die weitere Gestaltung des Sozialen im Stadtteil beschrieben.[9] *Wer schnell eine Wohnung finden musste, hat gemäß unserer Befunde nicht die besten Voraussetzungen, Netzwerke im Stadtteil zu entwickeln und Bündnisse zu schmieden, zumal dann, wenn seine Anwesenheit im Stadtteil temporär erscheint (vgl. Danner/Hoch 2003: 139). Wer dagegen, wie mehrheitlich die Eigentümer, langfristige Perspektiven entwickelt, zeigt sich in seinem Wohnumfeld und beim Entwickeln von Wohnumfeld- und Bekannten-Netzwerken und Kooperationen engagierter, das Vorhandensein von Familie wirkt ebenfalls begünstigend. Es gestalten sich folglich aufgrund solcher Ausgangsbedingungen deutlich unterschiedliche Netzwerk- und Engagementstrukturen.*[10] *Die wichtigen stadtteilübergreifenden Sozialbeziehungen verweisen auf Stadtteile als „offene Systeme" und Potenziale in der Selbstorganisation des Sozialen, die als ausgeprägtes stadtteilübergreifendes Raumhandeln über den sozialen Nahraum hinausreichen (vgl. Danner/Hoch 2003: 140).*

Andererseits dürfen diese Ausgangskonstellationen nicht zu starr gewertet werden. Generell kann festgestellt werden, dass „aktive Mitgestaltung des Stadtteils" und damit bürgerschaftliches Engagement in der Regel nicht den Hauptgrund für einen Zuzug in den Stadtteil darstellt. Partizipations- und Interventionsformen und -intensitäten variieren, wie erwähnt, mit sozialstrukturellen und sozioökonomischen Variablen. Eine „tragfähige Alltagskultur", die sozialräumliche Gemeinwesen in die Lage versetzt, unterschiedliche soziale Bedürfnisse zu befriedigen und soziale Problemlagen mindestens teilweise autonom zu bearbeiten, wird nicht in allen Stadtteilen erreicht, ebenso wenig soziale Strukturierungen und Netzwerkbildungen, die als nachhaltige soziale Ressourcen zur Verfügung stehen. Insoweit sind sehr heterogene sozialräumliche Bedingungen mit entsprechend markanten Unterschieden in der *Selbstorganisation des Sozialen* zu konstatieren.

---

9 Weitere Studien zeigen, dass für die Entfaltungsmöglichkeiten bürgerschaftlichen Engagements die „soziokulturelle Struktur" und damit die Milieuzugehörigkeit von entscheidender Bedeutung ist (vgl. Ueltzhöffer 2000: 15). Ähnlich gilt dies für die verfassten Möglichkeiten der Partizipation (vgl. Häußermann/Kapphan 2002: 269).

10 Dies heißt jedoch nicht, wie andere Stadtteilstudien zeigen, dass die sozialen Netzwerke z.B. räumlich konzentrierter sozial schwächerer Bevölkerungsteile schwächer entwickelt oder weniger tragfähig sind (vgl. z.B. aktuell Hölscher/Rössel 2005).

Der Zusammenhang sozio-ökonomischer und -kultureller Ungleichheit und Bürgerschaftlichen Engagements zeigt ein spannungsreiches Bild. Auf der einen Seite finden sich viele Befunde, die die bildungsbezogene und sozio-ökonomische Ungleichheit in den Partizipations- und Engagementstrukturen gewissermaßen verdoppelt sehen – teilweise sogar analysiert in einem sich über die Zeit gegenseitig verstärkenden Prozess (vgl. Munsch 2003: 276). Die Idee der Bürgergesellschaft oder -kommune muss hier mögliche Exklusions- und Verstärkungswirkungen reflektieren, die von der Dominanz beruflich situierter Personengruppen mit hohen Bildungsabschlüssen ausgehen. Die Gestaltungsdominanz dieser Gruppen im Kontext einer bürgergesellschaftlich geprägten Stadtteilpolitik verweist auf eine plurale, im Extrem jedoch auch gespaltene Bürgergesellschaft, die bei der empirischen Analyse der Zugangschancen und Möglichkeiten der Konstitution von Raum hinsichtlich ihrer jeweiligen Ausprägung kritisch zu beleuchten ist.

Macht der Rekurs auf Sozialkapital einerseits deutlich, wie begründungs*fähig* sinnvolle Förderstrukturen und -aktivitäten auch mit Bezug auf sozialräumliche Ungleichheit sind, so sensibilisiert er zugleich für deren Begründungs*bedürftigkeit*. Definiert man Sozialkapital konsequent im Kontext des Selbstorganisationsprinzips, das kollektives Handeln ermöglicht, sind einer staatlichen Förderung der *Selbstorganisation* des bürgerschaftlichen Engagements auch Grenzen auferlegt. Diese Dialektik von Selbstorganisation und staatlicher Förderung ist Teil jener Grundspannung, die sich in der Förderpolitik in Baden-Württemberg gezeigt hat (vgl. Roß/Klie 2004: 94f.). Die Perspektive auf die Entstehung neuen Sozialkapitals durch staatliche Förderung sollte hier keinen „neuen Subventionstatbestand" generieren, der die Logik der Bürgergesellschaft auf den Kopf stellt (vgl. Habisch 2002: 356), sondern sie sollte die Entstehung von sich selbst tragenden Initiativstrukturen fördern. Allerdings erscheint auch das andere Extrem staatlicher Nichtförderung die von Robert D. Putnam und Kristin Gross (vgl. Putnam/Gross 2001) für fruchtbar angesehene Bildung von „bridging capital" zu verhindern.

Denn gerade durch sozialräumliches Anknüpfen, gerade durch netzwerkbezogene Ansprache- und Einbindungsformen kann es im Vergleich zu herkömmlichen Partizipationsformen bei gekonnter Ausgestaltung der Strukturen und Prozesse gelingen, zu einer abschwächenden Modifikation *sozialer Ungleichheit* und ihrer Reproduktionsmechanismen zu gelangen. Trotz aller sehr ernst zu nehmender Kritik (vgl. Braun 2001b, Evers 2002) bieten in diesem Zusammenhang querschnittlich konzipierte Programme besondere Potenziale, die in einem vieldimensionalen Entwicklungsprozess systematisch Synergieeffekte anzielen – etwa im Rahmen des Großprojektes Soziale Stadt (vgl. Barloschky 2003; Zimmer-Hegmann 2003; vgl. dazu auch das Programm „Stadt 2030" des BMBF). Dabei geht es nicht mehr um die Umverteilung sozialstaatlicher Leistungen, sondern um die Mobilisierung vorhandener Ressourcen und das kompensierende Engagement der Bürger/innen (vgl. Holz 2003) in einem neuartigen sozialraumbezogenen Interventionstypus.

4. Sozialräumlichkeit entsteht auf der Basis der Überwindung privatistischer Lebensarrangements

Einen zentralen Diskursbezugspunkt eines bürgergesellschaftlichen Verständnisses von Sozialräumlichkeit stellt – im Kontrast zur These des Zerfalls des öffentlichen Lebens (vgl. Sennett 2000) – der Aspekt der Belebung des öffentlichen Raums durch die Überwindung einer dominierenden Privatheit des „neuzeitlichen Individualismus" (Arendt 1981: 39) dar. Bürgerschaftliche Aktivitäten spielen sich nach einem weit konsentierten Verständnis „jenseits der Intimsphäre von Familien- und Verwandtschaftsbeziehungen, aber auch jenseits privater Freizeitzirkel", im öffentlichen Raum der „Bürgergesellschaft" ab und sind dadurch „in ihren Intentionen und Formen transparent für andere Bürgerinnen und Bürger und damit anschlussfähig für potenzielle Kooperationspartner" (Heinze/Olk 2001: 10).

Nun muss Bürgerschaftliches Engagement den damit angerissenen Anspruch der *Selbstorganisation des Sozialen* keineswegs immer in sich bergen – schon gar nicht von der Motivation und Intention her. In einem breiten Teilbereich aber spielt er eine deutliche Rolle. Diese Selbstorganisation des Sozialen kann in der Form einer stufenförmigen Entwicklung gedacht werden, der auf Seiten der Individuen (1) Interesse und/oder Problembewusstsein für eine soziale Aktivität voraussetzt, beispielsweise die Initiierung eines Stadtteiltreffs, (2) Bündnisfähigkeit von Individuen mit gleicher Zielorientierung und (3) Koordinationskompetenz sowie eine gewisse (4) Regelhaftigkeit und Strategien zur Durchsetzung von Interessen und (5) Kompetenzen des koproduktiven Zusammenwirkens mit Institutionen der kommunalen Infrastruktur. Dieser Prozess kann dann (6) als Vernetzung von lebensweltlich entstandenen Initiativen mit Systemen der kommunalen Infrastruktur vorgestellt werden, in welchem sich (7) neue Handlungsmodelle ausbilden, die in der Folge auch (8) die soziale Infrastruktur einer Stadt verändern können. Einige dieser Aspekte werden in eigenen Abschnitten noch vertieft.

Mit Blick auf Bürgerschaftliches Engagement bedeutet die Überwindung privatistischer Lebensarrangements und die damit mögliche Hinwendung zum Sozialraum dabei gerade nicht notwendig eine altruistische Orientierung an sozialen Zielen, die im konkreten lokalen Lebensbereich unterstützt werden sollen. Über den privaten sozialen Nahraum hinausweisendes bürgerschaftliches Engagement trägt so zwar zu sozialräumlicher Qualitätssteigerung bei und speist sich immer häufiger aus lebensweltlichen – sozialräumlich zu analysierenden – Antrieben, letztere sind aber eher seltener im älteren/caritativen Sinne „sozial" motiviert. Sehr häufig aber finden sich Motivationsbündel in einer chancenreichen Perspektive auf eigene und fremde Belange zugleich – die in ihrer sozialräumlichen Qualität wieder über soziale Netzwerkbezüge, über eine verbesserte soziallokale Infrastruktur usw. „ange*eignet*" werden können. Als ebenso empirisch beobachtbarer Trend wie anzustrebende Entwicklung ließe sich – im Duktus der baden-württembergischen Projektbegleitforschung – eine Entwicklungsrichtung „‚von Privatmenschen/selbstlosen HelferInnen' zu autonomen und ‚engagierten Bürger/innen'" angeben (vgl. Roß/Klie 2004).

Auch hier gibt unsere Empirie entsprechende Hinweise. Die im städtischen Sozialraum agierenden sozialen Gruppen lassen sich hinsichtlich der Vielfalt und strukturell-sozialräumlichen Komposition ihrer Netzwerke und des Grades ihres Engagements ausdifferenzieren. So gelingt es sozial engagierteren Einwohnergruppen in einem übergreifenden Sinne viel stärker, sowohl gesellige Nachbarschaftsbeziehungen zu pflegen als auch bspw. über wichtige Angelegenheiten des Hauses/ Wohnumfeldes zu diskutieren und Zusammenschlüsse bei der Erledigung von Alltagsaufgaben zu bilden (vgl. Danner/Hoch 2003: 217f.). Darüber hinaus entfalten sie gemeinsame Aktivitäten mit anderen bei der Freizeitgestaltung, Kinderbetreuung und der Wahrnehmung geselliger und kultureller Angebote im Stadtteil. Es entwickeln sich folglich auch stärker Beziehungen, die über die je eigenen Haushalte/Familien hinaus weisen. In der Netzwerkforschung wurde schon frühzeitig auf die Stärke dieser oft schwachen sozialen Beziehungen (Granovetter) hingewiesen. Dem Netzwerkreichtum im Stadtteil für diese Gruppe stehen Einwohnergruppen gegenüber, die zwar gut sozial integriert sind und höflichkeitsorientierte Nachbarschaftsbeziehungen pflegen, aber weniger bündnisorientiert sind, sowie eher distanzierte Einwohnergruppen, die sich „in ihre vier Wände" – oder ethnische oder verwandtschaftliche Binnenräume – zurückziehen und im Stadtteil selbst ihren Schwerpunkt stärker auf das private Wohnen verlegen (vgl. Danner/Hoch 2003: 217f.). Hier handelt es sich vorwiegend um junge Menschen bzw. um Singles – häufig kombiniert mit einem mobilitätsorientierten Netzwerkmuster –, ausländische Einwohner und Aussiedler. Gerade bei den letzteren Einwohnergruppen spielt vermutlich auch ein nicht gewollter Rückzug eine Rolle, weil das soziale Umfeld – jenseits der eigenen Ethnie – solche Gruppen weniger in Kommunikationen einbezieht.

Solche unterschiedlichen Gruppen verweisen auf verschiedene kleinräumige Regulationsformen von Alltagskultur und je spezifische Sozialregulative, die soziales Handeln strukturieren und reproduzieren. Hier ist die Frage nach der Durchlässigkeit der Gruppen füreinander gestellt. Wir können annehmen, dass es zwischen den Gruppen auch Versuche gibt, Kommunikation herzustellen und „bridging capital", also Sozialkapital aus sich entwickelnden Bindungen zwischen Mitgliedern verschiedener Gruppen zu bilden. Damit ist zudem die Frage nach der Lernfähigkeit in und zwischen sozialen Gruppen eines Stadtteils gestellt und deren Unterstützungsmöglichkeiten durch intermediäre Instanzen. Die beobachtbare soziale Schließung der Gruppen stellt mithin einen Bezugspunkt bürgerschaftlichen Engagements dar.

Es zeigt sich jedoch eine Tendenz, dass solche Gruppen, die im Wohnumfeld ein kooperatives und kommunikatives Sozialverhalten zeigen, auch häufiger im öffentlichen Nahraum interagieren und sich bspw. um die Verbesserung der Stadtteil-Infrastruktur kümmern. Bei sozial distanzierten Gruppen wirkt sich dagegen die soziale Schließung nicht nur im Wohnumfeld aus, sondern zeigt sich auch durch weniger Partizipation im öffentlichen Nahraum. Dies heißt auch, dass isoliertere Gruppen eine wichtige Zielgruppe der Quartiersarbeit darstellen. Den vorhandenen praktischen Motivationsdefiziten wird dabei meist mit offensiven Kommunikationsstrategien wirkungsvoll zu begegnen versucht.

5. Sozialraum als politischer Raum – als repolitisierte Sphäre der „Partizipation" und „Öffentlichkeit"

Bürgerschaftliches Engagement als dynamisierendes Element von Stadtteilpolitik verändert die Funktionsweise politischer Öffentlichkeit und „repolitisiert" den Sozialraum. So kann den sich im demokratisch-repräsentativen System abzeichnenden Defiziten einer „lösungsorientierten Politik" (Narr 1997: 152), die zu „Legitimitätskrisen des politischen Systems" und „Politikverdrossenheit" führen können (Westphalen 2001: 642), durch politische Partizipation von Stadtteileinwohner/innen entgegengewirkt werden – Partizipation in jenem breiten Spannungsbogen von der ehrenamtlichen Tätigkeit in Vereinen und Verbänden über Selbsthilfegruppen auf vielfältigen Engagementfeldern bis hin zu Bürgerforen, Zukunftswerkstätten und Diskussionsforen im Internet. In all diesen Formen manifestiert sich der politische und sozio-kulturelle Gestaltungswille der Stadtgesellschaft in ganz unterschiedlichen Bereichen von Politik, Kultur, Sport, Sozialem, sowie im religiösen, Umwelt- und Freizeitbereich (zur Übersicht siehe Rosenbladt 2000; Klie et al. 2004). Selbstverständlich gehören hierzu auch die für Stadtteilbewohner/innen in unserer Gesellschafts- und Rechtsordnung vielfältig verfassten Formen der Mitwirkung.

Im bislang oft noch verengt wahrgenommenen Spektrum der verfassten und nicht-verfassten Möglichkeiten der Partizipation (vgl. Westphalen 2001, Welzel 1997) geht es regelmäßig darum, Bürger/innen im Rahmen einer lokalen Demokratie (Local Governance) an Entscheidungen zu beteiligen, die ihr tägliches Leben beeinflussen und der Auflösung des politischen Raums (vgl. Zeuner 1997: 21) entgegen zu wirken. Gerade die damit angesprochenen Qualitäten Bürgerschaftlichen Engagements bereichern gewachsene repräsentative Demokratiestrukturen und aktivieren neue Formen der direkten Demokratie in allen Belangen der Stadt(teil)entwicklung.

Im Kontext der Beteiligung an den noch nicht allzu häufig praktizierten *Planungszellen* (vgl. Bogumil/Holtkamp 2002a: 20; Dienel 1992) lässt sich an die oben bereits thematisierte „partizipative Ungleichheitsproblematik" im Kontext sozioökonomischer Differenzierung anknüpfen. Mit Planungszellen ist u.a. der Versuch verbunden, Bürger/innen an die Politik heranzuführen, „die vorher nicht in Parteien und Verbänden organisiert waren und nicht zum klassischen ‚Bildungsbürgertum' gehören. Gerade diese Bürger sollten aber eine sehr wichtige Zielgruppe von Bürgerbeteiligung sein, wenn man Politikverdrossenheit wirklich abbauen will" (Bogumil/ Holtkamp 2002a: 21) und in neuen „Verfahren partizipativer Politikberatung" kreative und konsensfähige Antworten auf konkrete Probleme der Gemeinde finden will. Eine weitere chancenreiche Beteiligungsform findet sich unter dem Oberbegriff „*Kommunaler Bürgerhaushalt*". Hier entstehen in jüngster Zeit (Modell-)Projekte, in denen Bürger/innen bei der Verteilung der knappen Finanzen (vgl. Haubner 2004: 18) oder perspektivisch auch bei der Erstellung von „Sozialraumbudgets" (Säuberlich/Osterndorff 2004: 24) einer Stadt einbezogen werden. Dabei wird jeweils der unverwechselbare besondere Charakter der Stadt, des Stadtteils sichtbar, der wesentlich auch den Grad an Identifikation der Bürger/innen mit ihrem sozialen Nahraum mitbestimmt.

Analog zur stark kommunalen oder stadtteilbezogenen Formatierung der Aktivitäten stellt die Enquête-Kommission fest, dass bürgerschaftliche Aktivitäten und Initiativen überwiegend an den Erfahrungen und Lebenswelten in den Städten und Dörfern anknüpfen sollten und hier „neue Schnittstellen" zu schaffen sind, „die die bisherigen kommunalen Entscheidungsfindungen systematisch um basisdemokratische und lokalplebiszitäre Komponenten ergänzen und erweitern" (BT-Drs. 14/8900 2002: 61). Dies erfordert nach Auffassung der Kommission „eine teilweise Rückverlagerung der politischen Initiativen und Macht in das bürgergesellschaftliche Feld und damit auch einen bewussten Machtverzicht der kommunalpolitischen Akteure, die bislang oft allein über die Initiativ- und Machtpotenziale verfügen" (BT-Drs. 14/8900 2002: 61). Dieses Miteinander unterschiedlicher Demokratieformen von repräsentativer, direkter und kooperativer Demokratie könnte zum Leitbild einer neuen Stadtpolitik werden.

Die politische Steuerung durch demokratisch legitimierte kommunale Mandatsträger wird ergänzt durch „multiple, sich überlagernde Verhandlungssysteme in nicht hierarchischen, netzwerkartigen Strukturen" (Scharpf 1991: 628; zur organisationellen Vernetzung vgl. Otto/Bauer 2005, i.E.), was neue Koordinationsmechanismen der Steuerung erfordert, um „insbesondere vor Ort tragfähige Kompromisse auszuhandeln" (Maier 2003b: 305, 306). Hier spielt auch die internetbasierte Kommunikation und Partizipation eine zunehmend wichtige Rolle.

Die Erfahrungen aus Baden-Württemberg zeigen, dass in vielen Kommunen am Aufbau von Kooperationsstrukturen zwischen den Verwaltungen der Landratsämter, Städte und Gemeinden und den bürgerschaftlichen Initiativen gearbeitet wird. Diese Lernprozesse können durch gezielte Unterstützungsarbeit der Politik ebenso gefördert werden wie dadurch, dass sic sich auf das ganze Spektrum von sozialer über kultureller bis zu politischer Partizipation beziehen – bei letzteren ebenso auf die verfassten wie die nicht-verfassten Formen. Gerade im zivilgesellschaftlichen Diskurs und dem der Bürgerkommune (vgl. Bogumil 2004) stellt diese „Verschränkung unterschiedlicher Demokratietraditionen" eine „wichtige Option zur Weiterentwicklung einer demokratischen Kultur" (Bogumil et al. 2003: 155f.) im städtischen Sozialraum dar. Ohne weitere rechtliche Novellierungen werden hier jedoch auch kommunalverfassungsrechtliche Grenzen sichtbar.

Im Schnittfeld mehrerer bis hier thematisierter Problembereiche kann eine nur schwer abgrenzbare Qualität identifiziert werden. Die übergreifende Vorstellung einer systematischen Förderung zielt – modellhaft etwa in Baden-Württemberg – auf einen wesentlich sozialräumlich verankerten Dauerprozess in einem „Lernnetzwerk" (vgl. www.buergerengagement.de). Bürgerschaftliches Engagement in dem hier diskutierten sozialräumlichen Verständnis kann sehr vielfältig einerseits zu einem lernenden Sozialraum beitragen, andererseits von einer lernenden Region mit ihren Wissens-, Netzwerk- und Austauschbezügen profitieren.

6. Sozialraum als zunehmend bedeutsame Sphäre der konkreten Komposition von Fachlichkeit und Beruflichkeit sozialer Aufgabenerledigung

Mit dem Blick auf Bürgerschaftliches Engagement werden vor Ort nachhaltig die hergebrachten Muster von Fachlichkeit und Beruflichkeit neu aufgemischt. Zentrale sozialräumliche Kristallisationspunkte für diese Prozesse sind regelmäßig diejenigen Situationen, Orte und Instanzen, in denen Fachkräfte und Bürger/innen interagieren. Allgemeinste Fluchtpunkte sind zunächst bei den ersteren eine Orientierung an systematischer Förderung Bürgerschaftlichen Engagements sowie der Zusammenarbeit mit Bürgerschaftlichem Engagement, bei den letzteren die Vermittlung eines breiten Spektrums von Kompetenzen – neben fachlichen vielfach ein Kanon von Schlüsselkompetenzen. Dieser Ausprägung einer aus unterschiedlichen Elementen zusammengesetzten komplementären Profilierung der jeweiligen Stärken stehen allerdings vielfältige andere Praxen gegenüber, die bei den Engagierten auf dienstleistungsbezogene Semi-Professionalisierung setzen und dabei wesentlich auf die Substituierbarkeit beruflich bezahlter Dienstleistungen.[11] In diesem Spannungsfeld werden die harten Auseinandersetzungen um das Niveau und die Qualität professioneller Dienste gerade dann angeheizt, wenn weder Fachkräfte noch Engagierte ein klares *Bild eigenständigen Bürgerschaftlichen Engagements im Sozialraum* haben.

Auf ein solches dagegen zielt die erstgenannte Strategie. Aber auch die mit ihr beförderten Prozesse führen zu einer starken Intensivierung der letztlich an allen benannten Schnittstellen zu führenden Debatte über den konkreten Stellenwert der beiden Sphären sozialräumlich bedeutsamer Arbeit. Dies gilt in dem Maße umso mehr, in dem sie an ihren Schnittstellen absichtsvoll vieldimensional verknüpft werden. Allerdings lassen sich Merkmale der komplementären Profilierungsstrategie inzwischen anhand vielfältiger Erfahrungen deutlicher benennen. Sie liegen gerade in eigener bürgerschaftlicher Identität, in einem darauf gegründeten Selbstbewusstsein, in vielfältigen Berührungspunkten und Erfahrungen mit professionellen, bezahlten Kräften. Sie liegen darüber hinaus in einerseits lebensweltlich-vielfältigen, andererseits systematisch kultivierten – z.B. organisierten und moderierten – gemeinsamen Zusammenarbeits-, Austausch- und Reflexionsprozessen. Die ganz unterschiedlichen anderen Engagierten aus anderen Arbeitsfeldern und -settings, aus anderen Teamkonstellationen und anderen sozialräumlichen – auch (sozial-)administrativen – Vorgaben und Strukturen stellen dabei ein besonders wichtiges Korrektiv gegenüber Tendenzen der problematischeren Substitutions- und Leistungsstrategien dar.

Einholen lässt sich dieses Potenzial nur, wenn die enge sozialräumlich verfügbare Netzwerkstruktur in dieser Perspektive immer wieder verlassen wird, wenn in planvoll unterstützter Netzwerkförderung die oben genannte – informatorische und kritisch-reflexionsorientierte – Stärke schwacher sozialer Bindungen breit ermöglicht wird. Eine Reihe der schon mehrfach angeschnittenen Aspekte mehrdimensional ge-

---

11 Vgl. die bereits anlässlich des ersten BE-Projektes in Baden-Württemberg – den Seniorengenossenschaften – geführte entsprechende kritische Diskussion hinsichtlich des wohlfahrtspolitischen Verständnisses (Otto 1995).

stalteter Lernnetzwerke sind also auch in diesem Punkt einer angemessenen Fachlichkeit Bürgerschaftlichen Engagements sehr bedeutsam. Es kommen weitere direkt darauf bezogene Interventionen hinzu, wie die Schulung von Mentor/innen und Mentor/innentrainer/innen, die auf kommunaler Ebene zusammen mit weiteren Fachkräften in einem Landesnetzwerk wie dem baden-württembergischen zur Optimierung des Engagements beitragen können (vgl. Klie et al. 2004: 147f.). Welchen herausgehobenen Stellenwert Bürgerschaftliches Engagement in dieser Neubalancierung des Professionalitäts- und Wohlfahrtsmix hat, ließe sich entsprechend beispielhaft an den Suchbewegungen unter dem Leitbild der „familienfreundlichen Kommune" verdeutlichen (Klie et al. 2004: 142; vgl. Gerzer-Sass 2003). Ziel ist, die Dialog- und Kooperationsfähigkeit zwischen allen Beteiligten zu erhöhen, präventiv ausgerichtete Vorhaben zu fördern und entsprechende spezielle und übertragbare Modellprojekte zu entwickeln – mit deutlichen Wirkungen auf den diesbezüglichen ganz konkret sozialräumlichen Welfare Mix. Die perspektivreichen daran anschließenden Ordnungsentwürfe werden abschließend behandelt.

Entwicklungshilfe für eine wissensbasierte Gestaltung von Sozialräumlichkeit und das Ziel einer kooperativen Verantwortungsteilung von Fachkräften und Engagierten in der Gestaltung des Sozialraums sind nicht ohne Widerspruch. Konzeptionell soll bürgerschaftliches Engagement auch mit seiner zunehmenden Qualifizierung zwar „arbeitsplatzneutral" bleiben, faktisch sind aber auch Substitutionseffekte nicht auszuschließen, was auf die Notwendigkeit einer sozialverträglichen Funktionsbestimmung von Fachlichkeit und freiwilligem Engagement bei der sozialen Aufgabenerledigung verweist. Hier kann das Modell des abschließend behandelten Welfare Mix einen diskussionswürdigen Ordnungsentwurf darstellen.

7. Sozialräumliches BE im Kontext eines besser balancierten *Welfare Mix*

Im Kontext der Dauerkrise von Arbeitsgesellschaft und Sozialstaat wird bürgerschaftlichem Engagement zunehmend eine Rolle bei der Bewältigung gesellschaftlicher Risiken beigemessen (vgl. Münkler 2003). Diese Vorstellung jedoch kann bürgerschaftliches Engagement überfrachten, wenn sie nicht von einem neuen Ordnungsentwurf begleitet wird. Es geht – so die hier verfolgte Perspektive – nicht um einen „Verschiebebahnhof" vom Staat auf den Bürger bei der Lösung der gesellschaftlichen Probleme, sondern um neue Formen eines koproduktiven Zusammenwirkens, in welchem die staatlichen Aufgaben und die des Marktes und Dritten Sektors, ebenso wie bürgerschaftliches Engagement hinsichtlich ihrer sich ergänzenden gesellschaftlichen Funktionen (neu) zu definieren sind. Am oben genannten Familienbeispiel werden Ansätze eines Wohlfahrtspluralismus sichtbar, dessen regionale Akteure aus den unterschiedlichen Sektoren zusammen mit Netzwerken und „regionalen Moderator/innen" jeweils vor Ort versuchen, aus den sozialräumlichen Ressourcen im Blick auf wichtige kommunale Arbeitsfelder einen optimalen Wohlfahrtsmix zu arrangieren, der lebensweltlichen wie fachlichen Ansprüchen gleichermaßen gerecht werden kann.

Als Kehrseite bürgerschaftlichen Engagements erscheint in diesem Zusammenhang erneut seine mögliche und immer wieder feststellbare Instrumentalisierung durch den Staat und seine mittelbaren und unmittelbaren Agenten, die freilich von den Engagierten wie den Fachkräften selbst mitreflektiert werden muss. In einer Art „geteilter Modernisierung" (Wildt 2002: 5) werden einerseits Qualitätssicherungssysteme und Managementmethoden zur weiteren Professionalisierung eingeführt; andererseits findet gleichzeitig eine Entprofessionalisierung durch missbräuchliche Nutzung freiwilligen Engagements als Kostenminderungspotenzial statt.

Es soll an dieser Stelle nicht erörtert werden, inwiefern und in welchem zeitlichen Verlauf entsprechende Erwartungen überhaupt eingelöst werden können. Hier geht es stattdessen darum, die Ausrichtung wohlfahrtsstaatlicher Positionierung sozialräumlichen Engagements an seinem viel breiteren gesellschaftlichen Potenzial auszurichten. Für dessen nachhaltige Entwicklung – nicht nur hinsichtlich seiner Dienstleistungsressourcen, sondern auch mit Blick auf seine partizipativen, kulturellen, übergreifend zivilgesellschaftlichen Qualitäten – braucht Bürgerschaftliches Engagement deutliche Freiräume. Folglich geht es um einen Ordnungsentwurf der Produktion von Wohlfahrt. Ein neues koproduktives Wohlfahrtsmodell der Daseinsvorsorge kann nicht nur als reaktive Antwort auf die Krise der sozialen Sicherungssysteme gewertet werden, sondern steht im Zeichen eines Wohlfahrtspluralismus, der sich im Zusammenwirken unterschiedlicher gesellschaftlicher Funktionssysteme (Staat, Markt, Voluntary Sector, BE) Geltung verschafft. Entsprechende Konzepte können dabei an viele empirische Trends anknüpfen, wie sie seit Jahren festgestellt werden und die bedeutungsvoll in ihrer jeweiligen lokalen Repräsentation sind – Trends der „grundsätzlichen Neuordnung institutioneller Arrangements wohlfahrtsstaatlicher Systeme (...), die auf eine Pluralisierung von Institutionen und Akteuren der Wohlfahrtsproduktion jenseits von Staat und Markt sowie auf eine Stärkung von Gemeinsinn, bürgerschaftlicher Mitwirkung und Selbsthilfe hinauslaufen" (Evers/Olk 1996a: 10; zum Ganzen vgl. Maier 2003b: 302f.).

Auch hier stellen Sozialräume Laboratorien und Experimentierstätten dar, in denen neue „Kombinationsformen, Verknüpfungen und ‚Mixes'" (Evers/Olk 1996a: 27) der Wohlfahrtsproduzent/innen erprobt werden. Der New *Welfare Mix* muss dabei ebenso in seinen ordnungspolitischen Koordinaten wie bezogen auf die unterschiedlichen konkreten Lebensbereiche ausbuchstabiert werden. Wichtige Schwerpunktthemen der Stadtteilpolitik, die in den Koordinaten der Produktionsfaktoren von Wohlfahrt bearbeitet werden, sind das Miteinander und die wechselseitige Daseinsvorsorge der gesellschaftlichen und familialen Generationen, die Zukunftsfähigkeit der Familie und ihre Unterstützung durch soziale Netzwerke[12], sowie Probleme der Kumulierung sozialer Benachteiligung, Migration und Arbeitslosigkeit, die in städtischen Sozialräumen bspw. im Rahmen des Großprojektes „Soziale Stadt" oder in netzwerkförmiger Aktion (vgl. Ernst 2005, i.E.) bearbeitet werden.

Wenn es in diesem Zusammenhang stimmt, dass sich auf der makrosoziologischen Ebene ein großer neuer Ordnungsentwurf zwischen Politik und Wirtschaft seit den sich in den 80er Jahren herausbildenden ökonomischen Strukturkrisen und den

12 Vgl. zum besonders herausfordernden Problemkreis des Alters Otto 2005a, der Pflege Otto 2005b.

seit den 90er Jahren verstärkt einsetzenden Prozessen der Globalisierung als bis dato nicht einlösbar erweist, erscheint gerade die lokale Ebene als Ansatzpunkt, die Erscheinungsformen einer blockierten Gesellschaft zu überwinden. Engagement auf lokaler Ebene kann dabei nicht losgelöst von den sehr unterschiedlichen Lebensbedingungen und der sozialen, kulturellen und materiellen Lage von Menschen verstanden werden. Bürgerschaftliches Engagement im Kontext von Stadtteilpolitik bewegt sich unter diesem Gesichtspunkt im Spannungsfeld von Ohnmacht, Innovation und Instrumentalisierung.

Literatur

Arendt, Hannah (1981): Vita Activa oder Vom tätigen Leben. 5. Auflage. München

Barloschky, Katja (2003): Bürgergesellschaftliches Engagement im Feld „Arbeitslosigkeit und soziale Integration". In: Enquête-Kommission „Zukunft des Bürgerschaftlichen Engagements" Deutscher Bundestag (Hg.): Bürgerschaftliches Engagement und Sozialstaat. Opladen: 141-158

Bauer, Petra/Otto, Ulrich (Hg.) (2005): Mit Netzwerken professionell zusammenarbeiten. Band 2: Institutionelle Netzwerke in Sozialraum- und Kooperationsperspektive. Tübingen

Beck, Ulrich (1986): Risikogesellschaft. Auf dem Weg in eine andere Moderne. Frankfurt a.M.

Beher, Karin/Liebig, Reinhard/Rauschenbach, Thomas (2000): Strukturwandel des Ehrenamts. Gemeinwohlorientierung im Modernisierungsprozeß. Weinheim

Berger, Peter, L./Luckmann, Thomas (1987): Die gesellschaftliche Konstruktion der Wirklichkeit. Eine Theorie der Wissenssoziologie. Frankfurt a.M.

Braun, Sebastian (2001a): Bürgerschaftliches Engagement im politischen Diskurs. In: Aus Politik und Zeitgeschichte, B 25-26/2001: 3-5

Braun, Sebastian (2001b): Putnam und Bourdieu und das soziale Kapital in Deutschland. In: Leviathan 29/3: 337-354

Bogumil, Jörg (2004): Bürgerkommunen als Perspektive der Demokratieförderung und Beteiligungsstärkung. In: Kessl, Fabian/Otto, Hans-Uwe (Hg.): Soziale Arbeit und Soziales Kapital. Wiesbaden: 113-122

Bogumil, Jörg/Holtkamp, Lars (2002a): Bürgerkommune konkret. Vom Leitbild zur Umsetzung. Ein Leitfaden für die kommunale Praxis, erarbeitet für den AK Bürgergesellschaft und Aktivierender Staat der FES. Bonn

Bogumil, Jörg/Holtkamp, Lars (2002b): Die Bürgerkommune als Zusammenspiel von repräsentativer, direkter und kooperativer Demokratie. Erste Ergebnisse einer explorativen Studie. Hagen

Bogumil, Jörg/Klie, Thomas/Holtkamp, Lars/Roß, Paul-Stefan (2003): Öffentliche Förderung von Organisationen des dritten Sektors im Sozial- und Kulturbereich. In: Enquête-Kommission „Zukunft des Bürgerschaftlichen Engagements" Deutscher Bundestag (Hg.): Politik des bürgerschaftlichen Engagements in den Bundesländern. Enquête-Kommission „Zukunft des Bürgerschaftlichen Engagements", Schriftenreihe Band 7: 155-244

Bourdieu, Pierre (1983): Ökonomisches Kapital, kulturelles Kapital, soziales Kapital. In: Kreckel, Reinhard (Hg.): Soziale Ungleichheiten. Soziale Welt, Sonderband 2. Göttingen: 183-198

Bundestags-Drucksache (BT-Drs.) 14/8900 (2002): Bericht der Enquête-Kommission „Zukunft des bürgerschaftlichen Engagements": Bürgerschaftliches Engagement: auf dem Weg in eine zukunftsfähige Bürgergesellschaft. Berlin

Dangschat, Jens S. (2000): Segregation. In: Häußermann, Hartmut (Hg.): Großstadt. Soziologische Stichworte. 2. Auflage. Opladen: 209-221

Dangschat, Jens S. (Hg.) (1997): Modernisierte Stadt – gespaltene Gesellschaft. Ursachen von Armut und sozialer Ausgrenzung, Opladen

Danner, Michael/Hoch, Hans (2003): Die Wirkung von Umweltkommunikation und sozialer Arbeit. Ergebnisse der Vergleichsuntersuchung in Freiburg-Rieselfeld und Hannover-Kronsberg. In: Maier, Konrad/Michelsen, Gerd (Hg.): Nachhaltige Stadtentwicklung. Frankfurt a.M.: 94-228

Dienel, Peter C. (1992): Die Planungszelle, Opladen

Ernst, Jörg (2005, i.E.): Vernetzung in der Arbeit mit Migrantinnen und Migranten. In: Bauer, Petra/Otto, Ulrich (Hg.): Mit Netzwerken professionell zusammenarbeiten. Band 2: Institutionelle Netzwerke in Sozialraum- und Kooperationsperspektive. Tübingen

Evers, Adalbert (2002): Bürgergesellschaft und soziales Kapital. Die politische Leerstelle im Konzept Robert Putnams. In: Haus, Michael (Hg.): Bürgergesellschaft, soziales Kapital und lokale Politik. Theoretische Analysen und empirische Befunde. Opladen: 59-75

Evers, Adalbert/Laville, Jean-Louis (2004): Social Services by social enterprises: on the possible contributions of hybrid organizations and a civil society. In: Evers, Adalbert/Laville, Jean-Louis (eds.): The Third Sector in Europe. Cheltenham/Northampton: 237-256

Evers, Adalbert/Olk, Thomas (1996a): Wohlfahrtspluralismus – Analytische und normativ-politische Dimensionen eines Leitbegriffs. In: dies. (Hg.): Wohlfahrtspluralismus. Vom Wohlfahrtsstaat zur Wohlfahrtsgesellschaft. Opladen: 9-60

Evers, Adalbert/Rauch, Ulrich/Stitz, Uta (2002): Von öffentlichen Einrichtungen zu sozialen Unternehmen. Hybride Organisationsformen im Bereich sozialer Dienstleistungen. Berlin

Gerzer-Sass, Annemarie (2003): Familienselbsthilfe und bürgerschaftliches Engagement. In: Enquête-Kommission „Zukunft des Bürgerschaftlichen Engagements" Deutscher Bundestag (Hg.): Bürgerschaftliches Engagement und Sozialstaat. Opladen: 125-138

Greiffenhagen, Sylvia (2003): Am eigenen Zopf aus dem Sumpf? Partizipation als ambivalente Entwicklungsstrategie – Beobachtungen in einem benachteiligten Stadtteil. In: Maier, Konrad/Michelsen, Gerd (Hg.): Nachhaltige Stadtentwicklung. Eine Herausforderung für Umweltkommunikation und soziale Arbeit. Frankfurt a.M.: 277-283

Habisch, André (2002): Sondervotum: Soziales Kapital, Bürgerschaftliches Engagement und Initiativen regionaler Arbeitsmarkt- und Sozialpolitik. In: BT-Drs. 14/8900 (2002): 350-356

Haubner, Oliver (2004): Transparenz schafft Akzeptanz. Das Projekt „Kommunaler Bürgerhaushalt". In: Blätter der Wohlfahrtspflege, 151. 2004/1: 18-20

Häußermann, Hartmut (2003): Wachsende soziale und ethnische Heterogenität und Segregation in den Städten. In: Enquête-Kommission „Zukunft des Bürgerschaftlichen Engagements" Deutscher Bundestag (Hg.): Bürgerschaftliches Engagement und Sozialstaat. Opladen: 347-355

Häußermann, Hartmut/Kapphan, Andreas (2002): Berlin. Von der geteilten Stadt zur gespaltenen Stadt? Sozialräumlicher Wandel seit 1990. 2. Auflage. Opladen

Heinze, Rolf G./Olk, Thomas (Hg.) (2001): Bürgerengagement in Deutschland. Bestandsaufnahme und Perspektiven. Opladen

Hölscher, Michael/Rössel, Jörg (2005, i.E.): Eine städtische Unterklasse? Die sozialen Netzwerke räumlich konzentrierter, sozial benachteiligter Bevölkerungsgruppen. In: Otto, Ulrich/Bauer, Petra (Hg.) (2005, i.E.)

Holz, Gerda (2003): Engagement für von Diskriminierung und sozialem Ausschluss bedrohte Gruppen. In: Enquête-Kommission „Zukunft des Bürgerschaftlichen Engagements" Deutscher Bundestag (Hg.): Bürgerschaftliches Engagement und Sozialstaat. Opladen: 157-211

Hummel, Konrad (2000): Chancen und Risiken politischer Förderung: „Landesnetzwerk bürgerschaftliches Engagement". In: Zimmer, Annette/Nährlich, Stefan (Hg.): Engagierte Bürgerschaft. Traditionen und Perspektiven. Opladen: 303-323

Klie, Thomas/Ross, Paul-Stefan (2001): Bürgerland Baden-Württemberg. Band 1. Wissenschaftlicher Jahresbericht zum Bürgerschaftlichen Engagement in Baden-Württemberg. Stuttgart

Klie, Thomas/Ross, Paul-Stefan (2000): Bürgerschaftliches Engagement in Baden-Württemberg. 4. Wissenschaftlicher Jahresbericht 1999/2000. Stuttgart

Klie, Thomas/Roß, Paul-Stefan/Hoch, Hans/Heimer, Franz-Albert/Scharte, Ulrike (2004): Bürgerschaftliches Engagement und Ehrenamt in Baden-Württemberg. 1. Wissenschaftlicher Landesbericht 2002/2003. Stuttgart

Lin, Nan: Building a Network Theory of Social Capital. In: Lin, Nan/Cook, Karen/Burt, Ronald S. (eds.) (2001): Social Capital. Theory and Research, New York: 3-30

Maier, Konrad (2003a): „Stadt als sozialer Lebensraum" am Kronsberg und das Projekt „Quartiersaufbau Rieselfeld". In: Maier, Konrad/Michelsen, Gerd (Hg.): Nachhaltige Stadtentwicklung. Eine Herausforderung für Umweltkommunikation und Soziale Arbeit. Frankfurt a.M.: 82-91

Maier, Konrad (2003b): Was sind und was leisten intermediäre Instanzen? In: Maier, Konrad/Michelsen, Gerd (Hg.): Nachhaltige Stadtentwicklung. Eine Herausforderung für Umweltkommunikation und Soziale Arbeit. Frankfurt a.M.: 300-313

Mayer, Margit (2002): Soziales Kapital und Stadtentwicklungspolitik. Ein ambivalenter Diskurs. In: Haus, Michael (Hg.): Bürgergesellschaft, soziales Kapital und lokale Politik. Opladen: 33-58

Munsch, Chantal (2003): Ist Engagement im Stadtteil nur für „gute Bürger"? In: Maier, Konrad/Michelsen, Gerd (Hg.): Nachhaltige Stadtentwicklung. Eine Herausforderung für Umweltkommunikation und sozialer Arbeit. Frankfurt a.M.: 266-276

Münkler, Herfried (2003): Bürgergesellschaft und Sozialstaat. In: Enquête-Kommission „Zukunft des Bürgerschaftlichen Engagements" Deutscher Bundestag (Hg.): Bürgerschaftliches Engagement und Sozialstaat. Opladen: 15-26

Narr, Wolf-Dieter (1997): Politik ohne Eigenschaften. In: Schneider-Wilkes, Rainer (Hg.): Demokratie in Gefahr? Zum Zustand der deutschen Republik. Münster: 146-152

Offe, Claus/Fuchs, Susanne (2001): Schwund des Sozialkapitals? Der Fall Deutschland. In: Putnam, Robert (Hg.): Gesellschaft und Gemeinsinn. Sozialkapital im internationalen Vergleich. Gütersloh:. 417-514

Olk, Thomas (1987): Das soziale Ehrenamt. In: Sozialwissenschaftliche Literatur-Rundschau (SLR) 1987:, 84-101

Opielka, Michael (2004): Gemeinschaft in Gesellschaft. Soziologie nach Hegel und Parsons. Wiesbaden

Otto, Ulrich (1995): Seniorengenossenschaften. Modell für eine neue Wohlfahrtspolitik? Opladen

Otto, Ulrich (1998): Daueranschub statt Finanzierung. Bürgerschaftliches Engagement als Innovationsprogramm in Baden-Württemberg. In: Schmidt, Roland/Braun, Helmut/Giercke, Klaus Ingo/Klie, Thomas/Kohnert, Monika (Hg.): Neue Steuerungen in Pflege und Sozialer Altenarbeit, Regensburg: 383-404

Otto, Ulrich (2005a): Soziale Netzwerke Älterer Menschen. Soziodemografische Befunde, In: Otto, Ulrich/Bauer, Petra (Hg.) (2005, i.E.)

Otto, Ulrich (2005b): Unterstützungsnetzwerke bei Pflegebedürftigkeit älterer Menschen, In: Otto, Ulrich/Bauer, Petra (Hg.) (2005, i.E.)

Otto, Ulrich/Bauer, Petra (Hg.) (2005, i.E.): Mit Netzwerken professionell zusammenarbeiten. Band 1: Soziale Netzwerke in Lebenslauf- und Lebenslagenperspektive. Tübingen

Otto, Ulrich/Schmid, Josef/Plank, Sven/Schönstein, Stephanie/Steffen, Christian (2003): Bürgerschaftliches Engagement. Förderung durch die Bundesländer. Ziele, Instrumente und Strategien im Vergleich. Opladen

Putnam, Robert D./Leonardi, Robert/Nanetti, Rafaella (1993): Making Democracy work: Civic Traditions in Modern Italy. Princeton/N.J.

Putnam, Robert D. (2000): Bowling Alone. The Collapse and Revival of American community. New York

Putnam, Robert D. (Hg.) (2001): Gesellschaft und Gemeinsinn. Sozialkapital im internationalen Vergleich. Gütersloh

Putnam, Robert D./Gross, Kristin, A. (2001): Einleitung. In: Putnam, Robert D. (Hg.) (2001): 15-43

Rosenbladt, Bernhard von (2000): Freiwilliges Engagement in Deutschland. Freiwilligensurvey 1999. Band 1: Gesamtbericht, Stuttgart/Berlin/Köln

Roß, Paul-Stefan/Klie, Thomas (2004): Bürgerschaftliches Engagement und seine Förderung im Land und in der Kommune. In: Rosenzweig, Beate/Eith, Ulrich (2004): Bürgerschaftliches Engagement und Zivilgesellschaft. Ein Gesellschaftsmodell der Zukunft? Schwalbach: 73-105

Säuberlich, Uwe/Osterndorff, Guido (2004): Sozialraumbudget und neue Steuerung. Bremerhaven verknüpft Fachlichkeit mit Wirtschaftlichkeit. In: Blätter der Wohlfahrtspflege. 1/151. 2004: 24-26

Scharpf, Fritz W. (1991): Die Handlungsfähigkeit des Staates am Ende des zwanzigsten Jahrhunderts. In: Politische Vierteljahresschrift 4/32. 1991: 621-634

Sennett, Richard (2000): Verfall und Ende des öffentlichen Lebens. Die Tyrannei der Intimität. Aus dem Amerikanischen von Reinhard Kaiser. Frankfurt a.M.

Ueltzhöffer, Jörg (2000): Lebenswelt und Bürgerschaftliches Engagement. Soziale Milieus in der Bürgergesellschaft. Ergebnisse einer sozialempirischen Repräsentativerhebung in der BRD 2000. Bericht des SIGMA-Instituts Mannheim, Stuttgart

van Deth, Jan W. (2002): Sozialkapital/Soziales Vertrauen. In: Greiffenhagen, Martin/Greiffenhagen, Sylvia (Hg.): Handwörterbuch zur Politischen Kultur der Bundesrepublik Deutschland. 2. Auflage. Wiesbaden: 575-579

Welzel, Christian (1997): Repräsentation alleine reicht nicht mehr. Sachabstimmung in einer Theorie der interaktiven Demokratie. In: Schneider-Wilkes, Rainer (Hg.): Demokratie in Gefahr? Zum Zustand der deutschen Republik. Münster: 54-79

Wendt, Wolf Rainer (2003): Sozialwirtschaft. Eine Systematik. Baden-Baden

Westphalen, Raban von (Hg.) (2001): Deutsches Regierungssystem. München/Wien

Wildt, Gretel (2002): Diakonische Freiwilligendienste im Spannungsfeld von gesellschaftlichem Wandel und biografischen Entwicklungen. In: Diakonie Korrespondenz, 3. 2002: 5

Zeuner, Bodo (1997): Entpolitisierung ist Entdemokratisierung. Demokratieverlust durch Einengung und Diffusion des politischen Raums. Ein Essay. In: Schneider-Wilkes, Rainer (Hg.): Demokratie in Gefahr? Zum Zustand der deutschen Republik. Münster: 20-34

Zimmer-Hegmann, Ralf: (2003) Stadtentwicklung. Soziale Stadt und bürgerschaftliches Engagement: Erfahrungen am Beispiel des integrierten Handlungsprogramms „Stadtteile mit besonderem Entwicklungsbedarf“ in Nordrhein-Westfalen. In: Enquête-Kommission „Zukunft des Bürgerschaftlichen Engagements“ Deutscher Bundestag (Hg.): Bürgerschaftliches Engagement und Sozialstaat. Opladen: 333-345

Internet-Adressen

www.buergerengagement.de
www.buergerorientierte-kommune.de
www.familienfreundliche-kommune.de
www.soziale-stadt.de
www.zentrum.zivilgesellschaft.de

Stadterneuerungspolitik und Segregation

Hartmut Häußermann und Jens Wurtzbacher

Abstract

Stadterneuerungspolitik war immer Sozialraumgestaltung. Gegenstand der Stadterneuerung wurden bereits im 19. Jahrhundert solche Quartiere, denen aufgrund des Wachstums der Stadt eine neue Funktion zugeschrieben wurde: innerstädtische Altbaugebiete wurden abgerissen und für neue ökonomische Funktionen aufbereitet. Dies war eine gewaltsame Veränderung von Sozialräumen. Die Tradition dieser ‚Stadtsanierung' reichte bis in die 1960er Jahre und wurde zusätzlich mehr oder weniger offen mit der Beseitigung von unerwünschten sozialen Milieus verbunden. Die Stadterneuerungspolitik wandelte sich unter dem Eindruck politischen Widerstands und als Folge der Veränderung der Rahmenbedingungen der Stadtentwicklung von einer Modernisierungs- zu einer Erhaltungspolitik, bei der Sozialräume ausdrücklich unter Schutz gestellt werden. Die neueste Form der Stadterneuerung, die Politik der ‚sozialen Stadt', setzt nicht mehr vor allem auf bauliche Erneuerung, sondern auf soziale und ökonomische Stabilisierung. In schrumpfenden Städten stellen sich außerdem ganz neue Fragen der Sozialraumgestaltung, für die bisher noch keine überzeugenden Konzepte entwickelt werden konnten.

Sozialraum und Stadterneuerung

Allgemein suggeriert der Begriff *Sozialraum* eine Verbindung zwischen physischer Umwelt und sozialen Handlungsmustern. Aus soziologischer Sicht ist ‚Sozialraum' insofern eine Tautologie, als die Kategorie des physischen Raums ‚an sich' noch nichts bedeutet. Räume sind aus soziologischer Sicht immer *soziale* Räume, denn es geht um die Beziehungen unterschiedlicher Akteure zueinander bzw. um die Reichweite von Institutionen (vgl. Werlen 2000). Der physische Raum bleibt dabei nur eine *an sich wirkungslose Form, in deren Modifikationen die realen Energien sich zwar offenbaren, aber nur, wie die Sprache Gedankenprozesse ausdrückt (...)* (Simmel 1913/1995). Soziologisch relevante Qualitäten gewinnt der Raum also erst durch die darin stattfindenden Handlungsprozesse, durch seine Nutzung und Gestaltung. Das bauliche Substrat ist dabei insofern bedeutsam, als dessen Anordnung selbst das Ergebnis von Handlungs- und Entscheidungsprozessen ist und dadurch wiederum Einfluss auf die soziale Praxis ausübt. Die *Stadterneuerungspolitik* ist in diese Wechselwirkung auf zweierlei Arten verstrickt: Sie bezieht *erstens* ihre Begründung und Legitimation aus den normativ unerwünschten Folgen der Wechselwirkung zwischen baulicher Gestaltung und sozialem Leben in einem städtischen Gebiet. *Zweitens* übt sie als Handlungsprozess selbst wiederum Einfluss auf diese

Wechselwirkung aus, bleibt dabei jedoch viel stärker als der Mechanismus des Marktes an normative Leitbilder des *‚guten Zusammenlebens‘* gebunden.

Diese beiden Ebenen strukturieren die Leitfragen unseres Beitrages. Darin geht es uns zunächst darum, welche Sozialräume die Stadterneuerungspolitik in den Blick nimmt und weshalb diese als defizitär definiert werden. Was zeichnet die Sozialräume aus, die zum Zielpunkt stadtpolitischer Interventionen werden? Weiterhin beleuchten wir die Stadterneuerungspolitik selbst im Hinblick auf ihre Ziele, auf die ihr zur Verfügung stehenden Instrumente und auf die Veränderungen, die sie im städtischen Raum tatsächlich bewirkt.

Begründungslinien der Stadterneuerungspolitik

Stadterneuerung ist ein Sammelbegriff für all jene Maßnahmen, die zum Ziel haben, ‚veraltete‘ bzw. ‚zurückgebliebene‘ Quartiere an Zustände heranzuführen, die ‚gegenwärtigen Anforderungen‘ genügen. Die Beschreibung der Sanierungsbedürftigkeit von Quartieren erfolgt also mit weitgehend unbestimmten Begriffen, die zu verschiedenen Zeiten und aus verschiedenen Perspektiven jeweils sehr unterschiedlich konkretisiert und definiert werden. Diese Definition wird im Zuge der ‚Festlegung‘ eines Sanierungsgebietes durch die städtischen Behörden vorgenommen. Mit der Festlegung in einer kommunalen Satzung werden der Stadtverwaltung durch das Baugesetzbuch weitgehende Eingriffsrechte für das Quartier gegeben, die einer zügigen Durchführung dienen sollen. Bei dieser Festlegung muss nachgewiesen werden, dass bauliche und/oder soziale Missstände gegeben sind, die durch die Erneuerungspolitik beseitigt werden sollen. Stadterneuerungspolitik hat absichtliche und unabsichtliche soziale Folgen, da in jedem Fall der Sozialraum verändert wird. Die Instrumente dieser Politik sind jedoch in erster Linie bauliche, d.h. sie bestehen in der Erneuerung von Wohnungen und/oder der Beseitigung städtebaulicher Mängel. Die Spannung zwischen unvermeidlichen oder beabsichtigten Eingriffen in den Sozialraum einerseits, und die weitgehende Beschränkung auf bauliche Maßnahmen beim Instrumentarium andererseits, ist eines der grundlegenden Probleme der Stadterneuerungspolitik.

Die Stadterneuerungspolitik richtet ihren Blick an *der Durchsetzung normativer Standards des Wohnens* sowie an *funktionalen* und *stabilitätspolitischen* Gesichtpunkten aus. Die intendierten Stadterneuerungsprojekte werden politisch mit mangelhaften Zuständen in diesen Bereichen begründet:

Sie legitimiert sich zum ersten durch die Modernisierung solcher Wohnverhältnisse, die *aktuellen Standards nicht mehr genügen*. Damit ist die Erneuerung von Wohnungen durch Einbau moderner Technik (Sanitäranlagen, Wärmedämmung etc.) ebenso gemeint wie die *‚städtebauliche Neuordnung‘* eines Quartiers zur Herstellung von nutzbaren Freiflächen und einer besseren Belichtung und Belüftung durch Senkung der Bebauungsdichte (z.B. durch Abriss von Hinterhäusern). ‚Unzureichende‘ Wohnverhältnisse spiegeln sich regelmäßig auch in der sozialen Segregation der Wohnbevölkerung, denn in Quartieren mit geringer Wohnungsqualität wohnen vor allem Haushalte mit niedrigen Einkommen oder solche, die durch soziale Diskriminierung in jene Quartiere abgeschoben werden, die von den integrierten Mittelschichten gemieden werden. Das betrifft vor allem Migranten. Die Veränderung einer ‚einseitigen' Sozialstruktur gehört deshalb ebenfalls zu den Zielen der Stadterneuerungspolitik. Durch Abriss, Neubau oder aufwändige Investitionen in die bestehende Bausubstanz wandelt sich die soziale Zusammensetzung der Wohnbevölkerung. Dies ist je nach Art der Durchführung der Erneuerung entweder das Ergebnis einer absichtsvollen Steuerung oder die in Kauf genommene Nebenfolge der baulichen Eingriffe.

Aus *funktionalem* Blickwinkel wird die Notwendigkeit einer Anpassung der Verkehrs- und Infrastruktur an veränderte ökonomische Bedingungen begründet. Dabei handelt es sich hauptsächlich um den Ausbau von Verkehrsflächen in innerstädtischen Altbaugebieten, die als unzureichend angesehen und im Rahmen einer städtischen Wachstumspolitik ertüchtigt werden sollen.

Stabilitätspolitisch werden Quartiere, in denen sich aufgrund schlechter Wohnbedingungen und niedriger Mieten vor allem die unteren Einkommensschichten konzentrieren, als beständige Gefahr betrachtet. Bewohner werden, weil sie sich nicht der als ‚normal' angesehenen Lebensweise anpassen oder anpassen können, als ‚asozial' stigmatisiert oder aufgrund politischer Aktivitäten misstrauisch beobachtet. Während ringsherum die Stadt durch den Bau von Gebäuden mit moderner technischer Ausstattung wächst, wird die Diskrepanz zu den innerstädtischen Altbaugebieten immer größer. Früher wurden häufig die Bezeichnungen der „Höhlen des Lasters" (vgl. Schubert 1997: 185ff.) bzw. der „rückständigen" oder „kranken" Viertel bemüht (vgl. Frank 2003).

Es geht also bei der Stadterneuerungspolitik um die ständige öffentliche Wahrnehmung und Bewertung städtischer Quartiere in residentieller, funktionaler und stabilitätspolitischer Hinsicht. Dieser Bewertungsprozess bezieht seine Maßstäbe aus dem Wandel technischer, ökonomischer und kultureller Standards. Klaffen die Erwartungen an ein Gebiet und dessen aktueller Zustand auseinander, wird daraus die Begründung einer stadtpolitischen Intervention hergeleitet. Im ursprünglichen Begriff der Stadt*sanierung* schwang bereits sprachlich dass Bild der Krankheit mit, die es zu beseitigen gilt. Dahinter steht die Vorstellung einer organischen Stadtentwicklung, die sich zwischen den beiden Polen Gesundheit und Krankheit vollzieht. Im letzteren Fall liegt eine Störung vor, deren Ursache es zu beseitigen gilt. Diese Metaphorik wurzelt tief in der konservativen Großstadtkritik, die die Großstädte bzw. das urbane Leben insgesamt als Symptom einer Krankheit interpretierten, im Gegensatz zum gesunden Leben auf dem Lande (vgl. Bahrdt 1998).

Städtischer Wandel und staatliche Steuerung

Städte wandeln sich kontinuierlich; die Bevölkerung in den einzelnen Quartieren verändert sich durch Zu- und Wegzüge, die bauliche Substanz wechselt durch Abriss-, Neubau- oder Modernisierungsaktivitäten. Dieser Prozess verläuft gewöhnlich so langsam, dass es schwer fällt, aktuelle Veränderungen, die in der Regel marginal erscheinen, übergreifenden Prozessen zuzuordnen. Seine hauptsächliche Triebkraft bezieht dieser Prozess aus der wirtschaftlichen Entwicklung der Städte, aus der sich die Dynamik der Flächennachfrage speist. Der Wandel beschleunigt sich im Zuge hoher ökonomischer Dynamik, wirtschaftliche Stagnation hat dagegen geringere Bevölkerungsmobilität und weniger Investitionstätigkeiten zur Folge. Diese Entwicklungen können selbstverständlich durch Naturkatastrophen oder Kriege einen radikalen Bruch erfahren.

In demokratischen Staaten, die sich durch eine differenzierte marktwirtschaftlich organisierte Ökonomie auszeichnen, vollzieht sich dieser Wandel durch viele individuelle Entscheidungen, denen die Stadtplanung einen mehr oder weniger verbindlichen räumlichen Rahmen setzt. In der Geschichte der Stadtentwicklung hat es immer wieder Eingriffe seitens des Staates gegeben, um diesen Wandel entweder zu beschleunigen oder ihn in eine neue Richtung zu lenken, z.B. durch die von Stadtregierungen eingeleitete bauliche Erneuerung ganzer Stadtgebiete. Dadurch sollten seit der zweiten Hälfte des 19. Jahrhunderts innerstädtische (vorindustrielle) Altbaugebiete einerseits im Zuge eines dynamischen Stadtwachstums weichen, das mit der Industrialisierung eingesetzt hatte, andererseits wurden hier Wohnquartiere beseitigt oder modernisiert, die nach hygienischen und sozial-moralischen Kriterien als unzureichend eingestuft wurden (vgl. Häußermann/Holm/Zunzer 2002).

Die Sanierung von Paris (vgl. Willms 1988; Jordan 1996) in der zweiten Hälfte des 19. Jahrhunderts war ein herausragendes und lange Zeit vorbildhaftes Beispiel für eine derartige Stadterneuerungspolitik: Die zentral gelegenen und von den ärmeren sozialen Schichten bewohnten Altbauquartiere wurden rigoros abgerissen und durch eine neue hochwertige Baustruktur ersetzt. An dieser Maßnahme lassen sich die drei genannten Begründungs- und Zieldefinitionen erkennen, die bei der Stadterneuerungspolitik lange Zeit die entscheidende Rolle spielten: Mit der wirtschaftlichen, technischen und sozialen Entwicklung der Stadt Paris ergab sich *erstens* die Notwendigkeit einer funktionalen Anpassung der Stadtstruktur. Für die neu entstandenen Nutzungsbedürfnisse der wachsenden Hauptstadt waren die Straßen zu eng, die Wohnungen zu klein, die Gewerbeflächen zu knapp. Dies begann die ökonomische Weiterentwicklung, die im 19. Jahrhundert noch weitgehend vom Stadtkern ausging, zu hemmen. Es war eine Diskrepanz zwischen der realen und der möglichen Nutzungsart und -intensität entstanden. Die alten Häuser waren relativ klein und niedrig, so dass die enorm gestiegene Nachfrage kaufkräftiger Bewohnerschichten nach Gewerbe- und nach luxuriösen Wohnflächen so nicht befriedigt bzw. nicht für Zwecke der Kapitalverwertung genutzt werden konnte. Zwischen faktischem und möglichem ökonomischen Ertrag war eine Lücke entstanden. Der Investitions- und Verwertungsprozess wurde durch die vorhandene Baustruktur behindert, woraus sich ein beständiger Anreiz für Abriss und Neubebauung ergab. *Zweitens* waren die dicht bewohnten Viertel ohne Ausstattung für Wasserversorgung und Abwasserentsorgung, so dass der Gesundheitszustand der Bewohner permanent bedroht war und diese Quartiere immer wieder Ausgangspunkt für Epidemien waren, die dann auch die gesamte Stadt bedrohten. *Drittens* waren die entsprechenden Quartiere bereits von der städtischen Aristokratie als Orte der Abweichung und des asozialen Lebens vorverurteilt.

Die *Rentabilitätslücke*, die sich zwischen der tatsächlich vorhandenen und der möglichen Nutzung auftut, müsste über marktgesteuerte Prozesse eigentlich eine kontinuierliche Erneuerung derjenigen Gebiete bewirken, deren Position sich im Stadtgefüge zugunsten einer Erhöhung der Lagegunst verändert (vgl. Krätke 1995: 211ff.). Dies ist jedoch nur ausnahmsweise der Fall, denn die Investitionsentscheidungen einzelner Eigentümer sind nicht unabhängig vom Investitionsverhalten der jeweiligen Nachbarn; in der ökonomischen Theorie bzw. in Theorien des rationalen Handelns wird dies als ‚Prisoner's-Dilemma' bezeichnet. Damit ist die Tatsache gemeint, dass in Situationen, in denen der Handlungserfolg des einen vom Handeln des anderen abhängt, zwei rational handelnde Akteure, die ihre Entscheidungen individuell und ohne Kooperation treffen, lediglich suboptimale Lösungen erzielen können. Entscheidet sich ein Eigentümer für die grundlegende Erneuerung seiner Immobilie, kann er – wenn dies die Nachbarn nicht gleichzeitig tun – nicht sicher davon ausgehen, dass sich dies als rentabel erweisen wird. Denn negative Nachbarschaftseffekte können verhindern, dass entsprechend zahlungskräftige Mieter zuziehen, die für eine ausreichende Verzinsung des eingesetzten Kapitals sorgen würden. Andererseits ist es für die Nachbarn ökonomisch rational, nicht zu investieren, wenn ein Nachbar durch seine Investitionen die Umgebung attraktiver gemacht und damit positive Nachbarschaftseffekte erzeugt hat. Denn dann kann auch er, obwohl er keine Wertverbesserung vorgenommen hat, eine höhere Rendite erzielen (dies firmiert als so genanntes *Free-Rider*-Phänomen). Individuelle ökonomische Rationalität kann also zu einer Lähmung der Investitionstätigkeit führen, eine marktinduzierte Erneuerung in Quartieren, die eine Abwärtsentwicklung durchgemacht haben, erfolgt daher in der Regel nicht. Nur eine Koordination von außen kann dann durch die Sicherstellung der Rahmenbedingungen dazu führen, dass alle einzelnen Eigentümer investieren und so die Rechnung für die Erneuerungsinvestitionen bei allen als aussichtsreich erscheinen. Dies ist der wichtigste Grund dafür, dass die Stadterneuerung zu einer staatlichen Aufgabe wurde. Der Staat übernimmt die Rolle des „neutralen" Dritten, der die Rahmenbedingungen dafür schafft, dass die individuellen Eigentümer nicht im ‚Prisoner-Dilemma' gefangen bleiben, sondern dass die Nachbarschaften insgesamt baulich aufgewertet werden.

Das 1971 verabschiedete und inzwischen in das Baugesetzbuch integrierte Städtebauförderungsgesetz schuf dafür die rechtlichen Grundlagen. Diese erlauben die Definition eines Sanierungsgebietes, in dem dann ein besonderes Recht gilt. Die Eigentümer können entsprechend den Zielsetzungen der Stadtverwaltung zu einem koordinierten Verhalten gezwungen werden, außerdem trägt der Staat durch eigene Investitionen im öffentlichen Raum und durch Subventionen bei der Durchführung von ‚unrentierlichen' Aufräummaßnahmen zur Quartierserneuerung bei. Wenn Eigentümer nicht kooperieren wollen, können sie enteignet werden, und ein staatlich eingesetzter Sanierungsträger führt dann an deren Stelle die bauliche Erneuerung für das gesamte Quartier durch. Auch diese Praxis wurde zum ersten Mal im Paris des 19. Jahrhunderts erprobt, und blieb als Prinzip der Stadterneuerung seit den 1960er Jahren bis zur Wiedervereinigung Deutschlands bestehen.

An staatliche Eingriffe waren – wie gesagt – immer auch soziale Zielsetzungen gebunden, wodurch die Eingriffe in die Verfügungsrechte der privaten Eigentümer politisch legitimiert wurden. Dabei ging es um die Veränderung des Sozialraums im Zuge der Sanierung: ‚Verbesserung' der Sozialstruktur und ‚Modernisierung' der Lebensweise. Gegen eine solche Sanierungsstrategie ‚von oben' regte sich von zwei Seiten Widerstand:

Die Konzentration von einkommensschwachen Haushalten – für die Stadtverwaltungen der Anlass für durchgreifende Erneuerungen – war der Grund, dass es zu *Gegenbewegungen der Bewohner* kam, da diese berechtigterweise eine Verteuerung der Mietpreise fürchteten und dagegen opponierten. Die Kosten für die Erneuerung werden ja zumindest teilweise auf die Mieter umgelegt. Die Bewohner müssen also die Verbesserung ihrer Wohnverhältnisse bezahlen, ohne jemals danach verlangt zu haben. Für viele bedeutet dies, dass sie nach der abgeschlossenen Sanierung nicht mehr im Quartier wohnen können. Im Baurecht ist eine Duldungsklausel enthalten, die die Mieter zwingt, solche Investitionen durch den Eigentümer zu akzeptieren, die zur Herstellung eines ‚zeitgemäßen' Ausstattungsstandards führen. Mietern bleibt also nicht die freie Wahl zwischen einem niedrigen Ausstattungsniveau mit entsprechend geringer Miete und einer zeitgemäßen Ausstattung mit höheren Mietkosten. Dies ließe sich auch als eine Art Zwangskonsum bezeichnen.

Widerstand vonseiten der Eigentümer entstand, wenn sich Häuser bspw. im Besitz von Familien befanden, die über keine Kapitalreserve verfügten, auf den laufenden Ertrag ihres Vermietungsgeschäfts angewiesen waren und eine größere Investition nicht finanzieren konnten. Außerdem wurden die weitgehenden Eingriffsrechte der Stadtverwaltung prinzipiell als unzulässige Beschränkung der Verfügung über das private Eigentum abgelehnt.

Zur Legitimation beriefen sich die Stadtverwaltungen hartnäckig auf die oben dargestellten Argumentationen: auf die Diagnose, dass die Lebensverhältnisse in den „rückständigen Vierteln" (Zapf 1969) nicht mehr angemessen seien einerseits, und andererseits auf die Vorstellung einer gesamtstädtischen ökonomischen Funktionsstruktur, die durch die Dysfunktionalität eines bestimmten Quartiers gestört würde. In beiden Fällen treten in der Regel die Interessen der Bewohner der betroffenen Quartiere in Gegensatz zu vermeintlich gesamtstädtischen Interessen. Der Staat übernimmt die Rolle eines aufgeklärten Despoten, der die Bewohner notfalls auch gegen ihren Willen zu einem ‚richtigen' Leben zwingen kann.

Historische Perioden der Stadterneuerungspolitik

Wie deutlich wurde, verfolgte die Stadterneuerung immer das Ziel, Teilräume der Stadt einer gewünschten Entwicklung anzupassen. Zielvorstellungen und Auswahl der Räume haben sich im Verlauf der Stadtgeschichte gewandelt. Für Deutschland können drei Perioden, die sich zeitlich teilweise überlagern, mit jeweils typischen Problemdefinitionen und Anpassungszielen unterschieden werden:

1. Periode der funktionalen Aufwertung städtischer Teilgebiete

Politisch wurden in dieser Periode Stadtviertel danach beurteilt, ob deren Nutzungsstruktur ihren jeweiligen Stellungen im Stadtgefüge noch angemessen ist. Interventionen wurden im Hinblick auf einen Nutzungswandel und einer Integration von Quartieren in die Entwicklung der Gesamtstadt vorgenommen. Im Zentrum stand hier die Beseitigung einer Störung der gesamtstädtischen Entwicklung, die typischerweise in den Kontext eines beständigen Stadtwachstums eingebunden war. Ein erwünschter oder zumindest billigend in Kauf genommener Nebeneffekt dieser Eingriffe war die Beseitigung bestimmter sozialer Gruppen und damit auch der sozialen Probleme, mit denen die Bewohner kämpften. Stadtviertel wurden baulich aufgewertet und die als gefährlich eingestuften Bewohner verdrängt und unsichtbar gemacht. Die oben erwähnte Sanierungspolitik der Stadt Paris im letzten Drittel des 19. Jahrhunderts ist hierfür ein exemplarisches Beispiel. Dieser Periode entspricht auch der Umbau der Stadtzentren um die Wende vom 19. zum 20. Jahrhundert zu zentralen Geschäftsbezirken für Büros und Kaufhäuser. Der Ausbau der Verkehrssysteme in der Zeit nach dem II. Weltkrieg, der die Verbindung zwischen dem Zentrum und den rasch wachsenden suburbanen Wohnorten sichern sollte, gehört ebenfalls zu dieser Periode.

2. Periode der sozialen Modernisierung rückständiger Viertel

Mitte des 20. Jahrhunderts kam die soziale Modernisierung rückständiger Viertel zur funktionalen Modernisierung hinzu. Nun rückte die Beseitigung *sozialer Missstände* in den Vordergrund der Bemühungen, zunächst noch mit den Mitteln des flächendeckenden Abrisses und Wiederaufbaus einzelner Viertel (Flächensanierung). Bestimmte Quartiere, meist solche, die in der Phase rascher Industrialisierung zwischen 1870 und 1900 entstanden waren, wurden als Ausdruck eines unmenschlichen Wohnungs- und Städtebaus und als Behinderung für eine moderne Lebensweise angesehen. Die schlechte Bausubstanz wurde als Ursache dafür identifiziert, dass sich unterprivilegierte und diskriminierte Gruppen in solchen Quartieren konzentrieren. Die Flächensanierung sollte hier Heilung (‚Sanierung') bringen und durch funktionale Gebäudestrukturen den rückständigen Milieus ein Anschluss an die moderne Lebensweise ermöglicht werden.

3. Stabilisierung und Unterstützung gefährdeter Quartiere

Nach diesen Perioden, in denen die baulichen Standards innerstädtischer Quartiere durch Städte*bau*politik angehoben wurden und Quartiere sozusagen auf den breiten gesellschaftlichen Modernisierungspfad mitgenommen wurden, hat mit dem Wandel des Kontextes der Stadtentwicklung in den 1990er Jahren eine neue Quartierspolitik begonnen mit dem Ziel, *soziale Ausgrenzung* zu verhindern. Seit dem Jahre 2000 gibt es das Bund-Länder-Programm ‚Stadtteile mit besonderem Erneuerungsbedarf – Die soziale Stadt' (vgl. Walther 2002; Krummacher et al. 2003), das beim Bundesministerium für Verkehr, Bauen und Wohnen und bei den Städtebauministerien der Bundesländer ressortiert. Das Instrumentarium hat sich gegenüber der traditionellen Stadterneuerung nicht grundsätzlich verändert; es handelt sich vor allem um investive Maßnahmen. Dennoch haben sich Zielsetzung und Einbettung erheblich gewandelt bzw. erweitert. Mittlerweile werden soziale Anliegen an primärer, bauliche an sekundärer Stelle angeführt, die baulichen Instrumente werden theoretisch den sozialen Maßnahmen untergeordnet. Die Handlungs- und Förderprogramme werden komplexer angelegt, so dass sie sensibel auf die unterschiedlichen Problemlagen in den Quartieren reagieren können. Hierbei wird eine interdisziplinäre Zusammenarbeit unterschiedlicher Fachpolitiken im Sinne eines integrierten Handlungskonzeptes mit gesamtstädtischen Bezügen angestrebt. Das Ziel ist nicht mehr, Quartiere einem neuen Verwertungszyklus zuzuführen oder sie auf einen vorgegebenen Modernisierungspfad zu zwingen, sondern die Sozialräume zu stabilisieren und die Lebenschancen der Bewohner zu verbessern. Aus der Stadterneuerungspolitik ist somit explizit eine Sozialraumpolitik geworden, die allerdings von den Bundesländern und von den Kommunen hinsichtlich ihrer Ziele und Instrumente noch sehr unterschiedlich interpretiert wird (vgl. Häußermann 2004). Zehn Länder der Europäischen Union haben seit den 1990er Jahren ähnliche Programme aufgelegt, da in den multikulturellen und vom postfordistischen Wandel erschütterten Städten eine soziale Fragmentierung die Sozialräume der Marginalisierten unter Umständen zu Orten der Exklusion werden lässt (vgl. den Beitrag von Hartmut Häußermann/Martin Kronauer in diesem Band).

Während in der ersten Periode der Stadterneuerungspolitik vor allem ökonomische Räume Gegenstand der Stadterneuerung waren, wurde in der zweiten Phase explizit eine Politik für die Erneuerung oder Sanierung urbaner Sozialräume entwickelt, bevor sich in der dritten Phase die Konsolidierung von Sozialräumen in den Vordergrund schieben konnte. Die Problemdefinition in der zweiten Periode blieb insofern eine physisch-deterministische, als die sozialen Probleme auf den Zustand der Bausubstanz zurückgeführt wurden und dessen Veränderung indirekt den Sozialrum sanieren sollte. Grundlage war also das Axiom von den sozialen Effekten des baulichen Zustands; eine im soziologischen Sinne unhaltbare These, wie wir einleitend verdeutlicht haben. Zumindest ansatzweise wird der Sozialraum in der dritten Periode zum direkten Gegenstand der städtischen Intervention.

Wir haben die Abfolge der Perioden hier idealtypisch konstruiert, um zu verdeutlichen, welche vorherrschenden Vorstellungen von Sozialräumen und deren Veränderung ihnen jeweils zugrunde lagen und warum diese als sanierungsbedürftig definiert wurden. In der Praxis addierten sich die nachfolgenden Definitionen zur ersten bzw. wurden neben diese gestellt – die Problembeschreibungen und die dazu gehörigen Instrumente überlagern sich heute in der Regel. Man kann daher von einer stufenweisen Erweiterung der Problembeschreibungen und der Instrumentarien sowie von einer ständigen Steigerung der Komplexität stadtpolitischer Eingriffe sprechen.

Die Ambivalenz der Stadterneuerung und ihre rechtliche Einbindung

Sowohl ungeplante marktwirtschaftlich gesteuerte Erneuerung als auch staatlich geplante Aktivitäten der Stadtsanierung greifen unvermeidlich in die Lebensverhältnisse ein, die sich über eine längere Zeit in denjenigen Quartieren entwickelt haben, die in den Windschatten der ökonomischen und baulichen Entwicklung der Gesamtstadt geraten waren. Sozialwissenschaftliche Untersuchungen, die seit Mitte des 20. Jahrhunderts regelmäßig in den für die Sanierung vorgesehenen Vierteln durchgeführt wurden, kamen übereinstimmend zu dem Ergebnis: „Die Bevölkerung ist sozial homogen, das führt zu einer Solidarität in Notzeiten. Werte und Verhaltensnormen sind allgemein anerkannt und gültig, woraus eine große Verhaltenssicherheit folgt. Im Allgemeinen herrschen eine freundliche Atmosphäre, ein starkes Wir-Bewusstsein und eine starke Bindung an den Stadtteil. Räumlich sind diese Stadtteile häufig gekennzeichnet durch ein buntes Gemisch von Wohnhäusern, Läden und Werkstätten" (Pfeil 1972: 365f.). Dies steht in scharfem Gegensatz zur Diagnose, es handele sich bei den Sanierungsgebieten um Quartiere, in denen asoziales Verhalten, desolate Sozialverhältnisse und moralischer Verfall vorherrschen. Berühmt gewordene Beispiele für Untersuchungen, die der gängigen Vorstellung von Stadtplanern, schlechte Bausubstanz sei identisch mit ‚schlechten' sozialen Verhältnissen, als Kontrastbild gegenüberstanden, waren die Untersuchungen von Herbert Gans (1982) über das Bostoner Westend sowie die Studie von Michael Young und Peter Willmott (1957) über das Londoner Eastend. Diese Untersuchungen verdeutlichten das Dilemma, in dem sich Stadterneuerungsstrategien immer befanden: Sie waren motiviert von einer Vorstellung von Modernität, die als allgemeiner Standard für Wohn- und Lebensverhältnisse generalisiert wurden, denen aber die gelebte Realität und der Eigensinn lokaler Lebenswelten entgegenstanden. Daraus erwuchsen immer wieder Konflikte zwischen Bewohnern eines Quartiers und den Modernisierern, die eine Anpassung an die veränderten Standards betrieben. Stadterneuerung ist also immer von einer tiefen Ambivalenz geprägt. Einerseits ist nicht von der Hand zu weisen, dass das Wohnen in feuchten, dunklen und schlecht beheizten Wohnungen für die Bewohner eine Zumutung darstellt, andererseits sind aber durch die Homogenität der Bewohnerschaft Sozialbeziehungen möglich, die stabile Unterstützungsnetzwerke und die Entwicklung einer Subkultur ermöglichen, die den materiell benachteiligten Bewohnern eine gewisse soziale Stabilität gewährleisten. Die deklassierten Quartiere bildeten somit immer auch einen behütenden Sozialraum.

Hatten die innerstädtischen Bewohner beim Umbau von Paris noch keinerlei rechtlichen Schutz gegen die Veränderungsstrategien von Sanierungsgesellschaften, so entwickelte sich in den westeuropäischen Staaten im Laufe der Zeit eine Mieterschutzgesetzgebung, die den Bewohnern eine Mitsprache bei der Umgestaltung ihrer Quartiere ermöglichen sollte. An dieser Entwicklung hatte auch die sozialwissenschaftliche Kritik einen nicht zu unterschätzenden Anteil, die in den 1970er Jahren die Stadterneuerung als Enteignung brandmarkten und die als rückständig oder krankmachend definierten Milieus als spezifischen Sozialraum mit unverzichtbaren Vorteilen für bestimmte Bevölkerungsgruppen darstellten, die deren Leben erleichtern und politische Solidarität ermöglichen. Der für die Beseitigung vorgesehene Sozialraum wurde daher als ein bewahrenswertes Gut für dessen Bewohner definiert.

Zwar hat nach der bürgerlichen Rechtsordnung jeder Eigentümer prinzipiell das Recht, über die Nutzung und den Gebrauch seiner Immobilie zu entscheiden; im Laufe des 19. und 20. Jahrhunderts jedoch trugen Gesetzgebung und Rechtssprechung zunehmend dazu bei, dass eigentumslose Bewohner nicht schutzlos der Willkür von Eigentümern ausgeliefert sein dürfen. Obwohl das Machtgefälle zwischen Eigentümern und Nutzern prinzipiell unangetastet blieb, wurden die Rechte von Mietern inzwischen zumindest so stark ausgeweitet, dass die Rechtssprechung des

Bundesverfassungsgerichtes sogar von eigentümerähnlichen Rechten der Mieter ausgeht. Insbesondere bei Stadterneuerungsprozessen wurden neue Beteiligungs- und Mitspracheformen entwickelt, die der Tatsache Rechnung tragen, dass die Umgestaltung eines Quartiers nicht nur die private Angelegenheit von Investoren sein darf, sondern auch Gegenstand öffentlicher Erörterung und politischer Entscheidung sein muss, in deren Verlauf die betroffenen Bewohner besonderes Gehör finden sollten.

Stadterneuerung findet in einem Feld unterschiedlicher und teilweise widersprüchlicher Interessen statt – nicht nur zwischen Mietern und Eigentümern, sondern auch zwischen verschiedenen Mietergruppen und unterschiedlichen Eigentümern gibt es divergierende Interessen. Der Staat übernimmt dabei die Regie und sorgt über das städtebauliche (Rechts-)Instrumentarium dafür, dass notfalls sowohl gegen Eigentümer als auch gegen Mieterwünsche ein übergeordnetes Verbesserungsinteresse von Wohnverhältnissen und der funktionalen Anpassung von Quartieren durchgesetzt werden kann. Eine grundlegende Divergenz zwischen Eigentümern und Mietern bleibt dabei jedoch bestehen: Obwohl die ökonomischen Interessen der Eigentümer in der Regel durch Geldzahlungen selbst bei Enteignung befriedigt werden können, stellt die Stadterneuerung bei Mietern, selbst wenn diese finanziell entschädigt und mit dem Recht auf Rückkehr in ihre Wohnung nach der Erneuerung befriedet werden, einen Eingriff in die Lebensverhältnisse dar, die auch durch die sorgfältigste Rücksichtnahme von Sanierungsstrategien nicht vollkommen geschützt werden können.

Dass die brachiale Durchführung von Stadtsanierungsprojekten (z.B. durch Abriss ganzer Stadtviertel) in Rechtfertigungsnöte geriet, hatte damit zu tun, dass sich ein wesentlicher Hintergrundfaktor grundlegend veränderte: Der funktionsfähige Arbeitsmarkt, der im Zuge des lang anhaltenden ökonomischen Wachstums in den 1950er und 1960er Jahren jederzeit Normalarbeitsverhältnisse bereitstellen konnte, geriet in die Krise. Da die funktionale Stadtsanierungsstrategie Raum für weiteres ökonomisches Wachstum schaffen sollte und die soziale Sanierung die noch vorhandenen marginalisierten Schichten in den prosperierenden Mainstream der Gesellschaft eingliedern sollte, waren diese Strategien darauf angewiesen, dass es auch tatsächlich Wachstumsdynamik gab. Nur unter diesen Vorraussetzungen schien es hinnehmbar zu sein, dass im Zuge der klassischen Sanierungsprojekte etwa ein Drittel der Bewohner tatsächlich aus der Lethargie aufgescheucht und erfolgreich zur Modernisierung des eigenen Lebensstils gezwungen wurde, ein weiteres Drittel eine Verbesserung der Wohnverhältnisse erlebte, ohne dass sich die soziale Lage verbessert hätte, und ein weiteres Drittel sozialen Abstieg durch die Zerstörung sozialer Netze und billiger Wohngelegenheiten hinnehmen musste. Diese Krise der klassischen Stadtsanierung, die Ergebnis von politischem Widerstand, öffentlicher Finanzknappheit und verändertem ökonomischem Kontext war, führte zu den oben erwähnten behutsamen oder sozial ausgerichteten Sanierungsstrategien, die die bauliche Substanz erneuern, soziale Milieus aber trotzdem erhalten wollten.

Urbaner Wandel jenseits staatlicher Intervention – *Gentrification*

Sozialräume verändern sich aber auch ohne staatlichen Eingriff, nur nicht überall mit gleichen Folgen. Dort wo heute keine staatlich gesteuerte Erneuerung mehr stattfindet, kann ein städtisches Quartier zwei Entwicklungen nehmen:

- Die Lage im Quartier kann sich entweder langsam verschlechtern, dic Bausubstanz verfällt zusehends, das Mietniveau fällt weiter und die Konzentration von Haushalten mit sozialen und ökonomischen Problemen nimmt zu. Hierfür wird häufig der Begriff des ‚Absackens' oder des ‚Kippens' gebraucht – es entstehen ‚Quartiere mit besonderem Entwicklungsbedarf', oder im Extremfall Slums.
- Es kann sich aber auch eine Erneuerung auf der Grundlage zunehmender privater Investitionen einstellen. Dies wird als *Gentrification* bezeichnet.

Welche Richtung innerstädtische Gebiete nehmen, hängt von den Rahmenbedingungen der gesamtstädtischen Entwicklung ab: Bietet die Stadt noch ökonomisches Wachstumspotential und eine hinreichend hohe zahlungskräftige Nachfrage, dann entstehen im ‚Kampf um den Raum' Gentrifizierungstendenzen.

Gentrification bedeutet die bauliche und soziale Aufwertung eines Altbaugebiets (vgl. Friedrichs 2000; Friedrichs/Kecskes 1996). Am Anfang einer solchen Entwicklung steht ein heruntergekommenes Viertel mit einer wenig zahlungskräftigen Bewohnerschaft, am Ende eine modernisierte und verhübschte Bausubstanz mit einer Bewohnerschaft, die in der Lage ist, die stark gestiegenen Mieten zu bezahlen. Insbesondere gut erhaltene Gründerzeitquartiere haben in der Nachkriegszeit häufig einen Zyklus durchlaufen, der sie zu prädestinierten Kandidaten für Gentrification-Prozesse gemacht hat. Mittelschichthaushalte verließen im Bauboom nach dem II. Weltkrieg die dicht bebauten, technisch schlecht ausgestatteten innerstädtischen Quartiere, um sich in den suburbanen Neubaugebieten am Rande der Stadt oder im Umland anzusiedeln. Die Wohnungen wurden von einkommensschwachen Haushalten übernommen, ein großer Teil davon Migrantenhaushalte – und wenn solche Quartiere nicht zu Sanierungsgebieten erklärt wurden, wurde dort nur noch wenig investiert. Die Situation änderte sich, als in den 1970er Jahren eine neue, zahlungskräftigere Nachfrage nach innerstädtischen Wohnstandorten entstand, die private Eigentümer wieder zu verstärkten Investitionen motivierte.

Bevor die privaten Eigentümer jedoch mit aufwertenden Investitionen beginnen, muss sich der Sozialraum bereits verändert haben – ein Imagewandel muss stattgefunden haben, der aus einem vormals negativ stigmatisierten Viertel eine ‚interessante Adresse' gemacht hat, die attraktiv für eine Nachfrage von Bewohnern ist, die das ‚Unkonventionelle' bevorzugen. Dieser Image-Wandel entsteht dadurch, dass auf dem Tiefpunkt eines quartierlichen Lebenszyklus Leerstände entstehen, in die solche Bewohner einziehen, die über wenig materielles, aber dafür über umso mehr kulturelles Kapital verfügen. Dabei handelt es sich überwiegend um Studenten und Künstler. Sie etablieren in dem Quartier eine neue *Szene*, die sich in einem Wandel der Infrastruktur (Kneipen und Cafés, Galerien, alternative Ökonomie usw.) ausdrückt und das Viertel auch für andere Bewohner attraktiv macht. So verändert sich die Position des Viertels auf der sozialen Landkarte einer Stadt, es entstehen ein neues Milieu und damit auch ein neuer Sozialraum. Dies wird nun die Grundlage für einen neuen Verwertungszyklus. Das Quartier ist attraktiv für neue Lebensstile, für eine wachsende Zahl von jüngeren Erwerbstätigen, die über ein höheres Gehalt verfügen und ihre Wohnbiografie nicht mehr am traditionellen Familienmodell orientieren, das eine Verknüpfung von erfolgreichem Einstieg in die Erwerbstätigkeit, Familiengründung, Eigentumsbildung mit dem Umzug ins Umland beinhaltete.

Überdies förderte eine steuerrechtliche Veränderung diese Entwicklung. Bis in die 1970er Jahre wurde die Eigentumsbildung nur im Fall eines Neubaus steuerlich gefördert; und da dies aufgrund der Bodenpreise für viele nur im Umland möglich war, wurden die jungen Aufsteigerfamilien gleichsam aus den Innenstädten herausgezogen. Zeitgleich mit der Distanzierung vieler Haushalte von der Lebensform der Kleinfamilie (Vermehrung der Single-Haushalte, der unverheiratet Zusammenlebenden und der Wohngemeinschaften) kam es zu einer Ausdehnung der Steuervorteile auf die Eigentumsbildung im Altbaubereich. Die innerstädtischen Wohnstandorte waren für die stark arbeitsbezogene Lebensführung dieser neuen urbanen Haushalte wesentlich attraktiver als das Eigenheim im suburbanen Raum. Nun wurden immer mehr Altbauwohnungen auf hohem Niveau für diese neue Nachfrage modernisiert, wobei die Altmieter in der Regel nach und nach verdrängt wurden – sowohl durch höhere Mieten, als auch durch die Veränderung des Sozialraumes, dem sie nach dem Wandel gleichsam entfremdet gegenüber standen.

Dieser Markt wurde von Immobilienfirmen bald als eine lukrative Verwertungsquelle entdeckt, und die Veränderung des Sozialraums wurde gezielt und teilweise brutal – zum Teil mit illegalen Methoden der Vertreibung – betrieben. Die bauliche Erneuerung erfolgte ohne Rücksicht auf die bisherigen Bewohner in großer Geschwindigkeit und daher regte sich Widerstand. Die Gesetzgebung entwickelte darauf hin Instrumente, um die Bestandsmieter vor Verdrängung zu schützen. Neben das Städtebauförderungsgesetz, das Investitionen in ausgewählten Quartieren anreizen sollte, trat nun die *Milieuschutz- bzw. Erhaltungssatzung*, die den Erneuerungsumfang begrenzen sollte, um die Mieten für die anwesenden Bewohner bezahlbar zu halten. Für den Erlass einer Milieuschutz-Satzung muss wissenschaftlich nachgewiesen werden, dass es sich bei dem in Frage stehenden Quartier um einen spezifischen Sozialraum handelt, bei dem die infrastrukturelle Ausstattung, das Mietenniveau und die soziale Zusammensetzung der Bewohnerschaft gleichsam eine Symbiose oder eine Balance bilden, die durch die aufwändigen Modernisierungsaktivitäten aus dem Gleichgewicht gebracht würde. Die Erhaltungssatzung schützt dann dieses Milieu, indem sie es ermöglicht, allzu radikale Aufwertungsinvestitionen zu untersagen. Das besonders wirksame Instrument des Erlasses von Mietobergrenzen für solche Quartiere ist inzwischen durch die Rechtsprechung weitgehend außer Kraft gesetzt worden.

Sozialräume im Rahmen gegenwärtiger Stadtentwicklung

Die Rahmenbedingungen der Stadtentwicklung haben sich verändert. Einige wenige Städte wachsen weiterhin, viele Städte dagegen schrumpfen bzw. stagnieren in ihrer

Entwicklung. Ökonomischer Stillstand und Rückgang der Beschäftigtenzahlen ist typischerweise mit einer abnehmenden Bevölkerungszahl verbunden, die angesichts der demographischen Prognosen bald erhebliche Ausmaße in vielen Städten annehmen wird. Ökonomisches Wachstum kann es zwar auch bei abnehmender Bevölkerungszahl geben, jedoch wächst dann der Anteil der Zuwanderer an der Stadtbevölkerung besonders rasch. Sowohl in weiterhin wachsenden als auch in schrumpfenden Städten wachsen intern die sozialen Ungleichheiten. Die Einkommen der Bewohner mit höheren Einkommen nehmen sehr viel stärker zu als diejenigen der unteren Einkommensgruppen. Das Niveau der Arbeitslosigkeit und der Anteil der Dauerarbeitslosen liegen in den stagnierenden Städten besonders hoch, dort nehmen die Anteile der höheren Einkommen auch langsamer zu, der Anteil von Bewohnern mit Niedrigeinkommen und/oder Sozialhilfebezug (und damit der Anteil der Armutsbevölkerung) steigt. Man kann die wachsende soziale Ungleichheit als *Polarisierung* bezeichnen. Die meisten qualifizierten Berufe profitieren vom Einkommenszuwachs mehr als die gering qualifizierten Beschäftigten, und viele unqualifizierte ehemalige Industriearbeiter bleiben arbeitslos und damit auf einem sehr niedrigen Einkommensniveau.

Diese Veränderungen haben Konsequenzen für die Sozialräume, die sich vor allem auf zwei Wegen bemerkbar machen: durch einen *Fahrstuhleffekt nach unten* und durch *selektive Mobilitätsprozesse*. Mit Fahrstuhleffekt wird der Anstieg der Arbeitslosigkeit in solchen Quartieren bezeichnet, in denen sich unqualifizierte Arbeiter, viele davon Migranten, konzentrieren. In bereits segregierten Gebieten steigt daher die Arbeitslosigkeit überdurchschnittlich an, so dass – plakativ gesprochen – die Arbeiterviertel zu Arbeitslosenvierteln mutieren. Aber auch in bislang eher sozial gemischten Gebieten steigt die Arbeitslosigkeit und die sozialen Probleme nehmen zu, so dass sich Konflikte im öffentlichen Raum (insbesondere mit Alkoholikern und ausländischen Jugendlichen) häufen; die Kaufkraft sinkt, das kommerzielle Infrastrukturangebot erodiert und mündet in ein Klima beständiger Abwärtsentwicklung. Bewohner, die über ausreichende Mittel verfügen, verlassen solche Quartiere, dafür ziehen Modernisierungsverlierer aus denjenigen Teilen der Stadt nach, in denen die bezahlbaren Wohnungen knapp werden (vgl. Häußermann/Kapphan 2000). Innerstädtische Altbaugebiete, saniert oder unsaniert, und Großsiedlungen des sozialen Wohnungsbaus am Rande der Städte sind vor allem die Orte, wo sich die marginalisierten Bewohner der Städte konzentrieren. Durch Fahrstuhleffekte und selektive Mobilität bilden sich neue Sozialräume, die baulich nicht mehr eindeutig zu qualifizieren sind, und deren Probleme schon gar nicht mehr als baulich verursacht betrachtet werden können.

Der Sonderfall Ostdeutschland

Einen absoluten Sonderfall für die Stadterneuerung stellte die Situation in den neuen Bundesländern nach 1990 dar. Die größte Zahl der Sanierungs- und Entwicklungsmaßnahmen hatte in den alten Bundesländern zu 69% in Wachstumsgemeinden stattgefunden, diente also vor allem dem Umbau der Städte und der Erschließung neuer Gebiete für das wirtschaftliche Wachstum. In den neuen Bundesländern flossen und fließen die Fördermittel hingegen überwiegend in solche Gebiete, d.h. in Städte mit hohem Bevölkerungsrückgang durch Wanderungsverluste und mit hoher Arbeitslosigkeit. Tendenziell erhielt dadurch die Städtebauförderung in den neuen Bundesländern eine andere Zielsetzung: Sie wurde sehr viel stärker auf die Verbesserung der Wohnverhältnisse in bestehenden Gebäuden ausgerichtet, da in den meisten Fällen die weitere Existenz ganzer Stadtteile vom Einsatz solcher Mittel ab hängt. Die Städtebauförderung dient in Ostdeutschland in der Hauptsache der Stabilisierung von Städten, die mit großen Finanz- und Arbeitsmarktproblemen sowie mit erheblichen sozialen Problemen konfrontiert sind. Ein Umbau der Stadtstruktur als Anpassung an einen starken, von der Innenstadt ausgehenden Wachstumsprozess, wie es für die westdeutschen Städte in den 1970er und 1980er Jahren typisch war, hatte in den Städten der neuen Bundesländer keine Grundlage. Während in den 1960er und 1970er Jahren in den westdeutschen Städten vor allem Verkehrsprobleme und Flächenmangel für die Expansion von Handels- und Büroeinrichtungen in zentralen Lagen Anlass für den Stadtumbau waren, sind die ostdeutschen Städte heute vor allem mit dem *Stadtumbau* beschäftigt, ein im Jahre 2002 begonnenes Sanierungs- und Umbauprogramm für Quartiere mit hohen Wohnungsleerständen. Diese Leerstände sind das Ergebnis einer Scherenbewegung zwischen abnehmender Bevölkerungszahl (Geburtenrückgang, Suburbanisierung und Abwanderung in westliche Bundesländer) und einem seit den 1990er Jahren erweiterten Wohnungsangebot. Das vorrangige Problem ist also dort nicht, Platz für Wachstum zu schaffen, sondern schrumpfende Städte auf eine dauerhaft geringere Bevölkerungszahl vorzubereiten. Dabei entsteht eine Konkurrenz zwischen den Plattenbaugebieten und den innerstädtischen Altbaugebieten, denn die noch nicht sanierten Altbau-Bestände haben keineswegs selbstverständlichen Vorrang bei der Sanierung.

Beim Programm ‚Stadtumbau', das seit 2004 auch auf Westdeutschland ausgedehnt wurde, geht es vordergründig um die Beseitigung von strukturellen Wohnungsleerständen. Der Abriss bzw. ‚Rückbau' soll allerdings auch dazu dienen, einen geordneten Rückzug der Stadt aus einer zu groß gewordenen Siedlungsstruktur zu organisieren. Dies ist eine neue Problemstellung für die Stadtentwicklungspolitik, die es bis in die 1990er Jahre nur mit Wachstumsprozessen zu tun hatte. Wenn in einem Quartier bis zu 30% der Wohnungen leer stehen, wie es in manchen Plattenbausiedlungen in Ostdeutschland bereits heute der Fall ist, entstehen Sozialräume, die in verschiedener Hinsicht schwere Probleme aufweisen: Die Abwanderung ist sozial selektiv, weil vor allem die Jüngeren und Qualifizierten auf die anhaltende Arbeitsmarktkrise mit Abwanderung reagieren, wodurch ein Milieu der Verlierer und der Marginalisierten entsteht. Zudem breiten sich unter den Bewohnern starke Gefühle der Unsicherheit aus, wenn jede dritte Wohnung unbewohnt ist. Gezielte Abrisse sind der Versuch, diesen Prozess räumlich zu steuern – der soziale Abstieg dürfte aber kaum zu vermeiden sein.

Gegenwärtige Herausforderungen der Stadterneuerung

Was sind nun die aktuellen Anforderungen an eine adäquate Stadterneuerung? Die heutige Situation stellt sich in vielerlei Hinsicht als komplexer und verwickelter dar als vor zwei oder drei Jahrzehnten. Schon immer ergab sich bei der Definition dessen, was das Problem benachteiligter Quartiere ist, eine eigenartige Differenz zwischen der Außen- und der Innensicht. Durch die lokale Öffentlichkeit, die Stadtplanung und durch wissenschaftliche Gutachter werden diese Quartiere als Orte der Verelendung, der Ausgrenzung und der Desintegration beschrieben. Die Bewohner selbst fällen dagegen weit mildere Urteile und schätzen häufig den Sozialraum, dem sie selbst angehören. Hinter dieser Diskrepanz verbergen sich letztlich zweierlei Realitäten: Aus Sicht der integrierten Gesellschaft stellen diese Orte tatsächlich Quartiere der Benachteiligung dar, weil sich in ihnen ein soziales und moralisches Milieu bilden kann, das es den Individuen erschwert, ihrer sozialen Problemlage zu entkommen. Desinvestition im und Vermüllung des öffentlich Raums unterstreichen dies symbolisch. Dennoch bleiben diese Quartiere ein wertvoller Rückzugs- und Schutzraum, in denen Bewohner trotz individueller Armut oder sozialer Diskriminierung eine gewisse soziale Einbettung genießen und ohne Scham leben können. Diese doppelte Realität wurde bereits in der zweiten Periode der Stadterneuerung aktuell, als Bewohnerinitiativen begannen, sich gegen die gut gemeinte bauliche Erneuerung ihrer Quartiere zu wehren, die ihnen als Zerstörung erscheinen musste. Heute ist eine gut gemeinte Zerstörung ärmlicher Milieus durch Erneuerungsstrategien aber kaum mehr mit dem Verweis auf das Vorhandensein realer Aufstiegsmöglichkeiten zu rechtfertigen. So bleiben denn auch die Ziele der Erneuerung entsprechend diffus. Es zeigt sich, dass diejenigen Zustände, die früher die Rechtfertigung für einen Eingriff darstellten, heute immer häufiger zu endogenen Ressourcen umdefiniert werden, die einen wichtigen Beitrag zur Stadterneuerung leisten sollen. In diesem Zusammenhang werden vielerlei Strategien propagiert, die diese Ressourcen erschließen sollen. Insgesamt geht es bei der Quartierserneuerung nicht mehr darum, die sozialen Problemgruppen zu vertreiben oder durch bauliche Maßnahmen einem ‚rückständigen' Milieu Räume zu nehmen, sondern die Sozialräume zu gestalten und Lebenschancen zu verbessern. *Empowerment*, *aktivierende Beteiligung*, *Selbsthilfe* und *Vernetzung* sind die entsprechenden Stichworte. Dabei geht es im Kern immer darum, die Bedürfnisse der Bewohner ernst zu nehmen und sie in die Gestaltung des Quartiers aktiv einzubinden, sei es durch Bürgerforen, durch Patenschaften für öffentliche Plätze oder durch quartiersbezogene Freiwilligeninitiativen. Dazu ist es allerdings notwendig, dass man diese endogenen Potentiale nicht als Substitut für staatliche Leistungen missbraucht. Bürgerschaftliche Selbsthilfe als wichtige und ebenbürtige Komponente einer solidarischen Quartierspolitik ernst zu nehmen bedeutet auch, einen vielleicht geringeren aber dauerhaften Mittelzufluss sicherzustellen. Bürgerschaftliche Beteiligung und Selbsthilfe benötigen eine Gelegenheitsstruktur, die durch staatliche Initiativen bereitzustellen und aufrecht zu erhalten ist. Eine belastbare Balance zwischen bürgerschaftlicher Aktivität und staatlichem Engagement muss in Anbetracht der Situation jedes einzelnen Viertels gefunden werden. Dafür bildet eine breite Partizipation von Bewohnern eine wichtige Voraussetzung. Zentral wäre vor allem Arbeitsmarkt-, Bildungs- und Integrationspolitik für Zuwanderer.

Die Bestrebungen der Verwaltungen im Sinne der Bedürfnisse eines bestimmten Sozialraumes integrierte Handlungskonzepte abzustimmen, gehen in die richtige Richtung und müssen ausgebaut werden. Dazu ist nicht nur eine sensible Sozialberichterstattung notwendig, sondern ebenso die Überwindung ressortbezogenen Konkurrenzdenkens. Integriert ist ein Handlungskonzept nicht bereits dann, wenn das federführende Amt seine Vorstellungen in einer gemeinsamen Sitzung den anderen Amtsleitern präsentiert, sondern wenn eine gemeinsame und mit den Bewohnern abgestimmte Problemdefinition erarbeitet wird, bei der die jeweiligen Ämter Lösungen für ihre Aufgabenfelder als Komponenten in ein übergreifendes Stadtteilkonzept einfügen. Hier kann es dann auch zur Verzahnung mit bürgerschaftlichen Initiativen kommen. Die Bündelung bürgerschaftlicher, privatwirtschaftlicher und staatlicher Ressourcen zur Unterstützung benachteiligter Stadtgebiete ist die wesentliche Aufgabe der zukünftigen Stadterneuerungspolitik.

Literatur

Bahrdt, Hans-Paul (1998): Die moderne Großstadt: Soziologische Überlegungen zum Städtebau. Opladen

Frank, Susanne (2003): Stadtplanung im Geschlechterkampf. Opladen

Friedrichs, Jürgen (2000): Gentrification. In: Häußermann (Hg.) (2000)

Friedrichs, Jürgen/Kecskes, Robert (Hg.) (1996): Gentrification. Theorie und Forschungsergebnisse. Opladen

Gans, Herbert (1982): The Urban Villagers: Group and Class in the Life of Italian-Americans. New York

Häußermann, Hartmut (2004): Zwischenevaluation des Bund-Länder-Programms ‚Stadtteile mit besonderem Entwicklungsbedarf – Die Soziale Stadt'. In: Walther et al. (Hg.) (2004)

Häußermann, Hartmut/Holm, Andrej/Zunzer, Daniela (2002): Stadterneuerung in der Berliner Republik. Modernisierung in Berlin-Prenzlauer Berg. Opladen

Häußermann, Hartmut (Hg.) (2000): Großstadt. Soziologische Stichworte. Opladen

Häußermann, Hartmut/Kapphan, Andreas (2000): Berlin: von der geteilten zur gespaltenen Stadt? Sozialräumlicher Wandel seit 1990. Opladen

Jordan, David (1996): Die Neuerschaffung von Paris. Baron Haussmann und seine Stadt. Frankfurt a.M.

Krätke, Stephan (1995): Stadt, Raum, Ökonomie. Einführung in aktuelle Problemfelder der Stadtökonomie und Wirtschaftsgeographie. Basel

Krummacher, Michael/Kulbach, Rainer/Waltz, Victoria/Wohlfahrt, Norbert (2003): Soziale Stadt – Sozialraumentwicklung – Quartiersmanagement. Herausforderungen für Politik, Raumplanung und soziale Arbeit. Opladen

Pfeil, Elisabeth (1972): Großstadtforschung. 2. Hannover

Schubert, Dirk (1997): Stadterneuerung in London und Hamburg. Eine Stadtbaugeschichte zwischen Modernisierung und Disziplinierung. Braunschweig/Wiesbaden

Simmel, Georg (1913/1995): Schriften zur Soziologie. Frankfurt a.M.

Walther; Uwe-Jens/Mensch, Kirsten (Hg.) (2004): Armut und Ausgrenzung in der „Sozialen Stadt". Konzepte und Rezepte auf dem Prüfstand. Opladen

Walther, Uwe-Jens (Hg.) (2002): Soziale Stadt – Zwischenbilanzen: Ein Programm auf dem Weg zur Sozialen Stadt? Opladen

Werlen, Bruno (2000): Sozialgeographie. Berlin/Stuttgart/Wien

Willms, Johannes (1988): Paris, Hauptstadt Europas 1789-1914. München

Young, Michael/Willmott, Peter (1957): Family and Kinship in East-London. London

Zapf, Katrin (1969): Rückständige Viertel. Eine soziologische Analyse der städtebaulichen Sanierung in der Bundesrepublik. Frankfurt a.M.

Diskussionsbeitrag Gemeinwesenarbeit

Maria Bitzan, Wolfgang Hinte, Tilo Klöck,
Michael May und Sabine Stövesand
zusammengestellt von Fabian Kessl und Christian Otto

Vorbemerkung der Herausgeber

Maria Bitzan, Wolfgang Hinte, Tilo Klöck, Michael May und Sabine Stövesand wurden eingeladen, zu den im Beitrag wiedergegebenen Einschätzungen und Fragen Stellung zu beziehen und sich damit an einer virtuellen Diskussion zur Gemeinwesenarbeit und ihrer aktuellen Transformation zu beteiligen. Die Autorinnen und Autoren haben unabhängig voneinander schriftlich auf diese Einladung reagiert. Fabian Kessl und Christian Otto haben die Texte nachträglich zum vorliegenden Diskussionsbeitrag zusammengestellt und von den Autoren/innen nochmals autorisieren lassen. Auslassungen gegenüber den Ursprungsversionen der Autoren/innen sind mit eckigen Klammern im Text markiert.

Wolfgang Hinte hat seine Antwort auf die Einschätzungen und Fragen der Herausgeber nur unter der Maßgabe zur Veröffentlichung frei gegeben, dass diese ungekürzt veröffentlicht wird.

Die Herausgeber möchten sich ausdrücklich bei allen Beteiligten für das Vertrauen und den Mut bedanken, sich an dieser Art der Textproduktion zu beteiligen.

Einschätzung 1: Wolfgang Hinte, Gerhard Litges und Werner Springer fordern in ihrem Praxisforschungsbericht unter der Programmformel „Vom Fall zum Feld" eine Überwindung der „Einzelfallhilfe- und Maßnahmenorientierung" Sozialer Dienste (Hinte et al. 1999: 11). Gegenüber diesem Handlungsfokus seien die methodischen und konzeptionellen Prinzipien von „Bürgernähe, Ganzheitlichkeit, ressortübergreifende(r) Zusammenarbeit, Lebenswelt- und Sozialraumbezug sowie Unterstützung informeller Hilfesysteme" zu stärken (Hinte et al. 1999: 11). Nicht mehr am jeweiligen Einzelfall, sondern am Gemeinwesen müssten sich sozialpolitische und sozialpädagogische Herangehensweisen ausrichten. Die Kenntnis des nahräumlichen Milieus der Nutzerinnen und Nutzer sei vonnöten, um „möglichst passgenaue Hilfen" entwerfen und durchführen zu können (vgl. Hinte 1999: 94). Soziale Arbeit habe sich somit zukünftig konsequent am sozialen Raum „als zentraler Steuerungsgröße" auszurichten (Hinte 1999: 106). Dazu biete der kommunale Verwaltungsmodernisierungsprozess eine neue Chance, denn „die mit der Verwaltungsreform einhergehenden Anforderungen (erweisen sich) für viele Jugend- und Sozialämter besonders im Westen Deutschlands als geradezu heilsame Aufstörung" (Hinte 1999: 56).
Allerdings gehe es nicht um eine Wiederauflage der Gemeinwesenarbeit im Stile der 1970er und 1980er Jahre, sondern um deren „konsequente Fortführung" (Hinte et al. 2001: 156). Denn „wirkungsvolles" Stadtteilmanagement meine „Instanzen, die zwi-

schen der Bürokratie (...) und der Lebenswelt der Menschen in den Wohnquartieren angesiedelt (sind) und in beide Welten hineinwirken" (Hinte et al 2001: 157).

Maria Bitzan und Tilo Klöck:[1]

Für die ProtagonistInnen der Gemeinwesenarbeit (GWA) gleichermaßen wie für die Neugestalter der Sozialen Arbeit als Stadtteilarbeit oder Quartiersmanagement stellt sich die aktuell propagierte Sozialraumorientierung anschlussfähig dar, weil die klassische Soziale Arbeit zunehmend an ihre Grenzen gerät, Einsparherausforderungen mit Erkenntnissen zur Komplexität sozialplanerischer Bedarfe und Stadtentwicklungsprozesse einhergehen und neue Modelle gefragt sind.

Die vorgegebenen drei Einschätzungen spiegeln diese Situation aus unterschiedlichen Traditionslinien wider und zeigen damit, dass die Debatte aus verschiedenen Richtungen geführt wird – Angriffe, Verteidigungen, Inanspruchnahme von Neuerfindungen und Streits um Effektivität sind nur auf diesen Hintergründen zu verstehen. Unstrittig ist, dass gewisse Verschiebungen die Soziale Arbeit auf den Raum, in dem sie arbeitet, verweist und daher Bezüge zu raumbezogenen, gemeinwesenorientierten oder sonstigen fallübergreifenden Konzepten hergestellt werden. Es gibt aber keine einheitliche GWA-Diskussion (insbesondere aktuell überhaupt nicht) noch Klarheit über Sozialraumorientierung (je nach AutorIn ist der Bezugspunkt sozialplanerisch oder aber historisch-lebenswelt-theoretisch und in der Regel auch nicht aufeinander bezogen). Die neueren Konzepte des Quartiersmanagement wiederum, die tatsächlich den Rahmen der Sozialen Arbeit übergreifen, liegen noch einmal quer dazu, integrieren im günstigen Fall Elemente aus der GWA. Insgesamt stellt sich die begriffliche Ausgangssituation noch so wenig aufeinander bezogen dar, dass ein diffuses Feld der Abgrenzungen, Vereinnahmungen oder sonstigen wechselseitigen Vorwürfen geöffnet ist. Es wäre notwendig, von den Praxiserfahrungen in den Stadtteilen her, verschiedene Reichweiten, inhaltliche Leitlinien und Erfahrungen der jeweiligen AkteurInnen genauer zu beleuchten und daraus wiederum Anforderungen für übertragbare Konzepte zu entwickeln. Da passen weder Eitelkeiten aller Art noch die „reine Lehre" der revolutionären Basisarbeit dazu.

Die drei Einschätzungen zeigen drei verschiedene Zugänge zur aktuellen Situation (eine Debatte gibt es eigentlich bisher kaum dazu) und spannen somit das professionelle und politische Spannungs- aber auch Handlungsfeld auf. Während Einschätzung 1 von der Sozialen Arbeit und ihren notwendigen Veränderungen herkommt (inklusive Verwaltungsreform und Aufforderungen zur Effektivierung der Sozialen Arbeit), geht Einschätzung 2 vom lebensweltlichen Ansatz aus und sieht hier Chancen für ganzheitlichere und raumbezogenere Konzepte als die bisherigen Engführungen und Problemfokussierungen. Einschätzung 3 hingegen versucht, Rückbezüge auf gesellschaftliche Ziele als Bezugspunkt für die Arbeit wieder her-

---

1 Maria Bitzan und Tilo Klöck vermerken, dass ihre Diskussionsbeiträge in sehr verkürzter Form Ergebnisse auflisten, ohne die dahinter liegende Empirie und Theorie explizit darzulegen.

zustellen und damit den Perspektivenrahmen der Sozialen Arbeit wesentlich zu überschreiten.

Obwohl sich die hier gefragte Diskussion genau auf die Spannung dieser drei Zugänge bezieht, ordnen wir die einzelnen Gedanken jetzt grob den einzelnen Teilen zu.

Maria Bitzan und Tilo Klöck

Eine der zentralen Positionen in der Debatte um GWA und Quartiersmanagement argumentiert von den notwendigen Veränderungen der Sozialen Arbeit her und damit strikt aus der Perspektive der professionellen Sozialarbeit. Hier wird dann die Überwindung der Einzelfallperspektive und der Problemorientierung hin zum Feldbezug als neue Chance erkannt. Hier finden sich Lebensweltorientierung, Sozialraumorientierung und stadtteilorientierte soziale Arbeit als die moderneren und passenderen Konzepte. Hinzu kommen die neuen Anforderungen aus dem Bund-Länder-Programm „Soziale Stadt", die für die Stadtsanierung auch ein bisschen soziales Management verlangen und hier im Quartiersmanagement ihre organisatorische Formel gefunden haben. (Allerdings gibt es dieses auch unabhängig von dem Programm, geht aber in dieselbe Richtung.) Darum macht es keinen Sinn, alle Bezeichnungen und, soweit vorhanden Konzeptionen, unter einen Begriff zu bringen, sondern es gilt, nach Überschneidungen und gegenseitigen Bereicherungen zu suchen.

Unsere These ist, dass in diesen Ansätzen der Begriff des Sozialraums den des Gemeinwesens ersetzt. Das ist eine wesentliche Einschränkung, hat doch GWA den territorialen Bezug als nur einen von mehreren in den Vordergrund gerückt. Pointiert gesagt, beschrieb das Gemeinwesen sowohl den subjektiven Handlungsraum im Sinne von Orientierungs- und Bezugsraum wie auch das soziale Gefüge inklusive der Normen und kulturellen Gesetze und Verbote (vgl. dazu die wesentlich umfänglicheren Sozialraumdefinitionen von Martina Löw und Pierre Bourdieu, die dem Gemeinwesenbegriff näher kommen als die Definitionen, die üblicherweise in der sozialen Arbeit zu finden sind). Dazuhin waren die Interdepenzen der verschiedenen (subjektiven) Gemeinwesen innerhalb eines größeren Bezugsrahmens wesentlich, so dass ein Gemeinwesen sich als Zusammenspiel mehrerer Gemeinwesen darstellte und die innere Konfliktstruktur zur zentralen Größe des Erkennens, Verstehens und Agierens gehört.

Diese Dimensionen kommen in der neueren Sozialraumorientierung der Stadtteilarbeit etc. nicht systematisch vor. Soziale Arbeit allein hat in der Regel den eingeschränkteren Blick, da sie sich weder für allgemeine Konflikte noch für Handlungsmöglichkeiten der Stadt- und DorfbewohnerInnen in ihren jeweiligen Lebenslagen interessiert, sondern für die sozialen Problemlagen und deren Entdramatisierung. So entsteht ein sozialräumlicher Blick, der von den sozialen Problemhäufungen und damit bereits vom Klientenstatus aus entworfen wird. Wenn nun gefordert wird, den Sozialen Raum als Steuerungsgröße für die professionelle Arbeit zu betrachten, dann ist unseres Erachtens sofort die Frage aufgeworfen, welcher soziale Raum denn gemeint ist. Der soziale Raum der GWA existiert nicht ohne die Subjekte, ihre Erlebensweisen, ihren Gestaltungswillen und ihre Konflikte. An der Orientierung an ihnen muss sich ein Interventionsprogramm, von wem auch immer gestaltet, messen lassen. Deutlich wird, dass sowohl die Soziale Arbeit als auch andere Professionen fruchtbare Ansatzpunkte in einer dem sozialen Raum verpflichteten Perspektive finden können, wenn sie sich auf gemeinsame Bezugspunkte einigen.

Im Quartiersmanagement kreuzen sich die Wege verschiedener Professionen, die mit BewohnerInnen ambitioniert zusammen arbeiten sollen. Wie sieht die interdisziplinäre Zusammenarbeit in der Stadtentwicklung aber wirklich aus? Das Soziale als Querschnittsaufgabe (nicht die sozialen Probleme!) hat in der sektorübergreifenden Zusammenarbeit bisher einen untergeordneten Stellenwert.

Frage 1: Was sind „Gemeinwesen“: Ortsgemeinden, bestimmte Stadtteile und einzelne Straßenzüge? Oder bestimmte Bevölkerungsgruppen, bestimmte marginalisierte Minderheiten?
Sind Gemeinwesen, Sozialräume und Quartiere/Stadtteile identisch und verbindet somit Gemeinwesenarbeit, Sozialraumorientierung und Quartier-/Stadteilmanagement strukturanaloge Handlungsperspektiven?

Sabine Stövesand

Sie sind alles das und mehr [...]. Im Diskurs um Gemeinwesen und GWA existieren unterschiedliche Deutungen. Je nach professionellem Blickwinkel bzw. Sprechort und Interesse fällt die Antwort verschieden aus. [...] Die Fragestellung deutet schon auf ein Problem hin, das die Rede vom „Gemeinwesen“ generell aufwirft, nämlich das der Homogenisierung. Häufig wird die Einheitlichkeit eines geografischen Gebiets oder der Lebenslagen und Interessen der dort lebenden Menschen unterstellt. [...] Diese Problematik eines harmonisierenden Gemeinwesenbegriffs haben Jean Jaak Boulet, Jürgen Krauss und Dieter Oelschlägel schon 1980 treffend zusammengefasst: „In aller Kürze: er suggeriert eine Gemeinwohlideologie, deren wesentliches Merkmal ist, dass sie Konflikte nicht aus widersprüchlichen Interessen der Menschen und damit von ihrer Klassenlage und ihren horizontalen Disparitäten her definiert, sondern als Störungen, die durch Round-Table Gespräche zu klären seien“ (ebd.: 153). [...] Ich sehe Gemeinwesen „nicht als eine statische Größe, sondern als einen außerordentlich dynamischen Prozess, in welchem sich die BewohnerInnen eines Gebietes (local community) oder die Angehörigen einer sozialen Gruppe (community of interest) zu ihren Mitmenschen und ihrer Umwelt in Beziehung setzen“ (Voß 1997: 98). In Erweiterung und Übertragung von Dieter Läpples Definition von Raum könnten für die Charakterisierung und Analyse eines Gemeinwesens folgende Aspekte herangezogen werden: a) eine materielle Dimension, d.h. die vom Menschen geschaffene Ausstattung wie Parks, Gebäude, Verkehrssysteme etc. und die Verteilung ökonomischen Kapitals; b) eine soziale Dimension, also die Interaktions- und Handlungsstrukturen von Individuen und Gruppen sowie die Verteilung sozialen Kapitals; c) eine politische Dimension, sprich Gesetze und Normen, die auf das Gemeinwesen einwirken und die vorhandenen Machtverteilungen d) eine symbolische Dimension, d.h. ein spezifisches Zeichen-, Symbol- und Repräsentationssystem sowie die Verteilung kulturellen Kapitals (vgl. Gestring/Janßen 2002: 149).

Michael May

Obwohl in der Fachdiskussion der letzten Jahre Begriffe wie Gemeinwesen, Sozialraum und Quartier/Stadtteil vielfach geradezu synonym gebraucht wurden und werden, halte ich es fachlich gesehen – sowohl aus disziplinärer, wie auch aus professioneller Perspektive – für notwendig, zwischen ihnen zu unterscheiden. [...] Obwohl das Konzept „Stadtteilbezogene Soziale Arbeit (SSA)“, für das vor allem Wolfgang Hinte (z.B. 1985) sich stark gemacht hat, sich explizit von der GWA distanziert, verfolgt es das gleiche doppelte Ziel wie der funktionalistische Ansatz von GWA in der Tradition von Murray Ross (1971):

- eine Verbesserung sozialer Beziehungen auf der Ebene von Institutionen und Inter-Gruppen-Beziehungen sowie
- ein Aufeinanderabstimmen von Bedürfnissen und Hilfsquellen, auch die Erschließung neuer Ressourcen beinhaltend, um die kontinuierliche Anpassung der Ressourcen an Bedürfnisse zu erreichen.

Die mit der erstgenannten Zieldimension verbundenen Begriffe von Integration und Zusammenwirken drohen jedoch zu bloß harmonistischen Ideologemen zu verkommen, wenn nicht versucht wird, eine an konkreten Erfahrungszusammenhängen der Betroffenen anknüpfende, aber auf kollektiven, gesellschaftlichen Ausdruck ihrer individuellen Interessen und Bedürfnisse gerichtete Form von Öffentlichkeit herzustellen. Deshalb ist die Dimension „kategorialer“ GWA so wichtig. Sie verweist darauf, dass der von Wolf-Rainer Wendt zu Grunde gelegte Begriff von Gemeinwesen, der „erstens Menschen meint, zweitens das Gebiet wohin sie gehören, und drittens das Geschehen des Zusammenlebens am Ort“ ergänzungsbedürftig ist (Wendt 1989: 1). Das Gemeinwesen von Menschen, das dem Wesen ihres konkreten Menschseins gemein ist, muss in der Verwirklichung ihrer vielfältigen Vermögen und Eigenschaften erst noch herausgearbeitet werden (vgl. meine unter Einschätzung 3 wiedergegebenen Überlegungen). Professionelle können zu solchen Prozessen im Rahmen des kategorialen Ansatzes bestenfalls einen Anstoß geben und ihn katalytisch – Heinz Sünker (z.B. 1989) würde dies „mäeutisch“ nennen – unterstützen. Eine Umsetzung des kategorialen Ansatzes von GWA liefe damit auch darauf hinaus, „nicht nach Köpfen, sondern nach Interessen zu organisieren“, wie es einmal die Devise des Sozialistischen Büros war. [...] Des Weiteren ist auch der Stadtteil, das Quartier nicht einfach eine Gegebenheit, sondern Ausdruck ökonomischer, politischer und sozialer Prozesse und Machtverhältnisse.

Dies ist insofern von Bedeutung, als es bezüglich der Zieldimension eines Aufeinanderabstimmens von Bedürfnissen und Hilfsquellen, inklusive der Erschließung neuer Ressourcen, starke Überlappung zwischen funktionalem und territorialem Ansatz gibt. Sozialraumorientierung droht dabei im Kontext von Programmen, wie „Die Soziale Stadt“ oder „XENOS – Leben und Arbeiten in Vielfalt“ mehr denn je zu einem sozialtechnologischen Verständnis von Sozialmanagement zu mutieren. Dies ist immer dann der Fall, wenn sie sich im Anspruch erschöpft, in der methodischen Organisation der zerfasernden Arbeitsbereiche Sozialer Arbeit und kommunaler Administration als intermediäre Instanz unter dem Aspekt von Effektivität und Effizienz optimale Wirkungen zu erzielen.

Frage 2: Welche Möglichkeiten bietet eine Erweiterung bisheriger Ansätze der Gemeinwesenarbeit über den „engen Bereich des Sozialen" hinaus (Hinte et al 2001: 156)? Inwieweit sollten „Stadtteilmanager/innen" – als Erben/innen der Gemeinwesenarbeiter/innen – wie intermediäre Instanzen agieren, die nicht mehr nur Benachteiligungen skandalisieren und Bewohner/innen zu politisieren versuchen, sondern „zwischen Lebenswelt und Bürokratie angesiedelt sind und sich in beiden Welten kompetent bewegen" (ebd.: 157)? Verfügt eine solchermaßen weiterentwickelte Gemeinwesenarbeit über das besondere Potenzial Planungs- und Interaktionsebene in einzelnen Quartieren „sozialraumorientiert" vereinigen zu können?

Sabine Stövesand

Den Bereich des Sozialen begreife ich nicht als eng, sondern als weit und umfangreich. [...] Ich stimme zu: GWA, will sie etwas bewegen, muss interdisziplinär denken und ressortübergreifend handeln. [...] Die Einschätzung, StadtteilmanagerInnen seien die ErbInnen der GWAlerInnen, teile ich nicht unbedingt. [...] *Beim Stadtteilmanagement handelt es sich um ein interdisziplinäres Arbeitsfeld und ein handlungsfeldübergreifendes Instrument. Es ist in der Regel mit städtebaulichen Programmen verknüpft und kann als „erweiterter Kooperationsansatz" (Maier/Zychlinski 2004: 71) betrachtet werden, der von unterschiedlichen AkteurInnen getragen werden sollte.* Es ist eine genuine Aufgabe und Kompetenz der GWA, sich in das Stadtteil- bzw. Quartiermanagement einzubringen, „um das Soziale an der Stadtentwicklung nicht als legitimatorischen Zusatz, sondern als konstituierenden Bestandteil zukünftiger Stadt(teil)-entwicklung festzuschreiben" (Maier/Zychlinski 2004: 84). GWAlerInnen sollten vor allem die Orientierung an den (vielfältigen) Interessen der BewohnerInnen gegenüber institutionellen und von oben formulierten Zielsetzungen stark machen[2]. Das bedeutet, gerade heutzutage, die Stärkung der Handlungsfähigkeit marginalisierter BewohnerInnengruppen, so dass sie auch in der Lage sind, ihre eigenen Interessen wahrzunehmen. [...] GWAlerInnen sollten sich selbstverständlich sowohl in der Lebenswelt unterschiedlicher BewohnerInnengruppen, als auch auf der Ebene von Verwaltung und etablierter Politik kompetent bewegen können. [...] GWA hat aber, wie andere Professionen auch, Kernkompetenzen und die liegen nicht primär im Bereich von Planung, Wirtschaft und Architektur. Allerdings wünsche ich mir häufiger, dass sich GWAlerInnen mit sozialpädagogischem Hintergrund genauso selbstverständlich zutrauen, Meinungen zu diesen Bereichen abzugeben wie umgekehrt ganze

2 Im Rahmen des Ethikcodes der Sozialen Arbeit: GWA wendet sich gegen jede Art „von Diskriminierung, sei es aufgrund von politischer Überzeugung, nationaler Herkunft, Weltanschauung, Religion, Familienstand, Behinderungen, Alter, Geschlecht, sexueller Orientierung, Rasse, Farbe oder irgendeiner anderen Neigung oder persönlichen Eigenschaft, eines Zustandes oder Status" (Berufsethische Prinzipien des DBSH 1997).

Kohorten von StadtsoziologInnen, -planerInnen, ErziehungswissenschaftlerInnen, PolitologInnen, ArchitektInnen und ÖkonomInnen zu ihrem Arbeitsfeld.

Maria Bitzan und Tilo Klöck

Dieter Oelschlägel (1983) hatte schon frühzeitig vor der *Umklammerung der Gemeinwesenarbeit durch die Soziale Arbeit* gewarnt und diese als bundesdeutschen Sonderweg deklariert. Wolfgang Hinte hatte mit seiner „Stadtteilorientierten Sozialen Arbeit" hingegen genau diesen Ansatz forciert und mit etlichen Spitzen gegen die GWA, die für ihn nur noch ein Auslaufmodell war, polemisiert. Viele Positionierungen zur GWA ignorierte er konsequent. Wenn er fordert, den „engen Bereich des Sozialen" verlassen zu wollen, dann meint er damit wohl eher, die klassische Sozialarbeit zu überschreiten und sich auch um die kommunale Verwaltung und Stadtplanung zu kümmern.

Michael May

Wenn Wolfgang Hinte eine Erweiterung bisheriger Ansätze über den „engen Bereich des Sozialen" hinaus fordert, dann spiegelt sich darin nur die Engführung und Abwertung, den der Begriff des Sozialen in den letzten Jahren erfahren hat (Hinte et al 2001: 156). Um zu verdeutlichen, welche Dimensionen einmal mit diesem Begriff verbunden waren, möchte ich einmal mehr an Karl Marx erinnern. Dieser polemisierte in den „Kritischen Randglossen" gegen das was er „eine Revolution von politischer Seele" nannte, und forderte demgegenüber eine „soziale Revolution" (vgl. MEW Band 1: 407ff.). Überzeugend arbeitete er dabei heraus, wie die „Tendenz der politisch einflusslosen Klassen, ihre Isolierung vom Staatswesen und von der Herrschaft aufzuheben", darauf hinausläuft, den Standpunkt des Staats einzunehmen: „Eines abstrakten Ganzen, das nur durch die Trennung vom wirklichen Leben besteht, das undenkbar ist ohne den organisierten Gegensatz zwischen der allgemeinen Idee und der individuellen Existenz des Menschen. Eine Revolution von politischer Seele organisiert daher auch, der beschränkten und zwiespältigen Natur dieser Seele gemäß, einen herrschenden Kreis in der Gesellschaft, auf Kosten der Gesellschaft" (ebd.).

Dies hätte Marx gut auch manchen AgitatorInnen der „wilden Zeit" der Gemeinwesenarbeit ins Stammbuch schreiben können. Und wenngleich heute von Revolution zumindest in unseren Landen nicht mehr die Rede ist, so trifft sein Vorwurf der Organisation eines „herrschenden Kreises in der Gesellschaft auf Kosten der Gesellschaft" um so mehr die heute populären Konzepte von „Bürgermitwirkung" oder neu-Luhmann-deutsch „Reinklusionsvermittlung". Sie orientieren sich nicht am Gemeinwesen, sondern am Staatswesen, und verfolgen lediglich die Aufhebung der Isolierung der politisch einflusslosen Klassen von Letzterem.

Demgegenüber befindet sich für Marx das, was er „eine soziale Revolution" (vgl. ebd.) nennt, und „– fände sie auch nur in einem Fabrikdistrikt statt – „„ ja selbst eine diesbezüglich bloß „partielle Reaktion (...) deswegen auf dem Standpunkt des Ganzen, (...) weil sie eine Protestaktion des Menschen gegen das entmenschte Leben ist, weil sie vom Standpunkt des einzelnen wirklichen Individuums ausgeht, weil das Gemeinwesen, gegen dessen Trennung von sich das Individuum reagiert, das wahre Gemeinwesen des Menschen ist, das menschliche Wesen" (ebd.).

Vor diesem Hintergrund sprechen wir in der Widersprüche-Redaktion etwas bescheidener von einer „Politik des Sozialen" als einem auf soziale Lebensinteressen bezogenen politischen Produktionsprozess. (…) Für die Professionellen in der Sozialen Arbeit hieße dies, nicht, wie Hinte und andere dies fordern, zum „Intermediären" zu werden (vgl. Widersprüche 66, 1997). Vielmehr müssten sie vor allem dafür kämpfen, dass ihre Verantwortlichkeit gegenüber den Trägern ersetzt wird durch eine Verantwortlichkeit gegenüber den AdressatInnen.

Bis heute beherzigen die „Organizer" in der Tradition von Saul Alinsky (1999) dies in der Art und Weise, wie sie sich finanzieren lassen. Für Professionelle, welche bei nach wie vor sozialbürokratisch orientierten Trägern beschäftigt sind, was in unseren Landen die allermeisten sind, könnte diesbezüglich ein erster Schritt sein, dass sie im Aufgreifen der Tradition Runder Tische ein gemeinsames Gremium zwischen einer Vertretung der Selbstorganisation der AdressatInnen und den TrägervertreterInnen anregen. [...] Ein weiterer Schritt in diese Richtung könnte die Einrichtung kommunaler Ressourcenfonds sein, für die wir in der Widersprüche-Redaktion im Rahmen der Programmatik einer „Politik des Sozialen" schon öfters plädiert haben. Dabei geht es darum, dass Initiativen, die sich um solche Gelder bewerben, selber einen Modus der Verteilung finden. Sie können sich damit in der Diskussion mit Konkurrenten nicht mehr allein darauf beschränken, ihr Interesse „gruppenegoistisch" zu vertreten. Vielmehr müssten sie sich auf ein „Gemeinwohl" beziehen, das durch diesen Prozess als Gemeinwesen politisch an Konturen gewänne. So geht es bei dieser Idee nicht nur um eine Veränderung der „Produktionsverhältnisse Sozialer Arbeit", wie sie sich in den klassischen Strukturen von Kosten- und Maßnahme-Trägerschaft, aber auch den neuen Formen von Zielvereinbarungen und Kontraktmanagement niederschlägt, die sich in ihrer Entmündigung der Betroffenen aber durch nichts voneinander unterscheiden. Impliziert ist mit diesem Prozess des Ringens um ein „Gemeinwohl" zugleich auch eine analoge „Entwicklung der Produktivkräfte des Sozialen". [...]

Mit den neuen „ressourcenorientierten" Konzepten teilen diese Vorschläge das Ziel, in der professionellen Sozialen Arbeit davon wegzukommen, in unangemessener Art und Weise Hilfsbedürftigkeit[3] zu beobachten, besonders wenn sich diese auf so genannte direkte und indirekte negative Folgeeffekte von Exklusionsgefährdungen bezieht, wie dies heutzutage so schön im Luhmann-Deutsch formuliert wird. Letzteres vor allem deshalb, weil es deutliche Hinweise darauf gibt, dass Menschen ihre Lebensinteressen zunehmend in sozialen Verbindungen organisieren, die deutlich jen-

---

3 Damit soll nicht geleugnet werden, dass es in unserer Gesellschaft durchaus auch eine Hilfsbedürftigkeit gibt, die nicht erst durch sie selbst erzeugt wird. Während diese „natürliche" Hilfsbedürftigkeit selbstverständlich auch eine Aufgabe professioneller Unterstützung ist, gilt es die durch die Gesellschaft erst erzeugte bzw. verschärfte als menschenunwürdige durch politische Veränderungen der Produktionsverhältnisse des Sozialen zu beseitigen.

seits der instituierten Strukturen ablaufen. In der französischen Debatte einer sozialwissenschaftlich-kritischen Institutionenanalyse ist dies mit dem Begriff der „Transversalität“ zu fassen versucht worden (vgl. dazu ausführlich Kunstreich 1997: 15ff.).

Timm Kunstreich plädiert im Rahmen des von ihm entfalteten „Arbeitsprinzips Partizipation“ in diesem Zusammenhang dafür, auch von Seiten der Professionellen in der Sozialen Arbeit mit Hilfe *transversaler* Strategien die „Responsivität postfordistischer, bürokratischer Rationalisierung, deren Ausdruck die diskursive Praxis des ‚neuen Steuerungsmodells‘ ist“, antihegemonial umzudefinieren (Kunstreich 1998: 404ff.). Transversalität meint dabei nicht einfach eine bloße Negation der Organisationen. Sie entfaltet sich vielmehr vermittels der Fähigkeit, deren Ressourcen und Funktionsweisen quasi „umzuleiten“ in quer zu den herrschenden Institutionen liegende Sozialformen.

Einschätzung 2: Die aktuelle Situation ist verführerisch für die Gemeinwesenarbeit. Sie scheint plötzlich und endlich gesellschaftlich anerkannt zu werden (vgl. Beiträge in Munsch 2003). Während seit Jahren häufig Fragen nach dem „Tod“ und einer möglichen „Wiederauferstehung“ der Gemeinwesenarbeit nachgegangen wird, scheinen Grundprinzipien der Gemeinwesenarbeit fast unbemerkt zum gesellschaftlich etablierten Teil bundes- und lokalstaatlicher Politikstrategien geworden zu sein. Die damit verbundene gesellschaftliche Anerkennung der Gemeinwesenarbeit scheint daher auch keineswegs marginal: Gemeinwesenarbeit findet sich im Zentrum aktueller sozialpolitischer wie sozialpädagogischer Handlungskonzepte wieder (vgl. KGSt Bericht Nr. 6/1999; Enquete-Kommission „Zukunft des Bürgerschaftlichen Engagements“ 2002).

Maria Bitzan und Tilo Klöck:

Egal, welchen Namen sich die neuen Ansätze geben und ob sie explizit anknüpfen oder sich abgrenzen gegen eine GWA-Tradition – zu fragen bleibt immer, an was sie sich orientieren und welche Zielsetzungen politisch fokussiert werden. Wenn die Konfliktanalyse zugunsten von Akzeptanzstrategien gegenüber Trägern und der Lokalpolitik zur Unkenntlichkeit verdeckt wird, so ist zu fragen, ob dann noch Handlungsfähigkeit ohne Funktionalisierung übrig bleibt: Ein „benachteiligter“ Stadtteil könnte bspw. Teilhabe an städtischem Wohlstand und Einfluss einfordern. Ein „besonderer Entwicklungsbedarf“ hingegen verweist zunächst nur auf Defizite, deren Ursachen im Dunklen bleiben. „Selbstorganisation“ meint eigenständige Interessenvertretung, während „Selbsthilfe“ vor allem das Funktionieren im Blick zu haben scheint und „Bürgermitwirkung“ ein harmonistisches Miteinanderwirken über die Interessenorganisation stellt.

Die Frage, ob die Konzepte jeweils scheiter(te)n oder Erfolg hatten, darf nicht gegen die jeweilige Zielrichtung ausgespielt werden. In der Praxis vermischt sich das allerdings mehr als in der theoretischen Auseinandersetzung. Darum macht es Sinn, kurz einige wesentliche Grundlagen der GWA zu benennen, um gegenseitige Bereicherungen und Profile zu erkennen.

Gemeinwesenarbeit bezieht sich mit den Analysen und Strategien auf bestimmte sozialräumliche Einheiten: Stadtteile, Siedlungen, Quartiere, in denen Menschen unter erschwerten Bedingungen leben. Gemeinwesenarbeit erkennt, erklärt und bearbeitet die sozialen Probleme in ihrer historischen und gesellschaftlichen Dimension, was sorgfältige Analysen voraussetzt z.B. über die

- Stadtteilgeschichte, Zuschreibung und Zuweisung von Problemen, kommunalpolitische Konstruktion von Lebenslagen,
- Migration, Bevölkerungs- und Sozialstruktur in Veränderung,
- Segregation, Fluktuation,
- Infrastruktur für die verschiedenen Bevölkerungsgruppen hinsichtlich Arbeits- und Freizeitbedingungen,
- Entwertungsprozesse und Aufwertungstrends,
- wirtschaftliche Interessen und Investitionen im Stadtteil, Boden- und Immobilienwerte, Sanierungsbedarf und Modernisierung,
- Interessenkonflikte unterschiedlicher Bevölkerungsgruppen und verdeckte Entwicklungsbeschränkungen – teilweise quer zu ethnischen oder sozialen Gruppierungen (z.B. von Müttern).

Manchmal kommen soziale Probleme erst durch die Analysen zutage und kennzeichnen bisher nicht erkannten Handlungsbedarf – sie erzeugen also Konfliktstoff.

Dieser sozialräumliche und sozialhistorische Blick und daraus folgend die notwendige Fähigkeit zur Einmischung in Planungen kann bei den Fachkräften vor Ort (aus allen Ressorts) nicht umstandslos vorausgesetzt werden. (Z.B. erfolgen die kontinuierlichen Einweisungen in Armutsquartiere vielfach unreflektiert der Not gehorchend, auch in Neubaugebieten werden wieder alte Fehler gemacht.) Dennoch ist die Beteiligung an der Verbesserung von Lebensbedingungen in benachteiligten Gebieten und am Abbau von Segregation, Ausgrenzung und Aussonderung Grundsatzziel der Gemeinwesenarbeit. Sozial- und Armutsberichterstattung bleiben dafür grundlegend, sind aber meistens zu wenig kleinteilig angelegt. Eigene Beiträge für eine kleinräumige qualitative Armutsberichterstattung ohne einseitige Defizitperspektive und Problemzuschreibung bleiben eine elementare Aufgabe von Gemeinwesenarbeit, Sozialplanung und Sozialer Arbeit. Ebenso gilt dies für die Klärung von Austauschprozessen zwischen den Quartieren und der Stadtgesellschaft, eine Bilanz über Solidaritäten (Aufnahmebereitschaft) und Segregationseffekte (Rufschädigung).

In der aktuellen Variante der Sozialraumorientierung, die sich nicht auf GWA-Konzepte bezieht, besteht eher die Gefahr einer sozialtechnologischen Verkürzung, bei der die Hintergrundanalysen zugunsten pragmatischer Ortsbezüge (Büro im Stadtteil, Interventionen vor Ort, z.B. durch Tagesgruppen oder Hilfen in den Familien etc.) wegfallen. [...]

Sozialraumorientierte Soziale Arbeit ohne Gemeinwesenarbeit beinhaltet die Risiken der Loyalitätsverpflichtung und der sozialtechnologischen Funktionalisierung und Indienstnahme gegen die legitimen Lebensinteressen von Menschen. Denn es sind hier übergreifende Planungslogiken gefragt, die die Interessen einzelner Träger überschreiten. Wie können sie gewonnen werden? Sind Wettbewerbsvorteile durch Information und Planungskooperation überhaupt denkbar? Oder gibt es nicht schon längst Anzeichen für eine neokorporative Wende (Mauscheleien) unter dem Stichwort der Sozialraumorientierung?

Damit dies nicht passiert, das Feld nicht zum Fall wird, sind Fachstandards zu benennen, die als Prüfsteine bei Überschneidungen und Kooperationen unterschiedlicher Ansätze geeignet sind.

Das Arbeitsprinzip Gemeinwesenarbeit verlangt von den AkteurInnen eine mehrdimensionale Netzwerk- und Ressourcenarbeit auf den Handlungsebenen Sozialraum, Lebenswelt, Fachbasis, Träger und Ressorts, (Kommunal-)Politik, Lokale Ökonomie und zwischen diesen Ebenen. Es geht darum,

- die Handlungsfähigkeit durch horizontale Verständigung zwischen den verschiedenen (Interessen-)Gruppen, Gebieten, Organisationen und den Politiksektoren herzustellen,
- Aufklärung und Einmischung mit Informationen, Ideen und Interessenorganisation von unten nach oben mit zielgerichteter politischer Netzwerkarbeit zu befördern und
- eine Kooperations- und Konfliktorientierung mit systematischen Konfliktanalysen zu verfolgen.

Einige zurzeit offensichtlich konsensfähige Leitlinien müssen auf ihre tatsächlich umgesetzten Bedeutungsgehalte kritisch überprüft werden.

- *Alltags- und Lebensweltorientierung* darf nicht verkürzt werden auf die räumliche Präsenz der sozialen Arbeit, sondern macht dagegen das „Sich-Einlassen“, das „Verstehen“ stark. (...)
- *Die Aktivierung der Menschen in ihrer Lebenswelt* wird zynisch, wenn damit den Betroffenen bisherige Passivität unterstellt wird und Ressourcen für sozialstaatliche Zwecke gefunden werden sollen. Vielmehr geht es darum, die vorhandenen eigenen Aktivitäten, die die jeweiligen Subjekte zur Aufrechterhaltung ihrer Handlungsfähigkeit und Sicherung der privaten sozialen Aufgaben (intergenerativ, nachbarschaftlich, ...) erbringen, zu erkennen und sichtbar zu machen – auch den Menschen selbst als Wertschätzung ihrer Überlebensanstrengungen (vgl. die langjährigen Erfahrungen in der GWA mit Frauen. Daran anknüpfend können sie auch in gemeinsamen Aktionen ihre Kompetenzen und Solidarität erfahren, zunehmend Kontrolle über ihre Lebensverhältnisse gewinnen (Empowerment) und durchsetzungsfähiger (Community Organizing) werden (und dies alles möglichst ohne pädagogische Bevormundung oder fürsorgliche Belagerung) (vgl. Bitzan/Klöck 1993). Es geht also wohlgemerkt um eine Aktivierung für die eigenen Interessen und Bedürfnisse und die Produktion des Sozialen – nicht für die Interessen der Sozialen Arbeit oder der Stadtverwaltung etc.
- *Arbeit von und mit bürgerschaftlichen Organisationen organisieren* in Form instrumenteller, punktueller oder partikularer Beteiligungsverfahren reicht nicht aus, wenn Empowerment gelingen soll.

Frage 3: Kann daher von einem „Absterben“ (vgl. Iben/Drygala/Bingel/Fritz 1981), einem „Auslaufmodell“ (vgl. Müller 1973) oder eben gar dem „Tod“ (vgl. Graf/Raiser/Zalfen 1976) der Gemeinwesenarbeit keineswegs mehr die Rede sein? Hat sie sich neue Kleider angelegt, die altbekannte Gemeinwesenarbeit? Tritt sie uns somit inzwischen als Quartiermanagement im Rahmen einer neuen „sozialraumorientierten" Sozialen Arbeit entgegen? Bilden nicht mehr „rückständige" oder „sozial benachteiligte Stadteile" den Ort dieser „gemeinwesenarbeiterischen" Maßnahmen, sondern solche „mit besonderem Entwicklungsbedarf"? Ist das Ziel nicht mehr „Selbsthilfe" oder „Selbstorganisation", sondern „Bürgermitwirkung"? Geht es der „neuen Gemeinwesenarbeit" im Gewand des Quartiermanagements inzwischen also in spezifischer Weise um eine „Aktivierung" von Bewohnerinnen und Bewohnern, durch ein „Empowerment", das „Handlungsressourcen" statt „Handlungsdefiziten" zum Ausgangspunkt ihrer Interventionsstrategien erklärt hat? Oder bestehen zwischen bisheriger Gemeinwesenarbeit und neuem Quartiermanagement nur feine semantische Unterschiede, die substantiell nichts Neues beschreiben?

Sabine Stövesand

In der Sozialen Arbeit führte und führt die GWA größtenteils ein Schattendasein. [...] Euphemistische Wortschöpfungen wie „Stadtteile mit besonderem Erneuerungsbedarf" oder dass allenthalben nur noch von Ressourcen und seltener von sozialen Problemen (auf den stigmatisierenden Defizitbegriff verzichte ich gerne) die Rede ist, passen in eine Landschaft, in der Armut gesellschaftlich zunehmend geächtet wird. Der dominante Diskurs hat sie erfolgreich als selbstverschuldet – „Mangel an Eigeninitiative", „Mitnahmementalität" etc. – gesetzt. [...] Sich auf die Kompetenzen und Talente von Menschen zu beziehen, Unterstützung für ihre Entfaltung und ihre Nutzung im Eigeninteresse bzw. Zugewinn an Handlungsfähigkeit der jeweiligen Personen zu organisieren und in diesem Sinne „Empowerment" zu betreiben, sollte für GWA selbstverständlich sein. Das Ziel der Selbsthilfe hat im Zusammenhang staatlich aufgelegter Programme eher an Bedeutung gewonnen als verloren. [...] Unter Selbstorganisation wird heutzutage in der Stadtteilarbeit eher nachbarschaftliche Organisation von Straßenfesten oder Kinderbetreuung verstanden als basisdemokratische Konzepte zur Durchsetzung von sozialen und Bürgerrechten oder von alternativen Lebensentwürfen. Allerdings ist in den letzten Jahren, z.T. aus der GWA heraus, eine breitere Debatte um eine selbstorganisierte, solidarische Ökonomie entstanden, in der sich genossenschaftliche Traditionen der Arbeiterbewegung, alternative Selbsthilfeprojekte, gewerkschaftlich entwickelte Konversionskonzepte für altindustrielle Produktionsanlagen und staatliche Revitalisierungsprogramme mischen. Immerhin steht damit die Sicherung der materiellen Lebensbedingungen jenseits des in Konkurrenz stehenden EinzelkämpferInnentums und umweltzerstörender Produktionsweisen auf der Tagesordnung.

GWA findet nicht losgelöst von gesellschaftlichen Rahmenbedingungen statt. „Selbsthilfe", „Selbstorganisation", Bürgermitwirkung", „Empowerment" und der Bezug auf die Ressourcen der QuartiersbewohnerInnen stehen heute unter dem Vorzeichen der Kostenersparnis für die öffentliche Hand und der Verantwortungsverlagerung für soziale Ungleichheit weg vom Staat hin zu den BürgerInnen. Damit stehen diese Konzepte nicht im Widerspruch zueinander, wie die Frage suggeriert, sondern ergänzen sich. All das bleibt nicht ohne Folgen für den Auftrag und die Handlungsspielräume von GWA und Quartiermanagement.

Michael May

Hinter diesen Ansätzen verbirgt sich nicht nur der Versuch, auf dem Weg zu einem postfordistischen Produktionsregime bisher noch nicht ausgeschöpfte Human-Ressourcen der Kapitalakkumulation in neuer Weise einzuverleiben (vgl. Hirsch 2002). In ihnen drückt sich zugleich auch schon dieser Formationswandel kapitalistischer Vergesellschaftung aus, der ja immer stärker eine Nachfrage nach „Arbeitskraftunternehmern“ (Voß/Pongratz 1998) und „souveränen Arbeitsgestaltern“ (Mutz 2001) erzeugt und sei es auch bloß als Dienstboten. So orientieren sich die neuen Aktivierungsstrategien von ihrer pädagogischen Intention ja schon an jenem neuen Typus des Lohnabhängigen, der nun zum „Unternehmer in eigener Sache“ werden soll, wobei ihm diese Sache alles andere als eigen ist (vgl. May 2003a). [...] Nikolas Rose hat dies als „Regieren durch Aktivierung des Engagements“ bezeichnet (Rose 2000: 86). Er hat damit in meinen Augen zugleich eine zutreffende Analyse der heute im Rahmen von „Quartiersmanagement“ praktizierten sozialarbeiterischen Strategien geliefert.

Frage 4: Hat die Gesellschaft „wichtige Forderungen der Revolutionäre integriert“ (Noack 1999: 11) oder wie Preis innerhalb eines Interviews formuliert: „Die Revolution ist vorbei, wir haben gesiegt“ (Hinte/Lüttringhaus/Oelschlägel 2001: 35)? Ist der Hinweis von C. Wolfgang Müller im Rahmen seines Konzeptionsvorschlags zu einer „aggressiven Gemeinwesenarbeit“ also hinfällig geworden: „Sozialarbeit, wie immer man es wenden mag, ist untrennbar mit der Entwicklung des Kapitalismus in unserem Lande verbunden“ (Müller 1973: 229)? Oder hat dieser Zusammenhang im fortgeschrittenen Kapitalismus „nur“ eine neue – bisher innerhalb der Debatten um Gemeinwesenarbeit noch zu wenig thematisierte – Form angenommen?

Sabine Stövesand

Dass Gemeinwesenarbeit oder besser, einige ihrer Prinzipien und Methoden, in den vergangenen Jahren einen enormen Bedeutungszuwachs erfuhren, hängt auch mit dem politischen Einfluss und den Forderungen oppositioneller, sozialer Bewegungen zusammen. Eine „Revolution“ hat meiner Meinung nach jedoch nie stattgefunden. [...] Michel Foucault folgend gehe ich davon aus, dass Kritik immer zugleich Widerpart und Partnerin der herrschenden Verhältnisse ist und dass die Macht nicht auf staatliche Apparate beschränkt ist, sondern über die Subjekte und deren Freiheit wirkt. [...] GWA ist nicht per se gut, fortschrittlich und nachahmenswert. Mit ihrem Credo von Aktivierung und Beteiligung, von Unterstützung der Handlungsfähigkeit und der Bedeutung sozialen Kapitals könnte sie als eine Technologie neoliberaler Gouvernementalität betrachtet werden, die zwischen der subjektiven Ebene der Individuen in ihrer Lebenswelt und den Regierungszielen im Rahmen des aktivierenden Staates vermittelt. [...] Der Aufbau sozialer Kontrollmechanismen innerhalb von Nachbarschaften und Gemeinden in Form von „Sicherheitspartnerschaften" und die Förderung von Übernahme polizeilichen Verhaltens – „encourage communities to police themselves" (Garland 2001: 17) – ergänzen als niedrigschwellige Maßnahmen das Konzept des strafenden Staats und seine Strategien des Weg- und Ausschließens. Auffällig ist, dass gerade im Bereich der Kriminalprävention viele Elemente von GWA aufgegriffen werden. Man muss davon ausgehen, dass Regieren aktuell sowohl über Freiheitspraktiken als auch über Repression, über Unterwerfung und Konsens stattfindet (vgl. Dean 1999: 34).

Michael May

Das Spezifikum der neuen pädagogischen Strategien im Rahmen von Quartiersmanagement ist es in diesem Zusammenhang, über Verantwortungszuschreibung und Aktivierung des Engagements ihre AdressatInnen moralisch anzureizen, dies als neue Autonomie zu verstehen. Der frech daherkommende Satz „Die Revolution ist vorbei, wir haben gesiegt" (Hinte/Lüttringhaus/Oelschlägel 2001: 35) gewinnt dabei noch einmal eine ganz eigene Bedeutung. Denn dem in diesen neuen Aktivierungsstrategien als ökonomisch-moralisches Subjekt im Sinne Louis Althussers angerufenen Einzelnen wird suggeriert, er/sie könne durch eigenverantwortliches Handeln Autonomie gewinnen, während zugleich irrational etikettiertes Verhalten als unverantwortlich diskreditiert wird. Es zeigt sich hierin nicht nur die Kongruenz zwischen einem selbstverantwortlichen und einem rational-kalkulierenden Subjekt als „Spezifikum der neoliberalen Rationalität" (Lemke et al. 2000a: 38). Deutlich wird zugleich, dass die in diesem neuen Diskurs um Aktivierung und Bürgermitwirkung nicht bloß propagierte, sondern geforderte „Autonomie" und Selbstbestimmung mehr ist als bloß ideologisches Konstrukt (vgl. May 2003a).

Frage 5: Werden mit den aktuellen „sozialraumorientierten" Vorgehensweisen in der Sozialen Arbeit, dem Quartiermanagement, wie es im Rahmen von Stadtentwicklungsprogrammen implementiert wird, oder stadtteilorientierten Präventionsmaßnahmen die Forderungen nach einer „Feldorientierung" erfüllt? Sind die „alten" Forderungen der Gemeinwesenarbeit nun also angekommen in der „Mitte der Gesellschaft"? Oder ist vielmehr eine ganz neue „Fallorientierung" zu beobachten: Wird nun das „Feld selbst zum Fall" (Kessl 2004)?

Sabine Stövesand

In der GWA-Diskussion war meines Wissens die Rede vom „Feld" nie sehr verbreitet. Relevant waren immer die Ebenen territorialer, funktionaler und zunehmend dann auch der kategorialen GWA in ihren Verknüpfungen. GWA ist also mehr als die Verbreiterung des analytischen Horizonts von der Einzelperson hin zu einem größeren Zusammenhang. Die Herausnahme eines einzelnen Elements macht noch keine GWA. Heutzutage scheint mir häufig ein eher reduziertes „Feld"-Verständnis vorzuliegen, das zwar Netzwerkanalysen, Kooperationen und Methodenintegration einbezieht, aber z.B. Fragen und kollektive Interventionen in Richtung der strukturellen Veränderungen der Lebensbedingungen von Menschen, z.B. im Bereich des Wohnens oder der rechtlichen Gleichstellung (z.B. Aufenthalts- und Wahlrecht), ausblendet. Wenn das Feld, also der Wohnort und die Lebensbezüge der AdressatInnen Sozialer Arbeit isoliert vom Rest der Gesellschaft wahrgenommen und der Zusammenhang zu übergreifenden ökonomischen und politischen Entwicklungen und Entscheidungen nicht einbezogen wird, dann kann ein Feld zum Fall werden, dann findet sozusagen eine Individualisierung auf höherem Niveau statt. Fachlich ist es ansonsten in jedem „Fall" ein Fortschritt, von dem verengten Blick aufs Einzelindividuum wegzukommen.

Michael May

Ulrich Oevermann hat dargelegt, wie mit dem Fallbegriff, der immer Allgemeines und Besonderes in sich vereint, methodisch zwingend so etwas wie ein generatives Prinzip, eine Strukturgesetzlichkeit von Lebenspraxis unterstellt wird, welche(s) für das beobachtbare, variable Verhalten verantwortlich ist (vgl. Oevermann 2000). Jede Teildisziplin konstruiert dabei in der Unterstellung solcher Prinzipien und Strukturgesetzlichkeiten ihren eigenen Gegenstand. Früher bediente sich die Soziale Arbeit vor allem psychologischer Kategorien. In den „sozialraumorientierten" Verfahren sind es nun eher „systemtheoretische" und „systemische". Auch ein „besonderer Entwicklungsbedarf" (vgl. Frage 3) eines Stadtteils oder Quartiers muss diagnostiziert und dann analysiert werden. Vor diesem Hintergrund teile ich Fabian Kessls Auffassung, dass nun das „Feld selbst zum Fall" wird (vgl. Kessl 2004).

Einschätzung 3: Michael May fordert eine alternative Ausrichtung der Gemeinwesenarbeit: an dem „Marxschen Anspruch einer ‚Aufhebung' der Isolierung der Menschen von ihrem ‚wahren menschlichen Gemeinwesen'" (May 2003: 208). Gemeinwesenarbeit dürfe sich nicht auf den professionellen Handlungsmodus der Wiederbemächtigung (Empowerment) zurückziehen. Selbst bei deren Gelingen sei der Marxsche Anspruch noch nicht erfüllt. Es bleibe daher die immerwährende Frage, wie die Subjekte ihre „Selbstbestimmung darüber zurückgewinnen können, was in der Gemeinwesenarbeit als Problem gelten und wie dies in einem Zusammenwirken mit Professionellen zu bearbeiten sein soll" (ebd.). Gemeinwesenarbeit stehe insofern vor der Herausforderung einen „Problembearbeitungsprozess" zu ermöglichen, der von unten kontrolliert werde und „vor Vereinzelung, Machtanhäufung und unausgewiesenen Normalitätskriterien schützt", wie May im Anschluss an eine Formulierung der Redaktion „Widersprüche" formuliert.

Maria Bitzan und Tilo Klöck

Die vorhergehenden Ausführungen haben deutlich gemacht, dass in der derzeitigen Konjunktur sozialräumlicher Ansätze die GWA als solche gar nicht gefragt ist (auch wenn teilweise mit ihren Begriffen operiert wird). [...]

Die Ausrichtung an dem „wahren menschlichen Gemeinwesen" zielt auf die Vision anderer Lebensverhältnisse der Menschen und daher auf den politischen Horizont der Arbeit. An diesem Bezug wird deutlich, dass eine grundsätzliche Zielbestimmung weitgehend aus der Diskussion verschwunden ist. Diesen Rückbezug (wieder) einzuholen, erfordert, sich in eine Grundsatzdebatte über die Ziele und Funktionen Sozialer Arbeit zu begeben.

Also ist die Frage nach den politischen Möglichkeiten nach wie vor zu stellen. Der Verweis auf die im Geist der 1970er Jahre Verfangenen verweist seinerseits eher auf die moderne Verzichtsleistung, soziale Arbeit als politische Veranstaltung zu betrachten. Selbstverständlich kann die Soziale Arbeit nicht als Ersatz für Politik herhalten. Aber die Zielbestimmungen von Beteiligung und Selbstorganisation können zumindest einen Rahmen anvisieren, der über Verwaltungsinteressen und das bloße Funktionieren hinausgehen soll.

So ist der Anspruch zu verstehen, dass sich die GWA aus staatlicher Funktionalisierung und Umklammerung kurzfristiger sozialarbeiterischer Innovationen befreien soll und eigene Zielsetzungen an Emanzipation und Selbstausdruck der Menschen setzen muss. [...]

Das Soziale ist die Produktion des Miteinander, der Lebensgrundlagen und der Gemeinschaftlichkeit. Ihre Grundlagen sind das originäre Thema der GWA und kommunale Politik ist darin ein – allerdings wesentlicher – Faktor. Solidarische Ökonomie bspw. als eine Form des Empowerment, die auch ökonomisch wirksam wurde, hatte Wolfgang Hinte ständig ignoriert.

Bspw. weisen die solidarökonomischen Projekte der Gemeinwesenökonomie zukunftsfähige zivilgesellschaftliche Wege für eine Gemeinwesenarbeit, die über die Soziale Arbeit hinaus im Gemeinwesen die existentiellen Lebensbereiche Arbeit, Wohnen und Gesundheit positiv verändert. Modelle wie z.B. in Trier-Nord zeigen Möglichkeiten. Mutige Mandatnahmen, Kompetenzerwerb und Gründergeist statt „Lohnarbeitergleichgültigkeit" waren die Erfolgsfaktoren und zeigten konkrete Pfade aus der Ausweglosigkeit auf für eine Vergemeinschaftung statt Individualisierung und eine erneute Vergesellschaftung sozialer Reproduktionsrisiken. [...]

Die Entwicklung des Sozialen lässt sich entlang der Fragestellungen zu Existenzsicherung, Anerkennung und Sicherung der (Über)Lebensarbeit (die als so genannte reproduktive Arbeit selten in das öffentliche Licht gerückt ist – allenfalls bei Nichtfunktionieren, sozusagen in der Negation, als „Versagen" ...) und der Erweiterung der Möglichkeitsräume für eigene Interessen und gemeinschaftliche Akzeptanz thematisieren und überprüfen. Z.B.:

- Die Behelligung, Verwicklung und Inpflichtnahme des lokalen Gewerbes und der Wohnungswirtschaft für mehr soziale Verantwortung für den Stadtteil, das Anknüpfen an ökonomischen Eigeninteressen (Rufschädigung, Leerstände, (Vandalismus-)Schäden, schwindende Kaufkraft und Investitionen etc.)
- Bessere Existenzsicherung im Stadtteil als eine Aufgabe von „Lokalen Partnerschaften": Verwaltung, Verbände, Wohnungsgesellschaften und lokales Gewerbe. Soziale Selbstverpflichtungserklärungen anstreben und an die Ideen der Sozialbilanzierung von Unternehmen erinnern, lokale Wirtschaftsförderung einbeziehen und nicht nur an „Diskriminierungstöpfen" naschen.
- Kooperative Existenzgründungen und solidarökonomische Beschäftigungsinitiativen z.B. im Bereich Wohnen und Wohnumfeld mit Kombinationen aus Erwerbs- und Eigenarbeit, Grundsicherung und Qualifizierung. Wohnungs- und Sozialgenossenschaften ermöglichen und fördern, d.h. Empowerment müsste mehr in einem ökonomischen Sinne verstanden werden.

Die Kommunalpolitik will in neuer Weise steuern mit neuen Formen der Quartierspolitik. GWA engagiert(e) sich für eine sektorübergreifende Quartierspolitik und lokale Partnerschaften. Mit dem Programm Soziale Stadt wird nun auf integrierte Handlungskonzepte für die Stadtteilentwicklung, Gesundheitsversorgung, Wirtschaftsförderung etc. gezielt. So kann ein gegenseitiger Nutzen strategisch fruchtbar gemacht werden. Denn Gemeinwesenarbeit als Arbeitsprinzip braucht ein konzertiertes Handeln und PartnerInnen in der Politik, wenn Anwaltschaftlichkeit und Innovationen nicht an institutionellen Verkrustungen z.B. zwischen Verwaltungsgliedern scheitern sollen. Ihnen geht es auch um die Regierbarkeit der Stadtviertel und manchmal weniger um die Förderung von Bürgergesellschaft. Die BürgerInnen werden zuweilen als Störfälle wahrgenommen, wenn sie ihre Interessen gegen Entscheidungen zur Geltung bringen wollen. Das Quartiersmanagement kann sich nützlich erweisen und/oder mit der Kommunalpolitik kollidieren. Meistens werden von den Intermediären neue Qualitäten von Bürgernähe und Dialogfähigkeit erhofft – jedenfalls mehr als es das bisherige business-as-usual des politisch-administrativen Systems hergab. Der darin angelegte strukturelle Konflikt wird nicht immer mit Win-win-Strategien zu lösen sein, mit Personalisierungen von Konflikten ist zu rechnen. Wenn Kritik konstruktiv und lösungsorientiert eingebracht werden sollen, dann müssen Konfliktklärungen verankert werden.

Frage 6: Ist die Frage, „ob die alte Kontroverse um politische Wirksamkeit und politische Möglichkeiten der GWA nicht doch immer wieder neu ausgetragen werden muß" in neuer Form zu stellen (Oelschlägel 1983: 183) oder stellen sich derartige Fragen nur noch „Versprengte (...), verfangen im Geist der 70er Jahre" (Hinte et al. 2001: 156)? Wie steht es also um eine „politische Produktivität" der Gemeinwesenarbeit (vgl. Redaktion Widersprüche 1997)? Welchen Beitrag zur „Politisierung des Sozialen" soll und kann Gemeinwesenarbeit angesichts einer sozialraumorientierten Ausrichtung weiter Teile Sozialer Arbeit heute noch oder gerade erbringen (vgl. Bitzan/Klöck 1994)?

Maria Bitzan und Tilo Klöck

GWA war auch früher nicht nur plumper Aktivismus in der Funktion „Benachteiligungen zu skandalisieren" und „BewohnerInnen zu politisieren". Wer Geschichte so schreibt, hat kaum differenziertere Prozesse der Entwicklung von Gegenmacht (vgl. Mathiesen 1986; Bitzan/Klöck 1993), der Alltags- und Lebensweltorientierung und der Bildungsprozesse im Dialog entlang generativer Themen (Freire) verstanden.

Die Gemeinwesenarbeit ist differenzierter und in diesem Sinn auch eigensinniger. Sie hatte zugleich von jeher Nähe zu einer solchen Sozialplanung (vgl. Müller 1973; Buck 1982), welche die Partizipation nicht nur verspricht, oder als Events abbrennt, sondern auch die Interessen von Artikulationsschwachen mit zur Geltung bringt. Das Potenzial und die gesellschaftliche Erfahrung von lernenden Organisationen in der Kommunikation mit Planungs- und Entscheidungsebenen im Kraftfeld der kommunalpolitischen Eliten ginge verloren, wenn das fachhistorische und handlungstheoretisch fundierte Arbeitsprinzip Gemeinwesenarbeit auf dem Altar neuer Management-Labels geopfert werden würde.

Sabine Stövesand

Abgesehen von den Schwierigkeiten, die ich mit einer Formulierung wie dem „wahren menschlichen Gemeinwesen" habe, stimme ich Michael Mays Einschätzung zu. [...] Wenn es zutrifft, dass alle gesellschaftlichen Bereiche zunehmend dem Primat der ökonomischen Profitlogik untergeordnet werden und die Propagierung von freiwilligem Engagement und Selbstverantwortung der BürgerInnen den Abbau sozialstaatlicher Leistungen kompensieren soll, müssen Theorie und Praxis der GWA deutlich kritischer reflektiert werden als das zur Zeit der Fall ist. Ziel dieser Reflektion wäre, den professionellen Denk- und Handlungsspielraum zu erweitern, um nicht blinden Auges zum Bestandteil des neoliberalen Umbauprogramms zu werden. Es geht darum, eine bestimmte Form der Kritik zu ermöglichen, welche die aktuelle Bedeutung solcher Begriffe und Methoden wie u.a. „Aktivierung", „Eigenverantwortung", „Beteiligung" oder „soziale Kontrolle" präzise bestimmt. Es geht also um den Versuch, mehr Klarheit über die Bedingungen zu gewinnen, unter denen wir heute in der GWA denken und handeln. So könnte einem Trend vorgebeugt werden, der sich in der Stigmatisierung der eigenen AdressatInnen und der Legitimierung des schlanken und strafenden Staates durch die SozialarbeiterInnen selbst äußert. Ich stelle zumindest fest, dass die Förderung von „Eigenverantwortung" und die Aktivierung der BewohnerInnen benachteiligter Quartiere zu selbstverständlichen Satzbausteinen in der Fachliteratur, in Kolloquiums- und Diplomarbeiten werden und die Formulierungen oft nahe legen, dass die Konzentration von Armen und deren Verhaltensweisen, nicht die Armut selbst das Problem sind.

Trotzdem glaube ich nicht, dass „früher", sprich in den 1970ern, „alles besser war". Es scheint jede Menge Illusionen, Überforderungen und verschiedentlich auch

Funktionalisierung von Betroffenen für die eigenen Ansichten und Gesellschaftsutopien gegeben zu haben. Den Einzug von zielgerichteter Projektentwicklung, Moderationstechniken und Effektivitätsdenken in die GWA halte ich nicht für einen Nachteil. Und in Bezug auf den Umgang mit der etablierten Politik und der Verwaltung halte ich es mit Saul Alinsky, der schon vor langer Zeit davon ausging, es gebe „no permanent friend, no permanent enemy".

Michael May

Mit meinen bisherigen Ausführungen habe ich sicher genügend unter Beweis gestellt, dass ich für Hinte jenen „Versprengte(n) (...) verfangen im Geist der 70er Jahre" zuzuordnen wäre, gegen die er so gerne seine Polemiken richtet (vgl. Hinte et al. 2001: 156). Ob meine Analysen der neuen Strategien innerhalb des Quartiersmanagements (vgl. Antworten auf Frage 3 und 4) und mein Versuch einer Perspektivenbestimmung von GWA (vgl. meine Antwort auf Frage 2), nur weil sie sich z.T. der Begriffe bedienen, die auch schon in den 1970er Jahren verwendet wurden, in diesem Geist „verfangen" bleiben und damit den aktuellen Prozessen nicht gerecht werden, mögen die Leserinnen und Leser beurteilen.

Frage 7: Welche Ziele können also aktuell mit einer „Arbeit am Gemeinwesen" sinnvoll verbunden werden?

Sabine Stövesand

Insbesondere gilt es, für das Grundprinzip einer solidarischen Gesellschaft zu streiten, die soziale Rechte garantiert und für eine Chancengleichheit ihrer Mitglieder, die nicht nur kulturell, sondern auch materiell gefasst wird. Partizipation ist voraussetzungsreich genau wie soziale Stadtteilentwicklung auch. Sie braucht Geld, Zeit, Bildung und die Unterstützung von Handlungsfähigkeit. [...] Als ein vordringliches Handlungsfeld der GWA sehe ich dabei die Wohnungspolitik, gerade vor dem Hintergrund von Hartz IV und der immer rigideren Standortpolitik vieler Städte und Gemeinden, das heißt der stetigen Verteuerung von Wohnraum, der Verdrängung von BewohnerInnen aus den von Aufwertung betroffenen Vierteln und der Sanierung per Abrissbirne, womit auch immer der Verlust von Nachbarschaftsnetzen, die noch oder wieder existieren, verbunden ist.

Wenn es ernsthaft darum gehen soll, marginalisierte, einkommensarme und schlecht (aus)gebildete Bevölkerungsgruppen zu befähigen, ihre Lebensbedingungen selbst bestimmter zu gestalten sowie Initiativen zur ihrer Verbesserung zu starten und zu verstetigen, muss GWA für die Bereitstellung von Ressourcen streiten, und zwar Ressourcen, die der Staat zur Verfügung stellt – unter anderem ein gesichertes Grundeinkommen, das deutlich über dem heutigen Sozialhilfeniveau liegt. Mir gefällt das Plädoyer von Hans-Uwe Otto und Holger Ziegler „für einen robusten, positivistischen Materialismus" in diesem Zusammenhang und ich finde das gar nicht profan, wie sie einschränkend anmerken (vgl. Otto/Ziegler 2004: 278).

Wichtig ist in jedem Fall, die großen Ziele herunter zu brechen auf konkret umsetzbare Teilschritte, sonst organisieren GWAlerInnen sich und anderen eher Niederlagen als Erfolge.

Michael May

Ich gehe davon aus, dass meine oben angeführte Analyse des Quartiermanagements und mein Versuch einer Perspektivenbestimmung von GWA dem von Georg Wilhelm Hegel formulierten Anspruch an die „denkende Vernunft" genügen, dem zufolge es gilt, „den abgestumpften Unterschied des Verschiedenen, die bloße Mannigfaltigkeit der Vorstellung, zum wesentlichen Unterschied, zum Gegensatz zuzuspitzen, weil die „Mannigfaltigkeit erst, auf die Spitze des Widerspruchs getrieben, regsam und lebendig gegeneinander (wird) und (...) in ihm die Negativität (erhält), welche die inwohnende Pulsation der Selbstbewegung und Lebendigkeit ist" (Hegel 1958: 549).

Im Unterschied dazu bedeuten blumige Formulierungen wie: Stadtteilorientierte Soziale Arbeit strebe vor dem Hintergrund einer „ganzheitlich-systemischen Sicht" des Stadtteils ein „integratives Problemlösen" an, selten mehr als: Alles hängt irgendwie mit allem zusammen und bei gutem Willen und einem kompetenten Intermediären läuft alles glatt (wirklich auch für alle?). Der von Georg Wilhelm Hegel formulierte Anspruch an die „denkende Vernunft" scheint mir demgegenüber nicht nur für die im Rahmen der Disziplin vorgenommenen Analysen von Bedeutung zu sein. Er birgt meiner Ansicht nach auch das Potential für ein politisch produktives didaktisches Instrumentarium einer professionellen Gemeinwesenarbeit (vgl. May 1997, 2000; Kunstreich/May 1999).

Wolfgang Hinte

Zu Einschätzung 1: Selten habe ich eine so krude Zusammenfassung einzelner Gedanken von mir gelesen wie in dieser „Einschätzung". Nur zur Sicherheit: „Stadtteilmanagement" bezieht sich auf ein Arbeitsfeld, das in der Regel außerhalb der Jugendhilfe angesiedelt ist; die Rede vom sozialen Raum „als zentraler Steuerungsgröße" bezieht sich auf die Steuerungsdebatte in der Jugendhilfe; und die Programmformel „Vom Fall zum Feld" kennzeichnet eine aktuelle (von mir durchaus begrüßte) Bewegung in der Jugendhilfe hin zu methodischen Ansätzen aus der sozialräumlichen Arbeit (vgl. Hinte et al. 1999). Wer diese drei Blöcke mit leichter Hand in einer „Einschätzung" vereint, blickt entweder nicht durch oder ist von mir nicht ohne weiteres zugänglichen Interessen geleitet. Konfuzius sagt dazu: „Wenn die Begriffe nicht stimmen, dann ist das, was gesagt ist, nicht das Gemeinte. Wenn das, was gesagt ist, nicht das Gemeinte ist, gedeihen die Werke nicht." Dennoch mit aller mir zur Verfügung stehenden Nachsicht hier der Versuch, Antworten auf Fragen zu geben, die sich den Verfassern der Einschätzung aus mir nicht nachvollziehbaren Gründen stellen.

Zu Frage 1: In der Tat: Gemeinwesen können Ortsgemeinden sein, Stadtteile, Straßenzüge oder Wohnquartiere – in Berlin etwa nennt man sie „Kiez", in Österreich „Sprengel". Durchweg handelt es sich um geografisch definierte Einheiten in völlig unterschiedlichen Größen. Ich selbst bevorzuge den übergreifenden Begriff „Sozialraum", der unter sozialpädagogischen und steuerungstechnischen Aspekten für mich eine doppelte Bedeutung besitzt: Zum einen meint er den geografischen Raum, in dem die Menschen sich aufhalten, subjektiv höchst individuell definiert und in keiner Weise sozialpädagogisch konzeptualisierbar. Es gibt indes bei der Untersuchung dieser höchst individuellen Sozialräume das interessante Phänomen, dass – auch beeinflusst etwa durch Bebauung, Straßenführung, Infrastruktur – Ballungen (also Überschneidungen von individuellen Sozialräumen) auftreten, in denen sich Segmente zahlreicher Einzel-Sozialräume kreuzen. An diesen Orten (oft sind es kleinere Quartiere, Straßenzüge, gestaltete Flächen usw.) setzen zahlreiche Menschen aus unterschiedlichen Motivlagen heraus Schwerpunkte ihres sozialräumlichen Aufenthaltes. Sowohl die individuell definierten, sich verändernden sozialen Räume wie auch die gleichsam aus der additiven Anhäufung der sich überlappenden Einzel-Sozialräume entstandenen Verdichtungen sind als Bezugspunkte für Soziale Arbeit von Bedeutung.

Unter Steuerungsgesichtspunkten ist der Sozialraum ein nach institutionell definierten Prinzipien beschriebener Planungsraum, in dem – im Idealfall fachlich begründet – Ressourcen etwa einer Sozialverwaltung (Personal, Geldströme usw.) mit dem Zweck eines gezielteren Einsatzes der vorhandenen Mittel konzentriert werden. Der Sozialraum kann ein integrierendes Element für eine Vielzahl kommunaler Sektoren sein und somit die oft beklagte Parzellierung staatlicher Leistungen reduzieren (vgl. dazu Grimm et al. 2001). Bei kluger Zuschneidung dieser Planungsräume vermeidet man (es), die oben beschriebenen Verdichtungen zu durchtrennen, so dass ein von der Bürokratie definierter Sozialraum häufig mehrere solcher Verdichtungen enthält, auf die (sich) die Fachkräfte dann jeweils nach Bedarf (sich) in ihren Schwerpunktsetzungen beziehen können. Dass die in dem von der Bürokratie definierten Sozialraum lebenden Menschen, insbesondere die dortigen Jugendlichen, dazu neigen, sich nicht an die von der Bürokratie definierten Grenzen zu halten, ist banal und muss nicht erst durch Untersuchungen nachgewiesen werden. Diese Erkenntnis tut jedoch der Tatsache keinen Abbruch, dass es sinnvoll ist, Sozialräume als Planungsräume zu deklarieren, die dann die klassischen Steuerungsdimensionen Fall, Immobilie oder Abteilung ergänzen oder auch dominieren. Insofern ist es unter Aspekten einer sozialraumorientierten Arbeit, die auf den methodischen Prinzipien der Gemeinwesenarbeit gründet, ein beachtlicher Fortschritt, wenn die klassischen Steuerungsdimensionen ergänzt und abgelöst werden durch ein sozialräumliches Prinzip, das selbstverständlich wiederum auch nicht in stalinistischem Dogmatismus gelten muss – es wird weiterhin sinnvoller Weise einige nicht-regionalisierte Einheiten und zentral vorgehaltene Dienste geben, und es bedarf selbstverständlich auch einer zentralen fachlichen Steuerungsinstanz, die für die einheitliche Leistungserbringung in den jeweiligen sozialräumlichen Einheiten Parameter setzt.

Dass „bestimmte Bevölkerungsgruppen, bestimmte marginalisierte Minderheiten" auch als „Gemeinwesen" bezeichnet werden können, ist mir neu und halte ich eher für Verwirrung stiftend. Ob „Gemeinwesenarbeit, Sozialraumorientierung und Quartier-/Stadtteilmanagement" durch „strukturanaloge Handlungsperspektiven" verbunden sind, kann nur beantworten, wer versteht, was „strukturanaloge Handlungsperspektiven" sind. Mir ist diese Bezeichnung fremd, doch wenn damit gemeint ist, dass bestimmte methodische sozialarbeiterische Handlungsprinzipien sowohl im Rahmen von Gemeinwesenarbeit, beim Quartiermanagement und in sozialräumlichen Konzepten der Jugendhilfe realisiert werden, kommt von mir ein klares „Ja".

Zu Frage 2: Die Diskussion um die intermediäre Funktion von Stadtteilmanager/innen in der Tradition der Gemeinwesenarbeit ist eine Diskussion aus den 1980er und 1990er Jahren. In den aktuellen Konzepten zum Quartiermanagement (vgl. etwa Grimm et al. 2004; Grimm 2004; Deutsches Institut für Urbanistik 2002; Franke/Grimm 2002) wird mit einem Modell von drei Aktionsebenen gearbeitet, in dem die Gemeinwesenarbeit eine klare Funktionszuordnung bezüglich der Aktivierungsarbeit im Stadtteil erhält, und dies im Zusammenspiel mit anderen Akteuren sowohl auf der intermediären Ebene wie auch auf der Ebene von Politik und Verwaltung. Dieses „Gesamtkunstwerk" heißt „Quartiermanagement". Wer die Literatur nach dem Jahr 2000 rezipiert, würde diese 1990er-Jahre-Frage so nicht stellen.

Betrachtet man Herkunft, Entstehungskontext sowie Gegenstand des Quartiermanagements, so verwundern natürlich weder die Diffusion des Begriffsgebrauchs noch die äußerst heterogene und unsortierte Praxis. Da gibt es die variantenreiche Tradition der Stadt(teil)entwicklung, da gibt es den z.T. geradezu fundamentalistisch angehauchten Ansatz der basisdemokratischen Gemeinwesenarbeit, da gibt es die u.a. an Produkten und Fachbereichen (also nicht an Wohnquartieren) ausgerichtete Verwaltungsreform und darüber hinaus das immer wieder durch Konsolidierungszwänge getrübte und von Verwertungsinteressen kontaminierte durchaus ehrenwerte Interesse aufgeklärter Kommunalpolitik an der Gestaltung bzw. Wiederaufforstung benachteiligter Wohngebiete – und irgendwie entstand daraus „Quartiermanagement" als vermeintlich Erfolg versprechende Strategie. Dieses Quartiermanagement soll dann in einer hochkomplexen Gemengelage von Interessen der Politik, der Stadtteilbevölkerung sowie der Verwaltung möglichst viele Akteur/innen zufrieden stellen – und dies noch angesichts der unwidersprochenen Tatsache, dass es weder „das Interesse der Verwaltung" noch „das Interesse der Politik" noch „das Interesse der Wohnbevölkerung in einem Wohnquartier" gibt. Angesichts dieses Dschungels von Traditionen, Anforderungen und institutionellen Rahmungen bedurfte es dringend einer theoretisch fundierten und praktisch brauchbaren Systematik, die Begrifflichkeiten klärt, Zuständigkeiten verortet und den Akteur/innen zumindest zeitweise einen übersichtlichen Rahmen für ihr Handelns anbietet. Unser Aktionsebenen-Modell stellt zumindest den Versuch dar, eine solche Systematik zu entwickeln (vgl. Grimm et al. 2004; auch Maier/Meßmer 2004; LAG Soziale Brennpunkte 2004).

Im übrigen: Dass man mit den klassischen Methoden der GWA die eine oder andere benachteiligte Bevölkerungsgruppe nachhaltig aktivieren kann und dass dies in den 1970er Jahren im Vergleich zur fallorientierten, betreuenden Sozialarbeit ein echter Hit war, ist unstrittig. Wer darüber hinaus benachteiligte Wohnquartiere nachhaltig verbessern, städtische Geldströme entsprechend umleiten und dafür dauerhafte Strukturen aufbauen will, muss über das GWA-typische Instrumentarium hinaus weitere Ressourcen „anzapfen", die außerhalb des Stadtteils liegen. Ein modernes Quartiermanagement-Konzept, in dem Methoden wie sie in der Gemeinwesenarbeit entwickelt wurden, einen wesentlichen Stellenwert haben, bezieht neben dem Quartier weitere Aktionsebenen ein und verknüpft sie durch ein entsprechendes Steuerungskonzept.

Ob es darüber gelingt, „Planungs- und Interaktionsebenen in einzelnen Quartieren ‚sozialraumorientiert' vereinigen zu können", vermag ich nicht zu sagen, weil ich nicht verstehe, was mit dieser Frage gemeint ist. Die „Planungsebene" in einem Quartier mit der „Interaktionsebene" irgendwie „sozialraumorientiert" vereinigen zu wollen, klingt eher nach rhetorischem Plunder. In der mir zugänglichen Welt der Kommunalpolitik jedenfalls ist die Planungsebene sinnvoller Weise in wesentlichem Umfang in der Verwaltung angesiedelt und muss allenfalls je nach Thema an der Schnittstelle zu der Aktionsebene „Stadtteil" durch nicht immer einfache partizipative Verfahren so gestaltet werden, dass ein Höchstmaß an Einbezug der von einer Planung betroffenen Menschen erreicht wird.

Zu Einschätzung 2: Mich erstaunt, wie man zu dem Befund kommen kann, die Gemeinwesenarbeit sei „plötzlich und endlich gesellschaftlich anerkannt". Dass zurzeit mal wieder die eine oder andere Publikation zur Gemeinwesenarbeit erscheint, ist doch noch kein Indiz für „gesellschaftliche Anerkennung". Und auch, dass in der Fachdiskussion verstärkt von gemeinwesenarbeiterischen Methoden die Rede ist, würde allenfalls dann von entsprechender Würdigung zeugen, wenn die Benutzer/innen solcher Vokabeln über Kenntnisse gemeinwesenarbeiterischer Konzepte und Prinzipien verfügen. Dies scheint mir angesichts der allenfalls spärlichen Rezeption der Literatur aus den 1970er und 1980er Jahren zur GWA indes nicht der Fall zu sein. Im Übrigen krankt daran auch die Diskussion zur Sozialraumorientierung: Wer zu dieser Vokabel munter ins Blaue hinein räsoniert (wie etwa Joachim Merchel 2001 oder Johannes Münder 2001), ohne sich im geringsten mit den theoretischen Wurzeln und methodischen Ursprüngen befasst zu haben, hinterlässt bei mir regelmäßig ratloses Entsetzen und wirkt somit in keiner Weise „verführerisch". Anfreunden kann ich mich indes mit der These, dass „Grundprinzipien der Gemeinwesenarbeit fast unbemerkt zum gesellschaftlich etablierten Teil bundes- und lokalstaatlicher Politikstrategien geworden" seien – zumindest auf der Verlautbarungsebene trifft das zu. Als Beleg dafür den KGSt-Bericht Nr. 6/1999 sowie die Enquete-Kommission „Zukunft des bürgerschaftlichen Engagements" anzuführen und diese noch als „aktuelle sozialpolitische wie sozialpädagogische Handlungskonzepte" zu adeln, ist zumindest erklärungsbedürftig. Mit Sozialpädagogik jedenfalls haben beide Veröffentlichungen nichts oder nur sehr wenig zu tun. Sei's drum, kommen wir *zur Frage 3.* Vom „Tod" der Gemeinwesenarbeit, aber auch vom „Absterben" oder einem „Auslaufmodell" habe ich nie gesprochen. Diese Begriffe wurden von Leuten benutzt, die entweder nur einen sehr engen Ausschnitt der deutschen GWA-Landschaft im Blick hatten oder denen gerade ein Projekt weg gebrochen war und die ihr eigenes Scheitern in üppiger Resignation flächendeckend mit dem Tod eines gesamten Konzeptes gleichsetzten. Und keinesfalls hat sich die Gemeinwesenarbeit „neue Kleider angelegt", nein, sie hat sich (tempora mutant mutamus in iis) mit Blick auf wechselnde Herausforderungen, aktuelle Analysen, neue methodische Ansätze und theoretische wie praktische Erkenntnisse fortentwickelt. Dieses auf den Nenner zu bringen, GWA träte uns „als Quartiermanagement im Rahmen einer neuen ‚sozialraumorientierten' Sozialen Arbeit entgegen", entspringt einer ähnlichen Verwirrung wie der in Einschätzung 1: Weder tritt uns Gemeinwesenarbeit als Quartiermanagement entgegen noch im Rahmen sozialraumorientierter sozialer Arbeit. Hier wird eine kommunalpolitische Strategie zur Unterstützung benachteiligter Wohnquartiere (Quartiermanagement) in einem Satz vermischt mit einem sozialpädagogischen Arbeitsprinzip (Gemeinwesenarbeit) und einem Jugendhilfe spezifischen Handlungskonzept (Sozialraumorientierung). Dieses in den Köpfen der Verfasser der Einschätzungen grassierende Durcheinander führt zu Fragen, die so nicht beantwortbar sind und vor allem beim uninformierten Leser den Eindruck erwecken, das Durcheinander in den Köpfen der Fragesteller sei ein Abbild der aktuellen Diskussion. Mitnichten! Wer die aktuelle Diskussion kennt und versteht, kommt nicht auf solche Fragen. Natürlich ist auch Quartiermanagement keine „gemeinwesenarbeiterische" Maßnahme, und ob man die Stadtteile, die mit Quartiermanagement beglückt werden, nun als „rückständig", „sozial benachteiligt" oder „mit besonderem Entwicklungsbedarf ausgestattet" bezeichnet, ist mir relativ gleichgültig. Wichtig ist, dass die jeweilige Bezeichnung anschlussfähig sein muss an Geldströme und Bewusstseinsstränge der lokalen Kommunalpolitik. Und das Ziel von Quartiermanagement ist weder Selbsthilfe noch Selbstorganisation oder Bürgermitwirkung, sondern – man muss es immer wieder sagen – die Verbesserung der Lebensqualität in „benachteiligten" Stadtteilen, und zwar unter möglichst hoher Mitwirkung der dort lebenden Menschen. Selbsthilfe, Selbstorganisation und Bürgermitwirkung sind also wesentliche Instrumente für eine nachhaltige Veränderung der Lebenssituation in Wohnquartieren und nicht Ziel irgendwelcher Maßnahmen.

Und natürlich ist es auch Humbug, von der „‚neuen Gemeinwesenarbeit' im Gewand des Quartiermanagements" zu reden, und auch die Frage, ob es zwischen Gemeinwesenarbeit und Quartiermanagement nur feine semantische Unterschiede gebe, erübrigt sich im Nu, wenn man die entsprechende Literatur dazu liest (vgl. besonders die Hinweise bei Gaby Grimm 2004).

Zu Frage 4: Ob „die Gesellschaft" irgendwelche Forderungen von Revolutionären integriert hat, kann ich nicht sagen. Ich weiß nicht, wer „die Gesellschaft" ist, und mir erschließt sich auch nicht ohne weiteres, welche Forderungen von welchen Revolutionären wohl gemeint sein könnten (Che Guevara? Dutschke? Arafat?). Was ich jedoch von dem Urheber dieser Formulierung halte, habe ich bereits unmissverständlich an anderer Stelle kundgetan (vgl. Hinte 1999).

Der meines Erachtens klügste in den mir gestellten Fragen rezipierte Gedanke ist der vom Kollegen C. Wolfgang Müller – zwar von 1973, aber immer noch bedenkenswert. In der Tat ist Soziale Arbeit „untrennbar mit der Entwicklung des Kapitalismus in unserem Lande verbunden". Dass dieser Zusammenhang heute eine andere Form annimmt als in den 1970er Jahren, liegt auf der Hand. Zutreffend ist auf jeden Fall, dass innerhalb der Debatten um Gemeinwesenarbeit (übrigens: welche eigentlich?) dieser Zusammenhang zu wenig thematisiert wird. Dies auch deshalb, weil es in den letzten zehn Jahren nach meiner Kenntnis keine Debatten um Gemeinwesenarbeit gibt, und in den Debatten um Quartiermanagement tauchen derlei Gedanken eher nur am Rande auf (z.B. bei Gaby Grimm und Wolfgang Hinte 2000).

Zu Frage 5: Wird das Feld zum Fall? Nein, das Feld wird vielmehr zur Falle für diejenigen, die die mit einer Feldorientierung einhergehenden Implikationen nicht so ganz durchdringen und in lockerer Frageform ein weiteres Mal Sozialraumorientierung, Quartiermanagement, Stadtentwicklungsprogramme, stadtteilorientierte Präventionsmaßnahmen, Feldorientierung und Gemeinwesenarbeit in einen Topf werfen. Ob die „‚alten‘ Forderungen der Gemeinwesenarbeit“ in der Mitte der Gesellschaft angekommen sind, vermag ich nicht zu sagen. Ich weiß nicht, welche Forderungen der Gemeinwesenarbeit gemeint sind, und ich kenne auch nicht die „Mitte der Gesellschaft“. Zumindest die von mir vertretenen methodischen Prinzipien und das sich darum herumrankende Handlungskonzept sind jedenfalls bei denjenigen, die sich diese Fragen sicherlich in mühevoller Arbeit ausgedacht haben, noch nicht angekommen.

Zu Einschätzung 3: Mir soll mal jemand beschreiben, wie das geht: die „‚Aufhebung‘ der Isolierung der Menschen von ihrem ‚wahren menschlichen Gemeinwesen‘“ (Michael-May-Zitat aus Einschätzung 3). Diese wohl mehr fürs Kaminfeuer und weniger für den sozialarbeiterischen Alltag gedachte Formulierung ist so zeitlos wie abstrakt, so trivial wie unbestimmt. Wenn weiter gefordert wird, Gemeinwesenarbeit müsse einen „Problembearbeitungsprozess“ ermöglichen, „der von unten kontrolliert werde“, so findet das in dieser Abstraktheit meine volle Zustimmung. Spannend wird es, wenn wir uns anschauen, wer denn da „unten“ sich befindet. Flüchtlinge? Hartz-IV-Geschädigte? Schunkel erprobter Mittelstand? Pflegebedürftige? Behinderte? Sanierungsverdrängte? Ich bin gespannt, wie es aussieht, wenn mal irgendwo ein von unten kontrollierter Problembearbeitungsprozess ermöglicht wird. Ich erwarte den entsprechenden Praxisbericht mit großer Spannung. Bis dahin erstmal meine Antwort auf *Frage 6.*

Geduldig erkläre ich es ein weiteres Mal. Sozialraumorientierung in der Jugendhilfe bedient sich zwar wesentlicher Handlungsprinzipien auch aus der Gemeinwesenarbeit, ist aber mit dem, was Gemeinwesenarbeiter/innen in den 1970er Jahren taten und heute im Rahmen von Quartiermanagement tun, keinesfalls gleichzusetzen. Im Rahmen fallunspezifischer Arbeit in der Jugendhilfe (siehe dazu Hinte 2000; Früchtel 2001a) bedienen sich Akteure aus diesem Bereich gelegentlich der Ergebnisse guter Gemeinwesenarbeit (die Sprecherin einer Mieterinitiative kümmert sich vielleicht auch noch „nebenbei“ um ein gefährdetes Kind), doch sozialraumorientierte Jugendhilfe mit der Frage nach der politischen Produktivität von Gemeinwesenarbeit zusammenzubringen, sprengt nun wirklich meine gesamte Vorstellungskraft. Im Übrigen schlage ich gerade angesichts solcher Diskurse gerne vor, aus der Sprechblase „Politisierung des Sozialen“ einmal die Luft abzulassen. Abgesehen davon, dass man mit einer solchen Formulierung, mit wichtiger Miene dahergesagt, auf jedem Kongress einen kleinen 70er-Jahre-Applaus erhält – was wollen uns die Benutzer/innen dieser Chiffre eigentlich sagen? Konkrete Beispiele bitte an meine Postanschrift. Den Marsch ins Abstrakte treten meistens diejenigen an, die im unwegigen Gelände nicht weiter wissen. Ich tauge nicht als Wegbegleiter ins Wolkenkuckucksheim, schaue aber bisweilen aus den Niederungen der Ebene interessiert auf nichtgeerdete, glücklicherweise folgenlose, aber gelegentlich durchaus unterhaltsame Theoriediskussionen herab.

Zu Frage 7: Mir ist schleierhaft, wie jemand zu der Formulierung „Arbeit am Gemeinwesen“ gelangen kann. Schon in den 1970er Jahren war uns wichtig, „im“ Gemeinwesen zu arbeiten, und dieser feine Unterschied bezeichnete nun wirklich einen breiten Konsens zwischen aggressiver, katalytischer, emanzipatorischer, wohlfahrtsstaatlicher und integrativer Gemeinwesenarbeit (vgl. dazu Hinte/Karas 1989). Wenn nun heute einige Fragesteller aus dem Jahre 2004 daherkommen und in Unkenntnis dieser Debatten von Zielen für eine „Arbeit am Gemeinwesen“ sprechen, so ist diese Tatsache durchaus ein allenfalls erheiternder, eher aber bedenklich stimmender Beleg für das geschichtslose, praxisferne und konzeptionell verschwommene Niveau eines glücklicherweise nicht sehr dominanten Diskussionsstrangs innerhalb der Sozialen Arbeit.

Literatur

Alinsky, Saul (1999): Anleitung zum Mächtigsein. Ausgewählte Schriften. Göttingen

Alisch, Monika (Hg.) (1998): Stadtteilmanagement: Voraussetzungen und Chancen für die soziale Stadt. Opladen

Bertelsmann Stiftung et al. (Hg.) (2002): Quartiermanagement – ein strategischer Stadt(teil)-entwicklungsansatz. Organisationsmodell und Praxisbeispiele. Hannover

Bitzan, Maria/Klöck, Tilo (1993): „Wer streitet denn mit Aschenputtel?“ Konfliktorientierung und Geschlechterdifferenz. Reihe Gemeinwesenarbeit AG SPAK. München

Bitzan, Maria/Klöck, Tilo (Hg.) (1994): Jahrbuch Gemeinwesenarbeit 5. Politikstrategien – Wendungen und Perspektiven. München

Boer, Johanna/Utermann, Kurt (1970): Gemeinwesenarbeit. Community Organization – Opbouwwerk. Stuttgart

Boulet, Jean Jaak/Krauss, Ernst Jürgen/Dieter Oelschlägel, Dieter (1980): Gemeinwesenarbeit als Arbeitsprinzip – Eine Grundlegung. Bielefeld

Buck, Gerhard (1982): Gemeinwesenarbeit und kommunale Sozialplanung: Untersuchungen zur sozialpolitischen Funktion und historischen Entwicklung eines Handlungsfeldes der Sozialarbeit. Berlin.

Burckhardthaus (2000): Dokumentation der 10. Werkstatt Gemeinwesenarbeit. Gelnhausen

Calouste Gulbenkian Foundation (1972): Gemeinwesenarbeit und sozialer Wandel. Freiburg

Cruikshank, Barbara (1999): The Will to Empower. Democratic Citizens and Other Subjects. London

Dahme, Hans-Jürgen/Wohlfahrt, Norbert (Hg.) (2000): Netzwerkökonomie im Wohlfahrtsstaat. Berlin

DBSH: Ethische Prinzipien des DBSH, Beschluss der Bundesmitgliederversammlung vom 21.-23.11.97 in Göttingen [Quelle: http://www.dbsh-hessen.de/downloads/berufsethischeprinzipien.pdf, Stand: 28.02.2005].

Dean, Mitchell (1999): Governmentality. Power and Rule in Modern Society. London

Deutsches Institut für Urbanistik (Hg.) (2002): Die soziale Stadt. Berlin

Dreyfus, Hubert L./Rabinow, Paul (1987): Michel Foucault: Jenseits von Strukturalismus und Hermeneutik. Frankfurt

Ebbe, Kirsten/Friese, Peter (1989): Milieuarbeit. Grundlagen präventiver Sozialarbeit im lokalen Gemeinwesen. Stuttgart

Enquete-Kommission „Zukunft des Bürgerschaftlichen Engagements" (2002): Bürgerschaftliches Engagement: auf dem Weg in eine zukunftsfähige Bürgergesellschaft". BT-Drucksache 14/8900 vom 3. Juni 2002

Foucault, Michel (1987): Das Subjekt und die Macht. In: Dreyfus et al. (1987): 243-261.

Franke, Thomas/Grimm, Gaby (2002): Quartiermanagement: Systematisierung und Begriffsbestimmung. In: Bertelsmann Stiftung et al. (Hg.) (2002): 5-12

Früchtel, Frank (2001a): Fallunspezifische Arbeit oder. Wie lassen sich Ressourcen mobilisieren? In: Früchtel et al. (Hg.) (2001b) : Umbau der Erziehungshilfe. Weinheim/München 2001: 155-163.

Früchtel, Frank/Lude, Werner/Scheffer, Thomas.(Hg.) (2001b): Umbau der Erziehungshilfe. Weinheim/München

Garland, David (2001): The Culture of Control: Crime and Culture in Contemporary Society. Chicago

Gestring, Norbert/Janßen, Andrea (2002): Sozialraumanalyse aus stadtsoziologischer Sicht. In: Riege et al. (2002): 147-160.

Gillich, Stefan (2004a): Einführung. In: Gillich (Hg.) (2004b): 7-13.

Gillich, Stefan (Hg.) (2004b): Gemeinwesenarbeit: Die Saat geht auf. Grundlagen und neue sozialraumorientierte Handlungsfelder. Gelnhausen

Graf, Pedro/Raiser, Christine/Zalfen, Manfred (1976): Sozialarbeit im Obdachlosenbereich. Berlin.

Grimm, Gaby (2004): Stadtteilentwicklung und Quartiermanagement. Essen

Grimm, Gaby/Hinte, Wolfgang (2000): Vor Leuchtturmprojekten aus Stein wird gewarnt. In: Sozial Extra 9/24. 2000: 28-34

Grimm, Gaby/Hinte, Wolfgang/Litges, Gerhard (2004): Quartiermanagement. Eine kommunale Strategie für benachteiligte Wohngebiete. Berlin

Grimm, Gaby/Micklinghoff, Gabrielle/Wermker, Klaus (2001): Raumorientierung der Verwaltung. Vom Modell zur Regelstruktur: Erweiterung der Verwaltungs- Debatte um räumlichen Aspekt. In: Difu (2001): Soziale Stadt. Der Newsletter zum Bund – Länder – Programm Soziale Stadt. Info 6. Berlin 10: 17-19

Haug, Wolfgang (Hg.): Historisch-kritisches Wörterbuch des Marxismus. Band 5. Berlin

Hegel, Georg Wilhelm (1958): Wissenschaft der Logik. Sämtliche Werke Band 4. Stuttgart

Hillebrandt, Wolfgang/Luner, Burkhrad/Oelschlägel, Dieter (Hg.) (1986): Jahrbuch Gemeinwesenarbeit 3. Stadt- und Regionalplanung. München

Hinte, Wolfgang (1985): Von der Gemeinwesenarbeit zur Stadtteilbezogenen Sozialen Arbeit oder: die Entpädagogisierung einer Methode, in: Brennpunkte Sozialer Arbeit. Gemeinwesenarbeit, Frankfurt a.M.: 23-42.

Hinte, Wolfgang (1998): Bewohner ermutigen, aktivieren, organisieren – Methoden und Strukturen für ein effektives Stadtteilmanagement. In: Alisch (Hg.) (1998): 153-170

Hinte, Wolfgang (1999): Stehende Ovationen im Seniorenheim. In: Sozial Extra 9/23. 1999: 22

Hinte, Wolfgang (2000): Kontraktmanagement und Sozialraumbezug – zur Finanzierung von vernetzten Diensten. In: Dahme/Wohlfahrt (Hg.) (2000): 151-167

Hinte, Wolfgang/Karas, Fritz (1989): Studienbuch Gruppen- und Gemeinwesenarbeit. Neuwied/Frankfurt a.M.

Hinte, Wolfgang/Litges, Gerhard/Springer, Werner (1999): Soziale Dienste: Vom Fall zum Feld: soziale Räume statt Verwaltungsbezirke. Berlin

Hinte, Wolfgang/Lüttringhaus, Maria/Oelschlägel, Dieter (2001): Grundlagen und Standards der Gemeinwesenarbeit: ein Reader für Studium, Lehre und Praxis. Münster

Hirsch, Joachim (2002): Herrschaft, Hegemonie und politische Alternativen. Hamburg

Iben, Gerd/Drygala, Anke/Bingel, Irma/Fritz, Rudolph (1981): Gemeinwesenarbeit in sozialen Brennpunkten. Aktivierung, Beratung und kooperatives Handeln. München

Kessl, Fabian (2004): Sozialer Raum als Fall? In: Thole et al. (Hg.) (2004).

Klöck, Tilo (Hg.) (1998): Solidarische Ökonomie und Empowerment. Jahrbuch Gemeinwesenarbeit 6. Neu-Ulm

Klöck, Tilo (2004): Das Arbeitsprinzip Gemeinwesenarbeit als Qualitätsmerkmal von Sozialraumorientierter Sozialer Arbeit und Quartiersmanagement. In: Odierna, Simone/Berendt, Ulrike (Hg.) (2004): Gemeinwesenarbeit. Entwicklungslinien und Handlungsfelder. Neu-Ulm: 161-173.

Klöck, Tilo (2001): Solidarität in der Lokalen Ökonomie. In: Sahle, Rita/Scurrell, Babette (Hg.) (2001): Lokale Ökonomie – Aufgaben und Chancen für die Soziale Arbeit. Freiburg: 25-42.

Klöck, Tilo (i.E.): Zwischen Marginalisierung und Modernisierung, Gemeinwesenarbeit als Arbeitsprinzip in München. In: Kolhoff (Hg.) (i.E.)

Kolhoff, Ludger (Hg.) (i.E.): Zwischen Ökonomie und sozialer Verantwortung. o.O.

Kommunale Gemeinschaftsstelle (KGSt.) Bericht Nr. 6/1999. Bürgerengagement – Chance für Kommunen. Köln 1999

Kraimer, Klaus (Hg.): Die Fallrekonstruktion. Frankfurt a.M. 2000

Kunstreich, Timm (1997): Grundkurs Soziale Arbeit. Sieben Blicke auf Geschichte und Gegenwart Sozialer Arbeit. Band 1. Hamburg

Kunstreich, Timm (1998): Grundkurs Soziale Arbeit. Sieben Blicke auf Geschichte und Gegenwart Sozialer Arbeit. Band 2. Hamburg

Kunstreich, Timm/May, Michael (1999): Soziale Arbeit als Bildung des Sozialen und Bildung am Sozialen. In: Widersprüche 73, 1999: 35-54

Krummacher, Michael (1986): Selbsthilfe zwischen politisch-institutioneller Vereinnahmung und emanzipatorischer Gemeinwesenarbeit. In: Hillebrandt et al. (Hg.) (1986): 96-106

LAG Soziale Brennpunkte Niedersachsen (Hg.) (2004): Die Soziale Stadt. Chancen für die Gemeinwesenentwicklung. Bonn

Lemke, Thomas (2003): Neoliberalismus, Staat und Selbsttechnologien – Ein kritischer Überblick über die governmentality-studies. In: Politische Vierteljahresschrift 1/41. 2000: 31-47

Lemke, Thomas/Krasmann, Susanne/Bröckling, Ulrich (2000a): Gouvernementalität, Neoliberalismus und Selbsttechnologie. Eine Einleitung. In: Lemke et al. (Hg.) (2000b): 7-40

Lemke, Thomas/Krasmann, Susanne/Bröckling, Ulrich (Hg.) (2000b): Gouvernementalität der Gegenwart. Studien zur Ökonomisierung des Sozialen. Frankfurt

Luhmann, Niklas (1972): Einfache Sozialsysteme. In: Zeitschrift für Soziologie 1/72. 1972: 51-65

Lüttringhaus, Maria (2001): Leitstandards der Gemeinwesenarbeit. In: Hinte et al. (2001): 263-267

Maier, Jürgen/Zychlinski, Jan (Hg.) (2004): Gemeinwesenarbeit im Quartiersmanagement – eine Annäherung. In: Gillich (Hg.) (2004): 66-84

Maier, Konrad/Meßmer, Manfred (Hg.) (2004): Soziale Kommunalpolitik für lebenswerte Wohnquartiere. Freiburg

Mathiesen, Thomas (1986): Macht und Gegenmacht. Überlegungen zu wirkungsvollem Widerstand. München

May, Michael (1997): Gemeinwesenarbeit als Organizing nicht nur von Gegenmacht, sondern auch von Erfahrung und Interessen. In: Widersprüche. 65/27. 1997: 13-23

May, Michael (2000): Zur politischen Produktivität Sozialer Arbeit. In: Pfaffenberger (2000): 243-261

May, Michael (2003): Gemeinwesenarbeit. In: Haug, Wolfgang Fritz (Hg.): Historisch-kritisches Wörterbuch des Marxismus, Hamburg (2003): 201-209.

May, Michael (2003a): Unternehmer seiner selbst – Die neoliberale Variante von Selbstbildung, Eigenverantwortung und Autonomie. In: Widersprüche 89. 2003: 75-92

Marx, Karl/Engels, Friedrich (1958): Werke (MEW). Band 1. Berlin

Merchel, Joachim (2001): Beratung im „Sozialraum“. In: Neue Praxis 4/31. 2001: 369-387

Mohrlock, Marion/Neubauer, Michaela/Neubauer, Rainer/Schönfelder, Walter (1993): Let's Organize. Gemeinwesenarbeit und Community Organizing im Vergleich. München

Müller, C. Wolfgang (1973): Die Rezeption der Gemeinwesenarbeit in der Bundesrepublik Deutschland. In: Müller et al. (Hg.) (1973b): 228-240

Müller, C. Wolfgang/Nimmermann, Peter (Hg.) (1973): Stadtplanung und Gemeinwesenarbeit. München

Münder, Johannes (2001): Sozialraumorientierung und das Kinder- und Jugendhilferecht. In: Sozialpädagogisches Institut im SOS-Kinderdorf (Hg.) (2001): 6-124

Munsch, Chantal (Hg.) (2003): Sozial Benachteiligte engagieren sich doch. Weinheim

Mutz, Gerd (2001): Der souveräne Arbeitsgestalter in der zivilen Arbeitsgesellschaft. In: Aus Politik und Zeitgeschehen. B21: 14-23

Noack, Winfried (1999): Gemeinwesenarbeit: ein Lehr- und Arbeitsbuch. Freiburg

Odierna, Simone/Berendt, Ulrike (Hg.) (2004): Gemeinwesenarbeit, Entwicklungslinien und Handlungsfelder. Neu-Ulm

Oelschlägel, Dieter (1983): Zur Entwicklung der Gemeinwesenarbeit in der Bundesrepublik Deutschland. In: Peters (Hg.) (1983): 171-186

Oevermann, Ulrich (2000): Die Methode der Fallrekonstruktion in der Grundlagenforschung sowie der klinischen und pädagogischen Praxis. In: Kraimer (Hg.) (2000): 58-156

Otto, Hans-Uwe/Ziegler, Holger (2004): Sozialraum und Sozialer Ausschluss. Die analytische Ordnung neo-spezialer Integrationsrationalitäten in der Sozialen Arbeit (Teil 2). In: Neue Praxis. 3/34. 2004: 271-291

Pfaffenberger, Hans/Scherr, Albert/Sorg, Richard (2000): Von der Wissenschaft des Sozialwesens. Rostock

Peters, Friedhelm (Hg.) (1983): Gemeinwesenarbeit im Kontext lokaler Sozialpolitik. Bielefeld

Redaktion Widersprüche: Zum Stand der Diskussion um eine Politik des Sozialen. In: Widersprüche 66/17. 1997: 199-219

Riege, Marlo/Schubert, Herbert (Hg.) (2002): Sozialraumanalyse. Opladen

Rose, Nicolas (2000): Tode des Sozialen? Eine Neubestimmung der Grenzen des Regierens. In: Lemke et al. (Hg.) (2000b): 72-109

Ross, Murray G. (1971): Gemeinwesenarbeit. Theorie, Praxis, Prinzipien. Freiburg

Sahle, Rita/Scurrell, Babette (Hg.) (2001): Lokale Ökonomie – Aufgaben und Chancen für die Soziale Arbeit. Freiburg

Sozialpädagogisches Institut im SOS-Kinderdorf (Hg.) (2001): Sozialraumorientierung auf dem Prüfstand. München

Sünker, Heinz (1989): Bildung, Alltag und Subjektivität. Elemente zu einer Theorie der Sozialpädagogik. Studien zur Philosophie und Theorie der Bildung. Weinheim

Thole, Werner/Galuske, Michael (Hg.) (2004): Zwischen Biographiearbeit und Sozialmanagement – Neuere Entwicklungen in der sozialpädagogischen Methodendiskussion. Wiesbaden

Voß, Günter/Pongratz, Hans J. (1998): Der Arbeitskraftunternehmer. Eine neue Grundform der Ware Arbeitskraft? In: Kölner Zeitschrift für Soziologie und Sozialpsychologie. 50. 1998: 131-158

Voß, Brigitte (1997): Gemeinwesenökonomie als Strategie gegen Arbeitslosigkeit, Armut und Ausgrenzung. In: Widersprüche 65/17. 1997: 93-105

Wendt, Wolf Rainer (1989): Gemeinwesenarbeit. Ein Kapitel zu ihrer Entwicklung und zu ihrem gegenwärtigen Stand. In: Ebbe et al. (1989): 1-34

Widersprüche (1997): Gesellschaft ohne Klassen. Politik des Sozialen wider Ausgrenzung und Repression. 66/17. Bielefeld

Quartiermanagement

Gerhard Litges, Maria Lüttringhaus und Christoph Stoik

Abstract

Aufgabe des vorliegenden Beitrages ist es, zunächst die durchgängige, wenn auch gewundene, Linie nachzuvollziehen, die von den ersten Versuchen, in der Bundesrepublik Ansätze angelsächsischer Gemeinwesenarbeit einzuführen, bis zu den aktuellen Aktivitäten im Rahmen des Quartiermanagements reicht. Bevor dann ein konkreter Konzeptrahmen dargestellt wird, soll zunächst auf den komplexen Raumbegriff eingegangen werden, mit dem in GWA und Quartiermanagement operiert wird, und daraufhin anhand des Programms „Soziale Stadt" der institutionelle Rahmen verdeutlicht werden, innerhalb dessen derzeit in Deutschland und Österreich[1] Konzepte des Quartiermanagements entwickelt und erprobt werden. Im Anschluss daran werden die grundlegenden Orientierungen und Haltungen skizziert, durch die sich sozialräumliche Ansätze auszeichnen. Zum Abschluss wird der aktuelle Entwicklungsstand des Konzepts Quartiermanagement in seinen wesentlichen Merkmalen dargestellt.

2. Von der Gemeinwesenarbeit zum Quartiermanagement: Begriffsbestimmungen und historischer Abriss

2.1 Zu Geschichte und Gegenwart der Gemeinwesenarbeit

In der deutschen Sozialarbeit vollzog sich seit den 1960er Jahren auf der Basis der im Rahmen sozialökologischer Theorien behaupteten Korrelation zwischen sozialer Ungleichheit und räumlicher Segregation ein Perspektivenwechsel. Nicht mehr die Ontogenese im Sinne einer Ursache-Wirkungs-Verkettung sozialer Probleme, die als eine nahezu irreversible persönliche Eigenschaft des Symptomträgers verstanden wurde, stand im Vordergrund; vielmehr wurde der komplexeren, systemisch inspirierten Sicht auf die Beziehungssysteme und der Verflechtung von Kontext und individuellen Problemlagen immer mehr Aufmerksamkeit gewidmet (vgl. dazu Krauskopf 1999: 393ff.). Erstmals wurden in den 1970er Jahren Veröffentlichungen zur Gemeinwesenarbeit (GWA) zur Kenntnis genommen, die eine an amerikanischen Vorbildern orientierte Praxis beschrieben (Müller 1971; Aich/

---

1 In Österreich werden von Kommunen (unter dem Begriff „Grätzelmanagement" in Wien; siehe dazu www.magwien.gv.at) Ansätze verfolgt, die denen im deutschen Programm „Soziale Stadt" ähneln. In Wien werden in zwei Gebieten Experimente zum Stadtteilmanagement durchgeführt – hier allerdings über die Ziel 2-Förderung von der EU unterstützt (www.graetzelmanagement.at).

Bujard 1972; Kelm 1973), woraufhin in Praxiskonzepten sozialer Arbeit mit Begriffen wie Widerstand, Betroffenenbeteiligung, Organisation von Gegenmacht usw. hantiert wurde. Dies führte zu erheblichen Irritationen nicht nur in der Fachöffentlichkeit. Eine Fülle von bisher nicht gekannten Aktivitäten, Demonstrationen, Foren und Festen wurden von Gemeinwesenarbeiter/innen angestoßen und organisiert. Diese Aktivitäten trugen dazu bei, dass Auseinandersetzungen über unzumutbare Wohnverhältnisse, infrastrukturelle Mängel oder versagende Funktionsträger/innen öffentlich und insbesondere unter Beteiligung betroffener Bevölkerungsgruppen geführt wurden (siehe hierzu Hinte 2002; Wendt 1989). Es handelt sich allerdings um kein gemeinsam verfolgtes Konzept, sondern um sehr unterschiedliche Ansätze der Gemeinwesenarbeit. „Neben integrativ-fürsorgerischen Spielarten (Ross 1971; Calouste Gulbenkian Foundation 1972) gab es sowohl technokratische (Rothman et al. 1979), aber auch aggressive (Alinsky 1974), emanzipatorische (Boulet et al. 1980) sowie basisdemokratische (Karas/Hinte 1978) Varianten“ (Hinte 2002: 535). Insbesondere die konfliktorientierte Ausrichtung der GWA schien angesichts der Aktivitäten und Zielrichtungen der damaligen außerparlamentarischen Opposition (zumindest implizit) dem Zeitgeist zu entsprechen. Insofern war sie (zumindest bei Student/innen) beliebt und legte es darauf an, Benachteiligte politisch zu aktivieren und damit den Widerstand gegen das Establishment zu forcieren. All diese Spielarten zeichneten sich durch eine pädagogische Ausrichtung aus: durch den Wunsch, die Menschen, die in einem Gemeinwesen leben, nach weltanschaulichen oder religiösen Idealvorstellungen zu formen. Insofern wurde Gemeinwesenarbeit auch für öffentliche wie freie Träger zunehmend akzeptabel und schließlich im Verlauf der 1980er Jahre sogar zur „dritten Methode der Sozialarbeit“ und zum „Arbeitsprinzip“ (Boulet/Krauss/Oelschlägel 1980) erklärt. Dieses Arbeitsprinzip signalisiert, dass der Zusammenhang von persönlichen, sozialen, materiellen und infrastrukturellen Begrenzungen – unabhängig von den jeweiligen Arbeitsschwerpunkten – nicht ausgeblendet werden darf. Die Herausforderung für Soziale Arbeit besteht somit darin, Lebenswelten ganzheitlich in den Blick zu nehmen und Menschen in ihrem Lebensalltag durch Beziehungs- *und* Ressourcenarbeit[2] zu unterstützen.

Tatsächlich jedoch wurde GWA zunehmend bedeutungslos, da sie in der Praxis (abgesehen von Experimenten in der so genannten alternativen Szene) gar nicht mehr stattfand. Wolfgang Hinte (2002) zufolge lässt sich diese Tatsache v.a. auf die fehlende Lobby, auf die Neigung der GWA-Protagonist/innen zur Institutionenfeindlichkeit, auf die Fallfinanzierungs-Routine der Kommunen und auf die fehlende Weiterentwicklung einer plausiblen und auf die gesellschaftlichen Verhältnisse Deutschlands zugeschnittenen Theorie zurückführen.

2.2 Stadtteilbezogene Soziale Arbeit

Parallel zu diesem Verfall der praktischen Bedeutung gemeinwesenarbeiterischer Ansätze wurde zu Beginn der 1980er Jahre in Essen – unter ausdrücklichem Rück-

2 Zu einer differenzierten Ressourcensystematik siehe Staub-Bernasconi 1994.

griff auf die Tradition aktivierender Gemeinwesenarbeit sowie unter Bezugnahme auf erziehungskritische (Braunmühl 1975; Hinte 1980) und gestalttheoretische Ansätze (Lewin 1968) – die „Stadtteilbezogene Soziale Arbeit" entwickelt (siehe dazu Hinte/Metzger-Pregizer/Springer 1982; ISSAB 1989). Der Begriff des Stadtteils und der Stadtteilarbeit erwies sich als weniger politisch kontaminiert als der Gemeinwesenbegriff, der von Vielen mit der grundsätzlichen Ablehnung staatlicher wie kommunaler Einrichtungen und undifferenzierter Opposition assoziiert wurde. In der Praxis wurde dadurch die Möglichkeit zurückgewonnen, in gemeinsamer Aktivität von Bürger/innen und Institutionen materielle wie immaterielle Verbesserungen des Gemeinwesens zu erreichen und gemeinwesenarbeiterische Prinzipien im Alltagshandeln der Institutionen zu verankern. Stadtteilbezogene soziale Arbeit stellt einen Gegenpart zum durchgängig in der sozialen Arbeit feststellbaren linearen Ursache-Wirkungs-Denken dar und basiert auch in Ergänzung vorhandener partikularer Erkenntnisse auf der Annahme, dass individuelle Lebenswirklichkeiten nur aus ihrem sozialen und kulturellen Zusammenhang heraus zu verstehen und demzufolge Verbesserungen nur unter Berücksichtigung bzw. Einbeziehung dieser Zusammenhänge erzielbar sind (vgl. dazu u.a. ISSAB 1989; Hinte/Lüttringhaus/Oelschlägel 2001; Rössler/Schnee/Spitzy/Stoik 2000). Stadtteilbezogene soziale Arbeit präzisierte, ergänzte und erweiterte einige Diskussionslinien und Erkenntnisse aus der GWA zu einer Veränderungsstrategie für soziale Räume, die zum zentralen Fokus für soziale Arbeit wurden.

Stadtteilbezogene Soziale Arbeit bezeichnet (nach Hinte 2001a) somit einen projekt- und themenunspezifischen Prozess einer (in der Regel) mehrjährigen Aktivierung der Wohnbevölkerung, der sich über eine Vielzahl von Aktivierungsaktionen darauf richtet, anhand direkt geäußerter und häufig wechselnder Interessen der Wohnbevölkerung eine „Grundmobilisierung" eines Wohnquartiers zu bewirken. Die Konsequenzen für die professionellen Stadtteilarbeiter/innen liegen in erster Linie darin, dass sie sich auf das Leben der Menschen, ihre Wirklichkeitsdeutungen und ihre Handlungsmotive in all ihrer Vielfalt und Widersprüchlichkeit einlassen müssen (siehe dazu Springer 1995). Der Einzelfall verliert damit seine alles beherrschende, zentrale Bedeutung für soziale Arbeit und wird zu einer lediglich gleichermaßen zu beachtenden Größe neben dem ihn prägenden sozialen Raum. Also: vom „Fall zum Feld" (Hinte/Litges/Springer 1998) bzw. „Fall im Feld" (Hinte 2001a). Diese Neuorientierung bzw. Integration bildet den zentralen Gegenstand der seit Beginn der 1990er Jahre anhaltenden Diskussion um Finanzierungsformen und Ökonomisierung, vermeintliche Einschränkungen individueller Rechtsansprüche und Vernachlässigung Hilfebedürftiger (siehe dazu u.a. Hinte/Litges/Groppe 2003).

2.3 Zum Begriff „Quartiermanagement"

Neben dem Entwicklungsstrang der GWA bilden noch die Bemühungen um eine effektivere und effizientere Verwaltungspraxis und -organisation (Stichwort: Neue Steuerung), die Diskussion um die Zivilgesellschaft (Stichwort: Bürgerkommune) sowie integrierte Planungskonzepte den Resonanzboden, auf dem Quartiermanagement erwachsen ist (siehe dazu Grimm/Hinte/Litges 2004: 14ff.). Insgesamt ergibt diese vielfältige Herkunft eine erhebliche Begriffsverwirrung, so dass im bisherigen Diskussionsverlauf und bei der Analyse von Konzepten des Quartiermanagements der Eindruck entsteht, dass – z.B. in eindrucksvollen Organigrammen – immer wieder Funktion, Konzept und Person als identisch (voraus-)gesetzt werden (vgl. dazu etwa Difu 2002b). Zur begrifflichen Unschärfe trägt darüber hinaus die – grundsätzlich begrüßenswerte – Tatsache bei, dass Inhalte und Prinzipien aus der Gemeinwesenarbeit auch in Konzepte der Stadt(teil)entwicklung sowie in Ansätze zur Förderung von bürgerschaftlichem Engagement auf kommunaler Ebene (KGSt 1999) eingegangen sind. Leider wird dort gerne die Anwendung einzelner Bestandteile oder Methoden unter dem Begriff „Quartiermanagement" gehandelt (siehe dazu Hinte 2002).

Das Bundesministerium für Verkehr, Bau- und Wohnungswesen und das Deutsche Institut für Urbanistik haben dagegen im Verlauf des Bund-Länder-Programms „Stadtteile mit besonderem Entwicklungsbedarf – Die soziale Stadt" mittlerweile recht klare Vorstellungen davon entwickelt, was Quartiermanagement ist, welche Aufgaben es hat und welcher organisatorischer Rahmenbedingungen es bedarf, damit diese erfüllt werden können (vgl. dazu Difu 2002a; 2002b). Quartiermanagement kann demgemäß als komplexe Strategie zur Verbesserung der Lebensbedingungen in benachteiligten Wohnquartieren aufgefasst werden und zeichnet sich methodisch vorrangig durch Aktivierung und Organisation der materiellen und personellen Ressourcen eines Stadtteils aus.

3. Der Raumbegriff in Gemeinwesenarbeit und Quartiermanagement

Den Begriff des sozialen Raums für den Gebrauch in den Handlungsfeldern Gemeinwesenarbeit und Quartiermanagement einzugrenzen ist insofern schwierig, als unter dem Stichwort „Sozialraum" extrem Unterschiedliches zusammengefasst wird. Der Raumbegriff in der Gemeinwesenarbeit leitet sich u.a. aus den wissenschaftsanalytischen Theorien der Sozialökologie (vgl. dazu etwa Werlen 2000) ab und umfasst somit auch die Aspekte der Sozialraumanalyse und der (nicht nur infrastrukturellen und strategischen) Bedarfsplanung. Dieser Ansatz versteht sich insofern als interdisziplinär, als er eine Multikausalität sozialer Ungleichheiten voraussetzt. Es geht somit darum, in erster Linie lokal zu handeln, „ (...) um im Strukturwandel den Menschen die soziale, kulturelle und geschöpfliche Bestimmung zu erhalten, die ihm als Opfer des Globalisierungsprozesses verloren zu gehen droht. Der soziale Raum (...) ist beschrieben durch das Lebensumfeld von Menschen. Dieses kann in der Größe eines Stadtteils oder nur in wenigen Straßenzügen oder in einem Wohnraumkomplex bestehen. Der Sozialraum muss verstanden werden als eine historisch gewachsene soziale Struktur eines Gebietes mit kultureller Eigenart und Identität seiner BewohnerInnen" (Birkhölzer/Bonas/Schwarz/Voß 1996: 123).

Martina Löw (2001) prägt in ihrer Raumsoziologie einen relationalen Raumbegriff, der Raum nicht als starren Hintergrund von Handlungen, sondern als Bestandteil, als konstituiertes und konstituierendes Moment dieser Handlungen sieht und begreift:

> „Raum wird konstituiert als Synthese von sozialen Gütern, anderen Menschen und Orten in Vorstellungen, durch Wahrnehmungen und Erinnerungen, aber auch im Spacing durch Platzierung (Bauen, Vermessen, Errichten) jener Güter und Menschen an Orten in Relation zu anderen Gütern und Menschen" (Löw 2001: 263).

Räumliche Strukturen bilden dieser Auffassung zufolge gemeinsam mit den zeitlichen die gesellschaftlichen Strukturen und hängen von materiellen ebenso wie von symbolischen Faktoren ab. Abhängig von den räumlichen Bedingungen der Alltagswelt entsteht eine „gesellschaftliche Konstruktion von Wirklichkeit" (vgl. Berger/Luckmann 1980); räumliche Dimensionen des Erlebens haben folglich erheblichen Einfluss auf die Art der unmittelbaren Erfahrung von Menschen und damit auf die Ausprägung biografischer Wissensbestände (vgl. Bourdieu 1991).

Soziale Arbeit, die sich als Gemeinwesenarbeit bzw. Stadtteilbezogene Soziale Arbeit längst dem kleinen Raum zugewandt hatte, bediente sich seit Beginn der 1990er Jahre ebenfalls zunehmend des Begriffs Sozialraum (vgl. z.B. Hinte 1991; Springer 1995; Jordan 1998), der im Zuge der Entwicklung von Modellen der Neuen Steuerung sowie der Umsetzung des neuen Kinder- und Jugendhilfegesetzes (KJHG) auch von Verwaltungsfachleuten und Betriebswirten als brauchbar empfunden wurde (siehe dazu etwa Kühn 1994; Reichard 1994). Es wurde nunmehr versucht, Handlungskonzepte zu erstellen, die praktische Folgen haben sollten. Auf der Ebene der Praxis vor Ort geht es in erster Linie darum, inwiefern sich die betroffenen Bewohner/innen mit einem Wohngebiet identifizieren, inwieweit sie hier ihre wesentlichen alltagspraktischen und sozialen Bezüge haben, in welche sozialen Netze sie eingebunden sind usw., was u.a. zu dem Missverständnis führt, Sozialraum synonym mit dem Begriff der Lebenswelt bzw. deren räumlicher Manifestationen zu verwenden. Auf der Steuerungs- und Planungsebene hingegen werden mehrere solcher Lebenswelten als Wohnquartiere zu handhabbaren Verwaltungs-(Steuerungs-) größen zusammengefasst und Aufgaben, Budgets etc. verbindlich definiert.

Unter dem Gesichtspunkt der Praktikabilität lässt sich der Sozialraumbegriff in Anlehnung an Hinte (2001a) auf die folgenden Ebenen beziehen (vgl. dazu auch Hinte/Litges/Groppe 2003: 32f.):

- *Auf der fachpraktischen Ebene* wird der individuell definierte, durch das Lebensumfeld der Menschen beschriebene Sozialraum[3] als Bezugspunkt professioneller Aktivität gesehen. Neben subjektiv vorgenommenen und damit unterschiedlichen Definitionen des Sozialraums gibt es Ballungen, die abhängig sind von Bebauungsstruktur, Straßenzuschnitt, Infrastruktur oder räumlich sich abbildenden Traditionen.[4] Auf diese kleinen und überschaubaren sozialen Räume

---

3 Angelehnt an das Konzept von Luckmann/Schütz (1975).

4 Es handelt sich also in gewisser Weise um Mittelwerte aus zahlreichen, sich überschneidenden Räumen und Raummustern, die sowohl von Individuen erlebt als auch durch Aktionsradien von Gruppen („Kapazitäten-Reichweiten-Systeme") dargestellt werden (vgl. dazu Maier et al. 1977: 70).

konzentriert sich sozialraumorientierte Arbeit, indem sie sich neben der Schwächen-Analyse Kenntnisse aneignet über konstruktiv funktionierende Strukturen innerhalb der jeweiligen Quartiere.[5] Der Sozialraum muss hier also verstanden werden als historisch gewachsenes Gebiet mit kultureller Eigenart und Identität (siehe dazu Birkhölzer/Bonas/Schwarz/Voß 1996). Die Größenordnung, in der die fachliche, sozialräumliche Arbeit stattfindet, bewegt sich meist um 5.000 bis ca. 20.000 Einwohner/innen.

- *Auf der Steuerungsebene* dient der Sozialraum als geografische Bezugsgröße für die Orientierung institutioneller Geflechte, für die Konzentration bzw. Zuweisung von Personal und anderen materiellen wie infrastrukturellen Ressourcen. Er hat hier einen größeren Zuschnitt als auf der fachpraktischen Ebene, d.h., er umfasst eine Anzahl fachpraktisch relevanter Sozialräume und orientiert sich häufig an der Größenordnung von Stadtbezirken, also etwa zwischen 50.000 und 80.000 Einwohner/innen.[6] Innerhalb des Sozialraums als Planungsgröße (siehe dazu Hinte 2000) setzen Fachkräfte – je nach festgestelltem Bedarf und ausgerichtet an individuellen Definitionen (s.o.) – Schwerpunkte in kleineren räumlichen Einheiten (den o.a. territorial durch die Bewohner/innen definierten Sozialräumen), die je nach Entwicklungen im Sozialraum wechseln können.

Bei der sozialräumlichen Handlungsorientierung geht es also auch um die soziostrukturellen Merkmale, jedoch in erster Linie um einen pragmatischen Definitionsansatz, der selbstverständlich Gefahr läuft, als unwissenschaftlich, kurzsichtig oder oberflächlich denunziert zu werden:

„Pragmatismus als ‚Praxistheorie‘ gerät hierzulande immer noch leicht in die Nähe von Sozialklempnerei oder Sozialtechnologie, und dieses wider besseres Wissen oder aus Unkenntnis. Erst allmählich werden Kategorien wie ‚Brauchbarkeit‘, ‚Wirkung‘, ‚Kritik in Verbundenheit‘, ‚learning by doing‘ wieder diskursfähig.“ (Onnasch/Treeß 1998: 33)

Häufig wird auch angeführt, eine solche pragmatische Begriffsverwendung beschwöre die Gefahr einer Verflachung angesichts einer offensichtlichen Konjunktur (vgl. Kessl/Otto/Ziegler 2002: 180) herauf und reduziere soziale Räume auf die Funktion von verwaltungstechnischen Einheiten. Auf diese Art, so der zentrale Vorwurf, entwickle sich soziale Arbeit zu einem Appendix der Stadtentwicklung und damit zu einer „Exklusionsmanagerin“ (ebd.: 181). Dabei wird gerne behauptet, Aktivierungsstrategien, die sich auf das sozialen Räumen innewohnende Potential beziehen, ignorierten die Tatsache, dass Partizipationschancen auch von

---

5 Leider hat die Armutsforschung die Dimension des sozialen Raums noch kaum für sich bzw. als konstitutierende Dimension gesellschaftlicher Tendenzen und Phänomene entdeckt: „In der bundesdeutschen Armutsforschung wird zudem der Raumbezug von Armut kaum beachtet, als wäre Armut in ihren Ursachen und Verarbeitungsformen völlig unabhängig von Prozessen des Wohnungsmarktes, der Wohnungsvergabe und der Stadt(teil)planung sowie von der Wohnsituation, von nachbarschaftlicher Einbindung und ihrer räumlichen Konzentration“ (Dangschat 1999: 16f.).

6 Die hier empfohlenen Größenordnungen entstammen den Erfahrungen der Gemeinwesenarbeit und beziehen sich auf Großstädte; für den ländlichen Raum liegen (noch) keine ausreichenden Erfahrungen vor.

Bedingungen wie Bildungsmöglichkeiten, kulturellen Angeboten etc. abhängen und zementierten damit die sozialräumlichen Disparitäten (ebd.: 182). Dem wird unter Hinweis auf die Ungleichverteilung verwertbaren sozialen Kapitals (nach dem Konzept von Bourdieu) das noch verwaschene Konzept einer Öffnung benachteiligter Wohnquartiere entgegengestellt und damit ein Gegensatz konstruiert, der so nicht existiert und allenfalls an Auseinandersetzungen aus den 1980er Jahren erinnert, in denen es darum ging, dass vermeintlich fortschrittliche Gesellschaftstheoretiker sich einem Konzept stadtteilbezogener sozialer Arbeit entgegenstellten, indem sie ihm Paktieren mit dem Teufel, also den staatlichen und wirtschaftlichen Instanzen vorwarfen. Übersehen wird dabei oftmals, dass eine Zuführung von so genanntem „linking-capital" bzw. „bridging-capital" (Woolcock 2000), angemahnt gerade auch von Vertreter/innen der hier angeführten Kritik, ein zentrales Moment des sozialräumlichen Arbeitsansatzes in der sozialen Arbeit ist. Unter dem Stichwort „Intermediäre Instanz" (Hinte 1994) wird der Tatsache Rechnung getragen, dass es sowohl zwischen unterschiedlichen Gruppen im Wohnquartier als auch zwischen Wohnquartier und „erster Stadt" neuer Brückenschläge und stabiler Verbindungen bedarf, die nicht allein durch Stärkung des Zusammenhalts innerhalb der Gruppen bzw. innerhalb des Wohnquartiers (Stärkung des „bonding-capitals") erreicht werden können.

4. Handlungsprinzipien, Standards und Orientierungen

Sozialräumliche Ansätze arbeiten in erster Linie situationsbezogen mit und an den vorgefundenen Bedingungen und betreiben die (Wieder-)Aufforstung von Wohnquartieren. Dies geschieht in der Praxis entlang zentralen Orientierungslinien, die grundsätzlich bereits im Konzept der Stadtteilbezogenen Sozialen Arbeit aus den 1980er Jahren ausformuliert und verankert worden sind (siehe dazu ISSAB 1989; Hinte 2002; Hinte/Lüttringhaus/Oelschlägel 2001; Grimm/Hinte/Litges 2004):

- *Ressourcenorientierung:* Sozialraumorientierte Ansätze erhalten, aktivieren und fördern Stärken der Menschen und der sozialen Räume, in denen sie leben. Für den praktischen Gebrauch in Gemeinwesenarbeit und Quartiermanagement werden verschiedene soziologische Ressourcenkonzepte (vgl. dazu Bourdieu 1983) von Heiko Kleve (2004: 16) wie folgt auf den Punkt gebracht: „Dabei lassen sich mindestens vier Dimensionen von Ressourcen unterscheiden: Erstens: die persönlichen, individuellen Ressourcen der Menschen (Fähigkeiten, Eigenschaften etc.); zweitens: die sozialen Ressourcen der Menschen in ihrer Lebenswelt, in ihrem privaten Raum, also Beziehungsressourcen in der Familie/Verwandtschaft, Nachbarschaft etc.; drittens: soziale Ressourcen im öffentlichen (Sozial-)Raum, also Beziehungsressourcen der Menschen hinsichtlich professioneller bzw. öffentlicher Einrichtungen (z.B. Kontakte zu Ärzten, Erziehern, Lehrern) und schließlich viertens: Materielle Ressourcen der Menschen."[7]

7 Es erscheint sinnvoll, an dieser Stelle auch die infrastrukturellen Ressourcen ausdrücklich zu erwähnen.

- *Förderung von Selbsthilfepotential und Eigeninitiative:* In Weiterentwicklung des o.a. Gedankens werden die Stärken der Menschen genutzt und weiterentwickelt, um Problemlösungen zu erarbeiten bzw. Probleme nach der Maxime „Prävention vor Intervention" gar nicht erst entstehen zu lassen. „Die Fachkräfte tun möglichst nichts ohne und vermeiden Aktionen für die Leute. Vielmehr denken sie mit ihnen darüber nach, was diese selbst zur Verbesserung ihrer Situation tun können und wenden sich erst in späteren Stadien mit betreuenden und programmorientierten Angeboten an die Wohnbevölkerung," (Grimm/Hinte/Litges 2004: 24)
- Unter dem Stichwort „Ganzheitlichkeit statt Spezialisierung" wird anstelle einer „mit einer spezialisierten Leistungserbringung verbundenen Segmentierung und Parzellierung von sozialen Problemen" (Krauskopf 1999: 397) eine umfassende Stadtteilentwicklung praktiziert, die den Einzelnen nicht durch Betreuung entmündigt, sondern „seine gesamten Lebensweltbezüge als problemkonsistent definiert (...), so dass ihr perpetuierender Charakter durchbrochen werden muß" (ebd.).
- *Orientierung an Betroffenheiten und Bedürfnissen bzw. Orientierung an den geäußerten Interessen der Wohnbevölkerung:* Sozialräumliche Ansätze verstehen sich in Abgrenzung zu einer als überholt, reaktiv und sogar kontraproduktiv erachteten Buchstaben-, Gebäude- oder Zielgruppenorientierung immer vorrangig als aktivierende, auf die (kreativen) Kräfte und Potentiale der Betroffenen bauende Ansätze. Aktivität entsteht demzufolge dort, wo Betroffenheiten (Empörung, Neugier, Begeisterung etc.) herrschen. Diese Betroffenheiten aufzuspüren wird somit anstelle einer, statischem Planungsverständnis geschuldeten, Datensammlung zur Aufgabe umfassenden Quartiermanagements. Interessen und Betroffenheiten werden nicht anhand abstrakter Fragebögen erkundet, sondern in ständiger, den Alltag begleitender Aushandlung zwischen Betroffenen und Fachkräften.[8] Unter der Maxime „Regionalisierung statt Zentralisierung" werden Konsequenzen für den institutionellen Zuschnitt gezogen und die Nähe zur Lebenswelt gesucht, d.h. Stadtentwicklung wird nicht mehr nur von Experten definiert, sondern von Betroffenen mitbestimmt.
- *Kooperation und Vernetzung:* Im Rahmen sozialräumlicher Ansätze werden gebietsbezogen breite soziale Netzwerke der Bewohner/innen aufgebaut und anlassbezogen mobilisiert. Darüber hinaus lassen die Erweiterungen des sozialarbeiterischen Handlungsfeldes in Richtung auf eine sozialräumliche Orientierung keine „splendid isolation" mehr zu, sondern verlangen zwingend die Zusammenarbeit mit anderen Akteur/-innen aus dem sozialräumlichen Kontext (siehe auch Oelschlägel 1996). Dabei handelt es sich auch um Vertreter/innen von Institutionen wie etwa der Polizei, anderer Verwaltungseinheiten wie etwa der Stadtentwicklung oder auch Gremien aus der Ortspolitik wie dem Rat der Stadt oder den Fachausschüssen. Außerdem gilt es, Kontakte zu Multiplikator/innen des Stadtteils herzustellen und zu pflegen, die nicht unbedingt institutionell gebunden sein müssen, aber durch ihren informellen Einfluss wichtig für den Alltag des Stadt-

8 Zu aktivierenden und thematisch offenen Handlungsansätzen vgl. Maria Lüttringhaus und Hille Richers 2003.

teils sind. Angesichts der großen Zahl potentieller Kooperationspartner/innen gilt es hier, pragmatisch zu sortieren, mit wem und in welchen Zusammenhängen kooperiert werden soll.

- *Zielgruppen- und bereichsübergreifender Ansatz:* In der Praxis bedeutet dies, dass eine Suche nach Kristallisationspunkten für Aktivitäten und (auch kontroverse) Aushandlungsprozesse stattfindet, an denen sich möglichst alle Bürger/innen beteiligen können. Zielgruppenspezifische Aktionen geschehen daher immer im Kontext anderer Aktivitäten, die nicht eine bestimmte Zielgruppe stigmatisierend vorab definieren. Darüber hinaus nutzt eine sozialräumlich orientierte Arbeit auch die Kompetenzen anderer Sektoren und trägt dazu bei, diese ggf. zu ergänzen.

6. Modelle des Quartiermanagements

Die praktische Umsetzung des Quartiermanagements in den Kommunen wird derzeit dominiert von Modellen, die eine Synthese aus Gemeinwesenarbeit und Raum- bzw. Stadtplanung darstellen. Je nach kommunaler Gemengelage werden dabei manchmal die Funktionen der intermediären Akteur/innen herausgestellt; manchmal rückt aber auch die Gemeinwesenarbeit ins Zentrum der Aufmerksamkeit. Insgesamt hat sich bisher keine Strategie flächendeckend durchgesetzt, sondern es werden von Fall zu Fall externe Planungs- und Beratungsbüros oder auch Träger von Gemeinwesenarbeit beauftragt, mal werden spezielle Organisationseinheiten innerhalb der Verwaltung (oftmals für einen befristeten Zeitraum) aufgebaut oder die federführenden Einheiten der Verwaltung werden „outgesourct".

Als Grundlage zur Erläuterung der notwendigen Eckpunkte eines umfassenden Organisationsschemas für das Quartiermanagement wird hier ein Organisations- und Steuerungsmodell herangezogen, das in Zusammenarbeit zwischen dem Institut für Stadtteilbezogene Soziale Arbeit und Beratung in Essen und dem deutschen Institut für Urbanistik von Gaby Grimm, Wolfgang Hinte, Thomas Franke und Rolf-Peter Löhr entwickelt und in einer Publikation des so genannten „Netzwerkknotens Quartiermanagement" von der Bertelsmann- und der Hans-Böckler-Stiftung sowie der KGSt veröffentlicht wurde (s.u.).

6.1 Zur Kritik an der aktuellen Praxis des Quartiermanagements

Ausgangspunkt für die Entwicklung des hier beispielhaft vorgestellten Organisationsmodells waren neben den Anforderungen, die aus dem Rahmenkonzept des Programms „Soziale Stadt" hervorgehen, im wesentlichen die folgenden Kritikpunkte:

- Die verwendeten Begrifflichkeiten bleiben oftmals unklar oder verschleiern das Fehlen konzeptioneller Eindeutigkeit und Schärfe (vgl. Grimm/Hinte/Litges 2004: 37ff.).

- Projekte und Maßnahmen werden oftmals rein additiv aneinander gereiht und nicht als Bestandteil eines perspektivischen Gesamtkonzeptes verstanden. Weder der Anspruch einer integrierten noch einer aktivierenden Politik konnte daher bislang eingelöst werden (vgl. Alisch 2002; Rommelspacher 1996; Schmals 2001b).
- Eine nicht ausreichende Koordinierung der Landes- und Bundesressorts führt dazu, dass Integrationsleistungen auf die Quartier- bzw. Projektebene verlagert werden (vgl. auch Alisch 2002; Franke/Grimm 2002; Eichener 2001; Schmals 2001a; Grimm/Hinte 2000; Difu 2002b)
- Verbindliche kommunalpolitische Beschlüsse zur Umsetzung integrierter Handlungskonzepte liegen häufig nicht vor (Difu 2001a).
- Fördertöpfe können auf Grund unterschiedlicher Laufzeiten und sektoral organisierter Bearbeitungsverfahren nur schwer kombiniert werden, wodurch die Umsetzung von Mehrziel- bzw. integrierten Konzepten häufig zeitaufwändig und kompliziert wird (vgl. Alisch 2002).
- Es gibt meist keine langfristige Förderung integrierter Stadtteilentwicklungsprozesse (vgl. Difu 2002b).
- Städtebauliche Themenfelder dominieren die Praxis, da oftmals nur Projekte in das Handlungskonzept aufgenommen werden, die eine Chance haben, über Städtebaufördermittel finanziert zu werden („Betonlastigkeit"). Die Handlungsfelder Gesundheit, Soziales, Kultur sowie Prozess- und Ergebnisevaluation bleiben daher defizitär (vgl. Difu 2002b: 34f.) und der Hinweis, dass für die Mobilisierung der Bewohner/innen im Quartier neben der projektbezogenen auch alltagsbezogene Partizipation von Bedeutung ist, wird nur langsam umgesetzt (Lüttringhaus 2000).
- Organisationen und Akteur/innen entbinden das politisch-administrative System von der Aufgabe einer horizontalen Vernetzung der relevanten Fachressorts, indem sie die Entwicklung und Umsetzung der integrierten Handlungskonzepte übernehmen und damit die Notwendigkeit zur sektorenübergreifenden und abgestimmten Entwicklung von perspektivischen Handlungsstrategien und komplexen „Mehrzielprojekten" sowie zum systematischen Aufbau raumbezogener Organisations- und Kommunikationsstrukturen verschleiern (vgl. auch Alisch 2002).

6.2 Voraussetzungen für ein gelingendes Quartiermanagement

Grundsätzlich beruht gelingendes Quartiermanagement auf drei Säulen (vgl. Hinte 1998: 167):

- *Konzept und Programmatik:* Hierzu zählen grundsätzliche konzeptionelle Orientierungen, die politisch breit getragen und offiziell beschlossen wurden und über die eine regelmäßige Verständigung erfolgt.
- *Verträge:* Hierüber werden einerseits finanzielle Zuweisungen geregelt und anderseits die jeweiligen Arbeitsverfahren (Controlling usw.) benannt. Sie dienen der internen wie externen Legitimation des Quartiermanagements, der finanziel-

len und kooperativen Absicherung sowie der Institutionalisierung von Rahmenbedingungen und Mindestvereinbarungen von Verfahrensregeln.
- *„Emotionales Klima" zwischen den Akteuren:* Respekt gegenüber beteiligten Personen und Institutionen und ihren jeweiligen Funktionen gehört ebenso zu diesem Punkt wie eine grundsätzlich faire Umgangsweise, Loyalität sowie die wechselseitige Anerkennung von Kompetenz.

Voraussetzungen für ein hochwertiges Quartiermanagement lassen sich daher stichwortartig wie folgt formulieren (vgl. dazu Grimm/Hinte/Litges 2004):

- Entwicklung einer systematischen, dauerhaft angelegten und von der Kommune gesteuerten Stadt(teil)entwicklungs-Strategie,
- Etablierung einer dauerhaften Struktur auf den drei Ebenen der Aktionsorte (s.u.) und Einbettung in eine gesamtstädtische Stadtentwicklungspolitik,
- Ansiedlung der Gesamtprozessverantwortung möglichst weit oben in der Verwaltungs-Hierarchie,
- Schrittweise Integration von Verwaltungsbereichen und Fachpolitiken und Ausrichtung dieser Bereiche auf soziale Räume,
- Bildung und Qualifizierung von Gebietsteams aus Mitarbeiter/innen beteiligter Institutionen und Ämter zur Erhöhung der Verbindlichkeit der Kommunikation und Kooperation sowie zur Sicherstellung der Eingabe Sektoren bzw. Ressort übergreifender Impulse,
- Installierung personengestützter Strukturen zum Aufbau und zur Organisation einer Stadtteil-Kommunikation,
- Installierung möglichst einfacher Netzwerke sowohl auf Stadtteilebene als auch auf der Ebene der gesamten Gebietskörperschaft,
- Abschluss unbefristeter Vereinbarungen mit den professionellen Akteuren, Absicherung der Standards sozialraumorientierter Arbeit (s.o.) und Installierung klarer Verfahren zur regelmäßigen prozesshaften Überprüfung der Fortschritte der geleisteten Arbeit unter Einbeziehung möglichst aller am Prozess beteiligten Personen,
- Herbeiführung von Grundsatzentscheidungen in den kommunalen Entscheidungsgremien zur Herstellung einer klaren politischen Legitimation,
- Einführung systematischer Organisationsentwicklung innerhalb der Verwaltung als Daueraufgabe.

6.3 Rahmendaten für ein Organisationsmodell des Quartiermanagements

Um der Unübersichtlichkeit des Themas Quartiermanagement begegnen zu können, empfiehlt es sich, zunächst zwischen verschiedenen Aktionsorten zu differenzieren (nach Grimm/Hinte/Litges 2004):

1. Das *Wohnquartier,* in dem sich die entscheidenden Lebens- und Handlungsvollzüge konzentrieren, zeichnet sich durch eine bestimmte bauliche Struktur, infrastrukturelle Ressourcen, seine Lage innerhalb der Gebietskörperschaft und durch oftmals völlig unterschiedliche Bevölkerungsgruppen aus.

2. Die *intermediäre Ebene* bilden Personen oder Institutionen, die sich zwischen Quartier und Kommunalverwaltung bewegen, diese beiden Sphären miteinander in Verbindung bringen, aufeinander abstimmen und vorhandene Ressourcen miteinander verbinden sollen (vgl. Alisch 2002) und in den Handlungslogiken von Bürokratie und Wohnquartier gleichermaßen bewandert sind.
3. Das *politisch-administrative System,* also vornehmlich die Kommunalverwaltung, wirkt in vielfältiger Hinsicht auf die Entwicklung von Quartieren ein und verfügt über eine ressortspezifische Organisation, deren zentrale Steuerungsgrößen Dezernate, Ämter oder Produkte und nur in seltenen Fällen (soziale) Räume sind. Daraus entsteht ein erheblicher Abstimmungs- und Koordinationsbedarf.

Wenn versucht wird, diese drei Orte grundsätzlich als Einheit zu betrachten und die dort handelnden Akteur/innen mit Aufträgen zu versehen, die sich völlig unspezifisch quer durch diese Ebenen ziehen, bedeutet dies oft eine Überforderung der Fachkräfte. Da nur selten Interessengleichheit zwischen Quartier und Verwaltung besteht, braucht es Modelle, die diese Spannung als konstruktiv begreifen und als Motor des Managementprozesses nutzen. Die professionellen Akteur/innen müssen daher in die Eigenlogik der jeweiligen Sphären eingebunden sein und sich mit den beiden anderen Sphären abstimmen. Nur in Einzelfällen (z.B. in kleinen Kommunen) kann die Arbeit auf allen drei Ebenen von einer einzigen Person wahrgenommen werden, und auch nur dann, wenn sie über eine hohe Rollenklarheit verfügt. Quartiermanagement muss also als nicht steuerbar im Sinne einer Maschinen ähnlichen Einheit betrachtet werden. Durchaus steuerbar ist jedoch die Tätigkeit auf den folgenden Ebenen:

1. *Gemeinwesenarbeit (GWA)/Stadtteilarbeit im Wohnquartier:* Grundsätzlich geht es hier um die Förderung des Prozesses auf der lokalen Ebene im Sinne einer Bündelung von Interessen, Themen und Bedarfen im Quartier. Die Stadtteil- bzw. Gemeinwesenarbeiter/innen sind die Akteur/innen, die sich in den lebensweltlichen Zusammenhängen im Quartier bewegen, dort anknüpfen und von dort aktiv werden, also Fachkräfte, die nahe am Alltag der Quartierbewohner/innen angesiedelt sind. Diese professionellen Kräfte praktizieren offene, nicht standardisierte Verfahren der Interessenäußerung und -realisierung von Stadtteilbewohner/innen und nehmen an Orten in der Lebenswelt aufmerksam die Interessen der Wohnbevölkerung wahr und tragen unterhalb der Schwelle repressiv-polizeilicher Strategien dazu bei, dass auch die Interessen sonst eher ausgegrenzter Bevölkerungsgruppen entsprechende Beachtung in Planungsprozessen finden (vgl. dazu Stadt Essen/ISSAB 1997: 27f.; Ries/Elsen/Steinmetz/Homfeldt 1997). Solche Fachkräfte müssen über hohe kommunikative und organisatorische Fähigkeiten verfügen, in der Lage sein, sich mit unterschiedlichsten Themen zu befassen und sich unmittelbar auf die Dynamik der Lebenswelt einlassen (vgl. Grimm/Micklinghoff/Wermker 2001a: 40)
2. *Intermediäre Instanzen:* Der intermediäre Bereich dient als Scharnier zwischen der Welt im Stadtteil und der Welt der Verwaltung. Als Projektentwickler und Bündelungsinstanzen für Menschen, Bedarfe, Ideen und Ressourcen (siehe dazu Hinte 2001a) koppeln intermediäre Instanzen die in der Regel offenen Prozesse der (gemeinwesenarbeiterischen) Tätigkeit in den Stadtteilen an die standardi-

sierten Prozesse in der Verwaltung. Intermediäre sind Personen, die lokale Öffentlichkeit herstellen, indem sie Themen aufgreifen, die Pfade in Politik und Verwaltung kennen und sich nach Bedarf Kenntnisse über aktuelle Themen verschaffen. Sie machen widerstreitende Interessen diskussionsfähig und bringen Menschen an einen Tisch, indem sie Dialoge organisieren innerhalb der Lebenswelt, zwischen Lebenswelt und Bürokratie sowie innerhalb der Bürokratie. Über die Fachkräfte auf der Ebene des politisch-administrativen Systems transportieren sie Hinweise auf Handlungsbedarfe seitens der Kommune. Neben diesen Aufgaben obliegt den Intermediären der Informationstransfer (zwischen Akteur/innen auf örtlicher und gesamtstädtischer Ebene und Stadtverwaltung), die Entwicklung und Beschaffung von Ressourcen im Stadtteil, Anregungen zur Orientierung der Verwaltung auf den Stadtteil („Radarfunktion") und die gebietsbezogene Koordination bezogen auf Akteur/innen, Themen und Einzelprojekte (Projektentwicklung).

3. *Gebietsbeauftragte:* Im Quartiermanagement besteht die Funktion der Gebietsbeauftragten darin, sich in der Verwaltung (insbesondere in den inoffiziellen Macht-, Einfluss- und Kompetenzstrukturen) und in den bestehenden bzw. angezielten Programmen ebenso auszukennen wie in den entsprechenden Finanzierungsmöglichkeiten. Sie stehen innerhalb der Verwaltung für den Ansatz einer integrierten Entwicklung sozialer Räume und für das darauf bezogene Quartier-Programm, indem sie integrierte Handlungskonzepte erstellen und deren Umsetzung steuern. Sie eröffnen den intermediären Akteur/innen Zugänge zur Verwaltung und nehmen selbst vermittelnde Funktionen innerhalb der Verwaltung wahr. Sie koordinieren und organisieren die Aktivitäten innerhalb der Verwaltung, orientieren die relevanten Fachressorts auf städtische Räume und betreiben Ressourcen-Management. Ihnen obliegt die Geschäftsführung ggfs. vorhandener ressortübergreifenden Gebietsteams und die Bündelung von Ressourcen innerhalb der Verwaltung. Sie betreiben Zielfindung, Monitoring, Berichterstattung und Controlling und sorgen für den Informationstransfer zur Politik.

Diese unterschiedlichen Arbeitsebenen, Aufgaben und Rahmenbedingungen werden in der folgenden Grafik zusammengefasst:

Abbildung: Quartiermanagement

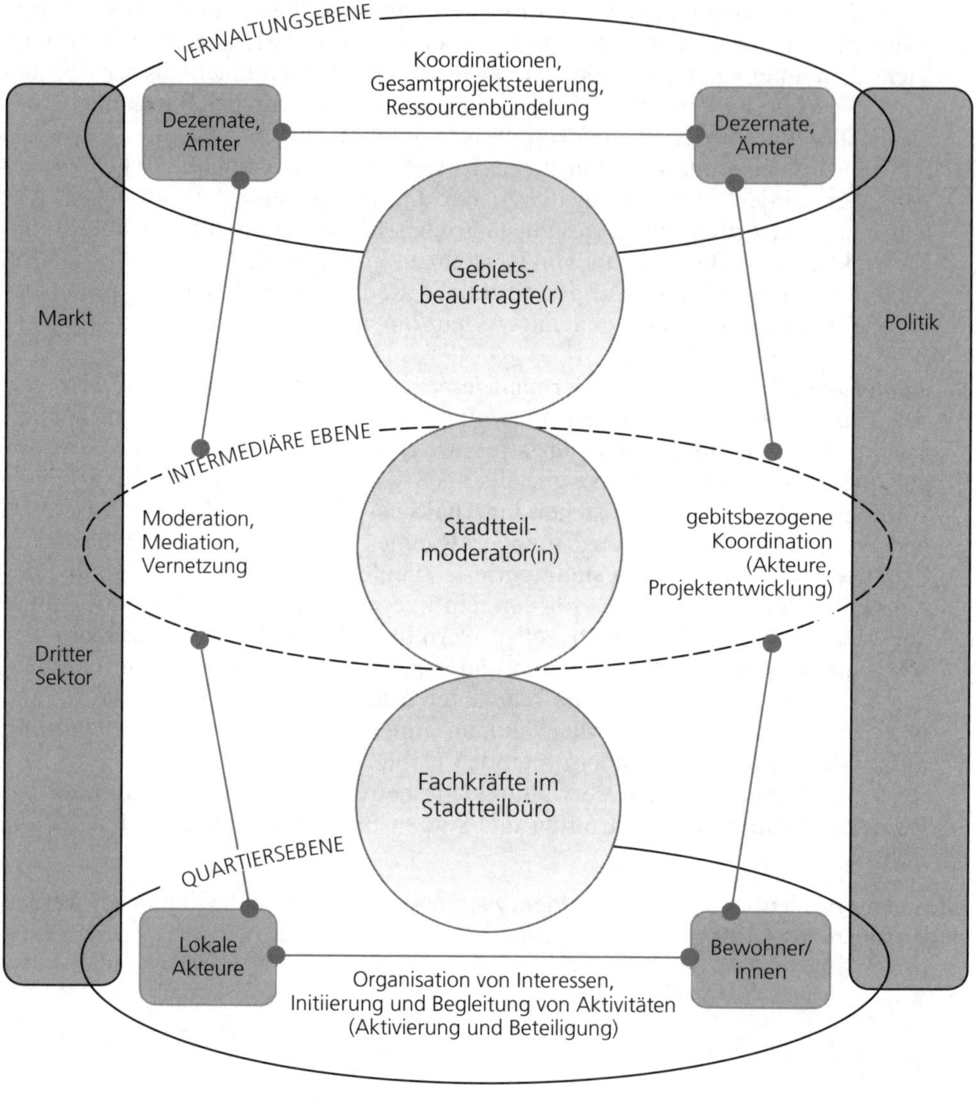

7. Ausblick

Die Entwicklungstrends, die die Übernahme gemeinwesenarbeiterischer Prinzipien in Arbeitsbereichen der Stadt(teil)entwicklung und damit die Entwicklung eines integrierten Konzeptes Quartiermanagement möglich und notwendig gemacht haben, halten weiter an und werden voraussichtlich auf lange Sicht die Entwicklung unserer

Gesellschaft bestimmen: Pluralisierung und Individualisierung, wachsende soziale Ungleichheit, ein grundlegender Strukturwandel der Arbeitsgesellschaft und eine Globalisierung, die gleichzeitig eine Rückbesinnung auf kleinere räumliche Einheiten hervorruft, ohne Idyllisierung zu betreiben. Diese Entwicklungen lassen die Gesellschaft zunehmend unüberschaubar und komplex werden, so dass die Gefahr besteht, dass sich Lebenswelten noch weiter voneinander entfernen, dass in den Städten Ghettos entstehen, Bevölkerung und Politik und Verwaltung sich noch fremder werden etc. Unter der Voraussetzung,

- dass aus der Fülle von Einzelprojekten, die derzeit insbesondere im Rahmen des Programms „Soziale Stadt" entstehen, tatsächlich ein für viele Kommunen verwendbares Konzept entwickelt wird,
- dass nachhaltige Struktur- und Verfahrensänderungen auf Seiten der Verwaltung im Sinne einer Raumorientierung stattfinden,
- dass die Installation vermittelnder Instanzen zwischen den Systemen wie auch andere Projekte und Bürgerbüros, die derzeit zahlreich entstehen oder zumindest diskutiert werden, nicht als vorübergehende, weil derzeit förderungstechnisch lukrative Ausnahmeerscheinung, sondern als *regelhafte* Einrichtungen verstanden werden,
- dass die derzeitige „Betonlastigkeit" der Projekte, die unter dem Titel Quartiermanagement hervorgebracht werden, in ein ausgewogenes Verhältnis zwischen baulichen, sozialen, kommunikativen und sonstigen Aktivitäten verwandelt wird,

kann Quartiermanagement durchaus eine wichtige Rolle im Sinne einer aktivierenden und auf Partizipation zielenden sozialen Arbeit und Sozialpolitik (Lüttringhaus 2000) spielen. Wichtig dafür ist jedoch außerdem, dass die Diskussion um den sozialen Raum in eine größere Nähe zum Alltagsgeschäft gerückt und auf Bedarfe und Anfragen aus den betroffenen Berufsfeldern konzentriert wird.

Literatur

Aich, Prodosh/Bujard, Otker (1972): Soziale Arbeit. Beispiel Obdachlose. Köln

Alinsky, Saul D. (1974): Die Stunde der Radikalen. Gelnhausen

Alisch, Monika (Hg.) (1998): Stadtteilmanagement. Voraussetzungen und Chancen für die Soziale Stadt. Opladen

Alisch, Monika (2002): Soziale Stadtentwicklung. Widersprüche, Kausalitäten und Lösungen. Opladen

Berger, Peter L./Luckmann, Thomas (1980): Die gesellschaftliche Konstruktion der Wirklichkeit. Eine Theorie der Wissenssoziologie. Frankfurt a.M.

Birkhölzer, Karl/Bonas, Ingrid/Schwarz, Claudia/Voß, Brigitte (1996): Gemeinwesenarbeit und Gemeinwesenökonomie. Expertise für einen Aufbaustudiengang. Technologienetzwerk Berlin e.V.

Bitzan, Maria/Klöck, Tilo (Hg.): (1994): Jahrbuch Gemeinwesenarbeit 5. München

Boulet, Jean Jaak/Krauss, Jürgen/Oelschlägel, Dieter (1980): Gemeinwesenarbeit. Eine Grundlegung. Bielefeld

Bourdieu, Pierre (1983): Ökonomisches Kapital, kulturelles Kapital, soziales Kapital. In: Kreckel (Hg.) (1983): 183-198

Bourdieu, Pierre (1991): Psychischer, sozialer und angeeigneter psychischer Raum. In: Wentz (Hg.) (1991): 25-34

Braunmühl, Ekkehard von (1975): Antipädagogik. Weinheim/Basel
Bundesministerium für Familie, Senioren, Frauen und Jugend (Hg.) (1996): Materialien zur Qualitätssicherung in der Kinder- und Jugendhilfe. Heft 10. Bonn
Calouste Gulbenkian Foundation (Hg.) (1972): Gemeinwesenarbeit und Sozialer Wandel. Freiburg
Dangschat, Jens S. (1999) (Hg.): Modernisierte Stadt – Gespaltene Gesellschaft. Ursachen von Armut und sozialer Ausgrenzung. Opladen
Difu (Deutsches Institut für Urbanistik) (2000): Soziale Stadt. Aktuelle Informationen zum Bund-Länder-Programm. Info 1. 7/2000. Berlin
Difu (Deutsches Institut für Urbanistik) (2001): Impulskongress Quartiermanagement. Dokumentation der Veranstaltung am 26. und 27. Oktober in Leipzig. Arbeitspapiere zum Programm Soziale Stadt. Band 5. Januar 2001. Berlin
Difu (Deutsches Institut für Urbanistik) (2002a): Soziale Stadt. Der Newsletter zum Bund-Länder-Programm Soziale Stadt. Info 7. 2/2002. Berlin
Difu (Deutsches Institut für Urbanistik) (Hg.) (2002b): Die Soziale Stadt. Eine erste Bilanz des Bund-Länder-Programms „Stadtteile mit besonderem Entwicklungsbedarf – die soziale Stadt". Berlin
Ebbe, Kirsten/Friese, Peter (1989): Milieuarbeit. Stuttgart
Eichener, Volker (2001): Wohnungswirtschaft, Marketing, Soziales Management – Integrierte Revitalisierungsstrategien für Problemgebiete. Beitrag zum Forum „Integriertes Quartiersmanagement" der Führungsakademie der Wohnungs- und Immobilienwirtschaft am 31. Mai 2001 in Düsseldorf
Elsen, Susanne/Ries, Heinz A./Löns, Nicola/Homfeldt, Hans-Günther (Hg.) (2000): Sozialen Wandel gestalten – Lernen für die Zivilgesellschaft. Neuwied
Franke, Thomas/Grimm, Gaby (2002): Quartiermanagement: Systematisierung und Begriffsbestimmung. In: Bertelsmann Stiftung/Hans-Böckler-Stiftung/KGSt (Netzwerkknoten Quartiermanagement) (Hg.) (2002): 5-12
Gewerkschaft Öffentliche Dienste, Transport und Verkehr ÖTV (Hg.) (1996a): Soziale Dienste – Soziale Arbeit. Neuorganisation und Weiterentwicklung. Stuttgart
Grimm, Gaby/Hinte, Wolfgang (2000): Vor Leuchtturmprojekten aus Stein wird gewarnt. In: sozial extra 9. 2000: 28-34
Grimm, Gaby/Hinte, Wolfgang/Litges, Gerhard (2004): Quartiermanagement. Eine kommunale Strategie für benachteiligte Wohngebiete. Berlin
Grimm, Gaby/Micklinghoff, Gabriele/Wermker, Klaus (2001): Erforderlich: Freude am Kontakt mit verschiedenen Bevölkerungsgruppen. Quartiermanagement – das Essener Modell. In: sozial extra 7. 2001: 37-41
Häußermann, Hartmut (2000): Die Krise der „sozialen Stadt". In: Aus Politik und Zeitgeschichte Band 10-11. 2000: 13-21
Heiner, Maja/Meinhold, Marianne/Spiegel, Hiltrud von/Staub-Bernasconi Silvia (Hg.)(1994): Methodisches Handeln in der Sozialen Arbeit. Freiburg
Hinte, Wolfgang (1980): Non-direktive Pädagogik. Opladen
Hinte, Wolfgang (1991): Öffnung statt Überpädagogisierung – zum Sozialraumbezug der Arbeit in Kindertagesstätten. In: sozial extra 6. 1991: 15-17
Hinte, Wolfgang (1994): Intermediäre Instanzen in der Gemeinwesenarbeit. Die mit den Wölfen tanzen. In: Bitzan et al. (Hg.): (1994)
Hinte, Wolfgang (1996): Soziale Kommunalpolitik: Soziale Räume gestalten statt Elend verwalten. In: Theorie und Praxis der Sozialen Arbeit 3/47. 1996: 27-33
Hinte, Wolfgang (1998): Bewohner ermutigen, aktivieren, organisieren. Methoden und Strukturen für ein effektives Stadtteilmanagement. In: Alisch (1998): 153-170
Hinte, Wolfgang (2000): Das Jugendamt als Steuerungsinstanz im sozialen Raum. In: Thole et al. (Hg.) (2000)
Hinte, Wolfgang (2001a): Quartiermanagement als kommunales Gestaltungsprinzip. Aktivierende Arbeit im Wohnviertel. In: Blätter der Wohlfahrtspflege 5 und 6. 2001
Hinte, Wolfgang (2001b): Soziale Kommunalpolitik. In: Hinte et al. (2001): 168-178

Hinte, Wolfgang (2002): Von der Gemeinwesenarbeit über die Stadtteilarbeit zum Quartiermanagement. In: Thole (Hg.) (2002): 535-548
Hinte, Wolfgang/Litges, Gerhard/Groppe, Jogannes (2003): Sozialräumliche Finanzierungsmodelle. Qualifizierte Jugendhilfe auch in Zeiten knapper Kassen. Berlin
Hinte, Wolfgang/Litges, Gerhard/Springer, Werner (1998): Vom Fall zum Feld. Soziale Räume statt Verwaltungsbezirke. Berlin
Hinte, Wolfgang/Lüttringhaus, Maria/Oelschlägel, Dieter (2001): Grundlagen und Standards der Gemeinwesenarbeit. Münster
Hinte, Wolfgang/Metzger-Pregizer, Gerhard/Springer, Werner (1982): Stadtteilbezogene Soziale Arbeit – ein Kooperationsmodell für Ausbildung und berufliche Praxis. In: Neue Praxis 4/12. 1982: 345-357
ILS (Institut für Landes- und Stadtentwicklungsforschung des Landes Nordrhein-Westfalen) (2000): Analyse der Umsetzung des integrierten Handlungsprogramms für Stadtteile mit besonderem Erneuerungsbedarf. Dortmund
Institut für Stadtteilbezogene Soziale Arbeit und Beratung (Hg.) (1989): Zwischen Sozialstaat und Selbsthilfe. Essen
Jordan, Erwin (1998): Sozialraum und Jugendhilfeplanung. In: Jordan et al. (1998): 331-388
Karas, Fritz/Hinte, Wolfgang (1978): Grundprogramm Gemeinwesenarbeit. Wuppertal
Kelm, Wolfgang (Hg.) (1973): Faß ohne Boden? Wuppertal
Kessl, Fabian/Otto, Hans-Uwe/Ziegler, Holger (2002): Einschließen oder aufmachen? Der Raum, sein Kapital und deren Nutzer. In: Riege et al. (2002): 177-190
KGSt (1999): Bürgerengagement – Chance für Kommunen. 6/1999. Köln
Kleve, Heiko (2004): Sozialraumorientierung – systemische Begründung für ein klassisches und innovatives Konzept der sozialen Arbeit. In: Sozialmagazin 3/29. 2004: 12-22
Kommunalverband Ruhrgebiet (Hg.) (1996): Standorte – Jahrbuch Ruhrgebiet 1995/1996. Essen
Krauskopf, Sibylle (1999): Sozialraumorientierung in der Jugendhilfe. In: Unsere Jugend. Teil 1: 9/1999. 392-401. Teil 1: 10/1999. 434-438. Teil 3: 11/1999: 489-495
Krebs, Wolfgang (Hg.) (1996): Methodische Ansätze in der Gemeinwesenarbeit. 8. GWA-Werkstatt 1995. Gelnhausen
Kreckel, Reinhard (Hg.) (1983): Soziale Ungleichheiten. Soziale Welt. Sonderband 2. Göttingen
Kühn, Dietrich (1994): Jugendamt – Sozialamt – Gesundheitsamt. Entwicklungslinien der Sozialverwaltung in Deutschland. Neuwied/Kriftel
Lewin, Kurt (1968): Die Lösung sozialer Konflikte. Bad Nauheim
Löw, Martina (2001): Raumsoziologie. Frankfurt a.M.
Luhmann, Niklas (1997): Die Gesellschaft der Gesellschaft, 2 Bände. Frankfurt a.M.
Lüttringhaus, Maria (1996): Ohne Kontakt und Kommunikation läuft nix – oder: Erschließung von Potentialen durch Moderation und Dialogmanagement. In: Krebs (Hg.) (1996)
Lüttringhaus, Maria (2000): Stadtentwicklung und Partizipation. Bonn
Lüttringhaus, Maria/Richers, Hille (2003): Handbuch aktivierende Befragung. Konzepte, Erfahrungen, Tipps für die Praxis. Bonn
Müller, C. Wolfgang (1971): Die Rezeption der Gemeinwesenarbeit in der BRD. In: Müller et al. (1971)
Müller, C. Wolfgang/Nimmermann, Peter (Hg.) (1971): Stadtplanung und Gemeinwesenarbeit. München
Oelschlägel, Dieter (1996): Vernetzung im Gemeinwesen. In: Bundesministerium für Familie, Senioren, Frauen und Jugend (Hg.) (1996): 21-27
Onnasch, W./Treeß, Helga (1999): Globalisierung und sozialräumliches Handeln. In: Evangelische Jugend 1/1999. 22-37
Reichard, Christoph (1994): Umdenken im Rathaus – Neue Steuerungsmodelle in der deutschen Kommunalverwaltung. Berlin
Riege, Marlo/Schubert, Herbert (Hg.) (2002): Sozialraumanalyse. Opladen

Ries, Heinz A./Elsen, Susanne/Steinmetz, Bernd/Homfeldt, Hans-Günther (Hg.) (1997): Hoffnung Gemeinwesen. Neuwied
Rommelspacher, Thomas (1996): Einheit in der Differenz? Überlegungen zur Zukunft des Ruhrgebiets. In: Kommunalverband Ruhrgebiet (Hg.) (1996): 17-23
Rössler, Marianne/Schnee, Renate/Spitzy, Christina/Stoik, Christoph (2000): Gemeinwesenarbeit und bürgerschaftliches Engagement: Eine Abgrenzung. Wien
Ross, Murray G. (1971): Gemeinwesenarbeit – Theorien, Prinzipien, Praxis. Freiburg
Rothman, Jack/Erlich, John/Teresa, Joseph (1979): Innovation und Veränderung in Organisationen und Gemeinwesen. Freiburg
Schader-Stiftung (Hg.) (2001): Politische Steuerung der Stadtentwicklung. Das Programm „Die Soziale Stadt" in der Diskussion. Darmstadt
Schmals, Klaus M. (2001a): Eine neue Politik für „Die soziale Stadt"? In: vhw FW2. 04/2001: 66-74
Schmals, Klaus M.(2001b): Stadtentwicklung – ein Überblick. In: Schader-Stiftung (Hg.) (2001): 52-69
Springer, Werner (1995): Alltag und Sozialer Raum als Focus sozialpädagogischen Handelns. In: Neue Praxis 3. 1995: 281-285
Stadt Essen/ISSAB (Hg.) (1997): Ansätze integrierter Kommunalpolitik. Essen
Staub-Bernasconi, Silvia (1995): Systemtheorie, soziale Probleme und soziale Arbeit: Lokal, national, international- oder: Vom Ende der Bescheidenheit. Bern
Staub-Bernasconi, S. (1994): Soziale Probleme – Soziale Berufe – Soziale Praxis. In: Heiner et al. (Hg.) (1994): 11-183
Stiftung/Hans-Böckler-Stiftung/KGSt (Netzwerkknoten Quartiermanagement) (Hg.) (2002): Quartiermanagement – Ein strategischer Stadt(teil)entwicklungsansatz. Organisationsmodell und Praxisbeispiele. Hannover
Thole, Werner (Hg.) (2002): Grundriss Soziale Arbeit. Opladen
Thole, Werner/Galuske, Michael/Struck, Norbert (Hg.) (2000): Zukunft des Jugendamtes. Neuwied
Wendt, Wolf Rainer (1989): Gemeinwesenarbeit. Ein Kapitel zu ihrer Entwicklung und zu ihrem gegenwärtigen Stand. In: Ebbe et al. (1989)
Wentz, Martin (Hg.) (1991): Stadt-Räume. Frankfurt a.M./New York
Werlen, Benno (2000): Sozialgeographie. Bern/Stuttgart/Wien
Woolcock, Michael (2000): The place of Social Capital in Understanding Social and Economic Outcomes. Washington

Internet-Adressen

www.stadtteilarbeit.de
Wolfgang Prauser
Kontakt: redaktion@stadtteilarbeit.de

www.uni-essen.de/issab
Institut für Stadtteilbezogene Soziale Arbeit und Beratung (ISSAB) der Universität Duisburg-Essen
Kontakt: issab@uni-essen.de

www.difu.de
Deutsches Institut für Urbanistik (Difu)
Kontakt: difu@difu.de

www.sozialestadt.de
Transferstelle Bund-Länder-Programm Soziale Stadt
Kontakt: webmaster@sozialestadt.de

www.quarternet.de
QuarterNet – Gemeinwesenarbeit im Netz
Kontakt: info@quarternet.de

Gemeinwesensorientierte Stadtteilerneuerung in Washington DC

Johannes Novy und Susanna Schaller

Die Verbindung gemeinnützigen und privatwirtschaftlichen Engagements mit klassischen Maßnahmen der Stadtteilentwicklung erfreut sich innerhalb des Stadtteilentwicklungsdiskurses in Europa wachsender Popularität. Daher lohnt sich ein Blick in die USA, in denen Stadtteilentwicklung traditionell weniger auf einer aktiven Rolle des Staates, sondern auf dem Engagement und der Initiative privatwirtschaftlicher Akteure und gemeinnütziger Träger basiert (vgl. u.a. Fainstein 1998). Häufig organisiert als Community Development Corporations (CDCs) sind gemeinnützige Träger dort zu Protagonisten städtischer Erneuerung avanciert und haben – als Reaktion auf das Versagen der öffentlichen Hand im Hinblick auf die urbane Krise des Landes innerhalb der zweiten Hälfte des 20. Jahrhunderts – vielerorts zur Stabilisierung und Entwicklung zahlreicher Nachbarschaften im urbanen Amerika beitragen können (vgl. Halpern 1995; Stoecker 1997; Vidal 1996). Im Folgenden wird die Geschichte eines gemeinnützigen Entwicklungsträgers in Mount Pleasant vorgestellt, einem ethnisch und sozial gemischten Viertel in einer gespaltenen Stadt: Washington DC. Wir untersuchen die Konflikte, die den Revitalisierungsprozess in Mount Pleasant begleiten und betten dies in eine Diskussion des historischen Kontextes nachbarschaftlicher Erneuerung in den USA unter besonderem Augenmerk auf die Entwicklung in Washington DC ein. Unsere Aufmerksamkeit gilt dabei insbesondere den internen Widersprüchen des CDC Models nachbarschaftlicher Erneuerung sowie der Diskrepanz zwischen Anspruch und Wirklichkeit, die das Schaffen vieler CDCs begleitet. Grundlage des Beitrages bilden die Erfahrungen, die die Mitautorin dieses Beitrags als Mitarbeiterin einer Community Development Corporation in Mount Pleasant gesammelt hat. Sofern nicht mit anderen Quellenhinweisen versehen, stützen sich unsere Aussagen erstens auf Interviews mit CDC Mitarbeitern, Community Aktivisten und anderen Akteuren, zweitens auf Community Meetings sowie drittens auf eine Untersuchung eines Nachbarschaftsinternetforums über einen Zeitraum von zwei Jahren.

1. Community Based Development und seine Kritiker

Die besondere Bedeutung gemeinnütziger Organisationen als Träger nachbarschaftlicher Erneuerung ist auf die Krise US-amerikanischer Städte innerhalb der zweiten Hälfte des 20. Jahrhunderts zurückzuführen. Während die Mobilisierung nachbarschaftlichen Engagements eine Reaktion auf die zwischen Vernachlässigung, Versagen und offener Feindschaft schwankende Politik des öffentlichen Sektors gegenüber urbanen Nachbarschaften darstellte, ist es auf die staatliche Initiative Washington DCs zurückzuführen, dass Mitte der 1960er Jahre lokale Entwicklungsträger als entscheidende Akteure nachbarschaftlicher Revitalisierung institutionalisiert wurden (vgl. Halpern 1995). Die schockierenden Bilder der massiven Unruhen in Amerikas Großstädten, die das Fernsehen in die Wohnzimmer der Nation übertrug, sowie der zunehmende Druck des Civil Rights Movements zwangen Washington, Antworten auf die Verarmung und Verelendung innerstädtischer Nachbarschaften zu suchen und sich insbesondere der Situation afroamerikanischer Communities und anderer Minderheiten anzunehmen (vgl. Halpern 1995).

Obwohl die Ausschreitungen, die viele US-amerikanische Städte in den 1960er Jahren in Atem hielten, in vielen Fällen durch einen konkreten Vorfall ausgelöst wurden, waren sie nicht zuletzt auch Folge der Wut und Verzweifelung insbesondere afroamerikanischer Bewohner über die systematische Diskriminierung und Vernachlässigung sowie die sich anhaltend verschlechternden Lebensbedingungen innerhalb ihrer Nachbarschaften (vgl. Katznelson 1981). Als Ergänzung des zwei Jahre zuvor verabschiedeten Economy Opportunity Acts, der einen wesentlichen Eckpfeiler des Maßnahmepakets der Adminstration Lyndon B. Johnson's (1964-1969) zur Stabilisierung innerstädtischer Quartiere darstellte, beschloss der Kongress 1966 erstmals die Förderung gemeinnütziger und lokalorganisierter Entwicklungsträger und legte damit den Grundstein für die Entwicklung der „Gemeinde-Entwicklungsindustrie" (Halpern 1995: 132). Während Drittsektor-Initiativen in den USA von jeher großen Einfluss auf viele Bereiche gesellschaftlichen Lebens ausübten, stellte der Beschluss der Förderung gemeinnütziger und stadtteilverankerter Entwicklungsträger einen Meilenstein innerhalb der Geschichte US-amerikanischer Stadterneuerung dar – bis dato hatte Stadterneuerung in der Regel nichts anderes als Kahlschlagsanierung bedeutet und zwar zumeist auf Kosten afroamerikanischer Communities und anderer Minderheiten (vgl. Fainstein 1998).

Wenngleich bereits von Beginn an mit nur unzureichenden finanziellen Mitteln ausgestattet, begannen aus Kirchengemeinden, Bürgerinitiativen und anderen Gruppierungen erwachsende Community Development Corporations (CDCs) und ähnliche Organisationen ab Mitte der 1960er Jahre vielerorts Pläne für die Revitalisierung krisengeschüttelter Quartiere zu erarbeiten und diese – häufig in Partnerschaft mit privaten Investoren, Stiftungen sowie der öffentlichen Hand – auch umzusetzen (vgl. Halpern 1995; Clavel et al. 1997; Vidal 1996). Während viele CDCs versuchten, die durch das ausbleibende Engagement des öffentlichen Sektors sowie den Rückzug der Privatwirtschaft entstandene Investitionslücke in urbanen Nachbarschaften zu füllen und dabei als Bauherren für Wohn- und Geschäftsbauten auftraten sowie die Wiederherstellung reparaturbedürftiger Infrastruktur in Angriff nahmen, konzentrierten sich andere auf lokale Wirtschaftsförderung oder soziale Dienstleistungen. Ein nicht unerheblicher Teil lokaler Träger versuchte wiederum, sich all dieser Aufgaben gleichermaßen anzunehmen. Nach der Amtszeit Präsident Johnsons sahen sich lokale Entwicklungsträger erschwerten Rahmenbedingungen ausgesetzt, konnten sich aber trotz Mittelkürzungen im Zuge der durch die Wahl Richard Nixons und Ronald Reagans besiegelten „konservativen Revolution" und einer zunehmend unternehmerisch ausgerichteten Stadtpolitik behaupten. Bis Anfang der 1990er Jahre stieg die Zahl lokaler CDCs auf über 2.000 an. Heute sollen Schätzungen zufolge zwischen 4.000 und 8.000 gemeinnützige Entwicklungsträger landesweit aktiv sein (vgl. Steinbach 2000: 1).

In den US-amerikanischen Medien häufig als Retter urbaner Nachbarschaften glorifiziert, fällt die Bewertung gemeinwesenorientierter Stadtteilerneuerung innerhalb der Forschung zwiegespalten aus: Unterstützer heben hervor, dass gemeinnützige Träger innerhalb der letzten Jahrzehnte hunderttausender dringend benötigter Wohnungen in unterversorgten Quartieren gebaut haben (vgl. u.a. Peirce/Steinbach 1990: 33; Steinbach 2000). Sie weisen auf die Rolle lokaler CDCs als soziale Dienstleister für bedürftige Bewohnergruppen hin und betonen deren Unterstützung für lokale Wirtschaftstreibende in benachteiligten Quartieren. Dass CDCs in der Vergangenheit mit viel Energie und Kreativität Beachtliches geleistet haben, bestreitet kaum jemand. Kritiker betonen jedoch, dass Einfallsreichtum und Tatendrang alleine nicht ausreichen, um über Jahrzehnte vernachlässigten, von Armut und Arbeitslosigkeit schwer betroffenen Stadtteilen aus der Krise zu verhelfen (vgl. Stoecker 1997). Daher vergleicht Carol Steinbach (2000: 2) die Bewertung der Leistungen von CDCs mit dem berühmten Lächeln der Mona Lisa Leonardo Da Vincis – es ist der Standpunkt des Betrachters, der entscheidet.

Vier Problemfelder lassen sich identifizieren, die die Debatte über das CDC-Modell gemeinnütziger Stadtteilerneuerung in der Vergangenheit geprägt haben und die für unsere Untersuchung sozialräumlicher Erneuerung in Mount Pleasant von besonderer Relevanz sind:

- *CDCs und die sich verschiebenden Rollen von Staat, Markt und Zivilgesellschaft:* Viele Autoren haben darauf hingewiesen, dass der Boom gemeinwesenorientierter Stadtteilerneuerung unbedingt im Kontext der parallel zu beobachtenden Veränderungen des Verhältnisses von Staat, Markt und Zivilgesellschaft zu untersuchen ist. Insbesondere dem sich wandelnden Verständnis staatlichen Handelns im Hinblick auf die vielfältigen sozialen und ökonomischen Problemlagen urbaner Nachbarschaften gilt es in diesem Kontext besondere Aufmerksamkeit zukommen zu lassen. Margit Mayer (2002: 43) beschreibt CDCs zum Beispiel als „Reparaturnetzwerke", die angesichts mangelnder Ressourcen kaum in der Lage seien, der sich verschärfenden ökonomischen und sozialen Desintegration entgegenzuwirken. Insofern tragen CDCs aufgrund ihres Einsatzes gegen die Folgen sozialer und ökonomischer Marginalisierung implizit dazu bei, von der eigentlichen Verantwortlichkeit des Staats im Hinblick auf deren Ursachen abzulenken (vgl. Mayer 2003: 125). Während der Staat sich aus seiner Verantwortung im Kampf gegen den Niedergang urbaner Nachbarschaften zurückzieht, vermitteln die Achtungserfolge lokaler Drittsektorinitiativen den Eindruck, dass Problemursachen und -lösungen auf lokaler Ebene gesucht und gefunden werden könnten, und geraten dadurch ins Fahrwasser neoliberaler Politik.
- *CDCs im Zwiespalt: Zwischen Community Advocacy und Unternehmertum:* CDCs sind Unternehmen – trotz des Non-Profit-Status, auf dessen Grundlage die überwiegende Mehrheit lokaler Entwicklungsträger agiert (vgl. Vidal 1996; Stoecker 1997). Kritiker argumentieren, dass Unternehmensinteressen und Com-

munitybedürfnisse nicht immer im Einklang zueinander stehen und dass Zwänge der Wirtschaftlichkeit viele CDCs dazu verleitet haben, die umfangreichen Ambitionen ihrer Entstehungsphase durch pragmatischere Ziele zu ersetzen (vgl. Halpern 1995: 138). Tatsächlich haben die meisten CDCs ihre Rolle als Advokaten benachteiligter Bevölkerungsgruppen, die ihnen in der Anfangszeit zukam, im Laufe der Jahre ebenso abgelegt wie frühere Forderungen nach sozialer Gerechtigkeit und Reform (vgl. Halpern 1995: 139; Peirce/Steinbach 1990: 33). Den CDCs wird vorgehalten, zu sehr damit beschäftigt zu sein, benachteiligten Bewohnergruppen zu helfen statt sich zu verbünden, um die Ursachen ihrer Benachteiligung zu bekämpfen (vgl. Schambra 1998: 48). Gleichzeitig drängt sich angesichts des Wettbewerbs um Fördergelder sowie der Unterfinanzierung vieler Organisationen der Eindruck auf, dass CDCs mitunter so sehr mit dem eigenen Überleben beschäftigt sind, dass auch die Lebenswelten und Bedürfnisse der Bewohnergruppen, denen sie sich verpflichtet fühl(t)en, fast ins Hintertreffen geraten müssen.

- *Community Development für wen? Divergierende Interessen und Machtkonflikte:* Ausgestattet mit einer in der Regel chronisch dünnen Kapitaldecke sind CDCs dazu gezwungen, auch im Falle kollidierender Bewohnerinteressen dem Werterhalt bzw. der Rentabilität ihrer Investitionen höchste Priorität einzuräumen, während die Abhängigkeit von staatlicher, philantrophischer und privatwirtschaftlicher Unterstützung ebenfalls mögliche Interessenskonflikte begünstigt (vgl. O'Connell 1996). Außerdem widmet sich das CDC-Modell gemeinwesenorientierter Stadtteilerneuerung nur rudimentär der Frage von Macht- und Ressourcenverteilungen innerhalb lokaler Nachbarschaften und basiert stattdessen auf der (gerade im Kontext sozial und ethnisch gemischter Quartiere) diffusen Annahme eines kollektiven Interesses lokaler Communities. Kritiker heben dagegen hervor, dass Community Development als politischer Prozess zu verstehen ist, indem Macht- und Interessenskonflikte zwischen unterschiedlichen Bewohnergruppen eine bedeutende Rolle spielen (vgl. Christopherson 1994; Philo/Kearns 1993; Davis 1991). Verschiedene Bewohnergruppen verfügen dabei über unterschiedliche Ressourcen und Möglichkeiten der Mobilisierung, Organisation und Teilhabe. Da CDCs in der Regel nur selten ausgeprägten Formen demokratischer Kontrolle unterliegen und Maßnahmen zur Förderung partizipativer Teilhabe an Bedeutung verloren haben, sind es auch im Rahmen gemeinwesenorientierter Stadtteilerneuerung in ethnisch und sozial gemischten Quartieren häufig Angehörige strukturell benachteiligter Bevölkerungsgruppen, die innerhalb der Debatte über Gestaltung und Ziele städtischer Revitalisierung den Kürzeren ziehen (vgl. Halpern 1995).
- *Eine Frage der Priorität: Raumbezogene Aufwertung versus soziale Revitalisierung:* Im Rahmen einer unter anderem durch den Ökonomen Michael Porter angestoßenen Debatte über die Wettbewerbsfähigkeit innerstädtischer Quartiere sind in den letzten Jahren vermehrt raumbezogene Aufwertungsstrategien in den Vordergrund gemeinwesenorientierter Revitalisierung gerückt. Autoren wie Michael Porter argumentieren, dass innerstädtische Quartiere ein sicheres, attraktives Klima gewährleisten müssten, um Investoren, wohlhabendere Bewohner und Touristen anzuziehen, deren Finanzkraft und Investitionen dann im Gegenzug allen

Bewohnern zu Gute kommen würden (vgl. Porter 2000). Auch CDCs räumen daher raumbezogenen Aufwertungsmaßnahmen vermehrt Priorität ein, nicht zuletzt weil sie häufig von der in vielen Städten zunehmend unternehmerisch agierenden öffentlichen Hand dazu angehalten werden. Investitionen in Platz- und Raumgestaltung rufen Kritiker auf den Plan, die davor warnen, dass die einseitige Konzentration auf Maßnahmen physischer Regeneration dazu führen kann, die Zielsetzungen von gemeinwesenorientierter Stadtteilerneuerung zu konterkarieren und der Marginalisierung und Verdrängung einkommensschwächerer und statusniedrigerer Bewohner Vorschub zu leisten (vgl. Stoecker 1997: 10).

2. Community Development in Mount Pleasant

Die Geschichte nachbarschaftlicher Erneuerung in Mount Pleasant verdeutlicht viele der diskutierten Problemfelder gemeinwesenorientierter Stadtteilerneuerung. Während die lokale „Community Development Industry" in Mount Pleasant durchaus auf Erfolge verweisen kann, ist sie andererseits auch Auslöser stadtteilinterner Auseinandersetzungen und Konflikte.

2.1 Mount Pleasant – ein Überblick

Mount Pleasants Entstehung geht auf die zweite Hälfte des 19. Jahrhunderts zurück, als sich wohlhabende Weiße vor den Toren Washingtons niederließen, um der zunehmenden Verstädterung der US-amerikanischen Hauptstadt zu entfliehen. Nach erfolgter Eingemeindung Anfang des 20. Jahrhunderts setzte sich der für die Geschichte Mount Pleasants konstitutive Prozess sozialräumlicher Segregation unter veränderten Vorzeichen fort: Weiße Bevölkerungsgruppen verließen die Reihenhäuser und Brownstones des Viertels und zogen – mit staatlichen Anreizen versehen – in neu entstandene Suburbs außerhalb Washingtons, während Schwarze und im Laufe der Zeit auch immer mehr Latinos – ihrerseits angezogen von bezahlbaren Wohnraum – Mount Pleasant zu ihrer Heimat machten. Nur einen kurzen Fußmarsch vom Machtzentrum der US-amerikanischen Politik entfernt, ereilte Mount Pleasant innerhalb der zweiten Hälfte des 20. Jahrhunderts zunächst das gleiche Schicksal wie viele der angrenzenden Nachbarschaften: Als Folge institutionalisierter Diskriminierung, ökonomischer Restrukturierungsprozesse sowie staatlich geduldeten städtischen Niedergangs wurde der Stadtteil von einer ökonomischen und demographischen Abwärtsspirale erfasst. Im Zuge der euphemistisch als „urbane Renaissance" gefeierten Aufwertung innerstädtischer Quartiere begann die Bevölkerungszusammensetzung Mount Pleasants Anfang der 1990er dann jedoch einen erneuten Wandel zu vollziehen: Der im Zentrum Washington DCs gelegene Stadtteil entwickelte sich gegen Ende des 20. Jahrhunderts zu einer Art „United Nations im Miniformat" (Dvorak 2004). Die von Arbeits- und Hoffnungslosigkeit gekennzeichnete Situation weiter Teile der afroamerikanischen und lateinamerikanischen Bewohnerschaft Mount Pleasants hatte nichts von ihrer Sprengkraft eingebüsst, plötzlich war es jedoch nicht der Niedergang Mount Pleasants, sondern dessen Aufwertung, die zu Konflikten innerhalb des Stadtteils führten (vgl. Modan 2000; Athey 2002).[1]

Eine Wohnstraße in Mount Pleasant.

Foto: Max Horster.

Heute erscheint Mount Pleasant auf den ersten Blick wie ein Paradebeispiel ethnischer und sozialer Vielfalt. Auf der Mount Pleasant Street – für viele das Herz des Stadtteils – führen lateinamerikanische Imbisse, afroamerikanische Mom'n'Pop Stores, koreanische Lebensmittelgeschäfte und zunehmend schickere, auf eine wohlhabendere Klientel ausgerichtete Lokale und Geschäfte eine scheinbare friedliche Koexistenz. Doch der harmonische Eindruck täuscht – das Leben in Mount Pleasant ist von sozialer Ungleichheit und daraus resultierenden Konflikten gekennzeichnet: Die massiven Unterschiede in Bezug auf Einkommen, Beschäftigungschancen und Lebensstandard der Bewohner Mount Pleasants verlaufen bis heute entlang ethnischer Linien und prägen das Leben und die Lebenswelten der verschiedenen Bewohnergruppen des Stadtteils[2]. Während Mount Pleasant sich zunehmend

1 Eine Diskussion und Bewertung des Aufwertungs- und Gentrificationsprozesses in Mount Pleasant und angrenzenden Nachbarschaften findet sich u.a. in Athey 2002 und Rubin 2002.

2 Mount Pleasant ist in zwei Census-Gebiete unterteilt. In diesen bilden weiße Bewohner inzwischen mit 30% bzw. 37% einen signifikanten Anteil der Bewohnerschaft. Sie verfügen über ein Durchschnittseinkommen von ca. US-$ 35.000, während 43% bzw. 53% von ihnen Eigentum im Quartier besitzen. Afroamerikaner stellen nur noch 29% bzw. 18% der Bewohnerschaft in Mount Pleasant. Ihr Durchschnittseinkommen ist mit US-$ 21.098 bzw. US-$ 25.017 deutlich niedriger als das ihrer weißen Nachbarn und nur 22% bzw. 40% von ihnen sind

zu einem populären Wohnort der vornehmlich weißen Mittelschicht entwickelt, stellen die aus Lateinamerika stammenden Bewohner Mount Pleasants gemeinsam mit Einwohnern asiatischer Herkunft die mit Abstand sozial schwächste Bewohnergruppe dar (vgl. Athey 2002; Schaller/Modan i.E.). Ihre Situation zu verbessern war Motivation der Gründung der ersten lokalen Community Development Corporation des Stadtteils, dessen Geschichte im Vordergrund der folgenden Diskussion über die Stadtteilentwicklung Mount Pleasants steht.

Neubau- und Sanierungsprojekte verdeutlichen den Wandel Mount Pleasants.

Foto: Max Horster.

2.2 Community Development in Mount Pleasant

Die Entstehung der ersten CDC in Mount Pleasant geht auf einen unrühmlichen Zeitpunkt in der Geschichte des Stadtteils zurück: Im Frühsommer 1991 verwan-

---

Hauseigentümer. 28% bzw. 34% der Bewohnerschaft identifizieren sich selbst als lateinamerikanischer Abstammung, ihr Durchschnittseinkommen beträgt nur ca. US-$12.000 in beiden Census Gebieten und nur 12% von ihnen verfügen über Eigentum. Das Durchschnittseinkommen der Bewohner asiatischer Abstammung, die rund 6% bzw. 7% der Bewohnerschaft stellen, beträgt US-$18.680 bzw. US-$ 21.427 und 13% bzw. 19% von ihnen sind Eigentumsbesitzer (US Census Bureau, 2003, zitiert aus: Schaller/Modan i.E.).

delten sich die schwelenden ethnischen und sozialen Spannungen in Mount Pleasant in einen Flächenbrand, der Erinnerungen an die Ausschreitungen der 1960er Jahre wach rief, bei denen ganze Straßenzüge Washingtons verwüstet worden waren. Ausgelöst durch einen Zwischenfall, bei dem ein Einwanderer aus El Salvador durch die Polizei schwer verletzt wurde, entluden sich an jenen Tagen im Mai 1991 die Wut und Verzweiflung der Bewohnergruppen, die unter der anhaltenden ökonomischen Krise und sozialen Ungleichheit der US-amerikanischen Hauptstadt zu leiden hatten (vgl. Manning 1995: 389; Modan 2000). In den 1960er Jahren hatte die Erschütterung über die massiven Unruhen wesentlich zur Entstehung des CDC-Movements und zu der ihr entgegen gebrachten politischen Unterstützung beigetragen. Als beinahe 30 Jahre später in Washington DC erneut Ladenlokale in Brand gesetzt wurden und Rauchschwaden den Himmel verdunkelten, besannen sich lokale Geschäftsleute, Community Aktivisten, Politiker und andere Akteure zumeist lateinamerikanischer Abstammung in Mount Pleasant auf das vermeintliche Erfolgsmodell gemeinwesenorientierter Stadtteilerneuerung und beschlossen die Gründung der ersten Community Development Corporation des Quartiers. Ausgestattet mit einem durch die Stadtverwaltung zur Verfügung gestellten Startkapital nahm die neu gegründete CDC bereits wenige Monate nach den Ausschreitungen ihre Arbeit mit dem Ziel auf, Mount Pleasant und den angrenzenden Stadtteil Adams Morgan zu stabilisieren und insbesondere die Situation der lateinamerikanischen Bewohnerschaft zu verbessern.

3. Mount Pleasants CDC – Ein Beispiel für die „Neoliberalisierung" gemeinnütziger Stadtteilentwicklung?

Zum Zeitpunkt der Gründung der lokalen Community Development Corporation in Mount Pleasant sahen sich CDCs landesweit bereits erschwerten Rahmenbedingungen ausgesetzt. Einerseits galt es, die u.a. durch die Nixon- und Reagan-Administration durchgesetzten Mittelkürzungen – zum Beispiel bei der für die CDCs entscheidenden Einnahmequelle der Community Development Block Grants (CDBGs) – zu verkraften und sich an neue bürokratische und programmatische Zwänge zu gewöhnen. Andererseits stellte der u.a. durch die Veränderungen auf nationaler Ebene bedingte Triumph unternehmerischer Stadtpolitik in den USA die CDCs ebenfalls vor neue Herausforderungen. In Washington DC kam verschärfend hinzu, dass die Stadt bereits zu Beginn der 1990er Jahre auf den finanziellen Bankrott zusteuerte, der 1996 zu einer Übernahme des politischen Geschäfts durch ein – durch den amerikanischen Kongress eingesetztes – Finance Control Board führte. Investorenplanung, Eigentumsförderung und Maßnahmen zur stadträumlichen Aufwertung einzelner Quartiere rückten in den Mittelpunkt kommunaler Stadtentwicklungspolitik, während sozialpolitisch weitreichende Kürzungen vorgenommen wurden (vgl. Bangura 2000; Manning 1995). Dieser Politikwechsel sollte auch die Arbeit der in Washington tätigen CDCs betreffen, die vor die Wahl gestellt wurden, sich entweder den neuen politischen Zielvorgaben anzupassen oder eine Kürzung der finanziellen Unterstützung durch die öffentliche Hand zu riskieren. Auch Mount Pleasants CDC sah sich gezwungen, sich den politischen und ökonomischen Realitäten anzupassen und konzentrierte sich frühzeitig auf Maßnahmen wie Einzelhandels- und Eigentumsförderung sowie räumliche Aufwertungsstrategien, die mit der Agenda ihrer Mittelgeber im Einklang standen.

3.1 Die Zwänge und Abhängigkeiten lokaler Entwicklungsträger und ihre Konsequenzen

„(CDCs are) based in communities but they are not community-based“ stellen Peter Medoff und Holly Sklar (1994: 260) fest und das Beispiel der CDC in Mount Pleasant scheint diese These zu bestätigen. Gegründet mit Unterstützung einer Vielzahl unterschiedlicher Community Akteure, hat der ursprüngliche Anspruch der CDC, Interessenvertreter benachteiligter Bewohnergruppen zu sein, sukzessive an Bedeutung verloren.

Die Gründe für diese Entwicklung liegen zum einen im Modell gemeinnütziger Stadtteilentwicklung selbst, sind aber darüber hinaus auch auf die komplexe Realität des Alltagsgeschäfts vieler CDCs zurückzuführen. Kritiker konstatieren ein Demokratiedefizit innerhalb des CDC Modells nachbarschaftlicher Erneuerung, das einer Entfremdung zwischen Community und CDCs Vorschub leistet (vgl. u.a. Stoecker 1997). CDCs sind zwar prinzipiell dazu angehalten, die Interessen der verschiedenen Bewohnergruppen „ihrer“ Community zu berücksichtigen und die Kooperation mit Bewohnern und anderen Akteuren zu suchen. Es besteht jedoch keinerlei gesetzliche Auflage, die CDCs dazu verpflichtet, dies auch umzusetzen. Das Gefühl mangelnder Teilhabe und Einflussmöglichkeiten führte in Mount Pleasant zusehends zu einem Prozess der Entfremdung zwischen CDC und Teilen der Community, dem durch eine zunehmende Professionalisierung der CDC Mitarbeiter Vorschub geleistet wurde. Zur Zeit ihrer Gründung bestand die Belegschaft der CDC aus in Mount Pleasant bekannten und mit der Nachbarschaft vertrauten Community Aktivisten. Mitarbeiter waren erfahrene Community Organizer, die sich zwar oftmals nicht auf eine formale Ausbildung berufen konnten, mit den spezifischen Problemen benachteiligter Bewohnergruppen des Stadtteils wie Arbeitslosigkeit, Wohnungsmangel etc. allerdings häufig auch selbst konfrontiert waren. Der sich rapide vollziehende Wandel der Mitarbeiterzusammensetzung – 1999 bestand die achtköpfige Belegschaft bis auf zwei Ausnahmen ausschließlich aus zwar hoch qualifizierten jedoch ortsfremden Mitarbeitern – trug in nicht unwesentlichem Ausmaß zur wachsenden Entfremdung bei und ging einher mit einer Veränderung des programmatischen Fokus der CDC, von der im folgenden Kapitel die Rede sein wird.

3.2 Neue Prioritäten, erster Teil: Das wohnungspolitische Engagement der CDC Mount Pleasants

Die CDC Mount Pleasants war ursprünglich mit dem Ziel angetreten, durch Mietwohnungsbau und Genossenschaftsgründungen zu einer Sicherung bezahlbaren Wohnraums in Mount Pleasant beizutragen, verabschiedete sich nun aber zunehmend von diesen Zielen und konzentrierte ihr Engagement Ende der 1990er Jahre stattdessen fast vollständig auf eigentumsfördernde Maßnahmen, die – dem nationalen Trend folgend – vom städtischen Department of Housing and Community Development (DHCD) zur Priorität erklärt und u.a. durch Mittel des Home Purchase Assistance Program (HPAP) gefördert wurden (vgl. Athey 2002).

Gerade zu dieser Zeit hatte sich die Lage auf dem ohnehin angespannten Wohnungsmarkt Washingtons aufgrund einer historisch niedrigen Leerstandsrate, jährlichen Mietsteigerungen von bis zu 10% und Kürzungen im geförderten Wohnungsbau massiv verschärft (vgl. Athey 2002; Deane 2000). Zwar gelang es der CDC vereinzelt Bürgern mit niedrigen Einkommen durch die mit zahlreichen Anreizen versehenen Eigentumsförderungsmaßnahmen den Erwerb eines Hauses zu ermöglichen. Für die sozial schwächsten und am schwersten von der akuten Wohnungsnot betroffenen Bevölkerungsgruppen in Mount Pleasant stellte Eigentumsbildung in der Regel jedoch keine Option dar[3]. Zusätzliche Brisanz erhielt die Situation im Jahr 2000 durch die Drohung der Stadtverwaltung, über dreißig Apartmentgebäude in Mount Pleasant und angrenzenden Nachbarschaften zu räumen, die von einkommensschwachen und zum Teil sich illegal in den USA aufhaltenden Mietern bewohnt wurden. In den Augen von Community Aktivisten war die Räumung der sanierungsbedürftigen Gebäude klar durch die erklärte Absicht der Verwaltung motiviert, die Aufwertung einzelner innerstädtischer Quartiere Washington DCs zu forcieren (vgl. Athey 2002: 13). Nicht etwa die CDC, die aufgrund ihrer Expertise prädestiniert dafür gewesen wäre, die Mieter und ihre Anliegen zu unterstützen, sondern eine Anwaltskanzlei, die lateinamerikanische Einwanderer betreute, stellte sich an die Spitze der Protestbewegung und versuchte, den Bewohnern ein Bleiberecht in ihren Communities zu ermöglichen.

Als sich die CDC – nachdem die Protestbewegung eine Zwangsräumung verhindert hatte – für die von der Stadtverwaltung im Anschluss zugesagte Sanierung einiger der Gebäude ins Spiel brachte, sah sie sich Kritik aus der Community ausgesetzt: Ihr wurde vorgeworfen, sich im eigentlichen Kampf für die Interessen benachteiligter Bewohner im Stadtteil enthalten zu haben und erst dann auf den Plan getreten zu sein, als die Vergabe der lukrativen Entwicklungsrechte für die betreffenden Gebäude bevorstand. Während die CDC in Mount Pleasants „eviction crisis“ den Konflikt mit der Stadtverwaltung scheute, waren es zwei aus der Community stammende Latinos, die an der Spitze der Protestbewegung für die Interessen der von Räumung bedrohten Mieter kämpften – einer von ihnen war als Kind selbst Opfer einer Zwangsräumung geworden.

3.3 Neue Prioritäten, zweiter Teil: „Business Improvement“ und stadträumliche Aufwertung

Auch das zweite programmatische Standbein der CDC in Mount Pleasant – wirtschaftsfördernde Maßnahmen sowie räumliche Aufwertungsstrategien – ist Gegenstand anhaltender Kritik. Mount Pleasants derzeitiger Wandel ist ein Prozess, der

3 Eigentumsbildende Maßnahmen in einkommensschwachen Quartieren werden in den USA kontrovers diskutiert. Während Befürworter hervorheben, dass eine Erhöhung der Eigentumsrate in urbanen Nachbarschaften zu deren Stabilisierung beitragen können, betrachten Kritiker eigentumsfördernde Maßnahmen als Inkubatoren für Gentrification und Prozesse sozialräumlicher Polarisierung (vgl. Wyly et al. 2001).

Gewinner und Verlierer kennt: Viele alteingesessene Bewohner fühlen sich zunehmend ausgegrenzt und unerwünscht, während in die Höhe schnellende Immobilien- und Mietpreise der Furcht vor Gentrification und Verdrängung ständig neuen Vorschub leisten (vgl. Modan 2000; Athey 2002). Der CDC wird vorgehalten, diesem Prozess durch Fassadenverschönerungen, Investitionen in Straßenbild und -mobiliar sowie eine Vielzahl anderer Maßnahmen eher Anschub zu verleihen, als sich mit seinen negativen Auswirkungen kritisch auseinander zusetzen.

Mount Pleasant Street.

Foto: Latino Economic Development Corporation (LEDC)

Einen Schwerpunkt des Engagements der CDC stellt die Revitalisierung des lokalen Commercial Corrdidors entlang der Mount Pleasant Street dar. Um das Erscheinungsbild der Straße weiter aufzuwerten, ihre Sicherheit und Sauberkeit zu erhöhen und sie als Einkaufsstandort einheitlich zu vermarkten, schlossen sich einige der entlang der Straße ansässigen Geschäftstreibenden und Eigentumsbesitzer Ende der 1990er Jahre zusammen, um die Einrichtung eines Business Improvement Districts (BID) in Mount Pleasant und dem angrenzenden Stadtteil Adams Morgan durchzusetzen. Die CDC entschied sich, die Förderung der Business Community zu unterstützen, obwohl diese innerhalb der Bewohnerschaft Mount Pleasants durchaus unterschiedliche Reaktionen hervorrief.

Vordergründig scheint die Einrichtung eines lokalen BIDs nur die konsequente Fortführung der Arbeit einer lokalen CDC im Hinblick auf die Revitalisierung der lokalen Ökonomie darzustellen. Die CDC Mount Pleasants verwaltete bereits einen Fond der öffentlichen Hand zur Aufwertung der Geschäftsstraße und setzte sich darüber hinaus für die Kooperation lokaler Gewerbetreibender ein. Das städtische Department of Housing and Community Development, das für die Verwaltung der Community Development Block Grants (CDBG) verantwortlich ist, signalisierte der CDC außerdem ihr Interesse an einer weiteren Miteinbeziehung des privaten Sektors als Grundlage weiterer Förderung, während die von der CDC unterstützte Business Community in Mount Pleasant und Adams Morgan mit ihren auf Sauberkeit und Sicherheit sowie die bessere Vermarktung des Quartiers bedachten Maßnahmen ohnehin bereits als eine Art freiwilliges BID tätig war. Mit der voreiligen Unterstützung der Einrichtung eines BIDs, die nicht zuletzt darauf abzielte, alle lokalen Eigentümer und Geschäftstreibenden zu einer (finanziellen) Beteiligung an Maßnahmen zur Aufwertung des Quartiers zu verpflichten, geriet die CDC Mount Pleasants erneut in den Mittelpunkt der Kritik. Bei den Business Improvement Districts handelt es sich um eine populäre, allerdings nicht unumstrittene Revitalisierungsstrategie, die primär in US-amerikanischen Innenstädten, zunehmend jedoch auch in Stadtteilen jenseits städtischer Zentren Anwendung findet. BIDs sind umstritten, weil mit ihrer Einrichtung ein nicht unerheblicher Transfer von Entscheidungs- und Gestaltungsbefugnissen zugunsten von Eigentumsbesitzern und Gewerbetreibenden innerhalb eines Quartiers vollzogen wird (vgl. Christopherson 1994; Mallet 1994). Sie sind es, die nach formeller Einrichtung eines BIDs über die zumeist auf räumliche Aufwertung, Marketing, Sauberkeit und Sicherheit ausgerichteten Maßnahmen entscheiden, während andere Akteure und Bewohner eines Quartiers in der Regel nicht in die – ihre eigene Lebenswelt betreffenden – Entscheidungen eingebunden werden (vgl. u.a. Mallet 1994). Mit der Einrichtung eines Business Improvements Districts wird die Rolle städtischer Räume als „Business-Standort" betont, während seine Bedeutung als Sozialraum in den Hintergrund tritt (Schaller/Modan i.E.). Darüber hinaus stellt Susan Christopherson (1994) fest, dass BIDs mit ihrer auf Sicherheit, Sauberkeit und soziale Kontrolle bedachten Politik zur Entstehung festungsartiger Enklaven innerhalb städtischer Räume führen und damit dem Prozess stadträumlicher Fragmentierung Vorschub leisten.

In Mount Pleasant ging die Forderung, ein BID einzurichten in erster Linie von Eigentümern und Geschäftsleuten aus, die sich der den Stadtteil zunehmend domestizierenden Mittelschicht andienten, während insbesondere lateinamerikanische Ladenbesitzer der Gründung eines BIDs skeptisch gegenüberstanden. Auch einige Mitarbeiter der CDC wandten sich gegen die Einrichtung eines BIDs und betonten, die Bedeutung der Mount Pleasant Street als sozialräumlicher Mittelpunkt des Stadtteils, der nicht ohne weiteres den Geschicken der lokalen Geschäftsleute und Eigentümer überlassen werden dürfte (Schaller/Modan i.E.). Sie teilten die Befürchtungen vieler Bewohner und Community Aktivisten, dass die Einrichtung eines BIDs den bereits voranschreitenden Gentrificationsprozess beschleunigen und damit der Verdrängung alteingesessener Geschäftsleute und Bewohner Tür und Tor öffnen könnte. Ihre Forderung, einen alternativen Entscheidungsprozess über die Gründung eines BIDs im Stadtteil zu entwickeln, Bewohner-, Mieterorganisationen und andere Akteure in die Debatte miteinzubeziehen und diese ergebnisoffen zu gestalten, konnte sich jedoch nicht durchsetzten. Die Initiative einzelner CDC Angestellter, eine Alternative zum gängigen Verfahren zur Gründung von BIDs zu entwickeln, wurde innerhalb der CDC mit dem Argument abgelehnt, dass keine Ressourcen für ein derart aufwändiges Verfahren zur Verfügung stünden. Während die Gründung eines BIDs in Mount Pleasant bis heute nicht erfolgt ist – Geschäftstreibende lateinamerikanischer Herkunft entsagten ihre Zustimmung in der für die Einrichtung eines BIDs nötigen Abstimmung – haben andere Akteure, wie etwa die 1992 von mehrheitlich weißen Hauseigentümern gegründete Mount Pleasant Alliance (MPA) und die ebenfalls von einkommensstärkeren Bewohnern dominierte Advisory Neighborhood Commission (ANC), erheblich an Einfluss gewonnen. Sie prägen mit ihrer auf die „Lebensqualität" Mount Pleasants zugeschnittenen Agenda zunehmend den Prozess nachbarschaftlicher Revitalisierung. Eine 1999 in Umlauf gebrachte Selbstverpflichtung, die Geschäftstreibende Mount Pleasants dazu auffordert, dem Alkoholkonsum ihrer Kunden in der Öffentlichkeit entgegenzuwirken, ist ebenso auf die Initiative der MPA zurückzuführen wie der jüngste Beschluss der Advisory Neighborhood Commission, Zero Tolerance Policing gegenüber „abweichendem Verhalten" zu praktizieren (vgl. Schaller 2001; Dvorak 2004). „Lebensqualität" und „abweichendes Verhalten" sind Begriffe, die einer Auslegung bedürfen, in Mount Pleasant sind es in den Augen vieler Kritiker Worthülsen, die eine Politik legitimieren sollen, die darauf abzielt, benachteiligte Bewohnergruppen zu disziplinieren und an den Rand zu drängen (vgl. Schaller/Modan i.E.). Während diese Maßnahmen von betroffenen Bewohnergruppen also als Beleg ihrer zunehmenden Marginalisierung im Stadtteil bewertet werden, sieht sich die CDC innerhalb der Debatte über die zukünftige Entwicklung der Mount Pleasant Street außen vor. Sie hat gegenüber den neuen Organisationen, die mehrheitlich von Eigentumsbesitzern, Geschäftsleuten und der wohlhabenderen Mittelschicht geprägt sind und deren Interessen vertreten, an Einfluss verloren, wird aber auch kaum noch als Interessenvertreter benachteiligter Bewohnergruppen wahrgenommen.

Mount Pleasant Street.

Foto: Max Horster.

4. Fazit

Die lokale CDC Mount Pleasants war ursprünglich mit der Zielsetzung ins Leben gerufen worden, der lateinamerikanischer Bewohnerschaft und anderen benachteiligten Bewohnergruppen des Stadtteils neue Perspektiven zu eröffnen. Inzwischen ist sie zwar nicht zu einem Protagonisten, jedoch zu einem Kollaborateur eines Aufwertungsprozesses mutiert, auf dessen Verliererseite häufig die ihr anvertraute Klientel zu stehen scheint. Dem gemeinnützigen Träger ist es nicht gelungen, den Wandel Mount Pleasants zugunsten benachteiligter Bewohnergruppen zu gestalten. Vielmehr bieten die Erfahrungen in Mount Pleasant Grund zur Annahme, das CDCs aufgrund der inhärenten Probleme des Konzeptes gemeinwesensorientierter Stadtteilerneuerung kaum in der Lage sind, die anhaltende strukturelle Benachteiligung einzelner Bevölkerungsgruppen sowie die ungleiche Macht- und Ressourcenverteilung innerhalb eines Stadtteils ungeschehen zu machen.

Mount Pleasant Street.

Foto: Max Horster.

Ohne die Errungenschaften gemeinnütziger Stadtteilerneuerung oder das Engagement vieler in der Gemeindeentwicklungsindustrie tätigen Akteure in Frage zu stellen, verdeutlicht das Beispiel Mount Pleasants also die Grenzen des CDC Modells gemeinnütziger Stadtteilerneuerung. Als „Reparaturnetzwerke" (Mayer 2002: 43) befassen sie sich primär mit den Symptomen ökonomischer und sozialer Desintegration, laufen aber – wie das Beispiel Mount Pleasants vor Augen führt – mitunter Gefahr, ihr selbst Vorschub zu leisten, wenn sie die programmatischen Zielvorgaben ihrer Mittelgeber übernehmen. CDCs sind trotz ihres Non-Profit-Status unternehmerisch organisiert und daher dazu gezwungen, ihr Handeln ökonomischen Rationalitäten zu unterwerfen und an die politischen Rahmenbedingungen anzupassen. Der oftmals kritisierte programmatische Wandel, den viele CDCs im Laufe der Jahrzehnte vollzogen haben, d.h. die vermeintliche „Neoliberalisierung" gemeinnütziger Stadtteilentwicklung, ist deshalb in erster Linie nicht den CDCs selbst und ihren Mitarbeitern anzulasten, sondern vielmehr auf die komplexen Abhängigkeitsstrukturen des CDC-Modells nachbarschaftlicher Erneuerung von Markt und Staat zurückzuführen. Gemeinnützige Stadtteilentwicklung im Interesse benachteiligter Bewohnergruppen bedarf einer Unterstützung der öffentlichen Hand, die in den USA in nicht ausreichendem Masse vorhanden ist (vgl. Halpern 1995; Vidal 1996). Während die finanzielle Unterstützung gemeinnütziger Träger durch die öffentliche Hand kontinuierlich zurückgefahren wurde, sehen sich CDCs darüber hinaus einer staatlichen und kommunalen Politik ausgesetzt, die die eigentlichen Ziele gemeinnütziger Stadtteilentwicklung in vielen Fällen eher konterkariert, als diese zu unterstützen. Angesichts der derzeitigen Restrukturierung des Wohlfahrtsstaates alter Prägung in Deutschland und anderen Ländern Europas bleibt zu hoffen, dass im Rahmen der Debatte über die Potentiale gemeinnützigen Engagements nicht außer Acht gelassen wird, dass dieses den Staat weder von seiner Verantwortung im Hinblick auf die Bewohner benachteiligter städtischer Quartiere entbindet, noch dazu geeignet ist, ohne aktive Unterstützung des Staates wirklich substantielle Verbesserungen für benachteiligte Bewohnergruppen zu erzielen.

Literatur

Amin, Ash (Hg.) (1994): Post-Fordism: A Reader. Massachusetts

Athey, Lois (2002): Housing. In: Council of Latino Agencies (Hg.): 69-91

Bangura, Abdul Karim (Hg.) (2000a): Historical Political Economy of Washington DC. Lanham

Bangura, Abdul Karim (2000b): A new Social Contract for Washington DC. In: Bangura (2000): 73-79

Clavel, Pierre/Pitt, Jessica/Yin, Jordan (1997): The Community Option in Urban Policy. In: Urban Affairs Review 4/32. 1997: 435-458

Christopherson, Susan (1994): The Fortress City, Privatized Spaces, Consumer Citizenship. In: Amin (Hg.) (1994): 409-427

Council of Latino Agencies (Hg.) (2002): The State of Latinos in the District of Columbia. Washington DC

Davies, Mark S. (1997): Business Improvement Districts. In: Washington University Journal of Urban and Contemporary Law 52. 1997: 187-224

Davis, John Emmeus (1991): Contested Ground. Collective Action and the Urban Neighborhood. Ithaka/London

Deane, Daniel (2000): Local rents go Through the Roof: Biggest Increases in Years Force Difficult Decisions. In: The Washington Post, 24. November 2000. A01

Dionne Jr., E. J. (Hg.) (1998): Community Works: The Revival of Civic Society in America. Washington DC

District of Columbia Office of the General Counsel (1996): Business Improvement Districts Act of 1996. Transmittal of Engrossed Legislation. Washington DC

District of Columbia Department of Housing and Community Development (2002): Consolidated Plan for the District of Columbia. Fiscal Year 2000 Action Plan. Washington DC

Dvorak, Petula (2004): Mount Pleasant's Great Divide – Newcomers Pushing For ‚Zero Tolerance'. In: The Washington Post, 18. Januar 2004. C01

Fainstein, Susan (1998): Urban Redevelopment. In: Van Vliet, William (Hg.) (1998): The Encyclopedia of Housing. Thousand Oaks (1998): 614-617

Halpern, Robert (1995): Rebuilding the Inner City: A History of Neighborhood Initiatives to Address Poverty in the United States. New York

Haus, Michael (Hg.) (2002): Bürgergesellschaft, soziales Kapital und lokale Politik. Opladen

Katznelson, Ira (1981): City Trenches: Urban Politics and the Patterning of Class in the United States. New York

Keating, W. Dennis/Krummholz, Norman/Star, Philip (Hg.) (1996): Revitalizing Urban Neighborhoods. Lawrence

Mallet, William (1994): Managing the Postindustrial City: Business Improvement Districts in the United States. In: Area 3/26. 1994: 276-287

Manning, Robert (1995): Washington DC: The Social Transformation of the International Capital City. In: Pedraza et al. (Hg.) (1995): 321-336

Mayer, Margit (2003): The Onward Sweep of Social Capital: Causes and Consequences for Understanding Cities, Communities and Urban Movements. In: International Journal of Urban and Regional Research 1/27. 2003: 111-132

Mayer, Margit (2002): Soziales Kapital und Stadtentwicklungspolitik – ein ambivalenter Diskurs. In: Haus (Hg.) (2002): 33-58

Medoff, Peter/Sklar, Holly (1994): Streets of Hope: the Fall and Rise of an Urban Neighborhood. Boston

Modan, Gabriela (2000): The Struggle for Neighborhood Identity: Discursive Constructions of Community and Place in a US multiethnic Neighborhood. Dissertation Georgetown University

O'Connell, Brian (1996): A Major Transfer of Government Responsibility to Voluntary Organizations? Proceed with Caution. In: Public Administration Review 3/56. 1996: 222-225

Pedraza, Silvia/Rumbaut, Ruben G. (Hg.) (1995): Origins and Destinies: Immigration, Race, and Ethnicity in America. Belmont CA

Peirce, Neal/Steinbach, Carol (1990): Enterprising Communities. Council for Community-Based Development. Washington DC

Philo, Chris/Kearns, Gary (Hg.) (1993): Selling Places: The City as Cultural Capital. London

Porter, Michael (2000): Location, Competition, and Economic Development: Local Clusters in a Global Economy. In: Economic Development Quarterly 1/14. 2000: 15-34

Rubin, Mark (2002): Equitable Development – An Approach to Increasing Affordable Housing and Asset Building Opportunities in the District of Columbia. Discussion Paper. DC Agenda. Washington DC

Schaller, Susanna (2001): „Neighborhood Business Improvement Districts and Community Development Corporations: The Contestation of Public Space and Citizenship. Presented at ACSP Conference in Cleveland OH, November 2001

Schaller, Susanna/Modan, Gabriela (i.E.): Contesting Public Space and Citizenship: Implications for Neighborhood Business Improvement Districts. In: Journal of Planning Education and Research. i.E.

Schambra, William C. (1998): All Community is Local. The Key to America's Civic Renewal. In: Dionne Jr. (Hg.) (1998): 44-49

Steinbach, Carol (2000): Community Development Corporations in US Civil Society, Civil Society and Governance Program IDS 2000. In: www.ids.ac.uk/ids/civsoc/final/usa/USA2.doc

Stoecker, Randy (1997): The CDC Model of Urban Redevelopment: A Critique and an Alternative. In: Journal of Urban Affairs 1/19. 1997: 1-22

Vidal, Avis (1992): Rebuilding Communities: A National Study of Urban Community Development Corporations. New York

Vidal, Avis (1996): CDCs as Agents of Neighborhood Change. In: Keating et al. (1996): 149-163

Wyly, Elvin K./Cooke, Thomas J./Hammel, Daniel J./Holloway, Steven R./Hudson, Margaret (2001): Low-to Moderate-Income Lending in Context: Progress Report on the Neighborhood Impacts of Homeownership Policy. In: Housing Policy Debate 1/12. 2001: 87-127

4. Symbolisierungen

Inklusion – Exklusion

Hartmut Häußermann und Martin Kronauer

Abstract

In den Großstädten der westlichen Industrieländer hat sich mit dem Wandel zur Dienstleistungsgesellschaft eine Umschichtung der Arbeitsmärkte und der Einkommensverteilung ergeben, die zu einem Anwachsen der Armut geführt hat. Betroffen davon sind entweder dauerhaft Arbeitslose oder solche Erwerbstätige, deren Einkommen nur noch dafür ausreicht, eine Lebensführung weit unterhalb der durchschnittlichen Konsumstandards zu führen (‚working poor'). Armut hat soziale und kulturelle Konsequenzen, die zu einer Situation führen können, die als ‚Ausgrenzung' oder ‚Exklusion' bezeichnet wird. Die Gefahr der Ausgrenzung wird auch davon bestimmt, in welchen räumlichen Zusammenhängen Menschen leben, die in Armut geraten sind. Denn der Sozialraum hat Einfluss auf die Einbindung in soziale Netzwerke und auf die Verfügung über Ressourcen, die nicht direkt vom Einkommen abhängig sind. Sozialräume werden durch die quartierlichen sozialen Strukturen und die Alltagspraxis ihrer Bewohner geprägt. Die soziale Zusammensetzung einer Bewohnerschaft, die vorherrschenden sozialen Lagen und die Verhaltensweisen der Bewohner formen Milieus, die ihrerseits Rückwirkungen auf die Orientierungen, die Verhaltensmöglichkeiten und Lebenschancen der Bewohner haben.

Die Zunahme sozialer Ungleichheit in den Großstädten, der Abbau von Zugriffsmöglichkeiten auf belegungsgebundene Wohnungen im Zuge der Liberalisierung der Wohnungsversorgung sowie die wachsende kulturelle Heterogenität als Folge des wachsenden Anteils von Migranten haben soziale Entmischungsprozesse in den Stadtquartieren zur Folge, die zu einer wachsenden Segregation der Wohnbevölkerung führen. Dies bewirkt eine räumliche Konzentration von solchen Haushalten, die mit vielfältigen sozialen Problemen beladen sind, in solchen Quartieren der Städte, die die geringste Wohn- und Lebensqualität aufweisen. Dieser Wandel wird auch als sozialräumliche Polarisierung bezeichnet, in deren Verlauf sich neue ‚Armutsviertel' bzw. ausgegrenzte Quartiere bilden.

Quartiere sind Sozialräume, und als solche haben sie Wirkungen für die soziale Lage. Sie können Ausgrenzung bewirken, aber auch Einbettung gewährleisten. Das hängt zum Teil von den äußeren, physisch-materiellen Qualitäten eines Quartiers ab, noch mehr aber von dem Milieu, das die soziale Zusammensetzung und die sozialen Interaktionen im Stadtteil konstituiert. Bauliche Qualitäten, Nutzungsstruktur und soziale Praxis der Bewohner bilden in einem komplexen Zusammenspiel einen Kontext, der auf die einen anziehend, auf die anderen abstoßend wirkt.

Im folgenden Text soll die Beziehung zwischen Bewohnern und Sozialraum daraufhin diskutiert werden, inwieweit die Zugehörigkeit zu einem bestimmten Sozialraum Ressourcen oder Restriktionen hervorbringt, die eher integrierende oder ausgrenzende Wirkungen haben. Dazu werden wir zunächst auf den Begriff ‚Exklusion' eingehen und dann die Wirkungen von Quartiersgrenzen diskutieren, bevor wir beide Aspekte in ihrem wechselseitigen Zusammenhang behandeln.

1. Exklusion

Exklusion ist mehrdimensional bestimmt. Neben der Ausgrenzung aus dem Arbeitsmarkt gehören dazu die Verweigerung bestimmter sozialer Rechte und das Fehlen von sozialer Einbettung. Langzeitarbeitslosigkeit bedeutet, in der Gesellschaft keinen anerkannten Platz einzunehmen; sie hat überdies, ebenso wie Niedrigeinkommen, häufig materielle Armut zur Folge; die mangelnde Verflechtung in verwandtschaftliche oder sonstige soziale Netze führt zu sozialer Isolation; die anhaltende Armut erzwingt den Verzicht auf Konsum- und kulturelle Güter, was zu kultureller Ausgrenzung führt. Schließlich tragen Scham und der Verlust von Selbstwertgefühlen zu einem Rückzug von gesellschaftlichen Kontakten bei, der in einer ‚inneren Kündigung' gegenüber der Gesellschaft und im Verlust der Kontrolle über die eigenen sozialen Lebensumstände und die eigene Lebensweise münden kann – häufig verbunden mit mehr oder weniger starken Suchtkrankheiten (vgl. Kronauer/Vogel/Gerlach 1993).

Am ehesten kann man den Begriff der Exklusion verdeutlichen, wenn man den Gegenbegriff – Inklusion – bestimmt, der in einer modernen Gesellschaft westlicher Prägung zum Standard geworden ist.

Nach der Auflösung ständischer bzw. zünftlerischer Zugehörigkeiten, die eine klare rechtliche und institutionelle Grenze zwischen Inklusion und Exklusion gezogen hatten, war Armut zunächst eine Massenerscheinung geworden. Existenzunsicherheit war eine alltägliche Erfahrung des großstädtischen Proletariats (vgl. Hobsbawm 1980). Als mit dem Wachstum der großen Industrie die Integration der besitzlosen Klassen zu einer Existenzfrage der kapitalistischen Gesellschaft geworden war, begann der Aufbau von Systemen der Sozialversicherung, der in der Zeit nach dem II. Weltkrieg in den entwickelten Wohlfahrtsstaaten einen Höhepunkt erlebte. Damit wurden Maßstäbe der gesellschaftlichen Zugehörigkeit etabliert, die durch den sozio-ökonomischen und politischen Wandel der postfordistischen Ära, deren Beginn auf die Zeit der 1980er Jahre datiert werden kann, zunehmend in Frage gestellt werden.

Der gesellschaftliche Fortschritt der sozialstaatlichen Sicherungssysteme bestand darin, dass die gesellschaftliche Inklusion nicht allein dem Arbeits- und Konsummarkt überlassen blieb, sondern dass das subjektive Recht auf ein menschenwürdiges Leben jedem einzelnen Gesellschaftsmitglied zugestanden wurde – unabhängig von konjunkturellen Zyklen, und unabhängig von den persönlichen Schicksalen, die mit dem Lebenslauf eines Arbeiters verbunden sein konnten. Der Sozialstaat gewährleistete soziale Rechte, die über die persönlichen Rechte auf ein unversehrtes Leben und über die politischen Rechte hinausgehen.

Die sozialen Rechte sollen (vgl. Marshall 1992) allen Mitgliedern der Gesellschaft einen gleichen, nicht-diskriminierenden Zugang zu den zentralen gesellschaftlichen Institutionen der Vermittlung von Lebenschancen verschaffen, vor allem zu denen der Bildung, des Gesundheitswesens und der sozialen Sicherung. Sie sollen also eine Statusgleichheit der Individuen gegenüber diesen Institutionen herstellen, ungeachtet aller Herkunfts- und sonstiger ökonomischer Unterschiede zwischen den Bürgern. Zum anderen – und zugleich – sollen sie für alle Mitglieder einer Gesellschaft ein Minimum an gemeinsamen Lebenschancen und ein dem erreichten Wohlstandsniveau angemessenen kulturellen Lebensstandard (einschließlich der Wohnbedingungen) gewährleisten. Mit der Durchsetzung sozialer Rechte konnte zwar nicht die ökonomische und soziale Ungleichheit beseitigt werden, wohl aber die Ausgrenzung.

Solche wohlfahrtsstaatlichen Arrangements setzen zweierlei voraus: die Abgrenzung des Kreises der Leistungsberechtigten und die Vollbeschäftigung, die die finanziellen Grundlagen für den Solidaritätspakt sicherstellen muss, der sich in der Sozialversicherung und in der staatlichen Finanzierung von Sozialleistungen ausdrückt.

Während die Leistungen der Sozialversicherungssysteme auf Rechten beruhen, die durch die finanziellen Beiträge der lohnabhängig Erwerbstätigen entstehen, sind die staatlichen Sozialleistungen an den Bürgerstatus gebunden. Der Bürgerstatus markiert eine rechtliche Grenze, an der nach wie vor in der traditionellen Form der Ausgrenzung über institutionelle Teilhabe oder Ausschluss entschieden wird.

Für vollständige Inklusion war immer noch eine dritte Säule der sozialen Sicherung maßgebend: die Einbindung in soziale, insbesondere familiäre Beziehungen. Diese wurde durch die Stabilität und den Ausbau der beiden ersten Säulen zunehmend in ihrer Bedeutung relativiert. Familiärer Rückhalt war für die Existenzsicherung weniger notwendig, wenn Markt und Staat es den Individuen erlaubten, sich ökonomisch unabhängig zu machen.

Alle drei Säulen stehen in Beziehung zueinander, sie tragen aber gleichwohl Unterschiedliches zur gesellschaftlichen Integration bei – sie können sich daher auch nicht gegenseitig substituieren. Erwerbsarbeit bindet die Menschen in die wechselseitigen Abhängigkeiten objektivierter, arbeitsteiliger, wenn auch ungleich strukturierten Sozialbeziehungen ein, garantiert aber nicht für alle und nicht auf Dauer eine sozial und materiell abgesicherte Lebensperspektive. Soziale Rechte können zwar den sozialen Status und bis zu einem gewissen Grad den Lebensstandard absichern helfen, aber sie können weder für Erwerbsarbeit noch für die Einbindung in persönliche Beziehungen sorgen. Familie und informelle Netze schließlich bilden ein letztes Auffangnetz auch in materieller Not, können soziale Isolation vermeiden, ersetzen aber weder die Interdependenzbeziehungen, die mit der Erwerbsarbeit verbunden sind, noch den materiellen Ausgleich, den soziale Rechte gewähren (vgl. Kronauer 2002: 95f.).

Dieses System der gesellschaftlichen Inklusion ist durch den ökonomischen Wandel in den entwickelten Industriegesellschaften ins Rutschen gekommen. Der Begriff der Exklusion bezieht sich auf Brüche in den zuvor genannten drei Modi der gesellschaftlichen Zugehörigkeit und Einbindung: die Wechselbeziehungen gesellschaftlicher Arbeitsteilung, die über Bürgerrechte vermittelten Teilhabemöglichkeiten und die Reziprozität sozialer Nahbeziehungen.

Marginalisierung am Arbeitsmarkt – bis hin zum völligen Ausschluss von Erwerbsarbeit – stellt eine Dimension der Ausgrenzung dar. Für erzwungene Nicht-

Arbeit gibt es in einer Arbeitsgesellschaft keine positiven Identitätsangebote, sie bedeutet gleichsam den Absturz in soziales Niemandsland.

Die Einschränkung oder *Verweigerung von sozialen Bürgerrechten*, aber auch der Verlust von Teilhabemöglichkeiten trotz bestehender *Rechte* (etwa durch die unangemessen niedrige Leistungshöhe oder durch die diskriminierenden Praktiken der Bedürfnisprüfung) stellen eine weitere Dimension der Exklusion dar. Dazu gehört auch die Verweigerung von Qualifikationsmöglichkeiten, wenn die bisherige Qualifikation auf dem Arbeitsmarkt nicht mehr nachgefragt wird. Oft ist weniger die formale Rechtlosigkeit das Problem als vielmehr die Ausgestaltung der Rechte, die Partizipation im Sinne Thomas H. Marshalls bei anhaltender Arbeitslosigkeit nicht hinreichend ermöglicht.

Darüber hinaus ist mit abnehmender Inklusion in den beiden zuvor genannten Dimensionen sehr häufig das *Schrumpfen der Sozialbeziehungen bzw. der Qualitätsverlust sozialer Netze* verbunden. Reichweite und Umfang sozialer Beziehungen nehmen bis hin zur sozialen Isolation ab, wenn man aus dem Arbeitsmarkt ausgegrenzt und als Fürsorgeempfänger stigmatisiert ist. Die Einbindung in verbleibende soziale Netze bietet weniger Rückhalt und soziale Anerkennung, wenn die meisten Kontaktpersonen ebenfalls am Rande der Gesellschaft leben und von Ausgrenzung bedroht sind. Überdies hat eine solche Verengung der sozialen Netze negative Rückwirkungen auf die Arbeitsmarktchancen (vgl. Wegener 1987).

Ausgrenzungsrisiken sind ungleich verteilt. Sie betreffen Arbeiter stärker als Angestellte, gering Qualifizierte stärker als höher Qualifizierte. Migranten sind stärker durch die Einschränkung von Rechten bedroht, Einheimische stärker durch den Verlust sozialer Einbettung. Ausgrenzungen verlaufen in Abstufungen sozialer Gefährdung, können aufgehalten, unterbrochen oder auch revidiert werden. Es handelt sich um einen Prozess, der allerdings an einen Punkt kommen kann, an dem die Betroffenen ihre Lage als nicht mehr veränderbar ansehen, sich auf sie einstellen und sie damit in ihrem eigenen Handeln selbst reproduzieren.

2. Sozialräumliche Segregation

Der Sozialraum, dem von Ausgrenzung Bedrohte angehören, hat auf vielfältige Weise Einfluss auf diesen Prozess. Haushalte, die zu den ‚Risikogruppen' gehören, haben die geringsten Wahlmöglichkeiten auf dem Wohnungsmarkt, weil sie über nur geringe materielle, soziale und kulturelle Ressourcen verfügen, die für den Zugang zu den verschiedenen Segmenten des Wohnungsangebots entscheidend sind. Sie werden über Marktmechanismen, Informationsflüsse und Zuweisungen des Wohnungsamtes in solche Quartiere gelenkt, in denen bereits Haushalte in ähnlicher sozialer Lage konzentriert sind. Dadurch entstehen ‚marginalisierte Quartiere' oder Armutsviertel – Sozialräume also, die durch ein bestimmtes Milieu gekennzeichnet sind, das allerdings durchaus ambivalente Wirkungen hat.

Wie bereits in der Diskussion über die ‚Sanierungsgebiete' in den 1960er und 1970er Jahren deutlich wurde (vgl. Häußermann/Holm/Zunzer 2002), kann dasselbe Milieu höchst unterschiedlich bewertet werden. Während die politische Definition von ‚einseitigen' Sozialstrukturen den heruntergekommenen Altbauquartieren und ihren Bewohnern pauschal einen Modernisierungsbedarf attestierte und die Legitimation für eine durchgreifende bauliche Erneuerung lieferte, berief sich der Widerstand gegen die ‚Kahlschlagsanierung' darauf, dass diese Quartiere keineswegs soziales Chaos oder gar Desintegration, sondern ein bewahrenswertes Milieu beherbergten, das auf langer Wohndauer, informellen Hilfesystemen und dichter Kommunikation beruhte. ‚Zurückgebliebene' Quartiere wurden also einerseits als Schutzräume für Arme und Alte betrachtet, andererseits als Orte, die gesellschaftliche Benachteiligungen befestigten. Von politisch links stehenden Gruppen wurde damals argumentiert, die Situation in den Altbauquartieren stelle nicht nur kein benachteiligendes, sondern sogar ein emanzipatorisches Milieu dar, weil auf der Basis von Homogenität und lokaler Kommunikation sich eine widerständige Kultur entwickeln könne, die durch Eingriffe von außen (bewusst) zerstört werde.

Segregation ‚an sich' kann nicht als positiv oder negativ bewertet werden (vgl. Häußermann/Siebel 2004). Einerseits sind die Wirkungen der Bildung homogener Wohnquartiere immer ambivalent, weil sie zwar eine starke Binnenintegration gewährleisten, aber auch wirksame Grenzen nach außen darstellen; andererseits hängt die Einschätzung eines sozialräumlichen Milieus auch von der gesellschaftlichen Bewertung ab: handelt es sich um ein erwünschtes, akzeptiertes Milieu, oder um ein unerwünschtes, fremdes, diskriminiertes? Homogene Mittelschichtsquartiere am Stadtrand oder die Oberschichtquartiere, die in den Städten meistens den höchsten Segregationsgrad aufweisen, werden in der Regel nicht zum Gegenstand einer Kritik, die Segregation als Problem ansieht – sehr wohl dagegen die sozial homogenen Armutsviertel oder die ‚ethnischen Kolonien'. Diese Sozialräume werden als unakzeptabel angesehen und Überlegungen zu ihrer Veränderung bzw. zu ihrer Auflösung angestellt.

Stark segregierte Quartiere lassen sich anhand eines zentralen Merkmals unterscheiden, das für die erwarteten Effekte dieser Segregation nachhaltige Bedeutung hat, nämlich hinsichtlich dessen, ob sie aufgrund freiwilliger Wohnstandortwahl entstanden sind, oder ob es sich um eine unfreiwillige, erzwungene Segregation handelt. Dabei ist selbst bei armen Bewohnergruppen nicht von vornherein auszuschließen, dass sie sich (wenn auch im Rahmen objektiv sehr begrenzter Alternativen) für ein bestimmtes Wohngebiet entschieden haben und dort, solange sich ihre soziale Lage nicht verbessert hat, auch bleiben wollen. So ziehen Migranten häufig in Viertel, wo bereits Verwandte oder Bekannte aus der Herkunftsregion wohnen. Solche Viertel ermöglichen es unter Umständen, sich auf die Kultur des Aufnahmelandes einzustellen, ohne sogleich die eigene Herkunft verleugnen zu müssen. Sie bieten überdies Kontaktmöglichkeiten, die finanzielle und materielle Unterstützung bereitstellen und beim Umgang mit Behörden und bei der Arbeitssuche behilflich sein können.

Die *Bewertung segregierter Viertel* divergiert je nach Standpunkt des Beobachters: Quartiere, die von außen als ‚problematisch' eingestuft werden, werden von ihren Bewohnern häufig akzeptiert und als ein Ort der Zugehörigkeit gesehen, mit dem sie sich durchaus identifizieren.

Der Stadtteil kann somit als „Ressource der Lebensbewältigung" (Herlyn/Lakemann/Lettko 1991) dienen, aber auch als Beschränkung der Lebenschancen fungieren (vgl. Kapphan 2002). Johannes Boettner (2002: 105f.) hat in einer Fallstudie über den Duisburger Stadtteil Marxloh gezeigt, dass diese Ambivalenz in widersprüchlichen ‚Deutungsrahmen' zum Ausdruck kommt, die er als divergierende „Problemmuster" bezeichnet. Während nach dem einen (fürsorgerischen) Problemmuster das homogene Milieu sozialpflegerisch „optimiert" werden soll, legt das konträre (interventionistische) Muster ein „Gegensteuern" nahe, d.h. den Versuch, die Konzentration von problembeladenen Haushalten durch ein Konzept der ‚sozialen Mischung' aufzulösen, und das heißt für gewöhnlich: Aufwertung des Quartiers als Wohngebiet und damit die Verdrängung von ‚sozial problematischen' Haushalten.

Ob und für welche Bewohner Quartiere mit hohen Anteilen von Armen und Arbeitslosen eher ausgrenzend oder eher integrierend wirken, hängt wesentlich von vier Faktoren ab: dem Grad der Freiwilligkeit des Zuzugs und damit einhergehend die Verfügbarkeit unterstützender sozialer Netze; den Wohn- und Lebensbedingungen im Quartier (genügen sie Mindeststandards der Wohnqualität und der infrastrukturellen Versorgung oder nicht); der Außenbeurteilung des Viertels und seiner Bewohner; schließlich und vor allem von der Durchlässigkeit der sozial-räumlichen Grenzen (ist Aufstiegsmobilität möglich und wird sie intern und extern gefördert oder nicht).

3. Sozialräumliche Segregation und ihre Auswirkungen auf Exklusionsprozesse

Angesichts der dargestellten Ambivalenzen ist es notwendig, das Zusammenwirken von Arbeitslosigkeits- und Armutslagen, Bewältigungshandeln und Sozialraum in jeweils unterschiedlichen sozialräumlichen Kontexten zu betrachten. Dabei gehen wir im Folgenden von zwei Thesen aus, die hierzu in der Diskussion immer wieder vertreten werden. Die eine lässt sich als die These von den Konzentrationseffekten kennzeichnen, die andere als die von den Quartierstypeneffekten.

3.1 Konzentrationseffekte

Der ersten These zufolge wirken Wohngebiete umso stärker benachteiligend auf ihre armen Bewohner, je mehr diese unter sich bleiben, je höher also der Anteil der Armen an der Gesamtbevölkerung des Viertels ist. Ihr prominentester Vertreter ist William Julius Wilson, der sie mit empirischen Befunden vor allem aus Chicago begründete (vgl. Wilson 1987; 1996). Die sozialräumliche Konzentration von Armut in den Stadtvierteln amerikanischer Großstädte mit einer Armutsdichte von 40% und mehr ergibt sich ihm zufolge aus dem Zusammenwirken zweier Faktoren: der Abwanderung der (schwarzen) Mittelklasse aus den Innenstadtgebieten und der weiteren Verarmung der zurückbleibenden ansässigen Bevölkerung, die im Zuge der Deindustrialisierung und der Verlagerung von Dienstleistungsarbeitsplätzen in die Randgebiete der Städte verstärkt von Unterbeschäftigung und Arbeitslosigkeit heimgesucht wird. Benachteiligung am Arbeitsmarkt verbindet sich auf diese Weise mit sozialer Isolation und wird ihrerseits durch die Folgen der Isolation verstärkt. Denn mit dem Wegzug der beruflich Etablierten gehen potenzielle Arbeitgeber, aber auch Informanten und Fürsprecher verloren, die Arbeitsstellen vermitteln könnten. Bleiben die Armen, prekär Beschäftigten und Arbeitslosen unter sich, ergeben sich überdies negative Sozialisationseffekte für Jugendliche, die in diesen Viertel aufwachsen. Ihnen fehlen Rollenvorbilder, die sie an eine Orientierung an regulärer Erwerbsarbeit heranführen könnten (die „old heads" der traditionellen, schwarzen Arbeiterviertel; vgl. Anderson 1990). „Konformistische" Jugendliche, die auf dem knappen Arbeitsmarkt für Niedriglohnjobs oft vergeblich nach Arbeit suchen, geraten in Konflikt mit Altersgenossen, die Erwerbsarbeit abgeschrieben haben, Anerkennung auf der Strasse suchen und in der Drogenökonomie unter tödlichem Risiko schnelles Geld verdienen wollen (vgl. Newman 1999; Bourgois 1995).

Die sozialräumliche Konzentration der Armen bildet hier das kritische Bindeglied, das Ausgrenzung am Arbeitsmarkt und soziale Ausgrenzung zu einem Teufelskreis sich wechselseitig verstärkender Elemente zusammenschließt. Die interne, soziale Isolation wird durch externe, rassistische Stigmatisierung der Viertel mit ihren überwiegend schwarzen oder hispanischen Bevölkerungen noch weiter verschärft.

William Julius Wilson spricht, unter Rückgriff auf den von Gunnar Myrdal Anfang der 1960er Jahre ins Amerikanische eingeführten Begriff der „underclass", von der Herausbildung einer „ghetto underclass" (Wilson 1987: 3). Das „Ghetto" am Ende des letzten Jahrhunderts unterscheidet sich allerdings in wichtiger Hinsicht vom schwarzen Ghetto der Zeit vor dem II. Weltkrieg. Letzteres war infolge der den Schwarzen auferlegten Mobilitätsbeschränkungen ethnisch weitgehend homogen, aber sozial relativ heterogen. Die schwarzen Wohngebiete waren Arbeiterviertel, schlossen aber auch die schwarze Mittelklasse ein (vgl. Drake/Cayton 1993). Das von William Julius Wilson beschriebene Ghetto dagegen ist sowohl ethnisch als auch ökonomisch segregiert. Die schwarze Mittelklasse konnte die durch die Bürgerrechtsbewegung eröffneten Mobilitätsspielräume nutzen, während für die Zurückbleibenden die ökonomische Grundlage für eine städtische Arbeiterexistenz erodierte. Der Begriff „ghetto underclass" bezeichnet dieses Zusammentreffen von ökonomischer Marginalisierung und räumlicher Abschottung.

Einwände innerhalb der amerikanischen Diskussion zu William Julius Wilsons These richteten sich weniger gegen die von ihm festgestellte sozialräumliche Konzentration und deren Folgen, als gegen seine Diagnose der Ursachen (Deindustrialisierung und zunehmende ökonomische Ungleichheit bei gleichzeitiger Abschwächung des Einflusses von rassistischer Diskriminierung; vgl. Jargowsky 2004). Aus europäischer Sicht ist insbesondere die Übertragbarkeit der These von den Konzentrationseffekten strittig.

Dabei sind es vor allem zwei historische Momente, die bislang die Übertragbarkeit der Wilson'schen Analysen der Underclass-Formierung auf (kontinental-)europäische Verhältnisse zweifelhaft haben erscheinen lassen (vgl. Häußermann/Kronauer/Siebel 2004). Zum einen prägt bis heute Rassendiskriminierung die Segregationsmuster in den amerikanischen Großstädten nachhaltiger als in Europa. Zum anderen sind in den meisten europäischen Großstädten noch immer sozialstaatliche Interventionen wirksam, die sich auf zweifache Weise bemerkbar machen: in der stärkeren materiellen und sozialen Absicherung von Individuen und Haushalten in

Notlagen und in der stärkeren Präsenz staatlicher Förderung und Regulierung bei der Wohnungsversorgung und Quartiersentwicklung, die die Übertragung ökonomischer Benachteiligung auf sozialräumliche Benachteiligung lange Zeit abgeschwächt hat. Die Armutsviertel der amerikanischen Innenstädte dagegen waren zum Zeitpunkt von William Julius Wilsons Untersuchungen über die Herausbildung einer neuen städtischen „underclass" von der Mehrheitsgesellschaft aufgegeben worden. Private Investoren hatten sich zurückgezogen, lokale und staatliche Förderprogramme waren zurückgefahren oder gänzlich eingestellt worden. Im Vergleich zu den USA weisen europäische Großstädte deshalb in der Regel nicht nur niedrigere Armutsraten auf, sondern auch eine größere ethnische und soziale Heterogenität selbst in den Vierteln mit überdurchschnittlichen Anteilen von Armen und Arbeitslosen.

Gleichwohl haben die bisher leider seltenen Studien auch in Deutschland (vgl. Friedrichs/Blasius 2000; Farwick 2001) den Einfluss von Konzentrationseffekten zumindest auf den ersten Blick bestätigt. Andreas Farwick konnte anhand von Längsschnittdaten zum Sozialhilfebezug und der räumlichen Verteilung von Sozialhilfeempfängern in Bremen und Bielefeld zeigen, dass die Sozialhilfedichte eines Gebiets einen eigenständigen Erklärungsfaktor für die Dauer des Sozialhilfebezugs darstellt. Arme Bewohner von Stadtvierteln oder Straßenzügen mit hohen Anteilen von Sozialhilfeempfängern beziehen länger Sozialhilfe als Vergleichsgruppen in Wohngebieten mit geringerer Sozialhilfedichte. Jürgen Friedrichs und Jörg Blasius (2000: 193ff.) kamen in einer Studie verschiedener Kölner Stadtviertel mit überdurchschnittlicher Armut zu dem Schluss, dass die Benachteiligung der Bewohner mit steigender Armutsdichte ebenfalls zu- und die Wohnzufriedenheit abnimmt. Unklarheiten bestehen nach wie vor hinsichtlich der Erklärung der hier beschriebenen Zusammenhänge. Andreas Farwick vermutet, dass die Außendiskriminierung der Viertel und ihrer Bewohner einen wichtigen Einfluss auf die Verlängerung der Bezugszeiten von Sozialhilfe haben könnte (vgl. Farwick 2001: 178). Jürgen Friedrichs und Jörg Blasius wiederum halten sich strikter an die Wilson'sche Erklärung. Sie stellen mit zunehmender Armutsdichte eine Verengung der sozialen Netze fest. Darüber hinaus glauben sie zumindest bei den deutschen (bemerkenswerterweise aber nicht bei den türkischen) Bewohnern negative Sozialisationseffekte feststellen zu können. Allerdings behandelt ihre Studie weit mehr Zusammenhänge zwischen Armut und Einstellungen gegenüber abweichendem Verhalten als tatsächliche Auswirkungen von im Viertel erlernten Verhaltensweisen auf Arbeitsmarktchancen.

Beim gegenwärtigen Stand der Erkenntnis ist somit noch weitgehend offen, ob (und wenn ja, warum) tatsächlich die jeweilige Armutsdichte in einem Viertel den Ausschlag für zusätzliche sozialräumliche Benachteiligungen gibt oder ob nicht andere Faktoren (wie sie etwa in der folgenden These von der Bedeutung unterschiedlicher Quartiersmerkmale herausgearbeitet werden) erklärungsmächtiger sind. In jedem Fall weist jedoch der Vergleich mit den USA auf die möglichen Folgen hin, die ein weiterer Rückzug des Staats aus der Wohnungsversorgung und der Verpflichtung zu einem räumlichen Ausgleich von Lebensbedingungen, der seit geraumer Zeit in Deutschland und anderen europäischen Ländern ein Ziel der Stadtpolitik ist, haben kann, und was es für die Stadtgesellschaft bedeutet, wenn ökonomische und sozialräumliche Benachteiligung kurzgeschlossen werden.

3.2 Quartierstypeneffekte

Die zweite These geht weniger von Unterschieden in der räumlichen Armutskonzentration aus als von Unterschieden in den physisch-sozialen Merkmalen von Quartieren, also in ihrer funktionalen Ausrichtung, ihrer Geschichte und der sozialen Zusammensetzung ihrer Bevölkerung. Sie findet sich in der europäischen Diskussion über die Zusammenhänge zwischen Ausgrenzung und Wohngebiet. Zwei typische Konstellationen werden dabei vor allem berücksichtigt und in ihren Folgen für die Bewohner einander gegenübergestellt: Auf der einen Seite innerstädtische, historisch gewachsene Viertel mit einer Mischung von Nutzungsformen (Gewerbe und Wohnen) und in der Regel einer längeren Tradition als Wohn- und Arbeitsgebiete für die ‚kleinen Leute'; auf der anderen Seite allein auf das Wohnen angelegte Großsiedlungen in städtischen Randlagen, wie sie in vielen europäischen Städten nach dem II. Weltkrieg errichtet wurden. Beide Quartierstypen weisen mittlerweile häufig hohe Armuts- und Arbeitslosigkeitsraten auf.

Innerstädtische, funktional gemischte Viertel gelten als vorteilhafter für arme Bevölkerungsgruppen im Vergleich zu Großsiedlungen. Sie eröffnen Möglichkeiten für (Gelegenheits-)Arbeiten im Nahbereich (vgl. Herlyn/Lakemann/Lettko 1991), weisen aufgrund ihrer Geschichte häufig eine größere interne Toleranz im Umgang mit benachteiligten Gruppen und ‚abweichendem' Verhalten auf, erscheinen aber auch in der Außenwahrnehmung nicht nur als „Problemgebiete" sondern als Bestandteil städtischer Diversität. Gelegentlich ziehen sie sogar Touristen an.

Großsiedlungen hingegen bieten für arme Bewohner kaum Arbeitsmöglichkeiten, denn die Trennung von Arbeiten und Wohnen ist städtebaulich festgeschrieben. Das Wohnen wiederum ist auf Familien ausgerichtet – Großsiedlungen fördern eine privatistische Lebensweise. Für Langzeitarbeitslose, insbesondere solche ohne Familienanschluss, bergen sie deshalb in besonderer Weise die Gefahr der sozialen Isolation. Während des Tags sind sie abgeschnitten von denen, die das Viertel verlassen, um zur Arbeit zu fahren. Der Feierabend konzentriert sich auf das Leben in und mit der Familie. Es gibt kaum Gelegenheiten, bei denen sich die Verkehrskreise überschneiden und Gemeinsamkeiten zum Tragen kommen könnten. Dagegen treten durch dieses sozialräumliche Arrangement die Unterschiede in der Lebensweise besonders deutlich hervor.

Überdies sind Großsiedlungen häufig mit einem Stigma belegt, das sich bereits an der baulichen Form festmacht. Die Bewertungsmaßstäbe hinsichtlich der Außenbeurteilung haben sich mit der Zeit sehr verändert. Ursprünglich als städtebauliche Reformprojekte konzipiert und ausgeführt, sollten die Siedlungen auch Beziehern kleiner und mittlerer Einkommen Wohnkomfort in quasi-suburbaner Lage ermöglichen. Mit steigendem Anteil der Armutsbevölkerung in diesen Gebieten und baulichen Verfallserscheinungen, aber auch mit wachsender Kritik an ihren Ausmaßen und einseitigen Nutzungsmöglichkeiten hat sich ihr Image drastisch verschlechtert. Mittlerweile verdichtet sich dies schnell im Stereotyp ‚Ghetto', das die Bewohner zwar oft nicht teilen, mit dem sie sich aber auseinandersetzen müssen.

Vor allem in Frankreich, wo der Exklusionsbegriff ursprünglich geprägt und rasch in der politischen Debatte aufgegriffen wurde (vgl. Kronauer 2002: 38ff.), konzentriert sich die öffentliche Aufmerksamkeit auf die Großsiedlungen der „banlieues". Auch die Forschung widmet sich ihnen in besonderem Maße, konzentriert sich dabei allerdings auf eine Bewohnergruppe, die am Arbeitsmarkt besonders benachteiligt ist und immer wieder durch spektakuläre Proteste hervortritt – die Jugendlichen. Einschlägigen Studien zufolge erleben sie sich als abgehängt von der Gesellschaft, am Arbeitsmarkt ebenso wie durch die räumliche und soziale Randständigkeit der Wohngebiete (vgl. Dubet/Lapeyronnie 1994; Wacquant 2004). Gleichwohl unterscheidet sich ihre Situation von der der amerikanischen „ghetto youth" in zweifacher Hinsicht. Es ist nicht die rassische Diskriminierung, die sie verbindet und in Gegensatz zur Mehrheitsgesellschaft bringt, sondern die Gemeinsamkeit der marginalisierten sozialen Lage und des marginalisierten Wohngebiets – trotz des unterschiedlichen ethnischen und kulturellen Hintergrunds. Darüber hinaus hat der Staat diese Viertel und insbesondere deren jugendliche Bewohner nicht ‚aufgegeben', sondern versucht durch eine ganze Reihe von Maßnahmen zur ‚Eingliederung' dort einzuspringen, wo der Arbeitsmarkt und die familialen und nachbarschaftlichen Netze versagen – allerdings mit nur mäßigem Erfolg (vgl. Paugam 1998: 123ff.). Ausgrenzung im französischen (wie überhaupt im europäischen) Kontext bedeutet deshalb nicht so sehr wie in den USA institutionelle Vernachlässigung als vielmehr „Gleichzeitigkeit des Drinnen und Draußen" (vgl. Simmel 1983: 368; Kronauer 2002: 146-150) – anhaltende institutionelle Betreuung, die dennoch nicht in ein selbständiges Leben führt (vgl. Wacquant 2004: 179f.).

Studien in Deutschland, die Großsiedlungen und innerstädtische Viertel mit überdurchschnittlich hohen Anteilen von Arbeitslosen und Armen vergleichen, können typische Quartierseffekte nachweisen, zeigen aber auch, dass die Erfahrungen und Nutzungsweisen der Lebensbedingungen in einem Viertel je nach sozialer Lage, Haushaltsform und biographischem Hintergrund variieren. Dabei spielt die Tatsache eine wichtige Rolle, dass sich Quartiere nicht nur nach ihrer geographischen Lage, ihren funktionalen und baulichen Merkmalen sowie ihrer Geschichte unterscheiden, sondern auch in der sozialen Zusammensetzung ihrer Armutspopulationen. Verschiedene Quartierstypen ziehen unterschiedliche Armutsbevölkerungen an. So finden sich in den Quartieren mit der höchsten Armutsdichte in den innerstädtischen Bereichen Hamburgs mehr Alleinstehende als in den Großsiedlungen, die wiederum mehr Familien beherbergen. Dementsprechend unterscheiden sich auch die Bedürfnisse und die Kriterien, nach denen das jeweilige Viertel beurteilt wird. Eine Befragung von Langzeitarbeitslosen und Sozialhilfeempfängerinnen in zwei Hamburger Quartieren ergab, dass die Beurteilung der Lebensbedingungen im innerstädtischen Viertel und in der Großsiedlung jeweils überwiegend positiv ausfiel. Deutlich unterschieden sich allerdings die Gründe, die dabei jeweils ausschlaggebend waren (vgl. Kronauer/Vogel 2004). Soziale Merkmale des Viertels haben im Guten (Unterstützungsbereitschaft, Toleranz, „Wir-Gefühl") wie im Schlechten (Drogen, Verwahrlosung) eine große Bedeutung im innerstädtischen Quartier, dagegen stehen Infrastruktur und Wohnqualität im Vordergrund beim Urteil über die Großsiedlung. Auch die sozialen Netze unterscheiden sich. Sie sind im innerstädtischen Viertel stärker auf Freunde und Bekannte ausgerichtet, in der Großsiedlung auf Familienmitglieder.

Entgegen ihrem Ruf kommen Großsiedlungen unter Umständen den Wohnbedürfnissen armer Familien durchaus entgegen. Für Alleinstehende wirken sie dagegen in der Regel zusätzlich belastend. Aber auch innerstädtische Quartiere haben ihre Kehrseite. In der Hamburger Untersuchung wurde deutlich, dass die Dichte der Milieus im Viertel, die eine Ressource bei der Bewältigung von Ausgrenzung und Ausgrenzungsbedrohung darstellen kann, diejenigen noch weiter ausschließt, die die Zugangsvoraussetzungen zu diesen Milieus nicht teilen – eine längere Lebensgeschichte am Rande der Erwerbsarbeitsgesellschaft und die eigene Entscheidung, dieses Viertel anderen vorzuziehen.

Die Befunde zeigen somit, wie sehr es für die Wirkung von Quartieren als Ressource oder Restriktion davon abhängt, ob und wie weit selbst ihre armen Bewohner bei der Wohnungsentscheidung noch eine gewisse Wahl treffen können. Von einer wie auch immer begrenzten „Wahl" kann aber sinnvollerweise nur dann gesprochen werden, wenn auch in den Quartieren, die den Armen überhaupt zugänglich sind, Mindeststandards der Wohn- und Lebensqualität gesichert sind.

Die Befragung erbrachte aber noch ein weiteres wichtiges Ergebnis. Die Lebensbedingungen im Quartier können Erfahrungen der Unsicherheit, des sozialen Abstiegs und der Ausgrenzungsbedrohung verschärfen. Umgekehrt können jedoch positiv bewertete Lebensumstände im Wohngebiet Ausgrenzungserfahrungen und -befürchtungen kaum aufwiegen. Allenfalls verblasst die Ausgrenzungserfahrung, wenn sich Langzeitarbeitslose nach Jahren ohne Erwerbsarbeit auf ihre Lage „eingestellt" und zudem im innerstädtischen Viertel eine soziale Nische gefunden haben, in die sie sich zurückziehen können. In der Regel aber bleibt, ungeachtet aller sozialen Schutzräume im Nahbereich oder auch erträglicher, gar angenehmer Wohnbedingungen in der Siedlung, der quälende Stachel der Ausgrenzung virulent. Denn er wird überwiegend jenseits der Quartiersgrenzen gesetzt, auf den lokalen und internationalen Arbeitsmärkten, durch die institutionellen Regelungen der Fürsorge, die Außenbeurteilung des Quartiers und die Erfahrung und Befürchtung von stigmatisierenden Begegnungen, die nicht kontrolliert werden können. Letztlich entscheidend für die Bewohner ist deshalb die soziale und räumliche Durchlässigkeit der Quartiersgrenzen, die Chance, die eigene Lage und möglicherweise auch den Wohnort zu verbessern. Darauf haben aber vor allem Institutionen und Akteure Einfluss, die nicht im Quartier verankert sind.

4. Schluss

Wohnquartiere sind Sozialräume, die in allen wesentlichen Dimensionen mehr oder weniger eng mit dem Ausgrenzungsproblem verbunden sind. Sie haben einen Einfluss auf Arbeitsmarktchancen (sofern lokale Teilarbeitsmärkte Beschäftigungsmöglichkeiten eröffnen), auf Teilhabemöglichkeiten (durch die Quantität und Qualität öffentlicher Dienstleistungen im Viertel, den Zustand von Wohnungen und Infrastruktur) sowie auf die Reichweite und Zusammensetzung sozialer Beziehungen. Dabei können sie jeweils Ressourcen bereitstellen, die das Leben erträglicher machen, oder aber Ressourcen vorenthalten und das Ausgrenzungsproblem weiter zuspitzen. Die sozialräumliche Konzentration von Armen und Arbeitslosen wird deren Ausgrenzung vor allem dann zusätzlich verschärfen, wenn die Wohnungsversorgung dem Markt überlassen bleibt und sich Staat und Mehrheitsgesellschaft aus der Verantwortung für die Viertel und ihre Bewohner zurückziehen. Wie der Fall der innerstädtischen Armutsgebiete in den USA deutlich macht, zerstört dies nicht nur die Grundlagen des Zusammenlebens in den Vierteln selbst, sondern schlägt auf die Lebensqualität in den Städten insgesamt zurück.

Der Vergleich von innerstädtischem Viertel und Großsiedlung in Deutschland zeigt, dass es keinen einzelnen Quartierstyp gibt, der den Bedürfnissen der in sich heterogenen Armutsbevölkerung mehr als andere entgegenkommen würde. Ein Minimum der Freiwilligkeit der Entscheidung für einen bestimmten Wohnort zu ermöglichen, ist daher ebenso ein Sozialstaatsgebot wie die Forderung, das Angebot an Sozialleistungen im Quartier, aber auch für die Individuen aufrecht zu erhalten. Für eine Sozialraum-Politik sind zwei Ziele zentral: die Durchlässigkeit der Grenzen zu gewährleisten, und dem Gemeinwesen eine aktive Rolle bei der Entwicklung des Quartiers einzuräumen.

Literatur

Anderson, Elijah (1990): Streetwise. Race, class, and change in an urban community. Chicago/London

Boettner, Johannes (2002): Vom tapferen Schneiderlein und anderen Helden. Fallstricke des integrierten Handelns – Eine Evaluation. In: Walther (Hg.) (2002): 101-114

Bourdieu, Pierre et al. (1997): Das Elend der Welt. Zeugnisse und Diagnosen alltäglichen Leidens an der Gesellschaft. Konstanz

Bourgois, Philippe (1995): In search of respect. Selling crack in El Barrio. Cambridge

Buck, Nick (2001): Identifying neighbourhood effects on social exclusion. In: Urban Studies 12/38: 2251-2275

Dubet, François/Lapeyronnie, Didier (1994): Im Aus der Vorstädte. Der Zerfall der demokratischen Gesellschaft. Stuttgart

Drake, St. Clair/Cayton, Horace R. [1945] (1993): Black metropolis. A study of negro life in a northern city. Chicago

Farwick, Andreas (2001): Segregierte Armut in der Stadt: Ursachen und soziale Folgen der räumlichen Konzentration von Sozialhilfeempfängern. Opladen

Friedrichs, Jürgen/Blasius, Jörg (2000): Leben in benachteiligten Wohngebieten. Opladen

Häußermann, Hartmut/Siebel, Walter (2004): Stadtsoziologie. Eine Einführung. Frankfurt a.M. (i.E.)

Häußermann, Hartmut/Kronauer, Martin/Siebel, Walter (Hg.) (2004): An den Rändern der Städte. Frankfurt a.M.

Häußermann, Hartmut/Holm, Andrej/Zunzer, Daniela (2002): Stadterneuerung in der Berliner Republik: Modernisierung in Berlin-Prenzlauer. Opladen

Häußermann, Hartmut/Kapphan, Andreas (2000): Berlin: Von der geteilten zur gespaltenen Stadt? Sozialräumlicher Wandel seit 1990. Opladen

Herlyn, Ulfert/Lakemann, Ulrich/Lettko, Barbara (1991): Armut und Milieu. Basel/Berlin/Boston

Hobsbawm, Eric J. (1980): Die Blütezeit des Kapitals. Eine Kulturgeschichte der Jahre 1848-1875. Frankfurt a.M.

Jargowsky, Paul A. (2004): Die metropolitanen Gebiete der USA: Strukturwandel und Stadtpolitik. In: Häußermann et al. (Hg.) (2004): 122-147

Kapphan, Andreas (2002): Das arme Berlin: Sozialräumliche Polarisierung, Armutskonzentration und Ausgrenzung in den 1990er Jahren. Opladen

Kronauer, Martin/Vogel, Berthold (2004): Erfahrung und Bewältigung von sozialer Ausgrenzung in der Großstadt: Was sind Quartierseffekte, was Lageeffekte? In: Häußermann et al. (Hg.) (2004): 235-257

Kronauer, Martin (2002): Exklusion. Frankfurt a. M./New York

Kronauer, Martin/Vogel, Berthold/Gerlach, Frank (1993): Im Schatten der Arbeitsgesellschaft. Arbeitslose und die Dynamik sozialer Ausgrenzung. Frankfurt a.M./New York

Marshall, Thomas H. (1992): Bürgerrechte und soziale Klassen. Frankfurt a.M./New York

Newman, Katherine (1999): No shame in my game. The working poor in the inner city. New York

Paugam, Serge (1998): Von der Armut zur Ausgrenzung. Wie Frankreich eine neue soziale Frage lernt. In: Voges et al. (Hg.) (1998): 117-136.

Simmel, Georg [1908] 1983: Soziologie. Berlin

Voges, Wolfgang/Kazepov, Yuri (Hg.) (1998): Armut in Europa. Wiesbaden

Wacquant, Loïc J. D. (2004): Roter Gürtel, Schwarzer Gürtel: Rassentrennung, Klassenungleichheit und der Staat in der französischen städtischen Peripherie und im amerikanischen Ghetto. In: Häußermann et al. (Hg.) (2004): 148-200

Walther, Uwe-Jens (Hg.) (2002): Soziale Stadt – Zwischenbilanzen. Opladen

Wegener, Bernd (1987): Vom Nutzen entfernter Bekannter. In: Kölner Zeitschrift für Soziologie und Sozialpsychologie 39: 278-301

Wilson, William Julius (1996): When work disappears. The world of the new urban poor. New York

Wilson, William Julius (1987): The truly disadvantaged: the inner city, the underclass, and public policy. Chicago/London

Prävention

Michael Lindenberg und Holger Ziegler

Abstract

Dieser Beitrag fokussiert zunächst die analytische Tragweite, den normativen Gebrauch sowie die wissenskategorialen und epistemologischen Implikationen des Präventionsbegriffs. Anschließend werden der Bedeutungszuwachs sozialräumlicher und raum- sowie situationsmanagerieller Präventionsformen und die sich damit vollziehenden Neufigurationen der Subjekte, des Sozialen und des Räumlichen erörtert. Der Beitrag basiert auf der Überlegung, dass sich jede Form der Prävention unweigerlich zum Stand jener symbolischen Kräfteverhältnisse positioniert, die als gültig er- und anerkannte soziale Ordnung ihren Referenzpunkt formieren. Erst durch diesen Bezug werden ‚präventionswürdige' Handlungsweisen und Daseinsformen markiert und als diskursive Wissens- und Unterscheidungskategorien hervorgebracht. Im Mittelpunkt steht daher die Rekonstruktion der Wissenskategorien und Subjekt- und Gegenstandsrepräsentationen der Präventionsdiskurse und die Analyse der Denk- und Handlungsrationalitäten verschiedener Präventionsstrategien.

Begriffsbestimmung: Was ist Prävention?

Prävention ist eine zeitlich, sachlich und teleologisch spezifizierbare Form eingreifenden Handelns. Verweist der Begriff der *Inter*vention auf ein Eingreifen in einen Geschehensablauf, so verbindet der Begriff der *Prä*vention diesen Eingriff mit einem spezifischen *Ziel*, das sich systematisch darauf richtet, dem Eintritt eines *antizipierten, unerwünschten* Phänomens zuvorzukommen. Zugleich soll dieser Eingriff die Eintritts*wahrscheinlichkeit* einer als erwünscht beurteilten Zukunft erhöhen. Unabhängig davon, ob sich diese Wahrscheinlichkeiten auf einzelne Akteure, spezifische Akteursgruppen, sozial-räumlich verortete Entitäten oder ganze Gesellschaften beziehen, lassen sich demnach alle Eingriffe als präventiv bezeichnen, deren funktionale und legitimatorische Basis in der Antizipation einer künftigen Entwicklung besteht und die auf diese Entwicklung normativ einwirken sollen.

Die Geburt des präventiven Denkens

So unweigerlich die Tatsache von Unsicherheiten in modernen Gesellschaften ist, so sehr versuchen wir Techniken zu entwickeln, um ihnen nicht hilflos ausgeliefert zu sein. Zu einem technisch zu handhabenden Problem wird Unsicherheit, verstanden als *Risiko,* mit dem Entreißen des Gesellschaftlichen aus Naturnotwendigkeiten und des Einzelnen aus der Determination gottgewollten Schicksals, also mit der ‚Entdekkung der Gestaltbarkeit von Gesellschaft' (Evers/Nowotny 1987). Mit dieser fundamentalen Entdeckung, ist das Verfügbarmachen der Zukunft verbunden. Dies kennzeichnet die Geburt des präventiven Denkens: Schadensereignisse sind nicht mehr Produkt von Gefahren, die der Vorsehung, dem Schicksal und anderen, dem menschlichen Zugriff entzogenen Mächten entspringen, sondern auf Handlungsentscheidungen zurückzuführende *Risiken.* Vom Blitz getroffen zu werden ist, um den Unterschied zu verdeutlichen, eine Gefahr, keinen Blitzableiter zu besitzen ein Risiko. Und dies gilt auch für den Bereich des Sozialen: Unabhängig von seinen unterschiedlichen institutionellen Konkretisierungen nimmt der Wohlfahrtsstaat stets die Form eines ‚Sicherungsstaates' an, in dem der Begriff des ‚sozialen Risikos' den Inbegriff staatlicher Gestaltbarkeit einer Gesellschaft und damit die „semantische Grundstruktur des wohlfahrtstaatlichen Diagramms" repräsentiert (Rüb 2003: 313).

Erst wenn es um Risiken geht, lässt sich auch von Prävention sprechen, d.h. von einer „Regierung der Gefahren (die vorhersehbar und beherrschbar gemacht werden)" (Lessenich 2003a: 84). Die gesamte Idee der Prävention ist dabei an *Wissen,* bzw. die „Utopie einer Wissenschaft gebunden, die Risiken zusehends in den Griff bekommen soll" und fußt auf einem szientistischen Steuerungsoptimismus, der „sich prinzipiell auf das Vertrauen in die Wissenschaft und ihre Gutachten stützt" (Ewald 1998: 11ff.). Präventionsformen, die sich auf das Verhalten von Akteuren, gesellschaftliche Entitäten oder soziale Räume beziehen, sind eine praktische Anwendung des Programms einer positiven Wissenschaft vom Sozialen, die gemäß der Formel ihres Urvaters, August Comte, nicht nur dem Erkenntnisgewinn dient, sondern vor allem auch der rationalen Planung: „Voir pour savour, savoir pour prevoir, prevoir pour prevenir". Historisch ist es vor allem die Entwicklung der Sozialstatistik – in Form einer ‚Sozialen Physik' (Adolphe Quetelet) –, die verspricht einen Einblick in den ‚objektiven', dem wissenschaftlichen Wissen zugänglichen Teil der Welt zu eröffnen, der gemessen, berechnet und in diesem Sinne auch vorhergesagt werden kann. Diese Wissensbestände ermöglichen es, auf Basis von wissensbasierten Differenzierungen, Kategorisierung und Sortierungen eine ‚Politik der großen Zahl' zu etablieren (vgl. Desrosières 1993) und damit eine systematische und rationalisierte Form der Regulation von Risiken zu betreiben.

Die Formen dieser Steuerung und Regulation können sich auf verschiedene soziale und geographische Ebenen (*scales*), auf Stadtteile, Städte, Regionen oder Staaten beziehen. Nicht wenige Vertreter einer ‚sozialräumlichen Orientierung', thematisieren z.B. ‚den Sozialraum' primär als eine Steuerungsgröße bzw. als ein Steuerungsmittel kartographisch identifizierbarer Akteure und Akteursgruppen. In dieser Hinsicht lässt sich der zeitgenössische Sozialraumdiskurs als *ein* Ausdruck und *ein* Bestandteil einer polymorphen, sich (partiell) ‚de-nationalisierenden' ‚politics of scale' verstehen (vgl. Swyngedouw 1997). Im Sinne einer territorialisierten Regulationsstrategie fungiert der Bezug auf den Raum dann als *eine* Möglichkeit „to render populations thinkable and measurable through categorization, differentiation, and sorting into hierarchies, for the purposes of government" (Stenson 2001a: 23).

Die wesentliche ‚Skalierung' der traditionellen sozialen bzw. sozialstaatlichen Form der Risikoregulation stellt jedoch die Organisation kollektiver Existenz in dem primär territorialstaatlich gefassten gesellschaftlichen Großraum des ‚Sozialen' dar. Diese kollektive Existenz bedarf der Koordination durch politische Führung *und* durch individuelle Selbstführung. Im Großraum des Sozialen wird eine administrativ erzeugte, kollektive Form der Solidarität über die Betonung individueller Verantwortung gestellt, um Risikoungleichheiten in einer klassenübergreifenden Quasi-Schicksalsgemeinschaft (partiell) auszugleichen: Regelmäßig auftretende Risiken werden nicht als Produkt individueller Unvorsicht und mangelnder persönlicher Vorsorge dechiffriert, sondern zu sozialen Risiken verallgemeinert und durch institutionalisierte Sicherungssysteme und Unterstützungsstrukturen in einer standardisierten Form abgesichert. Und während die rechtlichen und geldtransferbasierten Sicherungssysteme vor allem standardbiographische soziale Risiken regulieren, soll die Soziale Arbeit damit verbundene individualbiographische Lebensführungsrisiken in den Blick nehmen.

Primäre, sekundäre und tertiäre Prävention (am Beispiel der Sozialen Arbeit)

Die Entwicklung des Sozialstaats des 19. und 20. Jahrhunderts lässt sich als eine Entwicklung hin zu einem ‚Sicherungs-' bzw. ‚Vorsorgestaat' beschreiben, der eng mit der Semantik von Risiko und Prävention verknüpft ist. Wenn wir also von sozialpolitischen bzw. -pädagogischen Interventionen sprechen, so sprechen wir zugleich über Versuche der präventiven Regulationen sozialer Risiken.

Gerade im Bereich des Sozialen hat der Präventionsbegriff demnach ein ‚weites Herz', das unterschiedlichste Inhalte in sich zu vereinen vermag und sich in verschiedenste Kategorien – und darüber vermittelt auch in Stellenpläne und Mittelzuweisungen – überführen lässt. Und analytisch betrachtet trifft es in der Regel auch zu, wenn Sozialpädagogen ihr Tun als Prävention beschreiben. Dadurch, dass in der Sozialen Arbeit, die von der Psychiatrie-Enquete vorangetriebene Differenzierung des Präventionsbegriffs nach Caplan adaptiert worden ist, ist diese Offenheit eher noch erhöht als reduziert worden. Der Mediziner Georges Caplan (1964) unterscheidet zwischen einer ‚primären Prävention' – dem Versuch der Senkung von Inzidenzraten durch Minimierungen von Gesundheitsgefährdungen – einer ‚sekundären Prävention' – dem Versuch der Senkung der Prävalenzrate durch Früherkennung und -behandlung – und schließlich einer ‚tertiären Prävention' – dem Versuch einer Minimierung von Chronifizierungen, Folgeschäden und Rückfällen. Diese Begriffsstrategie ermöglicht es, *jede* Intervention als Prävention erstens zu thematisieren (vgl. Kaufmann 1999), zweitens zu rechtfertigen und drittens die Präventionsschritte aufeinander zu beziehen. Zwar können damit Interventionen Sozialer Arbeit wie Aufklärung/Beratung (primäre), frühzeitige Behandlung/Betreuung (sekundäre) sowie Besserung/Nacherziehung (tertiäre) in einem Dreierschritt einem nachvollziehbaren Verlaufsmodell mit steigenden Intensitäts- und Verfestigungsgraden zugeordnet werden, analytisch betrachtet ist diese Differenzierung jedoch kaum trennscharf. Mit Blick auf die sozialen Regulationsrationalitäten verweist primäre Prävention im Falle gesellschaftspositionaler Risiken (z.B. Armut) auf grundlegende, allgemeine, standardbiographisch fokussierte d.h. von einzelnen Akteuren abstrahierende Formen der Regulation gesellschaftlicher Reproduktion (vgl. Kunstreich/Peters 1990); im Falle von Verhaltensrisiken (z.B. Kriminalität), auf Gestaltungen sozialer Verhältnisse oder technischer Arrangements in einer ‚täterabgewandten' Form (vgl. Schmidt-Semisch 2002). Für die auf einzelne Subjekte bezogene Praxis Sozialer Arbeit finden sich hier nur schwer Anschlussmöglichkeiten, da Soziale Arbeit primär eine personenbezogene soziale Dienstleistung ist, deren Erbringung ‚uno actu' erfolgt, d.h. ihre Adressaten müssen tatsächlich anwesend sein. Und nicht nur das: Soziale Arbeit zeichnet sich durch einen Willen zur Einflussnahme auf Lebensführungen aus, die nicht standard- sondern *individual*biographisch erfolgt und daher ein besonderes Eingehen auf ihre Adressaten erfordert. Bei den Interventionen Sozialer Arbeit sind also nicht nur ‚abstrakte Verhältnisse', sondern konkrete Individuen im Spiel.

In der Semantik der Prävention geht es dabei um *‚Risikosubjekte'* – ein Bezug, der für die sekundäre Prävention kennzeichnend ist. Diese Durchlässigkeit von der primären zur sekundären Prävention wird in der Kriminalprävention besonders deutlich. Hier wird davon gesprochen, Soziale Arbeit betreibe primäre Prävention, wenn sie ‚Armut und psycho-soziale Belastungen' bearbeite. Sobald solche Belastungen jedoch als Abweichungsrisiko erscheinen, werden die diesen Belastungen ausgesetzten Personen sofort als Risikosubjekte und damit als Gegenstand sekundärer Prävention in den Blick genommen.

Auch die Differenz zwischen sekundärer und tertiärer – rehabilitativer oder reintegrativer – Prävention ist fließend. Sekundäre Prävention wird als eine ‚Frühintervention' gegenüber Risikofaktoren gedeutet. Dagegen richtet sich die ‚tertiäre Prävention' auf Akteure, bei denen das Problem durch dazu legitimierte Instanzen bereits als manifest festgestellt ist. Zwar mag das die tertiäre Prävention hervorrufende Problem als ausgeprägter und die Interventionen daher als entsprechend einschneidender gelten als im Falle einer ‚Frühintervention'. Neben diesem Intensitätsgrad bestehen zwischen den ‚Risikofaktoren' der ‚sekundären' und der ‚tertiären Prävention' – üblicherweise eine kumulierende Doppelung individueller Vulnerabilität und nachteiliger Sozialisationsbedingungen (vgl. Sampson/Laub 1997) – allerdings keine trennscharfen Unterschiede. Beide Formen der Prävention sind auf Risikosubjekte bezogen, in beiden wird eine ‚Klientenkarriere' in den Mittelpunkt gestellt, und in beiden wirkt Soziale Arbeit als Medium einer ‚sekundären Normalisierung' und versucht möglichst frühzeitig eine ‚reaktive Bedingungsveränderung' (vgl. Peters 1995). Vor dem Hintergrund der gewählten Begriffsstrategie lässt sich daher von einen appellativen Charakter der Präventionssemantik in der Sozialen Arbeit sprechen. Dieser appellative Charakter lautet: „Frühzeitig intervenieren – denn je länger wir warten, desto schwieriger und teurer wird eine Lösung".

Prävention als normative Leitkategorie der Sozialen Arbeit

In sozialpolitischen wie sozialpädagogischen Diskursen kommt der symbolischen Kraft des Präventionsbegriffs in der Regel eine größere Bedeutung zu als seiner analytischen. Prävention wird vor dem Hintergrund einer „Rückkehr der Unsicherheit" (vgl. Beck/Bonß 2001), wie sie in jenen Gegenwartsdiagnosen zum Ausdruck kommt, die von ‚Risiko-' (vgl. Beck 1986) oder ‚zerbrechlichen Gesellschaften' (vgl. Stehr 2000) sprechen oder auf ‚labile Ordnungskonstruktion' (vgl. Soeffner 2000) und ‚Prekarität' als neue politische Herrschaftsform (vgl. Bourdieu 1998) aufmerksam machen, zu einer wirkmächtigen politische Metapher. Diese Metapher ist in der Lage, erwünschte Ziele und Entwicklungen zu bündeln. Eingeschlossen in der Semantik von Risiko und Sicherheit gewinnt der Begriff als ein Handlungsprinzip der Risikobewältigung an Bedeutung, da es Prävention erlaubt, Risiken als Ordnungsprobleme zu operationalisieren und sie einer Lösung anzunähern.

Die Verwendung des Präventionsbegriffs in der Sozialen Arbeit ab Mitte der 1980er Jahre als Versuch des Umgangs mit Unsicherheit folgt diesen Gegenwartsdiagnosen und versucht vor diesem Hintergrund, Prävention professionsangemessen zu reformulieren. So wird ein auf modernisierungstheoretischen Überlegungen basierender Präventionsbegriff im 8. Jugendbericht einerseits zu einer maßgeblichen Leitkategorie der Sozialen Arbeit erhoben, andererseits in das Souterrain dieser Leitkategorien verwiesen, d.h. anderen Strukturmaximen nachgeordnet. Entsprechend finden sich Formulierungen von Prävention als Synonym für eine ‚gute Soziale Arbeit', indem Prävention – in Post-hoc-ergo-proper-hoc-Manier – als „richtige Reaktion zum richtigen Zeitpunkt" (Gabriel 2001: 18) dargestellt wird. Prävention symbolisiert eine zentrale Dimension einer modernen Sozialen Arbeit, die nicht nur in defizitäre Lebensführungen interveniert, sondern sich einer aktiven Gestaltung von Lebensweisen verpflichtet (vgl. Böllert 1995). Die Notwendigkeit einer solchen Orientierung, so das Argument, ergäbe sich aus einer Entwicklung hin zu einer ‚Risikogesellschaft', in der „die Interventionszentriertheit der industriegesellschaftlichen Modernisierung zunehmend obsolet (...) und die Notwendigkeit einer Präventionslogik reflexiver Modernisierungsprozesse immer offensichtlicher" werde (Böllert 1995: 56). Den neuen Ungleichheiten und Risiken dieser Gesellschaftsformation sei nicht mehr nur durch ein ‚Dazwischentreten' bzw. ‚Hinzukommen' (inter-venieren vom französischen „venir", „kommen") Sozialer Arbeit zu begegnen. Sondern diese Ungleichheiten und Risiken verlangen vorgelagerte Bestrebungen, z.B. das Aufwachsen von Kindern und Jugendlichen zu optimieren. Eine Prävention, die die Akteure ermächtigt, ihre Lebensverhältnisse selbst zu gestalten, ermöglicht es der Sozialen Arbeit dem Makel zu entkommen, nur Flickschusterei zu betreiben und das Übel nicht an der Wurzel zu packen (vgl. Wolf 1997: 101).

Diese fachlichen Diskurse um Prävention repräsentieren den Versuch, das Handlungsmodell der Prävention, „den Ort des Eingreifens möglichst weit nach vorne zu legen" (Kaufmann 1999: 925), zu adaptieren und *zugleich* dieses Handlungsmodell auf die der Sozialen Arbeit eigenen Begriffe zu bringen: „Die Inszenierung und die Weiterentwicklung von Unterstützungsnetzwerken und fördernden Strukturen, in denen Menschen autonome Lebensweisen erproben und für ein Mehr an Selbstbestimmung, Partizipation und Gestaltungsvermögen streiten" (Herringer 1996: 375). Diese Zielformulierung in der Semantik der Prävention legt zugleich nahe, „gesellschaftliche Krisen" lägen in der Bearbeitungskompetenz der Sozialen Arbeit, weil sie „durch die Summation der persönlichen Krisen von einzelnen produziert werden" (Wambach 1987: 780).

Diese Präventionsorientierung in der Sozialen Arbeit ist jedoch mit zwei Problemen verbunden. Erstens: Eine Präventionsorientierung alleine beantwortet nicht die Frage, was und worauf hin präventiert werden soll. Durch den Gebrauch der Präventionssemantik gelingt es etwa dem KJHG, die „Gegenüberstellung von Sozialanspruch und Sozialdisziplinierung [zu vermeiden], indem es [… beide] in den Dienst präventiver Sozialplanung stellt" (Richter 2001: 1027). Insgesamt lässt sich kaum bestreiten, dass eine Vielzahl der Präventionsstrategien Sozialer Arbeit an einem Doppelten orientiert sind: einmal, ihren Adressaten zu helfen, sich in bestehende gesellschaftliche und gemeinschaftliche Normen einzufügen, dann aber auch, gesellschaftliche Veränderungen zu befördern. Sofern Soziale Arbeit die gegebene soziale Ordnung zum Referenzpunkt ihrer personenbezogen Normalisierungsarbeit macht, bleiben ihre Präventionsstrategien jedoch ein „fest in gesellschaftliche Verwertungszusammenhänge eingebunde[r…], integrierter Teil einer (...) gesellschaftlichen Ordnungspolitik, die (...) durch lebensweltorientierte und problemsensible Interventionsprogramme den Alltag von Kindern, Jugendlichen und Familien vorsorglich unter Kontrolle nimmt" (Herringer 1986: 163) – eine Konstellation, der eine Vielzahl der politischen Programmatiken und praktischen Strategien einer ‚sozialräumlichen Orientierung' zugeordnet werden kann.

Das zweite Problem der Präventionsorientierung besteht darin, dass nicht die Gegenwart ihrer Adressaten den sozialarbeiterischen Eingriff legitimiert, sondern eine antizipierte Verschlechterung. Da jede Zukunft die Möglichkeit einer Verschlechterung notwendig in sich birgt, gibt es für eine präventive Soziale Arbeit „keine internen Stoppregeln mehr: Es gibt immer gute Gründe dafür, die Interventionsgrenze gegenüber problematischen Lebensverhältnissen, potentiell gefährdeten Familienkonstellationen und defizitärer Persönlichkeitsentwicklung hinauszuschieben" (Olk 1986: 241).

Epistemologie der Prävention

Stets liegt der Prävention zu Grunde, dass autorisierte Akteure durch die Typisierung eines Zustands als ‚präventionswürdig' eine Entscheidung darüber getroffen haben, welche mit dieser Typisierung in Verbindung gebrachten Lebensäußerungen sie nicht zu dulden bereit sind. Eine solche Entscheidung impliziert eine Ordnung und eine Norm (vgl. Bauman 1998a). Nur so können ‚normale' bzw. ‚akzeptable' Handlungen in Abgrenzung zu ‚abweichenden' und ‚unerwünschten' symbolisch markiert werden. Die Etablierung solcher Markierung – und damit auch die Konstitution von Abweichung – verweist auf das, was Pierre Bourdieu als ‚symbolische Macht' bezeichnet: die Macht der legitimen, erkannten und anerkannten Benennung. Prävention basiert auf dieser Benennungsmacht, wenn sie darauf verweist, dass der wahrgenommene ‚Ist-Zustand' und der normative ‚Soll-Zustand' aktuell oder potentiell nicht übereinstimmen. Erst das in dieser Differenz zum Ausdruck kommende Risiko bewegt zu Prävention. Da sich das Spannungsverhältnis von ‚Ist'- und ‚Sollzuständen' nicht nur als Differenz, sondern auch als Ambivalenz manifestieren kann, lässt sich schließlich davon sprechen, dass Prävention mit dem Bestreben verknüpft ist,

Ambivalenzen zu minimieren – und die symbolischen Kategorisierungen, auf denen Prävention notwendigerweise aufbaut, leisten genau dies (vgl. Douglas 1966).

Neben dem Risiko und der Ambivalenz ist der Begriff der Kontingenz ein wesentlicher Komplementärbegriff zur Prävention. „Kontingent ist, was unsicher und was veränderbar ist: der Bereich des Möglichen" (Bröckling 2002: 42). Der kleinste gemeinsame Nenner *aller* Präventionsstrategien liegt darin, dass sie Versuche sind, die Kontingenz des Zukünftigen zu bändigen – nicht nur in Bezug auf konkrete Handlungen, sondern auch bezogen auf den Möglichkeitshorizont dieses Handelns. Mit Blick auf diese Kontingenzbändigung ist Prävention Macht im Sinne Foucaults (1987: 254f.) d.h. „ein Ensemble von Handlungen in Hinsicht auf mögliche Handlungen (...) eine Weise des Einwirkens auf ein oder mehrere handelnde Subjekte [..., die] handeln oder zum Handeln fähig sind".

Die auf Kontingenzbändigung bezogene Prävention ist dabei in der Wahl ihrer Mittel selbst kontingent: Sie kann darauf abzielen, bestimmte Phänomene völlig auszumerzen, oder ihre Formen und Ausmaße zu verändern, oder sie lediglich so zu kanalisieren, dass sie weniger stören, oder sie einfach nur zu managen. Abschrecken, vermeiden, reduzieren, reformieren, integrieren, disziplinieren, beschützen, sichern, unterstützen, lenken, empowern, substituieren, verbessern, belehren, unschädlich machen, ausmerzen oder selbst bestrafen – alles kann Prävention sein.

Allerdings setzt jede Prävention zwei strategische Operationen voraus: „Predicting an outcome and being able to intervene in (that is, alter) a predicted outcome" (Walklate 2001: 60). Begründet in der axiomatischen Annahme, dass menschliches Verhalten zu steuern ist, basieren diese Operationen auf wenigstens fünf weiteren Folgeannahmen. Man behauptet

- zu wissen, durch was der ‚Ist-Zustand' gekennzeichnet ist, in den zum Zwecke der Prävention interveniert wird;
- zu wissen, was den angestrebten Soll-Zustand auszeichnet;
- im Besitz eines Wissens über eine Dynamik zu sein, in die der Ist-Zustand eingebettet ist, und die ein künftiges Verfehlen des Soll-Zustands wahrscheinlich macht;
- zu wissen, welches die Faktoren sind, die diese Dynamik begründen;
- zu wissen, wie der Ist- in den gewünschten Soll-Zustand zu überführen ist.

Prävention ist daher mit einem ungeheuren Wissensdurst verbunden, der sich in dem Drang niederschlägt, „möglichst viele Informationen zu sammeln und Beziehungen zwischen diesen Informationen herzustellen" (Völker 1987: 10). Die Befriedigung dieses Wissensdurstes setzt in erster Linie probabilistische Formen der Wissensgenerierung voraus. Die einzige mögliche Form einer Generierung probabilistischen Wissens – *inklusive* des Wissens darüber, welcher ‚Kompetenzen' es bedürfen würde, den Ist- in den Soll-Zustand zu überführen – beruht auf Berechnungen statistischer Wahrscheinlichkeiten. *Ausschließlich* auf einer wahrscheinlichkeitsprognostischen Basis gegenüber einer statistisch aggregierten Entität kann die für eine präventive Logik zentrale Behauptung aufrechterhalten werden, Ursachen, Auslöser oder begünstigende Umstände eines nicht eingetretenen Phänomens seien bekannt.

Dieses Wissen kann die Profession aus der Summe der vorangegangenen Erfahrungen oder den berichteten Erfahrungen anderer ziehen. So können z.B. Sozialarbeiter die berufliche Erfahrung machen, dass es „überwiegend die Wohnungslosen, die Arbeitslosen und die Sozialempfänger [sind], die die Flure der Beratungsstellen[, die ‚benachteiligten Sozialräume', die ‚gefährlichen Orte'] und die Zellen der Gefängnisse bevölkern" und damit von einem (fraglichen) „Zusammenhang zwischen Armut und Kriminalität geradezu überwältigt" werden (Kunstreich/Lindenberg 1997: 310). Methodisch kontrollierte Formen der Präventionswissensgenerierung gehen jedoch idealerweise in kohortenspezifischen Längsschnittuntersuchungen vor, um Prädikatorvariablen – verstanden als ‚Risiko-' oder ‚protektive Faktoren' – in Form von Korrelationsziffern künftigen Abweichungen von Soll-Werten zuzuordnen. Damit lassen sich z.B. bereits bei der Altergruppe der 6-Jährigen jene bearbeitbaren Risikofaktoren identifizieren, die die Wahrscheinlichkeit von Gewalt oder schwerer Delinquenz im künftigen Alter von 15 bis 25 Jahren bestimmen (vgl. Hawkins/Herrenkohl/Farrington 2000). Konsequenterweise kennt diese präventive Logik *kein Subjekt* im Sinne der idealistischen Subjektphilosophie oder der kritischen Theorie, sondern nur ein ‚Subjekt', das als Träger von Risikomerkmalen, als Risikosubjekt rekonstruiert wird.

Vom Wandel der Präventionsstrategien

1. Sozialer Präventionismus: Normalisierungspraktiken und der Straf-Wohlfahrtskomplex

Den Vasallen, Untertanen oder Staatsbürgern Schutz vor inneren und äußeren Feinden zu bieten war vom „Ursprung der Herrschaft bis in unsere Tage (...) die vornehmste Aufgabe des Feudalherren, Landesfürsten und schließlich der demokratischen Regierungen [...und] die entscheidende Legitimation für Abgaben und Steuererhebungen, für die Konzentration der Waffengewalt beim Herrn und schließlich für das Gewaltmonopol des Staates" (Scheerer 1997: 13f.). Vor dem Hintergrund der im keynesianischen Wohlfahrtsarrangement institutionalisierten Präventionslogik einer sozialen Regulation bildet sich ein „für den fordistischen Nachkriegskapitalismus typische[r] ‚Sicherheitsstaat' [aus], der sich durch eine komplexe Verbindung von relativ umfassender wohlfahrtsstaatlicher Fürsorge und politisch-bürokratischer Kontrolle, Disziplinierung und Überwachung auszeichnet" (Hirsch 1995: 23). Diesem kommt, neben der Aufgabe der ‚äußeren' und ‚polizeilich-inneren' sowie der ‚Rechts-' bzw. ‚öffentlichen' und ‚wirtschaftlichen' Sicherheit, auch die Aufgabe zu, ‚soziale Sicherheit' zu gewährleisten. Dabei geht es um die Bewältigung sozialer Risiken durch die Sicherung gesellschaftlicher ‚Integration'. In diesem Zusammenhang soll Prävention die politisch-ökonomischen und sozialstrukturellen Wurzeln sozialer Risiken zwar nicht ‚ausmerzen', aber durch Organisation und Regulation reduzieren. Den normativen ‚Soll-Zustand' dieser Präventionslogik stellt eine verallgemeinerte Form staatlich gestützter und generierter Normalität (‚Soll-Zustand') dar, die um die Normalerwerbsbiographie eines typischen Lohnarbeiters (im Vollerwerb tätig, männlich) und die davon abgeleitete Figur einer Hausfrau und Mutter (für die Reproduktionsarbeiten verantwortlich, unbezahlt) zirkuliert. Die Bestimmung von sozialen

Abweichungs- und insbesondere Verhaltensproblemen bemisst sich an dieser Normalitätsreferenz, die zugleich verspricht, einen Anspruch auf Teilhabe an gesellschaftlichen Lebensmöglichkeiten für Alle herzustellen. Die Ausrichtung der sozialen Präventionsprogramme ist inklusiv und durch Versöhnlichkeit gegenüber den Abweichlern gekennzeichnet. Diese Versöhnlichkeit ist jedoch von einer rigiden Intoleranz gegenüber Differenz begleitet: Es gilt, Fremde zu assimilieren, Verrückte und Drogenabhängige zu heilen, Jugendliche einzupassen, dysfunktionale Familien mit dem Ziel der Normalität zu beraten, Deviante zu bessern und Kriminelle zu resozialisieren (vgl. Young 1999). Diese Rationalität verbreitet sich bis in die Knäste, die zu einem Bestandteil eines ‚Straf-Wohlfahrtskomplexes' werden und den punitiven Pol eines institutionalisierten Kontinuums *normierender Normalisierung von Differenz* bilden. Diese soziale Prävention zielt auf die Beeinflussung und Veränderung von Akteuren und Gruppen von Akteuren. Sie werden verstanden als eine differenzierte, professionalisierte und rationalisierte Anwendung der ‚richtigen' Technik und des überlegenen Expertenwissens vor allem psycho-sozialer Disziplinen.

2. Post-Sozialer Präventionismus: ‚Responsibilisierung' und räumliches Situationsmagement

Der optimistische Anspruch dieser relativ autonomen wohlfahrtsorientierten Professionen, *als Profession* und auf der Basis ihres professionellen Wissens und Könnens bestimmen zu können, *wer* die Abweichler sind, *warum* sie Abweichler sind und *wie* mit ihnen umzugehen sei, ist einem massiven Pessimismus bezüglich ihrer Effektivität gewichen (‚nothing works!') und seither einer Vertrauenskrise seitens einer managerialen Sozialpolitik ausgesetzt. Dieser Managerialismus ist entschlossen, der ‚Accountability' managerialistischer Expertisen und Effizienzstudien zu vertrauen und die Expertisen der wohlfahrtsstaatlichen Professionen als unwichtige Einschätzungen abzutun. Dies geschieht, indem die Repräsentation von ‚Abweichlern' als erziehungs-, besserungs- oder heilungsbedürftige *Klienten* und ‚Opfer gesellschaftlicher Verhältnisse' zurückgedrängt wird. Das Resultat ist eine Zweiteilung der Adressaten präventiver Bemühungen. Am oberen Ende finden sich partizipative Angebote, die weniger auf Defizite als auf Potentiale, Stärken und Möglichkeiten der Aktivierung gerichtet sind. Diese Angebote zielen nicht auf eine Disziplinierung von Akteuren, sondern auf eine Gestaltung von Handlungsarrangements. Dabei wird versucht, die *Autonomie* der Akteure zu lenken, zu kanalisieren und zu nutzen. In der Kriminalprävention entwerfen Visionäre, wie der einflussreiche ‚Home Office' Kriminologe Ron Clarke, eine neue Profession von ‚Populationsmanagern', die an die Stelle der Psy-Disziplinen treten soll. Diese Manager „may need to adopt as mentors not sociologists and academics, but problem solvers such as traffic engineers" (Clarke 1995: 139).

Die institutionellen Träger dieser Präventionsstrategien sollen es so weit wie möglich vermeiden, im Sinne eines teuren und vergleichsweise ineffektiven ‚messing around with subjects' (Hughes 1998: 71) direkt intervenierend in Erscheinung zu treten, um ihre Macht den ‚gelehrigen Körpern' (corps docile) einzuschreiben. Sondern sie sollen sich damit begnügen, auf die Selbststeuerungskapazitäten autonomer Individuen mittels eines strategischen Arrangements von Freiheit aus der Distanz einzuwirken, um die Parameter zu beeinflussen, durch die Akteure vernünftige von unvernünftigen Alltagspraktiken unterscheiden können.

Solche Präventionsstrategien repräsentieren zwar einerseits eine *selektive* Abkehr von expertokratischen Pathologisierungen und Entmündigungen, etablieren jedoch andererseits einen neuen Rechte- und Pflichtenkatalog, der die Präventionsadressaten für ihr Tun selbst verantwortlich macht. Prävention und Eigenvorsorge symbolisieren die zentralen Koordinaten selbsttätiger Sicherung und sind gleichzeitiger Ausweis personaler Autonomie und sozialer Verantwortlichkeit. Wer seine Existenz als ‚homo prudens' (vgl. O'Malley 1992) nicht zu führen vermag, wer es in Folge mangelnder Selbst-Disziplin, Selbst-Kontrolle und misslungenem Selbst-Management versäumt, seiner selbst-sorgenden Lebensgestaltungsverantwortung entsprechend nachzukommen, ist an den Folgen nun ‚selber schuld' (vgl. Schmidt-Semisch 2000). Für ‚willige' und ‚effektiv' Aktivierbare, die über ausreichende und ‚verwertbare' Formen ökonomischen, kulturellen, sozialen und symbolischen Kapitals verfügen, kann dies eine Befreiung aus sozialtechnologischen Gängelungen darstellen und differente Lebensstile zulassen. Zurück bleibt jedoch eine wachsende, deprivierte Minderheit, die nicht über die Kapazitäten verfügt, um von den Autonomie-Potentialen dieser Strategien einen angemessenen – d.h. zugleich einen den gesellschaftlichen Bedürfnissen entsprechenden – Gebrauch zu machen. Die Repräsentation des Devianten *und* des Deprivierten amalgamiert sich dabei vor dem Hintergrund einer neuen moralischen Ökonomie der Selbstsorge in einer zentralen Figur: dem In-Aktiven als dem Prototyp des Abweichlers in einem aktivierenden Staat.

Obwohl der Umgang mit diesen in-aktiven (Nicht-)Akteuren am unteren Ende durch eine verstärkte Androhung von Sanktionen und auch durch eine Erhöhung der Frequenz und Rigidität direkter, staatlich-administrativer – und teilweise auch punitiv-ausschließender – Interventionen gekennzeichnet ist, lässt sich insgesamt von einem tendenziellen Übergang zu einer post-disziplinären Ordnung sprechen. Die Regulation dieser Ordnung folgt einer Logik, in der das einzelne Individuum selbst das Zentrum seines persönlichen Risikomanagements darstellt und der verantwortliche, lebensführungsrationale Gestalter seiner selbst ist. Fundament dieser symbolischen Neuordnung weg von einer Staatssorge hin zur Selbstsorge, ist eine Umgestaltung des bis dahin nach risikosolidarischen Prämissen konstruierten und administrativ gesicherten gesellschaftlichen Großraums des Sozialen in Form einer „disaggregation of society-wide classes and categories, the dismantling of bureaucratic mechanisms of organization and the replacement of command and control oriented regulation with methods of delegating responsibility for achieving broad social goals (...) to individuals and organizations at or near the point of direct production of those problems" (Simon 2002: 2).

Für die nicht in die Selbstsorge hineinzuführenden Menschen, also jene, die der Verantwortungsindividualisierung nicht nachkommen können, greift eine *Prävention als Klassifizierungstechnik von Populationen nach den Graden ihrer Gefährlichkeit*. Ihr Management ist darauf gerichtet, zeitlich-räumliche Gelegenheiten zur Abweichung zu reduzieren, den Nutzen oder die Attraktivität gefährdeter Objekte zu minimieren und nötigenfalls für eine ‚Unfähigmachung' (‚incapacitation') ‚gefährlicher Gruppen' zu sorgen. Nicht die Disziplinierung von Individuen steht dabei im Mittelpunkt, sondern auf Personen*gruppen*, kriminogene Räume, Situationen und

Gelegenheiten fokussierte Interventionen (vgl. Lindenberg/Schmidt-Semisch 1995) mit dem Ziel einer risikoarmen Gestaltung von Alltagssituationen. Nicht für sich selbst sorgende potentielle Abweichler sollen durch Arrangements im Zaum gehalten werden, die gewährleisten, dass die erwartbaren Kosten der Non-Konformität höher sind als ihr zu erwartender Nutzen. Das Gefahrenmanagement riskanter Gruppen zielt auf sektorale, architektonische oder technische Veränderungen von Orten und Räumen, um unerwünschte Handlungsweisen schwieriger, riskanter und weniger lohnenswert zu machen. In gewisser Weise werden die Räume damit selbst als ‚gefährlich', ‚riskant', ‚kriminogen' bzw. als ‚breeding' und ‚attracting area' von Risiken oder Gefahren symbolisiert. Nichtsdestoweniger bleibt aber auch der ‚gefährliche Ort' vor allem der Ort für und von ‚riskanten Subjekten'. Raumbezogene Kontroll- und Überwachungsarrangements sollen daher verhindern, dass Personen(gruppen) mit bestimmten Risikofaktoren bestimmte Räume betreten bzw. Systeme nutzen können. Stattdessen sollen die Träger riskanter Verhaltensweisen zu bestimmten Orten hin (z.B. ‚Fixerräumen') kanalisiert werden, in denen sie weniger sichtbar, leichter zu beherrschen oder die Folgen weniger kostspielig sind: Nicht die Bekämpfung von Abweichung per se, sondern die Frage der Verteilung von Schädigungen sowie von Abweichungs- bzw. Schädigungsrisiken an bestimmten Orten steht im Mittelpunkt.

Die Wissensform dieser Strategie ist topographisch. Sie besteht weniger im Wissen um die Abweichler selbst, als im Wissen darüber *wo, wann* und in *welchem* (statistischen) *Ausmaß* Abweichung stattfindet. Räumlich-situative Präventionsansätze, „focus on concealing or displacing offensive activities rather than eliminating them [..., their] logic is that of zoning rather than correcting" (Merry 2001: 17), ihr Ziel „to separate out the criminal from the decent citizen, (...) and to minimise the harm (...) rather than proffer any ‚cure' or transformation" (Young 1998: 77). Hier weicht die moralisch autoritäre Formel ‚Wir sagen dir wer du zu sein und was du zu tun hast' einer pragmatischen, selektiven Permissivität: „Du kannst tun, was du willst, aber tue es in dem dafür vorgesehen Raum (...) – das gewährt dir Sicherheit vor uns und uns Sicherheit vor dir" (Lindenberg/Schmidt-Semisch 1995: 10). Dabei wird diese räumliche Verfügungsmacht zunehmend auf Gruppen jenseits des staatlichen Gewaltmonopols verlegt. Obwohl die legalen präventiven Befugnisse der Polizei anwachsen (vgl. Frehsee 2003), nimmt zugleich die Bedeutung außerinstitutioneller Präventionsarrangements systematisch zu: „In most countries, certainly in the democratic world", so das Ergebnis einer Studie von Bayley und Shearing (2001: 1), verbringen die Menschen inzwischen wieder „more time in their daily lives in places where visible crime prevention and control are provided by nongovernmental groups rather than by police agencies".

Die Herrschaft über die Räume als Möglichkeit, sich Räume symbolisch und materiell anzueignen, sie für bestimmte Gruppen auf- oder abzuwerten, sie zu öffnen oder sie abzuschotten und die räumliche Verteilung von Gruppen kontrollieren zu können, stellt, wie es Pierre Bourdieu formuliert, eine der privilegiertesten Formen der Herrschaft überhaupt dar. Während Strategien wie das ‚Community Policing' direkt an die Sicherheitsinteressen der – symbolisch deutungs- und durchsetzungsmächtigen – Bürger ‚vor Ort' rückgekoppelt werden, lassen sich so genannte ‚Null-Toleranz'-Konzepte als ein strategisches ‚Heavy Policing' beschreiben, das (sozial-) räumlich identifizierte ‚Hot Spots' im Interesse der sektoral hegemonialen Interessen der bürgerlichen Mehrheit fokussiert (vgl. Funk 2002). Die Gemeinsamkeit beider Ansätze räumlicher Herrschaft besteht in ihrer Ausrichtung an den Sicherheitsinteressen der durchsetzungsfähigen Teilgruppen der Bevölkerung. Diese Sicherheitsinteressen – die in räumlich differenzierter Weise den ‚Soll-Zustand' symbolisch markieren – werden nicht nur durch Straftaten beeinträchtigt, sondern auch durch „Formen der ‚Un-Ordnung', wie z.B. Straßenprostitution, Trinken in der Öffentlichkeit, aggressive Bettelei, Graffiti oder Abfall in den Straßen" sowie durch so genannte ‚Incivilities' (d.h. ‚Unhöflichkeiten) wie „rücksichtsloses, aggressives, ungehöriges Benehmen [...und] Verstöße gegen die gegenseitige Achtung und Verpflichtung zum Anstand" (BKA 1997) und vor allem durch die „als Promiskuität empfundene physische Nähe sozial fern stehender Personen" (Bourdieu 1997: 24). Diese Personen mögen sich völlig legal verhalten, aber es ist nicht das Verhalten an sich, das die Bedingung für eine ‚Dangerization' (Lianos/Douglas 2000) darstellt, sondern die soziale und in diesem Raum abweichende soziale Zugehörigkeit.

3. Neo-Sozialer Präventionismus: ‚Sozialraumorientierung' und ‚Kommunale Kriminalprävention'

Den raum-managerielIen Strategien an die Seite rücken auch eher sozialpolitisch inspirierte sozial-räumliche Strategien. Obwohl der diesen Strategien zu Grunde liegende ‚Quest for Community' (Nisbet 1990) traditionell auch bei politisch Konservativen auf fruchtbaren Boden fällt, knüpft die sozialraumorientierte Prävention an den Hoffnungen an, die Vertreter einer kritischen Sozialen Arbeit und Kriminologie seit den 1960er gehegt hatten (umfassend: Taylor 2003). Aus der Perspektive ihrer Vertreter verspricht eine lokale Orientierung die Möglichkeit einer Förderung der zivilisatorischen Kräfte eines demokratischen Gemeinwesens, so dass Raum für eine alternative Form der Sozial- bzw. Kriminalpolitik entsteht. Damit, so die Hoffnung, kann eine bürokratische und klientifizierende Fokussierung auf individuelle Defizite und Verfehlungen einzelner Akteure zugunsten einer deliberativen Fokussierung auf lebensweltlich relevante Zusammenhänge und die dezentralen Konfliktlösungskompetenzen einer kommunalen Öffentlichkeit (vgl. Richter 2003) überwunden werden. Die daraus erwachsenen Interessenartikulationen Subdominanter sollen es ermöglichen, Abweichung gemäß den Bedürfnissen der beteiligten kollektiven Akteure zu regeln, statt die Lebenszusammenhänge in formalistisch-administrative Normenkorsette zu zwängen.

Eine Gemeinsamkeit aller sozialräumlichen Ansätze besteht in einer Entstaatlichung sozialer Probleme, durch die ausgewählte Teile der bisher strafrechtlich monopolisierten Sanktionsgewalt sukzessive in die lokalen Gemeinwesen rückverlagert werden. Vor diesem Hintergrund wird eine lokal-gemeinschaftliche Selbstregulation und -organisation als zentraler Stützpfeiler der Regulierung sozialer Probleme und Konflikte gesehen. Daraus werden dann sektorale soziale Ordnungen konzipiert. War das wohlfahrtstaatliche Arrangement der Sozialprävention auf einen gesellschaftlichen *Groß*raum des Sozialen gerichtet, verweisen neo-soziale Präventionsstrategien auf eine *Politik der Nähe*. Diese Politik der Nähe ist ein Versuch, eine gemeinschaftliche soziale Kontrolle in nahräumlich-territorialen Arealen zu stärken.

Dies geht mit der Hoffnung einher, mittels des Kitts des unmittelbaren Kontakts kleinräumig-lokale Kohäsion erzeugen zu können. Denn das Fehlen von ‚Community‘, so die zentrale Aussage, führe zu lokaler Disorganisation und Verfall und daher zu Abweichung, während ‚mehr Community‘ zur symbolischen Metapher für weniger Kriminalität wird (vgl. Hughes 2001: 39). Auch hier richtet sich die Erbringung kriminalpräventiver wie sozialer Leistungen weniger an Individuen und ihrem Bedarf aus, sondern an den typischen Problemen ihres territorial vermessenen Sozialraums. In diesem Sozialraum sollen wechselseitige Selbsthilfe aktiviert, brachliegende Potentiale und Ressourcen identifiziert und mobilisiert, Selbstkoordinationsfähigkeiten der Bewohner gefördert und informelle Netze zu einem wesentlichen Bestandteil öffentlicher Versorgung re-arrangiert werden. Auch hier geht es um die Figur eines „self-governing subject“ in „self-regulating networks“ (Newman 2001: 22).

Vor diesem Hintergrund unterscheiden sich sozial- und kriminalpräventiv ausgerichtete sozialräumliche Strategien immer weniger voneinander. Kommunale Kriminalprävention bezieht sich nicht auf ein klar profiliertes Sicherheitsproblem, sondern auf eine vage definierte Verbesserung des Zusammenlebens in lokalen Nachbarschaften. Sie „bezweckt vorrangig die Sensibilisierung der Bürger (...) für mehr Bürgersinn sowie für Selbsthilfe und Nachbarschaftshilfe“ (Götz 1999: 92). „Bürgerinnen und Bürger“, so die kriminalpräventive Forderung, „müssen zur aktiven Mitgestaltung ihrer unmittelbaren Lebenswelt gewonnen werden“ (Zierke 2001: 8), So verstandene Kriminalprävention ist ein Effekt der kollektiven Verantwortung engagierter und kooperativer Bürger für ihr Wohnquartier. Der „fachliche Anspruch sozialraumbezogener Arbeitsansätze“ besteht darin, dass „Menschen im Stadtteil [... durch] entsprechende Selbsthilfe die Entstehung von Problemen und Defiziten präventiv verhindern [... können. Es geht] darum, durch die Revitalisierung von Sozialräumen, also durch das Knüpfen von sozialen Beziehungsnetzen und die Aktivierung der Bürgerinnen und Bürger für gemeinsame Projekte und Unternehmungen die Entstehung bestimmter Problemlagen und Defizite im Vorhinein zu verhindern“ (Olk 2000: 24).

Insbesondere für die unteren Klassenmilieus ist eine solche Reorientierung vom ‚Fall zum Feld‘ problematisch. Diesen Gruppen mangelt es zwar nicht an Sozialbeziehungen. Ihre in der Tat primär lokalen Netzwerke sind jedoch durch Beziehungen mit sozial, kulturell und ökonomisch vergleichsweise homogenen Alteri gekennzeichnet und münden häufig nur in die Reproduktion und Reifizierung eigener Ohnmächtigkeit. Die Solidaritätsrhetorik einer Politik der Nähe zeigt daher paradoxe Effekte. Mit den mittleren und oberen Klassen sind die Armen zwar durch die institutionelle Struktur verbunden. In ihrer unmittelbaren Lebenswelt haben sie mit jenen aber nur wenig gemein, denn sie teilen nicht deren soziale Netzwerke, und ihre Nachbarschaften erst recht nicht. Eine ‚mental separation‘ (Bauman 1998b) kann entstehen, d.h. die Entfernung der Armen aus der Welt der ‚ethischen Verpflichtung‘ wird verschärft. Dies befördert gesellschaftliche Fragmentierung und schließt im paradoxen Resultat die Sozialräume, wodurch die Bewohner ‚problematischer Stadtteile‘ in ihre eigene Lokalgemeinschaft ‚ausinkludiert‘ werden.

Auch innerhalb lokaler Nahräume kann die Konzentration auf ‚bindende‘ Formen sozialen Kapitals dramatische Schattenseiten aufweisen, die mit der sozialwissenschaftlich banalen Tatsache zusammenhängen, dass Lebensführungspräferenzen und Werte einzelner Akteure partikular sind, während sich Gemeinschaften über

Normen integrieren, diese sanktionieren und dadurch ihre je eigenen Formen von Devianz schaffen. Durch den illiberalen Rekurs auf die (vermeintlich) geteilten Werte lokaler Gemeinschaften sind solche Präventionsstrategien an die unhaltbare Vorstellung gekoppelt „that all members of a community will share the same concerns and will want to respond the same concerns“ (Walklate 2001: 65). Dies mündet schnell in eine Konzentration auf die Forderungen der im Sozialraum durchsetzungsmächtigsten Mitglieder, während die Thematisierungs- und Mobilisierungspotentiale der gesellschaftlichen Gruppen, die am gravierendsten von sozialen Problemen betroffen sind, niedrig bleiben und ihre Interessenartikulationen besonders einfach zu überhören sind (vgl. Groenemeyer 2001, Cooke/Kothari 2001). Eine Verschärfung und Perpetuierung von Dominanzverhältnissen innerhalb der gegebenen sozialräumlichen Gruppe auf Kosten der sozialräumlich Schwächsten ist daher „an essential element of its operation“ (Crawford 1999: 169).

Das Thema Kriminalität kann dann strategisch als eine allgemeine diskursive Bezugsgröße eingesetzt werden, um unter den Bedingungen von Pluralität, Heterogenität, Kontingenz und zersplitterten Partikularinteressen Einheit, Gemeinsinn und Zusammenhalt herzustellen. „Fear of Crime“, rät etwa das US Department of Justice (1978: 5), könne ‚positiv‘ genutzt werden „[to] motivate citizens to interact with each other and engage in anticrime efforts“. Kriminalität stellt so eine Integrationsstrategie dar, die auf der Neigung homogener Gemeinschaften beruht, Abweichung als Markierung der Grenzen ihrer (partikularen) Normalität zu erzeugen. „Fear of danger“, so die generelle Einsicht der Anthropologin Mary Douglas (1992: 34), „tends to strengthen the lines of division in a community“. Innerhalb der Partikulargemeinschaften bildet sich zwar soziales Kapital, aber dies hat eine schließende, homogenisierende Funktion, die nach Außen zersetzend auf die Toleranz gegenüber Heterogenität wirkt, den Ausschluss von ‚Außenseitern‘ vorantreibt und sich nach Innen in einer freiheitsbeschränkenden Tendenz zur Selbstunterordnung gegenüber den Loyalitätsanforderungen der Mitglieder der Ingroup manifestiert. Es spricht vieles dafür, dass sich diese Mechanismen gerade auch in ‚nahräumlichen Gemeinschaften‘ in ‚benachteiligten Gebieten‘ zeigen: Vor allem absteigende Klassenmilieus tendieren dazu, ihre Zugehörigkeit primär symbolisch und dabei nicht zuletzt durch rigide, nach unten gerichtete Grenzen der Respektabilität zu markieren und zu verteidigen (vgl. Vester et al. 2001). Diese symbolische Demarkationslinie ist eine entscheidende Quelle sozialer und vor allem symbolischer Abgrenzungs- und Ausgrenzungsprozesse. Eine präventive, sozialräumliche Politik der Nähe droht daher einen neuen Typus von Abweichlern zu schaffen. Dieser konstituiert sich nicht durch die Illegalität seiner Handlungen, sondern durch seinen Habitus, durch seine Form der Lebensführung. Deren Präventionswürdigkeit hängt von der Frage ab, ob sie innerhalb oder unterhalb dominanter symbolischer Standards liegt, die die dominante Gruppe setzt. Damit müssen Abweichler nicht einmal ‚unangepasst‘ sein; es reicht, wenn sie ‚unpassend‘ sind.

Literatur

Albrecht, Günter et al. (Hg.) (1999): Handbuch Soziale Probleme. Opladen/Wiesbaden

Bauman, Zygmunt (1998a): Vom gesellschaftlichen Nutzen von Law und Order. In: Widersprüche 70. 1998: 7-21

Bauman, Zygmunt (1998b): Work, Consumerism and the New Poor. Buckingham

Bayley, David H./Shearing, Clifford D. (2001): The New Structure of Policing. Washington

Beck, Ulrich (1986): Risikogesellschaft. Frankfurt a.M.

Beck, Ulrich/Bonß, Wolfgang (Hg.) (2001): Modernisierung der Moderne. Frankfurt a.M.

BMFSJ (Hg.) (2000): Sozialraumorientierung und neue Finanzierungsformen. Bonn

Böllert, Karin (1995): Zwischen Prävention und Intervention. Neuwied

Bourdieu, Pierre (1997): Ortseffekte. In: Bourdieu (Hg.) (1997)

Bourdieu, Pierre (Hg.) (1997): Das Elend der Welt. Konstanz

Bourdieu, Pierre (1998): Gegenfeuer. Wortmeldungen im Dienste des Widerstands gegen die neoliberale Invasion. Konstanz

Bröckling, Ulrich (2002): Die Macht der Vorbeugung. In: Widersprüche 86. 2002. 39-52

Caplan, Gerald (1964): Principles of Preventive Psychiatry. London/New York

Clarke, Ron (1995): Situational crime prevention. In: Tonry et al. (Hg.) (1995)

Cooke, Bill/Kothari, Uma (Hg.) (2001): Participation: the new tyranny? London

Crawford, Adam (1999): The Local Governace of Crime. London

Cox, Kevin R. (Hg.) (1997): Spaces of Globalization. Reasserting the Power of the Local. New York/London

Desrosières, Alain (1993): La politique des grands nombres: histoire de la raison statistique. Paris

DJI (Arbeitsstelle Kinder- und Jugendkriminalprävention) (Hg.) (2001): Schnelle Reaktion. Tatverdächtige Kinder im Spannungsfeld zwischen beschleunigten Verfahren und pädagogischer Hilfe. München

Douglas, Mary (1992): Risk and Blame: Essays in Cultural Theory. London

Douglas, Mary (1966): Purity and Danger. London

Evers, Adalbert/Novotny, Helga (1987): Über den Umgang mit Unsicherheit. Die Entdeckung der Gestaltbarkeit von Gesellschaft. Frankfurt a.M.

Ewald, François (1998): Die Rückkehr des genius malignus: Entwurf zu einer Philosophie der Vorbeugung. In: Soziale Welt 49. 1998: 5ff.

Frehsee, Detlev (2003): Der Rechtsstaat verschwindet. Strafrechtliche Kontrolle im gesellschaftlichen Wandel von der Moderne zur Postmoderne. Gesammelte Aufsätze. Berlin

Funk, Albrecht (2002): Staatliches Gewaltmonopol und Kriminalpolitik. In: Heitmeyer et al. (Hg.) (2002): 1314-1338

Gabriel, Gabriele (2001): Schnelle Reaktion und Jugendhilfe – eine Einführung. In: DJI (Hg.) (2001)

Götz, Alfred (1999): Kriminalprävention – Herausforderung für eine bürgerorientierte Polizei. In: Die Kriminalprävention 3. 1999: 90ff.

Groenemeyer, Axel (2001): Soziale Probleme. In: Otto et al. (Hg.) (2001)

Grubitzsch, S./Rexelius, G. (Hg.): Psychologische Grundbegriffe. Mensch und Gesellschaft in der Psychologie. Ein Handbuch. Reinbek

Hawkins, David J./Herrenkohl, Todd I./Farrington, David P. (2000): Predictors of Youth Violence. In: US. Department of Justice (Hg.) (2000)

Heitmeyer, Wilhelm/Hagan, John (Hg.) (2002): Internationales Handbuch der Gewaltforschung. Wiesbaden

Herringer, Norbert (1986): Präventives Handeln und Soziale Praxis. Konzepte zur Verhütung abweichenden Verhaltens bei Kindern und Jugendlichen. Weinheim/München

Herringer, Norbert (1996): Prävention (und Jugendhilfe). In: Stimmer (Hg.) (1996)

Hirsch, Joachim (1995): Globalisierung des Kapitals und die Transformation des Sicherheitsstaates. In: Widersprüche 55. 1995: 23-32

Homfeldt, Hans-Günter/Schulze-Krüdener, Jörgen (Hg.) (2003): Handlungsfelder der Sozialen Arbeit. Baltmannsweiler
Hughes, Gordon (2001): Community Crime Prevention. In: McLaughlin et al. (Hg.) (2001)
Hughes, Gordon et al. (Hg.) (2001): Crime Prevention and Community Safety. London
Janssen, Helmut/Peters, Friedhelm (Hg.) (1997): Kriminologie für Soziale Arbeit. Münster
Kaufmann, Franz-Xaver (1999): Konzept und Formen sozialer Intervention. In: Albrecht et al. (Hg.) (1999)
Kunstreich, Timm/Lindenberg, Michael (1997): Das Verhältnis von Kriminal- und Sozialpolitik in der justiznahen Sozialarbeit. In: Janssen et al. (Hg.) (1997)
Kunstreich, Timm/Peters, Friedhelm (1990): Soziale Prävention als hegemoniales Problem. In: Widersprüche 24. 1990: 51-54
Lessenich, Stephan (2003a): Soziale Subjektivität. Die neue Regierung der Gesellschaft. In: Mittelweg 4/36. 2003: 80ff.
Lessenich, Stephan (Hg.) (2003b): Wohlfahrtsstaatliche Grundbegriffe. Historische und aktuelle Diskurse. Frankfurt a.M./New York
Lianos, Michalis/Douglas, Mary (2000): Dangerization and the End of Deviance. In: British Journal of Criminology 40. 2000: 261ff.
Lindenberg, Michael/Schmidt-Semisch, Henning (1995): Sanktionsverzicht statt Herrschaftsverlust: Vom Übergang in die Kontrollgesellschaft. In: Kriminologisches Journal 1. 1995: 2ff.
McLaughlin, Eugene/Muncie, John (Hg.) (2001): The Sage Dictionary of Criminology. London
Merry, Sally E. (2001): Spatial Governmentality and the New Urban Social Order: Controlling Gender Violence through Law. In: American Anthropologist 1. 2001: 16ff.
Newman, Janet (2001): Modernising Governance: new labour, policy and society. London
Nisbet, Robert A. (1990): The Quest for Community. A Study in the Ethics and Order of Freedom. Erstausgabe 1953. San Francisco
O'Malley, Peter (1992): Risk, Power and Crime Prevention. In: Economy & Society 21. 1992: 252ff.
Olk, Thomas (2000): Strukturelle und fachliche Konsequenzen der Sozialraumorientierung in der Jugendhilfe. In: BMFSJ (Hg.) (2000)
Olk, Thomas (1986): Abschied vom Experten. Sozialarbeit auf dem Weg zu einer alternativen Professionalität. München
Otto, Hans-Uwe/Thiersch, Hans (Hg.) (2001): Handbuch Sozialarbeit/Sozialpädagogik. Neuwied/Kriftel
Peters, Helge (1995): Devianz und soziale Kontrolle. Weinheim/München
Richter, Helmut (2003): Die Gemeinde/Kommune als Akteur Sozialer Arbeit. In: Homfeldt et al. (Hg.) (2003)
Richter, Ingo (2001): Kinder- und Jugendhilferecht und Sozialrecht. In: Otto et al. (Hg.) (2001)
Rüb, Friedbert W. (2003): Risiko: Versicherung als riskantes Geschäft. In: Lessenich (Hg.) (2003)
Ruggiero, Vincenzo (Hg.) (1998): The New European Criminology. London/New York
Sampson, Robert/Laub, John H. (1997): A life course theory of cumulative disadvantage and the stability of delinquency. In: Thornberry (Hg.) (1997)
Scheerer, Sebastian (1997): Zwei Thesen zur Zukunft des Gefängnisses – und acht über die Zukunft der Sozialen Kontrolle. In: Widersprüche 63. 1997: 9-24
Schmidt-Semisch, Henning (2002): Kriminalität als Risiko. München
Simon, Jonathan (2002): The Land of the Free and the Home of the Fearful: Governing America Through Crime and its Consequences. University of Miami. In: Governing Through Crime: Criminal Law and the Reshaping of American Government 1965-2000
Soeffner, Hans-Georg (2000): Gesellschaft ohne Baldachin. Weilerswist
Stehr, Nico (2000): Die Zerbrechlichkeit moderner Gesellschaften. Weilerswist
Stenson, Kevin (2001a): The new politics of crime control. In: Stenson et al. (Hg.) (2001b)
Stenson, Kevin/Sullivan, S. (Hg.) (2001b): Crime, Risk and Justice. Uffculme
Stimmer, Fanz (Hg.) (1996): Lexikon der Sozialpädagogik und der Sozialarbeit. München/Wien

Swyngedouw, Erik (1997): Neither Global nor Local. ‚Glocalization' and the Politics of Scale. In: Cox (Hg.) (1997)
Taylor, Marilyn (2003): Public Policy in the Community. London
Thornberry, Terence P. (Hg.) (1997): Developmental theories of crime and delinquency. New Brunswick
Tonry, Michael/Farrington, David (Hg.) (1964): Building a Safer Society: Strategic Approaches to Crime Prevention. Chicago/London
US. Department of Justice (Hg.) (2000): Juvenile Justice Bulletin. April 2000. Washington
US. Department of Justice (Hg.) (1978): Guide for discretionary grant programs. Washington
Vester, Michael/von Oertzen, Peter/Geiling, Heiko et al. (2001): Soziale Milieus im gesellschaftlichen Strukturwandel. Frankfurt a.M.
Völker, Wolfgang (1987): Immer lustig und vergnügt. Einwände gegen den präventiven Blick. In: Widersprüche 25. 1987: 7-14
Walklate, Sandra (2001): Gendering crime prevention. In: Hughes et al. (Hg.) (2001)
Wambach, Max (1987): Prävention. In: Grubitzsch et al. (Hg.) (1987)
Wolf, Michael (1997): Aufrichten durch Vorbeugen? Betrachtungen zum Präventionsparadox. In: Widersprüche 64. 1997: 101-110
Young, Jock (1998): From inclusive to exclusive society: nightmares in the European dream. In: Ruggiero (Hg.) (1998)
Young, Jock (1999): Cannibalism and bulimia: Patterns of social control in late modernity. In: Theoretical Criminology 4. 1999: 387ff.
Zierke, J. (2001): Deutsches Forum für Kriminalprävention (DFK). In: Kriminalistik 3. 2001: 204ff.

Weitere empfehlenswerte Literatur zum Thema:

Hughes, Gordon 1998: Understanding Crime Prevention, Buckingham/Philadelphia
Garland, David 2001: The Culture of Control. Oxford
Garland, David/Sparks, Richard 2000: Criminology and Social Theory. Oxford
Groenemeyer, Axel (Hg.) 2003: Soziale Probleme und politische Diskurse. Bielefeld
sowie die Hefte 63/1997, 79/2001, 82/2001 und 86/2002 der Zeitschrift Widersprüche

Soziale Bewegung

Susanne Maurer

Abstract

Aktuelle Auseinandersetzungen um Sozialraum nehmen nicht zuletzt auf Wissen, Erfahrungen und konkrete (Selbst-)Organisationsformen aus dem Kontext Sozialer Bewegungen Bezug. Deren Potential soll zur (Re)Organisation von Gemeinwesen eingesetzt werden. Gouvernementalitätstheoretische Beiträge im Anschluss an Michel Foucault (vgl. Bröckling et al. 2000) reflektieren dies kritisch und wirken damit in den derzeitigen Sozialraum-Auseinandersetzungen „aufklärerisch", indem sie zeigen, in welcher Weise die Impulse, Praxen, Forderungen und Visionen Sozialer Bewegungen in aktuelle Regierungsstrategien integriert und damit ihres kritisch-oppositionellen Potentials „enthoben" werden (vgl. hierzu auch den Beitrag von Kessl/Krasmann in diesem Band). Zu diskutieren bleibt allerdings, ob soziale Bewegungs-Formen damit – als im Kontext von „Sozialraum" vielleicht besonders geeignet erscheinende Symbolisierung?[1] *– einfach in Regierungstechnologien aufgehen. Der Beitrag versucht, Raum-Bezüge Sozialer Bewegungen zu rekonstruieren und dabei auch offen zu bleiben für Überraschungen ...*

Zugang

„Soziale Bewegung" und „Raum" sind vielfach aufeinander bezogen: Bewegung impliziert ja einen Raum oder ein Feld, indem sie sich ereignen, realisieren kann. Ist von Ausgangspunkten oder Zielvorstellungen einer Sozialen Bewegung die Rede, sollen ihre Ausrichtung und die mit ihr verknüpften Perspektiven bestimmt werden, ihre Pfade nachgezeichnet und die Spuren rekonstruiert, die sie im Raum der Gesellschaft hinterlassen hat, so finden sich hier systematisch räumliche Begriffe. Das reicht von der eher unspektakulären Bestimmung, „Soziale Bewegungen kommen zustande, wenn alltägliche Probleme mit den Projekten einer alternativen Gesellschaft zusammenfließen und verknüpft werden" (Castells 2002: 136) bis zur Vorstellung Sozialer Bewegungen „als Kampf um Anerkennung", „Kampf um Differenz" und „Kampf um Repräsentation" (Fuchs 1999: 401).

Akteurs- und handlungstheoretische Beiträge formulieren hier – raumtheoretisch relevante – neue Blicke: Fasst man Bewegungen etwa als „aktive, kontext- und ergebnisoffene Interventionen, die sich aus den Interpretationsleistungen und aus der

1 So hat etwa Alain Touraine den Gedanken ins Spiel gebracht, insbesondere die Neuen Sozialen Bewegungen als „Schlüsselkategorie zum Verständnis der geschichtlichen Situation der Gegenwart" (Hornstein 1999a: 250) aufzufassen und damit auch ein neues Verständnis des gesellschaftlichen Raums skizziert (vgl. Fuchs 1999: 84-102).

Reflexion der praktischen Erfahrungen der Beteiligten konstituieren" (Fuchs 1999: 403), so verweist dies auch auf einen anderen Begriff von *Gesellschaft als Raum* – und gleichzeitig *als offenes Gebilde*, das sich in durchaus spannungsvollen und kontroversen Prozessen permanent neu erschafft/erschaffen muss.[2] Im folgenden wird diese sozialtheoretische Spur nicht explizit verhandelt, klingt aber in den verschiedenen Annäherungen an das Phänomen „Soziale Bewegung" im Hinblick auf Räumlichkeit(en) doch immer wieder an.

Im ersten Schritt wird, auf der Ebene der Darstellung und Umschreibung, zunächst ein Bild skizziert, nicht zuletzt in der Absicht, auch die *energetische Qualität* von „Bewegung im gesellschaftlichen Raum" spürbar werden zu lassen. Der zweite Schritt versucht eine *systematisierende Begriffsklärung* – in Quersicht der Forschungsliteratur zu Sozialen Bewegungen (vgl. etwa Castells 2002; Raschke 1985; Roth 1994, 2001; Rucht 1994, 2003). Dabei bringt es die *Fluidität Sozialer Bewegungen* offenbar mit sich, dass immer wieder der Übergang „ins Bild", in die konkrete Praxis, in den Prozess erfolgt. Der „Gegenstand" entzieht sich offenbar der eher schließenden begrifflichen Rahmung – und räumliche Dimensionen werden gerade in den Anlässen, Themen, Visionen und konkreten Praxen der Bewegungen besonders deutlich. Im dritten Schritt wird die Frage nach der Instrumentalisierbarkeit des transformativen Potentials Sozialer Bewegungen aufgenommen und ein Hinweis auf *aktuelle Rekonzeptualisierungen* von „Opposition im gesellschaftlichen Raum" gegeben. Der Ausblick schließlich bezieht sich auf die Unabdingbarkeit konkreter Orte (also die Dimension der Lokalität) für die Möglichkeit Sozialer Kämpfe.

Insgesamt möchte der Beitrag eine gewisse Aufmerksamkeit für räumliche Metaphern, ja, räumliches Denken erzeugen – eine Referenz an die Bedeutung von Erkenntnispolitik (nicht nur) im Kontext Sozialer Bewegungen (vgl. etwa Rauschenbach 1995; Maurer 2001). Die Autorin spricht dabei von einer Position aus, die auf Erfahrungen und Erkenntnisse im Kontext Sozialer Bewegungen in der Doppelrolle als Aktivistin und Forschende zurückgeht (vgl. Maurer 1996).

1. „Soziale Bewegung" im gesellschaftlichen Raum: Das Phänomen

Sommer 1789: Beim Sturm auf die Bastille in Paris wird ein Schild mitgeführt, auf dem steht „Hier wird getanzt". Das Volk tanzt während der Französischen Revolution auf den Straßen Walzer, erobert sich den öffentlichen Raum in eigenen, lustvollen Bewegungen. Die von Tanzmeistern vor den Augen des feudalen Herrschers zelebrierte „Kälte der Linearität" (des Menuetts), der klar geregelten und festen Ordnung, wird von der Wildheit des Paartanzes, dem Taumel des Walzerrausches abgelöst. Die Verhältnisse zum Tanzen bringen ... Um nicht im Schlamm der Straße stecken zu bleiben, werden Bretter ausgelegt, auf denen es sich besser tanzen lässt – das „Parkett". Der euphorische Aufbruch führt im Verlauf der Französischen Revolution

2 Vgl. für eine differenzierte Auseinandersetzung unter Bezugnahme auf Pierre Bourdieu und Anthony Giddens ebenfalls Martin Fuchs 1999: 343-353.

schließlich in ein anderes Regelwerk eines anderen Tanzes – und das Tanzparkett wird zurückverlagert in den geschlossenen Raum.[3]

Soziale Bewegungen verweisen auf die *Dynamisierung, Rhythmisierung und Neuinterpretation des gesellschaftlichen Raums.* Nicht einverstanden sein mit dem, was ist, bildet ihre grundlegende Voraussetzung, sie agieren also *oppositionell.* Der Begriff Opposition – sich etwas entgegen stellen bzw. sich einem Zustand kritisch gegenüber (ein)stellen – ist ein räumlicher Begriff, im ganz konkreten wie im metaphorischen Sinn. Hier geht es also um Stellungnahme: Die Liedzeile aus einem Protest-Song der Anti-Atomkraft-Bewegung der 1970er Jahre, „Auf welcher Seite stehst Du, he? Hier wird ein Platz besetzt!"[4], drückt dies ebenso aus wie das Graffito „Friede den Hütten, Krieg den Palästen!"[5] Überhaupt sind „Besetzungen" aller Art (hier im Sinne der Besetzung von „Plätzen", raumtheoretisch gesehen also von Orten bzw. Territorien) wichtiger Bestandteil des Aktions-Repertoires Sozialer Bewegungen.[6] Go-Ins, Sit-Ins, Teach-Ins – das ist „unbefugtes Betreten", Neu-Besetzen

3 Ich danke Ute Bechdolf, die mich an ihrem Wissen über den Walzer teilhaben ließ: Der Walzer gilt als Symbol für Subjektwerdung (des Mannes); das Paar (der Mann braucht für seine Subjektwerdung die Frau) bewegt sich, um sich selber kreisend, unabhängig durch den Raum, hat in der Dynamik der Gruppe (unter Führung des Mannes) eine relative Handlungsfreiheit. – Vgl. hierzu etwa Reni Hess (1996): Der Walzer. Geschichte eines Skandals, Hamburg oder Gabriele Klein (1992): FrauenKörperTanz. Eine Zivilisationsgeschichte des Tanzes, Weinheim/Berlin.

4 Walther Moßman dichtete das alte Lied „Die Wacht am Rhein" zur Melodie von „Which side are you on?" um: „Auf welcher Seite stehst du, he? Hier wird ein Platz besetzt. Hier schützen wir uns vor dem Dreck, nicht morgen, sondern jetzt!" Ursprünglich als kriegstreiberisches Lied gegen Frankreich im Jahre 1854 entstanden, gibt Moßmann 1974 der „Wacht am Rhein" damit eine neue Bedeutung: Deutsche und Franzosen besetzen gemeinsam, sozusagen „über den Rhein hinweg" verbündet, 1. einen Bauplatz, dort, wo von den „Chemischen Werken München" ein Bleiwerk in Marckolsheim (franz. Elsass) geplant ist, und protestieren 2. ebenso gemeinsam gegen das Atomkraftwerk Wyhl (Anfänge der Anti-AKW-Bewegung). Die Nutzung der Atomkraft bringt schließlich Risiken mit sich, die weder vor Landesgrenzen noch vor Flüssen halt machen ... (also weder räumlich noch zeitlich eingrenzbar sind!). – Die spektakuläre erste Bauplatzbesetzung 1975 in Wyhl war für die bundesdeutsche Öffentlichkeit noch eine Überraschung (vgl. Radkau 1993: 103) und erfuhr eine breite Berichterstattung in den Medien, erregte landesweite Aufmerksamkeit, öffentliche Thematisierung. Von ihr ging zudem eine starke Signalwirkung auf andere Standorte aus, wo Menschen nun ebenfalls ihrem Protest in Massen und in ähnlichen Aktionen Ausdruck gaben. – Die Ausgangspunkte der Anti-AKW-Bewegung der 1970er Jahre waren oft lokale Initiativen, die auch etwas mit konkreten Territorien zu tun hatten (so engagierten sich hier z.B. Weinbauern und Landwirte, deren Anbauflächen bedroht waren); zunehmend bilden sich aber überregionale Netzwerke, die Proteste erhielten Unterstützung von überallher.

5 Das Medium „Graffiti" selbst kann als raumbezogenes Medium bezeichnet werden, wie Meredid Puw Davies (London) in ihrem Beitrag zum Interdisziplinären Forschungskolloquium Protestbewegungen in Heidelberg (2004) ausführt: Graffiti als Bestandteil einer populären subversiven Kultur sind demnach als kreative Textstrategien aufzufassen; als „vergänglichste und unlesbarste aller Schriftformen" existieren sie gleichsam unsichtbar im öffentlichen Raum und stellen dennoch eine ostentative Grenzüberschreitung dar (nicht zuletzt an der Grenze der Legalität operierend) – vgl. den Tagungsbericht von Sara Hakemi (2004: 6).

6 Dies trifft prinzipiell auch auf andere Oppositionen bspw. im Kontext der Rechten (und hier insbesondere auf nazistische und neo-nazistische Gruppierungen) zu. – Vgl. zur „nationalsozialistischen Bewegung" im Zusammenhang mit Raum und Territorium Balistier 1989.

und Umnutzen von Territorien (vgl. aktuell www.freibesetzt.tk), ob in der Hochschule (im Kontext von Studentenbewegungen), auf Straßenbahnschienen, Bauplätzen, in leerstehenden Gebäuden, vor Kasernen oder auch im virtuellen Raum des Internet.

Pierre Bourdieu formuliert, dass Sozialraum auch als Rang-Ordnung im Hinblick auf gesellschaftlichen Status gesehen werden kann (hier ist Raum eine eher abstrakte Dimension) und gleichzeitig dazu tendiert, sich im physischen, konkreten Raum in Form einer bestimmten Anordnung von Akteuren und Eigenschaften zu realisieren. Genauer: die körperliche Einschreibung der Strukturen der sozialen Ordnung vollzieht sich zu einem Großteil vermittels der Verlagerungen und Bewegungen des Körpers, vermittels körperlicher Stellungen und Körperhaltungen, die durch jene in Raumstrukturen umgewandelten sozialen Strukturen organisiert und sozial qualifiziert werden als Ausstieg oder Abstieg, Eintritt (Einschluss) oder Austritt (Ausschluss), Nähe oder Ferne zu einem aufgewerteten Zentralort (vgl. Bourdieu 1991: 27). Aus der sozialen Ungleichheit im Sozialraum (die sich bspw. in ungleich verteilten Gütern und Dienstleistungen ausdrückt) ergeben sich somit verschiedene Chancen der Partizipation und Aneignung. An den damit verbundenen Möglichkeiten und Grenzen entzünden sich die sozialen Konflikte, die zu politischem Handeln einzelner Akteure und Akteursgruppen führen (bei Martin Fuchs wäre das der *Kampf gegen Differenz*.[7] Gegenüber hegemonialen Zugehörigkeitsdefinitionen entfalten sich rebellische Haltungen und oppositionelle Aktivitäten der Grenzüberschreitung, bilden sich – metaphorisch gesprochen – „Zonen[8] des Widerstands", der Renitenz.

Ein Blick in die Geschichte verdeutlicht, wie sich in einem solchen Prozess konkrete und metaphorische Bedeutung von (Sozial-)Raum überschneiden und gegenseitig bedingen: So thematisiert die österreichische Historikerin sozialer Bewegungen Gabriella Hauch in ihrer Studie über die Beteiligung von Frauen an der Revolution von 1848/49 Raum als (geographischen) Ort sozialer Beziehungen (hier die Stadt Wien), in dem während der Revolutionsjahre nicht zuletzt um Erweiterungsmöglichkeiten des weiblichen Aktionsradius innerhalb eines immanent geschlechterdifferenzierenden Politiksystems gestritten wird. Metaphorisch gesprochen tun sich dabei Zwischen-Räume auf, in denen Frauen ihren verordneten Ver-Ortungen zumindest kurzfristig entkommen können. Zu fragen ist also nach der politischen Bedeutung der Raum-Metapher in oppositioneller Perspektive. Wie sind z.B. die ‚Reclaim the streets'-Praxen im Großbritannien der 1990er Jahre zu verstehen, mit denen unangemeldet und ungenehmigt „spontane" Parties auf Londons Straßen gefeiert wurden, während diese Straßen mit Hilfe leicht beweglicher Installationen vorübergehend für den sonstigen Verkehr blockiert wurden (um auf diese Weise wieder einen anderen „gesellschaftlichen Verkehr" zu ermöglichen)?

---

7 „Soziale Bewegungen sind Ausdruck, wenn auch nicht der einzige und auch nicht ausschließlich, eines Kampfes um Differenz (...) in einem doppelten Sinne: eines Kampfes um Anerkennung oder Respektierung von Differenz wie eines Kampfes um die Überwindung differentieller Bedingungen, einer weniger gewollten als zugefügten Andersheit" (Fuchs 1999: 343).

8 Zu denken ist hier etwa auch an die (nicht nur) symbolische Politik im Zuge der Friedensbewegung, bestimmte Gebäude, Straßenzüge, Institutionen, ja ganze Kommunen oder Landkreise zu „atomwaffenfreien Zonen" zu erklären. – Auch hier gibt es das Gegen-Bild der so genannten „national-befreiten Zonen".

Konkret wie symbolisch geht es hier darum, öffentlichen *Raum* umzunutzen und damit zurückzugewinnen, als *Ort*, an dem Menschen in Gesellschaft sich gegenseitig wahrnehmen und zu erkennen geben können, als *Boden* für eine teilnehmende, teilhabende, selbst gestaltende Praxis, als *Bühne* für alternative Gesellschaftsphantasien, als *Szenario* „reisender Politiken“, die schnell wieder, sozusagen um die Ecke, in Nischen verschwinden können. Sich entgegen Geboten und Verboten „am falschen Ort“ aufzuhalten und dort „das Falsche zu tun“ (entgegen vorgegebener Funktionszuschreibungen, sich selbst Autorität im Raum anmaßend, anlegend, zulegend) ist ein bekanntes Phänomen sub- oder gegenkultureller Praxis: „dem System“, „den (Vor-) Herrschenden“, „den Erwachsenen“, „der Männergesellschaft“, „den Ordnungsmächten“, „den Normalitäten“ Räume bzw. Territorien abtrotzen bringt auch die Körperlichkeit gesellschaftlicher Konflikte in Erinnerung – im konkreten Aufeinanderprallen der Körper bei Go-Ins, Sit-Ins, Besetzungen (bis hin zum sich selbst Anketten unter Eisenbahnschienen, um die Transporte von Atom-Müll zu blockieren). Als ob die abstrakt gewordenen gesellschaftlichen Verhältnisse über sich selbst riskierende Körperpraxen wieder fassbar würden ... Raum wird hier ganz deutlich zur *politischen Arena.*

Räume lassen sich durchqueren, in ihnen kann sich etwas ereignen. Deshalb kann Raum auch nie wirklich homogen sein – „Bewegung“, „Entfaltung“, „Differenzierung“, „Bildung“ und „Gestaltung“ finden hier sozusagen andauernd statt. Auch „Zusammenstöße“ und „Umkehrungen“, Konflikte und Kontroversen. Kein Wunder also, dass sich soziale, politische Bewegungen konkret und symbolisch immer wieder auf Raum beziehen. Diese Bezugnahme auf Raum steht in enger Verbindung zur Frage der konkreten wie symbolischen Repräsentation einer Bewegung (vgl. zu „Mobilisierungsraum“ und „räumlichem Problembezug von Protesten“ auch Rucht 2003: 64-69). Dies soll im folgenden am Beispiel der gesellschaftlichen Aufbruchbewegungen ab den 1960er Jahren verdeutlicht werden.

Jene Bewegungen wurden häufig auch als „Jugendrevolte“ gefasst, die v.a. auf *Befreiung des eigenen Lebens* zielten „aus stickigen Familienverhältnissen mitsamt der dazugehörigen, während der christlichen Restauration der Adenauer-Ära erdrückend gewordenen Sexualfeindlichkeit, aus der Reglementierung ihres Alltags durch tausenderlei mehr oder weniger deutliche Verbote“ (Jacoby/Hafner 1993: 145).[9] In der Tat verband sich das politische Engagement mit Versuchen der Selbstbefreiung – und umgekehrt konnten letztere in die politische Aktion führen. Mit dem Ziel des „Ausstiegs aus der bürgerlichen Konsumgesellschaft“ bildeten sich Subkulturen und

9 Corina Petrescu weist darauf hin, dass das *Alter* sich als augenfälliges Kriterium der Unterscheidung „zwischen uns und denen“ anbot, „jenen, die sich in ihrer politischen, kulturellen, sozialen und/oder sexuellen Praxis von denjenigen abhoben, die sich als Vertreter der Majorität und deshalb Autorität betrachteten“ (Corina Petrescu, referiert bei Hakemi 2004: 5). Die revoltierende Jugend bildete demnach eine gesellschaftliche Minorität im doppelten Wortsinne: zum einen im Kontext des *Generationenverhältnisses*, in dem die Weltkriegs-Teilnehmer und „die Jungen von 1968“ einander gegenüberstanden; hier zeigte sich zum anderen eine *politische Kluft*, die – in der „Jugendrevolte“ gewissermaßen symbolisiert – das vordem scheinbar homogene Gesellschaftsgefüge spaltete.

neue Lebensformen heraus. Diesbezüglich kann auch von einer „Revolte des Reproduktionsbereichs" gesprochen werden (vgl. Roth 1998: 37)[10].

Mit „1968" – und den daraus sich im weiteren entwickelnden „Neuen Sozialen Bewegungen" (NSB) – stand letztlich die Gesamtheit der gesellschaftlichen Verhältnisse zur Disposition.[11] Die Bewegungen der Kritik und des Protestes machten dabei keinesfalls an den Grenzen des unmittelbar eigenen gesellschaftlichen Bezugsrahmens halt, weiteten sich vielmehr ins Internationale (und deuteten damit auch den potentiellen Bewegungs-Raum in spezifischer Weise): Der SDS (Sozialistischer Deutscher Studentenbund) unterstützte bspw. den Unabhängigkeitskampf in Algerien und organisierte Kundgebungen gegen die Kolonialpolitik Frankreichs, protestierte gegen die Diktatur in Spanien und gegen die Apartheidspolitik in Südafrika. Es wurde zu Solidarität mit dem palästinensischen Befreiungskampf ebenso aufgerufen wie zu Solidarität mit der Black-Power-Bewegung[12] in den USA. Der „Kalte Krieg" wurde scharf kritisiert und zur Teilnahme an internationalen Friedensmärschen aufgerufen. Aus den Bürgerrechtsbewegungen in den USA heraus entwickelte sich ein massenhafter Protest gegen den Krieg in Vietnam, was zündende Impulse nicht nur für die amerikanische, sondern auch für die europäischen Studentenbewegungen gab.

Die „Außerparlamentarische Opposition (APO)", ein von Rudi Dutschke geprägter Begriff, weitet die Arena der politischen Auseinandersetzung aus, verlagert sie in andere Öffentlichkeiten als das Parlament, trägt also zur Öffnung, gar zur Entgrenzung traditioneller politischer Räume bei.[13] Einfluss auf ihr Selbstverständnis

10 Vgl. hierzu auch die interessante Untersuchung von Sara Hakemi (vgl. Hakemi 2004) zur „Rote Armee Fraktion" (RAF), in der sie die These formuliert, die erste Generation der RAF sei im Kontext avantgardistischer und neo-avantgardistischer Diskurse zu betrachten: Antibourgeoise Diskurse in Nachfolge der historischen Avantgarden (vgl. hier insbesondere die neoavantgardistischen Gruppen wie „Internationale Lettriste", „Internationale Situationiste", in Deutschland die Gruppierungen „Subversive Aktion" bzw. Kommune 1) hätten nicht zuletzt auch die Idee einer „permanenten Revolutionierung des Alltags" propagiert.

11 Die Microsoft Encarta Enzyklopädie 2004 stellt die Studentenbewegung „um 1968" als antiautoritäre Protestbewegung in Europa und Amerika Ende der 1960er Jahre vor, die zunächst eine demokratische Reform der Hochschule, später eine Umstrukturierung des gesellschaftlichen Lebens (freie Lebensformen) und einen demokratischen Sozialismus (Oskar Negt) bis hin zur Abschaffung aller bestehenden Macht- und Herrschaftsstrukturen angestrebt habe, was durch neue, provokante Protestformen zum Ausdruck gebracht worden sei.

12 Die „Black Panthers" gelten als erste Stadtguerilla-Gruppen in den Großstädten der so genannten Ersten Welt. Das Selbstverständnis als Stadt-Guerilla, das auch für die RAF in Deutschland von großer Bedeutung war, bringt zum Ausdruck, wie eng – in der Perspektive der ProtagonistInnen – der Befreiungskampf in der „Dritten Welt" mit der Revolte in den Metropolen verbunden war. – Interessant erscheint in diesem Zusammenhang die Frage der „Inneren Sicherheit" im Kontext der staatlichen Verfolgung von Gruppierungen, die Terror-Anschläge durchführen: Hier stülpt sich der gesellschaftliche Raum sozusagen von außen („Kalter Krieg"/„Gleichgewicht des Schreckens"/„militärische Aufrüstung") nach innen („Sympathisantensumpf"/Rasterfahndung/Aufrüstung von Polizei und Bundesgrenzschutz, der nun offenbar Grenzen im Inneren schützen soll).

13 *Politik* meint hier: Um welche Streitfragen und Gestaltungsaufgaben geht es in der Gesellschaft eigentlich gerade wirklich (vgl. auch Rancière 2002)? Was ist brisant, was soll verhindert, was erreicht werden? Und wer erhebt dabei seine Stimme und versucht sich Gehör zu

und ihre Aktionsformen haben nicht zuletzt die „Situationisten" (vgl. Debord 1978; Schrage o.J.), zu nennen sind hier insbesondere die Gruppierungen „Subversive Aktion" in München und Berlin; aus letzterer ging auch die Kommune 1 hervor, die – als „Spaß-Guerilla" – bspw. ein „Pudding-Attentat" auf den US-Vizepräsidenten Humphrey verübte.

Konkrete und symbolische Raumbezüge lassen sich hier in einem ersten Fazit also wie folgt charakterisieren: Die Demonstrationspraxis[14] der Bewegungen um und infolge von „1968" verweist zum einen auf den *öffentlichen Raum der Straße* als *Ort politischer Auseinandersetzung* („auf die Straße gehen" – für oder gegen etwas). Hier drückt sich die Dynamik der Bewegung auch konkret als beschleunigte, eigenmächtig rhythmisierte Bewegung aus – es wird nicht einfach gegangen, sondern immer wieder, Arm in Arm eingehakt, sozusagen kollektiv, schnell gelaufen, begleitet von Sprechchören als rhythmisiertem kollektivem Sprechen, die neben anderen Slogans auch die Namen von revolutionären Akteuren weltweit skandieren (Bezugnahme auf Figuren wie Che Guevara, Ho Chi Minh etc.). Über das Mitführen von Bildern werden diese Symbolfiguren der Revolte in den innergesellschaftlichen Raum hereingeholt; auf diese Weise wird an Konflikte und Aufstände weltweit erinnert, werden die Proteste in den verschiedenen Ländern sozusagen grenzüberschreitend in einen Zusammenhang gebracht. „Straßenschlachten" (mit der Polizei; mit gegnerischen Gruppierungen), die sich im Zuge der Demonstrationen immer wieder entwickeln, bilden eine Art massiven Ausdruck von Nicht-Einverstanden-Sein, von Opposition im gesellschaftlichen Raum. Es handelt sich hier zwar um eine sehr konkretleibliche Erfahrung, gleichzeitig sind diese Kämpfe aber v.a. symbolisch zu verstehen, denn konkret-historisch (im Sinne einer ganz bestimmten Ziel-Realisierung) machten derartige Auseinandersetzungen in der Regel keinen Sinn, es konnte nur symbolisch etwas damit erreicht werden – sowohl in der Innen-Wirkung auf die Bewegung selbst (als „geteilte Erfahrung", mit solidarisierenden oder spaltenden Effekten ...), als auch in der Außen-Wirkung (auf staatliche Instanzen, Medien, verschiedene Öffentlichkeiten, Mehrheitsbevölkerung), im gesellschaftlichen Raum insgesamt.

Zum anderen ist, räumlich gesehen, die Besetzung von Orten und Räumen (Plätze, Institute in Universitäten, leerstehende Gebäude etc.) konkret wie symbolisch, von großer Bedeutung. Hier gibt es auch einen konkreten *Gewinn von Territorien* – Räume und Häuser werden neu und anders nutzbar, zum „Leben, Lieben, Lachen, Kämpfen" – wie es später in einem Graffito heißen wird. Mit Besetzungen können gelegentlich auch bestimmte Inhalte (wie Demokratisierung der Hochschule, Selbstverwaltung im Kontext von Jugendzentren etc.) der Durchsetzung näher gebracht werden.[15] Die räumliche Utopie, den räumlichen Traum der Aufbruchsbewegungen

---

verschaffen? Metaphorisch gesprochen: Wie verschaffen sich die Menschen Raum? Wie gelangen sie in den Raum gesellschaftlicher Wahrnehmung, Bedeutung und Anerkennung?

14 Vgl. hierzu historisch auch das hochinteressante Projekt „Als die Deutschen demonstrieren lernten ..." 1986.

15 Besetzte Häuser werden – noch deutlicher im Zuge der Hausbesetzerbewegung um 1980 – zu *Inseln* einer „Wohn-Polit-Kultur", häufig auch mit Verbindungen zur rebellischen Musik-Szene (Bands proben und treten dort auf). Hier werden politische Aktionen vorbereitet, die Häuser dienen „konspirativen Treffen, fungieren als Ausgangs- und Sammelpunkt, als Forum für Theoriedebatten und soziokulturelles Zentrum gleichermaßen.

um 1970 bringt vielleicht die folgende Liedzeile aus dem Stück „Der Traum ist aus" von der Gruppe „Ton Steine Scherben" am besten auf den Punkt: „Alle Türen waren offen, die Gefängnisse leer. Es gab keine Waffen, und keine Kriege mehr. Das war das Paradies."[16]

Eine Facette von Räumlichkeit im Kontext Sozialer Bewegungen stellt auch das Phänomen der Übergänge bzw. die Praxis der Über-Setzung zwischen verschiedenen gesellschaftlichen Sphären dar (vgl. den Beitrag von Kessl/Maurer in diesem Band): Erfahrungen aus dem Privaten werden in die Sphäre des Politischen übertragen (und umgekehrt) – dies trifft in gewisser Weise auf das ganze Spektrum emanzipatorischer Strömungen zu („neue Subjektivität"), wird von der Neuen Frauenbewegung allerdings in besonderer Weise realisiert und qualitativ, auch theoretisch, weitergetrieben (vgl. Maurer 1996, 2001, 2005).[17] In deren Kontext haben – in einer vielschichtigen Wechselbeziehung zwischen emanzipatorischer Alltagspraxis und kollektiver Aktion sowie Artikulation von Anliegen im öffentlichen Raum – Neukonzeptionierungen von Sphären des Politischen sozusagen in exemplarischer Weise stattgefunden: „Kämpfe um Zugang" spielten dabei genauso eine Rolle wie Bewegungen der Separierung. „Soziale Bewegung" wird hier überdeutlich auch zur Frage nach den Bewegungs-Richtungen der Politik, nach den strategisch-taktischen Ausrichtungen: hinein in die oder heraus aus den Institutionen?

2. Begriffsklärungen und Systematisierungsversuche

Versuche einer „Definition" sind davon berührt, dass es sich bei „Sozialen Bewegungen" um fluide und heterogene Gebilde handelt: ohne festlegbaren Gründungszeitpunkt oder eindeutige Mitgliedschaft, so dass Zugehörigkeiten – und damit auch Mobilisierungskapazitäten[18] – nur schwer abschätzbar sind. Soziale Bewegungen verändern sich mit dem Feld, in dem sie agieren und können auch wieder verschwinden, ohne dass es einer förmlichen Auflösung bedarf (sie können allenfalls symbolisch „zu Grabe getragen werden", was allerdings selten unumstritten ist). Beeinflusst werden sie durch äußere wie innere Faktoren (es gibt also immer einen „Binnen-Raum", sei er auch noch so uneindeutig, und einen „Außen-Raum" der Wirksamkeit bzw. der öffentlichen Resonanz) – sie stehen im Zusammenhang mit gesellschaftlichen, politischen oder ökonomischen Dynamiken ebenso wie sie eine innere Dynamik entfalten, z.B. durch den Grad der Organisation oder das Zulassen

16 Das Lied stammt vom Album „Keine Macht für Niemand" (1972); vgl. zu „Ton Steine Scherben" Kai Sichtermann et al. (2003): Keine Macht für Niemand. Die Geschichte der Ton Steine Scherben, erweiterte Neuausgabe, Berlin; Rio Reiser/Hannes Eyber (2001): König von Deutschland. Erinnerungen an Ton Steine Scherben und mehr, Berlin.

17 Hier ist im übrigen die *Dialektik/Ambivalenz/Paradoxie des Kampfes für und gegen Differenz* sehr früh – und vielleicht auch am weitesten – ausgearbeitet worden.

18 Interessant wird es, wenn sich „soziale Bewegungen" mit Organisationen wie bspw. der Gewerkschaftsjugend verbinden, so in jüngerer Zeit geschehen bei der gemeinsamen Großdemonstration von attac und DGB-Jugend im September 2002 in Köln. Hier verbinden sich offenbar die Potentiale beider Formen, der unbestimmten wie der bestimmten.

bzw. Tolerieren von Heterogenität (für das Beispiel der Frauenbewegung vgl. etwa Maurer 1996). Kategorien und Typisierungen, die auf eine bestimmte Bewegung zutreffen, können daher bei einer anderen schon wieder weit daneben greifen. Soziale Bewegungen lassen sich als „Gegenstand" also kaum isolieren, sondern sind in jeweils spezifische politische, gesellschaftliche und ökonomische Kontexte eingebunden – es ist von daher notwendig, immer ihren Entstehungskontext zu beachten, auf den sie gleichzeitig Einfluss nehmen wollen und in dem sie Wirkungen erzeugen. Der damit verbundene Prozess der Veränderung wirkt wiederum auf die Bewegungen selbst zurück, so dass sich ihre Themen und Politikformen ebenfalls immer aufs Neue verändern (müssen).

Im Unterschied zu einzelnen, thematisch eng begrenzten *Kampagnen*, zielen Soziale *Bewegungen* in letzter Konsequenz auf die Grundlagen von Gesellschaft (vgl. Rucht 2003: 23, siehe auch Touraine 1973). Sie gehen damit in inhaltlicher Hinsicht über begrenztere „Protestereignisse" oder -aktivitäten hinaus, welche sich auf ein bestimmtes Politikfeld, eine bestimmte Person oder einen punktuellen Missstand richten (vgl. Rucht 2003: 23). In struktureller Hinsicht weisen sie einen mittleren Organisationsgrad auf (vgl. Rammstedt 1978; Rucht/Neidhardt 2001). Sie unterscheiden sich damit einerseits von spontanen bzw. kurzlebigen kollektiven sozialen Phänomen wie z.B. der Panik oder der Ghettorevolte, andererseits aber auch von formalen Organisationen wie z.B. einer Kirche, einem Betrieb, einer Partei oder einer Staatsverwaltung. Sie verfügen über keine Statuten und verbindlichen Programme, keine festen Mitgliedschaftskriterien, keine mit formeller Entscheidungskompetenz ausgestatteten Führungsorgane. Sie existieren vielmehr als ein netzwerkförmiger Verbund von Personen, Gruppen und Organisationen – ein Verbund, der sich auf gemeinsame Elemente (insbesondere Problemwahrnehmungen und Zielsetzungen) und eine daraus abgeleitete „kollektive Identität"[19] stützt (so Rucht 2003: 23). Soziale Bewegungen greifen vorzugsweise zum Mittel des kollektiven und öffentlichen Protestes als für sie zentrale Form der Selbstdarstellung (*Kampf um Repräsentation* im Sinne von Martin Fuchs) und Einflussnahme (Rucht 2003: 23). Insgesamt können sie als „ein auf gewisse Dauer gestelltes und durch kollektive Identität abgestütztes Handlungssystem mobilisierter Netzwerke von Gruppen und Organisationen, welche sozialen Wandel mit Mitteln des Protestes – notfalls bis hin zur Gewaltanwendung – herbeiführen, verhindern oder rückgängig machen wollen" (Rucht 1994a: 76f.) definiert werden.

Ein frühe Definition bleibt in Sachen „Identität" offener: „ein mobilisierender kollektiver Akteur, der mit einer gewissen Kontinuität auf der Grundlage hoher symbolischer Integration und geringer Rollenspezifikation mittels variabler Organisations- und Aktionsformen das Ziel verfolgt, sozialen Wandel herbeizuführen, zu verhindern oder rückgängig zu machen" (Raschke 1985: 77). Die einzelnen Aspekte dieser Definition werden von Joachim Raschke ausformuliert; hier seien nur die für den hier verfolgten Gang der Darstellung bedeutsamsten herausgegriffen: *Kollektiver Akteur* seien Bewegungen im Sinne eines die Individuen einbindenden kollektiven Handlungszusammenhangs, von daher seien sie auch immer *mehr* als die in ihr

19 Der Aspekt der „kollektiven Identität" ist allerdings seit etlichen Jahren zunehmend umstritten, und wird versuchsweise von anderen Modellen der Zugehörigkeit abgelöst.

möglicherweise auch agierenden Organisationen (bei der Arbeiterbewegung wären das bspw. die Gewerkschaften). *Hohe symbolische Integration* meint hier ein – für Soziale Bewegungen, zumindest immer wieder einmal, konstitutives – „Wir-Gefühl", das sich auch in Abgrenzung gegenüber „anderen" artikuliert und sich dabei verschiedener Möglichkeiten der Distinktion bzw. Identifikation (wie bspw. Mode, Umgangsformen, Sprache, (Ab)Zeichen etc.) bedient. Von hoher Bedeutung erscheint – sozusagen in Bezug auf die Strukturierung des Binnen-Raums der Bewegung – die *geringe Rollenspezifikation* (unter Rollen sind hier Ämter oder Positionen zu verstehen[20]); demgegenüber ergeben sich im Kontext Sozialer Bewegungen vielfältige Beteiligungsmöglichkeiten, die nicht auf Dauer festgelegt, sondern veränderlich sind. Die Facette *variable Organisations- und Aktionsformen* schließlich macht sowohl eine besondere Stärke (im Sinne von Offenheit, Fluidität, Flexibilität), als auch Schwäche (Verletzlichkeit, Instabilität, Instrumentalisierbarkeit im Sinne der neuen Regierungstechnologien etc.) von Sozialen Bewegungen aus.

Die *Neuen Sozialen Bewegungen (NSB)* zeichnen sich insbesondere durch die konkrete Verbindung von *Politik und Alltag* aus, sie verbinden gegengesellschaftliche Konzepte mit alternativen Lebensentwürfen. Es geht also um *Emanzipation in allen Lebensbereichen:* Ein gesellschaftlicher Rahmen für eine neue Qualität von Lebenszusammenhängen soll geschaffen werden, in denen der Mensch sich selbst verwirklichen kann. Die Forschungsliteratur bezieht sich hier in der Regel auf die Bewegungen seit der Beat-Generation der 1950er bzw. den Hippies der 1960er Jahre[21], die sich mit der eigenen Praxis bewusst und provokativ gegen eine apathisch und apolitisch gewordene Gesellschaft richteten. Die „große Weigerung" am US-amerikanischen Lebensstil teilzuhaben führte unter anderem zur Gründung von ländlichen Kommunen, „Stämmen" (z.B. im US-amerikanischen Bundesstaat Oregon etc.) und stand oftmals unter den Vorzeichen von Ausstieg, Separatismus und Autarkie – im Wunsch, „herrschaftsfreie Räume" (sozusagen extra-territorial) zu schaffen, nicht zuletzt auf dem Wege der (Selbst-)Isolation. Auch derartige Raum-Utopien haben historische Vorläufer, neben den Auswanderungs-Bewegungen verfolgter (etwa religiöser oder ethnisch identifizierter) Minderheiten wären das bspw. die utopischen Sozialisten oder andere Begründer utopisch motivierter gegengesellschaftlicher Gemeinschaften in den vergangenen Jahrhunderten (vgl. Engels 1982). So genannte Settlements (vgl. Wendt 1995) waren historisch allerdings nicht immer „extra-territorial" konzipiert, sondern befanden sich oft auch „in der Mitte" der kritisch betrachteten Gesellschaft, zu denen sie eine (bessere) Alternative darstellen wollten (auch hier verschränken sich also konkrete und symbolische Raumbezüge).

Der Gesellschaft den Spiegel vorhalten, ein Gegen-Bild zu einer freudlosen und moralisch verdorbenen Welt leben – so könnte ein Anliegen dieser Raum-Utopien

---

20 Informelle Dominanzen und Hierarchien, wie etwa „SprecherInnen" oder andere „Führungs-Figuren" ergeben sich gleichwohl, bleiben aber selten unbestritten. Auch im Zuge von Professionalisierungsprozessen im Kontext der Bewegungen (vgl. auch Rucht 2003) ist das oben genannte Kriterium leicht zu relativieren.

21 Zu beachten wären hier allerdings auch die Lebensreform-Bewegungen zu Beginn des 20. Jahrhunderts; vgl. Landmann 1979; Baumgartner/Wedemeyer-Kolwe 2004.

umschrieben werden.[22] Mit den „Alternativen Lebensformen“ werden Forderungen und Ansprüche an eine neue Gesellschaftsordnung also nicht in den traditionellen Bahnen von Parteien und anderer bestehender politischer Organisationen umgesetzt, sondern vielmehr durch individuelle Anstrengung, Erkenntnis und Aktion für das Ziel der Freiheit, verstanden als Qualität menschlichen Lebens im Sinne der Realisierung der eigenen Subjektivität. Wichtige Begriffe in diesem Zusammenhang sind bspw. die „Selbstorganisation der Bedürfnisse“, „gelebte Solidarität“, „gegenseitige Hilfe“, „Basisdemokratie“, „allseitige Entfaltung des Individuums“, „Initiative“, „Zufriedenheit und Arbeitslust“ oder „Ganzheitlichkeit“. Man könnte auch von einer eher emotional angelegten Gesellschaftskritik sprechen, die ihre Wurzeln, wie bereits erwähnt, im utopischen Sozialismus sowie der abendländischen Zivilisations- bzw. Kulturkritik hat, und – durchaus heterogen – auf marxistische, anarchistische, hedonistische Quellen zurückgreift. Die moralische Bedeutung einer solchen Form des Protestes ist nicht zu unterschätzen. Nicht zuletzt in den Medien zeigt sich diesbezüglich eine nachhaltige Wirkung, mit der entsprechenden Mythenbildung (man denke z.B. an das Musical „Hair“).

Langfristig haben die alternativen Lebensversuche eine nachhaltige alternative Infrastruktur hervorgebracht, was sich in den gesellschaftlichen Bereichen Arbeit, Konsum, Bildung, Gesundheit, nicht zuletzt auch: Soziale Arbeit (vgl. Roth 1998) zeigt. Kritisch wird in der Regel der damit langfristig oftmals verbundene „Rückzug ins Private“ kommentiert (siehe „Selbstbefreiung durch Bewusstseinserweiterung und innere Emigration“ – gemeint ist hier v.a. der Gebrauch von bewusstseinserweiternden Drogen wie LSD, aber auch Musik, Spiritualität etc.). Auch der so genannte „Rückzug ins Private“ verweist auf Räumlichkeit: im Versuch, eigene, zwanglose, geschützte und ungestörte Experimentier-Räume für die eigene Selbstentfaltung zu kreieren, werden andere Räume verlassen oder vernachlässigt. Retrospektiv gelangen viele Studien zu den NSB zu der Auffassung, dass – bezogen auf die „Wirkung nach außen“ bzw. „in den gesellschaftlichen Raum hinein“ – die gegengesellschaftlichen Alternativen eher „überlebt“ hätten als die radikalen, politisch engagierten Aktivitäten der Protestbewegungen. Damit wäre aber wieder eine Aufteilung in „politisch“ und „unpolitisch(er)“ vorgenommen, die zumindest zu hinterfragen ist.

3. Das Instrumentalisierbare und das Widerspenstige Sozialer Bewegungen – Rekonzeptualisierungen

Tove Soiland erinnert in einem aktuellen Beitrag zu Gender-Theorien und Gouvernementalität (vgl. Soiland 2005) an eine Überlegung Foucaults, dass die „List der Macht“ eben darin bestehe, Wahrnehmung und kämpferische Energie oppositioneller Kräfte auf eine historisch bereits überholte Machtform umzulenken. Dies geschehe im übrigen gerade mit Hilfe und im Medium kritischer Theoriebildung.

---

22 Das trifft im übrigen tendenziell auch auf die utopische Literatur zu, bis hin zum zur Science Fiction; vgl. aktuell www.outofthisworld.de/.

Michel Foucault macht also darauf aufmerksam, dass die Sozialen Bewegungen mit ihren Befreiungsversuchen und Freiheitsvisionen weder „außerhalb" (bzw. „extraterritorial") noch „gegenüber" der Macht (verstanden als Kräftefeld und relationales Gewebe) vorgestellt werden können, sondern immer *Teil* einer gesellschaftlichen Gesamt(an)ordnung sind. „Innerhalb der Macht" tragen sie mit ihren Aktivitäten *in der Wirkung* (in der Regel nicht in der Intention!) dazu bei, dass neue – der Zeit gemäß – effektivere Regierungsweisen sich entwickeln und entfalten können. Das ist analytisch und gesellschaftstheoretisch von großer Bedeutung, im Kontext eines gesellschaftskritischen politischen Selbstverständnisses allerdings ein Problem, das denn auch zu Neukonzeptionierungen von „Widerstand", „Subversion", „Gegen-Gesellschaft" herausfordert (vgl. etwa Laclau/Mouffe 1995; Haraway 1995; Holloway 2002; Hardt/Negri 2003), um *das Widerspenstige* Sozialer Bewegungen zu „rekonstruieren".[23]

Interessant für unseren Zusammenhang des Handbuches „Sozialraum" ist nun, dass hier – zumindest qua Begrifflichkeit, also in der Symbolisierung – eine Parallele zur raumtheoretischen Bewegung „vom Territorialen zum Relationalen" bzw. hin zur Akteurs- und Praxisperspektive deutlich wird. Das zeigt sich nicht zuletzt daran, dass inhaltliche Programmatiken (oder „Identifizierungen") nicht mehr den Haupt-Schauplatz politischer Auseinandersetzungen darstellen (ganz anders als etwa noch in den 1970er Jahren), sondern die Frage nach angemessenen politisch(-kulturellen) Praktiken, also: nach der symbolischen (und medial vermittelten oder vermittelbaren) Politik.[24] Kritische TheoretikerInnen arbeiten in den letzten Jahren denn auch in veränderter Weise daran, ein Subjekt der *agency*[25] zu denken, um „jenseits der Fallen der Bewusstseinsphilosophie" fragen zu können, „wie Subjekte sich in den Widersprüchen der symbolischen Ordnung als eigenständige, eigensinnige Produkte dieser Ordnung einnisten" und verweisen dabei wiederum auf die Gouvernementalitäts-Debatte, die sich ebenfalls auf der Spur der Möglichkeiten bewege, „die taktischen Dispositive der Macht umzukehren und in Instrumente des Widerstandes zu verwandeln" (Sarasin 2003: 55).

---

23 Vgl. hier etwa den „Internationalen Kulturkongress ‚Indeterminate! Kommunismus'" vom 7.-9. November 2003, insbesondere den Aufruf der Frankfurter Basisgruppe DemoPunK (es gab auch einen zweiten, anders lautenden Aufruf einer Berliner Gruppe im Umfeld des „Argument"): „Kommunistische Kongresse zu veranstalten hat solange Sinn, solange der Skandal, der den Namen Kapitalismus trägt, fortbesteht. (...) Heute den Kommunismus als wirkliche Bewegung zu konstituieren, kann einerseits heißen, nach gesellschaftlichen Entwicklungen zu suchen, in denen die neue Gesellschaft im Schoße der alten entsteht (man mag solche Entwicklungen in der Globalisierung, der immateriellen Arbeit, im Internet oder Linux erblicken). Andererseits geht es aber auch um den performativen Einsatz des Kommunismus als handlungsanleitenden Bezugspunkt emanzipatorischer Politik." (vgl. www.kommunismuskongress.de)

24 Vgl. hier experimentelle politisch-kulturelle bzw. –künstlerische Aktivitäten; hier sei beispielhaft das Projekt „eingreifen – viren, modelle, tricks (ausstellung :: symposium :: workshop)" des Bremer Frauenkulturlabors thealit im Jahr 2003 genannt, das von Ulrike Bergermann, Elke Bippus, Marion Herz, Helene von Oldenburg, Claudia Reiche, Andrea Sick und Jutta Weber konzipiert wurde (vgl. www.thealit.de).

25 Vgl. hier auch die hochinteressante Arbeit von Martin Fuchs (1999), der seine theoretische Auseinandersetzungen zu Sozialen Bewegungen mit einer auf Indien bezogenen Fallstudie verbindet.

Im Kontext von „Männlichkeitskritik“ fordert bspw. Edgar Forster[26], für eine Perspektive der Handlungsfähigkeit nicht mehr „Identität“ zur Voraussetzung zu machen, sondern in Begriffen von „Positionierung“ und „Eingriff“ zu denken: „Da Positionierung und Eingriff immer ein unbestimmtes Maß an Verausgabung bedeuten, und zwar in der Form des Einsatzes von etwas, das nicht kontrollierbar ist, lässt sich Handlungsfähigkeit nicht mehr umstandslos auf Identität beziehen, sondern auf Ethik und Politik. Ihre normative Grundlage überschreitet sie in fortlaufender Positionierung“ (Forster 2003, Ms.: 8). „Zugehörigkeit“ wäre damit als „Existenzweise, die weder universal noch partikular gedacht werden kann“ zu beschreiben, als ein „Zwischending, nicht bloß zufällig, aber auch nicht das Wesentliche, vielmehr eine werdende Praxis, die sich niemals ganz erfüllt“ (Forster 2003, Ms.: 9; vgl. auch Cornell 1991: 131).[27]

Wie können nun aber Momente der *Übereinkunft* hergestellt werden, die ja für kollektives Handeln (wir erinnern uns: ein Hauptmerkmal Sozialer Bewegungen) konstitutiv sind? Ernesto Laclau (2002) setzt hier auf *Artikulation* (vgl. auch den Beitrag von Kessl/Maurer in diesem Band): „In einer konstitutiv von Antagonismen gekennzeichneten Gesellschaft werden erst über Praktiken der Artikulation relative und prekäre Fixierungen zwischen diskursiven Einheiten hergestellt, die selbst jedoch immer schon von einer ursprünglichen Instabilität und Vorläufigkeit gekennzeichnet sind. Das Anerkennen solcher konstitutiv unvollständiger und prekärer Identitäten und der Beweglichkeit von Hegemonie bedeutet für Laclau jedoch nicht, dass es zu einer Implosion des Sozialen oder zu einem Rückzug von Partizipation in öffentlichen Räumen kommen muss. Das Verständnis, jede historische Intervention sei das Werk begrenzter historischer Akteure und Akteurinnen, ermöglicht seiner Meinung nach erst den Gewinn einer neuen Freiheit im Umgang mit der Kontingenz sozialer Verhältnisse und mit all jenen politischen Arrangements, mit denen wir unseren Umgang mit der Unmöglichkeit des Realen organisieren.“ (Schober 2004)

Doch wie sieht so etwas konkret aus? Am Beispiel Frankreichs rekonstruiert Bernard Schmid, Autor für u.a. labournet, Analyse & Kritik, Jungle World und WoZ, die „innovativen Praktiken sozialer Bewegungen“ (vgl. z.B. Schmid 2003a). In Bezug auf die breiten Streikbewegungen der Jahre 1995 und 2003 in Frankreich verdient demnach v.a. die – den gewerkschaftlichen Apparaten und (Tarif-)Experten entzogene – „von unten her“ organisierte Struktur eine nähere Betrachtung (gemeint sind hier bspw. die übergewerkschaftlichen Streikkomitees oder die Versuche, den Ausstand über Internet und durch Nutzung neuer Technologie an der „Basis“ zu organisieren; dies trifft v.a. auf den Ausstand Hunderttausender von LehrerInnen zwischen März und Juni 2003 zu). Auch die Bewegung der „intermittents du spectacle“ (von intermittence = Diskontinuität; prekäre Kulturschaffende) liefere in den letzten

26 Siehe seinen Vortrag „Männerforschung, Gender Studies und Patriarchatskritik“ bei der Tagung der Sektion Frauen- und Geschlechterforschung zum Thema „Weder Verklärung noch Missachtung. Wissenschaftsgeschichtlicher Rückblick – wissenschaftspolitischer Ausblick der Frauen- und Geschlechterforschung in der Erziehungswissenschaft“ vom 19.-21. Juni 2003 in Potsdam, der im Folgenden zitiert wird.

27 Ganz im Sinne des im Internet frei flottierenden Spruchs „Wir Diskordianer müssen auseinander halten“, unterzeichnet von einem „Mitglied der Internet-Regierung“ ...

Jahren zahlreiche Beispiele innovativer und experimentaler Praktiken. Der hohe Politisierungsgrad der beteiligten Akteursgruppen zeige sich darin, dass wieder nach strukturellen Ursachen aktueller gesellschaftlicher Probleme auch auf internationaler Ebene gefragt werde. Bernard Schmid führt hier insbesondere die breite, auch gewerkschaftliche Solidaritätsbewegung mit den „Sans papiers", den illegalisierten Einwanderern an, die 1996 begann und zum wesentlichen Impuls für die (erneute) Beschäftigung mit Nord-Süd-Themen und weltwirtschaftlichen Strukturen wurde. Auch die linke Bauerngewerkschaft „Confédération paysanne" sieht er als innovative, „obwohl" gewerkschaftlich organisierte Bewegung – mit ihrer Kritik am exportorientierten Agrobusiness und der damit zusammenhängenden Zerstörung der Ökonomien in der „Dritten Welt", an Intensivbewirtschaftung und multinationalen Konzernen (zu Solidarität wird hier etwa mit den afrikanischen und indischen Landwirten aufgerufen), frage sie im öffentlichen Raum doch nach Fluchtursachen afrikanischer Migranten, die keine Ernährungsgrundlagen in ihren Ländern mehr finden können. Hier zeige sich ein Neuer Internationalismus – von einer Seite, von der sie viele kritische GesellschaftstheoretikerInnen offenbar nicht erwartet haben.[28]

Ausblick

„In der Grenzüberschreitung und der Vorstellung anderer Möglichkeiten liegt die universalistische Hoffnung" (Fuchs 1999: 23). – Wenn vor dem Hintergrund gouvernementalitätsanalytischer Überlegungen über die Instrumentalisierbarkeit sozialer Bewegungs-Formen (wie Selbstorganisation, Selbstverwaltung, Netzwerkbildung etc.) im gesellschaftlichen Raum nachgedacht werden muss, so erscheint dabei zweierlei wichtig: Zum einen ist in diesem Zusammenhang die mögliche (Aus) Richtung der transformativen Absicht zu klären: Was wird aus den kritischen dynamisierenden Kräften im gesellschaftlichen Raum, wenn die ganze Gesellschaft – im Zuge von Globalisierungsprozessen und neoliberaler Deregulierung – zu einer „beweglichen Ordnung" geworden ist? Können sich Soziale Bewegungen dann wirklich nur noch mit- und nicht mehr gegen-bewegen? Zum anderen ist nach dem Verbleib des Rebellischen als Qualität des Nicht-Einverstanden-Seins zu fragen. Welche Formen nimmt es in der gegenwärtigen gesellschaftlichen Situation an, wie bringt es sich zum Ausdruck?[29]

Ich möchte hier abschließend die These formulieren, dass das mehr oder weniger unbestimmte „Unbehagen in der Gesellschaft" immer wieder einen konkreten Ort

28 Im Bereich des Theoretischen zeigt sich die „Neue Internationalität" in der Aufnahme von Erkenntnissen aus dem Kontext der postcolonial studies. Siehe zu den Hegemonialverhältnissen im globalen Diskursraum Fuchs 1999: 32ff.; vgl. auch Aithal 2004.

29 Der entscheidende Stachel scheint mir hier die *Qualität der „Zumutung"* zu sein, die durchaus auch unabhängig von ihrem Inhalt wahrnehmbar bleibt. Hier gibt es meines Erachtens eine Korrespondenz mit Michel Foucaults Hinweis, dass die Technik selbst (bspw. der Umstand der Thematisierung des Verhaltens der Menschen), nicht deren spezifischer Inhalt, das Problematische darstelle (vgl. Soiland 2005, Ms.: 13).

braucht, an dem es sich auch konkret artikulieren kann. Dies gilt insbesondere vor dem Hintergrund einer Entwicklung, die den politischen Raum des Nationalstaats als Arena politischer Prozesse zunehmend prekär werden lässt. Von einem solchen Ort aus kann die unbestimmtere Kritik am Bestehenden ins Politische transformiert („übersetzt“) werden und sich mit expliziter Kritik an Normalitäts- oder Aktivierungs-, aber auch Selbstgestaltungs(!)-Zumutungen verbinden: „Die politischen Energien und Qualitäten brauchen Zeit, erkennbare Orte, Autonomiefähigkeit der Subjekte, einschließlich einer glücklichen Verbindung von Spontaneität und Dauer, ein gegenständliches Gegenüber (Reibungsfläche), den freien Wechsel zwischen Rückzug (Schlaf, Pause, Entlastung) und der Konzentration der Kräfte (Solidarität, Schutz, Wachheit) (...) Die Parameter (Formen) vereinigen sich zum Politischen in emanzipatorischer Richtung dann, wenn sie ein Maß zueinander finden“ (Negt/Kluge 1993: 10). Oskar Negt und Alexander Kluge gehen davon aus, dass „unter dem Gesichtspunkt der Emanzipation“ „die Frage nach den Bedingungen und Maßverhältnissen“ gestellt werden muss, „unter denen der politische Rohstoff (Interessen, Gefühle, Proteste ...)“ über die bereits genannten Parameter hinaus auch „Eigenwillen und subjektive Autonomie, die sich zu einem Gemeinwesen verbinden, Ausdrucks- und Unterscheidungsvermögen, das die wesentliche Lebenserfahrung öffentlich erkennbar hält“ erfolgreich produziert (vgl. Negt/Kluge 1993: 47). Wird diese Frage von Oskar Negt und Alexander Kluge aufgenommen, so kann mit Michel Foucault und Donna Haraway weitergedacht werden.

Foucault entwickelt eine Konzeption von lokalem Widerstand und postuliert die „permanente Kritik des historischen Seins“ (vgl. Bührmann 1995: 213ff.). Widerstand soll demnach an jenen alltäglichen Praxen und lokalen Kräfteverhältnissen ansetzen, die als Grundlage für gesellschaftliche Spaltungen fungieren. Zum einen geht es hier darum, „sich den von den Humanwissenschaften produzierten Gewissheiten, Wahrheiten, Klassifizierungen und Normierungen zu widersetzen“ (ebd.: 213f.), sich vielmehr lokalen und unterworfenen Wissensarten zuzuwenden und eine Wissenskultur bzw. -praxis zu entfalten, „die die Individuen selbst privilegiert und deren Interessen zur Sprache kommen lässt“ (ebd.: 215). Zum anderen sollen gesellschaftlich produzierte Identitäten in Frage gestellt und neue, plurale Formen der Subjektivität kreiert werden, „indem jene Individualität zurückgewiesen wird, die die Mechanismen der subjektivierenden Unterwerfung und der objektivierenden Vergegenständlichung den Individuen auferlegen“ (ebd.: 217). Donna Haraway vermutet, dass oppositionelles Bewusstsein „aus der Fähigkeit derer [entstehen kann], die das Gewebe der Macht zu lesen verstehen und denen eine stabile Zugehörigkeit in den sozialen Kategorien Rasse, Sex oder Klasse verweigert wird“ (Haraway 1995: 41).[30]

In diesem Spannungsfeld erscheint ein sozial situiertes, kon-textuiertes „Wissen“ angebracht, das seiner Gespaltenheit, seiner Vieldeutigkeit und Instabilität immer wieder gewahr wird: „Das gespaltene und widersprüchliche Selbst kann Positionierungen in Frage stellen und zur Rechenschaft gezogen werden. Es ist in der Lage, auf eine geschichtsverändernde Weise rationale Debatten und Imaginationen zu kon-

---

30 In gewisser Weise erinnern solche Vorstellungen an die Idee der „Randgruppen“, wie sie etliche Jahrzehnte zuvor Herbert Marcuse formuliert hat: Von den Marginalisierten, diesen nicht-integrierten Kräften solle (und könne) die Umwandlung der Gesellschaft ausgehen.

struieren und zu verbinden. Aufspaltung, nicht Sein, ist das bevorzugte Bild für feministische Epistemologien wissenschaftlichen Wissens. ‚Aufspaltung' meint in diesem Kontext heterogene Vielheiten, die gleichermaßen notwendig sind und nicht in gleichförmige Raster gepresst oder in kumulative Listen zerschlagen werden können. Diese Geometrie gilt in und zwischen Subjekten" (Haraway 1995: 86).[31]

Vor einem solchen Hintergrund lässt sich schließlich auch ein überarbeiteter Begriff von Sozialer Bewegung entfalten, der Dissens und Konflikt „im Inneren" der Strömungen ebenso aufnimmt wie „im Gesamtraum" der Gesellschaft (vgl. Fuchs 1999) und diesen Raum als Arena politischer und sozialer Auseinandersetzungen deutlich werden lässt.

Am 14. Juli 2003 – dem Jahrestag des Sturmes auf die Bastille in Frankreich, an dem außer den offiziellen, von staatlicher Seite durchgeführten Militärparaden, seit Jahren keine linke Demonstration mehr stattgefunden hatte – erlebte Paris genau eine solche, als überraschende Artikulation des „neuen sozialen Aufruhrs" in Frankreich: „Das Gros der TeilnehmerInnen (...) stellten die Kulturschaffenden, die ihrerseits in diesen Wochen mit einem spektakulären Streik von sich reden machten. Das wirkte sich auch auf die Demokultur aus – zwar ertönte (wie üblich) – der Ruf ‚en grève' (im Streik). Aber die Kulturschaffenden, die den Sinn fürs Theatralische haben, rufen ihn nicht einfach; sie stöhnen und röcheln, oder singen und schmettern ihn. In dem Fall mit Unterstützung einer streikenden Opernsängerin am Mikrophon" (Schmid 2003b).

Literatur

Agnoli, Johannes/Brückner, Peter (Hg.) (1968): Die Transformation der Demokratie. Frankfurt a.M.

Aithal, Vathsala (2004): Von den Subalternen lernen? Frauen in Indien im Kampf um Wasser und soziale Transformation. Königstein/Taunus

Attac Deutschland (Hg.) (2002): Eine andere Welt ist möglich. Hamburg

Aust, Stefan (1998): Der Baader-Meinhof-Komplex. München

Balistier, Thomas (1996): Straßenprotest. Formen oppositioneller Politik in der Bundesrepublik Deutschland. Münster

Balistier, Thomas (1989): Gewalt und Ordnung. Kalkül und Faszination der SA. Münster

Baumgartner, Judith/Wedemeyer-Kolwe, Bernd (Hg.) (2004): Aufbrüche Seitenpfade Abwege. Suchbewegungen und Subkulturen im 20. Jahrhundert. Festschrift für Ulrich Linse. Würzburg

Bourdieu, Pierre (1991): Sozialer Raum und „Klassen". Frankfurt a.M.

Brand, Ulrich/Wissen, Markus (2002): Ambivalenzen praktischer Globalisierungskritik: Das Beispiel ATTAC. In: Kurswechsel 3. 2002. Wien

Brand, Karl-Werner/Büsser, Detlef/Rucht, Dieter (1986): Aufbruch in eine andere Gesellschaft – Neue Soziale Bewegungen in der Bundesrepublik. Frankfurt a.M./New York

Brandes, Volker/Schön, Bernhard (1981): Wer sind die Instandbesetzer? Selbstzeugnisse, Dokumente, Analysen. Bensheim

31 Vgl. hierzu auch die Kapitel „Travelling Theories" und „Kulturelle Identitäten als instabile Identifikationspunkte und Nahtstellen" im Buch von Mona Singer (1997): Fremd. Bestimmung. Zur kulturellen Verortung von Identität, Tübingen, in denen auch Erkenntnisse aus den „post-colonial studies" aufgenommen werden.

Bröckling, Ulrich/Krasmann, Susanne/Lemke, Thomas (Hg.) (2000): Gouvernementalität der Gegenwart. Studien zur Ökonomisierung des Sozialen. Frankfurt a.M.
Brückner, Peter (1975): „... bewahre uns Gott in Deutschland vor irgendeiner Revolution". Berlin
Bührmann, Andrea (1995): Das authentische Geschlecht. Die Sexualitätsdebatte der Neuen Frauenbewegung und die Foucaultsche Machtanalyse. Münster
Buhmann, Heide/Haeseler, Hanspeter (1994): Das kleine dicke Liederbuch. Lieder und Tänze bis in unsere Zeit. Schlüchtern
Burchardt, Susan (2001): Problemlagen, Unzufriedenheit, Mobilisierung. Proteststrukturen in Ost – und Westdeutschland 1990-1994. Marburg
Castells, Manuel (2002): Die Macht der Identität (Teil 2 der Trilogie „Das Informationszeitalter"). Opladen
Cohn-Bendit, Daniel (1987): Wir haben sie so geliebt, die Revolution. Frankfurt a.M.
Cornell, Drucilla (1991): Beyond Accomodation. Ethical Feminism, Deconstruction, and the Law. Lanham et al.
Debord, Guy (1978): Die Gesellschaft des Spektakels. Hamburg (siehe auch: www.twokmi-kimali.de/sites/spektakel.htm)
Demirovic, Alex (Hg.): Aufgabe und Perspektiven der kritischen Gesellschaftstheorie heute
Deutscher Bundestag, Enquete-Kommission „Zukunft des bürgerschaftlichen Engagements" (Hg.) (2003): Bürgerschaftliches Engagement in Parteien und Bewegungen. Opladen
Ebert, Theodor (1978): Gewaltfreier Aufstand. Alternative zum Bürgerkrieg. Freiburg
Eberlei, Walter (2002): Entwicklungspolitische Nichtregierungsorganisationen in Deutschland. Euphorie Ernüchterung Erneuerung. In: Aus Politik und Zeitgeschichte 6-7: 2002.
Engels, Friedrich (1982): Die Entwicklung des Sozialismus von der Utopie zur Wissenschaft. In: Marx, Karl/Engels, Friedrich (1982): Ausgewählte Schriften. 2. Band. 29. Auflage. Berlin
Fantômas 4. 2003/2004. Sonderbeilage zu analyse + kritik, magazin für linke debatte und praxis (Thema: „Soziale Klassen, Soziale Kämpfe")
Fuchs, Martin (1999): Kampf um Differenz. Repräsentation, Subjektivität und soziale Bewegungen. Das Beispiel Indien. Frankfurt a.M.
Galenza, Roland/Havemeister, Heinz (Hg.) (1999): Wir wollen immer artig sein .... Berlin
Gilcher-Holtey, Ingrid (2001): Die 68er Bewegung. Deutschland – Westeuropa – USA. München
Hakemi, Sara (2004): Gelebt, erinnert – und erforscht? 1968 auf dem Weg vom kommunikativen zum kulturellen Gedächtnis, H-Net und Clio-online 2004. In: http://hsozkult.geschichte.hu-berlin.de/tagungsberichte/id=592
Haraway, Donna (1995): Die Neuerfindung der Natur. Primaten, Cyborgs und Frauen. Frankfurt a.M./New York
Hardt, Michael/Negri, Antonio (2003): Empire. Die Neue Weltordnung. Frankfurt a.M./New York
Haufe, Gerda/Bruckmeier, Karl (Hg.) (1993): Die Bürgerbewegungen in der DDR und in den ostdeutschen Bundesländern. Opladen
Hohensee, Jens/Salewski, Michael (Hg.) (1993): Energie – Politik – Geschichte. Stuttgart
Holloway, John (2002): Die Welt verändern, ohne die Macht zu übernehmen. Münster
Hollstein, Walter (1980): Die Gegengesellschaft. Alternative Lebensformen. Bonn
Hollstein, Walter (1974): Ego-Trip oder soziale Veränderung? Zur Zeitgeschichte der gegenkulturellen Bewegung. In: Ästhetik und Kommunikation, „Neue Lebensformen. Wunsch und Praxis" 34/9. Dezember 1974
Hollstein, Walter (1969): Der Untergrund. Zur Soziologie jugendlicher Protestbewegungen. Neuwied/Berlin
Hornstein, Walter (1999a): Neue Soziale Bewegungen und Pädagogik. Zur Ortsbestimmung der Erziehungs- und Bildungsproblematik in der Gegenwart (1984). In: Hornstein (1999b): 245-270
Hornstein, Walter (1999b): Jugendforschung und Jugendpolitik. Entwicklungen und Strukturen in der zweiten Hälfte des 20. Jahrhunderts. Weinheim/München
Jacoby, Edmund/Hafner, Georg M. (1993): 1968 – Bilderbuch einer Revolte. Mit einem dokumentarischen Film von Joachim Faulstich und Georg M. Hafner. Frankfurt a.M.

Jacoby, Edmund (Hg.) (1988): Lexikon linker Leitfiguren. Frankfurt a.M. et al.
Joas, Hans (Hg.) (2001): Lehrbuch der Soziologie. Frankfurt a.M.
Kamann, Friederike/Kögel, Eberhard (1993/1994): Ruhestörung: Eine moderne Heimatgeschichte/Rebellion in der Provinz). 25 Jahre Jugendzentrum Stetten in Selbstverwaltung (1968-1993). 2 Bände. Grafenau
Kontos, Silvia: In den Brüchen des Alltags. Die Frauenbewegung und ihre Vorgabe für eine kritische Gesellschaftstheorie. In: Demirovic (Hg.)
Laclau, Ernesto (2002): Emanzipation und Differenz. Wien
Laclau, Ernesto/Mouffe, Chantal (1995): Hegemonie und radikale Demokratie. Zur Dekonstruktion des Marxismus. Wien (London 1985)
Landmann, Robert (1979): Ascona – Monte Verità. Auf der Suche nach dem Paradies. Frankfurt a.M./Berlin/Wien
Liebel, Franz (Hg.)/Düllo, Thomas (2004): Cultural Hacking. Kunst des strategischen Handelns. Wien
Marchart, Oliver (Hg.) (1998): Das Undarstellbare der Politik. Zur Hegemonietheorie Ernesto Laclaus. Wien
Marcuse, Herbert (1967): Der eindimensionale Mensch. Neuwied/Berlin
Matthes, Joachim (Hg.) (1983): Krise der Arbeitsgesellschaft? Verhandlungen des 21. Deutschen Soziologentages in Bamberg 1982. Frankfurt a.M.
Maurer, Susanne (2001): Emanzipation. In: Otto/Thiersch (2001): 373-384
Maurer, Susanne (1996): Zwischen Zuschreibung und Selbstgestaltung. Feministische Identitätspolitiken im Kräftefeld von Kritik, Norm und Utopie. Tübingen
Mühlen, Patrik von zur (2000): Aufbruch und Umbruch in der DDR. Bürgerbewegungen, kritische Öffentlichkeit und Niedergang der SED-Herrschaft. Politik und Gesellschaftsgeschichte. Band 56. Bonn
Nagel, Torsten (1993): Die Häuser gehören uns. HausbesetzerInnen zwischen Autonomie und Integration. Dargestellt anhand ausgewählter Beispiele. Düsseldorf
Negt, Oskar (1995): Achtundsechzig. Politische Intellektuelle und die Macht. Göttingen
Negt, Oskar/Kluge, Alexander (1993): Maßverhältnisse des Politischen. Frankfurt a.M.
Negt, Oskar/Kluge, Alexander (1972): Öffentlichkeit und Erfahrung. Zur Organisationsanalyse bürgerlicher und proletarischer Öffentlichkeit. Frankfurt a.M.
Neubert, Erhart (1997): Geschichte der Opposition in der DDR 1949-1989. Bundeszentrale für politische Bildung. Bonn
Otto, Hans-Uwe/Thiersch, Hans (Hg.) (2001): Handbuch Sozialarbeit/Sozialpädagogik. Neuwied/Kriftel
Pankoke, Eckart (2001): Soziale Frage, soziale Bewegung, soziale Politik. In: Otto/Thiersch (2001): 1676-1683
Pflieger, Klaus (2004): Die Rote Armee Fraktion – RAF – 14.5.1970 bis 20.4.1998. Baden-Baden
Pühl, Katharina/Schulz, Susanne (2001): Gouvernementalität und Geschlecht – Über das Paradox der Festschreibung und Flexibilisierung der Geschlechterverhältnisse. Königsstein/Ts.
Radkau, Joachim (1993): Fragen an die Geschichte der Kernenergie. Perspektivenwandel im Zuge der Zeit (1975-1986). In: Hohensee/Salewski (Hg.) (1993): 103-126
Rancière, Jacques (2002): Das Unvernehmen. Politik und Philosophie. Frankfurt a.M.
Rammsted, Otthein (1978): Soziale Bewegung. Frankfurt a.M.
Raschke, Joachim (1985): Soziale Bewegungen. Frankfurt a.M.
Rauschenbach, Brigitte (1995): Erkenntnispolitik als Feminismus. Denkformen und Politikformen im feministischen Bildungsprozeß der Erfahrung. In: Die Philosophin 11. 1995: 33-49
Reimer, Uwe (1993): Die sechziger Jahre. Deutschland zwischen Protest und Erstarrung (1962-1972). Frankfurt a.M.
Riedel-Pfäfflin, Ursula (2001): Taking Place. Raum, Macht und Geschlecht. In: Widersprüche 80/21. Juni 2001. Wir können auch anders – Soziale Utopien heute: 41-55
Roth, Roland (2001): Soziale Bewegungen. In: Otto/Thiersch (2001): 1668-1675

Roth, Roland (1998): Achtundsechzig als sozialer Protest. Stichworte zu einigen sozialpolitischen Motiven der ApO. In: Widersprüche. Zeitschrift für sozialistische Politik im Bildungs-, Gesundheits- und Sozialbereich 68/18. 1998. Nummer 2: 37-47

Roth, Roland (1994): Demokratie von unten. Neue soziale Bewegungen auf dem Wege zur politischen Institution. Köln

Rose, Nikolas (2000): Tod des Sozialen? Eine Neubestimmung der Grenzen des Regierens. In: Bröckling et al. (Hg.) (2000): 72-109

Rubart, Frauke (1988): Partizipation von Frauen in neuen sozialen Bewegungen. In: Aus Politik und Zeitgeschichte. Beilage zur Wochenzeitung Das Parlament 42/88. 14. Oktober 1988: 30-42

Rubin, Jerry (1970): Do it! New York

Rucht, Dieter (2003): Bürgerschaftliches Engagement in sozialen Bewegungen und politischen Kampagnen. In: Deutscher Bundestag (Hg.) (2003): 17-155

Rucht, Dieter (2002): Anstöße für den Wandel – Soziale Bewegungen im 21. Jahrhundert. Vortrag im Rahmen der Gründungsversammlung für „Die Bewegungsstiftung – Anstöße für soziale Bewegungen". Haus der Demokratie. 2. März 2002. Berlin (www.wz-berlin.de)

Rucht, Dieter/Neidhardt, Friedhelm (2001): Kollektive Aktion und soziale Bewegungen. In: Joas (Hg.) (2001): 533-556

Rucht, Dieter (2001): Von Seattle nach Genua – Event hopping oder neue soziale Bewegung? Vortrag auf dem attac-Kongress „Eine andere Welt ist möglich". 19.-21. Oktober 2001. Berlin

Rucht, Dieter (1994): Modernisierung und neue soziale Bewegungen. Deutschland, Frankreich und die USA im Vergleich. Frankfurt/New York

Sarasin, Philipp (2003): Geschichtswissenschaft und Diskursanalyse. Frankfurt a.M.

Scheer, Udo (1999): Vision und Wirklichkeit. Die Opposition in Jena in den siebziger und achtziger Jahren. Berlin

Schmidtbauer, Bernhard (1996): Im Prinzip Hoffnung. Die ostdeutschen Bürgerbewegungen und ihr Beitrag zum Umbruch 1989/90. Das Beispiel Rostock. Frankfurt a.M.

Schulze, Kristina (2002): Der lange Atem der Provokation. Die Frauenbewegung in der Bundesrepublik und in Frankreich 1968-1976. Frankfurt a.M./New York

Schmid, Bernard (2003a): Frankreich: Streik der Kultur sorgt für heißen Sommer. In: www.nadir.org/nadir/aktuell/2003/07/08/16934.html

Schmid, Bernard (2003b): Frankreich: Sozialer Aufruhr auch am 14. Juli. In: www.nadir.org/nadir/aktuell/2003/07/15/17023.html

Schober, Anna (2004): Rezension zu Ernesto Laclau (2002) für H-Soz-u-Kult. In: http://hsozkult.geschichte.hu-berlin.de/rezensionen/2004-1-064

Schrage, Dieter (o.J.): Widerstand im Spektakel – Die Situationistische Internationale. Finden sich bei der S.I. Anknüpfungspunkte für aktuelle Protestbewegungen? In: www.contextxxi.at/html/lesen/archiv/c21000327.html

Soiland, Tove (2005/i.E.): Kritische Anmerkungen zum Machtbegriff in der Gender-Theorie auf dem Hintergrund von Michel Foucaults Gouvernementalitätsanalyse

Stiglitz, Joseph (2002): Die Schatten der Globalisierung. Bundeszentrale für politische Bildung. Bonn

Timmer, Karsten (2000): Vom Aufbruch zum Umbruch. Die Bürgerbewegung in der DDR 1989. Göttingen

Tolmein, Oliver (2002): Vom Deutschen Herbst zum 11. September. Die RAF, der Terrorismus und der Staat. Hamburg

Touraine, Alain (1983): Soziale Bewegungen: Spezialgebiet oder zentrales Problem soziologischer Analyse? In: Matthes (Hg.) (1983): 94-105

Touraine, Alain (1973): Production de la societé. Paris

Matthes, Joachim (Hg.) (1983): Krise der Arbeitsgesellschaft? Verhandlungen des 21. Deutschen Soziologentages in Bamberg 1982. Frankfurt a.M.

Vester, Michael (1970): Die Entstehung des Proletariats als Lernprozess. Frankfurt a.M.

Von zur Mühlen, Patrick (2000): Aufbruch und Umbruch in der DDR. Bürgerbewegungen, kritische Öffentlichkeit und Niedergang der SED-Herrschaft. Bonn

Warneken, Bernd Jürgen (Hg.) (1986): Als die Deutschen demonstrieren lernten. Das Kulturmuster „friedliche Straßendemonstration" im preußischen Wahlrechtskampf 1908-1910. Begleitband zur Ausstellung der Projektgruppe im Ludwig-Uhland-Institut für empirische Kulturwissenschaft der Universität Tübingen. Tübingen

Wendt, Wolf Rainer (1995): Geschichte der Sozialen Arbeit. Von der Aufklärung bis zu den Alternativen und darüber hinaus. 4., neubearbeitete Auflage. Stuttgart

Wesel, Uwe (2002): Die verspielte Revolution. 1968 und die Folgen. München

Willems, Helmut (1997): Jugendunruhen und Protestbewegungen. Eine Studie zur Dynamik innergesellschaftlicher Konflikte in vier europäischen Ländern. Opladen

Windhüfel, Gisa (1994): Die Außerparlamentarische Opposition und die Anfänge der Neuen Frauenbewegung (1968-1970). Magisterarbeit. Bochum

Internet-Adressen

ATTAC Deutschland (www.attac.de)
ATTAC International (www.attac.org)
Bundeskoordination Internationalismus (www.buko.info)
http://arranca.nadir.org
NGO Weltwirtschaft, Ökologie und Entwicklung (WEED) (http://weed-online.org)
www.de.indymedia.org
www.freibesetzt.tk/
www.ifk-protestbewegungen.org
www.jungle-world.com
www.kommunismuskongress.de
www.labournet.de
www.outofthisworld.de
www.perlentaucher.de
www.querfunk.de
www.wikipedia.org

Index

T

U

V

W

Autorinnen und Autoren

Michael Benda (Tübingen) arbeitet zur Sozialraumorientierung im Allgemeinen Sozialen Dienst (ASD), zur gemeindlichen Jugendhilfeplanung und einer Verknüpfung landkreisbezogener und gemeindlicher Planung und Infrastrukturentwicklung. michael.benda@uni-tuebingen.de

Maria Bitzan (Reutlingen) arbeitet zur Fragen der Jugendhilfe (insbesondere geschlechtsspezifisch), zur Mädchenarbeit und Mädchenforschung, feministischer Theorie und zur Gemeinwesenarbeit. bitzan-ma@web.de

Lothar Böhnisch (Dresden) arbeitet zur Sozialisationsforschung, zur Sozialpolitik, Gender und Fragen des abweichenden Verhaltens. sabine.eisser@mailbox.tu-dresden.de

Ingrid Breckner (Hamburg) arbeitet zu Methoden der Raumerkundung, Konzepten und Handlungsansätzen im Themenfeld „Soziale Stadt" und Suburbanisierung und stadtregionaler Entwicklung. breckner@tu-harburg.de

Heinz-Jürgen Dahme (Magdeburg) arbeitet zu Fragen kommunaler Sozialverwaltung, Wohlfahrtsverbänden, sozialen Diensten und zur Sozialpolitik. heinz-juergen.dahme@sgw.hs-magdeburg.de

Jens S. Dangschat (Wien) arbeitet zur Stadtsoziologie, Fragen der sozialen Ungleichheit und Segregation, der Zuwanderung und Integration und einer nachhaltigen Raumentwicklung. jens.dangschat@tuwien.ac.at

Ulrich Deinet (Düsseldorf) arbeitet zur Offenen Kinder- und Jugendarbeit, Fragen der Kooperation von Jugendhilfe und Schule, einer sozialräumlichen Jugendarbeit und zur Sozialraumorientierung. Ulrich.deinet@t-online.de

Oliver Frey (Wien) arbeitet zur Stadt- und Regionalsoziologie, planungs- und raumtheoretischen Fragen, sozialer Ungleichheit und zur Lebenstilforschung. Oliver.frey@tuwien.ac.at

Cornelia Frieß (Hamburg) arbeitet zur Jugendhilfe, Jugendpolitik, Fragen qualitativer Sozialforschung und Fragen der Partizipation. cornelia.friess@arcor.de

Toralf González (Hamburg) arbeitet zur Stadtteil- und Quartiersökonomie, zur Sozialen Stadt, Netzwerken und Fragen der Migration. gonzalez@tu-harburg.de

Stephan Günzel (Berlin) arbeitet zu Transfers zwischen den Wissenskulturen, zu Kultur- und Medientheorie, Wissens- und Kulturgeschichte sowie Klimatologie und Ideologie im 18. Jahrhundert. stephan.guenzel@geophilosophie.de

Alexander Hamedinger (Wien) arbeitet zu Urban/Regional Governance, zu Fragen der Stadt- und Regionalökonomie, planungs- und raumtheoretischen und Fragen einer nachhaltigen Stadtentwicklung. alexander.hamedinger@tuwien.ac.at

Hartmut Häußermann (Berlin) arbeitet zu Fragen der Stadtentwicklung, der Segregation und der Stadtpolitik. hartmut.haeussermann@sowi.hu-berlin.de

Wolfgang Hinte (Essen) arbeitet zur Sozialraumorientierung in der Jugendhilfe, Quartiermanagement und zur Organisationsentwicklung in sozialen Diensten. w.hinte@uni-essen.de

Hans Hoch (Konstanz) arbeitet zu Fragen der Kriminalprävention, der Familiensoziologie, der Stadtsoziologie/Stadtentwicklung und lokalen wie globalen Erscheinungsformen der Zivilgesellschaft. Hans.hoch@uni-konstanz.de

Renate Höfer (München) arbeitet zu Fragen der Identitätsforschung, Bürgerschaftlichen Engagements, zu Jugend und Gesundheit und zur Regionalisierung und Vernetzung. hoefer@ipp-muenchen.de

Marcus Hußmann (Hamburg) arbeitet zum sozialpädagogischen Fallbezug und einer Empirie sozialpädagogischer Sozialraumorientierung. Marcus.Hussmann@gmx.de

Siggi Keppeler (Stuttgart) arbeitet zur aufsuchenden Jugendsozialarbeit, Jugend- und Drogenhilfe und sozialraumorientierter Netzwerkarbeit (Beratung). keppeler.s@diakonie-wuerttemberg.de

Fabian Kessl (Bielefeld) arbeitet zu einer Gouvernementalität Sozialer Arbeit, einer Empirie der Lebensführung, Fragen der Kinder- und Jugendhilfe und Aspekten einer sozialraumsensiblen Sozialen Arbeit. fabian.kessl@uni-bielefeld.de

Rainer Kilb (Frankfurt a.M) arbeitet zu Theorie und Praxis der Sozialen Arbeit, Fragen des Umgangs mit Krisen und Gewalttätigkeiten bei jungen Menschen, zur Jugendhilfe und Fragen der Sozialplanung. rainer.kilb@gmx.de

Heiderose Kilper (Hannover) arbeitet zu Governance, regionalen Innovationssystemen, Milieu-Theorien und neuen Formen zwischenbetrieblicher Kooperation im regionalen Kontext. kilper@ies.uni-hannover.de

Tilo Klöck (München) arbeitet zu Fragen der Organisations- und Gemeinwesenentwicklung, zur interkulturellen Arbeit und Genderprogrammen. klock@fhm.edu

Josef Koch (Frankfurt a.M.) arbeitet zu Fragen der Entwicklung und der Praxis von Erziehungshilfen, zur Selbstevaluation, Praxisforschung und zu Fragen einer Internationalen Sozialen Arbeit. josef.koch@igfh.de

Susanne Krasmann (Hamburg) arbeitet zu Transformationen von Staat und Staatlichkeit im Fokus von Sicherheitsstrategien, zu einer Analyse der Gegenwart als Kontrollgesellschaft und zu Fragen der Gouvernementalität. krasmann@uni-hamburg.de

Thomas Kreher (Dresden) arbeitet im Bereich der Jugendforschung, zu Fragen von Arbeit und Beschäftigung und der Geschlechterforschung (Jungen- und Männerforschung). kreher@iris-ev.de

Martin Kronauer (Berlin) arbeitet zum Wandel der Sozialstruktur, Umbrüchen am Arbeitsmarkt und in der Erwerbsarbeit, sozialräumlichen Veränderungen in der Großstadt und zu Wohlfahrtsstaaten im internationalen Vergleich. kronauer@fhw-berlin.de

Timm Kunstreich (Hamburg) arbeitet zu Sozialer Arbeit, abweichendem Verhalten, einer Politik des Sozialen und zur Gemeinwesenökonomie. TimmKunstreich@aol.com

Michael Langhanky (Hamburg) arbeitet zur Gemeinwesenökonomie, Verständigungsprozessen in der Sozialen Arbeit und einer Empirie sozialpädagogischer Sozialraumorientierung. mlanghanky@rauhes-haus.de

Michael Lindenberg (Hamburg) arbeitet zu sozialen Kontrolltechnologien, politischen Fragen Sozialer Arbeit, abweichendem Verhalten und zur Gemeinwesenökonomie. mlindenberg@rauheshaus.de

Werner Lindner (Hannover) arbeitet zu Fragen der Kinder- und Jugendarbeit, zum Qualitätsmanagement, der Kooperation von Jugendarbeit und (Ganztags)Schule und der Evaluation von Bildungswirkungen. WernerLindner@gmx.net

Gerhard Litges (Essen) arbeitet zur Sozialraumorientierung in der Jugendhilfe, Kontrakt- und Qualitätsmanagement in der Sozialen Arbeit und zu Fragen kommunaler Sozialverwaltung. gerhard.litges@uni-essen.de

Martina Löw (Darmstadt) arbeitet zu einer Stadt- und Raumsoziologie, bildungssoziologischen Fragen und zur Geschlechterforschung. loew@ifs.tu-darmstadt.de

Maria Lüttringhaus (Essen) arbeitet zur Gemeinwesenarbeit, Quartiermanagement, einer sozialraumorientierten Jugendhilfe und Fragen der Bürgerbeteiligung. ml@luettringhaus.info

Wolfgang Mack (München) arbeitet zur Schul- und Bildungsforschung, zur Jugendhilfeforschung, Fragen der Kooperation von Schule und Jugendhilfe und der sozialräumlichen Vernetzung in der Jugendhilfe. mack@dji.de

Susanne Maurer (Marburg) arbeitet zu einer Historiographie Sozialer Arbeit und Gesellschaftsgeschichte, sozialen Bewegungen und feministischer Erkenntniskritik. Maurer@staff.uni-marburg.de

Michael May (Wiesbaden) arbeitet zur Geschlechterforschung, Gemeinwesenarbeit und einer Politik und Pädagogik des Sozialen. M.May@em.uni-frankfurt.de

Johannes Novy (New York) arbeitet zu Urban Tourism und Fragen der Stadtteilerneuerung und -politik. jn2115@columbia.edu

Andreas Oehme (Dresden) arbeitet zur Kompetenzentwicklung, zu Übergängen in Arbeit bei jungen Erwachsenen und Fragen der Arbeit und Beschäftigung in Ostdeutschland. oehme@iris-ev.de

Ulrich Otto (Jena) arbeitet zur Sozialpädagogik, wohlfahrtspolitischen Fragen, einer Alterns- und Lebenslaufforschung und Fragen des Bürgerschaftlichen Engagements. ulrich.otto@uni-jena.de

Angela Pilch Ortega (Graz) arbeitet zur Biographie- und Lebensweltforschung und zur qualitativ-interpretativen Sozialforschung (Lern- und Bildungsprozesse, Migration, Antirassismus). angela.pilch-ortega@uni-graz.at

Martina Pusterhofer (Graz) arbeitet zur Biographie- und Lebensweltforschung, Fragen der qualitativ-interpretativen Sozialforschung (Migration, Lern- und Bildungsprozessen) und theaterpädagogisch zu Fragen der Biographie. martina.pusterhofer@reflex.at

Sabine Reichertz (Essen) arbeitet im Bereich Stadtforschung zur Sozialberichterstattung und zu kleinräumigen Analysen. Sabine.Reichertz@amt12.essen.de

Christian Reutlinger (Dresden) arbeitet zu Netzwerken und Raum, einer europäischen Jugendforschung, Fragen internationaler Entwicklung und einer Sozialgeographie der Kinder. chreutli@yahoo.com

Marlo Riege (Mönchengladbach) arbeitet zur Sozialen Stadt, Stadtentwicklungsfragen, einer Sozialraumanalyse und Fragen der Wohnungslosigkeit. marlo.riege@hs-niederrhein.de

Bernd Röttger (Jena) arbeitet zu Fragen der Politischen Ökonomie, zur Regulationstheorie, Arbeitspolitik und zu Gewerkschaften. bernd.roettger@ruhr-uni-bochum.de

Susanne Schaller (New York) arbeitet zur Stadtteilerneuerung und -politik, Fragen des Ethnic Diversity und des Public Space. sfs25@cornell.edu

Joachim Schroeder (Frankfurt a.M) arbeitet zu Fragen des Lernens unter Bedingungen von Armut und Migration, zur Schulentwicklung, beruflichen Eingliederung Benachteiligter und zur Männerforschung. J.Schroeder@em.uni-frankfurt.de

Wolfgang Schröer (Hildesheim) arbeitet zur Geschichte Sozialer Arbeit, Perspektiven einer transnationalen Sozialen Arbeit, zu Migration und Sozialpolitik. schroeer@rz.uni-hildesheim.de

Herbert Schubert (Köln) arbeitet zu Öffentlichem Raum, Netzwerken, Quartier- und Stadtteilmanagement und Kriminalprävention in der Stadt. herbert.schubert@dvz.fh-koeln.de

Stefan Schütte (Kabul) arbeitet zu Theorien sozialen Kapitals, sozialen Netzwerken, indigenen Organisationssystemen und Konstruktionen von Lokalität. stef.schuette@web.de

Ulrike Schwantner (Wien) arbeitet zu Bürgerbeteiligung, Dezentralisierung, Raumplanung in Lateinamerika, Fragen lokaler Selbstverwaltung und nachhaltiger Projektentwicklung. ulrike.schwantner@tuwien.ac.at

Christoph Stoik (Wien) arbeitet zur Gemeinwesenentwicklung, Stadtteilarbeit und Partizipation. c.stoik@gmx.at

Sabine Stövesand (Hamburg) arbeitet zur Gouvernementalität, Gemeinwesenarbeit und Gemeinwesenökonomie und zu Genderfragen. sabinestoevesand@web.de

Florian Straus (München) arbeitet zu Netzwerkanalysen, Identitätsforschung, Bürgerschaftlichem Engagement und sozialplanerischen Fragen. straus@ipp-muenchen.de

Gabriele Sturm (Marburg) arbeitet zu Methodologie, quantitativen und qualitativen Forschungsmethoden, feministischer Soziologie und raumsoziologischen Fragen. sturm@staff.uni-marburg.de

Benno Werlen (Jena) arbeitet zu Globalisierungs- und Regionalisierungsprozessen, Stadtentwicklung und Geographien Jugendlicher in multikulturellen Gesellschaften. benno.werlen@uni-jena.de

Klaus Wermker (Essen) arbeitet zu Stadtteilentwicklung, Bürgerorientierung und Regionalisierung. Klaus.wermker@stadtentwicklung

Markus Wissen (Erkner) arbeitet zu Stadt- und Regionalentwicklungsfragen, zur Globalisierung und einer urban political ecology. wissen@irs-net.de

Norbert Wohlfahrt (Bochum) arbeitet zu Organisationsfragen sozialer Dienste, Fragen der Ökonomisierung Sozialer Arbeit, sozialer Stadtteilentwicklung und zur Wohlfahrtsverbandsforschung. wohlfahrt@efh-bochum.de

Mechthild Wolff (Landshut) arbeitet zu Fragen der Kinder-, Jugend- und Familienhilfe, flexiblen und integrierten Erziehungshilfen, Genderfragen und zur Mädchenpädagogik. mwolff@fh-landshut.de

Jens Wurtzbacher (Berlin) arbeitet zu einer Soziologie der Stadt, Kommunalpolitik, Fragen der politischen Integration, und des bürgerschaftlichen Engagements. jens.wurtzbacher@sowi.hu-berlin.de

Barbara Zibell (Zürich) arbeitet zu Architektursoziologie, Städtebau, Stadt- und Regionalplanung und Frauenforschung. barbara.zibell@bluewin.ch

Holger Ziegler (Bielefeld) arbeitet zur Theorie Sozialer Arbeit, einer Sozialkapitaltheorie, Fragen der Disziplinierung und zur Governance der Wohlfahrtsproduktion. ho.ziegler@ gmx.de